FRANCE

ATLAS ROUTIER

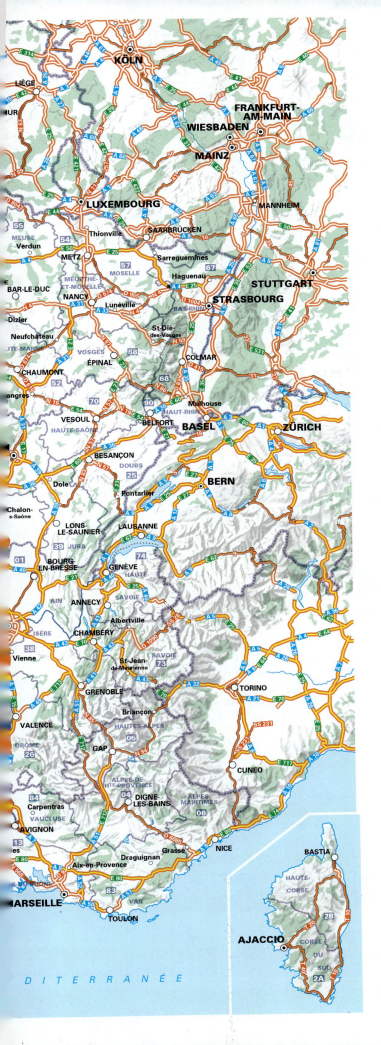

Sommaire

Intérieur de couverture : tableau d'assemblage

1 - 351

Légende — 1

France 1/200 000 — 2 - 351

352 - 425

France départementale et administrative — 352

Index complet des communes — 353 - 424

426 - 440

Légende des plans de ville — 426

Plans de ville — 427 - 440
Bordeaux - Lille - Lyon - Marseille
Nantes - Paris et environs - Toulouse

En fin de volume :
tableau des distances et des temps de parcours

MICHELIN INNOVE SANS CESSE POUR UNE MEILLEURE MOBILITÉ PLUS SÛRE, PLUS ÉCONOME, PLUS PROPRE ET PLUS CONNECTÉE.

MICHELIN S'ENGAGE

▶ MICHELIN EST LE **N°1 MONDIAL DES PNEUS ÉCONOMES EN ÉNERGIE** POUR LES VÉHICULES LÉGERS.

▶ POUR **SENSIBILISER LES PLUS JEUNES À LA SÉCURITÉ ROUTIÈRE**, MÊME EN DEUX-ROUES : DES ACTIONS DE TERRAIN ONT ÉTÉ ORGANISÉES DANS **16 PAYS** EN 2015.

QUIZ

1 **POURQUOI BIBENDUM, LE BONHOMME MICHELIN, EST BLANC ALORS QUE LE PNEU EST NOIR ?**

Le personnage de Bibendum a été imaginé à partir d'une pile de pneus, en 1898, à une époque où le pneu était fabriqué avec du caoutchouc naturel, du coton et du soufre et où il est donc de couleur claire. Ce n'est qu'après la Première guerre mondiale que sa composition se complexifie et qu'apparaît le noir de carbone. Mais Bibendum, lui, restera blanc !

2 **SAVEZ-VOUS DEPUIS QUAND LE GUIDE MICHELIN ACCOMPAGNE LES VOYAGEURS ?**

Depuis 1900, il était dit alors que cet ouvrage paraissait avec le siècle, et qu'il durerait autant que lui. Et il fait encore référence aujourd'hui, avec de nouvelles éditions et la sélection sur le site MICHELIN Restaurants - Bookatable dans quelques pays.

3 **DE QUAND DATE « BIB GOURMAND » DANS LE GUIDE MICHELIN ?**

Cette appellation apparaît en 1997 mais dès 1954 le Guide MICHELIN signale les « repas soignés à prix modérés ». Aujourd'hui, on le retrouve sur le site et dans l'application mobile MICHELIN Restaurants - Bookatable.

Si vous voulez en savoir plus sur Michelin en vous amusant, visitez l'Aventure Michelin et sa boutique à Clermont-Ferrand, France :
www.laventuremichelin.com

Légende	Key	Zeichenerklärung
Routes	**Roads**	**Straßen**
Autoroute - Station-service - Aire de repos	Motorway - Petrol station - Rest area	Autobahn - Tankstelle - Tankstelle mit Raststätte
Double chaussée de type autoroutier	Dual carriageway with motorway characteristics	Schnellstraße mit getrennten Fahrbahnen
Autoroute - Route en construction (le cas échéant : date de mise en service prévue)	Motorway - Road under construction (when available: with scheduled opening date)	Autobahn - Straße im Bau (ggf. voraussichtliches Datum der Verkehrsfreigabe)
Échangeurs : complet - partiels	Interchanges: complete, limited	Anschlussstellen: Voll- bzw. Teilanschlussstellen
Numéros d'échangeurs	Interchange numbers	Anschlussstellennummern
Route de liaison internationale ou nationale	International and national road network	Internationale bzw. nationale Hauptverkehrsstraße
Route de liaison interrégionale ou de dégagement	Interregional and less congested road	Überregionale Verbindungsstraße oder Umleitungsstrecke
Route revêtue - non revêtue	Road surfaced - unsurfaced	Straße mit Belag - ohne Belag
Chemin d'exploitation - Sentier	Rough track - Footpath	Wirtschaftsweg - Pfad
Largeur des routes	**Road widths**	**Straßenbreiten**
Chaussées séparées	Dual carriageway	Getrennte Fahrbahnen
4 voies	4 lanes	4 Fahrspuren
2 voies larges	2 wide lanes	2 breite Fahrspuren
2 voies	2 lanes	2 Fahrspuren
1 voie	1 lane	1 Fahrspur
Distances (totalisées et partielles)	**Distances** (total and intermediate)	**Entfernungen** (Gesamt- und Teilentfernungen)
Section à péage sur autoroute	Toll roads on motorway	Mautstrecke auf der Autobahn
Section libre sur autoroute	Toll-free section on motorway	Mautfreie Strecke auf der Autobahn
sur route	on road	auf der Straße
Numérotation - Signalisation	**Numbering - Signs**	**Nummerierung - Wegweisung**
Route européenne - Autoroute - Route métropolitaine	European route - Motorway - Metropolitan road	Europastraße - Autobahn - Straße der Metropolregion
Route nationale - départementale	National road - Departmental road	Nationalstraße - Departementstraße
Alertes Sécurité	**Safety Warnings**	**Sicherheitsalerts**
Limites de charge : d'un pont, d'une route (au-dessous de 19 t.)	Load limit of a bridge, of a road (under 19 t)	Höchstbelastung einer Straße/Brücke (angegeben, wenn unter 19 t)
Passages de la route : à niveau - supérieur - inférieur	Level crossing: railway passing, under road, over road.	Bahnübergänge: Schienengleich, Unterführung, Überführung.
Hauteur limitée (au-dessous de 4,50 m)	Height limit (under 4.50 m)	Angegeben, wenn unter 4,50 m
Forte déclivité (flèches dans le sens de la montée) de 5 à 9%, de 9 à 13%, 13% et plus	Steep hill (ascent in direction of the arrow) 5 - 9%, 9 - 13%, 13% +	Starke Steigung (Steigung in Pfeilrichtung) 5-9%, 9-13%, 13% und mehr
Col et sa cote d'altitude	Pass and its height above sea level	Pass mit Höhenangabe
Parcours difficile ou dangereux	Difficult or dangerous section of road	Schwierige oder gefährliche Strecke
Route à sens unique - Route réglementée	One way road - Road subject to restrictions	Einbahnstraße - Straße mit Verkehrsbeschränkungen
Route interdite	Prohibited road	Gesperrte Straße
Pont mobile - Barrière de péage	Swing bridge - Toll barrier	Bewegliche Brücke - Mautstelle
Transports	**Transportation**	**Verkehrsmittel**
Aéroport - Aérodrome	Airport - Airfield	Flughafen - Flugplatz
Transport des autos : par bateau - par bac	Transportation of vehicles: by boat - by ferry	Schiffsverbindungen: per Schiff - per Fähre
Bac pour piétons et cycles	Ferry (passengers and cycles only)	Fähre für Personen und Fahrräder
Covoiturage - Voie ferrée - Gare	Carpooling - Railway - Station	Mitfahrzentrale - Bahnlinie - Bahnhof
Administration	**Administration**	**Verwaltung**
Frontière - Douane	National boundary - Customs post	Staatsgrenze - Zoll
Capitale de division administrative	Administrative district seat	Verwaltungshauptstadt
Sports - Loisirs	**Sport & Recreation Facilities**	**Sport - Freizeit**
Stade - Golf - Hippodrome	Stadium - Golf course - Horse racetrack	Stadion - Golfplatz - Pferderennbahn
Port de plaisance - Baignade - Parc aquatique	Pleasure boat harbour - Bathing place - Water park	Yachthafen - Strandbad - Badepark
Base ou parc de loisirs - Circuit automobile	Country park - Racing circuit	Freizeitanlage - Rennstrecke
Piste cyclable / Voie Verte	Cycle paths and nature trails	Radwege und autofreie Wege
Source : Association Française des Véloroutes et Voies Vertes	Source : Association Française des Véloroutes et Voies Vertes	Source : Association Française des Véloroutes et Voies Vertes
Refuge de montagne - Sentier de randonnée	Mountain refuge hut - Hiking trail	Schutzhütte - Markierter Wanderweg
Curiosités	**Sights**	**Sehenswürdigkeiten**
Principales curiosités : voir LE GUIDE VERT	Principal sights: see THE GREEN GUIDE	Hauptsehenswürdigkeiten: siehe GRÜNER REISEFÜHRER
Table d'orientation - Panorama - Point de vue	Viewing table - Panoramic view - Viewpoint	Orientierungstafel - Rundblick - Aussichtspunkt
Parcours pittoresque	Scenic route	Landschaftlich schöne Strecke
Édifice religieux - Château - Ruines	Religious building - Historic house, castle - Ruins	Sakral-Bau - Schloss, Burg - Ruine
Monument mégalithique - Phare - Moulin à vent	Prehistoric monument - Lighthouse - Windmill	Vorgeschichtliches Steindenkmal - Leuchtturm - Windmühle
Train touristique - Cimetière militaire	Tourist train - Military cemetery	Museumseisenbahn-Linie - Soldatenfriedhof
Grotte - Autres curiosités	Cave - Other places of interest	Höhle - Sonstige Sehenswürdigkeit
Signes divers	**Other signs**	**Sonstige Zeichen**
Puits de pétrole ou de gaz - Carrière - Éolienne	Oil or gas well - Quarry - Wind turbine	Erdöl-, Erdgasförderstelle - Steinbruch - Windkraftanlage
Transporteur industriel aérien	Industrial cable way	Industrieschwebebahn
Usine - Barrage	Factory - Dam	Fabrik - Staudamm
Tour ou pylône de télécommunications	Telecommunications tower or mast	Funk-, Sendeturm
Raffinerie - Centrale électrique - Centrale nucléaire	Refinery - Power station - Nuclear Power Station	Raffinerie - Kraftwerk - Kernkraftwerk
Phare ou balise - Moulin à vent	Lighthouse or beacon - Windmill	Leuchtturm oder Leuchtfeuer - Windmühle
Château d'eau - Hôpital	Water tower - Hospital	Wasserturm - Krankenhaus
Église ou chapelle - Cimetière - Calvaire	Church or chapel - Cemetery - Wayside cross	Kirche oder Kapelle - Friedhof - Bildstock
Château - Fort - Ruines - Village étape	Castle - Fort - Ruines - Stopover village	Schloss, Burg, Fort, Festung - Ruine - Übernachtungsort
Grotte - Monument - Altiport	Grotte - Monument - Mountain airfield	Höhle - Denkmal - Landeplatz im Gebirge
Forêt ou bois - Forêt domaniale	Forest or wood - State forest	Wald oder Gehölz - Staatsforst

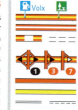
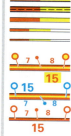
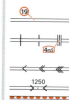

Verklaring van de tekens | Legenda | Signos convencionales

Wegen | Strade | Carreteras

Autosnelweg - Tankstation - Rustplaats
Gescheiden rijbanen van het type autosnelweg
Autosnelweg - Weg in aanleg
(indien bekend: datum openstelling)
Aansluitingen: volledig, gedeeltelijk
Afritnummers
Internationale of nationale verbindingsweg
Interregionale verbindingsweg
Verharde weg - Onverharde weg
Landbouwweg - Pad

Autostrada - Stazione di servizio - Area di riposo
Doppia carreggiata di tipo autostradale
Autostrada - Strada in costruzione
(data di apertura prevista)
Svincoli: completo, parziale
Svincoli numerati
Strada di collegamento internazionale o nazionale
Strada di collegamento interregionale o di disimpegno
Strada rivestita - non rivestita
Strada per carri - Sentiero

Autopista - Estación servicio - Área de descanso
Autovía
Autopista - Carretera en construcción
(en su caso : fecha prevista de entrada en servicio)
Enlaces: completo, parciales
Números de los accesos
Carretera de comunicación internacional o nacional
Carretera de comunicación interregional o alternativo
Carretera asfaltada - sin asfaltar
Camino agrícola - Sendero

Breedte van de wegen | Larghezza delle strade | Ancho de las carreteras

Gescheiden rijbanen
4 rijstroken
2 brede rijstroken
2 rijstroken
1 rijstrook

Carreggiate separate
4 corsie
2 corsie larghe
2 corsie
1 corsia

Calzadas separadas
Cuatro carriles
Dos carriles anchos
Dos carriles
Un carril

Afstanden (totaal en gedeeltelijk) | Distanze (totali e parziali) | Distancias (totales y parciales)

Gedeelte met tol op autosnelwegen
Tolvrij gedeelte op autosnelwegen
op andere wegen

Tratto a pedaggio su autostrada
Tratto esente da pedaggio su autostrada
su strada

Tramo de peaje en autopista
Tramo libre en autopista
en carretera

Wegnummers - Bewegwijzering | Numerazione - Segnaletica | Numeración - Señalización

Europaweg - Autosnelweg - Stadsweg
Nationale weg - Departementale weg

Strada europea - Autostrada - Strada metropolitane
Strada nazionale - dipartimentale

Carretera europea - Autopista - Carretera metropolitana
Carretera nacional - provincial

Veiligheidswaarschuwingen | Segnalazioni stradali | Alertas Seguridad

Maximum draagvermogen: van een brug, van een weg (indien minder dan 19 t)
Wegovergangen: gelijkvloers, overheen, onderdoor.
Vrije hoogte (indien lager dan 4,5 m)
Steile helling (pijlen in de richting van de helling)
5 - 9%, 9 - 13%, 13% of meer
Bergpas en hoogte boven de zeespiegel
Moeilijk of gevaarlijk traject
Weg met eenrichtingsverkeer - Beperkt opengestelde weg
Verboden weg
Beweegbare brug - Tol

Limite di portata di un ponte, di una strada (inferiore a 19 t.)
Passaggi della strada: a livello, cavalcavia, sottopassaggio
Limite di altezza (inferiore a 4,50 m)
Forte pendenza (salita nel senso della freccia) da 5 a 9%, da 9 a 13%, superiore a 13%
Passo ed altitudine
Percorso difficile o pericoloso
Strada a senso unico - Strada a circolazione regolamentata
Strada vietata
Ponte mobile - Casello

Carga límite de un puente, de una carretera (inferior a 19 t)
Pasos de la carretera: a nivel, superior, inferior
Altura limitada (inferior a 4,50 m)
Pendiente pronunciada (las flechas indican el sentido del ascenso) de 5 a 9%, 9 a 13%, 13% y superior
Puerto y su altitud
Recorrido difícil o peligroso
Carretera de sentido único - Carretera restringida
Tramo prohibido
Puente móvil - Barrera de peaje

Vervoer | Trasporti | Transportes

Luchthaven - Vliegveld
Vervoer van auto's:
per boot - per veerpont
Veerpont voor voetgangers en fietsers
Carpoolplaats - Spoorweg - Station

Aeroporto - Aerodromo
Trasporto auto:
su traghetto - su chiatta
Traghetto per pedoni e biciclette
Carpooling - Ferrovia - Stazione

Aeropuerto - Aeródromo
Transporte de coches :
por barco - por barcaza
Barcaza para el paso de peatones y vehículos dos ruedas
Coche compartido - Línea férrea - Estación

Administratie | Amministrazione | Administración

Staatsgrens - Douanekantoor
Hoofdplaats van administratief gebied

Frontiera - Dogana
Capoluogo amministrativo

Frontera - Puesto de aduanas
Capital de división administrativa

Sport - Recreatie | Sport - Divertimento | Deportes - Ocio

Stadion - Golfterrein - Renbaan
Jachthaven - Zwemplaats - Watersport
Recreatiepark - Autocircuit
Fietspad / Wandelpad in de natuur
Source : Association Française des Véloroutes et Voies Vertes
Berghut - Afstandswandelpad

Stadio - Golf - Ippodromo
Porto turistico - Stabilimento balneare - Parco acquatico
Area o parco per attività ricreative - Circuito automobilistico
Pista ciclabile / Viottolo
Source : Association Française des Véloroutes et Voies Vertes
Rifugio - Sentiero per escursioni

Estadio - Golf - Hipódromo
Puerto deportivo - Zona de baño - Parque acuático
Parque de ocio - Circuito automovilístico
Pista ciclista / Vereda
Source : Association Française des Véloroutes et Voies Vertes
Refugio de montaña - Sendero balizado

Bezienswaardigheden | Mete e luoghi d'interesse | Curiosidades

Belangrijkste bezienswaardigheden: zie DE GROENE GIDS
Oriëntatietafel - Panorama - Uitzichtpunt
Schilderachtig traject
Kerkelijk gebouw - Kasteel - Ruïne
Megaliet - Vuurtoren - Molen
Toeristentreintje - Militaire begraafplaats
Grot - Andere bezienswaardigheden

Principali luoghi d'interesse, vedere LA GUIDA VERDE
Tavola di orientamento - Panorama - Vista
Percorso pittoresco
Edificio religioso - Castello - Rovine
Monumento megalitico - Faro - Mulino a vento
Trenino turistico - Cimitero militare
Grotta - Altri luoghi d'interesse

Principales curiosidades: ver LA GUÍA VERDE
Mesa de orientación - Vista panorámica - Vista parcial
Recorrido pintoresco
Edificio religioso - Castillo - Ruinas
Monumento megalítico - Faro - Molino de viento
Tren turístico - Cementerio militar
Cueva - Otras curiosidades

Diverse tekens | Simboli vari | Signos diversos

Olie- of gasput - Steengroeve - Windmolen
Kabelvrachtvervoer
Fabriek - Stuwdam
Telecommunicatietoren of -mast
Raffinaderij - Elektriciteitscentrale - Kerncentrale
Vuurtoren of baken - Molen
Watertoren - Hospitaal
Kerk of kapel - Begraafplaats - Kruisbeeld
Kasteel - Fort - Ruïne - Dorp voor overnachting
Grot - Monument - Landingsbaan in de bergen
Bos - Staatsbos

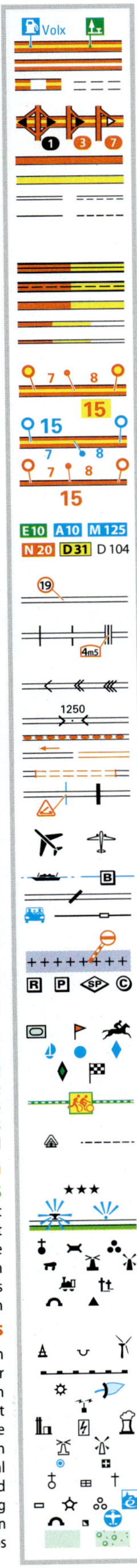

Pozzo petrolifero o gas naturale - Cava - Centrale eolica
Teleferica industriale
Fabbrica - Diga
Torre o pilone per telecomunicazioni
Raffineria - Centrale elettrica - Centrale nucleare
Faro o boa - Mulino a vento
Torre idrica - Ospedale
Chiesa o cappella - Cimitero - Calvario
Castello - Forte - Rovine - Paese tappa
Grotta - Monumento - Altiporto
Foresta o bosco - Foresta demaniale

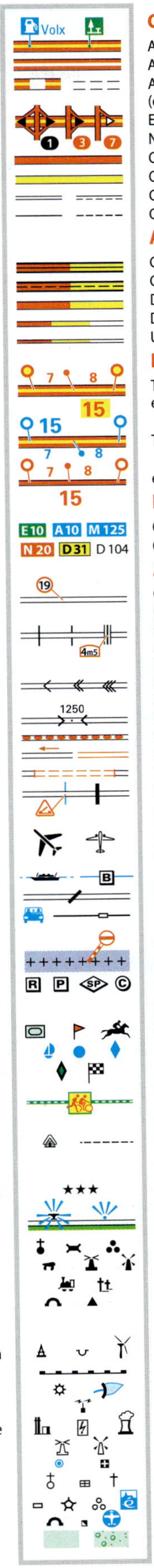

Pozos de petróleo o de gas - Cantera - Parque eólico
Transportador industrial aéreo
Fábrica - Presa
Torreta o poste de telecomunicación
Refinería - Central eléctrica - Central nuclear
Faro o baliza - Molino de viento
Fuente - Hospital
Iglesia o capilla - Cementerio - Crucero
Castillo - Fortaleza - Ruinas - Población-etapa
Cueva - Monumento - Altipuerto
Bosque - Patrimonio Forestal del Estado

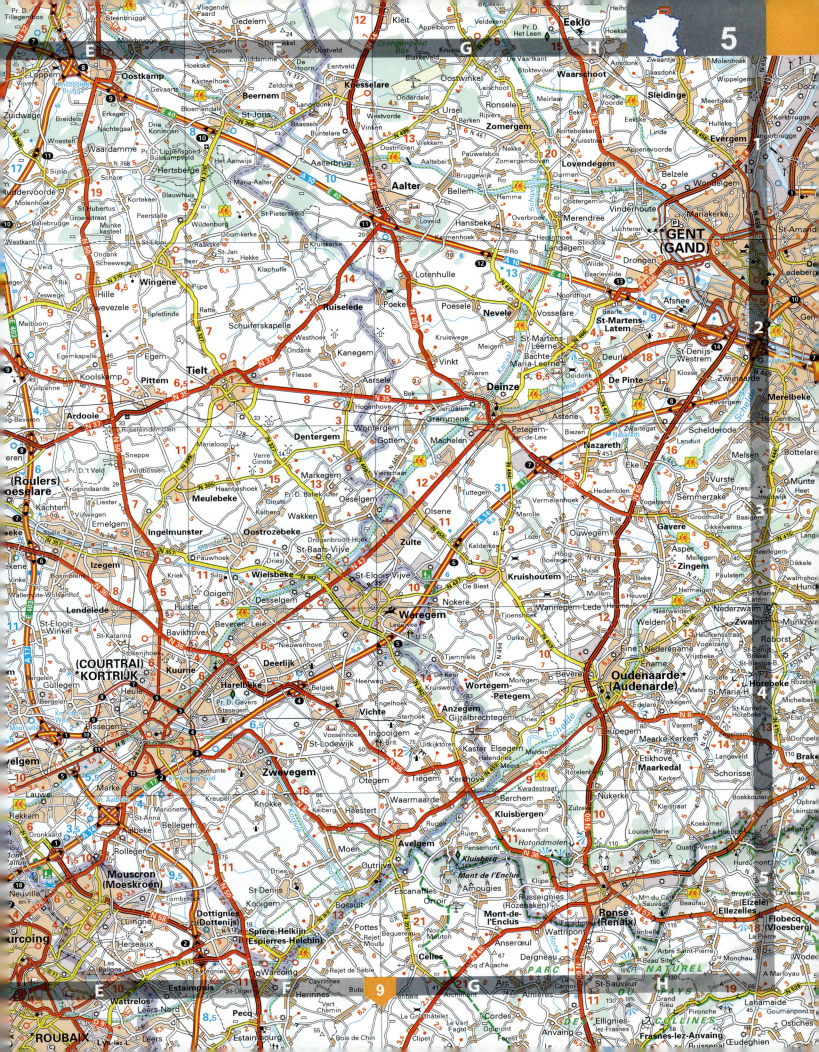

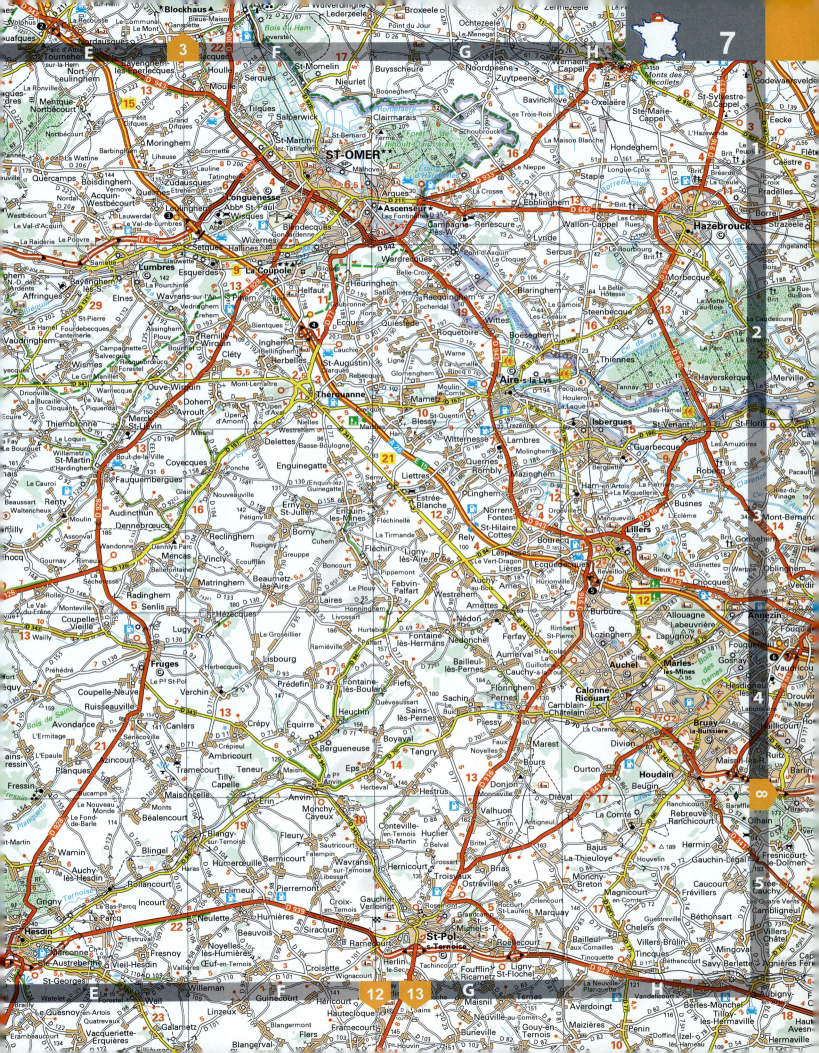

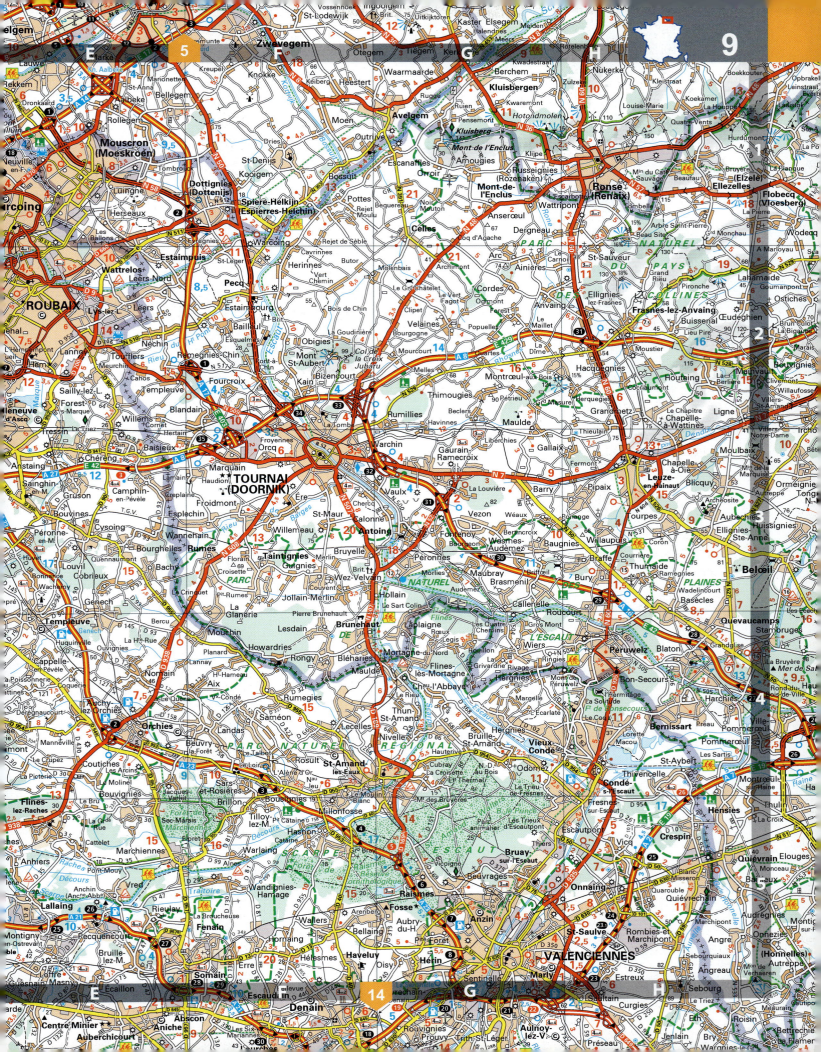

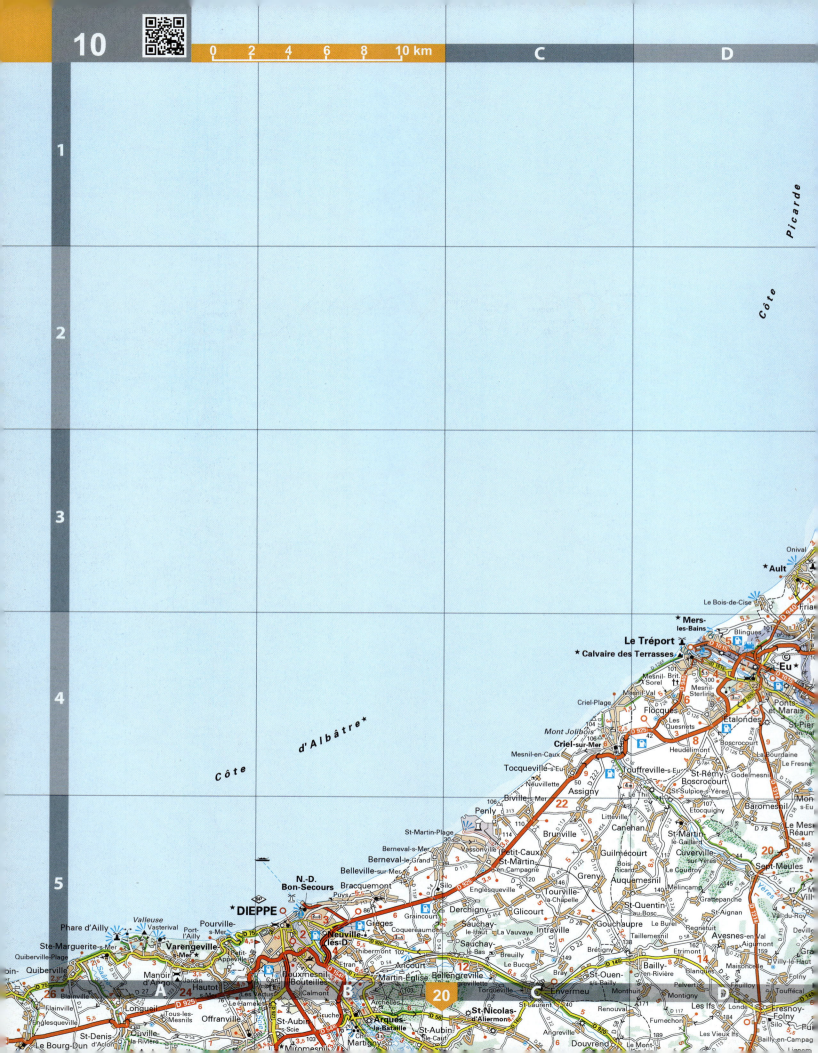

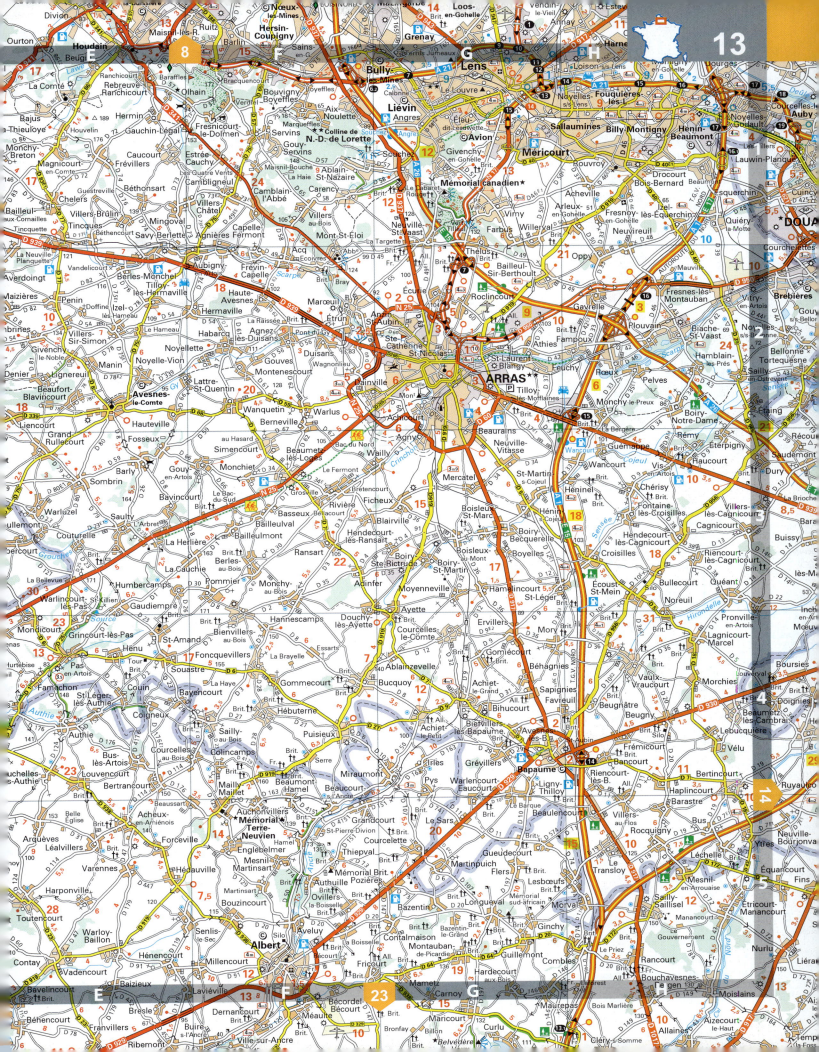

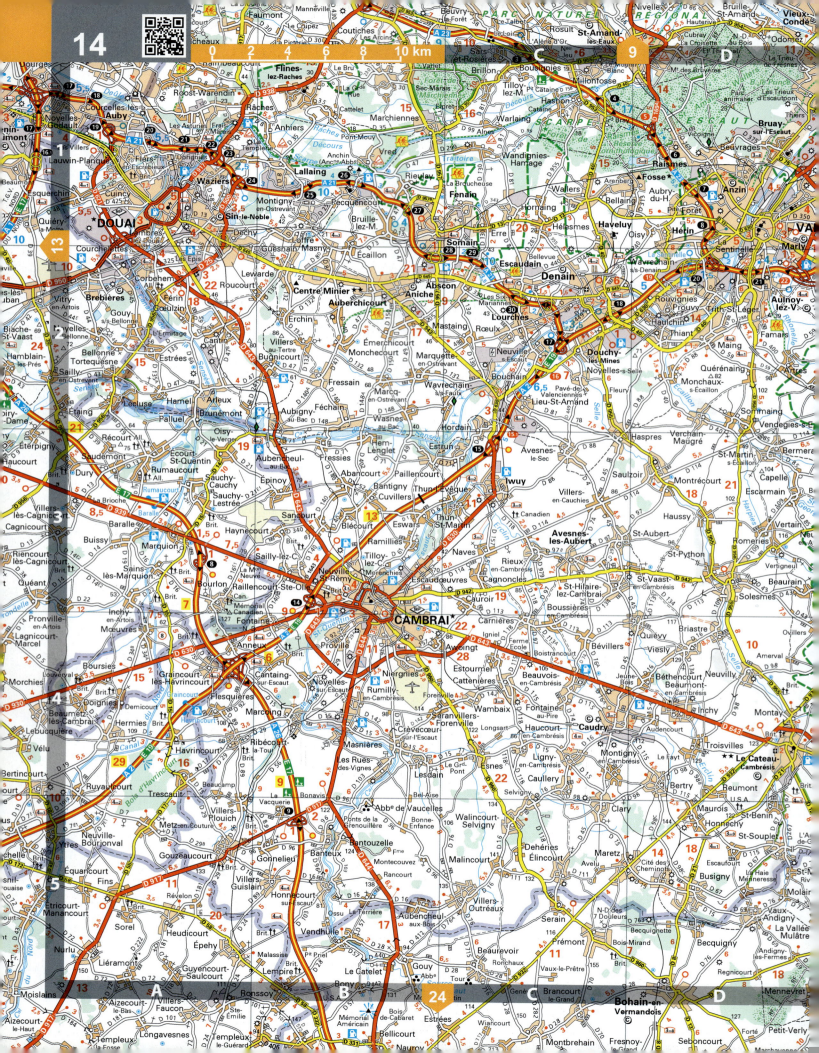

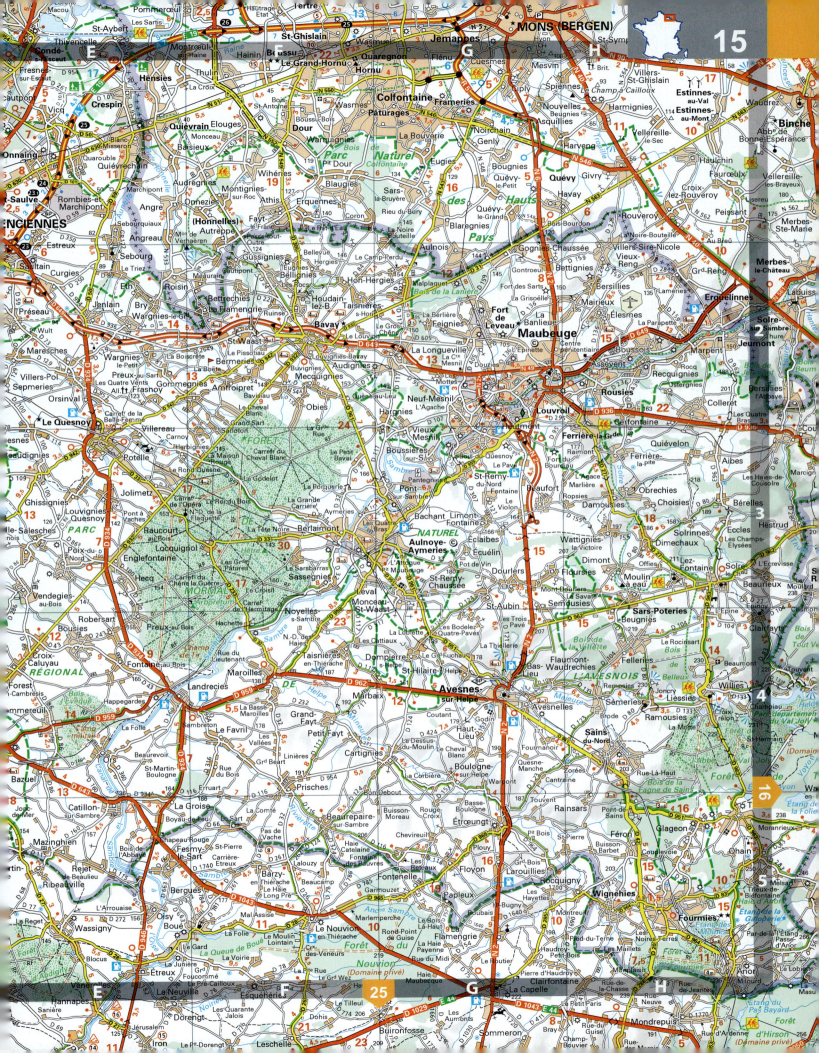

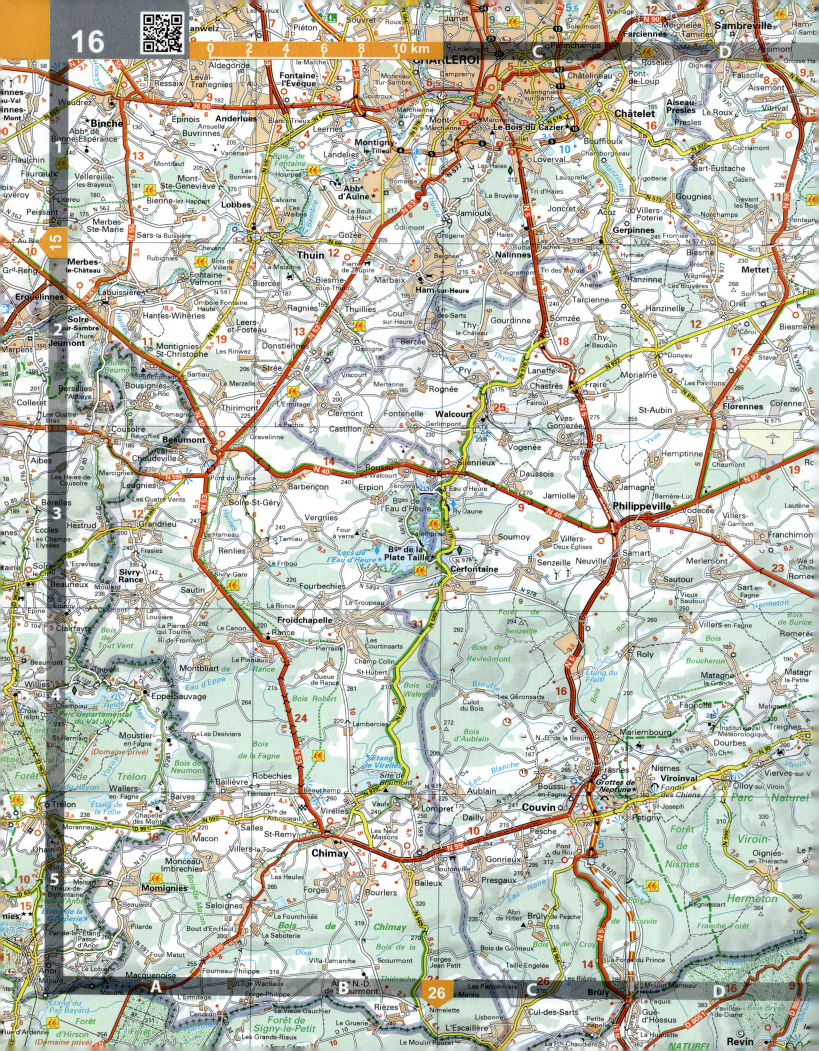

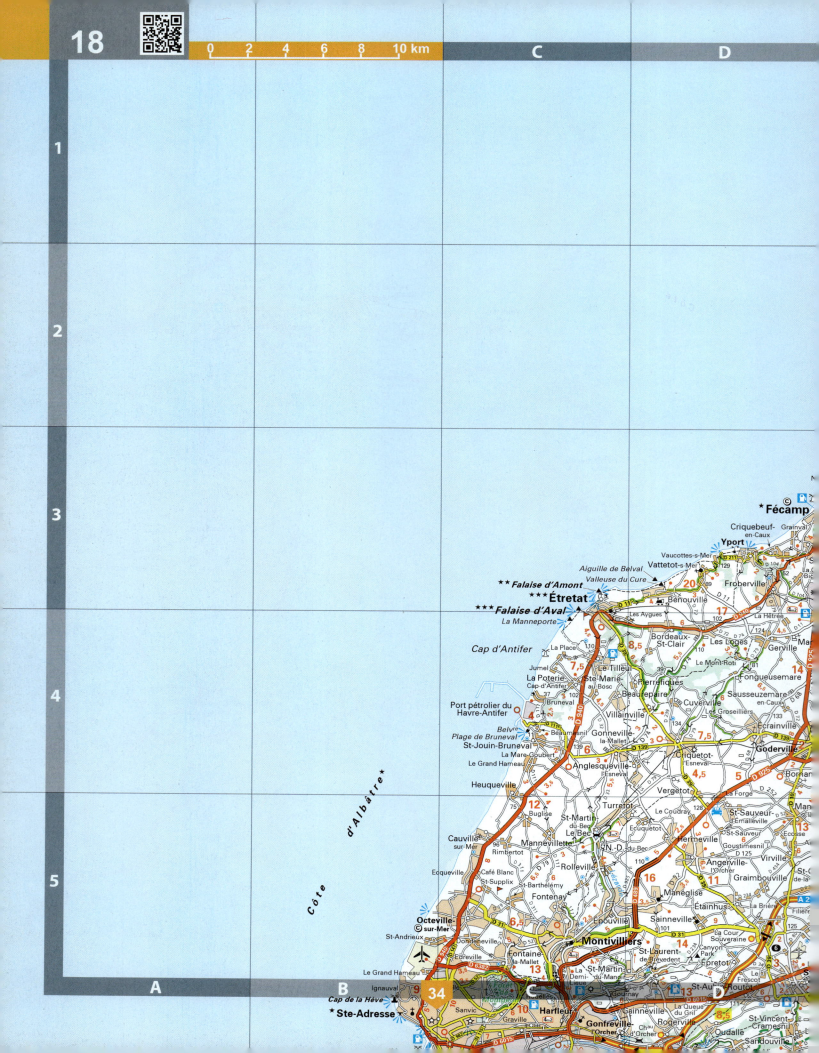

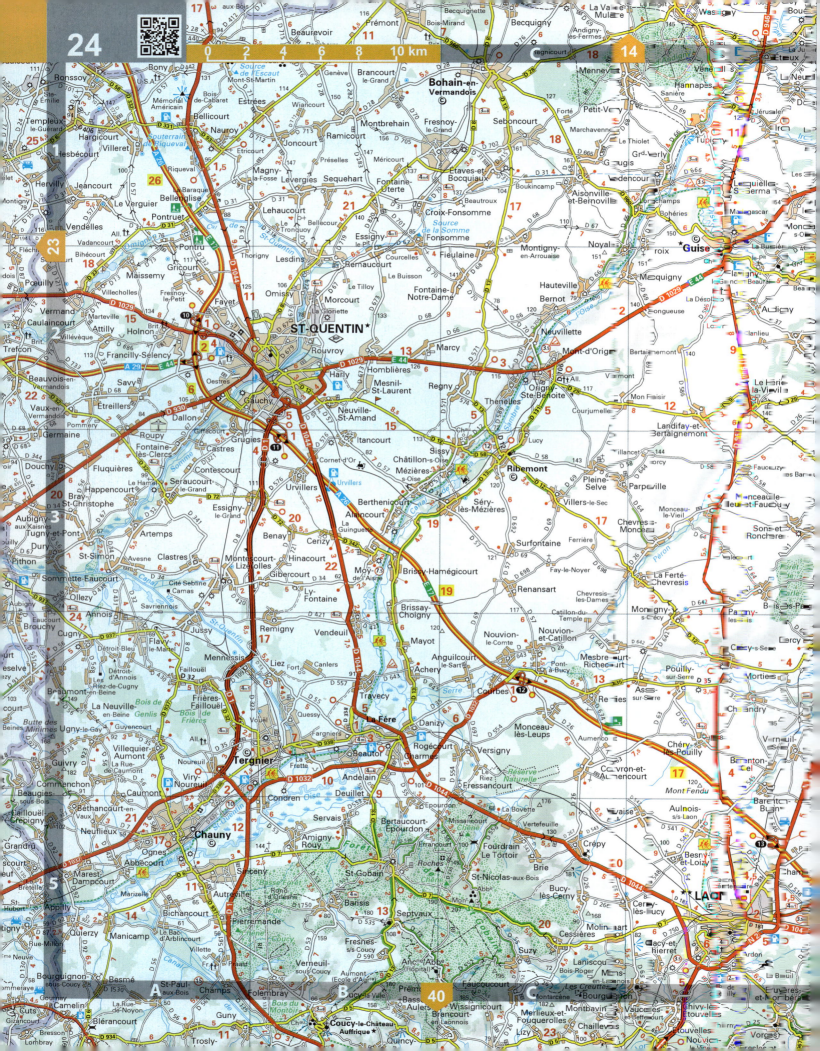

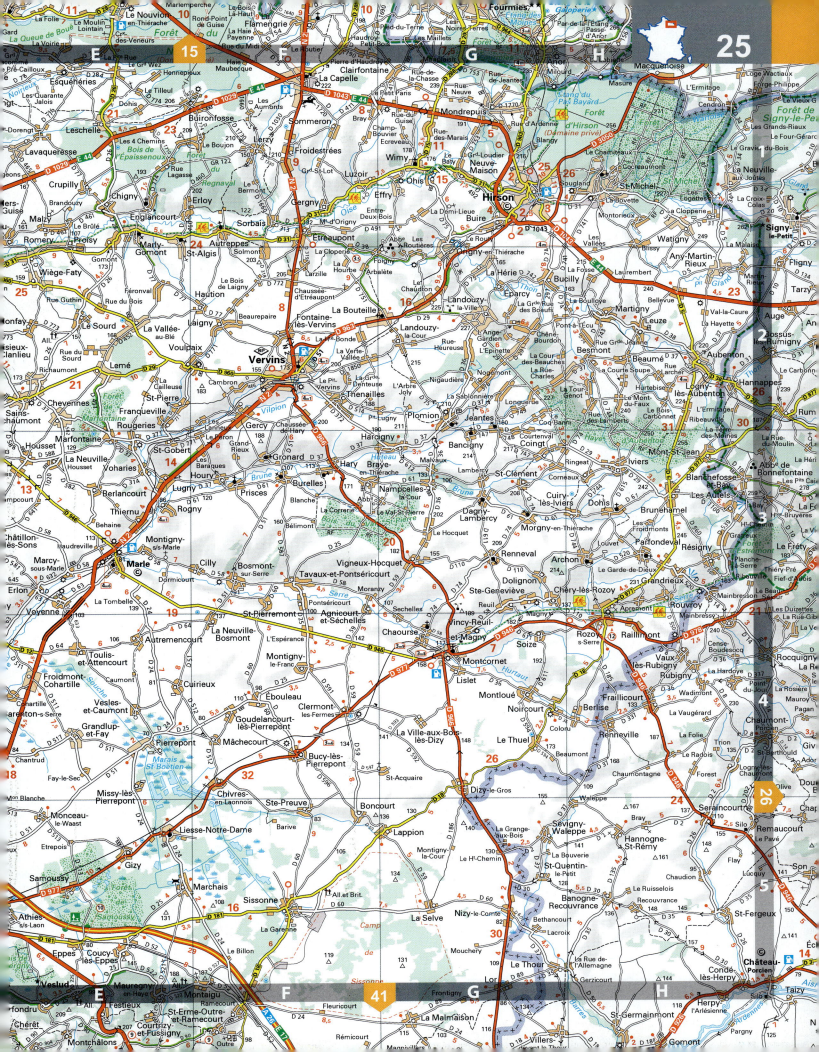

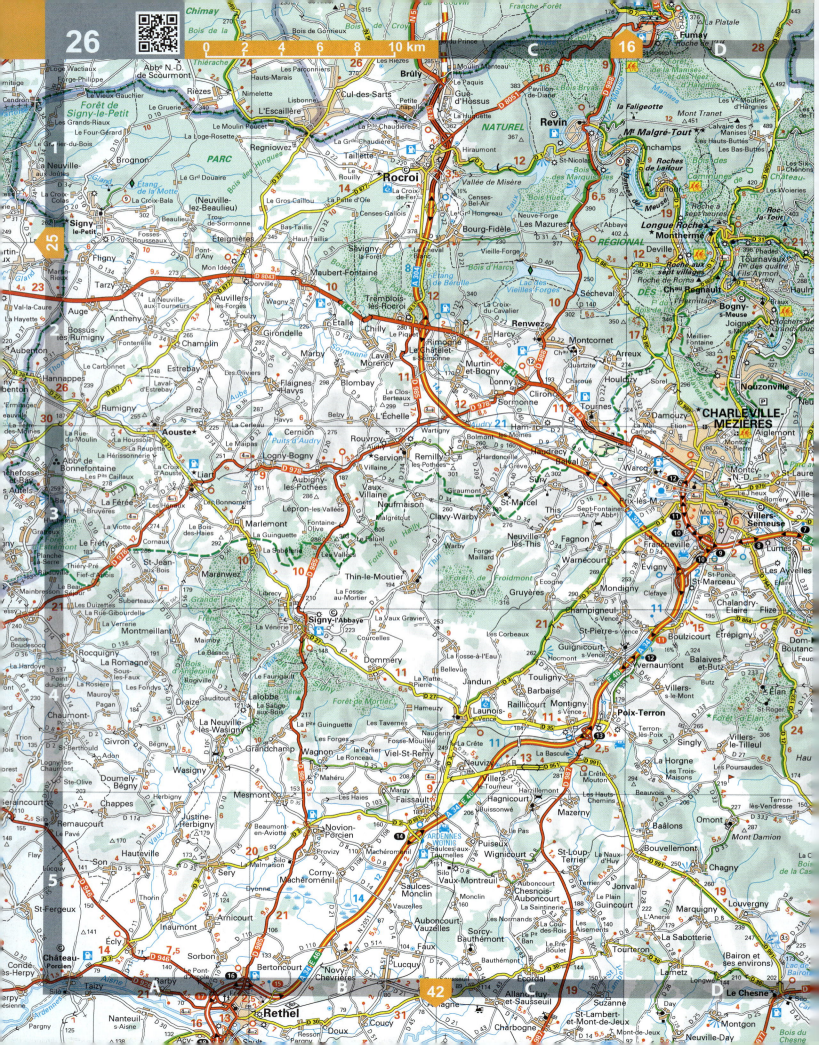

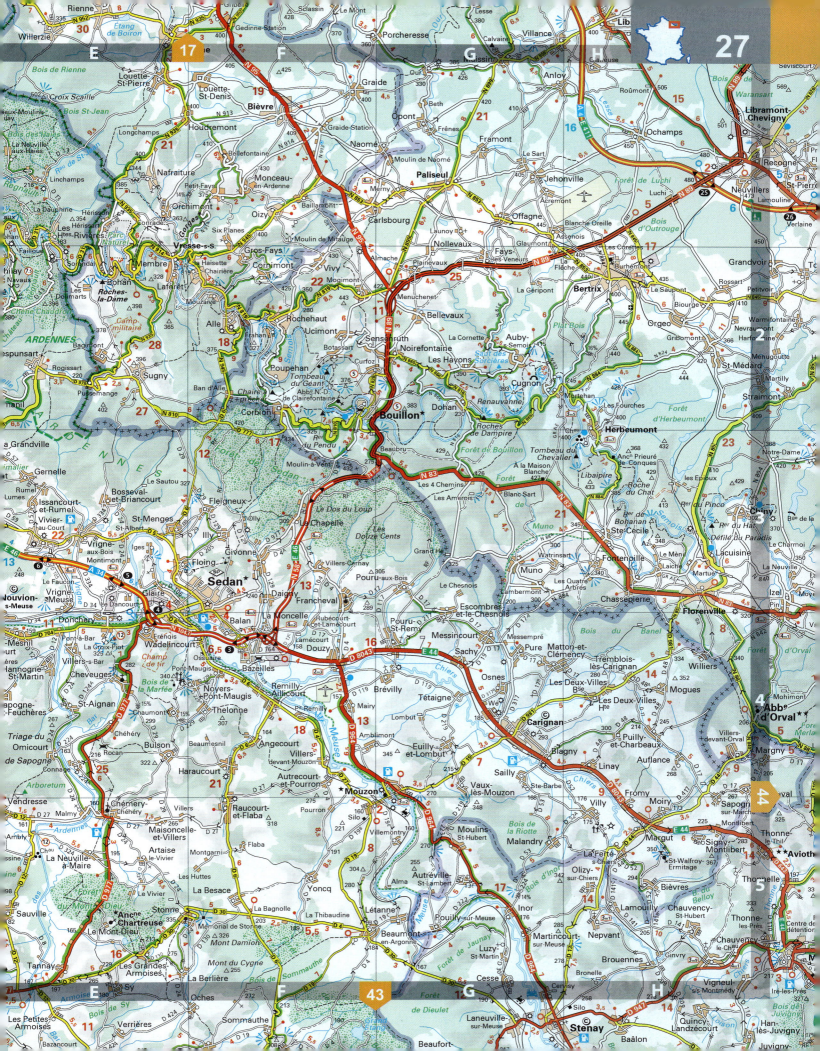

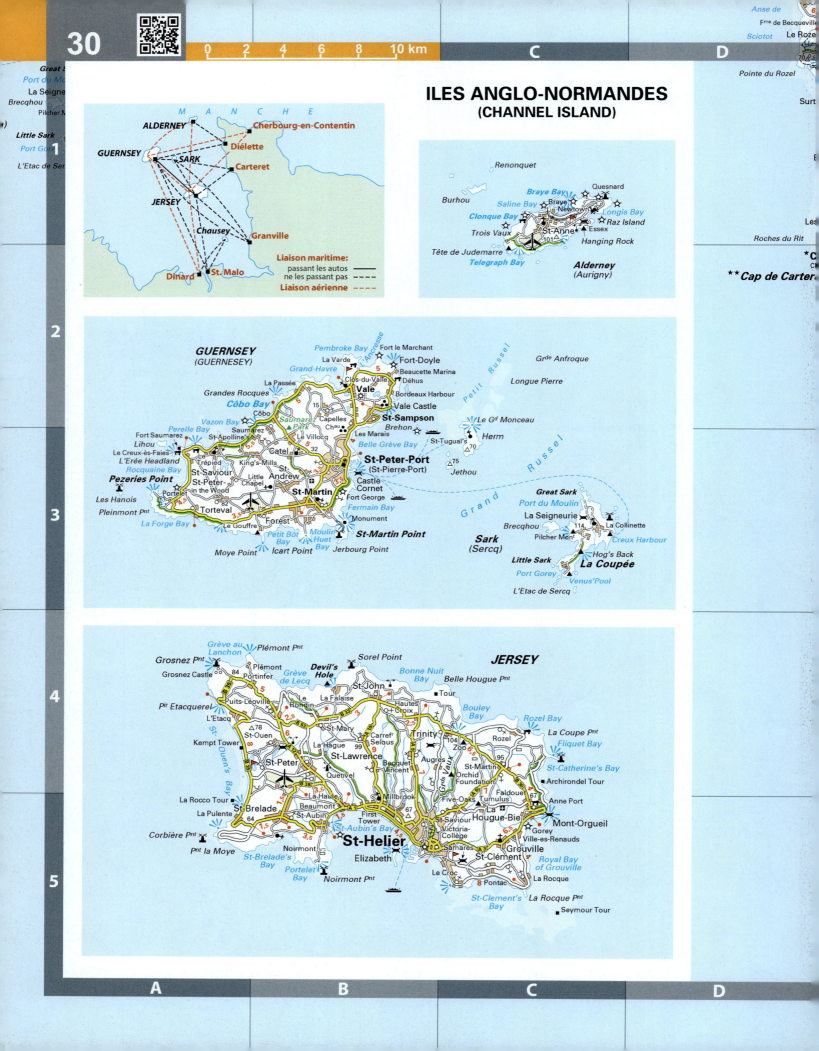

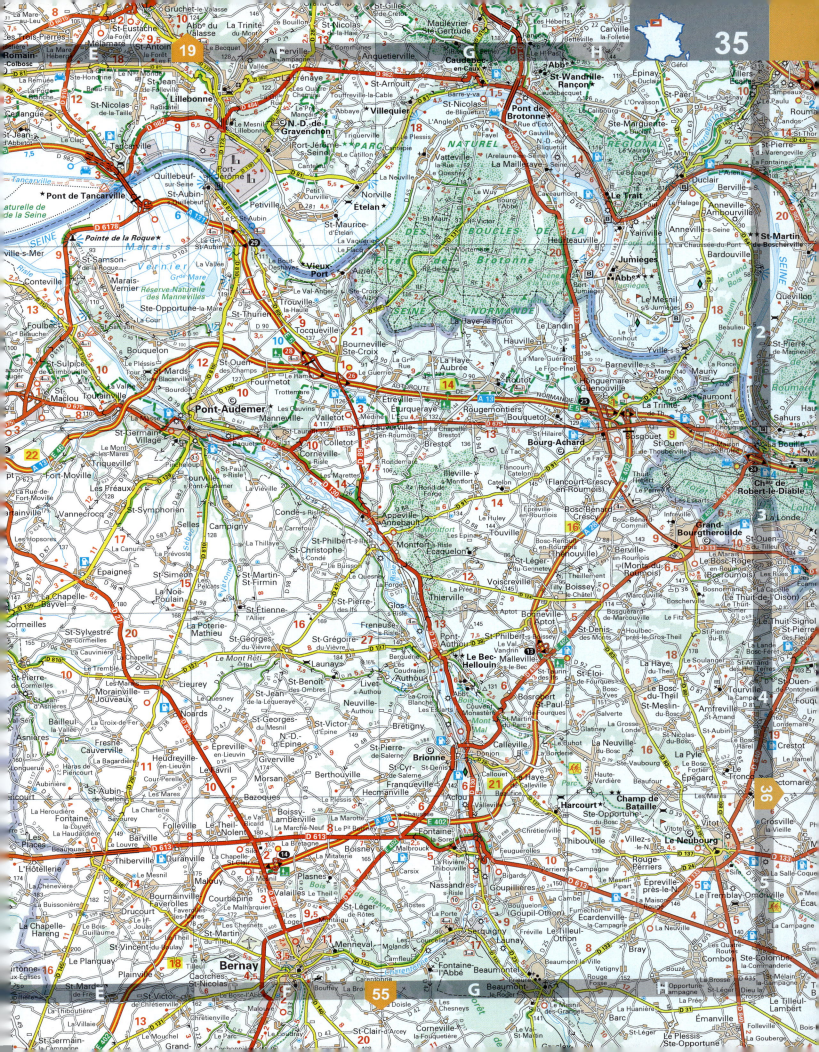

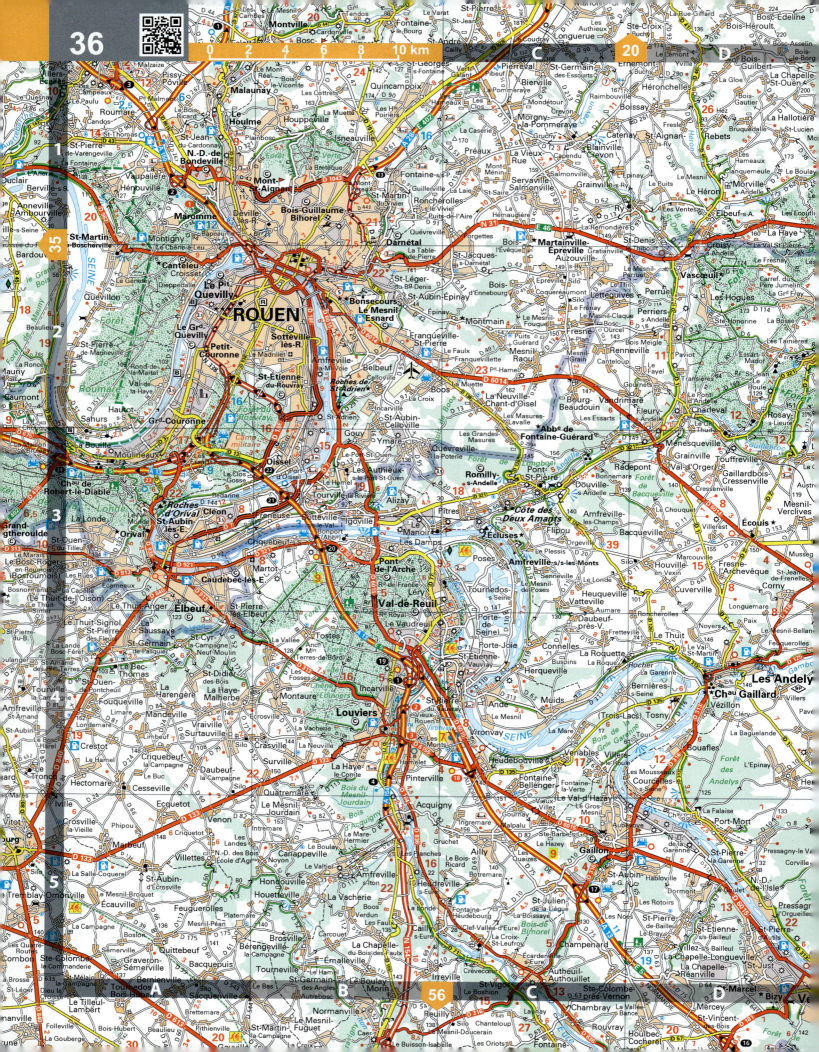

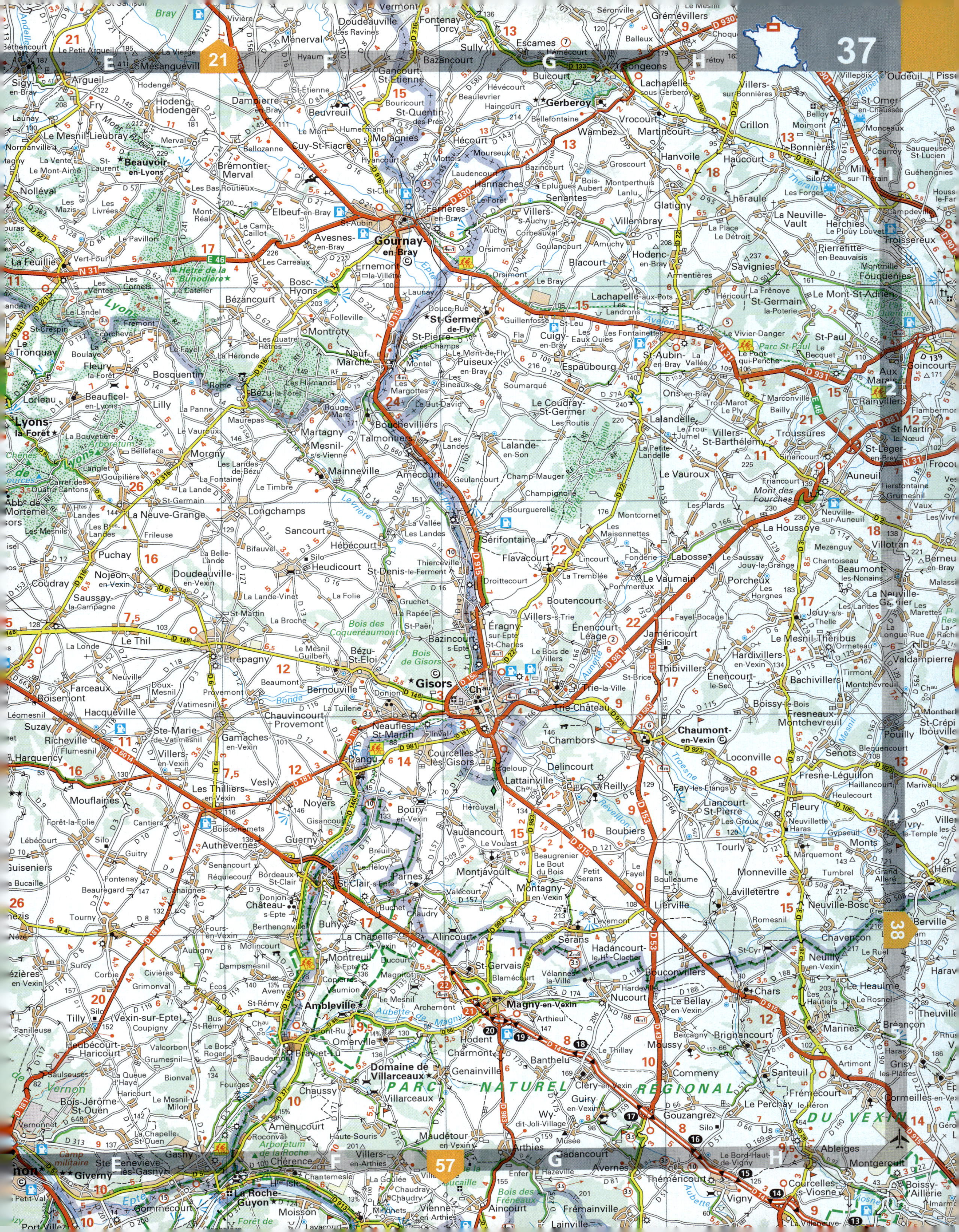

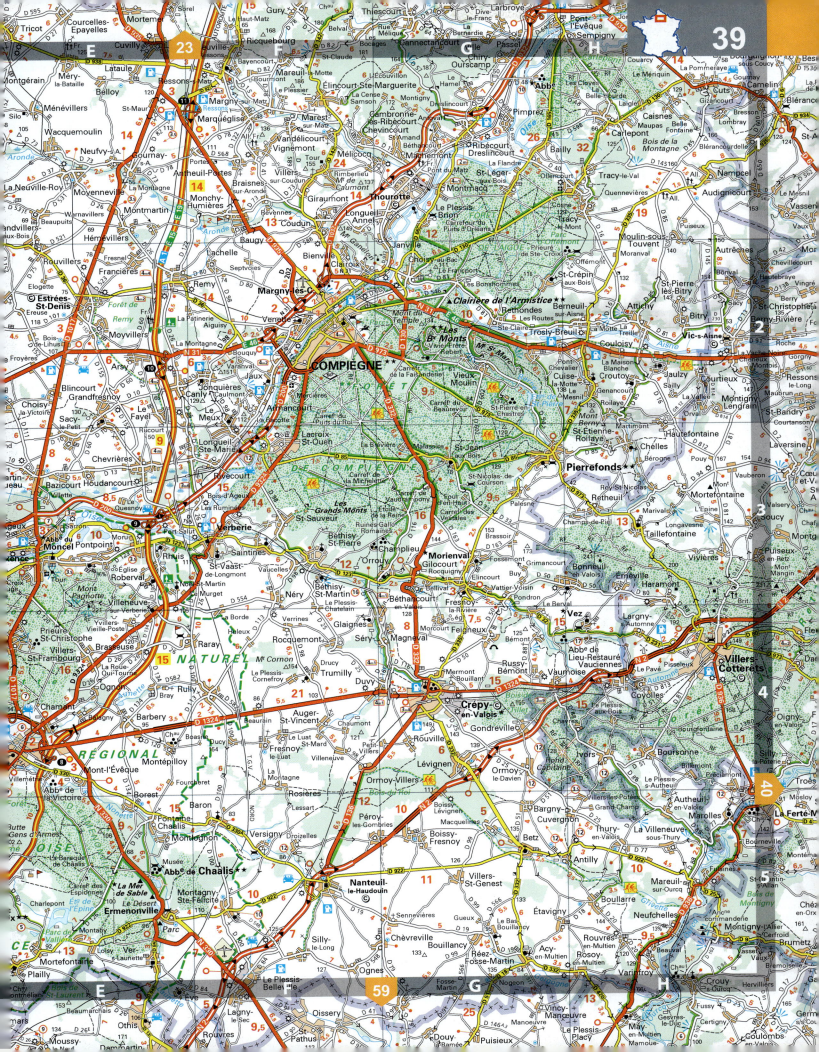

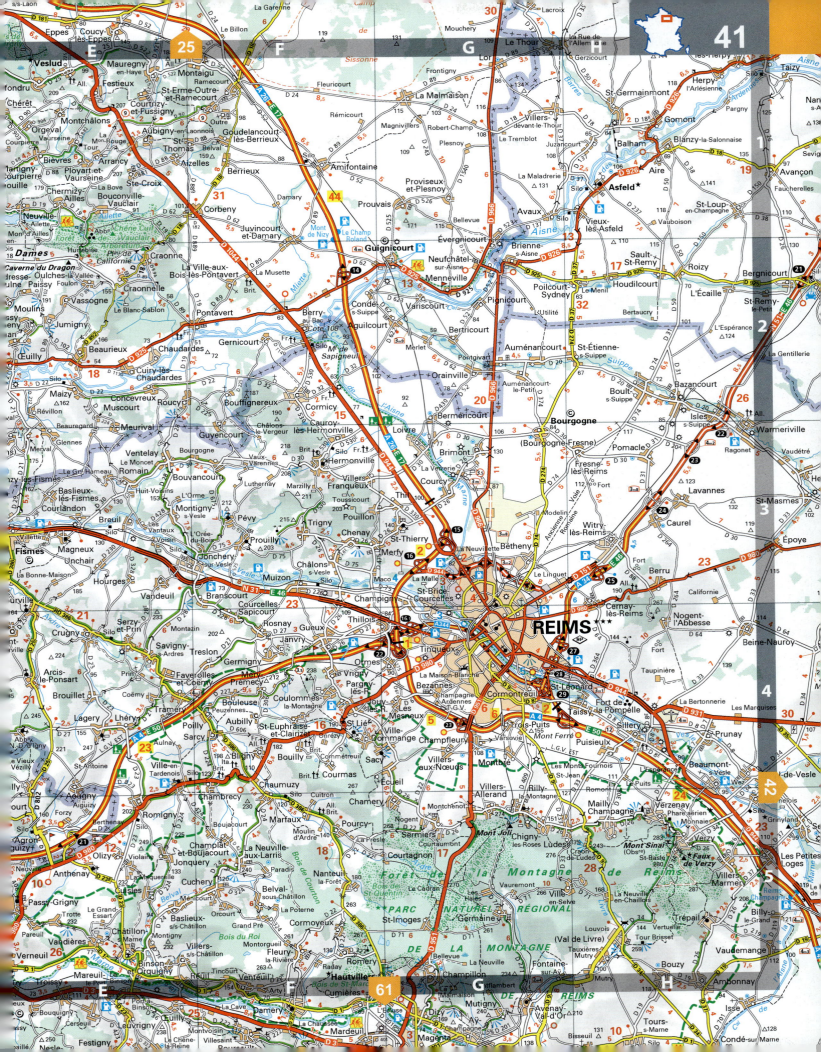

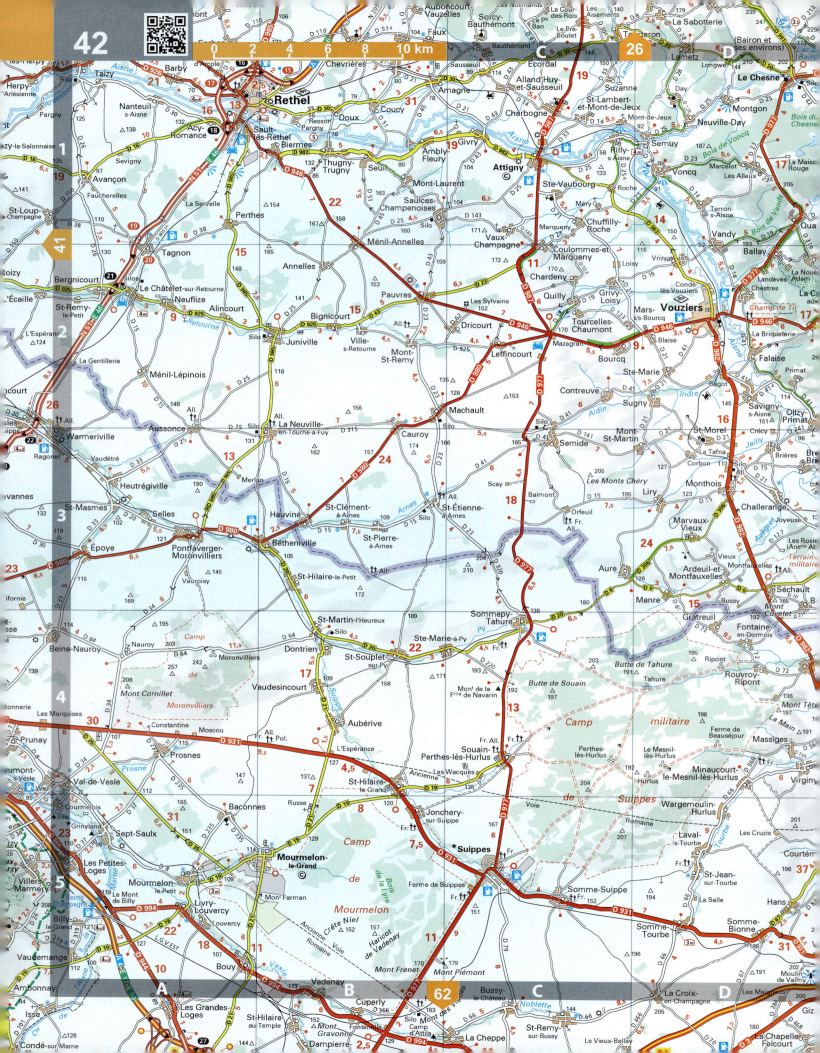

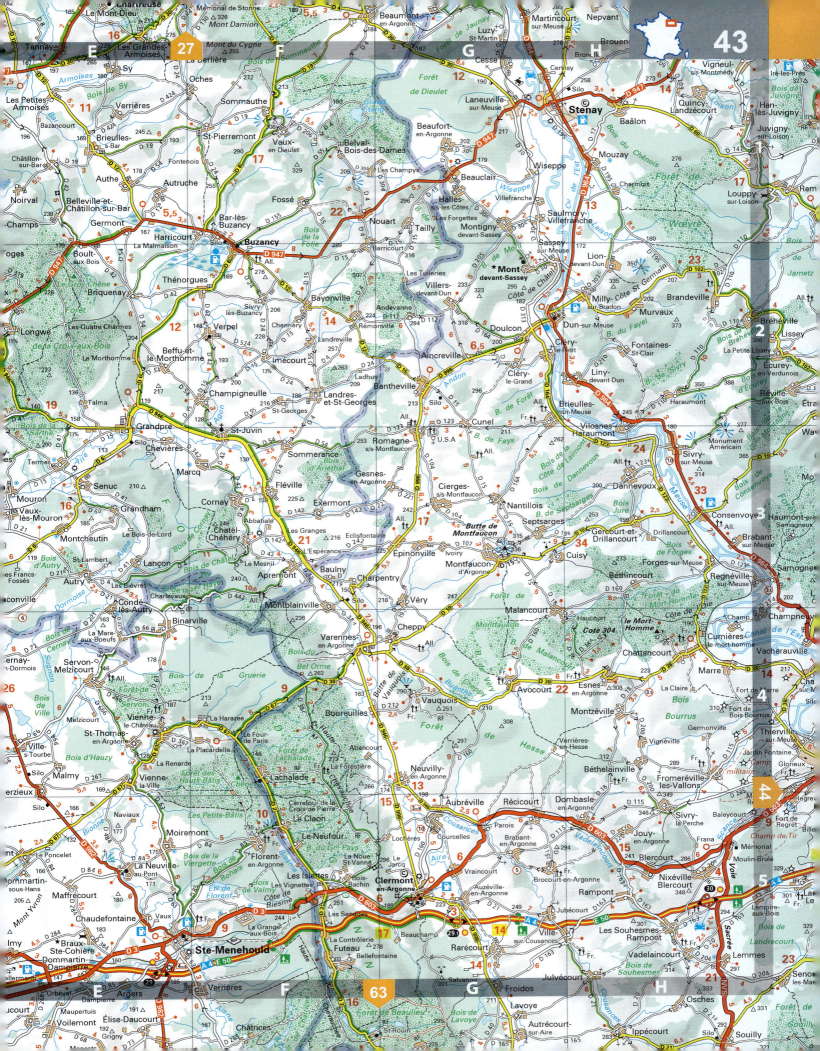

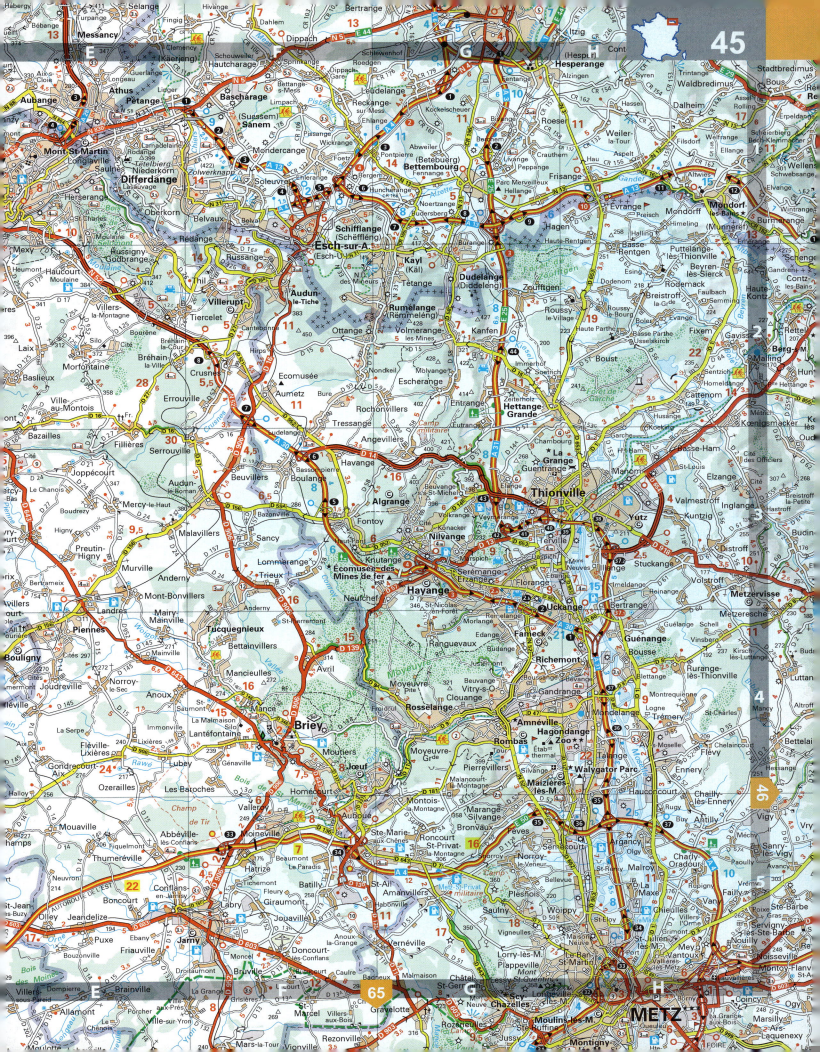

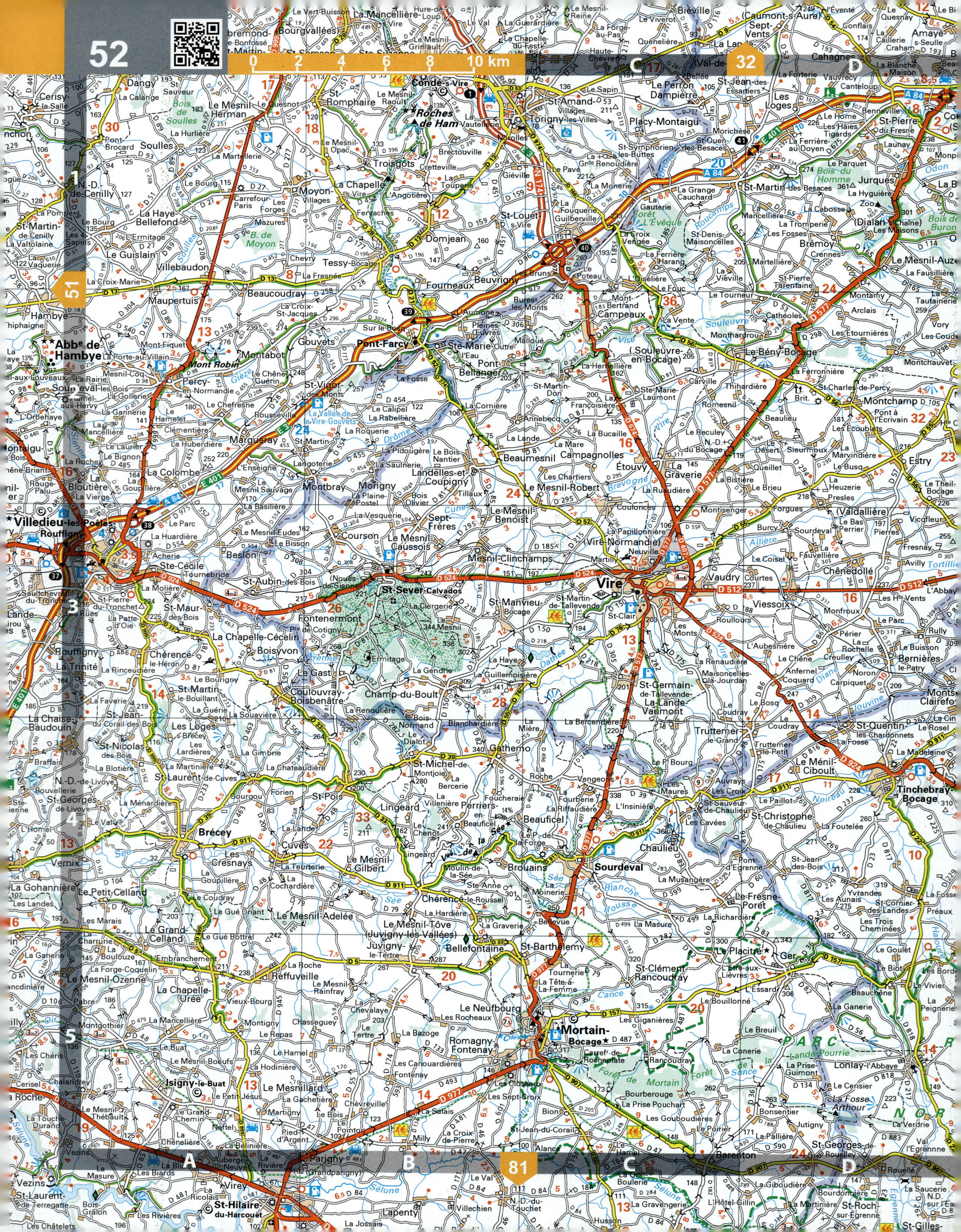

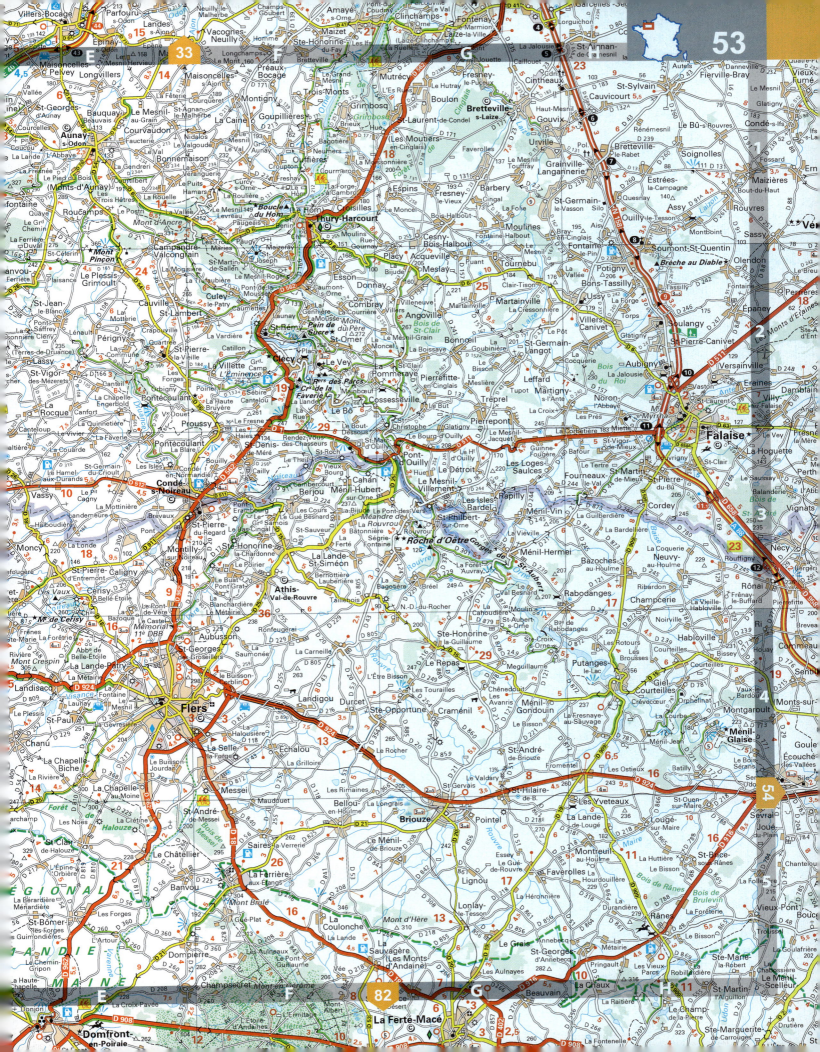

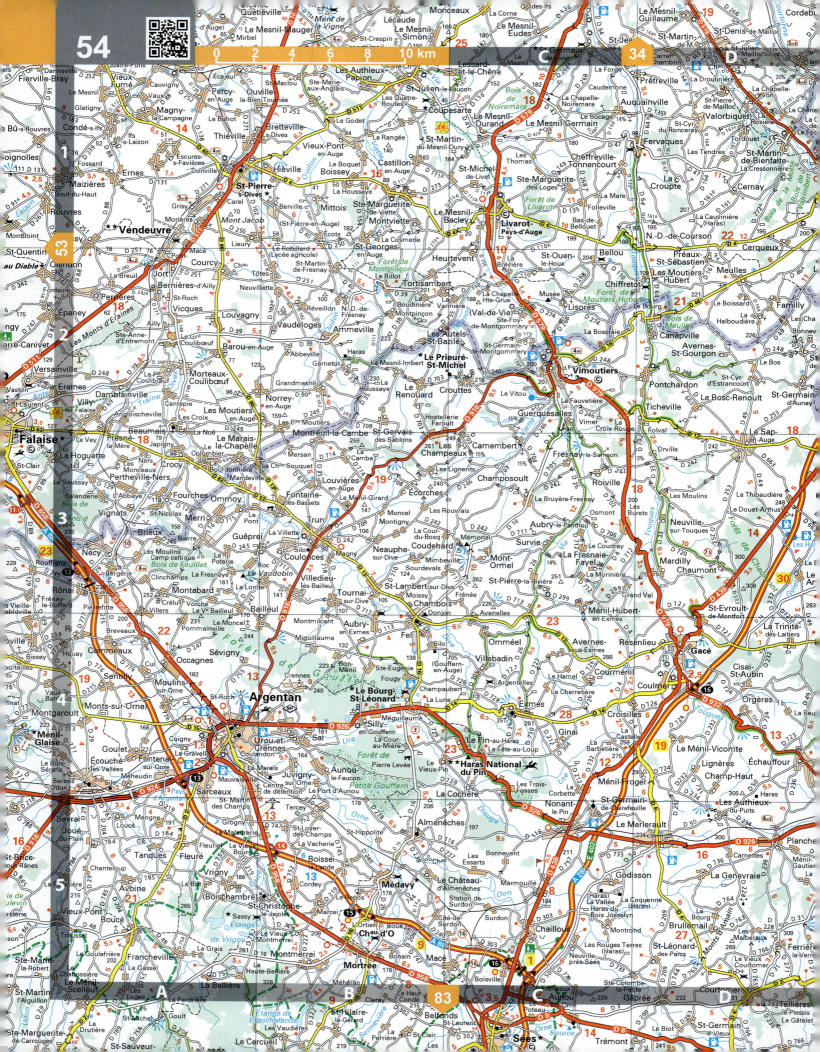

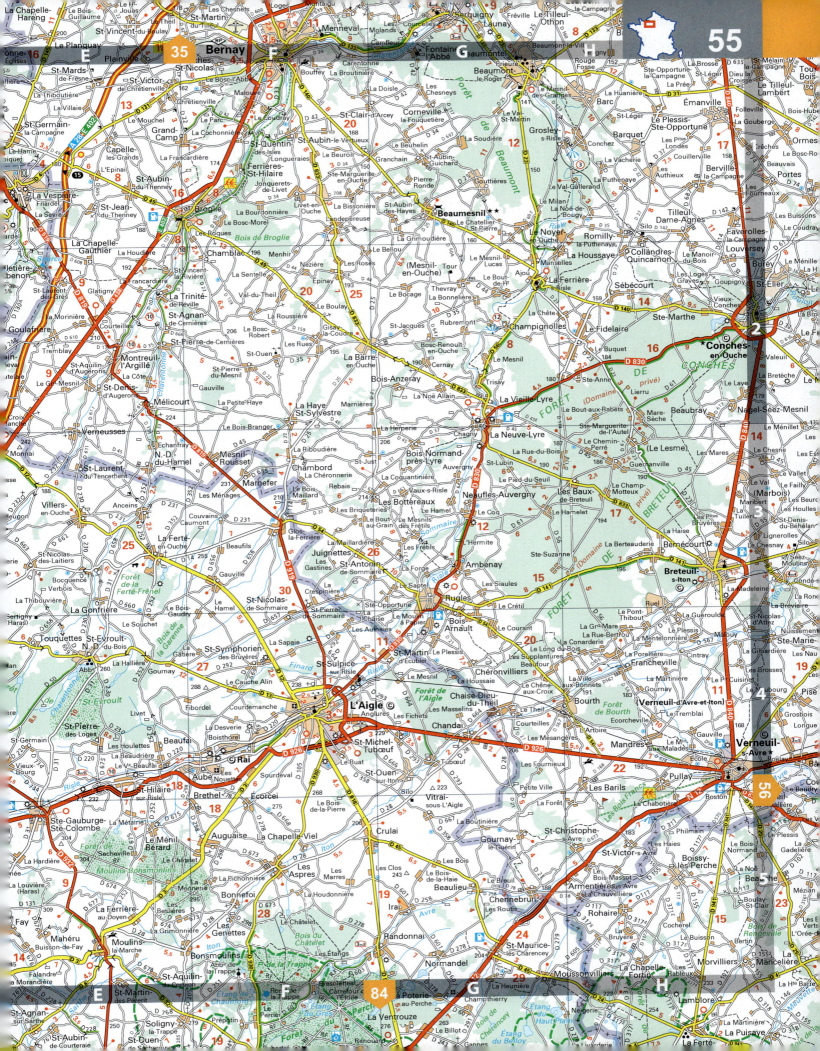

0 2 4 6 8 10 km
36
55
85
ÉVREUX
Dreux
Pacy-s-Eure
Conches-en-Ouche
Verneuil-s-Avre
Damville
St-André-de-l'Eure
Nonancourt
St-Lubin-des-Joncherets
Anet
Ivry-la-Bataille
Vernouillet
Tillières-s-Avre
Breteuil
Brezolles
Forêt d'Évreux
Forêt de Merey
Forêt d'Ivry
Forêt de Dreux
Bois de Brouillets
Bois de la Couture
Gravigny
Aulnay-s-Iton
Angerville-la-Campagne
Grossœuvre
Chavigny-Bailleul
Marcilly-sur-Eure
Ézy-s-Eure
Garancières-en-Drouais
Châtaincourt
Laons
Crucey-Villages
Saulnières
St-Ange-et-Torçay
Louvilliers-lès-Perche
Maillebois
La Saucelle
Manceliere
Rueil-la-Gadelière
Courteilles
Bâlines
Piseux
Grandvilliers
Sylvains-les-Moulins
Corneuil
Moisville
Illiers-l'Évêque
Louye
Marcilly-la-Campagne
Coudres
Fresney
Foucrainville
Serez
Mousseaux-Neuville
Croth
Saussay
Boncourt
Abondant
Sorel-Moussel
Cherisy
Marville-Moutiers-Brûlé
Tréon
Aunay-s/s-Crécy
Crécy-Couvé
Allainville
Boissy-en-Drouais
Escorpain
Revercourt
Prudemanche
St-Lubin-de-Cravant
Montigny-sur-Avre
Fessanvilliers-Mattanvilliers
Normanville
Caugé
Parville
St-Sébastien-de-Morsent
Arnières-s-Iton
Guichainville
Le Vieil-Évreux
Miserey
Boncourt
Fauville
Huest
Caillouet-Orgeville
Aigleville
Chaignes
Douains
Ménilles
Gadencourt
Hécourt
Breuilpont
Bueil
Neuilly
Garennes-s-Eure
Champigny-la-Futelaye
Lignerolles
Mesnil-s-l'Estrée
Muzy
Montreuil
N 12
N 13
N 154
D 833
D 939
D 928

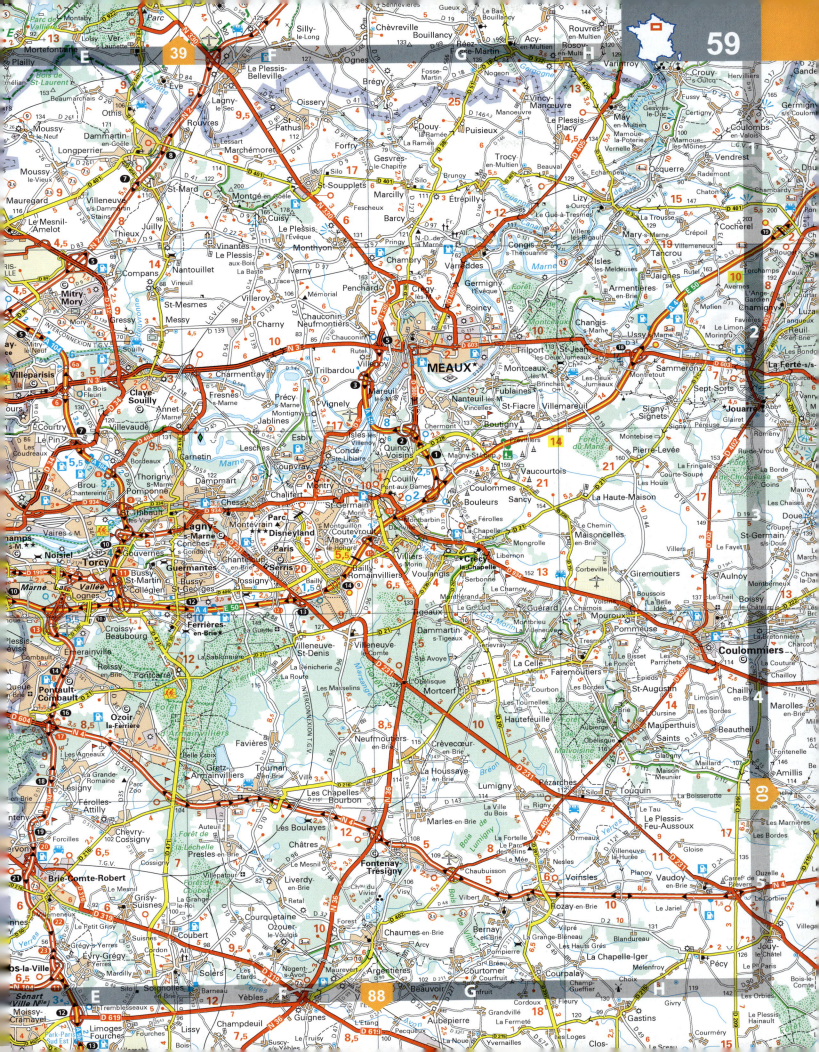

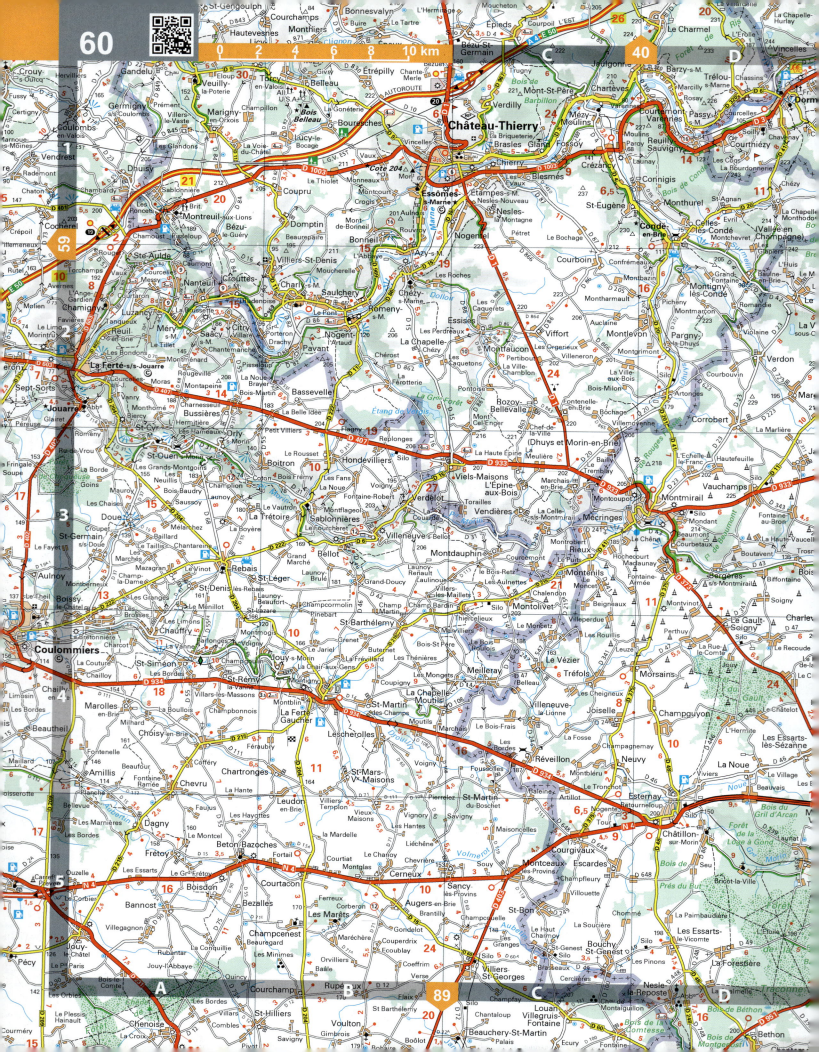

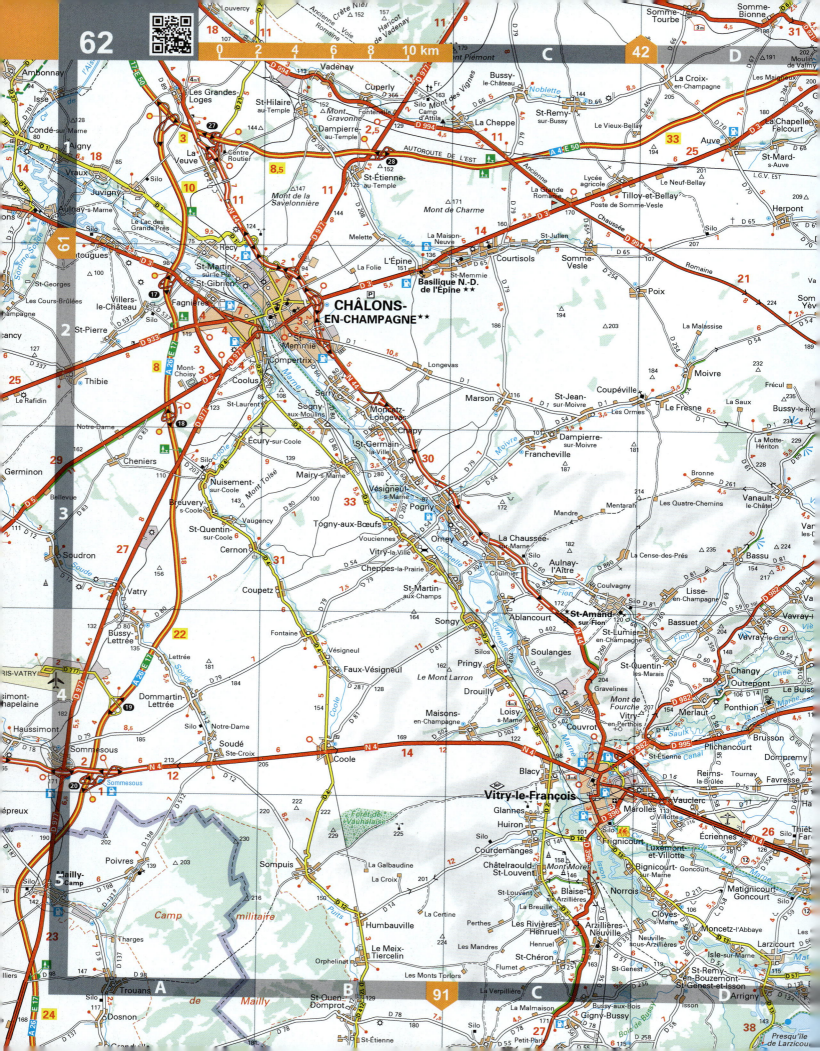

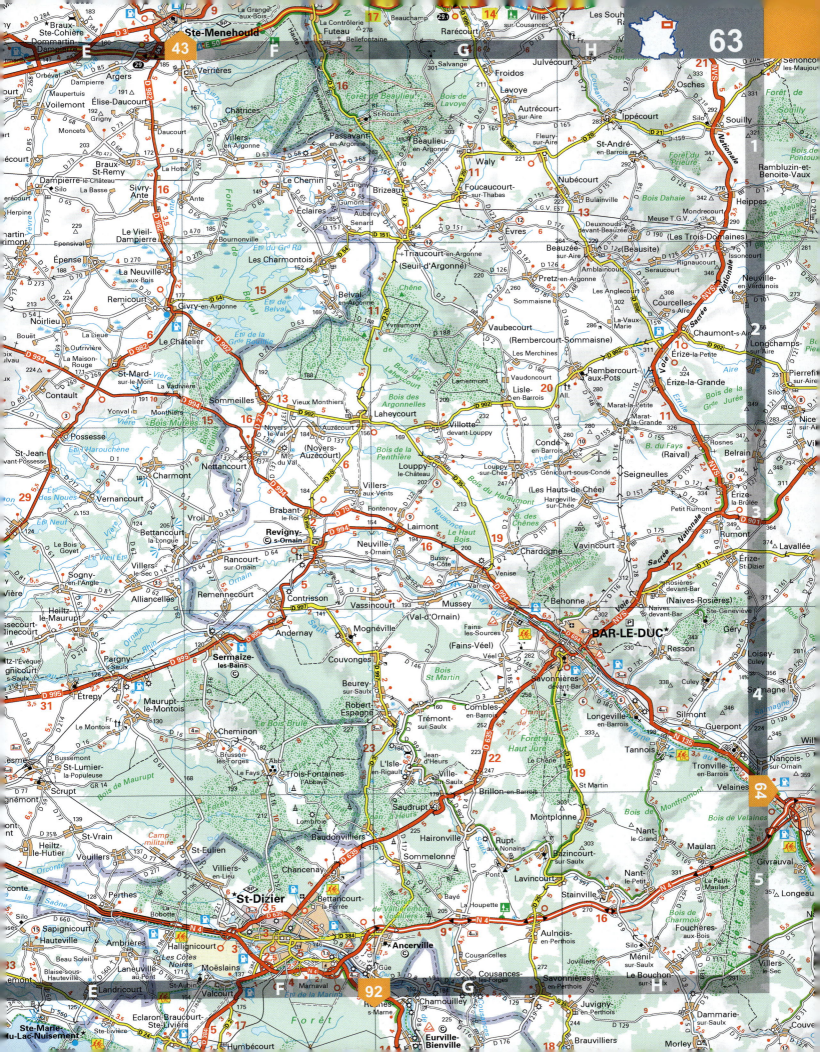

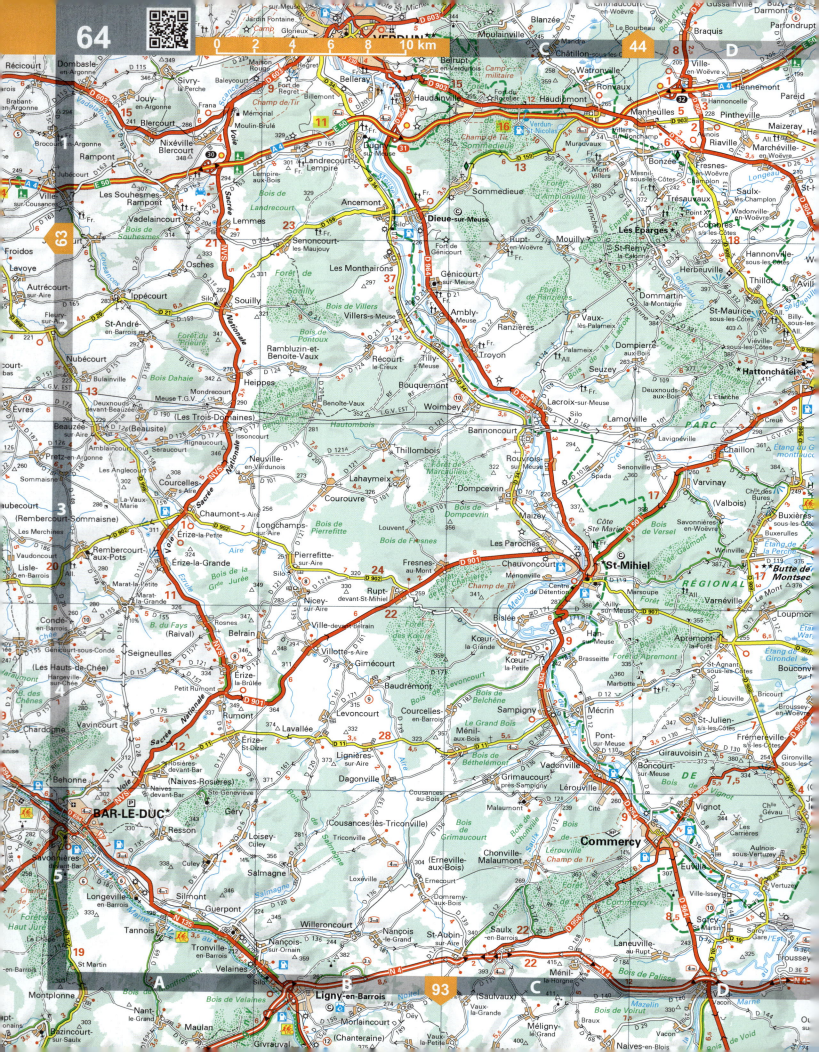

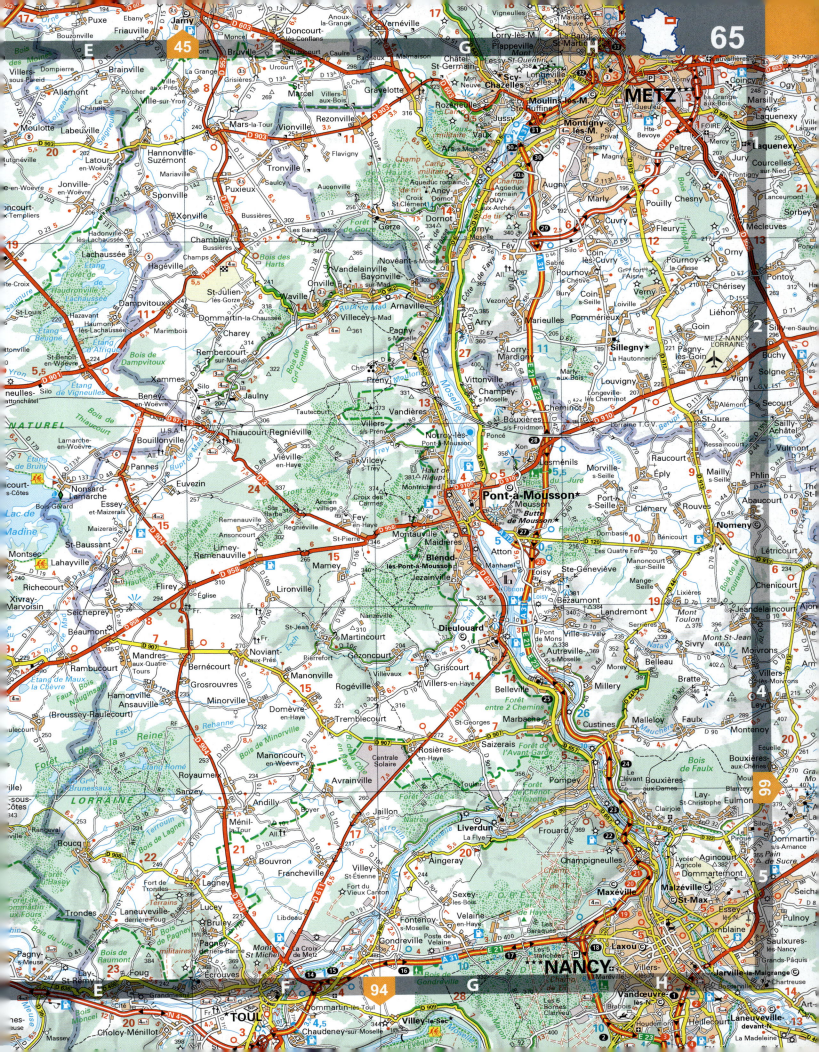

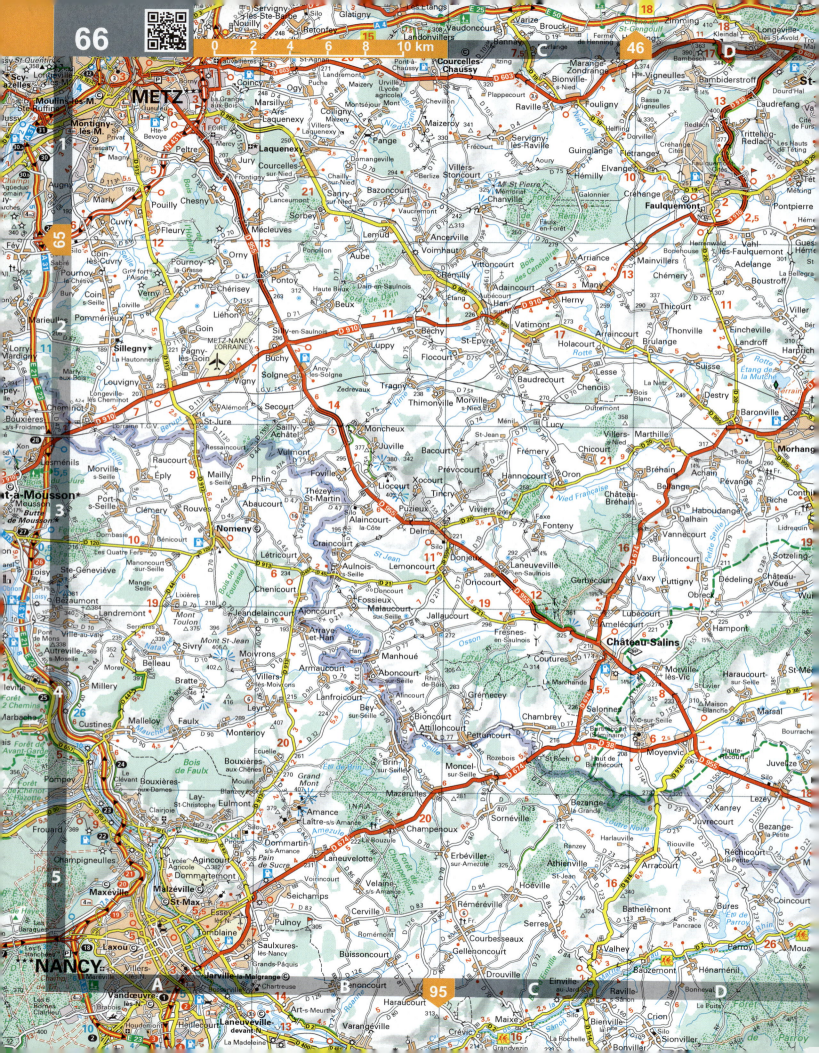

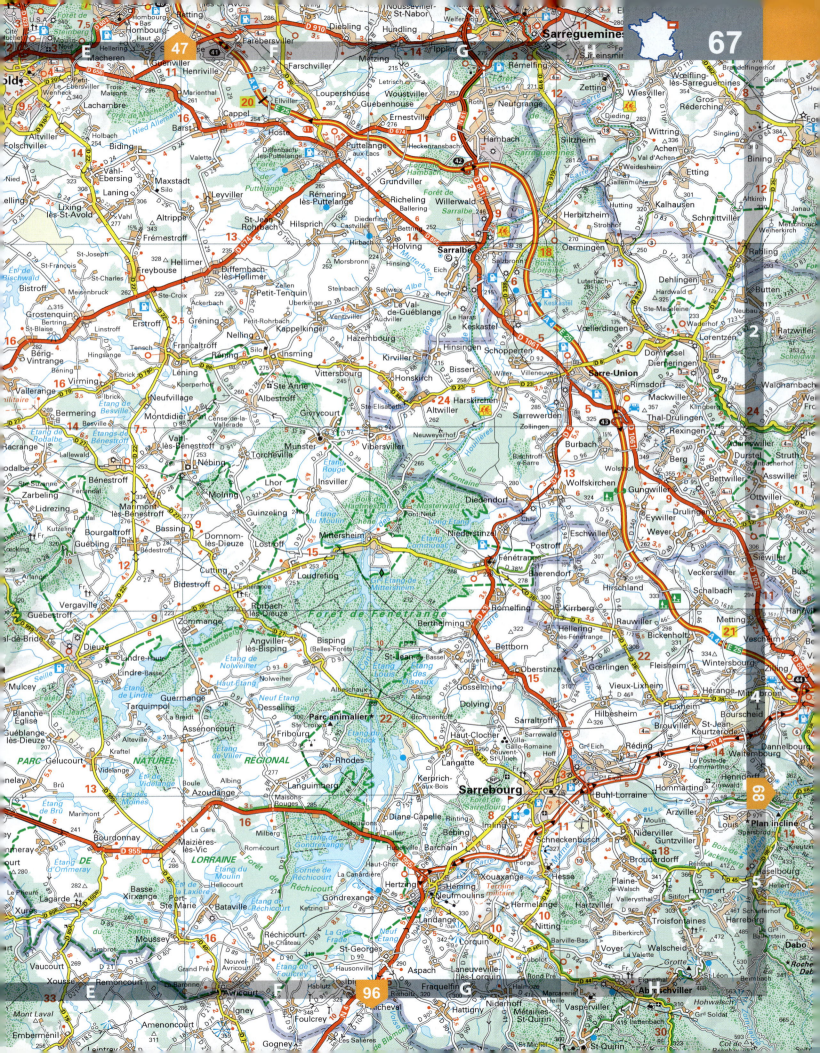

72
73
E
F
G
H
1
2
3
4
5
78
101
Guingamp
Plouaret
Le Vieux-Marché
Tregrom
Louargat
Plounévez-Moëdec
Belle-Isle-en-Terre
Loguivy-Plougras
Loc-Envel
Plougonver
Gurunhuel
Tréglamus
Pédernec
Ménez-Bré
Grâces
Plouisy
St-Laurent
Squiffiec
Trégonneau
Pabu
St-Agathon
Ploumagoar
Le Merzer
Bringolo
Goudelin
St-Jean-Kerdaniel
Plouagat
Châtelaudren
Moustéru
Coadout
Kerambellec
Dourdu
Coat-Guégan
Bourbriac
St-Adrien
Avaugour
Bois d'Avaugour
Bois de Kerauffret
Bois de Coat-Liou
St-Péver
N.-D. de Restudo
St-Fiacre
Bois Meur
Plésidy
Senven-Léhart
St-Connan
St-Gildas
Le Leslay
Boquého
Cohiniac
Pont-Melvez
Bulat-Pestivien
Pestivien
Étang du Blavet
Kerien
Magoar
Kerpert
St-Gilles-Pligeaux
Maël-Pestivien
Callac
St-Servais
Duault
Calanhel
La Chapelle-Neuve
Peumerit-Quintin
Lanrivain
Trémargat
Gorges de Toul-Goulic
Gorges du Corong
St-Nicodème
Forêt de Coat-an-Hay
Coat-an-Noz
Locarn
Kergrist-Moëlou
St-Nicolas-du-Pélem
Canihuel
Étang Beaucours
Étang Pelinec
Le Haut-Corlay
Corlay
Le Vieux-Bourg
Le Bodéo
La Harmoye
Maël-Carhaix
Plounévez-Quintin
St-Lubin
Rostrenen
Paule
Glomel
Plouguernével
Gouarec
Laniscat
St-Igeaux
Ste-Tréphine
Plussulien
St-Mayeux
St-Gilles-Vieux-Marché
Caurel
St-Gelven
Gorges du Daoulas
Lac de Guerlédan
Mûr-de-Bretagne
(Guerlédan)
Bon-Repos
(Bon-Repos-s-Blavet)
Forêt de Quénécan
Les Forges des Salles
Perret
Plélauff
Mellionnec
Lescouët-Gouarec
Silfiac
Ste-Brigitte
St-Aignan
La Trinité-Langonnet
Plouray
Kergrist
St-Connec
N 12
E 50
N 164
D 787
D 767
D 790
D 9
Station Climatologique

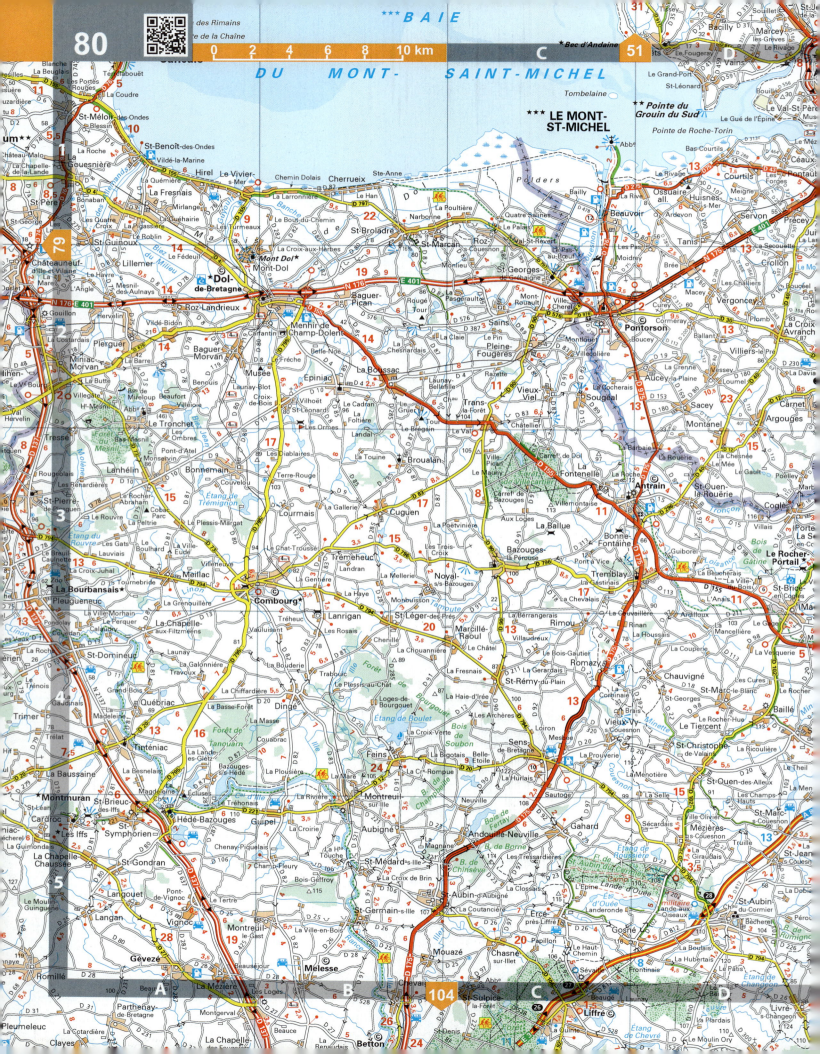

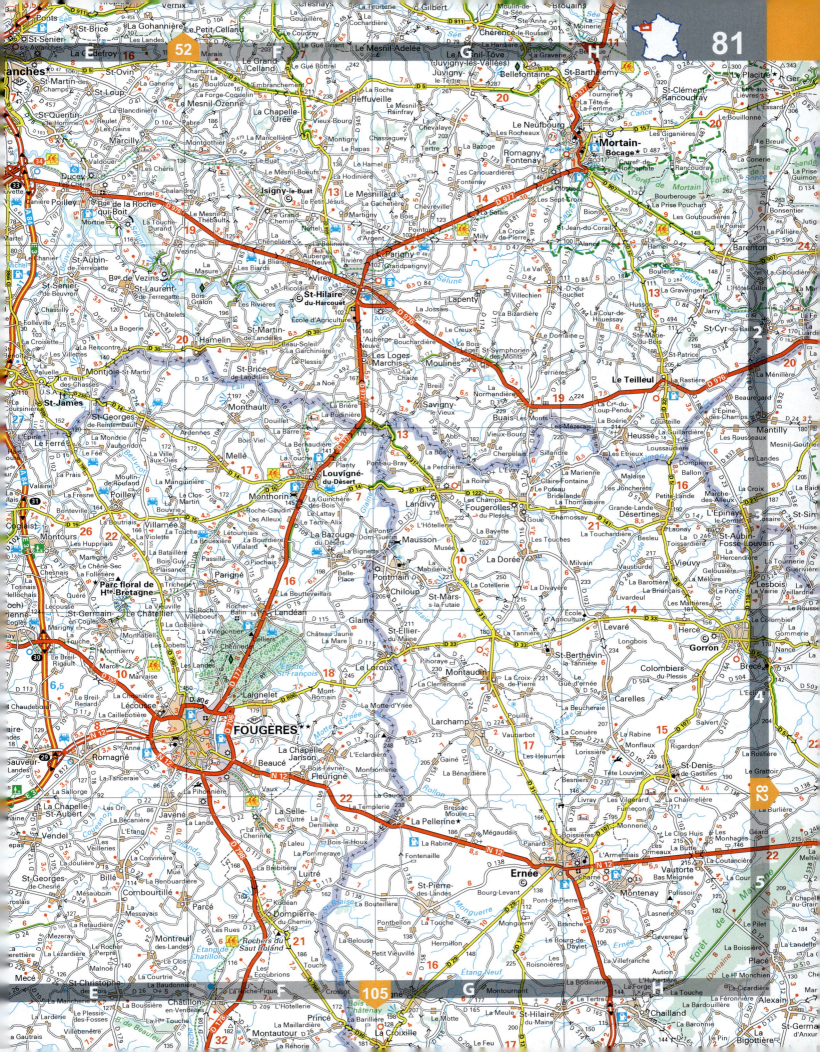

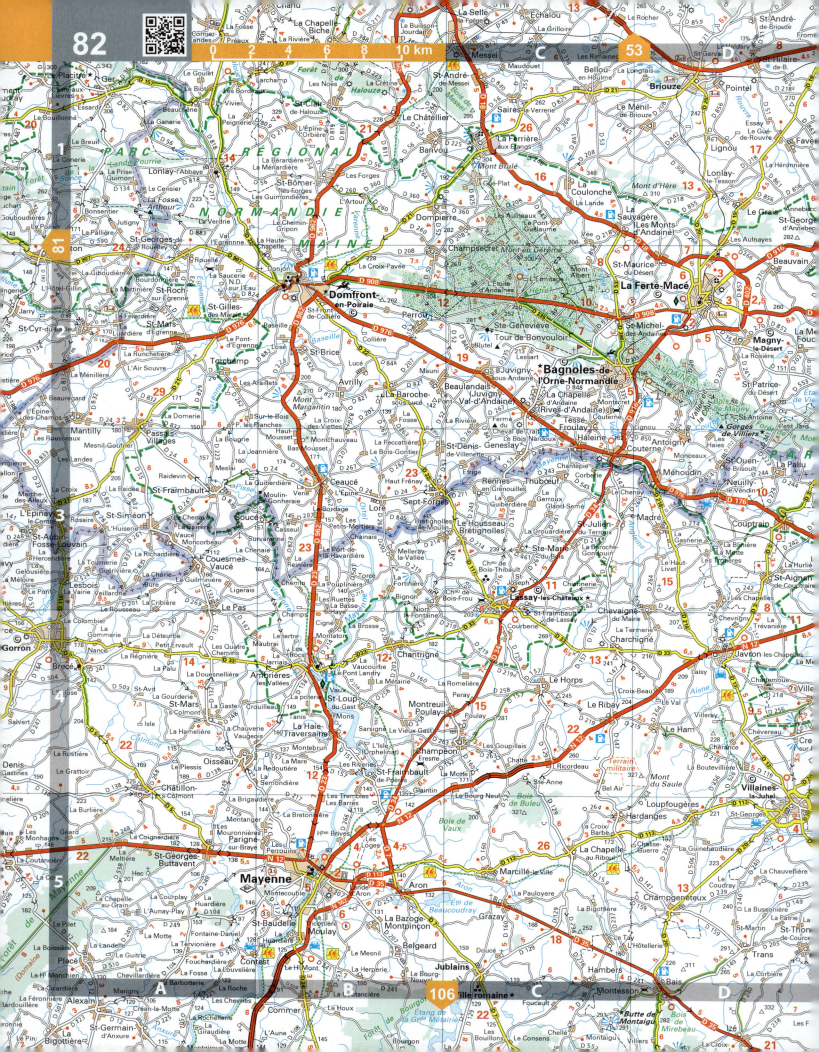

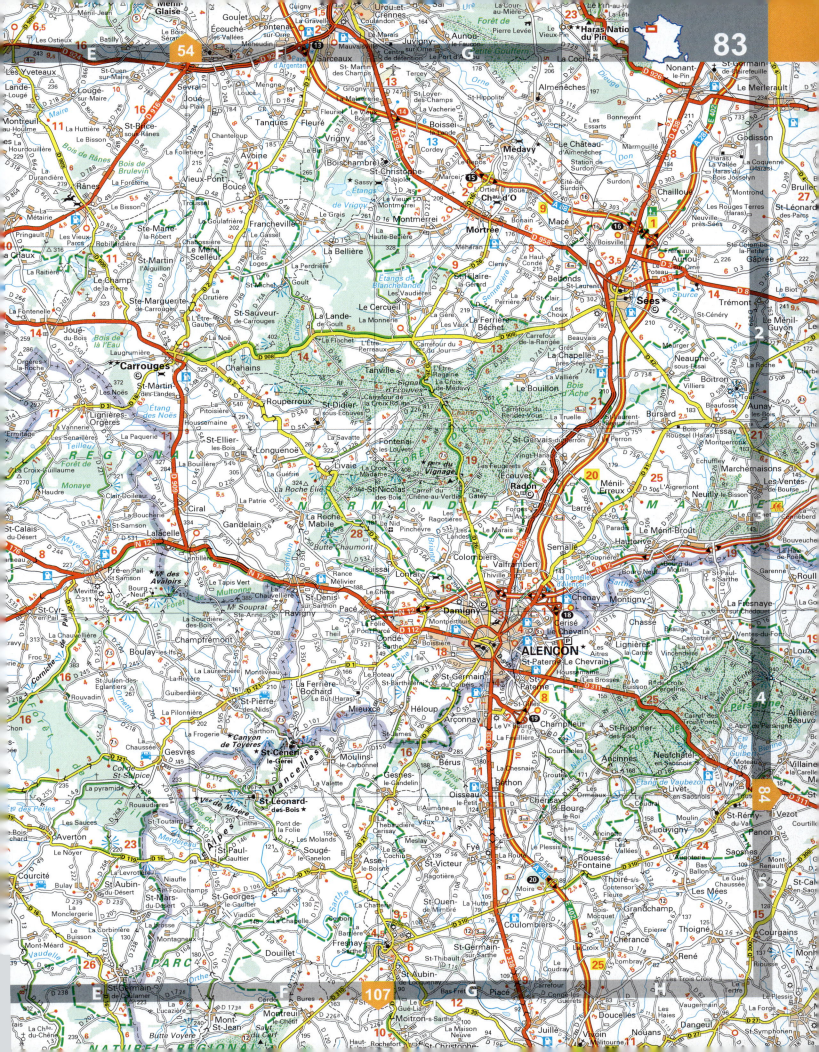

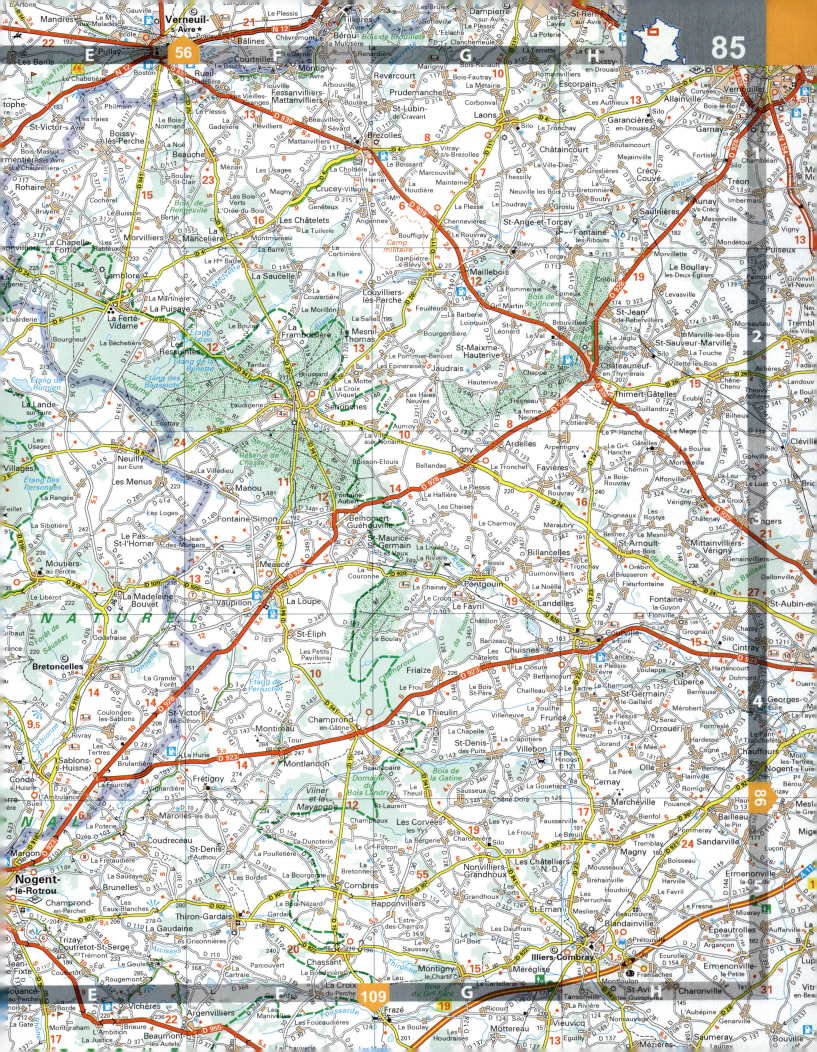

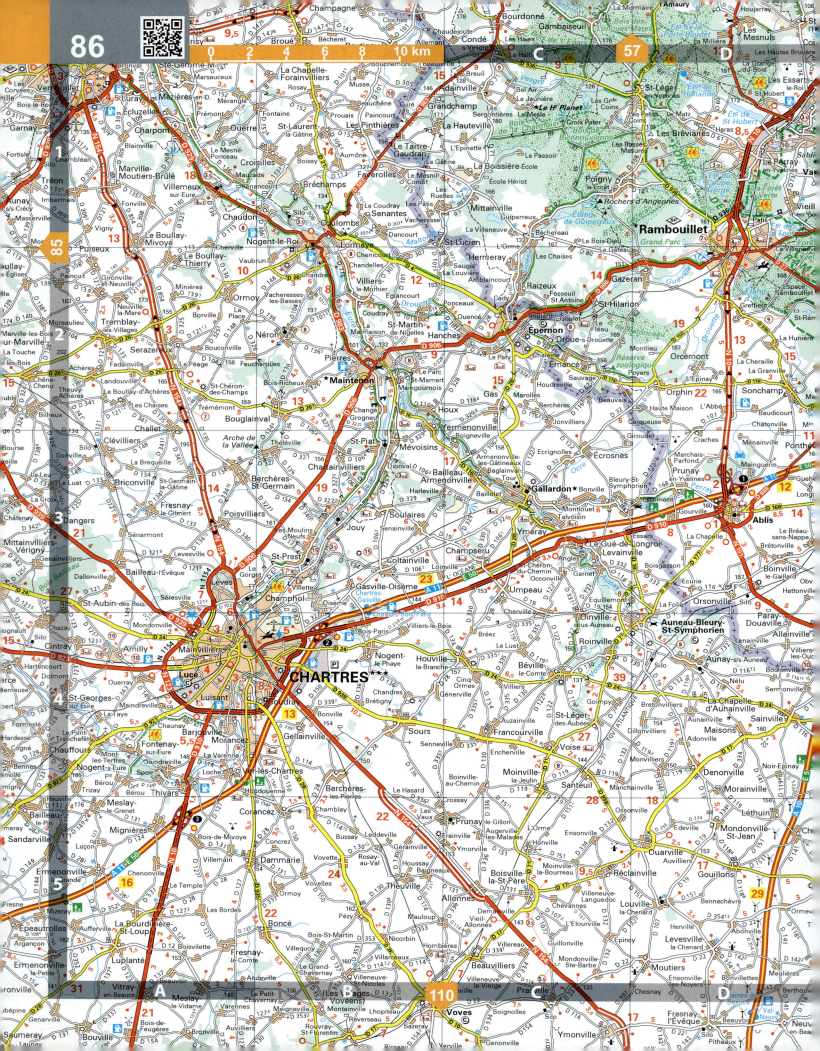

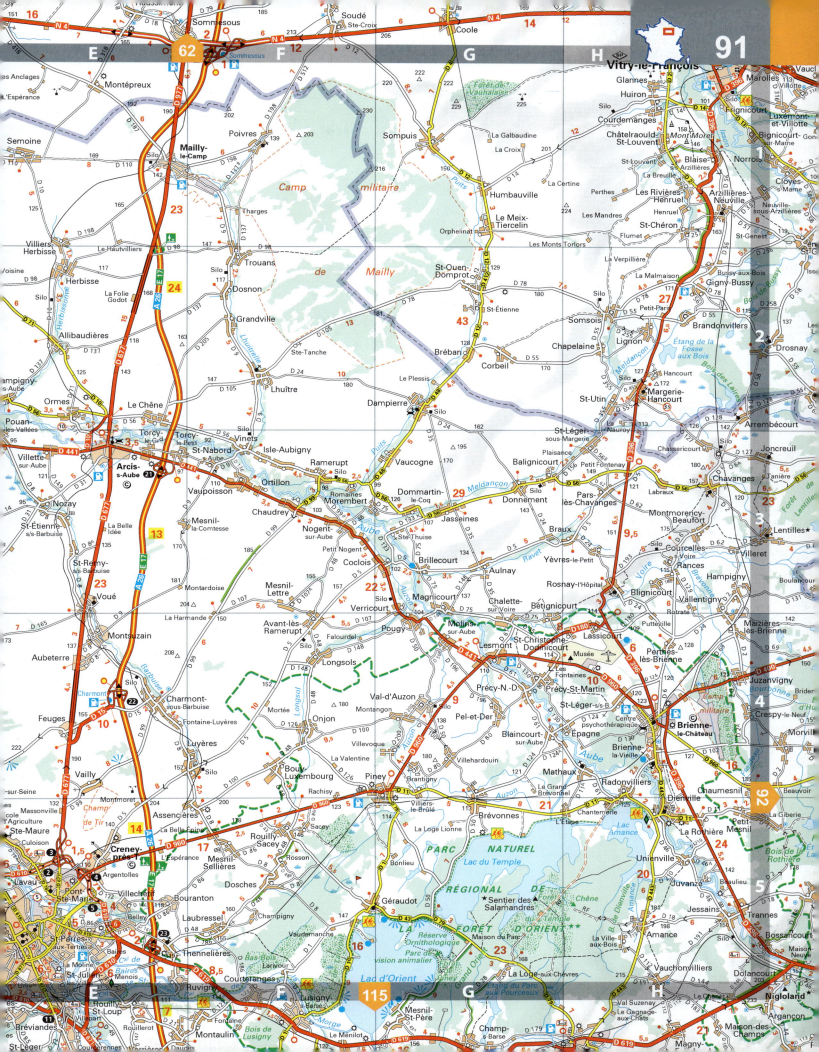

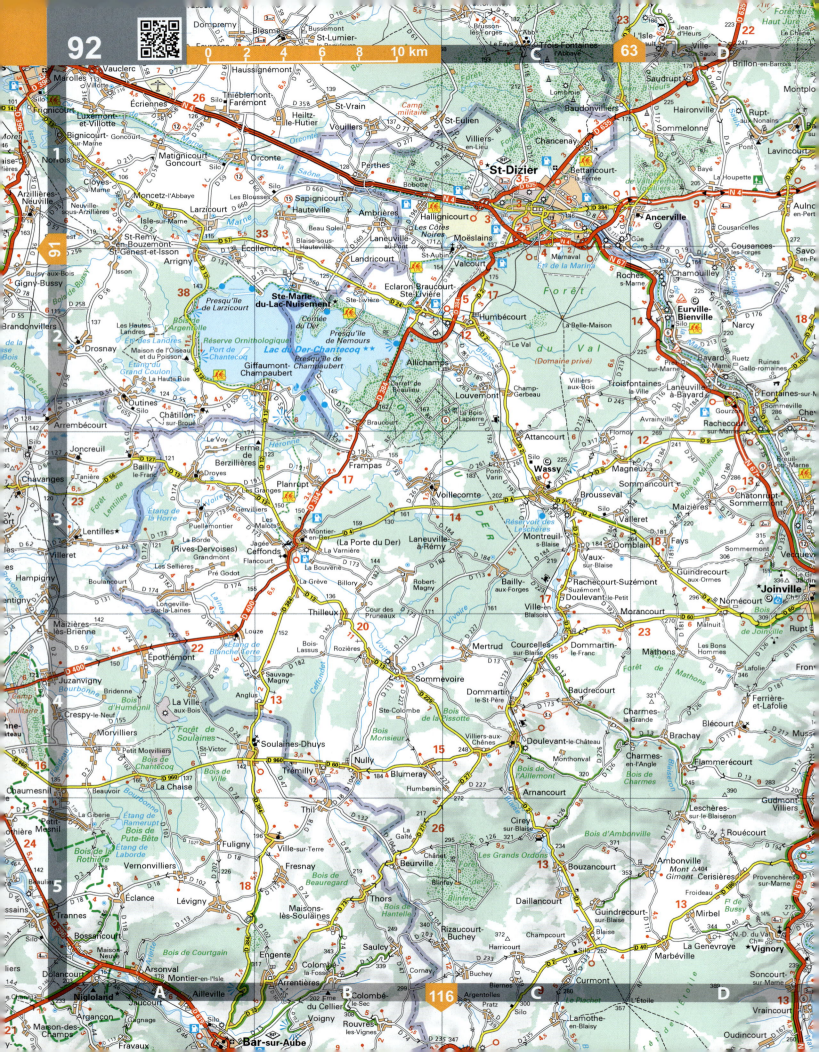

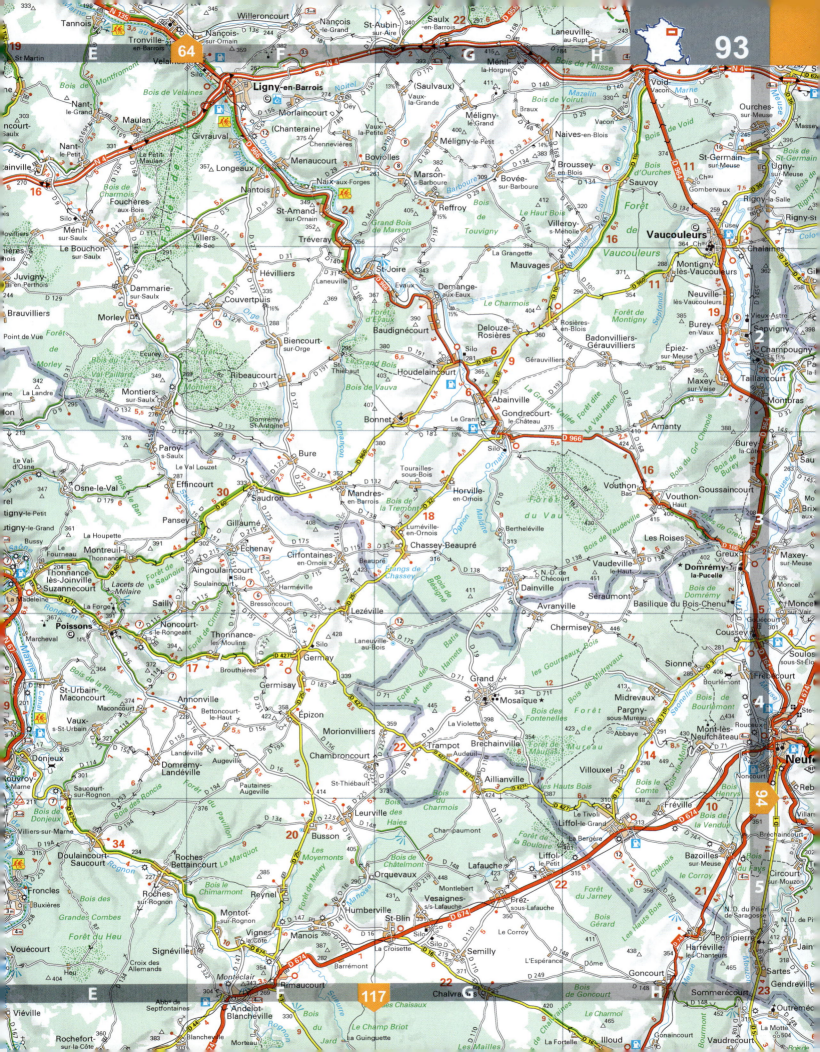

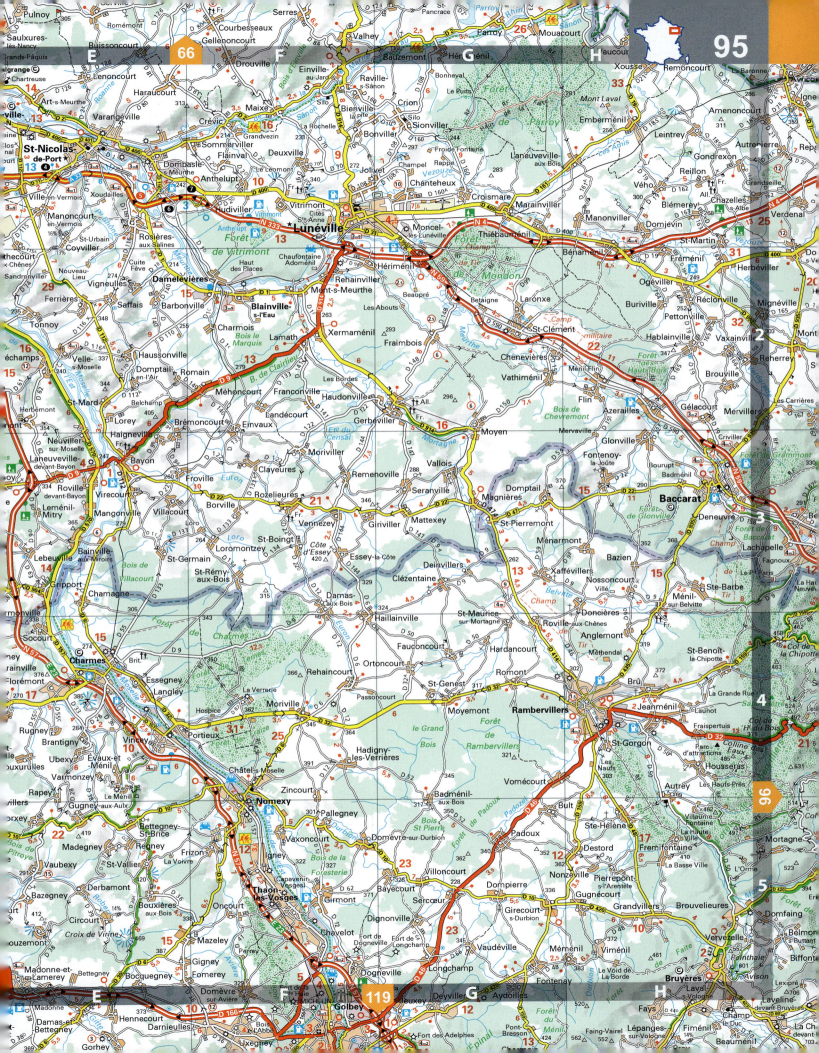

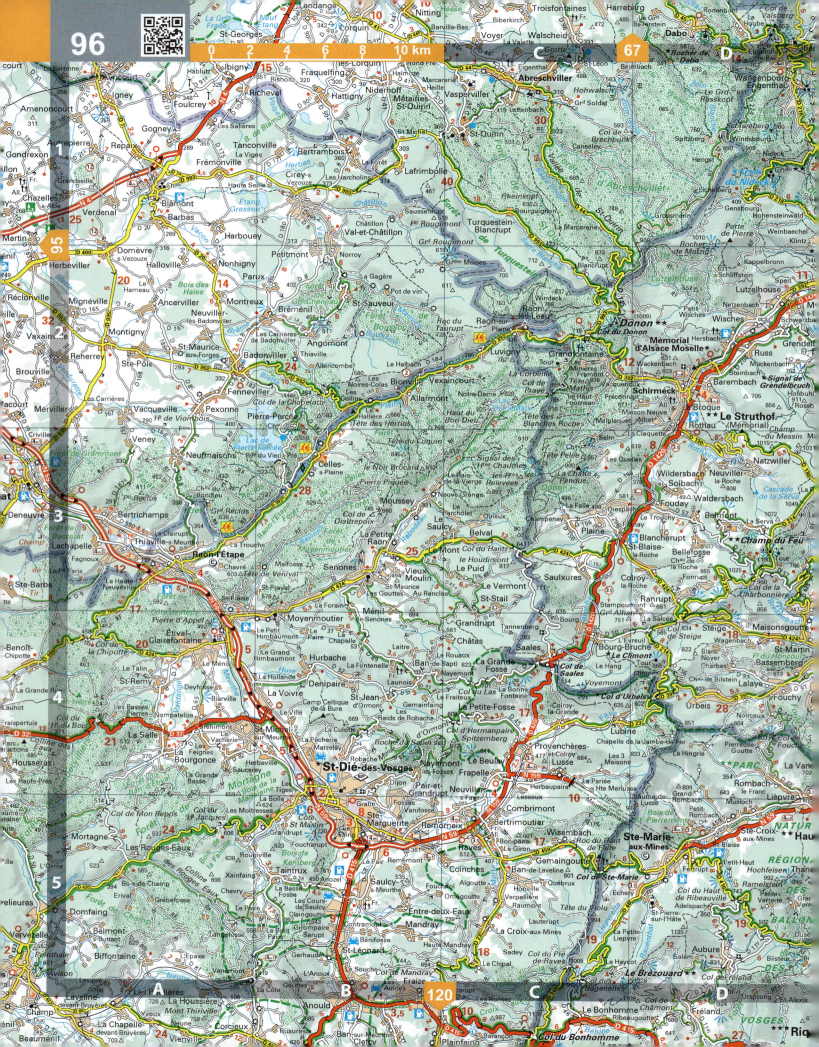

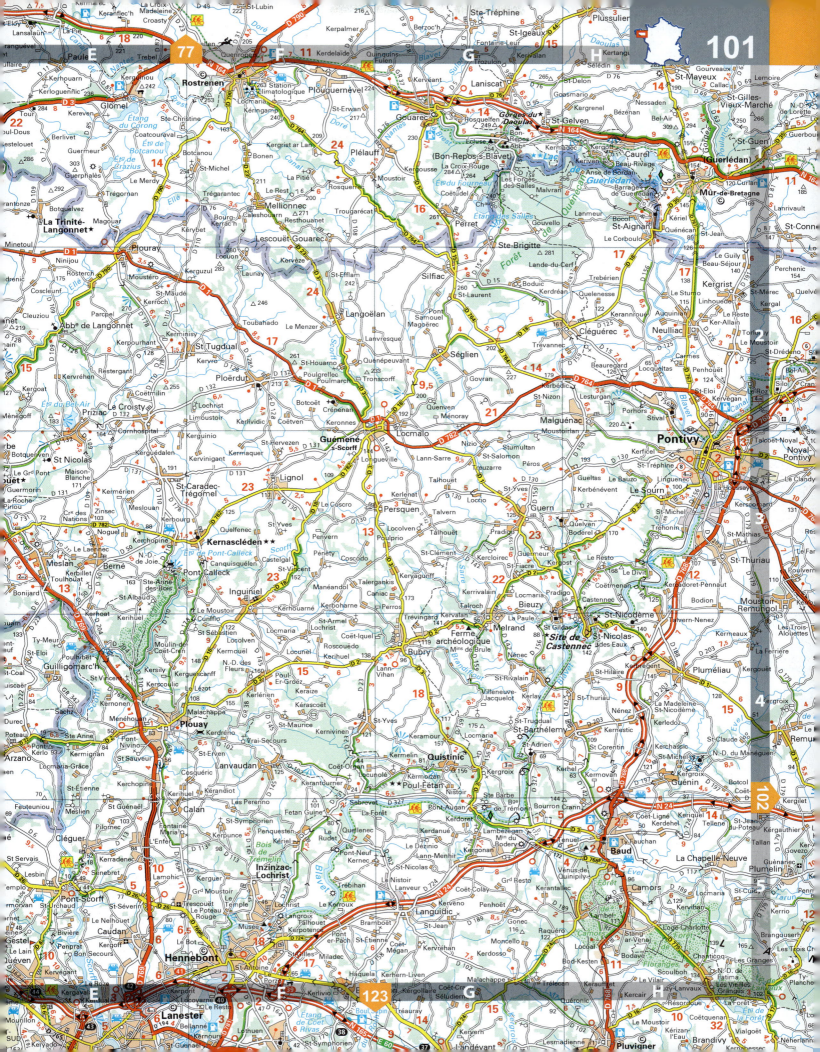

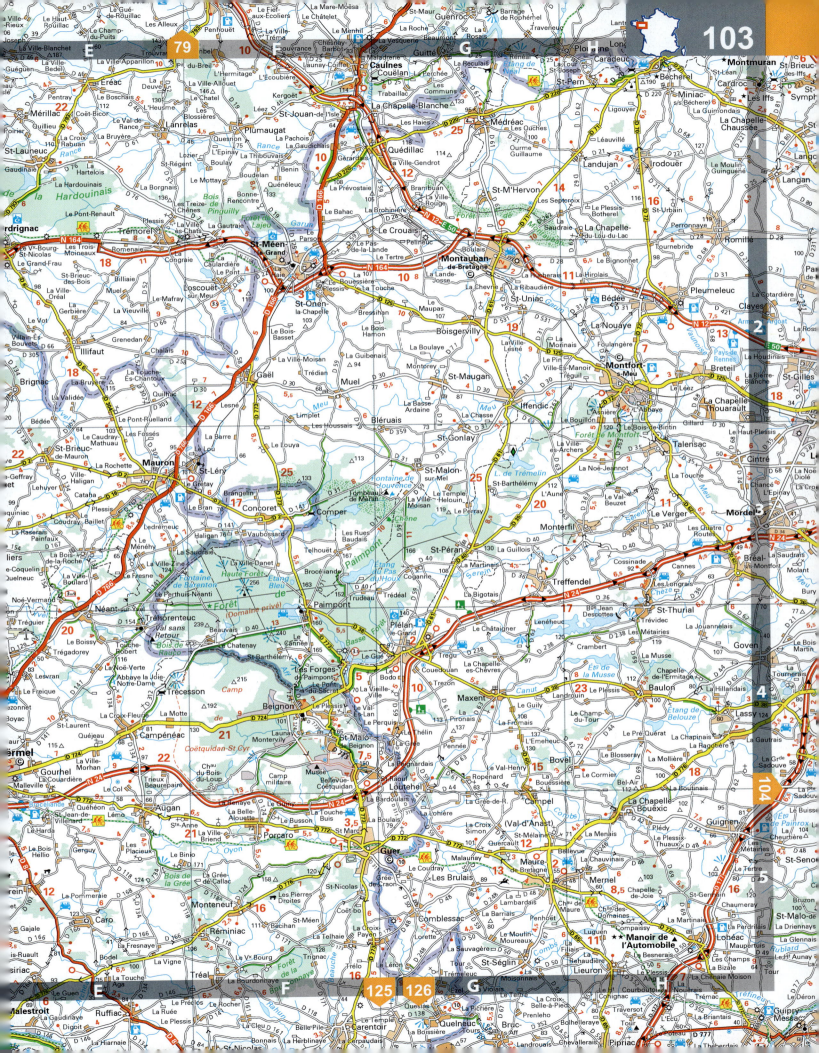

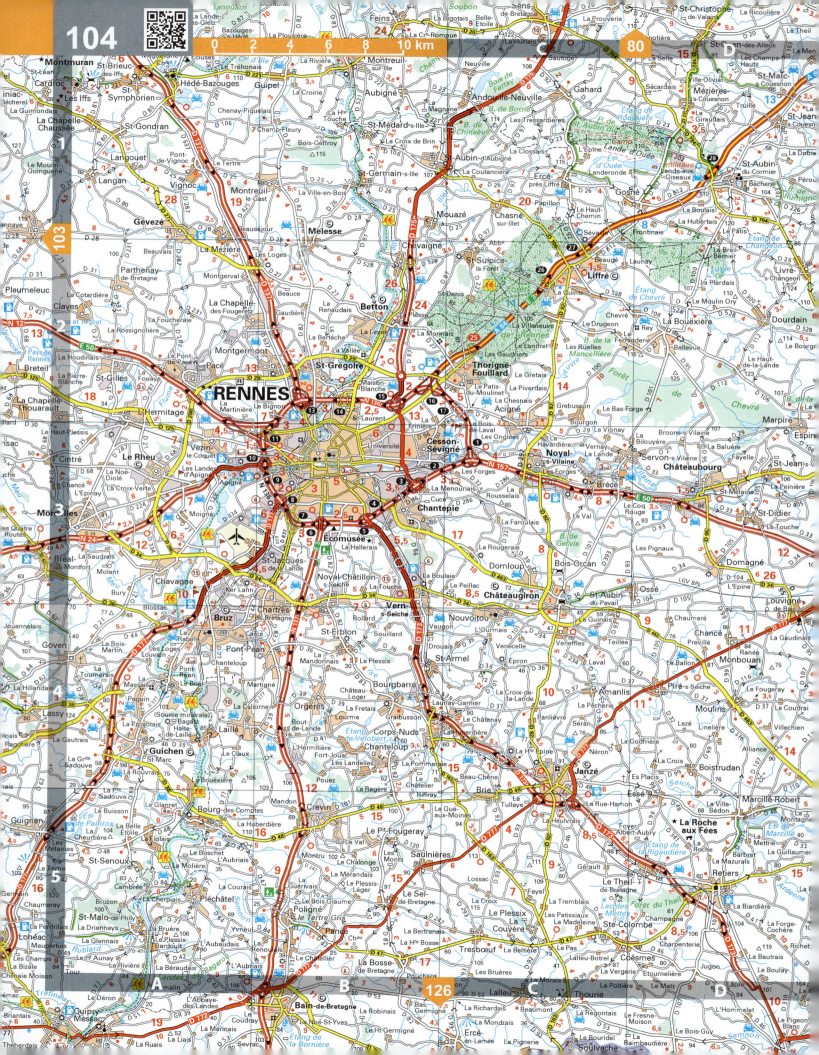

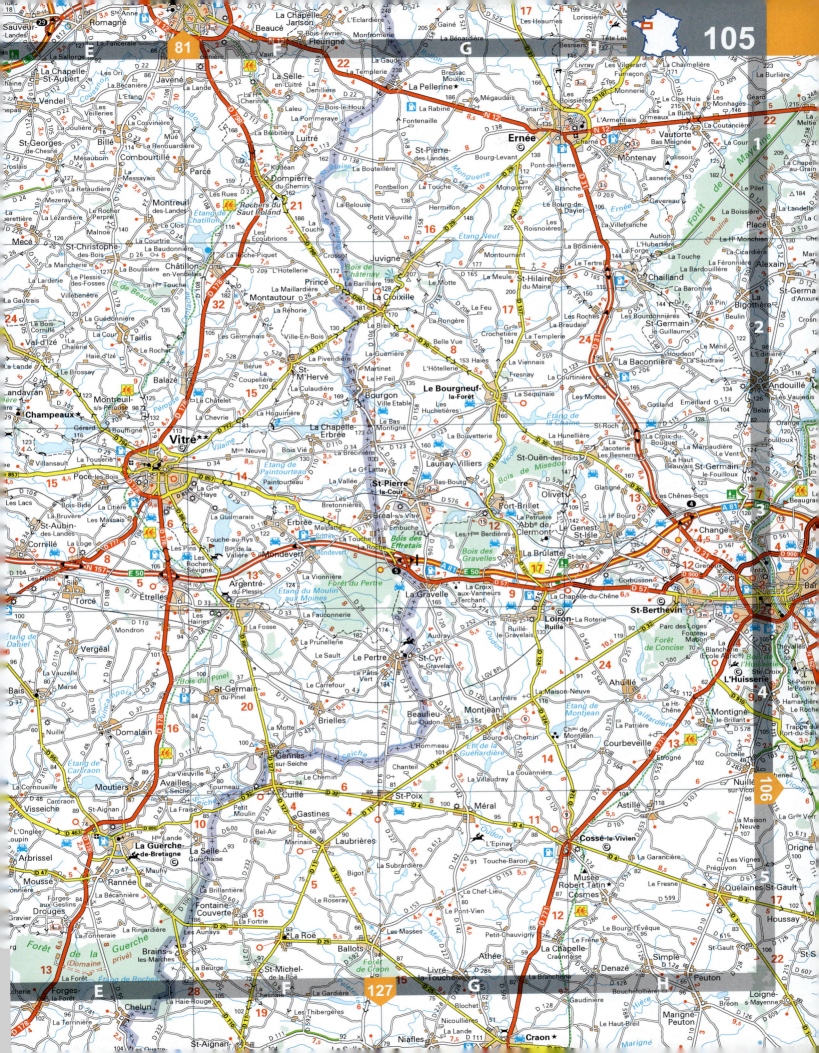

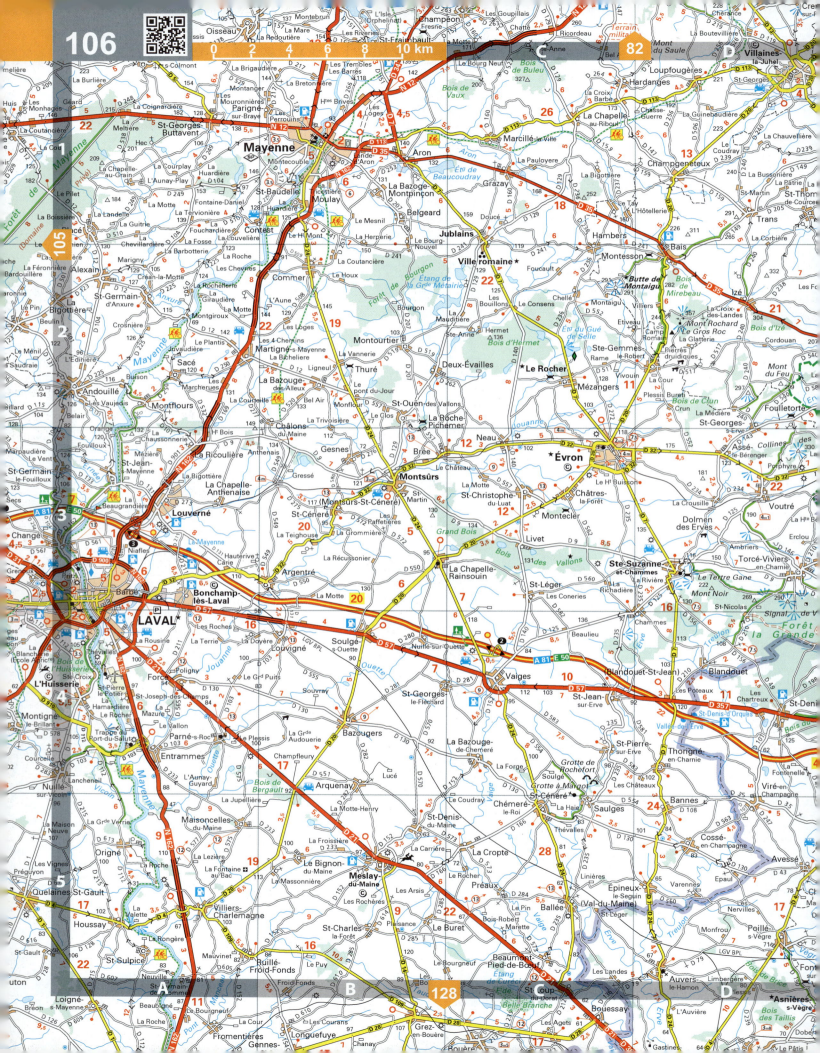

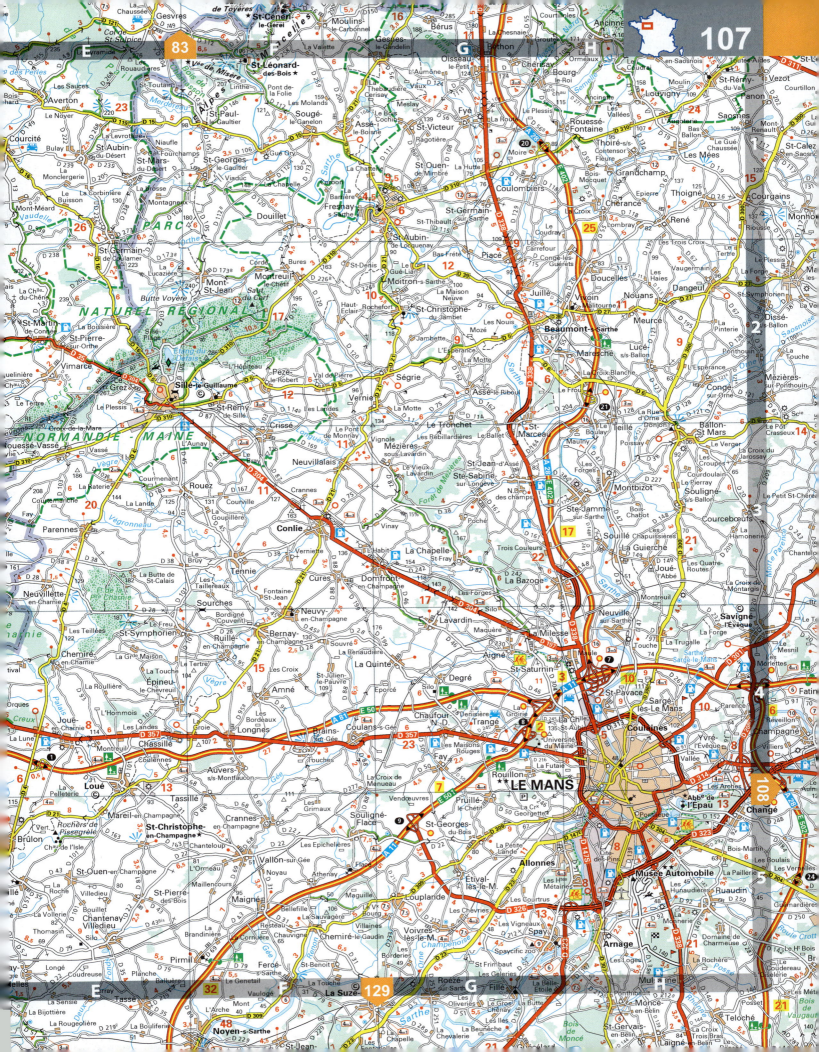

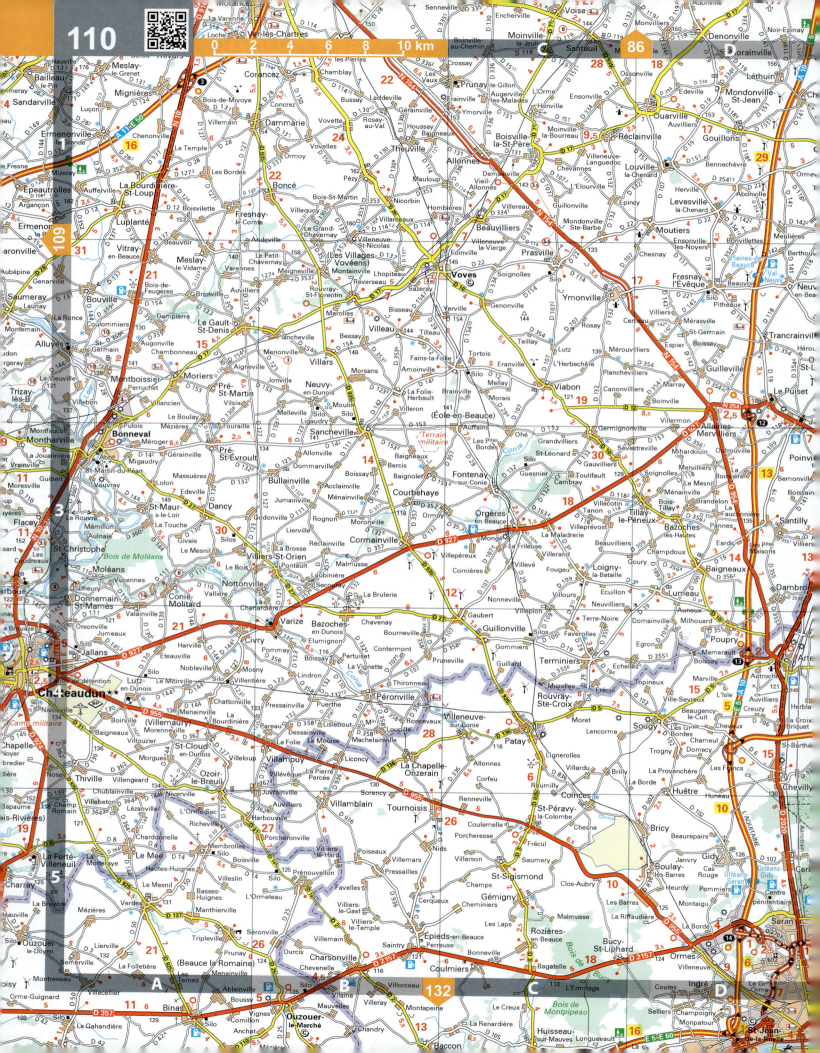

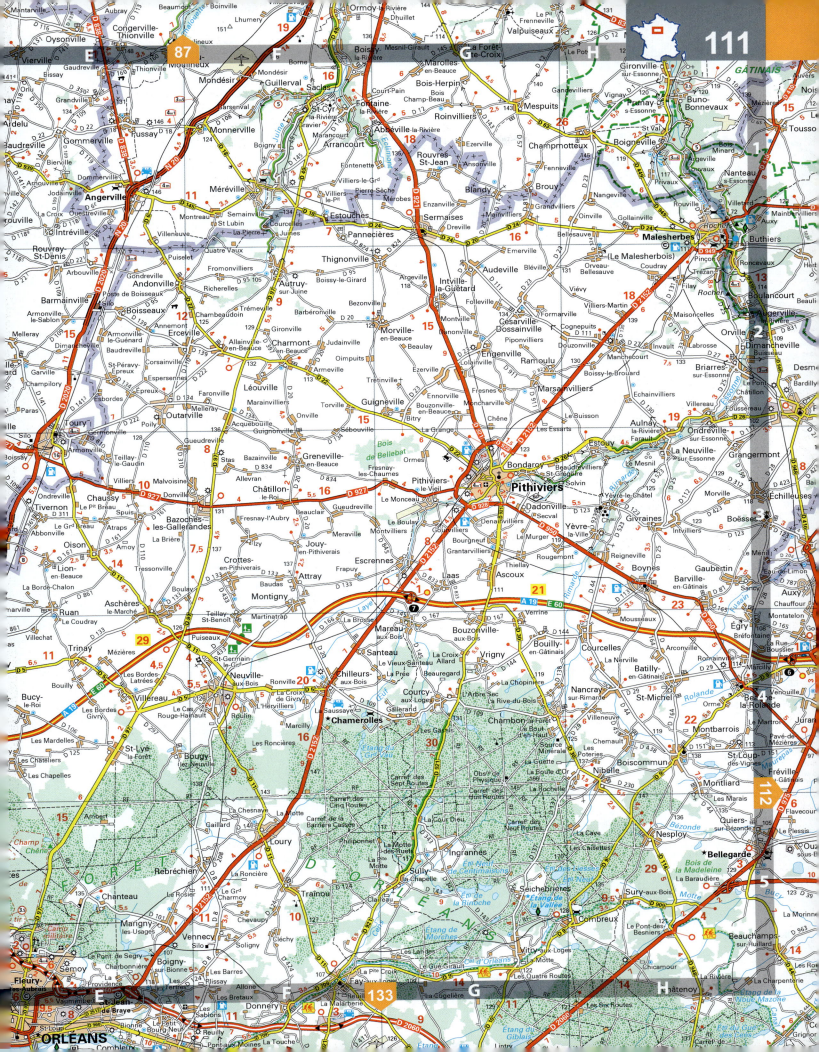

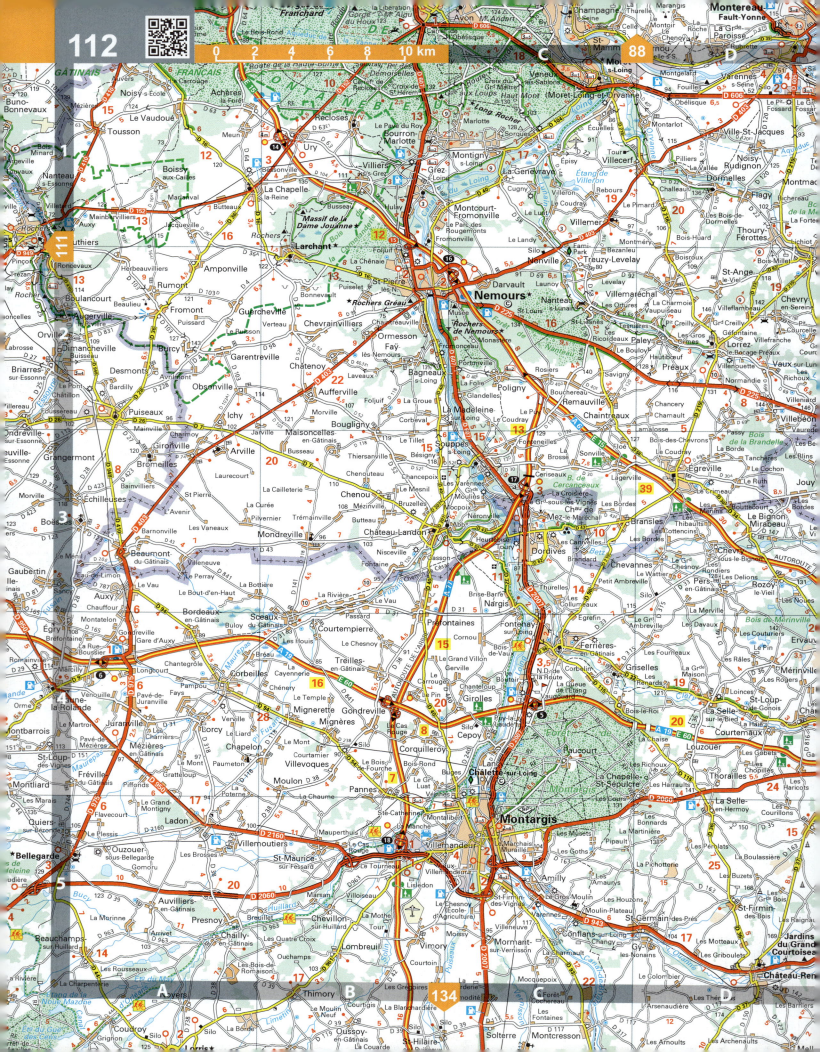

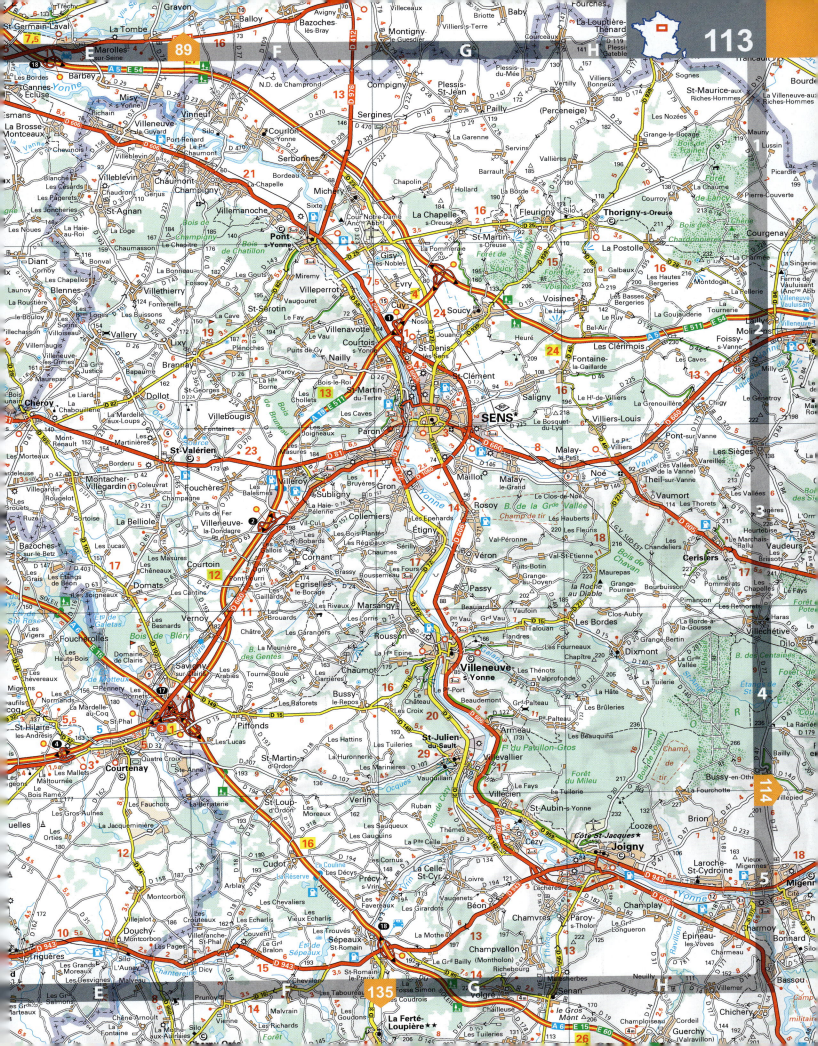

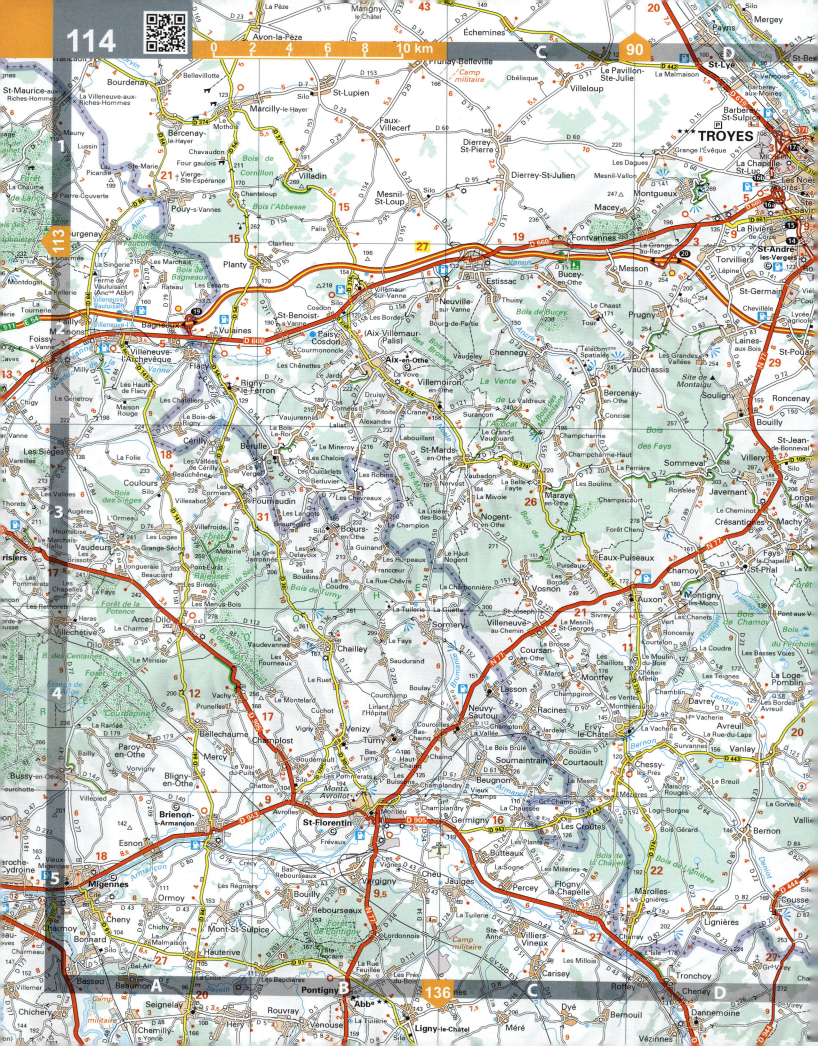

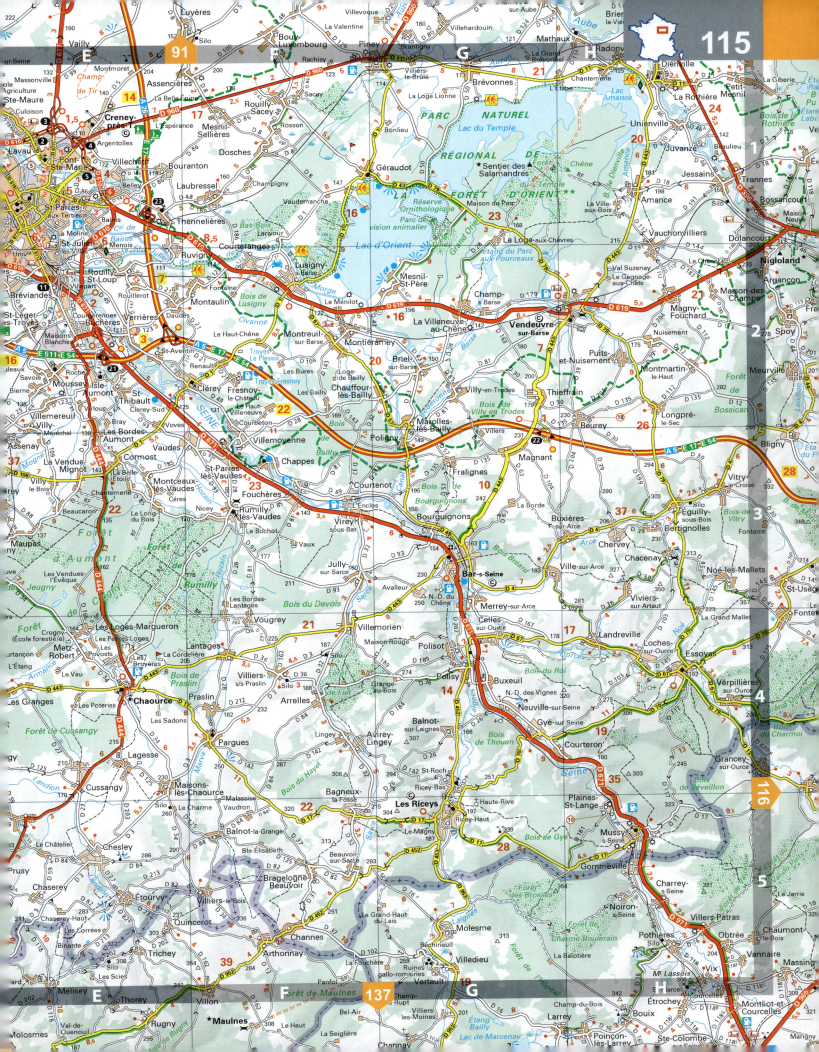

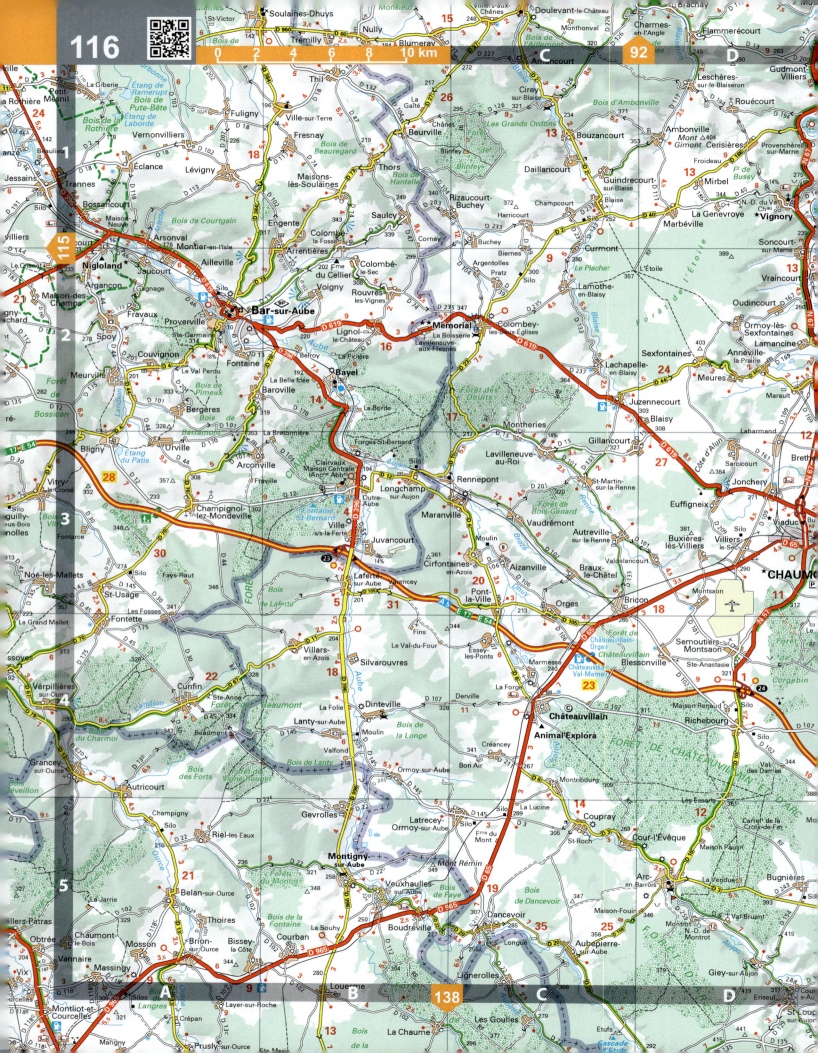

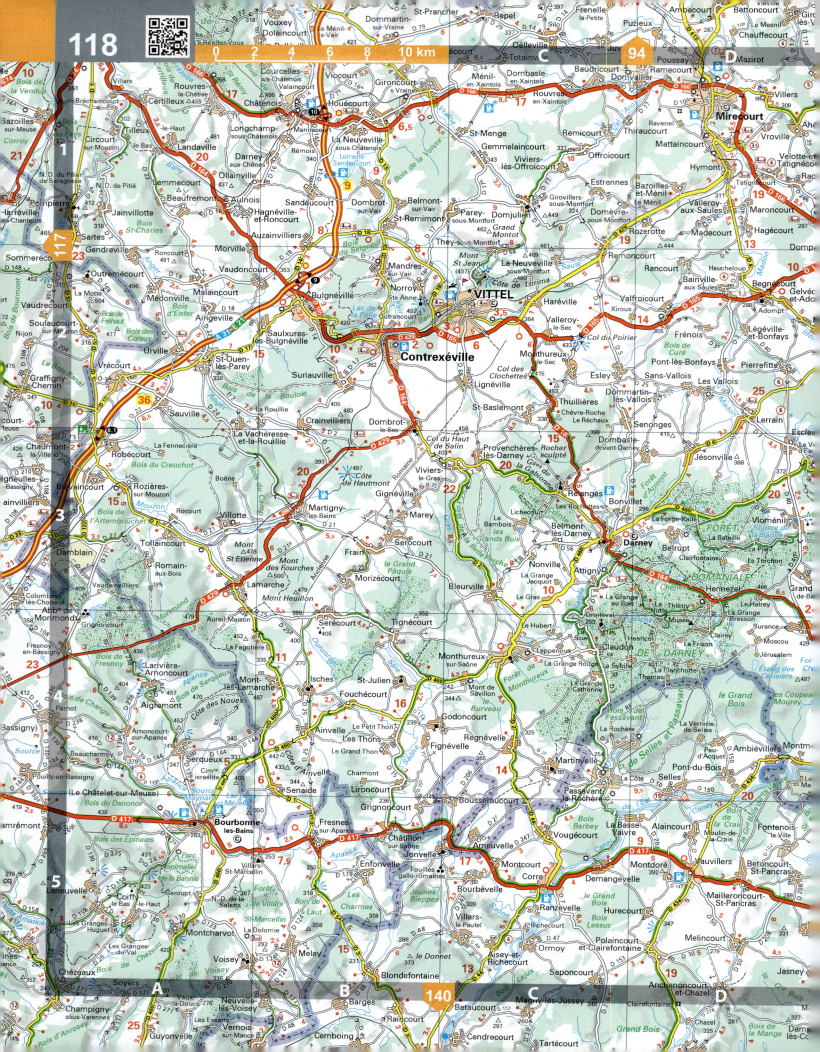

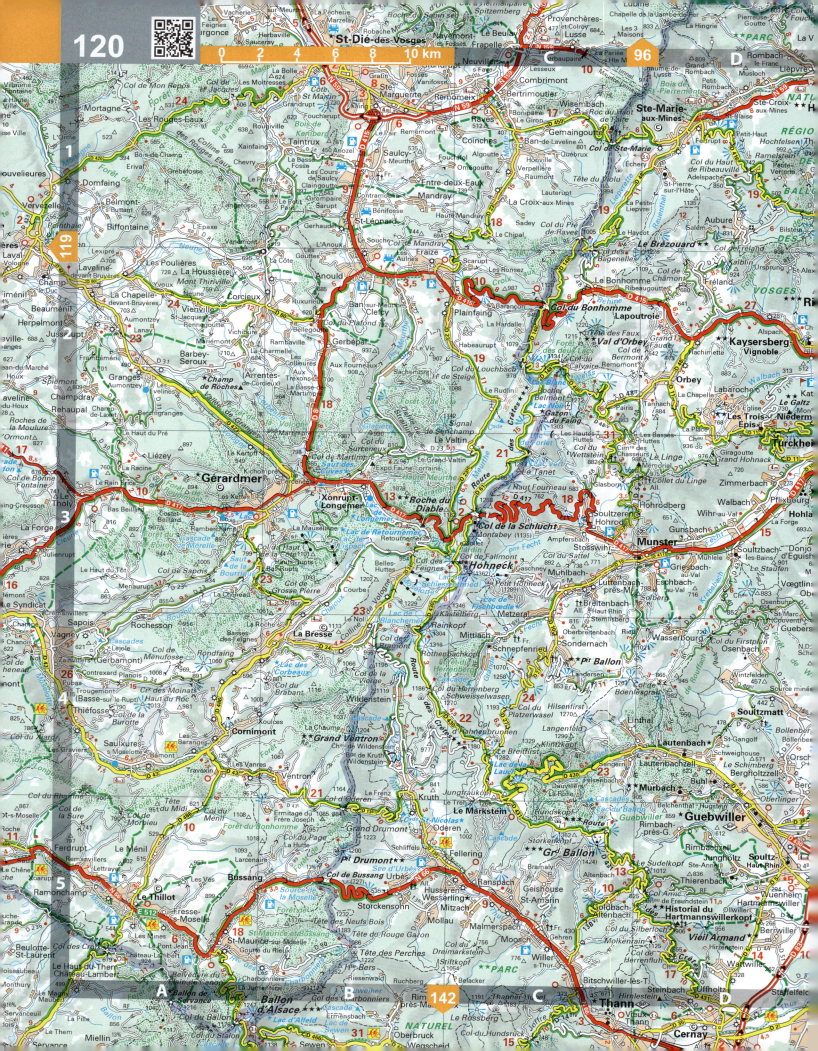

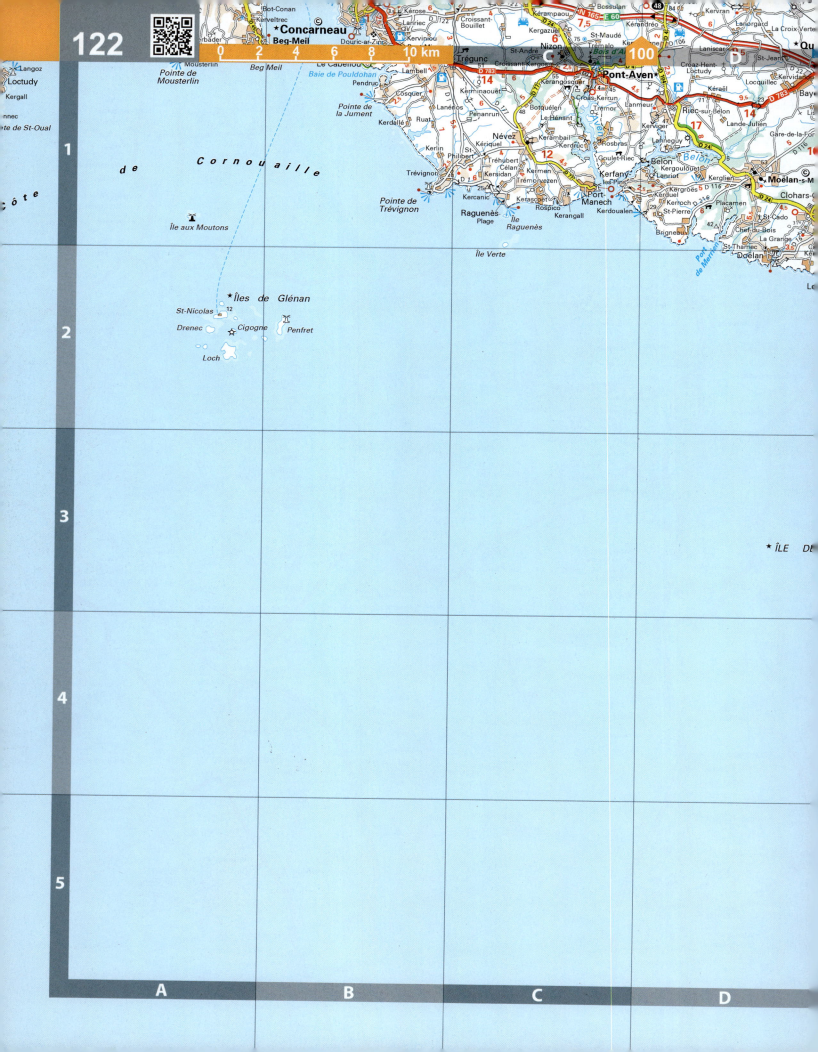

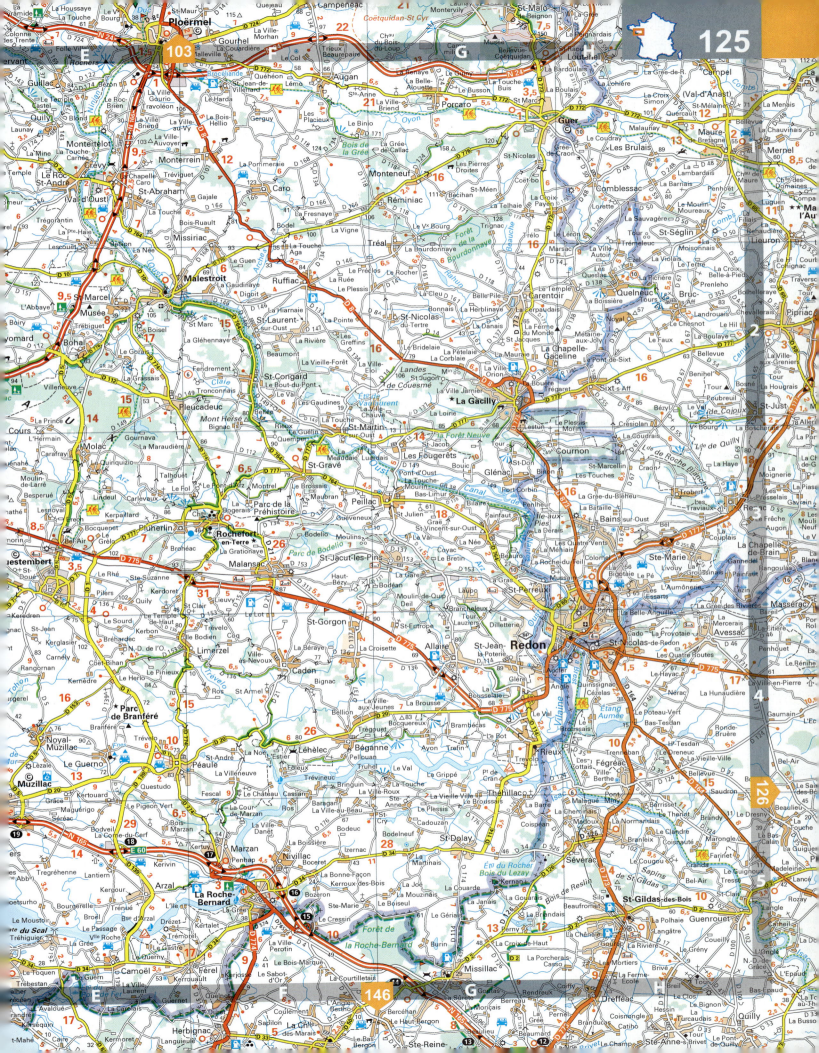

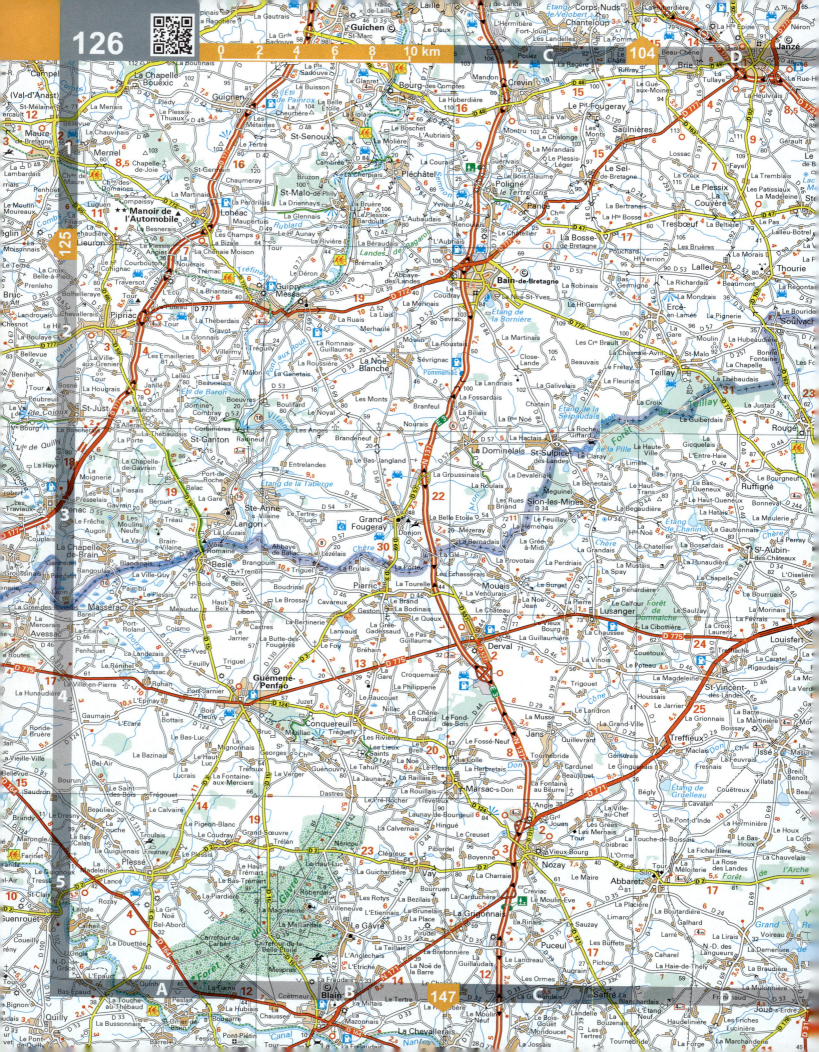

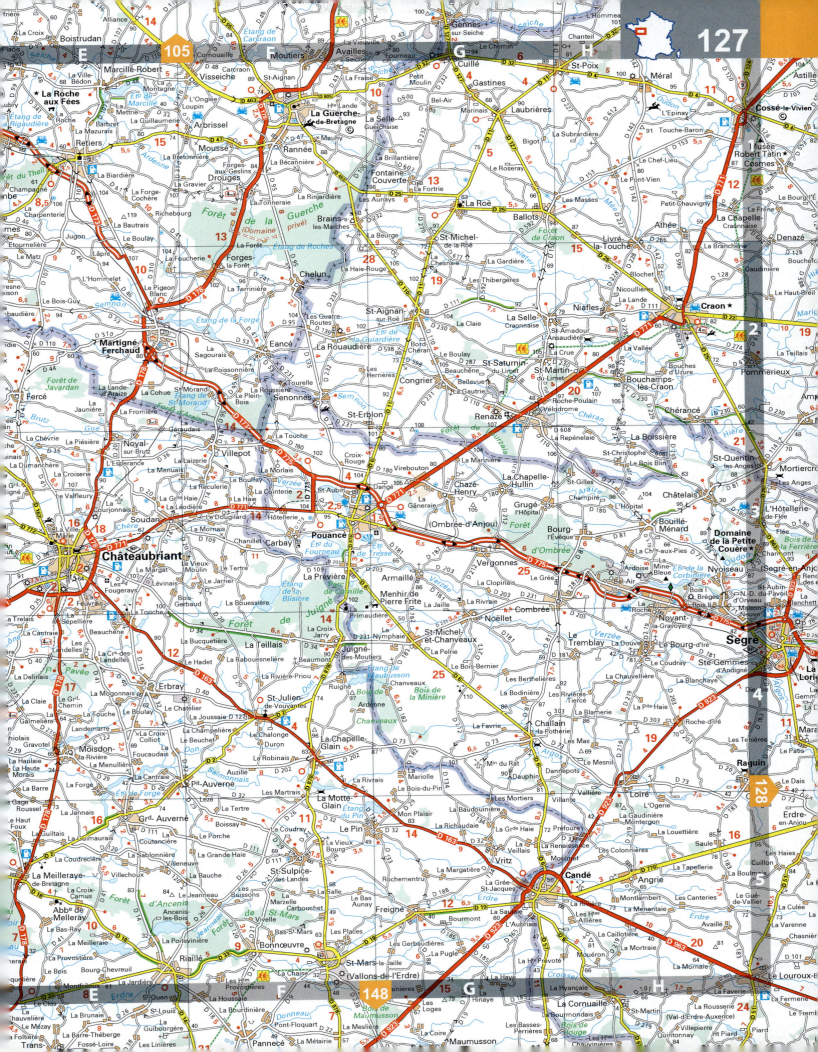

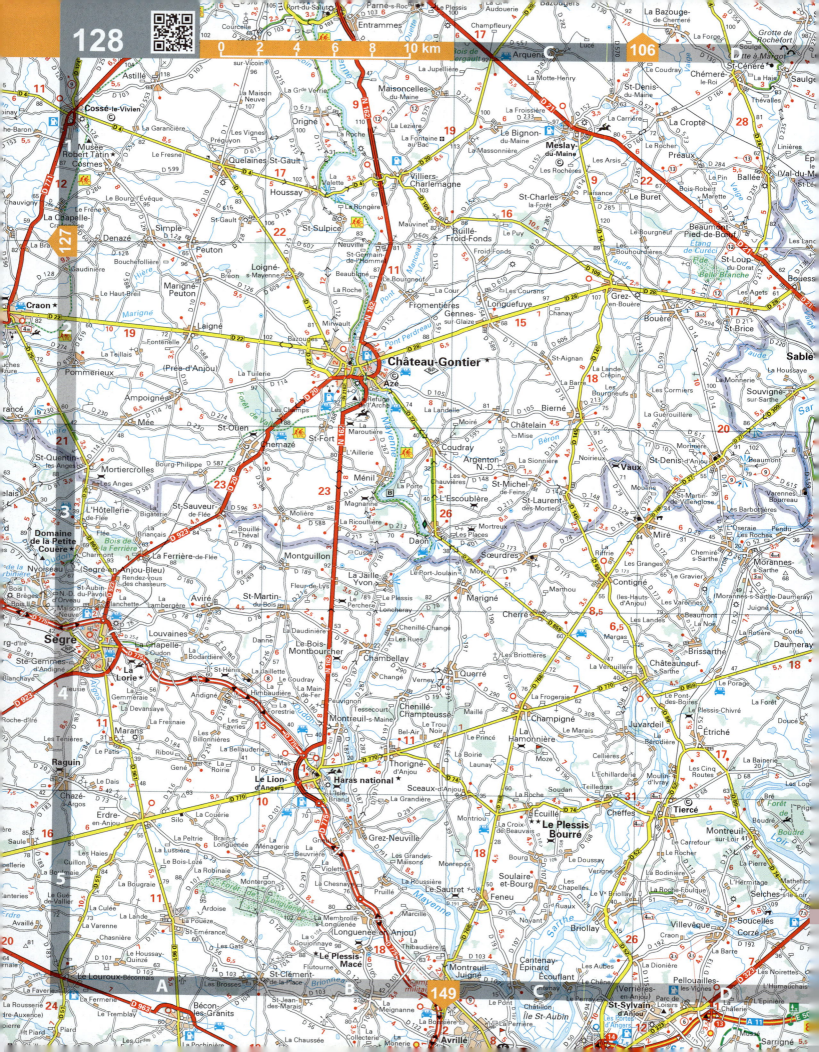

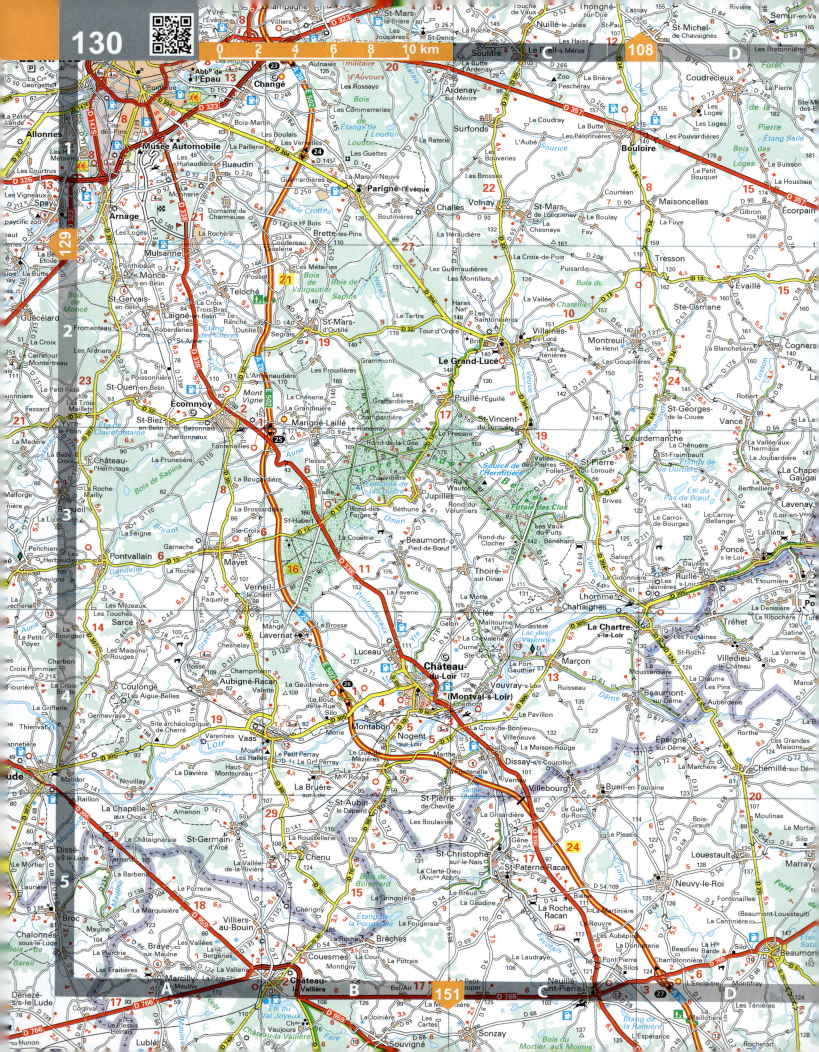

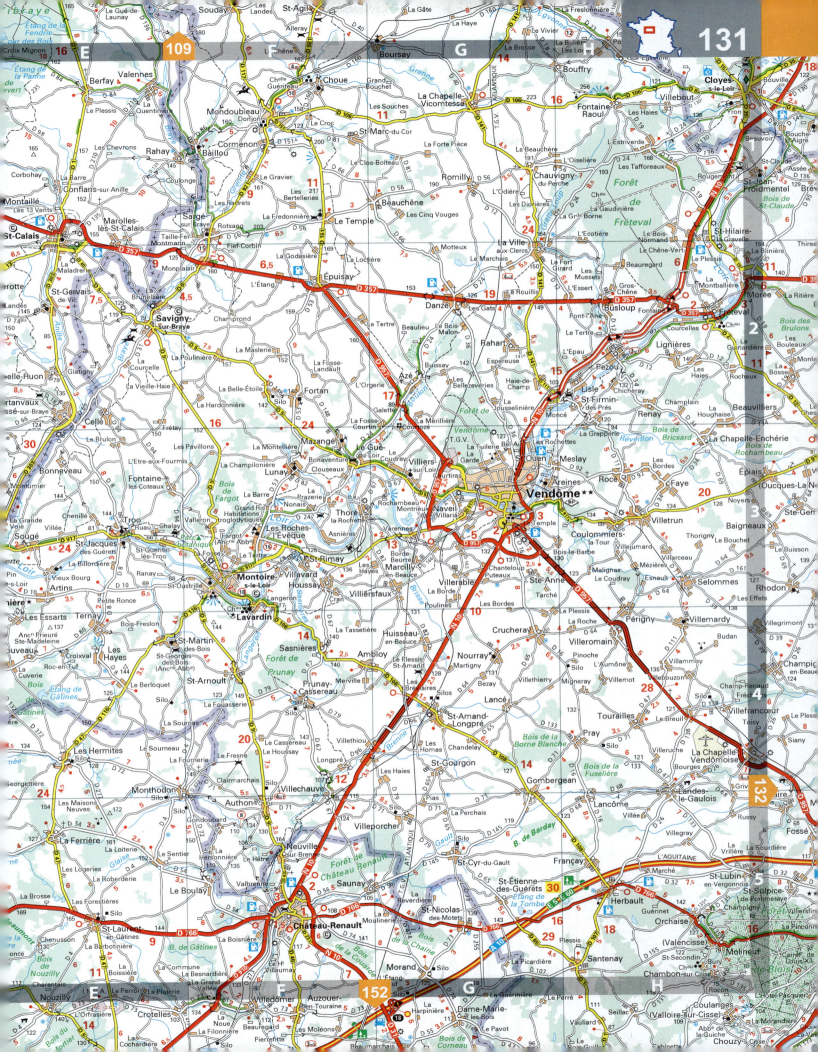

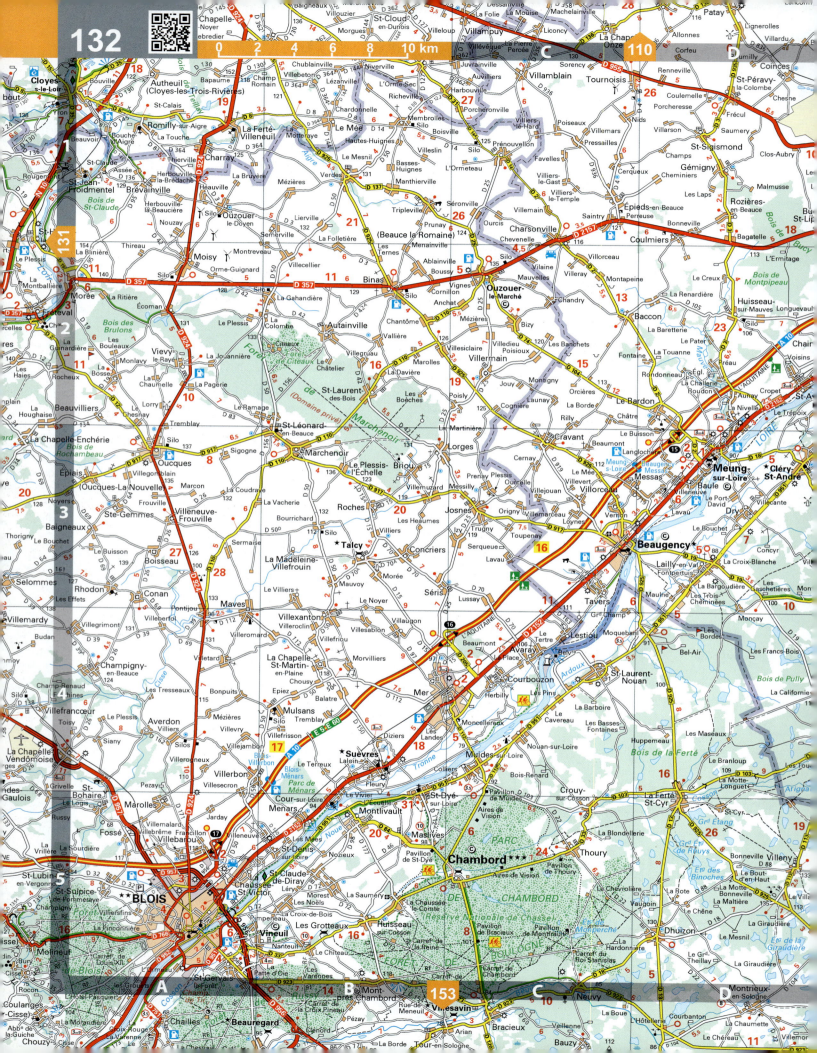

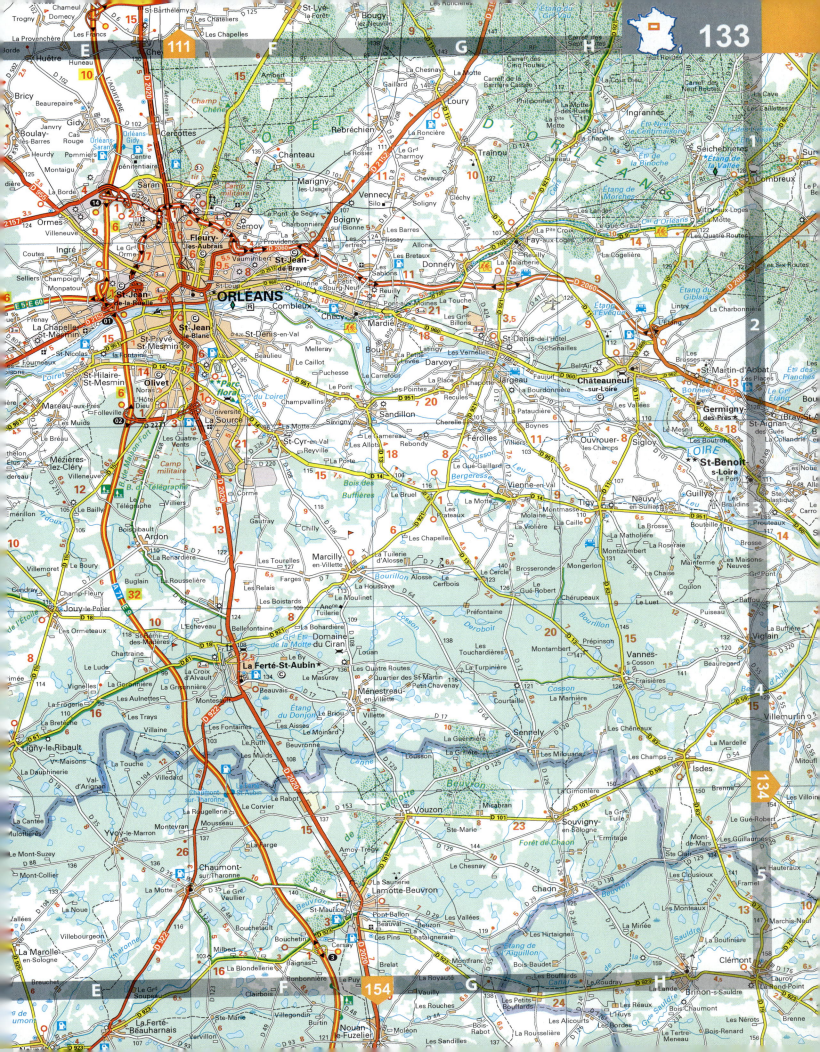

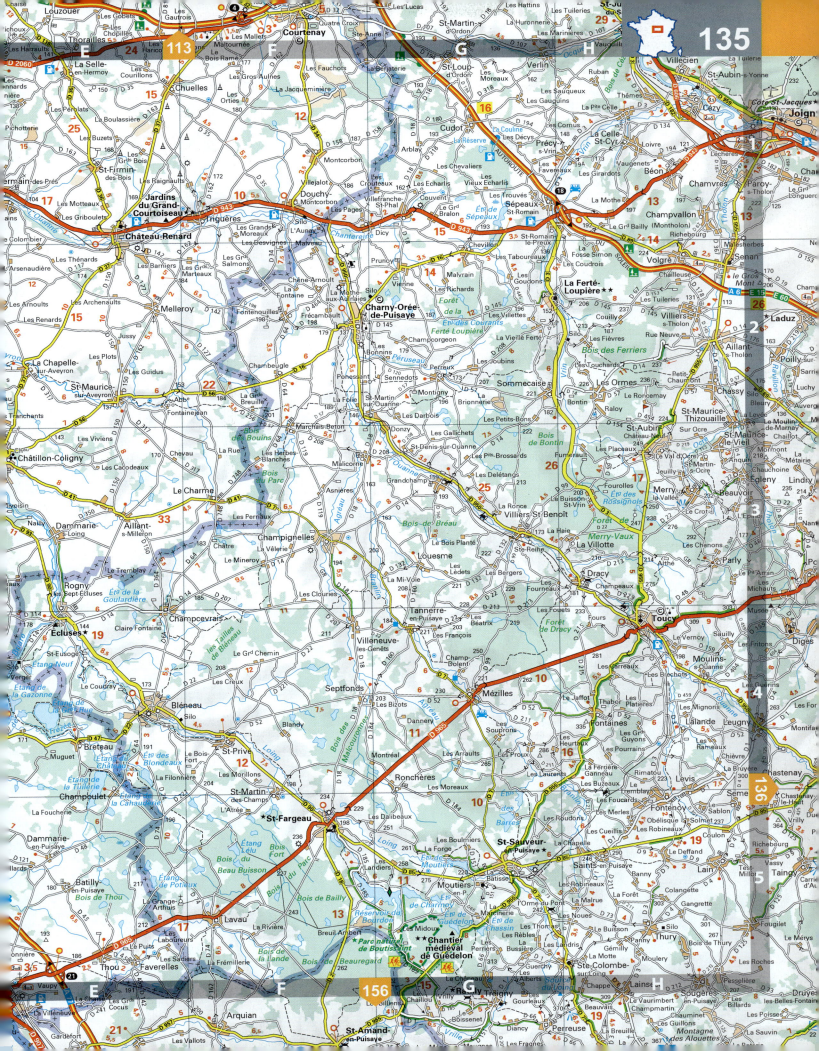

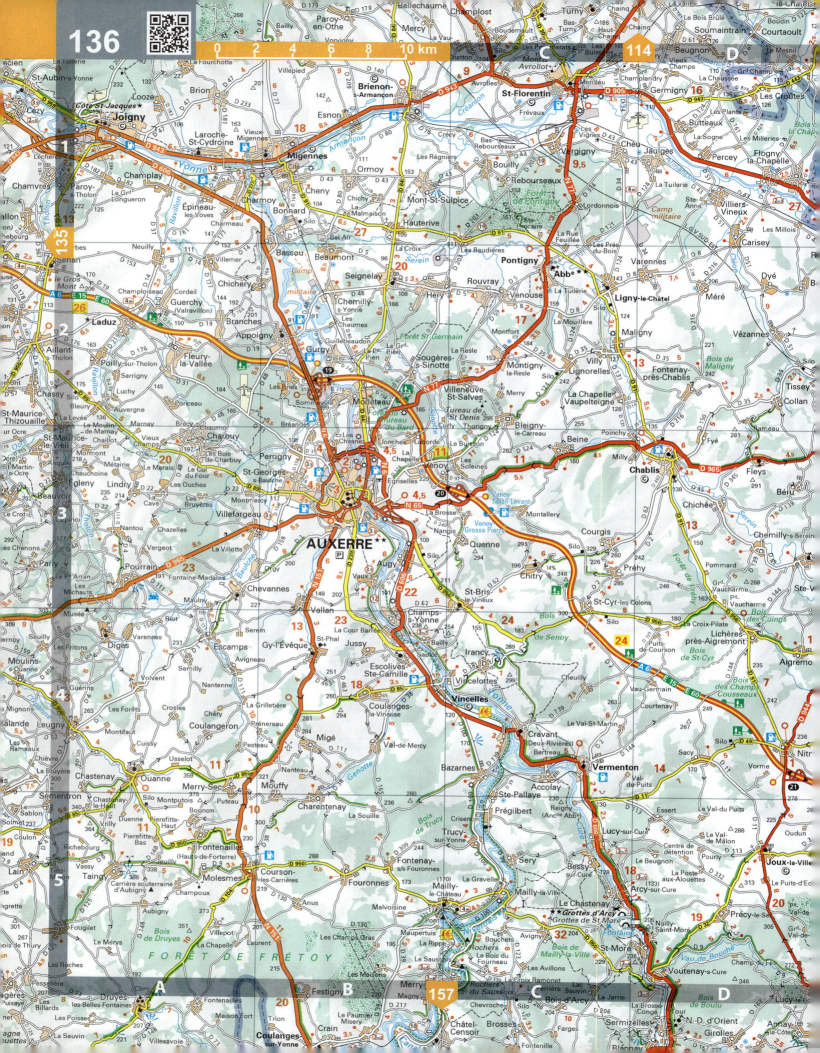

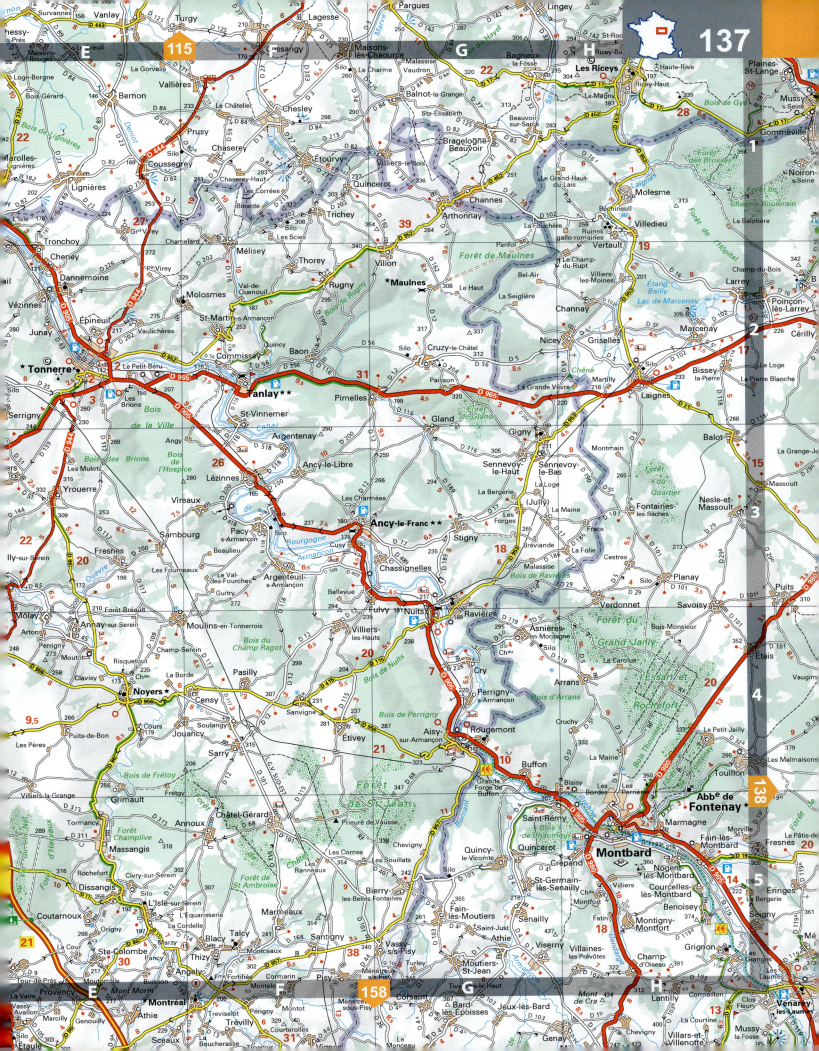

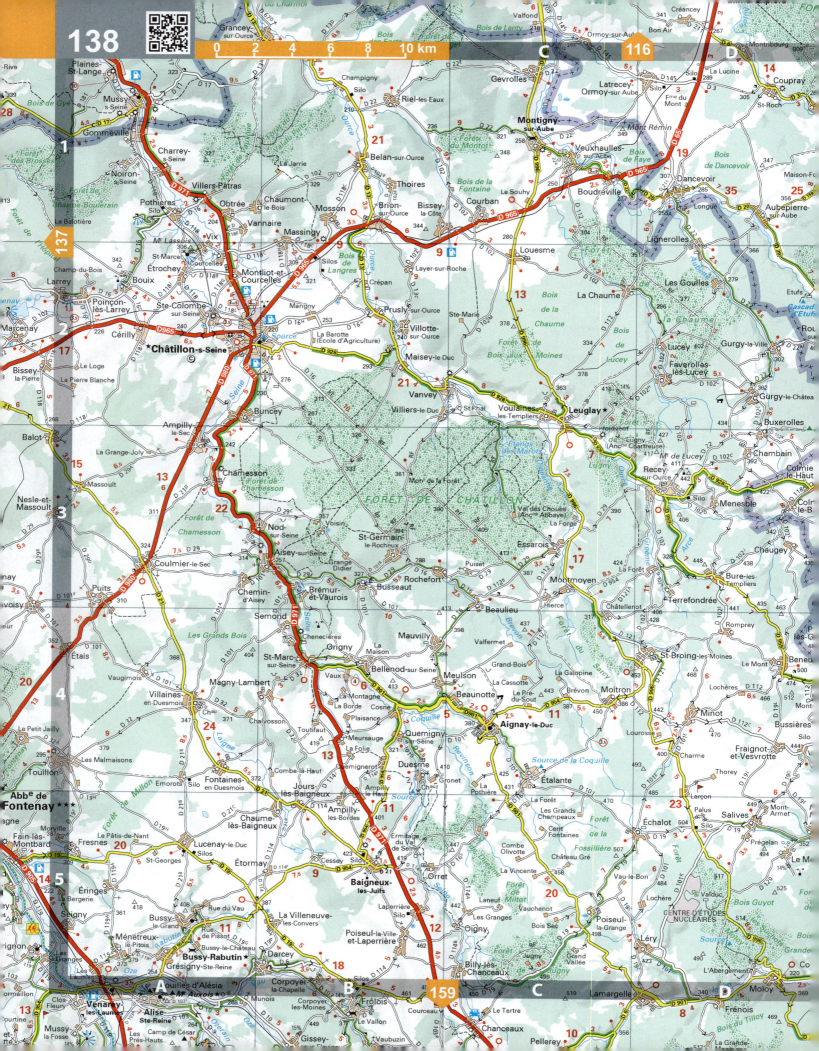

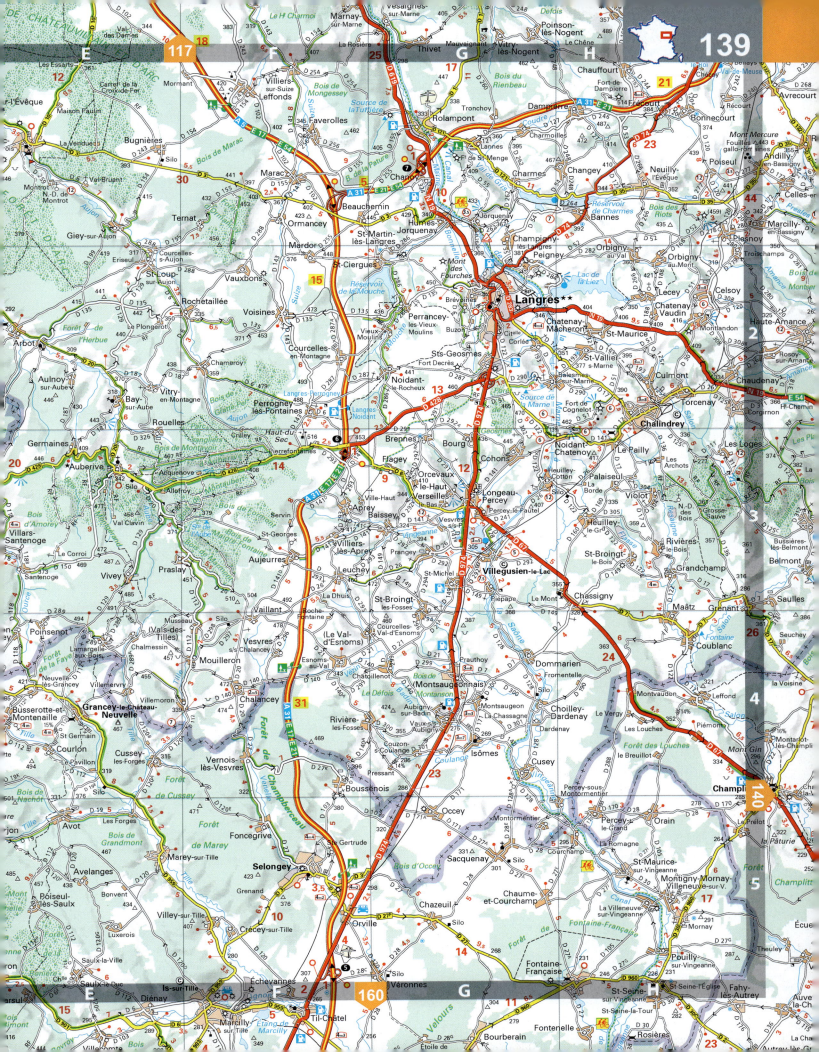

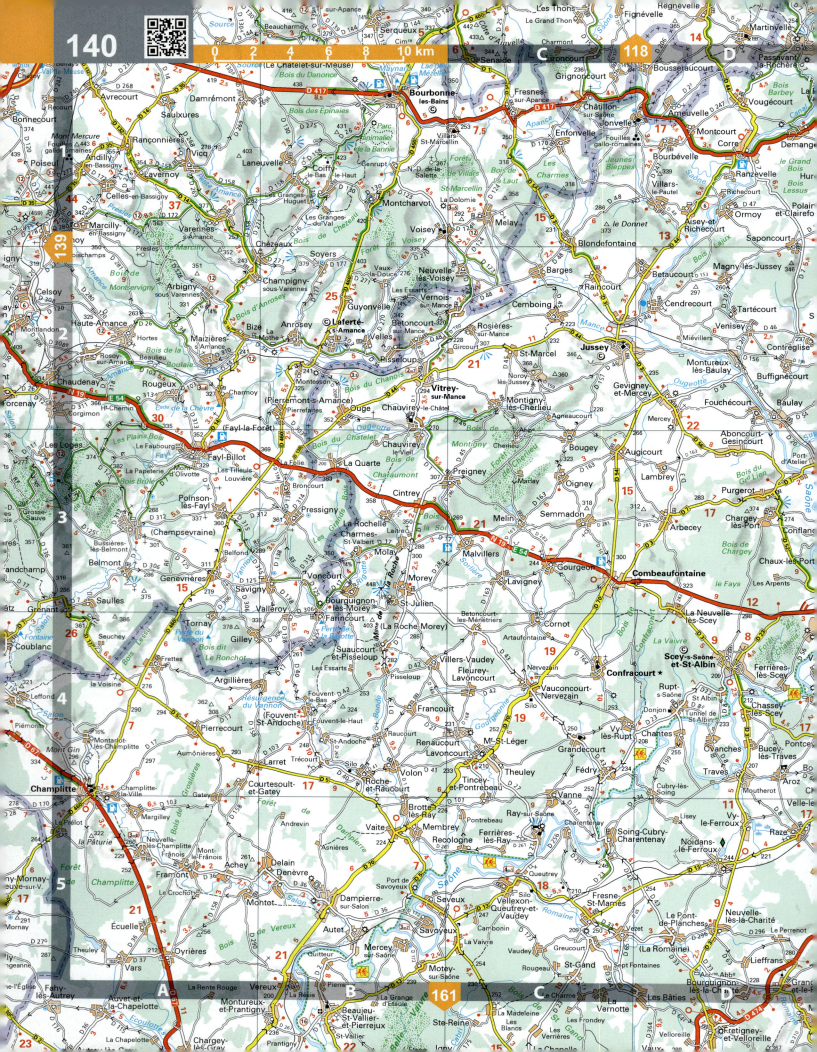

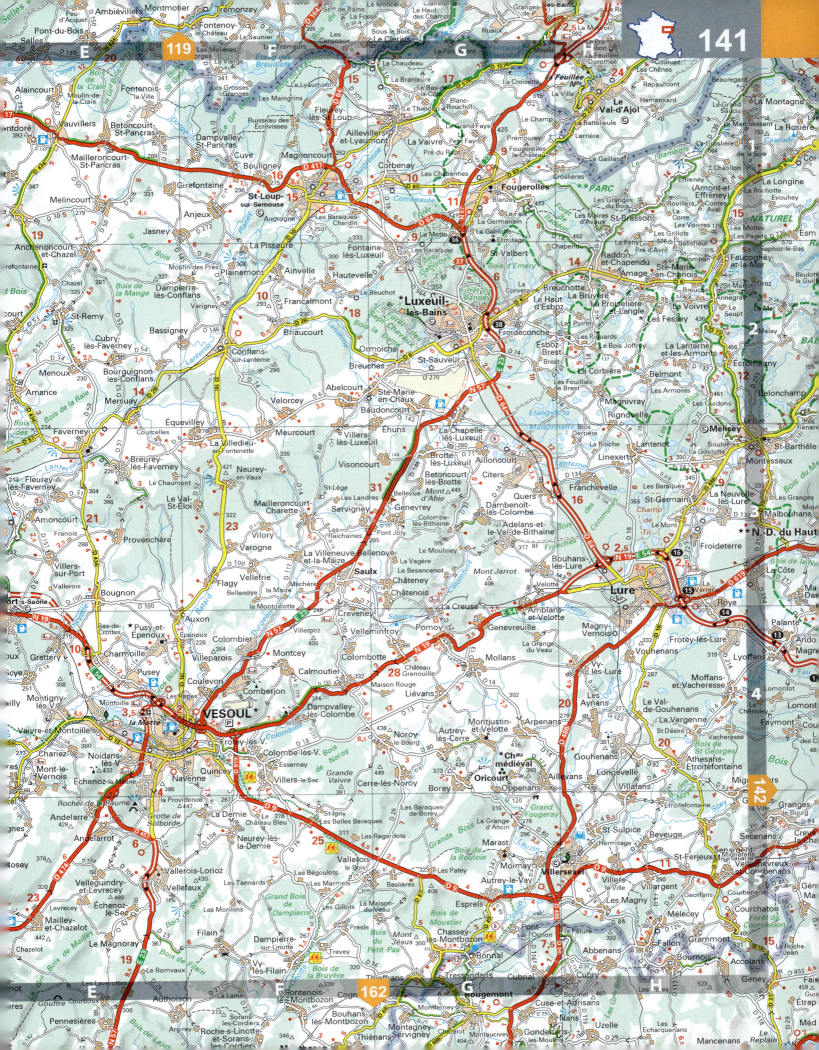

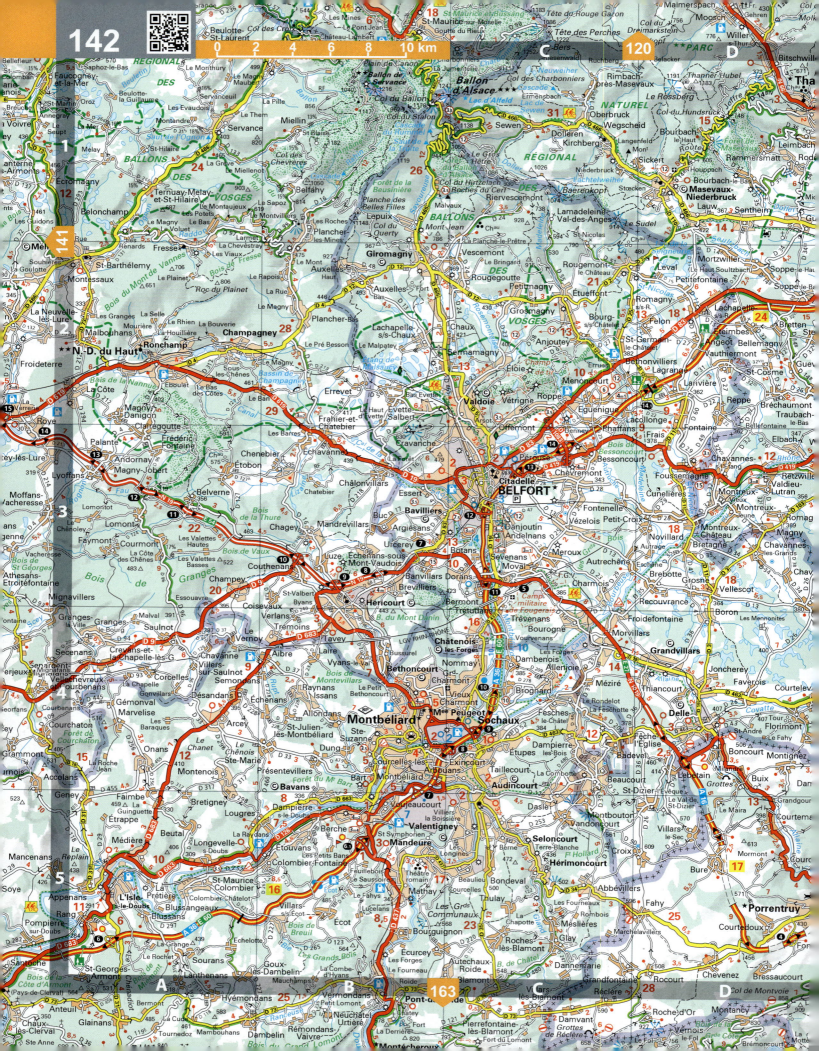

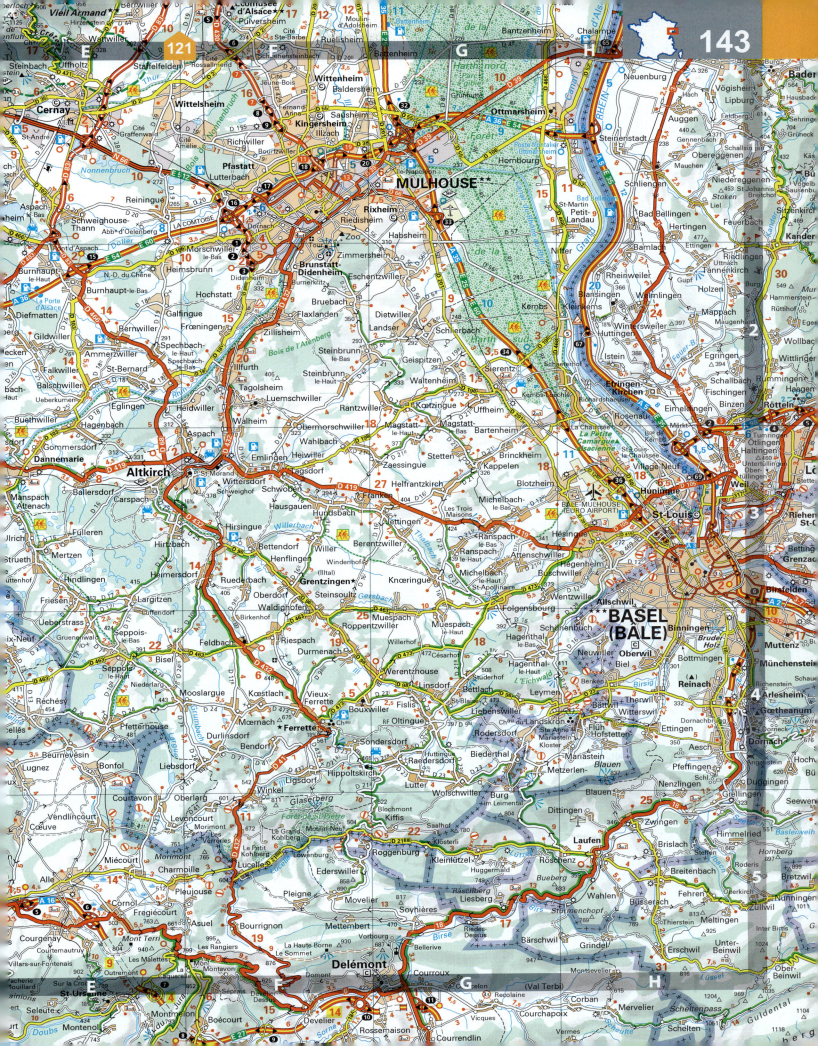

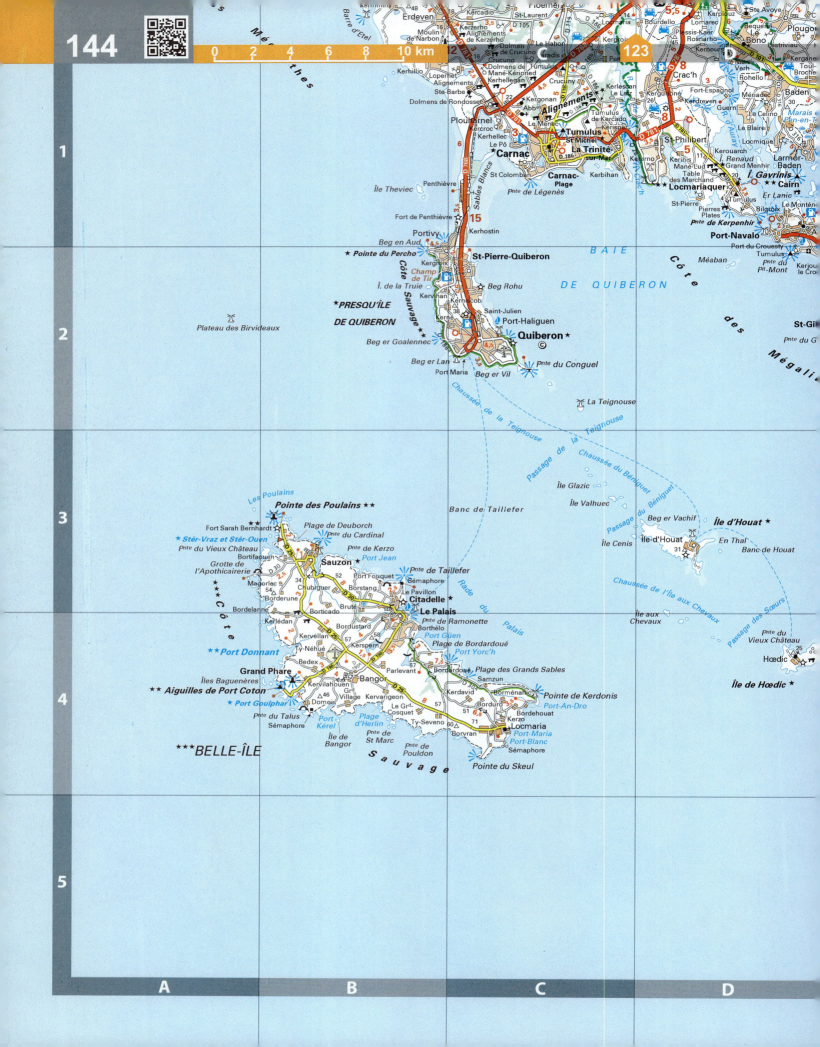

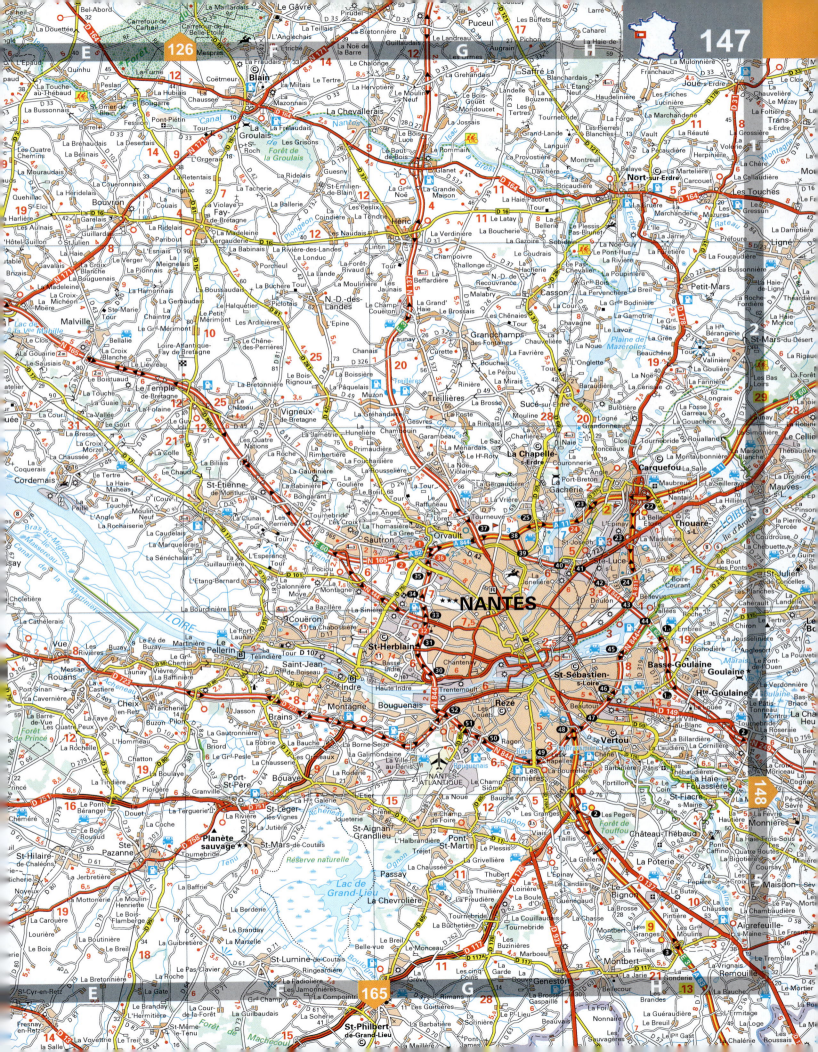

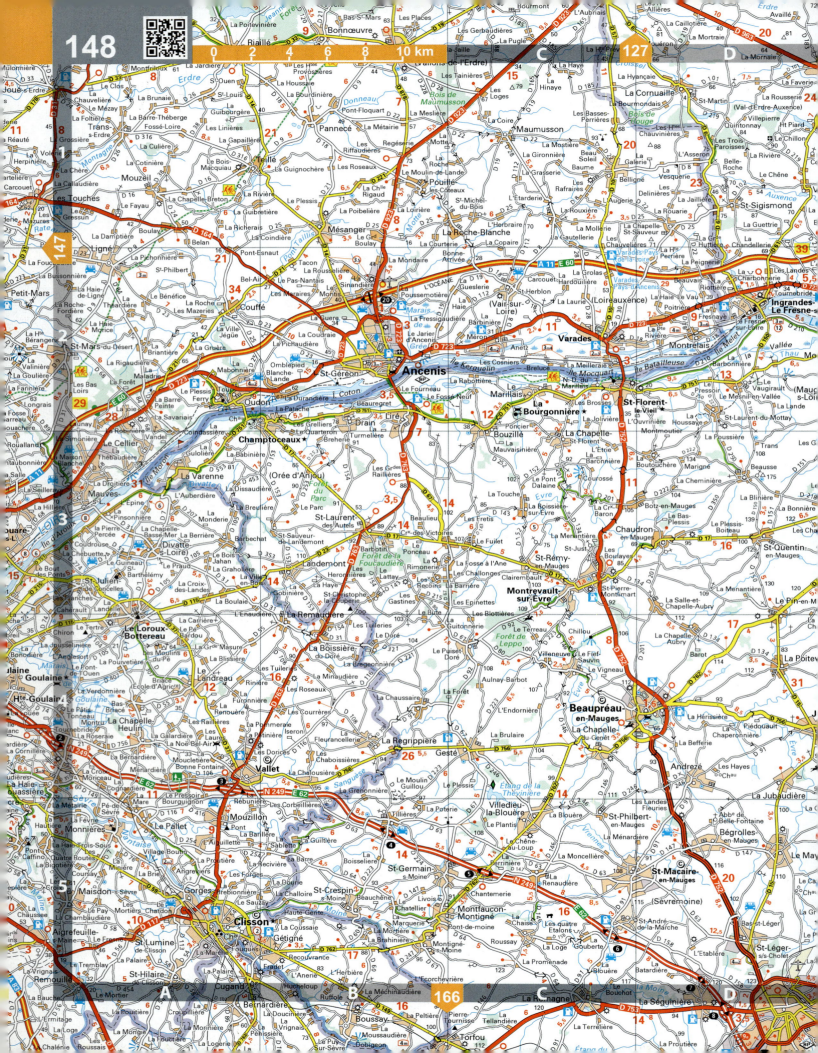

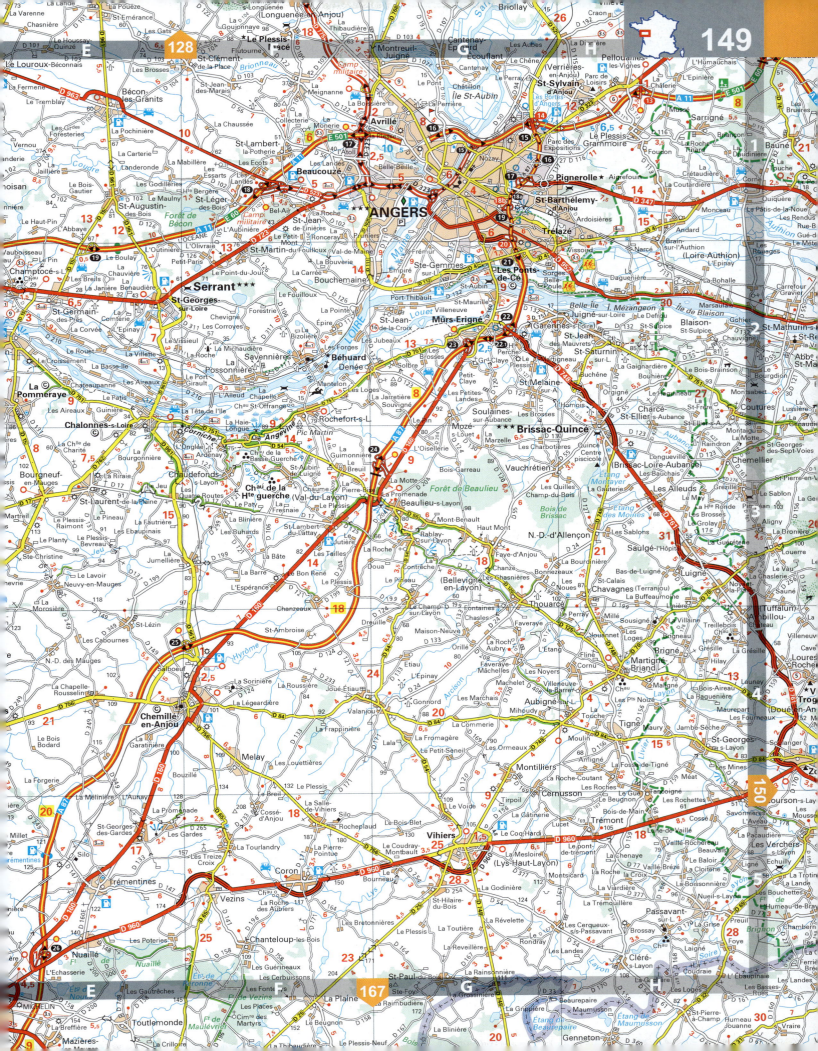

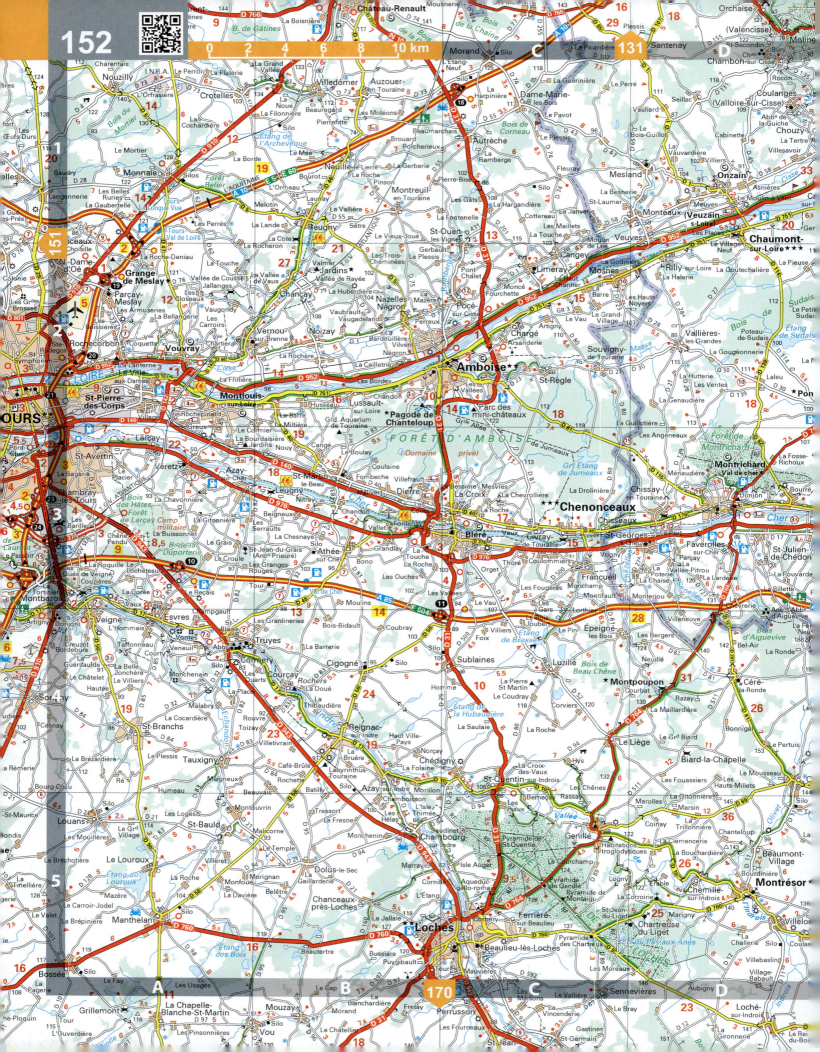

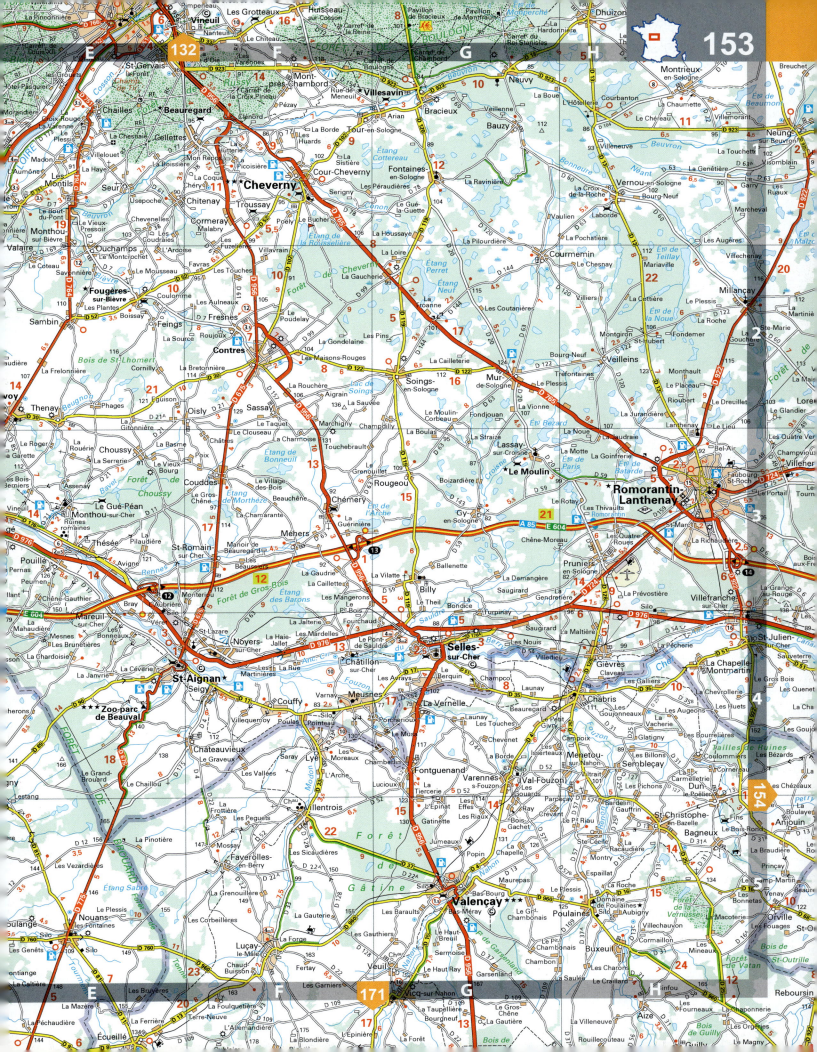

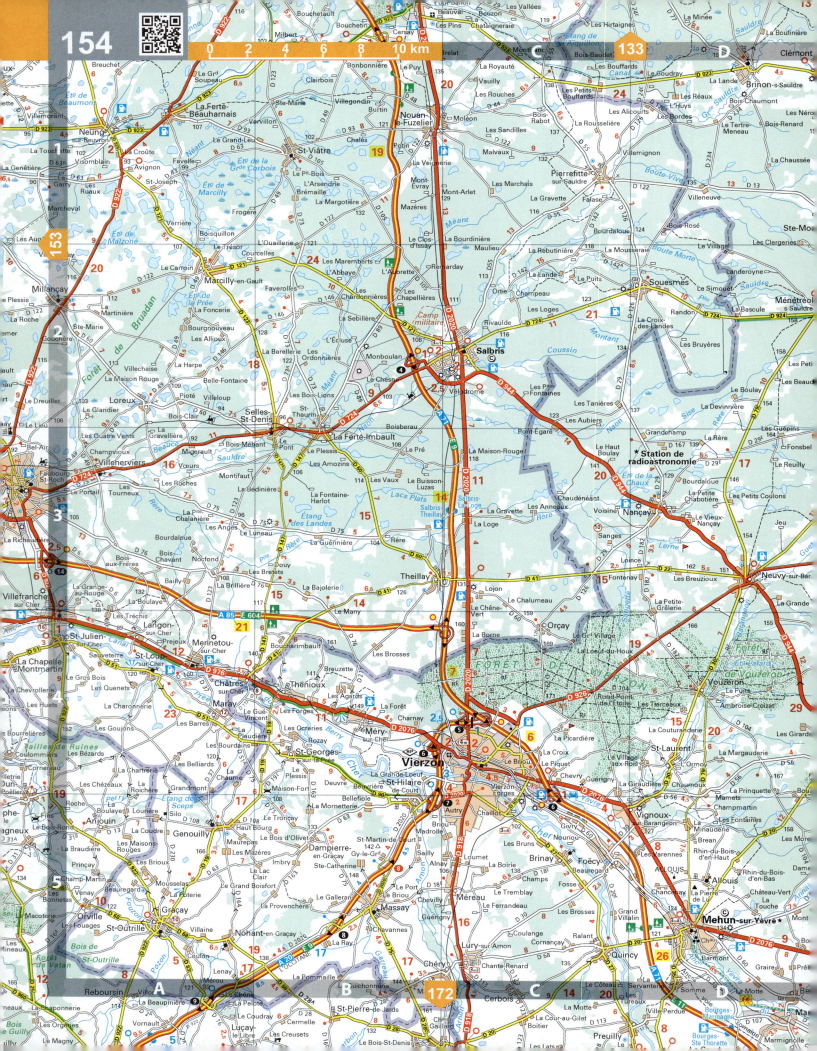

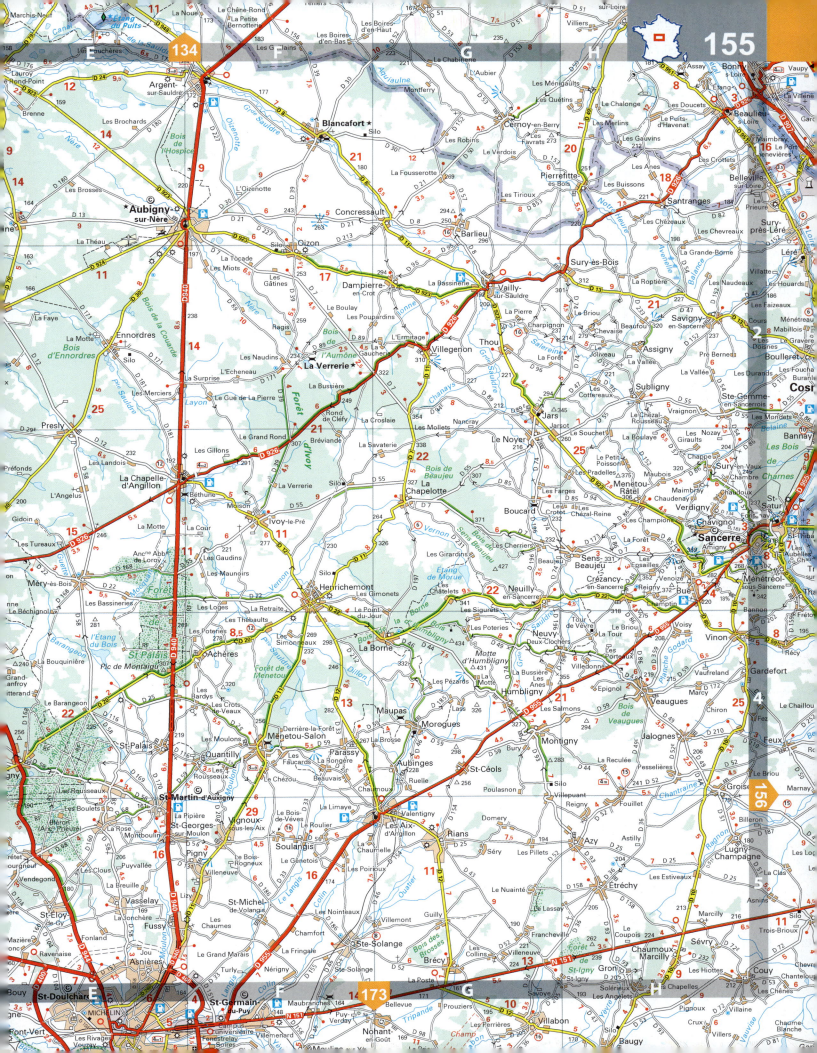

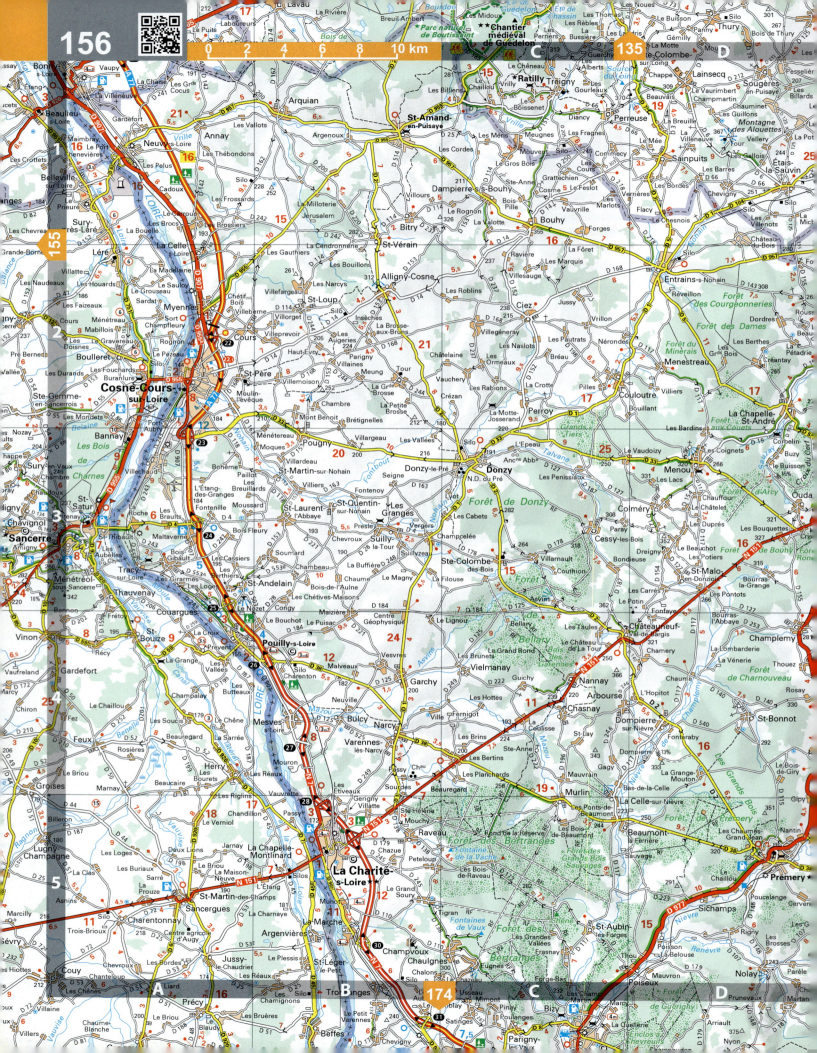

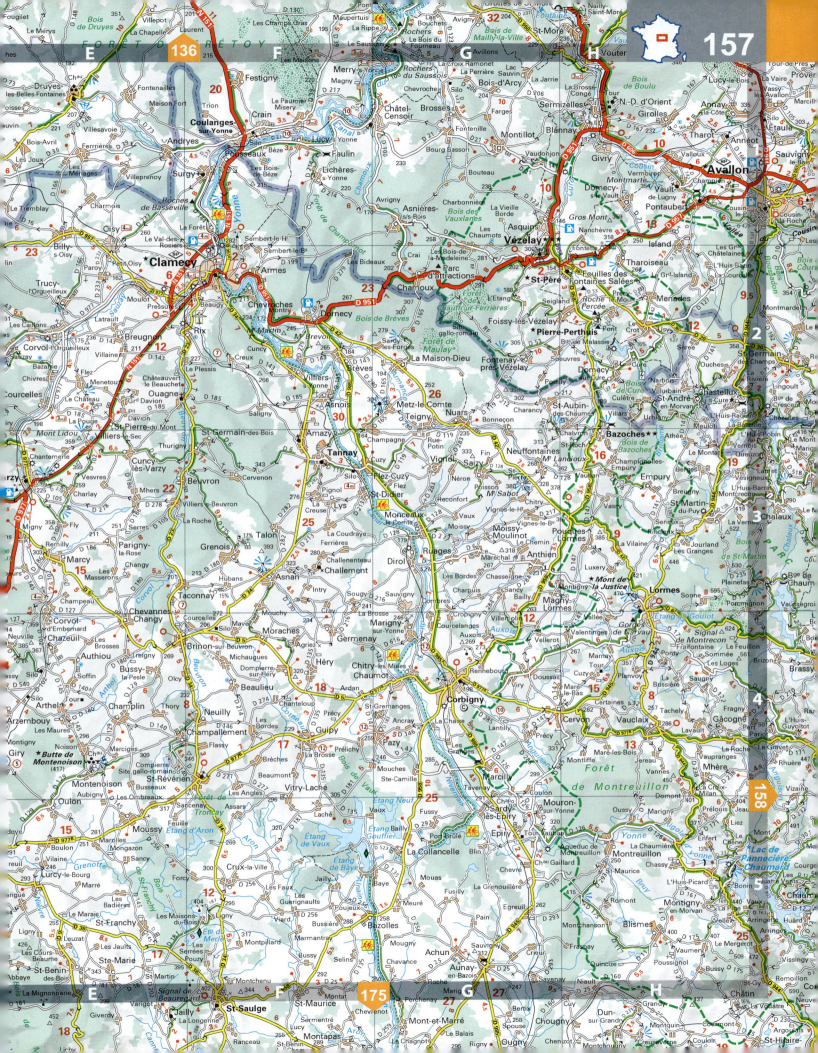

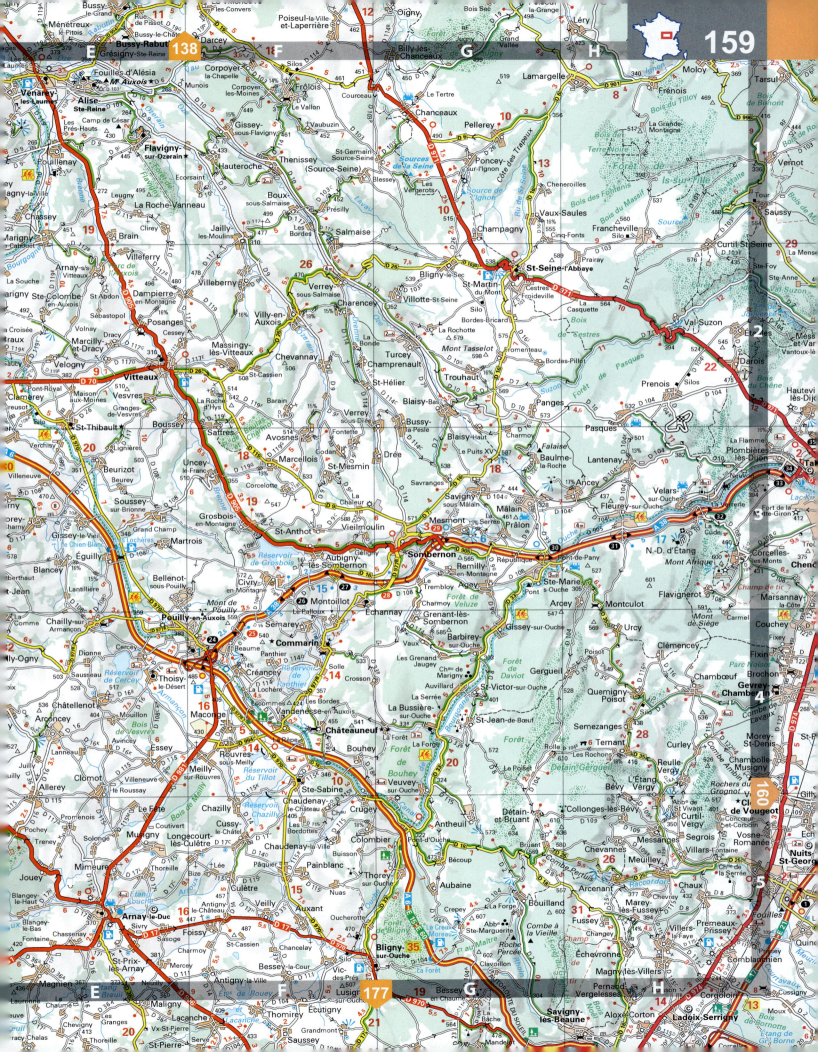

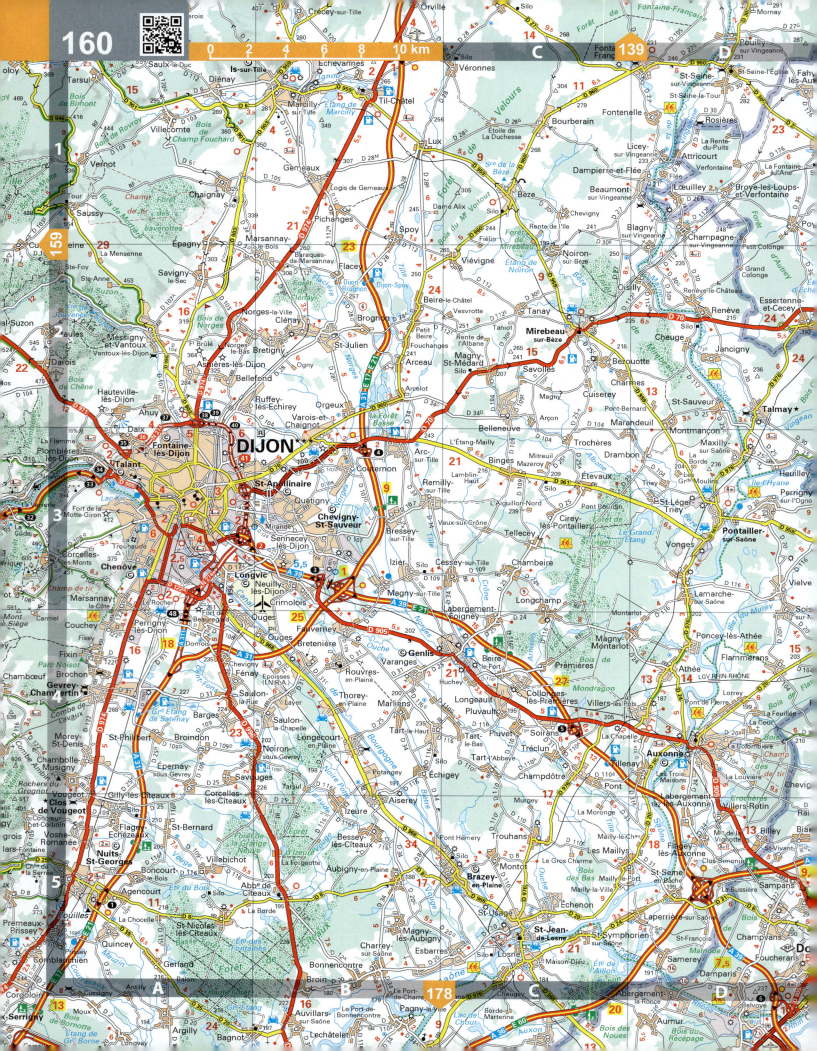

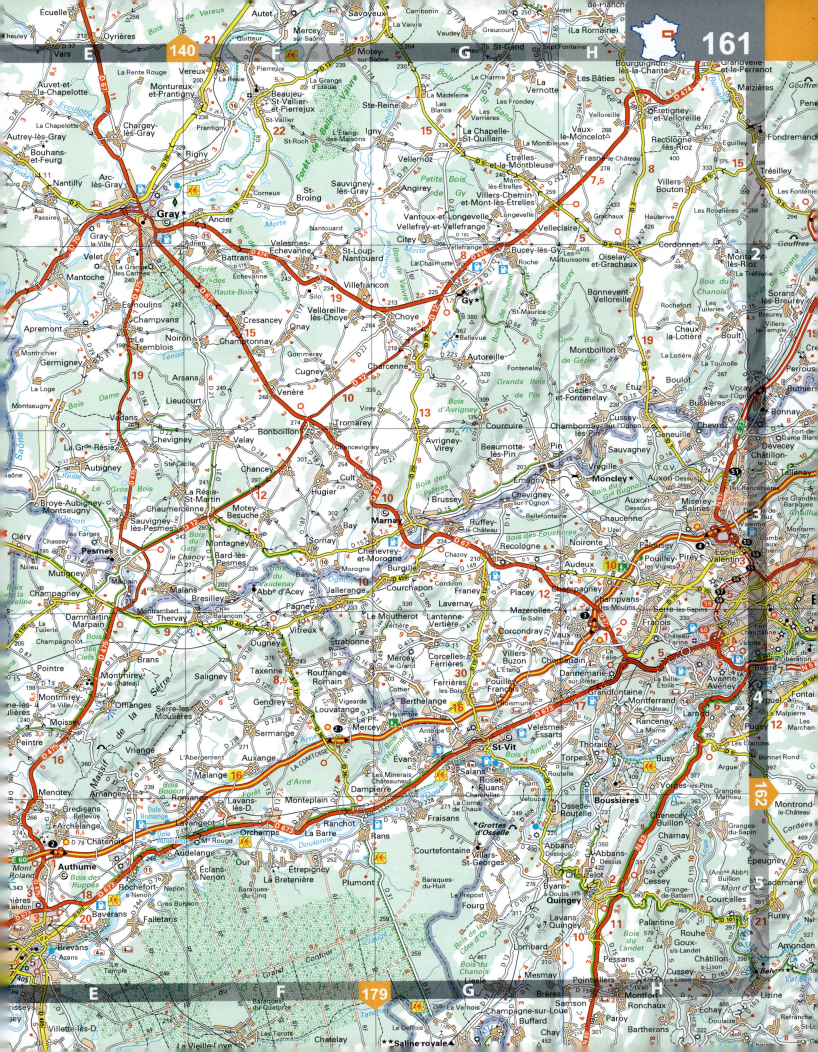

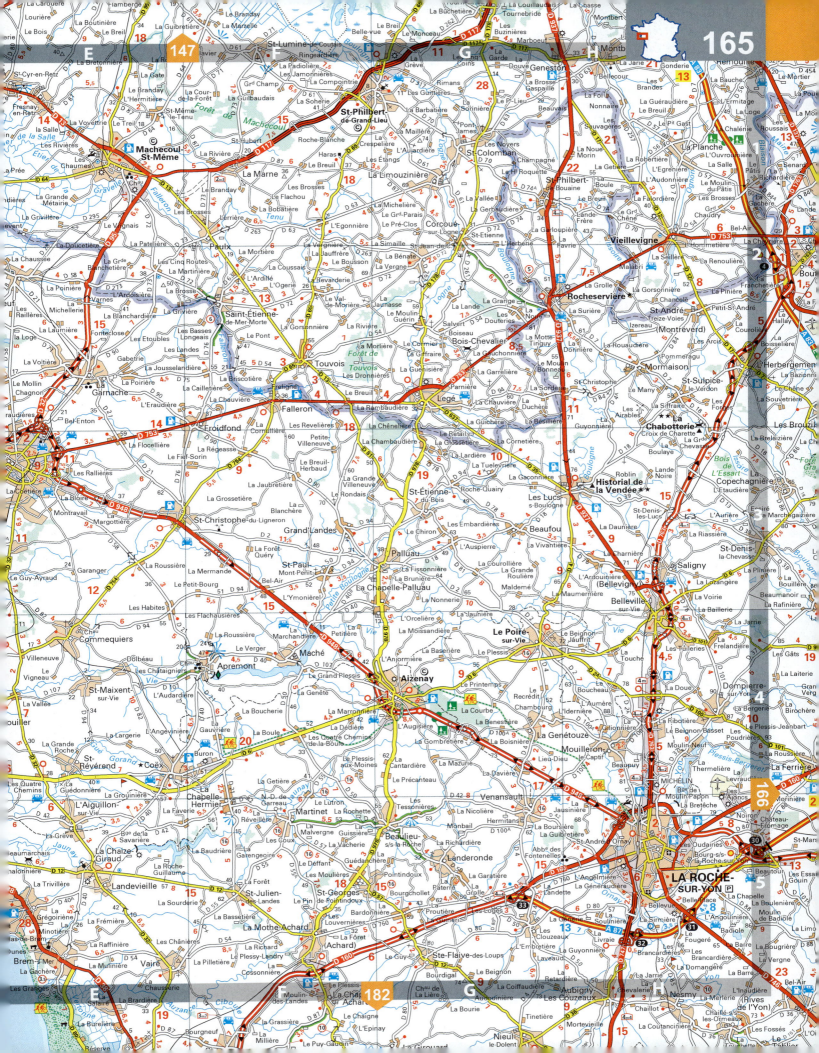

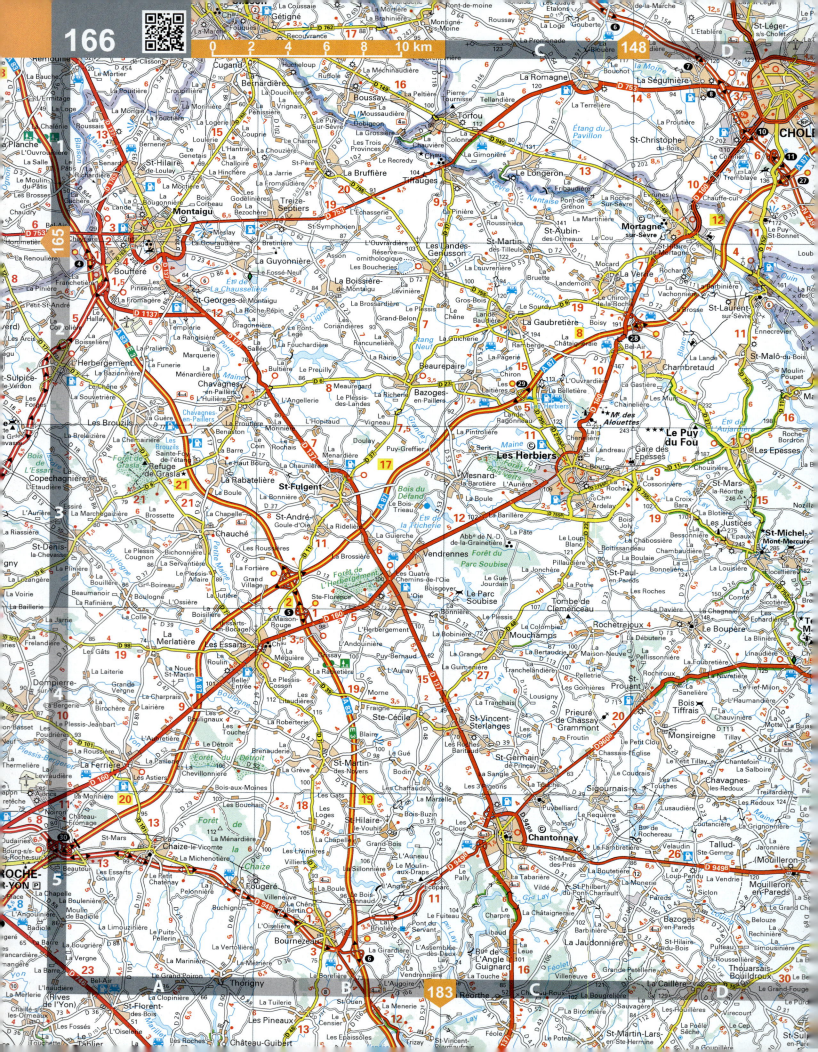

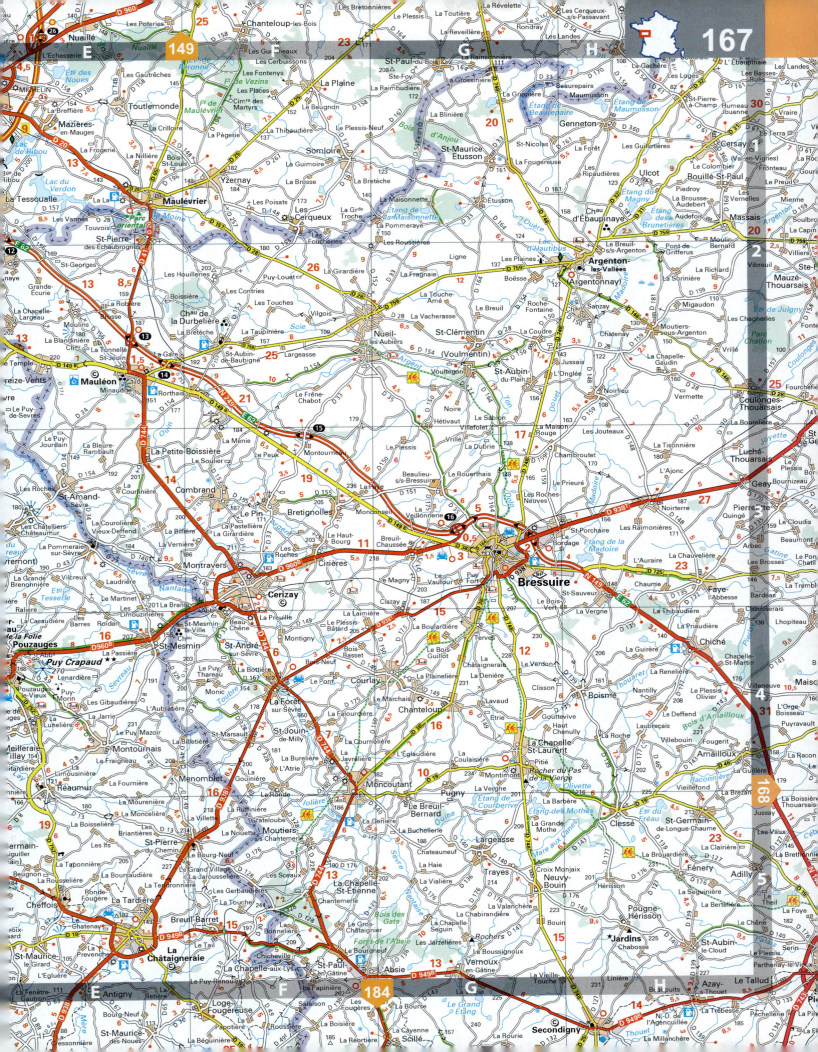

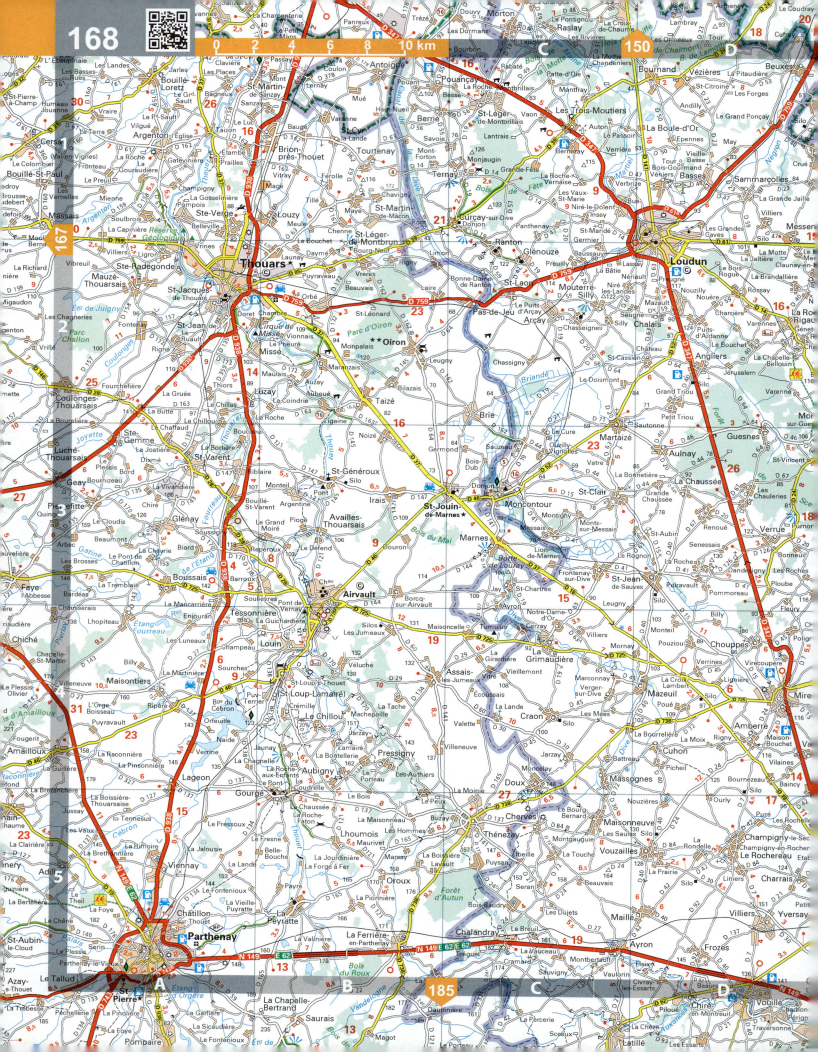

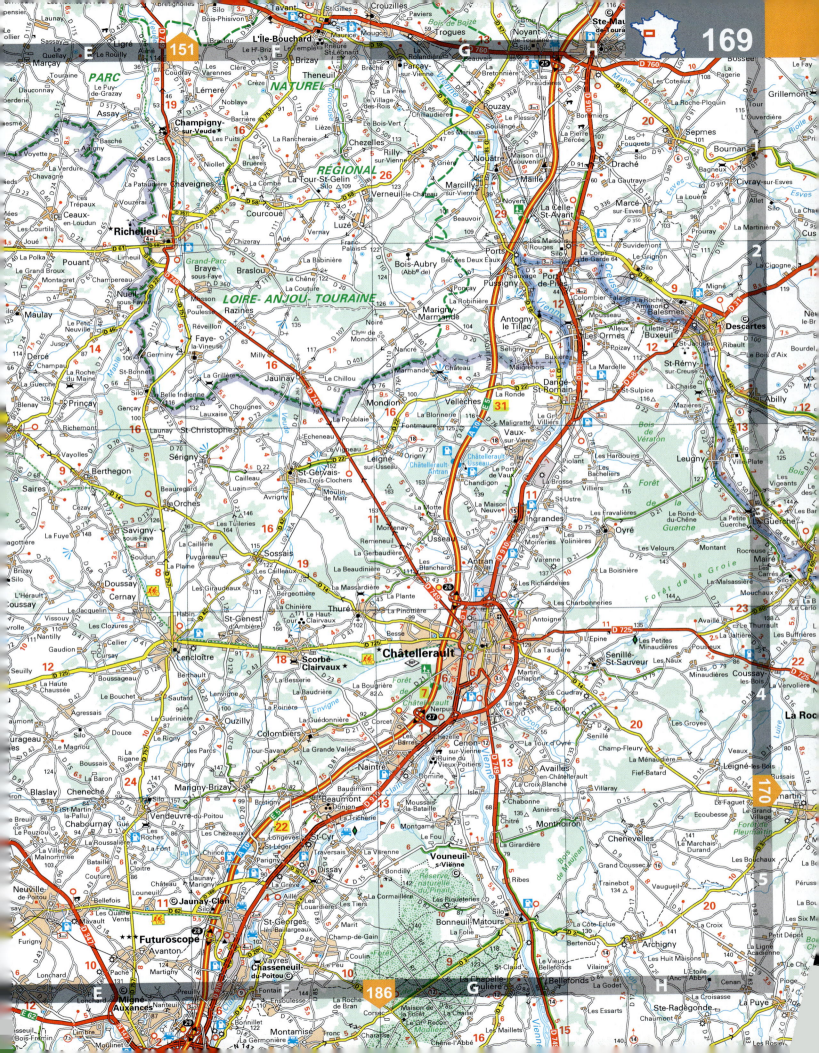

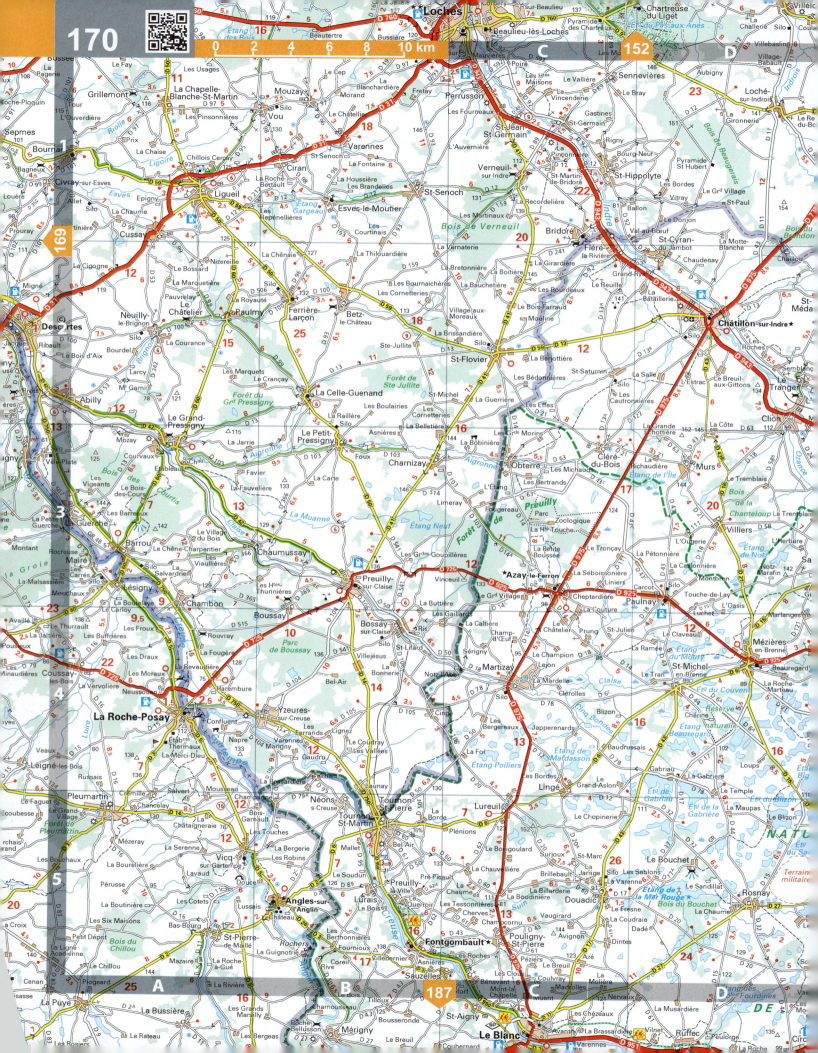

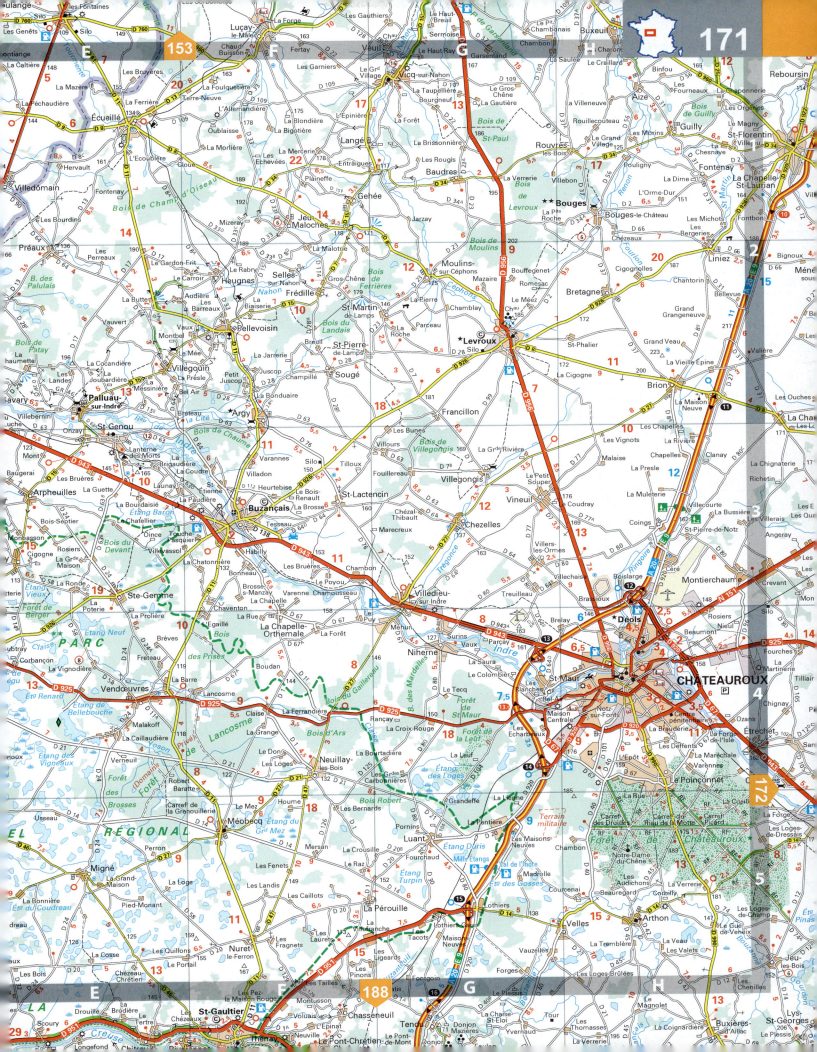

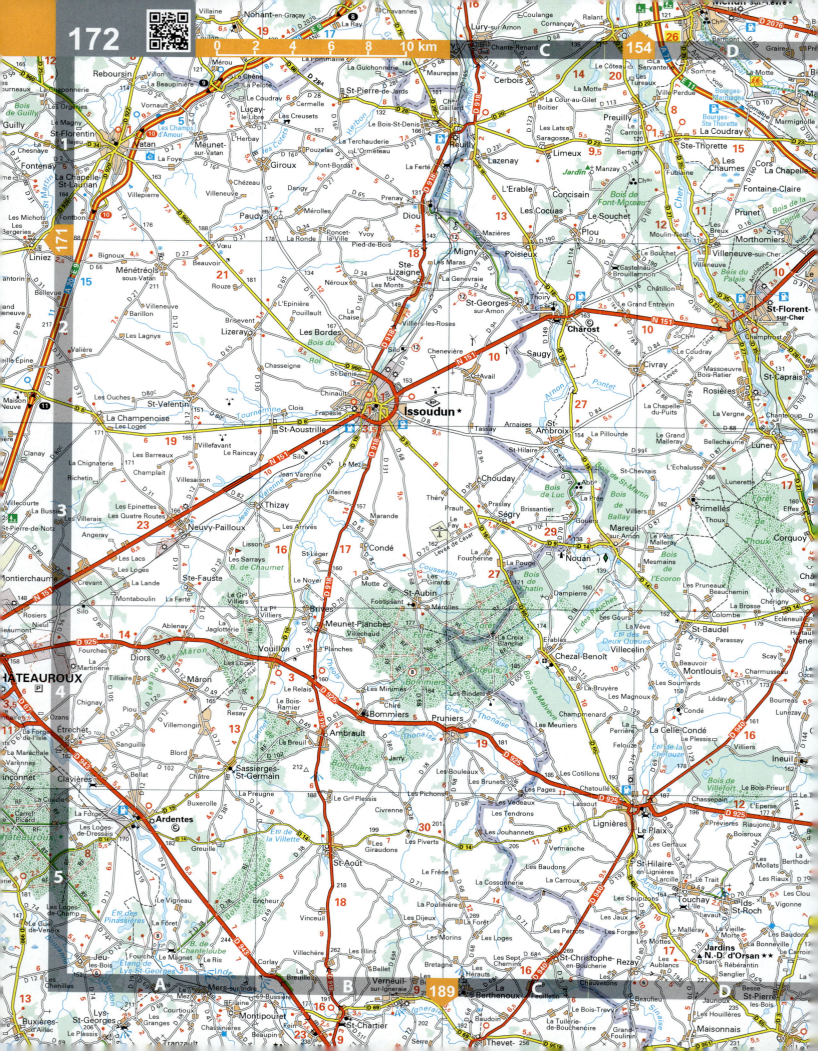

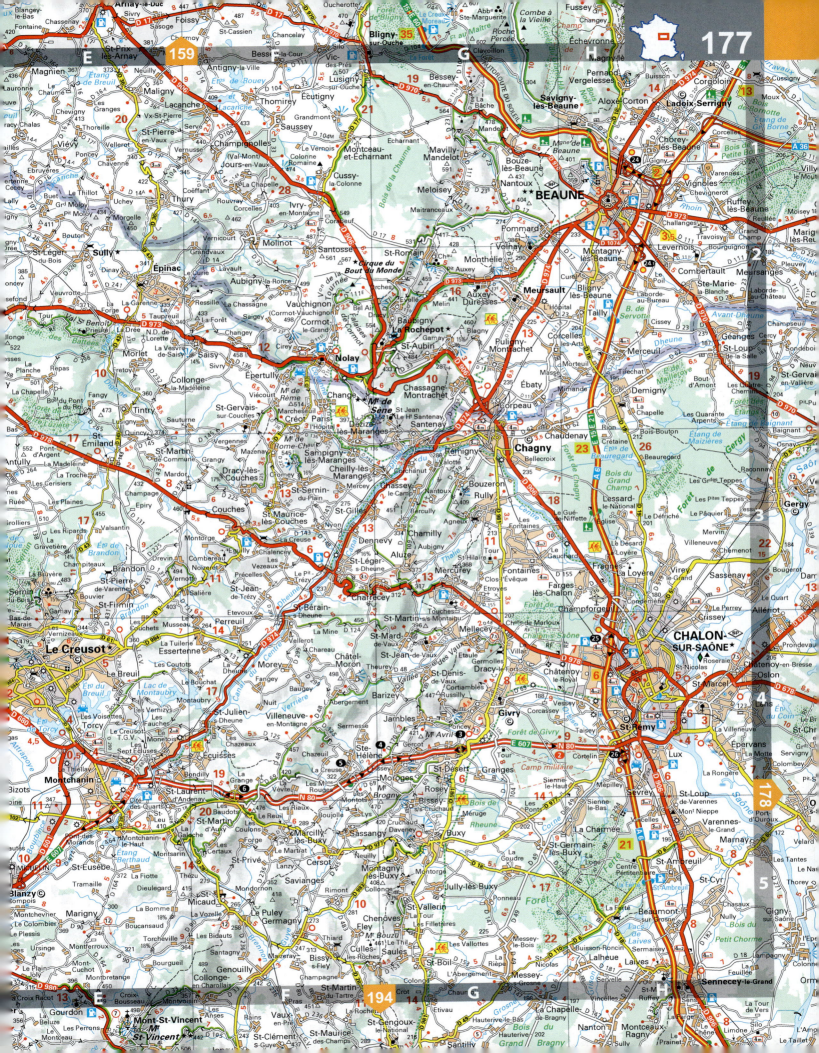

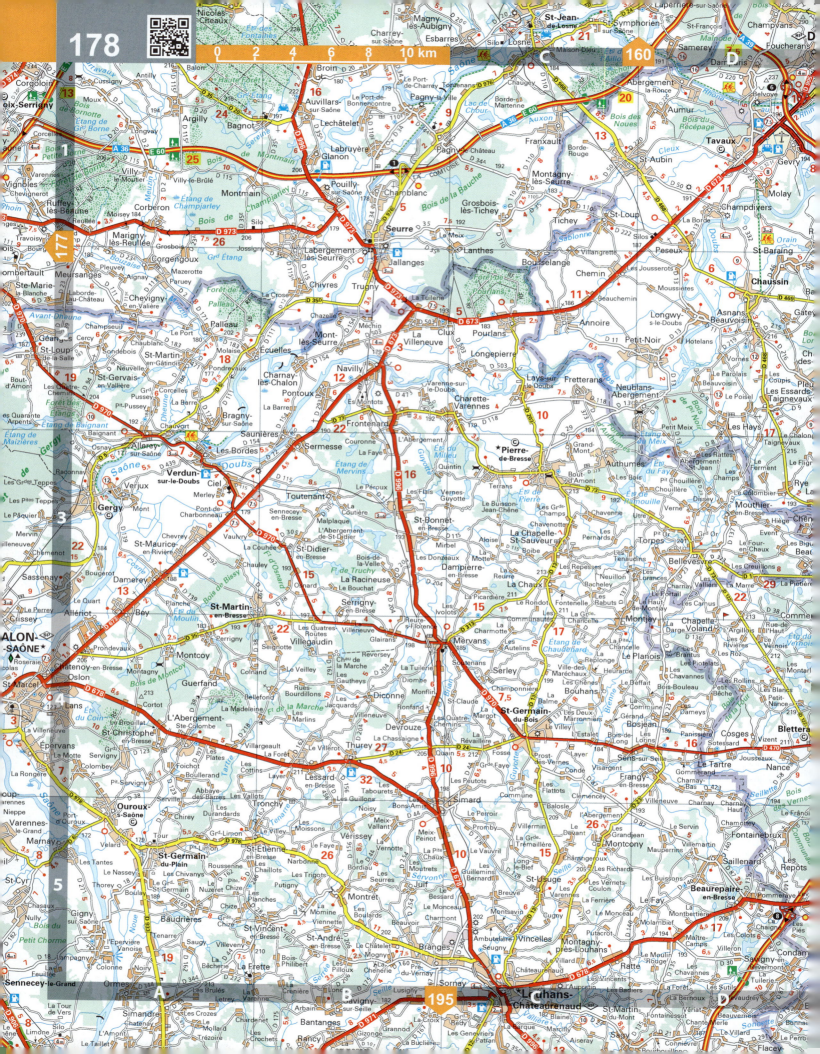

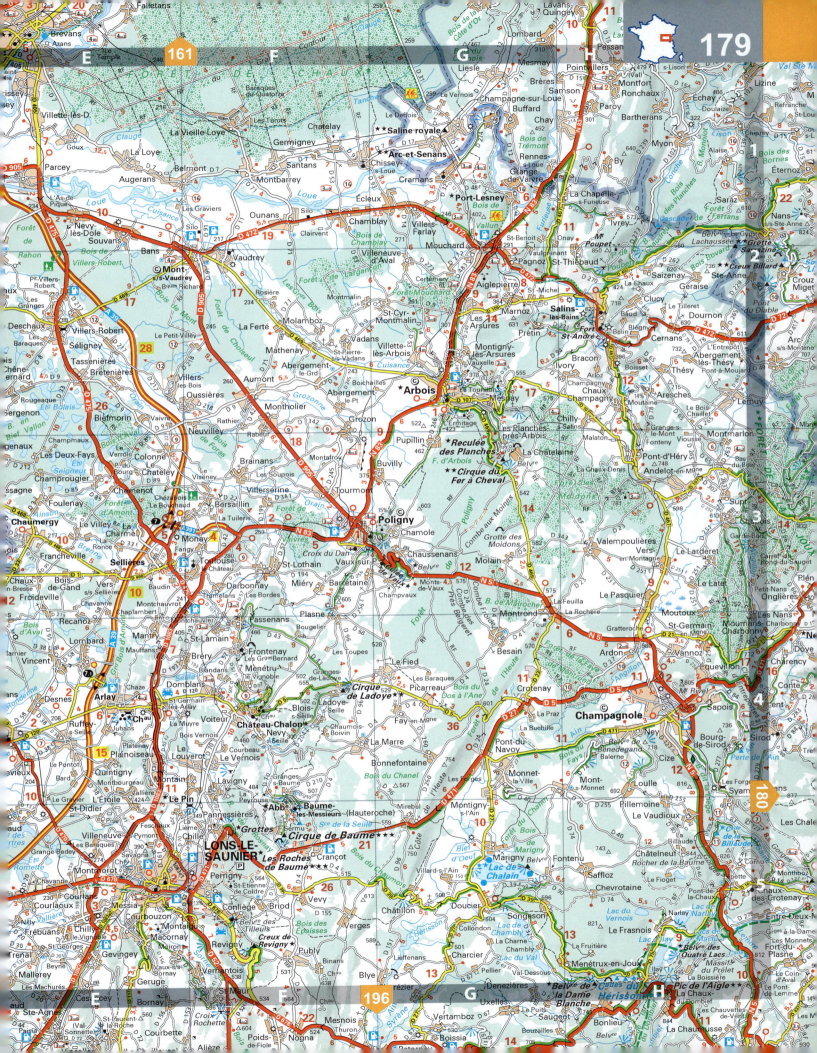

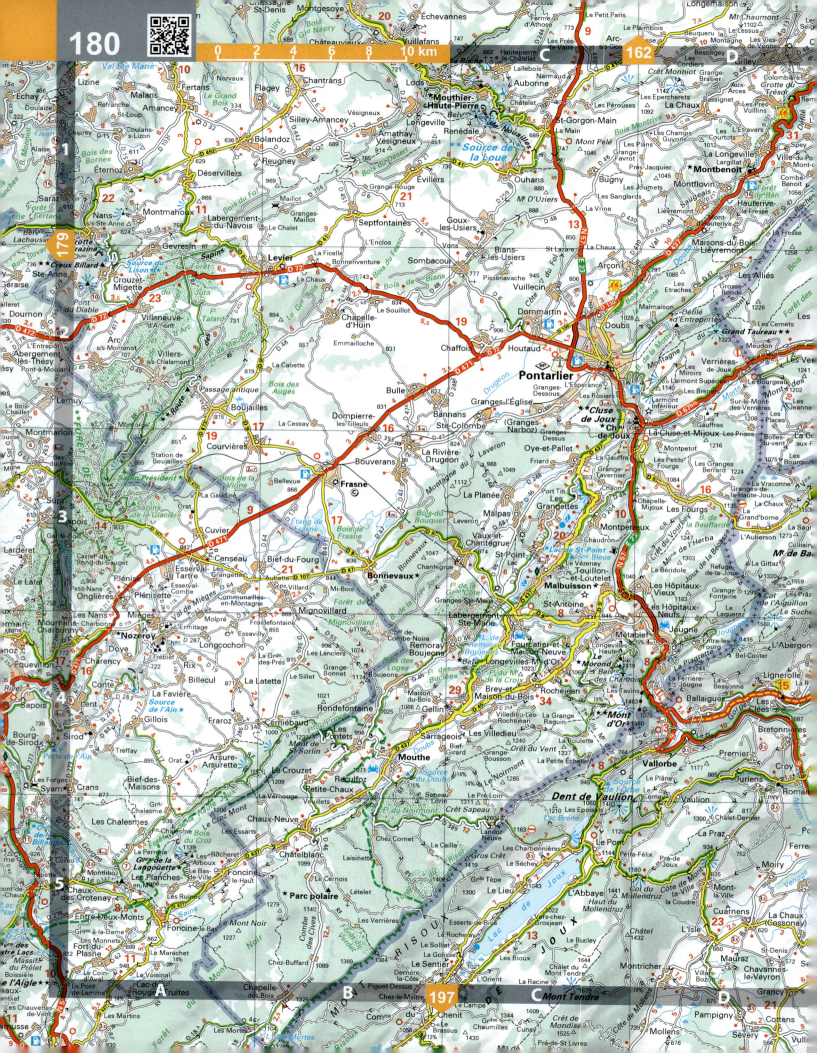

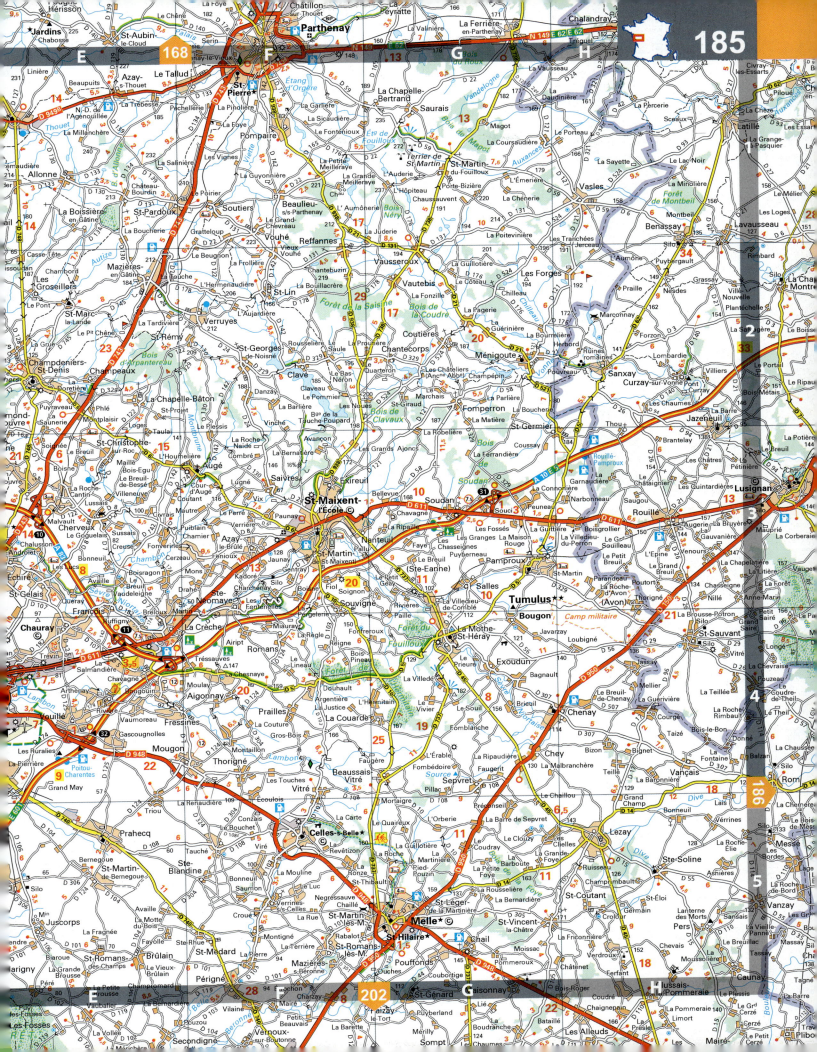

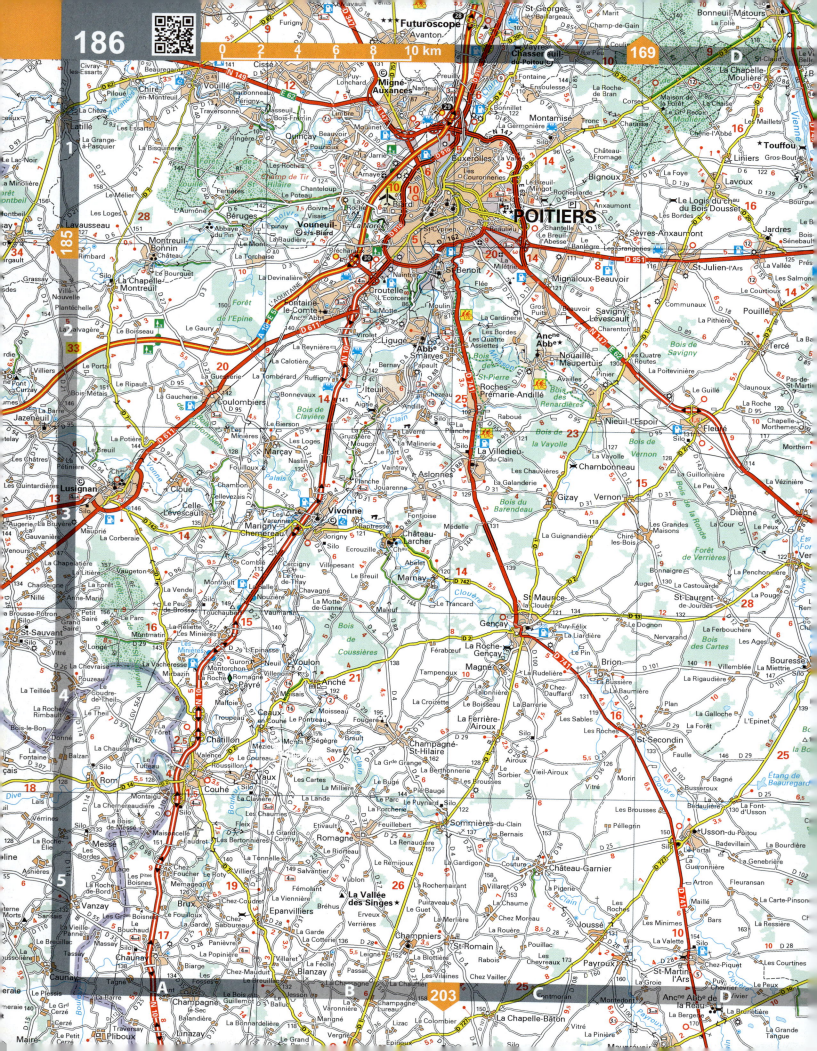

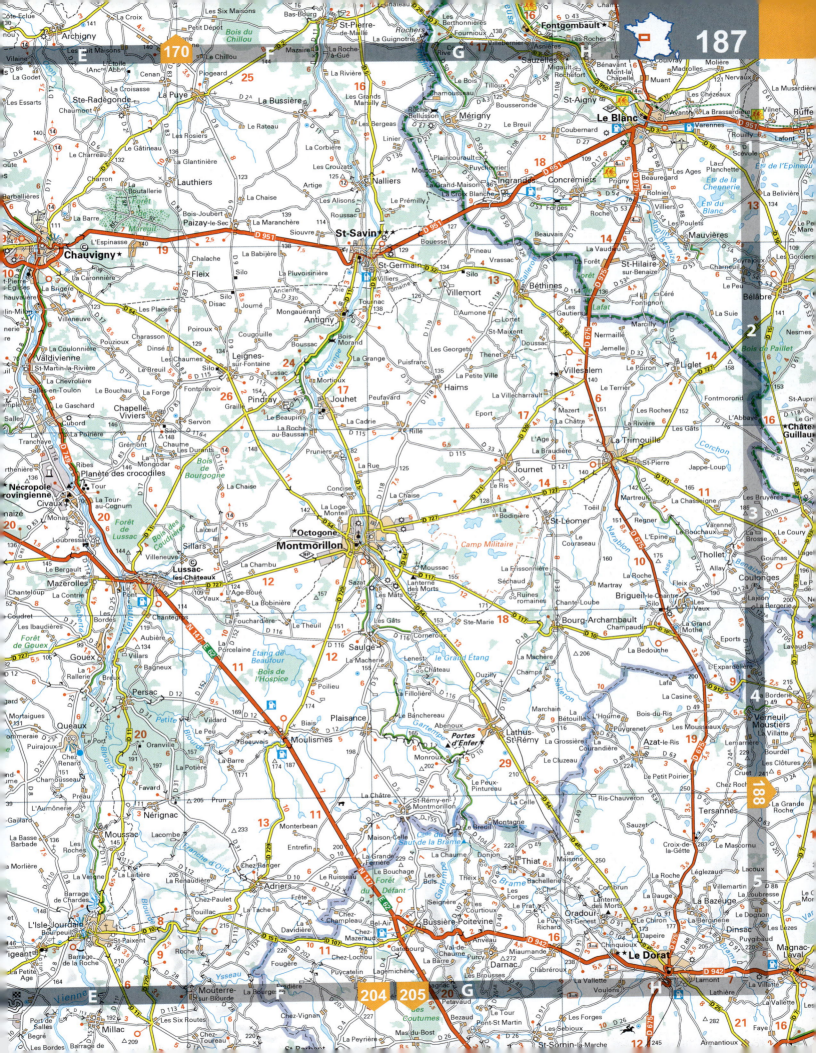

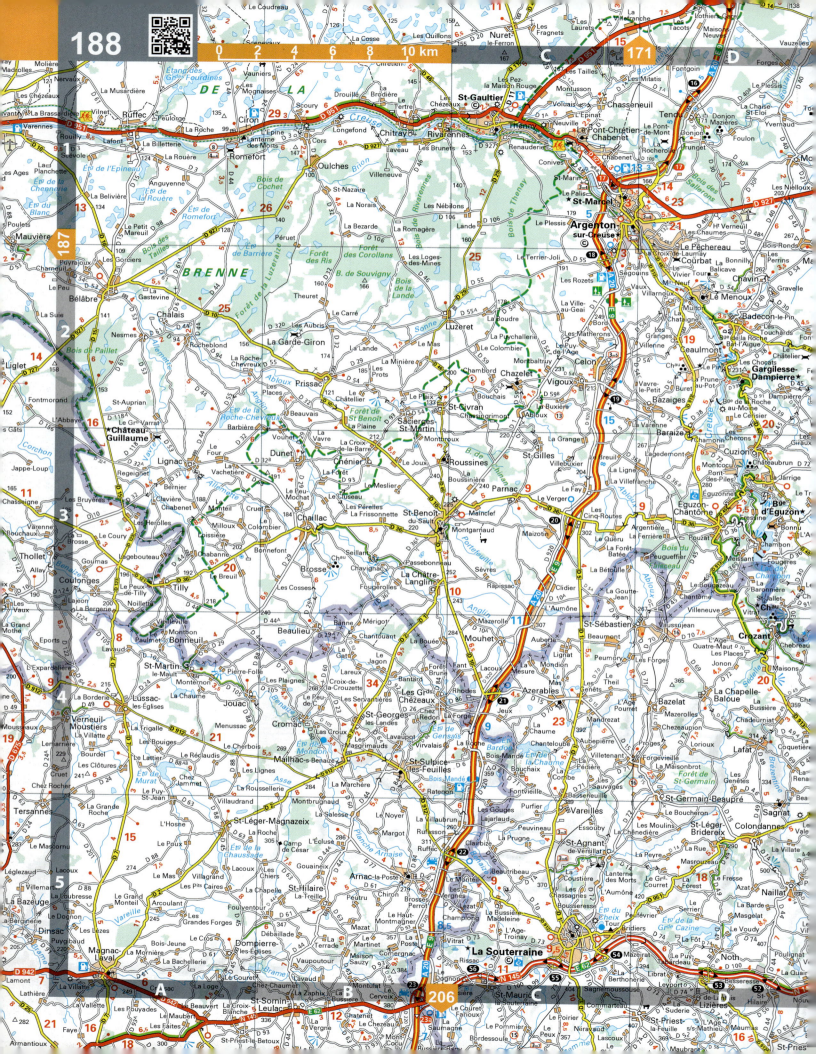

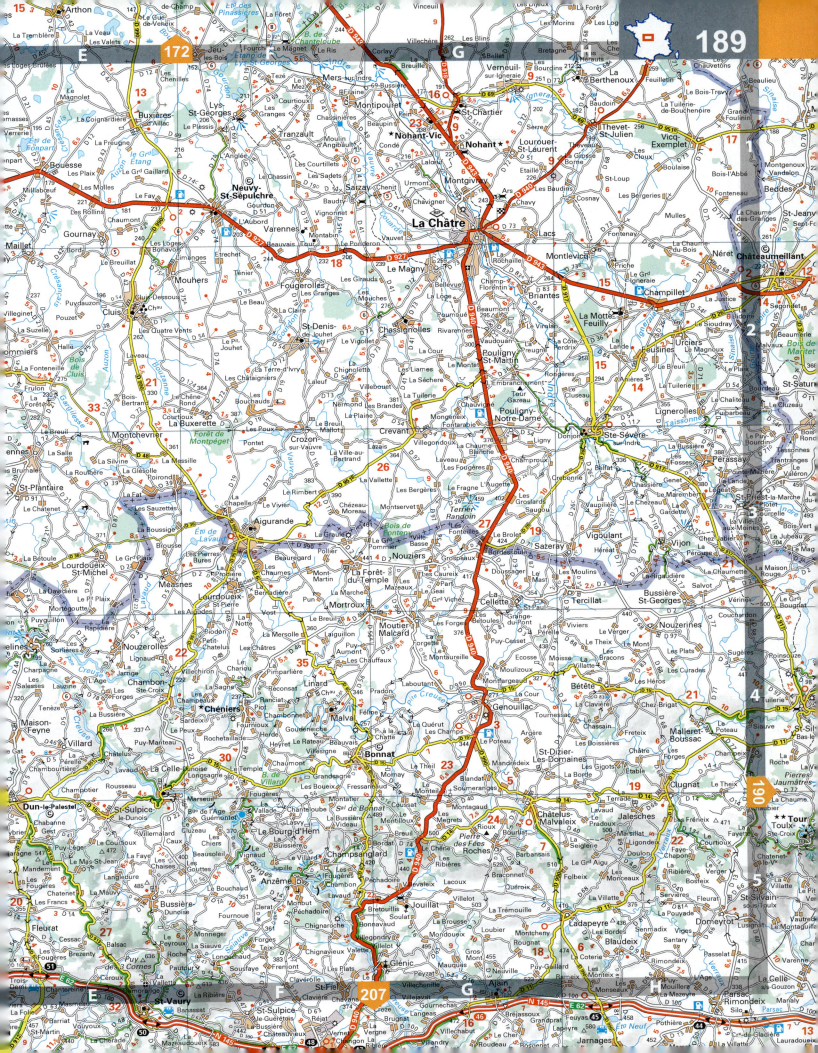

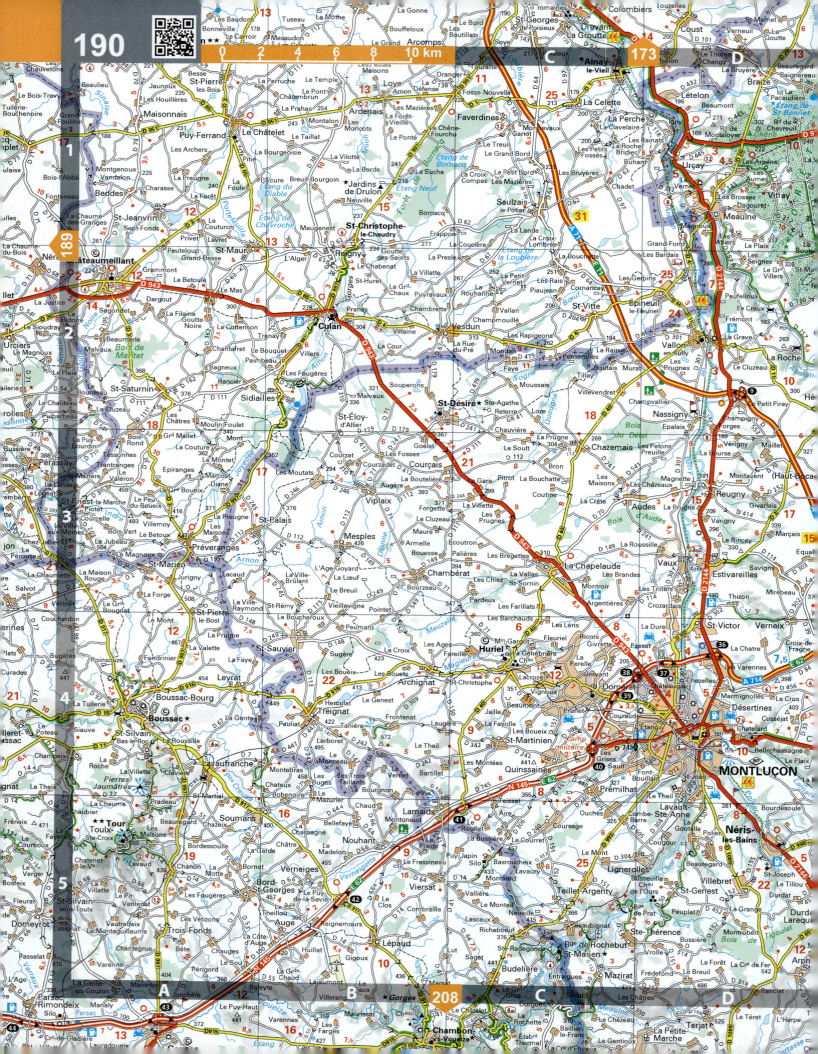

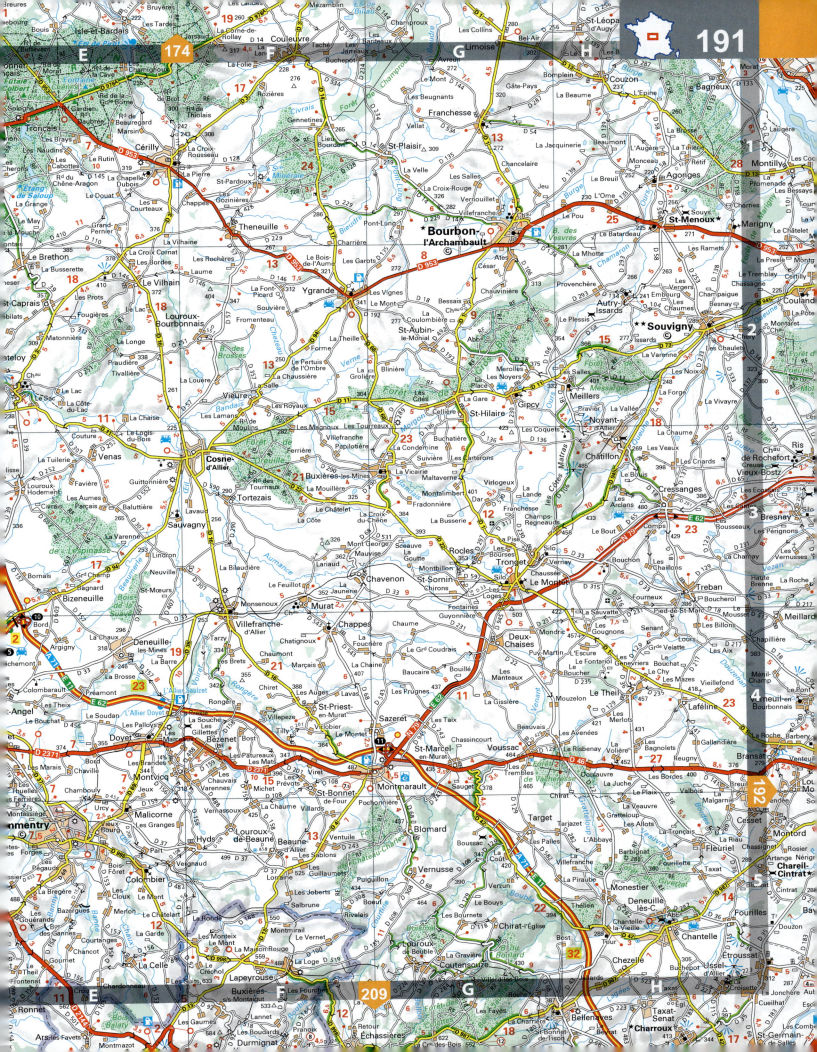

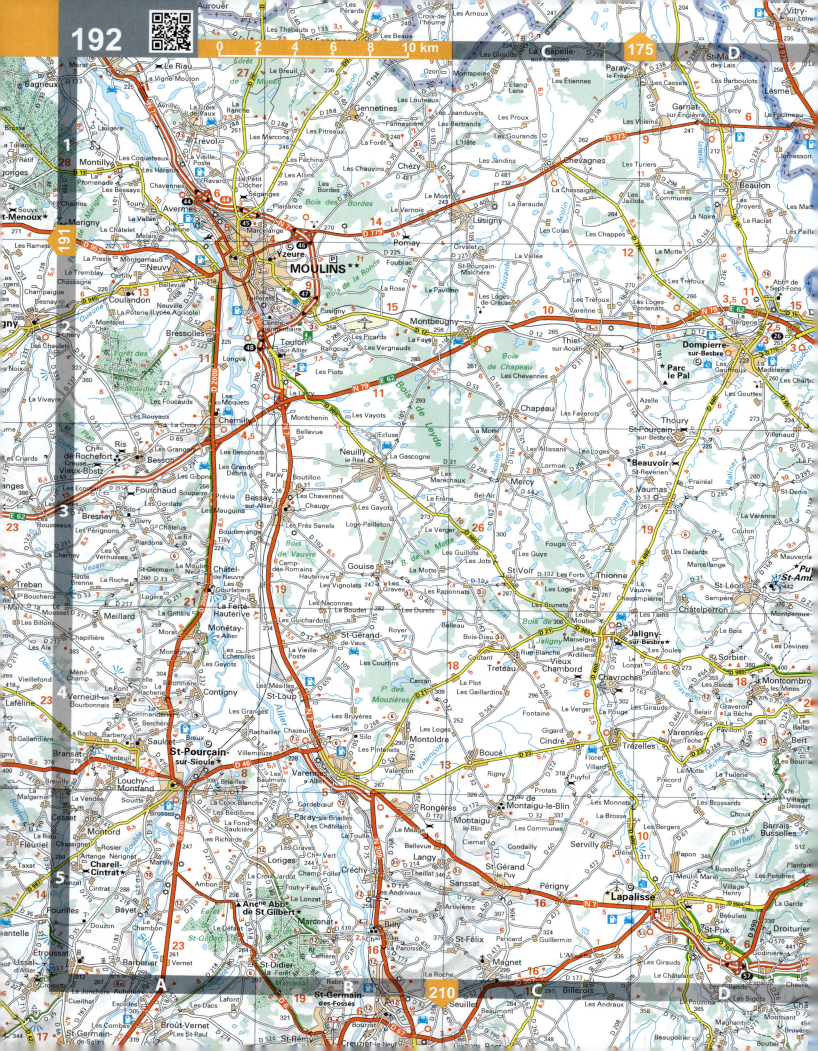

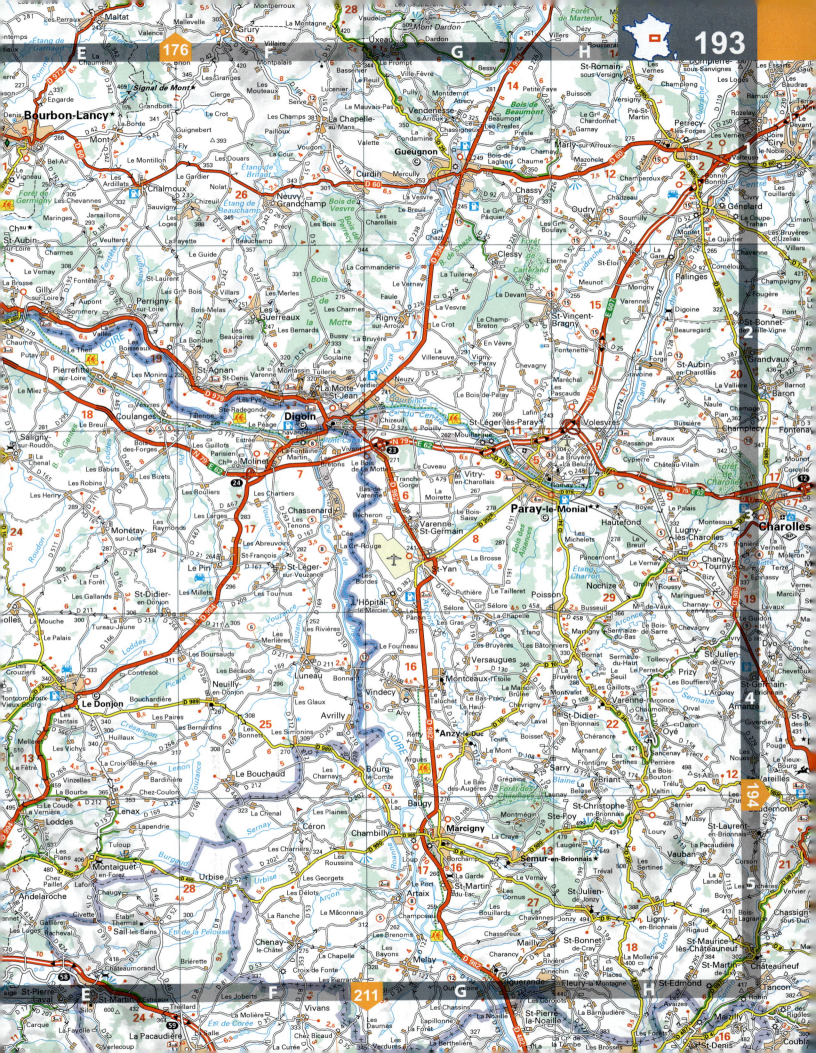

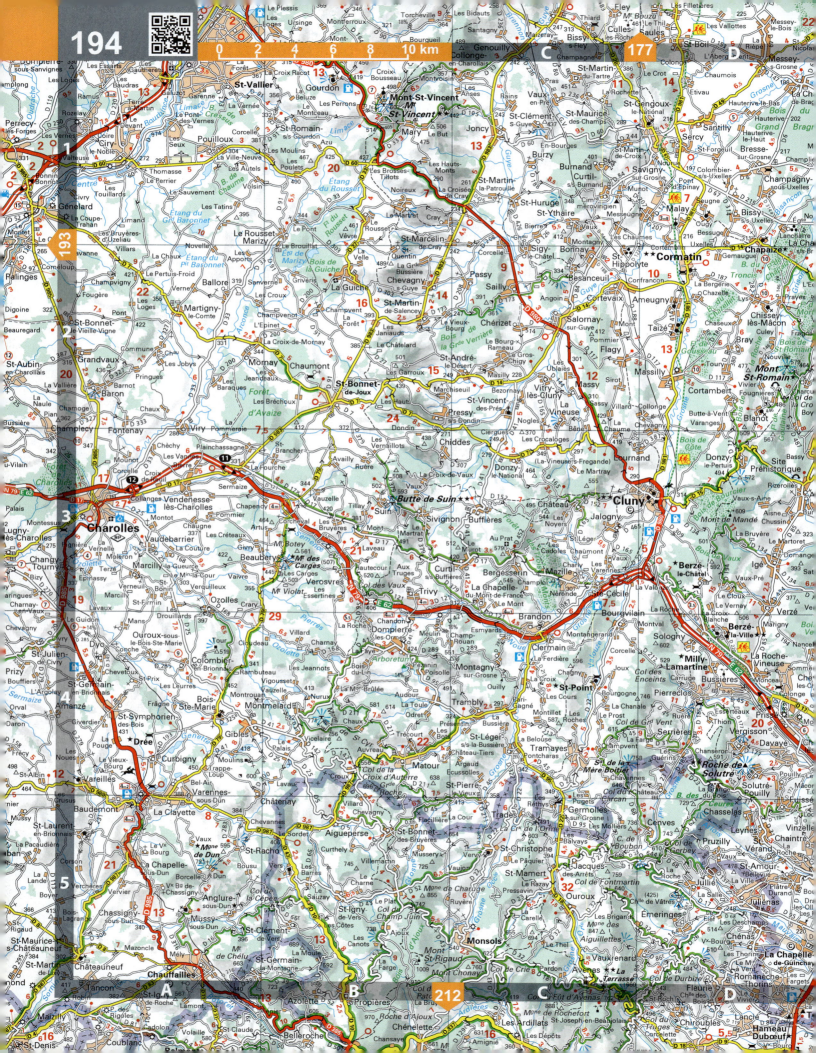

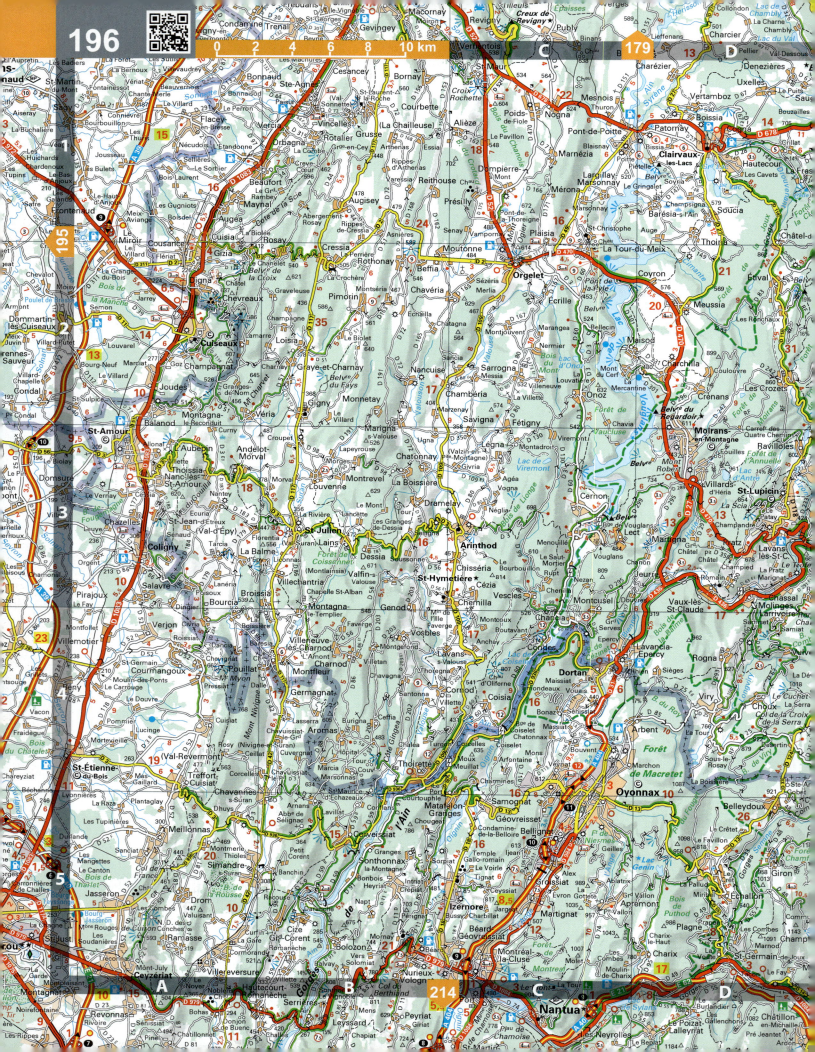

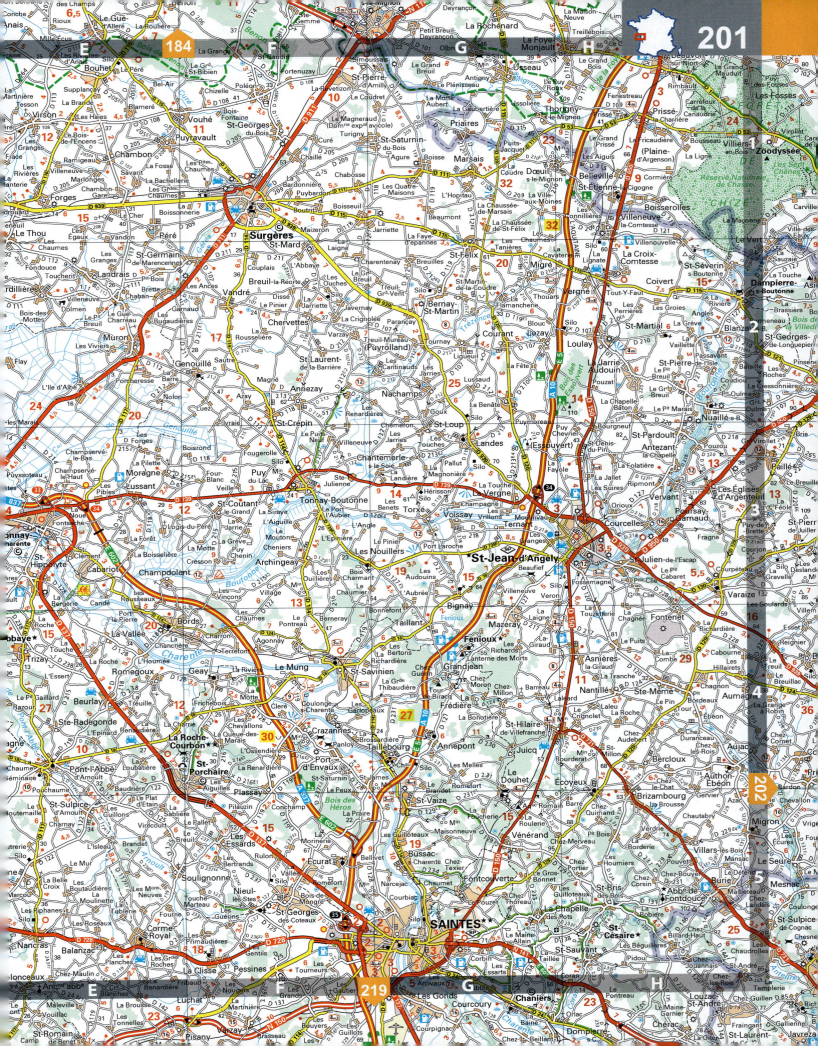

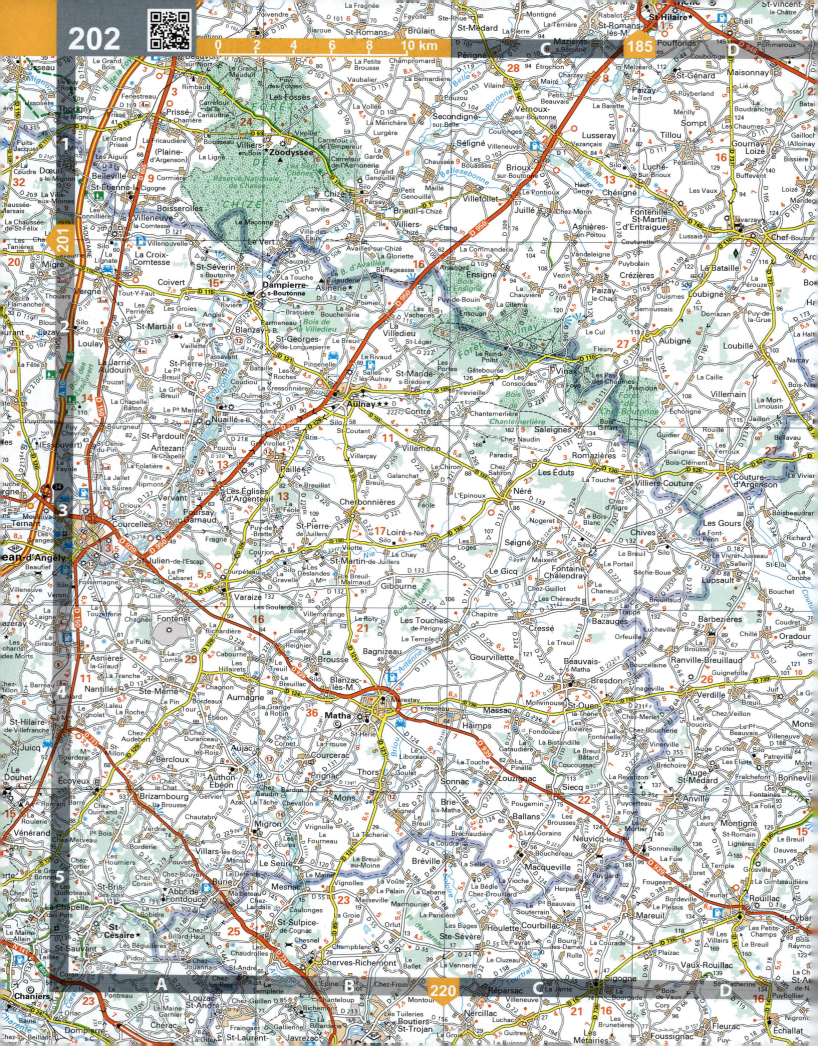

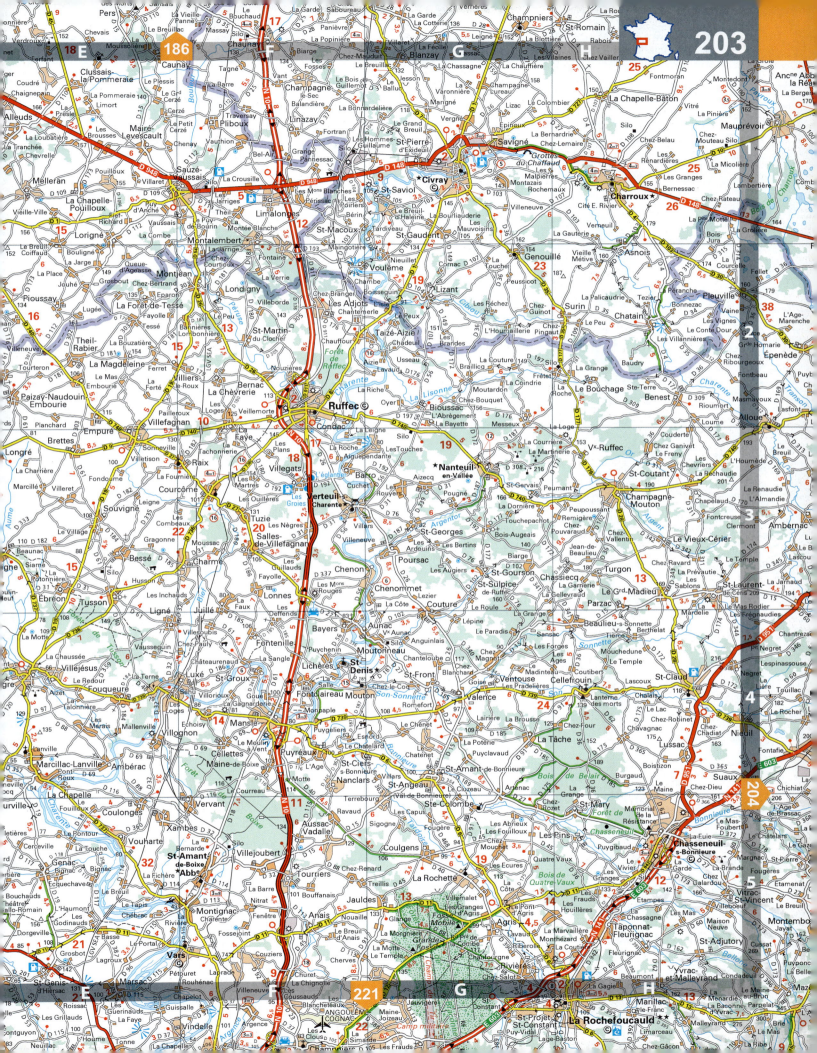

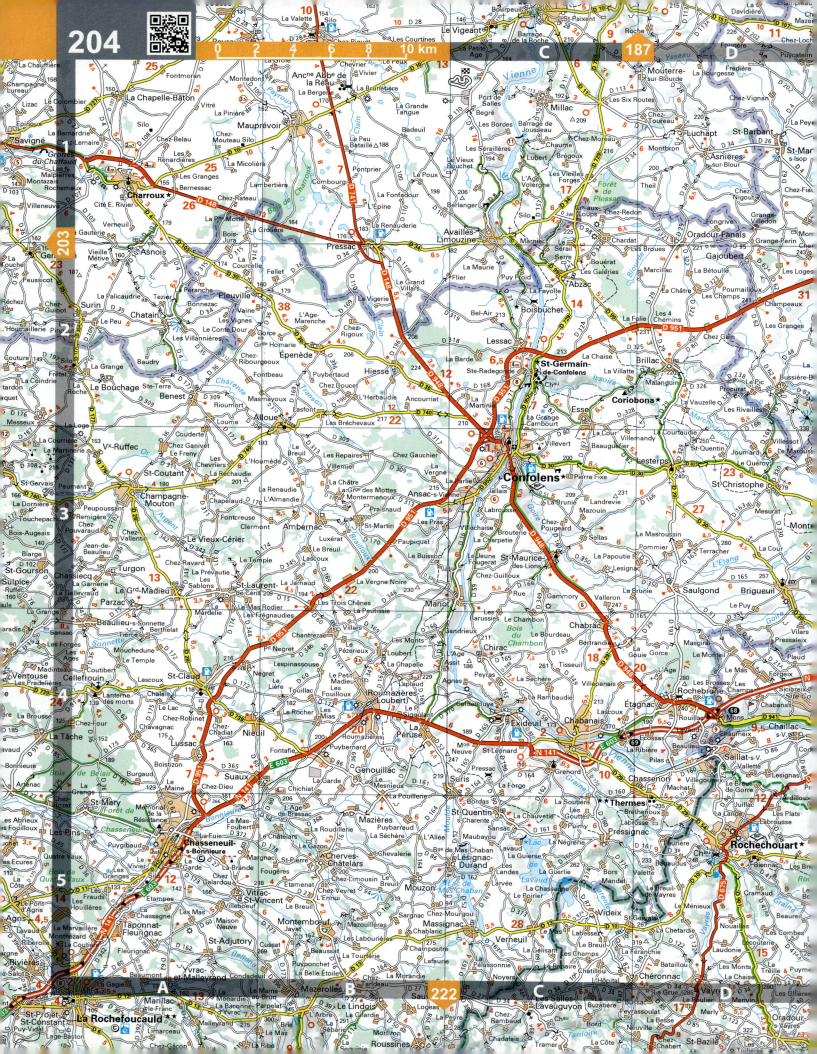

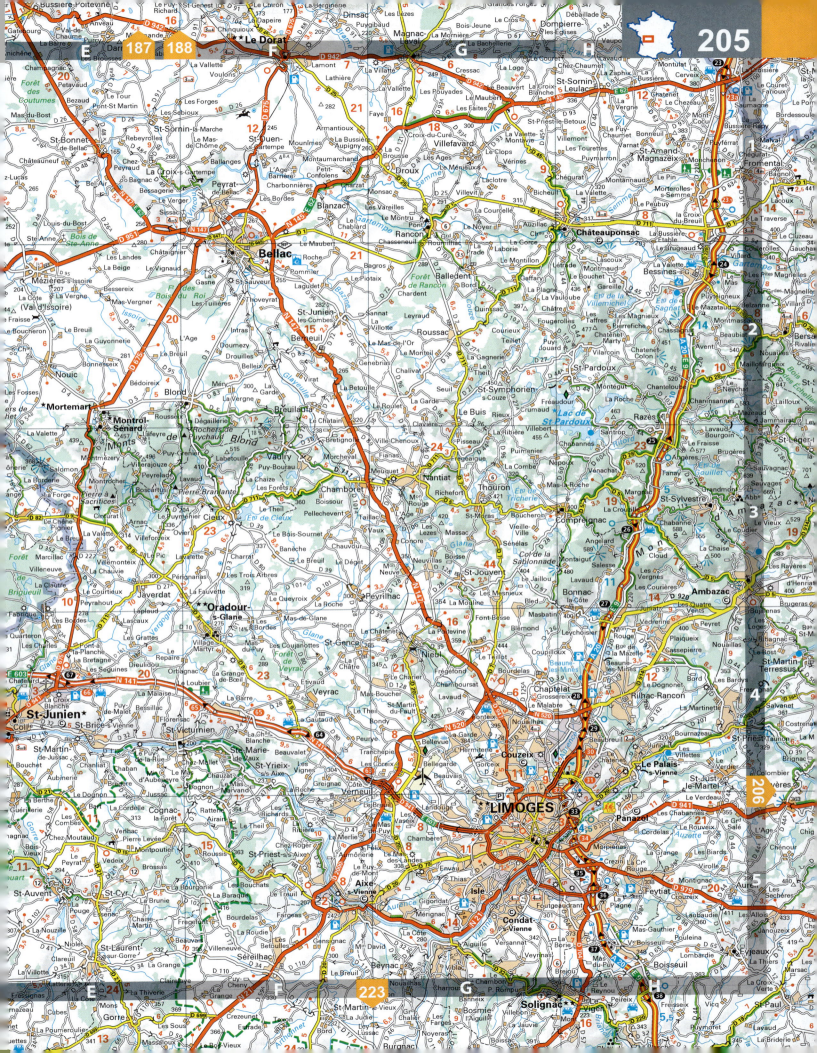

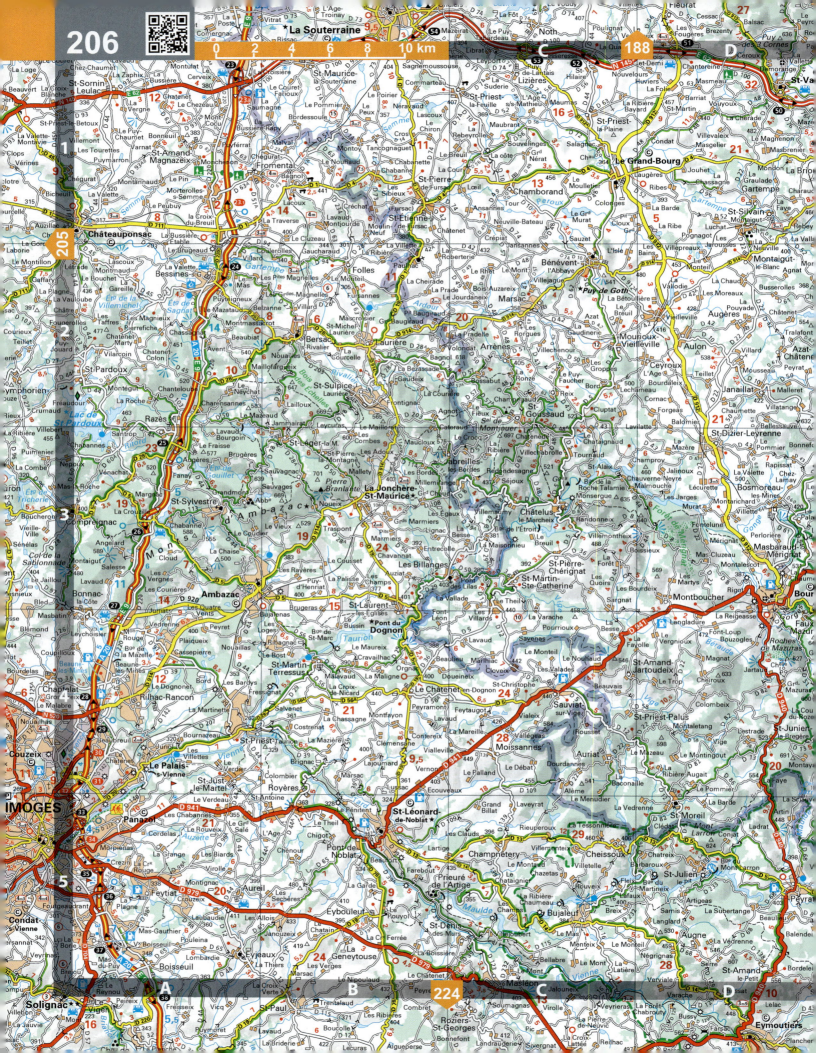

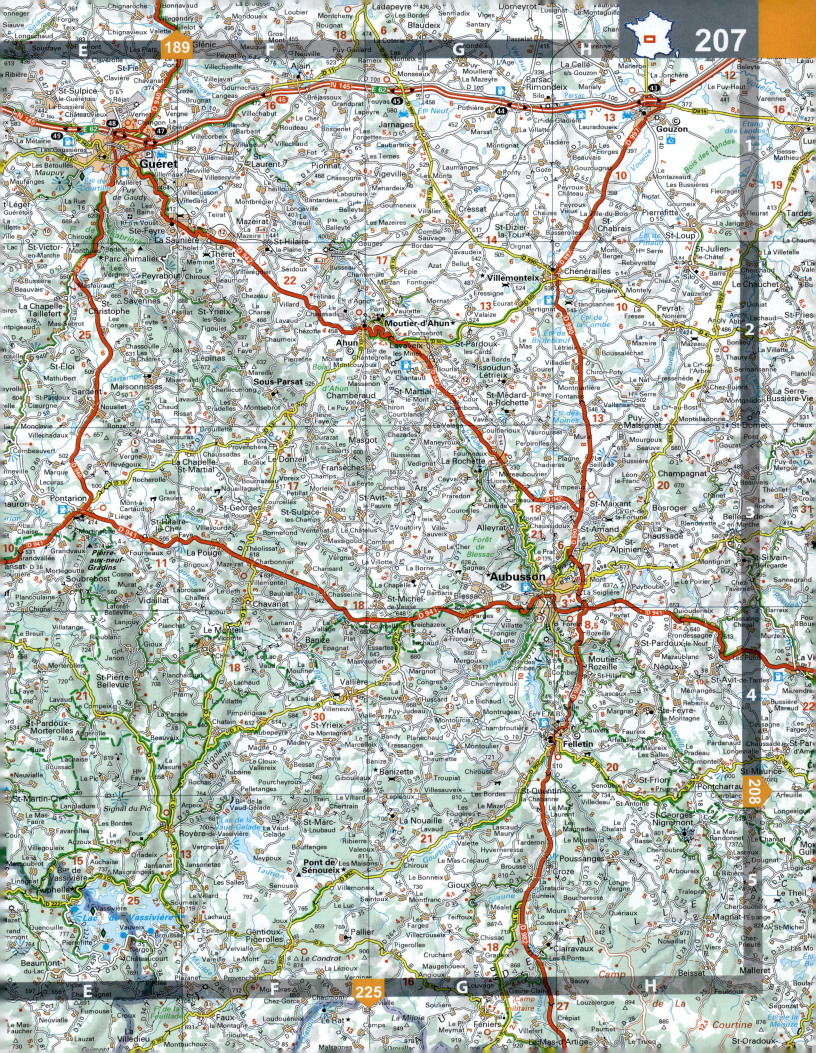

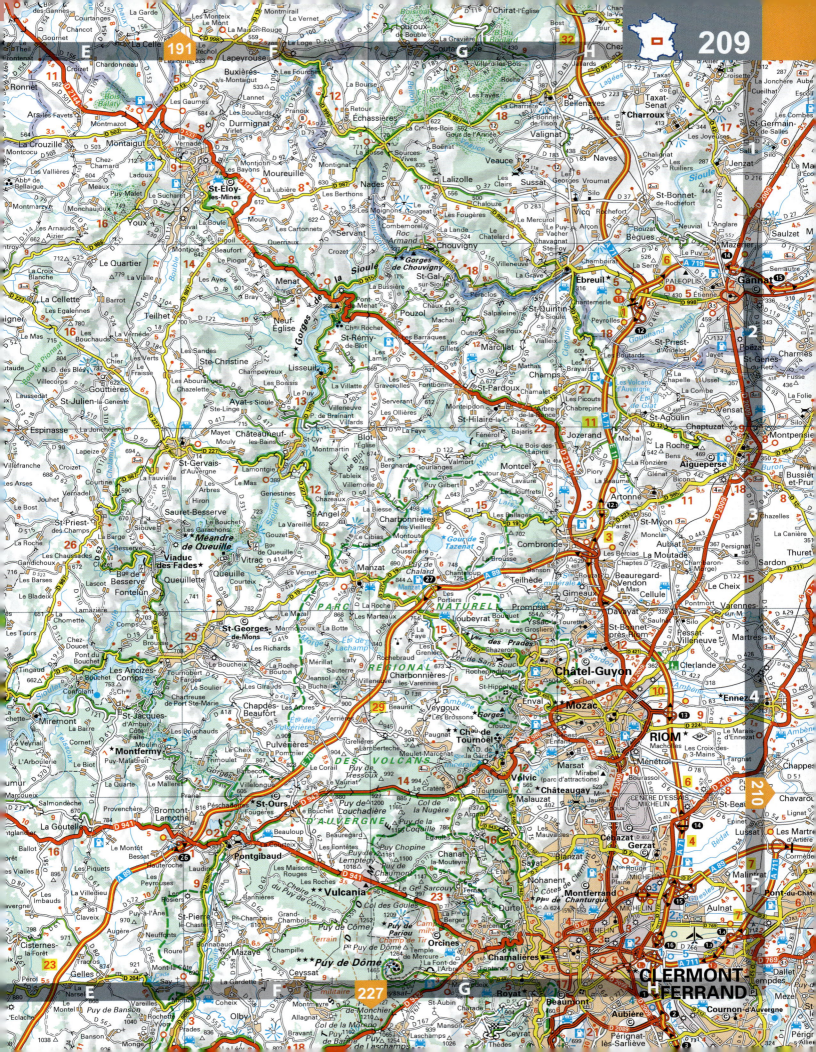

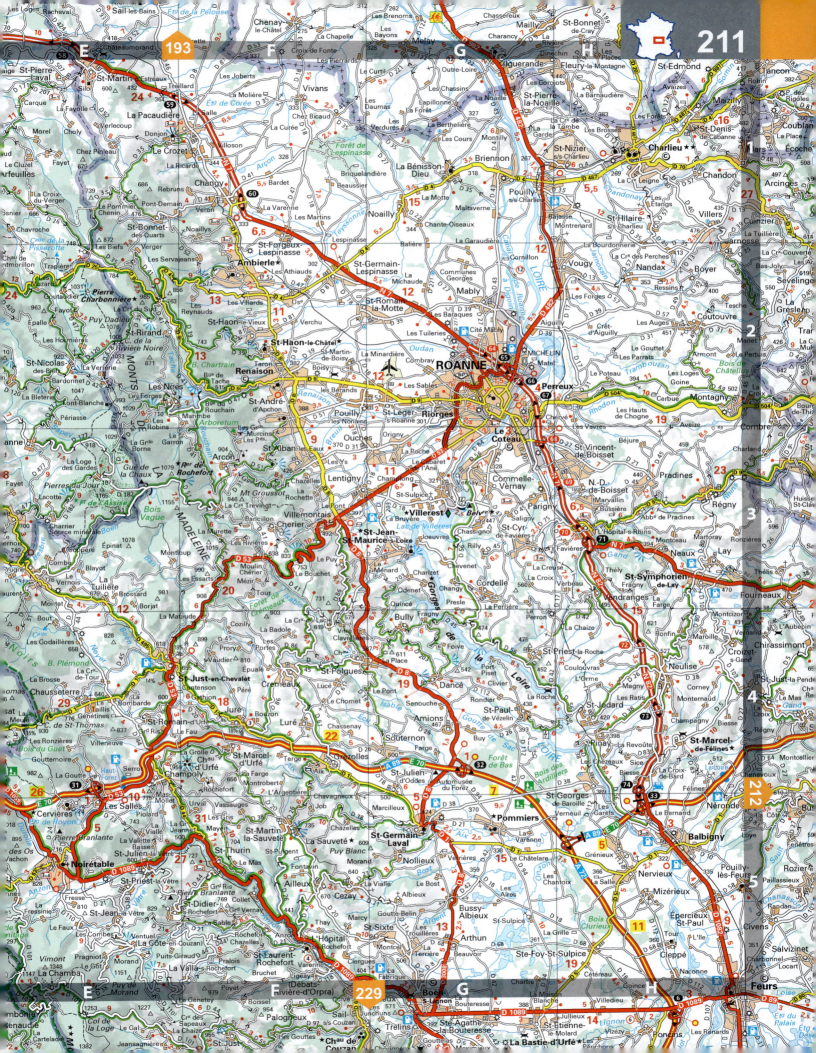

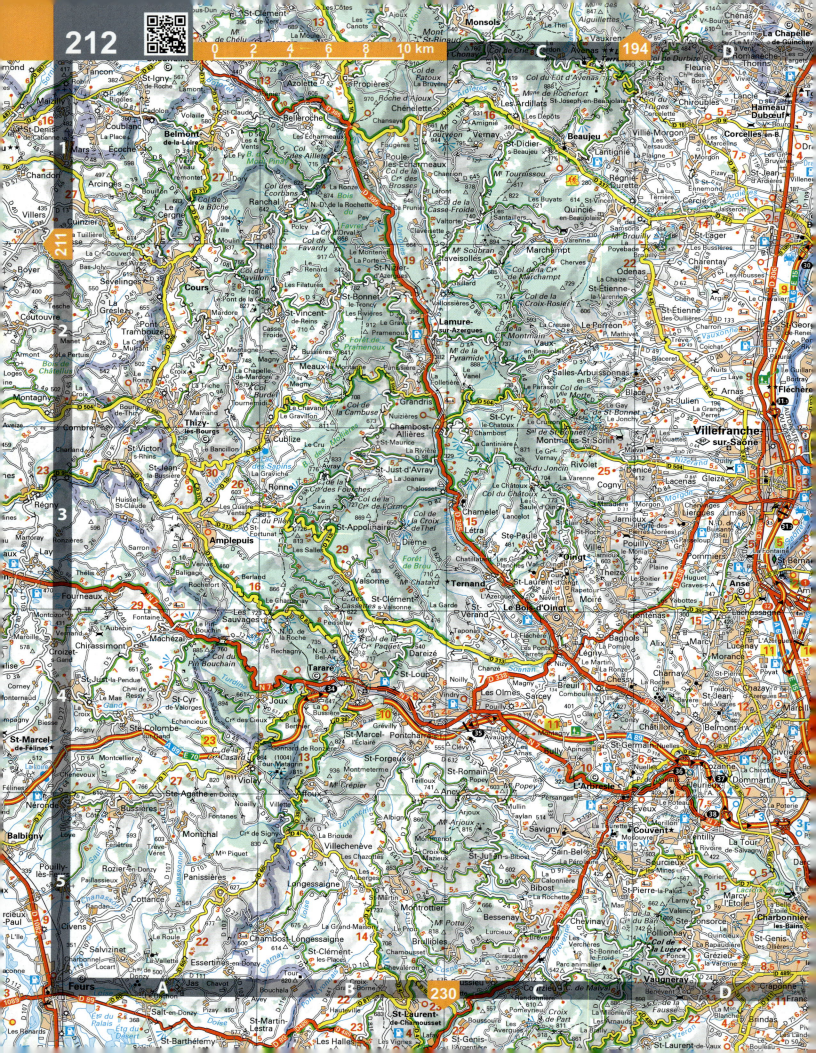

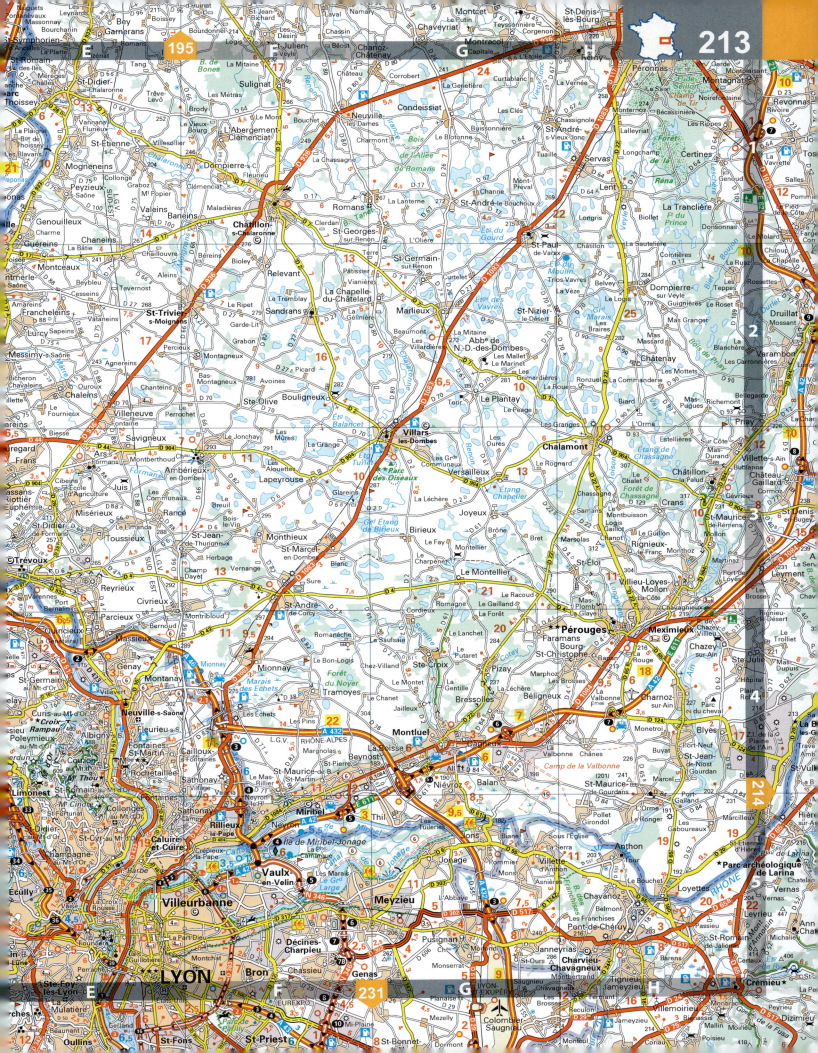

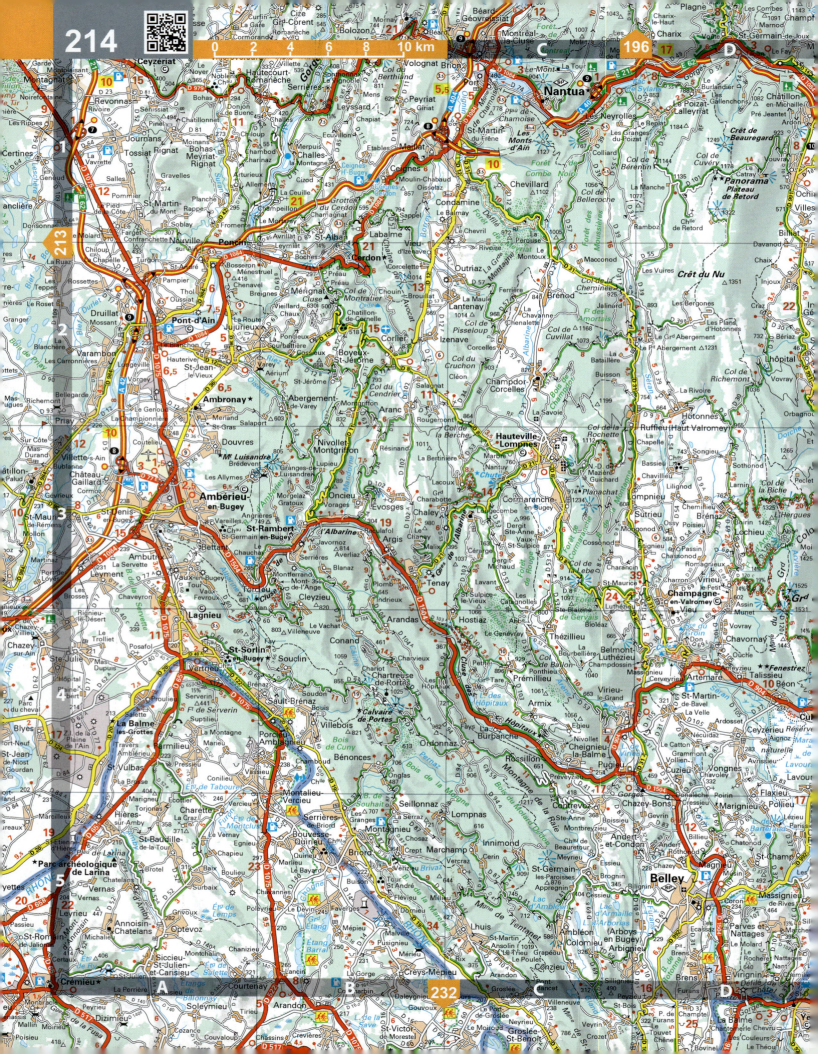

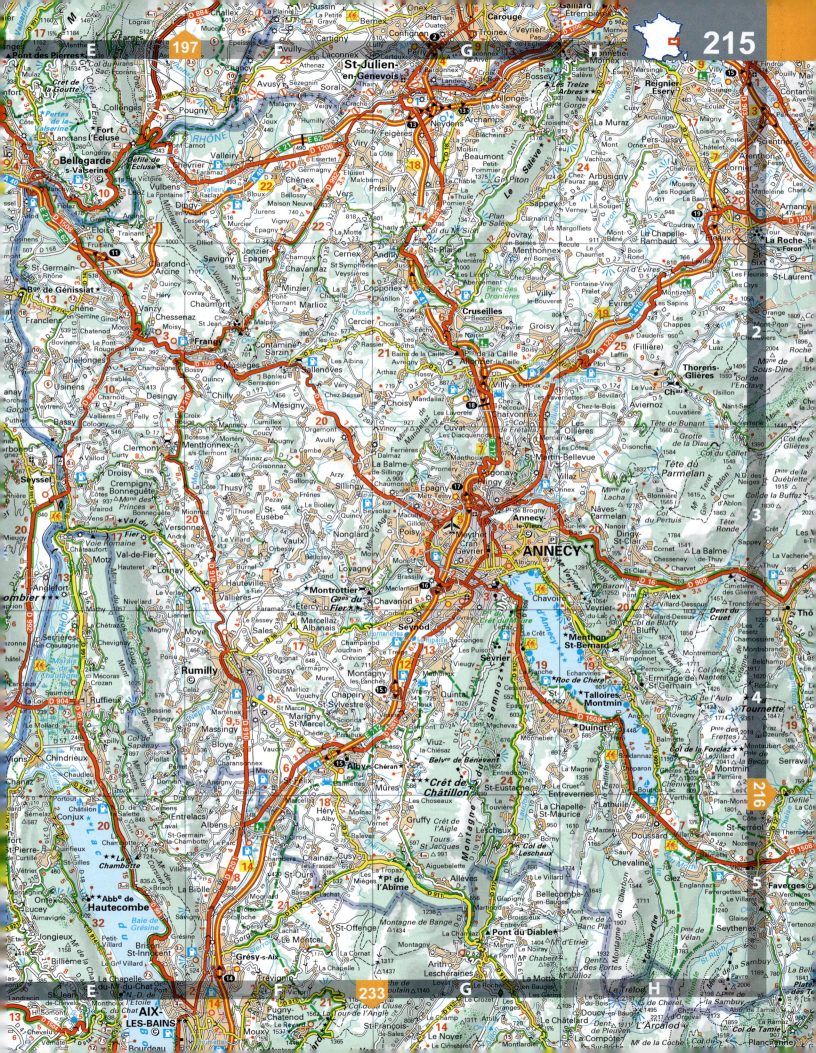

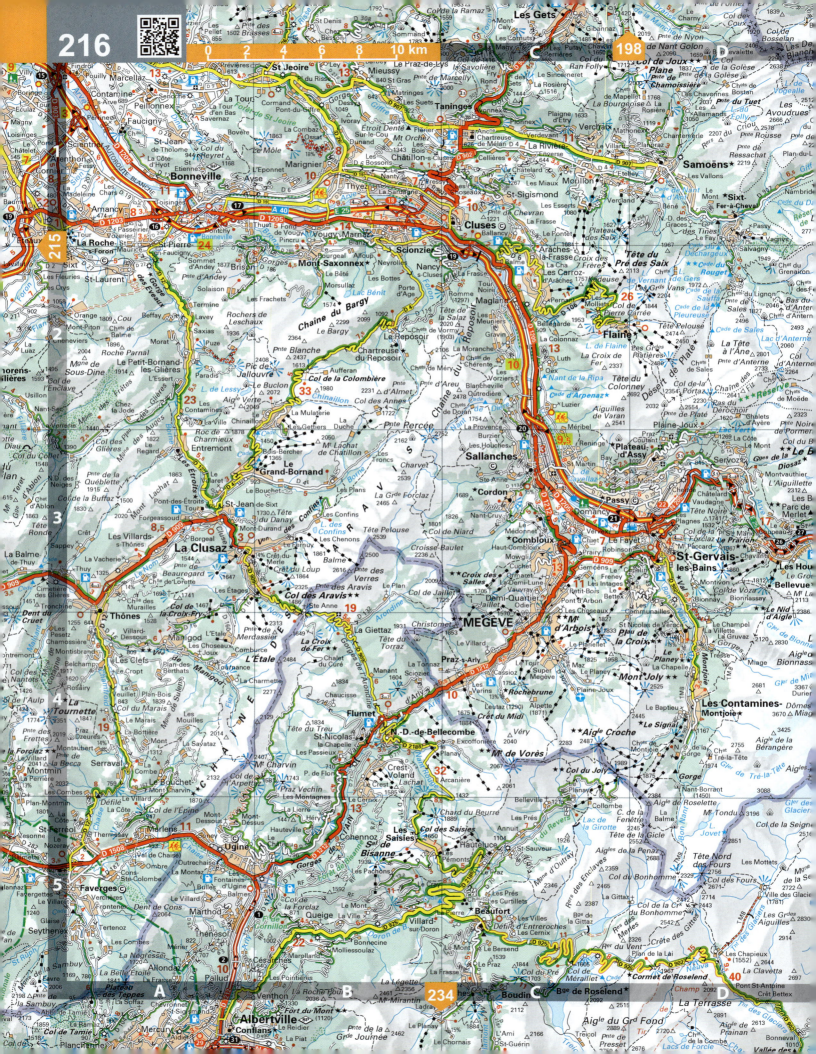

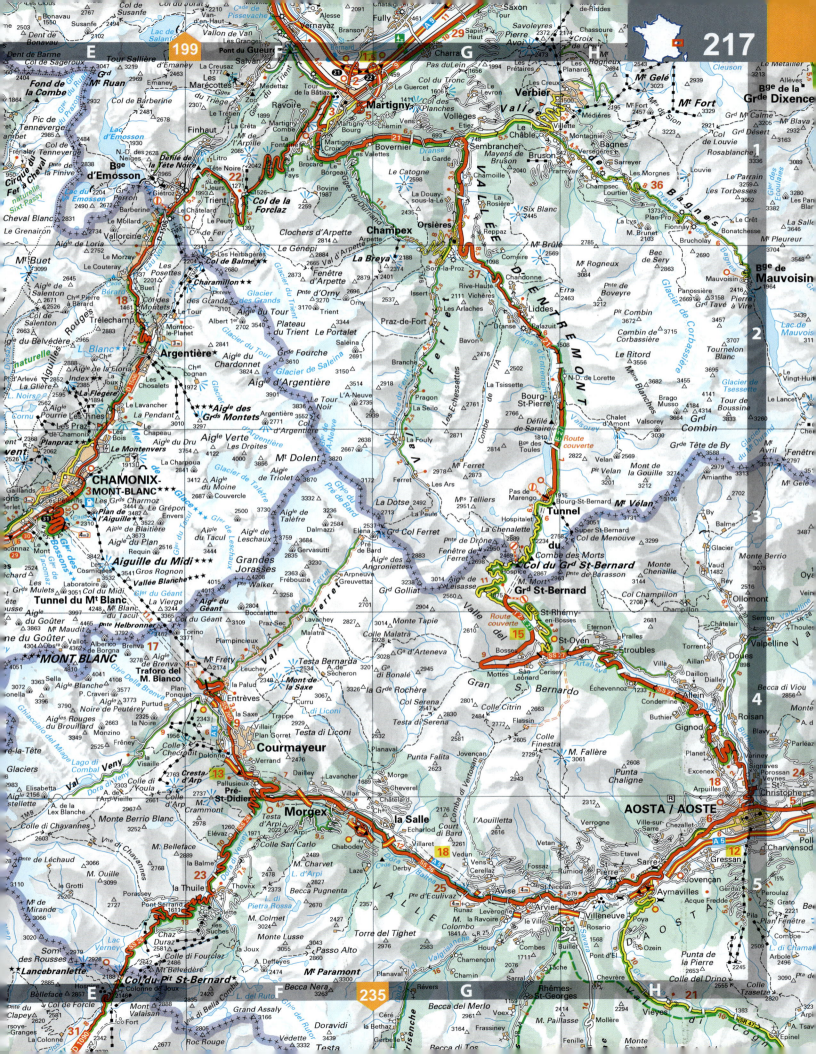

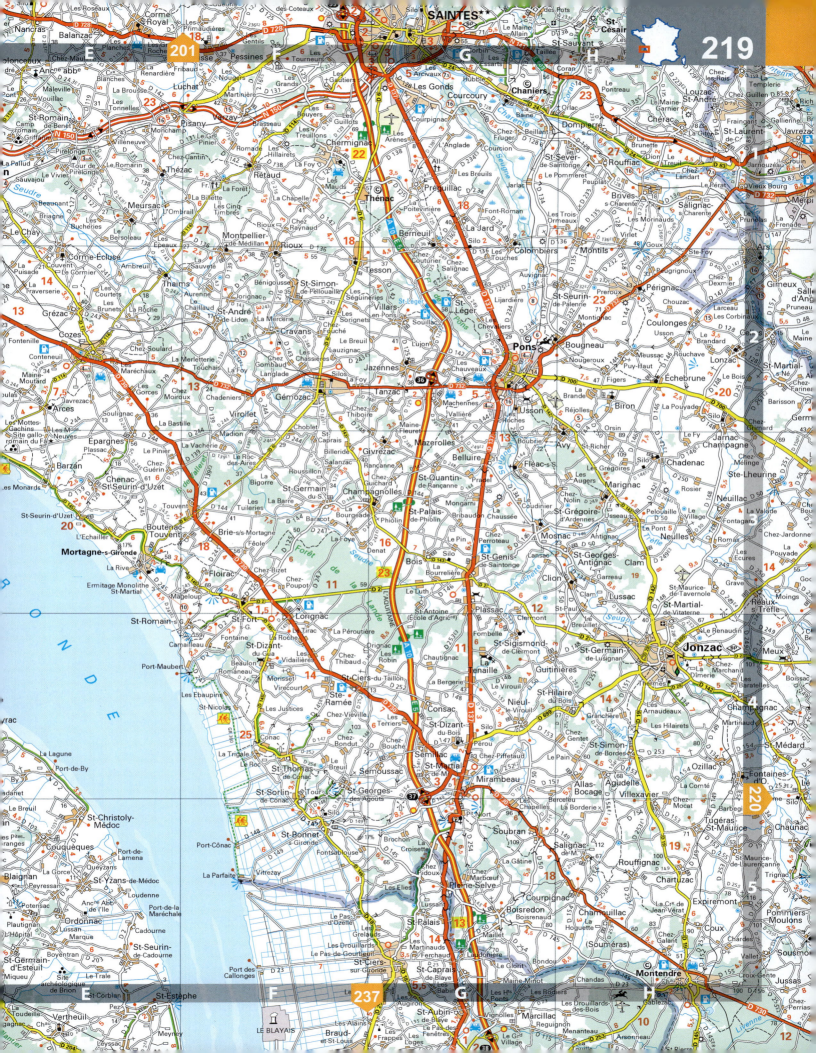

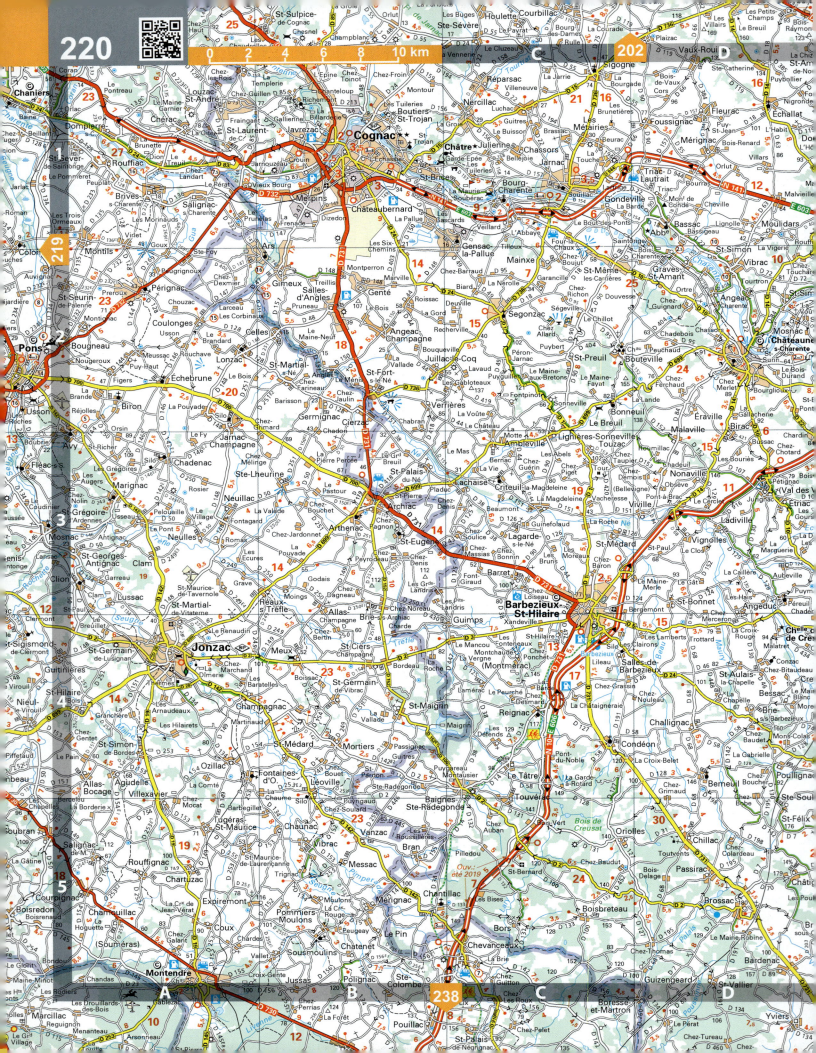

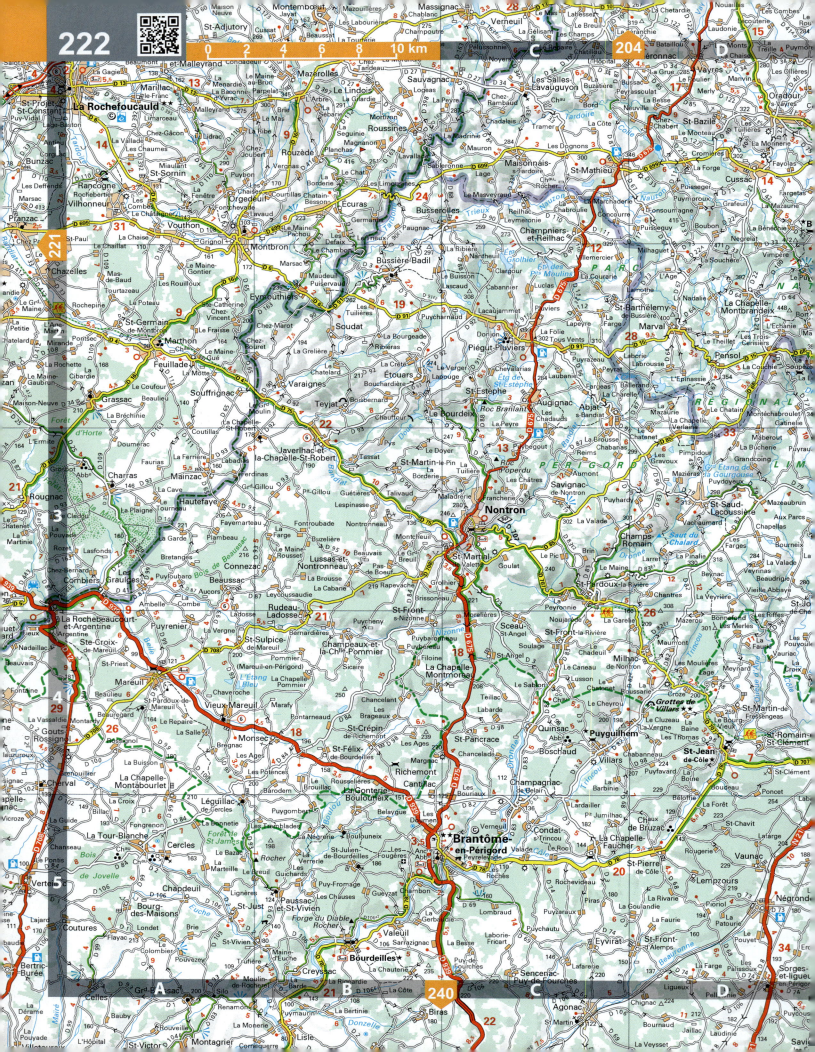

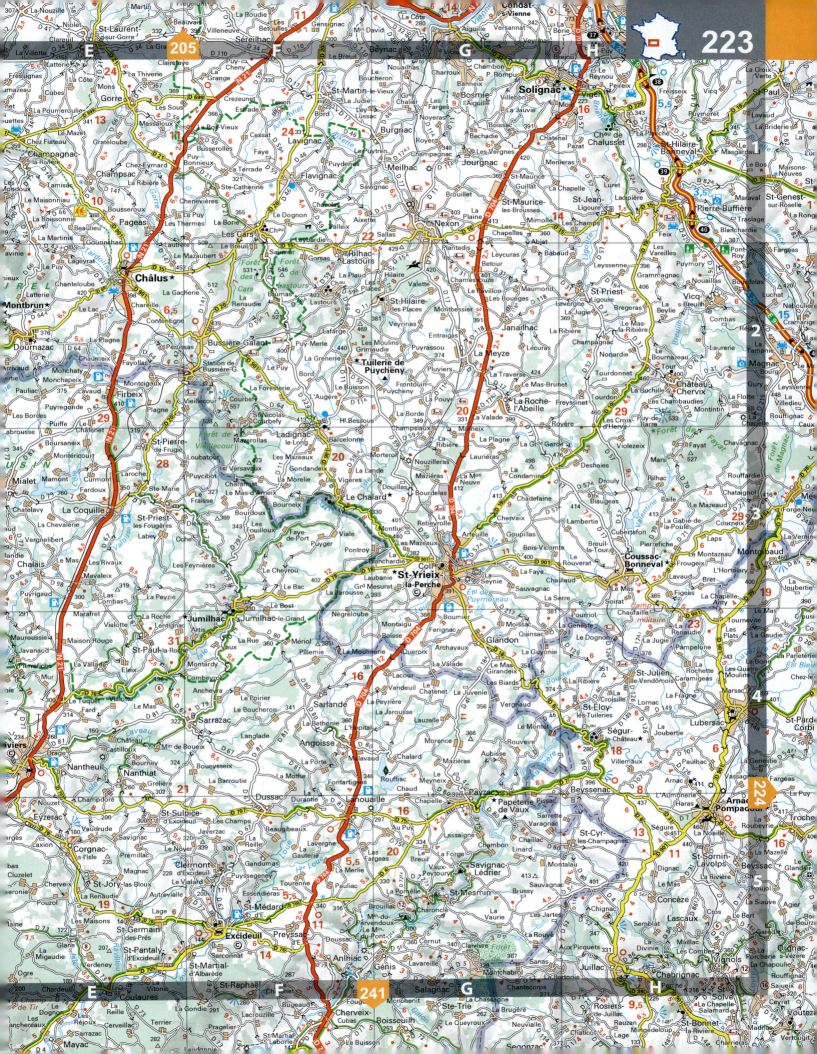

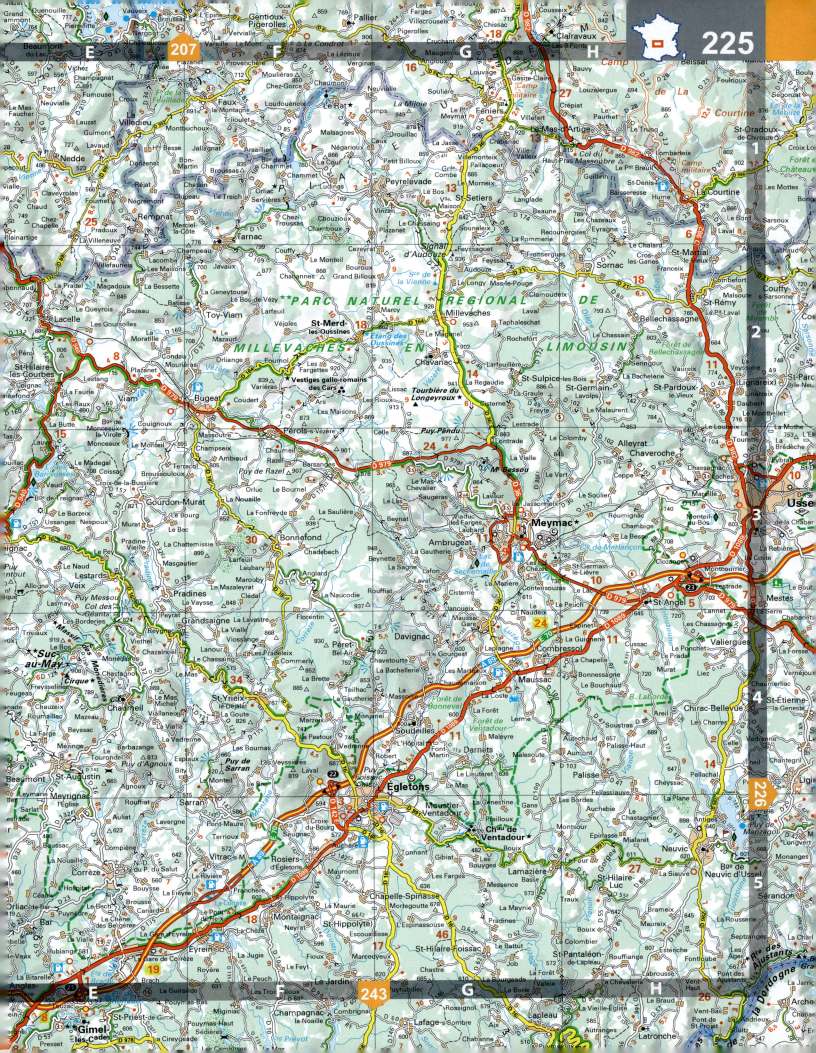

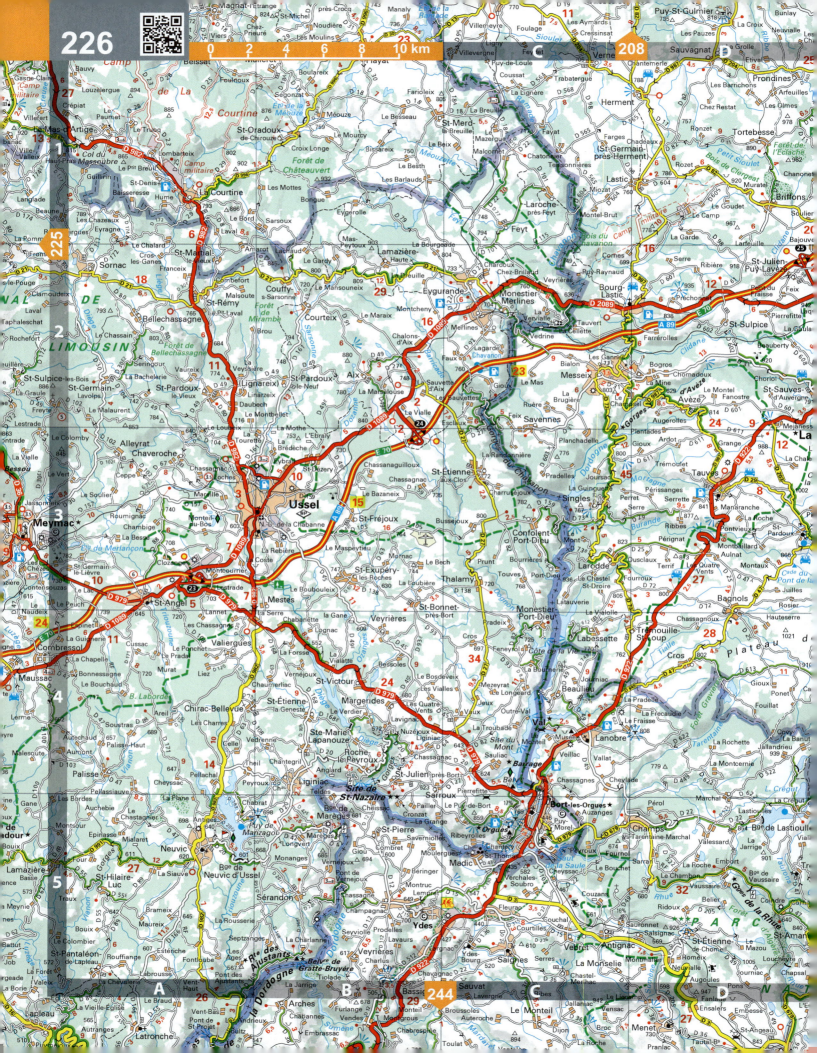

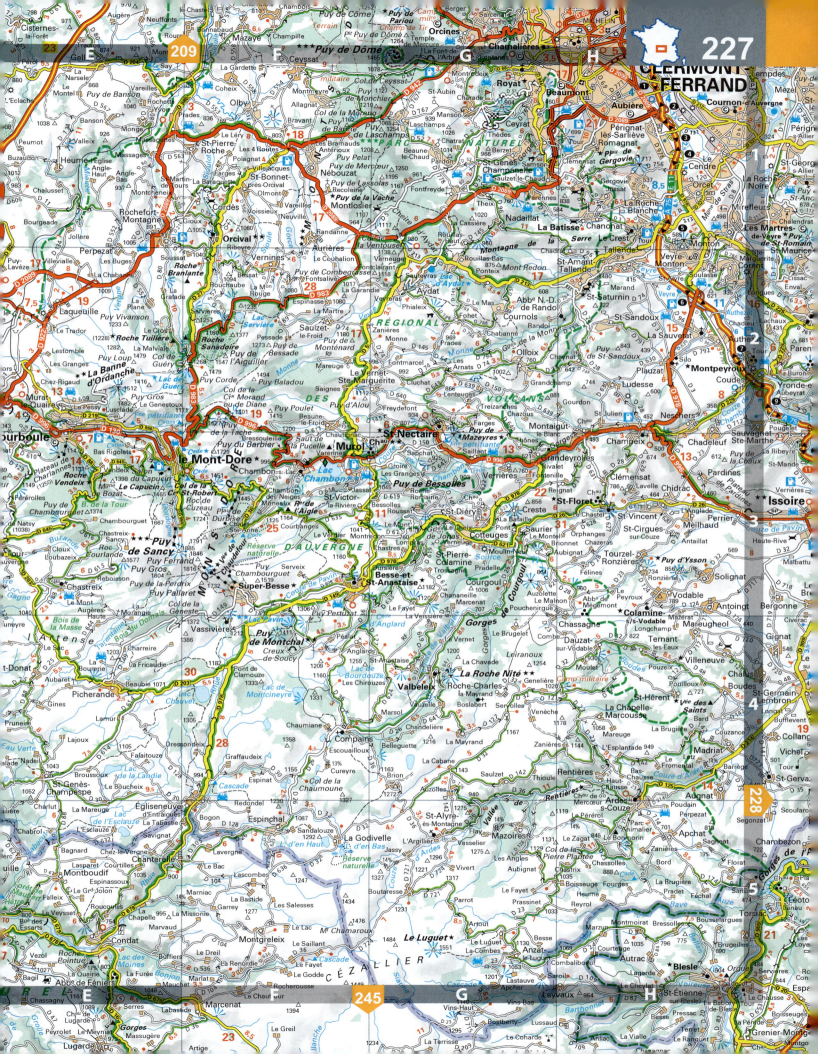

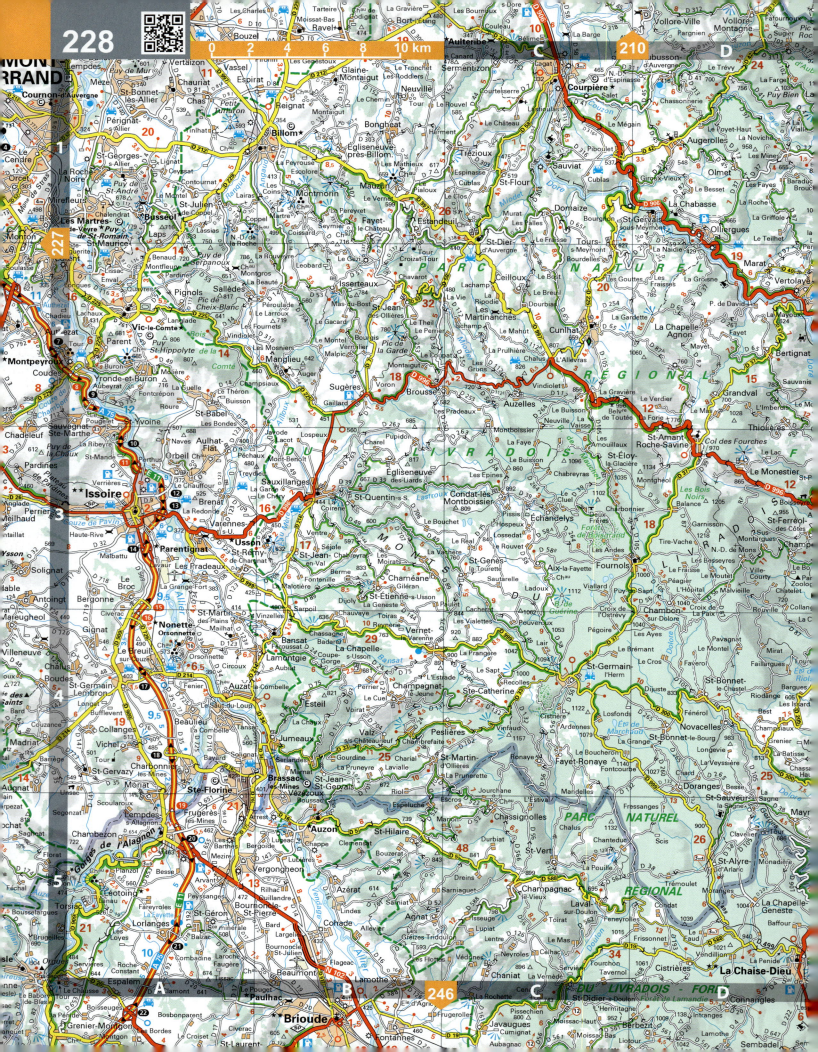

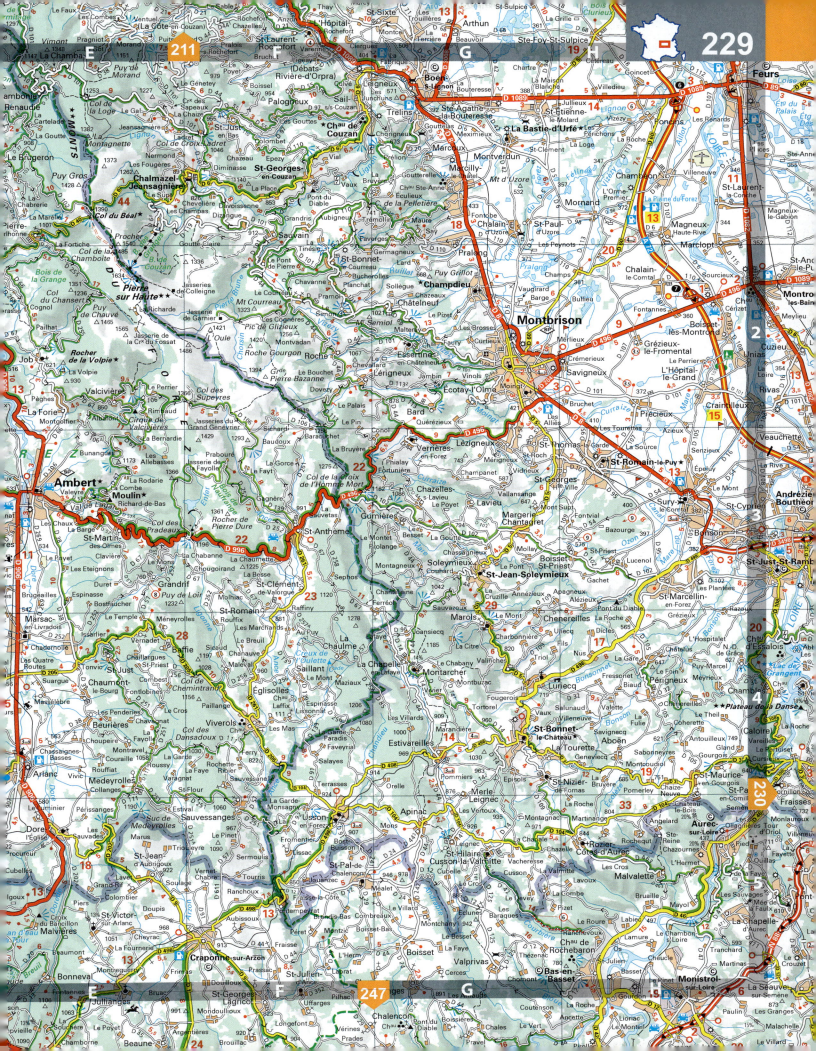

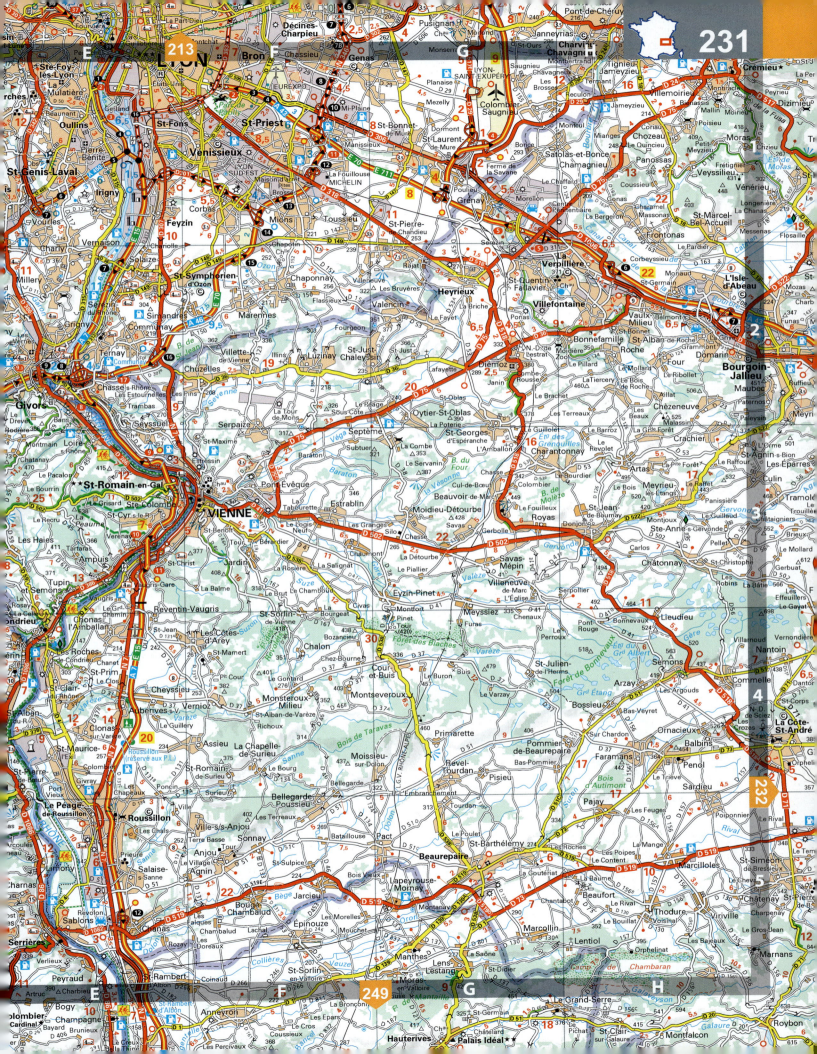

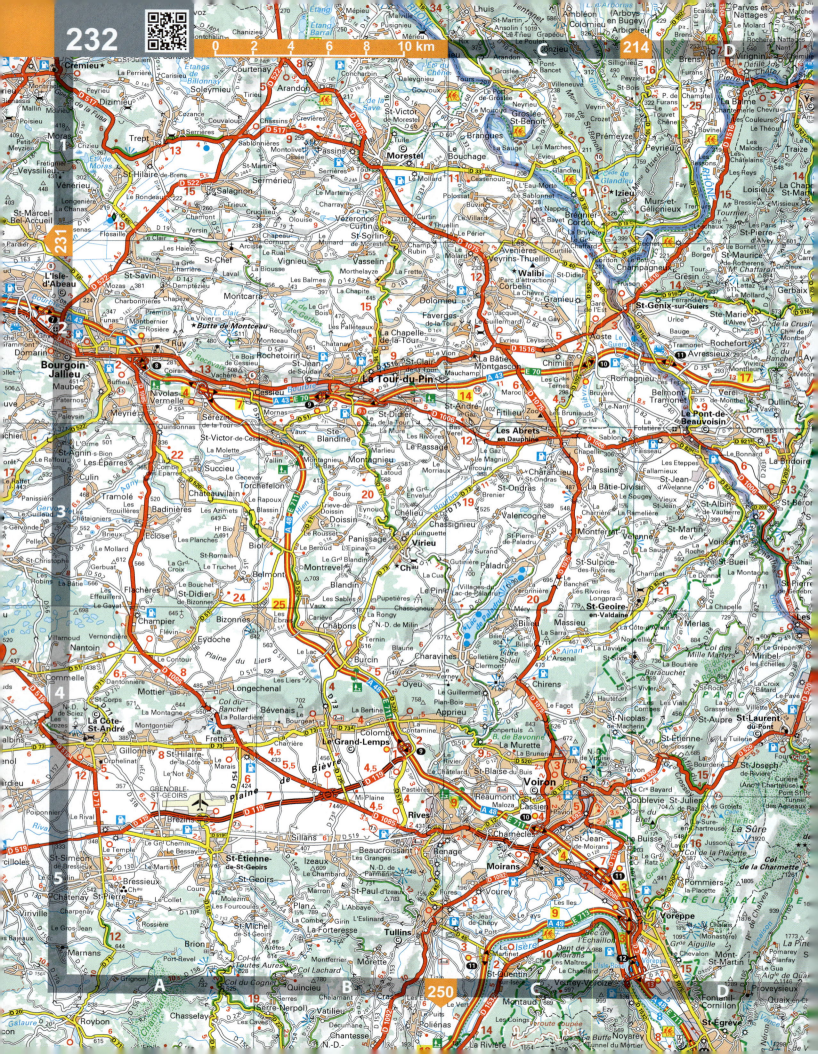

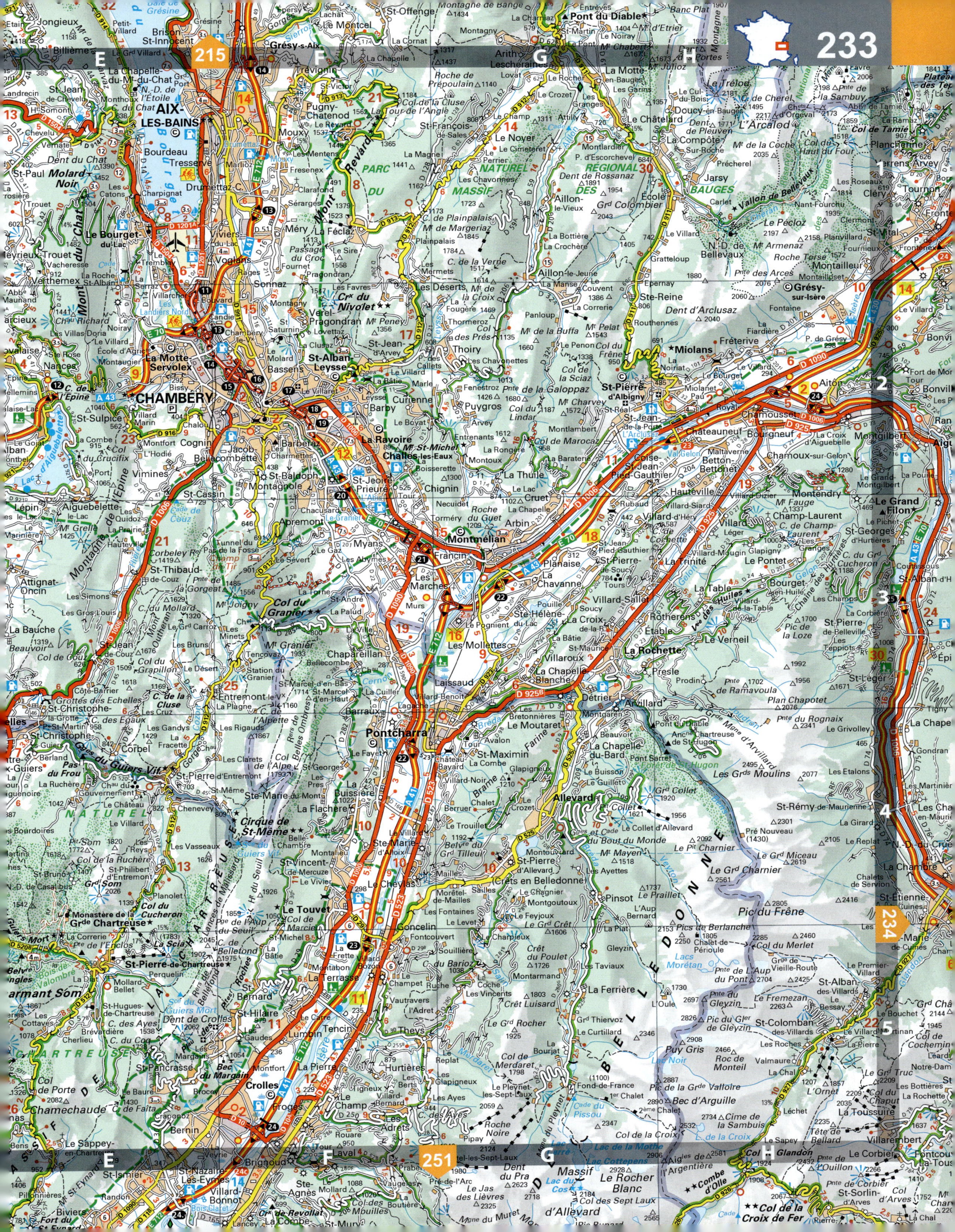

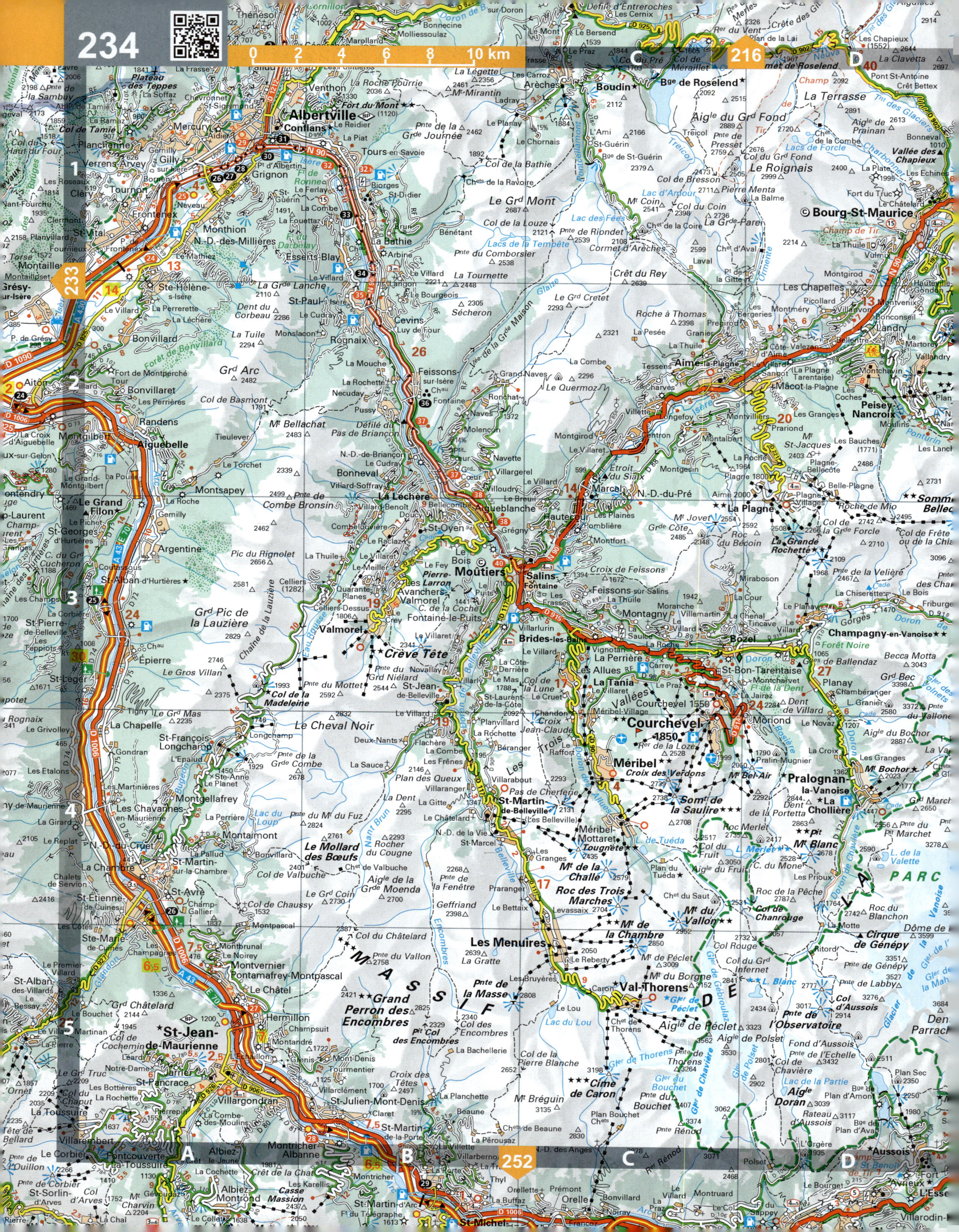

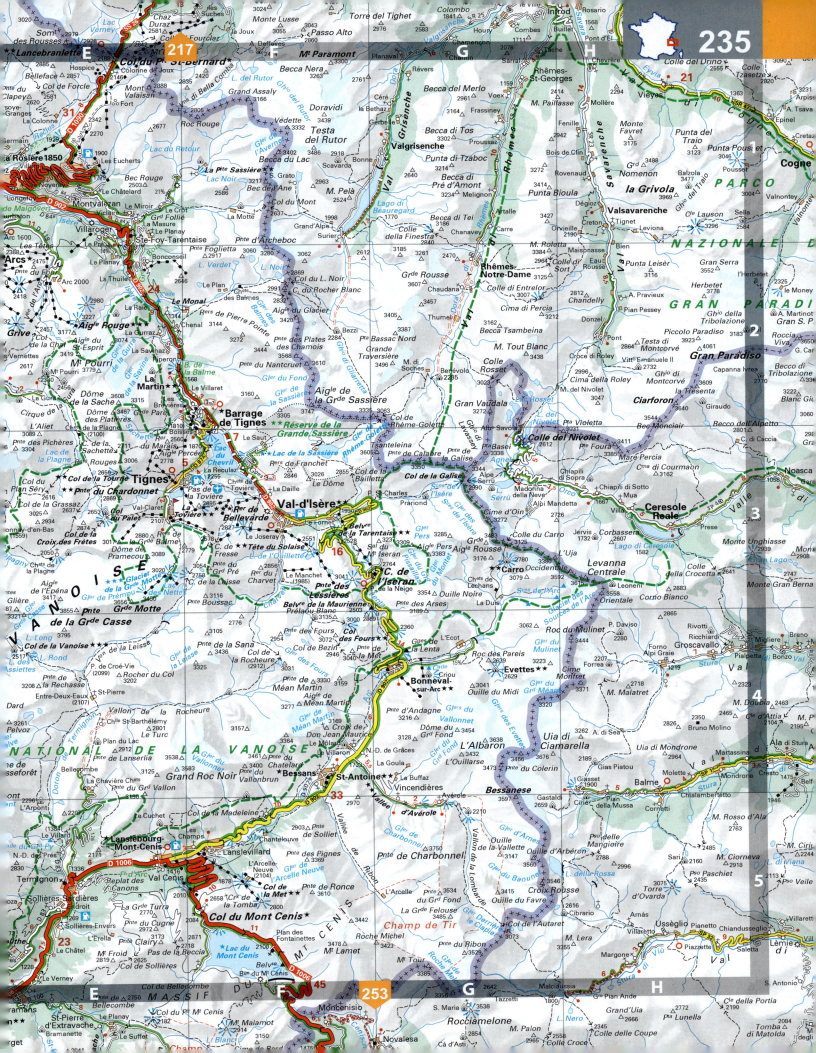

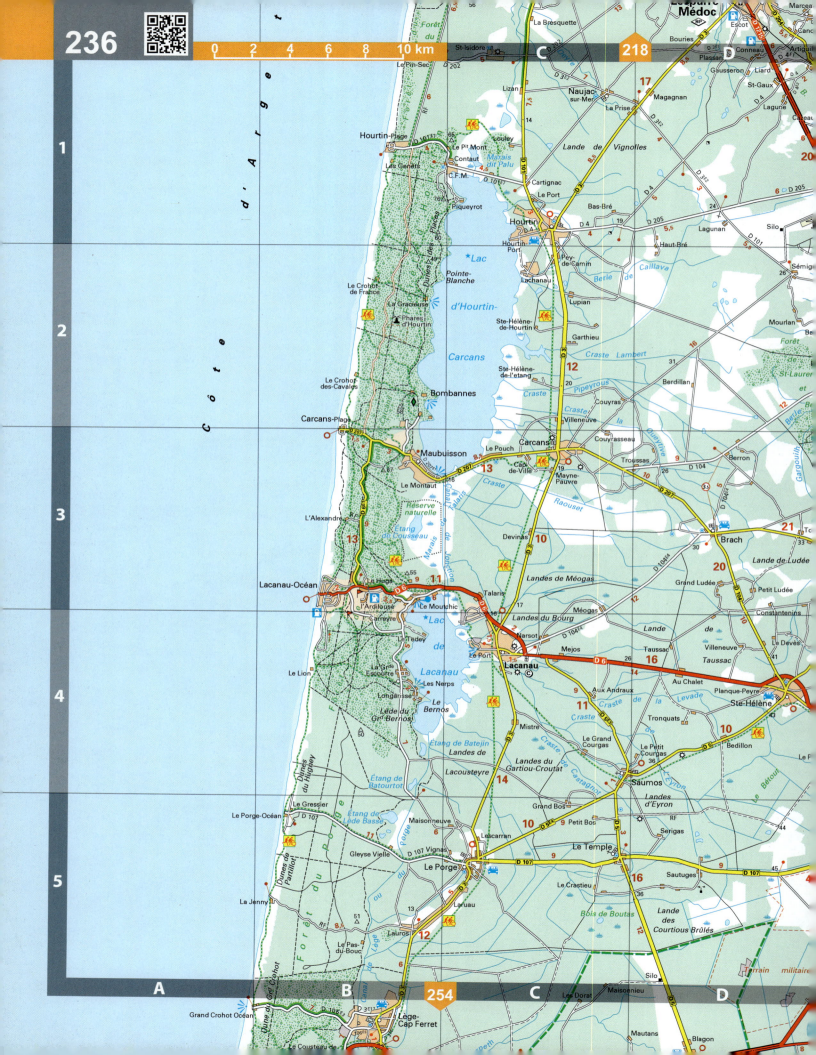

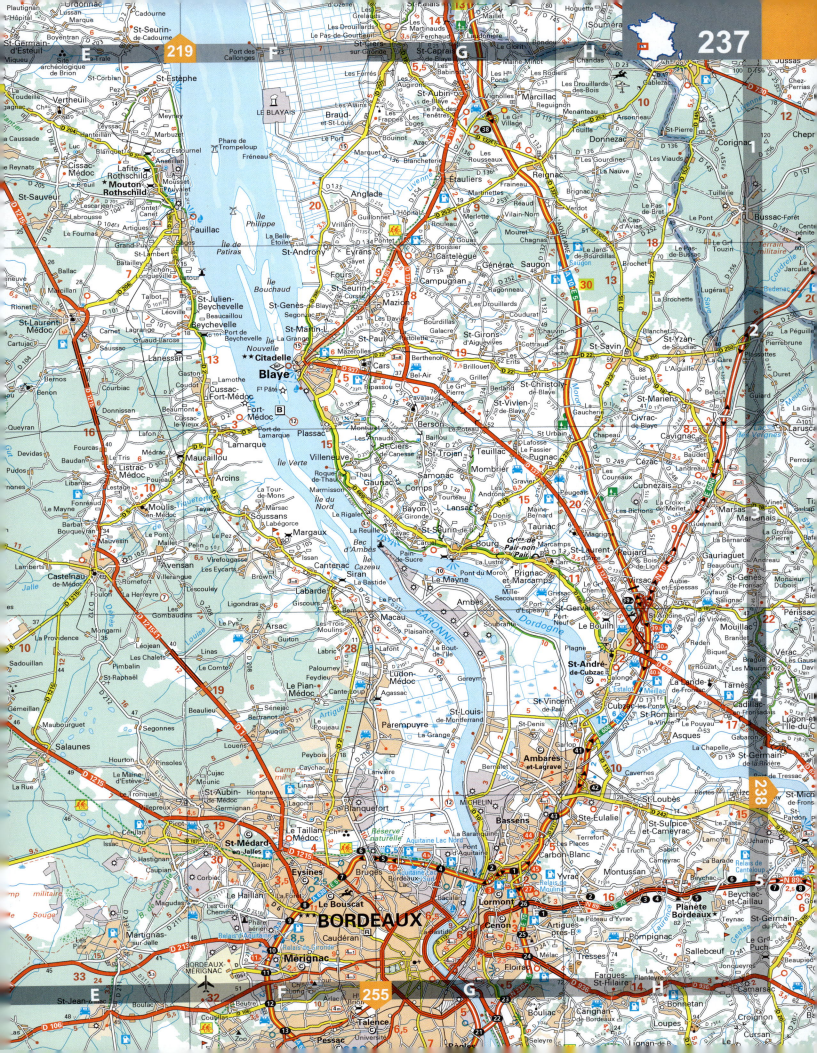

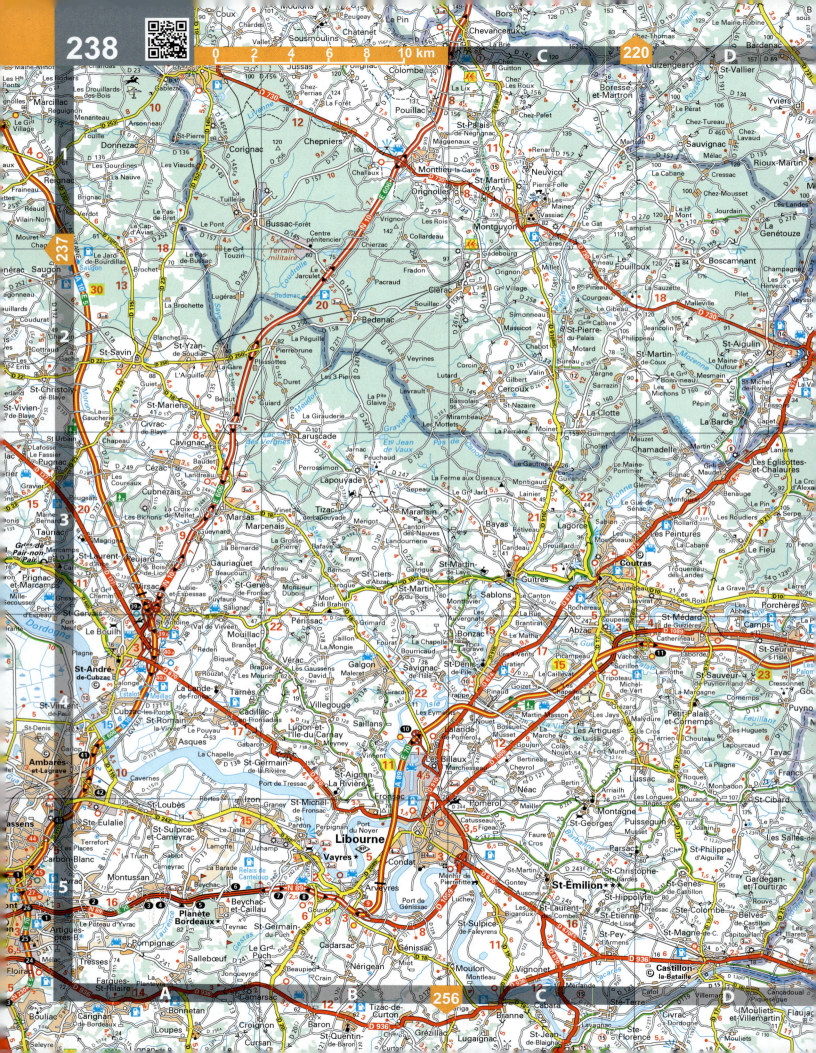

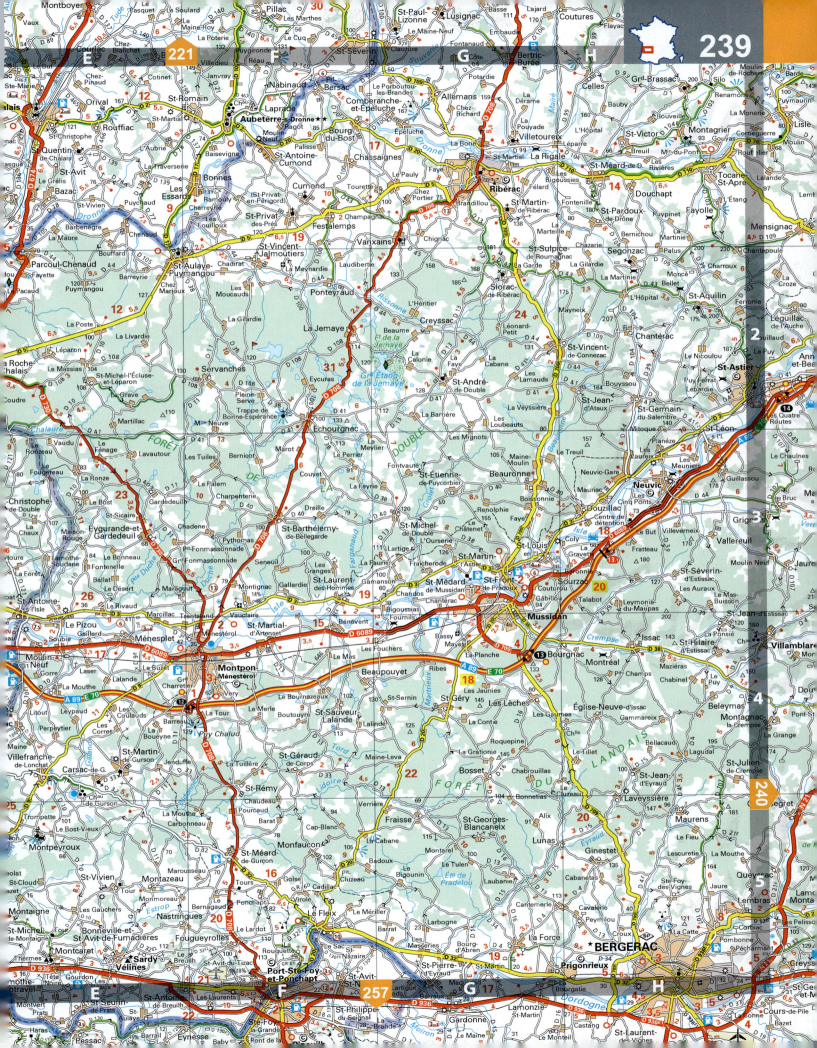

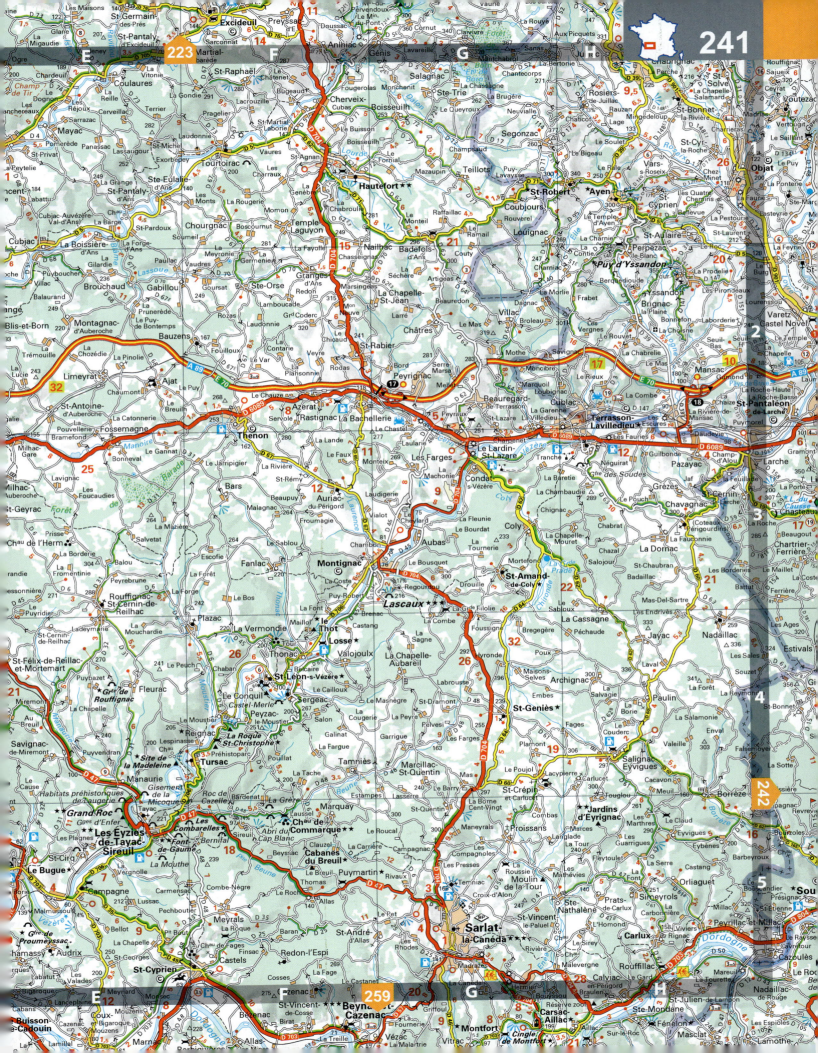

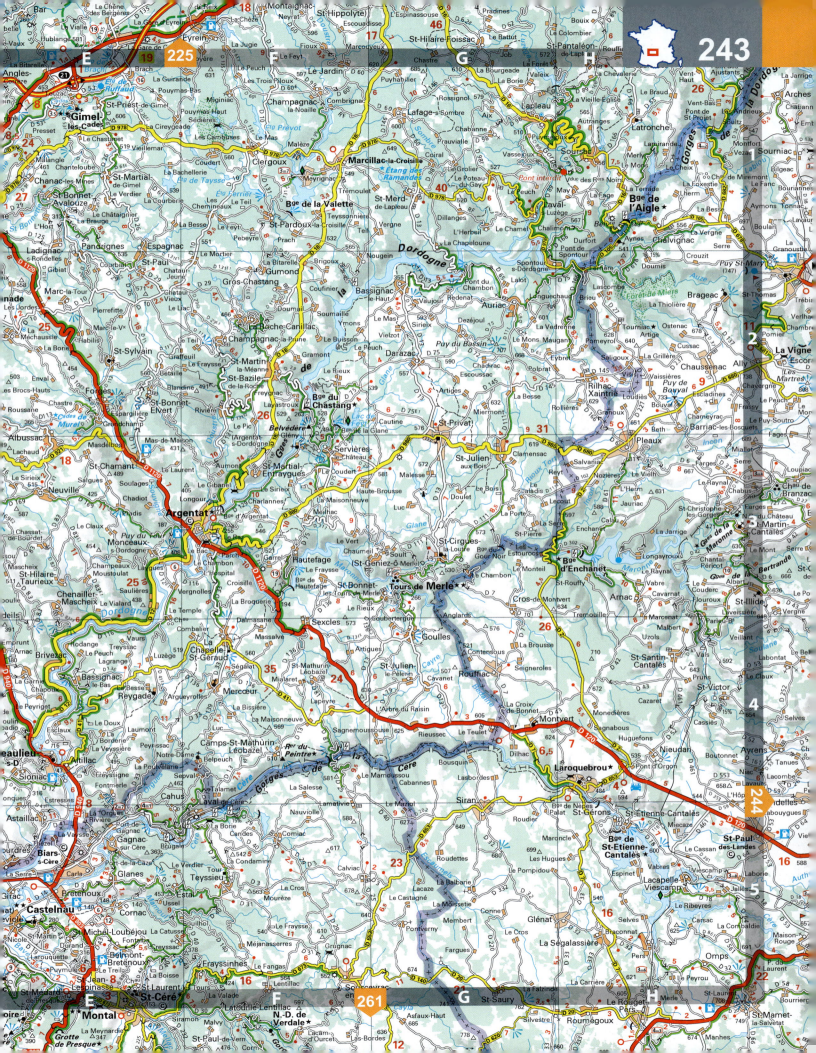

0 2 4 6 8 10 km
DU LIVRADOIS - FOREZ
Forêt de Lamandie
Brioude
Paulhac
Fontannes
Vieille-Brioude
Lavaudieu
St-Laurent-Chabreuges
Espalem
Grenier-Montgon
Ste-Madeleine
Massiac
Lespinasse
St-Beauzire
Lubilhac
St-Just-près-Brioude
Domeyrat
Frugières-le-Pin
Javaugues
Vals-le-Chastel
St-Préjet-Armandon
Montclard
St-Didier-sur-Doulon
Berbezit
Sembadel
St-Pal-de-Senouire
Collat
Chassagnes
Paulhaguet
Salzuit
Mazerat-Aurouze
Couteuges
Josat
La Chapelle-Bertin
Ste-Marguerite
Varennes-St-Honorat
Mercœur
Villeneuve-d'Allier
St-Ilpize
La Chapelle-Laurent
St-Privat-du-Dragon
Blassac
Lavoûte-Chilhac
Chilhac
Cerzat
St-Georges-d'Aurac
St-Georges-d'Aurac-Gare
Chavaniac-Lafayette
Ste-Eugénie-de-Villeneuve
Fix-St-Geneys
Plateau d'Ally
Ally
St-Cirgues
Aubazat
St-Austremoine
Arlet
Mazeyrat-d'Allier
Vissac-Auteyrac
Lastic
Rageade
Chazelles
Langeac
Allier
Soulages
Chastel
Cronce
Ferrussac
St-Arcons-d'Allier
Védrines-St-Loup
Pinols
Chanteuges
Tailhac
St-Julien-des-Chazes
Prades
Forêt de la Margeride
Vabres
Desges
Pébrac
Charraix
Cubelles
Ruynes-en-Margerie
Clavières
Mont Mouchet
Auvers
Venteuges
Monistrol-d'Allier
St-Privat-d'Allier
Garabit
Chaliers
Lorcières
La Besseyre-St-Mary
Saugues
Paulhac-en-Margeride
Loubaresse
Julianges
Chaulhac
Montgrand
Grèzes
Esplantas-Vazeilles
St-Préjet-d'Allier
Croisances
St-Privat-du-Fau
St-Léger-du-Malzieu
Albaret-Ste-Marie
Blavignac
MONTAGNE
Le Malzieu-Ville
Chanaleilles
Thoras
St-Symphorien
Chambon-le-Château
Chaise-Dieu
Lamothe
Cistrières
Connangles
Langeac
N 102
D 588
D 590
D 589
A 75

228
245
264

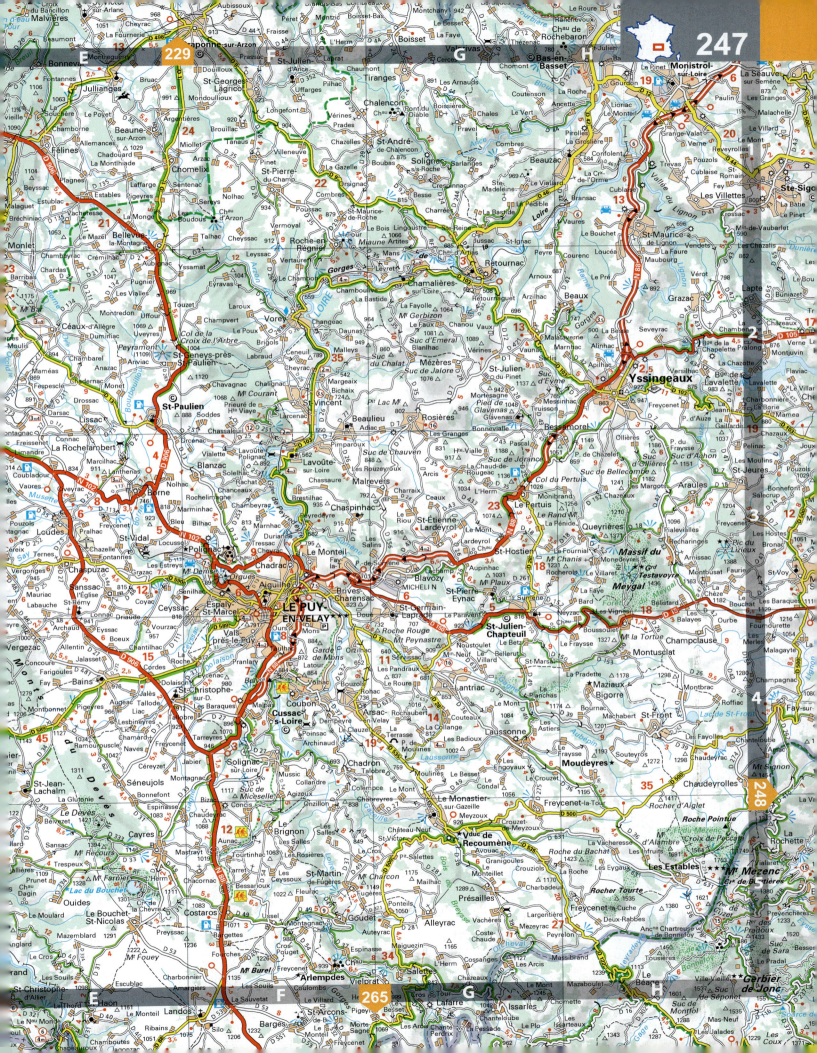

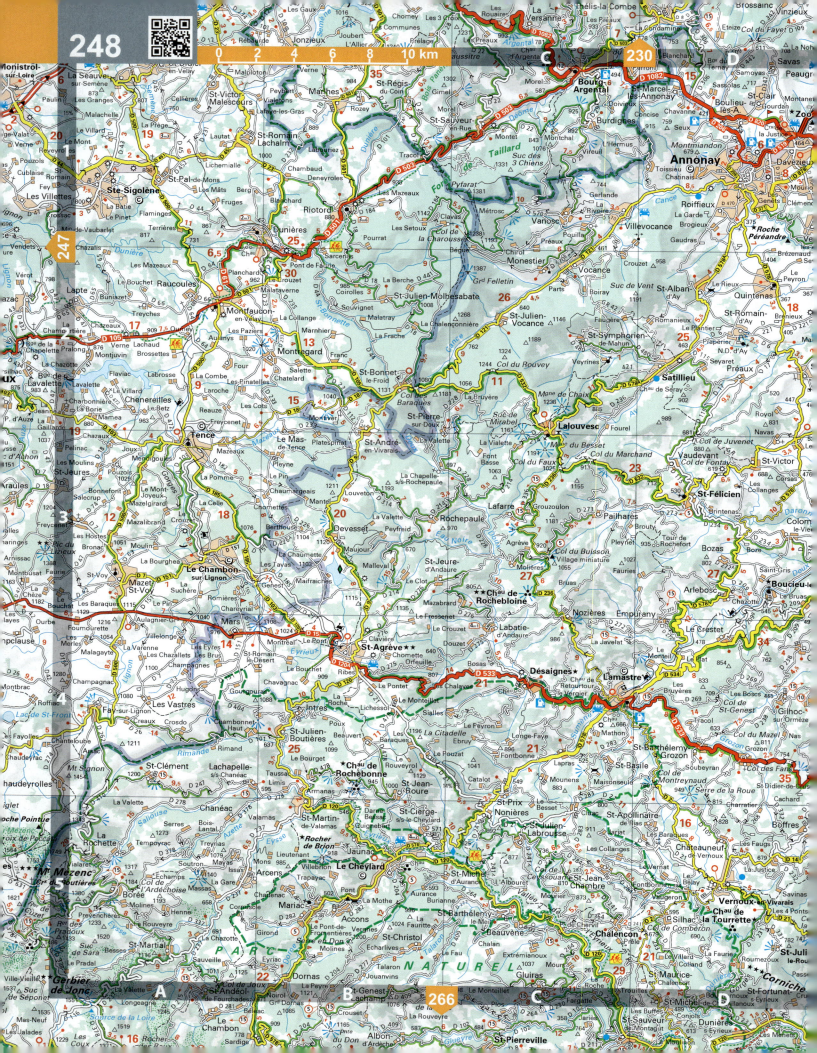

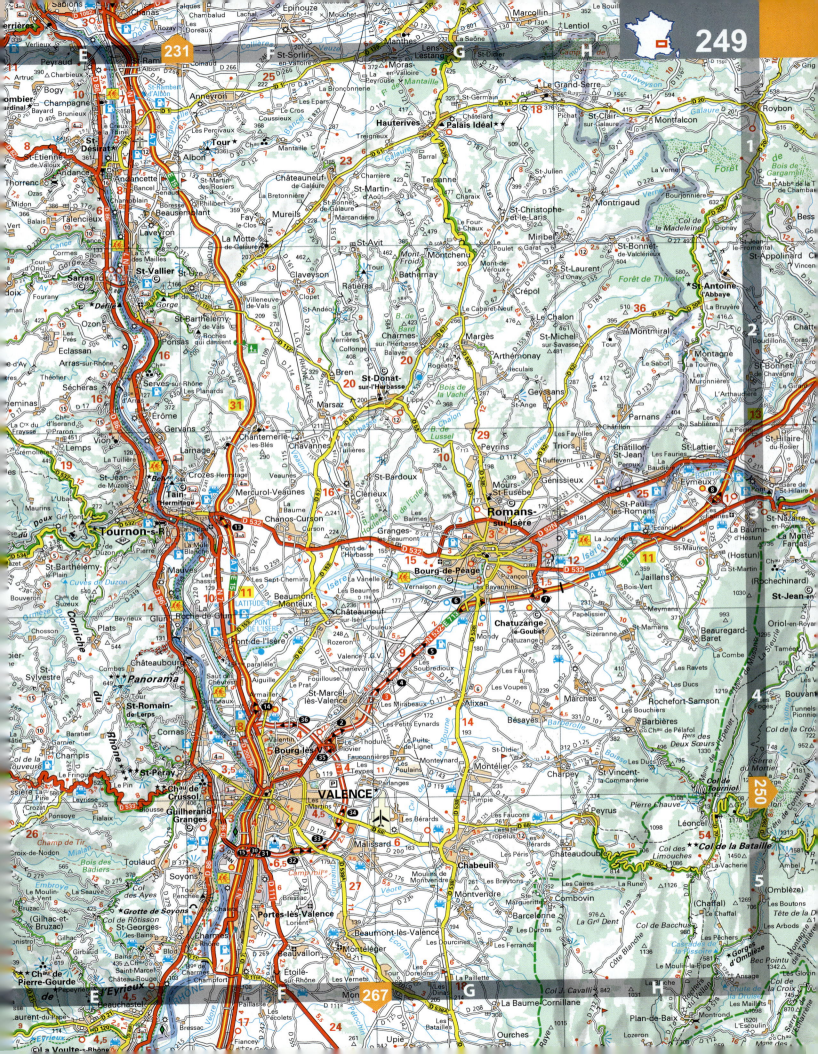

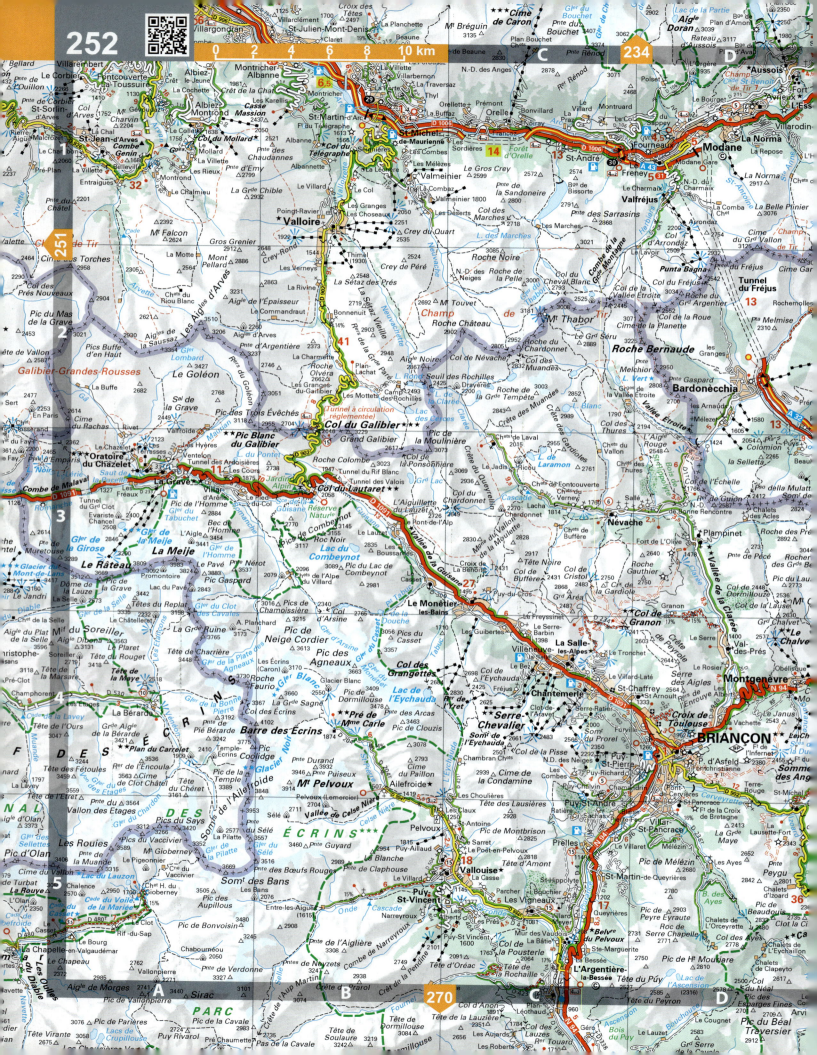

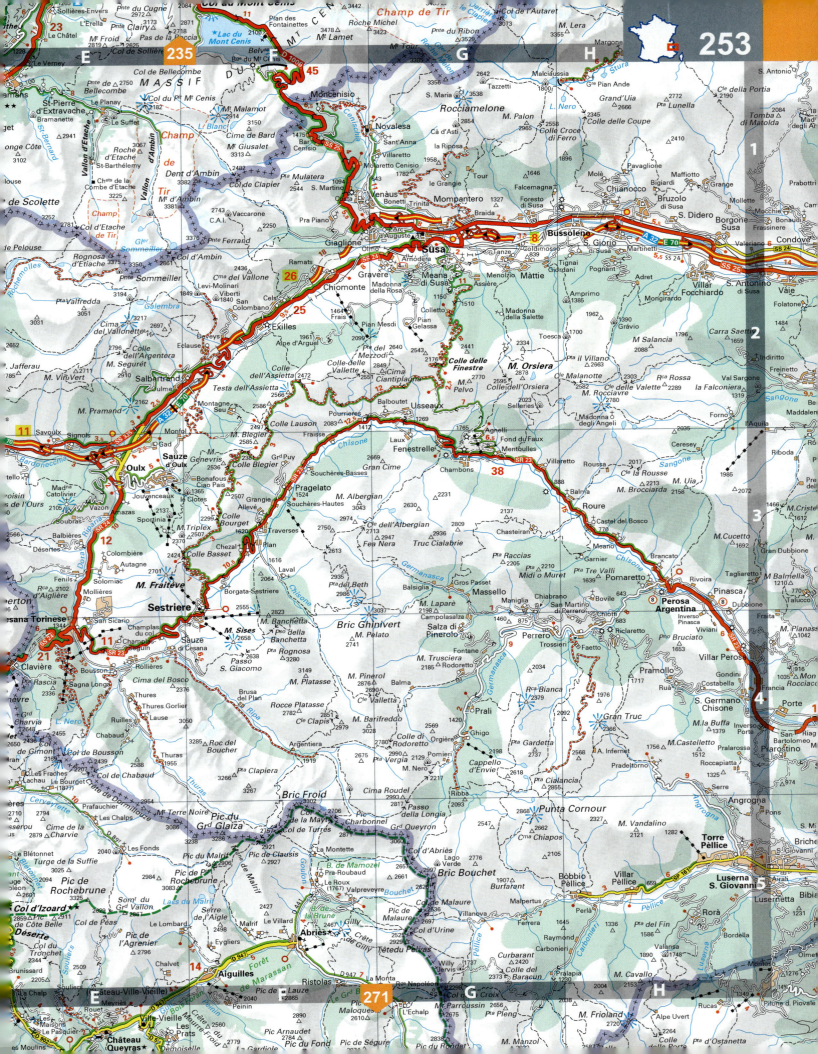

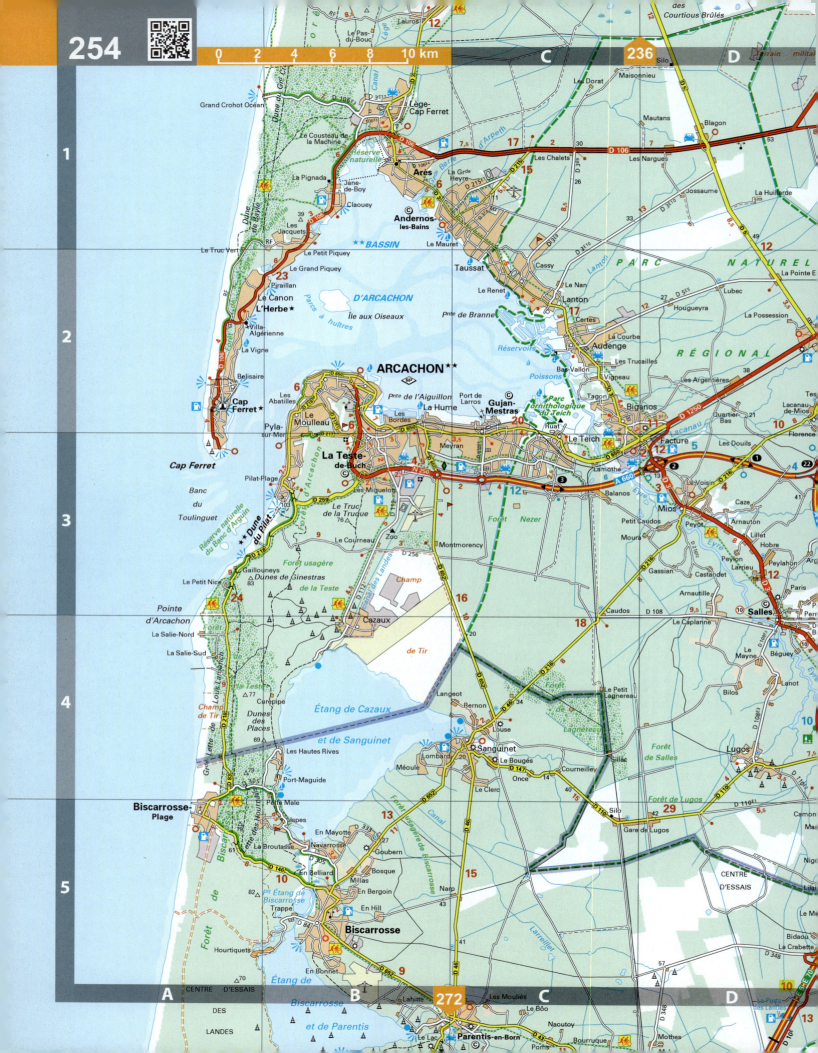

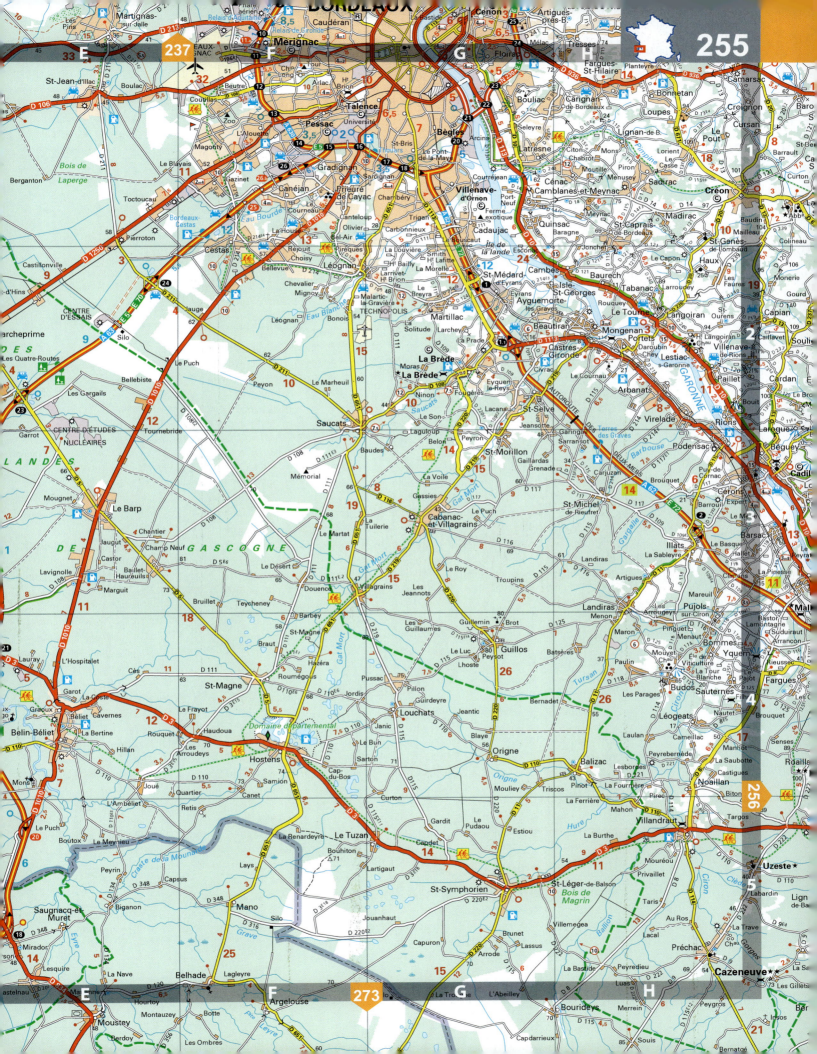

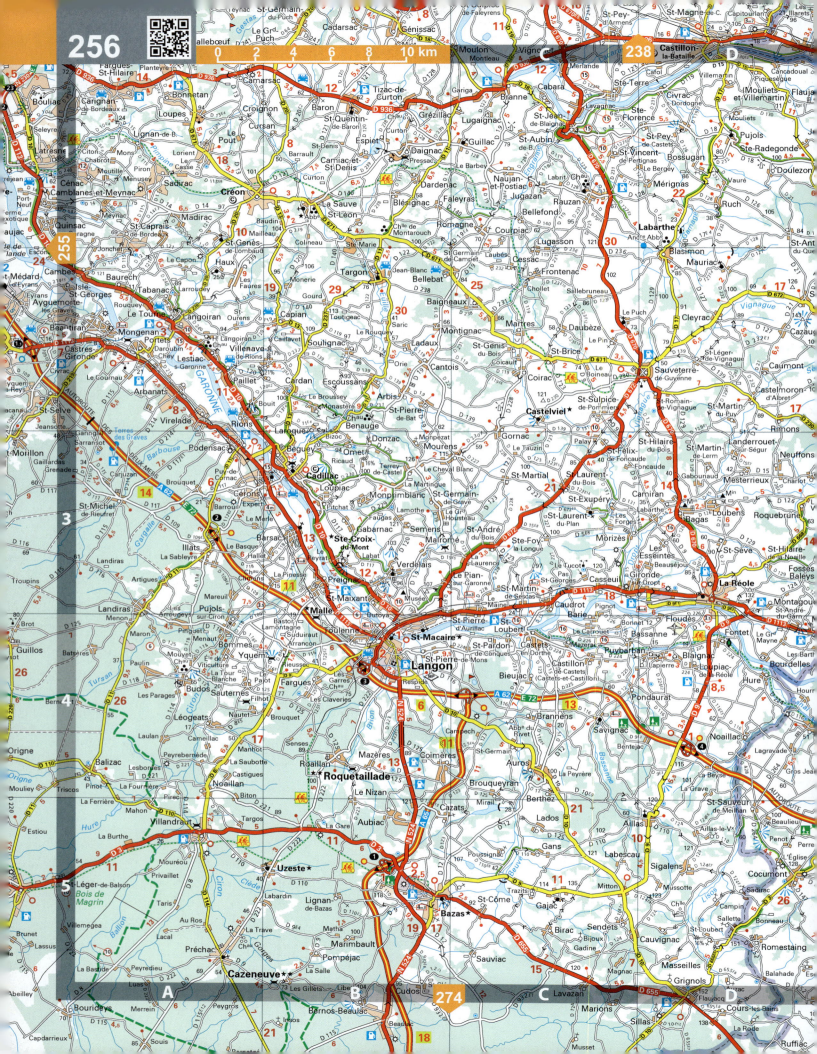

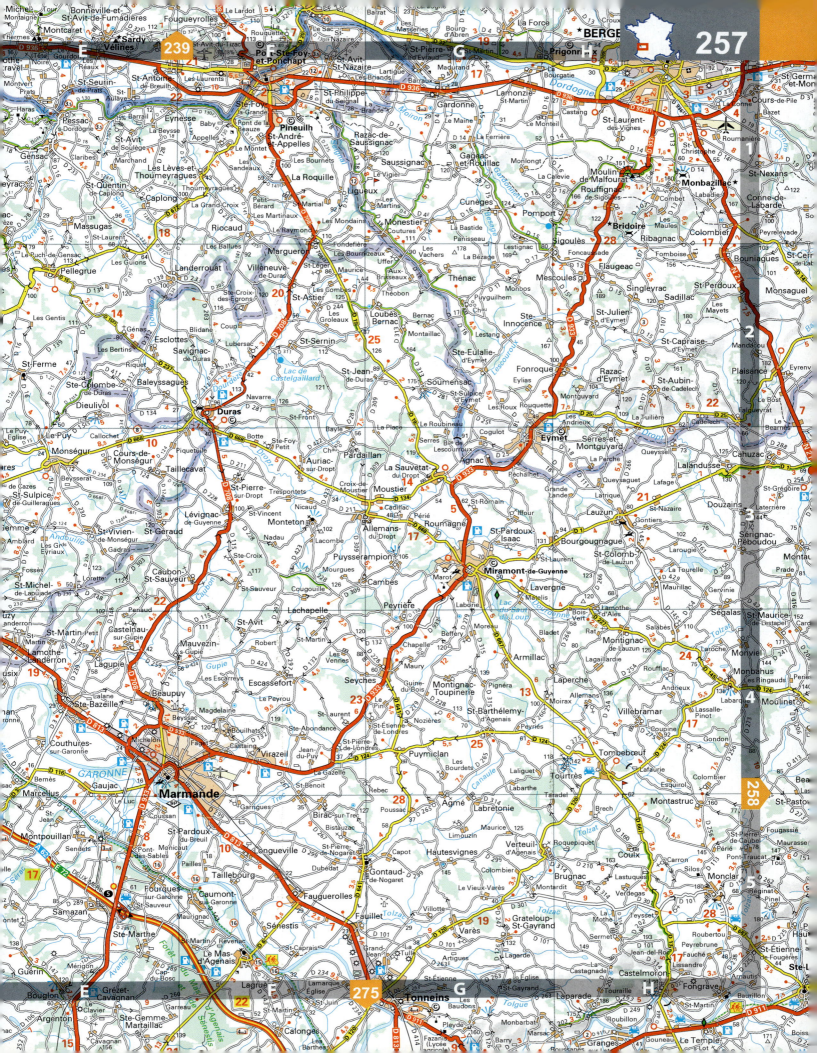

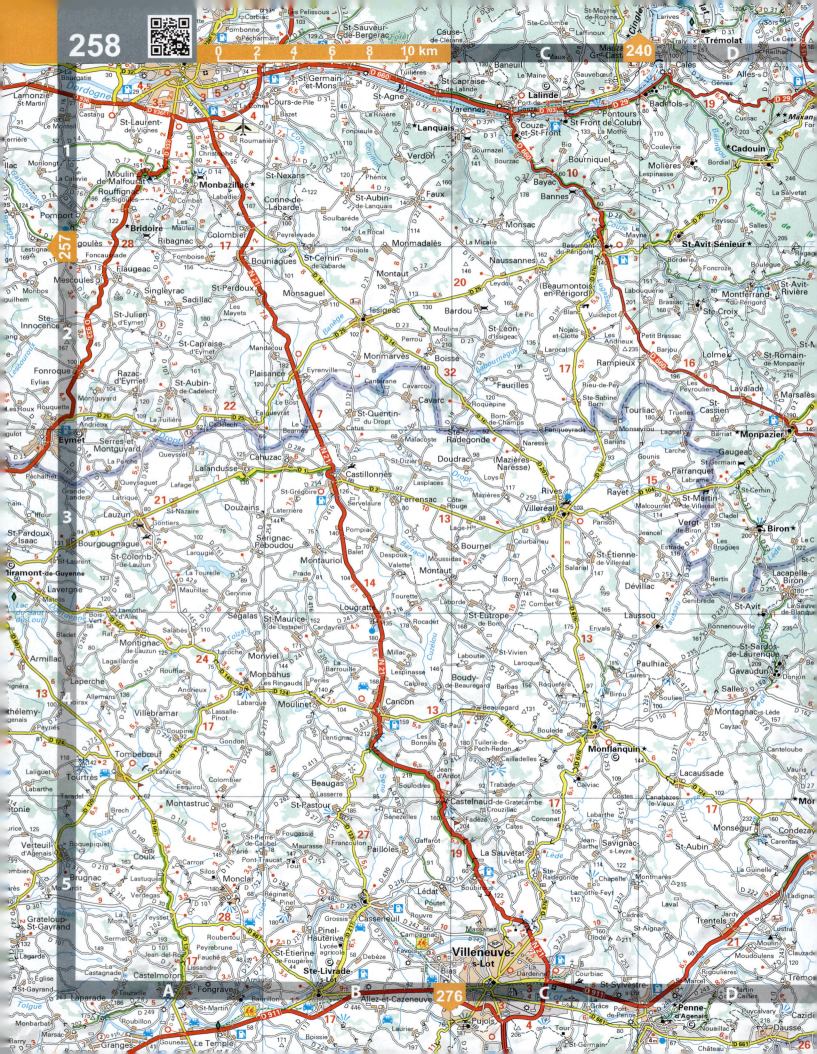

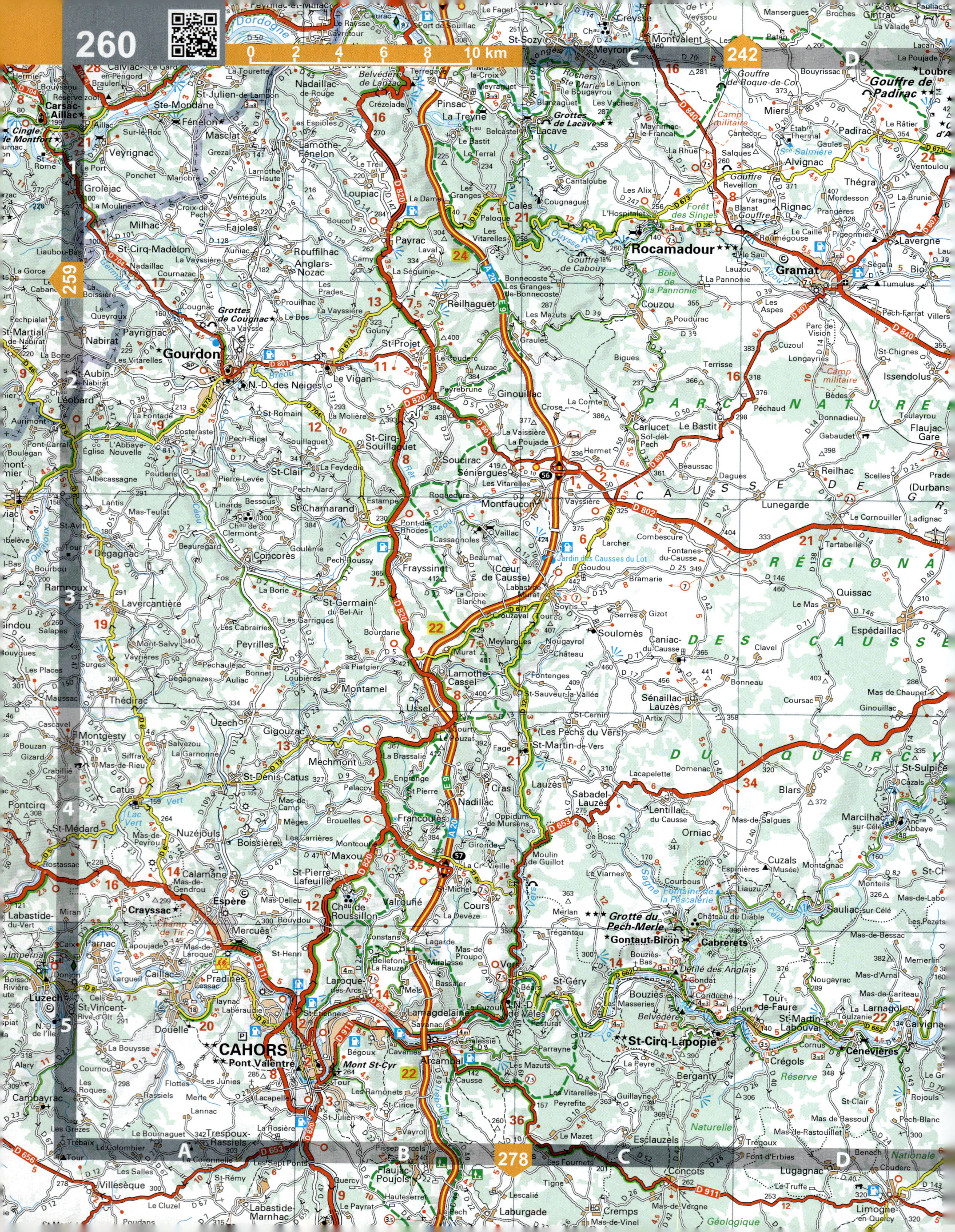

261

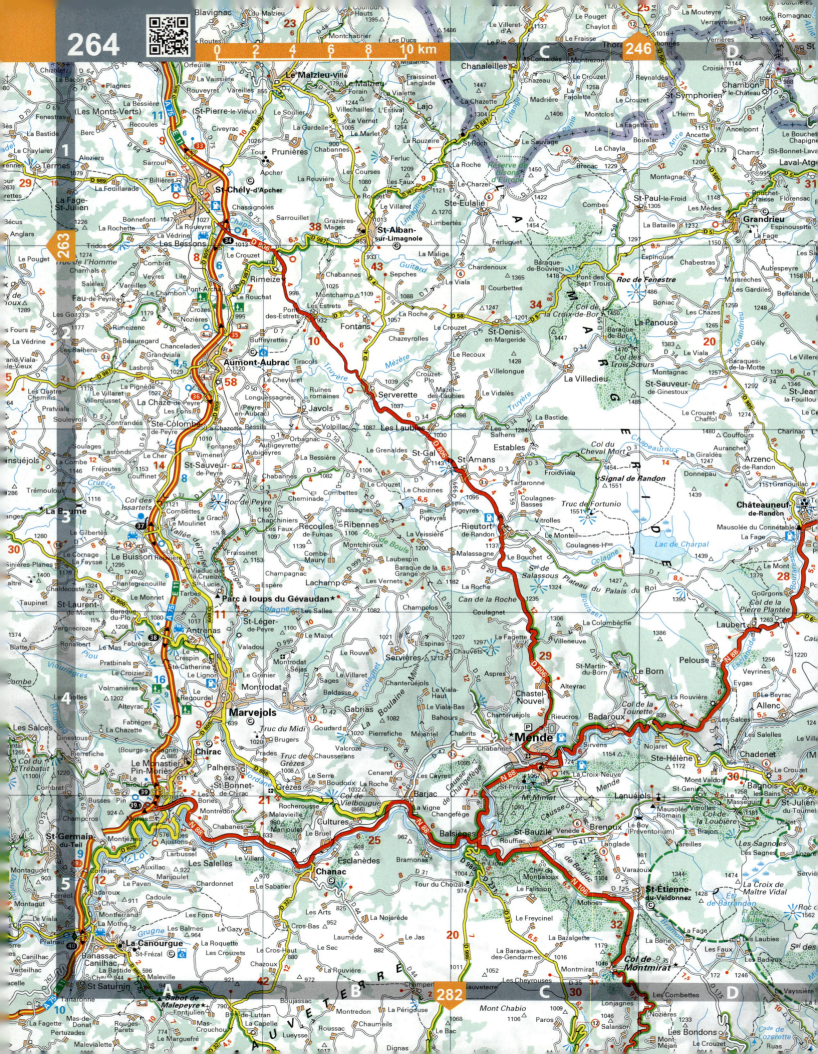

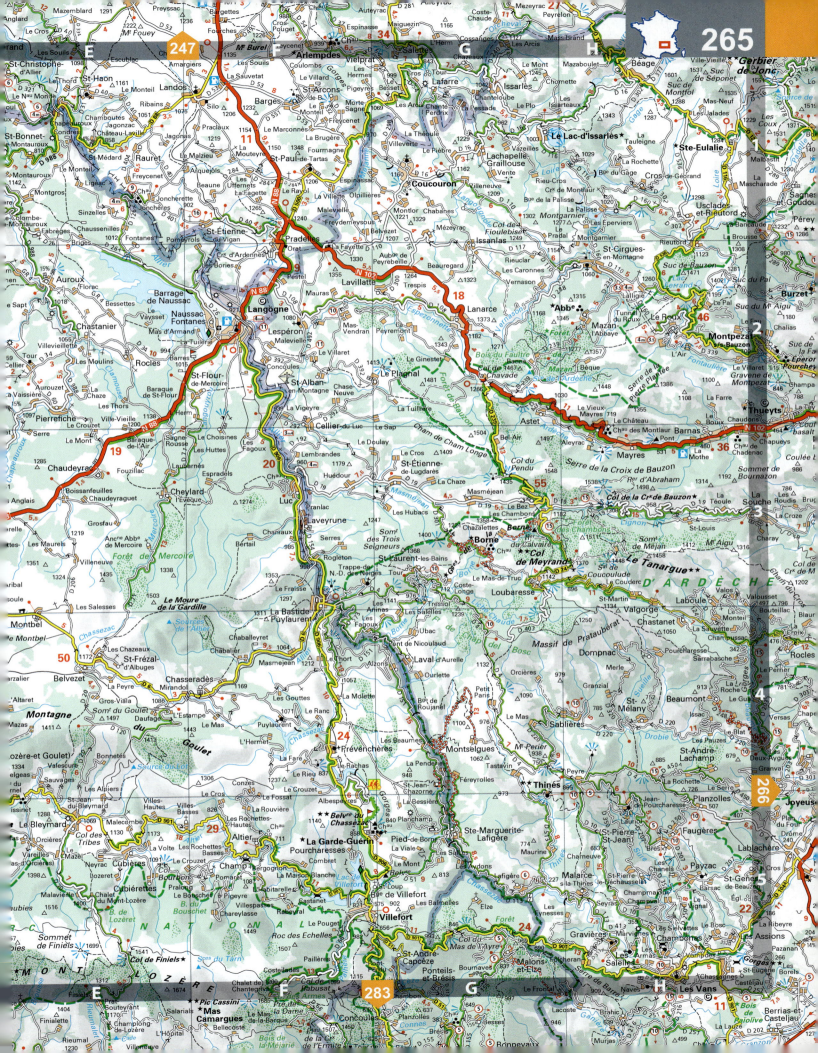

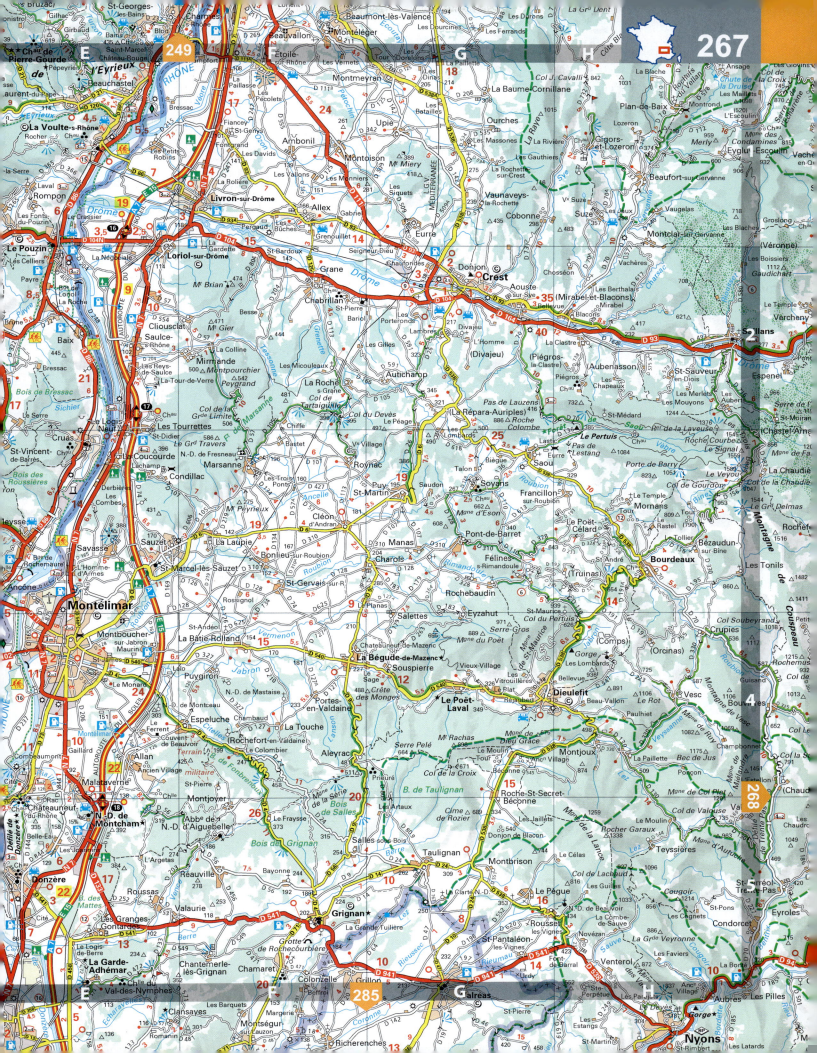

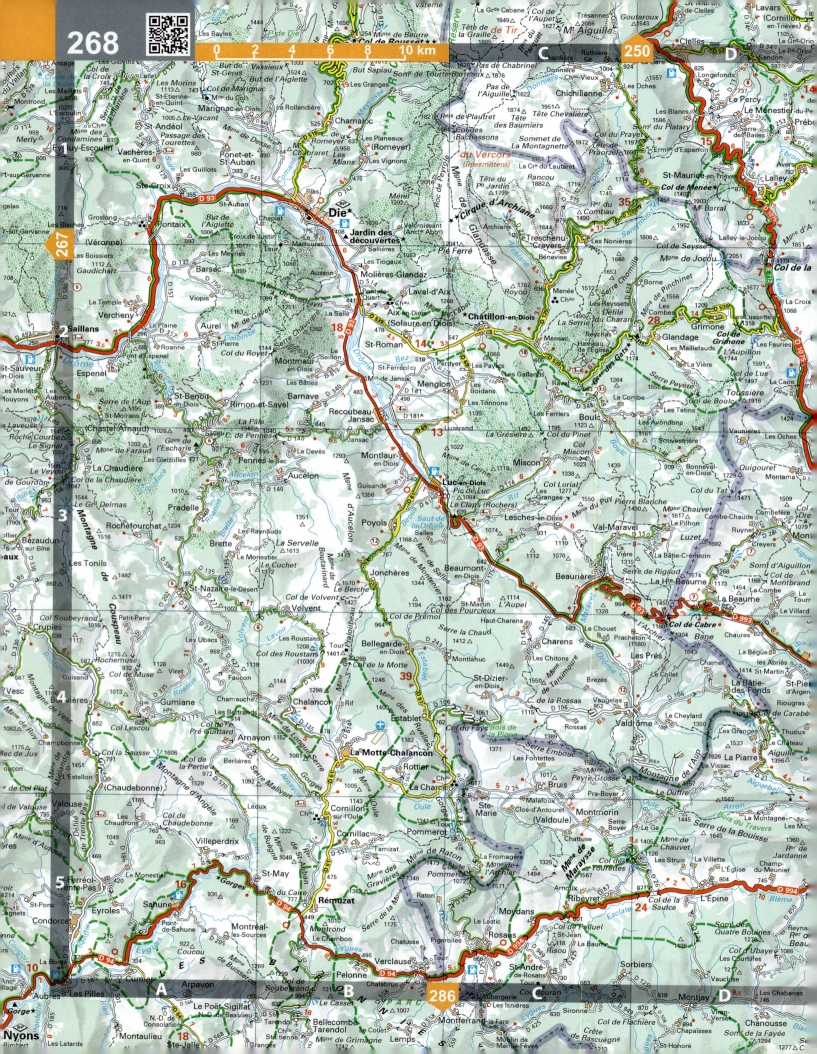

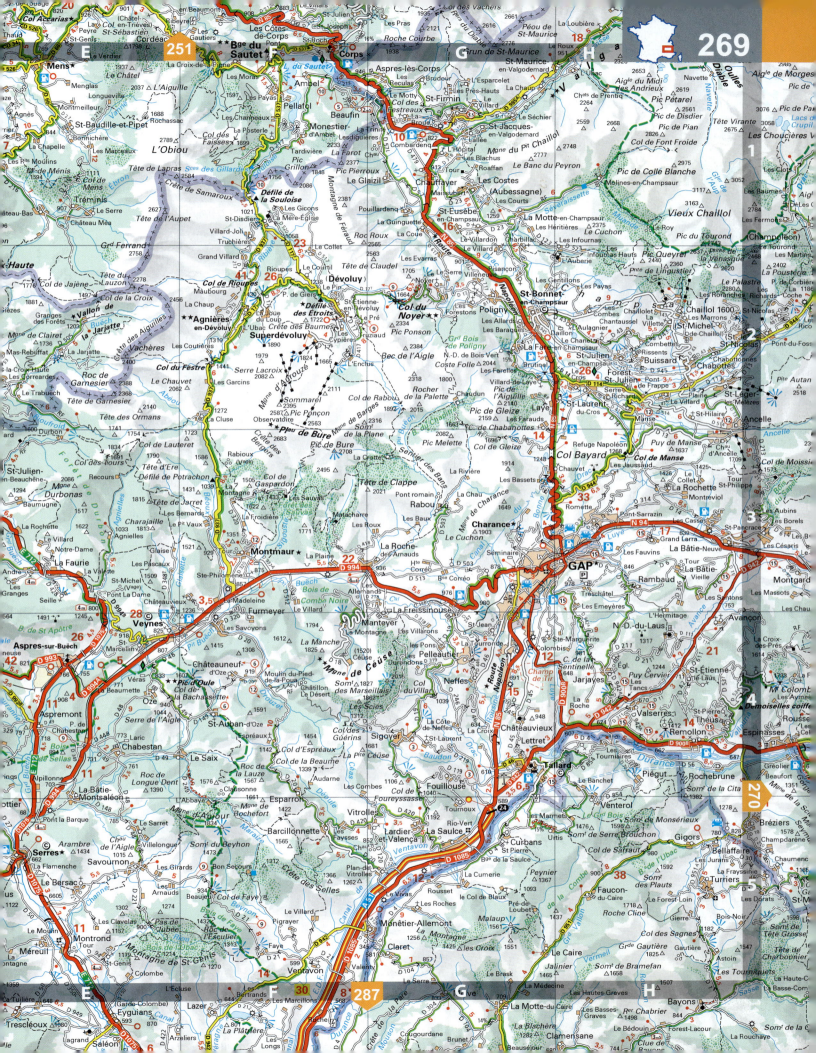

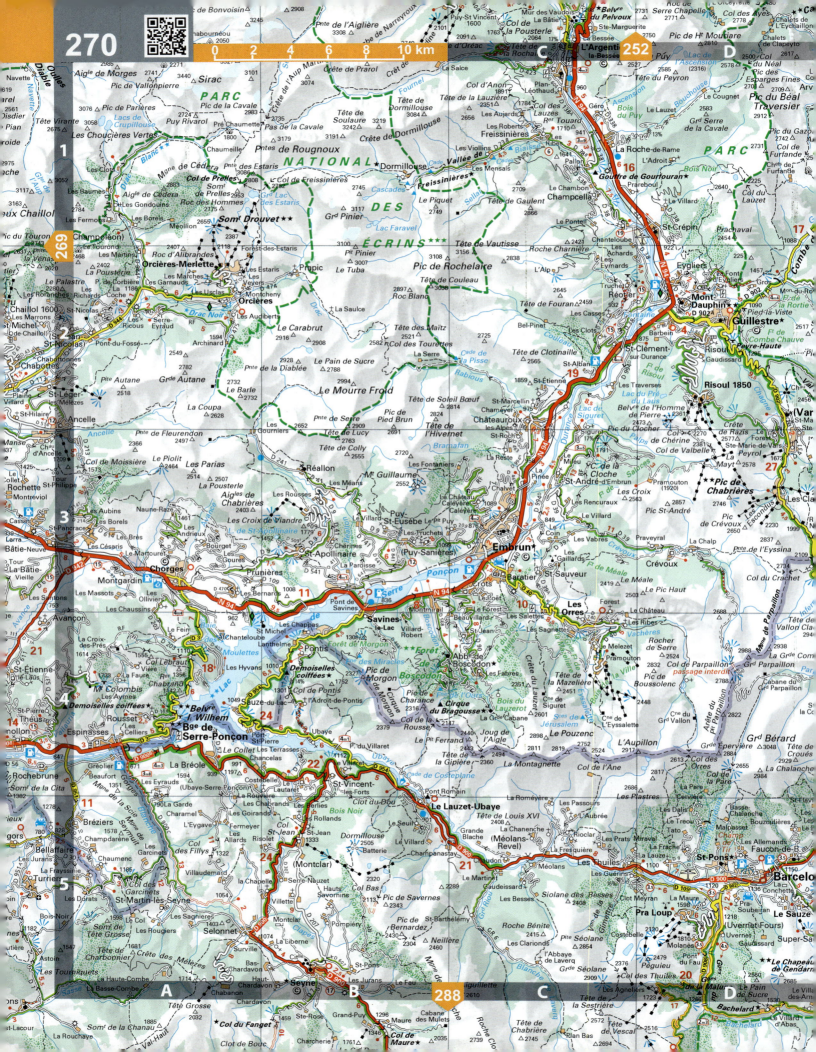

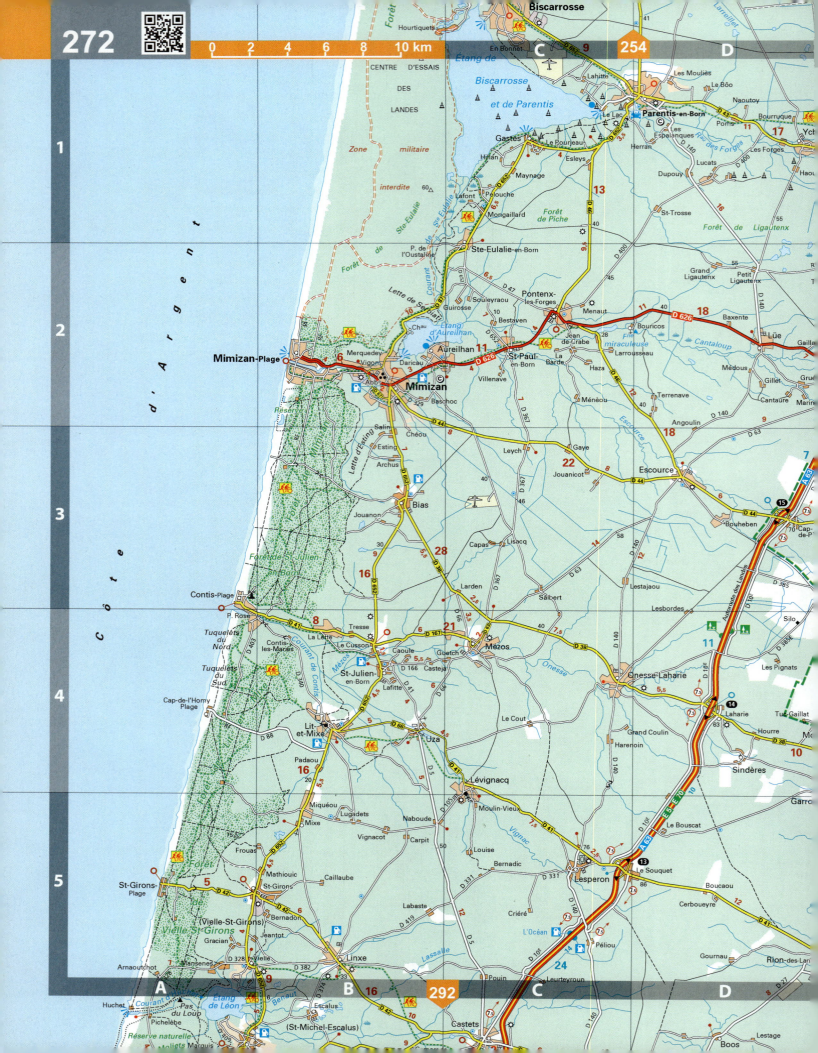

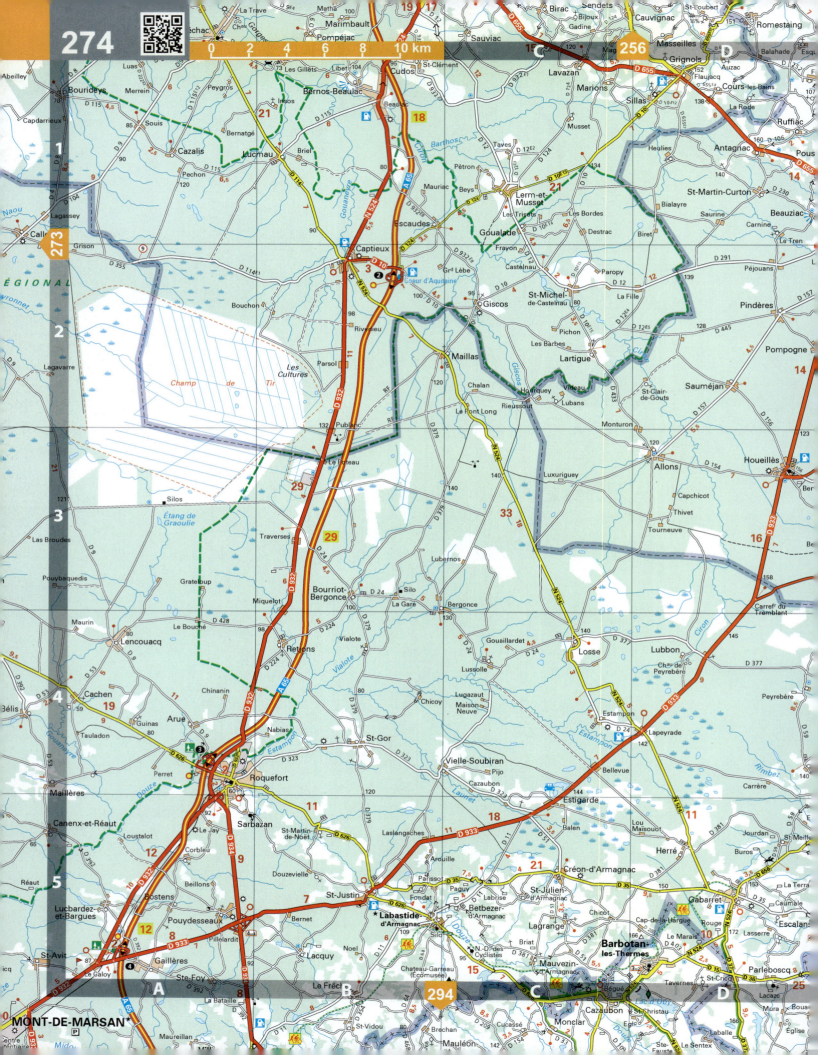

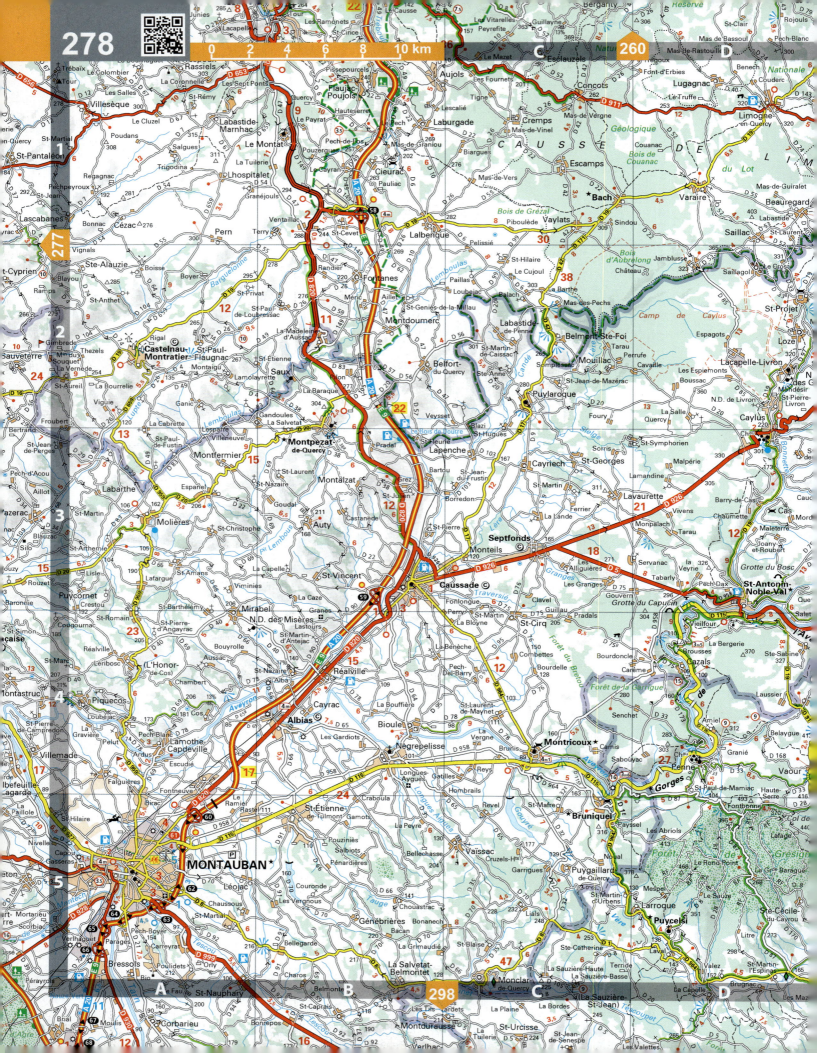

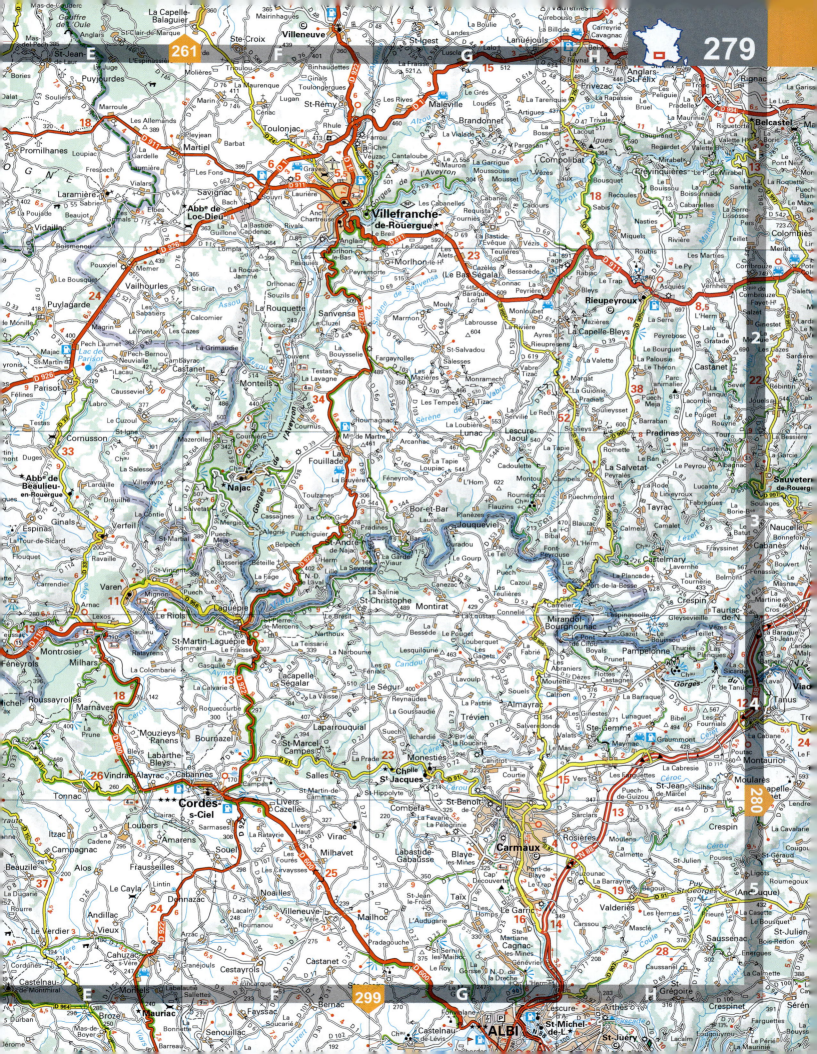

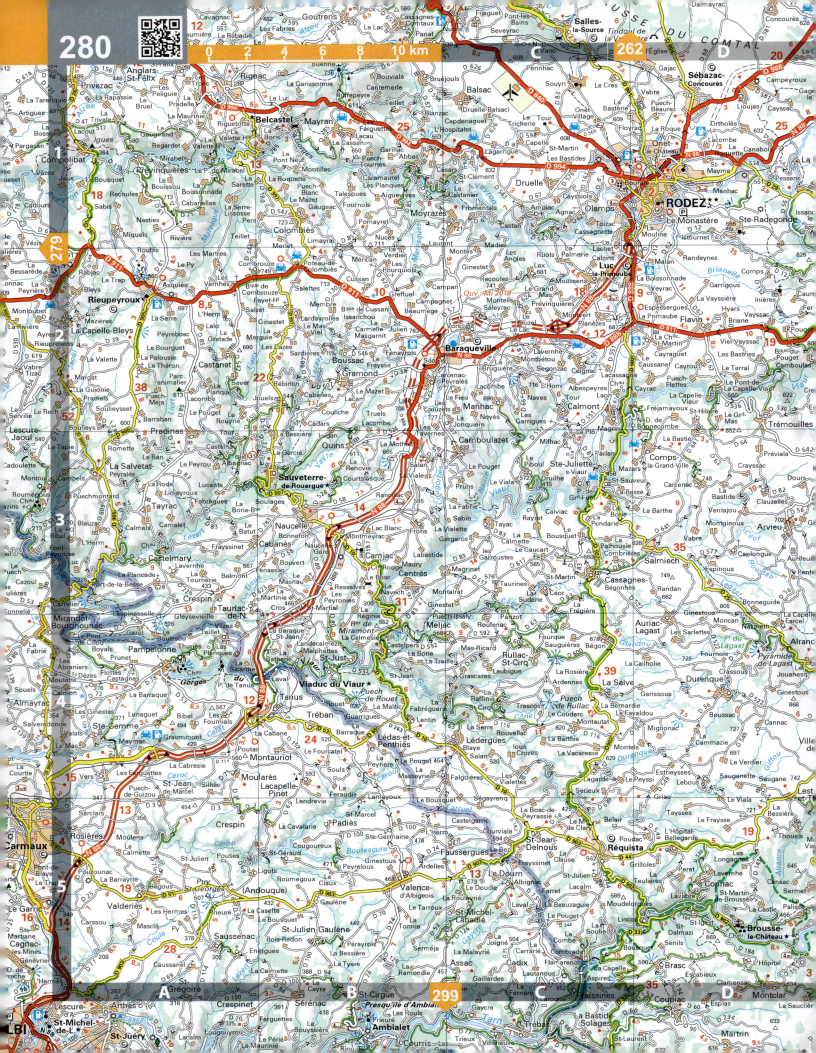

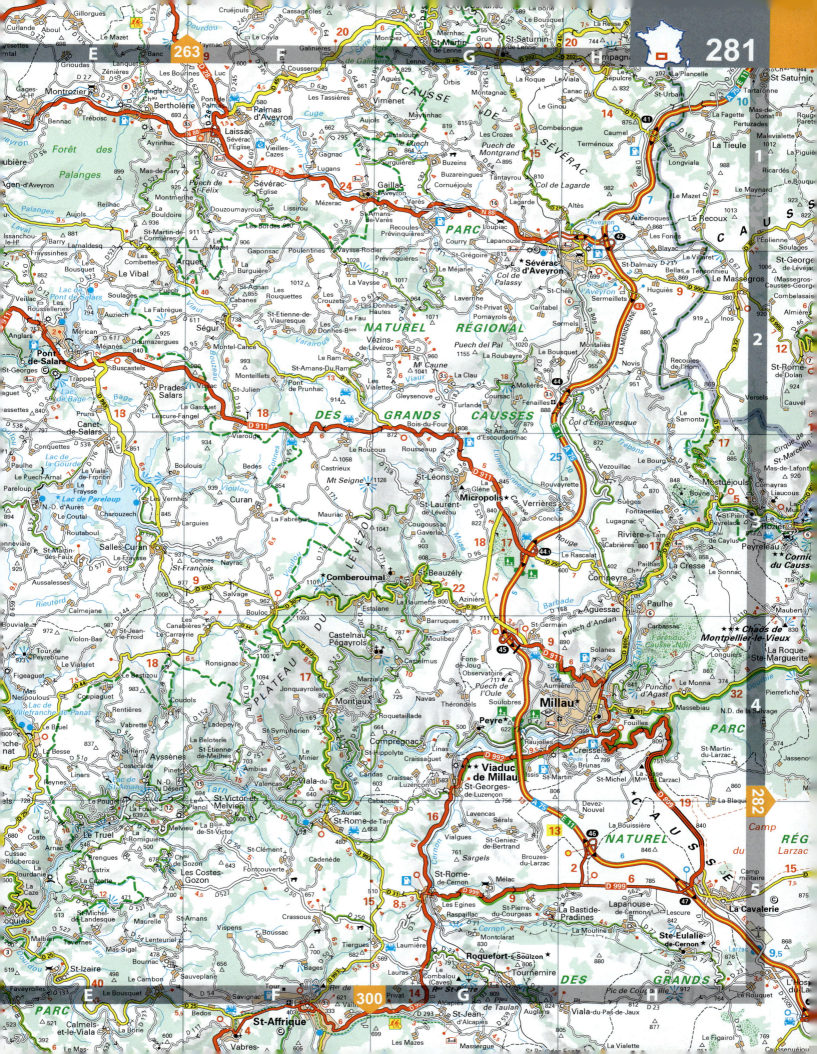

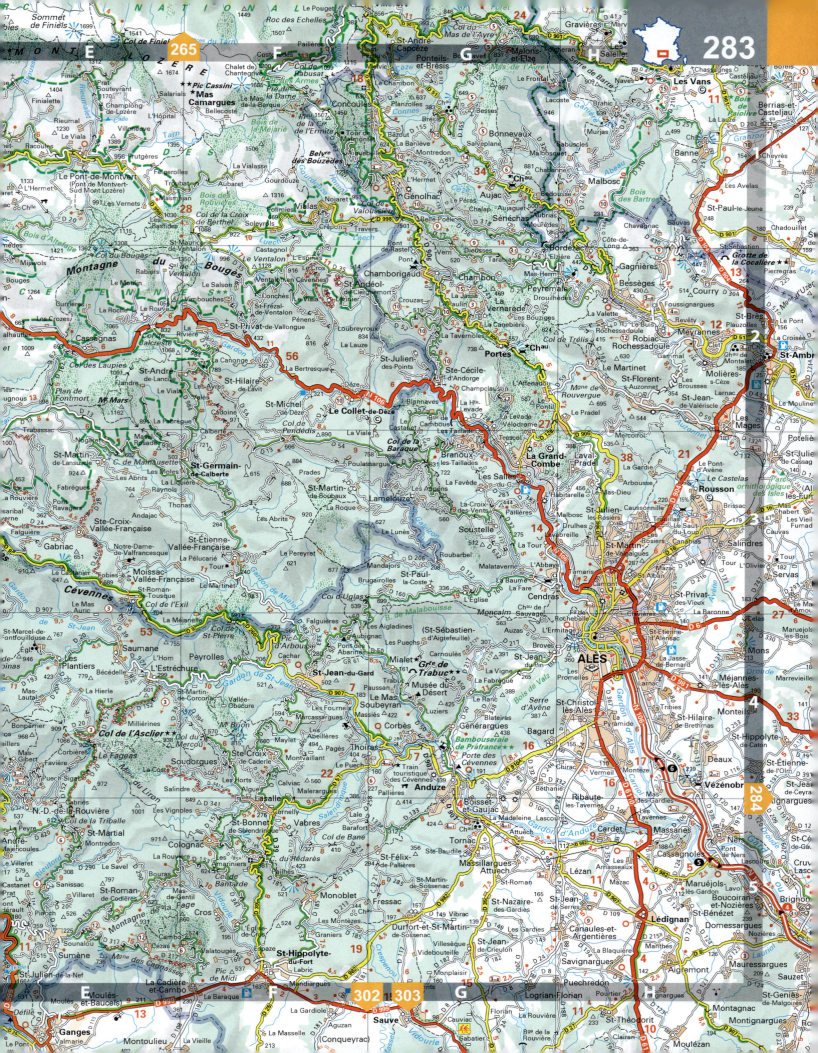

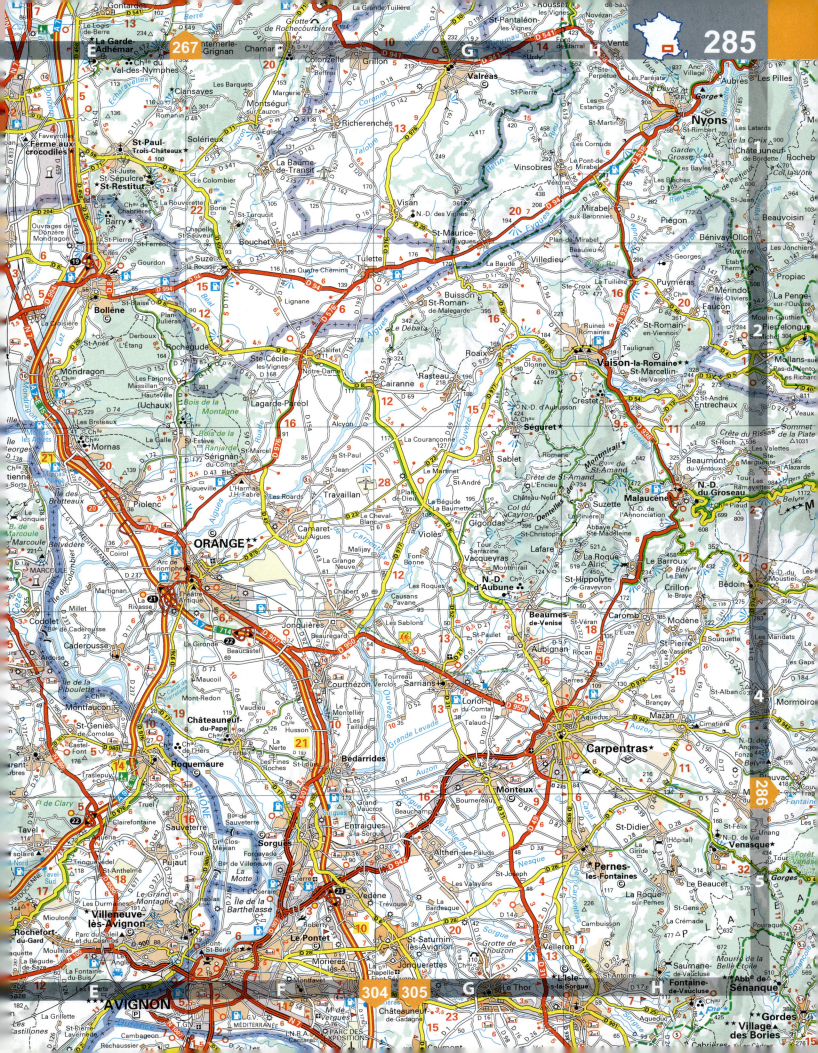

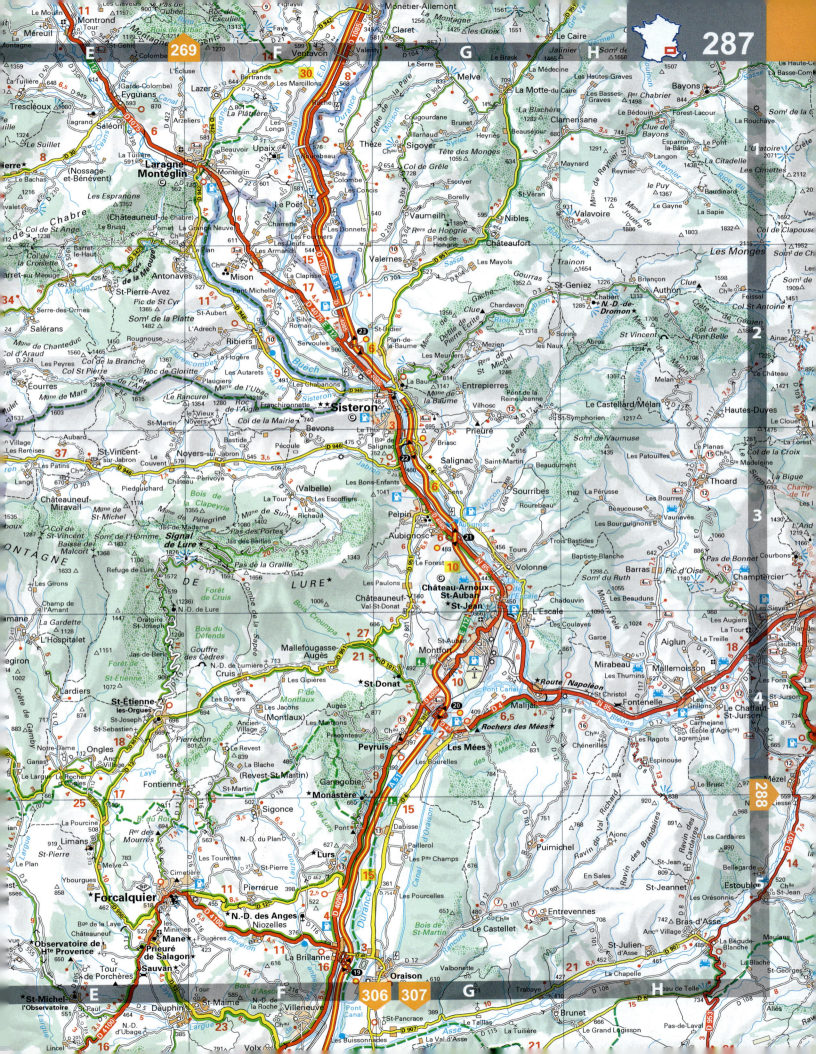

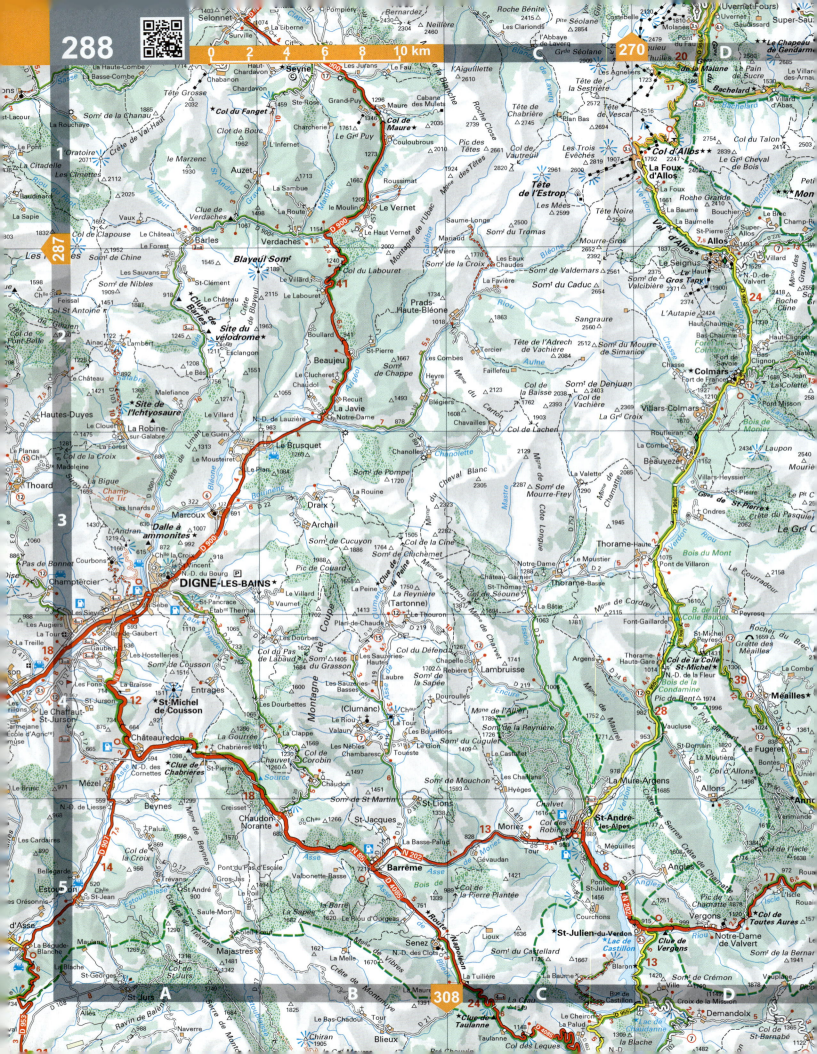

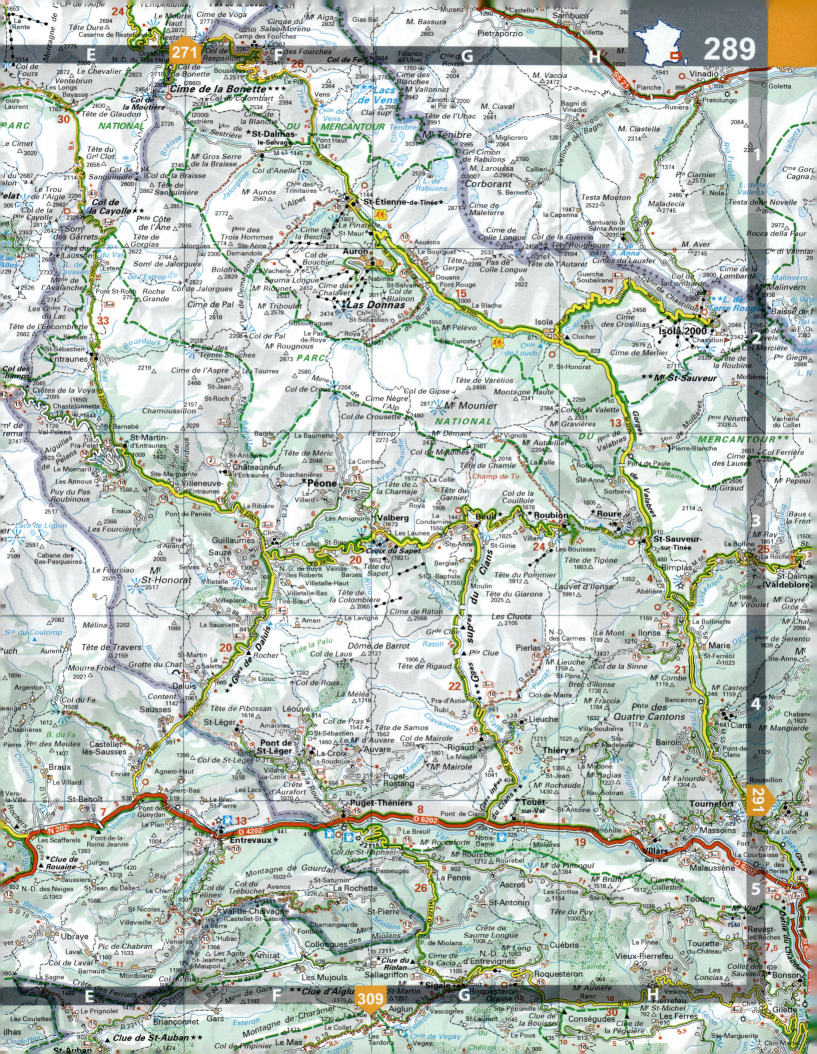

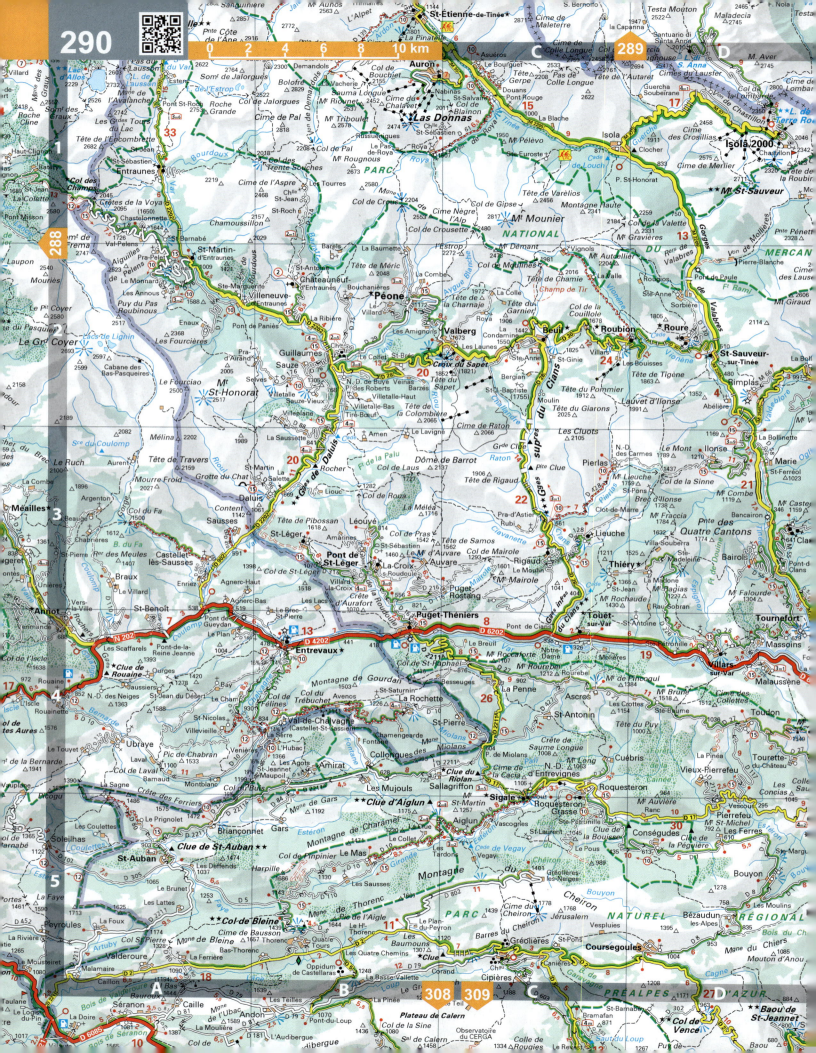

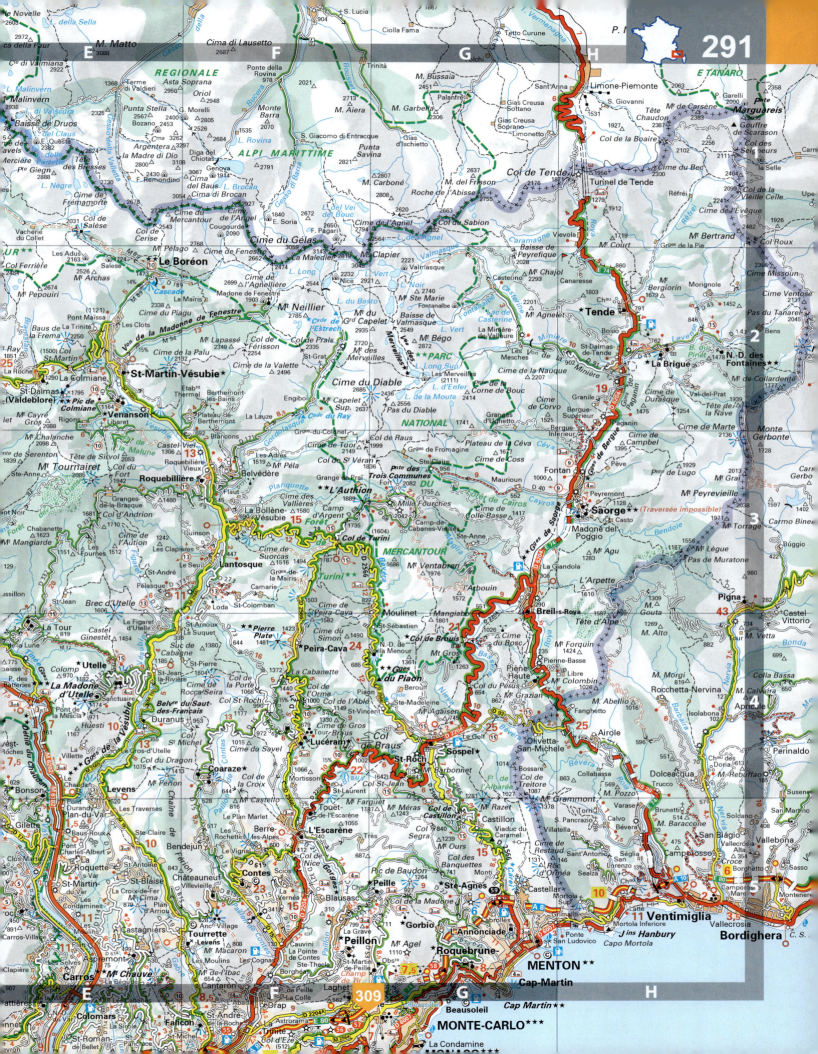

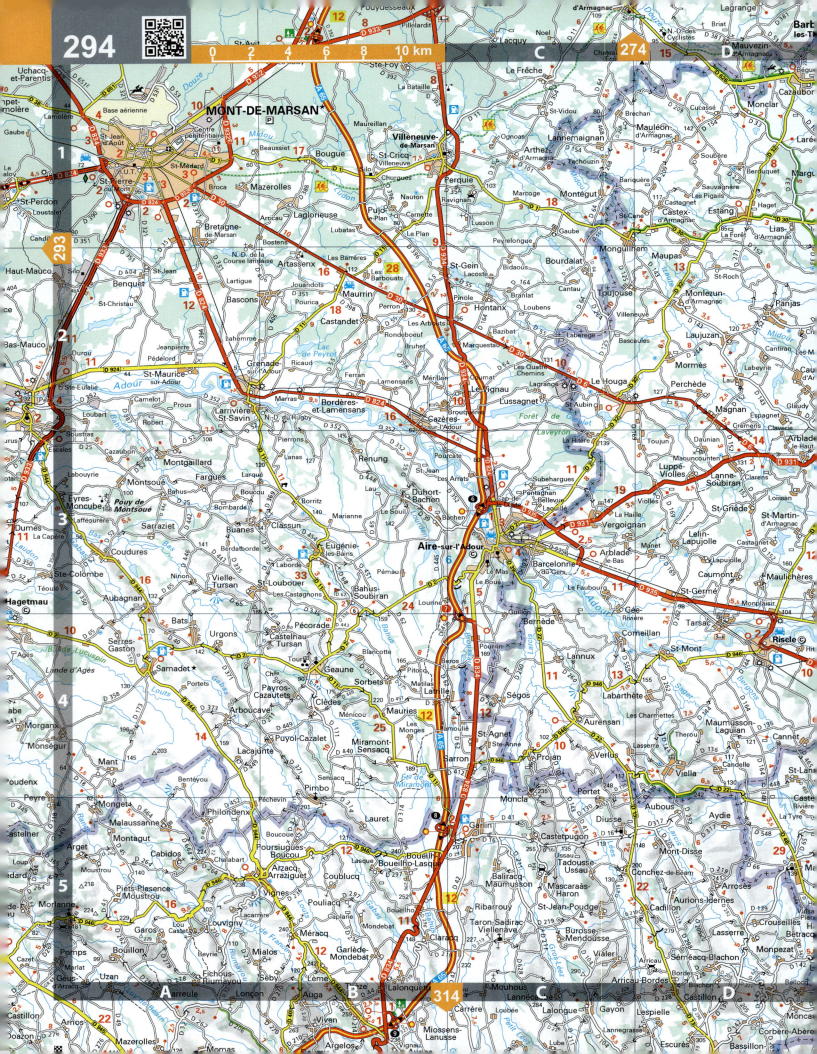

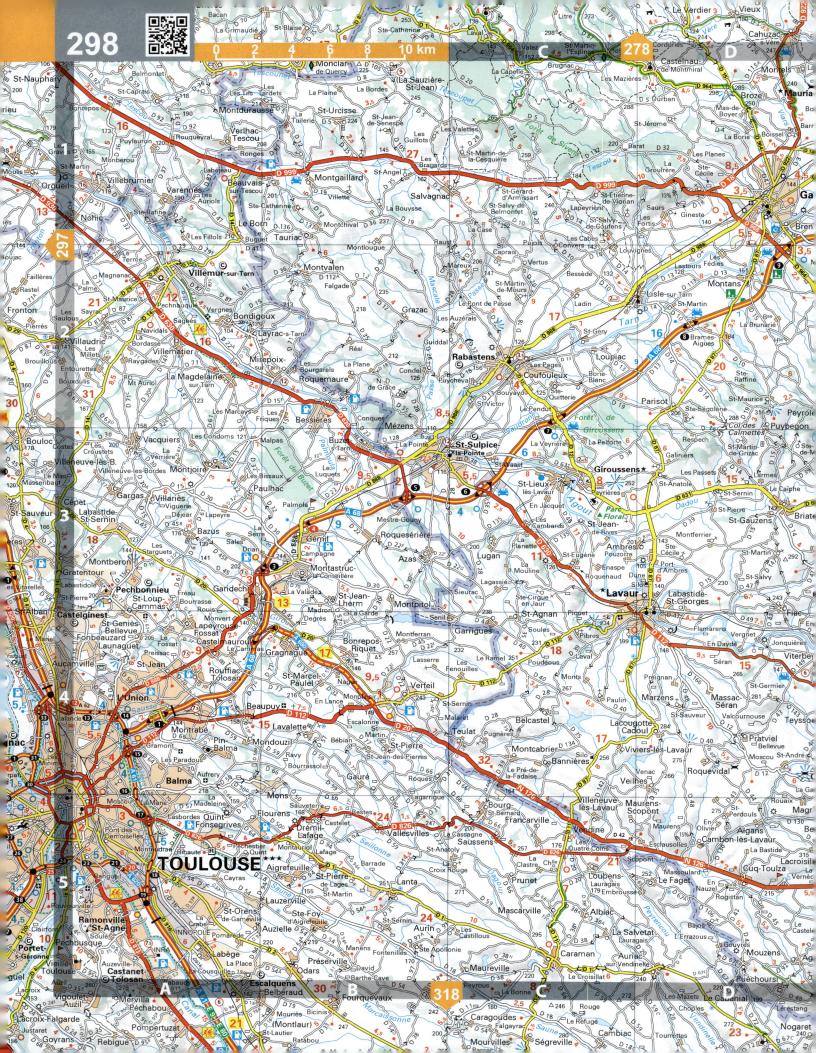

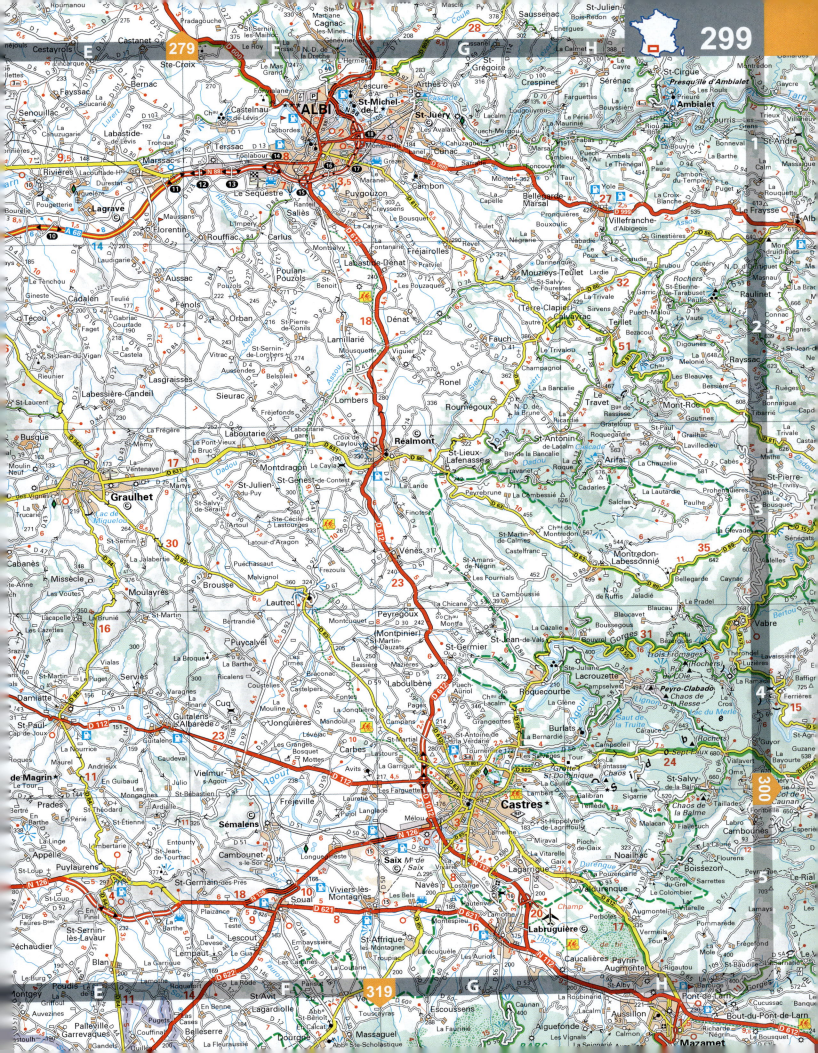

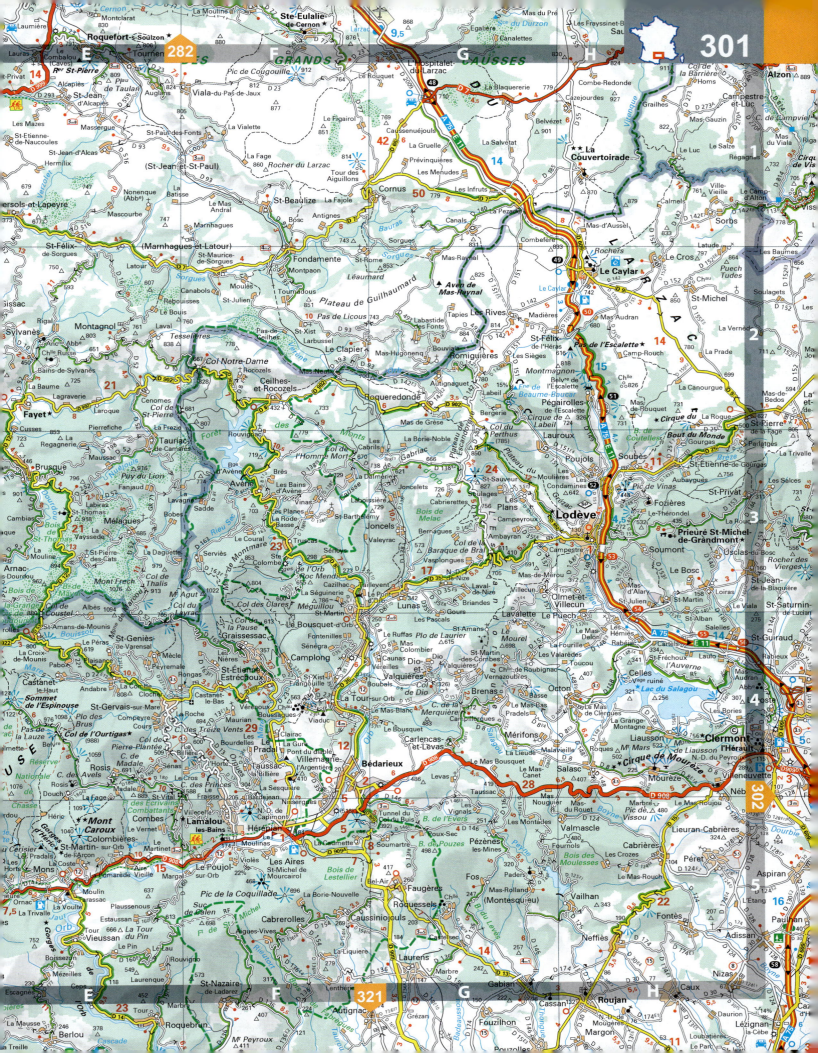

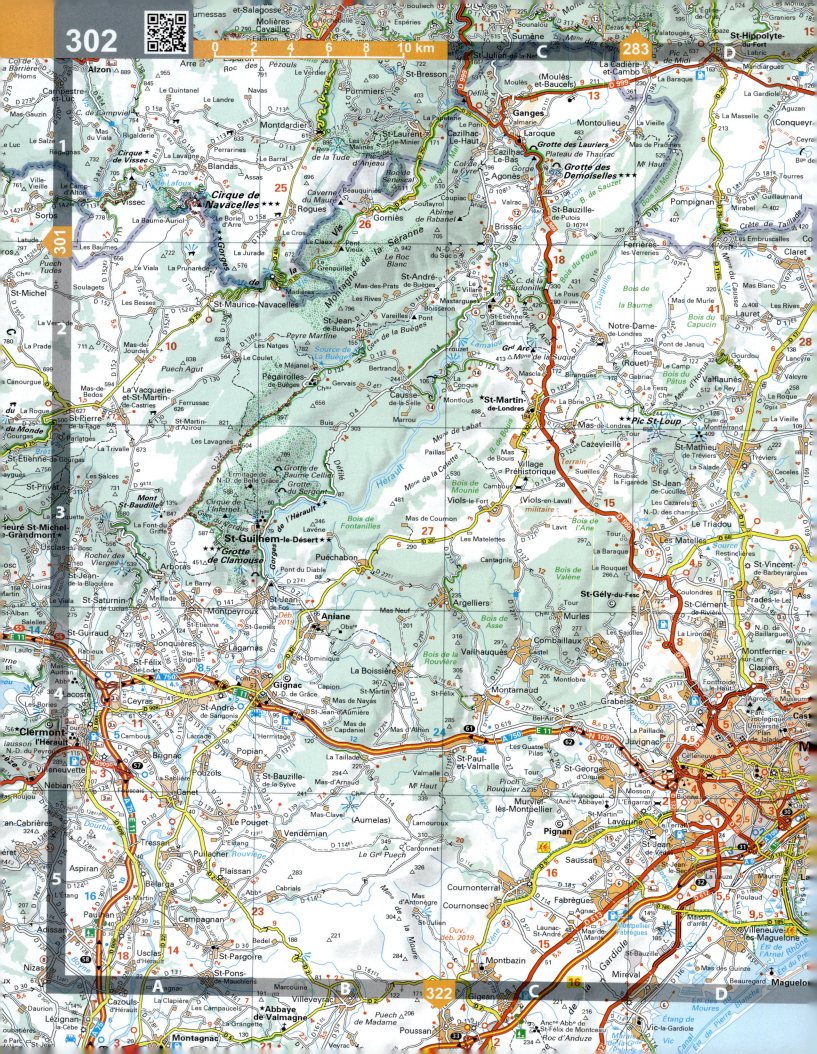

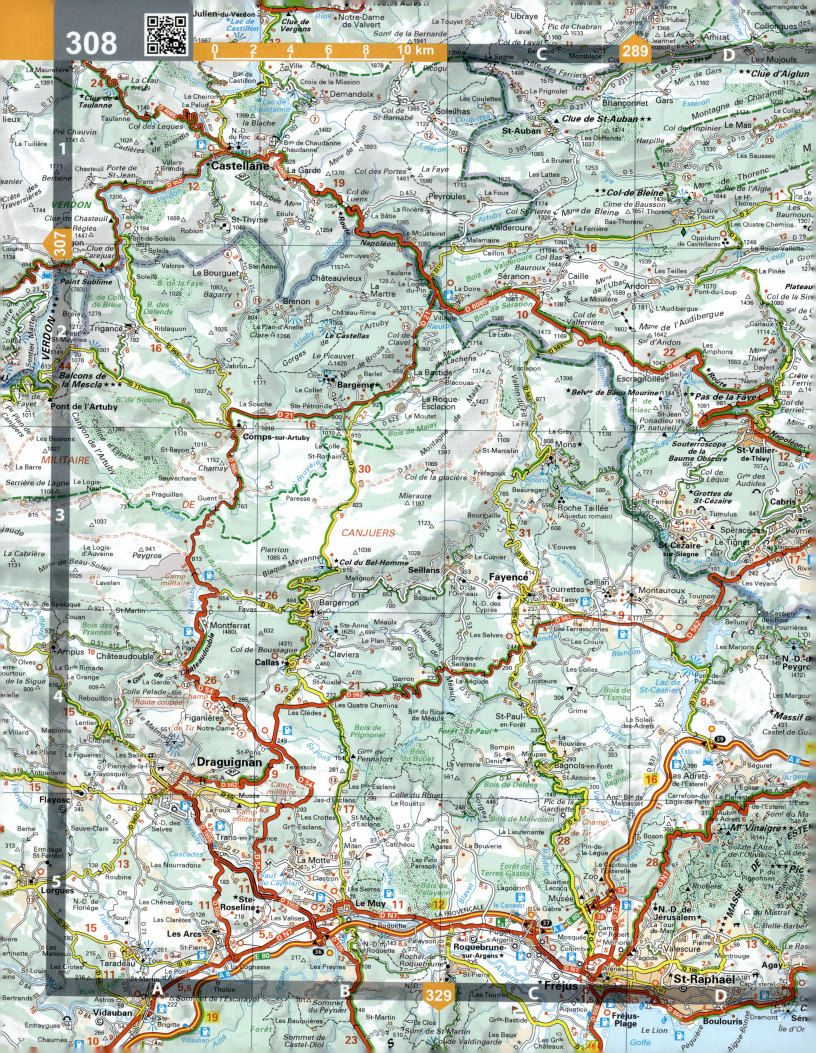

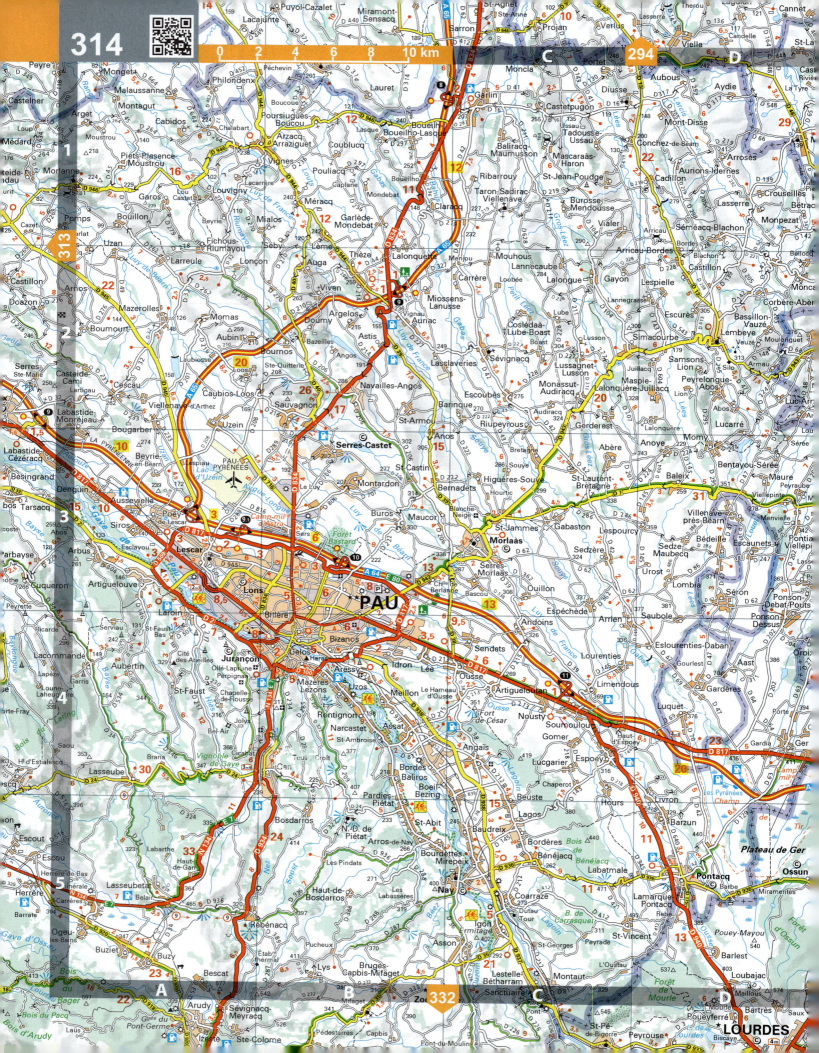

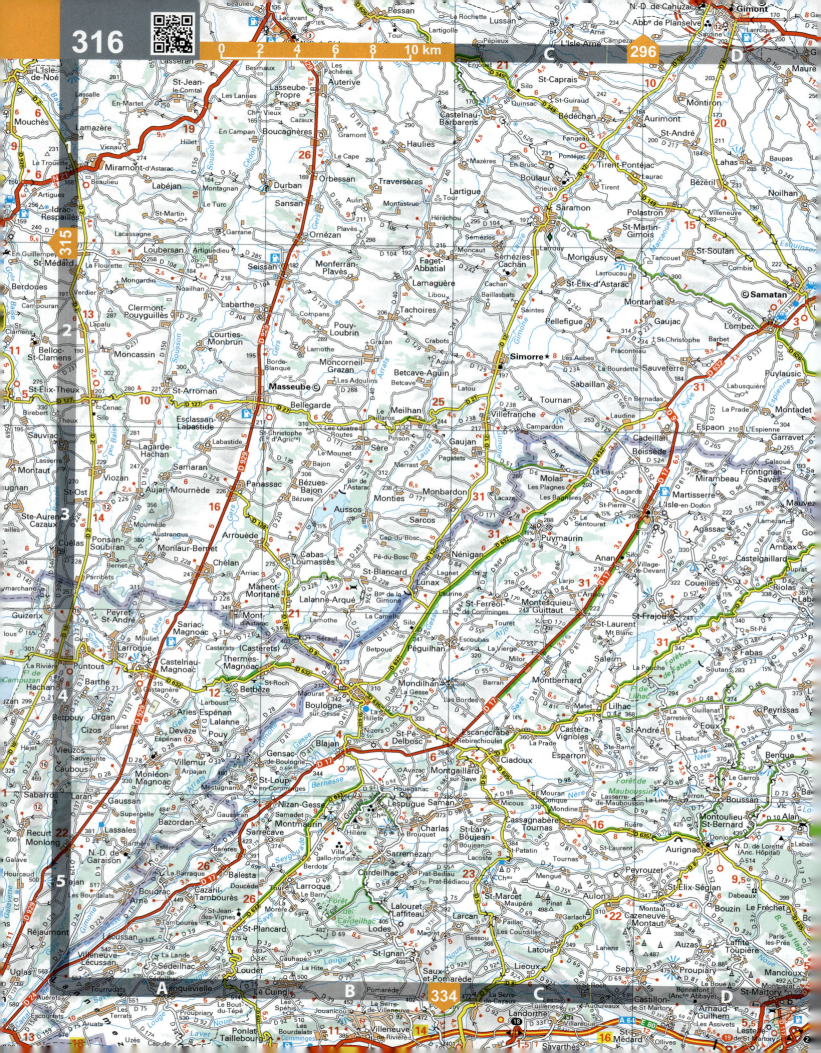

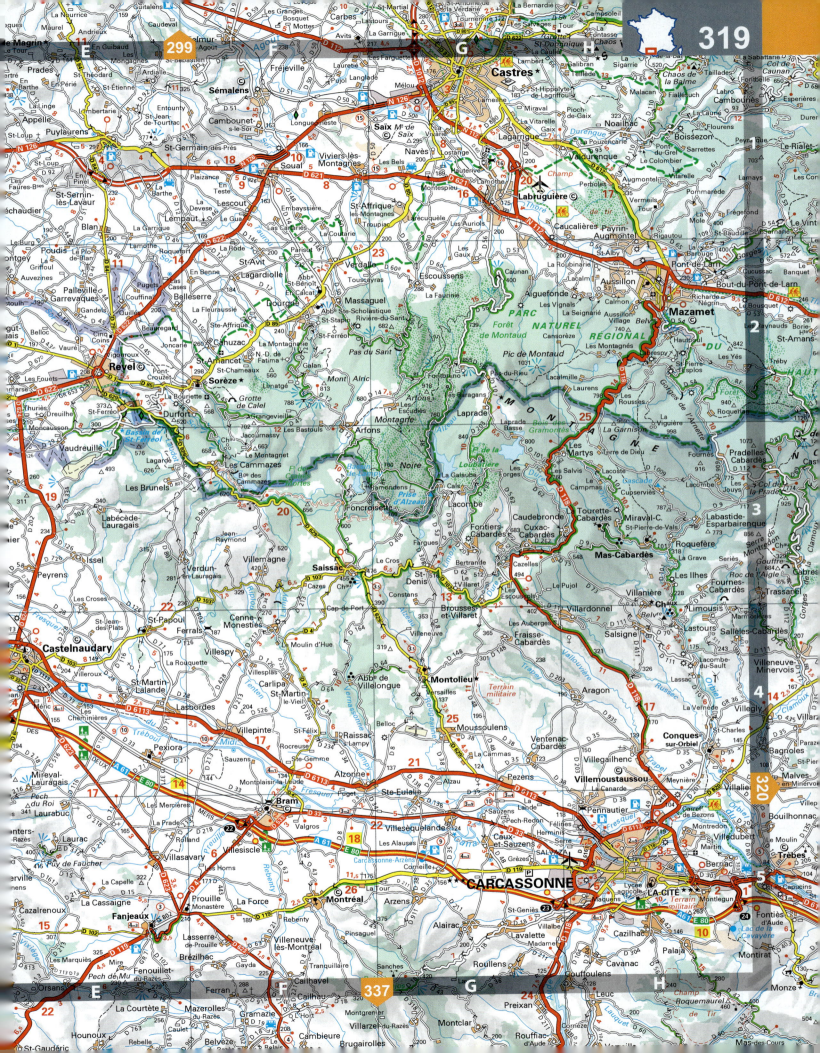

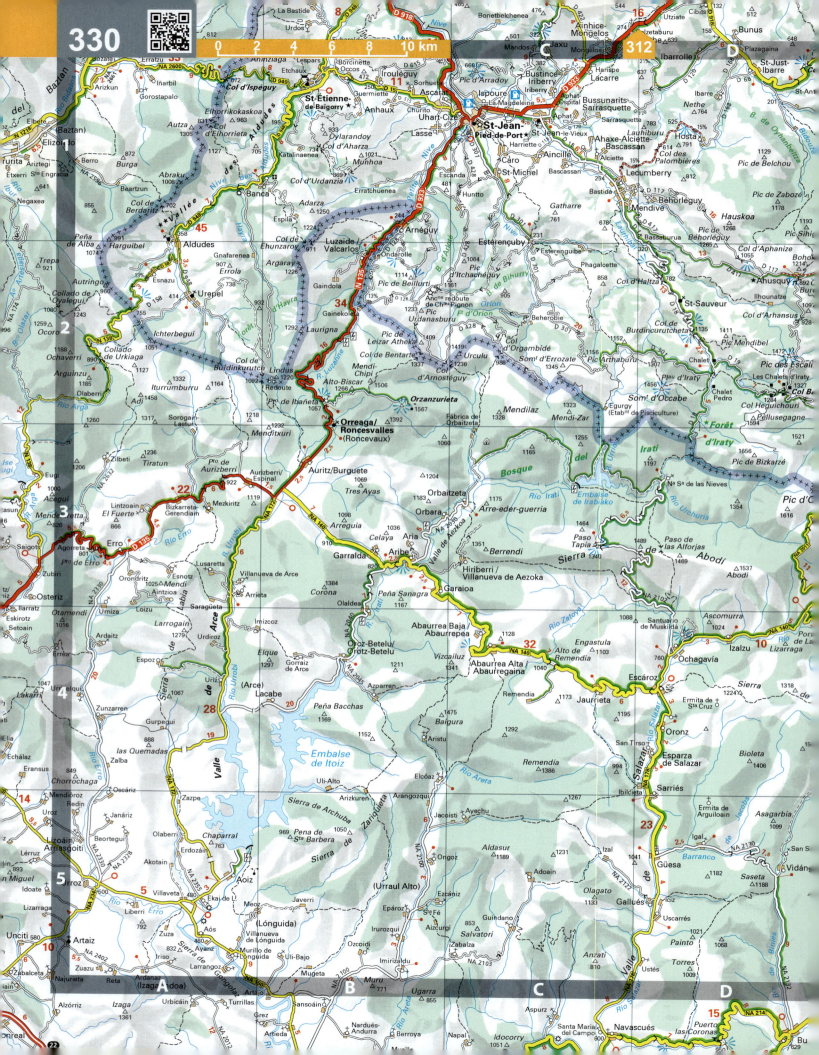

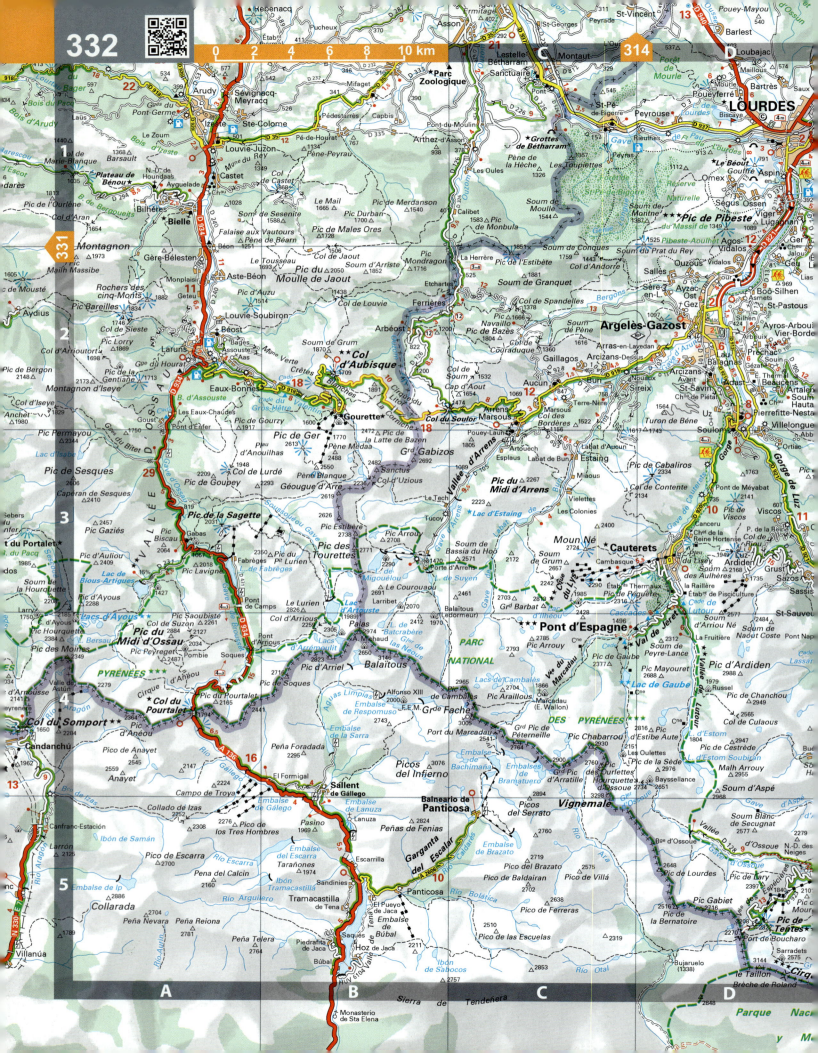

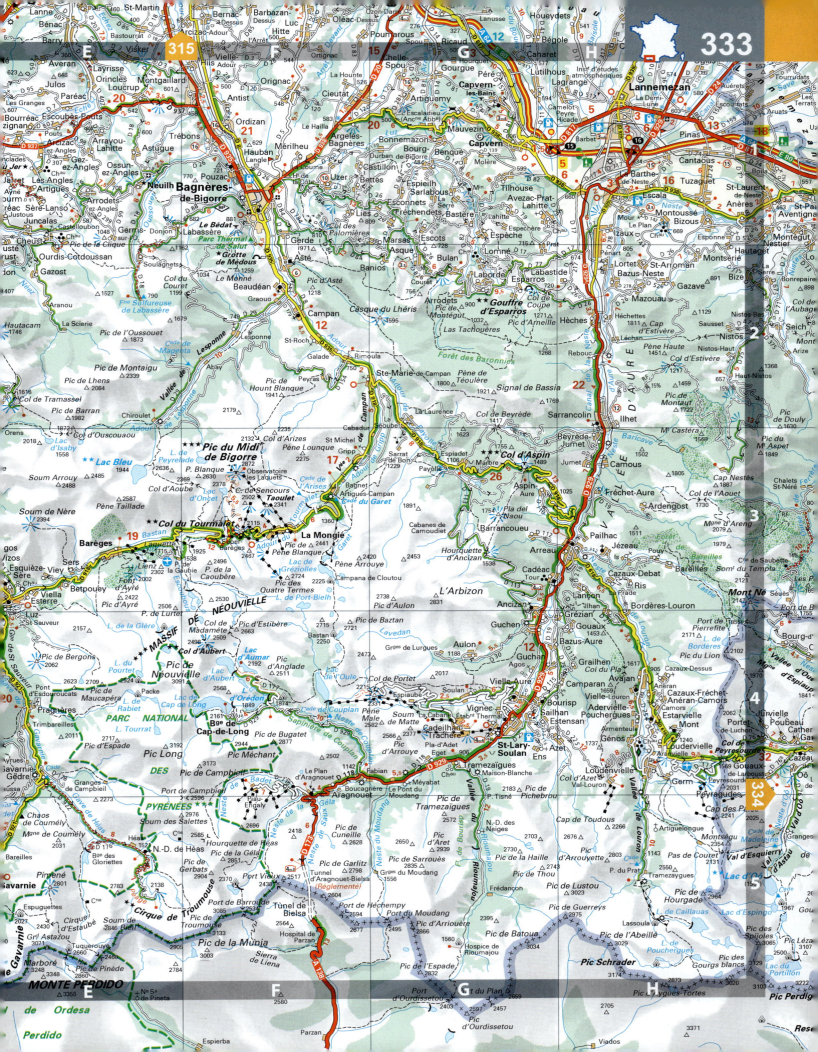

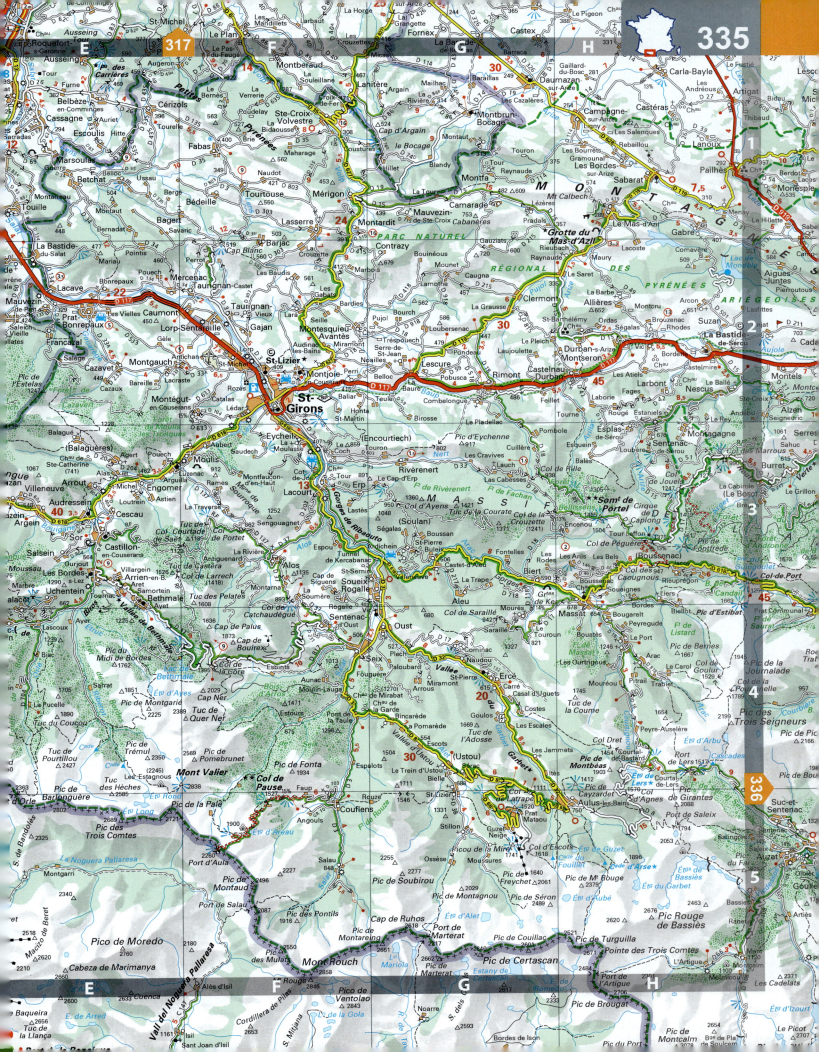

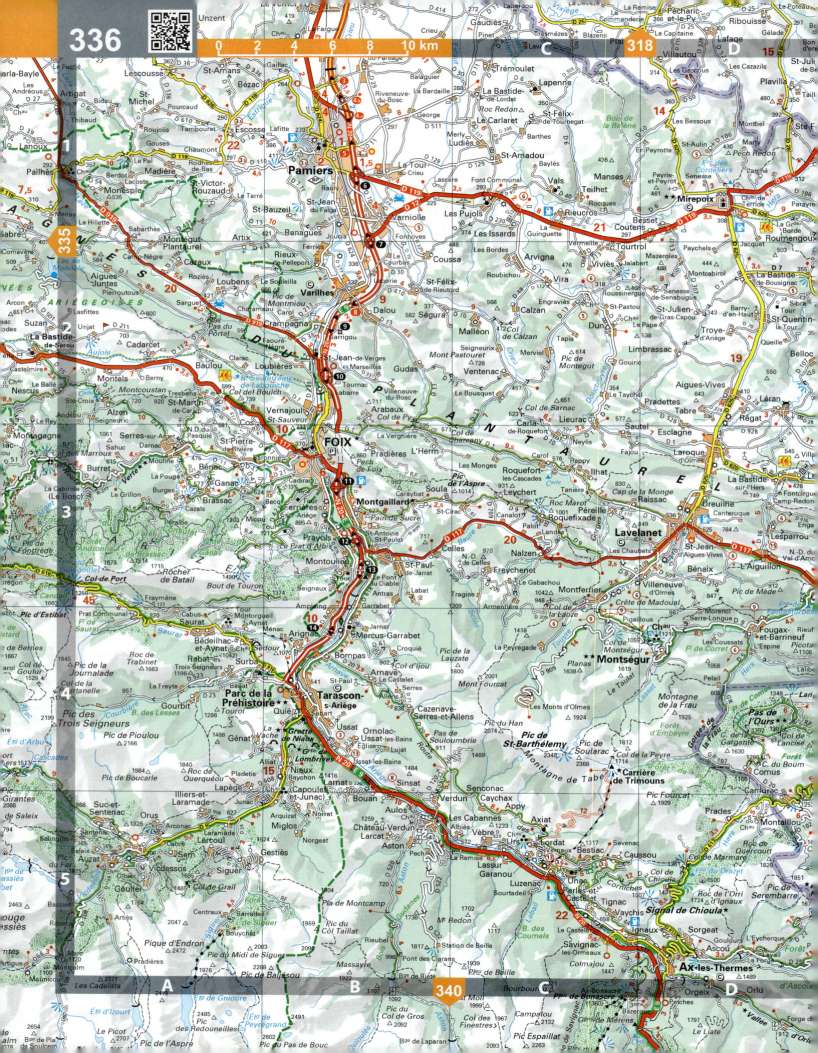

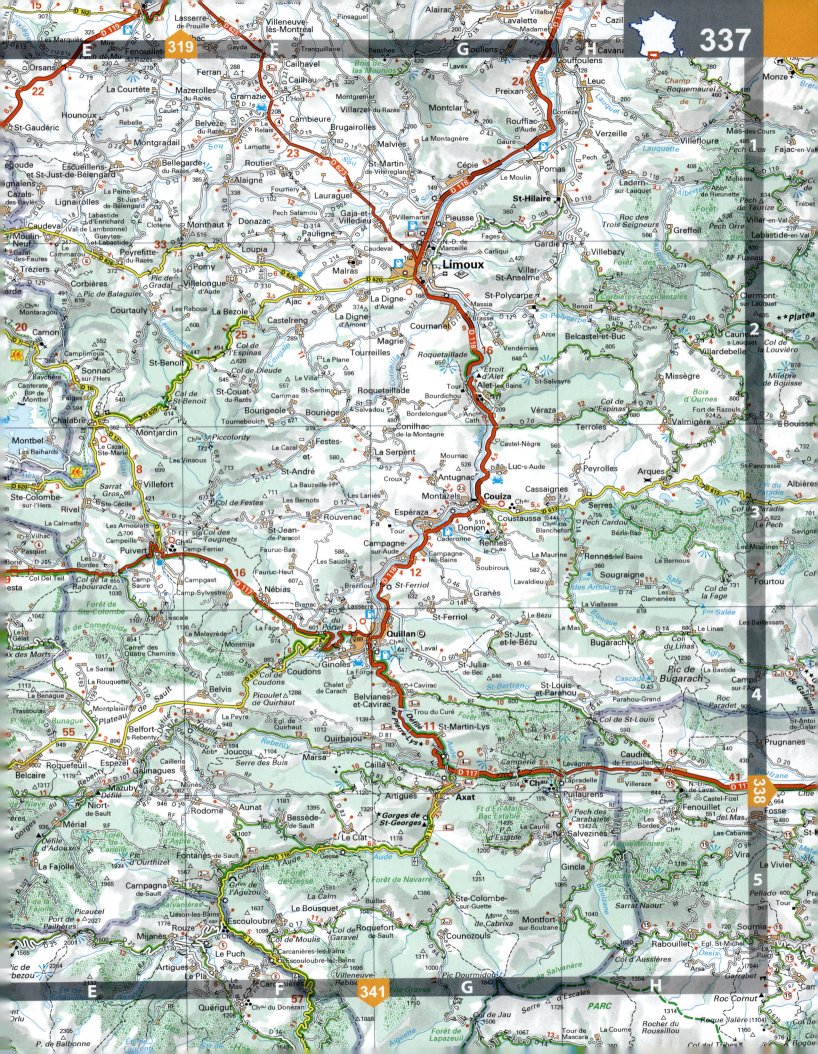

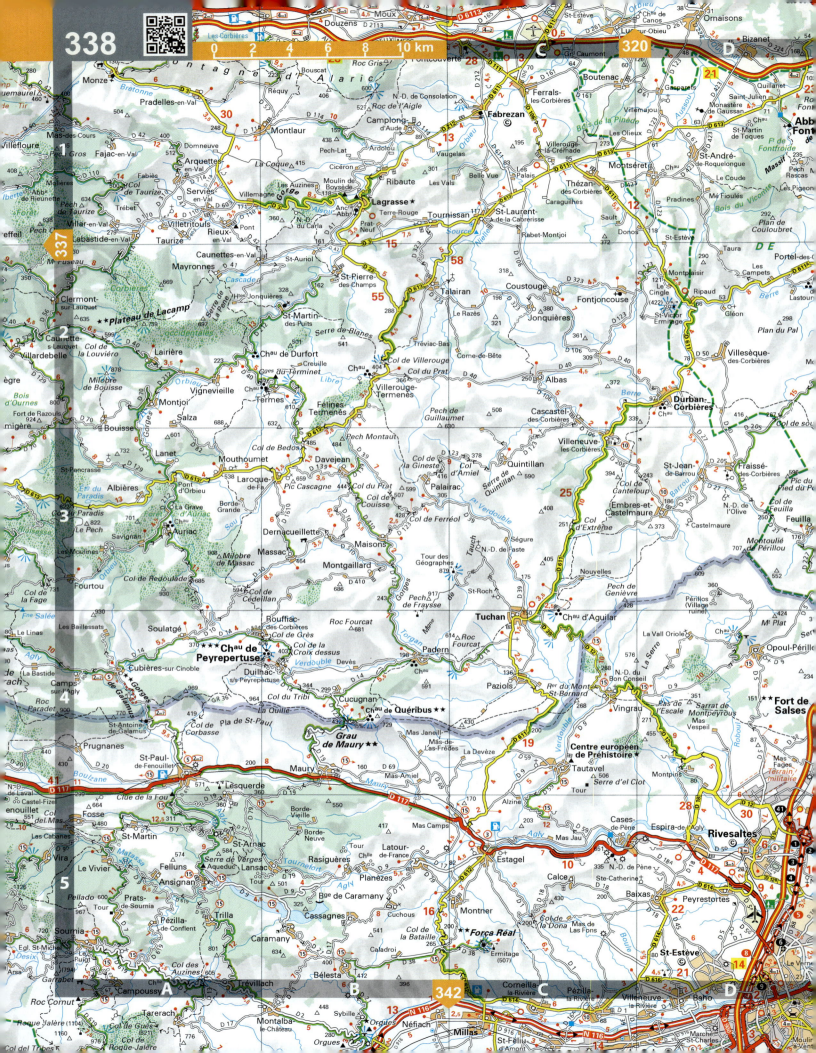

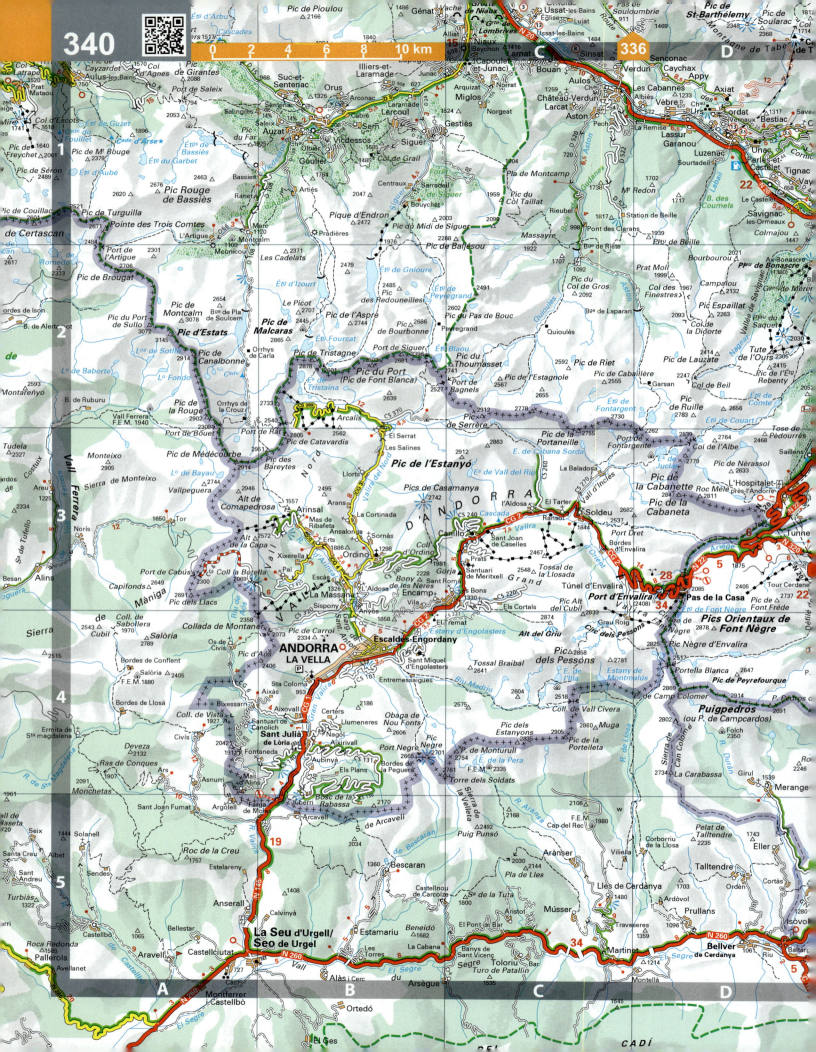

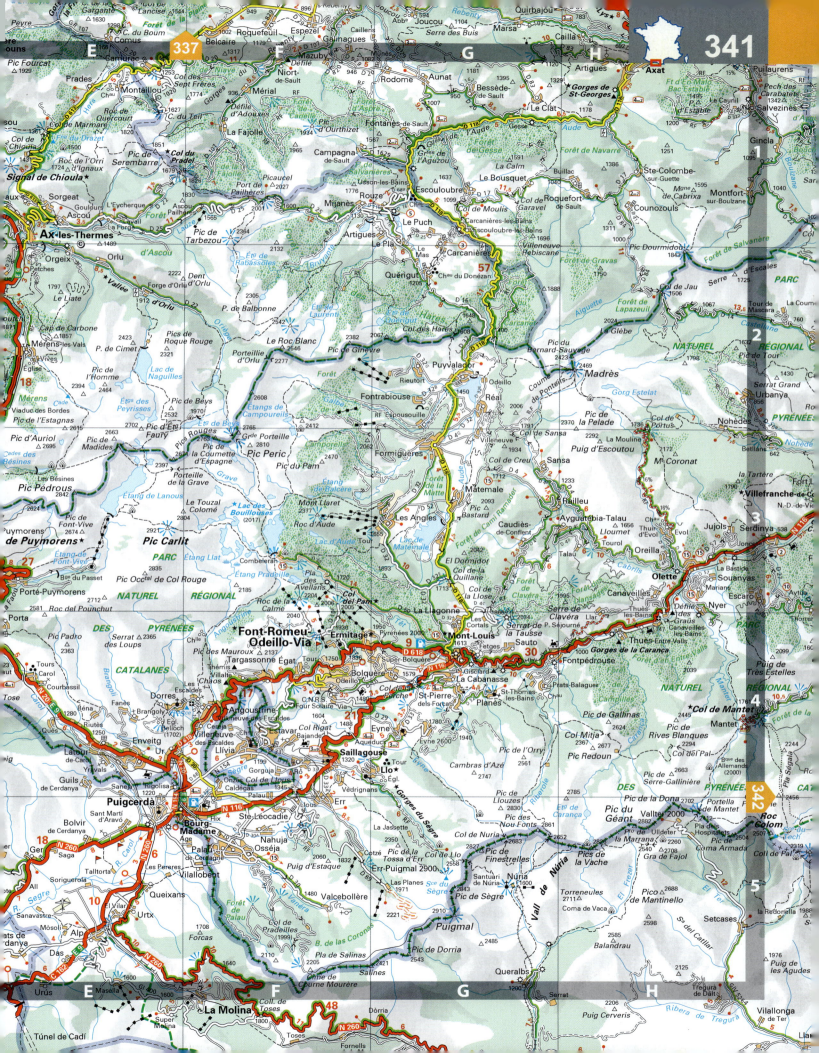

FRANCE DÉPARTEMENTALE ET ADMINISTRATIVE

01 Ain
02 Aisne
03 Allier
04 Alpes-de-Haute-Provence
05 Hautes-Alpes
06 Alpes-Maritimes
07 Ardèche
08 Ardennes
09 Ariège
10 Aube
11 Aude
12 Aveyron
13 Bouches-du-Rhône
14 Calvados
15 Cantal
16 Charente
17 Charente-Maritime
18 Cher
19 Corrèze
2A Corse-du-Sud
2B Haute-Corse
21 Côte-d'Or
22 Côtes-d'Armor
23 Creuse
24 Dordogne
25 Doubs
26 Drôme
27 Eure
28 Eure-et-Loir
29 Finistère
30 Gard
31 Haute-Garonne
32 Gers
33 Gironde
34 Hérault
35 Ille-et-Vilaine
36 Indre
37 Indre-et-Loire
38 Isère
39 Jura
40 Landes
41 Loir-et-Cher
42 Loire
43 Haute-Loire
44 Loire-Atlantique
45 Loiret
46 Lot
47 Lot-et-Garonne

48 Lozère
49 Maine-et-Loire
50 Manche
51 Marne
52 Haute-Marne
53 Mayenne
54 Meurthe-et-Moselle
55 Meuse
56 Morbihan
57 Moselle
58 Nièvre
59 Nord
60 Oise
61 Orne
62 Pas-de-Calais
63 Puy-de-Dôme

64 Pyrénées-Atlantiques
65 Hautes-Pyrénées
66 Pyrénées-Orientales
67 Bas-Rhin
68 Haut-Rhin
69 Rhône
70 Haute-Saône
71 Saône-et-Loire
72 Sarthe
73 Savoie
74 Haute-Savoie
75 Ville de Paris
76 Seine-Maritime
77 Seine-et-Marne
78 Yvelines
79 Deux-Sèvres

80 Somme
81 Tarn
82 Tarn-et-Garonne
83 Var
84 Vaucluse
85 Vendée
86 Vienne
87 Haute-Vienne
88 Vosges
89 Yonne
90 Territoire-de-Belfort
91 Essonne
92 Hauts-de-Seine
93 Seine-Saint-Denis
94 Val-de-Marne
95 Val-d'Oise

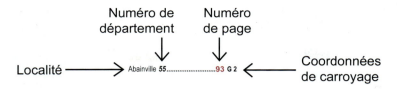

Numéro de département → Numéro de page

Localité → Abainville 55 93 G 2 ← Coordonnées de carroyage

A

Aast 64 314 D 4
Abainville 55 93 G 2
Abancourt 59 14 B 3
Abancourt 60 21 G 4
Abaucourt 54 65 H 3
Abaucourt-lès-Souppleville 55 44 C 5
Abbans-Dessous 25 161 H 5
Abbans-Dessus 25 161 H 5
Abbaretz 44 126 D 5
Abbécourt 02 24 A 5
Abbecourt 60 38 A 3
Abbenans 25 141 H 5
Abbeville 80 11 G 3
Abbéville-la-Rivière 91 87 F 5
Abbéville-lès-Conflans 54 45 E 5
Abbeville-Saint-Lucien 60 38 B 1
Abbévillers 25 142 C 5
Abeilhan 34 321 G 2
Abelcourt 70 141 F 2
L'Aber-Wrac'h 29 70 C 4
Abère 64 314 C 3
L'Abergement-Clémenciat 01 213 F 1
L'Abergement-de-Cuisery 71 195 F 1
L'Abergement-de-Varey 01 214 B 2
Abergement-la-Ronce 39 178 D 1
Abergement-le-Grand 39 179 F 2
Abergement-le-Petit 39 179 F 2
Abergement-lès-Thésy 39 179 H 2
Abergement-Saint-Jean 39 178 D 3
L'Abergement-Sainte-Colombe 71 178 A 4
Abidos 64 313 H 2
Abilly 37 169 H 2
Abîme *Pont de l'* 74 215 G 5
Abitain 64 311 H 3
Abjat-sur-Bandiat 24 222 C 2
Ablain-Saint-Nazaire 62 8 A 5
Ablaincourt-Pressoir 80 23 F 2
Ablainzevelle 62 13 G 4
Ablancourt 51 62 C 3
Ableiges 95 57 H 1
Les Ableuvenettes 88 118 D 2
Ablis 78 86 D 3
Ablon 14 34 D 2
Ablon-sur-Seine 94 58 C 5
Aboën 42 229 H 4
Aboncourt 54 94 C 4
Aboncourt 57 46 B 4
Aboncourt-Gesincourt 70 140 D 3
Aboncourt-sur-Seille 57 66 B 4
Abondance 74 198 C 4
Abondant 28 56 D 4
Abos 64 313 H 3
Abreschviller 57 96 C 1
Abrest 03 210 B 2
Les Abrets en Dauphiné 38 232 C 3
Abriès 05 253 F 5
Abscon 59 14 C 2
L'Absie 79 167 F 5
Abzac 16 204 C 2
Abzac 33 238 C 4
Accarias *Col* 38 251 E 5
Accia *Pont de l'* 2B 347 E 4
Accolans 25 141 H 5
Accolay 89 136 C 4
Accons 07 248 B 5
Accous 64 331 H 3
Achain 57 66 D 3
Achen 57 67 H 1
Achenheim 67 97 G 1
Achères 18 155 F 4
Achères 78 58 A 2
Achères-la-Forêt 77 88 A 5
Achery 02 24 B 4
Acheux-en-Amiénois 80 13 E 5
Acheux-en-Vimeu 80 11 F 4
Acheville 62 8 C 5
Achey 70 140 A 5
Achicourt 62 13 G 2
Achiet-le-Grand 62 13 G 4
Achiet-le-Petit 62 13 G 4
Achun 58 157 G 5
Achy 60 21 H 5
Acigné 35 104 C 3
Aclou 27 35 G 5
Acon 27 56 B 4
Acq 62 13 F 2
Acqueville 14 53 G 2
Acqueville 50 28 D 3
Acquigny 27 36 B 5
Acquin 62 3 E 5
Acy 02 40 C 3
Acy-en-Multien 60 39 G 5
Acy-Romance 08 42 A 1
Adaincourt 57 66 C 2
Adainville 78 57 F 5
Adam-lès-Passavant 25 162 C 3
Adam-lès-Vercel 25 162 C 4
Adamswiller 67 67 H 3
Adast 65 332 D 2
Adé 65 314 D 5
Adelange 57 66 D 2
Adelans-et-le-Val-de-Bithaine 70 141 G 3
Adervielle 65 333 H 4
Adilly 79 168 A 5
Adinfer 62 13 F 3
Adissan 34 302 A 5
Les Adjots 16 203 F 2
Adon 45 134 D 3
Les Adrets 38 233 F 5
Les Adrets-de-l'Esterel 83 308 D 4
Adriers 86 187 F 5
Aérocity *Parc* 07 266 B 4
Afa 2A 348 C 3
Affieux 19 224 D 3
Affléville 54 45 E 4
Affoux 69 212 B 4
Affracourt 54 94 D 3
Affringues 62 7 E 2
Agassac 31 316 D 3
Agay 83 329 H 1
Agde 34 322 C 5
Agel 34 320 D 4
Agen 47 276 B 3
Agen-d'Aveyron 12 280 D 1
Agencourt 21 160 A 5
Agenville 80 12 B 4
Agenvillers 80 11 H 2
Les Ageux 60 39 E 3
Ageville 52 117 F 3
Agey 21 159 G 3
Aghione 2B 349 G 1
Agincourt 54 65 H 5
Agmé 47 257 G 5
Agnac 47 257 G 3
Agnat 43 228 B 5
Agneaux 50 32 A 5
Agnetz 60 38 C 2
Agnez-lès-Duisans 62 13 F 2
Agnicourt-et-Séchelles 02 25 F 3
Agnières 62 8 A 5
Agnières 80 21 H 4
Agnières-en-Dévoluy 05 269 F 2
Agnin 38 231 F 5
Agnos 64 331 H 1
Agny 62 13 G 3
Agon-Coutainville 50 31 F 5
Agonac 24 240 C 1
Agonès 34 302 C 1
Agonges 03 191 H 1
Agonnay 17 201 F 4
Agos-Vidalos 65 332 D 2
Agris 16 203 G 5
Agudelle 17 219 H 4
Les Agudes 31 333 H 4
Aguessac 12 281 H 3
Aguilar *Château d'* 11 338 C 3
Aguilcourt 02 41 G 2
Aguts 81 298 D 5
Agy 14 32 D 3
Ahaxe-Alciette-Bascassan 64 330 C 1
Ahetze 64 310 C 3
Ahéville 88 94 D 5
Ahuillé 53 105 H 4
Ahun 23 207 F 2
Ahusquy 64 330 D 2
Ahuy 21 160 A 2
Aibes 59 15 H 3
Aibre 25 142 B 4
Aïcirits 64 311 G 4
Aiffres 79 185 E 4
Aigaliers 30 284 B 4
L'Aigle 61 55 F 4
Aigle *Barrage de l'* 19 243 H 1
Aiglemont 08 26 D 3
Aiglepierre 39 179 G 2
Aigleville 27 56 D 1
Aiglun 04 287 H 4
Aiglun 06 309 E 1
Aignan 32 295 F 3
Aignay-le-Duc 21 138 C 4
Aigne 34 320 C 4
Aigné 72 107 G 4
Aignerville 14 32 C 3
Aignes 31 318 B 4
Aignes-et-Puypéroux 16 221 F 4
Aigneville 80 11 F 4
Aigny 51 61 H 1
Aigonnay 79 185 F 4
Aigoual *Mont* 48 282 D 4
Aigre 16 203 E 4
Aigrefeuille 31 298 B 5
Aigrefeuille-d'Aunis 17 200 D 1
Aigrefeuille-sur-Maine 44 147 H 5
Aigremont 30 283 H 5
Aigremont 52 118 A 4
Aigremont 78 57 H 3
Aigremont 89 136 D 4
Aiguebelette-le-Lac 73 233 E 2
Aiguebelle 73 234 A 2
Aiguebelle 83 329 E 4
Aigueblanche 73 234 B 3
Aiguefonde 81 319 H 2
Aigueperse 63 209 H 3
Aigueperse 69 194 B 5
Aigues-Juntes 09 336 A 2
Aigues-Mortes 30 303 G 5
Aigues-Vives 09 336 D 2
Aigues-Vives 11 320 A 5
Aigues-Vives 30 303 G 3
Aigues-Vives 34 320 D 4
Aiguèze 30 284 C 2
Aiguilhe 43 247 F 3
Aiguilles 05 253 F 5
L'Aiguillon 09 336 D 3
Aiguillon 47 275 G 2
L'Aiguillon-sur-Mer 85 183 E 4
L'Aiguillon-sur-Vie 85 165 E 5
Aiguines 83 307 G 2
Aigurande 36 189 F 3
Ailefroide 05 252 B 4
Ailhon 07 266 B 3
Aillant-sur-Milleron 45 135 E 3
Aillant-sur-Tholon 89 135 H 2
Aillas 33 256 D 5
Ailleux 42 211 F 5
Aillevans 70 141 G 4
Ailleville 10 116 A 2
Aillevillers-et-Lyaumont 70 119 F 5
Aillianville 52 93 G 4
Aillières-Beauvoir 72 84 A 4
Aillon-le-Jeune 73 233 G 1
Aillon-le-Vieux 73 233 G 1
Ailloncourt 70 141 G 3
Ailly 27 36 C 5
Ailly-le-Haut-Clocher 80 11 H 4
Ailly-sur-Meuse 55 64 C 4
Ailly-sur-Noye 80 22 C 3
Ailly-sur-Somme 80 22 B 1
Aimargues 30 303 G 3
Aime-la-Plagne 73 234 C 2
Ain *Source de l'* 39 180 A 4
Ainac 04 288 A 2
Ainay-le-Château 03 173 G 5
Ainay-le-Vieil 18 173 F 5
Aincille 64 330 C 1
Aincourt 95 57 G 1
Aincreville 55 43 G 2
Aingeray 54 65 G 5
Aingeville 88 118 A 2
Aingoulaincourt 52 93 F 3
Ainharp 64 311 H 5
Ainhice-Mongelos 64 311 F 5
Ainhoa 64 310 D 4
Ainvelle 70 141 F 2
Ainvelle 88 118 B 4
Airaines 80 11 H 5
Airan 14 34 A 5
Aire 08 41 H 1
Aire-sur-la-Lys 62 7 G 2
Aire-sur-l'Adour 40 294 C 3
Airel 50 32 B 4
Les Aires 34 301 F 5
Airion 60 38 C 2
Airon-Notre-Dame 62 6 B 5
Airon-Saint-Vaast 62 6 B 5
Airoux 11 318 D 3
Airvault 79 168 B 3
Aiserey 21 160 B 5
Aisey-et-Richecourt 70 118 C 5
Aisey-sur-Seine 21 138 B 3
Aisne 85 183 G 3
Aisonville-et-Bernoville 02 24 C 1
Aïssey 25 162 C 3
Aisy-sous-Thil 21 158 C 2
Aisy-sur-Armançon 89 137 G 4
Aiti 2B 347 F 3
Aiton 73 233 H 2
Aix 19 226 B 2
Aix 59 9 E 4
Aix *Île d'* 17 200 C 2
Les Aix-d'Angillon 18 155 G 5
Aix-en-Diois 26 268 B 2
Aix-en-Ergny 62 6 D 3
Aix-en-Issart 62 6 C 4
Aix-en-Othe 10 114 B 2
Aix-en-Provence 13 306 A 5
Aix-la-Fayette 63 228 C 3
Aix-les-Bains 73 233 F 1
Aix-Noulette 62 8 A 5
Aixe-sur-Vienne 87 205 F 5
Aizac 07 266 B 2
Aizanville 52 116 C 3
Aize 36 171 H 1
Aizecourt-le-Bas 80 23 H 1
Aizecourt-le-Haut 80 23 G 1
Aizecq 16 203 G 3
Aizelles 02 41 E 1
Aizenay 85 165 G 4
Aizier 27 35 F 2
Aizy-Jouy 02 40 C 2
Ajac 11 337 F 2
Ajaccio 2A 348 B 3
Ajain 23 207 F 1
Ajat 24 241 E 2
Ajoncourt 57 66 B 4
Ajou 27 55 G 2
Ajoux 07 266 C 1
Alaigne 11 337 F 1
Alaincourt 02 24 B 3
Alaincourt 70 118 D 5
Alaincourt-la-Côte 57 66 B 3
Alairac 11 319 G 5
Alaise 25 179 H 1
Alan 31 316 D 5
Alando 2B 347 F 4
Alata 2A 348 B 3
Alba-la-Romaine 07 266 D 4
Alban 81 300 A 1
Albaret-le-Comtal 48 245 H 5
Albaret-Sainte-Marie 48 246 A 5
Albarine *Gorges de l'* 01 214 C 3
L'Albaron 13 304 A 4
Albas 11 338 C 2
Albas 46 259 G 5
Albé 67 97 E 4
Albefeuille-Lagarde 82 277 G 5
L'Albenc 38 250 B 1
Albens 73 215 F 5
Albepierre-Bredons 15 245 F 3
L'Albère 66 343 E 4
Albert 80 13 F 5
Albert-Louppe *Pont* 29 75 F 2
Albertacce 2B 346 D 4
Albertville 73 234 A 1
Albestroff 57 67 F 2
Albi 81 299 F 1
Albiac 31 298 C 5
Albiac 46 261 E 2
Albias 82 278 B 4
Albières 11 338 A 3
Albiès 09 336 C 5
Albiez-le-Jeune 73 252 A 1
Albiez-le-Vieux 73 252 A 1
Albignac 19 242 D 2
Albigny 74 215 G 3
Albigny-sur-Saône 69 213 E 4
Albine 81 320 A 2
Albiosc 04 307 E 2
Albitreccia 2A 348 D 4
Albon 26 249 E 1
Albon-d'Ardèche 07 266 B 1
Alboussière 07 249 E 4
Les Albres 12 261 G 4
Albussac 19 243 E 3
Alby-sur-Chéran 74 215 F 4
Alçay-Alçabéhéty-Sunharette 64 331 E 2
Aldudes 64 330 A 1
Alembon 62 2 D 5
Alençon 61 83 G 4
Alénya 66 343 F 2
Aléria 2B 349 H 1
Alès 30 283 H 4
Alet-les-Bains 11 337 G 2
Alette 62 6 C 4
Aleu 09 335 G 3
Alex 74 215 H 3
Alexain 53 106 A 2
Aleyrac 26 267 F 4
Alfortville 94 58 C 4
Algajola 2B 344 C 5
Algans 81 298 D 5
Algolsheim 68 121 G 3
Algrange 57 45 G 3
Alièze 39 196 C 1
Alignan-du-Vent 34 321 H 2
Alincourt 08 42 A 2
Alincourt 60 37 G 4
Alincthun 62 2 C 5
Alise-Sainte-Reine 21 159 E 1
Alissas 07 266 D 2
Alix 69 212 D 4
Alixan 26 249 G 4
Alizay 27 36 B 3
Allain 54 94 B 2
Allaines 80 23 G 1
Allaines-Mervilliers 28 110 D 2
Allainville 28 56 C 5
Allainville 78 86 D 4
Allainville-en-Beauce 45 111 F 2
Allaire 56 125 G 4
Allamont 54 65 E 1
Allamps 54 94 A 2
Allan 26 267 E 4
Allanche 15 245 F 1
Alland'Huy-et-Sausseuil 08 42 C 1
Allarmont 88 96 B 2
Allas-Bocage 17 219 H 4
Allas-Champagne 17 220 B 3
Allas-les-Mines 24 259 F 1
Allassac 19 242 B 1
Allauch 13 327 E 2
Allègre 43 247 E 2
Allègre *Château d'* 30 284 A 3
Allègre-les-Fumades 30 284 A 3
Alleins 13 305 G 3
Allemagne-en-Provence 04 307 E 2
Allemanche-Launay-et-Soyer 51 90 B 2
Allemans 24 239 G 1
Allemans-du-Dropt 47 257 G 3
Allemant 02 40 C 1
Allemant 51 61 E 4
Allemont 38 251 G 2
Allenay 80 11 E 3
Allenc 48 264 D 4
Allenjoie 25 142 C 4
Allennes-les-Marais 59 8 C 4
Allenwiller 67 68 B 5
Allerey 21 159 E 5
Allerey-sur-Saône 71 178 A 3
Allériot 71 178 A 4
Allery 80 11 H 5
Alles-sur-Dordogne 24 258 D 1
Les Alleuds 49 149 H 3
Les Alleuds 79 203 E 1
Les Alleux 08 42 D 1
Alleuze 15 245 H 4
Allevard 38 233 G 4
Allèves 74 215 G 5
Allex 26 267 F 1
Alleyrac 43 247 G 5
Alleyras 43 246 D 5
Alleyrat 19 225 H 3
Alleyrat 23 207 G 3
Allez-et-Cazeneuve 47 276 B 1
Alliancelles 51 63 E 3
Alliat 09 336 B 4
Allibaudières 10 91 E 2
Allichamps 52 92 C 2
Allier 65 315 F 5
Allières 09 335 H 2
Les Alliés 25 180 D 2
Alligny-Cosne 58 156 B 2
Alligny-en-Morvan 58 158 C 4
Allimas *Col de l'* 38 250 C 5
Allineuc 22 78 A 5
Allinges 74 198 B 3
Allogny 18 155 E 4
Allondans 25 142 B 4
Allondaz 73 216 A 5
Allondrelle-la-Malmaison 54 44 C 1
Allonne 60 38 A 2
Allonne 79 185 E 1
Allonnes 28 86 C 5
Allonnes 49 150 C 3
Allonnes 72 107 G 5
Allons 04 288 D 4
Allons 47 274 D 3
Allonville 80 22 C 1
Allonzier-la-Caille 74 215 G 2
Allos 04 288 D 2
Allos *Col d'* 04 288 D 1
Allouagne 62 7 H 4
Alloue 16 204 B 2
Allouis 18 154 D 5
Allouville-Bellefosse 76 19 G 5
Les Allues 73 234 C 3
Les Alluets-le-Roi 78 57 H 3
Alluy 58 175 G 1
Alluyes 28 109 H 2
Ally 15 244 B 2
Ally 43 246 A 2
Almayrac 81 279 G 4
Almenêches 61 54 B 5
Almont-les-Junies 12 261 H 4
Alos 09 335 F 3
Alos 81 279 E 5
Alos-Sibas-Abense 64 331 F 1
Alouettes *Mont des* 85 166 C 2
Aloxe-Corton 21 177 H 1
Alpe-d'Huez 38 251 G 2
Alpuech 12 263 F 2
Alquines 62 2 D 5
Alrance 12 281 E 4
Alsting 57 47 G 5
Altagène 2A 349 E 5
Alteckendorf 67 68 C 4
Altenach 68 143 E 3
Altenbach 68 120 C 5
Altenheim 67 68 B 4
Altenstadt 67 69 F 1
Althen-des-Paluds 84 285 G 5
Altiani 2B 347 F 5
Altier 48 265 F 5
Altillac 19 243 E 4
Altkirch 68 143 F 3
Altorf 67 97 F 2
Altripe 57 67 F 1
Altviller 57 67 E 1
Altwiller 67 67 G 2

Aluze 71 177 G 3
Alvignac 46 260 D 1
Alvimare 76 19 F 5
Alzen 09 336 A 2
Alzi 2B 347 F 4
Alzing 57 46 C 4
Alzon 30 282 C 5
Alzonne 11 319 F 4
Amage 70 141 H 2
Amagne 08 42 B 1
Amagney 25 162 B 3
Amailloux 79 168 A 4
Amance 10 91 H 5
Amance 54 66 B 5
Amance 70 141 E 2
Amancey 25 180 A 1
Amancy 74 216 A 1
Amange 39 161 E 4
Amanlis 35 104 C 4
Amanty 55 93 H 2
Amanvillers 57 45 G 5
Amanzé 71 193 H 4
Amareins 01 213 E 2
Amarens 81 279 E 5
Amathay-Vésigneux 25 180 B 1
Amayé-sur-Orne 14 33 F 5
Amayé-sur-Seulles 14 32 D 5
Amazy 58 157 F 3
Ambacourt 88 94 D 4
Ambarès-et-Lagrave 33 237 G 4
Ambax 31 316 D 3
Ambazac 87 205 H 3
Ambel 38 269 F 1
Ambenay 27 55 G 3
Ambérac 16 203 E 4
Ambérieu-en-Bugey 01 214 A 3
Ambérieux-d'Azergues 69 212 D 3
Ambérieux-en-Dombes 01 213 F 3
Ambernac 16 204 B 3
Amberre 86 168 D 4
Ambert 63 229 E 3
Ambès 33 237 G 3
Ambeyrac 12 261 F 4
Ambialet 81 299 H 1
Ambiegna 2A 348 C 2
Ambierle 42 211 F 2
Ambiévillers 70 118 D 4
Ambillou 37 151 F 2
Ambillou-Château 49 149 H 4
Ambilly 74 197 H 5
Amblaincourt 55 63 H 2
Amblainville 60 38 A 4
Amblans-et-Velotte 70 141 G 3
Ambleny 02 40 A 2
Ambléon 01 214 C 5
Ambleteuse 62 2 B 4
Ambleville 16 220 C 3
Ambleville 95 37 F 5
Amblie 14 33 F 3
Amblimont 08 27 F 4
Ambloy 41 131 F 4
Ambly-Fleury 08 42 B 1
Ambly-sur-Meuse 55 64 B 2
Amboise 37 152 C 2
Ambon 56 124 D 4
Ambonil 26 267 F 1
Ambonnay 51 61 H 1
Ambonville 52 92 D 5
Ambourville 76 35 H 1
Ambrault 36 172 B 4
Ambres 81 298 D 3
Ambricourt 62 7 F 4
Ambrief 02 40 B 3
Ambrières 51 63 E 5
Ambrières-les-Vallées 53 82 B 4
Ambrines 62 13 E 2
Ambronay 01 214 A 2
Ambrugeat 19 225 G 3
Ambrumesnil 76 20 A 2
Ambrus 47 275 F 2
Ambutrix 01 214 A 3
Amécourt 27 37 F 2
Amel-sur-l'Étang 55 44 D 4
Amelécourt 57 66 C 4
Amélie-
les-Bains-Palalda 66 342 C 4
L'Amélie-sur-Mer 33 218 C 3
Amendeuix-Oneix 64 311 G 4
Amenoncourt 54 96 A 1
Amenucourt 95 37 F 5
Ames 62 7 G 3
Amettes 62 7 G 4
Ameugny 71 194 D 2
Ameuvelle 88 118 C 5
Amfreville 14 33 H 3
Amfreville 50 29 G 5
Amfreville-Saint-Amand 27 35 H 4
Amfreville-la-Mi-Voie 76 36 B 2
Amfreville-les-Champs 27 36 C 3
Amfreville-les-Champs 76 19 H 4
Amfreville-sous-les-Monts 27 36 C 3
Amfreville-sur-Iton 27 36 B 5
Amfroipret 59 15 F 2
Amiens 80 22 B 2
Amifontaine 02 41 F 1
Amigny 50 32 A 4
Amigny-Rouy 02 24 B 5
Amillis 77 60 A 4
Amilly 28 86 A 4
Amilly 45 112 C 5
Amions 42 211 G 4
Amirat 06 289 F 5
Ammerschwihr 68 121 E 2
Ammertzwiller 68 143 E 2
Ammeville 14 54 B 2
Amné 72 107 F 4
Amnéville 57 45 G 4
Amoncourt 70 141 E 3
Amondans 25 162 A 5
Amont-et-Effreney 70 119 G 5
Amorots-Succos 64 311 G 4
Amou 40 293 G 4
Amphion-les-Bains 74 198 B 3
Ampiac 12 280 C 1
Ampilly-le-Sec 21 138 A 3
Ampilly-les-Bordes 21 138 B 5
Amplepuis 69 212 A 3
Amplier 62 12 D 4
Ampoigné 53 128 A 2
Amponville 77 112 A 2
Ampriani 2B 347 G 5
Ampuis 69 231 E 3
Ampus 83 307 H 4
Amuré 79 184 C 5
Amy 60 23 F 4
Anais 16 203 F 5
Anais 17 183 H 5
Anan 31 316 C 3
Ance 64 331 G 1
Anceaumeville 76 20 B 5
Anceins 61 55 E 3
Ancelle 05 269 H 2
Ancemont 55 64 B 1
Ancenis 44 148 B 2
Ancerville 55 63 G 5
Ancerville 57 66 B 1
Ancerviller 54 96 A 2
Ancey 21 159 H 3
Anchamps 08 26 D 1
Anché 37 151 E 5
Anché 86 186 B 4
Anchenoncourt-
et-Chazel 70 141 E 2
Ancienville 02 40 A 4
Ancier 70 161 F 1
Ancinnes 72 83 H 4
Ancizan 65 333 G 3
Les Ancizes-Comps 63 209 E 4
Ancône 26 267 E 3
Ancourt 76 10 B 5
Ancourteville-
sur-Héricourt 76 19 G 4
Ancretiéville-Saint-Victor 76 20 A 4
Ancretteville-sur-Mer 76 19 F 3
Ancteville 50 31 G 5
Anctoville 14 33 E 5
Anctoville-sur-Boscq 50 51 F 3
Ancy 69 212 C 5
Ancy-Dornot 57 65 G 1
Ancy-le-Franc 89 137 F 3
Ancy-le-Libre 89 137 F 3
Andaine *Bec d'* 50 51 F 4
Andainville 80 21 G 2
Andance 07 249 E 1
Andancette 26 249 E 1
Andard 49 149 H 1
Andé 27 36 C 4
Andechy 80 23 E 4
Andel 22 78 D 3
Andelain 02 24 B 4
Andelaroche 03 193 E 5
Andelarre 70 141 E 5
Andelarrot 70 141 E 5
Andelat 15 245 G 3
Andelnans 90 142 C 3
Andelot 52 117 F 2
Andelot-en-Montagne 39 179 H 3
Andelot-
lès-Saint-Amour 39 196 A 3
Andelu 78 57 G 3
Les Andelys 27 36 D 4
Andernay 55 63 F 4
Andernos-les-Bains 33 254 C 1
Anderny 54 45 F 3
Andert-et-Condon 01 214 D 5
Andevanne 08 43 G 2
Andeville 60 38 A 4
Andigné 49 128 A 4
Andillac 81 279 E 5
Andilly 17 183 G 5
Andilly 54 65 F 5
Andilly 74 215 G 2
Andilly 95 58 B 2
Andilly-en-Bassigny 52 117 H 5
Andiran 47 275 F 4
Andlau 67 97 E 3
Andoins 64 314 C 4
Andolsheim 68 121 F 3
Andon 06 308 D 2
Andonville 45 111 E 2
Andornay 70 142 A 3
Andouillé 53 106 A 2
Andouillé-Neuville 35 80 C 5
Andouque 81 280 B 5
Andrein 64 311 H 3
Andres 62 2 D 4
Andrest 65 315 E 3
Andrésy 78 58 A 2
Andrezé 49 148 D 4
Andrezel 77 88 C 2
Andrézieux-Bouthéon 42 230 A 3
Andryes 89 157 E 1
Anduze 30 283 G 4
Anéran-Camors 65 333 H 4
Anères 65 333 H 1
Anet 28 56 D 3
Anetz 44 148 C 2
Angaïs 64 314 C 4
Angé 41 152 D 3
Angeac-Champagne 16 220 B 2
Angeac-Charente 16 220 D 2
Angecourt 08 27 F 4
Angeduc 16 220 D 3
Angely 89 137 E 5
Angeot 90 142 D 2
Angers 49 149 G 1
Angerville 14 34 A 4
Angerville 91 87 E 5
Angerville-Bailleul 76 19 E 4
Angerville-la-Campagne 27 56 B 2
Angerville-la-Martel 76 19 F 3
Angerville-l'Orcher 76 18 D 5
Angervilliers 91 87 F 2
Angeville 82 277 E 5
Angevillers 57 45 G 3
Angey 50 51 G 4
Angicourt 60 38 D 3
Angiens 76 19 H 2
Angirey 70 161 G 1
Angivillers 60 38 D 1
Anglade 33 237 F 1
Anglards-de-Saint-Flour 15 245 H 4
Anglards-de-Salers 15 244 C 2
Anglars 46 261 E 2
Anglars-Juillac 46 259 G 5
Anglars-Nozac 46 259 H 1
Anglars-Saint-Félix 12 261 H 5
Anglefort 01 215 E 3
Anglemont 88 95 H 4
Angles 04 288 D 5
Les Angles 30 285 E 5
Les Angles 65 333 E 1
Les Angles 66 341 G 3
Anglès 81 300 B 5
Angles 85 182 D 3
Les Angles-sur-Corrèze 19 243 E 1
Angles-sur-l'Anglin 86 170 B 5
Anglesqueville-
la-Bras-Long 76 19 H 3
Anglesqueville-l'Esneval 76 18 D 4
Anglet 64 292 A 5
Angliers 17 183 G 5
Angliers 86 168 D 2
Anglure 51 90 C 2
Anglure-sous-Dun 71 194 A 5
Anglus 52 92 B 4
Angluzelles-et-Courcelles 51 61 F 5
Angoisse 24 223 F 4
Angomont 54 96 B 2
Angos 65 315 F 5
Angoulême 16 221 F 2
Angoulins 17 200 C 1
Angoumé 40 292 D 3
Angous 64 313 F 4
Angoustrine 66 341 F 4
Angoville 14 53 G 2
Angoville-au-Plain 50 32 A 2
Angoville-en-Saire 50 29 G 2
Angoville-sur-Ay 50 31 F 3
Angres 62 8 B 5
Angresse 40 292 B 3
Angrie 49 127 H 5
Anguilcourt-le-Sart 02 24 C 4
Angviller-lès-Bisping 57 67 F 4
Angy 60 38 C 3
Anhaux 64 330 B 1
Anhiers 59 9 E 5
Aniane 34 302 B 4
Aniche 59 14 B 2
Anisy 14 33 G 3
Anizy-le-Château 02 40 C 1
Anjeux 70 119 E 5
Anjony *Château d'* 15 244 C 3
Anjou 38 231 F 5
Anjouin 36 154 A 5
Anjoutey 90 142 C 2
Anla 65 334 A 2
Anlezy 58 175 F 2
Anlhiac 24 223 F 5
Annay 58 156 A 1
Annay 62 8 C 4
Annay-la-Côte 89 157 H 1
Annay-sur-Serein 89 137 E 4
Annebault 14 34 B 3
Annebecq 14 52 B 2
Annecy 74 215 G 3
Annecy-le-Vieux 74 215 G 3
Annelles 08 42 B 2
Annemasse 74 197 H 5
Annéot 89 157 H 1
Annepont 17 201 G 4
Annequin 62 8 B 4
Annesse-et-Beaulieu 24 240 B 2
Annet-sur-Marne 77 59 F 2
Anneux 59 14 A 4
Anneville-en-Saire 50 29 H 3
Annéville-la-Prairie 52 116 D 2
Anneville-sur-Mer 50 31 F 5
Anneville-sur-Scie 76 20 B 2
Anneville-sur-Seine 76 35 H 1
Anneyron 26 249 F 1
Annezay 17 201 F 2
Annezin 62 8 A 4
Annœullin 59 8 C 4
Annoire 39 178 C 2
Annois 02 24 A 4
Annoisin-Chatelans 38 214 A 5
Annoix 18 173 F 2
Annonay 07 248 D 1
Annonville 52 93 E 4
Annot 04 289 E 5
Annouville-Vilmesnil 76 19 E 4
Annoux 89 137 F 5
Annoville 50 51 F 1
Anor 59 15 H 5
Anos 64 314 B 3
Anost 71 176 B 1
Anould 88 120 B 2
Anoux 54 45 E 4
Anoye 64 314 D 3
Anquetierville 76 35 F 1
Anrosey 52 140 B 2
Ansac-sur-Vienne 16 204 C 3
Ansacq 60 38 C 3
Ansan 32 296 C 3
Ansauville 54 65 E 4
Ansauvillers 60 22 C 5
Anse 69 212 D 3
Anserville 60 38 B 4
Ansignan 66 338 A 5
Ansigny 73 215 F 4
Ansost 65 315 F 2
Ansouis 84 306 A 3
Anstaing 59 9 E 3
Antagnac 47 274 D 1
Anterrieux 15 263 G 1
Anteuil 25 163 E 2
Antezant 17 201 H 3
Anthé 47 277 E 1
Anthelupt 54 95 F 1
Anthenay 51 41 E 5
Antheny 08 26 A 2
Anthéor 83 309 E 5
Antheuil 21 159 G 5
Antheuil-Portes 60 39 F 1
Anthien 58 157 G 3
Anthon 38 213 H 5
Anthy-sur-Léman 74 198 A 3
Antibes 06 309 F 4
Antibes *Cap d'* 06 309 F 4
Antichan 65 334 A 2
Antichan-de-Frontignes 31 334 B 2
Antignac 15 226 C 5
Antignac 17 219 H 3
Antignac 31 334 A 4
Antigny 85 184 B 1
Antigny 86 187 F 2
Antigny-la-Ville 21 159 F 5
Antilly 57 45 H 5
Antilly 60 39 G 5
Antin 65 315 G 3
Les Antiques 13 304 D 2
Antisanti 2B 347 G 5
Antist 65 333 F 1
Antogny le Tillac 37 169 G 2
Antoigné 49 168 B 1
Antoigny 61 82 D 3
Antoingt 63 227 H 3
Antonaves 05 287 E 2
Antonne-et-Trigonant 24 240 D 2
Antony 92 58 B 4
Antorpe 25 161 G 4
Antraigues-sur-Volane 07 266 B 2
Antrain 35 80 C 3
Antran 86 169 G 3
Antras 09 334 D 4
Antras 32 296 A 3
Antrenas 48 264 A 4
Antugnac 11 337 G 3
Antully 71 177 E 3
Anvéville 76 19 G 4
Anville 16 202 D 5
Anvin 62 7 F 4
Any-Martin-Rieux 02 25 H 2
Anzat-le-Luguet 63 227 G 5
Anzeling 57 46 C 4
Anzême 23 189 F 5
Anzex 47 275 E 2
Anzin 59 9 G 5
Anzin-Saint-Aubin 62 13 G 2
Anzy-le-Duc 71 193 G 4
Aoste 38 232 C 2
Aougny 51 41 E 4
Aouste 08 26 A 3
Aouste-sur-Sye 26 267 G 2
Aouze 88 94 B 4
Apach 57 46 B 2
Apchat 63 227 H 5
Apchon 15 245 E 1
Apinac 42 229 G 5
Apothicairerie
Grotte de l' 56 144 B 3
Appelle 81 299 E 5
Appenai-sous-Bellême 61 84 C 5
Appenans 25 142 A 5
Appenwihr 68 121 F 3
Appeville 50 31 H 2
Appeville-Annebault 27 35 F 3
Appietto 2A 348 C 2
Appilly 60 23 H 5
Appoigny 89 136 B 2
Apprieu 38 232 C 4
Appy 09 336 C 5
Apremont 01 196 C 5
Apremont 08 43 F 3
Apremont 60 38 D 4
Apremont 70 161 E 2
Apremont 73 233 F 3
Apremont 85 165 F 4
Apremont-la-Forêt 55 64 D 4
Apremont-sur-Allier 18 174 B 3
Aprey 52 139 F 3
Apt 84 305 H 1
Arabaux 09 336 B 2
Arâches 74 216 C 2
Araghju *Castellu d'* 2A 351 G 2
Aragnouet 65 333 F 4
Aragon 11 319 H 4
Aramits 64 331 G 1
Aramon 30 304 C 1
Aranc 01 214 B 2
Arance 64 313 H 2
Arancou 64 311 G 3
Arandas 01 214 B 4
Arandon 38 232 B 1
Araujuzon 64 313 F 3
Araules 43 247 H 3
Araux 64 313 F 3
Aravis *Col des* 74 216 B 4
Arbanats 33 255 H 2
Arbas 31 334 D 2
Arbecey 70 140 D 3
Arbellara 2A 351 E 2
Arbent 01 196 D 4
Arbéost 65 332 B 2
Arbérats-Sillègue 64 311 H 4
Arbignieu 01 214 D 5
Arbigny 01 195 F 2
Arbigny-sous-Varennes 52 140 A 2
Arbin 73 233 G 3
Arbis 33 256 B 2
Arblade-le-Bas 32 294 C 3
Arblade-le-Haut 32 294 D 3
Arbois 39 179 G 2
Arbois *Mont d'* 74 216 C 4
Arbon 31 334 C 2
Arbonne 64 310 C 3
Arbonne-la-Forêt 77 88 A 4
Arboras 34 302 A 3
Arbori 2A 348 C 1
Arbot 52 139 E 2
Arbouans 25 142 B 4
Arboucave 40 294 A 4
Arbouet-Sussaute 64 311 H 4
Arbourse 58 156 C 4
Arboussols 66 342 B 2
L'Arbresle 69 212 C 4
L'Arbret 62 13 E 3
Arbrissel 35 105 E 5
Arbus 64 314 A 3
Arbusigny 74 215 H 1
Arc 1800 73 234 D 2
Arc-en-Barrois 52 116 D 5
Arc-et-Senans 25 179 G 1
Arc-lès-Gray 70 161 E 1
Arc-sous-Cicon 25 162 C 5
Arc-sous-Montenot 25 180 A 2
Arc-sur-Tille 21 160 B 3
Arcachon 33 254 B 2
Arçais 79 184 B 4
Arcambal 46 260 B 5
Arcangues 64 310 C 3
Arçay 18 173 E 2
Arçay 86 168 C 2
Arceau 21 160 B 2
Arcenant 21 159 H 5
Arcens 07 248 A 5
Arces 17 219 E 2
Arces 89 114 A 4
Arcey 21 159 H 3
Arcey 25 142 A 4
Archail 04 288 B 3
Archamps 74 215 G 1
Archelange 39 161 E 5
Archéodrome 21 177 H 2
Arches 15 244 B 1
Arches 88 119 G 3
Archettes 88 119 G 2
Archiac 17 220 B 3
Archiane *Cirque d'* 26 268 C 1
Archignac 24 241 H 4
Archignat 03 190 B 4
Archigny 86 169 H 5
Archingeay 17 201 F 3
Archon 02 25 H 3
Arcier 25 162 A 3
Arcine 74 215 E 1
Arcinges 42 212 A 1
Arcins 33 237 F 3
Arcis-le-Ponsart 51 41 E 4
Arcis-sur-Aube 10 91 E 3
Arcizac-Adour 65 315 E 5
Arcizac-ez-Angles 65 333 E 1
Arcizans-Avant 65 332 D 2
Arcizans-Dessus 65 332 C 2
Arcomie 48 246 A 5
Arcomps 18 173 E 5
Arçon 25 180 C 2
Arcon 42 211 F 3
Arconcey 21 159 E 4
Arçonnay 72 83 G 4
Arconsat 63 210 D 4
Arconville 10 116 A 3
L'Arcouest *Pointe de* 22 73 F 2
Les Arcs 73 234 D 1
Les Arcs 83 308 A 5
Arcueil 94 58 C 4
Arcy-Sainte-Restitue 02 40 C 4
Arcy-sur-Cure 89 136 C 5
Ardelles 28 85 G 3
Ardelu 28 87 E 5
Ardenais 18 190 B 1
Ardenay-sur-Mérize 72 108 A 5
Ardengost 65 333 H 3
Ardenne *Abbaye d'* 14 33 G 4
Ardentes 36 172 A 5
Ardes-sur-Couze 63 227 H 5
Ardeuil-et-Montfauxelles 08 42 D 3
Ardevon 50 51 G 5
Ardiège 31 334 B 1
Les Ardillats 69 212 C 1
Ardilleux 79 202 D 2
Ardillières 17 201 E 2
Ardin 79 184 C 2
Ardizas 32 297 E 3
L'Ardoise 30 285 E 4
Ardoix 07 249 E 2
Ardon 39 179 H 4
Ardon 45 133 E 3
Ardouval 76 20 C 3
Ardres 62 2 D 4
Arèches 73 234 C 1

Aregno 2B 346 C 2
Areines 41 131 G 3
Aren 64 313 G 4
Arenberg 59 9 G 5
Arengosse 40 273 F 5
Arenthon 74 216 A 1
Arès 33 254 B 1
Ares Col d' 66 342 B 5
Ares Col des 31 334 B 2
Aresches 39 179 H 2
Aressy 64 314 B 5
Arette 64 331 G 2
Arette-Pierre-Saint-Martin 64 331 G 3
Arfeuille-Châtain 23 208 B 2
Arfeuilles 03 210 D 1
Arfons 81 319 F 3
Argagnon 64 313 G 2
Arganchy 14 32 D 4
Argançon 10 116 A 2
Argancy 57 45 H 5
Argein 09 335 E 3
Argelès 65 333 F 1
Argelès-Gazost 65 332 D 2
Argelès-Plage 66 343 G 3
Argelès-sur-Mer 66 343 F 3
Argeliers 11 320 D 4
Argelliers 34 302 C 3
Argelos 40 293 H 4
Argelos 64 314 B 2
Argelouse 40 273 G 1
Argences 14 33 H 5
Argens 04 288 C 4
Argens-Minervois 11 320 C 5
Argent-sur-Sauldre 18 155 F 1
Argentan 61 54 A 4
Argentat 19 243 F 3
Argentenay 89 137 F 3
Argenteuil 95 58 B 2
Argenteuil-sur-Armançon 89 137 F 3
Argentière 74 217 E 2
L'Argentière-la-Bessée 05 252 C 5
Argentières 77 59 G 5
Argentine 73 234 A 3
Argentolles 52 116 C 2
Argenton 29 70 A 5
Argenton 47 275 E 1
Argenton-l'Église 79 168 A 1
Argenton-les-Vallées 79 167 H 2
Argenton-Notre-Dame 53 128 C 3
Argenton-sur-Creuse 36 188 C 1
Argentré 53 106 B 3
Argentré-du-Plessis 35 105 F 3
Argenvières 18 156 B 5
Argenvilliers 28 109 F 2
Argers 51 63 E 1
Arget 64 294 A 5
Argiésans 90 142 B 3
Argillières 70 140 B 4
Argilliers 30 284 C 5
Argilly 21 178 A 1
Argis 01 214 B 3
Argiusta-Moriccio 2A 349 E 4
Argœuves 80 22 B 1
Argol 29 75 F 4
Argonay 74 215 G 3
Argouges 50 80 D 2
Argoules 80 11 G 1
Argueil 76 37 E 1
Arguel 25 162 A 4
Arguel 80 21 G 2
Arguenos 31 334 C 3
Argut-Dessous 31 334 B 3
Argut-Dessus 31 334 C 3
Argy 36 171 F 2
Arhansus 64 311 G 5
Aries-Espénan 65 316 A 4
Arifat 81 299 H 3
Arignac 09 336 B 4
Arinthod 39 196 C 3
Arith 73 215 G 5
Arjuzanx 40 273 E 5
Arlanc 63 229 E 4
Arlay 39 179 E 4
Arlebosc 07 248 D 3
Arlempdes 43 247 F 5
Arles 13 304 B 4
Arles-sur-Tech 66 342 C 4
Arlet 43 246 B 3
Arleuf 58 176 B 1
Arleux 59 14 A 2
Arleux-en-Gohelle 62 8 C 5
Arlos 31 334 B 3
Armaillé 49 127 G 3
Armancourt 60 39 F 2
Armancourt 80 23 E 4
Armaucourt 54 66 B 4
Armbouts-Cappel 59 3 G 3
Armeau 89 113 G 4
Armendarits 64 311 F 4
Armenonville-les-Gâtineaux 28 86 C 3
Armenteule 65 333 H 4
Armentières 59 8 C 2
Armentières-en-Brie 77 59 H 2
Armentières-sur-Avre 27 55 G 5
Armentières-sur-Ourcq 02 40 B 5
Armentieux 32 295 F 5
Armes 58 157 F 2
Armillac 47 257 G 4
Armissan 11 321 F 5
Armistice Clairière de l' 60 39 G 2
Armix 01 214 C 4
Armous-et-Cau 32 295 F 5
Armoy 74 198 B 3
Arnac 15 243 H 3
Arnac-la-Poste 87 188 B 5
Arnac-Pompadour 19 223 H 5
Arnac-sur-Dourdou 12 301 E 3
Arnage 72 107 H 5
Arnancourt 52 92 C 4
Arnas 69 212 D 2
Arnaud-Guilhem 31 334 D 1
Arnave 09 336 B 4
Arnaville 54 65 G 2
Arnay-le-Duc 21 159 E 5
Arnay-sous-Vitteaux 21 159 E 2
Arnayon 26 268 A 4
Arné 65 316 A 5
Arnéguy 64 330 B 1
Arnèke 59 3 G 4
Arnicourt 08 26 A 5
Arnières-sur-Iton 27 56 B 2
Arnoncourt-sur-Apance 52 118 A 4
Arnos 64 313 H 2
Arnouville-lès-Gonesse 95 58 C 2
Arnouville-lès-Mantes 78 57 F 3
Aroffe 88 94 B 4
Aromas 39 196 B 4
Aron 53 82 B 5
Arone Plage d' 2A 348 A 1
Aroue 64 311 H 4
Aroz 70 140 D 4
Arpaillargues-et-Aureillac 30 284 B 5
Arpajon 91 87 G 2
Arpajon-sur-Cère 15 244 C 5
Arpavon 26 286 A 1
Arpenans 70 141 G 4
Arpenaz Cascade d' 74 216 C 2
Arpheuilles 18 173 F 4
Arpheuilles 36 171 E 3
Arpheuilles-Saint-Priest 03 190 D 5
Arphy 30 282 D 5
Arquenay 53 106 B 4
Arques 11 337 H 3
Arques 12 281 E 2
Les Arques 46 259 G 3
Arques 62 3 G 5
Arques-la-Bataille 76 20 B 2
Arquettes-en-Val 11 338 A 1
Arquèves 80 13 E 5
Arquian 58 156 B 1
Arrabloy 45 134 D 4
Arracourt 54 66 D 5
Arradon 56 124 B 4
Arraincourt 57 66 C 2
Arrancourt 91 87 F 5
Arrancy 02 41 E 1
Arrancy-sur-Crusne 55 44 D 2
Arrans 21 137 H 4
Arras 62 13 G 2
Arras-en-Lavedan 65 332 D 2
Arras-sur-Rhône 07 249 E 2
Arrast-Larrebieu 64 313 F 4
Arraute-Charritte 64 311 G 3
Arraye-et-Han 54 66 B 4
Arrayou-Lahitte 65 333 E 1
Arre 30 282 C 5
Arreau 65 333 H 3
Arrelles 10 115 F 4
Arrembécourt 10 91 H 2
Arrènes 23 206 C 2
Arrens Porte d' 65 332 B 3
Arrens-Marsous 65 332 C 2
Arrentès-de-Corcieux 88 120 A 2
Arrentières 10 92 B 5
Arrest 80 11 F 3
Arreux 08 26 C 2
Arriance 57 66 C 2
Arricau-Bordes 64 314 D 2
Arrien 64 314 C 4
Arrien-en-Bethmale 09 335 E 3
Arrigas 30 282 C 5
Arrigny 51 92 A 2
Arro 2A 348 C 2
Arrodets 65 333 G 2
Arrodets-ez-Angles 65 333 E 1
Arromanches-les-Bains 14 33 E 2
Arronnes 03 210 C 2
Arronville 95 38 A 5
Arros-de-Nay 64 314 B 5
Arros-d'Oloron 64 331 H 1
Arrosès 64 294 D 5
Arrou 28 109 G 3
Arrouède 32 316 B 3
Arrout 09 335 E 3
Arry 57 65 G 2
Arry 80 11 F 1
Ars 16 220 B 2
Ars 23 207 G 3
Ars-en-Ré 17 182 C 5
Ars-Laquenexy 57 65 H 1
Ars-les-Favets 63 209 E 1
Ars-sur-Formans 01 213 E 3
Ars-sur-Moselle 57 65 G 1
Arsac 33 237 F 4
Arsac-en-Velay 43 247 F 4
Arsague 40 293 F 4
Arsans 70 161 F 2
L'Arsenal 42 211 G 2
Arsonval 10 92 A 5
Arsure-Arsurette 39 180 A 4
Les Arsures 39 179 G 2
Arsy 60 39 E 2
Art-sur-Meurthe 54 95 E 1
Artagnan 65 315 E 3
Artaise-le-Vivier 08 27 E 5
Artaix 71 193 G 5
Artalens-Souin 65 332 D 2
Artannes-sur-Indre 37 151 H 4
Artannes-sur-Thouet 49 150 B 4
Artas 38 231 H 3
Artassenx 40 294 B 2
Artemare 01 214 D 4
Artemps 02 24 A 3
Artenay 45 110 D 4
Arthaz-Pont-Notre-Dame 74 197 H 5
Arthel 58 157 E 4
Arthémonay 26 249 G 2
Arthenac 17 220 B 3
Arthenas 39 196 B 1
Arthès 81 299 G 1
Arthez-d'Armagnac 40 294 C 1
Arthez-d'Asson 64 332 C 1
Arthez-de-Béarn 64 313 H 2
Arthezé 72 129 F 3
Arthies 95 57 G 1
Arthon 36 171 H 5
Arthon-en-Retz 44 146 D 5
Arthonnay 89 115 F 5
Arthous Abbaye d' 40 292 D 5
Arthun 42 211 G 5
Artigat 09 335 H 1
Artige Prieuré de l' 87 206 B 5
Artignosc-sur-Verdon 83 307 F 3
Artigue 31 334 B 4
Artiguedieu 32 316 A 2
Artigueloutan 64 314 C 4
Artiguelouve 64 314 A 3
Artiguemy 65 333 G 1
Artigues 09 337 E 5
Artigues 11 337 G 4
Artigues 65 333 E 1
Artigues 83 306 D 4
Artigues-Campan 65 333 F 3
Les Artigues-de-Lussac 33 238 C 4
Artigues-près-Bordeaux 33 237 G 5
Artins 41 131 E 3
Artix 09 336 A 2
Artix 46 260 C 4
Artix 64 313 H 2
Artolsheim 67 97 G 5
Artonges 02 60 D 2
Artonne 63 209 H 3
Artres 59 14 D 2
Artuby Pont de l' 83 307 H 2
Artzenheim 68 121 F 2
Arudy 64 332 A 1
Arue 40 274 A 4
Arvant 43 228 A 5
Arvert 17 200 C 5
Arveyres 33 238 B 5
Arvieu 12 280 D 3
Arvieux 05 271 E 1
Arvigna 09 336 C 2
Arvillard 73 233 G 3
Arville 41 109 E 4
Arville 77 112 A 3
Arvillers 80 23 E 3
Arx 40 275 E 4
Arzacq-Arraziguet 64 294 A 5
Arzal 56 125 E 5
Arzano 29 101 E 4
Arzay 38 231 H 4
L'Arzelier Col de 38 250 C 4
Arzembouy 58 157 E 4
Arzenc-d'Apcher 48 263 H 1
Arzenc-de-Randon 48 264 D 3
Arzens 11 319 G 5
Arzillières-Neuville 51 62 C 5
Arzon 56 124 A 4
Arzviller 57 67 H 5
Asasp 64 331 H 1
Ascain 64 310 C 4
Ascarat 64 330 B 1
Aschbach 67 69 F 2
Aschères-le-Marché 45 111 E 3
Asclier Col de l' 30 283 E 4
Asco 2B 346 D 3
Asco Gorges de l' 2B 347 E 3
Ascou 09 336 D 5
Ascou-Pailhérès 09 337 E 5
Ascoux 45 111 G 3
Ascros 06 289 G 5
Asfeld 08 41 H 1
Aslonnes 86 186 B 3
Asnan 58 157 F 3
Asnans 39 178 D 2
Asnelles 14 33 F 2
Asnières 27 35 E 4
Asnières Ancienne Abbaye d' 49 150 B 5
Asnières-en-Bessin 14 32 C 2
Asnières-en-Montagne 21 137 G 4
Asnières-en-Poitou 79 202 C 1
Asnières-la-Giraud 17 201 H 4
Asnières-les-Bourges 18 155 E 5
Asnières-lès-Dijon 21 160 A 2
Asnières-sous-Bois 89 157 G 1
Asnières-sur-Blour 86 204 D 1
Asnières-sur-Nouère 16 221 E 1
Asnières-sur-Oise 95 38 C 5
Asnières-sur-Saône 01 195 E 3
Asnières-sur-Seine 92 58 B 3
Asnières-sur-Vègre 72 129 F 2
Asnois 58 157 F 2
Asnois 86 203 H 2
Aspach 57 67 G 5
Aspach 68 143 F 3
Aspach-le-Bas 68 143 E 1
Aspach-Michelbach 68 143 E 1
Aspères 30 303 E 2
Asperjoc 07 266 B 2
Aspet 31 334 C 2
Aspin Col d' 65 333 G 3
Aspin-Aure 65 333 G 3
Aspin-en-Lavedan 65 332 D 1
Aspiran 34 302 A 5
Aspremont 05 269 E 4
Aspremont 06 291 E 5
Les Aspres 61 55 F 5
Aspres-lès-Corps 05 269 G 1
Aspres-sur-Buëch 05 269 E 4
Aspret-Sarrat 31 334 C 1
Asprières 12 261 G 4
Asque 65 333 G 2
Asques 33 237 H 4
Asques 82 277 E 5
Asquins 89 157 G 1
Assac 81 280 C 5
Assainvillers 80 23 E 5
Assais 79 168 B 4
Assas 34 302 D 3
Assat 64 314 B 4
Assay 37 169 E 1
Assé-le-Bérenger 53 106 D 3
Assé-le-Boisne 72 83 F 5
Assé-le-Riboul 72 107 G 2
Assenay 10 115 E 3
Assencières 10 91 F 5
Assenoncourt 57 67 F 4
Assérac 44 145 H 3
Assevent 59 15 H 2
Assevillers 80 23 F 2
Assier 46 261 E 3
Assieu 38 231 F 4
Assignan 34 320 D 3
Assigny 18 155 H 2
Assigny 76 10 C 5
Les Assions 07 265 H 5
Assis-sur-Serre 02 24 D 4
Asson 64 314 C 5
Asswiller 67 68 A 3
Assy 14 53 H 1
Astaffort 47 276 B 4
Astaillac 19 243 E 5
Asté 65 333 F 2
Aste-Béon 64 332 A 2
Astérix Parc 60 38 D 5
Astet 07 265 G 2
Astillé 53 105 H 5
Astis 64 314 B 2
Astoin 04 269 H 5
Aston 09 336 B 5
Astugue 65 333 E 1
Athée 21 160 D 4
Athée 53 105 G 5
Athée-sur-Cher 37 152 B 3
Athesans 70 141 H 4
Athie 21 137 G 5
Athie 89 158 A 1
Athienville 54 66 C 5
Athies 62 13 G 2
Athies 80 23 G 2
Athies-sous-Laon 02 24 D 5
Athis 51 61 H 1
Athis-Mons 91 58 C 5
Athis-Val de Rouvre 61 53 F 3
Athos-Aspis 64 311 H 3
Athose 25 162 C 5
Attainville 95 58 C 1
Attancourt 52 92 C 3
Les Attaques 62 2 D 3
Attenschwiller 68 143 G 3
Attiches 59 8 D 4
Attichy 60 39 H 2
Attignat 01 195 H 4
Attignat-Oncin 73 233 E 3
Attignéville 88 94 A 4
Attigny 08 42 C 1
Attigny 88 118 C 3
Attilloncourt 57 66 B 4
Attilly 02 24 A 2
Attin 62 6 C 4
Atton 54 65 G 3
Attray 45 111 F 3
Attricourt 70 160 D 1
Atur 24 240 C 2
Aubagnan 40 294 A 3
Aubagne 13 327 F 2
Aubaine 21 159 G 5
Aubais 30 303 F 3
Aubarède 65 315 G 4
Aubas 24 241 G 3
Aubazat 43 246 B 2
Aubazines 19 242 D 2
Aube 57 66 B 2
Aube 61 55 F 4
Aubéguimont 76 21 F 3
Aubenas 07 266 B 3
Aubenas-les-Alpes 04 287 E 5
Aubenasson 26 267 H 2
Aubencheul-au-Bac 59 14 B 3
Aubencheul-aux-Bois 02 14 B 5
Aubenton 02 25 H 2
Aubepierre 77 88 D 2
Aubepierre-sur-Aube 52 116 C 5
L'Aubépin 39 196 A 3
Auberchicourt 59 14 B 2
Aubercourt 80 22 D 2
Aubergenville 78 57 G 2
Aubérive 51 42 B 4
Auberive 52 139 E 3
Auberives-en-Royans 38 250 A 3
Auberives-sur-Varèze 38 231 E 4
Aubermesnil-aux-Érables 76 21 E 2
Aubermesnil-Beaumais 76 20 B 2
Aubers 59 8 B 3
Aubertans 70 162 B 1
Aubertin 64 314 A 4
Auberville 14 34 B 3
Auberville-la-Campagne 76 19 F 5
Auberville-la-Manuel 76 19 F 2
Auberville-la-Renault 76 19 E 4
Aubervilliers 93 58 C 3
Aubeterre 10 91 E 4
Aubeterre-sur-Dronne 16 239 F 1
Aubeville 16 220 D 3
Aubevoye 27 36 C 5
Aubiac 33 256 B 5
Aubiac 47 276 B 3
Aubiat 63 209 H 3
Aubie-et-Espessas 33 237 H 3
Aubière 63 227 H 1
Les Aubiers 79 167 F 2
Aubiet 32 296 C 4
Aubignan 84 285 G 4
Aubignas 07 266 D 3
Aubigné 35 80 B 5
Aubigné 79 202 D 2
Aubigné-Racan 72 130 A 4
Aubigné-sur-Layon 49 149 H 4
Aubigney 70 161 E 3
Aubignosc 04 287 G 3
Aubigny 03 174 C 5
Aubigny 14 53 H 2
Aubigny 79 168 B 4
Aubigny 80 23 H 3
Aubigny-au-Bac 59 14 B 2
Aubigny-aux-Kaisnes 02 23 H 3
Aubigny-en-Artois 62 13 F 2
Aubigny-en-Laonnois 02 41 E 1
Aubigny-en-Plaine 21 160 B 5
Aubigny-la-Ronce 21 177 F 2
Aubigny-les-Clouzeaux 85 182 D 1
Aubigny-les-Pothées 08 26 B 3
Aubigny-lès-Sombernon 21 159 F 3
Aubigny-sur-Nère 18 155 E 1
Aubilly 51 41 F 4
Aubin 12 261 H 4
Aubin 64 314 A 2
Aubin-Saint-Vaast 62 6 D 5
Aubinges 18 155 G 4
Aubisque Col d' 64 332 B 2
Auboncourt-Vauzelles 08 26 B 5
Aubonne 25 180 C 1
Aubord 30 303 H 3
Auboué 54 45 F 5
Aubous 64 294 D 5
Aubrac 12 263 G 3
Aubres 26 285 H 1
Aubréville 55 43 G 5
Aubrives 08 17 E 4
Aubrometz 62 12 C 2
Aubry-du-Hainaut 59 9 G 5
Aubry-en-Exmes 61 54 B 4
Aubry-le-Panthou 61 54 C 3
Aubure 68 96 D 5
Aubussargues 30 284 B 5
Aubusson 23 207 G 3
Aubusson 61 53 F 4
Aubusson-d'Auvergne 63 228 D 1
Aubvillers 80 22 D 4
Auby 59 8 D 5
Aucaleuc 22 79 G 4
Aucamville 31 297 H 4
Aucamville 82 297 G 2
Aucazein 09 335 E 3
Aucelon 26 268 B 3
Aucey-la-Plaine 50 80 D 2
Auch 32 296 B 4
Auchel 62 7 H 4
Auchonvillers 80 13 F 5
Auchy-au-Bois 62 7 G 3
Auchy-la-Montagne 60 22 A 5
Auchy-lès-Hesdin 62 7 E 5
Auchy-les-Mines 62 8 B 4
Auchy-lez-Orchies 59 9 E 4
Aucun 65 332 C 2
Audaux 64 313 F 3
Audéjos 64 313 H 2
Audelange 39 161 E 5
Audeloncourt 52 117 G 3
Audembert 62 2 B 4
Audencourt 59 14 D 4
Audenge 33 254 C 2
Auderville 50 28 C 2
Audes 03 190 C 3
Audeux 25 161 G 3
Audeville 45 111 G 2
Audierne 29 99 E 2
Audignicourt 02 40 A 1
Audignies 59 15 F 2
Audignon 40 293 H 3
Audigny 02 24 D 2
Audincourt 25 142 C 5
Audincthun 62 7 E 3
Audinghen 62 2 B 4
Audon 40 293 F 2
Audouville-la-Hubert 50 29 H 5
Audrehem 62 2 D 5
Audressein 09 335 E 3
Audresselles 62 2 A 4
Audrieu 14 33 E 4
Audrix 24 241 E 5
Audruicq 62 3 E 4
Audun-le-Roman 54 45 F 3
Audun-le-Tiche 57 45 F 2
Auenheim 67 69 F 3
Auffargis 78 57 G 5
Auffay 76 20 B 4
Aufferville 77 112 B 2
Auffreville-Brasseuil 78 57 F 2
Auflance 08 27 H 4
Auga 64 314 B 2
Augan 56 103 E 5
Auge 08 26 A 2
Auge 23 190 B 5
Augé 79 185 F 3

Auge-Saint-Médard 16 … 202 D 4
Augea 39 … 196 A 1
Auger-Saint-Vincent 60 … 39 F 4
Augerans 39 … 179 E 1
Augères 23 … 206 D 2
Augerolles 63 … 228 D 1
Augers-en-Brie 77 … 60 B 5
Augerville-la-Rivière 45 … 111 H 2
Augès 04 … 287 F 4
Augeville 52 … 93 F 4
Augicourt 70 … 140 C 3
Augignac 24 … 222 C 2
Augirein 09 … 334 D 3
Augisey 39 … 196 B 1
Augnat 63 … 227 H 4
Augnax 32 … 296 C 3
Augne 87 … 206 D 5
Augny 57 … 65 G 1
Auguaise 61 … 55 F 5
Augy 02 … 40 C 3
Augy 89 … 136 B 3
Augy-sur-Aubois 18 … 174 A 4
Aujac 17 … 201 H 4
Aujac 30 … 283 G 1
Aujan-Mournède 32 … 316 A 3
Aujargues 30 … 303 F 2
Aujeurres 52 … 139 F 3
Aujols 46 … 278 B 1
Aulac *Col d'* 15 … 244 D 2
Aulan 26 … 286 B 2
Aulas 30 … 282 D 5
Aulhat-Flat 63 … 228 A 3
Aulhat-Saint-Privat 63 … 228 A 3
Aullène 2A … 349 E 5
Aulnat 63 … 209 H 5
Aulnay 10 … 91 G 3
Aulnay 17 … 202 B 4
Aulnay 86 … 168 D 3
Aulnay-aux-Planches 51 … 61 G 3
Aulnay-la-Rivière 45 … 111 H 3
Aulnay-l'Aître 51 … 62 C 3
Aulnay-sous-Bois 93 … 58 D 2
Aulnay-sur-Iton 27 … 56 A 2
Aulnay-sur-Marne 51 … 61 H 1
Aulnay-sur-Mauldre 78 … 57 G 2
Les Aulneaux 72 … 84 A 4
Aulnizeux 51 … 61 F 3
Aulnois 88 … 94 A 5
Aulnois-en-Perthois 55 … 63 G 5
Aulnois-sous-Laon 02 … 24 D 5
Aulnois-sous-Vertuzey 55 … 64 D 5
Aulnois-sur-Seille 57 … 66 B 3
Aulnoy 77 … 59 H 3
Aulnoy-lez-Valenciennes 59 … 14 D 2
Aulnoy-sur-Aube 52 … 139 E 2
Aulnoye-Aymeries 59 … 15 F 3
Aulon 23 … 206 D 2
Aulon 31 … 316 C 5
Aulon 65 … 333 G 4
Aulos 09 … 336 B 5
Ault 80 … 10 D 3
Aulteribe *Château d'* 63 … 210 C 5
Aulus-les-Bains 09 … 335 H 5
Aulx-lès-Cromary 70 … 162 A 2
Aumagne 17 … 201 H 4
Aumale 76 … 21 G 3
Aumâtre 80 … 11 G 5
Aumelas 34 … 302 B 4
Auménancourt 51 … 41 G 2
Aumerval 62 … 7 G 4
Aumes 34 … 322 C 3
Aumessas 30 … 282 C 5
Aumetz 57 … 45 F 2
Aumeville-Lestre 50 … 29 G 4
Aumont 39 … 179 F 2
Aumont 80 … 21 H 2
Aumont-Aubrac 48 … 264 A 2
Aumont-en-Halatte 60 … 38 D 4
Aumontzey 88 … 120 A 2
Aumur 39 … 178 D 1
Aunac 16 … 203 F 4
Aunat 11 … 337 F 5
Aunay-en-Bazois 58 … 157 G 5
Aunay-les-Bois 61 … 84 A 2
Aunay-sous-Auneau 28 … 86 D 4
Aunay-sous-Crécy 28 … 56 C 5
Aunay-sur-Odon 14 … 53 E 1
Auneau-Bleury-
Saint-Symphorien 28 … 86 D 4
Auneuil 60 … 37 H 2
Aunou-le-Faucon 61 … 54 B 4
Aunou-sur-Orne 61 … 83 H 2
Auppegard 76 … 20 A 2
Aups 83 … 307 G 4
Auquainville 14 … 54 C 1
Auquemesnil 76 … 10 D 5
Auradé 32 … 297 E 5
Auradou 47 … 276 D 1
Auragne 31 … 318 A 3
Auray 56 … 124 A 3
Aure 08 … 42 C 3
Aurec-sur-Loire 43 … 229 H 5
Aureil 87 … 205 H 5
Aureilhan 40 … 272 B 2
Aureilhan 65 … 315 F 4
Aureille 13 … 305 E 3
Aurel 26 … 268 A 2
Aurel 84 … 286 B 3
Aurelle-Verlac 12 … 263 G 5
Aurensan 32 … 294 C 4
Aurensan 65 … 315 E 4
Aureville 31 … 318 A 2
Auriac 11 … 338 A 3
Auriac 19 … 243 G 2
Auriac 64 … 314 B 2
Auriac-de-Bourzac 24 … 221 F 5
Auriac-du-Périgord 24 … 241 F 3
Auriac-Lagast 12 … 280 D 4
Auriac-l'Église 15 … 245 H 1
Auriac-sur-Dropt 47 … 257 F 3
Auriac-sur-Vendinelle 31 … 298 D 5
Auriat 23 … 206 C 4
Auribail 31 … 317 H 3
Auribeau 84 … 306 A 1
Auribeau-sur-Siagne 06 … 309 E 4
Aurice 40 … 293 H 2
Auriébat 65 … 315 F 2
Aurières 63 … 227 F 1
Aurignac 31 … 316 D 5
Aurillac 15 … 244 C 5
Aurimont 32 … 296 C 5
Aurin 31 … 298 B 5
Auriol 13 … 327 F 2
Auriolles 07 … 266 B 5
Auriolles 33 … 257 E 2
Aurions-Idernes 64 … 294 D 5
Auris 38 … 251 G 3
Auron 06 … 289 F 2
Aurons 13 … 305 F 4
Auros 33 … 256 C 4
Aurouër 03 … 174 D 5
Auroux 48 … 265 E 2
Aussac 81 … 299 E 2
Aussac-Vadalle 16 … 203 F 5
Ausseing 31 … 335 E 1
Aussevielle 64 … 314 A 3
Aussillon 81 … 319 H 2
Aussois 73 … 252 D 1
Ausson 31 … 334 B 1
Aussonce 08 … 42 A 3
Aussonne 31 … 297 H 4
Aussos 32 … 316 B 3
Aussurucq 64 … 331 E 1
Autainville 41 … 132 B 2
Autechaux 25 … 162 C 2
Autechaux-Roide 25 … 142 C 5
Les Autels 02 … 25 H 3
Les Autels-Saint-Bazile 14 … 54 B 2
Les Autels-Villevillon 28 … 109 F 3
Auterive 31 … 318 A 3
Auterive 32 … 296 B 5
Auterive 82 … 297 E 2
Auterrive 64 … 311 H 3
Autet 70 … 140 B 5
Auteuil 60 … 38 A 3
Auteuil 78 … 57 G 3
Autevielle-Saint-Martin-
Bideren 64 … 311 H 3
Authe 08 … 43 E 1
Autheuil 28 … 109 H 5
Autheuil 61 … 84 C 2
Autheuil-Authouillet 27 … 36 C 5
Autheuil-en-Valois 60 … 39 H 5
Autheux 80 … 12 C 4
Authevernes 27 … 37 F 4
Authezat 63 … 227 H 2
Authie 14 … 33 G 4
Authie 80 … 13 E 4
Authieule 80 … 12 D 4
Les Authieux 27 … 56 C 3
Les Authieux-du-Puits 61 … 54 D 5
Les Authieux-Papion 14 … 54 B 1
Authieux-Ratiéville 76 … 20 B 5
Les Authieux-sur-Calonne 14 … 34 D 3
Les Authieux-
sur-le-Port-Saint-Ouen 76 … 36 B 3
Authiou 58 … 157 E 4
Authoison 70 … 162 A 1
Authon 04 … 287 H 2
Authon 17 … 201 H 4
Authon 41 … 131 F 5
Authon-du-Perche 28 … 109 E 2
Authon-la-Plaine 91 … 87 E 4
Authou 27 … 35 G 4
Authuille 80 … 13 F 5
Authume 39 … 161 E 5
Authumes 71 … 178 C 3
Autichamp 26 … 267 G 2
Autignac 34 … 321 G 2
Autigny 76 … 19 H 3
Autigny-la-Tour 88 … 94 A 4
Autigny-le-Grand 52 … 92 D 3
Autigny-le-Petit 52 … 92 D 3
Autingues 62 … 2 D 4
Autoire 46 … 261 E 1
Autoreille 70 … 161 G 2
Autouillet 78 … 57 G 3
Autrac 43 … 227 H 5
Autrans 38 … 250 C 2
Autrans-Méaudre-
en-Vercors 38 … 250 C 2
Autrèche 37 … 152 C 1
Autrechêne 90 … 142 C 3
Autrêches 60 … 39 H 2
Autrecourt-et-Pourron 08 … 27 F 4
Autrécourt-sur-Aire 55 … 63 G 1
Autremencourt 02 … 25 E 4
Autrepierre 54 … 96 A 1
Autreppes 02 … 25 F 1
Autretot 76 … 19 G 4
Autreville 02 … 24 A 5
Autreville 88 … 94 B 3
Autréville-
Saint-Lambert 55 … 27 G 5
Autreville-
sur-la-Renne 52 … 116 C 3
Autreville-sur-Moselle 54 … 65 G 4
Autrey 54 … 94 D 2
Autrey 88 … 95 H 5
Autrey-le-Vay 70 … 141 G 5
Autrey-lès-Cerre 70 … 141 G 4
Autrey-lès-Gray 70 … 161 E 1
Autricourt 21 … 116 A 4
Autruche 08 … 43 E 1
Autruy-sur-Juine 45 … 111 F 2
Autry 08 … 43 E 3
Autry-Issards 03 … 191 H 2
Autry-le-Châtel 45 … 134 C 5
Autun 71 … 176 D 2
Auty 82 … 278 B 3
Auvare 06 … 289 F 4
Auve 51 … 62 D 1
Auvernaux 91 … 88 A 3
Auvers 43 … 246 B 4
Auvers 50 … 31 H 3
Auvers-le-Hamon 72 … 106 D 5
Auvers-Saint-Georges 91 … 87 G 3
Auvers-
sous-Montfaucon 72 … 107 F 4
Auvers-sur-Oise 95 … 58 B 1
Auverse 49 … 150 D 1
Auvet-et-la-Chapelotte 70 … 161 E 1
Auvillar 82 … 276 D 4
Auvillars 14 … 34 B 4
Auvillars-sur-Saône 21 … 178 B 1
Auvillers-les-Forges 08 … 26 A 2
Auvilliers 76 … 21 E 3
Auvilliers-en-Gâtinais 45 … 112 A 5
Aux-Aussat 32 … 315 G 2
Aux Marais 60 … 38 A 2
Auxais 50 … 31 H 4
Auxange 39 … 161 F 4
Auxant 21 … 159 F 5
Auxelles-Bas 90 … 142 B 2
Auxelles-Haut 90 … 142 B 2
Auxerre 89 … 136 B 3
Auxey-Duresses 21 … 177 G 2
Auxi-le-Château 62 … 12 B 3
Auxillac 48 … 264 A 5
Auxon 10 … 114 D 3
Auxon 70 … 141 E 4
Auxon-Dessous 25 … 161 H 3
Auxon-Dessus 25 … 161 H 3
Auxonne 21 … 160 D 4
Auxy 45 … 112 A 3
Auxy 71 … 176 D 2
Auzainvilliers 88 … 118 B 2
Auzances 23 … 208 C 3
Auzas 31 … 316 D 5
Auzat 09 … 336 A 5
Auzat-la-Combelle 63 … 228 A 4
Auzay 85 … 183 H 3
Auzebosc 76 … 19 G 5
Auzécourt 55 … 63 F 3
Auzelles 63 … 228 C 2
Auzers 15 … 244 C 1
Auzet 04 … 288 B 1
Auzéville-en-Argonne 55 … 43 G 5
Auzeville-Tolosane 31 … 298 A 5
Auzielle 31 … 298 B 5
Auzits 12 … 262 B 5
Auzon 43 … 228 B 5
Auzouer-en-Touraine 37 … 152 B 1
Auzouville-Auberbosc 76 … 19 F 5
Auzouville-l'Esneval 76 … 19 H 4
Auzouville-sur-Ry 76 … 36 C 2
Auzouville-
sur-Saâne 76 … 20 A 3
Availles-
en-Châtellerault 86 … 169 G 4
Availles-Limouzine 86 … 204 C 1
Availles-sur-Chizé 79 … 202 B 1
Availles-sur-Seiche 35 … 105 E 5
Availles-Thouarsais 79 … 168 B 3
Avajan 65 … 333 H 4
Avallon 89 … 158 A 1
Les Avanchers-
Valmorel 73 … 234 B 3
Avançon 05 … 269 H 4
Avançon 08 … 42 A 1
Avanne 25 … 161 H 4
Avant-lès-Marcilly 10 … 90 A 4
Avant-lès-Ramerupt 10 … 91 F 4
Avanton 86 … 169 E 5
Avapessa 2B … 346 C 2
Avaray 41 … 132 C 4
Avaugour *Chapelle d'* 22 … 77 G 2
Avaux 08 … 41 G 1
Aveize 69 … 230 B 1
Aveizieux 42 … 230 B 3
Avelanges 21 … 139 E 5
Avelesges 80 … 11 H 5
Avelin 59 … 8 D 3
Aveluy 80 … 13 F 5
Aven Armand 48 … 282 B 3
Avenas 69 … 212 C 1
Avenay 14 … 33 F 5
Avenay-Val-d'Or 51 … 61 G 1
Avène 34 … 301 F 3
Aveney 25 … 161 H 4
Avenheim 67 … 68 C 5
Les Avenières
Veyrins-Thuellin 38 … 232 C 1
Avensac 32 … 296 D 2
Avensan 33 … 237 E 3
Aventignan 65 … 334 A 1
Averan 65 … 315 E 5
Averdoingt 62 … 12 D 2
Averdon 41 … 132 A 4
Avermes 03 … 192 A 1
Avernes 95 … 57 G 1
Avernes-Saint-Gourgon 61 … 54 D 2
Avernes-sous-Exmes 61 … 54 C 4
Avéron-Bergelle 32 … 295 E 3
Averton 53 … 83 E 5
Avesnelles 59 … 15 G 4
Avesnes 62 … 6 D 3
Avesnes-Chaussoy 80 … 21 G 2
Avesnes-en-Bray 76 … 37 F 1
Avesnes-en-Saosnois 72 … 108 A 2
Avesnes-en-Val 76 … 10 D 5
Avesnes-le-Comte 62 … 13 E 2
Avesnes-le-Sec 59 … 14 C 3
Avesnes-les-Aubert 59 … 14 C 3
Avesnes-lès-Bapaume 62 … 13 G 4
Avesnes-sur-Helpe 59 … 15 G 4
Avessac 44 … 125 H 4
Avessé 72 … 106 D 5
Aveux 65 … 334 A 2
Avezac-Prat 65 … 333 G 1
Avezan 32 … 296 C 1
Avèze 30 … 282 D 5
Avèze 63 … 226 D 2
Avezé 72 … 108 C 2
Aviernoz 74 … 215 H 2
Avignon 84 … 285 F 5
Avignon-
lès-Saint-Claude 39 … 197 E 3
Avignonet 38 … 250 D 4
Avignonet-Lauragais 31 … 318 C 3
Avillers 54 … 44 D 3
Avillers 88 … 94 D 5
Avillers-Sainte-Croix 55 … 64 D 2
Avilley 25 … 162 B 1
Avilly-Saint-Léonard 60 … 38 D 4
Avion 62 … 8 B 5
Avioth 55 … 44 B 1
Aviré 49 … 128 A 4
Avirey-Lingey 10 … 115 F 4
Aviron 27 … 56 B 1
Avize 51 … 61 G 2
Avocourt 55 … 43 G 4
Avoine 37 … 150 D 4
Avoine 61 … 54 A 5
Avoise 72 … 129 F 2
Avolsheim 67 … 97 F 1
Avon 77 … 88 C 4
Avon 79 … 185 H 3
Avon-la-Pèze 10 … 90 B 4
Avon-les-Roches 37 … 151 F 5
Avondance 62 … 7 E 4
Avord 18 … 173 G 1
Avoriaz 74 … 198 D 5
Avosnes 21 … 159 F 2
Avot 21 … 139 E 5
Avoudrey 25 … 162 D 4
Avrainville 52 … 92 D 2
Avrainville 54 … 65 F 5
Avrainville 88 … 94 D 4
Avrainville 91 … 87 G 2
Avranches 50 … 51 H 4
Avranville 88 … 93 G 4
Avrechy 60 … 38 C 2
Avrecourt 52 … 117 H 5
Avrée 58 … 175 H 4
Avregny 74 … 215 G 2
Avremesnil 76 … 20 A 2
Avressieux 73 … 232 D 2
Avreuil 10 … 114 D 4
Avricourt 54 … 96 A 1
Avricourt 57 … 96 A 1
Avricourt 60 … 23 G 4
Avrieux 73 … 252 D 1
Avrigney 70 … 161 G 3
Avrigny 60 … 39 E 2
Avril 54 … 45 F 4
Avril-sur-Loire 58 … 175 E 4
Avrillé 49 … 149 G 1
Avrillé 85 … 182 C 2
Avrillé-les-Ponceaux 37 … 151 E 2
Avrilly 03 … 193 F 4
Avrilly 27 … 56 B 2
Avrilly 61 … 82 B 2
Avroult 62 … 7 E 2
Avy 17 … 219 G 3
Awoingt 59 … 14 B 4
Ax-les-Thermes 09 … 336 D 5
Axat 11 … 337 G 4
Axiat 09 … 336 C 5
Ay-Champagne 51 … 61 G 1
Ay-sur-Moselle 57 … 45 H 4
Ayat-sur-Sioule 63 … 209 F 2
Aydat 63 … 227 G 2
Aydie 64 … 294 D 5
Aydius 64 … 331 H 3
Aydoilles 88 … 119 G 2
Ayen 19 … 241 H 1
Ayencourt 80 … 22 D 5
Ayette 62 … 13 G 3
Ayguade-Ceinturon 83 … 328 C 4
Ayguatébia-Talau 66 … 341 H 3
Ayguemorte-les-Graves 33 … 255 G 2
Ayguesvives 31 … 318 B 2
Ayguetinte 32 … 295 H 2
Ayherre 64 … 311 F 3
Ayn 73 … 232 D 2
Aynac 46 … 261 E 1
Les Aynans 70 … 141 H 4
Ayrens 15 … 244 B 4
Ayron 86 … 168 C 5
Ayros-Arbouix 65 … 332 D 2
Ayse 74 … 216 A 1
Ayssènes 12 … 281 E 4
Aytré 17 … 200 C 1
Les Ayvelles 08 … 26 D 3
Ayzac-Ost 65 … 332 D 2
Ayzieu 32 … 295 E 2
Azannes-
et-Soumazannes 55 … 44 C 4
Azans 39 … 161 E 5
Azas 31 … 298 B 3
Azat-Châtenet 23 … 206 D 2
Azat-le-Ris 87 … 187 H 4
Azay-le-Brûlé 79 … 185 F 3
Azay-le-Ferron 36 … 170 C 3
Azay-le-Rideau 37 … 151 G 4
Azay-sur-Cher 37 … 152 A 3
Azay-sur-Indre 37 … 152 B 4
Azay-sur-Thouet 79 … 185 E 1
Azé 41 … 131 G 2
Azé 53 … 128 B 2
Azé 71 … 194 D 3
Azelot 54 … 94 D 1
Azerables 23 … 188 C 4
Azerailles 54 … 95 H 2
Azerat 24 … 241 F 2
Azérat 43 … 228 B 5
Azereix 65 … 315 E 5
Azet 65 … 333 G 4
Azeville 50 … 29 G 5
Azillanet 34 … 320 C 4
Azille 11 … 320 B 4
Azilone-Ampaza 2A … 349 E 4
Azincourt 62 … 7 E 4
Azolette 69 … 212 B 1
Azoudange 57 … 67 F 5
Azur 40 … 292 B 2
Azy 18 … 155 H 5
Azy-le-Vif 58 … 174 D 4
Azy-sur-Marne 02 … 60 B 2
Azzana 2A … 348 D 1

B

Baâlon 55 … 43 H 1
Baâlons 08 … 26 D 5
Babaou *Col de* 83 … 328 D 3
Babeau-Bouldoux 34 … 320 D 2
Babœuf 60 … 23 H 5
Le Babory-de-Blesle 43 … 245 H 1
Baby 77 … 89 G 4
Baccarat 54 … 95 H 3
Baccon 45 … 132 C 2
Bach 46 … 278 C 1
Bachant 59 … 15 G 3
Bachas 31 … 316 D 4
La Bachellerie 24 … 241 F 2
Bachivillers 60 … 37 H 3
Bachos 31 … 334 B 3
Bachy 59 … 9 E 3
Bacilly 50 … 51 G 4
Le Bacon 48 … 264 A 1
Baconnes 51 … 42 A 5
La Baconnière 53 … 105 H 2
Bacouël 60 … 22 C 5
Bacouel-sur-Selle 80 … 22 B 2
Bacourt 57 … 66 C 3
Bacquepuis 27 … 36 A 5
Bacqueville 27 … 36 D 3
Bacqueville-en-Caux 76 … 20 A 3
Badailhac 15 … 244 D 5
Badaroux 48 … 264 C 4
Badecon-le-Pin 36 … 188 D 2
Badefols-d'Ans 24 … 241 G 1
Badefols-sur-Dordogne 24 … 258 D 1
Baden 56 … 124 A 4
Badens 11 … 320 A 5
Badevel 25 … 142 C 4
Badinières 38 … 232 A 3
Badménil-aux-Bois 88 … 95 G 5
Badonviller 54 … 96 A 2
Badonvilliers 55 … 93 H 2
Baerendorf 67 … 67 H 3
Baerenthal 57 … 68 C 2
La Baffe 88 … 119 G 2
Baffie 63 … 229 E 4
Bagard 30 … 283 G 4
Bagargui *Col* 64 … 330 D 2
Bagas 33 … 256 D 3
Bagat-en-Quercy 46 … 277 G 1
Bagatelle *Parc de* 62 … 6 B 5
Bâgé-la-Ville 01 … 195 F 4
Bâgé-le-Châtel 01 … 195 F 4
Bagert 09 … 335 F 1
Bages 11 … 339 E 1
Bages 66 … 343 E 3
Bagiry 31 … 334 B 2
Bagnac-sur-célé 46 … 261 G 3
Bagneaux 89 … 114 A 2
Bagneaux-sur-Loing 77 … 112 B 2
Bagnères-de-Bigorre 65 … 333 F 1
Bagnères-de-Luchon 31 … 334 A 4
Bagneux 02 … 40 B 1
Bagneux 03 … 191 H 1
Bagneux 36 … 153 H 5
Bagneux 49 … 150 B 4
Bagneux 51 … 90 C 2
Bagneux 54 … 94 B 2
Bagneux 79 … 168 A 1
Bagneux 92 … 58 B 4
Bagneux-la-Fosse 10 … 115 F 5
Bagnizeau 17 … 202 B 4
Bagnoles 11 … 320 A 4
Bagnoles-de-l'Orne 61 … 82 C 2
Bagnolet 93 … 58 C 3
Bagnols 63 … 226 D 3
Bagnols 69 … 212 C 4
Bagnols-en-Forêt 83 … 308 C 4
Bagnols-les-Bains 48 … 264 D 4
Bagnols-sur-Cèze 30 … 284 D 3
Bagnot 21 … 178 B 1
Baguer-Morvan 35 … 80 A 2
Baguer-Pican 35 … 80 B 2
Baho 66 … 343 E 2
Bahus-Soubiran 40 … 294 B 3
Baigneaux 28 … 110 D 3
Baigneaux 33 … 256 C 2
Baigneaux 41 … 132 A 3
Baignes 70 … 141 E 5
Baignes-
Sainte-Radegonde 16 … 220 C 4
Baigneux-les-Juifs 21 … 138 B 5
Baignolet 28 … 110 B 3

Baigts 40 293 G 3
Baigts-de-Béarn 64 293 F 5
Baillargues 34 303 E 4
Baillé 35 80 D 4
Bailleau-le-Pin 28 85 H 5
Bailleau-l'Évêque 28 86 A 3
Bailleau-sous-Gallardon 28 86 C 3
Baillestavy 66 342 B 3
Baillet-en-France 95 58 B 1
Bailleul 59 4 B 5
Bailleul 61 54 B 4
Le Bailleul 72 129 F 3
Bailleul 80 11 G 4
Bailleul *Château de* 76 19 E 4
Bailleul-aux-Cornailles 62 7 G 5
Bailleul-la-Vallée 27 35 E 4
Bailleul-le-Soc 60 38 D 2
Bailleul-lès-Pernes 62 7 G 4
Bailleul-Neuville 76 20 D 3
Bailleul-Sir-Berthoult 62 13 G 2
Bailleul-sur-Thérain 60 38 B 2
Bailleulmont 62 13 F 3
Bailleulval 62 13 F 3
Bailleval 60 38 D 3
Baillolet 76 20 D 3
Baillou 41 109 E 5
Bailly 60 39 G 1
Bailly 78 58 A 3
Bailly-aux-Forges 52 92 C 3
Bailly-Carrois 77 89 E 2
Bailly-en-Rivière 76 10 D 5
Bailly-le-Franc 10 92 A 3
Bailly-Romainvilliers 77 59 F 3
Bain-de-Bretagne 35 126 C 2
Baincthun 62 6 B 2
Bainghen 62 2 D 5
Bains 43 247 E 4
Bains-de-Guitera 2A 349 E 3
Bains-les-Bains 88 119 E 4
Bains-sur-Oust 35 125 H 3
Bainville-aux-Miroirs 54 95 E 3
Bainville-aux-Saules 88 118 D 2
Bainville-sur-Madon 54 94 C 2
Bairols 06 289 H 4
Bais 35 105 E 4
Bais 53 106 D 2
Baisieux 59 9 E 3
Baissey 52 139 G 3
Baives 59 16 A 5
Baix 07 267 E 2
Baixas 66 338 D 5
Baizieux 80 22 D 1
Le Baizil 51 61 E 2
Bajamont 47 276 C 2
Bajonnette 32 296 C 2
Bajus 62 7 H 5
Balacet 09 335 E 4
Baladou 46 242 C 5
Balagny-sur-Thérain 60 38 C 3
Balaguères 09 335 E 3
Balaguier d'Olt 12 261 F 4
Balaguier-sur-Rance 12 300 B 1
Balaine *Arboretum de* 03 174 D 5
Balaiseaux 39 179 E 2
Balaives-et-Butz 08 26 D 4
Balan 01 213 G 4
Balan 08 27 F 4
Balanod 39 196 A 2
Balansun 64 293 G 5
Balanzac 17 201 E 5
Balaruc-le-Vieux 34 323 E 3
Balaruc-les-Bains 34 323 E 3
Balâtre 80 23 G 4
Balazé 35 105 E 2
Balazuc 07 266 B 4
Balbigny 42 211 H 5
Balbins 38 231 H 4
Balbronn 67 97 E 1
Balcon de Merlet *Parc du* 74 216 D 3
Baldenheim 67 97 F 5
Baldersheim 68 143 G 1
La Baleine 50 51 H 2
Baleines *Phare des* 17 182 C 4
Baleix 64 314 D 3
Balesmes 37 169 H 2
Balesmes-sur-Marne 52 139 G 2
Balesta 31 316 A 5
Baleyssagues 47 257 E 2
Balgau 68 121 G 4
Balham 08 41 H 1
Balignac 82 296 D 1
Balignicourt 10 91 G 3
Bâlines 27 56 A 4
Balinghem 62 2 D 4
Baliracq-Maumusson 64 294 C 5
Baliros 64 314 B 4
Balizac 33 255 H 4
Balizy 91 58 C 5
Ballainvilliers 91 58 B 5
Ballaison 74 197 H 4
Ballan-Miré 37 151 H 3
Ballancourt-sur-Essonne 91 87 H 3
Ballans 17 202 C 5
Ballay 08 42 D 2
Balledent 87 205 G 2
Ballée 53 106 C 5
Balleray 58 174 D 1
Balleroy-sur-Drôme 14 32 D 4
Ballersdorf 68 143 E 3
Balléville 88 94 B 4
Ballon 17 200 D 2
Ballon de Servance 70 142 B 1
Ballon-Saint Mars 72 107 H 3
Ballons 26 286 D 2
Ballore 71 194 A 2
Ballots 53 105 F 5
Balloy 77 89 F 4
Balma 31 298 A 4
La Balme 73 232 D 1
La Balme-de-Sillingy 74 215 F 3
La Balme-de-Thuy 74 215 H 3
La Balme-d'Épy 39 196 A 3
La Balme-les-Grottes 38 214 A 4
Balmont 74 215 G 4
Balnot-la-Grange 10 115 F 5
Balnot-sur-Laignes 10 115 G 4
Balogna 2A 348 C 1
Balot 21 137 H 3
Balsac 12 280 C 1
Balschwiller 68 143 E 2
Balsièges 48 264 C 5
Baltzenheim 68 121 G 2
Balzac 16 221 F 1
Bambecque 59 3 H 3
Bambiderstroff 57 66 D 1
Ban-de-Laveline 88 96 C 5
Ban-de-Sapt 88 96 B 4
Le Ban-Saint-Martin 57 45 H 5
Ban-sur-Meurthe-Clefcy 88 120 B 2
Banassac-Canilhac 48 264 A 5
Banat 09 336 A 4
Banca 64 330 A 1
Bancarel *Site du* 12 262 B 4
Bancigny 02 25 G 3
Bancourt 62 13 H 4
Bandol 83 327 H 4
Baneins 01 213 F 1
Baneuil 24 258 C 1
Bangor 56 144 B 4
Banhars 12 262 D 3
Banios 65 333 G 2
Banize 23 207 F 4
Bannalec 29 100 C 4
Bannans 25 180 B 2
Bannay 18 156 A 3
Bannay 51 61 E 3
Bannay 57 46 C 5
Banne 07 283 H 1
Bannegon 18 173 H 4
Bannes 46 261 E 1
Bannes 51 61 F 4
Bannes 52 117 G 5
Bannes 53 106 D 5
Banneville-la-Campagne 14 33 H 4
Bannières 81 298 C 4
Bannoncourt 55 64 C 3
Bannost 77 60 A 5
Banogne-Recouvrance 08 25 H 5
Banon 04 286 D 4
Banos 40 293 H 3
Bans 39 179 E 2
Bansat 63 228 B 4
Bantanges 71 195 G 1
Banteux 59 14 B 5
Banthelu 95 37 G 5
Bantheville 55 43 G 2
Bantigny 59 14 B 3
Bantouzelle 59 14 B 5
Bantzenheim 68 121 F 5
Banvillars 90 142 B 3
Banville 14 33 F 3
Banvou 61 53 E 5
Banyuls-dels-Aspres 66 343 E 3
Banyuls-sur-Mer 66 343 G 4
Baon 89 137 F 2
Baons-le-Comte 76 19 G 4
Baou de 4 Oures 83 328 A 4
Bapaume 62 13 G 4
Bapeaume-lès-Rouen 76 36 A 1
Bar 19 225 E 5
Bar-le-Duc 55 63 H 4
Bar-lès-Buzancy 08 43 F 1
Bar-sur-Aube 10 116 A 2
Le Bar-sur-Loup 06 309 E 2
Bar-sur-Seine 10 115 G 3
Baracé 49 128 D 4
Baracuchet *Col de* 63 229 F 3
Baraffles 62 7 H 5
Baraigne 11 318 D 4
Baraize 36 188 D 2
Baralle 62 14 A 3
Baraqueville 12 280 B 2
Barastre 62 13 H 5
Baratier 05 270 C 3
Barbachen 65 315 F 2
Barbaggio 2B 345 G 4
Barbaira 11 320 A 5
Barbaise 08 26 C 4
Barbas 54 96 A 1
Barbaste 47 275 F 3
Barbâtre 85 164 B 2
Barbazan 31 334 B 2
Barbazan-Debat 65 315 F 5
Barbazan-Dessus 65 315 F 5
Barbechat 44 148 A 3
La Barben 13 305 G 4
Barbentane 13 304 C 1
Barberaz 73 233 F 2
Barberey-aux-Moines 10 90 D 5
Barberey-Saint-Sulpice 10 90 D 5
Barberier 03 192 A 5
Barbery 14 53 G 1
Barbery 60 39 E 4
Barbeville 14 32 D 3
Barbey 77 89 E 5
Barbey-Seroux 88 120 A 2
Barbezières 16 202 D 4
Barbezieux 16 220 C 4
Barbières 26 249 H 4
Barbirey-sur-Ouche 21 159 G 4
Barbizon 77 88 B 4
Barbonne-Fayel 51 61 E 5
Barbonval 02 40 D 2
Barbonville 54 95 E 2
Barbotan-les-Thermes 32 274 D 5
Le Barboux 25 163 F 5
Barbuise 10 90 A 2
Barby 08 42 A 1
Barby 73 233 F 2
Barc 27 55 H 1
Barcaggio 2B 345 F 1
Le Barcarès 66 339 E 5
Barcelonne 26 249 G 5
Barcelonne-du-Gers 32 294 C 3
Barcelonnette 04 270 D 5
Barchain 57 67 G 5
Barchetta 2B 347 G 2
Barcillonnette 05 269 F 5
Barcugnan 32 315 H 3
Barcus 64 331 F 1
Barcy 77 59 G 1
Bard 42 229 G 2
Bard-le-Régulier 21 158 D 5
Bard-lès-Époisses 21 158 C 1
Bard-lès-Pesmes 70 161 F 3
La Barde 17 238 D 2
Bardenac 16 220 D 5
Bardiana 2B 346 B 4
Bardigues 82 276 D 5
Le Bardon 45 132 D 2
Bardos 64 292 C 5
Bardou 24 258 C 2
Bardouville 76 35 H 2
Barèges 65 333 E 3
Bareilles 65 333 H 3
Barembach 67 96 D 2
Baren 31 334 B 4
Barentin 76 20 A 5
Barenton 50 81 H 2
Barenton-Bugny 02 24 D 4
Barenton-Cel 02 24 D 4
Barenton-sur-Serre 02 24 D 4
Barésia-sur-l'Ain 39 196 D 1
Barfleur 50 29 H 2
Barfleur *Pointe de* 50 29 H 2
Bargème 83 308 B 2
Bargemon 83 308 B 3
Barges 21 160 A 4
Barges 43 265 F 1
Barges 70 140 C 2
Bargny 60 39 G 5
Barie 33 256 C 4
Les Barils 27 55 H 4
Barinque 64 314 C 2
Barisey-au-Plain 54 94 B 2
Barisey-la-Côte 54 94 B 2
Barisis 02 24 B 5
Barizey 71 177 G 4
Barjac 09 335 F 1
Barjac 30 284 B 2
Barjac 48 264 B 4
Barjols 83 307 E 4
Barjon 21 138 D 5
Barjouville 28 86 A 4
Barles 04 288 A 1
Barlest 65 314 D 5
Barleux 80 23 G 2
Barlieu 18 155 G 1
Barlin 62 8 A 4
Barly 62 13 E 3
Barly 80 12 C 3
Barmainville 28 111 E 2
Barnas 07 265 H 3
Barnave 26 268 B 2
Barnay 71 176 D 1
Barnenez *Tumulus de* 29 71 H 3
Barneville-Carteret 50 31 E 2
Barneville-la-Bertran 14 34 C 2
Barneville-sur-Seine 27 35 H 2
La Baroche-Gondouin 53 82 C 3
La Baroche-sous-Lucé 61 82 B 2
Les Baroches 54 45 F 4
Baromesnil 76 10 D 5
Baron 30 284 A 4
Baron 33 256 B 1
Baron 60 39 F 5
Baron 71 194 A 2
Baron-sur-Odon 14 33 F 5
Baronville 57 66 D 2
Barou-en-Auge 14 54 A 2
Baroville 10 116 A 2
Le Barp 33 255 E 3
La Barque 13 306 B 5
Barquet 27 55 H 1
Barr 67 97 F 3
Barracone 2A 348 D 3
Barrais-Bussolles 03 192 D 5
Barran 32 295 H 4
Barrancoueu 65 333 G 3
Les Barraques-en-Vercors 26 250 B 4
Barras 04 287 H 3
Barraute-Camu 64 313 F 2
Barraux 38 233 F 4
La Barre 39 161 F 5
La Barre 70 162 B 2
Barre 81 300 D 3
La Barre-de-Monts 85 164 C 2
La Barre-de-Semilly 50 32 B 5
Barre-des-Cévennes 48 282 D 2
La Barre-en-Ouche 27 55 F 2
Barrême 04 288 B 5
Barret 16 220 C 3
Barret-de-Lioure 26 286 C 3
Barret-sur-Méouge 05 287 E 2
Barretaine 39 179 F 3
Barrettali 2B 345 F 2
Barriac-les-Bosquets 15 243 H 2
Barricourt 08 43 F 1
Barro 16 203 F 3
Barrou 37 170 A 3
Le Barroux 84 285 H 3
Barry 65 315 E 5
Barry 84 285 E 1
Barry-d'Islemade 82 277 G 4
Bars 24 241 F 3
Bars 32 295 G 5
Barsac 26 268 A 2
Barsac 33 256 B 3
Barsanges 19 225 F 3
Barst 57 67 F 1
Bart 25 142 B 4
Bartenheim 68 143 G 3
Barthe 65 316 A 4
Barthe *Barrage de la* 12 263 E 1
La Barthe-de-Neste 65 333 H 1
Bartherans 25 179 H 1
Les Barthes 82 277 F 4
Bartrès 65 332 D 1
Barville 27 35 E 5
Barville 61 84 A 3
Barville 76 19 G 3
Barville 88 94 A 4
Barville-en-Gâtinais 45 111 H 3
Barzan 17 219 E 3
Barzun 64 314 D 5
Barzy-en-Thiérache 02 15 F 5
Barzy-sur-Marne 02 60 D 1
Bas-en-Basset 43 229 H 5
Bas-et-Lezat 63 210 A 3
Bas-Lieu 59 15 G 4
Bas-Mauco 40 293 H 2
Bas-Rupts 88 120 B 3
Bascons 40 294 B 2
Bascous 32 295 F 2
Baslieux 54 45 E 2
Baslieux-lès-Fismes 51 41 E 3
Baslieux-sous-Châtillon 51 41 E 5
Basly 14 33 G 3
Bassac 16 220 D 1
Bassan 34 321 G 3
Bassanne 33 256 C 4
Basse-Goulaine 44 147 H 4
Basse-Ham 57 45 H 3
Basse-Indre 44 147 F 4
Basse-Rentgen 57 45 H 2
Basse-sur-le-Rupt 88 120 A 4
La Basse-Vaivre 70 118 D 5
La Bassée 59 8 B 3
Bassemberg 67 96 D 4
Basseneville 14 34 A 4
Bassens 33 237 G 5
Bassens 73 233 F 2
Bassercles 40 293 H 5
Basses 86 168 D 1
Basseux 62 13 F 3
Bassevelle 77 60 B 2
Bassignac 15 244 B 1
Bassignac-le-Bas 19 243 E 4
Bassignac-le-Haut 19 243 G 2
Bassigney 70 141 F 2
Bassillac 24 240 D 2
Bassillon-Vauzé 64 314 D 2
Bassing 57 67 F 3
Bassoles-Aulers 02 40 B 1
Bassoncourt 52 117 H 3
Bassou 89 114 A 5
Bassoues 32 295 G 5
Bassu 51 62 D 3
Bassuet 51 62 D 4
Bassurels 48 282 D 3
Bassussarry 64 310 D 3
Bassy 74 215 E 3
Bastanès 64 313 G 3
Bastelica 2A 349 E 2
Bastelicaccia 2A 348 C 3
Bastennes 40 293 G 4
Bastia 2B 345 G 4
La Bastide 66 342 C 3
La Bastide 83 308 B 2
La Bastide-Clairence 64 311 F 3
La Bastide-de-Besplas 09 317 G 5
La Bastide-de-Bousignac 09 336 D 2
La Bastide de-Couloumat 11 318 C 5
La Bastide-de-Lordat 09 336 C 1
La Bastide-de-Sérou 09 335 H 2
La Bastide-d'Engras 30 284 C 4
La Bastide-des-Jourdans 84 306 B 2
La Bastide-du-Salat 09 335 E 2
La Bastide-l'Évêque 12 279 G 1
La Bastide-Pradines 12 281 G 5
La Bastide-Puylaurent 48 265 F 3
La Bastide-Solages 12 300 A 1
La Bastide-sur-l'Hers 09 336 D 3
La Bastidonne 13 327 F 3
La Bastidonne 84 306 B 3
La Bastie-d'Urfé *Château de* 42 229 G 1
Le Bastit 46 260 C 2
Basville 23 208 B 4
La Bataille 79 202 D 2
Bataille *Col de la* 26 250 A 5
La Batarelle 13 327 E 2
Batavile 57 67 F 5
Bathelémont 54 66 D 5
Bathernay 26 249 G 2
La Bâthie 73 234 B 1
La Bâtie-Crémezin 26 268 D 3
La Bâtie-des-Fonds 26 268 D 4
La Bâtie-Divisin 38 232 C 3
La Bâtie-Montgascon 38 232 C 2
La Bâtie-Montsaléon 05 269 E 5
La Bâtie-Neuve 05 269 H 3
La Bâtie-Rolland 26 267 F 4
La Bâtie-Vieille 05 269 H 3
Les Bâties 70 161 G 1
Batilly 54 45 F 5
Batilly 61 53 H 4
Batilly-en-Gâtinais 45 111 H 4
Batilly-en-Puisaye 45 135 E 5
Bats 40 294 A 4
Batsère 65 333 G 1
Battenans-les-Mines 25 162 B 1
Battenans-Varin 25 163 F 3
Battenheim 68 121 E 5
Battexey 88 94 D 4
Battigny 54 94 C 3
Battrans 70 161 F 2
Batz *Île de* 29 71 G 3
Batz-sur-Mer 44 145 G 5
Batzendorf 67 68 D 4
Baubigny 21 177 G 2
Baubigny 50 28 D 5
La Bauche 73 233 E 3
Baud 56 101 H 5
Baudement 51 90 B 2
Baudemont 71 194 A 5
Baudignan 40 274 D 4
Baudignécourt 55 93 G 2
Baudinard-sur-Verdon 83 307 F 3
Baudoncourt 70 141 G 2
Baudonvilliers 55 63 F 5
Baudre 50 32 B 5
Baudrecourt 52 92 C 4
Baudrecourt 57 66 C 2
Baudreix 64 314 C 5
Baudrémont 55 64 B 4
Baudres 36 171 G 1
Baudreville 28 87 E 5
Baudreville 50 31 F 2
Baudricourt 88 94 C 5
Baudrières 71 178 A 5
Bauduen 83 307 G 2
Baugé-en-Anjou 49 129 F 5
Baugy 18 173 H 1
Baugy 60 39 F 1
Baugy 71 193 G 5
Baulay 70 140 D 2
La Baule 44 145 H 5
Baule 45 132 D 3
La Baule-Escoublac 44 145 H 5
Baulme-la-Roche 21 159 G 3
Baulne 91 87 H 3
Baulne-en-Brie 02 60 D 2
Baulny 55 43 F 3
Baulon 35 103 H 4
Baulou 09 336 A 2
La Baume 74 198 C 4
La Baume *Cirque de* 39 179 F 5
La Baume-Cornillane 26 267 G 1
La Baume-de-Transit 26 285 F 1
La Baume-d'Hostun 26 249 H 3
Baume-les-Dames 25 162 C 2
Baume-les-Messieurs 39 179 F 5
Bauné 49 150 A 1
Baupte 50 31 H 3
Bauquay 14 53 E 1
Baurech 33 255 H 2
La Baussaine 35 79 H 5
Bauvin 59 8 C 4
Les Baux-de-Breteuil 27 55 H 3
Les Baux-de-Provence 13 304 D 3
Les Baux-Sainte-Croix 27 56 B 2
Bauzemont 54 66 D 5
Bauzy 41 153 G 1
Bavans 25 142 B 5
Bavay 59 15 F 2
Bavelincourt 80 22 D 1
Bavella *Col de* 2A 349 F 4
Bavent 14 33 H 4
Baverans 39 161 E 5
Bavilliers 90 142 C 3
Bavinchove 59 3 H 5
Bavincourt 62 13 E 3
Bax 31 317 G 5
Bay 08 26 A 3
Bay 70 161 F 3
Bay-sur-Aube 52 139 E 2
Bayac 24 258 C 1
Bayard *Château de* 38 233 G 4
Bayard *Col* 05 269 G 3
Bayas 33 238 C 3
Baye 29 100 C 5
Baye 51 61 E 3
Bayecourt 88 95 G 5
Bayel 10 116 B 2
Bayencourt 80 13 E 4
Bayenghem-lès-Éperlecques 62 3 E 4
Bayenghem-lès-Seninghem 62 7 E 2
Bayers 16 203 F 4
Bayet 03 192 A 5
Bayeux 14 33 E 3
Bayon 54 95 E 3
Bayon-sur-Gironde 33 237 G 3
Bayonne 64 292 A 5
Bayons 04 287 H 1
Bayonville 08 43 F 2
Bayonville-sur-Mad 54 65 G 2
Bayonvillers 80 23 E 2
Bazac 16 239 E 1
Bazaiges 36 188 D 2
Bazailles 54 45 E 3
Bazainville 78 57 F 4
Bazancourt 51 41 H 2
Bazancourt 60 21 F 5

Bazarnes 89 136 C 4
Bazas 33 256 B 5
Bazauges 17 202 C 4
Bazegney 88 95 E 5
Bazeilles 08 27 F 4
Bazeilles-sur-Othain 55 44 B 2
Bazelat 23 188 D 4
Bazemont 78 57 G 2
Bazens 47 275 G 2
Bazentin 80 13 G 5
Bazenville 14 33 E 3
Bazet 65 315 E 4
La Bazeuge 87 187 H 5
Bazian 32 295 G 4
Bazicourt 60 39 E 3
Baziège 31 318 B 2
Bazien 88 95 H 3
Bazillac 65 315 F 3
Bazincourt-sur-Epte 27 37 G 3
Bazincourt-sur-Saulx 55 63 G 5
Bazinghen 62 2 B 4
Bazinval 76 11 E 5
La Bazoche-Gouet 28 109 F 3
Bazoches 58 157 H 3
Bazoches-au-Houlme 61 53 H 3
Bazoches-en-Dunois 28 110 B 4
Bazoches-lès-Bray 77 89 F 4
Bazoches-les-Gallerandes 45 111 F 3
Bazoches-les-Hautes 28 110 D 3
Bazoches-sur-Guyonne 78 57 G 4
Bazoches-sur-Hoëne 61 84 B 2
Bazoches-sur-le Betz 45 113 E 3
Bazoches-sur-Vesles 02 40 D 3
La Bazoge 50 52 B 5
La Bazoge 72 107 G 3
La Bazoge-Montpinçon 53 82 B 5
Bazoges-en-Paillers 85 166 B 2
Bazoges-en-Pareds 85 166 D 5
Bazoilles-et-Ménil 88 94 D 5
Bazoilles-sur-Meuse 88 93 H 5
Bazolles 58 157 F 5
Bazoncourt 57 66 B 1
Bazonville 54 45 F 3
La Bazoque 14 32 C 4
La Bazoque 61 53 E 3
Bazoques 27 35 F 5
Bazordan 65 316 A 5
La Bazouge-de-Chemeré 53 106 C 4
La Bazouge-des-Alleux 53 106 B 2
La Bazouge-du-Désert 35 81 F 3
Bazougers 53 106 B 4
Bazouges 53 128 B 2
Bazouges-la-Pérouse 35 80 C 3
Bazouges-sous-Hédé 35 80 A 4
Bazouges-sur-le-Loir 72 129 F 4
Bazuel 59 15 E 4
Bazugues 32 315 H 2
Bazus 31 298 A 3
Bazus-Aure 65 333 G 4
Bazus-Neste 65 333 H 2
Le Béage 07 265 H 1
Béal *Col du* 63 229 E 1
Béalcourt 80 12 C 3
Béalencourt 62 7 E 5
Béard 58 174 D 3
Béard-Géovreissiat 01 196 C 5
Beaubec-la-Rosière 76 21 E 4
Beaubery 71 194 B 3
Beaubray 27 55 H 2
Beaucaire 30 304 B 2
Beaucaire 32 295 H 2
Beaucamps-le-Jeune 80 21 G 3
Beaucamps-le-Vieux 80 21 G 2
Beaucamps-Ligny 59 8 C 3
Beaucé 35 81 F 4
Beaucens 65 332 D 2
Le Beaucet 84 285 H 5
Beauchalot 31 334 D 1
Beauchamp 95 58 B 1
Beauchamps 50 51 H 3
Beauchamps 80 11 E 4
Beauchamps-sur-Huillard 45 112 A 5
Beaucharmoy 52 118 A 4
Beauchastel 07 267 E 1
Beauche 28 56 A 5
Beauchemin 52 117 E 5
Beauchêne 41 109 F 5
Beauchêne 61 52 D 5
Beauchery-Saint-Martin 77 89 H 2
Beauclair 55 43 G 1
Beaucoudray 50 52 A 1
Beaucourt 90 142 C 4
Beaucourt-en-Santerre 80 23 E 3
Beaucourt-sur-l'Ancre 80 13 F 5
Beaucourt-sur-l'Hallue 80 22 D 1
Beaucouzé 49 149 F 1
Beaucroissant 38 232 B 5
Beaudéan 65 333 F 2
Beaudéduit 60 22 A 4
Beaudignies 59 15 E 3
Beaudricourt 62 12 D 3
Beaufai 61 55 E 4
Beaufay 72 108 A 3
Beauficel 50 52 B 4
Beauficel-en-Lyons 27 37 E 2
Beaufin 38 269 F 1
Beaufort 31 317 F 2
Beaufort 34 320 C 4
Beaufort 38 231 H 5
Beaufort 39 196 B 1
Beaufort 59 15 G 3
Beaufort 73 216 C 5
Beaufort-Blavincourt 62 13 E 2
Beaufort-en-Argonne 55 43 G 1
Beaufort-en-Anjou 49 150 A 2
Beaufort-en-Santerre 80 23 E 3
Beaufort-sur-Gervanne 26 267 H 1
Beaufou 85 165 G 3
Beaufour 14 34 B 4
Beaufremont 88 94 A 5
Beaugas 47 258 B 4
Beaugeay 17 200 D 4
Beaugency 45 132 C 3
Beaugies-sous-Bois 60 23 H 4
Beaujeu 04 288 B 2
Beaujeu 69 212 C 1
Beaujeu-Saint-Vallier-et-Pierrejux 70 161 F 1
Beaulac 33 274 B 1
Beaulandais 61 82 B 2
Beaulencourt 62 13 H 5
Beaulieu 07 284 A 1
Beaulieu 08 26 A 1
Beaulieu 14 52 D 2
Beaulieu 15 226 C 4
Beaulieu 21 138 C 3
Beaulieu 25 142 C 5
Beaulieu 34 303 E 3
Beaulieu 36 188 B 4
Beaulieu 38 250 B 1
Beaulieu 43 247 F 3
Beaulieu 58 157 F 4
Beaulieu 61 55 G 5
Beaulieu 63 228 A 4
Beaulieu-en-Argonne 55 63 G 1
Beaulieu-en-Rouergue *Abbaye de* 82 279 E 3
Beaulieu-les-Fontaines 60 23 G 4
Beaulieu-lès-Loches 37 152 C 5
Beaulieu-sous-Bressuire 79 167 G 3
Beaulieu-sous-la-Roche 85 165 G 5
Beaulieu-sous-Parthenay 79 185 F 1
Beaulieu-sur-Dordogne 19 243 E 4
Beaulieu-sur-Layon 49 149 G 3
Beaulieu-sur-Loire 45 155 H 1
Beaulieu-sur-Mer 06 309 H 2
Beaulieu-sur-Oudon 53 105 G 4
Beaulieu-sur-Sonnette 16 203 H 4
Beaulon 03 192 D 1
Beaumais 14 54 A 2
Beaumarchés 32 295 F 5
Beaumat 46 260 B 3
Beaumé 02 25 H 2
La Beaume 05 268 D 3
Beauménil 88 119 H 2
Beaumerie-Saint-Martin 62 6 C 4
Beaumes-de-Venise 84 285 G 3
Beaumesnil 14 52 B 2
Beaumesnil 27 55 G 1
Beaumettes 84 305 G 1
Beaumetz 80 12 B 4
Beaumetz-lès-Aire 62 7 F 3
Beaumetz-lès-Cambrai 62 13 H 4
Beaumetz-lès-Loges 62 13 F 3
Beaumont 07 265 H 4
Beaumont 19 225 E 4
Beaumont 32 295 G 1
Beaumont 43 246 B 1
Beaumont 54 65 E 4
Beaumont 63 227 G 1
Beaumont 74 215 G 1
Beaumont 86 169 F 5
Beaumont 89 136 B 2
Beaumont-de-Lomagne 82 297 E 1
Beaumont-de-Pertuis 84 306 C 3
Beaumont-du-Gâtinais 77 112 A 3
Beaumont-du-Lac 87 207 E 5
Beaumont-du-Périgord 24 258 C 2
Beaumont-du-Ventoux 84 285 H 3
Beaumont-en-Argonne 08 27 F 5
Beaumont-en-Auge 14 34 C 3
Beaumont-en-Beine 02 23 H 4
Beaumont-en-Cambrésis 59 14 D 4
Beaumont-en-Diois 26 268 C 3
Beaumont-en-Verdunois 55 44 B 4
Beaumont-en-Véron 37 150 D 4
Beaumont-Hague 50 28 D 2
Beaumont-Hamel 80 13 F 5
Beaumont-la-Ferrière 58 156 C 5
Beaumont-la-Ronce 37 130 D 5
Beaumont-le-Hareng 76 20 C 4
Beaumont-le-Roger 27 55 G 1
Beaumont-les-Autels 28 109 F 2
Beaumont-les-Nonains 60 37 H 3
Beaumont-lès-Randan 63 210 B 3
Beaumont-lès-Valence 26 249 F 5
Beaumont-Monteux 26 249 F 4
Beaumont-Pied-de-Bœuf 53 106 C 5
Beaumont-Pied-de-Bœuf 72 130 B 3
Beaumont-Sardolles 58 175 E 3
Beaumont-sur-Dême 72 130 C 4
Beaumont-sur-Grosne 71 177 H 5
Beaumont-sur-Lèze 31 317 H 3
Beaumont-sur-Oise 95 38 B 5
Beaumont-sur-Sarthe 72 107 G 2
Beaumont-sur-Vesle 51 41 H 4
Beaumont-sur-Vingeanne 21 160 D 1
Beaumont-Village 37 152 D 5
Beaumontel 27 35 G 5
Beaumotte-lès-Montbozon 70 162 B 1
Beaumotte-lès-Pin 70 161 G 3
Beaunay 51 61 F 3
Beaune 21 177 H 1
Beaune 73 234 B 5
Beaune-d'Allier 03 191 F 5
Beaune-la-Rolande 45 111 H 4
Beaune-le-Chaud 63 227 G 1
Beaune-le-Froid 63 227 F 2
Beaune-les-Mines 87 205 H 4
Beaune-sur-Arzon 43 247 E 1
Beaunotte 21 138 C 4
Beaupont 01 195 H 3
Beauport *Abbaye de* 22 73 F 3
Beaupouyet 24 239 F 4
Beaupréau-en-Mauges 49 148 D 4
Beaupuy 31 298 A 4
Beaupuy 32 297 E 4
Beaupuy 47 257 E 4
Beaupuy 82 297 F 2
Beauquesne 80 12 D 5
Beaurain 59 14 D 3
Beaurains 62 13 G 2
Beaurains-lès-Noyon 60 23 G 5
Beaurainville 62 6 D 5
Beaurecueil 13 306 B 5
Beauregard 01 212 D 3
Beauregard 46 278 D 1
Beauregard-Baret 26 249 H 4
Beauregard-de-Terrasson 24 241 G 2
Beauregard-et-Bassac 24 240 B 4
Beauregard-l'Évêque 63 210 A 5
Beauregard-Vendon 63 209 H 3
Beaurepaire 38 231 G 5
Beaurepaire 60 38 D 3
Beaurepaire 76 18 C 4
Beaurepaire 85 166 C 2
Beaurepaire-en-Bresse 71 178 D 5
Beaurepaire-sur-Sambre 59 15 F 5
Beaurevoir 02 14 C 5
Beaurières 26 268 C 3
Beaurieux 02 41 E 2
Beaurieux 59 16 A 3
Beauronne 24 239 G 3
Beausemblant 26 249 E 1
Beausoleil 06 309 H 5
Beaussac 24 221 H 3
Beaussais-Vitré 79 185 G 4
Beaussault 76 21 E 4
Beausse 49 148 D 3
Le Beausset 83 327 H 3
Beauteville 31 318 C 3
Beautheil 77 59 H 4
Beautiran 33 255 H 2
Beautor 02 24 B 4
Beautot 76 20 A 4
Beauvain 61 82 D 2
Beauvais 60 38 A 2
Beauvais-sur-Matha 17 202 C 4
Beauvais-sur-Tescou 81 298 B 1
Beauval 80 12 D 4
Beauval-en-Caux 76 20 A 3
Beauvallon 26 249 F 5
Beauvallon 83 329 F 2
Beauvau 49 129 E 5
Beauvène 07 248 C 5
Beauvernois 71 178 D 3
Beauvezer 04 288 D 3
Beauville 31 318 C 2
Beauville 47 276 D 2
Beauvilliers 28 86 C 5
Beauvilliers 41 132 A 2
Beauvilliers 89 158 B 2
Beauvoir 50 51 F 5
Beauvoir 60 22 C 5
Beauvoir 77 88 D 2
Beauvoir 89 135 H 3
Beauvoir *Château de* 03 192 D 3
Beauvoir-de-Marc 38 231 G 3
Beauvoir-en-Lyons 76 37 E 1
Beauvoir-en-Royans 38 250 A 2
Beauvoir-sur-Mer 85 164 C 2
Beauvoir-sur-Niort 79 201 H 1
Beauvoir-sur-Sarce 10 115 F 5
Beauvoir-Wavans 62 12 C 3
Beauvois 62 7 F 5
Beauvois-en-Cambrésis 59 14 C 4
Beauvois-en-Vermandois 02 23 H 2
Beauvoisin 26 286 A 1
Beauvoisin 30 303 H 3
Beauvoisin 39 178 D 2
Beaux 43 247 H 2
Beauzac 43 247 H 1
Beauzée-sur-Aire 55 63 H 2
Beauzelle 31 297 H 4
Beauziac 47 274 D 1
Bébing 57 67 G 5
Beblenheim 68 121 E 2
Bec-de-Mortagne 76 19 E 4
Le Bec-Hellouin 27 35 G 4
Le Bec-Thomas 27 36 A 4
Beccas 32 315 F 2
Béceleuf 79 184 D 2
Béchamps 54 45 E 5
Bécherel 35 103 H 1
Bécheresse 16 221 E 3
Béchy 57 66 B 2
Bécon-les-Granits 49 149 E 1
Béconne 26 267 G 4
Bécordel-Bécourt 80 23 E 1
Bécourt 62 6 D 2
Becquigny 02 14 D 5
Becquigny 80 23 E 4
Bédarieux 34 301 F 4
Bédarrides 84 285 F 4
Beddes 18 190 A 1
Bédéchan 32 296 C 5
Bédée 35 103 H 2
Bédeilhac-et-Aynat 09 336 A 4
Bédeille 09 335 F 1
Bédeille 64 314 D 3
Bedenac 17 238 B 2
Bédoin 84 286 A 3
Bédouès 48 282 D 1
Bédouès-Cocurès 48 282 D 1
Bedous 64 331 H 3
Béduer 46 261 F 4
Beffes 18 174 B 1
Beffia 39 196 B 2
Beffu-et-le-Morthomme 08 43 E 2
Bégadan 33 218 D 5
Béganne 56 125 F 4
Bégard 22 72 D 4
Bègles 33 255 G 1
Begnécourt 88 118 D 2
Bégole 65 315 G 5
Bégrolles-en-Mauges 49 148 D 5
La Bégude-de-Mazenc 26 267 F 4
Bègues 03 209 H 1
Béguey 33 256 B 3
Béguios 64 311 G 4
Béhagnies 62 13 G 4
Béhasque-Lapiste 64 311 H 4
Béhen 80 11 G 4
Béhencourt 80 22 D 1
Béhéricourt 60 23 H 5
Behlenheim 67 68 D 5
Béhobie 64 310 A 4
Behonne 55 63 H 3
Béhorléguy 64 330 D 1
Béhoust 78 57 F 3
Behren-lès-Forbach 57 47 F 5
Béhuard 49 149 F 2
Beignon 56 103 F 4
Beillé 72 108 B 4
Beine 89 136 C 3
Beine-Nauroy 51 41 H 4
Beinheim 67 69 G 3
Beire-le-Châtel 21 160 B 2
Beire-le-Fort 21 160 C 4
Beissat 23 207 H 5
Bel-Air 49 127 H 3
Bel-Homme *Col du* 83 308 B 3
Bélâbre 36 188 A 2
Belan-sur-Ource 21 116 A 5
Bélarga 34 302 A 5
Bélaye 46 259 G 5
Belberaud 31 318 B 2
Belbèse 82 297 F 1
Belbeuf 76 36 B 2
Belbèze-de-Lauragais 31 318 A 2
Belbèze-en-Comminges 31 335 E 1
Belcaire 11 337 E 4
Belcastel 12 280 B 1
Belcastel 81 298 C 4
Belcastel *Château de* 46 260 B 1
Belcastel-et-Buc 11 337 H 2
Belcodène 13 327 F 1
Bélesta 09 336 D 3
Bélesta 66 338 B 5
Bélesta-en-Lauragais 31 318 D 2
Beleymas 24 239 H 4
Belfahy 70 142 B 1
Belfays 25 163 G 3
Belflou 11 318 C 4
Belfonds 61 83 G 2
Belfort 90 142 C 3
Belfort-du-Quercy 46 278 B 2
Belfort-sur-Rebenty 11 337 E 4
Belgeard 53 82 B 5
Belgentier 83 328 B 3
Belgodère 2B 344 D 5
Belhade 40 273 G 1
Belhomert-Guéhouville 28 85 F 3
Le Bélieu 25 163 E 5
Béligneux 01 213 G 4
Belin-Béliet 33 255 E 4
Bélis 40 273 H 4
Bellac 87 205 F 2
Bellaffaire 04 269 H 5
Bellagranajo *Col de* 2B 347 F 5
Bellaing 59 9 G 5
Bellancourt 80 11 H 3
Bellange 57 66 D 3
Bellavilliers 61 84 B 4
Le Bellay-en-Vexin 95 37 G 5
Belle-Église 60 38 B 4
Belle-et-Houllefort 62 2 C 5
Belle-Isle 56 144 B 4
Belle-Isle-en-Terre 22 72 C 5
Belleau 02 60 B 1
Belleau 54 65 H 4
Bellebat 33 256 B 2
Bellebrune 62 2 C 5
Bellechassagne 19 225 H 2
Bellechaume 89 114 A 4
Bellecombe 39 197 E 4
Bellecombe 73 234 B 3
Bellecombe-en-Bauges 73 215 G 5
Bellecombe-Tarendol 26 286 B 1
Bellefond 21 160 A 2
Bellefond 33 256 C 1
Bellefonds 86 186 D 1
Bellefontaine 39 197 F 1
Bellefontaine 50 52 B 5
Bellefontaine 88 119 F 4
Bellefontaine 95 38 D 5
Bellefosse 67 96 D 3
Bellegarde 30 304 A 3
Bellegarde 32 316 B 2
Bellegarde 45 111 H 5
Bellegarde-du-Razès 11 337 E 1
Bellegarde-en-Diois 26 268 B 4
Bellegarde-en-Forez 42 230 A 2
Bellegarde-en-Marche 23 207 H 3
Bellegarde-Marsal 81 299 G 1
Bellegarde-Poussieu 38 231 F 5
Bellegarde-Sainte-Marie 31 297 F 4
Bellegarde-sur-Valserine 01 215 E 1
Belleherbe 25 163 E 3
Bellemagny 68 142 D 2
Bellême 61 84 C 4
Bellenaves 03 209 G 1
Bellencombre 76 20 C 4
Belleneuve 21 160 C 2
Bellenglise 02 24 A 1
Bellengreville 14 33 H 5
Bellengreville 76 10 C 5
Bellenod-sur-Seine 21 138 B 4
Bellenot-sous-Pouilly 21 159 E 3
Bellentre 73 234 D 2
Belleray 55 64 B 1
Bellerive-sur-Allier 03 210 B 2
Belleroche 42 212 B 1
Belleserre 81 319 E 2
Bellesserre 31 297 F 2
Belleu 02 40 B 3
Belleuse 80 22 A 4
Bellevaux 74 198 B 4
Bellevesvre 71 178 D 3
Belleville-sur-Vie 85 165 H 4
Belleville 54 65 G 4
Belleville 69 212 D 1
Belleville 79 201 H 1
Belleville-en-Caux 76 20 A 4
Belleville-sur-Bar 08 43 E 1
Belleville-sur-Loire 18 156 A 1
Belleville-sur-Mer 76 10 B 5
Belleville-sur-Meuse 55 44 B 5
Belleville-sur-Vie 85 165 H 4
Bellevue 44 147 H 3
Bellevue *Grotte de* 46 260 D 4
Bellevue-Coëtquidan 56 103 F 4
Bellevue-la-Montagne 43 247 E 1
Belley 01 214 D 5
Belley 10 91 E 5
Belleydoux 01 196 D 5
Bellicourt 02 24 A 1
La Bellière 61 54 A 5
La Bellière 76 21 E 5
Bellignat 01 196 C 5
Belligné 44 148 C 1
Bellignies 59 15 F 2
La Belliole 89 113 E 3
Belloc 09 336 D 2
Belloc-Saint-Clamens 32 315 H 2
Bellocq 64 293 E 5
Bellon 16 221 E 5
Bellonne 62 14 A 2
Bellot 77 60 B 3
Bellou 14 54 C 2
Bellou-en-Houlme 61 53 F 5
Bellou-le-Trichard 61 108 B 2
Bellou-sur-Huisne 61 84 D 4
Belloy 60 37 H 1
Belloy-en-France 95 58 C 1
Belloy-en-Santerre 80 23 F 2
Belloy-Saint-Léonard 80 11 H 5
Belloy-sur-Somme 80 22 A 1
Belluire 17 219 G 3
Belmesnil 76 20 A 3
Belmont 25 162 C 4
Belmont 32 295 G 3
Belmont 38 232 A 3
Belmont 39 179 E 1
Belmont 52 140 A 3
Belmont 67 96 D 3
Belmont 70 141 H 2
Belmont-Bretenoux 46 243 E 5
Belmont-d'Azergues 69 212 D 4
Belmont-de-la-Loire 42 212 A 1
Belmont-lès-Darney 88 118 C 3
Belmont-Luthézieu 01 214 D 4
Belmont-Sainte-Foi 46 278 C 2
Belmont-sur-Buttant 88 96 A 5
Belmont-sur-Rance 12 300 C 2
Belmont-sur-Vair 88 94 B 5
Belmont-Tramonet 73 232 D 2
Belmontet 46 277 F 1
Belon 29 100 C 5
Belonchamp 70 142 A 1
Belpech 11 318 C 5
Belrain 55 64 B 4
Belrupt 88 118 D 3
Belrupt-en-Verdunois 55 64 B 1
Bélus 40 292 D 4
Belval 08 26 C 3
Belval 50 51 H 1
Belval 88 96 C 3
Belval-Bois-des-Dames 08 43 F 1
Belval-en-Argonne 51 63 F 2
Belval-sous-Châtillon 51 41 F 5
Belvédère 06 291 F 3
Belvédère-Campomoro 2A 350 C 2
Belverne 70 142 A 3
Belvès 24 259 E 1
Belvès-de-Castillon 33 238 D 5
Belvèze 82 277 F 1
Belvèze-du-Razès 11 337 F 1
Belvézet 30 284 B 4
Belvezet 48 265 E 4
Belvianes-et-Cavirac 11 337 G 4
Belvis 11 337 F 4
Belvoir 25 163 E 2
Belz 56 123 G 3
Bémécourt 27 55 H 3
Bénac 09 336 A 3
Bénac 65 315 E 5
Benagues 09 336 B 1

Benais 37 151 E 3
Bénaix 09 336 D 3
Bénaménil 54 95 H 2
Bénarville 76 19 E 4
Benassay 86 185 H 1
La Benâte 17 201 G 2
La Bénate 44 165 G 2
Benauge *Château de* 33 256 B 2
Benay 02 24 B 3
Benayes 19 224 B 3
Bendejun 06 291 F 5
Bendor *Île de* 83 327 H 4
Bendorf 68 143 F 4
Bénéjacq 64 314 C 5
Benerville-sur-Mer 14 34 B 2
Bénesse-lès-Dax 40 293 E 4
Bénesse-Maremne 40 292 B 4
Benest 16 203 H 2
Bénestroff 57 67 E 3
Bénesville 76 19 H 3
Benet 85 184 C 3
Beneuvre 21 138 D 4
Bénévent-l'Abbaye 23 206 C 2
Beney-en-Woëvre 55 65 E 2
Benfeld 67 97 G 3
Bengy-sur-Craon 18 173 H 2
Bénifontaine 62 8 B 4
Béning-lès-Saint-Avold 57 47 F 5
La Bénisson-Dieu 42 211 G 1
Bénivay-Ollon 26 285 H 1
Bennecourt 78 57 E 1
Bennetot 76 19 F 4
Benney 54 94 D 2
Bennwihr 68 121 E 2
Bénodet 29 99 H 4
Benoisey 21 137 H 5
Benoîtville 50 28 D 4
Benon 17 183 H 5
Bénonces 01 214 B 4
Bénouville 14 33 H 4
Bénouville 76 18 D 3
Benque 31 316 D 4
Benque 65 333 G 1
Benque-Dessous-et-Dessus 31 334 A 4
Benquet 40 294 A 2
Bentayou-Sérée 64 314 D 3
Bény 01 195 H 4
Le Bény-Bocage 14 52 C 2
Bény-sur-Mer 14 33 G 3
Béon 01 214 D 4
Béon 89 113 G 5
Béost 64 332 A 2
La Bérarde 38 252 A 4
Bérat 31 317 F 3
Béraut 32 295 H 1
Berbérust-Lias 65 332 D 1
Berbezit 43 246 D 1
Berbiguières 24 259 F 1
Berc 48 264 A 1
Bercenay-en-Othe 10 114 C 2
Bercenay-le-Hayer 10 90 A 5
Berche 25 142 B 5
Berchères-la-Maingot 28 86 A 3
Berchères-les-Pierres 28 86 B 4
Berchères-sur-Vesgre 28 57 E 3
Berck-Plage 62 6 A 5
Berck-sur-Mer 62 6 A 5
Bercloux 17 201 H 4
Berd'Huis 61 84 D 5
Berdoues 32 315 H 2
Bérelles 59 15 H 3
Bérengeville-la-Campagne 27 36 A 5
Berentzwiller 68 143 G 3
Bérenx 64 293 F 5
Béréziat 01 195 G 3
Berfay 72 108 D 5
Berg 67 67 H 3
Berg-sur-Moselle 57 46 B 2
Berganty 46 260 C 5
Bergbieten 67 97 F 1
Bergerac 24 257 H 1
Bergères 10 116 A 2
Bergères-lès-Vertus 51 61 G 3
Bergères-sous-Montmirail 51 60 D 3
Bergesserin 71 194 C 3
Bergheim 68 97 E 5
Bergholtz 68 120 D 4
Bergholtzzell 68 120 D 4
Bergicourt 80 22 A 3
Bergnicourt 08 42 A 2
Bergonne 63 228 A 3
Bergouey 40 293 G 3
Bergouey 64 311 G 3
La Bergue 74 197 H 5
Bergueneuse 62 7 F 4
Bergues 59 3 G 3
Bergues-sur-Sambre 02 15 F 5
Berguette 62 7 H 3
Berhet 22 72 D 3
Bérig-Vintrange 57 67 E 2
Bérigny 50 32 C 4
Berjou 61 53 F 3
Berlaimont 59 15 F 3
Berlancourt 02 25 E 3
Berlancourt 60 23 H 4
Berlats 81 300 B 4
Berlencourt-le-Cauroy 62 12 D 2
Berles-au-Bois 62 13 F 3
Berles-Monchel 62 13 E 2
La Berlière 08 27 E 5
Berling 57 68 A 4
Berlise 02 25 H 4
Berlou 34 321 E 2
Bermerain 59 14 D 3
Berméricourt 51 41 G 2
Bermeries 59 15 F 2
Bermering 57 67 E 2
Bermesnil 80 21 F 2
Bermicourt 62 7 F 5
Bermont 90 142 C 3
Bermonville 76 19 F 4
Bernac 16 203 F 2
Bernac 81 299 E 1
Bernac-Debat 65 315 F 5
Bernac-Dessus 65 315 F 5
Bernadets 64 314 B 3
Bernadets-Debat 65 315 G 3
Bernadets-Dessus 65 315 G 5
Le Bernard 85 182 C 2
La Bernardière 85 166 A 1
Bernardswiller 67 97 F 2
Bernardvillé 67 97 E 3
Bernâtre 80 12 B 3
Bernaville 80 12 C 4
Bernay 17 201 G 2
Bernay 27 35 F 5
Bernay 72 107 F 4
Bernay-en-Brie 77 59 G 5
Bernay-en-Ponthieu 80 11 F 1
Berné 56 101 E 3
Bernécourt 54 65 E 4
Bernède 32 294 C 4
La Bernerie-en-Retz 44 146 D 5
Bernes 80 23 H 1
Bernes-sur-Oise 95 38 B 5
Bernesq 14 32 C 3
Berneuil 16 220 D 4
Berneuil 17 219 G 1
Berneuil 80 12 C 4
Berneuil 87 205 F 2
Berneuil-en-Bray 60 38 A 3
Berneuil-sur-Aisne 60 39 H 2
Berneval-le-Grand 76 10 B 5
Berneville 62 13 F 2
Bernex 74 198 C 3
Bernienville 27 56 A 1
Bernières 76 19 E 4
Bernières-d'Ailly 14 54 A 2
Bernières-le-Patry 14 52 D 3
Bernières-sur-Mer 14 33 G 3
Bernières-sur-Seine 27 36 C 4
Bernieulles 62 6 C 3
Bernin 38 233 E 5
Bernis 30 303 G 3
Bernolsheim 67 68 D 4
Bernon 10 114 D 5
Bernos-Beaulac 33 274 B 1
Bernot 02 24 C 2
Bernouil 89 136 D 2
Bernouville 27 37 F 3
Bernwiller 68 143 E 2
Berny-en-Santerre 80 23 F 2
Berny-Rivière 02 40 A 2
Bérou-la-Mulotière 28 56 A 4
Berrac 32 275 H 5
Berre-les-Alpes 06 291 F 5
Berre-l'Étang 13 326 C 1
Berriac 11 319 H 5
Berrias-et-Casteljau 07 284 A 1
Berric 56 124 D 4
Berrie 86 168 B 1
Berrien 29 76 C 2
Berrieux 02 41 F 1
Berrogain-Laruns 64 313 F 4
Berru 51 41 H 3
Berrwiller 68 120 D 5
Berry-au-Bac 02 41 F 2
Berry-Bouy 18 172 D 1
Le Bersac 05 269 E 5
Bersac-sur-Rivalier 87 206 B 2
Bersaillin 39 179 F 3
Bersée 59 8 D 4
Bersillies 59 15 H 2
Berson 33 237 G 2
Berstett 67 68 D 5
Berstheim 67 68 D 4
Bert 03 192 D 4
Bertangles 80 22 B 1
Bertaucourt-Epourdon 02 24 B 5
Berteaucourt-les-Dames 80 12 B 5
Berteaucourt-lès-Thennes 80 22 D 3
Bertheauville 76 19 F 3
Berthecourt 60 38 B 3
Berthegon 86 169 E 3
Berthelange 25 161 G 4
Berthelming 57 67 G 4
Berthen 59 4 A 5
Berthenay 37 151 G 3
Berthenicourt 02 24 B 3
Berthenonville 27 37 F 5
La Berthenoux 36 189 H 1
Berthez 33 256 C 4
Bertholène 12 281 E 1
Berthouville 27 35 F 4
Bertignat 63 228 D 2
Bertignolles 10 115 H 3
Bertincourt 62 13 H 4
Bertoncourt 08 26 B 5
Bertrambois 54 96 B 1
Bertrancourt 80 13 E 4
Bertrange 57 45 H 3
Bertre 81 298 D 5
Bertren 65 334 B 2
Bertreville 76 19 F 3
Bertreville-Saint-Ouen 76 20 A 3
Bertric-Burée 24 221 G 5
Bertrichamps 54 96 A 3
Bertricourt 02 41 G 2
Bertrimont 76 20 A 4
Bertrimoutier 88 96 C 5
Bertry 59 14 D 4
Béru 89 136 D 3
Béruges 86 186 A 1
Bérulle 10 114 B 3
Bérus 72 83 G 4
Berven 29 71 F 4
Berville 14 54 B 1
Berville 76 19 H 4
Berville 95 38 A 4
Berville-en-Roumois 27 35 H 3
Berville-la-Campagne 27 55 H 1
Berville-sur-Mer 27 34 D 2
Berville-sur-Seine 76 35 H 1
Berviller-en-Moselle 57 46 D 4
Berzé-la-Ville 71 194 D 4
Berzé-le-Châtel 71 194 D 3
Berzème 07 266 C 3
Berzieux 51 43 E 4
Berzy-le-Sec 02 40 B 3
La Besace 08 27 F 5
Besain 39 179 G 4
Besançon 25 162 A 3
Bésayes 26 249 G 4
Bescat 64 314 A 5
Bésignan 26 286 B 1
Bésingrand 64 313 H 3
Beslé 44 126 A 3
La Beslière 50 51 G 3
Beslon 50 52 A 3
Besmé 02 40 A 1
Besmont 02 25 H 2
Besnans 70 162 B 1
Besné 44 146 C 1
Besneville 50 31 F 2
Besny-et-Loizy 02 24 D 5
Bessac 16 220 D 4
Bessais-le-Fromental 18 173 H 5
Bessamorel 43 247 H 3
Bessan 34 322 C 4
Bessancourt 95 58 B 1
Bessans 73 235 F 4
Bessas 07 284 A 1
Le Bessat 42 230 C 5
Bessay 85 183 F 1
Bessay-sur-Allier 03 192 B 3
Besse 15 244 B 3
Bessé 16 203 E 3
La Besse 19 243 G 2
Besse 24 259 F 3
Besse-en-Chandesse 63 227 F 3
Besse-en-Oisans 38 251 H 3
Bessé-sur-Braye 72 131 E 2
Besse-sur-Issole 83 328 C 2
Bessède-de-Sault 11 337 F 5
Bessèges 30 283 H 2
Bessenay 69 212 C 5
Bessens 82 297 G 1
Besset 09 336 D 1
Bessey 42 230 D 4
Bessey-en-Chaume 21 177 G 1
Bessey-la-Cour 21 159 F 5
Bessey-lès-Cîteaux 21 160 B 5
La Besseyre-Saint-Mary 43 246 B 4
Bessières 31 298 B 2
Bessines 79 184 D 4
Bessines-sur-Gartempe 87 205 H 2
Bessins 38 250 A 1
Besson 03 192 A 3
Bessoncourt 90 142 C 3
Bessonies 46 261 G 1
Les Bessons 48 264 A 2
Bessuéjouls 12 263 E 4
Bessy 10 90 D 2
Bessy-sur-Cure 89 136 C 5
Bestiac 09 336 C 5
Bétaille 46 242 D 5
Betaucourt 70 140 D 2
Betbèze 65 316 A 5
Betbezer-d'Armagnac 40 274 C 5
Betcave-Aguin 32 316 B 2
Betchat 09 335 E 1
Bétête 23 189 H 4
Béthancourt-en-Valois 60 39 G 3
Béthancourt-en-Vaux 02 24 A 5
Bétharram *Grottes de* 64 332 C 1
Béthelainville 55 43 H 4
Béthemont-la-Forêt 95 58 B 1
Béthencourt 59 14 D 4
Béthencourt-sur-Mer 80 11 E 4
Béthencourt-sur-Somme 80 23 G 3
Bétheniville 51 42 B 3
Bétheny 51 41 G 3
Béthincourt 55 43 H 3
Béthines 86 187 G 2
Béthisy-Saint-Martin 60 39 F 3
Béthisy-Saint-Pierre 60 39 F 3
Bethmale 09 335 E 3
Bethon 51 90 A 2
Béthon 72 83 G 4
Bethoncourt 25 142 B 4
Béthonsart 62 7 H 5
Béthonvilliers 28 109 E 2
Bethonvilliers 90 142 C 2
Béthune 62 8 A 4
Bétignicourt 10 91 G 4
Beton-Bazoches 77 60 A 5
Betoncourt-lès-Brotte 70 141 G 3
Betoncourt-les-Ménétriers 70 140 C 4
Betoncourt-Saint-Pancras 70 118 D 5
Betoncourt-sur-Mance 70 140 B 2
Bétous 32 295 E 3
Betplan 32 315 F 2
Betpouey 65 333 E 3
Betpouy 65 315 H 4
Bétracq 64 294 D 5
Betschdorf 67 69 F 2
Bettaincourt-sur-Rognon 52 93 E 5
Bettainvillers 54 45 F 4
Bettancourt-la-Ferrée 52 63 F 5
Bettancourt-la-Longue 51 63 E 3
Bettange 57 46 C 4
Bettant 01 214 A 3
Bettborn 57 67 G 4
Bettegney-Saint-Brice 88 95 E 5
Bettelainville 57 46 B 4
Bettembos 80 21 G 3
Bettencourt-Rivière 80 11 H 4
Bettencourt-Saint-Ouen 80 12 B 5
Bettendorf 68 143 F 3
Bettes 65 333 F 1
Betteville 76 19 H 5
Bettignies 59 15 G 2
Betting 57 47 E 5
Bettlach 68 143 G 4
Betton 35 104 B 2
Betton-Bettonet 73 233 H 2
Bettoncourt 88 94 D 4
Bettoncourt-le-Haut 52 93 F 4
Bettrechies 59 15 F 2
Bettviller 57 68 A 1
Bettwiller 67 67 H 3
Betz 60 39 G 5
Betz-le-Château 37 170 B 2
Beugin 62 7 H 5
Beugnâtre 62 13 H 4
Beugneux 02 40 C 4
Beugnies 59 15 H 4
Le Beugnon 79 184 D 1
Beugnon 89 114 C 4
Beugny 62 13 H 4
Beuil 06 289 G 3
Le Beulay 88 96 C 4
Beulotte-Saint-Laurent 70 119 H 5
Beure 25 162 A 4
Beurey 10 115 H 2
Beurey-Bauguay 21 159 E 4
Beurey-sur-Saulx 55 63 G 4
Beurières 63 229 E 4
Beurizot 21 159 E 3
Beurlay 17 201 E 4
Beurville 52 92 B 5
Beussent 62 6 C 3
Beuste 64 314 C 5
Beutal 25 142 A 5
Beutin 62 6 B 4
Beuvardes 02 40 C 5
Beuveille 54 44 D 2
Beuvezin 54 94 C 4
Beuvillers 14 34 C 5
Beuvillers 54 45 F 3
Beuvrages 59 9 G 5
Beuvraignes 80 23 F 4
Beuvray *Mont* 71 176 B 3
Beuvrequen 62 2 B 5
Beuvreuil 76 37 F 1
Beuvrigny 50 52 B 1
Beuvron 58 157 E 3
Beuvron-en-Auge 14 34 A 4
Beuvry 62 8 A 4
Beuvry-la-Forêt 59 9 E 4
Beux 57 66 B 2
Beuxes 86 168 D 1
Beuzec-Cap-Sizun 29 99 E 2
Beuzeville 27 34 D 3
Beuzeville-au-Plain 50 29 G 5
Beuzeville-la-Bastille 50 31 H 2
Beuzeville-la-Grenier 76 19 E 5
Beuzeville-la-Guérard 76 19 F 4
Beuzevillette 76 19 F 5
Bévenais 38 232 B 4
Beveuge 70 141 H 5
Béville-le-Comte 28 86 C 4
Bévillers 59 14 C 4
Bevons 04 287 F 3
Bévy 21 159 H 5
Bey 01 195 E 5
Bey 71 178 A 3
Bey-sur-Seille 54 66 B 4
Beychac-et-Caillau 33 237 H 5
Beychevelle 33 237 F 2
Beylongue 40 293 F 1
Beynac 87 205 G 5
Beynac-et-Cazenac 24 259 F 1
Beynat 19 242 D 3
Beynes 04 288 A 5
Beynes 78 57 G 3
Beynost 01 213 F 4
Beyrède *Col de* 65 333 G 2
Beyrède-Jumet 65 333 H 3
Beyren-lès-Sierck 57 45 H 2
Beyrie-en-Béarn 64 314 A 3
Beyrie-sur-Joyeuse 64 311 G 4
Beyries 40 293 H 4
Beyssac 19 223 H 5
Beyssac *Château de* 24 241 F 5
Beyssenac 19 223 G 4
Le Bez 81 300 A 5
Bez-et-Esparon 30 282 C 5
Bézac 09 336 B 1
Bezalles 77 60 A 5
Bézancourt 76 37 F 2
Bezange-la-Grande 54 66 C 5
Bezange-la-Petite 57 66 D 5
Bezannes 51 41 G 4
Les Bézards 45 134 D 3
Bézaudun-les-Alpes 06 309 F 1
Bézaudun-sur-Bîne 26 267 H 3
Bezaumont 54 65 G 4
Bèze 21 160 C 1
Bézenac 24 259 F 1
Bézenet 03 191 F 4
Bézéril 32 296 D 5
Béziers 34 321 G 3
Bezinghem 62 6 C 3
Bezins-Garraux 31 334 B 3
La Bezole 11 337 F 2
Bezolles 32 295 H 2
Bezons 95 58 B 2
Bezonvaux 55 44 C 5
Bezouce 30 304 A 1
Bézouotte 21 160 C 2
Bézu-la-Forêt 27 37 F 2
Bézu-le-Guéry 02 60 A 1
Bézu-Saint-Éloi 27 37 F 3
Bézu-Saint-Germain 02 40 C 5
Bézues-Bajon 32 316 B 3
Biache-Saint-Vaast 62 13 H 2
Biaches 80 23 G 1
Bians-les-Usiers 25 180 C 2
Biard 86 186 B 1
Les Biards 50 81 F 2
Biarne 39 160 D 5
Biarre 80 23 G 4
Biarritz 64 310 C 2
Biarritz-Bayonne-Anglet *Aéroport de* 64 310 C 2
Biarrotte 40 292 C 4
Biars-sur-Cère 46 243 E 5
Bias 40 272 B 3
Bias 47 258 B 5
Biaudos 40 292 B 4
Bibiche 57 46 C 3
Biblisheim 67 69 E 2
Bibost 69 212 C 5
Bichancourt 02 24 A 5
Biches 58 175 G 2
Bickenholtz 57 67 H 4
Bicqueley 54 94 B 1
Bidache 64 292 D 5
Bidarray 64 311 E 5
Bidart 64 310 C 3
Bidestroff 57 67 E 3
Biding 57 67 E 1
Bidon 07 284 C 1
Bidos 64 331 H 1
Biécourt 88 94 C 4
Biederthal 68 143 G 4
Bief 25 163 F 2
Bief-des-Maisons 39 180 A 4
Bief-du-Fourg 39 180 B 3
Biefmorin 39 179 E 2
Biefvillers-lès-Bapaume 62 13 G 4
Bielle 64 332 A 1
Bielsa *Tunnel de* 65 333 F 5
Bienassis *Château de* 22 78 D 2
Biencourt 80 11 F 5
Biencourt-sur-Orge 55 93 F 2
Bienville 60 39 F 2
Bienville-la-Petite 54 95 F 1
Bienvillers-au-Bois 62 13 F 3
Biermes 08 42 B 1
Biermont 60 23 F 5
Bierné 53 128 C 2
Bierne 59 3 G 3
Biernes 52 92 C 5
Bierre-lès-Semur 21 158 D 2
Bierry-les-Belles-Fontaines 89 137 G 5
Biert 09 335 G 3
Bierville 76 36 C 1
Biesheim 68 121 F 3
Biesles 52 117 F 3
Bietlenheim 67 69 E 4
Bieujac 33 256 C 4
Bieuxy 02 40 A 2
Bieuzy 56 101 G 4
Bieuzy-Lanvaux 56 124 A 2
Biéville 50 32 C 5
Biéville-Beuville 14 33 G 4
Biéville-en-Auge 14 34 A 5
Biéville-Quétiéville 14 34 A 5
Biéville-sur-Orne 14 33 G 4
Bièvres 02 41 E 1
Bièvres 08 27 H 5
Bièvres 91 58 B 4
Biffontaine 88 96 A 5
Biganos 33 254 C 2
Bignac 16 203 E 5
Bignan 56 102 B 5
Bignay 17 201 G 3
La Bigne 14 52 D 1
Bignicourt 08 42 B 2
Bignicourt-sur-Marne 51 62 C 5
Bignicourt-sur-Saulx 51 63 E 4
Le Bignon 44 147 H 5
Le Bignon-du-Maine 53 106 B 5
Le Bignon-Mirabeau 45 112 D 3
Bignoux 86 186 C 1
Bigny 18 173 E 4
Bigorno 2B 347 F 2
La Bigottière 53 105 H 2
Biguglia 2B 345 G 5
Bihucourt 62 13 G 4
Bilazais 79 168 B 2
Bile *Pointe du* 56 145 G 3
Bilhères 64 332 A 1
Bilia 2A 350 D 2
Bilieu 38 232 C 4
Billac 19 242 D 5
Billancelles 28 85 G 3
Billancourt 80 23 G 3
Les Billanges 87 206 C 3
Billaude *Cascade de la* 39 179 H 5
Les Billaux 33 238 B 4
Billé 35 81 E 5
Billecul 39 180 A 4
Billère 64 314 B 3
Billey 21 160 D 5
Billezois 03 210 C 1

A B C D E F G H I J K L M N O P Q R S T U V W X Y Z

Billiat *01* 214 D 2
Billième *73* 215 E 5
Billière *31* 334 A 4
Billiers *56* 124 D 5
Billio *56* 102 C 5
Billom *63* 228 B 1
Billy *03* 192 B 5
Billy *14* 33 H 5
Billy *41* 153 G 3
Billy-Berclau *62* 8 C 4
Billy-Chevannes *58* 175 E 2
Billy-le-Grand *51* 42 A 5
Billy-lès-Chanceaux *21* 138 C 5
Billy-Montigny *62* 8 C 5
Billy-sous-les-Côtes *55* 64 D 2
Billy-sous-Mangiennes *55* 44 C 3
Billy-sur-Aisne *02* 40 B 3
Billy-sur-Oisy *58* 157 E 1
Billy-sur-Ourcq *02* 40 B 4
Biltzheim *68* 121 E 4
Bilwisheim *67* 68 D 4
Bimont *62* 6 D 3
Binarville *51* 43 E 4
Binas *41* 132 B 2
Bindernheim *67* 97 G 4
Binges *21* 160 C 3
Binic *22* 73 H 5
Bining *57* 68 A 1
Biniville *50* 29 F 5
Binos *31* 334 B 3
Binson-et-Orquigny *51* 41 E 5
Bio *46* 260 D 1
Biol *38* 232 B 3
La Biolle *73* 215 F 5
Biollet *63* 208 D 3
Bion *50* 52 C 5
Bioncourt *57* 66 B 4
Bionville *54* 96 B 2
Bionville-sur-Nied *57* 66 C 1
Biot *06* 309 F 3
Le Biot *74* 198 C 4
Bioule *82* 278 B 4
Bioussac *16* 203 G 2
Biozat *03* 210 A 2
Birac *16* 220 D 2
Birac *33* 256 C 5
Birac-sur-Trec *47* 257 F 5
Biran *32* 295 H 3
Biras *24* 240 B 1
Biriatou *64* 310 B 4
Birieux *01* 213 G 3
Birkenwald *67* 68 B 5
Birlenbach *67* 69 E 1
Biron *17* 219 H 2
Biron *24* 258 D 3
Biron *64* 313 G 2
Bisanne *Signal de* *73* 216 B 5
Biscarrosse *40* 254 B 5
Biscarrosse-Plage *40* 254 A 5
Bischheim *67* 97 H 1
Bischholtz *67* 68 C 3
Bischoffsheim *67* 97 F 2
Bischtroff-sur-Sarre *67* 67 G 3
Bischwihr *68* 121 F 2
Bischwiller *67* 69 E 4
Bisel *68* 143 E 4
Bisinao *2A* 348 D 4
Bisinchi *2B* 347 F 2
Bislée *55* 64 C 4
Bisping *57* 67 G 2
Bissert *67* 67 G 2
Bisseuil *51* 61 H 1
Bissey-la-Côte *21* 116 A 5
Bissey-la-Pierre *21* 137 H 2
Bissey-sous-Cruchaud *71* 177 G 5
Bissezeele *59* 3 G 3
Bissières *14* 34 A 5
Bissy-la-Mâconnaise *71* 195 E 2
Bissy-sous-Uxelles *71* 194 D 1
Bissy-sur-Fley *71* 177 F 5
Bisten-en-Lorraine *57* 46 D 5
Bistroff *57* 67 E 2
Bitche *57* 68 B 1
Bitry *58* 156 B 1
Bitry *60* 39 H 2
Bitschhoffen *67* 68 D 3
Bitschwiller-lès-Thann *68* 142 D 1
Biver *13* 327 E 1
Bivès *32* 296 C 2
Biviers *38* 251 E 1
Biville *50* 28 D 3
Biville-la-Baignarde *76* 20 A 3
Biville-la-Rivière *76* 20 A 3
Biville-sur-Mer *76* 10 C 5
Bivilliers *61* 84 C 2
Bizanet *11* 320 D 5
Bizanos *64* 314 B 4
Bize *52* 140 A 2
Bize *65* 334 A 2
Bize-Minervois *11* 320 D 4
Bizeneuille *03* 191 E 3
Le Bizet *59* 8 C 2
Biziat *01* 195 F 5
Bizonnes *38* 232 B 4
Le Bizot *25* 163 F 4
Les Bizots *71* 176 D 4
Bizou *61* 84 D 3
Bizous *65* 333 H 1
Blacé *69* 212 D 2
Blaceret *69* 212 D 2
Blacourt *60* 37 G 1
Blacqueville *76* 19 H 5
Blacy *51* 62 C 4
Blacy *89* 137 F 5
Blaesheim *67* 97 G 2
Blagnac *31* 297 H 4
Blagny *08* 27 G 4
Blagny-sur-Vingeanne *21* 160 D 2
Blaignac *33* 256 D 4
Blaignan *33* 219 E 5
Blain *44* 147 F 1
Blaincourt-lès-Précy *60* 38 C 4
Blaincourt-sur-Aube *10* 91 G 4
Blainville-Crevon *76* 36 C 1
Blainville-sur-l'Eau *54* 95 F 2
Blainville-sur-Mer *50* 31 F 5
Blainville-sur-Orne *14* 33 H 4
Blairville *62* 13 F 3
Blaise *08* 42 D 2
Blaise *52* 92 C 5
Blaise-sous-Arzillières *51* 62 C 5
Blaison-Saint-Sulpice *49* 149 H 2
Blaisy *52* 116 D 2
Blaisy-Bas *21* 159 G 2
Blaisy-Haut *21* 159 G 3
Blajan *31* 316 B 4
Blajoux *48* 282 C 1
Blamont *25* 163 G 2
Blâmont *54* 96 A 1
Blan *81* 299 E 5
Le Blanc *36* 187 H 1
Blanc *Lac* *68* 120 C 2
Le Blanc-Mesnil *93* 58 D 2
Blanc-Misseron *59* 9 H 5
Blanc-Nez *Cap* *62* 2 B 3
Blancafort *18* 155 F 1
Blancey *21* 159 E 3
Blancfossé *60* 22 B 4
Blanche-Église *57* 67 E 4
Blanchefontaine *25* 163 F 3
Blanchefosse *08* 25 H 3
Blancherupt *67* 96 D 3
Blancheville *52* 117 E 2
Blandainville *28* 85 H 5
Blandas *30* 302 A 1
Blandin *38* 232 B 3
Blandouet *53* 106 D 4
Blandy *77* 88 C 2
Blandy *91* 87 G 5
Blangermont *62* 12 C 2
Blangerval *62* 12 C 2
Blangy-le-Château *14* 34 D 4
Blangy-sous-Poix *80* 21 H 3
Blangy-sur-Bresle *76* 11 F 5
Blangy-sur-Ternoise *62* 7 F 5
Blangy-Tronville *80* 22 C 2
Blannay *89* 157 H 1
Blanot *21* 158 C 5
Blanot *71* 194 D 2
Blanquefort *32* 296 C 4
Blanquefort *33* 237 F 5
Blanquefort-
sur-Briolance *47* 259 E 3
Blanzac *16* 221 E 3
Blanzac *43* 247 F 3
Blanzac *87* 205 F 1
Blanzac-lès-Matha *17* 202 B 4
Blanzaguet-
Saint-Cybard *16* 221 G 4
Blanzat *63* 209 G 5
Blanzay *86* 186 B 5
Blanzay-sur-Boutonne *17* 201 H 2
Blanzée *55* 44 C 5
Blanzy *71* 176 D 5
Blanzy-la-Salonnaise *08* 41 H 1
Blanzy-lès-Fismes *02* 40 D 3
Blargies *60* 21 G 4
Blarians *25* 162 B 2
Blaringhem *59* 7 G 2
Blars *46* 260 D 4
Blaru *78* 56 D 1
Blasimon *33* 256 D 2
Blaslay *86* 169 E 5
Blassac *43* 246 B 2
Blaudeix *23* 189 H 5
Blausasc *06* 291 F 5
Blauvac *84* 286 A 4
Blauzac *30* 284 B 5
Blavignac *48* 246 A 5
Blavozy *43* 247 G 3
Blay *14* 32 D 3
Blaye *33* 237 F 2
Blaye-les-Mines *81* 279 G 5
Blaymont *47* 276 D 2
Blaziert *32* 296 A 1
Blécourt *52* 92 D 4
Blécourt *59* 14 B 3
Blégiers *04* 288 B 2
Bleigny-le-Carreau *89* 136 C 2
Bleine *Col de* *06* 308 D 1
Blémerey *54* 95 H 1
Blémerey *88* 94 C 4
Blendecques *62* 3 F 5
Bléneau *89* 135 E 4
Blennes *77* 113 E 2
Blénod-lès-Pont-
à-Mousson *54* 65 G 3
Blénod-lès-Toul *54* 94 B 1
Bléquin *62* 6 D 2
Blérancourt *02* 40 A 1
Blercourt *55* 43 H 5
Bléré *37* 152 C 3
Blériot-Plage *62* 2 C 3
Bléruais *35* 103 G 3
Blésignac *33* 256 B 1
Blesle *43* 227 H 5
Blesme *51* 63 E 4
Blesmes *02* 60 C 1
Blessac *23* 207 G 3
Blessonville *52* 116 D 4
Blessy *62* 7 G 3
Blet *18* 173 H 3
Bletterans *39* 179 E 4
Bleurville *88* 118 C 3
Bleury-Saint-Symphorien *28* 86 C 3
Blevaincourt *88* 118 A 3
Blèves *72* 84 A 3
Blévy *28* 85 G 2
Le Bleymard *48* 265 E 5
Blicourt *60* 22 A 5
Blienschwiller *67* 97 E 4
Blies-Ébersing *57* 47 H 5
Blies-Guersviller *57* 47 G 5
Bliesbruck *57* 47 H 5
Blieux *04* 307 H 1
Blignicourt *10* 91 H 3
Bligny *10* 116 A 3
Bligny *51* 41 F 4
Bligny-en-Othe *89* 114 A 4
Bligny-le-Sec *21* 159 G 2
Bligny-lès-Beaune *21* 177 H 2
Bligny-sur-Ouche *21* 159 F 5
Blincourt *60* 39 E 2
Blingel *62* 7 E 5
Blis-et-Born *24* 241 E 2
Blismes *58* 157 H 5
Blodelsheim *68* 121 G 5
Blois *41* 132 A 5
Blois-sur-Seille *39* 179 F 4
Blomac *11* 320 B 5
Blomard *03* 191 G 5
Blombay *08* 26 B 2
Blond *87* 205 F 2
Blondefontaine *70* 118 B 5
Blonville-sur-Mer *14* 34 B 3
Blosseville *76* 19 H 2
Blosville *50* 31 H 2
Blot-l'Église *63* 209 G 2
Blotzheim *68* 143 G 3
Blou *49* 150 C 2
Blousson-Sérian *32* 315 F 2
La Bloutière *50* 52 A 2
Bloye *74* 215 F 4
Bluffy *74* 215 H 4
Blumeray *52* 92 B 4
Blussangeaux *25* 142 A 5
Blussans *25* 142 A 5
Blye *39* 179 F 5
Blyes *01* 213 H 4
Le Bô *14* 53 F 2
Bobigny *93* 58 D 3
Bobital *22* 79 G 4
Le Bocasse *76* 20 B 5
La Bocca *06* 309 E 4
Bocca Bassa *Col de* *2B* 346 A 3
Bocca di Vezzu *2B* 345 E 5
Bocé *49* 150 C 1
Bocognano *2A* 349 E 2
Bocquegney *88* 119 E 2
Bocquencé *61* 55 E 3
Le Bodéo *22* 78 A 5
Bodilis *29* 71 F 5
Boé *47* 276 B 3
Boëcé *61* 84 B 3
Boëge *74* 198 A 5
Boeil-Bezing *64* 314 C 4
Le Boël *35* 104 A 4
Boën-sur-Lignon *42* 229 G 1
Bœrsch *67* 97 E 2
Boeschepe *59* 4 A 5
Boëseghem *59* 7 G 2
Bœsenbiesen *67* 97 G 5
Boësse *79* 167 G 2
Boëssé-le-Sec *72* 108 C 3
Boësses *45* 112 A 3
Bœurs-en-Othe *89* 114 B 3
Boffles *62* 12 C 3
Boffres *07* 248 D 5
Bogève *74* 198 A 5
Bogny-sur-Meuse *08* 26 D 2
Bogros *63* 226 D 2
Bogy *07* 249 E 1
Bohain-en-Vermandois *02* 24 C 1
Bohal *56* 125 E 2
La Bohalle *49* 149 H 2
Bohars *29* 75 E 2
Bohas *01* 214 A 1
Boigneville *91* 87 H 5
Boigny-sur-Bionne *45* 111 E 5
Boinville-en-Mantois *78* 57 F 2
Boinville-en-Woëvre *55* 44 D 5
Boinville-le-Gaillard *78* 86 D 3
Boinvilliers *78* 57 F 2
Boiry-Becquerelle *62* 13 G 3
Boiry-Notre-Dame *62* 13 H 2
Boiry-Saint-Martin *62* 13 G 3
Boiry-Sainte-Rictrude *62* 13 G 3
Bois *17* 219 G 3
Le Bois *73* 234 B 3
Bois-Anzeray *27* 55 G 2
Bois-Arnault *27* 55 G 4
Bois-Aubry *Abbaye de* *37* 169 G 2
Bois-Bernard *62* 8 C 5
Bois-Chenu
Basilique du *88* 93 H 3
Bois-Chevalier
Château de *44* 165 G 2
Bois-Colombes *92* 58 B 3
Bois-d'Amont *39* 197 G 1
Bois-d'Arcy *78* 58 A 4
Bois-d'Arcy *89* 157 G 1
Bois-de-Céné *85* 165 E 2
Bois-de-Champ *88* 96 A 5
Bois-de-Gand *39* 179 E 3
Bois-de-la-Chaize *85* 164 B 1
Bois-de-la-Pierre *31* 317 F 3
Bois-d'Ennebourg *76* 36 C 2
Le Bois-d'Oingt *69* 212 C 4
Bois Dousset
Château du *86* 186 D 1
Bois-du-Four *12* 281 G 2
Bois-Grenier *59* 8 C 2
Bois-Guilbert *76* 20 D 5
Bois-Guillaume-Bihorel *76* 36 B 1
Le Bois-Hellain *27* 35 E 3
Bois-Héroult *76* 20 D 5
Bois-Herpin *91* 87 G 5
Bois-Himont *76* 19 G 5
Bois-Jérôme-Saint-Ouen *27* 37 E 5
Bois-la-Ville *25* 162 C 2
Bois-le-Roi *27* 56 C 3
Bois-le-Roi *77* 88 B 3
Bois-lès-Pargny *02* 24 D 3
Bois-l'Évêque *76* 36 C 2
Bois Noirs *42* 210 D 4
Bois-Normand-près-Lyre *27* 55 G 3
Le Bois-Plage-en-Ré *17* 182 D 5
Le Bois-Robert *76* 20 B 2
Bois-Sainte-Marie *71* 194 A 4
Bois-Sir-Amé
Château de *18* 173 F 3
Bois-Thibault *Château de* *53* 82 C 3
Boisbergues *80* 12 C 4
Boisbreteau *16* 220 C 5
Boiscommun *45* 111 H 4
Boisdinghem *62* 3 E 5
Boisdon *77* 60 A 5
Boisemont *27* 37 E 3
Boisemont *95* 57 H 1
Boisgasson *28* 109 G 4
Boisgervilly *35* 103 G 2
Boisjean *62* 6 C 5
Le Boisle *80* 11 H 1
Boisleux-au-Mont *62* 13 G 3
Boisleux-Saint-Marc *62* 13 G 3
Boismé *79* 167 H 4
Boismont *54* 44 D 3
Boismont *80* 11 F 3
Boismorand *45* 134 D 3
Boisney *27* 35 F 5
Boisrault *80* 21 G 2
Boisredon *17* 219 G 5
Boisroger *50* 31 F 5
Boissay *76* 36 D 1
La Boisse *01* 213 G 4
Boisse *24* 258 B 2
Boisse-Penchot *12* 261 H 4
Boisseau *41* 132 A 3
Boisseaux *45* 111 E 2
Boissède *31* 316 C 3
Boissei-la-Lande *61* 54 B 5
Boisserolles *79* 201 H 1
Boisseron *34* 303 F 3
Les Boisses *73* 235 F 2
Boisset *15* 261 H 1
Boisset *34* 320 C 3
Boisset *43* 229 G 5
Boisset-et-Gaujac *30* 283 G 5
Boisset-lès-Montrond *42* 229 H 2
Boisset-les-Prévanches *27* 56 C 2
Boisset-Saint-Priest *42* 229 H 3
Boissets *78* 57 E 3
Boissettes *77* 88 B 3
Boisseuil *87* 205 H 5
Boisseuilh *24* 241 G 1
Boissey *01* 195 F 3
Boissey *14* 54 B 1
Boissey-le-Châtel *27* 35 G 3
Boissezon *81* 299 H 5
Boissia *39* 196 D 1
La Boissière *14* 34 C 5
La Boissière *27* 56 D 2
La Boissière *34* 302 B 4
La Boissière *39* 196 B 3
La Boissière *53* 127 H 3
La Boissière
Ancienne Abbaye *49* 129 H 5
La Boissière-d'Ans *24* 241 E 1
La Boissière-
de-Montaigu *85* 166 B 2
La Boissière-
des-Landes *85* 182 D 1
La Boissière-du-Doré *44* 148 B 4
La Boissière-École *78* 57 F 5
La Boissière-en-Gâtine *79* 185 E 1
La Boissière-sur-Èvre *49* 148 C 3
Boissières *30* 303 G 2
Boissières *46* 259 H 4
Boissise-la-Bertrand *77* 88 B 3
Boissise-le-Roi *77* 88 A 3
Boissy-aux-Cailles *77* 88 A 5
Boissy-en-Drouais *28* 56 C 5
Boissy-Fresnoy *60* 39 G 5
Boissy-la-Rivière *91* 87 F 5
Boissy-l'Aillerie *95* 57 H 1
Boissy-Lamberville *27* 35 F 5
Boissy-le-Bois *60* 37 H 4
Boissy-le-Châtel *77* 60 A 4
Boissy-le-Cutté *91* 87 G 3
Boissy-le-Repos *51* 60 D 3
Boissy-le-Sec *91* 87 F 3
Boissy-lès-Perche *28* 55 H 5
Boissy-Mauvoisin *78* 57 E 2
Boissy-Saint-Léger *94* 58 D 4
Boissy-sans-Avoir *78* 57 G 4
Boissy-sous-Saint-Yon *91* 87 G 3
Boissy-sur-Damville *27* 56 B 3
Boistrudan *35* 104 D 4
Boisville-la-Saint-Père *28* 86 C 5
Boisyvon *50* 52 A 3
Boitron *61* 83 H 2
Boitron *77* 60 B 3
Bolandoz *25* 180 A 1
Bolazec *29* 76 D 2
Bolbec *76* 19 E 5
Bollène *84* 285 E 2
La Bollène-Vésubie *06* 291 F 3
Bolleville *50* 31 F 3
Bolleville *76* 19 F 5
Bollezeele *59* 3 G 4
La Bolline *06* 289 H 3
Bollwiller *68* 121 E 5
Bologne *52* 117 E 2
Bolozon *01* 196 B 5
Bolquère *66* 341 G 4
Bolsenheim *67* 97 G 3
Bombannes *33* 236 B 2
Bombon *77* 88 D 2
Bommes *33* 255 H 4
Bommiers *36* 172 B 4
Bompas *09* 336 B 4
Bompas *66* 339 E 5
Bomy *62* 7 F 3
Bon-Encontre *47* 276 B 3
Bona *58* 175 E 1
Bonac-Irazein *09* 335 E 4
Bonaguil *Château de* *47* 259 E 4
Bonas *32* 295 H 2
Bonascre *Plateau de* *09* 340 D 2
Bonboillon *70* 161 F 3
Boncé *28* 86 B 5
Bonchamp-lès-Laval *53* 106 A 3
Boncourt *02* 25 F 5
Boncourt *27* 56 C 1
Boncourt *28* 56 D 3
Boncourt *54* 45 E 5
Boncourt-le-Bois *21* 160 A 5
Boncourt-sur-Meuse *55* 64 C 4
Bondaroy *45* 111 G 3
Bondeval *25* 142 C 5
Bondigoux *31* 298 A 2
Les Bondons *48* 282 D 1
Bondoufle *91* 87 H 2
Bondues *59* 8 D 2
Bondy *93* 58 D 3
Bonen *22* 77 F 5
Bonette *Cime de la* *04* 289 E 1
Bongheat *63* 228 B 1
Le Bonhomme *68* 120 C 2
Bonhomme *Col du* *88* 120 C 2
Bonifacio *2A* 351 F 4
Bonifato *Cirque de* *2B* 346 C 3
Bonlier *60* 38 A 1
Bonlieu *39* 197 E 1
Bonlieu-sur-Roubion *26* 267 F 3
Bonloc *64* 311 E 4
Bonnac *09* 318 B 5
Bonnac *15* 245 H 2
Bonnac-la-Côte *87* 205 H 4
Bonnal *25* 141 G 5
Bonnard *89* 114 A 5
Bonnat *23* 189 F 4
Bonnatrait *74* 198 A 3
Bonnaud *39* 196 A 1
Bonnay *25* 162 A 2
Bonnay *71* 194 C 2
Bonnay *80* 22 D 1
Bonne *74* 197 H 5
Bonne-Fontaine *57* 68 A 4
Bonne-Fontaine
Château de *35* 80 C 3
Bonnebosq *14* 34 B 4
Bonnecourt *52* 117 G 5
Bonnée *45* 134 A 3
Bonnefamille *38* 231 H 2
Bonnefoi *61* 55 F 5
Bonnefond *19* 225 F 3
Bonnefont *65* 315 H 4
Bonnefontaine *39* 179 G 4
Bonnefontaine
Ancienne Abbaye de *08* 25 H 3
Bonnegarde *40* 293 G 4
Bonneil *02* 60 B 1
Bonnelles *78* 87 E 2
Bonnemain *35* 80 A 3
Bonnemaison *14* 53 E 1
Bonnemazon *65* 333 G 1
Bonnencontre *21* 178 B 1
Bonnes *16* 239 F 1
Bonnes *86* 186 D 1
Bonnesvalyn *02* 40 B 5
Bonnet *55* 93 G 2
Bonnétable *72* 108 B 3
Bonnétage *25* 163 F 4
Bonnetan *33* 255 H 1
Bonneuil *16* 220 C 2
Bonneuil *36* 188 A 4
Bonneuil-en-France *95* 58 C 2
Bonneuil-en-Valois *60* 39 G 3
Bonneuil-les-Eaux *60* 22 B 4
Bonneuil-Matours *86* 169 G 5
Bonneuil-sur-Marne *94* 58 D 4
Bonneval *28* 110 A 3
Bonneval *43* 247 E 1
Bonneval *73* 234 B 2
Bonneval-en-Diois *26* 268 D 3
Bonneval-sur-Arc *73* 235 G 4
Bonnevaux *25* 180 B 3
Bonnevaux *30* 283 G 1
Bonnevaux *74* 198 C 4
Bonnevaux-le-Prieuré *25* 162 B 5
Bonneveau *41* 131 E 3
Bonnevent-Velloreille *70* 161 H 2
Bonneville *16* 202 D 4
La Bonneville *50* 31 G 2
Bonneville *74* 216 A 1
Bonneville *80* 12 C 5
Bonneville-Aptot *27* 35 G 4
Bonneville-et-Saint-Avit-
de-Fumadières *24* 239 E 5
Bonneville-la-Louvet *14* 34 D 3
La Bonneville-sur-Iton *27* 56 A 2

Bonneville-sur-Touques 14.....34 C 3
Bonnières 60.....37 H 1
Bonnières 62.....12 C 3
Bonnières-sur-Seine 78.....57 E 1
Bonnieux 84.....305 H 2
Bonningues-lès-Ardres 62.....2 D 5
Bonningues-lès-Calais 62.....2 C 4
Bonnœil 14.....53 G 2
Bonnœuvre 44.....127 F 5
Bonnut 64.....293 G 5
Bonny-sur-Loire 45.....156 A 1
Le Bono 56.....124 A 3
Bonrepos 65.....315 H 5
Bonrepos-Riquet 31.....298 B 4
Bonrepos-sur-Aussonnelle 31.....297 F 5
Bons-en-Chablais 74.....198 A 4
Bons-Tassilly 14.....53 H 2
Bonsecours 76.....36 B 2
Bonsmoulins 61.....55 E 5
Bonson 06.....291 E 4
Bonson 42.....229 H 3
Bonvillard 73.....234 A 2
Bonvillaret 73.....234 A 2
Bonviller 54.....95 F 1
Bonvillers 60.....22 C 5
Bonvillet 88.....118 C 3
Bonvouloir *Tour de* 61.....82 C 2
Bony 02.....24 A 1
Bonzac 33.....238 C 4
Bonzée-en-Woëvre 55.....64 D 1
Boô-Silhen 65.....332 D 2
Boofzheim 67.....97 G 4
Boos 40.....293 E 1
Boos 76.....36 B 2
Bootzheim 67.....97 G 5
Boqueho 22.....78 A 3
Boquen *Abbaye de* 22.....78 D 5
Bor-et-Bar 12.....279 G 3
Boran-sur-Oise 60.....38 C 5
Borce 64.....331 H 4
Borcq-sur-Airvault 79.....168 B 3
Bord-Saint-Georges 23.....190 A 5
Bordeaux 33.....237 G 5
Bordeaux-en-Gâtinais 45.....112 A 4
Bordeaux-Mérignac *Aéroport de* 33.....237 F 5
Bordeaux-Saint-Clair 76.....18 D 4
Bordères 64.....314 C 5
Bordères-et-Lamensans 40.....294 B 2
Bordères-Louron 65.....333 H 3
Bordères-sur-l'Échez 65.....315 E 4
Les Bordes 36.....172 B 2
Les Bordes 45.....134 A 3
Bordes 64.....314 B 5
Bordes 65.....315 G 5
Les Bordes 71.....178 A 3
Les Bordes 89.....113 H 4
Les Bordes-Aumont 10.....115 E 2
Bordes-de-Rivière 31.....334 B 1
Les Bordes-sur-Arize 09.....335 H 1
Les Bordes-sur-Lez 09.....335 E 3
Bordezac 30.....283 H 2
Bords 17.....201 E 4
Borée 07.....248 A 5
Le Boréon 06.....291 E 2
Boresse-et-Martron 17.....238 D 1
Borest 60.....39 E 5
Borey 70.....141 G 4
Borgo 2B.....347 G 2
Bormes-les-Mimosas 83.....328 D 4
Le Born 31.....298 A 1
Le Born 48.....264 C 4
Born-de-Champs 24.....258 C 2
Bornambusc 76.....18 D 4
Bornay 39.....196 B 1
Borne 07.....265 G 3
La Borne 18.....155 G 4
Borne 43.....247 E 3
Bornel 60.....38 B 4
Borny 57.....65 H 1
Boron 90.....142 D 4
Borre 59.....3 H 5
Borrèze 24.....241 H 5
Bors 16.....220 C 5
Bors 16.....221 F 5
Bort-les-Orgues 19.....226 C 5
Bort-l'Étang 63.....210 B 5
Borville 54.....95 F 3
Le Bosc 09.....336 A 3
Le Bosc 34.....301 H 3
Bosc-Bénard-Commin 27.....35 H 3
Bosc-Bérenger 76.....20 C 4
Bosc-Bordel 76.....20 D 5
Bosc-Édeline 76.....20 D 5
Le Bosc du Theil 27.....35 H 4
Bosc-Guérard-Saint-Adrien 76.....20 B 5
Bosc-Hyons 76.....37 F 2
Bosc-le-Hard 76.....20 B 5
Bosc-Mesnil 76.....20 D 4
Le Bosc-Morel 27.....55 F 1
Le Bosc-Renoult 61.....54 D 2
Bosc-Renoult-en-Ouche 27.....55 G 2
Bosc-Renoult-en-Roumois 27.....35 G 3
Le Bosc-Roger-en-Roumois 27.....35 H 3
Bosc-Roger-sur-Buchy 76.....20 D 5
Boscamnant 17.....238 D 2
Boscherville 27.....35 H 3
Boscodon *Abbaye de* 05.....270 C 4
Bosdarros 64.....314 B 5
Bosgouet 27.....35 H 2
Bosguérard-de-Marcouville 27.....35 H 3
Bosjean 71.....178 D 4
Bosmie-l'Aiguille 87.....223 G 1
Bosmont-sur-Serre 02.....25 F 3
Bosmoreau-les-Mines 23.....206 D 3
Bosnormand 27.....35 H 3
Le Bosquel 80.....22 B 3
Bosquentin 27.....37 E 2
Bosrobert 27.....35 G 4
Bosroger 23.....207 H 3
Bossancourt 10.....92 A 5
Bossay-sur-Claise 37.....170 B 4
La Bosse 25.....163 E 4
La Bosse 41.....132 A 2
La Bosse 72.....108 B 3
La Bosse-de-Bretagne 35.....104 B 5
Bossée 37.....152 A 5
Bosselshausen 67.....68 C 3
Bossendorf 67.....68 C 4
Bosserville 54.....94 D 1
Bosset 24.....239 G 4
Bosseval-et-Briancourt 08.....27 E 3
Bossey 74.....215 G 1
Bossieu 38.....231 H 4
Les Bossons 74.....217 E 3
Bossugan 33.....256 D 1
Bossus-lès-Rumigny 08.....26 A 2
Bost 03.....210 C 1
Bostens 40.....274 A 5
Bostz *Château du* 03.....192 A 3
Bosville 76.....19 G 3
Botans 90.....142 C 3
Botforn 29.....99 G 4
Botmeur 29.....76 A 3
Botsorhel 29.....72 B 5
Les Bottereaux 27.....55 F 3
Botticella 2B.....345 F 1
Botz-en-Mauges 49.....148 D 3
Bou 45.....133 G 2
Bouafle 78.....57 H 2
Bouafles 27.....36 D 4
Bouan 09.....336 B 5
Bouaye 44.....147 F 4
Boubers-lès-Hesmond 62.....6 D 4
Boubers-sur-Canche 62.....12 C 2
Boubiers 60.....37 G 4
Bouc-Bel-Air 13.....327 E 1
Boucagnères 32.....296 B 5
Boucard *Château de* 18.....155 G 3
Boucau 64.....292 A 5
Boucé 03.....192 C 4
Boucé 61.....54 A 5
Boucey 50.....80 C 2
Le Bouchage 16.....203 H 2
Le Bouchage 38.....232 C 1
Bouchain 59.....14 C 2
Bouchamps-lès-Craon 53.....127 H 2
Le Bouchaud 03.....193 F 4
Le Bouchaud 39.....179 F 3
Bouchavesnes-Bergen 80.....23 G 1
Bouchemaine 49.....149 G 2
Boucheporn 57.....46 D 5
Bouchet 26.....285 F 2
Le Bouchet-Mont-Charvin 74.....216 A 4
Bouchet *Château du* 36.....170 D 5
Bouchet *Lac du* 43.....247 E 5
Le Bouchet-Saint-Nicolas 43.....247 E 5
Bouchevilliers 27.....37 F 2
Bouchoir 80.....23 E 3
Les Boucholeurs 17.....200 C 2
Bouchon 80.....12 B 5
Le Bouchon-sur-Saulx 55.....63 H 5
Les Bouchoux 39.....197 E 4
Bouchy-Saint-Genest 51.....60 C 5
Boucieu-le-Roi 07.....248 D 3
Bouclans 25.....162 B 3
Boucoiran-et-Nozières 30.....284 A 5
Bouconville 08.....42 D 3
Bouconville-sur-Madt 55.....65 E 4
Bouconville-Vauclair 02.....41 E 1
Bouconvillers 60.....37 H 5
Boucq 54.....65 E 5
Boudes 63.....227 H 4
Boudeville 76.....19 H 3
Boudin 73.....234 C 1
Boudou 82.....277 E 4
Boudrac 31.....316 A 5
Boudreville 21.....116 B 5
Boudy-de-Beauregard 47.....258 B 4
Boué 02.....15 F 5
Bouée 44.....147 E 2
Boueilh-Boueilho-Lasque 64.....294 B 5
Bouelles 76.....21 E 4
Bouër 72.....108 C 4
Bouère 53.....128 D 2
Bouessay 53.....128 D 2
Bouesse 36.....189 E 1
Bouëx 16.....221 G 2
La Bouëxière 35.....104 D 2
Bouffémont 95.....58 B 1
Boufféré 85.....166 A 2
Bouffignereux 02.....41 F 2
Boufflers 80.....11 H 2
Bouffry 41.....109 F 5
Bougainville 80.....22 A 2
Bougarber 64.....314 A 2
Bougé-Chambalud 38.....231 F 5
Bouges-le-Château 36.....171 H 1
Bougey 70.....140 C 3
Bougival 78.....58 A 3
Bouglainval 28.....86 B 2
Bougligny 77.....112 B 2
Bouglon 47.....275 E 1
Bougneau 17.....219 G 2
Bougnon 70.....141 E 3
Bougon 79.....185 G 4
Bougue 40.....294 B 1
Bouguenais 44.....147 G 4
Bougy 14.....33 F 5
Bougy-lez-Neuville 45.....111 E 4
Bouhans 71.....178 C 4
Bouhans-et-Feurg 70.....161 E 1
Bouhans-lès-Lure 70.....141 G 3
Bouhans-lès-Montbozon 70.....162 B 1
Bouhet 17.....201 E 1
Bouhey 21.....159 F 4
Bouhy 58.....156 C 1
Bouilh *Château du* 33.....237 H 4
Bouilh-Devant 65.....315 G 3
Bouilh-Péreuilh 65.....315 F 4
Bouilhonnac 11.....320 A 5
Bouillac 12.....261 G 4
Bouillac 24.....259 E 2
Bouillac 82.....297 F 2
La Bouilladisse 13.....327 F 1
Bouillancourt-en-Séry 80.....11 F 5
Bouillancourt-la-Bataille 80.....22 D 4
Bouillancy 60.....39 G 5
Bouilland 21.....159 G 5
Bouillargues 30.....304 A 2
La Bouille 76.....36 A 3
Bouillé-Courdault 85.....184 B 3
Bouillé-Loretz 79.....168 A 1
Bouillé-Ménard 49.....127 H 3
Bouillé-Saint-Paul 79.....167 H 1
La Bouillie 22.....79 E 2
Le Bouillon 61.....83 G 2
Bouillon 64.....294 A 5
Bouillonville 54.....65 E 3
Bouillouses *Lac des* 66.....341 F 3
Bouilly 10.....114 D 2
Bouilly 51.....41 F 4
Bouilly 89.....114 B 5
Bouilly-en-Gâtinais 45.....111 G 4
Bouin 62.....6 D 5
Bouin 79.....203 E 2
Bouin 85.....164 D 1
Bouin-Plumoison 62.....6 D 5
Bouisse 11.....338 A 2
Bouix 21.....138 A 2
Boujailles 25.....180 A 2
Boujan-sur-Libron 34.....321 G 3
Boujeons 25.....180 B 4
Boulages 10.....90 C 2
Boulaincourt 88.....94 C 4
Boulancourt 77.....111 H 2
Boulange 57.....45 F 3
Boulaur 32.....296 C 5
Le Boulay 37.....131 F 5
Le Boulay 88.....119 H 2
Boulay-les-Barres 45.....110 D 5
Boulay-les-Ifs 53.....83 E 4
Le Boulay-Morin 27.....56 B 1
Boulay-Moselle 57.....46 C 5
La Boulaye 71.....176 B 5
Boulazac-Isle-Manoire 24.....240 C 2
Boulbon 13.....304 C 1
Boulc 26.....268 C 2
Boule d'Amont 66.....342 C 3
Bouleternère 66.....342 C 2
Bouleurs 77.....59 G 3
Bouleuse 51.....41 F 4
Bouliac 33.....255 G 1
Boulieu-lès-Annonay 07.....248 D 1
Bouligneux 01.....213 F 2
Bouligney 70.....119 E 5
Bouligny 55.....45 E 4
Boulin 65.....315 F 4
Boullarre 60.....39 H 5
Le Boullay-les-Deux-Églises 28.....85 H 2
Boullay-les-Troux 91.....58 A 5
Le Boullay-Mivoye 28.....56 D 5
Le Boullay-Thierry 28.....86 A 2
Boulleret 18.....156 A 2
Boulleville 27.....35 E 2
Bouloc 31.....297 H 3
Bouloc-en-Quercy 82.....277 F 2
Boulogne 85.....166 A 3
Boulogne *Château de* 07.....266 B 2
Boulogne-Billancourt 92.....58 B 3
Boulogne-la-Grasse 60.....23 E 5
Boulogne-sur-Gesse 31.....316 B 4
Boulogne-sur-Helpe 59.....15 G 4
Boulogne-sur-Mer 62.....2 B 5
Bouloire 72.....108 B 5
Boulon 14.....53 G 1
Boulot 70.....161 H 2
Le Boulou 66.....343 E 4
Boulouris 83.....329 H 1
La Boulouze 50.....52 A 5
Boult 70.....161 H 2
Boult-aux-Bois 08.....43 E 1
Boult-sur-Suippe 51.....41 H 2
Le Boulvé 46.....259 F 5
Boulzicourt 08.....26 D 4
Boumois *Château de* 49.....150 B 3
Boumourt 64.....314 A 2
Bouniagues 24.....257 H 2
Le Boupère 85.....166 D 4
Bouquehault 62.....2 D 4
Bouquelon 27.....35 E 2
Bouquemaison 80.....12 D 3
Bouquemont 55.....64 C 2
Bouquet 30.....284 A 3
Bouquetot 27.....35 G 2
Bouqueval 95.....58 C 1
Bouranton 10.....91 E 5
Bouray-sur-Juine 91.....87 G 3
Bourbach-le-Bas 68.....142 D 1
Bourbach-le-Haut 68.....142 D 1
La Bourbansais *Château de* 35.....79 H 4
Bourberain 21.....160 C 1
Bourbévelle 70.....118 C 5
Bourbon-Lancy 71.....193 E 1
Bourbon-l'Archambault 03.....191 G 1
Bourbonne-les-Bains 52.....118 A 5
La Bourboule 63.....227 E 2
Bourbourg 59.....3 F 3
Bourbriac 22.....77 G 2
Bourcefranc-le-Chapus 17.....200 C 4
Bourcia 39.....196 A 4
Bourcq 08.....42 C 2
Bourdainville 76.....20 A 4
Bourdalat 40.....294 C 2
Bourdeau 73.....233 E 1
Bourdeaux 26.....267 H 3
Bourdeilles 24.....222 B 5
Le Bourdeix 24.....222 B 2
Bourdelles 33.....256 D 4
Bourdenay 10.....90 A 5
Le Bourdet 79.....184 C 5
Bourdettes 64.....314 B 5
Bourdic 30.....284 B 5
La Bourdinière-Saint-Loup 28.....86 A 5
Bourdon 80.....22 A 1
Bourdonnay 57.....67 E 5
Bourdonné 78.....57 F 4
Bourdons-sur-Rognon 52.....117 E 2
Bourecq 62.....7 G 3
Bouresches 02.....60 B 1
Bouresse 86.....186 D 4
Bouret-sur-Canche 62.....12 D 2
Boureuilles 55.....43 F 4
Bourg 33.....237 G 3
Le Bourg 46.....261 E 2
Bourg 52.....139 G 3
Bourg-Achard 27.....35 H 3
Bourg-Archambault 86.....187 G 4
Bourg-Argental 42.....248 C 1
Bourg-Beaudouin 27.....36 C 2
Bourg-Blanc 29.....70 C 5
Bourg-Bruche 67.....96 C 4
Bourg-Charente 16.....220 C 1
Le Bourg-d'Arud 38.....251 H 3
Bourg-de-Bigorre 65.....333 G 1
Bourg-de-Péage 26.....249 G 3
Bourg-de-Sirod 39.....179 H 4
Bourg-de-Thizy 69.....212 A 2
Bourg-de-Visa 82.....277 E 2
Bourg-des-Comptes 35.....104 A 5
Bourg-des-Maisons 24.....221 H 5
Le Bourg-d'Hem 23.....189 F 5
Le Bourg-d'Iré 49.....127 H 4
Le Bourg-d'Oisans 38.....251 G 3
Bourg-d'Oueil 31.....334 A 4
Bourg-du-Bost 24.....239 F 1
Le Bourg-Dun 76.....19 H 2
Bourg-en-Bresse 01.....195 H 5
Bourg-et-Comin 02.....40 D 2
Bourg-Fidèle 08.....26 C 1
Bourg-la-Reine 92.....58 C 4
Bourg-Lastic 63.....226 C 2
Bourg-le-Comte 71.....193 F 4
Bourg-le-Roi 72.....83 G 5
Bourg-lès-Valence 26.....249 F 4
Bourg-l'Évêque 49.....127 H 3
Bourg-Madame 66.....341 F 5
Bourg-Saint-Andéol 07.....284 D 1
Bourg-Saint-Bernard 31.....298 C 5
Bourg-Saint-Christophe 01.....213 H 4
Le Bourg-Saint-Léonard 61.....54 B 4
Bourg-Saint-Maurice 73.....234 D 1
Bourg-Sainte-Marie 52.....117 H 2
Bourg-sous-Châtelet 90.....142 C 2
Bourgaltroff 57.....67 E 3
Bourganeuf 23.....206 D 3
Bourgbarré 35.....104 B 4
Bourgeauville 14.....34 B 3
Bourges 18.....173 E 1
Le Bourget 93.....58 C 2
Le Bourget-du-Lac 73.....233 E 1
Bourget-en-Huile 73.....233 H 3
Bourgheim 67.....97 F 3
Bourghelles 59.....9 E 3
Bourgnac 24.....239 G 4
Bourgneuf 17.....183 G 5
Bourgneuf 73.....233 H 2
Bourgneuf-en-Mauges 49.....149 E 3
Bourgneuf-en-Retz 44.....146 D 5
Le Bourgneuf-la-Forêt 53.....105 G 2
Bourgogne 51.....41 G 3
Bourgoin-Jallieu 38.....232 A 2
Bourgon 53.....105 F 2
La Bourgonce 88.....96 A 4
La Bourgonnière *Chapelle de* 49.....148 C 2
Bourgougnague 47.....257 G 3
Bourguébus 14.....33 H 5
Bourgueil 37.....150 D 3
Bourguenolles 50.....51 H 3
Le Bourguet 83.....308 A 2
Bourguignon 25.....142 B 5
Bourguignon-lès-Conflans 70.....141 E 2
Bourguignon-lès-la-Charité 70.....161 H 1
Bourguignon-lès-Morey 70.....140 B 3
Bourguignon-sous-Coucy 02.....24 A 5
Bourguignon-sous-Montbavin 02.....40 C 1
Bourguignons 10.....115 G 3
Bourgvilain 71.....194 C 4
Bourideys 33.....273 H 1
Bouriège 11.....337 F 2
Bourigeole 11.....337 F 2
Bourisp 65.....333 G 4
Bourlens 47.....259 E 5
Bourlon 62.....14 A 3
Bourmont 52.....117 H 2
Bournainville-Faverolles 27.....35 E 5
Bournan 37.....170 A 1
Bournand 86.....168 D 1
Bournazel 12.....261 H 5
Bournazel 81.....279 F 4
Bourneau 85.....184 B 1
Bournel 47.....258 C 3
Bourneville-Sainte-Croix 27.....35 F 2
Bournezeau 85.....166 B 5
Bourniquel 24.....258 C 1
Bournois 25.....141 H 5
Bournoncle-Saint-Pierre 43.....228 A 5
Bournoncles 15.....245 H 5
Bournonville 62.....6 C 2
Bournos 64.....314 B 2
Bourogne 90.....142 C 4
Bourran 47.....275 G 1
Bourré 41.....152 D 3
Bourréac 65.....333 E 1
Bourret 82.....297 F 1
Bourriot-Bergonce 40.....274 B 3
Bourron-Marlotte 77.....88 B 5
Bourrou 24.....240 B 3
Bourrouillan 32.....295 E 2
Bours 62.....7 G 4
Bours 65.....315 E 4
Boursault 51.....61 F 1
Boursay 41.....109 F 4
Bourscheid 57.....67 H 4
Bourseul 22.....79 F 3
Bourseville 80.....11 E 3
Boursières 70.....141 E 4
Boursies 59.....14 A 4
Boursin 62.....2 C 5
Boursonne 60.....39 H 4
Bourth 27.....55 G 4
Bourthes 62.....6 D 3
Bourtzwiller 68.....143 F 1
Bourville 76.....19 H 3
Boury-en-Vexin 60.....37 F 4
Bousbach 57.....47 F 5
Bousbecque 59.....4 D 5
Le Bouscat 33.....237 G 5
Bousies 59.....15 E 4
Bousignies 59.....9 F 5
Bousignies-sur-Roc 59.....16 A 2
Le Bousquet 11.....337 F 5
Le Bousquet-d'Orb 34.....301 F 3
Boussac 12.....280 B 2
Boussac 23.....190 A 4
La Boussac 35.....80 B 2
Boussac 46.....261 E 3
Boussac-Bourg 23.....190 A 4
Boussais 79.....168 A 3
Boussan 31.....316 D 4
Boussay 37.....170 B 3
Boussay 44.....166 B 1
Bousse 57.....45 H 4
Bousse 72.....129 G 3
Bousselange 21.....178 C 2
Boussenac 09.....335 H 3
Boussenois 21.....139 F 4
Boussens 31.....317 E 5
Bousseraucourt 70.....118 C 5
Boussès 47.....275 E 3
Bousseviller 57.....48 C 5
Boussey 21.....159 E 2
Boussicourt 80.....22 D 4
Boussières 25.....161 H 4
Boussières-en-Cambrésis 59.....14 C 4
Boussières-sur-Sambre 59.....15 G 3
Boussois 59.....15 H 2
Boussy 74.....215 F 4
Boussy-Saint-Antoine 91.....58 D 5
Boust 57.....45 H 2
Boustroff 57.....66 D 2
Le Bout-d'Oye 62.....3 E 2
Bout-du-Lac 74.....215 H 4
Bout du Monde *Cirque du* 21.....177 F 2
Bout-du-Pont-de-Larn 81.....319 H 2
Boutancourt 08.....26 D 4
Boutavent 60.....21 G 4
La Bouteille 02.....25 G 2
Bouteilles-Saint-Sébastien 24.....221 G 5
Boutenac 11.....338 C 1
Boutenac-Touvent 17.....219 F 3
Boutencourt 60.....37 G 3
Boutervilliers 91.....87 F 4
Bouteville 16.....220 C 2
Bouthéon 42.....230 A 3
Boutiers-Saint-Trojan 16.....220 B 1
Boutigny 77.....59 G 2
Boutigny-sur-Essonne 91.....87 H 4
Boutigny-sur-Opton 28.....57 E 4
Bouttencourt 80.....11 F 5
Boutteville 50.....32 A 2
Boutx 31.....334 C 3
Bouvaincourt-sur-Bresle 80.....11 E 4
Bouvancourt 51.....41 F 3
Bouvante 26.....250 A 4
Bouvante-le-Haut 26.....250 A 5
Bouvelinghem 62.....3 E 5
Bouvellemont 08.....26 D 5
Bouvent 01.....196 C 4
Bouverans 25.....180 B 3
Bouvesse-Quirieu 38.....214 B 5

Bouvières *26* ..... 268 A 4
Bouvignies *59* ..... 9 E 5
Bouvigny-Boyeffles *62* ..... 8 A 5
Bouville *28* ..... 110 A 2
Bouville *76* ..... 19 H 5
Bouville *91* ..... 87 G 4
Bouvincourt-
en-Vermandois *80* ..... 23 H 2
Bouvines *59* ..... 9 E 3
Bouvresse *60* ..... 21 G 4
Bouvron *44* ..... 147 E 1
Bouvron *54* ..... 65 F 5
Boux-sous-Salmaise *21* ..... 159 F 1
Bouxières-aux-Bois *88* ..... 95 E 5
Bouxières-aux-Chênes *54* ..... 66 B 4
Bouxières-aux-Dames *54* ..... 65 H 5
Bouxières-
sous-Froidmont *54* ..... 65 G 2
Bouxurulles *88* ..... 95 E 4
Bouxwiller *67* ..... 68 B 3
Bouxwiller *68* ..... 143 F 4
Bouy *51* ..... 42 A 5
Bouy-Luxembourg *10* ..... 91 F 4
Bouy-sur-Orvin *10* ..... 89 H 4
Bouyon *06* ..... 309 F 1
Le Bouyssou *46* ..... 261 F 2
Bouzais *18* ..... 173 F 5
Bouzancourt *52* ..... 92 C 5
Bouzanville *54* ..... 94 D 4
Bouze-lès-Beaune *21* ..... 177 G 1
Bouzèdes
Belvédère des 30 ..... 283 F 1
Bouzel *63* ..... 210 A 5
Bouzemont *88* ..... 95 E 5
Bouzeron *71* ..... 177 G 3
Bouzic *24* ..... 259 G 2
Bouziès *46* ..... 260 C 5
Bouzigues *34* ..... 322 D 3
Bouzillé *49* ..... 148 C 2
Bouzin *31* ..... 316 D 5
Bouzincourt *80* ..... 13 F 5
Bouzon-Gellenave *32* ..... 295 E 3
Bouzonville *57* ..... 46 C 4
Bouzonville-aux-Bois *45* ..... 111 G 4
Bouzonville-en-Beauce *45* ..... 111 G 2
Bouzy *51* ..... 61 H 1
Bouzy-la-Forêt *45* ..... 134 A 2
Bovée-sur-Barboure *55* ..... 93 G 1
Bovel *35* ..... 103 H 4
Bovelles *80* ..... 22 A 2
Boves *80* ..... 22 C 2
Boviolles *55* ..... 93 F 1
Boyardville *17* ..... 200 B 3
Boyaval *62* ..... 7 G 4
Boyelles *62* ..... 13 G 3
Boyer *42* ..... 211 H 2
Boyer *71* ..... 195 E 1
Boyeux-Saint-Jérôme *01* ..... 214 B 2
Boynes *45* ..... 111 H 3
Boz *01* ..... 195 F 3
Bozas *07* ..... 248 D 3
Bozel *73* ..... 234 C 3
Bozouls *12* ..... 263 E 5
Brabant-en-Argonne *55* ..... 43 G 5
Brabant-le-Roi *55* ..... 63 F 3
Brabant-sur-Meuse *55* ..... 43 H 3
Brach *33* ..... 236 D 3
Brachay *52* ..... 92 D 4
Braches *80* ..... 22 D 3
Brachy *76* ..... 20 A 2
Bracieux *41* ..... 153 G 1
Bracon *39* ..... 179 H 2
Bracquemont *76* ..... 10 B 5
Bracquetuit *76* ..... 20 B 4
Bradiancourt *76* ..... 20 D 4
Braffais *50* ..... 51 H 4
Bragassargues *30* ..... 303 F 1
Bragayrac *31* ..... 317 E 2
Brageac *15* ..... 243 H 2
Bragelogne *10* ..... 115 F 5
Bragny-sur-Saône *71* ..... 178 A 2
La Brague *06* ..... 309 F 3
Brahic *07* ..... 283 H 1
Braillans *25* ..... 162 A 3
Brailly-Cornehotte *80* ..... 11 H 2
Brain *21* ..... 159 E 1
Brain-sur-Allonnes *49* ..... 150 D 3
Brain-sur-l'Authion *49* ..... 149 H 2
Brain-sur-Longuenée *49* ..... 128 A 5
Brain-sur-Vilaine *35* ..... 126 A 3
Brainans *39* ..... 179 F 3
Braine *02* ..... 40 C 3
Brains *44* ..... 147 F 4
Brains-sur-Gée *72* ..... 107 F 4
Brains-sur-les-Marches *53* ..... 105 E 5
Brainville *50* ..... 31 G 5
Brainville *54* ..... 65 E 1
Brainville-sur-Meuse *52* ..... 117 H 2
Braisnes-sur-Aronde *60* ..... 39 F 1
Braize *03* ..... 173 G 5
Bralleville *54* ..... 94 D 4
Bram *11* ..... 319 F 5
Bramabiau *Abîme du 30* ..... 282 C 4
Bramans *73* ..... 253 E 1
Brametot *76* ..... 19 H 3
Bramevaque *65* ..... 334 A 2
Bran *17* ..... 220 B 5
Branceilles *19* ..... 242 D 4
Branches *89* ..... 136 A 2
Brancion *71* ..... 195 E 2
Brancourt-en-Laonnois *02* ..... 40 C 1
Brancourt-le-Grand *02* ..... 24 B 1
Brandérion *56* ..... 123 G 2
Brandeville *55* ..... 43 H 2
Brandivy *56* ..... 124 A 2
Brando *2B* ..... 345 G 3
Brandon *71* ..... 194 C 4
Brandonnet *12* ..... 279 G 1
Brandonvillers *51* ..... 91 H 2
Branféré
Parc zoologique de 56 ..... 125 E 4
Branges *02* ..... 40 C 4
Branges *71* ..... 178 B 5
Brangues *38* ..... 232 C 1
Brannay *89* ..... 113 F 2
Branne *25* ..... 162 D 2
Branne *33* ..... 256 C 1
Brannens *33* ..... 256 C 4
Branoux-les-Taillades *30* ..... 283 G 3
Brans *39* ..... 161 E 4
Bransat *03* ..... 192 A 4
Branscourt *51* ..... 41 F 3
Bransles *77* ..... 112 C 3
Brantes *84* ..... 286 B 3
Brantigny *88* ..... 95 E 4
Brantôme-en-Périgord *24* ..... 222 C 5
Branville *14* ..... 34 B 3
Branville-Hague *50* ..... 28 D 3
Braquis *55* ..... 44 D 5
Bras *83* ..... 307 E 5
Bras-d'Asse *04* ..... 287 H 5
Bras-sur-Meuse *55* ..... 44 B 5
Brasc *12* ..... 280 D 5
Brasles *02* ..... 60 C 1
Braslou *37* ..... 169 F 2
Brasparts *29* ..... 76 A 3
Brassac *09* ..... 336 A 3
Brassac *81* ..... 300 A 4
Brassac *82* ..... 277 E 3
Brassac-les-Mines *63* ..... 228 A 4
Brasseitte *55* ..... 64 C 4
Brassempouy *40* ..... 293 G 4
Brasseuse *60* ..... 39 E 4
Brassy *58* ..... 158 A 4
Brassy *80* ..... 22 A 3
Bratte *54* ..... 65 H 4
Braucourt *52* ..... 92 B 2
Braud-et-Saint-Louis *33* ..... 237 F 1
Braus *Col de 06* ..... 291 F 4
Brauvilliers *55* ..... 92 D 2
Braux *04* ..... 289 E 4
Braux *08* ..... 26 D 2
Braux *10* ..... 91 H 3
Braux *21* ..... 159 E 2
Braux-le-Châtel *52* ..... 116 C 3
Braux-Saint-Remy *51* ..... 63 E 1
Braux-Sainte-Cohière *51* ..... 43 E 5
Bravone *2B* ..... 347 H 5
Brax *31* ..... 297 G 4
Brax *47* ..... 275 H 3
Bray *27* ..... 35 H 5
Bray *71* ..... 194 D 2
Bray-Dunes *59* ..... 3 H 1
Bray-en-Val *45* ..... 134 A 3
Bray-et-Lû *95* ..... 37 F 5
Bray-la-Campagne *14* ..... 33 H 5
Bray-lès-Mareuil *80* ..... 11 G 4
Bray-Saint-Christophe *02* ..... 24 A 3
Bray-sur-Seine *77* ..... 89 F 4
Bray-sur-Somme *80* ..... 23 E 1
Braye *02* ..... 40 B 2
Braye-en-Laonnois *02* ..... 40 D 2
Braye-en-Thiérache *02* ..... 25 F 3
Braye-sous-Faye *37* ..... 169 F 2
Braye-sur-Maulne *37* ..... 130 A 5
Brazey-en-Morvan *21* ..... 158 D 5
Brazey-en-Plaine *21* ..... 160 C 5
Bréal-sous-Montfort *35* ..... 103 H 3
Bréal-sous-Vitré *35* ..... 105 F 3
Bréançon *95* ..... 37 H 5
Bréau *77* ..... 88 D 2
Bréau-et-Salagosse *30* ..... 282 D 5
Bréauté *76* ..... 19 E 4
Bréban *51* ..... 91 G 2
Brebières *62* ..... 14 A 2
Brebotte *90* ..... 142 D 3
Brécé *35* ..... 104 C 3
Brecé *53* ..... 82 A 4
Brécey *50* ..... 52 A 4
Brech *56* ..... 124 A 2
Brechainville *88* ..... 93 G 4
Bréchamps *28* ..... 57 E 5
Bréchaumont *68* ..... 142 D 2
Brèche au Diable *14* ..... 53 H 2
Brèches *37* ..... 130 B 5
Breconchaux *25* ..... 162 B 2
Brectouville *50* ..... 52 B 1
Brécy *02* ..... 40 C 5
Brécy *18* ..... 155 G 5
Brécy-Brières *08* ..... 42 D 3
La Brède *33* ..... 255 G 2
Brée *53* ..... 106 B 3
La Brée-les-Bains *17* ..... 200 A 2
Bréel *61* ..... 53 G 3
Brégnier-Cordon *01* ..... 232 C 1
Brégy *60* ..... 59 G 1
Bréhain *57* ..... 66 D 3
Bréhain-la-Ville *54* ..... 45 E 2
Bréhal *50* ..... 51 G 2
Bréhan *56* ..... 102 B 3
Bréhand *22* ..... 78 C 4
Bréhat *Ile de 22* ..... 73 G 2
Bréhec-en-Plouha *22* ..... 73 G 3
Bréhémont *37* ..... 151 F 3
Bréhéville *55* ..... 43 H 2
Breidenbach *57* ..... 48 C 5
Breil *49* ..... 150 D 1
Le Breil-sur-Mérize *72* ..... 108 B 4
Breil-sur-Roya *06* ..... 291 G 3
La Breille-les-Pins *49* ..... 150 D 3
Breilly *80* ..... 22 B 1
Breistroff-la-Grande *57* ..... 45 H 2
Breitenau *67* ..... 96 D 4
Breitenbach *67* ..... 96 D 4
Breitenbach-Haut-Rhin *68* ..... 120 C 3
Brélès *29* ..... 70 B 5
Brélidy *22* ..... 73 E 4
Brem-sur-Mer *85* ..... 165 E 5
Bréménil *54* ..... 96 B 2
Brêmes *62* ..... 2 D 4
Bremmelbach *67* ..... 69 E 1
Brémoncourt *54* ..... 95 E 3
Bremondans *25* ..... 162 C 3
Brémontier-Merval *76* ..... 37 E 1
Brémoy *14* ..... 52 D 1
Brémur-et-Vaurois *21* ..... 138 B 3
Bren *26* ..... 249 F 2
Brenac *11* ..... 337 F 3
Brenas *34* ..... 301 G 4
Brenat *63* ..... 228 A 3
Brénaz *01* ..... 214 D 3
Brenelle *02* ..... 40 C 2
Brengues *46* ..... 261 E 4
Brennes *52* ..... 139 G 3
Brennilis *29* ..... 76 B 3
Brénod *01* ..... 214 C 2
Brenon *83* ..... 308 B 2
Brenouille *60* ..... 38 D 3
Brenoux *48* ..... 264 C 5
Brens *01* ..... 214 D 5
Brens *81* ..... 298 D 1
Brenthonne *74* ..... 198 A 4
Breny *02* ..... 40 B 4
La Bréole *04* ..... 270 A 4
Brères *25* ..... 179 G 1
Bréry *39* ..... 179 E 4
Bresdon *17* ..... 202 C 4
Les Bréseux *25* ..... 163 G 3
Bresilley *70* ..... 161 F 3
Bresle *80* ..... 22 D 1
Bresles *60* ..... 38 B 2
Bresnay *03* ..... 192 A 3
Bresolettes *61* ..... 84 C 2
La Bresse *88* ..... 120 B 4
Bresse-sur-Grosne *71* ..... 194 D 1
Bressey-sur-Tille *21* ..... 160 B 3
Bressieux *38* ..... 232 A 5
Bressolles *01* ..... 213 G 4
Bressolles *03* ..... 192 A 2
Bressols *82* ..... 277 H 5
Bresson *38* ..... 251 E 2
Bressoncourt *52* ..... 93 F 3
Bressuire *79* ..... 167 G 3
Brest *29* ..... 75 E 2
Brestot *27* ..... 35 G 3
Bretagne *36* ..... 171 H 2
Bretagne *90* ..... 142 D 3
Bretagne-d'Armagnac *32* ..... 295 F 1
Bretagne-de-Marsan *40* ..... 294 A 1
Bretagnolles *27* ..... 56 D 2
Breteau *45* ..... 135 E 4
Breteil *35* ..... 103 H 2
Bretenière *21* ..... 160 B 4
La Bretenière *25* ..... 162 B 2
La Bretenière *39* ..... 161 F 5
Bretenières *39* ..... 179 E 2
Bretenoux *46* ..... 243 E 5
Breteuil *60* ..... 22 B 5
Breteuil *Château de 78* ..... 57 H 5
Breteuil-sur-Iton *27* ..... 55 H 3
Brethel *61* ..... 55 F 5
Brethenay *52* ..... 117 E 3
Le Brethon *03* ..... 191 E 2
Bretigney *25* ..... 142 A 5
Bretigney-Notre-Dame *25* ..... 162 C 3
Bretignolles *79* ..... 167 F 3
Brétignolles *Château de 37* ..... 151 E 5
Brétignolles-le-Moulin *53* ..... 82 C 3
Bretignolles-sur-Mer *85* ..... 165 E 5
Bretigny *21* ..... 160 B 2
Brétigny *27* ..... 35 G 4
Bretigny *60* ..... 23 H 5
Brétigny-sur-Orge *91* ..... 87 H 2
Bretoncelles *61* ..... 85 E 4
La Bretonnière-
La Claye *85* ..... 183 E 2
Bretonvillers *25* ..... 163 E 4
Brette *26* ..... 268 A 3
Brette-les-Pins *72* ..... 108 A 5
Bretten *68* ..... 142 D 2
Brettes *16* ..... 203 E 3
Bretteville *50* ..... 29 F 3
Bretteville-
du-Grand-Caux *76* ..... 19 E 4
Bretteville-le-Rabet *14* ..... 53 H 1
Bretteville-l'Orgueilleuse *14* ..... 33 F 4
Bretteville-Saint-Laurent *76* ..... 19 H 3
Bretteville-sur-Ay *50* ..... 31 F 3
Bretteville-sur-Dives *14* ..... 54 A 1
Bretteville-sur-Laize *14* ..... 53 G 1
Bretteville-sur-Odon *14* ..... 33 G 4
Brettnach *57* ..... 46 C 4
Bretx *31* ..... 297 G 3
Breuches *70* ..... 141 G 2
Breuchotte *70* ..... 141 H 2
Breugnon *58* ..... 157 E 2
Le Breuil *03* ..... 210 D 1
Breuil *51* ..... 41 E 3
Le Breuil *51* ..... 60 D 2
Le Breuil *69* ..... 212 C 4
Le Breuil *71* ..... 177 E 4
Breuil *80* ..... 23 G 3
Breuil-Barret *85* ..... 167 F 5
Le Breuil-Bernard *79* ..... 167 G 5
Breuil-Bois-Robert *78* ..... 57 F 2
Breuil-Chaussée *79* ..... 167 G 3
Le Breuil-en-Auge *14* ..... 34 C 4
Le Breuil-en-Bessin *14* ..... 32 C 3
Breuil-la-Réorte *17* ..... 201 F 2
Breuil-le-Sec *60* ..... 38 D 2
Breuil-le-Vert *60* ..... 38 C 3
Breuil-Magné *17* ..... 200 D 3
Breuil-Mingot
Château du 86 ..... 186 C 1
Le Breuil-sous-Argenton *79* ..... 167 H 2
Le Breuil-sur-Couze *63* ..... 228 A 4
Breuil-sur-Marne *52* ..... 92 D 3
Breuilaufa *87* ..... 205 F 2
Breuilh *24* ..... 240 C 3
Breuillet *17* ..... 218 C 1
Breuillet *91* ..... 87 G 2
Breuilpont *27* ..... 56 D 2
Breurey-lès-Faverney *70* ..... 141 E 3
Breuschwickersheim *67* ..... 97 G 1
Breuvannes *52* ..... 117 H 3
Breuvery-sur-Coole *51* ..... 62 A 3
Breuville *50* ..... 29 E 4
Breux *55* ..... 44 B 1
Breux-Jouy *91* ..... 87 G 2
Breux-sur-Avre *27* ..... 56 B 4
Brévainville *41* ..... 109 H 5
Bréval *78* ..... 57 E 2
Brévands *50* ..... 32 A 2
Brevans *39* ..... 161 E 5
Le Brévedent *14* ..... 34 D 4
Brèves *58* ..... 157 F 2
Les Bréviaires *78* ..... 57 G 5
Bréviandes *10* ..... 115 E 2
La Brévière *14* ..... 54 C 2
Bréville *14* ..... 33 H 4
Bréville *16* ..... 202 C 5
Bréville-sur-Mer *50* ..... 51 F 2
Brévillers *62* ..... 11 H 1
Brévillers *80* ..... 12 D 3
Brevilliers *70* ..... 142 B 3
Brévilly *08* ..... 27 G 4
Brévonnes *10* ..... 91 G 5
Bréxent-Énocq *62* ..... 6 B 4
Brey-et-Maison-du-Bois *25* ..... 180 C 4
Brézal *Moulin de 29* ..... 71 F 5
Brézé *49* ..... 150 C 5
Brézellec *Pointe de 29* ..... 98 D 2
Bréziers *05* ..... 270 A 5
Brézilhac *11* ..... 319 F 5
Brézins *38* ..... 232 A 5
Brézolles *28* ..... 56 A 5
Brezons *15* ..... 245 E 4
Le Brézouard *68* ..... 96 C 5
Briançon *05* ..... 252 D 4
Briançonnet *06* ..... 308 C 1
Brianny *21* ..... 158 D 2
Briant *71* ..... 193 H 4
Briantes *36* ..... 189 G 2
Briare *45* ..... 134 D 5
Briarres-sur-Essonne *45* ..... 111 H 2
Brias *62* ..... 7 G 5
Briastre *59* ..... 14 D 4
Briatexte *81* ..... 298 D 3
Briaucourt *52* ..... 117 E 2
Briaucourt *70* ..... 141 F 2
Bricon *52* ..... 116 C 4
Briconville *28* ..... 86 A 3
Bricot-la-Ville *51* ..... 60 D 5
Bricquebec-en-Cotentin *50* ..... 29 E 5
Bricquebosq *50* ..... 28 D 4
Bricqueville *14* ..... 32 C 3
Bricqueville-la-Blouette *50* ..... 51 G 1
Bricqueville-sur-Mer *50* ..... 51 F 2
Bricy *45* ..... 110 D 5
Brides-les-Bains *73* ..... 234 C 3
La Bridoire *73* ..... 232 D 3
Bridoire *Château de 24* ..... 257 H 1
Bridoré *37* ..... 170 C 1
Brie *02* ..... 24 C 5
Brie *09* ..... 318 A 5
Brie *16* ..... 221 F 1
Brie *35* ..... 104 C 5
Brie *79* ..... 168 C 2
Brie *80* ..... 23 G 2
Brie-Comte-Robert *77* ..... 59 E 5
Brié-et-Angonnes *38* ..... 251 E 2
Brie-sous-Archiac *17* ..... 220 B 3
Brie-sous-Barbezieux *16* ..... 220 D 4
Brie-sous-Chalais *16* ..... 220 D 5
Brie-sous-Matha *17* ..... 202 C 5
Brie-sous-Mortagne *17* ..... 219 F 3
Briec *29* ..... 100 A 2
Briel-sur-Barse *10* ..... 115 G 2
Brielles *35* ..... 105 F 4
Brienne *71* ..... 195 F 1
Brienne-la-Vieille *10* ..... 91 H 4
Brienne-le-Château *10* ..... 91 H 4
Brienne-sur-Aisne *08* ..... 41 G 2
Briennon *42* ..... 211 G 1
Brienon-sur-Armançon *89* ..... 114 A 5
Brières-les-Scellés *91* ..... 87 F 4
Brieuil-sur-Chizé *79* ..... 202 B 1
Brieulles-sur-Bar *08* ..... 43 E 1
Brieulles-sur-Meuse *55* ..... 43 G 2
Brieux *61* ..... 54 A 3
Briey *54* ..... 45 F 4
Briffons *63* ..... 226 D 1
Brignac *34* ..... 302 A 4
Brignac *56* ..... 103 E 2
Brignac *87* ..... 206 B 4
Brignac-la-Plaine *19* ..... 241 H 2
Brignais *69* ..... 231 E 1
Brignancourt *95* ..... 37 H 5
Brigné *49* ..... 149 H 4
Brignemont *31* ..... 297 E 3
Brignogan-Plages *29* ..... 71 E 3
Brignoles *83* ..... 328 B 1
Brignon *30* ..... 284 A 5
Le Brignon *43* ..... 247 F 5
Brignoud *38* ..... 251 F 1
La Brigue *06* ..... 291 H 2
Briguiel-le-Chantre *86* ..... 187 H 3
Brigueuil *16* ..... 204 D 3
Briis-sous-Forges *91* ..... 87 F 2
Brillac *16* ..... 204 D 2
La Brillanne *04* ..... 287 F 5
Brillecourt *10* ..... 91 G 3
Brillevast *50* ..... 29 G 3
Brillon *59* ..... 9 F 5
Brillon-en-Barrois *55* ..... 63 G 4
Brimeux *62* ..... 6 C 4
Brimont *51* ..... 41 G 3
Brin-sur-Seille *54* ..... 66 B 4
Brinay *18* ..... 154 C 5
Brinay *58* ..... 175 G 2
Brinckheim *68* ..... 143 G 3
Brindas *69* ..... 230 D 1
Bringolo *22* ..... 73 F 5
Brinon-sur-Beuvron *58* ..... 157 E 4
Brinon-sur-Sauldre *18* ..... 154 D 1
Briod *39* ..... 179 F 5
Briollay *49* ..... 128 C 5
Brion *01* ..... 214 C 1
Brion *36* ..... 171 H 2
Brion *38* ..... 232 A 5
Brion *48* ..... 263 H 2
Brion *49* ..... 150 B 2
Brion *71* ..... 176 C 3
Brion *86* ..... 186 C 4
Brion *89* ..... 113 H 5
Brion *Pont de 38* ..... 250 D 5
Brion-près-Thouet *79* ..... 168 B 1
Brion-sur-Ource *21* ..... 116 A 5
La Brionne *23* ..... 206 D 1
Brionne *27* ..... 35 G 4
Briord *01* ..... 214 B 5
Briosne-lès-Sables *72* ..... 108 A 3
Briot *60* ..... 21 H 4
Briou *41* ..... 132 B 3
Brioude *43* ..... 246 B 1
Brioux-sur-Boutonne *79* ..... 202 C 1
Briouze *61* ..... 53 G 5
Briquemesnil-Floxicourt *80* ..... 22 A 2
Briquenay *08* ..... 43 E 2
Briscous *64* ..... 292 B 5
Brison *73* ..... 215 E 5
Brison-Saint-Innocent *73* ..... 215 E 5
Brissac *34* ..... 302 C 1
Brissac *Château de 49* ..... 149 H 3
Brissac-Quincé *49* ..... 149 H 3
Brissarthe *49* ..... 128 D 4
Brissay-Choigny *02* ..... 24 B 3
Brissy-Hamégicourt *02* ..... 24 B 3
Brive-la-Gaillarde *19* ..... 242 B 2
Brives *36* ..... 172 B 4
Brives-Charensac *43* ..... 247 F 3
Brives-sur-Charente *17* ..... 219 H 1
Brivezac *19* ..... 243 E 4
Brix *50* ..... 29 E 4
Brixey-aux-Chanoines *55* ..... 94 A 3
Brizambourg *17* ..... 201 H 5
Brizay *37* ..... 169 F 1
Brizeaux *55* ..... 63 G 1
Brizon *74* ..... 216 B 2
Le Broc *06* ..... 291 E 5
Broc *49* ..... 129 H 5
Le Broc *63* ..... 228 A 3
Brocas *40* ..... 273 H 4
Brochon *21* ..... 160 A 4
Brocottes *14* ..... 34 A 4
Brocourt *80* ..... 21 G 2
Brocourt-en-Argonne *55* ..... 43 G 5
Broglie *27* ..... 55 F 1
Brognard *25* ..... 142 C 4
Brognon *08* ..... 26 A 1
Brognon *21* ..... 160 B 2
Broin *21* ..... 178 B 1
Broindon *21* ..... 160 A 4
Broissia *39* ..... 196 B 3
Brombos *60* ..... 21 G 4
Bromeilles *45* ..... 112 A 3
Brommat *12* ..... 262 D 1
Bromont-Lamothe *63* ..... 209 E 5
Bron *69* ..... 231 F 1
Broncourt *52* ..... 140 B 3
Bronvaux *57* ..... 45 G 5
Broons *22* ..... 79 F 5
Broons-sur-Vilaine *35* ..... 104 D 3
La Broque *67* ..... 96 D 2
Broquiers *60* ..... 21 G 4
Broquiès *12* ..... 281 E 5
Brossac *16* ..... 220 D 5
Brossainc *07* ..... 230 D 5
Brossay *49* ..... 150 A 5
La Brosse-Montceaux *77* ..... 89 E 5
Brosses *89* ..... 157 G 1
Brosville *27* ..... 36 B 5
Brotonne *Pont de 76* ..... 35 G 1
Brotte-lès-Luxeuil *70* ..... 141 G 3
Brotte-lès-Ray *70* ..... 140 B 5
Brottes *52* ..... 117 E 3
Brou *01* ..... 195 H 5
Brou *28* ..... 109 G 2
Brou-sur-Chantereine *77* ..... 59 E 3
Brouage *17* ..... 200 C 4
Brouains *50* ..... 52 B 4
Broualan *35* ..... 80 B 3
Brouay *14* ..... 33 F 4
Brouchaud *24* ..... 241 E 2
Brouchy *80* ..... 23 H 4
Brouck *57* ..... 46 C 5
Brouckerque *59* ..... 3 F 3
Brouderdorff *57* ..... 67 H 5
Broué *28* ..... 57 E 4
Brouennes *55* ..... 27 H 5
Le Brouilh-Monbert *32* ..... 295 H 4
Brouilla *66* ..... 343 E 3

Brouillet 51 ... 41 E 4
Brouis *Col de* 06 ... 291 G 4
Brouqueyran 33 ... 256 C 4
La Brousse 17 ... 202 B 4
Brousse 23 ... 208 C 3
Brousse 63 ... 228 B 2
Brousse 81 ... 299 F 3
Brousse-le-Château 12 ... 280 D 5
Brousses-et-Villaret 11 ... 319 G 3
Brousseval 52 ... 92 C 3
Broussey-en-Blois 55 ... 93 G 1
Broussey-en-Woëvre 55 ... 64 D 4
Broussy-le-Grand 51 ... 61 F 4
Broussy-le-Petit 51 ... 61 F 4
Broût-Vernet 03 ... 210 A 1
Brouthières 52 ... 93 F 4
Brouvelieures 88 ... 95 H 5
Brouville 54 ... 95 H 2
Brouviller 57 ... 67 H 4
Brouy 91 ... 87 G 5
Brouzet-lès-Alès 30 ... 284 A 3
Brouzet-lès-Quissac 30 ... 303 E 2
Les Brouzils 85 ... 166 A 2
Brovès 83 ... 308 B 3
Broxeele 59 ... 3 G 4
Broye 71 ... 176 D 3
Broye-les-Loups-
et-Verfontaine 70 ... 160 D 1
Broye-lès-Pesmes 70 ... 161 E 3
Broyes 51 ... 61 E 4
Broyes 60 ... 22 D 5
Broze 81 ... 298 D 1
Brû 88 ... 95 H 4
Bruailles 71 ... 195 H 1
Bruay-la-Buissière 62 ... 7 H 4
Bruay-sur-l'Escaut 59 ... 9 G 5
Bruc-sur-Aff 35 ... 125 H 2
Brucamps 80 ... 12 B 5
Bruch 47 ... 275 G 3
Brucheville 50 ... 32 A 2
Brucourt 14 ... 34 A 4
Brue-Auriac 83 ... 307 E 5
Bruebach 68 ... 143 F 2
Brueil-en-Vexin 78 ... 57 G 1
Bruère-Allichamps 18 ... 173 E 4
La Bruère-sur-Loir 72 ... 130 B 4
La Bruffière 85 ... 166 B 1
Brugairolles 11 ... 337 F 1
Le Brugeron 63 ... 228 D 1
Bruges 33 ... 237 F 5
Bruges 64 ... 332 B 1
Brugheas 03 ... 210 B 2
Brugnac 47 ... 257 H 5
Brugnens 32 ... 296 C 2
Brugny-Vaudancourt 51 ... 61 F 1
La Bruguière 30 ... 284 B 4
Bruguières 31 ... 297 H 3
Bruille-lez-Marchiennes 59 ... 9 E 5
Bruille-Saint-Amand 59 ... 9 G 4
Bruis 05 ... 268 C 4
Brûlain 79 ... 185 E 5
Les Brulais 35 ... 103 G 5
Brulange 57 ... 66 D 2
La Brûlatte 53 ... 105 G 3
Bruley 54 ... 65 F 5
Brullemail 61 ... 54 D 5
Brullioles 69 ... 212 C 5
Brûlon 72 ... 107 E 5
Brumath 67 ... 68 D 4
Brumetz 02 ... 40 A 5
Brunehamel 02 ... 25 H 3
Brunelles 28 ... 85 E 5
Les Brunels 11 ... 319 E 3
Brunembert 62 ... 2 D 5
Brunémont 59 ... 14 A 2
Brunet 04 ... 307 E 1
Bruniquel 82 ... 278 C 5
Brunissard 05 ... 253 E 5
Brunoy 91 ... 58 D 5
Brunstatt-Didenheim 68 ... 143 F 2
Brunville 76 ... 10 C 5
Brunvillers-la-Motte 60 ... 22 D 5
Le Brusc 83 ... 327 H 5
Brusque 12 ... 301 E 3
Le Brusquet 04 ... 288 B 3
Brussey 70 ... 161 G 3
Brussieu 69 ... 230 C 1
Brusson 51 ... 62 D 4
Brusvily 22 ... 79 G 4
Brutelles 80 ... 11 E 3
Bruville 54 ... 65 F 1
Brux 86 ... 186 A 5
La Bruyère 70 ... 141 H 2
Bruyères 88 ... 95 H 5
Bruyères-et-Montbérault 02 ... 40 D 1
Bruyères-le-Châtel 91 ... 87 G 2
Bruyères-sur-Fère 02 ... 40 C 4
Bruyères-sur-Oise 95 ... 38 C 5
Bruys 02 ... 40 D 3
Bruz 35 ... 104 A 4
Bry 59 ... 15 E 2
Bry-sur-Marne 94 ... 58 D 3
Bû 28 ... 57 E 4
Le Bû-sur-Rouvres 14 ... 53 H 1
Buais-les-Monts 50 ... 81 G 2
Buanes 40 ... 294 A 3
Bubertré 61 ... 84 C 2
Bubry 56 ... 101 G 4
Buc 78 ... 58 A 4
Buc 90 ... 142 B 3
Bucamps 60 ... 38 C 1
Bucéels 14 ... 33 E 4
Bucey-en-Othe 10 ... 114 C 2
Bucey-lès-Gy 70 ... 161 G 2
Bucey-lès-Traves 70 ... 140 D 4
Buchelay 78 ... 57 F 2
Buchères 10 ... 115 E 2
Buchey 52 ... 92 C 5
Buchy 57 ... 66 B 2
Buchy 76 ... 20 D 5
Bucilly 02 ... 25 G 2
Bucquoy 62 ... 13 F 4
Bucy-le-Long 02 ... 40 B 2
Bucy-le-Roi 45 ... 111 E 4
Bucy-lès-Cerny 02 ... 24 C 5
Bucy-lès-Pierrepont 02 ... 25 F 4
Bucy-Saint-Liphard 45 ... 110 C 5
Budelière 23 ... 190 C 5
Buding 57 ... 46 B 3
Budling 57 ... 46 B 3
Budos 33 ... 255 H 4
Bué 18 ... 155 H 3
Bueil 27 ... 56 D 2
Bueil-en-Touraine 37 ... 130 C 5
Buellas 01 ... 195 G 5
Le Buet 74 ... 217 E 2
Buethwiller 68 ... 143 E 2
Buffard 25 ... 179 G 1
Buffières 71 ... 194 C 3
Buffignécourt 70 ... 140 D 2
Buffon 21 ... 137 G 4
Bugarach 11 ... 337 H 4
Bugard 65 ... 315 G 5
Bugeat 19 ... 225 F 2
Bugnein 64 ... 313 F 3
Bugnicourt 59 ... 14 B 2
Bugnières 52 ... 116 D 5
Bugny 25 ... 180 C 1
Le Bugue 24 ... 241 E 5
Buhl 67 ... 69 F 2
Buhl 68 ... 120 D 4
Buhl-Lorraine 57 ... 67 H 5
Buhy 95 ... 37 F 4
Buicourt 60 ... 37 G 1
Buigny-l'Abbé 80 ... 11 H 3
Buigny-lès-Gamaches 80 ... 11 E 4
Buigny-Saint-Maclou 80 ... 11 G 3
Buire 02 ... 25 G 1
Buire-au-Bois 62 ... 12 B 3
Buire-Courcelles 80 ... 23 H 1
Buire-le-Sec 62 ... 6 C 5
Buire-sur-l'Ancre 80 ... 23 E 1
Buironfosse 02 ... 25 E 1
Le Buis 87 ... 205 G 2
Buis-les-Baronnies 26 ... 286 A 2
Buis-sur-Damville 27 ... 56 B 3
Buissard 05 ... 269 H 2
La Buisse 38 ... 232 C 5
La Buissière 38 ... 233 F 4
Le Buisson 48 ... 264 A 3
Le Buisson 51 ... 62 D 4
Buisson 84 ... 285 G 2
Le Buisson-de-Cadouin 24 ... 258 D 1
Buissoncourt 54 ... 66 B 5
Buissy 62 ... 14 A 3
Bujaleuf 87 ... 206 C 5
Bulainville 55 ... 63 H 1
Bulan 65 ... 333 G 2
Bulat-Pestivien 22 ... 77 F 2
Bulcy 58 ... 156 B 4
Buléon 56 ... 102 B 4
Bulgnéville 88 ... 118 B 2
Bulhon 63 ... 210 B 4
Bullainville 28 ... 110 B 3
Bulle 25 ... 180 B 2
Bullecourt 62 ... 13 H 3
Bulles 60 ... 38 C 1
Bulligny 54 ... 94 B 2
Bullion 78 ... 87 E 2
Bullou 28 ... 109 H 2
Bully 14 ... 33 G 5
Bully 42 ... 211 G 4
Bully 69 ... 212 C 4
Bully 76 ... 20 D 3
Bully-les-Mines 62 ... 8 A 4
Bulson 08 ... 27 E 4
Bult 88 ... 95 G 5
Bun 65 ... 332 C 2
Buncey 21 ... 138 A 2
Buneville 62 ... 12 D 2
Buno-Bonnevaux 91 ... 87 H 5
Bunodière *Hêtre de la* 76 ... 37 E 1
Bunus 64 ... 311 G 5
Bunzac 16 ... 221 G 1
Buoux 84 ... 305 H 2
Burbach 67 ... 67 H 3
La Burbanche 01 ... 214 C 4
Burbure 62 ... 7 H 3
Burcin 38 ... 232 B 4
Burcy 14 ... 52 D 3
Burcy 77 ... 112 A 2
Burdignes 42 ... 248 C 1
Burdignin 74 ... 198 A 5
Bure 55 ... 93 F 3
Bure 57 ... 45 F 2
Buré 61 ... 84 A 3
Bure-les-Templiers 21 ... 138 D 3
Burelles 02 ... 25 F 3
Bures 54 ... 66 D 5
Bures 61 ... 84 A 2
Bures-en-Bray 76 ... 20 C 3
Bures-les-Monts 14 ... 52 C 2
Bures-sur-Dives 14 ... 33 H 4
Bures-sur-Yvette 91 ... 58 A 5
Le Buret 53 ... 106 B 5
Burey 27 ... 56 A 2
Burey-en-Vaux 55 ... 93 H 2
Burey-la-Côte 55 ... 94 A 3
Burg 65 ... 315 G 5
Burgalays 31 ... 334 B 3
Burgaronne 64 ... 311 H 3
Le Burgaud 31 ... 297 F 2
Burgille 25 ... 161 G 3
Burgnac 87 ... 223 G 1
Burgy 71 ... 195 E 3
Burie 17 ... 201 H 5
Buriville 54 ... 95 H 2
Burlats 81 ... 299 H 4
Burlioncourt 57 ... 66 D 3
Burnand 71 ... 194 C 1
Burnevillers 25 ... 163 H 2
Burnhaupt-le-Bas 68 ... 143 E 2
Burnhaupt-le-Haut 68 ... 143 E 2
Buron 63 ... 228 A 2
Buros 64 ... 314 B 3
Burosse-Mendousse 64 ... 294 C 5
Burret 09 ... 336 A 3
Bursard 61 ... 83 H 3
Burthecourt-aux-Chênes 54 ... 95 E 1
Burtoncourt 57 ... 46 B 4
Bury 60 ... 38 C 3
Burzet 07 ... 266 A 2
Burzy 71 ... 194 C 1
Bus 62 ... 13 H 5
Bus-la-Mésière 80 ... 23 E 4
Bus-lès-Artois 80 ... 13 E 4
Bus-Saint-Rémy 27 ... 37 F 5
Busca-Maniban
Château de 32 ... 295 G 1
Buschwiller 68 ... 143 H 3
Busigny 59 ... 14 D 5
Busloup 41 ... 131 H 2
Busnes 62 ... 7 H 3
Busque 81 ... 299 E 3
Bussac 24 ... 240 B 1
Bussac-Forêt 17 ... 237 H 1
Bussac-sur-Charente 17 ... 201 G 5
Bussaglia *Plage de* 2A ... 346 B 5
Bussang 88 ... 120 B 5
Bussang *Col de* 88 ... 120 B 5
Le Busseau 79 ... 184 C 1
Busseau-sur-Creuse 23 ... 207 F 2
Busseaut 21 ... 138 B 3
Busséol 63 ... 228 A 1
Busserolles 24 ... 222 C 1
Busserotte-
et-Montenaille 21 ... 139 E 4
Busset 03 ... 210 C 2
Bussiares 02 ... 60 A 1
La Bussière 45 ... 134 D 4
La Bussière 86 ... 187 F 1
Bussière-Badil 24 ... 222 B 2
Bussière-Boffy 87 ... 204 D 2
Bussière-Dunoise 23 ... 189 E 5
Bussière-Galant 87 ... 223 F 2
Bussière-Nouvelle 23 ... 208 B 3
Bussière-Poitevine 87 ... 187 G 5
Bussière-Saint-Georges 23 ... 189 H 3
La Bussière-sur-Ouche 21 ... 159 G 4
Bussières 21 ... 138 D 4
Bussières 42 ... 212 A 5
Bussières 63 ... 208 D 2
Bussières 70 ... 161 H 2
Bussières 71 ... 194 D 4
Bussières 77 ... 60 A 2
Bussières 89 ... 158 B 2
Bussières-et-Pruns 63 ... 210 A 3
Busson 52 ... 93 F 5
Bussu 80 ... 23 G 1
Bussunarits-
Sarrasquette 64 ... 330 C 1
Bussurel 70 ... 142 B 4
Bussus-Bussuel 80 ... 11 H 3
Bussy 18 ... 173 G 3
Bussy 60 ... 23 G 5
Bussy-Albieux 42 ... 211 G 5
Bussy-en-Othe 89 ... 114 A 4
Bussy-la-Côte 55 ... 63 G 3
Bussy-la-Pesle 21 ... 159 G 2
Bussy-la-Pesle 58 ... 157 E 4
Bussy-le-Château 51 ... 62 C 1
Bussy-le-Grand 21 ... 138 A 5
Bussy-le-Repos 51 ... 63 E 2
Bussy-le-Repos 89 ... 113 F 4
Bussy-lès-Daours 80 ... 22 C 1
Bussy-lès-Poix 80 ... 21 H 2
Bussy-Lettrée 51 ... 62 A 4
Bussy-Rabutin
Château de 21 ... 138 A 5
Bussy-Saint-Georges 77 ... 59 E 3
Bussy-Saint-Martin 77 ... 59 E 3
Bust 67 ... 68 A 3
Bustanico 2B ... 347 F 4
Bustince-Iriberry 64 ... 330 C 1
Buswiller 67 ... 68 C 3
Busy 25 ... 161 H 4
Butgnéville 55 ... 64 D 1
Buthiers 70 ... 162 A 2
Buthiers 77 ... 111 H 2
Butot 76 ... 20 A 5
Butot-Vénesville 76 ... 19 F 2
Butry-sur-Oise 95 ... 58 B 1
Butteaux 89 ... 114 C 5
Butten 67 ... 68 A 2
Buverchy 80 ... 23 G 3
Buvilly 39 ... 179 F 3
La Buxerette 36 ... 189 F 2
Buxerolles 21 ... 138 D 3
Buxerolles 86 ... 186 C 1
Buxerulles 55 ... 64 D 3
Buxeuil 10 ... 115 G 4
Buxeuil 36 ... 153 H 5
Buxeuil 86 ... 169 H 2
Buxières-d'Aillac 36 ... 189 E 1
Buxières-lès-Clefmont 52 ... 117 G 3
Buxières-les-Mines 03 ... 191 G 3
Buxières-lès-Villiers 52 ... 116 D 3
Buxières-sous-les-Côtes 55 ... 64 D 3
Buxières-
sous-Montaigut 63 ... 209 F 1
Buxières-sur-Arce 10 ... 115 H 3
Buxy 71 ... 177 G 5
Buysscheure 59 ... 3 G 4
Buzan 09 ... 335 E 3
Buzançais 36 ... 171 F 3
Buzancy 02 ... 40 B 3
Buzancy 08 ... 43 F 2
Buzeins 12 ... 281 G 1
Buzet-sur-Baïse 47 ... 275 F 2
Buzet-sur-Tarn 31 ... 298 B 3
Buziet 64 ... 314 A 5
Buzignargues 34 ... 303 E 3
Buzon 65 ... 315 F 2
Buzy 55 ... 44 D 5
Buzy 64 ... 314 A 5
By 25 ... 179 H 1
Byans-sur-Doubs 25 ... 161 G 5

C

Cabanac 65 ... 315 G 4
Cabanac-Cazaux 31 ... 334 C 2
Cabanac-et-Villagrains 33 ... 255 G 3
Cabanac-Séguenville 31 ... 297 E 2
La Cabanasse 66 ... 341 G 4
Cabanès 12 ... 279 H 3
Cabanès 81 ... 299 E 3
Les Cabanes-de-Fitou 11 ... 339 E 3
Le Cabanial 31 ... 318 D 2
Les Cabannes 09 ... 336 B 5
Cabannes 13 ... 305 E 1
Les Cabannes 81 ... 279 F 4
Cabara 33 ... 256 C 1
Cabariot 17 ... 201 E 3
Cabas-Loumassès 32 ... 316 B 3
Cabasse 83 ... 328 C 1
Cabasson 83 ... 328 D 4
Le Cabellou 29 ... 100 A 4
Cabestany 66 ... 343 F 2
Cabidos 64 ... 294 A 5
Cabourg 14 ... 34 A 3
Cabre *Col de* 05 ... 268 D 4
Cabrerets 46 ... 260 C 5
Cabrerolles 34 ... 301 F 5
Cabrespine 11 ... 320 A 3
Cabrières 30 ... 304 A 1
Cabrières 34 ... 301 H 5
Cabrières-d'Aigues 84 ... 306 A 2
Cabrières-d'Avignon 84 ... 305 F 1
Cabriès 13 ... 326 D 1
Cabris 06 ... 308 D 3
Cachan 94 ... 58 C 4
Cachen 40 ... 274 A 4
Cachy 80 ... 22 D 2
Cadalen 81 ... 299 E 2
Cadarache *Barrage de* 13 ... 306 C 3
Cadarcet 09 ... 336 A 2
Cadarsac 33 ... 238 B 5
Cadaujac 33 ... 255 G 1
Cadéac 65 ... 333 G 3
Cadeilhan 32 ... 296 C 2
Cadeilhan-Trachère 65 ... 333 G 4
Cadeillan 32 ... 316 D 2
Cademène 25 ... 162 A 5
Caden 56 ... 125 F 4
Les Cadeneaux 13 ... 326 D 1
Cadenet 84 ... 305 H 3
Caderousse 84 ... 285 E 4
La Cadière-d'Azur 83 ... 327 H 4
La Cadière-et-Cambo 30 ... 302 D 1
Cadillac 33 ... 256 B 3
Cadillac-en-Fronsadais 33 ... 237 H 4
Cadillon 64 ... 294 D 5
Cadix 81 ... 280 C 5
Cadolive 13 ... 327 F 1
Cadouin 24 ... 258 D 1
Cadours 31 ... 297 E 3
Cadrieu 46 ... 261 E 5
Caen 14 ... 33 G 4
Caëstre 59 ... 4 A 5
Caffiers 62 ... 2 C 4
Cagnac-les-Mines 81 ... 279 G 5
Cagnano 2B ... 345 G 2
Cagnes-sur-Mer 06 ... 309 G 3
Cagnicourt 62 ... 13 H 3
Cagnoncles 59 ... 14 C 3
Cagnotte 40 ... 292 D 4
Cagny 14 ... 33 H 5
Cagny 80 ... 22 C 2
Cahagnes 14 ... 32 D 5
Cahagnolles 14 ... 32 D 4
Cahaignes 27 ... 37 E 4
Cahan 61 ... 53 F 3
Caharet 65 ... 315 G 5
Cahon 80 ... 11 F 3
Cahors 46 ... 260 B 5
Cahus 46 ... 243 E 5
Cahuzac 11 ... 318 D 5
Cahuzac 47 ... 258 B 3
Cahuzac 81 ... 319 F 2
Cahuzac-sur-Adour 32 ... 295 E 4
Cahuzac-sur-Vère 81 ... 279 E 5
Caignac 31 ... 318 C 4
Le Cailar 30 ... 303 G 4
Cailhau 11 ... 337 F 1
Cailhavel 11 ... 319 F 5
Cailla 11 ... 337 G 4
Caillac 46 ... 259 H 5
Caillavet 32 ... 295 H 3
Caille 06 ... 308 C 2
Caille *Ponts de la* 74 ... 215 G 2
La Caillère 85 ... 183 H 1
Cailleville 76 ... 19 G 2
Caillouël-Crépigny 02 ... 23 H 5
Caillouet-Orgeville 27 ... 56 C 1
Cailloux-sur-Fontaines 69 ... 213 E 4
Cailly 76 ... 20 C 5
Cailly-sur-Eure 27 ... 36 C 5
La Caine 14 ... 53 F 1
Cairanne 84 ... 285 F 2
Le Caire 04 ... 269 G 5
Cairon 14 ... 33 F 4
Caisnes 60 ... 39 H 1
Caissargues 30 ... 303 H 2
Caix 80 ... 23 E 2
Caixas 66 ... 342 D 3
Caixon 65 ... 315 E 2
Cajarc 46 ... 261 E 5
Cala Rossa 2A ... 351 G 2
Calacuccia 2B ... 346 D 4
Calais 62 ... 2 C 3
Calamane 46 ... 259 H 4
Calan 56 ... 101 E 5
Calanhel 22 ... 77 E 2
Calas 13 ... 326 D 1
Calavanté 65 ... 315 F 5
Calcatoggio 2A ... 348 C 2
Calce 66 ... 338 C 5
Caldégas 66 ... 341 F 4
Calenzana 2B ... 346 C 2
Calès 24 ... 258 D 1
Calès 46 ... 260 B 1
Calignac 47 ... 275 G 4
Caligny 61 ... 53 E 3
Callac 22 ... 77 E 3
Callac 56 ... 124 D 2
Callas 83 ... 308 B 4
Callen 40 ... 273 H 1
Callengeville 76 ... 21 E 2
Calleville 27 ... 35 G 4
Calleville-
les-Deux-Églises 76 ... 20 A 4
Callian 32 ... 295 G 4
Callian 83 ... 308 C 3
Calmeilles 66 ... 342 D 3
Calmels-et-le-Viala 12 ... 300 C 1
La Calmette 30 ... 303 G 1
Calmont 12 ... 280 C 2
Calmont 31 ... 318 B 4
Calmoutier 70 ... 141 F 4
Caloire 42 ... 230 A 4
Calonges 47 ... 275 F 1
Calonne-Ricouart 62 ... 7 H 4
Calonne-sur-la-Lys 62 ... 8 A 3
Calorguen 22 ... 79 G 4
La Calotterie 62 ... 6 B 4
Caluire-et-Cuire 69 ... 213 E 5
Calvaire des Dunes 50 ... 28 D 3
Calvi 2B ... 346 B 2
Calviac 46 ... 243 F 5
Calviac-en-Périgord 24 ... 259 H 1
Calvignac 46 ... 260 D 5
Calvinet 15 ... 262 B 2
Calvisson 30 ... 303 G 2
Calzan 09 ... 336 C 2
Camalès 65 ... 315 E 3
Camarade 09 ... 335 G 1
Camarès 12 ... 300 D 2
Camaret-sur-Aigues 84 ... 285 F 3
Camaret-sur-Mer 29 ... 74 D 3
Camarsac 33 ... 255 H 1
Cambayrac 46 ... 259 G 5
La Cambe 14 ... 32 B 2
Cambernard 31 ... 317 F 2
Cambernon 50 ... 31 H 5
Cambes 33 ... 255 H 2
Cambes 46 ... 261 F 3
Cambes 47 ... 257 F 3
Cambes-en-Plaine 14 ... 33 G 4
Cambia 2B ... 347 F 4
Cambiac 31 ... 318 C 2
Cambieure 11 ... 337 F 1
Camblain-Châtelain 62 ... 7 H 4
Camblain-l'Abbé 62 ... 8 A 5
Camblanes-et-Meynac 33 ... 255 G 1
Cambligneul 62 ... 8 A 5
Cambo-les-Bains 64 ... 310 D 4
Cambon 81 ... 299 G 1
Cambon-et-Salvergues 34 ... 300 D 4
Cambon-lès-Lavaur 81 ... 298 D 5
Camboulazet 12 ... 280 C 3
Camboulit 46 ... 261 F 4
Cambounès 81 ... 300 A 5
Cambounet-sur-le-Sor 81 ... 299 F 5
Le Cambout 22 ... 102 C 3
Cambrai 59 ... 14 B 3
Cambremer 14 ... 34 B 5
Cambrin 62 ... 8 B 4
Cambron 80 ... 11 G 3
Cambronne-lès-Clermont 60 ... 38 C 3
Cambronne-
lès-Ribécourt 60 ... 39 G 1
Camburat 46 ... 261 F 3
Came 64 ... 292 D 5
Camélas 66 ... 342 D 2
Camelin 02 ... 40 A 1
Camembert 61 ... 54 C 3
Cametours 50 ... 31 H 5
Camiac-et-Saint-Denis 33 ... 256 B 1
Camiers 62 ... 6 B 3
Camiran 33 ... 256 D 3
Camjac 12 ... 280 B 3
Camlez 22 ... 72 D 3
Les Cammazes 81 ... 319 F 3
Camoël 56 ... 125 E 5
Camon 09 ... 337 E 2
Camon 80 ... 22 C 2
Camors 56 ... 101 H 5
Camou-Cihigue 64 ... 331 E 1
Camou-Mixe-Suhast 64 ... 311 H 4
Camous 65 ... 333 H 3
Le Camp-du-Castellet 83 ... 327 G 3
Campagna-de-Sault 11 ... 337 E 5

A B C D E F G H I J K L M N O P Q R S T U V W X Y Z

Campagnac 12 ..... 263 H5
Campagnac 81 ..... 279 E5
Campagnac-lès-Quercy 24 . 259 G2
Campagnan 34 ..... 302 A5
Campagne 24 ..... 241 E5
Campagne 34 ..... 303 E2
Campagne 40 ..... 293 H1
Campagne 60 ..... 23 G4
Campagne-d'Armagnac 32 . 295 E1
Campagne-lès-Boulonnais 62 .. 6 D3
Campagne-lès-Guînes 62 ..... 2 D4
Campagne-lès-Hesdin 62 ..... 6 C5
Campagne-lès-Wardrecques 62 ..... 3 G5
Campagne-sur-Arize 09 ..... 335 H1
Campagne-sur-Aude 11 ..... 337 G3
Campagnolles 14 ..... 52 C2
Campan 65 ..... 333 F2
Campana 2B 347 G3
Campandré-Valcongrain 14 ..... 53 E1
Camparan 65 ..... 333 G4
Campbon 44 ..... 146 D1
Campeaux 14 ..... 52 C2
Campeaux 60 ..... 21 G5
Campel 35 ..... 103 G5
Campénéac 56 ..... 103 E4
Campes 81 ..... 279 F4
Campestre-et-Luc 30 ..... 301 H1
Campet-et-Lamolère 40 ..... 293 H1
Camphin-en-Carembault 59 ..... 8 C4
Camphin-en-Pévèle 59 ..... 9 E3
Campi 2B 347 G4
Campigneulles-les-Grandes 62 ..... 6 B5
Campigneulles-les-Petites 62 ..... 6 B4
Campigny 14 ..... 32 D3
Campigny 27 ..... 35 F3
Campile 2B 347 G2
Campistrous 65 ..... 315 H5
Campitello 2B 347 F2
Camplong 34 ..... 301 F4
Camplong-d'Aude 11 ..... 338 B1
Campneuseville 76 ..... 21 F2
Campo 2A 348 D3
Campoloro *Port de* 2B 347 H4
Campôme 66 ..... 342 A2
Campouriez 12 ..... 262 D2
Campoussy 66 ..... 342 B2
Campremy 60 ..... 22 C5
Camprond 50 ..... 31 H5
Camps 19 ..... 243 F4
Camps-en-Amiénois 80 ..... 21 H2
Camps-la-Source 83 ..... 328 B1
Camps-sur-l'Agly 11 ..... 338 A4
Camps-sur-l'Isle 33 ..... 238 D4
Campsas 82 ..... 297 H1
Campsegret 24 ..... 240 B5
Campuac 12 ..... 262 D4
Campugnan 33 ..... 237 G2
Campuzan 65 ..... 315 H4
Camurac 11 ..... 336 D5
Can Parterre 66 ..... 342 C4
Canadel *Col du* 83 ..... 329 E4
Canadel-sur-Mer 83 ..... 329 E4
Canaille *Cap* 13 ..... 327 F4
Canale-di-Verde 2B 347 H4
Canals 82 ..... 297 G2
Canaples 80 ..... 12 C5
Canappeville 27 ..... 36 B5
Canapville 14 ..... 34 C3
Canapville 61 ..... 54 D2
Canari 2B 345 F2
Canaules-et-Argentières 30 ..... 283 H5
Canavaggia 2B 347 F2
Canaveilles 66 ..... 341 H3
Cancale 35 ..... 50 D4
Canchy 14 ..... 32 C2
Canchy 80 ..... 11 G2
Cancon 47 ..... 258 B4
Candas 80 ..... 12 C4
Candé 49 ..... 127 G5
Candé-sur-Beuvron 41 ..... 153 E1
Candes-Saint-Martin 37 ..... 150 D4
Candillargues 34 ..... 303 F4
Candor 60 ..... 23 G5
Candresse 40 ..... 293 E3
Canehan 76 ..... 10 D5
Canéjan 33 ..... 255 F1
Canens 31 ..... 317 H5
Canenx-et-Réaut 40 ..... 273 H5
Canet 11 ..... 320 D5
Canet 34 ..... 302 A5
Canet-de-Salars 12 ..... 281 E3
Canet-en-Roussillon 66 ..... 343 F2
Canet-Plage 66 ..... 343 F2
Canettemont 62 ..... 12 D2
Cangey 37 ..... 152 C2
Caniac-du-Causse 46 ..... 260 C3
Canigou *Pic du* 66 ..... 342 B3
Canihuel 22 ..... 77 G4
Canilhac 48 ..... 263 H5
Canisy 50 ..... 32 A5
Canlers 62 ..... 7 E4
Canly 60 ..... 39 E2
Cannectancourt 60 ..... 23 G5
Cannelle 2A 348 C2
Cannelle 2B 345 F1
Cannes 06 ..... 309 F4
Cannes-Écluse 77 ..... 89 E5
Cannes-et-Clairan 30 ..... 303 F1
Cannessières 80 ..... 11 G5
Le Cannet 06 ..... 309 F4
Cannet 32 ..... 294 D4
Le Cannet-des-Maures 83 ..... 328 D1
Canny-sur-Matz 60 ..... 23 F5
Canny-sur-Thérain 60 ..... 21 F5
Canohès 66 ..... 343 E2
Canon 14 ..... 34 A5
Le Canon 33 ..... 254 B2
La Canonica 2B 347 H2
La Canonica *Ancienne Cathédrale de* 2B 347 H2
La Canourgue 48 ..... 264 A5
Canouville 76 ..... 19 F2
Cantaing-sur-Escaut 59 ..... 14 B4
Cantaous 65 ..... 333 H1
Cantaron 06 ..... 309 H2
Canté 09 ..... 318 A4
Cantebonne 54 ..... 45 F2
Canteleu 76 ..... 36 A2
Canteleux 62 ..... 12 D3
Canteloup 14 ..... 34 A5
Canteloup 50 ..... 29 G3
Cantenac 33 ..... 237 F3
Cantenay-Épinard 49 ..... 128 C5
Cantiers 27 ..... 37 E4
Cantigny 80 ..... 22 D4
Cantillac 24 ..... 222 B4
Cantin 59 ..... 14 A2
Cantobre 12 ..... 282 B5
Cantoin 12 ..... 263 F1
Cantois 33 ..... 256 B2
Canville-la-Rocque 50 ..... 31 F2
Canville-les-Deux-Églises 76 . 19 H3
Cany-Barville 76 ..... 19 F3
Caorches-Saint-Nicolas 27 ..... 35 F5
Caouënnec-Lanvézéac 22 ..... 72 D3
Caours 80 ..... 11 G3
Cap Corse 2B 345 G1
Cap-Coz 29 ..... 100 A4
Le Cap-d'Agde 34 ..... 322 C5
Cap-d'Ail 06 ..... 309 H5
Cap-de-l'Homy-Plage 40 ..... 272 A4
Cap-de-Long *Barrage de* 65 ..... 333 F4
Cap Ferrat 06 ..... 309 H2
Cap-Ferret 33 ..... 254 A3
Cap-Martin 06 ..... 309 H5
Cap Sizun *Réserve du* 29 ..... 98 D2
Capbis 64 ..... 332 B1
Capbreton 40 ..... 292 A3
Capdenac 46 ..... 261 G4
Capdenac-Gare 12 ..... 261 G4
Capdrot 24 ..... 259 E2
La Capelle 02 ..... 25 F1
La Capelle 48 ..... 282 B1
Capelle 59 ..... 14 D3
La Capelle-Balaguier 12 ..... 261 F5
La Capelle-Bleys 12 ..... 279 H2
La Capelle-Bonance 12 ..... 263 G5
La Capelle-et-Masmolène 30 ..... 284 C4
Capelle-Fermont 62 ..... 13 F2
La Capelle-lès-Boulogne 62 ..... 2 B5
Capelle-les-Grands 27 ..... 55 E1
Capelle-lès-Hesdin 62 ..... 11 H1
Capendu 11 ..... 320 B5
Capens 31 ..... 317 G3
Capestang 34 ..... 321 E4
Capian 33 ..... 256 B2
Capinghem 59 ..... 8 C2
Caplong 33 ..... 257 E1
Capoulet-et-Junac 09 ..... 336 B5
Cappel 57 ..... 67 F1
Cappelle-Brouck 59 ..... 3 F3
Cappelle-en-Pévèle 59 ..... 9 E4
Cappelle-la-Grande 59 ..... 3 G2
Cappy 80 ..... 23 F1
La Capte 83 ..... 328 C5
Captieux 33 ..... 274 B2
Capula *Castello de* 2A 349 F5
Capvern 65 ..... 333 G1
Capvern-les-Bains 65 ..... 333 G1
Carabès *Col de* 05 ..... 268 D4
Caradeuc *Château de* 35 ..... 103 H1
Caragoudes 31 ..... 318 C2
Caraman 31 ..... 298 C5
Caramany 66 ..... 338 B5
Carantec 29 ..... 71 H3
Carantilly 50 ..... 32 A5
Carayac 46 ..... 261 E4
Carbay 49 ..... 127 F3
Carbes 81 ..... 299 F4
Carbini 2A 351 F2
Carbon-Blanc 33 ..... 237 G5
Carbonne 31 ..... 317 G4
Carbuccia 2A 348 D2
Carcagny 14 ..... 33 E4
Carcanières 09 ..... 337 F5
Carcans 33 ..... 236 C3
Carcans-Plage 33 ..... 236 B2
Carcarès-Sainte-Croix 40 ..... 293 G1
Carcassonne 11 ..... 319 H5
Carcen-Ponson 40 ..... 293 F1
Carcès 83 ..... 307 G5
Carcheto-Brustico 2B 347 G3
Cardaillac 46 ..... 261 F3
Cardan 33 ..... 255 H2
Cardeilhac 31 ..... 316 B5
Cardesse 64 ..... 313 H4
Cardet 30 ..... 283 H5
Cardo-Torgia 2A 348 D4
Cardonnette 80 ..... 22 C1
Le Cardonnois 80 ..... 22 D5
Cardonville 14 ..... 32 B2
Cardroc 35 ..... 103 H1
Careil 44 ..... 145 H4
Carelles 53 ..... 81 H4
Carency 62 ..... 8 A5
Carennac 46 ..... 242 D5
Carentan 50 ..... 32 A3
Carentoir 56 ..... 125 G2
Cargèse 2A 348 A1
Cargiaca 2A 349 E5
Carhaix-Plouguer 29 ..... 76 D4
Carignan 08 ..... 27 G4
Carignan-de-Bordeaux 33 ..... 255 G1
Carisey 89 ..... 114 C5
Carla-Bayle 09 ..... 335 H1
Carla-de-Roquefort 09 ..... 336 C3
Le Carlaret 09 ..... 336 C1
Carlat 15 ..... 244 D5
Carlencas-et-Levas 34 ..... 301 G4
Carlepont 60 ..... 39 H1
Carling 57 ..... 47 E5
Carlipa 11 ..... 319 F4
Carlucet 24 ..... 241 H4
Carlucet 46 ..... 260 C2
Carlus 81 ..... 299 F1
Carlux 24 ..... 241 H5
Carly 62 ..... 6 B2
Carmaux 81 ..... 279 G5
Carnac 56 ..... 123 H4
Carnac-Plage 56 ..... 123 H4
Carnac-Rouffiac 46 ..... 277 G1
Carnas 30 ..... 303 E2
La Carneille 61 ..... 53 F4
Carnet 50 ..... 80 D2
Carnetin 77 ..... 59 E3
Carneville 50 ..... 29 F2
Carnières 59 ..... 14 C4
Carnin 59 ..... 8 C4
Carniol 04 ..... 286 D5
Carnoët 22 ..... 76 D3
Carnon-Plage 34 ..... 303 E5
Carnoules 83 ..... 328 C2
Carnoux-en-Provence 13 ..... 327 F3
Carnoy 80 ..... 23 F1
Caro 56 ..... 103 E5
Caro 64 ..... 330 C1
Carolles 50 ..... 51 F4
Caromb 84 ..... 285 H4
Carpentras 84 ..... 285 G4
Carpineto 2B 347 G4
Carpiquet 14 ..... 33 F4
Carquebut 50 ..... 31 H2
Carquefou 44 ..... 147 H3
Carqueiranne 83 ..... 328 B5
La Carquois 22 ..... 79 E1
Carrépuis 80 ..... 23 F4
Carrère 64 ..... 314 C2
Carresse 64 ..... 293 E5
Carri *Col de* 26 ..... 250 B4
Carrières-sous-Bois 78 ..... 58 A2
Carrières-sous-Poissy 78 ..... 58 A2
Carrières-sur-Seine 78 ..... 58 B3
Carro 13 ..... 325 H4
Carros 06 ..... 309 G2
Carrouges 61 ..... 83 E2
Les Carroz-d'Arâches 74 ..... 216 C2
Carry-le-Rouet 13 ..... 326 C2
Cars 33 ..... 237 F2
Les Cars 87 ..... 223 F1
Les Cars *Ruines gallo-romaines* 19 ..... 225 F2
Carsac-Aillac 24 ..... 259 G1
Carsac-de-Gurson 24 ..... 239 E4
Carsan 30 ..... 284 D2
Carsix 27 ..... 35 G5
Carspach 68 ..... 143 E3
Cartelègue 33 ..... 237 G2
Carteret 50 ..... 31 E2
Carticasi 2B 347 F4
Cartignies 59 ..... 15 G4
Cartigny 80 ..... 23 H1
Cartigny-l'Épinay 14 ..... 32 B3
Carves 24 ..... 259 F1
Carville 14 ..... 52 C2
Carville-la-Folletière 76 ..... 19 H5
Carville-Pot-de-Fer 76 ..... 19 G3
Carvin 62 ..... 8 C4
Cas *Château de* 82 ..... 278 D3
Casabianca 2B 347 G3
Casaglione 2A 348 C2
Casalabriva 2A 348 D5
Casalta 2B 347 G3
Casamaccioli 2B 346 D4
Casamozza 2B 347 G2
Casanova 2B 347 E5
Casardo *Col de* 2B 347 F4
Casatorra 2B 345 G5
Cascastel-des-Corbières 11 ..... 338 C2
Casefabre 66 ..... 342 C3
Caseneuve 84 ..... 306 A1
Cases-de-Pène 66 ..... 338 C5
Casevecchie 2B 349 G1
Cassaber 64 ..... 293 E5
Cassagnabère-Tournas 31 ..... 316 C5
Cassagnas 48 ..... 283 E2
La Cassagne 24 ..... 241 H3
Cassagne 31 ..... 335 E1
Cassagnes 46 ..... 259 F4
Cassagnes 66 ..... 338 B5
Cassagnes-Bégonhès 12 ..... 280 C3
Cassagnoles 30 ..... 283 H5
Cassagnoles 34 ..... 320 B3
La Cassaigne 11 ..... 319 E5
Cassaigne 32 ..... 295 H1
Cassaignes 11 ..... 337 G3
Cassaniouze 15 ..... 262 B2
Cassano 2B 346 C2
Cassel 59 ..... 3 H5
Cassen 40 ..... 293 F2
Casseneuil 47 ..... 258 B5
Les Cassés 11 ..... 318 D3
Casset *Cascade du* 05 ..... 252 A5
Casseuil 33 ..... 256 C3
Cassignas 47 ..... 276 C2
La Cassine 08 ..... 27 E5
Cassis 13 ..... 327 F3
Casson 44 ..... 147 G2
Cassuéjouls 12 ..... 263 F2
Cast 29 ..... 75 H5
Castagnac 31 ..... 317 H5
Castagnède 31 ..... 335 E2
Castagnède 64 ..... 311 H3
Castagniers 06 ..... 291 E5
Castaignos-Souslens 40 ..... 293 H4
Castandet 40 ..... 294 B2
Castanet 12 ..... 279 H2
Castanet 81 ..... 279 F5
Castanet 82 ..... 279 F2
Castanet-le-Haut 34 ..... 301 E4
Castanet-Tolosan 31 ..... 318 A2
Castans 11 ..... 320 A3
Casteide-Cami 64 ..... 314 A2
Casteide-Candau 64 ..... 293 H5
Casteide-Doat 64 ..... 315 E3
Casteil 66 ..... 342 A4
Castel-Sarrazin 40 ..... 293 F4
Castel Vendon *Rocher du* 50 ..... 28 D2
Castelbajac 65 ..... 315 H5
Castelbiague 31 ..... 334 D2
Castelbouc *Château de* 48 .. 282 C1
Castelculier 47 ..... 276 C3
Le Castelet 09 ..... 336 C5
Castelferrus 82 ..... 277 F5
Castelfranc 46 ..... 259 G5
Castelgaillard 31 ..... 316 D3
Castelginest 31 ..... 297 H4
Casteljaloux 47 ..... 275 E1
Casteljau 07 ..... 284 A1
Castella 47 ..... 276 C2
Castellane 04 ..... 308 A1
Castellar 06 ..... 291 G5
Le Castellard-Mélan 04 ..... 287 H2
Castellare-di-Casinca 2B 347 G2
Castellare-di-Mercurio 2B 347 F4
Le Castellet 04 ..... 287 G5
Le Castellet 83 ..... 327 H3
Castellet 84 ..... 306 A1
Castellet-les-Sausses 04 ..... 289 E4
Castelli *Pointe du* 44 ..... 145 G4
Castello 2B 345 F2
Castello-di-Rostino 2B 347 F3
Castelmary 12 ..... 279 H3
Castelmaurou 31 ..... 298 A4
Castelmayran 82 ..... 277 E5
Castelmoron-d'Albret 33 ..... 256 D2
Castelmoron-sur-Lot 47 ..... 275 H1
Castelnau-Barbarens 32 ..... 296 C5
Castelnau-Bretenoux *Château de* 46 ..... 243 E5
Castelnau-Chalosse 40 ..... 293 F3
Castelnau-d'Anglès 32 ..... 295 G4
Castelnau-d'Arbieu 32 ..... 296 C1
Castelnau-d'Aude 11 ..... 320 B5
Castelnau-d'Auzan-Labarrère 32 ..... 275 E5
Castelnau-de-Brassac 81 ..... 300 A4
Castelnau-de-Guers 34 ..... 322 C3
Castelnau-de-Lévis 81 ..... 299 F1
Castelnau-de-Mandailles 12 ..... 263 F4
Castelnau-de-Médoc 33 ..... 237 E3
Castelnau-de-Montmiral 81 ..... 298 D1
Castelnau-d'Estrétefonds 31 ..... 297 H3
Castelnau-Durban 09 ..... 335 H2
Castelnau-le-Lez 34 ..... 302 D4
Castelnau-Magnoac 65 ..... 316 A4
Castelnau-Montratier 46 ..... 277 H2
Castelnau-Pégayrols 12 ..... 281 F4
Castelnau-Picampeau 31 ..... 317 E4
Castelnau-Rivière-Basse 65 ..... 295 E5
Castelnau-sur-Gupie 47 ..... 257 E4
Castelnau-sur-l'Auvignon 32 ..... 275 H5
Castelnau-Tursan 40 ..... 294 B4
Castelnau-Valence 30 ..... 284 A5
Castelnaud-de-Gratecambe 47 ..... 258 C4
Castelnaud-la-Chapelle 24 .. 259 F1
Castelnaudary 11 ..... 319 E4
Castelnavet 32 ..... 295 F4
Castelner 40 ..... 293 H5
Castelnou 66 ..... 342 D3
Castelpers 12 ..... 280 B4
Castelreng 11 ..... 337 F2
Castels 24 ..... 241 F5
Castelsagrat 82 ..... 277 E3
Castelsarrasin 82 ..... 277 F5
Castelvieilh 65 ..... 315 F4
Castelviel 33 ..... 256 C2
Castennec *Site de* 56 ..... 101 H4
Le Castéra 31 ..... 297 F4
Castéra-Bouzet 82 ..... 276 D5
Castéra-Lanusse 65 ..... 315 G5
Castéra-Lectourois 32 ..... 276 B5
Castéra-Lou 65 ..... 315 F3
Castéra-Loubix 64 ..... 314 D3
Castéra-Verduzan 32 ..... 295 H2
Castéra-Vignoles 31 ..... 316 C4
Castéras 09 ..... 335 H1
Casterets 65 ..... 316 B4
Castéron 32 ..... 296 D1
Castet 64 ..... 332 A1
Castet-Arrouy 32 ..... 276 C5
Castetbon 64 ..... 313 F2
Castétis 64 ..... 313 G2
Castetnau-Camblong 64 ..... 313 F3
Castetner 64 ..... 313 G2
Castetpugon 64 ..... 294 C5
Castets 40 ..... 292 D1
Castets-en-Dorthe 33 ..... 256 C4
Castex 09 ..... 317 G5
Castex 32 ..... 315 G3
Castex-d'Armagnac 32 ..... 294 D1
Casties-Labrande 31 ..... 317 E4
Castifao 2B 347 E2
Castiglione 2B 347 E3
Castillon 06 ..... 291 G5
Castillon 14 ..... 32 D4
Castillon 64 ..... 313 H2
Castillon 64 ..... 314 D2
Castillon 65 ..... 333 F1
Castillon *Barrage de* 04 ..... 308 B1
Castillon *Col de* 06 ..... 291 G5
Castillon-de-Castets 33 ..... 256 C4
Castillon-de-Larboust 31 ..... 334 A4
Castillon-de-Saint-Martory 31 ..... 334 D1
Castillon-Debats 32 ..... 295 G3
Castillon-du-Gard 30 ..... 284 D5
Castillon-en-Auge 14 ..... 54 B1
Castillon-en-Couserans 09 .. 335 E3
Castillon-la-Bataille 33 ..... 238 D5
Castillon-Massas 32 ..... 296 A3
Castillon-Savès 32 ..... 297 E5
Castillonnès 47 ..... 258 B3
Castilly 14 ..... 32 B3
Castin 32 ..... 296 A3
Castineta 2B 347 F3
Castirla 2B 347 E4
Castres 02 ..... 24 A3
Castres 81 ..... 299 G5
Castres-Gironde 33 ..... 255 H2
Castries 34 ..... 303 E4
Le Cateau-Cambrésis 59 ..... 14 D4
Le Catelet 02 ..... 14 B5
Le Catelier 76 ..... 20 B3
Catenay 76 ..... 36 C1
Catenoy 60 ..... 38 D2
Cateri 2B 346 C2
Cathervielle 31 ..... 334 A4
Catheux 60 ..... 22 A4
Catigny 60 ..... 23 G4
Catillon-Fumechon 60 ..... 38 C1
Catillon-sur-Sambre 59 ..... 15 E5
Catllar 66 ..... 342 A2
Les Catons 73 ..... 233 E1
Catonvielle 32 ..... 297 E4
Cattenières 59 ..... 14 C4
Cattenom 57 ..... 45 H2
Catteville 50 ..... 31 F2
Catus 46 ..... 259 H4
Catz 50 ..... 32 A3
Caubeyres 47 ..... 275 F2
Caubiac 31 ..... 297 F3
Caubios-Loos 64 ..... 314 B2
Caubon-Saint-Sauveur 47 .. 257 F3
Caubous 31 ..... 334 A4
Caubous 65 ..... 316 A4
Caucalières 81 ..... 299 H5
La Cauchie 62 ..... 13 F3
Cauchy-à-la-Tour 62 ..... 7 H4
Caucourt 62 ..... 7 H5
Caudan 56 ..... 101 E5
Caudebec-en-Caux 76 ..... 35 G1
Caudebec-lès-Elbeuf 76 ..... 36 A3
Caudebronde 11 ..... 319 H3
Caudecoste 47 ..... 276 C4
Caudéran 33 ..... 237 F5
Caudeval 11 ..... 337 E1
Caudiès-de-Conflent 66 ..... 341 G3
Caudiès-de-Fenouillèdes 66 ..... 337 H4
Caudon-de-Vitrac 24 ..... 259 G1
Caudos 33 ..... 254 C3
Caudrot 33 ..... 256 C3
Caudry 59 ..... 14 C4
Cauffry 60 ..... 38 D3
Caugé 27 ..... 56 A1
Caujac 31 ..... 318 A4
Caulaincourt 02 ..... 23 H2
Le Caule-Sainte-Beuve 76 ..... 21 E3
Caulières 80 ..... 21 G3
Caullery 59 ..... 14 C4
Caulnes 22 ..... 103 F1
La Caume *Panorama de* 13 ..... 304 D3
Caumont 02 ..... 24 A5
Caumont 09 ..... 335 F2
Caumont 27 ..... 35 H2
Caumont 32 ..... 294 D3
Caumont 33 ..... 256 D2
Caumont 62 ..... 12 B2
Caumont 82 ..... 277 E5
Caumont *Château de* 32 ..... 297 E5
Caumont-l'Éventé 14 ..... 32 D5
Caumont-sur-Durance 84 ..... 305 E1
Caumont-sur-Garonne 47 ..... 257 F5
Caumont-sur-Orne 14 ..... 53 F2
Cauna 40 ..... 293 H2
Caunay 79 ..... 185 H5
Cauneille 40 ..... 292 D5
Caunes-Minervois 11 ..... 320 A4
La Caunette 34 ..... 320 C3
Caunette-sur-Lauquet 11 ..... 337 H2
Caunettes-en-Val 11 ..... 338 B2
Caupenne 40 ..... 293 G3
Caupenne-d'Armagnac 32 .. 294 D2
La Caure 51 ..... 61 E2
Caurel 22 ..... 77 H5
Caurel 51 ..... 41 H3

Cauria *Mégalithes de* 2A 350 D 3
Cauro 2A 348 D 3
Cauroir 59 14 C 3
Cauroy 08 42 B 3
Cauroy-lès-Hermonville 51 41 F 3
Le Causé 82 297 E 2
Cause-de-Clérans 24 240 C 5
Caussade 82 278 B 3
Caussade-Rivière 65 295 E 5
Causse-Bégon 30 282 B 4
Causse-de-la-Selle 34 302 B 2
Causse Noir
Corniche du 12 282 A 3
Caussens 32 295 H 1
Causses-et-Veyran 34 321 F 2
Caussidières 31 318 B 3
Caussiniojouls 34 301 F 5
Caussols 06 309 E 2
Caussou 09 336 C 5
Cauterets 65 332 D 3
Cauverville-en-Roumois 27 35 F 3
Cauvicourt 14 53 H 1
Cauvignac 33 256 C 5
Cauvigny 60 38 B 3
Cauville 14 53 E 2
Cauville-sur-Mer 76 18 C 5
La Cauvinière *Haras* 14 54 D 1
Caux 34 321 H 2
Caux-et-Sauzens 11 319 G 5
Cauzac 47 276 D 2
Cavagnac 46 242 C 4
Cavaillon 84 305 F 2
Cavalaire-sur-Mer 83 329 F 3
La Cavalerie 12 281 H 5
Cavalière 83 329 E 4
Cavaliers *Falaise des* 83 307 H 2
Cavan 22 72 D 4
Cavanac 11 319 H 5
Cavarc 47 258 B 2
Caveirac 30 303 G 2
Caves 11 339 E 3
Cavignac 33 237 H 3
Cavigny 50 32 B 4
Cavillargues 30 284 C 4
Cavillon 80 22 A 1
Cavron-Saint-Martin 62 6 D 5
Caychax 09 336 C 5
Cayeux-en-Santerre 80 23 E 2
Cayeux-sur-Mer 80 11 E 2
Le Cayla *Musée* 81 279 E 5
Le Caylar 34 301 H 2
Caylus 82 278 D 3
La Cayolle *Col de* 06 289 E 1
Cayrac 82 278 B 4
Cayres 43 247 E 5
Cayriech 82 278 C 3
Le Cayrol 12 263 E 4
Cayrols 15 261 H 1
Cazac 31 316 D 3
Cazalis 33 274 A 1
Cazalis 40 293 H 4
Cazalrenoux 11 319 E 5
Cazals 46 259 G 3
Cazals 82 278 D 4
Cazals-des-Baylès 09 337 E 1
Cazaril-Laspènes 31 334 A 4
Cazaril-Tambourès 31 316 A 5
Cazarilh 65 334 A 3
Cazats 33 256 B 5
Cazaubon 32 294 D 1
Cazaugitat 33 256 D 2
Cazaunous 31 334 C 2
Cazaux 09 336 A 2
Cazaux 33 254 B 4
Cazaux-d'Anglès 32 295 G 4
Cazaux-Debat 65 333 H 3
Cazaux-Fréchet 65 333 H 4
Cazaux-Layrisse 31 334 B 4
Cazaux-Savès 32 297 E 5
Cazaux-Villecomtal 32 315 F 2
Cazavet 09 335 E 2
La Caze *Château de* 48 282 B 1
Cazeaux-de-Larboust 31 334 A 4
Cazedarnes 34 321 E 3
Cazenave-Serres-
et-Allens 09 336 B 4
Cazeneuve 32 295 F 1
Cazeneuve-Montaut 31 316 D 5
Cazères 31 317 F 5
Cazères-sur-l'Adour 40 294 B 2
Cazes-Mondenard 82 277 G 3
Cazevieille 34 302 C 3
Cazideroque 47 277 E 1
Cazilhac 11 319 H 5
Cazilhac 34 302 C 1
Cazilhac *Château de* 34 301 F 3
Cazillac 46 242 C 4
Cazoulès 24 242 B 5
Cazouls-d'Hérault 34 322 C 3
Cazouls-lès-Béziers 34 321 F 3
Ceaucé 61 82 B 3
Ceaulmont 36 188 D 2
Céaux 50 51 G 5
Céaux-d'Allègre 43 247 E 2
Ceaux-en-Couhé 86 186 B 4
Ceaux-en-Loudun 86 169 E 1
Cébazan 34 321 E 3
Cébazat 63 209 H 5
Ceccia
Site préhistorique 2A 351 G 3
Ceffia 39 196 B 4
Ceffonds 52 92 B 3
Ceignac 12 280 C 2
Ceignes 01 214 B 1
Ceilhes-et-Rocozels 34 301 F 2
Ceillac 05 271 E 2
Ceilloux 63 228 C 2
Ceintrey 54 94 D 2
La Celette 18 190 C 1
La Celle 03 191 E 5
La Celle 18 173 F 4
Cellé 41 131 E 2
La Celle 63 208 C 5
La Celle 83 328 B 1
La Celle-Condé 18 172 D 4
La Celle-Dunoise 23 189 E 4
La Celle-en-Morvan 71 176 C 2
La Celle-Guenand 37 170 B 2
La Celle-les-Bordes 78 87 E 2
Celle-Lévescault 86 186 A 3
La Celle-Saint-Avant 37 169 H 1
La Celle-Saint-Cloud 78 58 A 3
La Celle-Saint-Cyr 89 113 G 5
La Celle-
sous-Chantemerle 51 90 B 2
La Celle-sous-Gouzon 23 207 H 1
La Celle-
sous-Montmirail 02 60 C 3
La Celle-sur-Loire 58 156 A 2
La Celle-sur-Morin 77 59 G 4
La Celle-sur-Nièvre 58 156 C 4
La Celle-sur-Seine 77 88 C 4
Cellefrouin 16 203 H 4
Celles 09 336 B 3
Celles 15 245 G 3
Celles 17 220 B 2
Celles 24 239 H 1
Celles 34 301 H 4
Celles-en-Bassigny 52 117 H 5
Celles-lès-Condé 02 60 D 1
Celles-sur-Aisne 02 40 C 2
Celles-sur-Belle 79 185 F 5
Celles-sur-Durolle 63 210 D 4
Celles-sur-Ource 10 115 G 4
Celles-sur-Plaine 88 96 B 3
La Cellette 23 189 G 3
La Cellette 63 209 E 2
Cellettes 16 203 F 4
Cellettes 41 153 F 1
Le Cellier 44 148 A 3
Cellier-du-Luc 07 265 F 2
Celliers 73 234 B 3
Cellieu 42 230 C 3
Cellule 63 209 H 3
Celon 36 188 C 2
Celony 13 306 A 5
Celoux 15 246 A 2
Celsoy 52 139 H 2
Cély 77 88 A 4
Cemboing 70 140 C 2
Cempuis 60 21 H 4
Cénac 33 255 H 1
Cénac-et-Saint-Julien 24 259 G 1
Cenans 70 162 B 1
Cendras 30 283 H 3
Le Cendre 63 227 H 1
Cendrecourt 70 140 D 2
Cendrey 25 162 B 2
Cendrieux 24 240 D 4
Cénevières 46 260 D 5
Cenne-Monestiés 11 319 F 4
Cenomes 12 301 E 2
Cenon 33 237 G 5
Cenon-sur-Vienne 86 169 G 4
Censeau 39 180 A 3
Censerey 21 158 D 4
Censy 89 137 F 4
Les Cent-Acres 76 20 B 3
Centeilles *Chapelle de* 34 320 B 4
Centrès 12 280 B 3
Centuri 2B 345 F 1
Centuri-Port 2B 345 F 1
Cenves 69 194 D 5
Cépet 31 297 H 3
Cépie 11 337 G 1
Cepoy 45 112 C 4
Céran 32 296 B 2
Cérans-Foulletourte 72 129 H 2
Cerbère 66 343 H 4
Cerbois 18 172 C 1
Cercié 69 212 D 1
Cercier 74 215 F 2
Cercles 24 221 H 5
Cercottes 45 110 D 5
Cercoux 17 238 C 2
Le Cercueil 61 83 G 2
Cercy-la-Tour 58 175 G 3
Cerdon 01 214 B 2
Cerdon 45 134 A 5
Cerdon *Grottes du* 01 214 B 1
Cère 40 273 H 5
Cère *Pas de* 15 244 D 4
Céré-la-Ronde 37 152 D 4
Cerelles 37 151 H 1
Cérences 50 51 G 2
Céreste 04 306 B 1
Céret 66 342 D 4
Cerfontaine 59 15 H 2
Le Cergne 42 212 A 1
Cergy 95 58 A 1
Cergy-Pontoise
Ville nouvelle 95 58 A 1
Cérilly 03 191 E 1
Cérilly 21 138 A 2
Cérilly 89 114 A 3
Cerisé 61 83 G 4
Cerisières 52 92 D 5
Cerisiers 89 113 H 3
Cerisy 80 23 E 2
Cerisy-Belle-Étoile 61 53 E 3
Cerisy-Buleux 80 11 F 5
Cerisy-la-Forêt 50 32 C 4
Cerisy-la-Salle 50 51 H 1
Cerizay 79 167 F 3
Cérizols 09 335 E 1
Cerizy 02 24 B 3
La Cerlangue 76 35 E 1
La Cerleau 08 26 A 2
Cernans 39 179 H 2
Cernay 14 54 D 1
Cernay 28 85 H 4
Cernay 68 143 E 1
Cernay 86 169 E 3
Cernay-en-Dormois 51 42 D 4
Cernay-la-Ville 78 57 H 5
Cernay-l'Église 25 163 G 3
Cernay-lès-Reims 51 41 H 4
Cerneux 77 60 B 5
Cernex 74 215 F 2
Cerniébaud 39 180 B 4
Cernion 08 26 B 3
Cernon 39 196 C 3
Cernon 51 62 A 3
Cernoy 60 38 D 2
Cernoy-en-Berry 45 155 G 1
Cernusson 49 149 G 4
Cerny 91 87 H 3
Cerny-en-Laonnois 02 40 D 2
Cerny-lès-Bucy 02 24 D 5
Céron 71 193 F 5
Cérons 33 256 B 3
Cerqueux 14 54 D 1
Les Cerqueux 49 167 F 1
Les Cerqueux-
sous-Passavant 49 149 G 5
Cerre-lès-Noroy 70 141 G 4
Cers 34 321 H 4
Cersay 79 167 H 1
Cerseuil 02 40 C 3
Cersot 71 177 F 5
Certémery 39 179 G 2
Certilleux 88 94 A 5
Certines 01 213 H 1
Cervens 74 198 A 4
Cervières 05 252 D 5
Cervières 42 211 E 5
Cerville 54 66 B 5
Cervione 2B 347 H 4
Cervon 58 157 G 4
Cerzat 43 246 C 2
Cesancey 39 196 B 1
Césarches 73 216 A 5
Césarville-Dossainville 45 111 G 2
Cescau 09 335 E 3
Cescau 64 314 A 2
Cesny-aux-Vignes 14 34 A 5
Cesny-Bois-Halbout 14 53 G 1
Cessac 33 256 C 2
Cessales 31 318 C 2
Cesse 55 43 G 1
Cesseins 01 213 E 2
Cessenon-sur-Orb 34 321 F 2
Cessens 73 215 E 5
Cesseras 34 320 C 4
Cesset 03 192 A 5
Cesseville 27 36 A 4
Cessey 25 161 H 5
Cessey-sur-Tille 21 160 C 3
Cessières 02 24 C 5
Cessieu 38 232 A 2
Cesson 22 78 B 3
Cesson 77 88 B 2
Cesson-Sévigné 35 104 B 3
Cessoy-en-Montois 77 89 F 3
Cessy 01 197 F 4
Cessy-les-Bois 58 156 C 3
Cestas 33 255 F 1
Cestayrols 81 279 F 5
Ceton 61 108 D 2
Cette-Eygun 64 331 H 4
Céüze 05 269 F 4
Cevins 73 234 B 2
Ceyras 34 302 A 4
Ceyrat 63 227 G 1
Ceyreste 13 327 G 3
Ceyroux 23 206 D 2
Ceyssac 43 247 F 4
Ceyssat 63 227 F 1
Ceyzériat 01 214 A 1
Ceyzérieu 01 214 D 4
Cézac 33 237 H 3
Cézac 46 277 H 1
Cezais 85 184 B 1
Cézan 32 296 A 2
Cezay 42 211 F 5
Cézens 15 245 F 4
Cézia 39 196 C 3
Cézy 89 113 G 5
Chaalis *Abbaye de* 60 39 E 5
Chabanais 16 204 C 4
La Chabanne 03 211 E 3
La Chabasse *Église de* 63 228 D 1
Chabestan 05 269 E 4
Chabeuil 26 249 G 5
Chablis 89 136 D 3
Chabons 38 232 B 4
La Chabossière 44 147 F 4
La Chabotterie
Château de 85 165 H 2
Chabottes 05 269 H 2
Chabournay 86 169 E 5
Chabrac 16 204 C 4
Chabreloche 63 210 D 4
Chabrières 04 288 A 4
Chabrignac 19 223 H 5
Chabrillan 26 267 F 2
Chabris 36 153 H 4
Chacé 49 150 B 4
Chacenay 10 115 H 3
Chacrise 02 40 B 3
Chadeleuf 63 227 H 3
Chadenac 17 219 H 3
Chadenet 48 264 D 4
Chadrac 43 247 F 3
Chadron 43 247 F 4
Chadurie 16 221 F 3
Le Chaffal 26 249 H 5
Le Chaffaut-
Saint-Jurson 04 287 H 4
Chaffois 25 180 C 2
Chagey 70 142 B 3
Chagnolet 17 183 F 5
Chagnon 42 230 C 3
Chagny 08 26 D 5
Chagny 71 177 G 2
Chahaignes 72 130 C 3
Chahains 61 83 F 2
Chaignay 21 160 A 1
Chaignes 27 56 D 1
Chail 79 185 G 5
Chaillac 36 188 B 3
Chaillac-sur-Vienne 87 204 D 4
Chailland 53 105 H 2
Chaillé-les-Marais 85 183 G 3
Chaillé-
sous-les-Ormeaux 85 182 D 1
Chailles 41 153 E 1
Chaillevette 17 200 C 5
Chaillevois 02 40 C 1
Chailley 89 114 B 4
Chaillol 05 269 H 2
Chaillon 55 64 D 3
Chailloué 61 54 C 5
Chailly-en-Bière 77 88 B 4
Chailly-en-Brie 77 60 A 4
Chailly-en-Gâtinais 45 112 A 5
Chailly-lès-Ennery 57 45 H 5
Chailly-sur-Armançon 21 159 E 4
Chainaz-les-Frasses 74 215 F 5
Chaînée-des-Coupis 39 178 D 2
Chaingy 45 133 E 2
Chaintré 71 194 D 5
Chaintreaux 77 112 C 2
Chaintrix-Bierges 51 61 H 3
La Chaise 10 92 A 4
La Chaise-Baudouin 50 51 H 4
La Chaise-Dieu 43 228 D 5
Chaise-Dieu-du-Theil 27 55 G 4
Chaix 85 183 H 3
La Chaize-Giraud 85 165 E 5
La Chaize-le-Vicomte 85 166 A 5
Chalabre 11 337 E 2
Chalagnac 24 240 C 3
Chalain *Lac de* 39 179 G 5
Chalain-d'Uzore 42 229 G 1
Chalain-le-Comtal 42 229 H 2
Chalaines 55 93 H 1
Chalais 16 239 E 1
Chalais 24 223 E 3
Chalais 36 188 A 2
Chalais 86 168 D 2
Chalam *Crêt de* 01 197 E 5
Chalamont 01 213 H 3
Chalampé 68 121 G 5
Chalancey 52 139 F 4
Chalancon 26 268 B 4
Chalandray 86 168 C 5
Chalandrey 50 52 A 5
Chalandry 02 24 D 4
Chalandry-Elaire 08 26 D 3
Le Chalange 61 84 A 2
Le Chalard 87 223 F 3
Chalautre-la-Grande 77 89 H 3
Chalautre-la-Petite 77 89 G 3
Chalautre-la-Reposte 77 89 E 3
Chalaux 58 158 A 3
La Chaldette 48 263 G 2
Chaleins 01 213 E 2
Chalencon 07 248 C 5
Chalencon *Château de* 43 247 G 1
Les Chalesmes 39 180 A 5
Châlette-sur-Loing 45 112 C 5
Chalette-sur-Voire 10 91 G 4
Chaley 01 214 B 3
Chalèze 25 162 A 3
Chalezeule 25 162 A 3
Chaliers 15 246 A 4
Chalifert 77 59 F 3
Chaligny 54 94 C 1
Chalinargues 15 245 F 2
Chalindrey 52 139 H 2
Chalivoy-Milon 18 173 H 3
Challain-la-Potherie 49 127 G 4
Challans 85 165 E 3
Challement 58 157 F 3
Challerange 08 42 D 3
Challes 72 108 A 5
Challes-la-Montagne 01 214 B 1
Challes-les-Eaux 73 233 F 2
Challet 28 86 A 2
Challex 01 197 F 5
Challignac 16 220 D 4
Challonges 74 215 E 2
Challuy 58 174 C 2
Chalmaison 77 89 G 3
Chalmazel-
Jeansagnière 42 229 F 1
Chalmessin 52 139 E 4
Chalmoux 71 193 E 1
Chalo-Saint-Mars 91 87 F 4
Le Chalon 26 249 G 2
Chalon 38 231 F 4
Chalon-sur-Saône 71 177 H 4
Chalonnes-
sous-le-Lude 49 129 H 5
Chalonnes-sur-Loire 49 149 E 2
Chalons 17 200 D 5
Châlons-du-Maine 53 106 B 2
Châlons-en-Champagne 51 62 B 2
Châlons-sur-Vesle 51 41 F 3
Châlonvillars 70 142 B 3
Chalou-Moulineux 91 87 E 4
La Chalp 05 271 E 1
Chaltrait 51 61 F 2
Chalus 63 228 A 4
Châlus 87 223 E 2
Chalusset *Château de* 87 223 H 1
Chalvignac 15 243 H 1
Chalvraines 52 117 G 2
Chamadelle 33 238 D 3
Chamagne 88 95 E 3
Chamagnieu 38 231 H 1
Chamalières 63 209 G 5
Chamalières-sur-Loire 43 247 G 2
Chamaloc 26 268 B 1
Chamant 60 39 E 4
Chamarande 91 87 G 3
Chamarandes 52 117 E 3
Chamaret 26 267 F 5
La Chamba 42 229 E 1
Chambain 21 138 D 3
Chambeire 21 160 C 3
Chambellay 49 128 B 4
Chambéon 42 229 H 1
Chambérat 03 190 B 3
Chamberaud 23 207 F 2
Chamberet 19 224 D 3
Chambéria 39 196 B 2
Chambéry 73 233 F 2
Chambéry-le-Vieux 73 233 F 2
Chambeugle 89 135 F 2
Chambezon 43 228 A 5
Chambilly 71 193 G 5
Chamblac 27 55 F 2
Chamblanc 21 178 B 1
Chamblay 39 179 F 1
Chambles 42 230 A 4
Chamblet 03 191 E 4
Chambley-Bussières 54 65 F 1
Chambly 60 38 B 5
Chambœuf 21 159 H 4
Chambœuf 42 230 A 2
Chambois 61 54 B 4
Chambolle-Musigny 21 160 A 4
Le Chambon 07 266 A 1
Chambon 17 201 E 1
Chambon 18 173 E 4
Chambon 30 283 G 2
Chambon 37 170 A 3
Chambon *Barrage du* 38 251 H 3
Chambon *Lac* 63 227 F 3
Chambon *Lac de* 36 188 D 3
Le Chambon-
Feugerolles 42 230 A 4
Chambon-la-Forêt 45 111 G 4
Chambon-le-Château 48 264 D 1
Chambon-Sainte-Croix 23 189 E 4
Chambon-sur-Cisse 41 152 D 1
Chambon-sur-Dolore 63 228 D 3
Chambon-sur-Lac 63 227 F 3
Le Chambon-
sur-Lignon 43 248 A 3
Chambon-sur-Voueize 23 208 B 1
Chambonas 07 265 H 5
Chambonchard 23 208 C 1
La Chambonie 42 229 E 1
Chamborand 23 206 C 1
Chambord 27 55 F 3
Chambord 41 132 C 5
Chamboret 87 205 F 3
Chamborigaud 30 283 G 2
Chambornay-
lès-Bellevaux 70 162 A 2
Chambornay-lès-Pin 70 161 H 2
Chambors 60 37 G 4
Chambost-Allières 69 212 B 3
Chambost-
Longessaigne 69 212 B 5
La Chambotte 73 215 E 5
Chamboulive 19 224 D 4
Chambourcy 78 58 A 3
Chambourg-sur-Indre 37 152 B 5
Chambray 27 56 A 3
Chambray 27 56 C 1
Chambray-lès-Tours 37 151 H 3
La Chambre 73 234 A 4
Chambrecy 51 41 F 4
Les Chambres 50 51 G 4
Chambretaud 85 166 D 2
Chambrey 57 66 C 4
Chambroncourt 52 93 F 4
Chambroutet 79 167 G 3
Chambry 02 24 D 5
Chambry 77 59 G 2
Chaméane 63 228 B 3
Chamelet 69 212 C 3
Chameroy 52 139 F 2
Chamery 51 41 G 5
Chamesey 25 163 E 3
Chamesol 25 163 G 2
Chamesson 21 138 A 3
Chameyrat 19 242 D 1
Chamigny 77 60 A 2
Chamilly 71 177 G 3
Chammes 53 106 C 4
Chamole 39 179 G 3
Chamonix-Mont-Blanc 74 217 E 3
Chamouillac 17 219 H 5
Chamouille 02 40 D 1
Chamouilley 52 92 D 2
Chamousset 73 233 H 2
Chamoux 89 157 G 2

Chamoux-sur-Gelon 73 233 H 2
Chamoy 10 114 D 3
Champ de Bataille *Château du* 27 35 H 5
Le Champ-de-la-Pierre 61 83 E 2
Champ-d'Oiseau 21 137 H 5
Champ-Dolent 27 56 A 2
Champ-Dolent *Menhir de* 35 80 B 2
Champ-du-Boult 14 52 B 3
Champ du Feu 67 96 D 3
Champ-Haut 61 54 D 4
Champ-Laurent 73 233 H 3
Champ-le-Duc 88 119 H 2
Le Champ-près-Froges 38 233 F 5
Le Champ-Saint-Père 85 182 D 2
Champ-sur-Barse 10 115 G 2
Champ-sur-Drac 38 250 D 3
Le Champ-sur-Layon 49 149 G 3
Champagnac 15 226 B 5
Champagnac 17 219 H 4
Champagnac-de-Belair 24 222 C 5
Champagnac-la-Noaille 19 243 F 1
Champagnac-la-Prune 19 243 F 2
Champagnac-la-Rivière 87 223 E 1
Champagnac-le-Vieux 43 228 C 5
Champagnat 23 207 H 3
Champagnat 71 196 A 2
Champagnat-le-Jeune 63 228 B 4
Champagne 07 249 E 1
Champagne 17 201 E 4
Champagne 28 57 E 4
Champagné 72 108 A 4
Champagne-au-Mont-d'Or 69 213 E 5
Champagne-en-Valromey 01 214 D 3
Champagne-et-Fontaine 24 221 G 4
Champagné-le-Sec 86 203 F 1
Champagné-les-Marais 85 183 F 3
Champagne-Mouton 16 203 H 3
Champagné-Saint-Hilaire 86 186 B 4
Champagne-sur-Loue 39 179 G 1
Champagne-sur-Oise 95 38 B 5
Champagne-sur-Seine 77 88 C 4
Champagne-sur-Vingeanne 21 160 D 1
Champagne-Vigny 16 221 E 3
Champagneux 73 232 D 2
Champagney 25 161 H 3
Champagney 39 161 E 3
Champagney 70 142 A 2
Champagnier 38 250 D 2
Champagnole 39 179 H 4
Champagnolles 17 219 G 3
Champagny 21 159 G 1
Champagny 39 179 H 2
Champagny-en-Vanoise 73 234 D 3
Champagny-sous-Uxelles 71 194 D 1
Champallement 58 157 E 4
Champanges 74 198 B 3
Champaubert 51 61 E 3
Champcella 05 270 C 1
Champcenest 77 60 B 5
Champcerie 61 53 H 4
Champcervon 50 51 G 3
Champcevinel 24 240 C 2
Champcevrais 89 135 E 4
Champcey 50 51 G 4
Champclause 43 247 H 4
Champcourt 52 92 C 5
Champcueil 91 88 A 3
Champdeniers-Saint-Denis 79 185 E 2
Champdeuil 77 88 C 2
Champdieu 42 229 G 2
Champdivers 39 178 D 1
Champdolent 17 201 E 3
Champdor-Corcelles 01 214 C 2
Champdôtre 21 160 C 4
Champdray 88 120 A 2
Champeau-en-Morvan 21 158 B 4
Champeaux 35 105 E 2
Champeaux 50 51 F 4
Les Champeaux 61 54 C 3
Champeaux 77 88 C 2
Champeaux 79 185 E 2
Champeaux-et-la-Chapelle-Pommier 24 222 B 4
Champeaux-sur-Sarthe 61 84 B 2
Champeix 63 227 H 2
Champenard 27 36 C 5
La Champenoise 36 172 A 2
Champenoux 54 66 B 5
Champéon 53 82 C 4
Champétières 63 228 D 3
Champey 70 142 A 3
Champey-sur-Moselle 54 65 G 2
Champfleur 72 83 G 4
Champfleury 10 90 D 2
Champfleury 51 41 G 4
Champforgeuil 71 177 H 3
Champfrémont 53 83 F 4
Champfromier 01 197 E 5
Champgenéteux 53 82 D 5
Champguyon 51 60 D 4
Champhol 28 86 B 3
Champien 80 23 F 4
Champier 38 232 A 4
Champigné 49 128 C 4
Champignelles 89 135 F 3
Champigneul-Champagne 51 61 H 2
Champigneul-sur-Vence 08 26 C 4
Champigneulle 08 43 F 2
Champigneulles 54 65 H 5
Champigneulles-en-Bassigny 52 117 H 3
Champignol-lez-Mondeville 10 116 A 3
Champignolles 21 177 F 1
Champignolles 27 55 G 2
Champigny 51 41 G 3
Champigny 89 89 F 5
Champigny-en-Beauce 41 132 A 4
Champigny-la-Futelaye 27 56 C 3
Champigny-le-Sec 86 168 D 5
Champigny-lès-Langres 52 117 F 5
Champigny-sous-Varennes 52 140 A 2
Champigny-sur-Aube 10 91 E 2
Champigny-sur-Marne 94 58 D 4
Champigny-sur-Veude 37 169 E 1
Champillet 36 189 H 2
Champillon 51 61 G 1
Champis 07 249 E 4
Champlan 91 58 B 5
Champlat-et-Boujacourt 51 41 F 5
Champlay 89 113 H 5
Champlecy 71 193 H 3
Champlemy 58 156 D 4
Champlieu 71 194 D 1
Champlieu *Ruines gallo-romaines de* 60 39 F 3
Champlin 08 26 A 2
Champlin 58 157 E 4
Champlitte-et-le-Prélot 70 140 A 4
Champlitte-la-Ville 70 140 A 5
Champlive 25 162 B 3
Champlon 55 64 D 1
Champlost 89 114 B 4
Champmillon 16 221 E 2
Champmotteux 91 87 H 5
Champnétery 87 206 C 5
Champneuville 55 44 B 5
Champniers 16 221 F 1
Champniers 86 186 B 5
Champniers-et-Reilhac 24 222 C 1
Champoléon 05 270 A 1
Champoly 42 211 E 4
Champosoult 61 54 C 3
Champougny 55 94 A 2
Champoulet 45 135 E 4
Champoux 25 162 A 2
Champrenault 21 159 F 2
Champrepus 50 51 H 3
Champrond 72 108 D 4
Champrond-en-Gâtine 28 85 F 4
Champrond-en-Perchet 28 85 E 5
Champrosay 91 58 C 5
Champrougier 39 179 E 3
Champs 02 40 A 1
Champs 61 84 C 2
Champs 63 209 H 2
Champs *Col des* 06 289 E 2
Les Champs-de-Losque 50 32 A 4
Les Champs-Géraux 22 79 H 4
Champs-Romain 24 222 D 3
Champs-sur-Marne 77 59 E 3
Champs-sur-Tarentaine 15 226 C 5
Champs-sur-Yonne 89 136 B 4
Champsac 87 223 E 1
Champsanglard 23 189 F 5
Champsecret 61 82 B 2
Champseru 28 86 C 3
Champsevraine 52 140 A 3
Champtercier 04 287 H 3
Champtocé-sur-Loire 49 149 E 2
Champtoceaux 49 148 B 2
Champtonnay 70 161 F 2
Champvallon 89 113 G 5
Champvans 39 160 D 5
Champvans 70 161 E 2
Champvans-les-Baume 25 162 C 2
Champvans-les-Moulins 25 161 H 3
Champvert 58 175 F 3
Champvoisy 51 40 D 5
Champvoux 58 156 B 5
Chamrousse 38 251 F 2
Chamvres 89 113 G 5
Chanac 48 264 B 5
Chanac-les-Mines 19 243 E 1
Chanaleilles 43 264 C 1
Chanas 38 231 E 5
Chanat-la-Mouteyre 63 209 G 5
Chanay 01 214 D 2
Chanaz 73 215 E 4
Chançay 37 152 B 2
Chancé 35 104 D 4
Chanceaux 21 159 G 1
Chanceaux-près-Loches 37 152 B 5
Chanceaux-sur-Choisille 37 151 H 1
Chancelade 24 240 C 2
Chancenay 52 63 F 5
Chancey 70 161 F 3
Chancia 39 196 C 4
Chandai 61 55 G 4
Chandolas 07 284 A 1
Chandon 42 211 H 1
Chanéac 07 248 A 5
Chaneins 01 213 E 2
Chânes 71 194 D 5
Le Change 24 240 D 2
Changé 53 105 H 3
Changé 71 177 F 2
Changé 72 107 H 5
Changey 52 117 F 5
Changis-sur-Marne 77 59 H 2
Changy 42 211 F 1
Changy 51 62 D 4
Changy-Tourny 71 193 H 3
Chaniat 43 228 C 5
Chaniaux 48 265 F 3
Chaniers 17 219 G 1
Channay 21 137 H 2
Channay-sur-Lathan 37 151 E 1
Channes 10 115 F 5
Chanonat 63 227 H 1
Chanos-Curson 26 249 F 3
Chanousse 05 286 D 1
Chanoy 52 117 F 5
Chanoz-Châtenay 01 213 F 1
Chanteau 45 111 E 5
Chantecoq 45 112 D 4
Chantecorps 79 185 G 2
Chanteheux 54 95 G 1
Chanteix 19 242 C 1
Chantelle 03 191 H 5
Chanteloup 27 56 A 3
Chanteloup 35 104 B 4
Chanteloup 50 51 G 2
Chanteloup 79 167 G 4
Chanteloup *Pagode de* 37 152 B 2
Chanteloup-en-Brie 77 59 F 3
Chanteloup-les-Bois 49 149 F 5
Chanteloup-les-Vignes 78 57 H 2
Chantelouve 38 251 F 4
Chantemerle 05 252 C 4
Chantemerle 51 90 A 2
Chantemerle-les-Blés 26 249 F 2
Chantemerle-lès-Grignan 26 267 F 5
Chantemerle-sur-la-Soie 17 201 G 3
Chantemesle 95 57 F 1
Chantenay-Saint-Imbert 58 174 C 5
Chantenay-Villedieu 72 107 E 5
Chantepie 35 104 B 3
Chantérac 24 239 H 2
Chanterelle 15 227 E 5
Chantes 70 140 D 4
Chantesse 38 250 B 1
Chanteuges 43 246 C 3
Chantillac 16 220 B 5
Chantilly 60 38 D 4
Chantôme 36 188 D 3
Chantonnay 85 166 C 5
Chantraine 88 119 F 2
Chantraines 52 117 E 2
Chantrans 25 180 B 1
Chantrigné 53 82 B 4
Chanturgue *Plateau de* 63 209 H 5
Chanu 61 53 E 4
Chanville 57 66 C 1
Chanzeaux 49 149 F 3
Chaon 41 133 H 5
Chaouilley 54 94 C 3
Chaource 10 115 E 4
Chaourse 02 25 G 4
Chapaize 71 194 D 1
Chapareillan 38 233 F 3
Chaparon 74 215 H 4
Chapdes-Beaufort 63 209 F 4
Chapdeuil 24 221 H 5
Chapeau 03 192 C 2
Chapeauroux 48 265 E 1
Chapeiry 74 215 F 4
Chapelaine 51 91 H 2
La Chapelaude 03 190 C 3
La Chapelle 03 210 C 2
La Chapelle 08 27 F 3
La Chapelle 16 203 E 4
La Chapelle 19 225 H 4
La Chapelle 73 234 A 4
La Chapelle-Achard 85 182 B 1
La Chapelle-Agnon 63 228 D 2
La Chapelle-Anthenaise 53 106 A 3
La Chapelle-au-Mans 71 193 F 1
La Chapelle-au-Moine 61 53 E 4
La Chapelle-au-Riboul 53 82 C 5
La Chapelle-Aubareil 24 241 G 4
La Chapelle-aux-Bois 88 119 F 4
La Chapelle-aux-Brocs 19 242 C 2
La Chapelle-aux-Chasses 03 175 F 5
La Chapelle-aux-Choux 72 130 A 5
La Chapelle-aux-Filtzméens 35 80 A 4
La Chapelle-aux-Lys 85 184 C 1
La Chapelle-aux-Naux 37 151 F 3
La Chapelle-aux-Saints 19 242 D 4
La Chapelle-Baloue 23 188 D 4
La Chapelle-Basse-Mer 44 148 A 3
La Chapelle-Bâton 17 201 H 2
La Chapelle-Bâton 79 185 E 2
La Chapelle-Bâton 86 203 H 1
La Chapelle-Bayvel 27 35 E 3
La Chapelle-Bertin 43 246 D 2
La Chapelle-Bertrand 79 185 G 1
La Chapelle-Biche 61 53 E 4
La Chapelle-Blanche 22 103 G 1
La Chapelle-Blanche 73 233 G 3
La Chapelle-Blanche-Saint-Martin 37 170 A 1
La Chapelle-Bouëxic 35 103 H 5
La Chapelle-Caro 56 102 D 5
La Chapelle-Cécelin 50 52 A 3
La Chapelle-Chaussée 35 80 A 5
La Chapelle-Craonnaise 53 105 G 5
La Chapelle-d'Abondance 74 198 D 4
La Chapelle-d'Alagnon 15 245 F 3
La Chapelle-d'Aligné 72 129 E 3
La Chapelle-d'Andaine 61 82 C 2
La Chapelle-d'Angillon 18 155 E 3
La Chapelle-d'Armentières 59 8 C 2
La Chapelle-d'Aunainville 28 86 D 4
La Chapelle-d'Aurec 43 229 H 5
La Chapelle-de-Bragny 71 194 D 1
La Chapelle-de-Brain 35 126 A 3
La Chapelle-de-Guinchay 71 194 D 5
La Chapelle-de-la-Tour 38 232 B 2
La Chapelle-de-Mardore 69 212 A 2
La Chapelle-de-Surieu 38 231 F 4
Chapelle-des-Bois 25 197 G 1
La Chapelle-des-Fougeretz 35 104 A 2
La Chapelle-des-Marais 44 146 B 1
La Chapelle-des-Pots 17 201 G 5
La Chapelle-devant-Bruyères 88 120 A 2
Chapelle-d'Huin 25 180 B 2
La Chapelle-du-Bard 38 233 G 4
La Chapelle-du-Bois 72 108 C 2
La Chapelle-du-Bois-des-Faulx 27 36 B 5
La Chapelle-du-Bourgay 76 20 B 2
La Chapelle-du-Châtelard 01 213 G 2
La Chapelle-du-Chêne 85 129 E 2
La Chapelle-du-Fest 50 32 C 5
La Chapelle-du-Genêt 49 148 C 4
La Chapelle-du-Lou-du-Lac 35 103 H 1
La Chapelle-du-Mont-de-France 71 194 C 3
La Chapelle-du-Mont-du-Chat 73 233 E 1
La Chapelle-du-Noyer 28 109 H 4
La Chapelle-en-Juger 50 32 A 5
La Chapelle-en-Lafaye 42 229 G 4
La Chapelle-en-Serval 60 38 D 5
La Chapelle-en-Valgaudémar 05 251 H 5
La Chapelle-en-Vercors 26 250 B 4
La Chapelle-en-Vexin 95 37 F 5
La Chapelle-Enchérie 41 131 H 3
La Chapelle-Engerbold 14 53 E 2
La Chapelle-Erbrée 35 105 F 3
La Chapelle-Faucher 24 222 C 5
La Chapelle-Felcourt 51 62 D 1
La Chapelle-Forainvilliers 28 57 E 5
La Chapelle-Fortin 28 55 H 5
La Chapelle-Gaceline 56 125 G 2
La Chapelle-Gaudin 79 167 H 2
La Chapelle-Gaugain 72 130 D 3
La Chapelle-Gauthier 27 55 E 2
La Chapelle-Gauthier 77 88 D 3
La Chapelle-Geneste 43 228 D 5
La Chapelle-Glain 44 127 F 4
La Chapelle-Gonaguet 24 240 B 1
La Chapelle-Grésignac 24 221 G 4
Chapelle-Guillaume 28 109 E 3
La Chapelle-Hareng 27 35 E 5
La Chapelle-Haute-Grue 14 54 C 2
La Chapelle-Hermier 85 165 F 5
La Chapelle-Heulin 44 148 A 4
La Chapelle-Hugon 18 174 A 3
La Chapelle-Hullin 49 127 G 3
La Chapelle-Huon 72 131 E 2
La Chapelle-Iger 77 59 H 5
La Chapelle-Janson 35 81 F 4
La Chapelle-la-Reine 77 88 A 5
La Chapelle-Largeau 79 167 E 2
La Chapelle-Lasson 51 90 C 2
La Chapelle-Launay 44 146 D 2
La Chapelle-Laurent 15 246 A 2
La Chapelle-lès-Luxeuil 70 141 G 2
La Chapelle-Marcousse 63 227 H 4
La Chapelle-Montabourlet 24 221 H 4
La Chapelle-Montbrandeix 87 222 D 2
La Chapelle-Monthodon 02 60 D 1
La Chapelle-Montligeon 61 84 C 3
La Chapelle-Montlinard 18 156 B 5
La Chapelle-Montmartin 41 153 H 4
La Chapelle-Montmoreau 24 222 B 4
La Chapelle-Montreuil 86 186 A 2
Chapelle-Morthemer 86 186 D 2
La Chapelle-Moulière 86 186 D 1
La Chapelle-Moutils 77 60 B 4
La Chapelle-Naude 71 195 H 1
La Chapelle-Neuve 22 77 E 2
La Chapelle-Neuve 56 101 H 5
La Chapelle-Onzerain 45 110 B 4
La Chapelle-Orthemale 36 171 F 4
La Chapelle-Palluau 85 165 G 3
La Chapelle-Péchaud 24 259 F 1
La Chapelle-Pouilloux 79 203 E 1
La Chapelle-près-Sées 61 83 H 2
La Chapelle-Rablais 77 88 D 3
La Chapelle-Rainsouin 53 106 B 3
La Chapelle-Rambaud 74 215 H 1
La Chapelle-Réanville 27 36 D 5
La Chapelle-Rousselin 49 149 E 4
Chapelle-Royale 28 109 F 3
La Chapelle-Saint-André 58 156 D 2
La Chapelle-Saint-Aubert 35 81 E 5
La Chapelle-Saint-Aubin 72 107 G 4
La Chapelle-Saint-Étienne 79 167 F 5
La Chapelle-Saint-Florent 49 148 C 3
La Chapelle-Saint-Fray 72 107 G 3
La Chapelle-Saint-Géraud 19 243 F 4
La Chapelle-Saint-Jean 24 241 G 2
La Chapelle-Saint-Laud 49 129 E 5
La Chapelle-Saint-Laurent 79 167 G 4
La Chapelle-Saint-Laurian 36 172 A 1
La Chapelle-Saint-Luc 10 90 D 5
La Chapelle-Saint-Martial 23 207 F 3
La Chapelle-Saint-Martin 73 232 D 1
La Chapelle-Saint-Martin-en-Plaine 41 132 B 4
La Chapelle-Saint-Maurice 74 215 G 5
La Chapelle-Saint-Mesmin 45 133 E 2
La Chapelle-Saint-Ouen 76 36 D 1
La Chapelle-Saint-Quillain 70 161 G 1
La Chapelle-Saint-Rémy 72 108 B 3
La Chapelle-Saint-Sauveur 44 148 D 1
La Chapelle-Saint-Sauveur 71 178 C 3
La Chapelle-Saint-Sépulcre 45 112 D 4
La Chapelle-Saint-Sulpice 77 89 F 3
La Chapelle-Saint-Ursin 18 173 E 1
La Chapelle-Souëf 61 84 C 5
La Chapelle-sous-Brancion 71 195 E 2
La Chapelle-sous-Dun 71 194 A 5
La Chapelle-sous-Orbais 51 61 E 2
La Chapelle-sous-Uchon 71 176 C 3
Chapelle-Spinasse 19 225 F 5
La Chapelle-sur-Aveyron 45 135 E 2
La Chapelle-sur-Chézy 02 60 B 2
La Chapelle-sur-Coise 69 230 C 2
La Chapelle-sur-Crécy 77 59 G 3
La Chapelle-sur-Dun 76 19 H 2
La Chapelle-sur-Erdre 44 147 G 3
La Chapelle-sur-Furieuse 39 179 G 1
La Chapelle-sur-Loire 37 151 E 4
La Chapelle-sur-Oreuse 89 89 G 5
La Chapelle-sur-Oudon 49 128 A 4
La Chapelle-sur-Usson 63 228 B 4
La Chapelle-sur-Vire 50 52 B 1
La Chapelle-Taillefert 23 207 E 2
La Chapelle-Thècle 71 195 G 1
La Chapelle-Thémer 85 183 G 1
La Chapelle-Thireuil 79 184 D 1
La Chapelle-Thouarault 35 103 H 2
La Chapelle-Urée 50 52 A 5
Chapelle-Vallon 10 90 D 4
La Chapelle-Vaupelteigne 89 136 C 2
La Chapelle-Vendômoise 41 131 H 4
La Chapelle-Vicomtesse 41 109 F 5
La Chapelle-Viel 61 55 F 5
La Chapelle-Villars 42 230 D 3
Chapelle-Viviers 86 187 E 2
Chapelle-Voland 39 178 D 4
La Chapelle-Yvon 14 54 D 1
Les Chapelles 53 82 D 3
Les Chapelles 73 234 D 2
Les Chapelles-Bourbon 77 59 F 4
Chapelon 45 112 B 4
La Chapelotte 18 155 G 3
Chapet 78 57 H 2
Les Chapieux 73 216 D 5
Chapois 39 179 H 3
Chaponnay 69 231 F 2
Chaponost 69 230 D 1
Chaponost *Arches de* 69 231 E 1
Chappes 03 191 F 4
Chappes 08 26 A 5
Chappes 10 115 F 3
Chappes 63 210 A 4
Chaptelat 87 205 G 4
Chaptuzat 63 209 H 3
Charade 63 227 G 1
Charancieu 38 232 C 3
Charancin 01 214 C 3
Charantonnay 38 231 G 3
Charavines 38 232 C 4
Charbogne 08 42 C 1
Charbonnat 71 176 B 4
Charbonnier-les-Mines 63 228 A 4
Charbonnières 28 109 E 2
Charbonnières 71 195 E 3
Charbonnières-les-Bains 69 212 D 5
Charbonnières-les-Sapins 25 162 B 4
Charbonnières-les-Varennes 63 209 G 4
Charbonnières-les-Vieilles 63 209 G 3
Charbuy 89 136 A 3
La Charce 26 268 C 4
Charcé-Saint-Ellier-sur-Aubance 49 149 H 3
Charcenne 70 161 G 2
Charchigné 53 82 C 4
Charchilla 39 196 D 2
Charcier 39 179 G 5
Chard 23 208 C 4
Chardeny 08 42 C 2

Chardes 17 ... 219 H 5
Chardogne 55 ... 63 G 3
Chardonnay 71 ... 195 E 2
Chareil-Cintrat 03 ... 192 A 5
Charencey 21 ... 159 F 2
Charency 39 ... 180 A 4
Charency-Vezin 54 ... 44 C 2
Charens 26 ... 268 C 4
Charensat 63 ... 208 D 3
Charentay 69 ... 212 D 2
Charentenay 70 ... 140 C 5
Charentenay 89 ... 136 B 5
Charentilly 37 ... 151 H 1
Charenton 58 ... 156 B 4
Charenton-du-Cher 18 ... 173 G 5
Charenton-le-Pont 94 ... 58 C 4
Charentonnay 18 ... 156 A 5
Charette 38 ... 214 A 5
Charette-Varennes 71 ... 178 C 2
Charey 54 ... 65 F 2
Charézier 39 ... 196 D 1
Chargé 37 ... 152 C 2
Chargey-lès-Gray 70 ... 161 E 1
Chargey-lès-Port 70 ... 140 D 3
Chariez 70 ... 141 E 4
Charigny 21 ... 158 D 2
La Charité-sur-Loire 58 ... 156 B 5
Charix 01 ... 196 D 5
Charlas 31 ... 316 B 5
Charleval 13 ... 305 G 3
Charleval 27 ... 36 D 2
Charleville 51 ... 61 E 4
Charleville-Mézières 08 ... 26 D 3
Charleville-sous-Bois 57 ... 46 B 5
Charlieu 42 ... 211 H 1
Charly 18 ... 173 H 3
Charly 69 ... 231 E 2
Charly-Oradour 57 ... 45 H 5
Charly-sur-Marne 02 ... 60 B 2
Charmant 16 ... 221 F 3
Charmauvillers 25 ... 163 G 3
Charmé 16 ... 203 F 3
La Charme 39 ... 179 E 3
Le Charme 45 ... 135 F 3
La Charmée 71 ... 177 G 5
Charmeil 03 ... 210 B 1
Le Charmel 02 ... 40 D 5
Charmensac 15 ... 245 H 2
Charmentray 77 ... 59 F 2
Charmes 02 ... 24 B 4
Charmes 03 ... 210 A 2
Charmes 21 ... 160 C 2
Charmes 52 ... 117 F 5
Charmes 88 ... 95 E 4
Charmes-en-l'Angle 52 ... 92 D 4
Charmes-la-Côte 54 ... 94 A 1
Charmes-la-Grande 52 ... 92 C 4
Charmes-Saint-Valbert 70 ... 140 B 3
Charmes-sur-l'Herbasse 26 249 G 2
Charmes-sur-Rhône 07 ... 249 E 5
Charmette *Col de la* 38 ... 232 D 5
Les Charmettes 73 ... 233 F 2
Charmoille 25 ... 163 F 3
Charmoille 70 ... 141 E 4
Charmoilles 52 ... 117 F 5
Charmois 54 ... 95 F 2
Charmois 90 ... 142 C 3
Charmois-devant-Bruyères 88 ... 119 G 2
Charmois-l'Orgueilleux 88 ... 119 E 3
Charmont 51 ... 63 E 3
Charmont 95 ... 37 G 5
Charmont-en-Beauce 45 ... 111 F 2
Charmont-sous-Barbuise 10 ... 91 E 4
Les Charmontois 51 ... 63 F 2
Charmoy 10 ... 90 A 4
Charmoy 52 ... 140 A 2
Charmoy 71 ... 176 D 4
Charmoy 89 ... 113 H 5
Charnas 07 ... 231 E 5
Charnat 63 ... 210 B 3
Charnay 25 ... 161 H 5
Charnay 69 ... 212 D 4
Charnay-lès-Chalon 71 ... 178 B 2
Charnay-lès-Mâcon 71 ... 195 E 4
Charnècles 38 ... 232 C 5
Charnizay 37 ... 170 B 3
Charnod 39 ... 196 B 4
Charnois 08 ... 17 F 4
Charnoz-sur-Ain 01 ... 213 H 4
Charny 21 ... 159 E 3
Charny 77 ... 59 F 2
Charny-Orée-de-Puisaye 89 ... 135 F 2
Charny-le-Bachot 10 ... 90 D 2
Charny-sur-Meuse 55 ... 44 B 5
Charolles 71 ... 194 A 3
Charols 26 ... 267 G 3
Charonville 28 ... 109 H 2
Chârost 18 ... 172 C 2
Charousse 74 ... 216 C 3
Charpentry 55 ... 43 F 3
Charpey 26 ... 249 G 4
Charpont 28 ... 56 D 5
Charquemont 25 ... 163 G 3
Charrais 86 ... 168 D 5
Charraix 43 ... 246 C 4
Charras 16 ... 221 H 3
Charray 28 ... 109 H 5
Charre 64 ... 313 F 3
Charrecey 71 ... 177 F 3
Charrey-sur-Saône 21 ... 160 B 5
Charrey-sur-Seine 21 ... 115 H 5
Charrin 58 ... 175 F 4
Charritte-de-Bas 64 ... 313 F 3
Charron 17 ... 183 F 4
Charron 23 ... 208 C 2
Charroux 03 ... 209 H 1
Charroux 86 ... 203 H 1
Chars 95 ... 37 H 5
Charsonville 45 ... 110 B 5
Chartainvilliers 28 ... 86 B 3
Chartèves 02 ... 60 C 1
La Chartre-sur-le-Loir 72 ... 130 C 4
Chartrené 49 ... 150 B 1
Chartres 28 ... 86 A 4
Chartres-de-Bretagne 35 ... 104 B 3
Chartrettes 77 ... 88 B 3
Chartrier-Ferrière 19 ... 242 B 3
Chartronges 77 ... 60 B 4
Chartuzac 17 ... 219 H 5
Charvieu-Chavagneux 38 ... 213 H 5
Charvonnex 74 ... 215 G 2
Chas 63 ... 228 A 1
Chaserey 10 ... 115 E 5
Chasnais 85 ... 183 E 2
Chasnans 25 ... 162 C 5
Chasnay 58 ... 156 C 4
Chasné-sur-Illet 35 ... 80 C 5
Chaspinhac 43 ... 247 F 3
Chaspuzac 43 ... 247 E 3
La Chassagne 39 ... 179 E 3
Chassagne 63 ... 227 H 4
Chassagne-Montrachet 21 ... 177 G 2
Chassagne-Saint-Denis 25 ... 162 A 5
Chassagnes 07 ... 265 H 5
Chassagnes 43 ... 246 C 2
Chassagny 69 ... 230 D 2
Chassaignes 24 ... 239 F 1
Chassal 39 ... 196 D 3
Chassant 28 ... 85 F 5
Chassé 72 ... 83 H 4
Chasse-sur-Rhône 38 ... 231 E 2
Chasseguey 50 ... 52 B 5
Chasselas 71 ... 194 D 5
Chasselay 38 ... 250 A 1
Chasselay 69 ... 213 E 4
Chassemy 02 ... 40 C 2
Chassenard 03 ... 193 F 3
Chasseneuil 36 ... 188 C 1
Chasseneuil-du-Poitou 86 ... 186 C 1
Chasseneuil-sur-Bonnieure 16 ... 203 H 5
Chassenon 16 ... 204 D 4
Chasseradès 48 ... 265 F 4
Chassey 21 ... 159 E 1
Chassey-Beaupré 55 ... 93 G 3
Chassey-le-Camp 71 ... 177 G 3
Chassey-lès-Montbozon 70 ... 141 G 5
Chassey-lès-Scey 70 ... 140 D 4
Chassezac *Belvédère du* 48 ... 265 F 5
Chassiecq 16 ... 203 H 3
Chassiers 07 ... 266 A 4
Chassieu 69 ... 213 F 5
Chassignelles 89 ... 137 G 3
Chassignieu 38 ... 232 B 3
Chassignolles 36 ... 189 G 2
Chassignolles 43 ... 228 C 5
Chassigny 52 ... 139 H 3
Chassigny-sous-Dun 71 ... 194 A 5
Chassillé 72 ... 107 E 4
Chassiron *Phare de* 17 ... 200 A 2
Chassors 16 ... 220 C 1
Chassy 18 ... 174 A 1
Chassy 71 ... 193 G 1
Chassy 89 ... 135 H 2
Le Chastang 19 ... 242 D 2
Chastang *Barrage du* 19 ... 243 F 2
Chastanier 48 ... 265 E 2
Chasteaux 19 ... 242 B 3
Chastel 43 ... 246 B 3
Chastel-Arnaud 26 ... 268 A 2
Chastel-Nouvel 48 ... 264 C 4
Chastel-sur-Murat 15 ... 245 F 3
Chastellux-sur-Cure 89 ... 157 H 2
Chastenay 89 ... 136 A 4
Chasteuil 04 ... 308 A 1
Chastreix 63 ... 227 E 3
La Châtaigneraie 85 ... 167 E 5
Chatain 86 ... 203 H 2
Châtaincourt 28 ... 56 C 5
Châtas 88 ... 96 C 4
Château 71 ... 194 C 3
Château-Arnoux-Saint-Auban 04 ... 287 G 3
Château-Bas 13 ... 305 G 3
Château-Bernard 38 ... 250 C 4
Château-Bréhain 57 ... 66 C 3
Château-Chalon 39 ... 179 F 4
Château-Chervix 87 ... 223 H 2
Château-Chinon 58 ... 176 A 1
Le Château-d'Almenêches 61 ... 54 B 5
Château-des-Prés 39 ... 197 E 2
Le Château-d'Oléron 17 ... 200 B 4
Château-d'Olonne 85 ... 182 A 1
Château-du-Loir 72 ... 130 B 4
Château-Farine 25 ... 161 H 4
Château-Gaillard 01 ... 214 A 3
Château-Gaillard 27 ... 36 D 4
Château-Gaillard 28 ... 111 E 3
Château-Garnier 86 ... 186 C 5
Château-Gombert 13 ... 327 E 2
Château-Gontier 53 ... 128 B 2
Château-Guibert 85 ... 183 E 1
Château-Guillaume 36 ... 188 A 3
Château-la-Vallière 37 ... 151 F 1
Château-l'Abbaye 59 ... 9 G 4
Château-Lambert 70 ... 120 A 5
Château-Landon 77 ... 112 B 3
Château-Larcher 86 ... 186 B 3
Château-l'Évêque 24 ... 240 C 1
Château-l'Hermitage 72 ... 130 A 3
Château-Porcien 08 ... 42 A 1
Château-Queyras 05 ... 271 E 1
Château-Regnault 08 ... 26 D 2
Château-Renard 45 ... 112 D 5
Château-Renault 37 ... 131 F 5
Château-Rouge 57 ... 46 D 4
Château-Salins 57 ... 66 C 4
Château-sur-Allier 03 ... 174 B 4
Château-sur-Cher 63 ... 208 C 2
Château-sur-Epte 27 ... 37 F 4
Château-Thébaud 44 ... 147 H 5
Château-Thierry 02 ... 60 C 1
Château-Verdun 09 ... 336 B 5
Château-Ville-Vieille 05 ... 271 E 1
Château-Voué 57 ... 66 D 3
Châteaubernard 16 ... 220 B 1
Châteaubleau 77 ... 89 E 2
Châteaubourg 07 ... 249 E 4
Châteaubourg 35 ... 104 D 3
Châteaubriant 44 ... 127 E 3
Châteaudouble 26 ... 249 G 5
Châteaudouble 83 ... 308 A 4
Châteaudun 28 ... 109 H 4
Châteaufort 04 ... 287 G 1
Châteaufort 78 ... 58 A 5
Châteaugay 63 ... 209 H 5
Châteaugiron 35 ... 104 C 3
Châteaulin 29 ... 75 H 5
Châteaumeillant 18 ... 190 A 2
Châteauneuf 21 ... 159 F 4
Châteauneuf 39 ... 161 F 4
Châteauneuf 42 ... 230 D 3
Châteauneuf 71 ... 194 A 5
Châteauneuf 73 ... 233 H 2
Châteauneuf 85 ... 164 D 2
Châteauneuf-de-Bordette 26 ... 285 H 1
Châteauneuf-de-Chabre 05 ... 287 F 1
Châteauneuf-de-Gadagne 84 ... 305 E 1
Châteauneuf-de-Galaure 26 ... 249 F 1
Châteauneuf-de-Randon 48 ... 264 D 3
Châteauneuf-de-Vernoux 07 ... 248 D 5
Châteauneuf-d'Entraunes 06 ... 289 F 3
Châteauneuf-d'Ille-et-Vilaine 35 ... 79 H 3
Châteauneuf-d'Oze 05 ... 269 F 4
Châteauneuf-du-Faou 29 ... 76 B 5
Châteauneuf-du-Pape 84 ... 285 F 4
Châteauneuf-du-Rhône 26 ... 267 E 4
Châteauneuf-en-Thymerais 28 ... 85 H 2
Châteauneuf-Grasse 06 ... 309 E 3
Châteauneuf-la-Forêt 87 ... 224 C 1
Châteauneuf-le-Rouge 13 ... 306 B 5
Châteauneuf-les-Bains 63 ... 209 F 3
Châteauneuf-les-Martigues 13 ... 326 C 2
Châteauneuf-lès-Moustiers 04 ... 307 H 1
Châteauneuf-Miravail 04 ... 287 E 3
Châteauneuf-sur-Charente 16 ... 220 D 2
Châteauneuf-sur-Cher 18 ... 173 E 3
Châteauneuf-sur-Isère 26 ... 249 F 4
Châteauneuf-sur-Loire 45 ... 133 H 2
Châteauneuf-sur-Sarthe 49 ... 128 D 4
Châteauneuf-Val-de-Bargis 58 ... 156 C 4
Châteauneuf-Val-Saint-Donat 04 ... 287 G 3
Châteauneuf-Villevieille 06 ... 291 F 5
Châteauponsac 87 ... 205 H 1
Châteauredon 04 ... 288 A 4
Châteaurenard 13 ... 304 D 1
Châteaurenaud 71 ... 178 C 5
Châteauroux 36 ... 171 H 4
Châteauroux-les-Alpes 05 ... 270 C 2
Châteauvert 83 ... 307 F 5
Châteauvieux 05 ... 269 G 4
Châteauvieux 41 ... 153 E 4
Châteauvieux 83 ... 308 B 2
Châteauvieux-les-Fossés 25 ... 162 B 5
Châteauvilain 38 ... 232 A 3
Châteauvillain 52 ... 116 C 4
Le Châtel 73 ... 234 A 5
Châtel 74 ... 198 D 4
Châtel-Censoir 89 ... 157 F 1
Chatel-Chéhéry 08 ... 43 F 3
Châtel-de-Joux 39 ... 196 D 2
Châtel-de-Neuvre 03 ... 192 A 3
Châtel-Gérard 89 ... 137 F 5
Châtel-Guyon 63 ... 209 G 4
Châtel-Montagne 03 ... 210 D 2
Châtel-Moron 71 ... 177 F 4
Châtel-Saint-Germain 57 ... 65 G 1
Châtel-sur-Moselle 88 ... 95 F 4
Châtelaillon-Plage 17 ... 200 C 2
Châtelain 53 ... 128 C 2
La Châtelaine 39 ... 179 G 3
Châtelais 49 ... 127 H 3
Châtelard 23 ... 208 C 3
Châtelard 38 ... 251 G 3
Le Châtelard 73 ... 233 G 1
Châtelaudren 22 ... 73 G 5
Chatelay 39 ... 179 F 1
Châtelblanc 25 ... 180 B 5
Châteldon 63 ... 210 C 3
Le Châtelet 18 ... 190 A 1
Châtelet *Pont du* 04 ... 271 E 3
Le Châtelet-en-Brie 77 ... 88 C 3
Le Châtelet-sur-Retourne 08 ... 42 A 2
Le Châtelet-sur-Sormonne 08 ... 26 B 2
Les Châtelets 28 ... 56 A 5
Le Chateley 39 ... 179 E 3
Le Châtelier 51 ... 63 F 2
Châtellenot 21 ... 159 E 4
Châtellerault 86 ... 169 G 4
Le Châtellier 35 ... 81 E 3
Le Châtellier 61 ... 53 E 5
Les Châtelliers-Châteaumur 85 ... 167 E 3
Les Châtelliers-Notre-Dame 28 ... 85 G 5
Châtelneuf 39 ... 179 H 5
Châtelneuf 42 ... 229 G 2
Chateloy 03 ... 191 E 2
Châtelperron 03 ... 192 D 3
Châtelraould-Saint-Louvent 51 ... 62 C 5
Châtelus 03 ... 211 E 1
Châtelus 38 ... 250 B 3
Châtelus 42 ... 230 B 2
Châtelus-le-Marcheix 23 ... 206 C 3
Châtelus-Malvaleix 23 ... 189 G 5
Châtenay 01 ... 213 H 2
Châtenay 28 ... 86 D 5
Châtenay 38 ... 231 H 5
Châtenay 71 ... 194 A 5
Châtenay-en-France 95 ... 58 D 1
Chatenay-Mâcheron 52 ... 139 H 2
Châtenay-Malabry 92 ... 58 B 4
Châtenay-sur-Seine 77 ... 89 E 4
Chatenay-Vaudin 52 ... 139 H 2
Chatenet 17 ... 220 B 5
Le Châtenet-en-Dognon 87 ... 206 B 4
Châteney 70 ... 141 G 3
Châtenois 39 ... 161 E 5
Châtenois 67 ... 97 E 4
Châtenois 70 ... 141 G 3
Châtenois 88 ... 94 B 5
Châtenois-les-Forges 90 ... 142 C 4
Châtenoy 45 ... 134 A 2
Châtenoy 77 ... 112 B 2
Châtenoy-en-Bresse 71 ... 177 H 4
Châtenoy-le-Royal 71 ... 177 H 4
Châtignac 16 ... 220 D 5
Chatignonville 91 ... 87 E 3
Châtillon 03 ... 191 H 3
Châtillon 39 ... 179 G 5
Châtillon 69 ... 212 D 4
Châtillon 86 ... 186 A 4
Châtillon 92 ... 58 B 4
Châtillon *Crêt de* 74 ... 215 G 4
Châtillon-Coligny 45 ... 135 E 3
Châtillon-en-Bazois 58 ... 175 G 1
Châtillon-en-Diois 26 ... 268 C 2
Châtillon-en-Dunois 28 ... 109 G 3
Châtillon-en-Michaille 01 ... 214 D 1
Châtillon-en-Vendelais 35 ... 105 F 2
Châtillon-Guyotte 25 ... 162 B 2
Châtillon-la-Borde 77 ... 88 C 3
Châtillon-la-Palud 01 ... 213 H 3
Châtillon-le-Duc 25 ... 161 H 3
Châtillon-le-Roi 45 ... 111 F 3
Châtillon-lès-Sons 02 ... 24 D 3
Châtillon-Saint-Jean 26 ... 249 H 3
Châtillon-sous-les-Côtes 55 ... 44 C 5
Châtillon-sur-Bar 08 ... 43 E 1
Châtillon-sur-Broué 51 ... 92 A 2
Châtillon-sur-Chalaronne 01 ... 213 F 1
Châtillon-sur-Cher 41 ... 153 F 4
Châtillon-sur-Cluses 74 ... 216 C 1
Châtillon-sur-Colmont 53 ... 82 A 5
Châtillon-sur-Indre 36 ... 170 D 2
Châtillon-sur-Lison 25 ... 161 H 5
Châtillon-sur-Loire 45 ... 134 D 5
Châtillon-sur-Marne 51 ... 41 E 5
Châtillon-sur-Morin 51 ... 60 D 5
Châtillon-sur-Oise 02 ... 24 C 3
Châtillon-sur-Saône 88 ... 118 B 5
Châtillon-sur-Seine 21 ... 138 A 2
Châtillon-sur-Thouet 79 ... 168 A 5
Châtin 58 ... 175 H 1
Chatoillenot 52 ... 139 G 4
Châtonnay 38 ... 231 H 3
Chatonnay 39 ... 196 B 3
Chatonrupt 52 ... 92 D 3
Chatou 78 ... 58 A 3
La Châtre 36 ... 189 G 1
La Châtre-Langlin 36 ... 188 B 3
Châtres 10 ... 90 C 3
Châtres 24 ... 241 G 2
Châtres 77 ... 59 F 5
Châtres-la-Forêt 53 ... 106 C 3
Châtres-sur-Cher 41 ... 154 A 4
Châtrices 51 ... 63 F 1
Chattancourt 55 ... 43 H 4
Chatte 38 ... 250 A 2
Chatuzange-le-Goubet 26 ... 249 G 4
Chaucenne 25 ... 161 H 3
Chauchailles 48 ... 263 H 1
Chauché 85 ... 166 A 3
Le Chauchet 23 ... 208 B 2
Chauchigny 10 ... 90 D 4
Chauconin 77 ... 59 F 2
Chauconin-Neufmontiers 77 ... 59 F 2
Chaucre 17 ... 200 A 2
Chaudanne *Barrage de* 04 ... 308 B 1
Chaudardes 02 ... 41 E 2
Chaudebonne 26 ... 268 A 4
Chaudefonds-sur-Layon 49 ... 149 F 3
Chaudefontaine 25 ... 162 B 2
Chaudefontaine 51 ... 43 E 5
Chaudenay 52 ... 139 H 2
Chaudenay 71 ... 177 G 2
Chaudenay-la-Ville 21 ... 159 F 5
Chaudenay-le-Château 21 ... 159 F 5
Chaudeney-sur-Moselle 54 ... 94 B 1
Chaudes-Aigues 15 ... 263 G 1
Chaudeyrac 48 ... 265 E 3
Chaudeyrolles 43 ... 247 H 4
La Chaudière 26 ... 268 A 3
Chaudière *Col de la* 26 ... 267 H 3
Chaudon 28 ... 57 E 5
Chaudon-Norante 04 ... 288 B 5
Chaudrey 10 ... 91 F 3
Chaudron-en-Mauges 49 ... 148 D 3
Chaudun 02 ... 40 B 3
Chauffailles 71 ... 194 A 5
Chauffayer 05 ... 269 G 1
Chauffecourt 88 ... 94 D 4
Chauffour-lès-Bailly 10 ... 115 G 2
Chauffour-lès-Étréchy 91 ... 87 F 3
Chauffour-sur-Vell 19 ... 242 C 4
Chauffours 28 ... 85 H 4
Chauffourt 52 ... 117 G 5
Chauffry 77 ... 60 A 4
Chaufour-lès-Bonnières 78 ... 56 D 1
Chaufour-Notre-Dame 72 ... 107 G 4
Chaugey 21 ... 178 C 1
Chaulgnes 58 ... 156 C 5
Chaulhac 48 ... 246 A 5
Chaulieu 50 ... 52 C 4
La Chaulme 63 ... 229 F 4
Chaulnes 80 ... 23 F 2
Chaum 31 ... 334 B 3
Chaumard 58 ... 158 A 5
La Chaume 21 ... 138 C 2
La Chaume 85 ... 182 A 1
Chaume-et-Courchamp 21 ... 139 G 5
Chaume-lès-Baigneux 21 ... 138 B 5
Chaumeil 19 ... 225 E 4
Chaumercenne 70 ... 161 F 3
Chaumeré 35 ... 104 D 4
Chaumergy 39 ... 179 E 3
Chaumes-en-Brie 77 ... 59 F 5
Chaumesnil 10 ... 91 H 4
Chaumont 18 ... 173 H 4
Chaumont 39 ... 197 E 3
Chaumont 52 ... 117 E 3
Chaumont 61 ... 54 D 3
Chaumont 74 ... 215 F 2
Chaumont 89 ... 89 E 5
Chaumont *Château de* 71 ... 194 B 2
Chaumont-d'Anjou 49 ... 129 E 5
Chaumont-devant-Damvillers 55 ... 44 B 4
Chaumont-en-Vexin 60 ... 37 G 4
Chaumont-la-Ville 52 ... 117 H 3
Chaumont-le-Bois 21 ... 115 H 5
Chaumont-le-Bourg 63 ... 229 E 4
Chaumont-Porcien 08 ... 26 A 4
Chaumont-sur-Aire 55 ... 63 H 2
Chaumont-sur-Loire 41 ... 152 D 1
Chaumont-sur-Tharonne 41 ... 133 F 5
Chaumontel 95 ... 38 C 5
Chaumot 58 ... 157 G 4
Chaumot 89 ... 113 F 4
Chaumousey 88 ... 119 E 2
Chaumoux-Marcilly 18 ... 155 H 5
Chaumussay 37 ... 170 A 3
La Chaumusse 39 ... 197 E 1
Chaumuzy 51 ... 41 F 5
Chaunac 17 ... 220 B 5
Chaunay 86 ... 186 A 5
Chauny 02 ... 24 A 5
Chauray 79 ... 185 E 4
Chauriat 63 ... 228 A 1
Chausey *Îles* 50 ... 50 D 2
La Chaussade 23 ... 207 H 3
La Chaussaire 49 ... 148 B 4
Chaussan 69 ... 230 D 2
La Chaussée 76 ... 20 B 2
La Chaussée 86 ... 168 D 3
La Chaussée-d'Ivry 28 ... 56 D 3
La Chaussée-Saint-Victor 41 ... 132 A 5
La Chaussée-sur-Marne 51 ... 62 C 3
La Chaussée-Tirancourt 80 ... 22 A 1
Chaussenac 15 ... 243 H 2
Chaussenans 39 ... 179 G 3
Chausseterre 42 ... 211 E 4
Chaussin 39 ... 178 D 2
Chaussoy-Epagny 80 ... 22 C 3
Chaussy 45 ... 111 E 3
Chaussy 95 ... 37 F 5
Le Chautay 18 ... 174 B 2
Chauvac 26 ... 286 C 1
Chauvé 44 ... 146 D 4
Chauve d'Aspremont *Mont* 06 ... 291 E 5
Chauvency-le-Château 55 ... 27 H 5
Chauvency-Saint-Hubert 55 ... 27 H 5
Chauvigné 35 ... 80 D 4
Chauvigny 86 ... 187 E 1
Chauvigny-du-Perche 41 ... 109 F 5
Chauvincourt 27 ... 37 F 3
Chauvirey-le-Châtel 70 ... 140 B 2
Chauvirey-le-Vieil 70 ... 140 B 3
Chauvoncourt 55 ... 64 C 3
Chauvry 95 ... 58 B 1
Chaux 21 ... 159 H 5
La Chaux 25 ... 180 D 1
La Chaux 61 ... 83 E 2
La Chaux 71 ... 178 C 3

Chaux 90 142 B 2
Chaux-Champagny 39 179 H 2
Chaux-des-Crotenay 39 180 A 5
Chaux-des-Prés 39 197 E 2
La Chaux-du-Dombief 39 197 E 1
La Chaux-en-Bresse 39 179 E 3
Chaux-la-Lotière 70 161 H 2
Chaux-lès-Clerval 25 162 D 2
Chaux-lès-Passavant 25 162 C 3
Chaux-lès-Port 70 140 D 3
Chaux-Neuve 25 180 B 5
Chauzon 07 266 B 5
Chavagnac 15 245 F 2
Chavagnac 24 241 H 3
Chavagne 35 104 A 3
Chavagnes 49 149 H 3
Chavagnes-en-Paillers 85 166 A 2
Chavagnes-les-Redoux 85 166 D 4
Chavagneux-Montbertand 38 231 H 1
Chavaignes 49 150 C 1
Chavanac 19 225 G 2
Chavanat 23 207 F 3
Chavanatte 90 142 D 3
Chavanay 42 231 E 4
Chavanges 10 91 H 3
Chavaniac-Lafayette 43 246 D 2
Chavannaz 74 215 F 2
Chavanne 39 179 E 5
Chavanne 70 142 A 4
La Chavanne 73 233 G 3
Chavannes 18 173 E 3
Chavannes 26 249 F 3
Les Chavannes-en-Maurienne 73 234 A 4
Chavannes-les-Grands 90 142 D 3
Chavannes-sur-l'Étang 68 142 D 3
Chavannes-sur-Reyssouze 01 195 F 3
Chavannes-sur-Suran 01 196 B 5
Chavanod 74 215 F 4
Chavanoz 38 213 H 5
Les Chavants 74 216 D 3
Chavaroux 63 210 A 5
La Chavatte 80 23 F 3
Chaveignes 37 169 F 1
Chavelot 88 95 F 5
Chavenat 16 221 F 4
Chavenay 78 57 H 3
Chavençon 60 37 H 4
Chavenon 03 191 F 3
Chavéria 39 196 C 2
Chaveroche 19 225 H 3
Chaveyriat 01 195 G 5
Chavignol 18 155 H 3
Chavignon 02 40 C 1
Chavigny 02 40 B 2
Chavigny 54 94 D 1
Chavigny Château de 37 150 D 5
Chavigny-Bailleul 27 56 B 3
Chaville 92 58 B 4
Chavin 36 188 D 2
Chavoire 74 215 G 3
Chavonne 02 40 D 2
Chavornay 01 214 D 4
Chavot-Courcourt 51 61 F 1
Chavoy 50 51 H 4
Chavroches 03 192 C 4
Le Chay 17 219 E 1
Chay 25 179 G 1
Chazay-d'Azergues 69 212 D 4
La Chaze-de-Peyre 48 264 A 2
Chazé-Henry 49 127 G 3
Chazé-sur-Argos 49 127 H 4
Chazeaux 07 266 A 3
Le Chazelet 05 252 A 3
Chazelet 36 188 C 2
Chazelles 15 246 B 3
Chazelles 16 221 G 2
Chazelles 39 196 A 3
Chazelles 43 246 C 4
Chazelles-sur-Albe 54 96 A 1
Chazelles-sur-Lavieu 42 229 G 3
Chazelles-sur-Lyon 42 230 B 2
Chazelot 25 162 C 1
Chazemais 03 190 C 3
Chazeuil 21 139 G 5
Chazeuil 58 157 E 4
Chazey-Bons 01 214 D 5
Chazey-sur-Ain 01 213 H 4
Chazilly 21 159 F 5
Chazot 25 163 E 2
Chazoy 25 161 G 3
La Chebuette 44 147 H 3
Chécy 45 133 F 2
Chedde 74 216 D 3
Chédigny 37 152 C 4
Chef-Boutonne 79 202 D 1
Chef-du-Pont 50 31 H 2
Chef-Haut 88 94 C 4
Cheffes 49 128 C 5
Cheffois 85 167 E 5
Cheffreville-Tonnencourt 14 54 C 1
Le Chefresne 50 52 A 2
Chéhéry 08 27 E 4
Cheignieu-la-Balme 01 214 C 4
Cheillé 37 151 F 4
Cheilly-lès-Maranges 71 177 F 3
Chein-Dessus 31 334 D 2
Cheissoux 87 206 C 5
Le Cheix 63 209 H 3
Le Cheix 63 227 G 3
Cheix-en-Retz 44 147 E 4
Chélan 32 316 A 3
Chelers 62 7 H 5
Chélieu 38 232 B 3
Chelle-Debat 65 315 G 4
Chelle-Spou 65 333 G 1
Chelles 60 39 H 3
Chelles 77 59 E 3
Chelun 35 127 F 2
Chemaudin 25 161 H 4
Chemault 45 111 H 4
Chemazé 53 128 A 3
Chemellier 49 149 H 3
Chemenot 39 179 E 3
Chéméré 44 146 D 5
Chéméré-le-Roi 53 106 C 5
Chémery 41 153 F 3
Chémery 57 66 D 2
Chémery-Chéhéry 08 27 E 5
Chémery-les-Deux 57 46 C 3
Chemilla 39 196 C 3
Chemillé-en-Anjou 49 149 F 4
Chemillé-sur-Dême 37 130 D 4
Chemillé-sur-Indrois 37 152 D 5
Chemilli 61 84 B 4
Chemilly 03 192 A 2
Chemilly 70 140 D 4
Chemilly-sur-Serein 89 136 D 3
Chemilly-sur-Yonne 89 136 B 2
Chemin 39 178 C 2
Le Chemin 51 63 F 1
Chemin-d'Aisey 21 138 A 3
Cheminas 07 249 E 2
Cheminon 51 63 F 4
Cheminot 57 65 H 2
Chemiré-en-Charnie 72 107 E 4
Chemiré-le-Gaudin 72 107 F 5
Chemiré-sur-Sarthe 49 128 D 3
Chemy 59 8 C 4
Chenac-Saint-Seurin-d'Uzet 17 219 E 3
Chenailler-Mascheix 19 243 E 3
La Chenalotte 25 163 F 5
Chénas 69 194 D 5
Chenaud 24 239 E 1
Chenay 51 41 F 3
Chenay 72 83 H 3
Chenay 79 185 G 4
Chenay-le-Châtel 71 193 F 5
Le Chêne 10 91 E 2
Chêne-Arnoult 89 135 F 2
Chêne-Bernard 39 179 E 2
Chêne-Chenu 28 85 H 2
Chêne-en-Semine 74 215 E 2
Chêne-Sec 39 178 D 3
Chenebier 70 142 B 3
Chenecey-Buillon 25 161 H 5
Cheneché 86 169 E 4
Chênedollé 14 52 D 3
Chênedouit 61 53 G 4
Chênehutte-les-Tuffeaux 49 150 B 3
Chénelette 69 212 B 1
Chénérailles 23 207 H 2
Chenereilles 42 229 G 4
Chenereilles 43 248 A 2
Chénérilles 04 287 H 4
Chenevelles 86 169 H 5
Chenevières 54 95 G 2
Chenevrey-et-Morogne 70 161 F 3
Chênex 74 215 F 1
Cheney 89 137 E 2
Chenicourt 54 66 B 3
Chenières 54 45 E 2
Chéniers 23 189 F 4
Cheniers 51 62 A 3
Chenillé-Champteussé 49 128 B 4
Chenillé-Changé 49 128 B 4
Cheniménil 88 119 G 2
Chennebrun 27 55 G 5
Chennegy 10 114 C 2
Chennevières 55 93 F 1
Chennevières-lès-Louvres 95 58 D 1
Chennevières-sur-Marne 94 58 D 4
Chenois 57 66 C 2
Chenoise 77 89 F 2
Chenommet 16 203 G 3
Chenon 16 203 G 3
Chenonceau Château de 37 152 C 3
Chenonceaux 37 152 C 3
Chenou 77 112 B 3
Chenôve 21 160 A 3
Chenôves 71 177 G 5
Chens-sur-Léman 74 197 H 4
Chenu 72 130 B 5
Cheny 89 114 A 5
Chepniers 17 238 B 1
Chepoix 60 22 C 5
La Cheppe 51 62 C 1
Cheppes-la-Prairie 51 62 B 3
Cheppy 55 43 G 4
Cheptainville 91 87 G 3
Chepy 51 62 B 3
Chépy 80 11 F 4
Chérac 17 219 H 1
Chérancé 53 127 H 2
Chérancé 72 83 H 5
Chéraute 64 313 F 4
Chéray 17 200 A 3
Cherbonnières 17 202 B 3
Cherbourg-en-Cotentin 50 29 E 3
Chérence 95 57 F 1
Chérencé-le-Héron 50 52 A 3
Chérencé-le-Roussel 50 52 B 4
Chéreng 59 9 E 3
Les Chères 69 212 D 4
Chérêt 02 40 D 1
Chériennes 62 12 B 2
Cherier 42 211 F 3
Chérigné 79 202 C 1
Les Chéris 50 51 H 5
Chérisay 72 83 G 5
Chérisey 57 65 H 2
Cherisy 28 56 D 4
Chérisy 62 13 H 3
Chérizet 71 194 C 2
Chermignac 17 219 F 1
Chermisey 88 93 H 4
Chermizy-Ailles 02 41 E 1
Chéronnac 87 204 D 5
Chéronvilliers 27 55 G 4
Chéroy 89 113 E 2
Cherré 49 128 C 4
Cherré 72 108 C 3
Cherreau 72 108 C 2
Cherrueix 35 51 E 5
Cherval 24 221 G 4
Cherveix-Cubas 24 241 F 1
Cherves 86 168 C 5
Cherves-Châtelars 16 204 B 5
Cherves-de-Cognac 16 202 B 5
Chervettes 17 201 F 2
Cherveux 79 185 E 3
Chervey 10 115 H 3
Cherville 51 61 H 1
Chervinges 69 212 D 3
Chéry 18 154 C 5
Chéry-Chartreuve 02 40 D 4
Chéry-lès-Pouilly 02 24 D 4
Chéry-lès-Rozoy 02 25 G 3
Chesley 10 115 E 5
Le Chesnay 78 58 A 3
Le Chesne 08 42 D 1
Le Chesne 27 56 A 3
Chesnel 16 202 B 5
Chesnois-Auboncourt 08 26 C 5
Chesny 57 65 H 1
Chessenaz 74 215 E 2
Chessy 69 212 C 4
Chessy 77 59 F 3
Chessy-les-Prés 10 114 C 4
Chéu 89 114 B 5
Cheuge 21 160 D 2
Cheust 65 333 E 1
Cheux 14 33 F 4
Chevagnes 03 192 C 1
Chevagny-les-Chevrières 71 194 D 4
Chevagny-sur-Guye 71 194 B 2
Chevaigné 35 104 B 2
Chevaigné-du-Maine 53 82 D 4
Le Chevain 72 83 G 4
Cheval-Blanc 84 305 F 2
La Chevalerie 17 200 B 4
Chevaline 74 215 H 5
La Chevallerais 44 147 G 1
Le Chevalon 38 232 D 5
Chevanceaux 17 220 C 5
Chevannay 21 159 F 2
Chevannes 21 159 H 5
Chevannes 45 112 D 3
Chevannes 89 136 A 3
Chevannes 91 88 A 3
Chevannes-Changy 58 157 E 4
Chevennes 02 25 E 2
Chevenon 58 174 D 3
Chevenoz 74 198 C 3
Cheverny 41 153 F 1
Cheveuges 08 27 E 4
Chevières 08 43 E 3
Chevigney 70 161 E 3
Chevigney-lès-Vercel 25 162 C 4
Chevigney-sur-l'Ognon 25 161 G 3
Chevigny 39 161 E 4
Chevigny-en-Valière 21 178 A 2
Chevigny-Saint-Sauveur 21 160 B 3
Chevillard 01 214 C 1
Chevillé 72 107 E 5
Chevillon 52 92 D 2
Chevillon 89 135 G 2
Chevillon-sur-Huillard 45 112 B 5
La Chevillotte 25 162 B 4
Chevilly 45 110 D 4
Chevilly-Larue 94 58 C 4
Chevinay 69 212 C 5
Chevincourt 60 39 F 1
Cheviré-le-Rouge 49 129 F 5
Chevrainvilliers 77 112 B 3
Chèvre Cap de la 29 75 E 5
Chevreaux 39 196 A 2
Chevregny 02 40 D 1
Chèvremont 90 142 C 3
La Chèvrerie 16 203 F 2
Chèvrerie Vallon de la 74 198 B 5
Chevresis-les-Dames 02 24 C 3
Chevresis-Monceau 02 24 D 3
Chevreuse 78 58 A 5
Chèvreville 50 52 B 5
Chèvreville 60 39 G 5
Chevrier 74 215 E 1
Chevrières 38 250 A 2
Chevrières 42 230 B 2
Chevrières 60 39 E 3
Chevroches 58 157 F 2
La Chevrolière 44 147 G 5
Chevrotaine 39 179 H 5
Chevroux 01 195 F 3
Chevroz 25 161 H 2
Chevru 77 60 A 4
Chevry 01 197 F 4
Chevry 39 196 D 3
Chevry 50 52 A 1
Chevry-Cossigny 77 59 E 5
Chevry-en-Sereine 77 112 D 2
Chevry-sous-le-Bignon 45 112 D 3
Chey 79 185 G 4
Cheylade 15 245 E 2
Le Cheylard 07 248 B 5
Cheylard-l'Évêque 48 265 E 3
Le Cheylas 38 233 F 4
Cheyssieu 38 231 E 4
Chezal-Benoît 18 172 C 4
La Chèze 22 102 C 2
Chèze 65 332 D 3
Chézeaux 52 140 B 2
Chezelle 03 191 H 5
Chezelles 36 171 G 3
Chezelles 37 169 F 1
Chézeneuve 38 231 H 2
Chézery-Forens 01 197 E 5
Chézy 03 192 B 1
Chézy-en-Orxois 02 40 A 5
Chézy-sur-Marne 02 60 B 2
Chiappa Pointe de la 2A 351 G 2
Chiatra 2B 347 H 4
Chiché 79 167 H 4
Chicheboville 14 33 H 5
Chichée 89 136 D 3
Chichery 89 136 B 2
Chichey 51 61 E 5
Chichilianne 38 268 C 1
Chicourt 57 66 C 3
Chiddes 58 176 A 3
Chiddes 71 194 B 3
Chidrac 63 227 H 3
Chierry 02 60 C 1
Chieulles 57 45 H 5
Chigné 49 129 H 5
Chignin 73 233 F 2
La Chignolle 16 203 F 5
Chigny 02 25 E 1
Chigny-les-Roses 51 41 G 5
Chigy 89 113 H 2
Chilhac 43 246 B 2
Chillac 16 220 D 5
Chille 39 179 E 5
Chilleurs-aux-Bois 45 111 F 4
Le Chillou 79 168 B 4
Chilly 08 26 B 2
Chilly 74 215 F 2
Chilly 80 23 F 3
Chilly-le-Vignoble 39 179 E 5
Chilly-Mazarin 91 58 C 5
Chilly-sur-Salins 39 179 H 2
Chimilin 38 232 C 2
Le Chinaillon 74 216 B 2
Chindrieux 73 215 E 4
Chinon 37 151 E 5
Chinon Centre de production nucléaire 37 150 D 4
Chioula Col de 09 336 D 5
Chipilly 80 23 E 1
Chirac 16 204 C 4
Chirac 48 264 A 4
Chirac-Bellevue 19 226 B 4
Chirassimont 42 212 A 4
Chirat-l'Église 03 191 G 5
Chiré-en-Montreuil 86 186 A 1
Chirens 38 232 C 4
Chirmont 80 22 C 4
Chirols 07 266 A 2
Chiroubles 69 212 D 1
Chiry-Ourscamp 60 23 G 5
Chis 65 315 F 4
Chisa 2B 349 F 3
Chissay-en-Touraine 41 152 D 3
Chisseaux 37 152 C 3
Chisséria 39 196 C 3
Chissey-en-Morvan 71 158 C 5
Chissey-lès-Mâcon 71 194 D 2
Chissey-sur-Loue 39 179 F 1
Chitenay 41 153 E 1
Chitray 36 188 B 1
Chitry 89 136 C 3
Chitry-les-Mines 58 157 G 4
Chiuni Plage de 2A 348 A 1
Chives 17 202 D 3
Chivres 21 178 B 2
Chivres-en-Laonnois 02 25 F 4
Chivres-Val 02 40 C 2
Chivy-lès-Étouvelles 02 40 D 1
Chizé 79 202 B 1
Chocques 62 7 H 3
Choignes 52 117 E 3
Choilley 52 139 G 4
Choisel 78 57 H 5
Choiseul 52 117 H 4
Choisey 39 178 D 1
Choisies 59 15 H 3
Choisy 74 215 G 2
Choisy-au-Bac 60 39 G 2
Choisy-en-Brie 77 60 A 4
Choisy-la-Victoire 60 39 E 2
Choisy-le-Roi 94 58 C 4
Cholet 49 166 D 1
Cholonge 38 251 E 3
Choloy-Ménillot 54 94 A 1
Chomelix 43 247 E 1
Chomérac 07 266 D 2
La Chomette 43 246 C 1
Chonas-l'Amballan 38 231 E 4
Chonville 55 64 C 5
Chooz 08 17 E 4
Choqueuse-les-Bénards 60 22 A 4
Choranche 38 250 B 3
Chorey-lès-Beaune 21 177 H 1
Chorges 05 270 A 3
Chouain 14 33 E 4
Chouday 36 172 C 3
Choue 41 109 E 5
Chougny 58 175 H 1
Chouilly 51 61 G 1
Chouppes 86 168 D 4
Chourgnac 24 241 F 1
Choussy 41 153 E 3
Chouvigny 03 209 G 2
Chouvigny Gorges de 63 209 G 2
Choux 39 196 D 4
Les Choux 45 134 C 3
Chouy 02 40 A 4
Chouzé-sur-Loire 37 150 D 4
Chouzelot 25 161 H 5
Chouzy-sur-Cisse 41 152 D 1
Choye 70 161 G 2
Chozeau 38 231 H 1
Chuelles 45 112 D 5
Chuffilly-Roche 08 42 C 1
Chuignes 80 23 F 2
Chuignolles 80 23 F 2
Chuisnes 28 85 G 4
Chusclan 30 285 E 3
Chuyer 42 230 D 4
Chuzelles 38 231 F 2
Ciadoux 31 316 C 4
Ciamannacce 2A 349 E 3
Cians Gorges du 06 289 G 5
Ciboure 64 310 B 3
Cideville 76 19 H 5
Ciel 71 178 A 3
Cier-de-Luchon 31 334 B 4
Cier-de-Rivière 31 334 B 1
Cierges 02 40 D 5
Cierges-sous-Montfaucon 55 43 G 3
Cierp-Gaud 31 334 B 3
Cierrey 27 56 C 1
Cierzac 17 220 B 2
Cieurac 46 278 B 1
Cieutat 65 333 F 1
Cieux 87 205 F 3
Ciez 58 156 C 2
Cigné 53 82 B 4
Cigogné 37 152 B 4
Cilly 02 25 F 3
Cinais 37 150 D 5
Cindré 03 192 C 4
Cinq-Chemins 74 198 A 3
Cinq-Mars-la-Pile 37 151 G 3
Cinquétral 39 197 E 3
Cinqueux 60 38 D 3
Cintegabelle 31 318 A 4
Cintheaux 14 53 H 1
Cintray 27 55 H 4
Cintray 28 86 A 4
Cintré 35 103 H 3
Cintrey 70 140 B 3
La Ciotat 13 327 F 4
Cipières 06 309 E 1
Ciral 61 83 E 3
Ciran 37 170 B 1
Circourt 88 95 E 5
Circourt-sur-Mouzon 88 94 A 5
Ciré-d'Aunis 17 200 D 2
Cirès 31 334 A 4
Cires-lès-Mello 60 38 C 4
Cirey 21 177 F 2
Cirey 70 162 A 2
Cirey-lès-Mareilles 52 117 F 2
Cirey-lès-Pontailler 21 160 C 3
Cirey-sur-Blaise 52 92 C 5
Cirey-sur-Vezouze 54 96 B 1
Cirfontaines-en-Azois 52 116 C 3
Cirfontaines-en-Ornois 52 93 F 3
Cirières 79 167 F 3
Ciron 36 188 A 1
Cirque Belvédère du 05 271 G 1
Ciry-le-Noble 71 194 A 1
Ciry-Salsogne 02 40 C 2
Cisai-Saint-Aubin 61 54 D 4
Cisery 89 158 B 1
Cissac-Médoc 33 237 E 1
Cissé 86 169 E 5
Cisternes-la-Forêt 63 209 E 5
Cistrières 43 228 D 5
Cîteaux Abbaye de 21 160 B 5
Citerne 80 11 G 5
Citers 70 141 G 3
Citey 70 161 G 1
Citou 11 320 A 3
Citry 77 60 A 2
Civaux 86 187 E 3
Civens 42 212 A 5
Civières 27 37 E 5
Civrac-de-Blaye 33 237 H 2
Civrac-en-Médoc 33 218 D 5
Civrac-sur-Dordogne 33 256 D 1
Civray 18 172 D 2
Civray 86 203 G 1
Civray-de-Touraine 37 152 C 3
Civray-sur-Esves 37 169 H 1
Civrieux 01 213 E 3
Civrieux-d'Azergues 69 212 D 4
Civry 28 110 A 4
Civry-en-Montagne 21 159 F 3
Civry-la-Forêt 78 57 E 3
Civry-sur-Serein 89 137 E 5
Cizancourt 80 23 G 2
Cizay-la-Madeleine 49 150 B 4
Cize 01 196 B 5
Cize 39 179 H 4
Cizely 58 175 E 2
Cizos 65 316 A 4
Clacy-et-Thierret 02 24 D 5
Cladech 24 259 F 1
Claira 66 339 E 5
Clairac 47 275 G 1
Clairavaux 23 207 G 5

Clairefontaine-en-Yvelines 78 87 E 2
Clairefougère 61 52 D 3
Clairegoutte 70 142 A 3
Clairfayts 59 16 A 4
Clairfontaine 02 25 G 1
Clairmarais 62 3 F 5
Clairoix 60 39 F 2
Clairvaux 10 116 B 3
Clairvaux-d'Aveyron 12 262 B 5
Clairvaux-les-Lacs 39 196 D 1
Clairvivre 24 223 H 5
Clairy-Saulchoix 80 22 B 2
Clais 76 20 D 3
Claix 16 221 E 3
Claix 38 250 D 2
Clam 17 219 H 3
Clamanges 51 61 H 3
Clamart 92 58 B 4
Clamecy 02 40 B 2
Clamecy 58 157 F 2
Clamensane 04 287 H 1
Clamerey 21 159 E 2
Clamouse *Grotte de* 34 302 B 3
Clans 06 289 H 4
Clans 70 141 E 4
Clansayes 26 285 E 1
Le Claon 55 43 F 5
Claouey 33 254 B 1
Le Clapier 12 301 F 2
Clapiers 34 302 D 4
La Claquette 67 96 D 3
Clara 66 342 B 3
Clarac 31 334 B 1
Clarac 65 315 G 5
Claracq 64 294 B 5
Clarafond 74 215 E 2
Clarbec 14 34 C 4
Clarens 65 315 H 5
Clarensac 30 303 G 2
Claret 04 269 G 5
Claret 34 302 D 2
Clarques 62 7 F 2
La Clarté 22 72 C 2
Clary 59 14 C 5
Classun 40 294 B 3
Clastres 02 24 A 3
Clasville 76 19 F 3
Le Clat 11 337 F 5
Claudon 88 118 C 4
Les Claux 05 270 D 3
Le Claux 15 245 E 2
Clavans-en-Haut-Oisans 38 251 H 3
Clavé 79 185 F 2
Claveisolles 69 212 B 2
Clavette 17 200 D 1
Claveyson 26 249 F 2
Clavières 15 246 A 4
Claviers 83 308 B 4
Claville 27 56 A 1
Claville-Motteville 76 20 B 5
Clavy-Warby 08 26 C 3
La Claye 85 183 E 2
Claye-Souilly 77 59 E 2
Clayes 35 104 A 2
Les Clayes-sous-Bois 78 57 H 4
La Clayette 71 194 A 5
Clayeures 54 95 F 3
Clazay 79 167 G 4
Clécy 14 53 F 2
Cléden-Cap-Sizun 29 98 D 2
Cléden-Poher 29 76 C 4
Cléder 29 71 F 3
Clèdes 40 294 B 4
Cleebourg 67 69 E 1
Clefmont 52 117 G 3
Clefs-Val-d'Anjou 49 129 G 5
Les Clefs 74 216 A 4
Cléguer 56 101 E 5
Cléguérec 56 101 H 2
Clelles 38 250 D 5
Clémencey 21 159 H 4
Clémensat 63 227 H 3
Clémery 54 65 H 3
Clémont 18 133 H 5
Clénay 21 160 B 2
Clenleu 62 6 C 4
Cléon 76 36 A 3
Cléon-d'Andran 26 267 F 3
Cleppé 42 211 H 5
Clérac 17 238 C 2
Cléré-du-Bois 36 170 C 3
Cléré-les-Pins 37 151 F 2
Cléré-sur-Layon 49 149 H 5
Clères 76 20 B 5
Clérey 10 115 F 2
Clérey-la-Côte 88 94 A 3
Clérey-sur-Brenon 54 94 D 2
Clergoux 19 243 F 1
Clérieux 26 249 F 3
Les Clérimois 89 113 H 2
Le Clerjus 88 119 F 4
Clerlande 63 209 H 4
Clermain 71 194 C 4
Clermont 09 335 G 2
Clermont 40 293 E 4
Clermont 60 38 C 2
Clermont 74 215 E 3
Clermont *Abbaye de* 53 105 G 3
Clermont-Créans 72 129 G 4
Clermont-de-Beauregard 24 240 B 4
Clermont-Dessous 47 275 G 2
Clermont-d'Excideuil 24 223 F 5
Clermont-en-Argonne 55 43 G 5
Clermont-en-Auge 14 34 B 4
Clermont-Ferrand 63 209 H 5
Clermont-le-Fort 31 317 H 2
Clermont-les-Fermes 02 25 F 4
Clermont-l'Hérault 34 302 A 4
Clermont-Pouyguillès 32 316 A 2
Clermont-Savès 32 297 E 4
Clermont-Soubiran 47 276 D 3
Clermont-sur-Lauquet 11 337 H 2
Cléron 25 162 A 5
Clerques 62 2 D 5
Clerval 25 162 D 2
Cléry 21 161 E 3
Cléry 73 234 A 1
Cléry-en-Vexin 95 37 G 5
Cléry-le-Grand 55 43 G 2
Cléry-le-Petit 55 43 G 2
Cléry-Saint-André 45 132 D 3
Cléry-sur-Somme 80 23 G 1
Clesles 51 90 C 3
Clessé 71 195 E 3
Clessé 79 167 H 5
Clessy 71 193 G 2
Cléty 62 7 F 2
Cleurie 88 119 H 3
Cleuville 76 19 F 4
Cléville 14 34 A 5
Cléville 76 19 F 5
Clévilliers 28 86 A 3
Cleyrac 33 256 D 2
Cleyzieu 01 214 B 3
Clézentaine 88 95 G 3
Clichy 92 58 C 3
Clichy-sous-Bois 93 58 D 3
Climbach 67 69 E 1
Le Climont 67 96 D 4
Clinchamp 52 117 G 2
Clinchamps-sur-Orne 14 33 G 5
Clion 17 219 H 3
Clion 36 170 D 2
Le Clion-sur-Mer 44 146 C 5
Cliousclat 26 267 F 2
Cliponville 76 19 G 4
Cliron 08 26 C 2
Clis 44 145 G 4
La Clisse 17 201 F 5
Clisson 44 148 A 5
Clitourps 50 29 G 3
Clohars-Carnoët 29 100 C 5
Clohars-Fouesnant 29 99 H 4
Le Cloître-Pleyben 29 76 B 4
Le Cloître-Saint-Thégonnec 29 76 B 2
Clomot 21 159 E 4
Clonas-sur-Varèze 38 231 E 4
Clos *Futaie des* 72 130 C 3
Clos-Fontaine 77 89 E 2
La Clotte 17 238 C 2
Clouange 57 45 G 4
Cloué 86 186 A 3
Les Clouzeaux 85 165 G 5
Cloyes-sur-le-Loir 28 109 G 5
Cloyes-sur-Marne 51 62 D 5
Clucy 39 179 H 2
Clugnat 23 189 H 4
Cluis 36 189 E 2
Clumanc 04 288 B 4
Cluny 71 194 D 3
La Clusaz 74 216 A 3
La Cluse 01 214 C 1
La Cluse 05 269 F 2
La Cluse-et-Mijoux 25 180 D 2
Les Cluses 66 343 E 4
Cluses 74 216 C 1
Clussais-la-Pommeraie 79 203 E 1
Clux 71 178 B 2
Coadout 22 73 E 5
Coaraze 06 291 F 4
Coarraze 64 314 C 5
Coat-Méal 29 70 C 5
Coatascorn 22 73 E 4
Coatfrec *Château de* 22 72 C 3
Coatréven 22 72 D 3
Cobonne 26 267 G 1
Cobrieux 59 9 E 3
Cocalière *Grotte de la* 30 283 H 2
La Cochère 61 54 C 4
Cocherel 27 56 C 1
Cocherel 77 59 H 1
Cocheren 57 47 F 5
Coclois 10 91 F 3
Cocquerel 80 11 H 4
Cocumont 47 256 D 5
Codalet 66 342 A 3
Codognan 30 303 G 3
Codolet 30 285 E 3
Coëmont 72 130 B 4
Coësmes 35 104 D 5
Coëtlogon 22 102 C 2
Coëtmieux 22 78 C 3
Coëtquidan-Saint-Cyr *Camp de* 56 103 F 4
Cœuilly 94 58 D 4
Cœuvres-et-Valsery 02 40 A 3
Coëx 85 165 E 4
Coggia 2A 348 B 1
Coglès 35 80 D 3
Cogna 39 196 D 1
Cognac 16 220 B 1
Cognac-la-Forêt 87 205 E 5
Cognat-Lyonne 03 210 A 2
Cogners 72 130 D 2
Cognet 38 251 E 5
Cognières 70 162 C 1
Cognin 73 233 E 2
Cognin-les-Gorges 38 250 B 2
Cognocoli-Monticchi 2A 348 D 4
Cogny 18 173 G 3
Cogny 69 212 C 3
Cogolin 83 329 F 3
Cohade 43 228 B 5
Cohan 02 40 D 4
Cohennoz 73 216 B 5
Cohiniac 22 78 A 3
Cohons 52 139 G 3
Coiffy-le-Bas 52 118 A 5
Coiffy-le-Haut 52 118 A 5
Coigneux 80 13 E 4
Coignières 78 57 H 4
Coigny 50 31 H 2
Coimères 33 256 B 4
Coin-lès-Cuvry 57 65 H 1
Coin-sur-Seille 57 65 H 2
Coinces 45 110 C 5
Coinches 88 96 C 5
Coincourt 54 66 D 5
Coincy 02 40 C 5
Coincy 57 66 B 1
Coings 36 171 H 3
Coingt 02 25 G 3
Coirac 33 256 C 2
Coise 69 230 B 2
Coise-Saint-Jean-Pied-Gauthier 73 233 G 2
Coiserette 39 197 E 4
Coisevaux 70 142 B 3
Coisia 39 196 C 4
Coisy 80 22 C 1
Coivert 17 201 H 2
Coivrel 60 22 D 5
Coizard-Joches 51 61 F 3
Colayrac-Saint-Cirq 47 275 H 3
Colembert 62 2 C 5
Coligny 01 196 A 3
Coligny 51 61 G 3
Colincamps 80 13 F 4
Collan 89 136 D 2
La Collancelle 58 157 G 5
Collandres 15 244 D 1
Collandres-Quincarnon 27 55 H 1
Collanges 63 228 A 4
Collat 43 246 D 1
La Colle-sur-Loup 06 309 F 2
Collégien 77 59 E 3
Collemiers 89 113 F 3
Colleret 59 15 H 2
Le Collet 88 120 C 3
Le Collet-d'Allevard 38 233 G 4
Le Collet-de-Dèze 48 283 F 2
Colletot 27 35 F 3
Colleville 76 19 E 3
Colleville-Montgomery 14 33 H 3
Colleville-sur-Mer 14 32 D 2
Collias 30 284 C 5
Colligis-Crandelain 02 40 D 1
Colligny 57 66 B 1
Colline-Beaumont 62 11 F 1
Collinée 22 78 D 5
Collioure 66 343 G 4
Collobrières 83 328 D 3
Collonge-en-Charollais 71 194 C 1
Collonge-la-Madeleine 71 177 E 1
Collonges 01 215 E 1
Collonges-au-Mont-d'Or 69 213 E 5
Collonges-la-Rouge 19 242 C 3
Collonges-lès-Bévy 21 159 H 5
Collonges-lès-Premières 21 160 C 4
Collonges-sous-Salève 74 215 G 1
Collongues 06 289 F 5
Collongues 65 315 F 4
Collorec 29 76 B 4
Collorgues 30 284 A 5
Colmar 68 121 E 3
Colmars 04 288 D 2
Colmen 57 46 C 3
Colméry 58 156 D 3
Colmesnil-Manneville 76 20 A 2
Colmey 54 44 C 2
Colmier-le-Bas 52 138 D 3
Colmier-le-Haut 52 138 D 3
Colognac 30 283 F 5
Cologne 32 297 E 3
Colomars 06 309 G 2
Colombe 38 232 B 4
La Colombe 41 132 B 2
La Colombe 50 52 A 2
Colombé-la-Fosse 10 92 B 5
Colombé-le-Sec 10 116 B 2
Colombe-lès-Bithaine 70 141 G 3
Colombe-lès-Vesoul 70 141 F 4
Colombelles 14 33 H 4
Colombes 92 58 B 2
Colombey-les-Belles 54 94 B 2
Colombey-lès-Choiseul 52 117 H 3
Colombey-les-Deux-Églises 52 116 C 2
Colombier 03 191 E 5
Colombier 21 159 F 5
Colombier 24 257 H 1
Colombier 42 230 D 5
Colombier 70 141 F 4
Colombier-Châtelot 25 142 A 5
Colombier-en-Brionnais 71 194 A 4
Colombier-Fontaine 25 142 B 5
Colombier-le-Cardinal 07 249 E 1
Colombier-le-Jeune 07 248 D 4
Colombier-le-Vieux 07 248 D 3
Colombier-Saugnieu 69 231 G 1
Colombière *Col de la* 74 216 B 2
Colombières 14 32 C 3
Colombières-sur-Orb 34 301 E 5
Colombiers 17 219 G 2
Colombiers 18 173 F 5
Colombiers 34 321 F 4
Colombiers 61 83 G 3
Colombiers 86 169 F 4
Colombiers-du-Plessis 53 81 H 4
Colombiers-sur-Seulles 14 33 F 3
Colombiès 12 280 B 1
Colombotte 70 141 F 4
Colomby 50 29 F 5
Colomby-Anguerny 14 33 G 3
Colomby de Gex *Mont* 01 197 F 4
Colomby-sur-Thaon 14 33 G 3
Colomiers 31 297 H 4
Colomieu 01 214 C 5
Colonard-Corubert 61 84 C 4
Colondannes 23 188 D 5
Colonfay 02 25 E 2
Colonne 39 179 E 3
Colonzelle 26 267 F 5
Colpo 56 102 A 5
Colroy-la-Grande 88 96 C 4
Colroy-la-Roche 67 96 D 3
Coltainville 28 86 B 3
Coltines 15 245 G 3
Coly 24 241 G 3
Combaillaux 34 302 C 4
Combas 30 303 F 2
La Combe-de-Lancey 38 251 F 1
La Combe des Eparres 38 232 A 3
Combe Laval 26 249 H 4
Combeaufontaine 70 140 C 3
Combefa 81 279 G 5
La Combelle 63 228 A 4
Comberanche-et-Épeluche 24 239 G 1
Comberjon 70 141 F 4
Comberouger 82 297 F 2
Combéroumal *Prieuré de* 12 281 G 3
Combertault 21 177 H 2
Les Combes 25 163 E 5
Combes 34 301 F 5
Combiers 16 221 H 3
Comblanchien 21 159 H 5
Combles 80 13 H 5
Combles-en-Barrois 55 63 G 4
Comblessac 35 103 G 5
Combleux 45 133 F 2
Comblot 61 84 C 3
Combloux 74 216 C 3
Combon 27 35 H 5
Combourg 35 80 A 3
Combourtillé 35 81 E 5
Combovin 26 249 G 5
Combrailles 63 208 D 5
Combrand 79 167 F 3
Combray 14 53 F 2
Combre 42 212 A 2
Combrée 49 127 G 3
Combres 28 85 F 5
Combres-sous-les-Côtes 55 64 D 1
Combressol 19 225 G 4
Combret 12 300 B 2
Combreux 45 111 H 5
Combrimont 88 96 C 5
Combrit 29 99 G 4
Combronde 63 209 H 3
Combs-la-Ville 77 58 D 5
La Comelle 71 176 B 3
Comiac 46 243 F 5
Comigne 11 320 B 5
Comines 59 4 C 5
Commana 29 76 A 2
Commarin 21 159 F 4
Commeaux 61 54 A 4
Commelle 38 231 H 4
Commelle-Vernay 42 211 G 3
Commenailles 39 178 D 4
Commenchon 02 24 A 4
Commensacq 40 273 E 2
Commentry 03 191 E 5
Commeny 95 37 G 5
Commequiers 85 165 E 4
Commer 53 106 B 2
Commercy 55 64 D 5
Commerveil 72 84 A 5
Commes 14 32 D 2
Commissey 89 137 F 2
Communailles-en-Montagne 39 180 A 3
Communay 69 231 E 2
Compaing *Pas de* 15 245 E 4
Compains 63 227 F 4
Compainville 76 21 E 4
Compans 77 59 E 2
Le Compas 23 208 C 3
Compertrix 51 62 A 2
Compeyre 12 281 H 3
Compiègne 60 39 F 2
Compigny 89 89 G 5
Compolibat 12 279 H 1
La Compôte 73 233 H 1
Comprégnac 12 281 G 4
Compreignac 87 205 H 3
Comps 26 267 H 4
Comps 30 304 B 2
Comps 33 237 G 3
Comps-la-Grand-Ville 12 280 D 3
Comps-sur-Artuby 83 308 A 2
La Comté 62 7 H 5
Comus 11 336 D 4
Conan 41 132 A 3
Conand 01 214 B 4
Conat 66 342 A 3
Conca 2A 349 G 5
Concarneau 29 100 A 4
Concevreux 02 41 E 2
Concèze 19 223 H 5
Conches-en-Ouche 27 56 A 2
Conches-sur-Gondoire 77 59 F 3
Conchez-de-Béarn 64 294 C 5
Conchil-le-Temple 62 6 B 5
Conchy-les-Pots 60 23 F 5
Conchy-sur-Canche 62 12 C 2
Les Concluses 30 284 B 3
Concorès 46 259 H 3
Concoret 56 103 F 3
Concots 46 278 C 1
Concoules 30 283 G 1
Concourson-sur-Layon 49 149 H 5
Concremiers 36 187 H 1
Concressault 18 155 G 1
Concriers 41 132 B 3
Condac 16 203 F 2
Condal 71 195 H 2
Condamine 01 214 C 1
Condamine 39 178 D 5
La Condamine-Châtelard 04 271 E 4
Condat 15 227 E 5
Condat 46 242 C 4
Condat-en-Combraille 63 208 C 5
Condat-lès-Montboissier 63 228 C 3
Condat-sur-Ganaveix 19 224 C 4
Condat-sur-Trincou 24 222 C 5
Condat-sur-Vézère 24 241 G 3
Condat-sur-Vienne 87 205 G 5
Condé 36 172 B 3
Condé-en-Barrois 55 63 H 3
Condé-en-Brie 02 60 D 1
Condé-Folie 80 11 H 4
Condé-lès-Autry 08 43 E 3
Condé-lès-Herpy 08 41 H 1
Condé-Northen 57 46 C 5
Condé-Sainte-Libiaire 77 59 F 3
Condé-sur-Aisne 02 40 C 2
Condé-sur-Ifs 14 54 A 1
Condé-sur-Iton 27 56 A 3
Condé-sur-l'Escaut 59 9 H 4
Condé-sur-Marne 51 61 H 1
Condé-sur-Noireau 14 53 F 3
Condé-sur-Risle 27 35 F 3
Condé-sur-Sarthe 61 83 G 4
Condé-sur-Seulles 14 33 E 4
Condé-sur-Suippe 02 41 F 2
Condé-sur-Vesgre 78 57 F 4
Condé-sur-Vire 50 32 B 5
Condeau 61 85 E 4
Condécourt 95 57 H 1
Condeissiat 01 213 G 1
Condéon 16 220 C 4
Condes 39 196 C 4
Condes 52 117 E 3
Condette 62 6 B 2
Condezaygues 47 258 D 5
Condillac 26 267 E 3
Condom 32 275 G 5
Condom-d'Aubrac 12 263 F 3
Condorcet 26 268 A 5
Condren 02 24 B 5
Condrieu 69 231 E 4
Conflandey 70 141 E 3
Conflans-en-Jarnisy 54 45 E 5
Conflans-Sainte-Honorine 78 58 A 2
Conflans-sur-Anille 72 108 D 5
Conflans-sur-Lanterne 70 141 F 2
Conflans-sur-Loing 45 112 C 5
Conflans-sur-Seine 51 90 B 2
Confolens 16 204 C 3
Confolens *Cascade de* 38 251 G 4
Confolent-Port-Dieu 19 226 C 3
Confort 01 215 E 1
Confort-Meilars 29 99 E 2
Confracourt 70 140 C 4
Confrançon 01 195 G 5
Congé-sur-Orne 72 107 H 2
Congénies 30 303 F 2
Congerville 91 87 E 4
Congerville-Thionville 91 87 E 4
Congis-sur-Thérouanne 77 59 G 1
Congrier 53 127 G 2
Congy 51 61 F 3
Conie-Molitard 28 110 A 3
Conilhac-Corbières 11 320 C 5
Conilhac-de-la-Montagne 11 337 G 3
Conjux 73 215 E 5
Conlie 72 107 F 3
Conliège 39 179 F 5
Connac 12 280 D 5
Connangles 43 246 D 1
Connantray-Vaurefroy 51 61 G 4
Connantre 51 61 F 5
Connaux 30 284 D 4
Conne-de-Labarde 24 258 B 1
Connelles 27 36 C 4
Connerré 72 108 B 4
Connezac 24 222 B 3
Connigis 02 60 C 1
Conquereuil 44 126 B 4
Conque-en-Rouergue 12 262 B 4
Conques-sur-Orbiel 11 319 H 4
Le Conquet 29 74 C 2
Conqueyrac 30 302 D 1
Cons-la-Grandville 54 44 D 2
Cons-Sainte-Colombe 74 216 A 5
Consac 17 219 G 4
Conségudes 06 309 F 1
Consenvoye 55 43 H 3

Consigny 52 .... 117 G 2
Consolation *Cirque de* 25 .... 163 E 4
Consolation-Maisonnettes 25 .... 163 E 4
Contalmaison 80 .... 13 G 5
Contamine-Sarzin 74 .... 215 F 2
Contamine-sur-Arve 74 .... 216 A 1
Les Contamines-Montjoie 74 .... 216 D 4
Contault 51 .... 63 E 2
Contay 80 .... 13 E 5
Conte 39 .... 180 A 4
Contes 06 .... 291 F 5
Contes 62 .... 6 D 5
Contescourt 02 .... 24 A 3
Contest 53 .... 82 B 5
Conteville 14 .... 33 H 5
Conteville 27 .... 35 E 2
Conteville 60 .... 22 A 4
Conteville 76 .... 21 F 4
Conteville 80 .... 12 B 3
Conteville-en-Ternois 62 .... 7 G 5
Conteville-lès-Boulogne 62 .... 2 B 5
Conthil 57 .... 66 D 3
Contigné 49 .... 128 C 3
Contigny 03 .... 192 A 4
Contilly 72 .... 84 A 4
Continvoir 37 .... 151 E 2
Contis-Plage 40 .... 272 A 3
Contoire 80 .... 22 D 4
Contrazy 09 .... 335 G 2
Contré 17 .... 202 B 2
Contre 80 .... 22 A 3
Contréglise 70 .... 140 D 2
Contremoulins 76 .... 19 E 3
Contres 18 .... 173 F 3
Contres 41 .... 153 F 2
Contreuve 08 .... 42 C 2
Contrevoz 01 .... 214 C 5
Contrexéville 88 .... 118 B 2
Contrières 50 .... 51 G 1
Contrisson 55 .... 63 F 3
Conty 80 .... 22 A 3
Contz-les-Bains 57 .... 46 B 2
Conzieu 01 .... 214 C 5
Coole 51 .... 62 B 4
Coolus 51 .... 62 B 2
La Copechagnière 85 .... 166 A 3
Copponex 74 .... 215 G 2
Coq *Col du* 38 .... 233 E 5
Coquainvilliers 14 .... 34 C 4
Coquelles 62 .... 2 C 3
La Coquille 24 .... 223 E 3
Corancez 28 .... 86 B 5
Corancy 58 .... 176 A 1
Coray 29 .... 100 B 2
Corbara 2B .... 344 C 5
Corbarieu 82 .... 297 H 1
Corbas 69 .... 231 F 1
Corbehem 62 .... 14 A 2
Corbeil 51 .... 91 G 2
Corbeil-Cerf 60 .... 38 A 3
Corbeil-Essonnes 91 .... 88 A 2
Corbeilles 45 .... 112 A 4
Corbel 73 .... 233 E 4
Corbelin 38 .... 232 C 2
Corbenay 70 .... 119 F 5
Corbeny 02 .... 41 F 1
Corbère 66 .... 342 C 2
Corbère-Abères 64 .... 314 D 2
Corbère-les-Cabanes 66 .... 342 D 2
Corberon 21 .... 178 A 1
Corbès 30 .... 283 G 4
Corbie 80 .... 22 D 2
Le Corbier 73 .... 252 A 1
La Corbière 70 .... 141 H 2
Corbières 04 .... 306 C 2
Corbières 11 .... 337 E 2
Corbigny 58 .... 157 G 4
Corbon 14 .... 34 A 5
Corbon 61 .... 84 C 4
Corbonod 01 .... 215 E 3
Corbreuse 91 .... 87 E 3
Corcelle-Mieslot 25 .... 162 B 2
Corcelles 01 .... 214 C 2
Corcelles 58 .... 174 B 2
Corcelles 70 .... 142 A 4
Corcelles-en-Beaujolais 69 .... 212 D 1
Corcelles-Ferrières 25 .... 161 G 4
Corcelles-les-Arts 21 .... 177 G 2
Corcelles-lès-Cîteaux 21 .... 160 B 5
Corcelles-les-Monts 21 .... 159 H 3
Corcieux 88 .... 120 B 2
Corcondray 25 .... 161 G 4
Corconne 30 .... 303 E 1
Corcoué-sur-Logne 44 .... 165 G 1
Corcy 02 .... 40 A 4
Cordéac 38 .... 251 E 5
Cordebugle 14 .... 34 D 5
Cordelle 42 .... 211 G 3
Cordemais 44 .... 147 E 3
Cordes-sur-Ciel 81 .... 279 F 4
Cordes-Tolosannes 82 .... 277 F 5
Cordesse 71 .... 176 D 1
Cordey 14 .... 53 H 3
Cordieux 01 .... 213 G 4
Cordiron 25 .... 161 G 3
Cordon 74 .... 216 C 3
Cordonnet 70 .... 161 H 2
Coren 15 .... 245 H 3
Corenc 38 .... 251 E 1
Corent 63 .... 227 H 2
Corfélix 51 .... 61 E 3
Corgengoux 21 .... 178 A 2
Corgenon 01 .... 195 G 5
Corgirnon 52 .... 139 H 2
Corgnac-sur-l'Isle 24 .... 223 E 5
Corgoloin 21 .... 177 H 1
Corignac 17 .... 237 H 1
Corlay 22 .... 77 H 4
Corlée 52 .... 139 G 2
Corlier 01 .... 214 B 2
Cormainville 28 .... 110 B 3
Cormaranche-en-Bugey 01 .... 214 C 3
Cormatin 71 .... 194 D 2
Corme-Écluse 17 .... 219 E 1
Corme-Royal 17 .... 201 E 5
Cormeilles 27 .... 34 D 4
Cormeilles 60 .... 22 B 4
Cormeilles-en-Parisis 95 .... 58 B 2
Cormeilles-en-Vexin 95 .... 37 H 5
Cormelles-le-Royal 14 .... 33 G 5
Le Cormenier 79 .... 184 D 5
Cormenon 41 .... 109 E 5
Cormeray 41 .... 153 F 1
Cormeray 50 .... 80 D 2
Cormery 37 .... 152 A 4
Cormes 72 .... 108 D 3
Cormet de Roselend 73 .... 216 D 5
Cormicy 51 .... 41 F 2
Le Cormier 27 .... 56 C 2
Cormolain 14 .... 32 C 5
Cormont 62 .... 6 B 3
Cormontreuil 51 .... 41 G 4
Cormoranche-sur-Saône 01 .... 195 E 5
Cormost 10 .... 115 E 3
Cormot-le-Grand 21 .... 177 F 2
Cormoyeux 51 .... 41 F 5
Cormoz 01 .... 195 H 3
Corn 46 .... 261 E 3
Cornac 46 .... 243 E 5
Cornant 89 .... 113 F 3
Cornas 07 .... 249 F 4
Cornay 08 .... 43 F 3
Corné 49 .... 149 H 1
Cornebarrieu 31 .... 297 H 4
Corneilhan 34 .... 321 G 3
Corneilla-de-Conflent 66 .... 342 A 3
Corneilla-del-Vercol 66 .... 343 F 2
Corneilla-la-Rivière 66 .... 342 D 2
Corneillan 32 .... 294 C 4
Corneuil 27 .... 56 B 3
Corneville-la-Fouquetière 27 .... 55 G 1
Corneville-sur-Risle 27 .... 35 F 3
Cornier 74 .... 215 H 1
Corniéville 55 .... 64 D 5
Cornil 19 .... 242 D 2
Cornillac 26 .... 268 B 5
Cornille 24 .... 240 D 1
Cornillé 35 .... 105 E 3
Cornillé-les-Caves 49 .... 150 A 1
Cornillon 30 .... 284 C 2
Cornillon-Confoux 13 .... 305 F 5
Cornillon-en-Trièves 38 .... 250 D 5
Cornillon-sur-l'Oule 26 .... 268 B 5
Cornimont 88 .... 120 A 4
Cornod 39 .... 196 B 4
Cornot 70 .... 140 C 4
La Cornuaille 49 .... 148 D 1
Cornus 12 .... 301 G 1
Cornusse 18 .... 173 H 2
Cornusson *Château de* 82 .... 279 E 3
Corny 27 .... 36 D 3
Corny-Machéroménil 08 .... 26 B 5
Corny-sur-Moselle 57 .... 65 G 2
Coron 49 .... 149 F 5
Corong *Gorges du* 22 .... 77 E 3
Corpe 85 .... 183 F 2
Corpeau 21 .... 177 G 2
Corpoyer-la-Chapelle 21 .... 159 F 1
Corps 38 .... 251 F 5
Corps-Nuds 35 .... 104 B 4
Corquilleroy 45 .... 112 B 4
Corquoy 18 .... 172 D 3
Corrano 2A .... 349 E 3
Corravillers 70 .... 119 H 5
Corre 70 .... 118 C 5
Corrençon-en-Vercors 38 .... 250 C 3
Correns 83 .... 307 F 5
Corrèze 19 .... 225 E 5
Corribert 51 .... 61 E 2
Corrobert 51 .... 60 D 2
Corrombles 21 .... 158 C 1
Corronsac 31 .... 318 A 2
Corroy 51 .... 61 F 5
Corsaint 21 .... 158 C 1
Corsavy 66 .... 342 C 4
Corscia 2B .... 346 D 4
Corsen *Pointe de* 29 .... 74 C 2
Corsept 44 .... 146 C 3
Corseul 22 .... 79 F 3
Cortambert 71 .... 194 D 2
Corte 2B .... 347 E 4
Cortevaix 71 .... 194 C 2
Cortone *Col de* 2A .... 348 C 5
Cortrat 45 .... 134 D 2
Les Corvées-les-Yys 28 .... 85 G 5
Corveissiat 01 .... 196 B 5
Corvol-d'Embernard 58 .... 157 E 4
Corvol-l'Orgueilleux 58 .... 157 E 2
Corzé 49 .... 128 D 5
Cos 09 .... 336 A 2
Cosges 39 .... 178 D 4
Coslédaà-Lube-Boast 64 .... 314 C 2
Cosmes 53 .... 105 H 5
Cosnac 19 .... 242 C 3
Cosne-d'Allier 03 .... 191 F 3
Cosne-sur-Loire 58 .... 156 A 2
Cosnes-et-Romain 54 .... 44 D 1
Cosqueville 50 .... 29 G 2
Cossaye 58 .... 175 E 5
Cossé-d'Anjou 49 .... 149 F 5
Cossé-en-Champagne 53 .... 106 D 5
Cossé-le-Vivien 53 .... 105 H 5
Cossesseville 14 .... 53 F 2
Cosswiller 67 .... 97 E 1
Costa 2B .... 346 D 2
Costaros 43 .... 247 F 5
Les Costes 05 .... 269 G 1
Les Costes-Gozon 12 .... 281 E 5
La Côte 70 .... 141 H 3
Cote 304 55 .... 43 H 4
La Côte-d'Aime 73 .... 234 D 2
La Côte-d'Arbroz 74 .... 198 C 5
La Côte-en-Couzan 42 .... 211 E 5
La Côte-Saint-André 38 .... 232 A 4
Le Coteau 42 .... 211 G 3
Côtebrune 25 .... 162 C 3
Les Côtes-d'Arey 38 .... 231 F 4
Les Côtes-de-Corps 38 .... 251 F 5
Coti-Chiavari 2A .... 348 C 5
Cotignac 83 .... 307 G 5
La Cotinière 17 .... 200 A 3
Cottance 42 .... 212 A 5
Cottenchy 80 .... 22 C 3
Cottévrard 76 .... 20 C 4
Cottier 25 .... 161 G 4
Cottun 14 .... 32 D 3
Cou *Col de* 74 .... 198 A 4
La Couarde 79 .... 185 G 4
La Couarde-sur-Mer 17 .... 182 D 5
Couargues 18 .... 156 A 4
Coubert 77 .... 59 E 5
Coubeyrac 33 .... 257 E 1
Coubisou 12 .... 263 E 4
Coubjours 24 .... 241 G 1
Coublanc 52 .... 139 H 4
Coublanc 71 .... 212 A 1
Coublevie 38 .... 232 C 5
Coublucq 64 .... 294 B 5
Coubon 43 .... 247 F 4
La Coubre *Phare de* 17 .... 218 B 1
Coubron 93 .... 58 D 3
Couches 71 .... 177 F 3
Couchey 21 .... 160 A 4
La Coucourde 26 .... 267 E 3
Coucouron 07 .... 265 G 1
Coucy 08 .... 42 B 1
Coucy-la-Ville 02 .... 40 B 1
Coucy-le-Château-Auffrique 02 .... 40 B 1
Coucy-lès-Eppes 02 .... 25 E 5
Couddes 41 .... 153 F 3
Coudehard 61 .... 54 C 3
Coudekerque-Branche 59 .... 3 G 2
Coudekerque-Village 59 .... 3 G 2
Coudes 63 .... 228 A 2
Coudeville-sur-Mer 50 .... 51 F 2
Le Coudon 83 .... 328 B 4
Coudons 11 .... 337 F 4
Coudoux 13 .... 305 G 5
Coudray 27 .... 37 E 3
Le Coudray 28 .... 86 B 4
Le Coudray 44 .... 126 A 5
Coudray 45 .... 111 H 2
Coudray 53 .... 128 B 3
Coudray-au-Perche 28 .... 109 E 2
Le Coudray-Macouard 49 .... 150 B 4
Le Coudray-Montceaux 91 .... 88 A 2
Coudray-Rabut 14 .... 34 C 3
Le Coudray-Saint-Germer 60 .... 37 G 2
Coudray-Salbart *Château de* 79 .... 184 D 3
Le Coudray-sur-Thelle 60 .... 38 A 3
La Coudre 79 .... 167 G 2
Les Coudreaux 77 .... 59 E 3
Coudreceau 28 .... 85 E 5
Coudrecieux 72 .... 108 C 5
Coudres 27 .... 56 C 3
Coudroy 45 .... 134 B 2
Coudun 60 .... 39 F 1
Coudures 40 .... 294 A 3
Coueilles 31 .... 316 D 3
Couëlan *Château de* 22 .... 103 F 1
Couëron 44 .... 147 F 4
Couesmes 37 .... 130 B 5
Couesmes-en-Froulay 53 .... 82 A 3
Couesque *Barrage de* 12 .... 262 D 2
Les Couets 44 .... 147 G 4
Couffé 44 .... 148 A 2
Couffoulens 11 .... 337 G 1
Couffy 41 .... 153 F 4
Couffy-sur-Sarsonne 19 .... 226 B 2
Couflens 09 .... 335 F 5
Coufouleux 81 .... 298 C 2
Cougnac *Grottes de* 46 .... 259 H 2
Couhé 86 .... 186 A 4
Couilly-Pont-aux-Dames 77 .... 59 G 3
Couin 62 .... 13 E 4
Couiza 11 .... 337 G 3
Couladère 31 .... 317 F 5
Coulaines 72 .... 107 H 4
Coulandon 03 .... 192 A 2
Coulangeron 89 .... 136 A 4
Coulanges 03 .... 193 E 2
Coulanges 41 .... 152 D 1
Coulanges-la-Vineuse 89 .... 136 B 4
Coulanges-lès-Nevers 58 .... 174 C 2
Coulanges-sur-Yonne 89 .... 157 F 1
Coulans-sur-Gée 72 .... 107 F 4
Coulans-sur-Lizon 25 .... 180 A 1
Coulaures 24 .... 241 E 1
Couledoux 31 .... 334 C 3
Couleuvre 03 .... 174 A 5
Coulevon 70 .... 141 F 4
Coulgens 16 .... 203 G 5
Coulimer 61 .... 84 B 3
Coullemelle 80 .... 22 C 4
Coullemont 62 .... 13 E 3
Coullons 45 .... 134 B 5
Coulmer 61 .... 54 D 4
Coulmier-le-Sec 21 .... 138 A 3
Coulmiers 45 .... 110 C 5
Coulobres 34 .... 321 G 2
Coulogne 62 .... 2 D 3
Couloisy 60 .... 39 H 2
Coulombiers 72 .... 83 G 5
Coulombiers 86 .... 186 A 2
Coulombs 14 .... 33 F 3
Coulombs 28 .... 57 E 5
Coulombs-en-Valois 77 .... 60 A 1
Coulomby 62 .... 6 D 2
Coulommes 77 .... 59 G 3
Coulommes-et-Marqueny 08 .... 42 C 1
Coulommes-la-Montagne 51 .... 41 F 4
Coulommiers 77 .... 59 H 4
Coulommiers-la-Tour 41 .... 131 H 3
Coulon 79 .... 184 C 4
Coulonces 14 .... 52 C 3
Coulonces 61 .... 54 B 3
La Coulonche 61 .... 53 F 5
Coulongé 72 .... 130 A 4
Coulonge-sur-Charente 17 .... 201 F 4
Coulonges 16 .... 203 E 4
Coulonges 17 .... 219 H 2
Coulonges 27 .... 56 B 3
Coulonges 86 .... 188 A 3
Coulonges-Cohan 02 .... 40 D 4
Coulonges-les-Sablons 61 .... 85 E 4
Coulonges-sur-l'Autize 79 .... 184 C 2
Coulonges-sur-Sarthe 61 .... 84 A 3
Coulonges-Thouarsais 79 .... 167 H 2
Coulonvillers 80 .... 11 H 3
Couloumé-Mondebat 32 .... 295 F 4
Coulounieix-Chamiers 24 .... 240 C 2
Coulours 89 .... 114 A 3
Couloutre 58 .... 156 C 2
Coulouvray-Boisbenâtre 50 .... 52 A 3
Coulvain 14 .... 52 D 1
Coulx 47 .... 257 H 5
Coume 57 .... 46 D 5
Counozouls 11 .... 337 G 5
Coupelle-Neuve 62 .... 7 E 4
Coupelle-Vieille 62 .... 7 E 4
Coupesarte 14 .... 54 B 1
Coupetz 51 .... 62 B 3
Coupéville 51 .... 62 D 2
Coupiac 12 .... 300 B 1
Coupray 52 .... 116 C 5
Coupru 02 .... 60 B 1
Couptrain 53 .... 82 D 3
Coupvray 77 .... 59 F 3
Couquèques 33 .... 219 E 5
Cour-Cheverny 41 .... 153 F 1
Cour-et-Buis 38 .... 231 G 4
Cour-l'Évêque 52 .... 116 C 5
La Cour-Marigny 45 .... 134 C 2
Cour-Maugis-sur-Maugis 61 .... 84 D 4
Cour-Saint-Maurice 25 .... 163 F 3
Cour-sur-Loire 41 .... 132 B 5
Courances 91 .... 88 A 4
Courant 17 .... 201 G 2
Courban 21 .... 116 B 5
La Courbe 61 .... 53 H 4
Courbehaye 28 .... 110 B 3
Courbépine 27 .... 35 F 5
Courbes 02 .... 24 C 4
Courbesseaux 54 .... 66 C 5
Courbette 39 .... 196 B 1
Courbeveille 53 .... 105 H 4
Courbevoie 92 .... 58 B 3
Courbiac 47 .... 277 E 1
Courbillac 16 .... 202 C 5
Courboin 02 .... 60 C 2
Courbons 04 .... 288 A 3
Courbouzon 39 .... 179 E 5
Courbouzon 41 .... 132 C 4
Courboyer *Manoir de* 61 .... 84 C 4
Courçais 03 .... 190 B 3
Courçay 37 .... 152 B 4
Courceaux 89 .... 89 G 4
Courcebœufs 72 .... 107 H 3
Courcelette 80 .... 13 G 5
Courcelle 91 .... 58 A 5
Courcelles 17 .... 201 H 3
Courcelles 25 .... 161 H 5
Courcelles 45 .... 111 H 4
Courcelles 54 .... 94 C 4
Courcelles 58 .... 157 E 2
Courcelles 90 .... 142 D 4
Courcelles-au-Bois 80 .... 13 F 4
Courcelles-Chaussy 57 .... 66 B 1
Courcelles-de-Touraine 37 .... 151 E 1
Courcelles-en-Barrois 55 .... 64 C 4
Courcelles-en-Bassée 77 .... 89 E 4
Courcelles-en-Montagne 52 .... 139 F 2
Courcelles-Epayelles 60 .... 23 E 5
Courcelles-Frémoy 21 .... 158 C 2
Courcelles-la-Forêt 72 .... 129 G 3
Courcelles-le-Comte 62 .... 13 G 4
Courcelles-lès-Gisors 60 .... 37 F 4
Courcelles-lès-Lens 62 .... 8 D 5
Courcelles-lès-Montbard 21 .... 137 H 5
Courcelles-lès-Montbéliard 25 .... 142 B 4
Courcelles-lès-Semur 21 .... 158 D 2
Courcelles-Sapicourt 51 .... 41 F 4
Courcelles-sous-Châtenois 88 .... 94 B 4
Courcelles-sous-Moyencourt 80 .... 22 A 3
Courcelles-sous-Thoix 80 .... 22 A 4
Courcelles-sur-Aire 55 .... 63 H 2
Courcelles-sur-Aujon 52 .... 139 E 2
Courcelles-sur-Blaise 52 .... 92 C 4
Courcelles-sur-Nied 57 .... 66 B 1
Courcelles-sur-Seine 27 .... 36 D 5
Courcelles-sur-Vesle 02 .... 40 D 3
Courcelles-sur-Viosne 95 .... 57 H 1
Courcelles-sur-Voire 10 .... 91 H 3
Courcelles-Val-d'Esnoms 52 .... 139 F 4
Courcemain 51 .... 90 C 2
Courcemont 72 .... 108 A 3
Courcerac 17 .... 202 B 4
Courcerault 61 .... 84 C 4
Courceroy 10 .... 89 H 3
Courchamp 21 .... 139 H 5
Courchamp 77 .... 89 G 2
Courchamps 02 .... 40 A 5
Courchamps 49 .... 150 B 4
Courchapon 25 .... 161 G 3
Courchaton 70 .... 141 H 5
Courchelettes 59 .... 8 D 5
Courchevel 73 .... 234 C 4
Courcité 53 .... 83 E 5
Courcival 72 .... 108 A 2
Courcôme 16 .... 203 F 3
Courçon 17 .... 183 H 5
Courcoué 37 .... 169 F 1
Courcouronnes 91 .... 87 H 2
Courcoury 17 .... 219 G 1
Courcuire 70 .... 161 G 2
Courcy 14 .... 54 A 2
Courcy 50 .... 31 G 5
Courcy 51 .... 41 G 3
Courcy-aux-Loges 45 .... 111 G 4
Courdemanche 27 .... 56 C 4
Courdemanche 72 .... 130 C 3
Courdemanges 51 .... 62 C 5
Courdimanche 95 .... 57 H 1
Courdimanche-sur-Essonne 91 .... 87 H 4
Couret 31 .... 334 C 2
Courgains 72 .... 83 H 5
Courgeac 16 .... 221 E 4
Courgenard 72 .... 108 D 3
Courgenay 89 .... 90 A 5
Courgent 78 .... 57 F 3
Courgeon 61 .... 84 C 3
Courgeoût 61 .... 84 B 3
Courgis 89 .... 136 C 3
Courgivaux 51 .... 60 C 5
Courgoul 63 .... 227 G 3
Courjeonnet 51 .... 61 F 3
Courlac 16 .... 221 E 5
Courlandon 51 .... 41 E 3
Courlans 39 .... 179 E 5
Courlaoux 39 .... 179 E 5
Courlay 79 .... 167 G 4
Courlay-sur-Mer 17 .... 218 C 1
Courléon 49 .... 150 D 2
Courlon 21 .... 139 E 4
Courlon-sur-Yonne 89 .... 89 F 5
Courmangoux 01 .... 196 A 4
Courmas 51 .... 41 F 4
Courmelles 02 .... 40 B 3
Courmemin 41 .... 153 G 2
Courménil 61 .... 54 C 4
Courmes 06 .... 309 E 2
Courmont 02 .... 40 D 5
Courmont 70 .... 142 A 3
Cournanel 11 .... 337 G 2
La Courneuve 93 .... 58 C 2
Courniou 34 .... 320 C 2
Cournols 63 .... 227 G 2
Cournon 56 .... 125 G 3
Cournon-d'Auvergne 63 .... 227 H 1
Cournonsec 34 .... 302 C 5
Cournonterral 34 .... 302 C 5
La Couronne 13 .... 325 H 4
La Couronne 16 .... 221 E 2
Courouvre 55 .... 64 B 3
Courpalay 77 .... 59 G 5
Courpiac 33 .... 256 C 1
Courpière 63 .... 228 C 1
Courpignac 17 .... 219 H 5
Courquetaine 77 .... 59 F 5
Courrensan 32 .... 295 G 2
Courrières 62 .... 8 C 4
Courris 81 .... 299 H 1
Courry 30 .... 283 H 2
Cours 46 .... 260 B 4
Cours 47 .... 276 B 1
Le Cours 56 .... 124 D 2
Cours 58 .... 156 B 2
Cours 69 .... 212 A 2
Cours 79 .... 185 E 2
Cours-de-Monségur 33 .... 257 E 3
Cours-de-Pile 24 .... 258 B 1
Cours-les-Bains 33 .... 274 D 1
Cours-les-Barres 18 .... 174 B 2
Coursac 24 .... 240 B 2
Coursan 11 .... 321 F 5
Coursan-en-Othe 10 .... 114 C 4
Coursegoules 06 .... 309 F 1
Courset 62 .... 6 C 2
Courseulles-sur-Mer 14 .... 33 F 3
Courson 14 .... 52 B 3
Courson *Château de* 91 .... 87 F 2
Courson-les-Carrières 89 .... 136 A 5
Courson-Monteloup 91 .... 87 F 2
Courtacon 77 .... 60 B 5
Courtagnon 51 .... 41 F 5
Courtalain 28 .... 109 G 4
Courtangis *Château de* 72 .... 108 D 3
Courtanvaux *Château de* 72 .... 131 E 2
Courtaoult 10 .... 114 C 4

Courtauly 11 337 E 2
Courtavon 68 143 E 5
Courtefontaine 25 163 G 2
Courtefontaine 39 161 G 5
Courteilles 27 56 A 5
Courteix 19 226 B 2
Courtelevant 90 142 D 4
Courtemanche 80 22 D 4
Courtemaux 45 112 D 4
Courtémont 51 43 E 5
Courtemont-Varennes 02 60 D 1
Courtempierre 45 112 B 4
Courtenay 38 214 A 5
Courtenay 45 113 E 4
Courtenot 10 115 F 3
Courteranges 10 115 F 2
Courteron 10 115 G 4
Courtes 01 195 G 2
Courtesoult-et-Gatey 70 140 A 4
Courtetain-et-Salans 25 162 D 3
La Courtète 11 337 E 1
Courteuil 60 38 D 4
Courthézon 84 285 F 4
Courthiézy 51 60 D 1
Courties 32 295 F 5
Courtieux 60 39 H 2
Courtillers 72 129 E 3
Courtils 50 51 G 5
La Courtine 23 225 H 1
Courtisols 51 62 C 2
Courtivron 21 139 E 5
Courtoin 89 113 E 3
Courtois-sur-Yonne 89 113 G 2
Courtomer 61 84 A 2
Courtomer 77 59 G 5
Courtonne-la-Meurdrac 14 34 D 5
Courtonne-les-Deux-Églises 14 34 D 5
Courtrizy-et-Fussigny 02 41 E 1
Courtry 77 59 E 2
Courvaudon 14 53 E 1
Courvières 25 180 A 3
Courville 51 41 E 3
Courville-sur-Eure 28 85 H 4
Courzieu 69 230 C 1
Cousance 39 196 A 2
Cousances-au-Bois 55 64 C 5
Cousances-les-Forges 55 92 D 2
Cousolre 59 16 A 3
Coussa 09 336 B 2
Coussac-Bonneval 87 223 H 3
Coussan 65 315 F 4
Coussay 86 168 D 3
Coussay-les-Bois 86 170 A 4
Coussegrey 10 114 D 5
Coussergues 12 281 F 1
Coussey 88 94 A 4
Coust 18 173 G 5
Coustaussa 11 337 G 3
Coustellet 84 305 F 1
Coustouge 11 338 C 2
Coustouges 66 342 C 5
Coutances 50 31 G 5
Coutansouze 03 209 G 1
Coutarnoux 89 137 E 5
Coutençon 77 89 E 3
Coutens 09 336 D 1
Couterne 61 82 C 3
Couternon 21 160 B 3
Couteuges 43 246 C 2
Coutevroult 77 59 G 3
Couthenans 70 142 B 3
Couthures-sur-Garonne 47 257 E 4
Coutiches 59 9 E 4
Coutières 79 185 G 2
Coutouvre 42 211 H 2
Coutras 33 238 C 3
Couture 16 203 G 3
La Couture 62 8 A 3
La Couture 85 183 E 1
La Couture-Boussey 27 56 D 3
Couture-d'Argenson 79 202 D 3
Couture-sur-Loir 41 130 D 3
Couturelle 62 13 E 3
Coutures 24 221 G 5
Coutures 33 256 D 3
Coutures 49 149 H 2
Coutures 57 66 C 4
Coutures 82 297 E 1
Couvains 50 32 B 4
Couvains 61 55 F 3
La Couvertoirade 12 301 H 1
Couvertpuis 55 93 F 2
Couvignon 10 116 A 2
Couville 50 29 E 4
Couvonges 55 63 G 4
Couvrelles 02 40 C 3
Couvron-et-Aumencourt 02 24 C 4
Couvrot 51 62 C 4
Coux 07 266 D 2
Coux 17 219 H 5
Coux et Bigaroque -Mouzens 24 259 E 1
Couy 18 173 H 1
La Couyère 35 104 C 5
Couzan *Château de* 42 229 F 1
Couze-et-Saint-Front 24 258 C 1
Couzeix 87 205 G 4
Couziers 37 150 D 5
Couzon 03 191 H 1
Couzon-au-Mont-d'Or 69 213 E 4
Couzou 46 260 C 2
Cox 31 297 E 3
Coye-la-Forêt 60 38 D 5
Coyecques 62 7 F 3
Coyolles 02 39 H 4
Coyrière 39 197 E 4
Coyron 39 196 D 2
Coyviller 54 95 E 1
Cozes 17 219 E 2
Cozzano 2A 349 F 3
Crac'h 56 124 A 4
Craches 78 86 D 2
Crachier 38 231 H 3
Crain 89 157 F 1
Craincourt 57 66 B 3
Craintilleux 42 230 A 2
Crainvilliers 88 118 B 3
Cramaille 02 40 C 4
Cramans 39 179 G 1
Cramant 51 61 G 2
Cramchaban 17 184 B 5
Craménil 61 53 G 4
Cramoisy 60 38 C 4
Cramont 80 12 B 4
Crampagna 09 336 B 2
Cran-Gevrier 74 215 G 3
Crancey 10 90 A 3
Crançot 39 179 F 5
Crandelles 15 244 B 4
Crannes-en-Champagne 72 107 F 5
Crans 01 213 H 3
Crans 39 180 A 4
Cransac 12 261 H 4
Crantenoy 54 95 E 3
Cranves-Sales 74 197 H 5
Craon 53 127 H 2
Craon 86 168 C 4
Craonne 02 41 E 2
Craonnelle 02 41 E 2
Crapeaumesnil 60 23 F 4
Craponne 69 230 D 1
Craponne-sur-Arzon 43 229 F 5
Cras 38 250 B 1
Cras 46 260 B 4
Cras-sur-Reyssouze 01 195 G 4
Crastatt 67 68 B 5
Crastes 32 296 C 3
Crasville 27 36 B 4
Crasville 50 29 G 4
Crasville-la-Mallet 76 19 G 3
Crasville-la-Rocquefort 76 19 H 3
La Crau 83 328 B 4
Cravanche 90 142 C 3
Cravans 17 219 F 2
Cravant 45 132 C 3
Cravant 89 136 C 4
Cravant-les-Côteaux 37 151 F 5
Cravencères 32 295 E 3
Cravent 78 57 E 2
Crayssac 46 259 H 4
Craywick 59 3 F 3
Craz 01 214 D 2
Crazannes 17 201 F 4
Cré-sur-Loir 72 129 F 4
Créac'h *Phare de* 29 74 A 1
Créances 50 31 F 4
Créancey 21 159 F 4
Créancey 52 116 C 4
Crécey-sur-Tille 21 139 F 5
La Crèche 79 185 E 4
Crêches-sur-Saône 71 195 E 5
Créchets 65 334 A 2
Créchy 03 192 B 5
Crécy-au-Mont 02 40 B 1
Crécy-Couvé 28 56 C 5
Crécy-en-Ponthieu 80 11 G 2
Crécy-la-Chapelle 77 59 G 3
Crécy-sur-Serre 02 24 D 4
Crédin 56 102 B 3
Crégols 46 260 D 5
Crégy-lès-Meaux 77 59 G 2
Créhange 57 66 D 1
Créhen 22 79 F 3
Creil 60 38 D 4
Creissan 34 321 E 3
Creissels 12 281 H 4
Crémarest 62 6 C 2
Cremeaux 42 211 F 4
Crémery 80 23 F 3
Crémieu 38 231 H 1
Crempigny-Bonneguête 74 215 E 3
Cremps 46 278 C 1
Crenans 39 196 D 2
Crenay 52 117 E 4
Creney-près-Troyes 10 91 E 5
Crennes-sur-Fraubée 53 82 D 4
Creno *Lac de* 2A 346 D 5
Créon 33 255 H 1
Créon-d'Armagnac 40 274 C 5
Créot 71 177 F 2
Crépand 21 137 H 5
Crépey 54 94 C 2
Crépieux-la-Pape 69 213 F 5
Crépion 55 44 B 4
Crépol 26 249 G 2
Crépon 14 33 F 3
Crépy 02 24 C 5
Crépy 62 7 F 4
Crépy-en-Valois 60 39 G 4
Créquy 62 7 E 4
Le Crès 34 303 E 4
Cresancey 70 161 F 2
Crésantignes 10 114 D 3
Les Cresnays 50 52 A 4
Crespian 30 303 F 1
Crespières 78 57 H 3
Crespin 12 279 H 3
Crespin 59 9 H 5
Crespin 81 279 H 5
Crespinet 81 299 G 1
Crespy-le-Neuf 10 91 H 4
Cressac-Saint-Genis 16 221 E 4
Cressanges 03 191 H 3
Cressat 23 207 G 1
La Cresse 12 281 H 3
Cressé 17 202 C 4
Cressely 78 58 A 5
Cressensac 46 242 B 4
Cresserons 14 33 G 3
Cresseveuille 14 34 B 4
Cressia 39 196 B 2
Cressin-Rochefort 01 214 D 5
La Cressonnière 14 54 D 1
Cressonsacq 60 38 D 1
Cressy 76 20 B 3
Cressy-Omencourt 80 23 G 4
Cressy-sur-Somme 71 175 H 5
Crest 26 267 G 2
Le Crest 63 227 H 1
Crest-Voland 73 216 B 4
Creste 63 227 G 3
Le Crestet 07 248 D 4
Crestet 84 285 H 2
Crestot 27 36 A 4
Créteil 94 58 D 4
Créton 27 56 B 3
Cretteville 50 31 H 2
Creuë 55 64 D 2
Creully 14 33 F 3
La Creuse 70 141 G 4
Creuse 80 22 A 2
Le Creusot 71 177 E 4
Creutzwald 57 46 D 4
Creuzier-le-Neuf 03 210 B 1
Creuzier-le-Vieux 03 210 B 1
Crevans-et-la-Chapelle-lès-Granges 70 142 A 4
Crevant 36 189 G 3
Crevant-Laveine 63 210 B 4
Crévéchamps 54 95 E 2
Crèvecœur-en-Auge 14 34 B 5
Crèvecœur-en-Brie 77 59 G 4
Crèvecœur-le-Grand 60 22 A 5
Crèvecœur-le-Petit 60 22 D 5
Crèvecœur-sur-l'Escaut 59 14 B 4
Creveney 70 141 F 3
Crévic 54 95 F 1
Crévin 35 104 B 5
Crévoux 05 270 D 3
Creys-Mépieu 38 214 B 5
Creyssac 24 222 B 5
Creysse 24 240 B 5
Creysse 46 242 C 5
Creysseilles 07 266 C 2
Creyssensac-et-Pissot 24 240 C 3
Crézançay-sur-Cher 18 173 E 4
Crézancy 02 60 C 1
Crézancy-en-Sancerre 18 155 H 3
Crézières 79 202 D 2
Crézilles 54 94 B 2
Cricquebœuf 14 34 C 2
Cricqueville-en-Auge 14 34 A 4
Cricqueville-en-Bessin 14 32 C 2
Criel-sur-Mer 76 10 C 4
Crillat 39 196 D 1
Crillon 60 37 H 1
Crillon-le-Brave 84 285 H 3
Crimolois 21 160 B 3
Crion 54 95 G 1
La Crique 76 20 B 4
Criquebeuf-en-Caux 76 18 D 3
Criquebeuf-la-Campagne 27 36 A 4
Criquebeuf-sur-Seine 27 36 B 3
Criquetot-le-Mauconduit 76 19 F 3
Criquetot-l'Esneval 76 18 D 4
Criquetot-sur-Longueville 76 20 B 3
Criquetot-sur-Ouville 76 19 H 4
Criquiers 76 21 F 4
Crisenoy 77 88 C 2
Crisolles 60 23 H 5
Crissay-sur-Manse 37 151 G 5
Crissé 72 107 F 3
Crissey 39 179 E 1
Crissey 71 177 H 4
Cristinacce 2A 346 C 5
Cristot 14 33 E 4
Criteuil-la-Magdeleine 16 220 C 3
Critot 76 20 C 5
Croce 2B 347 G 3
Crochte 59 3 G 3
Crocicchia 2B 347 G 2
Crocq 23 208 B 4
Le Crocq 60 22 B 5
Crocy 14 54 A 3
Crœttwiller 67 69 F 2
Croignon 33 255 H 1
Croisances 43 246 D 5
Croisette 62 12 C 2
La Croisette 74 215 G 1
Le Croisic 44 145 G 4
La Croisière 23 205 H 1
La Croisille 27 56 A 2
La Croisille-sur-Briance 87 224 C 2
Croisilles 14 53 F 1
Croisilles 28 57 E 5
Croisilles 61 54 C 4
Croisilles 62 13 H 3
Croismare 54 95 G 1
Croissanville 14 34 A 5
Croissy-Beaubourg 77 59 E 3
Croissy-sur-Celle 60 22 B 4
Croissy-sur-Seine 78 58 A 3
Le Croisty 56 101 E 2
Croisy 18 173 H 2
Croisy-sur-Andelle 76 36 D 1
Croisy-sur-Eure 27 56 C 1
Croix 59 9 E 2
Croix 90 142 D 5
Croix *Col de la* 2A 346 A 4
Croix *Plateau de la* 74 216 D 4
La Croix-aux-Bois 08 43 E 2
La Croix-aux-Mines 88 96 C 5
La Croix-Avranchin 50 80 D 2
La Croix-Blanche 47 276 C 2
La Croix-Blanche 71 194 D 4
Croix-Caluyau 59 15 E 4
Croix-Chapeau 17 200 D 1
La Croix-Comtesse 17 201 H 2
Croix-de-Bauzon *Col de la* 07 265 H 3
La Croix-de-Berny 92 58 C 4
La Croix-de-Fer *Col de* 73 251 H 1
La Croix-de-la-Rochette 73 233 G 3
Croix-de-l'Homme-Mort *Col de la* 42 229 F 3
Croix-de-Vie 85 164 D 4
Croix-du-Bac 59 8 B 2
La Croix-du-Perche 28 109 F 2
La Croix-en-Brie 77 89 E 2
La Croix-en-Champagne 51 62 D 1
Croix-en-Ternois 62 7 F 5
La Croix-en-Touraine 37 152 C 3
Croix-Fonsomme 02 24 B 1
La Croix-Fry *Col de* 74 216 A 3
La Croix-Haute *Col de la* 26 268 D 2
La Croix-Helléan 56 102 D 4
Croix-Mare 76 19 H 5
Croix-Moligneaux 80 23 H 2
Croix-Morand ou de Diane *Col de la* 63 227 F 2
Croix-Rampau 69 213 E 4
La Croix-Saint-Leufroy 27 36 C 5
Croix-Saint-Robert *Col de la* 63 227 F 3
Croix Saint-Thomas 21 158 D 3
Croix-Sainte 13 325 G 3
La Croix-sur-Gartempe 87 205 E 1
La Croix-sur-Ourcq 02 40 B 5
La Croix-sur-Roudoule 06 289 F 4
La Croix-Valmer 83 329 F 3
Croixanvec 56 102 A 2
Croixdalle 76 20 D 2
La Croixille 53 105 G 2
Croixrault 80 21 H 3
Croizet-sur-Gand 42 211 H 4
Crolles 38 233 F 5
Crollon 50 80 D 2
Cromac 87 188 B 4
Cromary 70 162 A 2
Cronat 71 175 G 5
Cronce 43 246 B 3
La Cropte 53 106 C 5
Cropus 76 20 B 3
Cros 30 283 F 5
Le Cros 34 301 H 2
Cros 63 226 D 4
Cros-de-Cagnes 06 309 G 3
Cros-de-Géorand 07 265 H 1
Cros-de-Montvert 15 243 G 3
Cros-de-Ronesque 15 244 D 5
Crosey-le-Grand 25 162 D 2
Crosey-le-Petit 25 162 D 2
Crosmières 72 129 F 3
Crosne 91 58 D 5
Crossac 44 146 C 1
Crosses 18 173 G 2
Crosville-la-Vieille 27 36 A 5
Crosville-sur-Douve 50 31 G 2
Crosville-sur-Scie 76 20 B 2
Crotelles 37 152 A 1
Crotenay 39 179 G 4
Croth 27 56 D 3
Le Crotoy 80 11 F 2
Crots 05 270 C 3
Crottes-en-Pithiverais 45 111 F 3
Crottet 01 195 E 5
Le Crouais 35 103 F 1
Crouay 14 32 D 3
La Croupte 14 54 D 1
Crouseilles 64 294 D 5
Croutelle 86 186 B 2
Les Croûtes 10 114 C 5
Croutoy 60 39 H 2
Crouttes 61 54 C 2
Crouttes-sur-Marne 02 60 A 2
Crouy 02 40 B 2
Crouy 80 22 A 1
Crouy-en-Thelle 60 38 C 4
Crouy-sur-Cosson 41 132 C 5
Crouy-sur-Ourcq 77 59 H 1
Le Crouzet 25 180 B 4
Crouzet-Migette 25 180 A 2
La Crouzille 63 209 E 1
La Crouzille 87 205 H 3
Crouzilles 37 151 F 5
Crozant 23 188 D 4
Croze 23 207 G 5
Crozes-Hermitage 26 249 F 3
Crozet 01 197 F 4
Le Crozet 42 211 E 1
Les Crozets 39 196 D 2
Crozon 29 75 E 4
Crozon-sur-Vauvre 36 189 F 2
Cruas 07 267 E 3
Crucey 28 56 A 5
Crucheray 41 131 G 4
Cruéjouls 12 263 F 5
Cruet 73 233 G 3
Crugey 21 159 F 5
Crugny 51 41 E 4
Cruguel 56 102 C 5
Cruis 04 287 F 4
Crulai 61 55 F 5
Crupies 26 267 H 4
Crupilly 02 25 E 1
Cruscades 11 320 D 5
Cruseilles 74 215 G 2
Crusnes 54 45 F 2
Crussol *Château de* 07 249 F 4
Cruviers-Lascours 30 284 A 5
Crux-la-Ville 58 157 F 5
Cruzille 71 195 E 2
Cruzilles-lès-Mépillat 01 195 E 5
Cruzy 34 321 E 3
Cruzy-le-Châtel 89 137 G 2
Cry 89 137 G 4
Cubelles 43 246 D 4
Cubières 48 265 E 5
Cubières-sur-Cinoble 11 338 A 4
Cubiérettes 48 265 E 5
Cubjac 24 241 E 1
Cublac 19 241 H 2
Cublize 69 212 B 3
Cubnezais 33 237 H 3
Cubrial 25 162 C 1
Cubry 25 162 D 1
Cubry-lès-Faverney 70 141 E 2
Cubry-lès-Soing 70 140 D 4
Cubzac-les-Ponts 33 237 H 4
Cucharmoy 77 89 F 2
Cucheron *Col du* 38 233 E 4
Cuchery 51 41 F 5
Cucq 62 6 B 4
Cucugnan 11 338 B 4
Cucuron 84 306 A 2
Cucuruzzu *Castellu de* 2A 349 F 5
Cudos 33 274 B 1
Cudot 89 113 F 5
Cuébris 06 289 G 5
Cuélas 32 315 H 3
Cuers 83 328 B 3
Cuffies 02 40 B 2
Cuffy 18 174 B 2
Cugand 85 148 A 5
Cuges-les-Pins 13 327 G 3
Cugnaux 31 297 H 5
Cugney 70 161 F 2
Cugny 02 24 A 4
Cugny-lès-Crouttes 02 40 C 4
Cuguen 35 80 B 3
Cuguron 31 334 A 1
Cuhon 86 168 D 4
Cuignières 60 38 D 2
Cuigy-en-Bray 60 37 G 2
Cuillé 53 105 F 4
Cuinchy 62 8 B 4
Cuincy 59 8 D 5
Le Cuing 31 316 B 5
Cuinzier 42 212 A 1
Cuirieux 02 25 E 4
Cuiry-Housse 02 40 C 3
Cuiry-lès-Chaudardes 02 41 E 2
Cuiry-lès-Iviers 02 25 H 3
Cuis 51 61 G 2
Cuise-la-Motte 60 39 H 2
Cuiseaux 71 196 A 2
Cuiserey 21 160 C 2
Cuisery 71 195 F 1
Cuisia 39 196 A 1
Cuisiat 01 196 A 4
Cuisles 51 41 E 5
Cuissai 61 83 G 3
Cuissy-et-Geny 02 41 E 2
Cuisy 55 43 G 3
Cuisy 77 59 F 1
Cuisy-en-Almont 02 40 A 2
La Cula 42 230 C 3
Culan 18 190 B 2
Culêtre 21 159 F 5
Culey 55 63 H 4
Culey-le-Patry 14 53 F 2
Culhat 63 210 A 4
Culin 38 232 A 3
Culles-les-Roches 71 177 F 5
Cully 14 33 F 3
Culmont 52 139 H 2
Culoison 10 91 E 5
Culoz 01 214 D 4
Cult 70 161 F 3
Cultures 48 264 B 5
Cumières 51 61 F 1
Cumières-le-Mort-Homme 55 43 H 4
Cumiès 11 318 D 4
Cumont 82 296 D 1
Cunac 81 299 G 1
Cunault 49 150 B 3
Cuncy-lès-Varzy 58 157 E 3
Cunèges 24 257 G 1
Cunel 55 43 G 2
Cunelières 90 142 D 3
Cunfin 10 116 A 4
Cunlhat 63 228 C 2
Cuntorba *Castello de* 2A 348 D 5
Cuon 49 150 B 1
Cuperly 51 62 B 1
Cuq 47 276 C 4
Cuq 81 299 F 4
Cuq-Toulza 81 298 D 5
Cuqueron 64 313 H 3
Curac 16 239 E 1
Curan 12 281 F 3
Curbans 04 269 G 5
Curbigny 71 194 A 4
Curçay-sur-Dive 86 168 C 1
Curchy 80 23 F 3
Curciat-Dongalon 01 195 G 2
Curcy-sur-Orne 14 53 F 1
Curdin 71 193 F 1
La Cure 39 197 F 2

Curebourse *Col de* 15 244 D 4
Curel 04 286 D 3
Curel 52 92 D 3
Curemonte 19 242 D 4
Cures 72 107 F 3
Curey 50 80 D 2
Curgies 59 15 E 2
Curgy 71 176 D 2
Curienne 73 233 F 2
Curières 12 263 F 3
Curis-au-Mont-d'Or 69 213 E 4
Curley 21 159 H 4
Curlu 80 23 F 1
Curmont 52 92 C 5
Curnier 26 268 A 5
Cursan 33 256 B 1
Curtafond 01 195 G 5
Curtil-Saint-Seine 21 159 H 1
Curtil-sous-Buffières 71 194 C 3
Curtil-sous-Burnand 71 194 C 1
Curtil-Vergy 21 159 H 5
Le Curtillard 38 233 G 5
Curtin 38 232 B 1
Curvalle 81 300 A 1
Curzay-sur-Vonne 86 185 H 2
Curzon 85 183 E 2
Cusance 25 162 D 2
Cuse-et-Adrisans 25 162 C 1
Cusey 52 139 G 4
Cussac 15 245 F 4
Cussac 87 222 D 1
Cussac-Fort-Médoc 33 237 F 2
Cussac-sur-Loire 43 247 F 4
Cussangy 10 115 E 4
Cussay 37 170 A 1
Cusset 03 210 B 1
Cussey-les-Forges 21 139 E 4
Cussey-sur-Lison 25 161 H 5
Cussey-sur-l'Ognon 25 161 H 2
Cussy 14 32 D 3
Cussy-en-Morvan 71 176 C 1
Cussy-la-Colonne 21 177 F 1
Cussy-le-Châtel 21 159 F 5
Cussy-les-Forges 89 158 A 1
Custines 54 65 H 4
Cusy 74 215 F 5
Cusy 89 137 F 3
Cutry 02 40 A 3
Cutry 54 44 D 2
Cuts 60 39 H 1
Cutting 57 67 F 3
Cuttoli-Corticchiato 2A 348 D 3
Cuttura 39 196 D 3
Cuvat 74 215 G 2
Cuve 70 119 E 5
Cuvergnon 60 39 H 5
Cuverville 14 33 H 4
Cuverville 27 36 D 3
Cuverville 76 18 D 4
Cuverville-sur-Yères 76 10 D 5
Cuvéry *Col de* 01 214 D 1
Cuves 50 52 A 4
Cuves 52 117 G 3
Cuvier 39 180 A 3
Cuvillers 59 14 B 3
Cuvilly 60 23 E 5
Cuvry 57 65 H 1
Cuxac-Cabardès 11 319 G 3
Cuxac-d'Aude 11 321 E 5
Cuy 60 23 G 5
Cuy 89 113 G 2
Cuy-Saint-Fiacre 76 37 F 1
Cuzac 46 261 G 4
Cuzals *Musée de* 46 260 D 4
Cuzance 46 242 B 4
Cuzieu 01 214 D 4
Cuzieu 42 230 A 2
Cuzion 36 188 D 3
Cuzorn 47 259 E 4
Cuzy 71 176 B 4
Cys-la-Commune 02 40 D 2
Cysoing 59 9 E 3

D

Dabisse 04 287 G 5
Dabo 57 68 A 5
Dabo *Rocher de* 57 68 A 5
Dachstein 67 97 F 1
Dadonville 45 111 G 3
Daglan 24 259 G 2
Dagneux 01 213 G 4
Dagny 77 60 A 5
Dagny-Lambercy 02 25 G 3
Dagonville 55 64 B 4
La Daguenière 49 149 H 2
Dahlenheim 67 97 F 1
Daignac 33 256 B 1
Daigny 08 27 F 3
Daillancourt 52 92 C 5
Daillecourt 52 117 G 3
Dainville 62 13 F 2
Dainville-Bertheléville 55 93 G 3
Daix 21 160 A 3
Dalem 57 46 D 4
Dalhain 57 66 D 3
Dalhunden 67 69 F 4
Dallet 63 210 A 5
Dallon 02 24 A 2
Dalou 09 336 B 2
Dalstein 57 46 B 3
Daluis 06 289 F 4
Damas-aux-Bois 88 95 F 3
Damas-et-Bettegney 88 119 E 2
Damazan 47 275 F 2
Dambach 67 68 C 1
Dambach-la-Ville 67 97 E 4
Dambelin 25 163 E 2
Dambenois 25 142 C 4
Dambenoît-lès-Colombe 70 141 G 3
Damblain 88 117 H 3
Damblainville 14 54 A 2
Dambron 28 110 D 3
Dame-Marie 27 56 A 4
Dame-Marie 61 84 C 5
Dame-Marie-les-Bois 37 152 C 1
Damelevières 54 95 F 2
Daméraucourt 60 21 H 4
Damerey 71 178 A 3
Damery 51 61 F 1
Damery 80 23 F 3
Damgan 56 124 D 5
Damiatte 81 299 E 4
Damigny 61 83 G 3
Damloup 55 44 C 5
Dammard 02 40 A 5
Dammarie 28 86 A 5
Dammarie-en-Puisaye 45 135 E 5
Dammarie-les-Lys 77 88 B 3
Dammarie-sur-Loing 45 135 E 3
Dammarie-sur-Saulx 55 93 E 2
Dammartin-en-Goële 77 59 E 1
Dammartin-en-Serve 78 57 E 3
Dammartin-
les-Templiers 25 162 B 3
Dammartin-Marpain 39 161 E 3
Dammartin-sur-Meuse 52 117 H 4
Dammartin-sur-Tigeaux 77 59 G 4
Damousies 59 15 H 3
Damouzy 08 26 D 2
Damparis 39 178 D 1
Dampierre 10 91 G 2
Dampierre 14 52 C 1
Dampierre 39 161 G 5
Dampierre 52 117 G 5
Dampierre-au-Temple 51 62 B 1
Dampierre-en-Bray 76 37 F 1
Dampierre-en-Bresse 71 178 C 3
Dampierre-en-Burly 45 134 B 3
Dampierre-en-Crot 18 155 G 2
Dampierre-en-Graçay 18 154 B 5
Dampierre-en-Montagne 21 159 E 2
Dampierre-en-Yvelines 78 57 H 5
Dampierre-et-Flée 21 160 D 1
Dampierre-le-Château 51 63 E 1
Dampierre-les-Bois 25 142 C 4
Dampierre-lès-Conflans 70 141 F 2
Dampierre-Saint-Nicolas 76 20 C 2
Dampierre-sous-Bouhy 58 156 C 1
Dampierre-sous-Brou 28 109 G 2
Dampierre-sur-Avre 28 56 B 4
Dampierre-sur-Blévy 28 85 G 2
Dampierre-
sur-Boutonne 17 201 H 2
Dampierre-sur-le-Doubs 25 142 B 5
Dampierre-sur-Linotte 70 141 F 5
Dampierre-sur-Loire 49 150 C 4
Dampierre-sur-Moivre 51 62 C 3
Dampierre-sur-Salon 70 140 B 5
Dampjoux 25 163 F 2
Dampleux 02 40 A 4
Dampmart 77 59 F 3
Dampniat 19 242 C 2
Damprichard 25 163 G 3
Les Damps 27 36 B 3
Dampsmesnil 27 37 F 5
Dampvalley-
lès-Colombe 70 141 F 4
Dampvalley-
Saint-Pancras 70 119 E 5
Dampvitoux 54 65 E 2
Damrémont 52 117 H 5
Damville 27 56 A 3
Damvillers 55 44 B 3
Damvix 85 184 B 4
Dancé 42 211 G 4
Dancé 61 84 D 5
Dancevoir 52 116 C 5
Dancharia 64 310 C 4
Dancourt 76 21 E 2
Dancourt-Popincourt 80 23 F 4
Dancy 28 110 A 3
Danestal 14 34 B 3
Dangé-Saint-Romain 86 169 H 2
Dangeau 28 109 H 2
Dangers 28 85 H 3
Dangeul 72 107 H 2
Dangolsheim 67 97 F 1
Dangu 27 37 F 4
Dangy 50 52 A 1
Danizy 02 24 B 4
Danjoutin 90 142 C 3
Danne-et-Quatre-Vents 57 68 A 4
Dannelbourg 57 68 A 4
Dannemarie 25 142 C 5
Dannemarie 68 143 E 3
Dannemarie 78 57 E 4
Dannemarie-sur-Crète 25 161 G 4
Dannemoine 89 137 E 2
Dannemois 91 88 A 4
Dannes 62 6 B 3
Dannevoux 55 43 H 3
Danvou-la-Ferrière 14 53 E 2
Danzé 41 131 G 2
Daon 53 128 B 3
Daoulas 29 75 G 3
Daoulas *Gorges du* 22 77 G 5
Daours 80 22 D 2
Darazac 19 243 G 2
Darbonnay 39 179 F 3
Darbres 07 266 C 3
Darcey 21 138 B 5
Dardenac 33 256 B 1
Dardenay 52 139 G 4
Dardez 27 56 B 1
Dardilly 69 213 E 5
Dareizé 69 212 B 4
Dargies 60 21 H 4
Dargilan *Grotte de* 48 282 B 3
Dargnies 80 11 E 4
Dargoire 42 230 D 3
Darmannes 52 117 E 2
Darmont 55 44 D 5
Darnac 87 187 G 5
Darnétal 76 36 B 2
Darnets 19 225 G 4
Darney 88 118 C 3
Darney-aux-Chênes 88 94 B 5
Darnieulles 88 119 F 2
Darois 21 159 H 2
Darvault 77 112 C 2
Darvoy 45 133 G 2
Dasle 25 142 C 4
Daubensand 67 97 H 3
Daubeuf-la-Campagne 27 36 A 4
Daubeuf-près-Vatteville 27 36 C 4
Daubeuf-Serville 76 19 E 4
Daubèze 33 256 C 2
Dauendorf 67 68 D 3
Daumazan-sur-Arize 09 335 G 1
Daumeray 49 128 D 4
Dauphin 04 306 C 1
Dausse 47 276 D 1
Daux 31 297 G 4
Dauzat-sur-Vodable 63 227 H 4
Davayat 63 209 H 4
Davayé 71 194 D 4
Davejean 11 338 B 3
Davenescourt 80 23 E 4
Davézieux 07 248 D 1
Davignac 19 225 G 4
Davrey 10 114 D 4
Davron 78 57 H 3
Dax 40 292 D 3
Deauville 14 34 B 2
Deaux 30 283 H 4
Débats-Rivière-d'Orpra 42 211 F 5
Decazeville 12 261 H 4
Dechy 59 8 D 5
Décines-Charpieu 69 213 F 5
Decize 58 175 E 4
Dédeling 57 66 D 3
La Défense 92 58 B 3
Dégagnac 46 259 H 3
Degré 72 107 G 4
Dehault 72 108 C 2
Dehéries 59 14 C 5
Dehlingen 67 67 H 2
Deinvillers 88 95 G 3
Delain 70 140 B 5
Delettes 62 7 F 3
Delincourt 60 37 G 4
Delle 90 142 D 4
Delme 57 66 B 3
Delouze 55 93 G 2
Le Déluge 60 38 A 3
Delut 55 44 B 3
Deluz 25 162 B 3
Demandolx 04 308 B 1
Demange-aux-Eaux 55 93 G 2
Demangevelle 70 118 C 5
Demi-Quartier 74 216 C 3
La Demie 70 141 F 5
Demigny 71 177 H 2
Demoiselle Coiffée 05 271 E 1
Demoiselles *Grotte des* 34 302 C 1
Demoiselles Coiffées 05 269 H 4
Démouville 14 33 H 4
Dému 32 295 F 3
Démuin 80 22 D 2
Denain 59 14 C 2
Dénat 81 299 G 2
Denazé 53 128 A 2
Dénecourt *Tour* 77 88 C 4
Denée 49 149 G 2
Dénestanville 76 20 B 3
Deneuille-lès-Chantelle 03 191 H 5
Deneuille-les-Mines 03 191 E 4
Deneuvre 54 95 H 3
Denèvre 70 140 B 5
Dénezé-sous-Doué 49 150 A 4
Dénezé-sous-le-Lude 49 150 D 1
Denezières 39 196 D 1
Denguin 64 314 A 3
Denicé 69 212 D 3
Denier 62 13 E 2
Denipaire 88 96 B 4
Dennebrœucq 62 7 E 3
Dennemont 78 57 F 1
Denneville 50 31 F 2
Dennevy 71 177 F 3
Denney 90 142 C 2
Denone *Château de* 63 210 A 2
Denonville 28 86 D 4
Denting 57 46 C 5
Déols 36 171 H 4
Der-Chantecoq *Lac du* 51 92 A 2
Derbamont 88 95 E 5
Dercé 86 169 E 2
Derchigny 76 10 C 5
Dercy 02 24 D 4
Dernacueillette 11 338 B 3
Dernancourt 80 23 E 1
Derval 44 126 C 4
Désaignes 07 248 C 4
Désandans 25 142 A 4
Descartes 37 169 H 2
Le Deschaux 39 179 E 2
Le Désert 14 52 D 2
Le Désert 38 251 G 5
Désertines 03 190 D 4
Désertines 53 81 H 3
Les Déserts 73 233 F 1
Déservillers 25 180 A 1
Desges 43 246 C 4
Desingy 74 215 E 2
Desmonts 45 112 A 2
Desnes 39 179 E 4
Desseling 57 67 F 4
Dessenheim 68 121 F 4
Dessia 39 196 B 3
Destord 88 95 H 5
La Destrousse 13 327 F 2
Destry 57 66 D 2
Desvres 62 6 C 2
Détain-et-Bruant 21 159 G 5
Détrier 73 233 G 3
Le Détroit 14 53 G 3
Les Détroits 48 282 A 2
Dettey 71 176 C 4
Dettwiller 67 68 B 4
Deuil-la-Barre 95 58 C 2
Deuillet 02 24 B 4
Deûlémont 59 4 C 5
Les Deux-Alpes 38 251 H 3
Deux Amants *Côte des* 27 36 C 3
Deux-Chaises 03 191 G 4
Deux-Évailles 53 106 B 2
Les Deux-Fays 39 179 E 3
Deux-Jumeaux 14 32 C 2
Deux-Verges 15 263 G 1
Les Deux-Villes 08 27 H 4
Deuxnouds-aux-Bois 55 64 D 2
Deuxnouds-
devant-Beauzée 55 63 H 1
Deuxville 54 95 F 1
Devay 58 175 F 4
Devecey 25 161 H 3
Devesset 07 248 B 3
Devèze 65 316 A 4
Devèze *Grotte de la* 34 320 C 2
Deviat 16 221 E 4
Dévillac 47 258 D 3
Deville 08 26 D 1
Déville-lès-Rouen 76 36 A 1
La Devinière *Musée* 37 150 D 5
Devise 80 23 H 2
Devrouze 71 178 B 4
Deycimont 88 119 H 2
Deyme 31 318 A 2
Deyvillers 88 119 G 2
Le Dézert 50 32 A 4
Dezize-lès-Maranges 71 177 F 3
Dhuisy 77 60 A 1
Dhuizel 02 40 D 2
Dhuizon 41 132 D 5
Diable *Roche du* 88 120 B 3
Diable *Roches du* 29 100 D 4
Diancey 21 158 D 5
Diane-Capelle 57 67 G 5
Diant 77 113 E 2
Diarville 54 94 D 4
Le Diben 29 71 H 3
Diconne 71 178 B 4
Dicy 89 113 E 5
Didenheim 68 143 F 2
Die 26 268 B 1
Diebling 57 47 F 5
Diebolsheim 67 97 G 4
Diedendorf 67 67 G 3
Dieffenbach-au-Val 67 97 E 4
Dieffenbach-lès-Wœrth 67 69 E 2
Dieffenthal 67 97 E 4
Diefmatten 68 143 E 2
Dielette 50 28 C 4
Dième 69 212 B 3
Diemeringen 67 67 H 2
Diémoz 38 231 G 2
Diénay 21 160 A 1
Dienne 15 245 E 2
Dienné 86 186 D 3
Diennes-Aubigny 58 175 F 3
Dienville 10 91 H 5
Dieppe 76 10 B 5
Dieppe-sous-Douaumont 55 44 C 5
Dieppedalle-Croisset 76 36 A 2
Dierre 37 152 B 3
Dierrey-Saint-Julien 10 90 C 5
Dierrey-Saint-Pierre 10 90 C 5
Diesen 57 46 D 5
Dietwiller 68 143 G 2
Dieudonné 60 38 B 4
Dieue-sur-Meuse 55 64 B 1
Dieulefit 26 267 G 4
Dieulivol 33 257 E 2
Dieulouard 54 65 G 4
Dieupentale 82 297 G 2
Dieuze 57 67 E 4
Diéval 62 7 H 5
Diffembach-lès-Hellimer 57 67 F 2
Diges 89 136 A 4
Digna 39 196 A 2
Dignac 16 221 G 3
La Digne-d'Amont 11 337 F 2
La Digne-d'Aval 11 337 F 2
Digne-les-Bains 04 288 A 3
Dignonville 88 95 G 5
Digny 28 85 G 3
Digoin 71 193 F 2
Digoine *Château de* 71 193 H 2
Digosville 50 29 F 3
Diguelleville 50 28 C 2
Dijon 21 160 A 3
Dilo 89 114 A 4
Dimancheville 45 111 H 2
Dimbsthal 67 68 B 5
Dimechaux 59 15 H 3
Dimont 59 15 H 3
Dinan 22 79 G 4
Dinan *Pointe de* 29 75 E 4
Dinard 35 50 B 5
Dinéault 29 75 G 4
Dingé 35 80 B 4
Dingsheim 67 68 D 5
Dingy-en-Vuache 74 215 F 1
Dingy-Saint-Clair 74 215 H 3
Dinozé 88 119 G 2
Dinsac 87 187 H 5
Dinsheim 67 97 E 1
Dinteville 52 116 B 4
Dio-et-Valquières 34 301 G 4
Dionay 38 249 H 1
Dions 30 303 G 1
Diors 36 172 A 4
Diou 03 193 E 2
Diou 36 172 B 1
Dirac 16 221 F 2
Dirinon 29 75 G 2
Dirol 58 157 G 3
Disneyland Paris 77 59 F 3
Dissais 85 183 F 1
Dissangis 89 137 E 5
Dissay 86 169 F 5
Dissay-sous-Courcillon 72 130 C 4
Dissé-sous-Ballon 72 108 A 2
Dissé-sous-le-Lude 72 129 H 5
Distré 49 150 B 4
Distroff 57 45 H 3
Diusse 64 294 C 5
Divajeu 26 267 G 2
Dives 60 23 G 5
Dives-sur-Mer 14 34 A 3
Divion 62 7 H 4
Divonne-les-Bains 01 197 G 3
Dixmont 89 113 H 4
Dizimieu 38 232 A 1
Dizy 51 61 G 1
Dizy-le-Gros 02 25 G 4
Doazit 40 293 H 3
Doazon 64 313 H 2
Docelles 88 119 H 2
Doëlan 29 100 C 5
Dœuil-sur-le-Mignon 17 201 G 1
Dognen 64 313 G 4
Dogneville 88 95 F 5
Dohem 62 7 F 2
Dohis 02 25 H 3
Doignies 59 14 A 4
Doingt 80 23 G 1
Doissat 24 259 F 2
Doissin 38 232 B 3
Doix-lès-Fontaines 85 184 B 3
Doizieux 42 230 C 4
Dol-de-Bretagne 35 80 A 2
Dolaincourt 88 94 B 4
Dolancourt 10 92 A 5
Dolcourt 54 94 C 3
Dole 39 161 E 5
Dolignon 02 25 G 3
Dolleren 68 142 C 1
Dollon 72 108 C 4
Dollot 89 113 E 2
Dolmayrac 47 276 B 1
Dolo 22 79 E 4
Dolomieu 38 232 B 2
Dolus-d'Oléron 17 200 B 3
Dolus-le-Sec 37 152 B 5
Dolving 57 67 G 4
Dom-le-Mesnil 08 27 E 4
Domagné 35 104 D 3
Domaize 63 228 C 1
Domalain 35 105 E 4
Domancy 74 216 C 3
Domarin 38 231 H 2
Domart-en-Ponthieu 80 12 B 5
Domart-sur-la-Luce 80 22 D 2
Domats 89 113 E 3
Domazan 30 304 B 1
Dombasle-
devant-Darney 88 118 D 3
Dombasle-en-Argonne 55 43 H 5
Dombasle-en-Xaintois 88 94 C 5
Dombasle-sur-Meurthe 54 95 E 1
Domblain 52 92 C 3
Domblans 39 179 F 4
Dombras 55 44 B 3
Dombrot-le-Sec 88 118 B 2
Dombrot-sur-Vair 88 94 B 5
Domecy-sur-Cure 89 157 H 2
Domecy-sur-le-Vault 89 157 H 1
Doméliers 60 22 A 5
Domène 38 251 E 1
Domérat 03 190 C 4
Domesmont 80 12 B 4
Domessargues 30 283 H 5
Domessin 73 232 D 2
Domèvre-en-Haye 54 65 F 4
Domèvre-sous-Montfort 88 94 C 5
Domèvre-sur-Avière 88 119 F 2
Domèvre-sur-Durbion 88 95 F 5
Domèvre-sur-Vezouze 54 96 A 2
Domeyrat 43 246 C 1
Domeyrot 23 189 H 5
Domezain-Berraute 64 311 H 4
Domfaing 88 96 A 5
Domfessel 67 67 H 2
Domfront 60 22 D 5
Domfront-en-Poiraie 61 82 B 2
Domfront-
en-Champagne 72 107 G 3
Domgermain 54 94 A 1
La Dominelais 35 126 C 3
Domino 17 200 A 3

Dominois 80 ... 11 G 1
Domjean 50 ... 52 B 1
Domjevin 54 ... 95 H 1
Domjulien 88 ... 94 C 5
Domléger 80 ... 12 B 4
Domloup 35 ... 104 C 3
Dommarie-Eulmont 54 ... 94 C 3
Dommarien 52 ... 139 G 4
Dommartemont 54 ... 65 H 5
Dommartin 01 ... 195 F 4
Dommartin 25 ... 180 C 2
Dommartin 58 ... 175 H 1
Dommartin 69 ... 212 D 5
Dommartin 80 ... 22 C 3
Dommartin-aux-Bois 88 ... 119 E 2
Dommartin-Dampierre 51 ... 43 E 5
Dommartin-la-Chaussée 54 ... 65 F 2
Dommartin-la-Montagne 55 ... 64 D 2
Dommartin-le-Coq 10 ... 91 G 3
Dommartin-le-Franc 52 ... 92 C 4
Dommartin-le-Saint-Père 52 ... 92 C 4
Dommartin-lès-Cuiseaux 71 ... 195 H 2
Dommartin-lès-Remiremont 88 ... 119 H 4
Dommartin-lès-Toul 54 ... 94 B 1
Dommartin-lès-Vallois 88 ... 118 D 2
Dommartin-Lettrée 51 ... 62 A 4
Dommartin-sous-Amance 54 ... 66 B 5
Dommartin-sous-Hans 51 ... 43 E 5
Dommartin-sur-Vraine 88 ... 94 B 4
Dommartin-Varimont 51 ... 63 E 2
Dommary-Baroncourt 55 ... 44 D 4
Domme 24 ... 259 G 1
Dommery 08 ... 26 B 4
Dommiers 02 ... 40 A 3
Domnom-lès-Dieuze 57 ... 67 F 3
Domont 95 ... 58 C 1
Dompaire 88 ... 119 E 2
Dompcevrin 55 ... 64 C 3
Dompierre 60 ... 22 D 5
Dompierre 61 ... 53 E 5
Dompierre 88 ... 95 G 5
Dompierre-aux-Bois 55 ... 64 D 2
Dompierre-Becquincourt 80 ... 23 F 1
Dompierre-du-Chemin 35 ... 81 F 5
Dompierre-en-Morvan 21 ... 158 C 2
Dompierre-les-Églises 87 ... 188 A 5
Dompierre-les-Ormes 71 ... 194 B 4
Dompierre-les-Tilleuls 25 ... 180 B 3
Dompierre-sous-Sanvignes 71 ... 176 C 5
Dompierre-sur-Authie 80 ... 11 H 1
Dompierre-sur-Besbre 03 ... 192 D 2
Dompierre-sur-Chalaronne 01 ... 213 F 1
Dompierre-sur-Charente 17 ... 219 H 1
Dompierre-sur-Helpe 59 ... 15 G 4
Dompierre-sur-Héry 58 ... 157 F 4
Dompierre-sur-Mer 17 ... 183 G 5
Dompierre-sur-Mont 39 ... 196 C 1
Dompierre-sur-Nièvre 58 ... 156 D 4
Dompierre-sur-Veyle 01 ... 213 H 2
Dompierre-sur-Yon 85 ... 165 H 4
Dompnac 07 ... 265 H 4
Domprel 25 ... 162 D 4
Dompremy 51 ... 62 D 4
Domprix 54 ... 45 E 3
Domps 87 ... 224 D 2
Domptail 88 ... 95 G 3
Domptail-en-l'Air 54 ... 95 E 2
Domptin 02 ... 60 B 1
Domqueur 80 ... 12 B 4
Domremy-aux-Bois 55 ... 64 B 5
Domremy-en-Ornois 52 ... 93 E 4
Domremy-la-Canne 55 ... 44 D 4
Domrémy-la-Pucelle 88 ... 93 H 3
Domsure 01 ... 195 H 3
Domvallier 88 ... 94 D 5
Domvast 80 ... 11 H 2
Don 59 ... 8 C 3
Donazac 11 ... 337 F 1
Donchery 08 ... 27 E 4
Doncières 88 ... 95 H 3
Doncourt-aux-Templiers 55 ... 64 D 1
Doncourt-lès-Conflans 54 ... 45 F 5
Doncourt-lès-Longuyon 54 ... 44 D 2
Doncourt-sur-Meuse 52 ... 117 H 3
Dondas 47 ... 276 D 2
Donges 44 ... 146 C 2
Donjeux 52 ... 93 E 4
Donjeux 57 ... 66 C 3
Le Donjon 03 ... 193 E 4
Donnay 14 ... 53 G 2
Donnazac 81 ... 279 F 5
Donnelay 57 ... 67 E 4
Donnemain-Saint-Mamès 28 ... 110 A 3
Donnemarie 52 ... 117 G 3
Donnemarie-Dontilly 77 ... 89 F 3
Donnement 10 ... 91 G 3
Donnenheim 67 ... 68 D 4
Donnery 45 ... 133 G 2
Donneville 31 ... 318 A 2
Donnezac 33 ... 237 H 1
Donon Col du 67 ... 96 C 2
Dontreix 23 ... 208 C 3
Dontrien 51 ... 42 B 4
Donville-les-Bains 50 ... 51 F 2
Donzac 33 ... 256 B 3
Donzac 82 ... 276 D 4
Donzacq 40 ... 293 F 3
Le Donzeil 23 ... 207 F 3
Donzenac 19 ... 242 B 1
Donzère 26 ... 267 E 5
Donzy 58 ... 156 C 3
Donzy-le-National 71 ... 194 C 3
Donzy-le-Pertuis 71 ... 194 D 3
Donzy-le-Pré 58 ... 156 C 3
Doranges 63 ... 228 D 4
Dorans 90 ... 142 C 3
Dorat 63 ... 210 C 4
Le Dorat 87 ... 187 H 5
Dorceau 61 ... 84 D 4
Dordives 45 ... 112 C 3
Dore-l'Église 63 ... 229 E 5
La Dorée 53 ... 81 G 3
Dorengt 02 ... 24 D 1
Dorignies 59 ... 8 D 5
Dorlisheim 67 ... 97 F 2
Dormans 51 ... 60 D 1
Dormelles 77 ... 88 D 5
Dormillouse 05 ... 270 B 1
La Dornac 24 ... 241 H 3
Dornas 07 ... 248 B 5
Dornecy 58 ... 157 F 2
Dornes 58 ... 175 E 5
Dornot 57 ... 65 G 1
Dorres 66 ... 341 E 4
Dortan 01 ... 196 C 4
Dosches 10 ... 91 F 5
Dosnon 10 ... 91 F 2
Dossenheim-Kochersberg 67 ... 68 C 5
Dossenheim-sur-Zinsel 67 ... 68 B 4
Douadic 36 ... 170 C 5
Douai 59 ... 8 D 5
Douains 27 ... 56 D 1
Douarnenez 29 ... 99 F 2
Douaumont 55 ... 44 B 5
Doubs 25 ... 180 C 2
Doucelles 72 ... 107 H 2
Douchapt 24 ... 239 H 1
Douchy 02 ... 23 H 3
Douchy-Montcorbon 45 ... 113 E 5
Douchy-lès-Ayette 62 ... 13 F 3
Douchy-les-Mines 59 ... 14 C 2
Doucier 39 ... 179 G 5
Doucy 73 ... 234 B 3
Doucy-en-Bauges 73 ... 233 H 1
Doudeauville 62 ... 6 C 3
Doudeauville 76 ... 21 F 5
Doudeauville-en-Vexin 27 ... 37 E 3
Doudelainville 80 ... 11 G 4
Doudeville 76 ... 19 H 3
Doudrac 47 ... 258 C 3
Doue 77 ... 60 A 3
Doué-la-Fontaine 49 ... 150 A 4
Douelle 46 ... 259 H 5
Le Douhet 17 ... 201 G 5
Douillet 72 ... 83 F 5
Douilly 80 ... 23 H 3
Doulaincourt 52 ... 93 E 5
Doulaize 25 ... 179 H 1
Doulcon 55 ... 43 G 2
Doulevant-le-Château 52 ... 92 C 4
Doulevant-le-Petit 52 ... 92 C 3
Doulezon 33 ... 256 D 1
Le Doulieu 59 ... 8 A 2
Doullens 80 ... 12 D 4
Doumely-Bégny 08 ... 26 A 4
Doumy 64 ... 314 B 2
Dounoux 88 ... 119 F 3
Les Dourbes 04 ... 288 B 4
Dourbies 30 ... 282 C 4
Dourdain 35 ... 104 D 2
Dourdan 91 ... 87 E 3
Dourges 62 ... 8 C 5
Dourgne 81 ... 319 F 2
Douriez 62 ... 11 G 1
Dourlers 59 ... 15 G 3
Le Dourn 81 ... 280 C 5
Dournazac 87 ... 223 E 2
Dournon 39 ... 179 H 2
Dours 65 ... 315 F 4
Doussard 74 ... 215 H 5
Doussay 86 ... 169 E 3
Douvaine 74 ... 197 H 4
Douville 24 ... 240 B 4
Douville-en-Auge 14 ... 34 B 3
Douville-sur-Andelle 27 ... 36 C 3
Douvrend 76 ... 20 C 2
Douvres 01 ... 214 A 3
Douvres-la-Délivrande 14 ... 33 G 3
Douvrin 62 ... 8 B 4
Doux 08 ... 42 B 1
Doux 79 ... 168 C 4
Douy 28 ... 109 H 4
Douy-la-Ramée 77 ... 59 G 1
Douzains 47 ... 257 H 3
Douzat 16 ... 221 E 1
La Douze 24 ... 240 D 3
Douzens 11 ... 320 B 5
Douzies 59 ... 15 G 2
Douzillac 24 ... 239 H 3
Douzy 08 ... 27 F 4
Doville 50 ... 31 G 2
Doye 39 ... 180 A 4
La Doye 39 ... 197 F 2
Doyet 03 ... 191 E 4
Dozulé 14 ... 34 A 4
Dracé 69 ... 212 D 1
Draché 37 ... 169 H 1
Drachenbronn 67 ... 69 E 1
Dracy 89 ... 135 H 3
Dracy-le-Fort 71 ... 177 G 4
Dracy-lès-Couches 71 ... 177 F 3
Dracy-Saint-Loup 71 ... 176 D 1
Dragey 50 ... 51 G 4
Draguignan 83 ... 308 A 4
Draillant 74 ... 198 A 4
Drain 49 ... 148 B 2
Draix 04 ... 288 B 3
Draize 08 ... 26 A 4
Drambon 21 ... 160 D 3
Dramelay 39 ... 196 B 3
Le Dramont 83 ... 329 H 1
Drancy 93 ... 58 D 2
Drap 06 ... 309 H 2
Dravegny 02 ... 40 D 4
Draveil 91 ... 58 C 5
Drée 21 ... 159 G 3
Drée Château de 71 ... 194 A 4
Drefféac 44 ... 146 D 1
Drémil-Lafage 31 ... 298 B 5
Le Drennec 29 ... 70 D 5
Dreslincourt 60 ... 39 G 1
Dreuil-Hamel 80 ... 11 H 5
Dreuil-lès-Amiens 80 ... 22 B 2
Dreuil-lès-Molliens 80 ... 22 A 2
Dreuilhe 09 ... 336 D 3
Dreux 28 ... 56 D 4
Drevant 18 ... 173 F 5
Dricourt 08 ... 42 C 2
Driencourt 80 ... 23 H 1
Drignac 15 ... 244 B 2
Drincham 59 ... 3 G 3
Drocourt 62 ... 8 C 5
Drocourt 78 ... 57 G 1
Droisy 27 ... 56 B 4
Droisy 74 ... 215 E 3
Droitaumont 54 ... 45 F 5
Droitfontaine 25 ... 163 F 3
Droiturier 03 ... 192 D 5
Droizy 02 ... 40 B 3
Drom 01 ... 196 A 5
Dromesnil 80 ... 21 G 2
Drosay 76 ... 19 G 3
Drosnay 51 ... 92 A 2
Droué 41 ... 109 F 4
Droue-sur-Drouette 28 ... 86 C 2
Drouges 35 ... 105 E 5
Drouilly 51 ... 62 C 4
Droupt-Saint-Basle 10 ... 90 D 3
Droupt-Sainte-Marie 10 ... 90 C 3
Drouville 54 ... 66 C 5
Drouvin-le-Marais 62 ... 8 A 4
Droux 87 ... 205 G 1
Droyes 52 ... 92 A 3
Drubec 14 ... 34 C 4
Drucat 80 ... 11 G 3
Drucourt 27 ... 35 E 5
Drudas 31 ... 297 F 3
Druelle 12 ... 280 C 1
Drugeac 15 ... 244 B 2
Druillat 01 ... 214 A 2
Drulhe 12 ... 261 G 5
Drulingen 67 ... 67 H 3
Drumettaz-Clarafond 73 ... 233 F 1
Drusenheim 67 ... 69 F 4
Druval 14 ... 34 B 4
Druy-Parigny 58 ... 175 E 3
Druye 37 ... 151 G 3
Druyes-les-Belles-Fontaines 89 ... 157 E 1
Dry 45 ... 132 D 3
Duault 22 ... 77 E 3
Ducey-les-Chéris 50 ... 51 H 5
Duclair 76 ... 35 H 1
Ducy-Sainte-Marguerite 14 ... 33 E 4
Duerne 69 ... 230 C 1
Duesme 21 ... 138 B 4
Duffort 32 ... 315 H 3
Dugny 93 ... 58 C 2
Dugny-sur-Meuse 55 ... 64 B 1
Duhort-Bachen 40 ... 294 B 3
Duilhac-sous-Peyrepertuse 11 ... 338 B 4
Duingt 74 ... 215 H 4
Duisans 62 ... 13 F 2
Dullin 73 ... 232 D 2
Dumes 40 ... 293 H 3
Dun 09 ... 336 C 2
Dun-le-Palestel 23 ... 189 E 4
Dun-le-Poëlier 36 ... 153 H 5
Dun-les-Places 58 ... 158 A 4
Dun-sur-Auron 18 ... 173 G 3
Dun-sur-Grandry 58 ... 175 H 1
Dun-sur-Meuse 55 ... 43 G 2
Duneau 72 ... 108 B 4
Dunes 82 ... 276 C 4
Dunet 36 ... 188 B 3
Dung 25 ... 142 B 4
Dunière-sur-Eyrieux 07 ... 266 D 1
Dunières 43 ... 248 B 1
Dunkerque 59 ... 3 G 2
Duntzenheim 67 ... 68 C 5
Duppigheim 67 ... 97 G 2
Duran 32 ... 296 A 4
Durance 47 ... 275 E 3
Duranus 06 ... 291 E 4
Duranville 27 ... 35 E 5
Duras 47 ... 257 F 2
Duravel 46 ... 259 F 4
Durban 32 ... 296 A 5
Durban-Corbières 11 ... 338 D 2
Durban-sur-Arize 09 ... 335 H 2
Durbans 46 ... 260 D 3
Durbelière Château de la 79 ... 167 F 2
Durcet 61 ... 53 F 4
Durdat-Larequille 03 ... 191 E 5
Dureil 72 ... 129 F 2
Durenque 12 ... 280 D 4
Durette 69 ... 212 C 1
Durfort 09 ... 318 A 5
Durfort 81 ... 319 F 2
Durfort-et-Saint-Martin-de-Sossenac 30 ... 283 G 5
Durfort-Lacapelette 82 ... 277 F 3
Durlinsdorf 68 ... 143 F 4
Durmenach 68 ... 143 F 4
Durmignat 63 ... 209 F 1
Durnes 25 ... 162 B 5
Durningen 67 ... 68 C 5
Durrenbach 67 ... 69 E 2
Durrenentzen 68 ... 121 F 2
Durstel 67 ... 67 H 3
Durtal 49 ... 129 E 4
Durtol 63 ... 209 G 5
Dury 02 ... 23 H 3
Dury 62 ... 14 A 3
Dury 80 ... 22 B 2
Dussac 24 ... 223 F 5
Duttlenheim 67 ... 97 F 2
Duvy 60 ... 39 G 4
Duzey 55 ... 44 D 3
Dyé 89 ... 136 D 2
Dyo 71 ... 194 A 4

E

Eancé 35 ... 127 F 2
Eaubonne 95 ... 58 B 2
Eaucourt-sur-Somme 80 ... 11 H 4
Eaunes 31 ... 317 H 3
Eaux-Bonnes 64 ... 332 A 2
Eaux-Chaudes 64 ... 332 A 2
Eaux-Puiseaux 10 ... 114 C 3
Eauze 32 ... 295 F 1
Ébange 57 ... 45 G 3
Ébaty 21 ... 177 G 2
Ebaupinaye Château d' 79 ... 167 H 1
Ebblinghem 59 ... 3 G 5
Ébéon 17 ... 201 H 4
Eberbach-Seltz 67 ... 69 G 2
Eberbach-Wœrth 67 ... 68 D 2
Ebersheim 67 ... 97 F 4
Ebersmunster 67 ... 97 F 4
Ébersviller 57 ... 46 B 4
Éblange 57 ... 46 C 4
Ébouleau 02 ... 25 F 4
Ébréon 16 ... 203 E 3
Ébreuil 03 ... 209 H 2
L'Écaille 08 ... 41 H 2
Écaillon 59 ... 9 E 5
Écajeul 14 ... 54 A 1
Ecalgrain Baie d' 50 ... 28 C 2
Écalles-Alix 76 ... 19 H 5
Écaquelon 27 ... 35 G 3
Écardenville-la-Campagne 27 ... 35 H 5
Écardenville-sur-Eure 27 ... 36 C 5
Écausseville 50 ... 29 G 5
Écauville 27 ... 36 A 5
Eccica-Suarella 2A ... 348 D 3
Eccles 59 ... 15 H 3
Échalas 69 ... 230 D 3
Échallat 16 ... 220 D 1
Échallon 01 ... 196 D 5
Échalot 21 ... 138 D 5
Échalou 61 ... 53 F 4
Échandelys 63 ... 228 C 3
Échannay 21 ... 159 F 3
Écharcon 91 ... 87 H 2
Les Écharmeaux 69 ... 212 B 1
Échassières 03 ... 209 F 1
Échauffour 61 ... 54 D 4
Échavanne 70 ... 142 B 3
Échay 25 ... 179 H 1
Échebrune 17 ... 219 H 2
L'Échelle 08 ... 26 B 2
L'Échelle-Saint-Aurin 80 ... 23 E 4
Les Échelles 73 ... 232 D 4
Échemines 10 ... 90 C 4
Échemiré 49 ... 129 F 5
Échenans 25 ... 142 B 4
Échenans-sous-Mont-Vaudois 70 ... 142 B 3
Échenay 52 ... 93 F 3
Échenevex 01 ... 197 F 4
Échenon 21 ... 160 C 5
Échenoz-la-Méline 70 ... 141 E 4
Échenoz-le-Sec 70 ... 141 E 5
Échery 68 ... 96 D 5
Les Échets 01 ... 213 F 4
Échevanne 70 ... 161 F 2
Échevannes 21 ... 160 B 1
Échevannes 25 ... 162 B 5
Échevis 26 ... 250 B 3
Échevronne 21 ... 159 H 5
Échigey 21 ... 160 B 4
Échillais 17 ... 200 D 4
Échilleuses 45 ... 112 A 3
Echinghen 62 ... 6 B 2
Échiré 79 ... 185 E 3
Échirolles 38 ... 250 D 2
Échouboulains 77 ... 88 D 4
Échourgnac 24 ... 239 F 2
Eckartswiller 67 ... 68 B 4
Eckbolsheim 67 ... 97 G 1
Eckmühl Phare d' 29 ... 99 F 5
Eckwersheim 67 ... 68 D 5
Éclaibes 59 ... 15 G 3
Éclaires 51 ... 63 F 1
Éclance 10 ... 92 A 5
Éclans 39 ... 161 E 5
Eclaron 52 ... 92 B 2
Eclassan 07 ... 249 E 2
Écleux 39 ... 179 G 1
Éclimeux 62 ... 7 F 5
Eclose 38 ... 232 A 3
Écluse Défilé de l' 74 ... 215 E 1
Éclusier-Vaux 80 ... 23 F 1
Écluzelles 28 ... 56 D 5
Écly 08 ... 26 A 5
Écoche 42 ... 212 A 1
Écoivres 62 ... 12 C 2
École 73 ... 233 H 1
École-Valentin 25 ... 161 H 3
Écollemont 51 ... 92 A 2
Écoman 41 ... 132 A 2
Écommoy 72 ... 130 A 2
Écomusée de Haute-Alsace 68 ... 121 E 5
Écoquenéauville 50 ... 31 H 2
Écorcei 61 ... 55 F 5
Les Écorces 25 ... 163 G 3
Écorches 61 ... 54 B 3
Écordal 08 ... 26 C 5
Écorpain 72 ... 108 C 5
Écos 27 ... 37 E 5
Écot 25 ... 142 B 5
Écot-la-Combe 52 ... 117 F 2
Écotay-l'Olme 42 ... 229 G 2
Écots 14 ... 54 B 1
Écouché 61 ... 54 A 4
Écouen 95 ... 58 C 1
Écouflant 49 ... 149 G 1
Écouis 27 ... 36 D 3
Écourt-Saint-Quentin 62 ... 14 A 3
Écoust-Saint-Mein 62 ... 13 H 3
Écouves Forêt d' 61 ... 83 G 2
Écouviez 55 ... 44 B 1
L'Écouvotte 25 ... 162 B 2
Écoyeux 17 ... 201 H 5
Ecquedecques 62 ... 7 H 3
Ecques 62 ... 7 F 2
Ecquetot 27 ... 36 A 5
Ecquevilly 78 ... 57 H 2
Écrainville 76 ... 18 D 4
Écrammeville 14 ... 32 C 2
Les Écrennes 77 ... 88 D 3
Écretteville-lès-Baons 76 ... 19 G 4
Écretteville-sur-Mer 76 ... 19 E 3
Écriennes 51 ... 62 D 5
Écrille 39 ... 196 C 2
Écromagny 70 ... 141 H 2
Écrosnes 28 ... 86 C 3
Écrouves 54 ... 94 B 1
Ectot-l'Auber 76 ... 20 A 4
Ectot-lès-Baons 76 ... 19 H 4
Écublé 28 ... 85 H 2
Écueil 51 ... 41 G 4
Écueillé 36 ... 171 E 1
Écuélin 59 ... 15 G 3
Écuelle 70 ... 140 A 5
Écuelles 71 ... 178 A 2
Écuelles 77 ... 88 C 5
Écuillé 49 ... 128 C 5
Écuires 62 ... 6 C 4
Écuisses 71 ... 177 F 4
Éculleville 50 ... 28 D 2
Écully 69 ... 213 E 5
Écuras 16 ... 222 B 1
Écurat 17 ... 201 F 5
Écurcey 25 ... 142 B 5
Écurey-en-Verdunois 55 ... 44 B 3
Écurie 62 ... 13 G 2
Écury-le-Repos 51 ... 61 G 4
Écury-sur-Coole 51 ... 62 A 3
Écutigny 21 ... 177 F 1
Écuvilly 60 ... 23 G 4
Edern 29 ... 100 A 2
Édon 16 ... 221 G 3
Les Éduts 17 ... 202 C 3
Eecke 59 ... 4 A 5
Effiat 63 ... 210 A 2
Effincourt 52 ... 93 E 3
Effry 02 ... 25 G 1
Égat 66 ... 341 F 4
Égleny 89 ... 135 H 3
Égletons 19 ... 225 F 5
Égligny 77 ... 89 F 4
Eglingen 68 ... 143 E 2
L'Église-aux-Bois 19 ... 225 E 2
Église-Neuve-de-Vergt 24 ... 240 C 3
Église-Neuve-d'Issac 24 ... 239 H 4
Égliseneuve-d'Entraigues 63 ... 227 F 5
Égliseneuve-des-Liards 63 ... 228 B 3
Égliseneuve-près-Billom 63 ... 228 B 1
Les Églises d'Argenteuil 17 ... 201 H 3
Églisolles 63 ... 229 F 4
Les Églisottes-et-Chalaures 33 ... 238 D 3
Égly 91 ... 87 G 2
Égreville 77 ... 112 D 3
Égriselles-le-Bocage 89 ... 113 F 3
Égry 45 ... 111 H 4
Éguelshardt 57 ... 68 B 1
Eguenigue 90 ... 142 C 2
L'Éguille 17 ... 218 D 1
Éguilles 13 ... 305 H 5
Éguilly 21 ... 159 E 3
Éguilly-sous-Bois 10 ... 115 H 3
Éguisheim 68 ... 121 E 3
Éguzon 36 ... 188 D 3
Éguzon Barrage d' 36 ... 188 D 3
Éhuns 70 ... 141 G 2
Eichhoffen 67 ... 97 F 3
Eincheville 57 ... 66 D 2
Einvaux 54 ... 95 F 2
Einville-au-Jard 54 ... 95 F 1
Eix 55 ... 44 C 5
Élan 08 ... 26 D 4
Élancourt 78 ... 57 H 4
Elbach 68 ... 142 D 3
Elbeuf 76 ... 36 A 3
Elbeuf-en-Bray 76 ... 37 F 1
Elbeuf-sur-Andelle 76 ... 36 D 1
Élencourt 60 ... 21 H 4
Élesmes 59 ... 15 H 2

Életot 76 ... 19 E 3
Éleu-Dit-Leauwette 62 ... 8 B 5
Élincourt 59 ... 14 C 5
Élincourt-Sainte-Marguerite 60 ... 39 F 1
Élisabethville 78 ... 57 G 2
Élise-Daucourt 51 ... 63 E 1
Elizaberry 64 ... 310 D 3
Ellecourt 76 ... 21 F 3
Elliant 29 ... 100 A 3
Ellon 14 ... 33 E 4
Elne 66 ... 343 F 3
Elnes 62 ... 7 E 2
Éloie 90 ... 142 C 2
Éloise 74 ... 215 E 1
Éloyes 88 ... 119 H 3
Elsenheim 67 ... 121 F 2
Elvange 57 ... 66 D 1
Elven 56 ... 124 D 3
Elzange 57 ... 45 H 3
Émagny 25 ... 161 G 3
Émalleville 27 ... 36 B 5
Émancé 78 ... 86 C 2
Émanville 27 ... 55 H 1
Émanville 76 ... 20 A 5
Emberménil 54 ... 95 H 1
Embourie 16 ... 203 E 2
Embres-et-Castelmaure 11 ... 338 D 3
Embreville 80 ... 11 E 4
Embrun 05 ... 270 C 3
Embry 62 ... 6 D 4
Émerainville 77 ... 59 E 4
Émerchicourt 59 ... 14 B 2
Émeringes 69 ... 194 D 5
Éméville 60 ... 39 H 3
Émiéville 14 ... 33 H 5
Emlingen 68 ... 143 F 3
Emmerin 59 ... 8 C 3
Émondeville 50 ... 29 G 5
Empeaux 31 ... 297 F 5
Empurany 07 ... 248 D 4
Empuré 16 ... 203 E 2
Empury 58 ... 157 H 3
Encausse 32 ... 297 E 3
Encausse-les-Thermes 31 ... 334 C 2
Enchanet *Barrage d'* 15 ... 243 H 3
Enchastrayes 04 ... 271 E 5
Enchenberg 57 ... 68 A 1
L'Enclave-de-la-Martinière 79 ... 185 G 4
Encourtiech 09 ... 335 F 3
Encrenaz *Col de l'* 74 ... 198 C 5
Endoufielle 32 ... 297 E 5
Énencourt-le-Sec 60 ... 37 H 3
Énencourt-Léage 60 ... 37 G 3
Enfer *Gouffre d'* 42 ... 230 B 4
Enfer *Portes d'* 86 ... 187 G 4
Enfonvelle 52 ... 118 B 5
Engarran *Château de l'* 34 ... 302 D 5
Engayrac 47 ... 276 D 2
Engayresque *Col d'* 12 ... 281 G 2
Engente 10 ... 92 B 5
Engenthal 67 ... 68 A 5
Engenville 45 ... 111 G 2
Enghien-les-Bains 95 ... 58 C 2
Engins 38 ... 250 D 2
Englancourt 02 ... 25 E 1
Englebelmer 80 ... 13 F 5
Englefontaine 59 ... 15 E 3
Englesqueville-en-Auge 14 ... 34 C 3
Englesqueville-la-Percée 14 ... 32 C 2
Englos 59 ... 8 C 2
Engomer 09 ... 335 E 3
Engraviès 09 ... 336 C 2
Enguinegatte 62 ... 7 F 3
Engwiller 67 ... 68 C 3
Ennemain 80 ... 23 G 2
Ennery 57 ... 45 H 4
Ennery 95 ... 58 A 1
Ennetières-en-Weppes 59 ... 8 C 2
Ennevelin 59 ... 8 D 3
Ennezat 63 ... 210 A 4
Ennordres 18 ... 155 E 2
Enquin-les-Mines 62 ... 7 F 3
Enquin-sur-Baillons 62 ... 6 C 3
Ens 65 ... 333 G 4
Ensérune *Oppidum d'* 34 ... 321 F 5
Ensigné 79 ... 202 C 2
Ensisheim 68 ... 121 E 5
Ensuès-la-Redonne 13 ... 326 C 2
Entrages 04 ... 288 A 4
Entraigues 38 ... 251 F 4
Entraigues 63 ... 210 A 4
Entraigues-sur-la-Sorgue 84 ... 285 G 5
Entrains-sur-Nohain 58 ... 156 D 2
Entrammes 53 ... 106 A 4
Entrange 57 ... 45 G 2
Entraunes 06 ... 289 E 2
Entraygues-sur-Truyère 12 ... 262 D 3
Entre-deux-Eaux 88 ... 96 B 5
Entre-deux-Guiers 38 ... 232 D 4
Entre-deux-Monts 39 ... 180 A 5
Entrecasteaux 83 ... 307 G 5
Entrechaux 84 ... 285 H 2
Entremont 74 ... 216 A 3
Entremont-le-Vieux 73 ... 233 E 3
Entrepierres 04 ... 287 G 2
Entressen 13 ... 305 E 4
Entrevaux 04 ... 289 F 5
Entrevennes 04 ... 287 G 5
Entrevernes 74 ... 215 H 4
Entzheim 67 ... 97 G 1
Enval 63 ... 209 G 4
Enveitg 66 ... 341 E 4
Envermeu 76 ... 20 C 2
Envronville 76 ... 19 G 4
Eoulx 04 ... 308 B 1
Éourres 05 ... 287 E 2
Eoux 31 ... 316 D 4
Épagne 10 ... 91 G 4
Épagne-Epagnette 80 ... 11 G 4
Épagny 02 ... 40 A 1
Épagny 21 ... 160 A 1
Épagny-Metz-Tessy 74 ... 215 G 3
Épaignes 27 ... 35 E 3
Épaney 14 ... 53 H 2
Épannes 79 ... 184 C 5
Éparcy 02 ... 25 G 2
Les Éparges 55 ... 64 D 1
Épargnes 17 ... 219 E 3
Les Éparres 38 ... 232 A 3
Epau *Abbaye de l'* 72 ... 107 H 5
Épaumesnil 80 ... 11 G 5
Épaux-Bézu 02 ... 40 B 5
Épeautrolles 28 ... 85 H 5
Épécamps 80 ... 12 B 4
Épégard 27 ... 35 H 4
Épehy 80 ... 14 A 5
Épeigné-les-Bois 37 ... 152 C 4
Épeigné-sur-Dême 37 ... 130 D 4
Épénancourt 80 ... 23 G 2
Épenède 16 ... 204 B 2
Épenouse 25 ... 162 C 4
Épenoy 25 ... 162 C 5
Épense 51 ... 63 E 2
Épercieux-Saint-Paul 42 ... 211 H 5
Éperlecques 62 ... 3 E 4
Épernay 51 ... 61 G 1
Épernay-sous-Gevrey 21 ... 160 A 4
Épernon 28 ... 86 C 2
Éperrais 61 ... 84 B 4
Épersy 73 ... 215 F 5
Épertully 71 ... 177 F 2
Épervans 71 ... 177 H 4
Les Epesses 85 ... 166 D 3
Épeugney 25 ... 162 A 5
Epfig 67 ... 97 F 4
Épiais 41 ... 132 A 3
Épiais-lès-Louvres 95 ... 58 D 1
Épiais-Rhus 95 ... 38 A 5
Épieds 02 ... 40 C 5
Épieds 27 ... 56 D 2
Épieds 49 ... 150 C 5
Épieds-en-Beauce 45 ... 110 B 5
Épierre 73 ... 234 A 3
Épiez-sur-Chiers 54 ... 44 C 2
Épiez-sur-Meuse 55 ... 93 H 2
Épinac 71 ... 177 E 2
Épinal 88 ... 119 F 2
Épinant 52 ... 117 G 4
Épinay 27 ... 55 F 2
Épinay-Champlâtreux 95 ... 58 C 1
L'Épinay-le-Comte 61 ... 81 H 3
Épinay-sous-Sénart 91 ... 58 D 5
Épinay-sur-Duclair 76 ... 35 H 1
Épinay-sur-Odon 14 ... 33 E 5
Épinay-sur-Orge 91 ... 58 C 5
Épinay-sur-Seine 93 ... 58 C 2
L'Épine 05 ... 268 D 5
L'Épine 51 ... 62 B 2
L'Épine 85 ... 164 B 1
Épine *Col de l'* 73 ... 233 E 2
L'Épine-aux-Bois 02 ... 60 C 3
Épineau-les-Voves 89 ... 113 H 5
Épineu-le-Chevreuil 72 ... 107 E 4
Épineuil 89 ... 137 E 2
Épineuil-le-Fleuriel 18 ... 190 D 2
Épineuse 60 ... 38 D 2
Épineux-le-Seguin 53 ... 106 D 5
Epiniac 35 ... 80 B 2
Épinonville 55 ... 43 G 3
Épinouze 26 ... 231 F 5
Épinoy 62 ... 14 B 3
Épire 49 ... 149 F 2
Epiry 58 ... 157 G 5
Épisy 77 ... 88 C 5
Épizon 52 ... 93 F 4
Éplessier 80 ... 21 H 3
Épluches 95 ... 58 A 1
Éply 54 ... 65 H 3
Époisses 21 ... 158 C 1
Épône 78 ... 57 G 2
Épothémont 10 ... 92 A 4
Épouville 76 ... 18 C 5
Époye 51 ... 42 A 3
Eppe-Sauvage 59 ... 16 A 4
Eppes 02 ... 25 E 5
Eppeville 80 ... 23 H 3
Epping 57 ... 48 B 5
Épretot 76 ... 18 D 5
Épreville 76 ... 19 E 4
Épreville-en-Lieuvin 27 ... 35 F 4
Épreville-en-Roumois 27 ... 35 G 3
Épreville-près-le-Neubourg 27 ... 35 H 5
Épron 14 ... 33 G 4
Eps 62 ... 7 F 4
Épuisay 41 ... 131 F 2
Équancourt 80 ... 14 A 5
Équemauville 14 ... 34 C 2
Équennes-Éramecourt 80 ... 21 H 3
Équeurdreville-Hainneville 50 ... 29 E 3
Équevilley 70 ... 141 F 3
Équevillon 39 ... 179 H 4
Équihen-Plage 62 ... 6 A 2
Équilly 50 ... 51 G 3
Équirre 62 ... 7 F 4
Éragny 95 ... 58 A 1
Éragny-sur-Epte 60 ... 37 G 3
Eraines 14 ... 53 H 2
Éramecourt 80 ... 21 H 4
Éraville 16 ... 220 D 2
Erbajolo 2B ... 347 F 5
Erbalunga 2B ... 345 G 3
Erbéviller-sur-Amezule 54 ... 66 C 5
Erbray 44 ... 127 E 4
Erbrée 35 ... 105 F 3
Ercé 09 ... 335 G 4
Ercé-en-Lamée 35 ... 126 D 2
Ercé-près-Liffré 35 ... 80 C 5
Erceville 45 ... 111 F 2
Erches 80 ... 23 E 4
Ercheu 80 ... 23 G 4
Erchin 59 ... 14 B 2
Erching 57 ... 48 B 5
Erckartswiller 67 ... 68 B 3
Ercourt 80 ... 11 F 4
Ercuis 60 ... 38 B 4
Erdeven 56 ... 123 G 3
Erdre-en-Anjou 49 ... 128 A 5
Éréac 22 ... 103 E 1
Ergersheim 67 ... 97 F 1
Ergnies 80 ... 12 B 4
Ergny 62 ... 6 D 3
Ergué-Gabéric 29 ... 99 H 3
Érigné 49 ... 149 G 2
Érin 62 ... 7 F 5
Éringes 21 ... 138 A 5
Eringhem 59 ... 3 G 3
Ériseul 52 ... 139 E 2
Érize-la-Brûlée 55 ... 63 H 3
Érize-la-Grande 55 ... 63 H 2
Érize-la-Petite 55 ... 63 H 2
Érize-Saint-Dizier 55 ... 63 H 3
Erlon 02 ... 25 E 3
Erloy 02 ... 25 E 1
Ermenonville 60 ... 39 E 5
Ermenonville-la-Grande 28 ... 86 A 5
Ermenonville-la-Petite 28 ... 85 H 5
Ermenouville 76 ... 19 H 3
Ermitage-du-Frère-Joseph 88 ... 120 B 5
Ermont 95 ... 58 B 2
Ernecourt 55 ... 64 B 5
Ernée 53 ... 81 G 5
Ernemont-Boutavent 60 ... 21 G 5
Ernemont-la-Villette 76 ... 37 F 1
Ernemont-sur-Buchy 76 ... 36 D 1
Ernes 14 ... 54 A 1
Ernestviller 57 ... 67 G 1
Ernolsheim-Bruche 67 ... 97 F 1
Ernolsheim-lès-Saverne 67 ... 68 B 4
Erny-Saint-Julien 62 ... 7 F 3
Érôme 26 ... 249 E 2
Érondelle 80 ... 11 G 4
Érone 2B ... 347 F 3
Éroudeville 50 ... 29 G 5
Erp 09 ... 335 F 3
Erquery 60 ... 38 D 2
Erquières 62 ... 12 B 2
Erquinghem-le-Sec 59 ... 8 C 3
Erquinghem-Lys 59 ... 8 B 2
Erquinvillers 60 ... 38 D 1
Erquy 22 ... 78 D 2
Err 66 ... 341 F 5
Erre 59 ... 9 F 5
Errevet 70 ... 142 B 2
Errouville 54 ... 45 F 2
Ersa 2B ... 345 F 1
Erstein 67 ... 97 G 3
Erstroff 57 ... 67 E 2
Ervauville 45 ... 113 E 4
Ervillers 62 ... 13 G 4
Ervy-le-Châtel 10 ... 114 C 4
Esbareich 65 ... 334 A 3
Esbarres 21 ... 160 C 5
Esbly 77 ... 59 F 3
Esboz-Brest 70 ... 141 G 2
Escala 65 ... 333 H 1
Escalans 40 ... 274 D 5
Les Escaldes 66 ... 341 F 4
L'Escale 04 ... 287 G 4
Escales 11 ... 320 C 5
Escalette *Pas de l'* 34 ... 301 H 2
Escalles 62 ... 2 B 3
Escalquens 31 ... 318 A 2
Escames 60 ... 21 G 5
Escamps 46 ... 278 C 1
Escamps 89 ... 136 A 4
Escandolières 12 ... 262 B 5
Escanecrabe 31 ... 316 C 4
Escardes 51 ... 60 C 5
L'Escarène 06 ... 291 F 5
Escarmain 59 ... 14 D 3
Escaro 66 ... 342 A 3
Escassefort 47 ... 257 F 4
Escatalens 82 ... 277 G 5
Escaudain 59 ... 14 C 2
Escaudes 33 ... 274 B 1
Escaudœuvres 59 ... 14 B 3
Escaufourt 59 ... 14 D 5
Escaunets 65 ... 314 D 3
Escautpont 59 ... 9 G 5
Escazeaux 82 ... 297 E 2
Eschau 67 ... 97 G 2
Eschbach 67 ... 68 D 3
Eschbach-au-Val 68 ... 120 D 3
Eschbourg 67 ... 68 A 3
Eschêne-Autrage 90 ... 142 C 3
Eschentzwiller 68 ... 143 G 2
Escherange 57 ... 45 G 2
Esches 60 ... 38 A 4
Eschwiller 67 ... 67 H 3
Esclagne 09 ... 336 D 2
Esclainvillers 80 ... 22 C 4
Esclanèdes 48 ... 264 B 5
Esclangon 04 ... 288 A 2
Esclassan-Labastide 32 ... 316 A 2
Esclauzels 46 ... 260 C 5
Esclavelles 76 ... 20 D 4
Esclavolles-Lurey 51 ... 90 A 2
Escles 88 ... 118 D 3
Escles-Saint-Pierre 60 ... 21 G 3
Esclimont 28 ... 86 D 3
Esclottes 47 ... 257 E 2
Escobecques 59 ... 8 C 2
Escœuilles 62 ... 2 D 5
Escoire 24 ... 240 D 2
Escolives-Sainte-Camille 89 ... 136 B 4
Escombres-et-le-Chesnois 08 ... 27 G 4
Esconac 33 ... 255 G 2
Escondeaux 65 ... 315 F 3
Esconnets 65 ... 333 G 1
Escorailles 15 ... 244 B 2
Escorneboeuf 32 ... 296 D 4
Escorpain 28 ... 56 B 5
Escos 64 ... 311 H 3
Escosse 09 ... 336 A 1
Escot 64 ... 331 H 2
Escots 65 ... 333 G 1
Escou 64 ... 331 H 1
Escoubès 64 ... 314 C 2
Escoubès-Pouts 65 ... 333 E 1
Escoublère *Manoir de l'* 53 ... 128 C 3
Escoulis 31 ... 335 E 1
Escouloubre 11 ... 337 F 5
Escource 40 ... 272 D 3
Escoussans 33 ... 256 B 2
Escoussens 81 ... 319 G 2
Escout 64 ... 331 H 1
Escoutoux 63 ... 210 C 5
Escoville 14 ... 33 H 4
Escragnolles 06 ... 308 D 2
Escrennes 45 ... 111 G 3
Escrignelles 45 ... 134 D 4
Escrinet *Col de l'* 07 ... 266 C 2
Escroux 81 ... 300 B 3
Escueillens 11 ... 337 E 1
Escurès 64 ... 314 D 2
Escures-sur-Favières 14 ... 54 A 1
Escurolles 03 ... 210 A 1
Ésery 74 ... 215 H 1
Eslettes 76 ... 20 A 5
Esley 88 ... 118 C 2
Eslourenties-Daban 64 ... 314 D 4
Esmans 77 ... 88 D 5
Esmery-Hallon 80 ... 23 H 4
Esmoulières 70 ... 119 H 5
Esmoulins 70 ... 161 E 2
Esnandes 17 ... 183 F 5
Esnans 25 ... 162 C 2
Esnes 59 ... 14 C 4
Esnes-en-Argonne 55 ... 43 H 4
Esnoms-au-Val 52 ... 139 F 4
Esnon 89 ... 114 A 5
Esnouveaux 52 ... 117 F 3
Espagnac 19 ... 243 E 1
Espagnac-Sainte-Eulalie 46 ... 261 E 4
Espagnols *Pointe des* 29 ... 75 E 3
Espalais 82 ... 276 D 4
Espalem 43 ... 246 A 1
Espalion 12 ... 263 E 4
Espaly-Saint-Marcel 43 ... 247 F 3
Espanès 31 ... 318 A 2
Espaon 32 ... 316 D 3
Esparron 05 ... 269 F 4
Esparron 31 ... 316 C 4
Esparron 83 ... 306 D 4
Esparron-de-Verdon 04 ... 307 E 2
Esparron-la-Bâtie 04 ... 287 H 1
Esparros 65 ... 333 G 2
Esparsac 82 ... 297 E 1
Espartignac 19 ... 224 C 4
Espas 32 ... 295 E 2
Espaubourg 60 ... 37 G 2
Espèche 65 ... 333 G 1
Espéchède 64 ... 314 C 3
Espédaillac 46 ... 260 D 3
Espelette 64 ... 310 D 4
Espeluche 26 ... 267 F 4
Espenel 26 ... 268 A 2
Espérausses 81 ... 300 A 4
Espéraza 11 ... 337 G 3
Esperce 31 ... 317 H 4
Espère 46 ... 259 H 4
L'Espérou 30 ... 282 C 4
Espès-Undurein 64 ... 313 F 4
Espeyrac 12 ... 262 C 3
Espeyroux 46 ... 261 E 2
Espezel 11 ... 337 E 4
Espieilh 65 ... 333 G 1
Espiens 47 ... 275 G 3
Espiet 33 ... 256 B 1
Espinas 82 ... 279 E 3
Espinasse 15 ... 245 G 5
Espinasse 63 ... 209 E 3
Espinasse-Vozelle 03 ... 210 A 2
Espinasses 05 ... 270 A 4
Espinchal 63 ... 227 F 5
Espinouse 04 ... 287 H 4
Espins 14 ... 53 G 1
Espira-de-Conflent 66 ... 342 B 3
Espira-de-l'Agly 66 ... 338 D 5
Espirat 63 ... 228 B 1
Espiute 64 ... 311 H 4
Esplantas-Vazeilles 43 ... 246 C 5
Esplas 09 ... 318 A 5
Esplas-de-Sérou 09 ... 335 H 3
Espoey 64 ... 314 C 4
Espondeilhan 34 ... 321 G 2
Esprels 70 ... 141 G 5
Esquay-Notre-Dame 14 ... 33 F 5
Esquay-sur-Seulles 14 ... 33 E 3
Esquéhéries 02 ... 25 E 1
Esquelbecq 59 ... 3 G 4
Esquennoy 60 ... 22 B 4
Esquerchin 59 ... 8 D 5
Esquerdes 62 ... 7 F 2
Esquibien 29 ... 98 D 2
Esquièze-Sère 65 ... 333 E 3
Esquillon *Pointe de l'* 06 ... 309 E 5
Esquiule 64 ... 331 G 1
Essalois *Château d'* 42 ... 230 A 4
Les Essards 16 ... 239 E 1
Les Essards 17 ... 201 F 5
Les Essards 37 ... 151 E 3
Les Essards-Taignevaux 39 ... 178 D 2
Essarois 21 ... 138 C 3
Essars 62 ... 8 A 3
Les Essarts 27 ... 56 A 3
Les Essarts 41 ... 131 E 4
Les Essarts 76 ... 36 A 3
Les Essarts 85 ... 166 B 4
Les Essarts-le-Roi 78 ... 57 G 5
Les Essarts-le-Vicomte 51 ... 60 D 5
Les Essarts-lès-Sézanne 51 ... 60 D 4
Les Essarts-Varimpré 76 ... 21 E 2
Essavilly 39 ... 180 A 4
Essay 61 ... 83 H 2
Esse 16 ... 204 C 2
Essé 35 ... 104 D 5
Essegney 88 ... 95 E 4
Les Esseintes 33 ... 256 D 3
Essert 89 ... 136 D 5
Essert 90 ... 142 B 3
Essert-Romand 74 ... 198 C 5
Essertaux 80 ... 22 B 3
Essertenne 71 ... 177 F 4
Essertenne-et-Cecey 70 ... 160 D 2
Essertines-en-Châtelneuf 42 ... 229 G 2
Essertines-en-Donzy 42 ... 212 A 5
Esserts-Blay 73 ... 234 B 1
Esserts-Salève 74 ... 215 H 1
Esserval-Combe 39 ... 180 A 3
Esserval-Tartre 39 ... 180 A 3
Essey 21 ... 159 E 4
Essey-et-Maizerais 54 ... 65 E 3
Essey-la-Côte 54 ... 95 F 3
Essey-les-Eaux 52 ... 117 G 4
Essey-lès-Nancy 54 ... 65 H 5
Essey-les-Ponts 52 ... 116 C 4
Essia 39 ... 196 B 1
Essigny-le-Grand 02 ... 24 B 3
Essigny-le-Petit 02 ... 24 B 2
Essises 02 ... 60 C 2
Essômes-sur-Marne 02 ... 60 B 1
Esson 14 ... 53 F 2
Essoyes 10 ... 115 H 4
Essuiles 60 ... 38 B 1
Les Estables 43 ... 247 H 5
Estables 48 ... 264 C 3
Establet 26 ... 268 B 4
Estadens 31 ... 334 D 2
Estagel 66 ... 338 C 5
Estaing 12 ... 262 D 4
Estaing 65 ... 332 C 3
Estaires 59 ... 8 B 2
Estal 46 ... 243 E 5
Estampes 32 ... 315 G 3
Estampures 65 ... 315 G 3
Estancarbon 31 ... 334 C 1
Estandeuil 63 ... 228 B 1
Estang 32 ... 294 D 1
L'Estaque 13 ... 326 D 2
Estarvielle 65 ... 333 H 4
Estavar 66 ... 341 F 4
Esteil 63 ... 228 B 4
Estenc 06 ... 289 E 2
Esténos 31 ... 334 B 3
Estensan 65 ... 333 G 4
Estérençuby 64 ... 330 C 1
Esternay 51 ... 60 D 4
Esterre 65 ... 333 E 3
Estevelles 62 ... 8 C 4
Esteville 76 ... 20 C 5
Estézargues 30 ... 304 B 1
Estialescq 64 ... 313 H 4
Estibeaux 40 ... 293 F 4
Estigarde 40 ... 274 C 5
Estillac 47 ... 276 B 3
Estipouy 32 ... 295 H 5
Estirac 65 ... 295 E 5
Estissac 10 ... 114 C 2
Estivals 19 ... 242 B 4
Estivareilles 03 ... 190 D 3
Estivareilles 42 ... 229 G 4
Estivaux 19 ... 242 B 1
Estoher 66 ... 342 B 3
Estos 64 ... 331 H 1
Estoublon 04 ... 288 A 5
Estouches 91 ... 87 F 5
Estourmel 59 ... 14 C 4
Éstouteville-Écalles 76 ... 20 C 5
Estouy 45 ... 111 H 3
Estrablin 38 ... 231 F 3
Estramiac 32 ... 296 D 2
Estrebay 08 ... 26 A 2
Estrébœuf 80 ... 11 F 3
L'Estréchure 30 ... 283 E 4
Estrée 62 ... 6 C 4
Estrée-Blanche 62 ... 7 G 3
Estrée-Cauchy 62 ... 8 A 5
Estrée-Wamin 62 ... 12 D 2
Estréelles 62 ... 6 C 4

Estrées 02 24 B 1
Estrées 59 14 A 2
Estrées-Deniécourt 80 23 F 2
Estrées-en-Chaussée 80 23 H 2
Estrées-la-Campagne 14 53 H 1
Estrées-lès-Crécy 80 11 H 2
Estrées-Saint-Denis 60 39 E 2
Estrées-sur-Noye 80 22 C 3
Estrennes 88 94 C 5
Estreux 59 9 H 5
Estrun 59 14 C 3
Estry 14 52 D 2
Esves-le-Moutier 37 170 B 1
Esvres 37 152 A 4
Eswars 59 14 B 3
Étable 73 233 H 3
Étables 07 249 E 3
Étables-sur-Mer 22 73 H 4
Étagnac 16 204 D 4
Étaimpuis 76 20 B 4
Étain 55 44 D 5
Étaing 62 13 H 2
Étainhus 76 18 D 5
Étais 21 137 H 4
Étais-la-Sauvin 89 156 D 1
Étalans 25 162 C 4
Étalante 21 138 C 4
Étalle 08 26 B 2
Étalleville 76 19 H 3
Étalon 80 23 F 3
Étalondes 76 10 D 4
Étampes 91 87 F 4
Étampes-sur-Marne 02 60 C 1
L'Étang-Bertrand 50 29 E 5
L'Étang-la-Ville 78 58 A 3
Étang-sur-Arroux 71 176 C 3
L'Étang-Vergy 21 159 H 5
Les Étangs 57 46 B 5
Étaples 62 6 B 4
Étaule 89 158 A 1
Étaules 17 200 C 5
Étaules 21 159 H 2
Étauliers 33 237 G 1
Étaves-et-Bocquiaux 02 24 C 1
Étavigny 60 39 G 5
Etcharry 64 311 H 4
Etchebar 64 331 E 2
Eteaux 74 215 H 1
Éteignières 08 26 B 2
Eteimbes 68 142 D 2
Étel 56 123 G 3
Ételfay 80 23 E 4
L'Etelon 03 190 D 1
Étercy 74 215 F 3
Éternoz 25 180 A 1
Éterpigny 62 13 H 3
Éterpigny 80 23 G 2
Éterville 14 33 G 5
Étevaux 21 160 C 3
Eth 59 15 E 2
Étienville 50 31 G 2
Étigny 89 113 G 3
Les Étilleux 28 108 D 2
Étinehem 80 23 E 1
Étiolles 91 88 A 2
Étival 39 196 D 2
Étival-Clairefontaine 88 96 A 4
Étival-lès-le-Mans 72 107 G 5
Étivey 89 137 F 4
Étobon 70 142 A 3
Étoges 51 61 F 3
L'Étoile 39 179 E 4
L'Étoile 80 12 B 5
Étoile-Saint-Cyrice 05 286 D 1
Étoile-sur-Rhône 26 267 F 1
Éton 55 44 D 4
Étormay 21 138 B 5
Étouars 24 222 B 2
Étourvy 10 115 E 5
Étoutteville 76 19 G 4
Étouvans 25 142 B 5
Étouvelles 02 40 D 1
Étouvy 14 52 C 2
Étouy 60 38 C 2
Étrabonne 25 161 G 4
Étrappe 25 142 A 5
L'Étrat 42 230 B 3
Étray 25 162 C 5
Étraye 55 44 B 3
Étréaupont 02 25 F 1
Étrechet 36 172 A 4
Étréchy 18 155 H 5
Étréchy 51 61 G 3
Étréchy 91 87 G 3
Étréham 14 32 D 3
Étreillers 02 24 A 2
Étréjust 80 11 H 5
Étrelles 35 105 E 3
Étrelles-
et-la-Montbleuse 70 161 G 1
Étrelles-sur-Aube 10 90 C 2
Étrembières 74 197 H 5
Étrépagny 27 37 E 3
Étrepigney 39 161 F 5
Étrépigny 08 26 D 4
Étrépilly 02 60 B 1
Étrépilly 77 59 G 1
Étrepy 51 63 E 4
Étretat 76 18 C 3
Étreux 02 15 E 5
Étreval 54 94 C 3
Étréville 27 35 F 2
Étrez 01 195 H 4
Étriac 16 220 D 3
Étriché 49 128 D 4
Étricourt-Manancourt 80 13 H 5
Étrigny 71 195 E 1
Étrochey 21 138 A 2
Étrœungt 59 15 G 5
Étroitefontaine 70 141 H 5
Étroussat 03 192 A 5
Étrun 62 13 F 2
Etsaut 64 331 H 4
Ettendorf 67 68 C 3
Etting 57 67 H 1
Étueffont 90 142 C 2
Étupes 25 142 C 4
Éturqueraye 27 35 G 2
Étusson 79 167 G 1
Étuz 70 161 H 2
Etzling 57 47 F 5
Eu 76 10 D 4
Euffigneix 52 116 D 3
Eugénie-les-Bains 40 294 B 3
Euilly-et-Lombut 08 27 G 4
Eulmont 54 65 H 5
Eup 31 334 B 3
Eurre 26 267 G 1
Eurville-Bienville 52 92 D 2
Eus 66 342 B 2
Euvezin 54 65 E 3
Euville 55 64 D 5
Euvy 51 61 G 5
Euzet 30 284 A 4
Évaillé 72 130 D 2
Évans 39 161 G 4
Évaux-et-Ménil 88 95 E 4
Évaux-les-Bains 23 208 C 1
Ève 60 59 E 1
Évecquemont 78 57 H 1
Évenos 83 327 H 4
Évergnicourt 02 41 G 2
Everly 77 89 G 3
Évette-Salbert 90 142 B 2
Éveux 69 212 D 5
Évian-les-Bains 74 198 B 3
Évigny 08 26 D 3
Évillers 25 180 B 1
Évin-Malmaison 62 8 D 5
Évires 74 215 H 2
Évisa 2A 346 C 5
Évosges 01 214 B 3
Évran 22 79 H 5
Évrange 57 45 H 1
Évrecy 14 33 F 5
Èvres 55 63 G 1
Évreux 27 56 B 1
Évricourt 60 23 G 5
Évriguet 56 102 D 3
Évron 53 106 C 3
Évry 89 113 G 2
Évry 91 87 H 2
Évry-Grégy-sur-Yerres 77 59 E 5
Excenevex 74 198 A 3
Excideuil 24 223 F 5
Exermont 08 43 F 3
Exideuil 16 204 C 4
Exincourt 25 142 C 4
Exireuil 79 185 F 3
Exmes 61 54 C 4
Exoudun 79 185 G 4
Expiremont 17 220 B 5
Expo Faune Lorraine 88 120 B 3
Eybens 38 251 E 2
Eybouleuf 87 206 B 3
Eyburie 19 224 C 4
Eycheil 09 335 F 3
Eydoche 38 232 A 4
Eygalayes 26 286 D 2
Eygalières 13 305 E 2
Eygaliers 26 286 A 2
Eygliers 05 270 D 2
Eygluy-Escoulin 26 267 H 1
Eyguians 05 287 E 1
Eyguières 13 305 E 3
Eygurande 19 226 C 2
Eygurande-Gardedeuil 24 239 E 3
Eyharce 64 311 E 5
Eyjeaux 87 205 H 5
Eyliac 24 240 D 2
Eymet 24 257 G 3
Eymeux 26 249 H 3
Eymouthiers 16 222 B 2
Eymoutiers 87 224 D 1
Eyne 66 341 G 4
Eyne 2600 66 341 G 4
Eynesse 33 257 E 1
Eyragues 13 304 D 2
Eyrans 33 237 G 2
Eyrein 19 225 F 5
Eyrenville 24 258 B 2
Eyres-Moncube 40 293 H 3
Eyrignac *Jardins d'* 24 241 H 5
Eyroles 26 268 A 5
Eysines 33 237 F 5
Eysson 25 162 D 4
Eysus 64 331 H 1
Eyvirat 24 222 C 5
Eywiller 67 67 H 3
Eyzahut 26 267 G 4
Eyzerac 24 223 E 5
Les Eyzies-de-Tayac 24 241 E 5
Eyzin-Pinet 38 231 G 3
Ézanville 95 58 C 1
Èze 06 309 H 2
Ézy-sur-Eure 27 56 D 3

F

Fa 11 337 G 3
Fabas 09 335 F 1
Fabas 31 316 D 4
Fabas 82 297 H 2
Fabras 07 266 A 3
Fabrègues 34 302 C 5
Fabrezan 11 338 C 1
Faches-Thumesnil 59 8 D 3
Fâchin 58 176 A 2
Facture 33 254 C 2
Fades *Viaduc des* 63 209 E 3
Fage *Gouffre de la* 19 242 B 3
La Fage-Montivernoux 48 263 H 2
La Fage-Saint-Julien 48 264 A 1
Fageole *Col de la* 15 245 H 3
Le Faget 31 298 D 5
Faget-Abbatial 32 316 B 2
Fagnières 51 62 A 2
Fagnon 08 26 C 3
Fahy-lès-Autrey 70 160 D 1
Failly 57 45 H 5
Faimbe 25 142 A 5
Fain-lès-Montbard 21 137 H 5
Fain-lès-Moutiers 21 137 G 5
Fains 27 56 D 2
Fains-la-Folie 28 110 C 2
Fains-les-Sources 55 63 G 4
Fains-Véel 55 63 G 4
Faissault 08 26 B 5
Fajac-en-Val 11 338 A 1
Fajac-la-Relenque 11 318 C 4
Fajoles 46 259 H 1
La Fajolle 11 337 E 5
Fajolles 82 277 E 5
Falaise 08 42 D 2
Falaise 14 53 H 2
La Falaise 78 57 G 2
Falck 57 46 D 4
Faleyras 33 256 B 1
Falga 31 318 D 2
Le Falgoux 15 244 D 2
Falgueyrat 24 257 H 2
Falicon 06 309 H 2
Falkwiller 68 143 E 2
Fallencourt 76 21 E 2
Fallerans 25 162 C 5
Falleron 85 165 F 2
Falletans 39 161 E 5
Fallières 88 119 G 4
Fallon 70 141 H 5
La Faloise 80 22 C 4
Fals 47 276 B 4
Falvy 80 23 G 2
Famars 59 14 D 2
Famechon 62 13 E 4
Famechon 80 22 A 3
Fameck 57 45 G 4
Familly 14 54 D 2
Fampoux 62 13 H 2
Fanget *Col du* 04 288 B 1
Fanjeaux 11 319 E 5
Fanlac 24 241 F 3
Le Faou 29 75 G 3
Le Faouët 22 73 F 4
Le Faouët 56 100 D 3
Faramans 01 213 G 4
Faramans 38 231 H 4
Farbus 62 8 B 5
Farceaux 27 37 E 3
Farcheville *Château de* 91 87 G 4
La Fare-en-Champsaur 05 269 G 2
La Fare-les-Oliviers 13 305 G 5
Farébersviller 57 47 F 5
Fareins 01 213 E 2
Faremoutiers 77 59 H 4
Farges 01 197 E 5
Les Farges 24 241 G 3
Farges-Allichamps 18 173 E 4
Farges-en-Septaine 18 173 G 1
Farges-lès-Chalon 71 177 H 3
Farges-lès-Mâcon 71 195 E 2
Fargniers 02 24 B 4
Fargues 33 256 B 4
Fargues 40 294 A 3
Fargues 46 277 G 1
Fargues-Saint-Hilaire 33 255 H 1
Fargues-sur-Ourbise 47 275 E 2
Farincourt 52 140 B 4
Farinole 2B 345 F 4
La Farlède 83 328 B 4
Farnay 42 230 C 3
Faron *Mont* 83 328 A 4
Faronville 45 111 F 2
Farrou 12 279 F 1
Farschviller 57 67 F 1
Fatines 72 108 A 4
Fatouville-Grestain 27 34 D 2
Le Fau 15 244 D 3
Fau-de-Peyre 48 264 A 2
Fauch 81 299 G 2
Faucigny 74 216 A 1
La Faucille *Col de* 01 197 F 3
Faucogney-et-la-Mer 70 141 H 2
Faucompierre 88 119 H 2
Faucon 84 285 H 2
Faucon-
de-Barcelonnette 04 270 D 5
Faucon-du-Caire 04 269 H 5
Fauconcourt 88 95 G 4
Faucoucourt 02 40 C 1
Faudoas 82 297 E 2
Le Fauga 31 317 G 3
Faugères 07 265 H 5
Faugères 34 301 G 5
Fauguernon 14 34 D 4
Fauguerolles 47 257 F 5
Fauillet 47 257 F 5
Le Faulq 14 34 D 4
Faulquemont 57 66 D 1
Faulx 54 65 H 4
Faumont 59 8 D 4
Fauquembergues 62 7 E 3
La Faurie 05 269 E 3
Faurilles 24 258 C 2
Fauroux 82 277 E 2
Faussergues 81 280 C 5
La Faute-sur-Mer 85 183 E 4
Fauverney 21 160 B 4
Fauville 27 56 B 1
Fauville-en-Caux 76 19 F 4
Faux 08 26 B 5
Faux 24 258 B 1
Faux de Verzy 51 41 H 5
Faux-Fresnay 51 61 G 5
Faux-la-Montagne 23 225 F 1
Faux-Mazuras 23 206 D 4
Faux-Vésigneul 51 62 B 4
Faux-Villecerf 10 90 B 5
Favalello 2B 347 F 4
Favars 19 242 D 1
La Favède 30 283 G 3
Faveraye-Mâchelles 49 149 G 4
Faverdines 18 190 C 1
Faverelles 45 135 E 5
Faverges-Seythenex 74 216 A 5
Faverges-de-la-Tour 38 232 C 2
Faverney 70 141 E 3
Faverois 90 142 D 4
Faverolles 02 40 A 4
Faverolles 15 245 H 5
Faverolles 28 57 E 5
Faverolles 52 117 E 5
Faverolles 61 53 G 5
Faverolles 80 23 E 4
Faverolles-en-Berry 36 153 F 5
Faverolles-et-Coëmy 51 41 E 4
Faverolles-la-Campagne 27 55 H 1
Faverolles-lès-Lucey 21 138 D 2
Faverolles-les-Mares 27 35 E 5
Faverolles-sur-Cher 41 152 D 3
La Favière 39 180 A 4
La Favière 83 329 E 4
La Favière *Plage de* 83 329 E 4
Favières 28 85 H 3
Favières 54 94 B 3
Favières 77 59 F 4
Favières 80 11 F 2
Favone 2A 349 H 4
Favresse 51 62 D 4
Favreuil 62 13 G 4
Favrieux 78 57 F 2
Le Favril 27 35 F 4
Le Favril 28 85 G 3
Le Favril 59 15 F 4
Fay 61 55 E 5
Le Fay 71 178 D 5
Fay 72 107 G 4
Fay 80 23 F 2
Fay-aux-Loges 45 111 F 5
Fay-de-Bretagne 44 147 F 1
Fay-en-Montagne 39 179 G 4
Fay-le-Clos 26 249 F 1
Fay-les-Étangs 60 37 H 4
Fay-lès-Marcilly 10 90 A 4
Fay-lès-Nemours 77 112 B 2
Le Fay-Saint-Quentin 60 38 B 2
Fay-sur-Lignon 43 248 A 4
Faycelles 46 261 F 4
La Faye 16 203 F 2
Faye 41 131 H 3
La Faye *Pas de* 06 308 D 2
Faye-d'Anjou 49 149 G 3
Faye-la-Vineuse 37 169 F 2
Faye-l'Abbesse 79 167 H 3
Faye-sur-Ardin 79 184 D 3
Le Fayel 60 39 E 2
Fayence 83 308 C 3
Fayet 02 24 A 2
Fayet 12 301 E 2
Le Fayet 74 216 D 3
Fayet-le-Château 63 228 B 1
Fayet-Ronaye 63 228 C 4
Fayl-Billot 52 140 A 3
Faymont 70 142 A 3
Faymoreau 85 184 C 1
Fayrac 24 259 F 1
Fays 52 92 D 3
Fays 88 119 H 2
Fays-la-Chapelle 10 114 D 3
Fayssac 81 299 E 1
Féas 64 331 G 1
Febvin-Palfart 62 7 G 3
Fécamp 76 19 E 3
Féchain 59 14 B 2
Fêche-l'Église 90 142 D 4
La Féclaz 73 233 F 1
Fécocourt 54 94 C 4
Fédry 70 140 C 4
Fegersheim 67 97 G 2
Fégréac 44 125 H 4
Feigères 74 215 G 1
Feigneux 60 39 G 4
Feignies 59 15 G 2
Feillens 01 195 E 4
Feings 41 153 E 2
Feings 61 84 C 2
Feins 35 80 B 4
Feins-en-Gâtinais 45 135 E 4
Feissons-sur-Isère 73 234 B 2
Feissons-sur-Salins 73 234 C 3
Le Fel 12 262 C 3
Fel 61 54 B 4
Felce 2B 347 G 4
Feldbach 68 143 F 4
Feldkirch 68 121 E 5
Feliceto 2B 346 C 2
Félines 07 231 E 5
Félines 43 247 E 1
Félines-Minervois 34 320 B 4
Félines-sur-Rimandoule 26 267 G 3
Félines-Termenès 11 338 B 2
Felleries 59 15 H 4
Fellering 68 120 B 5
Felletin 23 207 G 4
Felluns 66 338 A 5
Felon 90 142 D 2
Felzins 46 261 G 3
Fenain 59 9 F 5
Fénay 21 160 A 4
Fendeille 11 319 E 4
Fénery 79 167 H 5
Fénétrange 57 67 G 3
Feneu 49 128 C 5
Féneyrols 82 279 E 4
Féniers 23 225 G 1
Féniers *Abbaye de* 15 227 E 5
Fenioux 17 201 G 4
Fenioux 79 184 D 2
Fenneviller 54 96 A 2
Fénols 81 299 E 2
Le Fenouiller 85 164 D 4
Fenouillet 31 297 H 4
Fenouillet 66 337 H 5
Fenouillet *Sommet du* 83 328 B 4
Fenouillet-du-Razès 11 337 E 1
Fépin 08 17 E 5
Fer à Cheval *Cirque du* 74 217 E 1
Ferayola 2B 346 B 3
Fercé 44 127 E 2
Fercé-sur-Sarthe 72 129 G 2
Ferdrupt 88 119 H 5
La Fère 02 24 B 4
Fère *Château de* 02 40 C 4
Fère-Champenoise 51 61 G 4
Fère-en-Tardenois 02 40 C 4
Fèrebrianges 51 61 F 3
La Férée 08 26 A 3
Férel 56 125 E 5
Ferfay 62 7 G 4
Féricy 77 88 C 4
Férin 59 14 A 2
Fermanville 50 29 F 2
Ferme de Navarin
Monument de la 51 42 C 4
La Fermeté 58 174 D 2
Ferney-Voltaire 01 197 G 4
Fernoël 63 208 B 5
Férolles 45 133 G 3
Férolles-Attilly 77 59 E 5
Féron 59 15 H 5
Ferques 62 2 C 4
Ferrals-les-Corbières 11 338 C 1
Ferrals-les-Montagnes 34 320 B 3
Ferran 11 337 F 1
Ferrassières 26 286 C 3
Le Ferré 35 81 E 3
Ferrensac 47 258 B 3
Ferrère 65 334 A 3
Les Ferres 06 309 F 1
Ferrette 68 143 F 4
Ferreux 10 90 A 4
La Ferrière 22 102 C 2
La Ferrière 37 131 E 5
La Ferrière 38 233 G 5
La Ferrière 85 166 A 4
La Ferrière-Airoux 86 186 C 4
La Ferrière-au-Doyen 14 52 D 1
La Ferrière-au-Doyen 61 55 E 5
La Ferrière-aux-Étangs 61 53 F 5
La Ferrière-Béchet 61 83 G 2
La Ferrière-Bochard 61 83 F 4
La Ferrière-de-Flée 49 128 A 3
La Ferrière-Duval 14 53 E 2
La Ferrière-
en-Parthenay 79 168 B 5
Ferrière-et-Lafolie 52 92 D 4
La Ferrière-Harang 14 52 C 1
Ferrière-la-Grande 59 15 H 2
Ferrière-la-Petite 59 15 H 3
Ferrière-Larçon 37 170 B 2
Ferrière-sur-Beaulieu 37 152 C 5
La Ferrière-sur-Risle 27 55 G 2
Ferrières 17 183 H 5
Ferrières 50 81 G 2
Ferrières 54 95 E 2
Ferrières 60 22 D 5
Ferrières 65 332 B 2
Ferrières 74 215 G 3
Ferrières 80 22 B 2
Ferrières 81 300 A 4
Ferrières-en-Bray 76 37 F 1
Ferrières-en-Brie 77 59 E 4
Ferrières-en-Gâtinais 45 112 C 4
Ferrières-Haut-Clocher 27 56 A 1
Ferrières-la-Verrerie 61 54 D 5
Ferrières-le-Lac 25 163 G 3
Ferrières-les-Bois 25 161 G 4
Ferrières-lès-Ray 70 140 C 5
Ferrières-lès-Scey 70 140 D 4
Ferrières-les-Verreries 34 302 C 1
Ferrières-Poussarou 34 320 D 2
Ferrières-Saint-Hilaire 27 55 F 1
Ferrières-Saint-Mary 15 245 G 2
Ferrières-sur-Ariège 09 336 B 3
Ferrières-sur-Sichon 03 210 D 3
Ferrussac 43 246 B 3
Fertans 25 180 A 1
La Ferté 39 179 F 2
La Ferté-Alais 91 87 H 3
La Ferté-Beauharnais 41 154 A 1
La Ferté-Bernard 72 108 C 2
La Ferté-Chevresis 02 24 D 3
La Ferté-en-Ouche 61 55 E 3
La Ferté-Gaucher 77 60 B 4

La Ferté-Hauterive 03 192 A 3
La Ferté-Imbault 41 154 B 3
La Ferté-Loupière 89 135 G 2
La Ferté-Macé 61 82 D 2
La Ferté-Milon 02 39 H 5
La Ferté-Saint-Aubin 45 133 F 4
La Ferté-Saint-Cyr 41 132 D 4
La Ferté-Saint-Samson 76 21 E 5
La Ferté-sous-Jouarre 77 60 A 2
La Ferté-sur-Chiers 08 27 H 5
La Ferté-Vidame 28 85 E 2
La Ferté-Villeneuil 28 109 H 5
Fertrève 58 175 F 2
Fervaches 50 52 B 1
Fervaques 14 54 D 1
Fescamps 80 23 E 4
Fesches-le-Châtel 25 142 C 4
Fesmy-le-Sart 02 15 E 5
Fesques 76 21 E 3
Fessanvilliers-Mattanvilliers 28 56 A 5
Fessenheim 68 121 G 4
Fessenheim-le-Bas 67 68 C 5
Fessevillers 25 163 G 3
Les Fessey 70 141 H 2
Fessy 74 198 A 4
Festalemps 24 239 F 1
Festes-et-Saint-André 11 337 F 3
Festieux 02 41 E 1
Festigny 51 61 E 1
Festigny 89 157 F 1
Festre *Col du* 05 269 F 2
Festubert 62 8 B 3
Le Fête 21 159 E 5
Féternes 74 198 B 3
Fétigny 39 196 C 2
Feucherolles 78 57 H 3
Feuchy 62 13 G 2
Feugarolles 47 275 G 3
Feugères 50 31 H 4
Feuges 10 91 E 4
Feuguerolles 27 36 A 5
Feuguerolles-sur-Orne 14 33 G 5
Feuguerolles-sur-Seulles 14 33 E 5
Feuilla 11 338 D 3
Feuillade 16 221 H 2
La Feuillade 24 241 H 3
La Feuillée 29 76 B 3
Feuillères 80 23 F 1
La Feuillie 50 31 G 4
La Feuillie 76 37 E 1
Feule 25 163 F 2
Feuquières 60 21 G 4
Feuquières-en-Vimeu 80 11 E 4
Feurs 42 229 H 1
Feusines 36 189 H 2
Feux 18 156 A 4
Fèves 57 45 G 5
Féy 57 65 G 2
Fey-en-Haye 54 65 F 3
Feyt 19 226 C 1
Feytiat 87 205 H 5
Feyzin 69 231 E 1
Fiac 81 298 D 3
Ficaja 2B 347 G 3
Ficajola 2A 346 A 5
Ficheux 62 13 G 3
Fichous-Riumayou 64 294 A 5
Le Fidelaire 27 55 H 2
Le Fied 39 179 G 4
Le Fief-Sauvin 49 148 C 4
Fieffes 80 12 C 5
Fiefs 62 7 G 4
Fiennes 62 2 C 4
Fienvillers 80 12 C 4
Fier *Gorges du* 74 215 F 3
Fierville-la-Campagne 14 53 H 1
Fierville-les-Mines 50 29 E 5
Fierville-les-Parcs 14 34 C 4
Le Fieu 33 238 D 3
Fieulaine 02 24 C 2
Fieux 47 275 G 4
Figanières 83 308 A 4
Figareto 2B 347 H 3
Figari 2A 351 F 3
Figarol 31 334 D 1
Figeac 46 261 F 3
Fignévelle 88 118 B 4
Fignières 80 23 E 4
Filain 02 40 D 1
Filain 70 141 F 5
Filitosa (Station Préhistorique de) 2A 348 D 5
Fillé 72 129 H 2
Fillières 54 45 E 3
Fillièvres 62 12 B 2
Fillinges 74 198 A 5
Fillols 66 342 A 3
Filstroff 57 46 C 3
Fiménil 88 119 H 2
Findrol 74 215 H 1
Finestret 66 342 B 3
Finhan 82 297 G 1
Finiels *Col de* 48 265 E 5
Les Fins 25 163 E 5
Fins 80 14 A 5
Fiquefleur-Équainville 27 34 D 2
Firbeix 24 223 E 2
Firfol 14 34 D 5
Firmi 12 262 B 4
Firminy 42 230 A 5
Fislis 68 143 G 4
Fismes 51 40 D 3
Fitignieu 01 214 D 3
Fitilieu 38 232 C 2
Fitou 11 339 E 3
Fitz-James 60 38 C 2
Fix-Saint-Geneys 43 246 D 2
Fixem 57 45 H 2
Fixin 21 160 A 4
Flabas 55 44 B 4
Flacé-lès-Mâcon 71 195 E 4
Flacey 21 160 B 2
Flacey 28 109 H 3
Flacey-en-Bresse 71 196 A 1
La Flachère 38 233 F 4
Flachères 38 232 A 3
Flacourt 78 57 F 2
Flacy 89 114 A 2
Flagey 25 180 A 1
Flagey 52 139 G 3
Flagey-Echézeaux 21 160 A 5
Flagey-lès-Auxonne 21 160 D 5
Flagey-Rigney 25 162 B 1
Flagnac 12 261 H 3
Flagy 70 141 F 3
Flagy 71 194 C 2
Flagy 77 88 D 5
Flaignes-Havys 08 26 B 2
Flaine 74 216 C 2
Flainval 54 95 F 1
Flamanville 50 28 C 4
Flamanville 76 19 H 4
Flamarens 32 276 C 5
La Flamengrie 02 15 G 5
La Flamengrie 59 15 F 2
Flamets-Frétils 76 21 E 3
Flammerans 21 160 D 4
Flammerécourt 52 92 D 4
Flancourt-Catelon 27 35 G 3
Flancourt-Crescy-en-Roumois 27 35 H 3
Flangebouche 25 162 D 4
Flaran *Abbaye de* 32 295 H 1
Flassan 84 286 A 4
Flassans-sur-Issole 83 328 C 1
Flassigny 55 44 B 2
Flastroff 57 46 C 3
Flaucourt 80 23 G 1
Flaugeac 24 257 H 2
Flaujac-Gare 46 260 D 2
Flaujac-Poujols 46 278 B 1
Flaujagues 33 257 E 1
Flaumont-Waudrechies 59 15 G 4
Flaux 30 284 C 5
Flavacourt 60 37 G 3
Flaviac 07 266 D 2
Flavignac 87 223 F 1
Flavignerot 21 159 H 3
Flavigny 18 173 H 2
Flavigny 51 61 G 2
Flavigny-le-Grand-et-Beaurain 02 24 D 2
Flavigny-sur-Moselle 54 94 D 2
Flavigny-sur-Ozerain 21 159 E 1
Flavin 12 280 D 2
Flavy-le-Martel 02 24 A 4
Flavy-le-Meldeux 60 23 H 4
Flaxieu 01 214 D 4
Flaxlanden 68 143 F 2
Flayat 23 208 B 5
Flayosc 83 308 A 5
Fléac 16 221 E 1
Fléac-sur-Seugne 17 219 G 3
La Flèche 72 129 G 4
Fléchères *Château de* 01 212 D 2
Fléchin 62 7 F 3
Fléchy 60 22 B 4
Fleckenstein *Château de* 67 68 D 1
Flée 21 158 D 2
Flée 72 130 C 3
Fleigneux 08 27 F 3
Fleisheim 57 67 H 4
Le Fleix 24 239 F 5
Fleix 86 187 F 2
Fléré-la-Rivière 36 170 C 2
Flers 61 53 E 4
Flers 62 12 C 2
Flers 80 13 G 5
Flers-en-Escrebieux 59 8 D 5
Flers-sur-Noye 80 22 B 3
Flesquières 59 14 A 4
Flesselles 80 12 C 5
Flétrange 57 66 D 1
Flêtre 59 4 A 5
Fléty 58 176 A 4
Fleurac 16 220 D 1
Fleurac 24 241 E 4
Fleurance 32 296 B 2
Fleurat 23 189 E 5
Fleurbaix 62 8 B 2
Fleuré 61 54 A 5
Fleuré 86 186 D 2
Fleurey 25 163 F 2
Fleurey-lès-Faverney 70 141 E 3
Fleurey-lès-Lavoncourt 70 140 C 4
Fleurey-lès-Saint-Loup 70 119 E 5
Fleurey-sur-Ouche 21 159 H 3
Fleurie 69 212 D 1
Fleuriel 03 191 H 5
Fleurieu-sur-Saône 69 213 E 4
Fleurieux-sur-l'Arbresle 69 212 D 4
Fleurigné 35 81 F 4
Fleurigny 89 89 G 5
Fleurines 60 39 E 4
Fleurville 71 195 E 3
Fleury 02 40 A 4
Fleury 11 321 F 5
Fleury 50 51 H 3
Fleury 57 65 H 1
Fleury 60 37 H 4
Fleury 62 7 F 5
Fleury 80 22 A 3
Fleury-devant-Douaumont 55 44 B 5
Fleury-en-Bière 77 88 A 4
Fleury-la-Forêt 27 37 E 2
Fleury-la-Montagne 71 211 H 1
Fleury-la-Rivière 51 41 F 5
Fleury-la-Vallée 89 136 A 2
Fleury-les-Aubrais 45 111 E 5
Fleury-Mérogis 91 87 H 2
Fleury-sur-Aire 55 63 G 1
Fleury-sur-Andelle 27 36 D 2
Fleury-sur-Loire 58 174 D 4
Fleury-sur-Orne 14 33 G 5
Flévieu 01 214 B 5
Fléville 08 43 F 3
Fléville-devant-Nancy 54 94 D 1
Fléville-Lixières 54 45 E 4
Flévy 57 45 H 4
Flexanville 78 57 F 3
Flexbourg 67 97 E 1
Fley 71 177 F 5
Fleys 89 136 D 3
Flez-Cuzy 58 157 F 3
Fligny 08 26 A 2
Flin 54 95 H 2
Flines-lès-Mortagne 59 9 G 4
Flines-lez-Raches 59 9 E 5
Flins-Neuve-Église 78 57 E 3
Flins-sur-Seine 78 57 G 2
Flipou 27 36 C 3
Flirey 54 65 E 3
Flixecourt 80 12 B 5
Flize 08 26 D 4
La Flocellière 85 166 D 3
Flocourt 57 66 C 2
Flocques 76 10 D 4
Flogny-la-Chapelle 89 114 C 5
Floing 08 27 E 3
Floirac 17 219 F 3
Floirac 33 237 G 5
Floirac 46 242 C 5
Florac 48 282 D 1
Florange 57 45 G 3
Florémont 88 95 E 4
Florensac 34 322 C 4
Florent-en-Argonne 51 43 F 5
Florentia 39 196 A 3
Florentin 81 299 E 1
Florentin-la-Capelle 12 262 D 3
Floressas 46 259 F 5
Florimont 90 142 D 4
Florimont-Gaumier 24 259 G 2
Floringhem 62 7 G 4
Flornoy 52 92 C 3
La Flotte 17 183 E 5
Flottemanville 50 29 F 5
Flottemanville-Hague 50 28 D 3
Floudès 33 256 D 4
Floure 11 320 A 5
Flourens 31 298 A 5
Floursies 59 15 G 3
Floyon 59 15 G 5
Flumet 73 216 B 4
Fluquières 02 24 A 3
Fluy 80 22 A 2
Foameix 55 44 D 4
Foce 2A 351 E 2
Focicchia 2B 347 F 5
Foëcy 18 154 C 5
Le Fœil 22 78 A 4
Foisches 08 17 E 4
Foissac 12 261 F 4
Foissac 30 284 A 4
Foissiat 01 195 H 3
Foissy 21 159 F 5
Foissy-lès-Vézelay 89 157 G 2
Foissy-sur-Vanne 89 113 H 2
Foix 09 336 B 3
Folcarde 31 318 C 3
Folelli 2B 347 H 3
Folembray 02 40 B 1
Folgensbourg 68 143 G 3
Le Folgoët 29 71 E 4
La Folie 14 32 C 3
Folies 80 23 E 3
Folkling 57 47 F 5
Follainville-Dennemont 78 57 F 1
Folles 87 206 B 2
La Folletière 76 19 H 5
La Folletière *Château de* 27 56 D 2
La Folletière-Abenon 14 55 E 2
Folleville 27 35 E 5
Folleville 80 22 C 4
Folligny 50 51 G 3
Folpersviller 57 47 H 5
Folschviller 57 66 D 1
Fomerey 88 119 E 2
Fomperron 79 185 G 2
Fonbeauzard 31 298 A 4
Foncegrive 21 139 F 5
Fonches-Fonchette 80 23 F 3
Foncine-le-Bas 39 180 A 5
Foncine-le-Haut 39 180 A 5
Foncquevillers 62 13 F 4
Fond-de-France 38 233 G 5
Fondamente 12 301 F 1
Fondettes 37 151 H 2
Fondremand 70 162 A 1
Fongalop 24 259 E 2
Fongrave 47 275 H 1
Fongueusemare 76 18 D 4
Fonroque 24 257 H 2
Fons 07 266 B 3
Fons 30 303 G 1
Fons 46 261 F 3
Fons-sur-Lussan 30 284 B 3
Fonsomme 02 24 B 1
Fonsorbes 31 297 G 5
Font-Romeu-Odeillo-Via 66 341 F 4
Fontain 25 162 A 4
Fontaine 10 116 A 2
Fontaine 38 250 D 1
Fontaine 90 142 D 2
Fontaine-au-Bois 59 15 E 4
Fontaine-au-Pire 59 14 C 4
Fontaine-Bellenger 27 36 C 4
Fontaine-Bonneleau 60 22 A 4
Fontaine-Chaalis 60 39 E 5
Fontaine-Chalendray 17 202 C 3
Fontaine-Couverte 53 105 F 5
Fontaine-Daniel 53 82 A 5
Fontaine-de-Vaucluse 84 305 F 1
Fontaine-Denis-Nuisy 51 90 B 2
Fontaine-en-Bray 76 20 D 4
Fontaine-en-Dormois 51 42 D 4
Fontaine-Étoupefour 14 33 F 5
Fontaine-Fourches 77 89 H 4
Fontaine-Française 21 160 D 1
Fontaine-Guérard *Abbaye de* 27 36 C 3
Fontaine-Guérin 49 150 B 1
Fontaine-Henry 14 33 F 3
Fontaine-Heudebourg 27 36 C 5
Fontaine-la-Gaillarde 89 113 G 2
Fontaine-la-Guyon 28 85 H 3
Fontaine-la-Louvet 27 35 E 5
Fontaine-la-Mallet 76 18 C 5
Fontaine-la-Rivière 91 87 F 5
Fontaine-la-Soret 27 35 G 5
Fontaine-l'Abbé 27 35 G 5
Fontaine-Lavaganne 60 21 H 5
Fontaine-le-Bourg 76 20 B 5
Fontaine-le-Comte 86 186 B 2
Fontaine-le-Dun 76 19 H 2
Fontaine-le-Pin 14 53 H 2
Fontaine-le-Port 77 88 C 3
Fontaine-le-Puits 73 234 B 3
Fontaine-le-Sec 80 11 G 5
Fontaine-les-Bassets 61 54 B 3
Fontaine-lès-Boulans 62 7 F 4
Fontaine-lès-Cappy 80 23 F 2
Fontaine-lès-Clercs 02 24 A 3
Fontaine-lès-Clerval 25 162 D 1
Fontaine-les-Coteaux 41 131 E 3
Fontaine-lès-Croisilles 62 13 H 3
Fontaine-lès-Dijon 21 160 A 3
Fontaine-les-Grès 10 90 C 4
Fontaine-lès-Hermans 62 7 G 4
Fontaine-lès-Luxeuil 70 141 G 2
Fontaine-les-Ribouts 28 56 C 5
Fontaine-lès-Vervins 02 25 F 2
Fontaine-l'Étalon 62 12 B 2
Fontaine-Luyères 10 91 E 4
Fontaine-Mâcon 10 89 H 3
Fontaine-Notre-Dame 02 24 C 2
Fontaine-Notre-Dame 59 14 B 4
Fontaine-Raoul 41 109 G 5
Fontaine-Saint-Lucien 60 38 A 1
La Fontaine-Saint-Martin 72 129 H 3
Fontaine-Simon 28 85 F 3
Fontaine-sous-Jouy 27 56 C 1
Fontaine-sous-Montaiguillon 77 89 H 2
Fontaine-sous-Montdidier 80 22 D 4
Fontaine-sous-Préaux 76 36 B 1
Fontaine-sur-Ay 51 61 G 1
Fontaine-sur-Coole 51 62 B 4
Fontaine-sur-Maye 80 11 H 2
Fontaine-sur-Somme 80 11 H 4
Fontaine-Uterte 02 24 B 1
Fontainebleau 77 88 B 4
Fontainebrux 39 178 D 5
Fontaines 71 177 G 3
Fontaines 85 183 H 3
Fontaines 89 135 H 4
Fontaines-d'Ozillac 17 219 H 4
Fontaines-en-Duesmois 21 138 A 4
Fontaines-en-Sologne 41 153 G 1
Fontaines-les-Sèches 21 137 H 3
Fontaines-Saint-Clair 55 43 H 2
Fontaines-Saint-Martin 69 213 E 4
Fontaines Salées *Fouilles des* 89 157 H 2
Fontaines-sur-Marne 52 92 D 2
Fontaines-sur-Saône 69 213 E 4
Les Fontainettes 60 37 H 2
Fontains 77 89 E 3
Fontan 06 291 H 3
Fontanès 30 303 F 2
Fontanès 34 302 D 2
Fontanes 42 230 B 3
Fontanes 46 278 B 2
Fontanes 48 265 E 1
Fontanès-de-Sault 11 337 F 5
Fontanes-du-Causse 46 260 C 3
Fontanges 15 244 C 3
Fontangy 21 158 D 3
Fontanières 23 208 C 2
Fontanil-Cornillon 38 250 D 1
Fontannes 43 246 B 1
Fontans 48 264 B 2
Fontarèches 30 284 C 4
Fontcaude *Abbaye de* 34 321 F 3
Fontclaireau 16 203 F 4
Fontcouverte 11 320 C 5
Fontcouverte 17 201 G 5
Fontcouverte-la-Toussuire 73 252 A 1
Fontdouce *Abbaye de* 17 201 H 5
La Fontelaye 76 20 A 4
Fontenai-les-Louvets 61 83 F 3
Fontenai-sur-Orne 61 54 A 4
Fontenailles 77 88 D 2
Fontenailles 89 136 A 5
Fontenay 27 37 E 4
Fontenay 36 171 H 1
Fontenay 50 52 B 5
Fontenay 71 194 A 2
Fontenay 76 18 C 5
Fontenay 88 95 G 5
Fontenay *Abbaye de* 21 137 H 5
Fontenay-aux-Roses 92 58 B 4
Fontenay-de-Bossery 10 89 H 4
Fontenay-en-Parisis 95 58 D 1
Fontenay-le-Comte 85 184 B 2
Fontenay-le-Fleury 78 58 A 4
Fontenay-le-Marmion 14 33 G 5
Fontenay-le-Pesnel 14 33 E 4
Fontenay-le-Vicomte 91 87 H 3
Fontenay-lès-Briis 91 87 F 2
Fontenay-Mauvoisin 78 57 F 2
Fontenay-près-Chablis 89 136 D 2
Fontenay-près-Vézelay 89 157 G 2
Fontenay-Saint-Père 78 57 F 1
Fontenay-sous-Bois 94 58 D 3
Fontenay-sous-Fouronnes 89 136 B 5
Fontenay-sur-Conie 28 110 C 3
Fontenay-sur-Eure 28 86 A 4
Fontenay-sur-Loing 45 112 C 4
Fontenay-sur-Mer 50 29 G 4
Fontenay-sur-Vègre 72 107 E 5
Fontenay-Torcy 60 21 G 5
Fontenay-Trésigny 77 59 G 5
Fontenelle 02 15 G 5
Fontenelle 21 160 D 1
La Fontenelle 35 80 C 3
La Fontenelle 41 109 F 4
Fontenelle 90 142 C 3
Fontenelle *Château de* 04 287 H 4
Fontenelle-en-Brie 02 60 C 2
Fontenelle-Montby 25 162 C 1
Les Fontenelles 25 163 F 4
Fontenelles *Abbaye des* 85 165 G 5
Fontenermont 14 52 A 3
Fontenet 17 201 H 4
Fontenille 16 203 F 4
Fontenille 79 202 D 1
Fontenilles 31 297 F 5
Les Fontenis 70 162 A 1
Fontenois-la-Ville 70 118 D 5
Fontenois-lès-Montbozon 70 162 B 1
Fontenotte 25 162 C 2
Fontenouilles 89 135 F 2
Fontenoy 02 40 A 2
Fontenoy 89 135 H 5
Fontenoy-la-Joûte 54 95 H 3
Fontenoy-le-Château 88 119 E 4
Fontenoy-sur-Moselle 54 65 G 5
Fontenu 39 179 G 5
Fonteny 39 179 H 2
Fonteny 57 66 C 3
Fonters-du-Razès 11 318 D 5
Fontès 34 301 H 5
Fontet 33 256 D 4
Fontette 10 116 A 4
Fontevraud-l'Abbaye 49 150 C 5
Fontfreide 63 227 G 2
Fontfroide *Abbaye de* 11 338 D 1
Fontgombault 36 170 B 5
Fontguenand 36 153 G 4
Fontienne 04 287 E 4
Fontiers-Cabardès 11 319 G 3
Fontiès-d'Aude 11 320 A 4
Fontjoncouse 11 338 C 2
Fontoy 57 45 F 3
Fontpédrouse 66 341 G 4
Fontrabiouse 66 341 G 2
Fontrailles 65 315 H 3
Fontvannes 10 90 C 5
Fontvieille 13 304 C 3
Forbach 57 47 F 5
Força Réal *Ermitage de* 66 338 C 5
Forcalqueiret 83 328 B 2
Forcalquier 04 287 E 5
La Force 11 319 F 5
La Force 24 239 G 5
Forcé 53 106 A 4
Forcelles-Saint-Gorgon 54 94 D 3
Forcelles-sous-Gugney 54 94 C 4
Forceville 80 13 E 5
Forceville-en-Vimeu 80 11 G 5
Forcey 52 117 F 3
Forciolo 2A 349 E 4
La Forclaz 74 198 C 3
Forclaz *Col de la* 74 215 H 4
Forest-en-Cambrésis 59 15 E 4
Forest-l'Abbaye 80 11 G 2
La Forest-Landerneau 29 75 G 2
Forest-Montiers 80 11 F 2
Forest-Saint-Julien 05 269 H 2
Forest-sur-Marque 59 9 E 2
Foreste 02 23 H 3
La Forestière 51 60 D 5
Forestière *Aven de la* 30 284 B 1
La Forêt 33 237 F 5
La Forêt-Auvray 61 53 G 3
La Forêt-de-Tessé 16 203 E 2
La Forêt-du-Parc 27 56 C 2
La Forêt-du-Temple 23 189 F 3
La Forêt-Fouesnant 29 100 A 4
Forêt-la-Folie 27 37 E 4
La Forêt-le-Roi 91 87 F 3
La Forêt-Sainte-Croix 91 87 G 4
La Forêt-sur-Sèvre 79 167 F 4
Forfry 77 59 F 1
La Forge 88 119 H 3

Forges 17 201 E 1
Forgès 19 243 E 2
Les Forges 23 207 H 1
Forges 49 150 A 4
Les Forges 56 102 C 3
Forges 61 83 G 3
Forges 77 88 D 4
Les Forges 79 185 H 2
Les Forges 88 119 F 2
Les Forges-de-Paimpont 35 103 F 4
Forges-la-Forêt 35 127 F 2
Forges-les-Bains 91 87 F 2
Forges-les-Eaux 76 21 E 5
Forges-sur-Meuse 55 43 H 3
Forgevieille 23 188 D 4
Forgues 31 317 E 2
La Forie 63 229 E 2
Forléans 21 158 C 1
Formentin 14 34 C 4
Formerie 60 21 F 4
Formigny 14 32 C 2
Formiguères 66 341 G 3
Fornex 09 317 G 5
Fors 79 185 E 5
Forstfeld 67 69 G 3
Forstheim 67 68 D 2
Fort-Bloqué 56 123 E 2
Fort-du-Plasne 39 180 A 5
Fort-Louis 67 69 G 3
Fort-Mahon-Plage 80 11 E 1
Fort-Mardyck 59 3 G 2
Fort-Médoc 33 237 F 2
Fort-Moville 27 35 E 3
Fortan 41 131 F 2
Fortel-en-Artois 62 12 C 3
La Forteresse 38 232 B 5
Fortschwihr 68 121 F 2
Fos 31 334 C 4
Fos 34 301 G 5
Fos-sur-Mer 13 325 G 3
Le Fossat 09 317 H 5
Fossé 08 43 F 1
Fossé 41 132 A 5
Fosse 66 338 A 5
Le Fossé 76 21 E 5
La Fosse *Hameau troglodytique de* 49 150 A 4
La Fosse Arthour 50 52 D 5
La Fosse-Corduan 10 90 A 4
La Fosse-de-Tigné 49 149 H 4
Fossemagne 24 241 E 3
Fossemanant 80 22 B 3
Les Fosses 79 202 B 1
Fosses 95 58 D 1
Fossès-et-Baleyssac 33 257 E 3
La Fossette 83 329 E 4
Fosseuse 60 38 B 4
Fosseux 62 13 E 3
Fossieux 57 66 B 3
Fossoy 02 60 C 1
Fou *Gorges de la* 66 342 C 4
Foucarmont 76 21 E 2
Foucart 76 19 F 5
Foucarville 50 29 H 5
Foucaucourt-en-Santerre 80 23 F 2
Foucaucourt-Hors-Nesle 80 11 F 5
Foucaucourt-sur-Thabas 55 63 G 1
Fouchécourt 70 140 D 2
Fouchécourt 88 118 B 4
Foucherans 25 162 B 4
Foucherans 39 160 D 5
Fouchères 10 115 F 3
Fouchères 89 113 F 3
Fouchères-aux-Bois 55 63 H 5
Foucherolles 45 113 E 4
Fouchy 67 96 D 4
Foucrainville 27 56 C 2
Fouday 67 96 D 3
Fouencamps 80 22 C 2
Fouesnant 29 99 H 4
Foufflin-Ricametz 62 12 D 2
Foug 54 94 A 1
Fougaron 31 334 D 2
Fougax-et-Barrineuf 09 336 D 4
Fougeré 49 129 F 5
Fougeré 85 166 A 5
Fougères 35 81 F 4
Fougères-sur-Bièvre 41 153 E 2
Les Fougerêts 56 125 G 3
Fougerolles 36 189 F 2
Fougerolles 70 119 F 5
Fougerolles-du-Plessis 53 81 G 3
Fougueyrolles 24 239 F 5
La Fouillade 12 279 F 3
Fouilleuse 60 38 D 2
Fouillouse 05 269 G 4
La Fouillouse 42 230 A 3
Le Fouilloux 17 238 C 2
Fouillouze 04 271 E 3
Fouilloy 60 21 G 3
Fouilloy 80 22 D 2
Fouju 77 88 C 2
Foulain 52 117 E 4
Foulangues 60 38 C 4
Foulayronnes 47 276 B 2
Foulbec 27 35 E 2
Foulcrey 57 96 A 1
Fouleix 24 240 C 4
Foulenay 39 179 E 3
Fouligny 57 66 C 1
Foulognes 14 32 D 5
Foulzy 08 26 A 2
Fouquebrune 16 221 F 3
Fouquenies 60 38 A 1
Fouquereuil 62 8 A 4
Fouquerolles 60 38 B 1
Fouquescourt 80 23 F 3
Fouqueure 16 203 E 4
Fouqueville 27 36 A 4
Fouquières-lès-Béthune 62 8 A 4
Fouquières-lès-Lens 62 8 C 5
Four 38 231 H 2
Fouras 17 200 C 3
Fourbanne 25 162 C 2
Fourcatier-et-Maison-Neuve 25 180 C 4
Fourcès 32 275 F 5
Fourchambault 58 174 B 2
Fourchaud *Château de* 03 192 A 3
Fourches 14 54 A 3
Fourcigny 80 21 G 3
Fourdrain 02 24 C 5
Fourdrinoy 80 22 A 1
Fourg 25 161 G 5
Fourges 27 37 F 5
Les Fourgs 25 180 D 3
Fourilles 03 191 H 5
Fourmagnac 46 261 F 3
Fourmetot 27 35 F 2
Fourmies 59 15 H 5
Fournaudin 89 114 A 3
Fourneaux 23 207 G 3
Fourneaux 42 212 A 3
Fourneaux 45 133 E 2
Fourneaux 50 52 B 1
Fourneaux 73 252 D 1
Fourneaux-le-Val 14 53 H 3
Fournels 48 263 H 1
Fournès 30 304 B 1
Fournes-Cabardès 11 319 H 3
Fournes-en-Weppes 59 8 C 3
Le Fournet 14 34 B 4
Fournet-Blancheroche 25 163 G 4
Fournets-Luisans 25 163 E 5
Fourneville 14 34 C 2
Fournival 60 38 C 1
Fournols 63 228 D 3
Fournoulès 15 261 H 3
Fouronnes 89 136 B 3
Fourques 30 304 B 3
Fourques 66 342 D 3
Fourques-sur-Garonne 47 257 E 5
Fourqueux 78 58 A 3
Fourquevaux 31 318 B 2
Fours 33 237 F 2
Fours 58 175 G 4
Fours-en-Vexin 27 37 E 4
Fourtou 11 337 H 3
Foussais-Payré 85 184 C 2
Foussemagne 90 142 D 3
Le Fousseret 31 317 E 4
Foussignac 16 220 D 1
Foussignargues 30 283 H 2
Fouvent-le-Bas 70 140 B 4
Fouvent-le-Haut 70 140 B 4
La Foux 83 329 F 2
La Foux-d'Allos 04 288 D 1
Fouzilhon 34 321 G 2
Foville 57 66 B 3
Fox-Amphoux 83 307 F 4
La Foye-Monjault 79 184 D 5
Fozières 34 301 H 3
Fozzano 2A 349 E 5
Fragnes-La Loyère 71 177 H 3
Frahier-et-Chatebier 70 142 B 3
Fraignot-et-Vesvrotte 21 138 D 4
Fraillicourt 08 25 H 4
Fraimbois 54 95 G 2
Frain 88 118 B 3
Frais 90 142 D 3
Frais-Marais 59 8 D 5
Fraisans 39 161 G 5
Fraisnes-en-Saintois 54 94 C 4
Fraisse 24 239 G 5
Fraisse-Cabardès 11 319 G 4
Fraissé-des-Corbières 11 338 D 3
Fraisse-sur-Agout 34 300 C 5
Fraisses 42 230 A 5
Fraissines 81 300 A 1
Fraissinet-de-Fourques 48 282 C 3
Fraissinet-de-Lozère 48 283 E 1
Fraize 88 120 B 2
Fralignes 10 115 G 3
La Framboisière 28 85 F 2
Frambouhans 25 163 F 3
Framecourt 62 12 D 2
Framerville-Rainecourt 80 23 E 2
Framicourt 80 11 F 5
Framont 70 140 A 5
Frampas 52 92 B 3
Francalmont 70 141 F 2
Francaltroff 57 67 E 2
Francardo 2B 347 E 3
Francarville 31 298 C 5
Francastel 60 22 A 5
Françay 41 131 H 5
Francazal 31 335 E 2
Francescas 47 275 G 4
Francheleins 01 213 E 2
Franchesse 03 191 G 1
Francheval 08 27 F 3
Franchevelle 70 141 H 3
La Francheville 08 26 D 3
Francheville 21 159 H 1
Francheville 27 55 H 4
Francheville 39 179 E 3
Francheville 51 62 C 2
Francheville 54 65 F 5
Francheville 61 54 A 5
Francheville 69 231 E 1
Francières 60 39 E 2
Francières 80 11 H 4
Francillon 36 171 G 2
Francillon-sur-Roubion 26 267 H 3
Francilly-Selency 02 24 A 2
Francin 73 233 G 3
Franclens 74 215 E 2
François 79 185 E 3
Francon 31 317 E 4
Franconville 54 95 F 2
Franconville 95 58 B 2
Francoulès 46 260 B 4
Francourt 70 140 B 4
Francourville 28 86 C 4
Francs 33 238 D 4
Francueil 37 152 C 3
Franey 25 161 G 3
Frangy 74 215 F 2
Frangy-en-Bresse 71 178 D 4
Franken 68 143 F 3
Franleu 80 11 F 3
Franois 25 161 H 4
Franquevielle 31 334 A 1
Franqueville 02 25 E 2
Franqueville 27 35 G 4
Franqueville 80 12 B 4
Franqueville-Saint-Pierre 76 36 B 2
La Franqui 11 339 E 3
Frans 01 213 E 3
Fransart 80 23 F 3
Fransèches 23 207 F 3
Fransu 80 12 B 4
Fransures 80 22 B 4
Franvillers 80 22 D 1
Franxault 21 178 C 1
Frapelle 88 96 C 4
Fraquelfing 57 96 B 1
Fraroz 39 180 A 4
Frasnay-Reugny 58 175 F 2
Frasne 25 180 B 3
Frasne-le-Château 70 161 H 1
Frasne-les-Meulières 39 161 E 4
La Frasnée 39 196 D 1
Le Frasnois 39 179 H 5
Frasnoy 59 15 E 2
La Frasse 74 216 C 1
Frasseto 2A 349 E 3
Frauenberg 57 47 H 5
Frausseilles 81 279 E 5
Fravaux 10 116 A 2
Le Fraysse 81 299 H 1
Frayssinet 46 260 B 3
Frayssinet-le-Gélat 46 259 F 4
Frayssinhes 46 243 F 5
Frazé 28 109 G 2
Fréauville 76 20 D 2
Frebécourt 88 93 H 4
Frébuans 39 179 E 5
Le Frêche 40 294 C 1
Fréchède 65 315 G 3
Fréchencourt 80 22 C 1
Fréchendets 65 333 G 1
Le Fréchet 31 316 D 5
Fréchet-Aure 65 333 H 3
Le Fréchou 47 275 G 4
Fréchou-Fréchet 65 315 F 5
Frécourt 52 117 G 5
Frédéric-Fontaine 70 142 A 3
La Frédière 17 201 G 4
Frédille 36 171 F 2
Frégimont 47 275 H 2
Frégouville 32 297 E 5
Fréhel 22 79 E 2
Fréhel *Cap* 22 79 E 1
Freigné 49 127 G 5
Freissinières 05 270 C 1
La Freissinouse 05 269 G 4
Freistroff 57 46 C 4
Freix-Anglards 15 244 B 4
Fréjairolles 81 299 G 1
Fréjeville 81 299 F 5
Fréjus 83 329 G 1
Fréjus *Parc zoologique* 83 308 C 5
Fréjus *Tunnel du* 73 252 D 1
Fréland 68 120 D 2
Frelinghien 59 4 C 5
Frémainville 95 57 G 1
Frémécourt 95 37 H 5
Fréménil 54 95 H 2
Frémeréville-sous-les-Côtes 55 64 D 4
Frémery 57 66 C 3
Frémestroff 57 67 E 1
Frémicourt 62 13 H 4
Fremifontaine 88 95 H 5
Frémontiers 80 22 A 3
Frémonville 54 96 A 1
La Frénaye 76 35 F 1
Frencq 62 6 B 3
Frêne *Col du* 73 233 G 2
Frenelle-la-Grande 88 94 D 4
Frenelle-la-Petite 88 94 C 4
Frênes 61 53 E 4
Freneuse 76 36 B 3
Freneuse 78 57 E 1
Freneuse-sur-Risle 27 35 G 4
Freney 73 252 C 1
Le Freney-d'Oisans 38 251 H 3
Fréniches 60 23 H 4
Frénois 21 159 H 1
Frénois 88 118 D 2
Frénouse *Musée de la* 53 105 H 5
Frénouville 14 33 H 5
Frépillon 95 58 B 1
Fresles 76 20 D 3
La Fresnaie-Fayel 61 54 C 3
La Fresnais 35 50 D 5
Fresnay 10 92 B 5
Fresnay-en-Retz 44 165 E 1
Fresnay-le-Comte 28 86 A 5
Fresnay-le-Gilmert 28 86 A 3
Fresnay-le-Long 76 20 B 4
Fresnay-le-Samson 61 54 C 3
Fresnay-l'Évêque 28 110 D 2
Fresnay-sur-Sarthe 72 83 G 5
La Fresnaye-au-Sauvage 61 53 H 4
La Fresnaye-sur-Chédouet 72 83 H 4
Le Fresne 27 56 A 2
Le Fresne 51 62 D 2
Le Fresne-Camilly 14 33 F 3
Fresne-Cauverville 27 35 E 4
Fresné-la-Mère 14 54 A 2
Fresne-l'Archevêque 27 36 D 3
Fresne-le-Plan 76 36 C 2
Fresne-Léguillon 60 37 H 4
Le Fresne-Poret 50 52 C 4
Fresne-Saint-Mamès 70 140 C 5
Le Fresne-sur-Loire 44 148 D 2
Fresneaux-Montchevreuil 60 37 H 3
Fresnes 21 138 A 5
Fresnes 41 153 F 2
Fresnes 89 137 E 3
Fresnes 94 58 C 4
Fresnes-au-Mont 55 64 B 3
Fresnes-en-Saulnois 57 66 C 4
Fresnes-en-Tardenois 02 40 D 5
Fresnes-en-Woëvre 55 64 D 1
Fresnes-lès-Montauban 62 13 H 2
Fresnes-lès-Reims 51 41 H 3
Fresnes-Mazancourt 80 23 G 2
Fresnes-sous-Coucy 02 24 B 5
Fresnes-sur-Apance 52 118 B 5
Fresnes-sur-Escaut 59 9 H 5
Fresnes-sur-Marne 77 59 F 2
Fresnes-Tilloloy 80 11 G 5
Fresneville 80 21 G 2
Fresney 27 56 C 2
Fresney-le-Puceux 14 53 G 1
Fresney-le-Vieux 14 53 G 1
Fresnicourt-le-Dolmen 62 8 A 5
Fresnières 60 23 F 5
Fresnois-la-Montagne 54 44 D 2
Fresnoy 62 7 E 5
Fresnoy-Andainville 80 11 G 5
Fresnoy-au-Val 80 22 A 2
Fresnoy-en-Bassigny 52 118 A 4
Fresnoy-en-Chaussée 80 23 E 3
Fresnoy-en-Gohelle 62 8 C 5
Fresnoy-en-Thelle 60 38 B 4
Fresnoy-Folny 76 20 D 2
Fresnoy-la-Rivière 60 39 G 3
Fresnoy-le-Château 10 115 F 2
Fresnoy-le-Grand 02 24 B 1
Fresnoy-le-Luat 60 39 F 4
Fresnoy-lès-Roye 80 23 F 3
Frespech 47 276 D 2
Fresquiennes 76 20 A 5
Fressac 30 283 F 5
Fressain 59 14 B 2
Fressancourt 02 24 C 4
Fresse 70 142 A 1
Fresse-sur-Moselle 88 120 A 5
Fresselines 23 189 E 4
Fressenneville 80 11 E 4
Fressies 59 14 B 3
Fressin 62 7 E 4
Fressines 79 185 E 4
Le Frestoy-Vaux 60 23 E 5
Fresville 50 29 G 5
Le Fret 29 75 E 3
Fréterive 73 233 H 2
Fréteval 41 131 H 2
Fréthun 62 2 C 3
Fretigney-et-Velloreille 70 161 H 1
Frétigny 28 85 F 4
Fretin 59 8 D 3
Frétoy 77 60 A 5
Frétoy-le-Château 60 23 G 4
La Frette 38 232 A 4
La Frette 71 178 A 5
La Frette-sur-Seine 95 58 B 2
Frettecuisse 80 11 G 5
Frettemeule 80 11 F 4
Frettemolle 80 21 G 3
Fretterans 71 178 C 2
Frettes 70 140 A 4
Le Fréty 08 26 A 3
Freulleville 76 20 C 2
Frévent 62 12 C 2
Fréville 76 19 H 5
Fréville 88 93 H 5
Fréville-du-Gâtinais 45 112 A 4
Frévillers 62 7 H 5
Frévin-Capelle 62 13 F 2
Freybouse 57 67 E 2
Freycenet-la-Cuche 43 247 H 5
Freycenet-la-Tour 43 247 G 5
Freychenet 09 336 C 3
Freyming-Merlebach 57 47 E 5
Freyssenet 07 266 C 2
Friaize 28 85 G 4
Friardel 14 54 D 1
Friaucourt 80 11 E 3
Friauville 54 45 E 5
Fribourg 57 67 F 4
Fricamps 80 21 H 2
Frichemesnil 76 20 B 5
Fricourt 80 13 F 5
Fridefont 15 245 H 5
Friedolsheim 67 68 C 5
Frières-Faillouël 02 24 A 4
Friesen 68 143 E 3
Friesenheim 67 97 G 4
Frignicourt 51 62 C 5
Le Friolais 25 163 F 3
Frise 80 23 F 1
Friville-Escarbotin 80 11 E 3
Frizon 88 95 F 5
Froberville 76 18 D 3
Frocourt 60 38 A 2
Frœningen 68 143 F 2
Frœschwiller 67 68 D 2
Froges 38 233 F 5
Frohen-le-Grand 80 12 C 3
Frohen-le-Petit 80 12 C 3
Frohmuhl 67 68 A 2
Froideconche 70 141 G 2
Froidefontaine 39 180 B 4
Froidefontaine 90 142 C 4
Froidestrées 02 25 F 1
Froideterre 70 141 H 3
Froidevaux 25 163 F 3
Froideville 39 179 E 3
Froidfond 85 165 F 2
Froidmont-Cohartille 02 25 E 4
Froidos 55 63 G 1
Froissy 60 22 B 5
Frôlois 21 159 F 1
Frolois 54 94 D 2
Fromelennes 08 17 F 4
Fromelles 59 8 B 3
Fromental 87 205 H 1
Fromentières 51 61 E 3
Fromentières 53 128 B 2
Fromentine 85 164 C 2
Fromentine *Pont de* 85 164 C 2
Fromeréville-les-Vallons 55 43 H 4
Fromezey 55 44 C 5
Fromont 77 112 A 2
Fromy 08 27 H 5
Froncles-Buxières 52 93 E 5
Fronsac 31 334 B 3
Fronsac 33 238 B 5
Frontenac 33 256 C 2
Frontenac 46 261 F 4
Frontenard 71 178 B 2
Frontenas 69 212 C 3
Frontenaud 71 195 H 1
Frontenay 39 179 F 4
Frontenay-Rohan-Rohan 79 184 D 5
Frontenay-sur-Dive 86 168 C 3
Frontenex 73 234 A 1
Frontignan 34 323 E 3
Frontignan-de-Comminges 31 334 B 2
Frontignan-Plage 34 323 E 3
Frontignan-Savès 31 316 D 3
Fronton 31 297 H 2
Frontonas 38 231 H 1
Fronville 52 93 E 4
Frossay 44 146 D 3
Frotey-lès-Lure 70 141 H 4
Frotey-lès-Vesoul 70 141 F 4
Frouard 54 65 H 5
Frouville 95 38 A 5
Frouzins 31 317 H 2
Froville 54 95 E 3
Froyelles 80 11 H 2
Frozes 86 168 D 5
Frucourt 80 11 G 4
Frugères-les-Mines 43 228 A 5
Fruges 62 7 E 4
Frugières-le-Pin 43 246 C 1
Fruncé 28 85 H 4
Fry 76 37 E 1
Fuans 25 163 E 5
Fublaines 77 59 G 2
Le Fugeret 04 288 D 4
Le Fuilet 49 148 C 3
Fuilla 66 342 A 3
Fuissé 71 194 D 5
Fuligny 10 92 A 5
Fulleren 68 143 E 3
Fultot 76 19 H 3
Fulvy 89 137 F 3
Fumay 08 17 E 5
Fumel 47 259 E 5
Fumichon 14 34 D 4
Furchhausen 67 68 B 4
Furdenheim 67 97 F 1
Fures 38 232 B 5
Furiani 2B 345 G 4
Furmeyer 05 269 F 4
Fussey 21 159 H 5
Fussy 18 155 E 5
La Fuste 04 306 D 2
Fustérouau 32 295 E 3
Fustignac 31 317 E 4
Futeau 55 43 F 5
Futuroscope 86 169 F 5
Fuveau 13 327 F 1
Fyé 72 83 G 5
Fyé 89 136 D 3

G

Gaas 40 292 D 4
Gabarnac 33 256 B 3
Gabarret 40 274 D 5
Gabas 64 332 A 3
Gabaston 64 314 C 3
Gabat 64 311 G 4
Gabian 34 321 G 2
Gabillou 24 241 F 2
Gabre 09 335 H 1
Gabriac 12 263 E 5
Gabriac 48 283 E 3
Gabrias 48 264 B 4
Gacé 61 54 D 4
La Gacilly 56 125 G 2
Gâcogne 58 157 H 4

Gadancourt 95 57 G 1
Gadencourt 27 56 D 2
Gaël 35 103 F 2
Gageac-et-Rouillac 24 257 G 1
Gages-le-Haut 12 281 E 1
Gagnac-sur-Cère 46 243 E 5
Gagnac-sur-Garonne 31 297 H 3
Gagnières 30 283 H 2
Gagny 93 58 D 3
Gahard 35 80 C 5
Gailhan 30 303 E 2
Gaillac 81 298 D 1
Gaillac-d'Aveyron 12 281 F 1
Gaillac-Toulza 31 318 A 4
Gaillagos 65 332 C 2
Gaillan-en-Médoc 33 218 D 5
Gaillard 74 197 H 5
Gaillardbois-Cressenville 27 36 D 3
La Gaillarde 76 19 H 2
Gaillefontaine 76 21 F 4
Gaillères 40 274 A 5
Gaillon 27 36 C 5
Gaillon-sur-Montcient 78 57 G 1
Gainneville 76 34 D 1
Gaja-et-Villedieu 11 337 G 1
Gaja-la-Selve 11 318 D 5
Gajac 33 256 C 5
Gajan 09 335 F 2
Gajan 30 303 G 1
Gajoubert 87 204 D 2
Galametz 62 12 B 2
Galamus *Gorges de* 11 338 A 4
Galan 65 315 H 5
Galapian 47 275 G 2
Galargues 34 303 E 3
La Galère 06 309 E 5
Galéria 2B 346 A 3
Galey 09 334 D 3
Galez 65 315 H 5
Galfingue 68 143 E 2
Galgan 12 261 G 5
Galgon 33 238 B 4
Galiax 32 295 E 4
Galibier *Col du* 05 252 B 3
Galié 31 334 B 2
Galinagues 11 337 E 4
Gallardon 28 86 C 3
Gallargues-le-Montueux 30 303 F 3
Gallerande *Château de* 72 129 G 4
Le Gallet 60 22 A 5
Galluis 78 57 G 4
Gamaches 80 11 E 5
Gamaches-en-Vexin 27 37 F 4
Gamarde-les-Bains 40 293 F 3
Gamarthe 64 311 F 5
Gambais 78 57 F 4
Gambaiseuil 78 57 F 4
Gambsheim 67 69 F 5
Gan 64 314 B 4
Ganac 09 336 A 3
Ganagobie 04 287 F 4
Ganagobie *Prieuré de* 04 287 F 5
Gancourt-Saint-Étienne 76 21 F 5
Gandelain 61 83 F 3
Gandelu 02 40 A 5
Gandrange 57 45 G 4
Ganges 34 302 C 1
Gannat 03 209 H 2
Gannay-sur-Loire 03 175 F 5
Gannes 60 22 C 5
Les Gannes 63 226 C 2
Gans 33 256 C 5
Ganties 31 334 C 1
Ganzeville 76 19 E 3
Gap 05 269 H 3
Gapennes 80 11 H 2
Gâprée 61 84 A 2
Garabit *Viaduc de* 15 245 H 4
Garac 31 297 F 4
Garancières 78 57 F 4
Garancières-en-Beauce 28 87 E 4
Garancières-en-Drouais 28 56 C 5
Garanou 09 336 C 5
Garat 16 221 G 2
Garcelles-Secqueville 14 33 H 5
Garche 57 45 H 3
Garches 92 58 B 3
Garchizy 58 174 C 1
Garchy 58 156 B 4
Gardanne 13 327 E 1
La Garde 04 308 B 1
La Garde 38 251 G 3
La Garde 48 246 A 5
La Garde 83 328 B 4
La Garde-Adhémar 26 285 E 1
La Garde-Freinet 83 329 E 2
La Garde-Guérin 48 265 F 5
Gardefort 18 155 H 4
Gardegan-et-Tourtirac 33 238 D 5
Gardères 65 314 D 4
Les Gardes 49 149 E 5
Gardes-le-Pontaroux 16 221 G 3
Gardie 11 337 G 1
Gardonne 24 257 G 1
Gardouch 31 318 B 3
Garein 40 273 G 4
Garencières 27 56 C 2
La Garenne-Colombes 92 58 B 3
Garennes-sur-Eure 27 56 D 3
Garentreville 77 112 A 2
Garéoult 83 328 B 2
La Garette 79 184 C 4
Gargan *Mont* 87 224 C 2
Garganvillar 82 277 F 5
Gargas 31 298 A 3
Gargas 84 305 H 1
Gargenville 78 57 G 2
Garges-lès-Gonesse 95 58 C 2
Gargilesse-Dampierre 36 188 D 2
Garidech 31 298 A 3
Gariès 82 297 E 2
Garigny 18 174 A 1
Garin 31 334 A 4
Garindein 64 311 H 5
Garlan 29 72 A 4
Garlède-Mondebat 64 294 B 5
Garlin 64 294 C 5
Le Garn 30 284 C 2
La Garnache 85 165 E 2
Garnat-sur-Engièvre 03 192 D 1
Garnay 28 56 C 5
Garnerans 01 195 E 5
Garnetot 14 54 B 2
La Garonne 83 328 B 5
Garons 30 304 A 2
Garos 64 294 A 5
Garravet 32 316 D 3
Garrebourg 57 68 A 5
Garrevaques 81 319 E 2
Garrey 40 293 F 3
Le Garric 81 279 G 5
Garrigues 34 303 E 2
Garrigues 81 298 C 4
Garrigues-
Sainte-Eulalie 30 284 B 5
Garris 64 311 G 4
Garrosse 40 273 E 5
Gars 06 308 D 1
Gartempe 23 206 D 1
Gas 28 86 C 3
Gaschney 68 120 C 3
Gasny 27 57 E 1
Gasques 82 276 D 3
Gassin 83 329 F 3
Le Gast 14 52 B 3
Gastes 40 272 C 1
Gastines 53 105 F 5
Gastins 77 89 E 2
Gasville-Oisème 28 86 B 3
Gâtelles 28 85 H 3
Gatey 39 178 D 2
Gathemo 50 52 B 4
Gatteville-le-Phare 50 29 H 2
Gattières 06 309 G 2
Gatuzières 48 282 C 3
Gaubertin 45 111 H 3
La Gaubretière 85 166 C 2
Gauchin-Légal 62 7 H 5
Gauchin-Verloingt 62 7 G 5
Gauchy 02 24 A 2
Gauciel 27 56 C [illegible]
La Gaudaine 28 85 E 5
La Gaude 06 309 G 2
Gaudechart 60 21 H 5
Gaudent 65 334 A 2
Gaudiempré 62 13 E 3
Gaudiès 09 318 C 5
Gaudonville 32 296 D 1
Gaudreville-la-Rivière 27 56 A 2
Gaugeac 24 258 D 3
Gaujac 30 284 D 4
Gaujac 32 316 D 2
Gaujac 47 257 E 4
Gaujacq 40 293 G 4
Gaujan 32 316 C 3
Le-Gault-du-Perche 41 109 F 4
Le Gault-Saint-Denis 28 110 A 2
Le Gault-Soigny 51 60 D 4
Gauré 31 298 B 4
Gauriac 33 237 G 3
Gauriaguet 33 237 H 3
Gaussan 65 316 A 5
Gausson 22 78 B 5
Les Gautherets 71 194 A 1
Gauville 61 55 F 3
Gauville 80 21 G 3
Gauville-la-Campagne 27 56 B 1
Gavarnie 65 332 D 5
Gavarnie-Gèdre 65 333 E 4
Gavarnie *Port de* 65 332 D 5
Gavarret-sur-Aulouste 32 296 B 3
Gavaudun 47 258 D 4
Gavet 38 251 F 3
Gavignano 2B 347 F 3
Gavisse 57 45 H 2
La Gavotte 13 326 D 2
Gavray 50 51 H 2
Le Gâvre 44 126 B 5
Gavrelle 62 13 H 2
Gâvres 56 123 F 3
Gavrinis *Cairn de* 56 124 A 4
Gavrus 14 33 F 5
Gayan 65 315 E 4
Gaye 51 61 F 5
Gayon 64 314 C 2
Gazaupouy 32 275 H 5
Gazave 65 333 H 2
Gazax-et-Baccarisse 32 295 F 4
Gazeran 78 86 D 2
Gazinet 33 255 E 1
Gazost 65 333 E 2
Geaune 40 294 B 4
Geay 17 201 F 4
Geay 79 167 H 3
Gée 49 150 A 1
Gée-Rivière 32 294 C 3
Geffosses 50 31 F 4
Géfosse-Fontenay 14 32 B 2
Gehée 36 171 F 1
Geishouse 68 120 C 5
Geispitzen 68 143 G 2
Geispolsheim 67 97 G 2
Geiswasser 68 121 G 4
Geiswiller 67 68 C 4
Gélacourt 54 95 H 2
Gélannes 10 90 B 3
Gélaucourt 54 94 C 3
Gellainville 28 86 B 4
Gellenoncourt 54 66 C 5
Gelles 63 209 E 5
Gellin 25 180 C 4
Gelos 64 314 B 4
Geloux 40 273 G 5
Gelucourt 57 67 E 4
Gelvécourt-et-Adompt 88 118 D 2
Gémages 61 84 C 5
Gemaingoutte 88 96 C 5
Gembrie 65 334 A 2
Gemeaux 21 160 B 1
Gémenos 13 327 F 2
Gémigny 45 110 C 5
Gémil 31 298 B 3
Gemmelaincourt 88 94 C 5
Gémonval 25 142 A 4
Gémonville 54 94 B 4
Gémozac 17 219 F 2
Genac-Bignac 16 203 E 5
Genainville 95 37 F 5
Genas 69 231 G 1
Génat 09 336 A 4
Genay 21 158 C 1
Genay 69 213 E 4
Gençay 86 186 C 4
Gendreville 88 118 A 2
Gendrey 39 161 F 4
Gené 49 128 A 4
Génébrières 82 278 B 5
Genech 59 9 E 3
Génelard 71 193 H 1
Générac 30 303 H 3
Générac 33 237 G 2
Générargues 30 283 G 4
Générest 65 334 A 2
Generville 11 318 D 5
Geneslay 61 82 C 3
Le Genest 53 105 H 3
Genestelle 07 266 B 2
Geneston 44 147 H 5
La Genête 71 195 F 1
La Genétouze 17 238 D 1
La Genétouze 85 165 G 4
Genêts 50 51 G 4
Les Genettes 61 55 F 5
Geneuille 25 161 H 3
La Genevraie 61 54 D 5
La Genevraye 77 88 C 5
Genevreuille 70 141 G 4
Genevrey 70 141 G 3
Genevrières 52 140 A 3
La Genevroye 52 92 D 5
Geney 25 142 A 5
La Geneytouse 87 206 B 5
Génicourt 95 58 A 1
Génicourt-sous-Condé 55 63 G 3
Génicourt-sur-Meuse 55 64 B 2
Genilac 42 230 C 3
Genillé 37 152 C 5
Genin *Lac* 01 196 D 5
Génis 24 223 G 5
Génissac 33 238 B 5
Génissiat *Barrage de* 01 215 E 2
Génissieux 26 249 G 3
Genlis 21 160 C 4
Gennes 25 162 A 3
Gennes 49 150 A 3
Gennes-Ivergny 62 12 B 2
Gennes-sur-Glaize 53 128 C 2
Gennes-sur-Seiche 35 105 F 4
Genneteil 49 129 H 5
Gennetines 03 192 B 1
Genneton 79 167 H 1
Genneville 14 34 D 2
Gennevilliers 92 58 B 2
Genod 39 196 B 4
Génois *Pont* 2B 346 D 3
Génois *Pont* 2B 347 F 5
Génolhac 30 283 G 1
Génos 31 334 B 2
Génos 65 333 H 4
Genouillac 16 204 B 4
Genouillac 23 189 G 4
Genouillé 17 201 F 2
Genouillé 86 203 G 2
Genouilleux 01 213 E 1
Genouilly 18 154 A 5
Genouilly 71 177 F 5
Genrupt 52 118 A 5
Gensac 33 257 E 1
Gensac 65 315 E 2
Gensac 82 297 E 1
Gensac-de-Boulogne 31 316 B 4
Gensac-la-Pallue 16 220 C 1
Gensac-sur-Garonne 31 317 F 5
Genté 16 220 B 2
Gentelles 80 22 D 2
Gentilly 94 58 C 4
Gentioux 23 207 F 5
Genvry 60 23 G 5
Georfans 70 141 H 5
Géovreisset 01 196 C 5
Ger 50 52 D 5
Ger 64 314 D 4
Ger 65 332 D 1
Geraise 39 179 H 2
Gérardmer 88 120 B 3
Géraudot 10 91 F 5
Gérauvilliers 55 93 H 2
Gerbaix 73 232 D 2
Gerbamont 88 120 A 4
Gerbécourt 57 66 C 3
Gerbécourt-et-Haplemont 54 94 D 3
Gerbépal 88 120 B 2
Gerberoy 60 37 G 1
Gerbéviller 54 95 G 2
Gerbier de Jonc *Mont* 07 266 A 1
Gercourt-et-Drillancourt 55 43 H 3
Gercy 02 25 F 2
Gerde 65 333 F 1
Gerderest 64 314 C 2
Gère-Bélesten 64 332 A 2
Gergny 02 25 F 1
Gergovie *Plateau de* 63 227 H 1
Gergueil 21 159 H 4
Gergy 71 178 A 3
Gerland 21 160 A 5
Germ 65 333 H 4
Germagnat 01 196 B 4
Germagny 71 177 F 5
Germaine 02 23 H 3
Germaine 51 41 G 5
Germaines 52 139 E 3
Germainville 28 56 D 4
Germainvilliers 52 117 H 3
Germay 52 93 F 4
Germéfontaine 25 162 D 3
Germenay 58 157 F 4
Germignac 17 220 B 2
Germigney 39 179 F 1
Germigney 70 161 E 2
Germignonville 28 110 C 3
Germigny 51 41 F 4
Germigny 89 114 C 5
Germigny-des-Prés 45 133 H 2
Germigny-l'Évêque 77 59 G 2
Germigny-l'Exempt 18 174 A 3
Germigny-sous-Coulombs 77 60 A 1
Germigny-sur-Loire 58 174 B 1
Germinon 51 61 H 3
Germiny 54 94 C 2
Germisay 52 93 F 4
Germolles *Château de* 71 177 G 4
Germolles-sur-Grosne 71 194 C 5
Germond-Rouvre 79 185 E 3
Germondans 25 162 B 2
Germont 08 43 E 1
Germonville 54 94 D 3
Germs-sur-l'Oussouet 65 333 E 1
Gernelle 08 27 E 3
Gernicourt 02 41 F 2
Géronce 64 313 G 4
Gerponville 76 19 F 3
Gerrots 14 34 B 4
Gerstheim 67 97 G 3
Gertwiller 67 97 F 3
Geruge 39 179 E 5
Gervans 26 249 E 3
Gerville 76 18 D 4
Gerville-la-Forêt 50 31 G 3
Géry 55 63 H 4
Gerzat 63 209 H 5
Gesnes 53 106 B 3
Gesnes-en-Argonne 55 43 G 3
Gesnes-le-Gandelin 72 83 G 5
Gespunsart 08 27 E 2
Gestas 64 313 F 3
Gesté 49 148 C 4
Gestel 56 100 D 5
Gestiès 09 336 A 5
Gesvres 53 83 E 4
Gesvres-le-Chapitre 77 59 G 1
Gétigné 44 148 B 5
Les Gets 74 198 C 5
Geu 65 332 D 2
Geudertheim 67 69 E 4
Géus-d'Arzacq 64 294 A 5
Geüs-d'Oloron 64 313 G 4
Gévezé 35 80 A 5
Gevigney-et-Mercey 70 140 D 2
Gevingey 39 179 E 5
Gevresin 25 180 A 2
Gevrey-Chambertin 21 160 A 4
Gevrolles 21 116 B 5
Gevry 39 178 D 1
Gex 01 197 F 4
Geyssans 26 249 G 2
Gez 65 332 D 2
Gez-ez-Angles 65 333 E 1
Gézaincourt 80 12 D 4
Gezier-et-Fontenelay 70 161 H 2
Gézoncourt 54 65 G 4
Ghisonaccia 2B 349 G 2
Ghisoni 2B 349 F 1
Ghissignies 59 15 E 3
Ghyvelde 59 3 H 2
Giat 63 208 C 5
Gibeaumeix 54 94 A 2
Gibel 31 318 B 4
Gibercourt 02 24 B 3
Giberville 14 33 H 4
Gibles 71 194 A 4
Gibourne 17 202 B 3
Gibret 40 293 F 3
Le Gicq 17 202 C 3
Gidy 45 110 D 5
Giel-Courteilles 61 53 H 4
Gien 45 134 C 4
Gien-sur-Cure 58 158 B 5
Giens 83 328 C 5
Gières 38 251 E 1
La Giettaz 73 216 B 4
Giéville 50 52 B 1
Gièvres 41 153 H 4
Giey-sur-Aujon 52 116 D 5
Giez 74 215 H 5
Gif-sur-Yvette 91 58 A 5
Giffaumont-Champaubert 51 92 B 2
Gigean 34 323 E 3
Gignac 34 302 B 4
Gignac 46 242 B 4
Gignac 84 306 A 1
Gignac-la-Nerthe 13 326 C 1
Gignat 63 228 A 4
Gignéville 88 118 B 3
Gigney 88 95 E 5
Gigny 39 196 B 2
Gigny 89 137 G 3
Gigny-Bussy 51 91 H 2
Gigny-sur-Saône 71 178 A 5
Gigondas 84 285 G 3
Gigors 04 269 H 5
Gigors-et-Lozeron 26 267 H 1
Gigouzac 46 260 B 4
Gijounet 81 300 B 3
Gildwiller 68 143 E 2
Gilette 06 291 E 5
Gilhac-et-Bruzac 07 249 E 5
Gilhoc-sur-Ormèze 07 248 D 4
Gillancourt 52 116 C 3
Gillaumé 52 93 F 3
Gilles 28 57 E 3
Gilley 25 162 D 5
Gilley 52 140 A 4
Gillois 39 180 A 4
Gillonnay 38 232 A 4
Gilly-lès-Cîteaux 21 160 A 5
Gilly-sur-Isère 73 234 A 1
Gilly-sur-Loire 71 193 E 2
Gilocourt 60 39 G 3
Gimat 82 297 E 2
Gimbrède 32 276 C 5
Gimbrett 67 68 D 5
Gimeaux 63 209 H 4
Gimécourt 55 64 B 4
Gimel-les-Cascades 19 243 E 1
Gimeux 16 220 B 2
La Gimond 42 230 B 3
Gimont 32 296 D 4
Gimouille 58 174 B 2
Ginai 61 54 C 4
Ginals 82 279 E 3
Ginasservis 83 306 D 3
Ginchy 80 13 G 5
Gincla 11 337 H 5
Gincrey 55 44 C 4
Gindou 46 259 G 3
Ginestas 11 320 D 4
Ginestet 24 239 H 5
Gingsheim 67 68 C 4
Ginoles 11 337 F 4
Ginouillac 46 260 B 2
Gintrac 46 242 D 5
Giocatojo 2B 347 G 3
Gionges 51 61 G 2
Giou-de-Mamou 15 244 C 5
Gioux 23 207 G 5
Gipcy 03 191 G 2
Girac 46 243 E 5
Girancourt 88 119 E 2
Giraumont 54 45 F 5
Giraumont 60 39 F 1
Girauvoisin 55 64 D 4
Gircourt-lès-Viéville 88 94 D 4
Girecourt-sur-Durbion 88 95 G 5
Girefontaine 70 118 D 5
Giremoutiers 77 59 H 3
Girgols 15 244 C 4
Giriviller 54 95 F 3
Girmont 88 95 F 5
Girmont-Val-d'Ajol 88 119 G 4
Girolles 45 112 C 4
Girolles 89 157 H 1
Giromagny 90 142 B 2
Giron 01 196 D 5
Gironcourt-sur-Vraine 88 94 B 5
Gironde-sur-Dropt 33 256 C 3
Girondelle 08 26 B 2
Gironville 77 112 A 3
Gironville-et-Neuville 28 86 A 2
Gironville-sous-les-Côtes 55 64 D 4
Gironville-sur-Essonne 91 87 H 5
Le Girouard 85 182 C 1
Giroussens 81 298 C 3
Giroux 36 172 B 1
Girovilliers-sous-Montfort 88 94 C 5
Giry 58 157 E 4
Gisay-la-Coudre 27 55 F 2
Giscaro 32 296 D 4
Giscos 33 274 C 2
Gisors 27 37 G 3
Gissac 12 301 E 2
Gissey-le-Vieil 21 159 E 3
Gissey-sous-Flavigny 21 159 F 1
Gissey-sur-Ouche 21 159 G 4
Gisy-les-Nobles 89 113 F 2
Giuncaggio 2B 347 G 5
Giuncheto 2A 350 D 3
Givardon 18 173 H 4
Givarlais 03 190 D 3
Givenchy-en-Gohelle 62 8 B 5
Givenchy-le-Noble 62 13 E 2
Givenchy-lès-la-Bassée 62 8 B 4
Giverny 27 57 E 1
Giverville 27 35 F 4
Givet 08 17 F 4
Givonne 08 27 F 3
Givors 69 231 E 2
Givraines 45 111 H 3
Givrand 85 164 D 5
Givrauval 55 93 F 1
Le Givre 85 182 D 2
Givrezac 17 219 G 3
Givron 08 26 A 4

Givry 08 .... 42 C 1
Givry 71 .... 177 G 4
Givry 89 .... 157 H 1
Givry-en-Argonne 51 .... 63 E 2
Givry-lès-Loisy 51 .... 61 F 3
Givrycourt 57 .... 67 F 2
Gizaucourt 51 .... 63 E 1
Gizay 86 .... 186 C 3
Gizeux 37 .... 151 E 2
Gizia 39 .... 196 A 2
Gizy 02 .... 25 E 5
La Glacerie 50 .... 29 E 3
Glacière *Grotte de la* 25 .... 162 C 3
Glageon 59 .... 15 H 5
Glaignes 60 .... 39 F 4
Glainans 25 .... 163 E 2
Glaine-Montaigut 63 .... 228 B 1
Glaire 08 .... 27 E 3
Le Glaizil 05 .... 269 G 1
Glamondans 25 .... 162 C 3
Gland 02 .... 60 C 1
Gland 89 .... 137 G 3
Glandage 26 .... 268 D 2
Glandon 87 .... 223 G 4
Glandon *Col du* 73 .... 251 H 1
Glanes 46 .... 243 E 5
Glanges 87 .... 224 B 2
Glannes 51 .... 62 C 5
Glanon 21 .... 178 B 1
Glanville 14 .... 34 B 3
Glatens 82 .... 296 D 1
Glatigny 50 .... 31 F 3
Glatigny 57 .... 46 B 5
Glatigny 60 .... 37 H 1
Glay 25 .... 142 C 5
Gleizé 69 .... 212 D 3
Glénac 56 .... 125 G 3
Glénat 15 .... 243 H 5
Glénay 79 .... 168 A 3
Glénic 23 .... 189 G 5
Glennes 02 .... 41 E 3
Glénouze 86 .... 168 C 2
Glère 25 .... 163 H 2
Glicourt 76 .... 10 C 5
Glisolles 27 .... 56 A 2
Glisy 80 .... 22 C 2
Glomel 22 .... 77 E 5
Glonville 54 .... 95 H 3
Glorianes 66 .... 342 C 3
Glos 14 .... 34 D 5
Glos-la-Ferrière 61 .... 55 F 3
Glos-sur-Risle 27 .... 35 G 3
Gluges 46 .... 242 C 5
Gluiras 07 .... 266 C 1
Glun 07 .... 249 E 4
Glux-en-Glenne 58 .... 176 B 2
Goas 82 .... 297 E 2
La Godefroy 50 .... 51 H 4
Godenvillers 60 .... 22 D 5
Goderville 76 .... 19 E 4
Godewaersvelde 59 .... 4 A 5
Godisson 61 .... 54 C 5
La Godivelle 63 .... 227 F 5
Godoncourt 88 .... 118 B 4
Gœrlingen 67 .... 67 H 4
Gœrsdorf 67 .... 69 E 2
Goès 64 .... 331 H 1
Goetzenbruck 57 .... 68 B 2
Gœulzin 59 .... 14 A 2
Gogney 54 .... 96 A 1
Gognies-Chaussée 59 .... 15 G 2
La Gohannière 50 .... 51 H 4
Gohier 49 .... 149 H 2
Gohory 28 .... 109 H 3
Goin 57 .... 65 H 2
Goincourt 60 .... 38 A 2
Golancourt 60 .... 23 H 4
Golbey 88 .... 119 F 2
Goldbach 68 .... 120 C 5
Golfe-Juan 06 .... 309 F 4
Golfech 82 .... 276 D 4
Golinhac 12 .... 262 D 3
Golleville 50 .... 29 F 5
Gombergean 41 .... 131 G 5
Gomelange 57 .... 46 C 4
Gomené 22 .... 102 D 2
Gomer 64 .... 314 C 4
Gometz-la-Ville 91 .... 58 A 5
Gometz-le-Châtel 91 .... 58 A 5
Gomiécourt 62 .... 13 G 4
Gommecourt 62 .... 13 F 4
Gommecourt 78 .... 57 E 1
Gommegnies 59 .... 15 F 2
Gommenec'h 22 .... 73 F 4
Gommersdorf 68 .... 143 E 3
Gommerville 28 .... 87 E 5
Gommerville 76 .... 18 D 5
Gomméville 21 .... 115 H 5
Gomont 08 .... 41 H 1
Gonaincourt 52 .... 117 H 2
Goncelin 38 .... 233 F 5
Goncourt 52 .... 117 H 2
Gond-Pontouvre 16 .... 221 F 1
Gondecourt 59 .... 8 C 3
Gondenans-les-Moulins 25 .... 162 C 1
Gondenans-Montby 25 .... 162 D 1
Gondeville 16 .... 220 C 1
Gondrecourt-Aix 54 .... 45 E 4
Gondrecourt-le-Château 55 .... 93 G 3
Gondreville 45 .... 112 B 4
Gondreville 54 .... 65 F 5
Gondreville 60 .... 39 G 4
Gondrexange 57 .... 67 G 5
Gondrexon 54 .... 95 H 1
Gondrin 32 .... 295 G 1
Les Gonds 17 .... 219 G 1
Gonesse 95 .... 58 D 2
Gonez 65 .... 315 F 4
Gonfaron 83 .... 328 D 2
Gonfreville 50 .... 31 H 3
Gonfreville-Caillot 76 .... 19 E 4
Gonfreville-l'Orcher 76 .... 34 C 1
La Gonfrière 61 .... 55 E 3
Gonnehem 62 .... 7 H 3
Gonnelieu 59 .... 14 B 5
Gonnetot 76 .... 19 H 3
Gonneville-Le Theil 50 .... 29 F 3
Gonneville-en-Auge 14 .... 33 H 3
Gonneville-la-Mallet 76 .... 18 C 4
Gonneville-sur-Honfleur 14 .... 34 D 2
Gonneville-sur-Mer 14 .... 34 A 3
Gonneville-sur-Scie 76 .... 20 B 3
Gonsans 25 .... 162 C 4
Gontaud-de-Nogaret 47 .... 257 F 5
La Gonterie-
Boulouneix 24 .... 222 B 5
Gonvillars 70 .... 142 A 4
Gonzeville 76 .... 19 H 3
Goos 40 .... 293 F 3
Gorbio 06 .... 291 G 5
Gorcy 54 .... 44 D 1
Gordes 84 .... 305 G 1
Gorenflos 80 .... 12 B 4
Gorges 44 .... 148 A 5
Gorges 50 .... 31 G 3
Gorges 80 .... 12 C 4
La Gorgue 59 .... 8 A 2
Gorhey 88 .... 119 E 2
Gornac 33 .... 256 C 2
Gorniès 34 .... 302 B 1
Gorre 87 .... 223 E 1
Gorrevod 01 .... 195 F 3
Gorron 53 .... 81 H 4
Gorses 46 .... 261 F 1
Gorze 57 .... 65 G 1
Gosnay 62 .... 7 H 4
Gosné 35 .... 80 D 5
Gosselming 57 .... 67 G 4
Gotein-Libarrenx 64 .... 331 E 1
Gottenhouse 67 .... 68 B 5
Gottesheim 67 .... 68 C 4
Gouaix 77 .... 89 G 3
Goualade 33 .... 274 C 1
Gouarec 22 .... 77 G 5
Gouaux 65 .... 333 H 4
Gouaux-de-Larboust 31 .... 334 A 4
Gouaux-de-Luchon 31 .... 334 B 4
Gouberville 50 .... 29 G 2
Gouchaupre 76 .... 10 C 5
Goudargues 30 .... 284 C 3
Goudelancourt-
lès-Berrieux 02 .... 41 F 1
Goudelancourt-
lès-Pierrepont 02 .... 25 F 4
Goudelin 22 .... 73 F 5
Goudet 43 .... 247 F 5
Goudex 31 .... 317 E 3
Goudon 65 .... 315 G 4
Goudourville 82 .... 276 D 4
Gouesnach 29 .... 99 H 4
La Gouesnière 35 .... 50 D 5
Gouesnou 29 .... 70 C 5
Gouex 86 .... 187 E 4
Gouézec 29 .... 76 A 5
Gougenheim 67 .... 68 C 5
Gouhelans 25 .... 162 C 1
Gouhenans 70 .... 141 H 4
Gouillons 28 .... 86 D 5
Gouise 03 .... 192 B 3
Goujounac 46 .... 259 G 4
La Goulafrière 27 .... 55 E 2
Goulaine *Château de* 44 .... 147 H 4
Goulet 61 .... 54 A 4
Goulien 29 .... 98 D 2
Goulier 09 .... 336 A 5
Goulles 19 .... 243 G 4
Les Goulles 21 .... 138 D 2
Gouloux 58 .... 158 B 4
Goult 84 .... 305 G 1
Goulven 29 .... 71 E 4
Goumois 25 .... 163 H 3
Goupillières 14 .... 53 F 1
Goupillières 27 .... 35 G 5
Goupillières 76 .... 20 A 5
Goupillières 78 .... 57 G 3
Gouraincourt 55 .... 44 D 4
Le Gouray 22 .... 78 D 5
Gourbera 40 .... 292 D 2
Gourbesville 50 .... 29 G 5
Gourbit 09 .... 336 A 4
Gourchelles 60 .... 21 G 3
Gourdan-Polignan 31 .... 334 A 1
Gourdièges 15 .... 245 F 5
Gourdon 06 .... 309 E 2
Gourdon 07 .... 266 B 2
Gourdon 46 .... 259 H 2
Gourdon 71 .... 194 B 1
Gourdon-Murat 19 .... 225 E 3
Gourette 64 .... 332 B 2
Gourfaleur 50 .... 32 B 5
Gourfouran *Gouffre de* 05 .... 270 C 1
Gourgançon 51 .... 61 G 5
Gourgé 79 .... 168 B 5
Gourgeon 70 .... 140 C 3
Gourgue 65 .... 333 G 1
Gourhel 56 .... 103 E 4
Gourin 56 .... 76 C 5
Gourlizon 29 .... 99 G 2
Gournay 36 .... 189 E 1
Gournay 76 .... 34 C 1
Gournay 79 .... 202 D 1
Gournay-en-Bray 76 .... 37 F 1
Gournay-le-Guérin 27 .... 55 G 5
Gournay-sur-Aronde 60 .... 39 E 1
Gournay-sur-Marne 93 .... 58 D 3
Les Gours 16 .... 202 D 3
Gours 33 .... 238 D 4
Gourvieille 11 .... 318 C 4
Gourville 16 .... 202 D 5
Gourvillette 17 .... 202 C 4
Goury 50 .... 28 C 2
Gourzon 52 .... 92 D 2
Goussaincourt 55 .... 94 A 3
Goussainville 28 .... 57 E 4
Goussainville 95 .... 58 D 1
Goussancourt 02 .... 40 D 5
Gousse 40 .... 293 F 2
Goussonville 78 .... 57 G 2
Goustranville 14 .... 34 A 4
La Goutelle 63 .... 209 E 5
Goutevernisse 31 .... 317 F 5
Goutrens 12 .... 262 B 5
Gouts 40 .... 293 F 2
Gouts 82 .... 277 E 1
Gouts-Rossignol 24 .... 221 G 4
Gouttières 27 .... 55 G 1
Gouttières 63 .... 209 E 2
Goutz 32 .... 296 C 2
Gouvernes 77 .... 59 E 3
Gouves 62 .... 13 F 2
Gouvets 50 .... 52 B 2
Gouvieux 60 .... 38 C 4
Gouville 27 .... 56 A 3
Gouville-sur-Mer 50 .... 31 F 5
Gouvix 14 .... 53 G 1
Goux 32 .... 295 E 4
Goux 39 .... 179 E 1
Goux-lès-Dambelin 25 .... 163 E 2
Goux-les-Usiers 25 .... 180 C 1
Goux-sous-Landet 25 .... 161 H 5
Gouy 02 .... 14 B 5
Gouy 76 .... 36 B 3
Gouy-en-Artois 62 .... 13 F 3
Gouy-en-Ternois 62 .... 12 D 2
Gouy-les-Groseillers 60 .... 22 B 4
Gouy-l'Hôpital 80 .... 21 H 2
Gouy-Saint-André 62 .... 6 D 5
Gouy-Servins 62 .... 8 A 5
Gouy-sous-Bellonne 62 .... 14 A 2
Gouzangrez 95 .... 37 H 5
Gouze 64 .... 313 G 2
Gouzeaucourt 59 .... 14 A 5
Gouzens 31 .... 317 F 5
Gouzon 23 .... 207 H 1
Gouzougnat 23 .... 207 H 1
Goven 35 .... 104 A 4
Goviller 54 .... 94 C 3
Goxwiller 67 .... 97 F 3
Goyencourt 80 .... 23 F 3
Goyrans 31 .... 317 H 2
Grabels 34 .... 302 D 4
Graçay 18 .... 154 A 5
Grâce-Uzel 22 .... 102 B 1
Grâces 22 .... 73 E 5
Gradignan 33 .... 255 F 1
Graffigny-Chemin 52 .... 117 H 2
Gragnague 31 .... 298 B 4
Graignes 50 .... 32 A 3
Grailhen 65 .... 333 H 4
Graimbouville 76 .... 18 D 5
Graincourt-
lès-Havrincourt 62 .... 14 A 4
Grainville 27 .... 36 D 3
Grainville-la-Teinturière 76 .... 19 F 3
Grainville-Langannerie 14 .... 53 H 1
Grainville-sur-Odon 14 .... 33 F 5
Grainville-sur-Ry 76 .... 36 C 1
Grainville-Ymauville 76 .... 19 E 4
Le Grais 61 .... 53 G 5
Graissac 12 .... 263 E 2
Graissessac 34 .... 301 F 4
Graix 42 .... 230 C 5
Le Grallet 17 .... 218 C 1
Gramat 46 .... 260 D 2
Gramazie 11 .... 337 F 1
Grambois 84 .... 306 B 2
Grammond 42 .... 230 B 3
Grammont 70 .... 141 H 5
Gramond 12 .... 280 B 2
Gramont 82 .... 296 C 1
Granace 2A .... 351 E 2
Grancey-le-Château 21 .... 139 E 4
Grancey-sur-Ource 21 .... 116 A 4
Granchain 27 .... 55 G 1
Grand 88 .... 93 G 4
Le Grand-Abergement 01 .... 214 D 2
Grand-Auverné 44 .... 127 E 5
Grand-Ballon 68 .... 120 C 5
Grand Bois ou de la République
Col du 42 .... 230 C 5
Le Grand-Bornand 74 .... 216 A 3
Le Grand-Bourg 23 .... 206 C 1
Grand-Bourgtheroulde 27 .... 35 H 3
Grand-Brassac 24 .... 239 H 1
Grand-Camp 27 .... 55 E 1
Grand-Camp 76 .... 19 F 5
Grand-Castang 24 .... 240 C 5
Le Grand-Celland 50 .... 52 A 5
Grand-Champ 56 .... 124 B 2
Grand-Charmont 25 .... 142 C 4
Grand-Châtel 39 .... 196 D 3
La Grand-Combe 30 .... 283 G 3
Grand-Corent 01 .... 196 B 5
Grand-Couronne 76 .... 36 A 3
La Grand-Croix 42 .... 230 C 3
Grand-Failly 54 .... 44 C 2
Grand-Fayt 59 .... 15 F 4
Grand Fenestrez 01 .... 214 D 4
Grand-Fort-Philippe 59 .... 3 E 2
Grand-Fougeray 35 .... 126 B 3
Grand-Laviers 80 .... 11 G 3
Le Grand-Lemps 38 .... 232 B 4
Le Grand-Lucé 72 .... 130 C 2
Le Grand-Madieu 16 .... 203 H 3
Grand Phare 85 .... 164 A 4
Le Grand Piquey 33 .... 254 B 2
Le Grand-Pressigny 37 .... 170 A 3
Grand-Puch
Château du 33 .... 238 B 5
Le Grand-Quevilly 76 .... 36 A 2
Grand-Rozoy 02 .... 40 B 4
Grand-Rullecourt 62 .... 13 E 3
Le Grand-Serre 26 .... 249 G 1
Grand Taureau 25 .... 180 D 2
Grand-Vabre 12 .... 262 B 3
Le Grand-Valtin 88 .... 120 B 3
Grand-Verly 02 .... 24 D 1
Le Grand-Village-Plage 17 .... 200 B 4
Grandcamp-Maisy 14 .... 32 B 2
Grandchamp 08 .... 26 B 4
Grandchamp 52 .... 139 H 3
Grandchamp 72 .... 83 H 5
Grandchamp 78 .... 57 E 5
Grandchamp 89 .... 135 G 3
Grandchamp-
des-Fontaines 44 .... 147 G 2
Grandchamp-le-Château 14 .... 34 B 5
Grand'Combe-Châteleu 25 .... 181 E 1
Grand'Combe-des-Bois 25 .... 163 G 4
Grandcourt 76 .... 11 E 5
Grandcourt 80 .... 13 F 5
Grande Chartreuse
Couvent de la 38 .... 233 E 5
La Grande-Fosse 88 .... 96 C 4
La Grande-Motte 34 .... 303 F 5
La Grande-Paroisse 77 .... 88 D 4
La Grande-Résie 70 .... 161 E 3
Grande-Rivière 39 .... 197 E 1
Grande-Synthe 59 .... 3 F 2
La Grande-Verrière 71 .... 176 B 2
Grandecourt 70 .... 140 C 4
Les Grandes-Armoises 08 .... 27 E 5
Les Grandes-Chapelles 10 .... 90 D 3
Les Grandes-Dalles 76 .... 19 F 2
Les Grandes-Loges 51 .... 62 A 1
Les Grandes-Rivières 17 .... 183 G 5
Les Grandes-Ventes 76 .... 20 C 3
Grandeyrolles 63 .... 227 G 3
Grandfontaine 25 .... 161 H 4
Grandfontaine 67 .... 96 C 2
Grandfontaine-
sur-Creuse 25 .... 162 D 4
Grandfresnoy 60 .... 39 E 2
Grandham 08 .... 43 E 3
Grandjean 17 .... 201 G 4
Grand'Landes 85 .... 165 F 3
Grandlup-et-Fay 02 .... 25 E 4
Grandmesnil 14 .... 54 B 2
Grandmesnil 54 .... 94 A 1
Grandouet 14 .... 34 B 5
Grandpré 08 .... 43 E 3
Grandpuits 77 .... 88 D 2
Grandrieu 48 .... 264 D 1
Grandrieux 02 .... 25 H 3
Grandrif 63 .... 229 E 3
Grandris 69 .... 212 B 2
Grandrû 60 .... 23 H 5
Grandrupt 88 .... 96 C 4
Grandrupt-de-Bains 88 .... 118 D 3
Les Grands-Chézeaux 87 .... 188 B 4
Grandsaigne 19 .... 225 E 4
Grandval 63 .... 228 D 2
Grandval *Barrage de* 15 .... 245 H 5
Grandvals 48 .... 263 G 2
Grandvaux 71 .... 194 A 2
Grandvelle-
et-le-Perrenot 70 .... 161 H 1
Grandvillars 90 .... 142 D 4
La Grandville 08 .... 26 D 3
Grandville 10 .... 91 F 2
Grandvillers 88 .... 95 H 5
Grandvillers-aux-Bois 60 .... 39 E 2
Grandvilliers 27 .... 56 A 4
Grandvilliers 60 .... 21 H 4
Grane 26 .... 267 F 2
Granès 11 .... 337 G 3
La Grange 25 .... 163 E 3
Grange-de-Vaivre 39 .... 179 G 1
Grange-le-Bocage 89 .... 89 H 5
Grangent *Barrage de* 42 .... 230 A 4
Grangermont 45 .... 111 H 3
Granges 01 .... 196 B 5
Les Granges 10 .... 115 E 4
Granges 71 .... 177 G 4
Granges-Aumontzey 88 .... 120 A 2
Les Granges *Château* 58 .... 156 B 3
Granges-d'Ans 24 .... 241 F 2
Granges-de-Vienney 25 .... 162 B 4
Les Granges-Gontardes 26 .... 267 E 5
Granges-la-Ville 70 .... 142 A 4
Granges-le-Bourg 70 .... 142 A 4
Les Granges-le-Roi 91 .... 87 E 3
Granges-l'Église 25 .... 180 C 2
Granges-
les-Beaumont 26 .... 249 G 3
Granges-Maillot 25 .... 180 B 1
Granges-Narboz 25 .... 180 C 2
Granges-Sainte-Marie 25 .... 180 C 3
Granges-sur-Aube 51 .... 90 C 2
Granges-sur-Baume 39 .... 179 F 4
Granges-sur-Lot 47 .... 275 H 1
Les Grangettes 25 .... 180 C 3
Grangues 14 .... 34 A 3
Granier 73 .... 234 C 2
Granier *Col du* 73 .... 233 F 3
Granieu 38 .... 232 C 2
Granon *Col de* 05 .... 252 C 4
Grans 13 .... 305 F 4
Granville 50 .... 51 F 3
Granzay-Gript 79 .... 184 D 5
Gras 07 .... 266 C 5
Les Gras 25 .... 181 E 1
Gras *Plateau des* 07 .... 284 C 1
Grassac 16 .... 221 H 2
Grasse 06 .... 309 E 3
Grassendorf 67 .... 68 C 3
Grateloup-
Saint-Gayrand 47 .... 257 G 5
Gratens 31 .... 317 F 4
Gratentour 31 .... 297 H 3
Gratibus 80 .... 22 D 4
Gratot 50 .... 31 G 5
Gratreuil 51 .... 42 D 4
Grattepanche 80 .... 22 B 3
Le Gratteris 25 .... 162 B 4
Grattery 70 .... 141 E 4
Le Grau-d'Agde 34 .... 322 C 5
Grau de Maury 66 .... 338 B 4
Le Grau-du-Roi 30 .... 303 F 5
Graufthal 67 .... 68 A 3
Les Graulges 24 .... 221 H 3
Graulhet 81 .... 299 E 3
Grauves 51 .... 61 G 2
Graval 76 .... 21 E 3
La Grave 05 .... 252 A 3
La Grave 06 .... 291 F 5
Grave *Pointe de* 33 .... 218 C 2
Gravelines 59 .... 3 E 2
La Gravelle 53 .... 105 G 3
Gravelotte 57 .... 65 G 1
La Graverie 14 .... 52 C 2
Graveron-Sémerville 27 .... 36 A 5
Graves-Saint-Amant 16 .... 220 D 2
Graveson 13 .... 304 C 2
Gravières 07 .... 265 H 5
Gravigny 27 .... 56 B 1
Gravon 77 .... 89 F 4
Gray 70 .... 161 E 1
Gray-la-Ville 70 .... 161 E 1
Grayan-et-l'Hôpital 33 .... 218 C 4
Graye-et-Charnay 39 .... 196 B 2
Graye-sur-Mer 14 .... 33 F 3
Grayssas 47 .... 276 D 3
Grazac 31 .... 318 A 4
Grazac 43 .... 247 H 2
Grazac 81 .... 298 B 2
Grazay 53 .... 82 C 5
Gréalou 46 .... 261 E 4
Gréasque 13 .... 327 F 1
Grébault-Mesnil 80 .... 11 F 4
Grécourt 80 .... 23 G 3
Gredisans 39 .... 161 E 5
La Grée-Penvins 56 .... 124 C 5
La Grée-Saint-Laurent 56 .... 102 D 4
Gréez-sur-Roc 72 .... 108 D 3
Greffeil 11 .... 337 H 1
Grèges 76 .... 10 B 5
Grégy-sur-Yerres 77 .... 59 E 5
Grémecey 57 .... 66 C 4
Grémévillers 60 .... 21 H 5
Gremilly 55 .... 44 C 4
Grémonville 76 .... 19 H 4
Grenade 31 .... 297 G 3
Grenade-sur-l'Adour 40 .... 294 A 2
Grenant 52 .... 139 H 3
Grenant-lès-Sombernon 21 .... 159 G 4
Grenay 38 .... 231 G 1
Grenay 62 .... 8 B 4
Grendelbruch 67 .... 97 E 2
Greneville-en-Beauce 45 .... 111 F 3
Grenier-Montgon 43 .... 245 H 1
Gréning 57 .... 67 F 2
Grenoble 38 .... 250 D 1
Grenois 58 .... 157 F 3
Grentheville 14 .... 33 H 5
Grentzingen 68 .... 143 F 3
Greny 76 .... 10 C 5
Gréolières 06 .... 309 E 1
Gréolières-les-Neiges 06 .... 309 E 1
Gréoux-les-Bains 04 .... 306 D 2
Grépiac 31 .... 318 A 3
Le Grès 31 .... 297 F 3
Grésigny-Sainte-Reine 21 .... 138 A 5
Gresin 73 .... 232 D 2
La Gresle 42 .... 212 A 2
Gresse-en-Vercors 38 .... 250 C 5
Gressey 78 .... 57 E 3
Gresswiller 67 .... 97 E 2
Gressy 77 .... 59 E 2
Grésy-sur-Aix 73 .... 215 F 5
Grésy-sur-Isère 73 .... 233 H 2
Gretz-Armainvilliers 77 .... 59 F 4
Greucourt 70 .... 140 C 5
Greuville 76 .... 19 H 2
Greux 88 .... 93 H 3
La Grève-sur-Mignon 17 .... 184 B 5
Les Grèves 22 .... 78 C 3
Gréville-Hague 50 .... 28 D 2
Grévillers 62 .... 13 G 4
Grevilly 71 .... 195 E 2
Grez 60 .... 21 H 4
Le Grez 72 .... 107 E 2
Grez-en-Bouère 53 .... 128 C 2
Grez-Neuville 49 .... 128 B 5
Grez-sur-Loing 77 .... 88 B 5
Grézac 17 .... 219 E 2
Grézels 46 .... 259 F 5
Grèzes 24 .... 241 H 3
Grèzes 43 .... 246 C 5
Grèzes 46 .... 261 E 3
Grèzes 48 .... 264 B 4
Grézet-Cavagnan 47 .... 275 E 1

Grézian 65 333 G 4
Grézieu-la-Varenne 69 212 D 5
Grézieu-le-Marché 69 230 B 2
Grézieux-le-Fromental 42 229 H 2
Grézillac 33 256 C 1
Grézillé 49 149 H 3
Grézolles 42 211 F 4
Gricourt 02 24 A 2
Grièges 01 195 E 5
La Grière 85 182 D 3
Gries 67 69 E 4
Griesbach 67 68 D 2
Griesbach-au-Val 68 120 D 3
Griesbach-le-Bastberg 67 68 B 3
Griesheim-près-Molsheim 67 97 F 2
Griesheim-sur-Souffel 67 68 D 5
Grignan 26 267 F 5
Grigneuseville 76 20 B 4
Grignols 24 240 B 3
Grignols 33 274 D 1
Grignon 21 137 H 5
Grignon 73 234 A 1
Grignoncourt 88 118 B 5
Grigny 62 7 E 5
Grigny 69 231 E 2
Grigny 91 58 C 5
La Grigonnais 44 126 C 5
Grillemont *Château de* 37 170 A 1
Grillon 84 267 F 5
Grilly 01 197 G 4
Grimaucourt-en-Woëvre 55 44 C 5
Grimaucourt-près-Sampigny 55 64 C 4
Grimaud 83 329 F 2
La Grimaudière 86 168 C 4
Grimault 89 137 E 4
Grimbosq 14 53 F 1
Grimesnil 50 51 H 1
Grimone 26 268 D 2
Grimone *Col de* 26 268 D 2
Grimonviller 54 94 C 4
Grincourt-lès-Pas 62 13 E 4
Grindorff-Bizing 57 46 C 2
Gripp 65 333 F 3
La Gripperie-Saint-Symphorien 17 200 D 5
Gripport 54 95 E 3
Gris-Nez *Cap* 62 2 A 4
Griscourt 54 65 G 4
Griselles 21 137 H 2
Griselles 45 112 C 4
Grisolles 02 40 B 5
Grisolles 82 297 G 2
Grisy 14 54 A 1
Grisy-les-Plâtres 95 38 A 5
Grisy-Suisnes 77 59 E 5
Grisy-sur-Seine 77 89 G 4
La Grive 38 231 H 2
Grives 24 259 F 2
Grivesnes 80 22 D 4
Grivillers 80 23 E 4
Grivy-Loisy 08 42 C 2
Groffliers 62 6 B 5
La Groise 59 15 E 5
Groises 18 155 H 4
Groissiat 01 196 C 5
Groisy 74 215 G 2
Groix 56 123 E 3
Groléjac 24 259 H 1
Gron 18 155 H 5
Gron 89 113 G 3
Gronard 02 25 F 3
Le Gros Cerveau 83 327 H 4
Gros-Chastang 19 243 F 2
Gros-Réderching 57 67 H 1
Grosbliederstroff 57 47 G 5
Grosbois 25 162 C 2
Grosbois *Château de* 94 58 D 5
Grosbois-en-Montagne 21 159 F 3
Grosbois-lès-Tichey 21 178 C 1
Grosbreuil 85 182 B 1
Les Groseillers 79 185 E 2
Groslay 95 58 C 2
Groslée 01 232 C 1
Groslée-Saint-Benoit 01 232 C 1
Grosley-sur-Risle 27 55 H 1
Grosmagny 90 142 C 2
Grosne 90 142 D 3
Grospierres 07 284 A 1
Grosrouvre 78 57 F 4
Grosrouvres 54 65 E 4
Grossa 2A 350 D 2
Grosseto-Prugna 2A 348 D 4
Grossœuvre 27 56 B 2
Grossouvre 18 174 A 3
Grostenquin 57 67 E 2
Grosville 50 28 D 4
Le Grouanec 29 70 D 4
Grouches-Luchuel 80 12 D 3
Grougis 02 24 C 1
Grouin *Pointe du* 35 50 D 4
La Groulais *Château de* 44 147 F 1
La Groutte 18 173 F 5
Grozon 39 179 F 2
Gruchet-le-Valasse 76 19 E 5
Gruchet-Saint-Siméon 76 19 H 2
Grues 85 183 E 3
Gruey-lès-Surance 88 118 D 4
Gruffy 74 215 G 5
Grugé-l'Hopital 49 127 G 3
Grugies 02 24 A 3
Grugny 76 20 B 5
Gruissan 11 339 F 1
Gruissan-Plage 11 339 F 1
Grumesnil 76 21 F 5
Grun-Bordas 24 240 B 3
Grundviller 57 67 G 1
Gruny 80 23 F 3
Grury 71 176 A 5
Gruson 59 9 E 3
Grusse 39 196 B 1
Grussenheim 68 121 F 2
Grust 65 332 D 3
Gruyères 08 26 C 3
Le Gua 17 200 B 5
Le Gua 38 250 D 3
Guagno 2A 348 D 1
Guagno-les-Bains 2A 348 C 1
Guainville 28 57 E 2
Guarbecque 62 7 H 3
Guargualé 2A 348 D 4
Guchan 65 333 G 4
Guchen 65 333 G 4
Gudas 09 336 B 2
Gudmont 52 93 E 5
Le Gué-d'Alleré 17 183 H 5
Le Gué-de-la-Chaîne 61 84 B 4
Le Gué-de-Longroi 28 86 C 3
Le Gué-de-Velluire 85 183 H 3
Gué-d'Hossus 08 26 C 1
Le Gué-du-Loir 41 131 F 3
Le Gué-Lian 72 107 G 2
Guebenhouse 57 67 F 1
Gueberschwihr 68 121 E 3
Guébestroff 57 67 E 4
Guéblange-lès-Dieuze 57 67 E 4
Guébling 57 67 E 3
Guebwiller 68 120 D 5
Guécélard 72 129 H 2
Le Guédéniau 49 150 C 1
Guégon 56 102 C 4
Guéhébert 50 51 H 1
Guéhenno 56 102 C 5
Gueltas 56 102 B 2
Guémappe 62 13 H 3
Guémar 68 97 E 5
Guémené-Penfao 44 126 A 4
Guémené-sur-Scorff 56 101 F 2
Guémicourt 80 21 F 3
Guemps 62 2 D 3
Guénange 57 45 H 4
Guengat 29 99 G 2
Guénin 56 101 H 4
Guénouvry 44 126 B 4
Guenroc 22 79 G 5
Guenrouet 44 125 H 5
Guentrange 57 45 G 3
Guenviller 57 47 E 5
Guêprei 61 54 B 3
Guer 56 103 F 5
Guérande 44 145 H 4
Guérard 77 59 G 4
Guerbigny 80 23 E 4
La Guerche 37 170 A 3
La Guerche-de-Bretagne 35 105 E 5
La Guerche-sur-l'Aubois 18 174 A 2
Guercheville 77 112 A 2
Guerchy 89 136 A 2
Guéreins 01 213 E 1
Guéret 23 207 E 1
Guerfand 71 178 A 4
Guérigny 58 174 C 1
Guérin 47 257 E 5
La Guérinière 85 164 B 1
Guerlédan *Lac de* 22 77 H 5
Guerlesquin 29 72 B 5
Guermange 57 67 F 4
Guermantes 77 59 E 3
Guern 56 101 G 3
Guernanville 27 55 H 3
Guernes 78 57 F 1
Le Guerno 56 125 E 4
Guerny 27 37 F 4
Guéron 14 33 E 3
La Guéroulde 27 55 H 4
Guerpont 55 63 H 4
Guerquesalles 61 54 C 2
Les Guerreaux 71 193 F 2
Guerstling 57 46 D 3
Guerting 57 46 D 5
Guerville 76 11 E 5
Guerville 78 57 F 2
Guéry *Col de* 63 227 F 2
Gueschart 80 11 H 2
Guesnain 59 8 D 5
Guesnes 86 168 D 2
Guessling-Hémering 57 66 D 1
Guéthary 64 310 C 3
Le Guétin 18 174 B 2
Gueudecourt 80 13 G 5
Gueugnon 71 193 G 1
Gueures 76 20 A 2
Gueutteville 76 20 A 4
Gueutteville-les-Grès 76 19 G 2
Gueux 51 41 F 4
Guevenatten 68 142 D 2
Guewenheim 68 142 D 1
Gueynard 33 237 H 3
Gueytes-et-Labastide 11 337 E 2
Gueyze 47 275 E 4
Gugnécourt 88 95 H 5
Gugney 54 94 C 4
Gugney-aux-Aulx 88 95 E 5
Guibermesnil 80 21 G 2
Guibeville 91 87 G 2
Guichainville 27 56 B 2
Guiche 64 292 C 5
La Guiche 71 194 B 2
Guichen 35 104 A 4
Guiclan 29 71 G 5
Guidel 56 100 D 5
Guidon du Bouquet 30 284 A 3
La Guierche 72 107 H 3
Guignecourt 60 38 A 1
Guignemicourt 80 22 B 2
Guignen 35 103 H 5
Guignes 77 88 C 2
Guigneville 45 111 G 2
Guigneville-sur-Essonne 91 87 H 3
Guignicourt 02 41 G 2
Guignicourt-sur-Vence 08 26 C 4
La Guignière 37 151 H 2
Guignonville 45 111 F 3
Guigny 62 11 H 1
Guilberville 50 52 C 1
Le Guildo 22 50 A 5
Guiler-sur-Goyen 29 99 F 2
Guilers 29 75 E 2
Guilherand-Granges 07 249 F 4
Guillac 33 256 C 1
Guillac 56 102 D 5
Guillaucourt 80 23 E 2
Guillaumes 06 289 F 3
Guillemont 80 13 G 5
La Guillermie 03 210 D 3
Guillerval 91 87 F 5
Guillestre 05 270 D 2
Guilleville 28 110 D 2
Guilliers 56 102 D 3
Guilligomarc'h 29 101 E 4
Guillon 89 158 B 1
Guillon-les-Bains 25 162 C 2
Guillonville 28 110 C 4
Guillos 33 255 G 4
Guilly 36 171 H 1
Guilly 45 133 H 3
Guilmécourt 76 10 C 5
Guilvinec 29 99 F 5
Guimaëc 29 72 A 4
Guimiliau 29 71 G 5
Guimps 16 220 C 4
Guinarthe-Parenties 64 311 H 3
Guincourt 08 26 C 5
Guindrecourt-aux-Ormes 52 92 D 3
Guindrecourt-sur-Blaise 52 92 C 5
Guinecourt 62 12 C 2
Guînes 62 2 C 4
Guingamp 22 73 E 5
Guinglange 57 66 C 1
Guinkirchen 57 46 C 4
Guinzeling 57 67 F 3
Guipavas 29 75 F 2
Guipel 35 80 B 5
Guipronvel 29 70 C 5
Guipry-Messac 35 126 A 2
Guipy 58 157 F 4
Guirlange 57 46 C 4
Guiry-en-Vexin 95 37 G 5
Guiscard 60 23 H 4
Guiscriff 56 100 C 2
Guise 02 24 D 1
Guiseniers 27 37 E 4
Le Guislain 50 52 A 1
Guissény 29 70 D 4
Guisy 62 6 D 5
Guitalens 81 299 E 4
Guitera-les-Bains 2A 349 E 3
Guitinières 17 219 G 4
Guitrancourt 78 57 G 1
Guîtres 33 238 C 3
Guitry 27 37 E 4
Guitté 22 103 G 1
Guivry 02 23 H 4
Guizancourt 80 21 H 3
Guizengeard 16 220 D 5
Guizerix 65 315 H 4
Gujan-Mestras 33 254 C 2
Gumbrechtshoffen 67 68 D 2
Gumery 10 89 H 4
Gumiane 26 268 A 4
Gumières 42 229 G 3
Gumond 19 243 F 2
Gundershoffen 67 68 D 2
Gundolsheim 68 121 E 4
Gungwiller 67 67 H 3
Gunsbach 68 120 D 3
Gunstett 67 69 E 2
Guntzviller 57 67 H 5
Guny 02 40 A 1
Guran 31 334 B 3
Gurat 16 221 G 4
Gurcy-le-Châtel 77 89 E 3
Gurgy 89 136 B 2
Gurgy-la-Ville 21 138 D 2
Gurgy-le-Château 21 138 D 2
Gurmençon 64 331 H 1
Gurs 64 313 G 4
Gurunhuel 22 72 D 5
Gury 60 23 F 5
Gussainville 55 44 D 5
Gussignies 59 15 F 2
Guyancourt 78 58 A 4
Guyans-Durnes 25 162 B 5
Guyans-Vennes 25 163 E 4
Guyencourt 02 41 F 2
Guyencourt-Saulcourt 80 14 A 5
Guyencourt-sur-Noye 80 22 C 3
La Guyonnière 85 166 A 2
Guyonvelle 52 140 B 2
Guzargues 34 303 E 3
Guzet-Neige 09 335 G 5
Gy 70 161 G 2
Gy-en-Sologne 41 153 G 3
Gy-les-Nonains 45 112 D 5
Gy-l'Évêque 89 136 B 4
Gye 54 94 B 1
Gyé-sur-Seine 10 115 G 4

H

Habarcq 62 13 F 2
Habas 40 293 E 4
Habère-Lullin 74 198 B 4
Habère-Poche 74 198 B 4
L'Habit 27 56 D 3
L'Habitarelle 48 264 D 3
L'Habitarelle 48 265 F 5
Hablainville 54 95 H 2
Habloville 61 53 H 4
Habonville 54 45 F 5
Haboudange 57 66 D 3
Habsheim 68 143 G 1
Hachan 65 315 H 4
Hâcourt 52 117 H 2
Hacqueville 27 37 E 3
Hadancourt-le-Haut-Clocher 60 37 G 5
Hadigny-les-Verrières 88 95 F 4
Hadol 88 119 G 3
Hadonville-lès-Lachaussée 55 65 E 1
Haegen 67 68 B 5
Hagécourt 88 94 D 5
Hagedet 65 295 E 5
Hagen 57 45 H 1
Hagenbach 68 143 E 2
Hagenthal-le-Bas 68 143 G 4
Hagenthal-le-Haut 68 143 G 4
Haget 32 315 F 2
Hagetaubin 64 293 H 5
Hagetmau 40 293 H 4
Hagéville 54 65 F 2
Hagnéville-et-Roncourt 88 94 A 5
Hagnicourt 08 26 C 5
Hagondange 57 45 H 4
La Hague *Usine atomique de* 50 28 C 2
Haguenau 67 69 E 3
La Haie-Fouassière 44 147 H 4
La Haie-Longue 49 149 F 3
La Haie-Traversaine 53 82 B 4
Les Haies 69 231 E 3
Haigneville 54 95 E 3
Haillainville 88 95 F 4
Le Haillan 33 237 F 5
Hailles 80 22 C 3
Haillicourt 62 7 H 4
Haimps 17 202 C 4
Haims 86 187 G 2
Hainvillers 60 23 E 5
Haironville 55 63 G 5
Haisnes 62 8 B 4
Haleine 61 82 C 3
Halinghen 62 6 B 3
Hallencourt 80 11 G 5
Hallennes-lez-Haubourdin 59 8 C 3
Hallering 57 46 D 5
Les Halles 69 230 B 1
Halles-sous-les-Côtes 55 43 G 1
Hallignicourt 52 63 E 5
Hallines 62 7 F 2
Halling-lès-Boulay 57 46 C 5
Hallivillers 80 22 B 4
La Hallotière 76 36 D 1
Halloville 54 96 A 2
Halloy 60 21 H 4
Halloy 62 12 D 4
Halloy-lès-Pernois 80 12 C 5
Hallu 80 23 F 3
Halluin 59 4 D 5
Halsou 64 310 D 3
Halstroff 57 46 C 2
Le Ham 14 34 A 4
Le Ham 50 29 G 5
Le Ham 53 82 D 4
Ham 80 23 H 3
Ham *Roches de* 50 52 B 1
Ham-en-Artois 62 7 H 3
Ham-les-Moines 08 26 C 2
Ham-sous-Varsberg 57 46 D 5
Ham-sur-Meuse 08 17 E 4
Hamars 14 53 F 1
Hambach 57 67 G 1
Hambers 53 106 C 2
Hamblain-les-Prés 62 13 H 2
Hambye 50 51 H 2
Hambye *Abbaye de* 50 51 H 2
Hameau-de-la-Mer 50 29 E 2
Hamel 59 14 A 2
Le Hamel 60 21 H 4
Le Hamel 80 22 D 2
Hamelet 80 22 D 1
Hamelin 50 81 F 2
Hamelincourt 62 13 G 3
Hames-Boucres 62 2 C 4
Hammeville 54 94 C 2
Hamonville 54 65 E 4
Hampigny 10 91 H 3
Hampont 57 66 D 4
Han-devant-Pierrepont 54 44 D 3
Han-lès-Juvigny 55 43 H 1
Han-sur-Meuse 55 64 C 4
Han-sur-Nied 57 66 C 2
Hanau *Étang de* 57 68 C 1
Hanc 79 203 E 2
Hanches 28 86 C 2
Hancourt 80 23 H 1
Handschuheim 67 97 F 1
Hangard 80 22 D 2
Hangenbieten 67 97 G 1
Hangest-en-Santerre 80 23 E 3
Hangest-sur-Somme 80 22 A 1
Hangviller 57 68 A 4
Hannaches 60 37 G 1
Hannapes 02 24 D 1
Hannappes 08 25 H 2
Hannescamps 62 13 F 4
Hannocourt 57 66 C 3
Hannogne-Saint-Martin 08 27 E 4
Hannogne-Saint-Rémy 08 25 H 5
Hannonville-sous-les-Côtes 55 64 D 2
Hannonville-Suzémont 54 65 E 1
Le Hanouard 76 19 G 3
Hans 51 42 D 5
Hantay 59 8 B 3
Hantz *Col du* 88 96 C 3
Hanvec 29 75 H 3
Hanviller 57 48 C 5
Hanvoile 60 37 G 1
Haplincourt 62 13 H 4
Happencourt 02 24 A 3
Happonvilliers 28 85 G 5
Harambels 64 311 G 5
Haramont 02 39 H 3
Haraucourt 08 27 F 4
Haraucourt 54 95 E 1
Haraucourt-sur-Seille 57 66 D 4
Haraumont 55 43 H 2
Haravesnes 62 12 B 2
Haravilliers 95 38 A 5
Harbonnières 80 23 E 2
Harbouey 54 96 A 1
Harcanville 76 19 G 3
Harchéchamp 88 94 A 4
Harcigny 02 25 G 3
Harcourt 27 35 G 5
Harcy 08 26 C 2
Hardancourt 88 95 G 4
Hardanges 53 82 C 5
Hardecourt-aux-Bois 80 23 F 1
Hardelot-Plage 62 6 A 2
Hardencourt-Cocherel 27 56 C 1
Hardifort 59 3 H 4
Hardinghen 62 2 C 5
Hardinvast 50 29 E 3
Hardivillers 60 22 C 5
Hardivillers-en-Vexin 60 37 H 3
La Hardoye 08 25 H 4
Hardricourt 78 57 G 1
La Harengère 27 36 A 4
Haréville 88 118 C 2
Harfleur 76 34 C 1
Hargarten-aux-Mines 57 46 D 4
Hargeville 78 57 F 3
Hargeville-sur-Chée 55 63 H 3
Hargicourt 02 24 A 1
Hargicourt 80 22 D 4
Hargnies 08 17 E 5
Hargnies 59 15 G 2
Haricourt 27 37 E 5
Harly 02 24 B 2
Harméville 52 93 F 3
Harmonville 88 94 B 3
La Harmoye 22 77 H 4
Harnes 62 8 C 4
Harol 88 119 E 2
Haroué 54 94 D 3
Harponville 80 13 E 5
Harprich 57 66 D 2
Harquency 27 37 E 4
Harreberg 57 67 H 5
Harréville-les-Chanteurs 52 93 H 5
Harricourt 08 43 F 1
Harricourt 52 92 C 5
Harsault 88 119 E 3
Harskirchen 67 67 G 2
Hartennes-et-Taux 02 40 B 3
Hartmannswiller 68 120 D 5
Hartzviller 57 67 H 5
Harville 55 65 E 1
Hary 02 25 F 3
Haselbourg 57 68 A 5
Hasnon 59 9 F 5
Hasparren 64 311 E 3
Haspelschiedt 57 48 C 5
Haspres 59 14 C 3
Hastingues 40 292 D 5
Hatrize 54 45 F 5
Hatten 67 69 F 2
Hattencourt 80 23 F 3
Hattenville 76 19 F 4
Hattigny 57 96 B 1
Hattmatt 67 68 B 4
Hattonchâtel 55 64 D 2
Hattonville 55 64 D 2
Hattstatt 68 121 E 3
Hauban 65 333 F 1
Haubourdin 59 8 C 3
Hauconcourt 57 45 H 4
Haucourt 60 37 H 1
Haucourt 62 13 H 3
Haucourt 76 21 F 4
Haucourt-en-Cambrésis 59 14 C 4
Haucourt-la-Rigole 55 44 D 4
Haucourt-Moulaine 54 45 E 2
Haudainville 55 64 B 1
Haudiomont 55 64 C 1
Haudivillers 60 38 B 1
Haudonville 54 95 G 2
Haudrecy 08 26 C 3
Haudricourt 76 21 F 3
Haulchin 59 14 D 2
Haulies 32 296 B 3
Haulmé 08 26 D 2
Haumont-lès-Lachaussée 55 65 E 2
Haumont-près-Samogneux 55 44 B 4
Hauriet 40 293 G 3
Hausgauen 68 143 F 3
Haussez 76 21 F 5

Haussignémont 51 .... 63 E 4
Haussimont 51 .... 61 H 4
Haussonville 54 .... 95 E 2
Haussy 59 .... 14 D 3
Haut-Asco 2B .... 346 C 3
Haut-Barr *Château du* 67 .... 68 B 4
Haut-Clocher 57 .... 67 G 4
Le Haut-Corlay 22 .... 77 H 4
Haut-de-Bosdarros 64 .... 314 B 5
Le Haut-du-Them 70 .... 142 B 1
Haut-Kœnigsbourg
Château du 67 .... 97 E 5
Haut-Lieu 59 .... 15 G 4
Haut-Loquin 62 .... 2 D 5
Haut-Maînil 62 .... 12 B 2
Haut-Mauco 40 .... 293 H 2
Le Haut Planet *Balcon* 78 .... 57 F 5
Hautaget 65 .... 333 H 1
Hautbos 60 .... 21 G 5
Haute-Avesnes 62 .... 13 F 2
La Haute-Beaume 05 .... 268 D 3
La Haute-Chapelle 61 .... 82 B 2
Haute-Epine 60 .... 21 H 5
Haute-Goulaine 44 .... 147 H 4
Haute-Isle 95 .... 57 F 1
Haute-Kontz 57 .... 46 B 2
La Haute-Maison 77 .... 59 H 3
Haute Provence
Observatoire de 04 .... 287 E 5
Haute-Rivoire 69 .... 230 B 1
Haute-Vigneulles 57 .... 66 D 1
Hautecloque 62 .... 12 D 2
Hautecombe *Abbaye de* 73 .... 215 E 5
Hautecôte 62 .... 12 C 2
Hautecour 39 .... 196 D 1
Hautecour 73 .... 234 C 3
Hautecourt-lès-Broville 55 .... 44 C 5
Hautecourt-Romanèche 01 .... 214 B 1
Hautefage 19 .... 243 F 3
Hautefage-la-Tour 47 .... 276 C 1
Hautefaye 24 .... 221 H 3
Hautefeuille 77 .... 59 G 4
Hautefond 71 .... 193 H 3
Hautefontaine 60 .... 39 H 2
Hautefort 24 .... 241 F 1
Hauteluce 73 .... 216 C 5
Hautepierre-le-Châtelet 25 .... 180 C 1
Hauterive 03 .... 210 B 2
Hauterive 61 .... 83 H 3
Hauterive 89 .... 114 A 5
Hauterive-la-Fresse 25 .... 180 D 1
Hauterives 26 .... 249 G 1
Hauteroche 21 .... 159 F 1
Hautes-Duyes 04 .... 287 H 2
Les Hautes-Rivières 08 .... 27 E 1
Hautesvignes 47 .... 257 G 5
Hautevelle 70 .... 141 F 2
Hautevesnes 02 .... 40 A 5
Hauteville 02 .... 24 C 2
Hauteville 08 .... 26 A 5
Hauteville 51 .... 63 E 5
Hauteville 62 .... 13 E 2
Hauteville 73 .... 233 H 2
La Hauteville 78 .... 57 E 5
Hauteville-Gondon 73 .... 234 D 1
Hauteville-la-Guichard 50 .... 31 H 5
Hauteville-lès-Dijon 21 .... 160 A 2
Hauteville-Lompnes 01 .... 214 C 3
Hauteville-sur-Fier 74 .... 215 F 3
Hauteville-sur-Mer 50 .... 51 F 1
L'Hautil 78 .... 57 H 2
Haution 02 .... 25 F 2
Hautmont 59 .... 15 G 3
Hautmougey 88 .... 119 E 4
Hautot-l'Auvray 76 .... 19 G 3
Hautot-le-Vatois 76 .... 19 G 4
Hautot-Saint-Sulpice 76 .... 19 G 4
Hautot-sur-Mer 76 .... 20 A 2
Hautot-sur-Seine 76 .... 36 A 2
Hautteville-Bocage 50 .... 29 F 5
Hautvillers 51 .... 61 F 1
Hautvillers-Ouville 80 .... 11 G 3
Hauville 27 .... 35 G 2
Hauviné 08 .... 42 B 3
Haux 33 .... 255 H 2
Haux 64 .... 331 F 2
Havange 57 .... 45 F 3
Havelu 28 .... 57 E 4
Haveluy 59 .... 9 F 5
Havernas 80 .... 12 C 5
Haverskerque 59 .... 7 H 2
Le Havre 76 .... 34 C 1
Le Havre-Antifer
Port pétrolier 76 .... 18 C 4
Havrincourt 62 .... 14 A 4
Havys 08 .... 26 B 2
L'Haÿ-les-Roses 94 .... 58 C 4
Hayange 57 .... 45 G 3
Haybes 08 .... 17 E 5
La Haye 76 .... 36 D 1
La Haye 88 .... 119 E 3
La Haye-Aubrée 27 .... 35 G 2
La Haye-Bellefond 50 .... 52 A 1
La Haye-de-Calleville 27 .... 35 G 4
La Haye-de-Routot 27 .... 35 G 2
La Haye-d'Ectot 50 .... 28 D 5
La Haye-du-Puits 50 .... 31 F 3
La Haye-du-Theil 27 .... 35 H 4
La Haye-le-Comte 27 .... 36 B 4
La Haye-Malherbe 27 .... 36 A 4
La Haye-Pesnel 50 .... 51 G 3
La Haye-Saint-Sylvestre 27 .... 55 F 2
Les Hayes 41 .... 131 E 4
Hayes 57 .... 46 B 5
Haynecourt 59 .... 14 B 3
Les Hays 39 .... 178 D 2
Hazebrouck 59 .... 3 H 5
Hazembourg 57 .... 67 F 2
Héas 65 .... 333 E 5
Le Heaulme 95 .... 37 H 5
Héauville 50 .... 28 D 3
Hébécourt 27 .... 37 F 3
Hébécourt 80 .... 22 B 3
Hébécrevon 50 .... 32 A 5
Héberville 76 .... 19 H 3
Hébuterne 62 .... 13 F 4
Hèches 65 .... 333 H 2
Hecken 68 .... 143 E 2
Hecmanville 27 .... 35 F 4
Hécourt 27 .... 56 D 2
Hécourt 60 .... 37 G 1
Hecq 59 .... 15 E 3
Hectomare 27 .... 36 A 4
Hédauville 80 .... 13 E 5
Hédé-Bazouges 35 .... 80 A 5
Hédouville 95 .... 38 B 5
Hegeney 67 .... 68 D 2
Hégenheim 68 .... 143 H 3
Heidolsheim 67 .... 97 F 5
Heidwiller 68 .... 143 F 2
Heiligenberg 67 .... 97 E 2
Heiligenstein 67 .... 97 F 3
Heillecourt 54 .... 94 D 1
Heilles 60 .... 38 B 3
Heilly 80 .... 22 D 1
Heiltz-le-Hutier 51 .... 63 E 5
Heiltz-le-Maurupt 51 .... 63 E 4
Heiltz-l'Évêque 51 .... 62 D 4
Heimersdorf 68 .... 143 F 3
Heimsbrunn 68 .... 143 E 2
Heining-lès-Bouzonville 57 .... 46 D 3
Heippes 55 .... 63 H 1
Heiteren 68 .... 121 G 4
Heiwiller 68 .... 143 F 3
Hélesmes 59 .... 9 F 5
Hélette 64 .... 311 F 4
Helfaut 62 .... 7 F 2
Helfrantzkirch 68 .... 143 G 3
Helléan 56 .... 102 D 4
Hellemmes-Lille 59 .... 8 D 2
Hellenvilliers 27 .... 56 B 4
Hellering-lès-
Fénétrange 57 .... 67 G 4
Helleville 50 .... 28 D 4
Hellimer 57 .... 67 F 2
Héloup 61 .... 83 G 4
Helstroff 57 .... 46 C 5
Hem 59 .... 9 E 2
Hem-Hardinval 80 .... 12 C 4
Hem-Lenglet 59 .... 14 B 3
Hem-Monacu 80 .... 23 F 1
Hémevez 50 .... 29 F 5
Hémévillers 60 .... 39 E 1
Hémilly 57 .... 66 C 1
Héming 57 .... 67 G 5
Hémonstoir 22 .... 102 A 2
Hénaménil 54 .... 66 D 5
Hénanbihen 22 .... 79 E 2
Hénansal 22 .... 79 E 3
Hendaye 64 .... 310 A 3
Hendecourt-
lès-Cagnicourt 62 .... 13 H 3
Hendecourt-lès-Ransart 62 .... 13 G 3
Hénencourt 80 .... 13 E 5
Henflingen 68 .... 143 F 3
Hengoat 22 .... 73 E 3
Hengwiller 67 .... 68 B 5
Hénin-Beaumont 62 .... 8 C 5
Hénin-sur-Cojeul 62 .... 13 G 3
Héninel 62 .... 13 G 3
Hennebont 56 .... 101 F 5
Hennecourt 88 .... 119 E 2
Hennemont 55 .... 64 D 1
Henneveux 62 .... 2 C 5
Hennezel 88 .... 118 D 3
Hennezis 27 .... 36 D 4
Hénon 22 .... 78 C 4
Hénonville 60 .... 38 A 4
Hénouville 76 .... 36 A 1
Henrichemont 18 .... 155 F 3
Henridorff 57 .... 68 A 4
Henriville 57 .... 67 F 1
Hénu 62 .... 13 E 4
Henvic 29 .... 71 H 4
Hérange 57 .... 67 H 4
L'Herbaudière 85 .... 164 B 1
Herbault 41 .... 131 H 5
Herbeauvilliers 77 .... 112 A 2
Herbécourt 80 .... 23 F 1
Herbelles 62 .... 7 F 2
L'Herbergement 85 .... 165 H 2
Herbeuval 08 .... 27 H 4
Herbeuville 55 .... 64 D 2
Herbeville 78 .... 57 G 3
Herbéviller 54 .... 95 H 2
Herbeys 38 .... 251 E 2
Les Herbiers 85 .... 166 C 3
Herbignac 44 .... 146 B 1
Herbinghen 62 .... 2 D 5
Herbisse 10 .... 91 E 2
Herbitzheim 67 .... 67 G 1
Herblay 95 .... 58 A 2
Herbsheim 67 .... 97 G 4
Hercé 53 .... 81 H 4
Herchies 60 .... 37 H 1
La Hérelle 60 .... 22 C 5
Hérenguerville 50 .... 51 G 1
Hérépian 34 .... 301 F 5
Hères 65 .... 295 E 5
Hergnies 59 .... 9 G 4
Hergugney 88 .... 94 D 4
Héric 44 .... 147 G 1
Héricourt 62 .... 12 C 2
Héricourt 70 .... 142 B 3
Héricourt-en-Caux 76 .... 19 G 4
Héricourt-sur-Thérain 60 .... 21 G 5
Héricy 77 .... 88 C 4
La Hérie 02 .... 25 G 2
Le Hérie-la-Viéville 02 .... 24 D 2
Hériménil 54 .... 95 F 2
Hérimoncourt 25 .... 142 C 5
Hérin 59 .... 9 G 5
Hérissart 80 .... 12 D 5
Hérisson 03 .... 191 E 2
Hérisson
Cascades du 39 .... 179 H 5
Herleville 80 .... 23 F 2
La Herlière 62 .... 13 E 3
Herlies 59 .... 8 B 3
Herlin-le-Sec 62 .... 7 G 5
Herlincourt 62 .... 12 C 2
Herly 62 .... 6 D 3
Herly 80 .... 23 G 3
L'Herm 09 .... 336 B 3
Herm 40 .... 292 D 2
L'Herm *Château de* 24 .... 241 E 3
Hermanville 76 .... 20 A 2
Hermanville-sur-Mer 14 .... 33 G 3
Les Hermaux 48 .... 263 H 4
Hermaville 62 .... 13 F 2
Hermé 77 .... 89 G 3
Hermelange 57 .... 67 G 5
Hermelinghen 62 .... 2 C 5
L'Hermenault 85 .... 183 H 2
Herment 63 .... 226 D 1
Hermeray 78 .... 86 C 2
Hermerswiller 67 .... 69 F 2
Hermes 60 .... 38 B 3
Hermeville 76 .... 18 D 5
Herméville-en-Woëvre 55 .... 44 C 5
Hermies 62 .... 14 A 4
Hermillon 73 .... 234 A 5
Hermin 62 .... 7 H 5
L'Hermitage 35 .... 104 A 2
L'Hermitage-Lorge 22 .... 78 A 5
Les Hermites 37 .... 131 E 4
L'Hermitière 61 .... 84 C 5
Hermival-les-Vaux 14 .... 34 D 5
Hermonville 51 .... 41 F 3
Hernicourt 62 .... 7 G 5
Herny 57 .... 66 C 2
Le Héron 76 .... 36 D 1
Héronchelles 76 .... 36 D 1
Hérouville-en-Vexin 95 .... 38 A 5
Hérouville-Saint-Clair 14 .... 33 G 4
Hérouvillette 14 .... 33 H 4
Herpelmont 88 .... 119 H 2
La Herpinière *Moulin* 49 .... 150 C 4
Herpont 51 .... 62 D 1
Herpy-l'Arlésienne 08 .... 41 H 1
Herqueville 27 .... 36 C 4
Herqueville 50 .... 28 C 2
Herran 31 .... 334 D 2
Herré 40 .... 274 D 5
Herrère 64 .... 331 H 1
Herrin 59 .... 8 C 3
Herrlisheim 67 .... 69 F 4
Herrlisheim-
près-Colmar 68 .... 121 E 3
Herry 18 .... 156 A 4
Hersbach 67 .... 96 D 2
Herserange 54 .... 45 E 1
Hersin-Coupigny 62 .... 8 A 4
Hertzing 57 .... 67 G 5
Hervelinghen 62 .... 2 B 4
Hervilly 80 .... 23 H 1
Héry 58 .... 157 F 4
Héry 89 .... 136 B 2
Héry-sur-Alby 74 .... 215 F 5
Herzeele 59 .... 3 H 4
Hesbécourt 80 .... 23 H 1
Hescamps-Saint-Clair 80 .... 21 G 3
Hesdigneul-lès-Béthune 62 .... 8 A 4
Hesdigneul-lès-Boulogne 62 .... 6 B 2
Hesdin 62 .... 7 E 5
Hesdin-l'Abbé 62 .... 6 B 2
Hésingue 68 .... 143 H 3
Hesmond 62 .... 6 D 4
Hesse 57 .... 67 G 5
Hessenheim 67 .... 97 F 5
Hestroff 57 .... 46 C 4
Hestrud 59 .... 16 A 3
Hestrus 62 .... 7 G 4
Hétomesnil 60 .... 22 A 5
Hettange-Grande 57 .... 45 G 2
Hettenschlag 68 .... 121 F 3
Heubécourt-Haricourt 27 .... 37 E 5
Heuchin 62 .... 7 F 4
Heucourt-Croquoison 80 .... 11 G 5
Heudebouville 27 .... 36 C 4
Heudicourt 27 .... 37 F 3
Heudicourt 80 .... 14 A 5
Heudicourt-
sous-les-Côtes 55 .... 64 D 3
Heudreville-en-Lieuvin 27 .... 35 E 4
Heudreville-sur-Eure 27 .... 36 B 5
Heugas 40 .... 292 D 3
Heugleville-sur-Scie 76 .... 20 B 3
Heugnes 36 .... 171 F 2
Heugon 61 .... 54 D 3
Heugueville-sur-Sienne 50 .... 31 G 5
Heuilley-Cotton 52 .... 139 G 3
Heuilley-le-Grand 52 .... 139 H 3
Heuilley-sur-Saône 21 .... 160 D 3
Heuland 14 .... 34 B 3
Heume-l'Église 63 .... 227 E 1
La Heunière 27 .... 56 D 1
Heuqueville 27 .... 36 C 3
Heuqueville 76 .... 18 C 5
Heuringhem 62 .... 7 F 2
Heurteauville 76 .... 35 H 2
Heurtevent 14 .... 54 C 2
Heussé 50 .... 81 H 3
Heutrégiville 51 .... 42 A 3
Heuzecourt 80 .... 12 C 4
Hévilliers 55 .... 93 F 2
Heyrieux 38 .... 231 G 2
Hézecques 62 .... 7 F 4
Le Hézo 56 .... 124 C 4
Hibarette 65 .... 315 E 5
Hières-sur-Amby 38 .... 214 A 5
Hierges 08 .... 17 E 4
Hiermont 80 .... 12 B 3
Hiers-Brouage 17 .... 200 C 4
Hiersac 16 .... 221 E 1
Hiesse 16 .... 204 B 2
Hiesville 50 .... 32 A 2
Hiéville 14 .... 54 B 1
Higuères-Souye 64 .... 314 C 3
Hiis 65 .... 315 F 5
Hilbesheim 57 .... 67 H 4
Hillion 22 .... 78 C 3
Hilsenheim 67 .... 97 G 4
Hilsprich 57 .... 67 F 1
Hinacourt 02 .... 24 B 3
Hinckange 57 .... 46 C 5
Hindisheim 67 .... 97 G 2
Hindlingen 68 .... 143 E 3
Hinges 62 .... 8 A 3
Le Hinglé 22 .... 79 G 4
Hinsbourg 67 .... 68 A 2
Hinsingen 67 .... 67 G 2
Hinx 40 .... 293 E 3
Hipsheim 67 .... 97 G 2
Hirel 35 .... 50 D 5
Hirmentaz 74 .... 198 B 4
Hirschland 67 .... 67 H 3
Hirsingue 68 .... 143 F 3
Hirson 02 .... 25 G 1
Hirtzbach 68 .... 143 E 3
Hirtzfelden 68 .... 121 F 4
His 31 .... 335 E 1
Hitte 65 .... 315 F 5
Hoc *Pointe du* 14 .... 32 C 2
Hochfelden 67 .... 68 C 4
Hochstatt 68 .... 143 F 2
Hochstett 67 .... 68 D 4
Hocquigny 50 .... 51 G 3
Hocquincourt 80 .... 11 G 4
Hocquinghen 62 .... 2 D 5
Hodenc-en-Bray 60 .... 37 H 1
Hodenc-l'Evêque 60 .... 38 A 3
Hodeng-au-Bosc 76 .... 21 F 2
Hodeng-Hodenger 76 .... 37 E 1
Hodent 95 .... 37 G 5
Hœdic 56 .... 144 D 4
Hœnheim 67 .... 69 E 5
Hœrdt 67 .... 69 E 5
Hoéville 54 .... 66 C 5
Hoffen 67 .... 69 F 2
Les Hogues 27 .... 36 D 2
La Hoguette 14 .... 53 H 3
Hohatzenheim 67 .... 68 D 4
Hohengœft 67 .... 68 C 5
Hohfrankenheim 67 .... 68 C 4
Hohneck 68 .... 120 C 3
Hohrod 68 .... 120 C 3
Hohrodberg 68 .... 120 C 3
Le Hohwald 67 .... 97 E 3
Hohwiller 67 .... 69 F 2
Holacourt 57 .... 66 C 2
Holling 57 .... 46 C 4
Holnon 02 .... 24 A 2
Holque 59 .... 3 F 4
Holtzheim 67 .... 97 G 1
Holtzwihr 68 .... 121 F 2
Holving 57 .... 67 G 1
Hombleux 80 .... 23 G 3
Homblières 02 .... 24 B 2
Hombourg 68 .... 143 G 1
Hombourg-Budange 57 .... 46 B 4
Hombourg-Haut 57 .... 47 E 5
L'Hôme-Chamondot 61 .... 84 D 2
Homécourt 54 .... 45 F 4
Hommarting 57 .... 67 H 4
L'Homme-d'Armes 26 .... 267 E 3
Hommert 57 .... 67 H 5
Hommes 37 .... 151 E 2
Le Hommet-d'Arthenay 50 .... 32 A 4
Homps 11 .... 320 C 4
Homps 32 .... 296 D 2
Hon-Hergies 59 .... 15 F 2
Hondainville 60 .... 38 B 3
Hondeghem 59 .... 3 H 5
Hondevilliers 77 .... 60 B 3
Hondouville 27 .... 36 B 5
Hondschoote 59 .... 3 H 2
Honfleur 14 .... 34 C 2
Honguemare-
Guenouville 27 .... 35 H 2
Honnechy 59 .... 14 D 5
Honnecourt-sur-Escaut 59 .... 14 B 5
L'Honor-de-Cos 82 .... 277 H 4
Honskirch 57 .... 67 G 2
Hontanx 40 .... 294 C 2
L'Hôpital 22 .... 78 C 4
L'Hôpital 48 .... 283 E 1
L'Hôpital 57 .... 47 E 5
Hôpital-Camfrout 29 .... 75 G 3
L'Hôpital-d'Orion 64 .... 313 F 2
L'Hôpital-du-Grosbois 25 .... 162 B 4
L'Hôpital-le-Grand 42 .... 229 H 2
L'Hôpital-le-Mercier 71 .... 193 G 3
L'Hôpital-Saint-Blaise 64 .... 313 F 4
L'Hôpital-Saint-Lieffroy 25 .... 162 D 2
L'Hôpital-
sous-Rochefort 42 .... 211 F 5
L'Hôpital-sur-Rhins 42 .... 211 H 3
Les Hôpitaux-Neufs 25 .... 180 D 4
Les Hôpitaux-Vieux 25 .... 180 D 3
Horbourg 68 .... 121 E 3
Hordain 59 .... 14 C 2
La Horgne 08 .... 26 D 4
Horgues 65 .... 315 E 5
L'Horme 42 .... 230 C 3
Hornaing 59 .... 9 F 5
Hornoy 80 .... 21 H 2
Le Horps 53 .... 82 C 4
Horsarrieu 40 .... 293 H 3
Hortes 52 .... 140 A 2
Horville-en-Ornois 55 .... 93 G 3
L'Hosmes 27 .... 56 A 4
Hospice de France 31 .... 334 B 5
L'Hospitalet 04 .... 287 E 4
L'Hospitalet 46 .... 260 C 1
L'Hospitalet-du-Larzac 12 .... 282 A 5
L'Hospitalet-
près-l'Andorre 09 .... 340 D 3
Hossegor 40 .... 292 A 3
Hosta 64 .... 330 D 1
Hoste 57 .... 67 F 1
Hostens 33 .... 255 F 4
Hostias 01 .... 214 C 4
Hostun 26 .... 249 H 3
L'Hôtellerie 14 .... 35 E 5
L'Hôtellerie-de-Flée 49 .... 128 A 3
Hotonnes 01 .... 214 D 2
Hotot-en-Auge 14 .... 34 A 4
Hottot-les-Bagues 14 .... 33 E 4
Hottviller 57 .... 68 A 1
La Houblonnière 14 .... 34 B 5
Les Houches 74 .... 216 D 3
Houchin 62 .... 8 A 4
Houdain 62 .... 7 H 4
Houdain-lez-Bavay 59 .... 15 F 2
Houdan 78 .... 57 E 4
Houdancourt 60 .... 39 E 3
Houdelaincourt 55 .... 93 G 2
Houdelaucourt-
sur-Othain 55 .... 44 D 4
Houdelmont 54 .... 94 C 2
Houdemont 54 .... 94 D 1
Houdetot 76 .... 19 H 2
Houdilcourt 08 .... 41 H 2
Houdreville 54 .... 94 D 2
Houécourt 88 .... 94 B 5
Houeillès 47 .... 274 D 3
Houesville 50 .... 31 H 2
Houetteville 27 .... 36 B 5
Houéville 88 .... 94 A 4
Houeydets 65 .... 315 H 5
Le Houga 32 .... 294 C 2
Houilles 78 .... 58 B 2
Houlbec-Cocherel 27 .... 56 D 1
Houlbec-
près-le-Gros-Theil 27 .... 35 H 4
Houldizy 08 .... 26 D 2
Houlette 16 .... 202 C 5
Houlgate 14 .... 34 A 3
Houlle 62 .... 3 F 5
Le Houlme 76 .... 36 A 1
L'Houmeau 17 .... 183 F 5
Hounoux 11 .... 337 E 1
Houplin-Ancoisne 59 .... 8 C 3
Houplines 59 .... 8 C 2
Houppeville 76 .... 36 B 1
Houquetot 76 .... 19 E 5
Hourc 65 .... 315 F 4
Le Hourdel 80 .... 11 E 2
Hourges 51 .... 41 E 3
Hours 64 .... 314 C 4
Hourtin 33 .... 236 C 1
Hourtin-Plage 33 .... 236 B 1
Hourtous *Roc des* 48 .... 282 A 2
Houry 02 .... 25 F 3
Houssay 41 .... 131 F 3
Houssay 53 .... 106 A 5
La Houssaye 27 .... 55 H 2
La Houssaye-Béranger 76 .... 20 B 4
La Houssaye-en-Brie 77 .... 59 G 4
Le Housseau 53 .... 82 C 3
Houssen 68 .... 121 E 2
Housseras 88 .... 95 H 4
Housset 02 .... 25 E 3
Housséville 54 .... 94 D 3
La Houssière 88 .... 120 A 2
La Houssoye 60 .... 37 H 3
Houtaud 25 .... 180 C 2
Houtkerque 59 .... 4 A 4
Houtteville 50 .... 31 H 2
Houville-en-Vexin 27 .... 36 D 3
Houville-la-Branche 28 .... 86 C 4
Houvin-Houvigneul 62 .... 12 D 2
Houx 28 .... 86 B 2
Hoymille 59 .... 3 H 3
Huanne-Montmartin 25 .... 162 C 1
Hubersent 62 .... 6 B 3
Hubert-Folie 14 .... 33 G 5
Huberville 50 .... 29 F 4
Huby-Saint-Leu 62 .... 7 E 5
Huchenneville 80 .... 11 G 4
Huclier 62 .... 7 G 5
Hucqueliers 62 .... 6 D 3
Hudimesnil 50 .... 51 G 2
Hudiviller 54 .... 95 F 1
Huelgoat 29 .... 76 C 3
Huest 27 .... 56 B 1
Huêtre 45 .... 110 D 4
Huez 38 .... 251 G 2
Hugier 70 .... 161 F 3
Hugleville-en-Caux 76 .... 20 A 4
Huillé 49 .... 129 E 4

Huilliécourt 52 ... 117 H 2
Huilly-sur-Seille 71 ... 195 G 1
Huiron 51 ... 62 C 5
Huismes 37 ... 151 E 4
Huisnes-sur-Mer 50 ... 51 G 5
D'Huison-Longueville 91 ... 87 H 4
Huisseau-en-Beauce 41 ... 131 G 4
Huisseau-sur-Cosson 41 ... 132 B 5
Huisseau-sur-Mauves 45 ... 132 D 2
L'Huisserie 53 ... 106 A 4
Hulluch 62 ... 8 B 4
Hultehouse 57 ... 68 A 5
Humbauville 51 ... 62 B 5
Humbécourt 52 ... 92 C 2
Humbercamps 62 ... 13 E 3
Humbercourt 80 ... 13 E 3
Humbert 62 ... 6 D 4
Humberville 52 ... 93 F 5
Humbligny 18 ... 155 G 4
La Hume 33 ... 254 B 2
Humerœuille 62 ... 7 F 5
Humes 52 ... 117 F 5
Humières 62 ... 7 F 5
Hunaudaye *Château de la* 22 ... 79 E 3
Hunawihr 68 ... 121 E 2
Hundling 57 ... 47 G 5
Hundsbach 68 ... 143 F 3
Huningue 68 ... 143 H 3
Hunspach 67 ... 69 F 2
Hunting 57 ... 46 B 2
Huos 31 ... 334 B 1
Huparlac 12 ... 263 E 2
Huppain 14 ... 32 D 2
Huppy 80 ... 11 G 4
Hurbache 88 ... 96 B 4
Hure 33 ... 256 D 4
Hurecourt 70 ... 118 D 5
Hures-la-Parade 48 ... 282 B 2
Huriel 03 ... 190 C 4
Hurigny 71 ... 195 E 4
Hurtières 38 ... 233 F 5
Hurtigheim 67 ... 97 F 1
Husseren-les-Châteaux 68 ... 121 E 3
Husseren-Wesserling 68 ... 120 C 5
Hussigny-Godbrange 54 ... 45 E 2
Husson 50 ... 81 H 2
La Hutte 72 ... 83 G 5
Huttendorf 67 ... 68 D 3
Huttenheim 67 ... 97 G 4
Hyds 03 ... 191 F 5
Hyémondans 25 ... 163 E 2
Hyencourt-le-Grand 80 ... 23 F 2
Hyenville 50 ... 51 G 1
Hyères 83 ... 328 C 4
Hyères-Plage 83 ... 328 C 5
Hyet 70 ... 162 A 1
Hyèvre-Magny 25 ... 162 D 2
Hyèvre-Paroisse 25 ... 162 D 2
Hymont 88 ... 94 D 5

I

Ibarrolle 64 ... 311 G 5
Ibarron 64 ... 310 C 4
Ibigny 57 ... 96 A 1
Ibos 65 ... 315 E 4
Ichtratzheim 67 ... 97 G 2
Ichy 77 ... 112 A 2
Idaux-Mendy 64 ... 331 E 1
Idrac-Respaillès 32 ... 296 A 5
Idron 64 ... 314 B 4
Ids-Saint-Roch 18 ... 172 D 5
If *Château d'* 13 ... 326 D 3
Iffendic 35 ... 103 G 2
Les Iffs 35 ... 80 A 5
Ifs 14 ... 33 G 5
Les Ifs 76 ... 19 E 4
Igé 61 ... 84 B 5
Igé 71 ... 194 D 3
Ignaucourt 80 ... 22 D 2
Ignaux 09 ... 336 D 5
Igney 54 ... 96 A 1
Igney 88 ... 95 F 5
Ignol 18 ... 174 A 2
Igny 70 ... 161 G 1
Igny 91 ... 58 B 4
Igny-Comblizy 51 ... 61 E 1
Igon 64 ... 314 C 5
Igornay 71 ... 176 D 1
Igoville 27 ... 36 B 3
Iguerande 71 ... 193 G 5
Iholdy 64 ... 311 F 5
Ilay 39 ... 179 H 5
Ile-aux-Moines 56 ... 124 B 4
L'Ile-Bouchard 37 ... 151 F 5
Ile-d'Aix 17 ... 200 C 2
Ile-d'Arz 56 ... 124 B 4
Ile-de-Batz 29 ... 71 G 3
Ile-de-Bréhat 22 ... 73 G 2
Ile-de-Sein 29 ... 98 B 2
L'Ile-d'Elle 85 ... 183 G 4
Ile-d'Houat 56 ... 144 D 3
L'Ile-d'Olonne 85 ... 182 A 1
L'Île-d'Yeu 85 ... 164 A 4
Ile-Molène 29 ... 74 B 2
L'Ile-Rousse 2B ... 344 C 5
L'Ile-Saint-Denis 93 ... 58 C 2
Ile-Tudy 29 ... 99 G 4
Ilhan 65 ... 333 H 3
Ilharre 64 ... 311 G 3
Ilhat 09 ... 336 C 3
Les Ilhes 11 ... 319 H 3
Ilhet 65 ... 333 H 2
Ilheu 65 ... 334 B 2
Illange 57 ... 45 H 3
Illartein 09 ... 335 E 3
Las Illas 66 ... 342 D 5
Illats 33 ... 255 H 3
Ille-sur-Têt 66 ... 342 C 2
Illeville-sur-Montfort 27 ... 35 G 3
Illfurth 68 ... 143 F 2
Illhaeusern 68 ... 97 F 5
Illiat 01 ... 213 E 1
Illier-et-Laramade 09 ... 336 A 5
Illiers-Combray 28 ... 85 H 5
Illiers-l'Évêque 27 ... 56 C 4
Illies 59 ... 8 B 3
Illifaut 22 ... 103 E 2
Illkirch-Graffenstaden 67 ... 97 G 1
Illois 76 ... 21 F 3
Illoud 52 ... 117 H 2
Illy 08 ... 27 F 3
Illzach 68 ... 143 F 1
Ilonse 06 ... 289 H 4
Imbleville 76 ... 20 A 4
Imbsheim 67 ... 68 B 4
Imécourt 08 ... 43 F 2
Imling 57 ... 67 G 5
Immonville 54 ... 45 E 4
Imphy 58 ... 174 D 3
Imsthal *Étang d'* 67 ... 68 A 3
Inaumont 08 ... 26 A 5
Incarville 27 ... 36 B 4
Incheville 76 ... 11 E 4
Inchy 59 ... 14 D 4
Inchy-en-Artois 62 ... 14 A 3
Incourt 62 ... 7 E 5
Indevillers 25 ... 163 H 2
Indre 44 ... 147 F 4
Ineuil 18 ... 172 D 4
Les Infournas 05 ... 269 H 2
Infreville 27 ... 35 H 3
Ingenheim 67 ... 68 C 4
Ingersheim 68 ... 121 E 2
Inghem 62 ... 7 F 2
Inglange 57 ... 46 B 3
Ingolsheim 67 ... 69 F 1
Ingouville 76 ... 19 G 2
Ingrandes 36 ... 187 G 1
Ingrandes 86 ... 169 G 3
Ingrandes-de-Touraine 37 ... 151 E 3
Ingrandes-Le Fresne-sur-Loire 49 ... 148 D 2
Ingrannes 45 ... 111 G 5
Ingré 45 ... 133 E 2
Inguiniel 56 ... 101 F 3
Ingwiller 67 ... 68 B 3
Injoux-Génissiat 01 ... 215 E 2
Innenheim 67 ... 97 F 2
Innimond 01 ... 214 C 5
Inor 55 ... 27 G 5
Insming 57 ... 67 F 2
Insviller 57 ... 67 F 3
Intraville 76 ... 10 C 5
Intres 07 ... 248 B 4
Intréville 28 ... 87 E 5
Intville-la-Guétard 45 ... 111 G 2
Inval-Boiron 80 ... 21 G 2
Inxent 62 ... 6 C 3
Inzinzac-Lochrist 56 ... 101 F 5
Ippécourt 55 ... 63 H 1
Ippling 57 ... 47 G 5
Irai 61 ... 55 G 5
Irais 79 ... 168 B 3
Irancy 89 ... 136 C 4
Iré-le-Sec 55 ... 44 B 2
Iré-les-Prés 55 ... 44 B 2
Irigny 69 ... 231 E 1
Irissarry 64 ... 311 F 5
Irles 80 ... 13 G 4
Irmstett 67 ... 97 F 1
Irodouër 35 ... 103 H 1
Iron 02 ... 24 D 1
Irouléguy 64 ... 330 B 1
Irreville 27 ... 36 B 5
Irvillac 29 ... 75 G 3
Is-en-Bassigny 52 ... 117 G 4
Is-sur-Tille 21 ... 160 B 1
Isbergues 62 ... 7 H 2
Isches 88 ... 118 B 4
Isdes 45 ... 133 H 4
Isenay 58 ... 175 G 3
Iseran *Col de l'* 73 ... 235 F 3
Isigny-le-Buat 50 ... 52 A 5
Isigny-sur-Mer 14 ... 32 B 3
Island 89 ... 157 H 1
Isle 87 ... 205 G 5
L'Isle-Adam 95 ... 38 B 5
L'Isle-Arné 32 ... 296 C 4
Isle-Aubigny 10 ... 91 F 3
Isle-Aumont 10 ... 115 E 2
L'Isle-Bouzon 32 ... 296 C 1
Isle-Briand *Haras de l'* 49 ... 128 B 4
L'Isle-d'Abeau 38 ... 231 H 2
L'Isle-d'Abeau *Ville nouvelle* 38 ... 231 H 2
L'Isle-de-Noé 32 ... 295 H 5
L'Isle-d'Espagnac 16 ... 221 F 1
L'Isle-en-Dodon 31 ... 316 D 3
Isle-et-Bardais 03 ... 173 H 5
L'Isle-Jourdain 32 ... 297 F 4
L'Isle-Jourdain 86 ... 187 E 5
Isle-Saint-Georges 33 ... 255 G 2
Isle-Savary *Château d'* 36 ... 170 D 2
L'Isle-sur-la-Sorgue 84 ... 305 F 1
L'Isle-sur-le-Doubs 25 ... 142 A 5
Isle-sur-Marne 51 ... 62 D 5
L'Isle-sur-Serein 89 ... 137 E 5
Les Isles-Bardel 14 ... 53 G 3
Isles-les-Meldeuses 77 ... 59 H 2
Isles-lès-Villenoy 77 ... 59 F 3
Isles-sur-Suippe 51 ... 41 H 2
Les Islettes 55 ... 43 F 5
Isneauville 76 ... 36 B 1
Isola 06 ... 289 G 2
Isola 2000 06 ... 289 H 2
Isolaccio-di-Fiumorbo 2B ... 349 F 2
Isômes 52 ... 139 G 4
Ispagnac 48 ... 282 C 1
Ispe 40 ... 254 B 5
Ispoure 64 ... 330 C 1
Isques 62 ... 6 B 2
Issac 24 ... 239 H 4
Les Issambres 83 ... 329 G 1
Issamoulenc 07 ... 266 C 1
Issancourt-et-Rumel 08 ... 27 E 3
Issanlas 07 ... 265 G 2
Issans 25 ... 142 B 4
Les Issards 09 ... 336 C 1
Issarlès 07 ... 265 G 1
Issé 44 ... 126 D 4
Isse 51 ... 61 H 1
Issel 11 ... 319 E 3
Issendolus 46 ... 260 D 2
Issenhausen 67 ... 68 C 3
Issenheim 68 ... 120 D 5
Issepts 46 ... 261 F 3
Isserpent 03 ... 210 D 1
Isserteaux 63 ... 228 B 2
Issigeac 24 ... 258 B 2
Issirac 30 ... 284 C 2
Issoire 63 ... 228 A 3
Issolud *Puy d'* 46 ... 242 D 4
Issoncourt 55 ... 63 H 2
Issor 64 ... 331 G 2
Issou 78 ... 57 G 2
Issoudun 36 ... 172 B 2
Issoudun-Létrieix 23 ... 207 G 2
Issus 31 ... 318 A 3
Issy-les-Moulineaux 92 ... 58 B 4
Issy-l'Évêque 71 ... 176 A 5
Istres 13 ... 305 E 5
Les Istres-et-Bury 51 ... 61 H 2
Isturits 64 ... 311 F 4
Itancourt 02 ... 24 B 3
Iteuil 86 ... 186 B 2
Ithorots-Olhaïby 64 ... 311 H 4
Ittenheim 67 ... 97 G 1
Ittersviller 67 ... 97 E 3
Itteville 91 ... 87 H 3
Itxassou 64 ... 310 D 4
Itzac 81 ... 279 E 5
Ivergny 62 ... 12 D 3
Iverny 77 ... 59 F 2
Iviers 02 ... 25 H 3
Iville 27 ... 35 H 5
Ivors 60 ... 39 H 4
Ivory 39 ... 179 H 2
Ivoy-le-Pré 18 ... 155 F 3
Ivrey 39 ... 179 H 1
Ivry *Obélisque d'* 27 ... 56 D 2
Ivry-en-Montagne 21 ... 177 F 1
Ivry-la-Bataille 27 ... 56 D 3
Ivry-le-Temple 60 ... 37 H 4
Ivry-sur-Seine 94 ... 58 C 4
Iwuy 59 ... 14 C 3
Izaourt 65 ... 334 B 2
Izaut-de-l'Hôtel 31 ... 334 C 2
Izaux 65 ... 333 H 1
Izé 53 ... 106 D 2
Izeaux 38 ... 232 B 5
Izel-lès-Équerchin 62 ... 8 C 5
Izel-les-Hameaux 62 ... 13 E 2
Izenave 01 ... 214 B 2
Izernore 01 ... 196 C 5
Izeron 38 ... 250 B 2
Izeste 64 ... 332 A 1
Izeure 21 ... 160 B 5
Izier 21 ... 160 B 3
Izieu 01 ... 232 C 1
Izoard *Col d'* 05 ... 253 E 5
Izon 33 ... 237 H 5
Izon-la-Bruisse 26 ... 286 D 2
Izotges 32 ... 295 E 4
Izy 45 ... 111 F 3

J

Jablines 77 ... 59 F 2
Jabreilles-les-Bordes 87 ... 206 B 3
Jabrun 15 ... 263 G 1
Jacob-Bellecombette 73 ... 233 F 2
Jacou 34 ... 302 D 4
Jacque 65 ... 315 F 3
Jagny-sous-Bois 95 ... 58 D 1
Jaignes 77 ... 59 H 2
Jaillans 26 ... 249 H 3
La Jaille-Yvon 49 ... 128 B 3
Jaillon 54 ... 65 F 5
Jailly 58 ... 175 E 1
Jailly-les-Moulins 21 ... 159 F 1
Jainvillotte 88 ... 94 A 5
Jalesches 23 ... 189 H 5
Jaleyrac 15 ... 244 B 1
Jaligny-sur-Besbre 03 ... 192 C 4
Jallais 49 ... 148 D 4
Jallanges 21 ... 178 B 2
Jallans 28 ... 110 A 4
Jallaucourt 57 ... 66 B 4
Jallerange 25 ... 161 F 3
Jalognes 18 ... 155 H 4
Jalogny 71 ... 194 C 3
Jâlons 51 ... 61 H 1
La Jalousie 14 ... 33 G 5
Jambles 71 ... 177 G 4
Jambville 78 ... 57 G 1
Jaméricourt 60 ... 37 G 3
Jametz 55 ... 44 B 2
Jameyzieu 38 ... 231 H 1
Janailhac 87 ... 223 G 2
Janaillat 23 ... 206 D 2
Jancigny 21 ... 160 D 2
Jandun 08 ... 26 C 4
Janneyrias 38 ... 213 G 5
Jans 44 ... 126 C 4
Jansac 26 ... 268 B 3
Janville 14 ... 34 A 4
Janville 28 ... 110 D 2
Janville 60 ... 39 G 1
Janville-sur-Juine 91 ... 87 G 3
Janvilliers 51 ... 60 D 3
Janvry 51 ... 41 F 4
Janvry 91 ... 58 A 5
Janzé 35 ... 104 C 4
Jarcieu 38 ... 231 F 5
La Jard 17 ... 219 G 1
Jard-sur-Mer 85 ... 182 C 2
Le Jardin 19 ... 225 F 5
Jardin 38 ... 231 F 3
Jardres 86 ... 186 D 1
Jargeau 45 ... 133 G 2
Jarjayes 05 ... 269 H 4
Jarménil 88 ... 119 G 3
Jarnac 16 ... 220 C 1
Jarnac-Champagne 17 ... 219 H 2
Jarnages 23 ... 207 G 1
La Jarne 17 ... 200 C 1
Jarnioux 69 ... 212 C 3
Jarnosse 42 ... 211 H 2
Jarny 54 ... 45 F 5
Jarret 65 ... 333 E 1
La Jarrie 17 ... 200 D 1
Jarrie 38 ... 251 E 2
La Jarrie-Audouin 17 ... 201 H 2
Jarrier 73 ... 234 A 5
Jars 18 ... 155 G 2
Jarsy 73 ... 233 H 1
Jarville-la-Malgrange 54 ... 94 D 1
Jarzé Villages 49 ... 129 E 5
Jas 42 ... 230 A 1
Jasney 70 ... 118 D 5
Jassans-Riottier 01 ... 213 E 3
Jasseines 10 ... 91 G 3
Jasseron 01 ... 196 A 5
Jasses 64 ... 313 G 3
Jatxou 64 ... 310 D 3
Jau *Col de* 11 ... 341 H 2
Jau-Dignac-et-Loirac 33 ... 218 D 4
Jaucourt 10 ... 116 A 2
La Jaudonnière 85 ... 166 D 5
Jaudrais 28 ... 85 G 2
Jaujac 07 ... 266 A 3
Jauldes 16 ... 203 G 5
Jaulges 89 ... 114 C 5
Jaulgonne 02 ... 60 C 1
Jaulnay 37 ... 169 F 2
Jaulnes 77 ... 89 G 4
Jaulny 54 ... 65 F 2
Jaulzy 60 ... 39 H 2
Jaunac 07 ... 248 B 5
Jaunay-Clan 86 ... 169 F 5
Jaures 24 ... 240 B 3
Jausiers 04 ... 271 E 5
Jaux 60 ... 39 F 2
Jauzé 72 ... 108 A 2
Javaugues 43 ... 246 C 1
Javené 35 ... 81 E 5
Javerdat 87 ... 205 E 3
Javerlhac-et-la-Chapelle-Saint-Robert 24 ... 222 B 3
Javernant 10 ... 114 D 3
La Javie 04 ... 288 B 2
Javols 48 ... 264 B 2
Javrezac 16 ... 220 B 1
Javron 53 ... 82 D 4
Jax 43 ... 246 D 2
Jaxu 64 ... 311 F 5
Jayac 24 ... 241 H 4
Jayat 01 ... 195 G 3
Jazeneuil 86 ... 185 H 3
Jazennes 17 ... 219 G 2
Jeancourt 02 ... 24 A 1
Jeandelaincourt 54 ... 65 H 4
Jeandelize 54 ... 45 E 5
Jeanménil 88 ... 95 H 4
Jeansagnière 42 ... 229 E 1
Jeantes 02 ... 25 G 3
Jebsheim 68 ... 121 F 2
Jegun 32 ... 296 A 3
La Jemaye 24 ... 239 F 2
Jenlain 59 ... 15 E 2
Jenzat 03 ... 209 H 1
Jésonville 88 ... 118 D 3
Jessains 10 ... 91 H 5
Jetterswiller 67 ... 68 B 5
Jettingen 68 ... 143 G 3
Jeu-les-Bois 36 ... 172 A 5
Jeu-Maloches 36 ... 171 F 1
Jeufosse 78 ... 57 E 1
Jeugny 10 ... 114 D 3
Jeumont 59 ... 15 H 2
Jeurre 39 ... 196 D 3
Jeux-lès-Bard 21 ... 158 C 1
Jeuxey 88 ... 119 G 2
Jevoncourt 54 ... 94 D 3
Jezainville 54 ... 65 G 3
Jézeau 65 ... 333 H 3
Joannas 07 ... 266 A 4
Job 63 ... 229 E 2
Jobourg 50 ... 28 C 2
Jobourg *Nez de* 50 ... 28 C 2
Joch 66 ... 342 B 3
Jœuf 54 ... 45 G 4
Joganville 50 ... 29 G 5
Joigny 89 ... 113 H 5
Joigny-sur-Meuse 08 ... 26 D 2
Joinville 52 ... 92 D 3
Joinville-le-Pont 94 ... 58 D 4
Joiselle 51 ... 60 C 4
Jolimetz 59 ... 15 E 3
Jolivet 54 ... 95 G 1
Jonage 69 ... 213 G 5
Joncels 34 ... 301 G 3
La Jonchère 85 ... 182 D 2
La Jonchère-Saint-Maurice 87 ... 206 B 3
Jonchères 26 ... 268 B 3
Joncherey 90 ... 142 D 4
Jonchery 52 ... 116 D 3
Jonchery-sur-Suippe 51 ... 42 B 5
Jonchery-sur-Vesle 51 ... 41 E 3
Joncourt 02 ... 24 B 1
Joncreuil 10 ... 92 A 3
Joncy 71 ... 194 C 1
Jongieux 73 ... 215 E 5
Jonquerets-de-Livet 27 ... 55 F 1
Jonquerettes 84 ... 285 G 5
Jonquery 51 ... 41 E 5
Jonquières 11 ... 338 C 2
Jonquières 34 ... 302 A 4
Jonquières 60 ... 39 F 2
Jonquières 81 ... 299 F 4
Jonquières 84 ... 285 F 4
Jonquières-Saint-Vincent 30 ... 304 B 2
Jons 69 ... 213 G 5
Jonval 08 ... 26 D 5
Jonvelle 70 ... 118 C 5
Jonville-en-Woëvre 55 ... 65 E 1
Jonzac 17 ... 219 H 4
Jonzier-Épagny 74 ... 215 F 2
Jonzieux 42 ... 230 B 5
Joppécourt 54 ... 45 E 3
Jorquenay 52 ... 117 F 5
Jort 14 ... 54 A 2
Jorxey 88 ... 95 E 5
Josat 43 ... 246 D 2
Josnes 41 ... 132 C 3
Josse 40 ... 292 C 4
Josselin 56 ... 102 C 4
Jossigny 77 ... 59 F 3
Jou-sous-Monjou 15 ... 244 D 5
Jouac 87 ... 188 A 4
Jouaignes 02 ... 40 C 3
Jouancy 89 ... 137 E 4
Jouarre 77 ... 60 A 2
Jouars-Pontchartrain 78 ... 57 H 4
Jouaville 54 ... 45 F 5
Joucas 84 ... 305 G 1
Joucou 11 ... 337 F 4
Joudes 71 ... 196 A 2
Joudreville 54 ... 45 E 4
Joué-du-Bois 61 ... 83 E 2
Joué-du-Plain 61 ... 54 A 5
Joué-en-Charnie 72 ... 107 E 4
Joué-Étiau 49 ... 149 F 4
Joué-l'Abbé 72 ... 107 H 3
Joué-lès-Tours 37 ... 151 H 3
Joué-sur-Erdre 44 ... 147 H 1
Jouet-sur-l'Aubois 18 ... 174 B 1
Jouey 21 ... 159 E 5
Jougne 25 ... 180 D 4
Jouhe 39 ... 161 E 5
Jouhet 86 ... 187 F 2
Jouillat 23 ... 189 G 5
Jouques 13 ... 306 B 4
Jouqueviel 81 ... 279 G 3
Jourgnac 87 ... 223 G 1
Journans 01 ... 214 A 1
Journet 86 ... 187 G 3
Journiac 24 ... 240 D 4
Journy 62 ... 2 D 5
Jours-en-Vaux 21 ... 177 F 1
Jours-lès-Baigneux 21 ... 138 B 5
Joursac 15 ... 245 G 2
Joussé 86 ... 186 C 5
Jouvençon 71 ... 195 G 1
La Jouvente 35 ... 50 C 5
Joux 69 ... 212 B 4
Joux *Château de* 25 ... 180 C 2
Joux *Forêt de la* 39 ... 180 A 3
Joux-la-Ville 89 ... 136 D 5
Joux Plane *Col de la* 74 ... 216 D 1
Joux Verte *Col de la* 74 ... 198 D 5
Jouy 28 ... 86 B 3
Jouy 89 ... 112 D 3
Jouy-aux-Arches 57 ... 65 G 1
Jouy-en-Argonne 55 ... 43 H 5
Jouy-en-Josas 78 ... 58 B 4
Jouy-en-Pithiverais 45 ... 111 F 3
Jouy-le-Châtel 77 ... 60 A 5
Jouy-le-Moutier 95 ... 58 A 1
Jouy-le-Potier 45 ... 133 E 3
Jouy-lès-Reims 51 ... 41 F 4
Jouy-Mauvoisin 78 ... 57 F 2
Jouy-sous-les-Côtes 55 ... 64 D 5
Jouy-sous-Thelle 60 ... 37 H 3
Jouy-sur-Eure 27 ... 56 C 1
Jouy-sur-Morin 77 ... 60 B 4
Joyeuse 07 ... 266 A 5
Joyeux 01 ... 213 G 3
Joze 63 ... 210 A 4
Jozerand 63 ... 209 H 3
Jû-Belloc 32 ... 295 E 5
Juan-les-Pins 06 ... 309 F 4
Juaye-Mondaye 14 ... 33 E 4
Jubainville 88 ... 94 A 3
La Jubaudière 49 ... 148 D 4
Jubécourt 55 ... 43 G 5
Jublains 53 ... 106 C 2
Le Juch 29 ... 99 G 2
Jugazan 33 ... 256 C 1

Jugeals-Nazareth *19* 242 C 3
Jugon-les-Lacs *22* 79 E 4
Jugy *71* 195 E 1
Juicq *17* 201 G 4
Juif *71* 178 B 5
Juignac *16* 221 F 5
Juigné-des-Moutiers *44* 127 F 4
Juigné-sur-Loire *49* 149 G 2
Juigné-sur-Sarthe *72* 129 E 2
Juignettes *27* 55 F 3
Juillac *19* 223 H 5
Juillac *32* 295 F 5
Juillac *33* 257 E 1
Juillac-le-Coq *16* 220 B 2
Juillaguet *16* 221 F 4
Juillan *65* 315 E 5
Juillé *16* 203 F 3
Juillé *72* 107 G 2
Juillé *79* 202 C 1
Juillenay *21* 158 C 3
Juilles *32* 296 D 4
Juilley *50* 51 H 5
Juilly *21* 158 D 1
Juilly *77* 59 E 1
Jujols *66* 341 H 3
Jujurieux *01* 214 B 2
Julianges *48* 246 A 5
Juliénas *69* 194 D 5
Julienne *16* 220 C 1
Julienrupt *88* 119 H 3
Jullianges *43* 247 E 1
Jullié *69* 194 D 5
Jullouville *50* 51 F 3
Jully *89* 137 G 3
Jully-lès-Buxy *71* 177 G 5
Jully-sur-Sarce *10* 115 F 3
Julos *65* 333 E 1
Julvécourt *55* 43 H 5
Jumeauville *78* 57 G 3
Jumeaux *63* 228 B 4
Les Jumeaux *79* 168 B 4
Jumel *80* 22 C 3
Jumelles *27* 56 B 2
Jumelles *49* 150 B 2
La Jumellière *49* 149 F 3
Jumencourt *02* 40 B 1
Jumièges *76* 35 H 2
Jumigny *02* 41 E 2
Jumilhac-le-Grand *24* 223 F 3
Junas *30* 303 F 3
Junay *89* 137 E 2
Juncalas *65* 333 E 1
Jungholtz *68* 120 D 5
Junhac *15* 262 C 2
Les Junies *46* 259 G 4
Juniville *08* 42 B 2
Jupilles *72* 130 B 3
Jurançon *64* 314 B 4
Juranville *45* 112 A 4
Juré *42* 211 F 4
Jurignac *16* 220 D 3
Jurques *14* 52 D 1
Jurvielle *31* 334 A 4
Jury *57* 65 H 1
Juscorps *79* 185 E 5
Jusix *47* 257 E 4
Jussac *15* 244 B 4
Jussarupt *88* 120 A 2
Jussas *17* 238 B 1
Jussecourt-Minecourt *51* 63 E 4
Jussey *70* 140 C 2
Jussy *02* 24 A 4
Jussy *57* 65 G 1
Jussy *74* 215 G 2
Jussy *89* 136 B 4
Jussy-Champagne *18* 173 G 2
Jussy-le-Chaudrier *18* 156 A 5
Justian *32* 295 G 2
Justine-Herbigny *08* 26 A 5
Justiniac *09* 318 A 5
Jutigny *77* 89 F 3
Juvaincourt *88* 94 C 4
Juvancourt *10* 116 B 3
Juvanzé *10* 91 H 5
Juvardeil *49* 128 C 4
Juvelize *57* 66 D 4
Juvignac *34* 302 D 4
Juvigné *53* 105 G 2
Juvignies *60* 38 A 1
Juvigny *02* 40 B 2
Juvigny *51* 62 A 1
Juvigny *74* 197 H 5
Juvigny-en-Perthois *55* 93 E 2
Juvigny-le-Tertre *50* 52 B 5
Juvigny-sous-Andaine *61* 82 C 2
Juvigny-sur-Loison *55* 44 B 2
Juvigny-sur-Orne *61* 54 B 4
Juvigny-sur-Seulles *14* 33 E 4
Juville *57* 66 B 3
Juvinas *07* 266 A 2
Juvincourt-et-Damary *02* 41 F 2
Juvisy-sur-Orge *91* 58 C 5
Juvrecourt *54* 66 D 5
Juxue *64* 311 G 5
Juzanvigny *10* 91 H 4
Juzennecourt *52* 116 C 2
Juzes *31* 318 C 2
Juzet-de-Luchon *31* 334 B 4
Juzet-d'Izaut *31* 334 C 2
Juziers *78* 57 G 2

K

Kalhausen *57* 67 H 1
Kaltenhouse *67* 69 E 3
Kanfen *57* 45 G 2
Kappelen *68* 143 G 3
Kappelkinger *57* 67 F 2
Les Karellis *73* 252 B 1
Katzenthal *68* 121 E 2
Kauffenheim *67* 69 F 3
Kaysersberg Vignoble *68* 120 D 2
Kédange-sur-Canner *57* 46 B 3
Keffenach *67* 69 E 2
Kembs *68* 143 G 2
Kembs-Loéchlé *68* 143 H 2
Kemplich *57* 46 B 3
Kerazan *Manoir de 29* 99 G 4
Kerbach *57* 47 F 5
Kerbors *22* 73 E 2
Kerdéniel *Pointe de 29* 75 F 3
Kerdévot *Chapelle de 29* 100 A 3
Kerfany-les-Pins *29* 100 B 5
Kerfons *Chapelle de 22* 72 C 3
Kerfot *22* 73 F 3
Kerfourn *56* 102 A 3
Kergloff *29* 76 D 4
Kergonadeac'h
Château de 29 71 F 4
Kergrist *56* 101 H 2
Kergrist *Château de 22* 72 C 4
Kergrist-Moëlou *22* 77 F 4
Kergroadès
Château de 29 70 B 5
Kerguehennec
Château de 56 102 B 5
Kerien *22* 77 G 3
Kérity *29* 99 F 5
Kerjean *Château de 29* 71 F 4
Kerlaz *29* 99 G 2
Kerling-lès-Sierck *57* 46 B 2
Kerlouan *29* 70 D 3
Kermaria *56* 102 A 5
Kermaria *Chapelle 22* 73 G 4
Kermaria-Sulard *22* 72 D 3
Kermoroc'h *22* 73 E 4
Kernascléden *56* 101 F 3
Kernével *29* 100 B 3
Kernilis *29* 70 D 4
Kernouës *29* 70 D 4
Kérouzéré *Château de 29* 71 G 3
Kerpape *56* 123 F 2
Kerpert *22* 77 G 3
Kerprich-aux-Bois *57* 67 G 4
Kersaint *29* 70 B 4
Kersaint-Plabennec *29* 70 D 5
Kertzfeld *67* 97 F 3
Kervignac *56* 123 G 2
Keskastel *67* 67 G 2
Kesseldorf *67* 69 G 2
Kienheim *67* 68 C 5
Kientzheim *68* 121 E 2
Kientzville *67* 97 F 4
Kiffis *68* 143 G 5
Killem *59* 3 H 3
Kilstett *67* 69 E 5
Kindwiller *67* 68 C 3
Kingersheim *68* 143 F 1
Kintzheim *67* 97 E 5
Kirchberg *68* 142 C 1
Kirchheim *67* 97 F 1
Kirrberg *67* 67 G 3
Kirrwiller *67* 68 C 3
Kirsch-lès-Sierck *57* 46 B 2
Kirschnaumen *57* 46 B 2
Kirviller *57* 67 G 2
Klang *57* 46 B 3
Kleinfrankenheim *67* 68 C 5
Kleingœft *67* 68 B 5
Klingenthal *67* 97 E 2
Knœringue *68* 143 G 3
Knœrsheim *67* 68 B 5
Kuntange *57* 45 G 3
Koeking *57* 45 H 2
Kœnigsmacker *57* 45 H 2
Kœstlach *68* 143 F 4
Kœtzingue *68* 143 G 2
Kœur-la-Grande *55* 64 C 4
Kœur-la-Petite *55* 64 C 4
Kogenheim *67* 97 F 4
Kolbsheim *67* 97 F 1
Krautergersheim *67* 97 F 2
Krautwiller *67* 68 D 4
Le Kremlin-Bicêtre *94* 58 C 4
Kreuzweg *Col du 67* 96 D 3
Kriegsheim *67* 68 D 4
Kruth *68* 120 B 4
Kuhlendorf *67* 69 F 2
Kunheim *68* 121 F 3
Kuntzig *57* 45 H 3
Kurtzenhouse *67* 69 E 4
Kuttolsheim *67* 68 C 5
Kutzenhausen *67* 69 E 2

L

Laà-Mondrans *64* 313 G 2
Laas *32* 315 G 2
Laas *45* 111 G 3
Laàs *64* 313 F 3
Labalme *01* 214 B 1
Labarde *33* 237 F 3
Labaroche *68* 120 D 2
Labarrère *32* 275 E 5
Labarthe *32* 316 B 2
Labarthe *82* 277 H 3
Labarthe *Moulin de 33* 256 D 1
Labarthe-Bleys *81* 279 E 4
Labarthe-Inard *31* 334 D 1
Labarthe-Rivière *31* 334 B 1
Labarthe-sur-Lèze *31* 317 H 2
Labarthète *32* 294 D 4
Labassère *65* 333 E 1
Labastide *65* 333 H 2
Labastide-Beauvoir *31* 318 B 2
Labastide-Castel-
Amouroux *47* 275 E 1
Labastide-Cézéracq *64* 313 H 3
Labastide-Chalosse *40* 293 H 4
Labastide-Clermont *31* 317 F 3
Labastide-d'Anjou *11* 318 D 3
Labastide-d'Armagnac *40* 274 B 5
Labastide-de-Lévis *81* 299 E 1
Labastide-de-Penne *82* 278 C 2
Labastide-de-Virac *07* 284 B 1
Labastide-Dénat *81* 299 G 2
Labastide-du-Haut-Mont *46* 261 G 1
Labastide-du-Temple *82* 277 G 4
Labastide-du-Vert *46* 259 G 4
Labastide-en-Val *11* 338 A 1
Labastide-
Esparbairenque *11* 319 H 3
Labastide-Gabausse *81* 279 G 5
Labastide-Marnhac *46* 277 H 1
Labastide-Monréjeau *64* 314 A 2
Labastide-Murat *46* 260 C 3
Labastide-Paumès *31* 316 D 3
Labastide-Rouairoux *81* 320 B 2
Labastide-
Saint-Georges *81* 298 D 3
Labastide-Saint-Pierre *82* 297 H 1
Labastide-Saint-Sernin *31* 298 A 3
Labastide-Savès *32* 297 E 5
Labastide-
sur-Bésorgues *07* 266 A 2
Labastide-Villefranche *64* 311 G 3
Labastidette *31* 317 G 2
Labathude *46* 261 F 2
Labatie-d'Andaure *07* 248 C 4
Labatmale *64* 314 C 5
Labatut *09* 318 A 4
Labatut *40* 293 E 5
Labatut *64* 315 E 2
Labatut-Rivière *65* 295 E 5
Labbeville *95* 38 A 5
Labeaume *07* 266 A 5
Labécède-Lauragais *11* 319 E 3
Labège *31* 298 A 5
Labégude *07* 266 B 3
Labéjan *32* 296 A 5
Labenne *40* 292 A 4
Labenne-Océan *40* 292 A 4
Labergement-du-Navois *25* 180 A 1
Labergement-Foigney *21* 160 C 4
Labergement-
lès-Auxonne *21* 160 D 5
Labergement-lès-Seurre *21* 178 B 2
Labergement-
Sainte-Marie *25* 180 C 4
Laberlière *60* 23 F 5
Labescau *33* 256 C 5
Labesserette *15* 262 C 2
Labessette *63* 226 C 4
Labessière-Candeil *81* 299 E 2
Labets-Biscay *64* 311 G 3
Labeuville *55* 65 E 1
Labeuvrière *62* 7 H 4
Labeyrie *64* 293 H 5
Lablachère *07* 266 A 5
Laboissière-en-Santerre *80* 23 E 4
Laboissière-en-Thelle *60* 38 A 3
Laboissière-Saint-Martin *80* 21 G 2
Laborde *65* 333 G 2
Laborel *26* 286 D 1
Labosse *60* 37 H 3
Labouheyre *40* 273 E 2
Labouiche *Rivière
souterraine de 09* 336 B 2
Laboulbène *81* 299 G 4
Laboule *07* 265 H 3
Labouquerie *24* 258 D 2
Labouret *Col du 04* 288 B 2
Labourgade *82* 297 F 1
Labourse *62* 8 A 4
Laboutarie *81* 299 F 3
Labretonie *47* 257 G 5
Labrihe *32* 296 D 3
Labrit *40* 273 H 4
Labroquère *31* 334 A 2
Labrosse *45* 111 H 2
Labrousse *15* 262 C 1
Labroye *62* 11 H 1
Labruguière *81* 299 G 5
Labruyère *21* 178 B 1
Labruyère *60* 38 D 3
Labruyère-Dorsa *31* 318 A 3
Labry *54* 45 F 5
Labuissière *62* 7 H 4
Laburgade *46* 278 B 1
Lac-des-Rouges-Truites *39* 197 F 1
Le Lac-d'Issarlès *07* 265 H 1
Lacabarède *81* 320 B 2
Lacadée *64* 293 H 5
Lacajunte *40* 294 A 4
Lacalm *12* 263 F 2
Lacam-d'Ourcet *46* 261 F 1
Lacanau *33* 236 C 4
Lacanau-de-Mios *33* 254 D 2
Lacanau-Océan *33* 236 B 3
Lacanche *21* 177 F 1
Lacapelle-Barrès *15* 245 E 5
Lacapelle-Biron *47* 258 D 3
Lacapelle-Cabanac *46* 259 F 5
Lacapelle-del-Fraisse *15* 262 C 1
Lacapelle-Livron *82* 278 D 2
Lacapelle-Marival *46* 261 E 2
Lacapelle-Pinet *81* 280 B 4
Lacapelle-Ségalar *81* 279 F 4
Lacapelle-Viescamp *15* 243 H 5
Lacarre *64* 330 C 1
Lacarry-Arhan-Charritte-
de-Haut *64* 331 E 2
Lacassagne *65* 315 F 3
Lacaugne *31* 317 G 4
Lacaune *81* 300 C 3
Lacaussade *47* 258 D 4
Lacave *09* 335 E 2
Lacave *46* 260 C 1
Lacaze *81* 300 A 3
Lacelle *19* 225 E 2
Lacenas *69* 212 D 3
Lacépède *47* 275 H 1
Lachaise *16* 220 C 3
Lachalade *55* 43 F 4
Lachambre *57* 67 E 1
Lachamp *48* 264 B 3
Lachamp-Raphaël *07* 266 A 1
Lachapelle *47* 257 F 4
Lachapelle *54* 96 A 3
Lachapelle *80* 21 H 3
Lachapelle *82* 276 D 5
Lachapelle-aux-Pots *60* 37 H 2
Lachapelle-Auzac *46* 242 B 5
Lachapelle-en-Blaisy *52* 116 C 2
Lachapelle-Graillouse *07* 265 G 1
Lachapelle-Saint-Pierre *60* 38 B 4
Lachapelle-
sous-Aubenas *07* 266 B 4
Lachapelle-
sous-Chanéac *07* 248 A 4
Lachapelle-sous-Chaux *90* 142 B 2
Lachapelle-
sous-Gerberoy *60* 37 G 1
Lachapelle-
sous-Rougemont *90* 142 D 2
Lachassagne *69* 212 D 3
Lachau *26* 286 D 2
Lachaussée *55* 65 E 2
Lachaussée-
du-Bois-d'Écu *60* 22 B 5
Lachaux *63* 210 C 3
Lachelle *60* 39 F 2
Lachy *51* 61 E 4
Lacollonge *90* 142 C 2
Lacombe *11* 319 G 3
Lacommande *64* 314 A 4
Lacoste *34* 302 A 4
Lacoste *84* 305 G 2
Lacougotte-Cadoul *81* 298 D 4
Lacour *82* 277 E 2
Lacour-d'Arcenay *21* 158 C 3
Lacourt *09* 335 F 3
Lacourt-Saint-Pierre *82* 277 G 5
Lacq *64* 313 H 2
Lacquy *40* 274 B 5
Lacrabe *40* 293 H 4
Lacres *62* 6 C 3
Lacroisille *81* 298 D 5
Lacroix-Barrez *12* 262 D 1
Lacroix-Falgarde *31* 317 H 2
Lacroix-Saint-Ouen *60* 39 F 3
Lacroix-sur-Meuse *55* 64 C 2
Lacropte *24* 240 D 4
Lacrost *71* 195 F 1
Lacrouzette *81* 299 H 4
Lacs *36* 189 G 1
Ladapeyre *23* 189 H 5
Ladaux *33* 256 B 2
Ladern-sur-Lauquet *11* 337 H 1
Ladevèze-Rivière *32* 295 E 5
Ladevèze-Ville *32* 295 E 5
Ladignac-le-Long *87* 223 F 2
Ladignac-sur-Rondelles *19* 243 E 1
Ladinhac *15* 262 C 2
Ladirat *46* 261 F 1
Ladiville *16* 220 D 3
Ladoix *21* 177 H 1
Ladoix-Serrigny *21* 177 H 1
Ladon *45* 112 A 5
Lados *33* 256 C 5
Ladoye-sur-Seille *39* 179 F 4
Laduz *89* 136 A 2
Lafage *11* 318 D 5
Lafage-sur-Sombre *19* 243 G 1
Lafare *84* 285 G 3
Lafarre *07* 248 C 3
Lafarre *43* 265 G 1
Lafat *23* 188 D 4
Lafauche *52* 93 G 5
Laféline *03* 191 H 4
Laferté-sur-Amance *52* 140 B 2
Laferté-sur-Aube *52* 116 B 3
Lafeuillade-en-Vézie *15* 262 C 1
Laffaux *02* 40 C 2
Laffite-Toupière *31* 316 D 5
Laffrey *38* 251 E 3
Lafite Rothschild
Château de 33 237 E 1
Lafitole *65* 315 E 2
Lafitte *82* 277 F 5
Lafitte-sur-Lot *47* 275 H 1
Lafitte-Vigordane *31* 317 F 4
Lafosse *33* 237 G 3
Lafox *47* 276 C 3
Lafrançaise *82* 277 G 4
Lafraye *60* 38 B 1
Lafresnoye *80* 21 G 2
Lafrimbolle *57* 96 B 1
Lagamas *34* 302 A 4
Lagarde *09* 336 D 2
Lagarde *31* 318 C 3
Lagarde *32* 275 H 5
Lagarde *57* 67 E 5
Lagarde *65* 315 E 4
Lagarde d'Apt *84* 286 C 5
Lagarde-Enval *19* 243 E 2
Lagarde-Hachan *32* 316 A 3
Lagarde-Paréol *84* 285 F 2
Lagarde-sur-le-Né *16* 220 C 3
Lagardelle *46* 259 F 5
Lagardelle-sur-Lèze *31* 317 H 3
Lagardère *32* 295 H 2
Lagardiolle *81* 319 F 2
Lagarrigue *47* 275 G 2
Lagarrigue *81* 299 G 5
Lagatjar *Alignements de 29* 74 D 3
Lageon *79* 168 A 4
Lagery *51* 41 E 4
Lagesse *10* 115 E 4
Laghet *06* 309 H 2
Laglеygeolle *19* 242 D 3
Laglorieuse *40* 294 B 1
Lagnes *84* 305 F 1
Lagney *54* 65 F 5
Lagnicourt-Marcel *62* 13 H 4
Lagnieu *01* 214 A 4
Lagny *60* 23 G 5
Lagny-le-Sec *60* 59 F 1
Lagny-sur-Marne *77* 59 E 3
Lagor *64* 313 H 3
Lagorce *07* 266 B 5
Lagorce *33* 238 C 3
Lagord *17* 183 F 5
Lagos *64* 314 C 5
Lagrâce-Dieu *31* 317 H 3
Lagrand *05* 287 E 1
Lagrange *40* 274 C 5
Lagrange *65* 333 H 1
Lagrange *90* 142 D 2
Lagrasse *11* 338 B 1
Lagraulas *32* 295 G 3
Lagraulet-du-Gers *32* 295 G 1
Lagraulet-Saint-Nicolas *31* 297 F 2
Lagraulière *19* 224 C 5
Lagrave *81* 299 E 1
Lagruère *47* 275 F 1
Laguenne *19* 242 D 1
Laguépie *82* 279 F 4
Laguian-Mazous *32* 315 G 2
Laguinge-Restoue *64* 331 F 2
Laguiole *12* 263 F 3
Lagupie *47* 257 E 4
Lahage *31* 317 E 2
Laharie *40* 272 D 4
Laharmand *52* 116 D 3
Lahas *32* 296 D 5
Lahaye-Saint-Romain *80* 21 H 4
Lahaymeix *55* 64 B 3
Lahayville *55* 65 E 3
Laheycourt *55* 63 F 2
Lahitère *31* 335 F 1
Lahitte *32* 296 B 4
Lahitte *65* 333 G 1
Lahitte-Toupière *65* 315 E 2
Lahonce *64* 292 B 5
Lahontan *64* 293 E 5
Lahosse *40* 293 F 3
Lahourcade *64* 313 H 3
Lahoussoye *80* 22 D 1
Laifour *08* 26 D 1
La Laigne *17* 184 B 5
Laigné *53* 128 A 2
Laigné-en-Belin *72* 130 A 2
Laignelet *35* 81 F 4
Laignes *21* 137 H 2
Laigneville *60* 38 C 3
Laigny *02* 25 F 2
Laillé *35* 104 A 4
Lailly *89* 114 A 2
Lailly-en-Val *45* 132 D 3
Laimont *55* 63 G 3
Lain *89* 135 H 5
Laines-aux-Bois *10* 114 D 2
Lains *39* 196 B 3
Lainsecq *89* 156 D 1
Lainville-en-Vexin *78* 57 G 1
Laire *25* 142 B 4
Laires *62* 7 F 3
Lairière *11* 338 A 2
Lairoux *85* 183 E 2
Laissac-
Sévérac-l'Eglise *12* 281 F 1
Laissaud *73* 233 G 3
Laissey *25* 162 B 3
Laître-sous-Amance *54* 66 B 5
Laives *71* 177 H 5
Laix *54* 45 E 2
Laiz *01* 195 E 5
Laizé *71* 195 E 3
Laize-la-Ville *14* 33 G 5
Laizy *71* 176 C 3
Lajo *48* 264 B 1
Lajoux *39* 197 F 3
Lalacelle *61* 83 E 3
Lalande *89* 135 H 4
Lalande-de-Pomerol *33* 238 C 4
Lalande-en-Son *60* 37 G 2
Lalandelle *60* 37 G 2
Lalandusse *47* 257 H 3
Lalanne *32* 296 B 2
Lalanne *65* 316 A 4
Lalanne-Arqué *32* 316 B 3
Lalanne-Trie *65* 315 H 4
Lalaye *67* 96 D 4
Lalbarède *81* 299 E 4
Lalbenque *46* 278 B 1
Laleu *61* 84 A 2
Laleu *80* 11 H 5
Lalevade-d'Ardèche *07* 266 A 3
Lalheue *71* 177 H 5
Lalinde *24* 258 C 1
Lalizolle *03* 209 G 1
Lallaing *59* 9 E 5
Lalleu *35* 126 D 2

A B C D E F G H I J K L M N O P Q R S T U V W X Y Z

Lalley 38 268 D 1
Lalobbe 08 26 A 4
Lalœuf 54 94 C 3
Lalongue 64 314 C 2
Lalonquette 64 294 B 5
Laloubère 65 315 E 5
Lalouret-Laffiteau 31 316 B 5
Lalouvesc 07 248 C 2
Laluque 40 293 E 1
Lama 2B 345 E 5
Lamadeleine-Val-des-Anges 90 142 C 1
Lamagdelaine 46 260 B 5
Lamagistère 82 276 D 4
Lamaguère 32 316 B 2
Lamaids 03 190 B 5
Lamairé 79 168 B 4
Lamalou-les-Bains 34 301 F 5
Lamancine 52 116 D 2
Lamanère 66 342 B 5
Lamanon 13 305 F 3
Lamarche 88 118 A 3
Lamarche-en-Woëvre 55 65 E 3
Lamarche-sur-Saône 21 160 D 3
Lamargelle 21 159 H 1
Lamargelle-aux-Bois 52 139 E 4
Lamaronde 80 21 H 3
Lamarque 33 237 F 2
Lamarque-Pontacq 65 314 D 5
Lamarque-Rustaing 65 315 G 4
Lamasquère 31 317 G 2
Lamastre 07 248 C 4
Lamath 54 95 F 2
Lamativie 46 243 F 5
Lamayou 64 315 E 3
Lamazère 32 295 H 5
Lamazière-Basse 19 225 G 5
Lamazière-Haute 19 226 B 2
Lambach 57 68 A 1
Lambader 29 71 G 4
Lamballe 22 78 D 3
Lambersart 59 8 D 2
Lambert 04 288 A 2
Lamberville 50 32 C 5
Lamberville 76 20 A 3
Lambesc 13 305 G 4
Lamblore 28 85 E 2
Lambres 62 7 G 3
Lambres-lez-Douai 59 8 D 5
Lambrey 70 140 D 3
Lambruisse 04 288 C 4
Laméac 65 315 G 3
Lamécourt 60 38 D 2
Lamelouze 30 283 G 3
Lamenay-sur-Loire 58 175 F 4
Lamérac 16 220 C 4
Lametz 08 26 D 5
Lamillarié 81 299 F 2
Lammerville 76 20 A 3
Lamnay 72 108 D 3
Lamongerie 19 224 C 3
Lamontélarié 81 300 B 4
Lamontgie 63 228 B 4
Lamontjoie 47 275 H 4
Lamonzie-Montastruc 24 240 B 5
Lamonzie-Saint-Martin 24 257 G 1
Lamorlaye 60 38 C 5
Lamorville 55 64 C 3
Lamothe 40 293 H 2
Lamothe 43 246 B 1
Lamothe-Capdeville 82 277 H 4
Lamothe-Cassel 46 260 B 3
Lamothe-Cumont 82 296 D 1
Lamothe-en-Blaisy 52 116 C 2
Lamothe-Fénelon 46 259 H 1
Lamothe-Goas 32 296 A 2
Lamothe-Landerron 33 257 E 4
Lamothe-Montravel 24 238 D 5
Lamotte-Beuvron 41 133 F 5
Lamotte-Brebière 80 22 C 2
Lamotte-Buleux 80 11 G 2
Lamotte-du-Rhône 84 284 D 2
Lamotte-Warfusée 80 23 E 2
Lamouilly 55 27 H 5
Lamoura 39 197 F 3
Lampaul 29 74 A 1
Lampaul-Guimiliau 29 71 G 5
Lampaul-Plouarzel 29 70 A 5
Lampaul-Ploudalmézeau 29 70 B 4
Lampertheim 67 68 D 5
Lampertsloch 67 69 E 2
Lamure-sur-Azergues 69 212 B 2
Lanans 25 162 D 3
Lanarce 07 265 G 2
Lanarvily 29 70 D 4
Lanas 07 266 B 4
Lancé 41 131 G 4
Lanchères 80 11 E 3
Lanches-Saint-Hilaire 80 12 B 4
Lanchy 02 23 H 2
Lancié 69 212 D 1
Lancieux 22 50 B 5
Lancôme 41 131 H 5
Lançon 08 43 E 3
Lançon 65 333 H 3
Lançon-Provence 13 305 F 4
Lancrans 01 215 E 1
Landal *Château de* 35 80 B 2
Landange 57 67 G 5
Landas 59 9 F 4
Landaul 56 123 H 2
Landaville 88 94 A 5
Landavran 35 105 E 2
La Lande-Chasles 49 150 C 1
La Lande-d'Airou 50 51 H 3
La Lande-de-Fronsac 33 237 H 4
La Lande-de-Goult 61 83 F 2
La Lande-de-Lougé 61 53 H 5
La Lande-Patry 61 53 E 4
La Lande-Saint-Léger 27 34 D 3
La Lande-Saint-Siméon 61 53 F 3
La Lande-sur-Drôme 14 32 C 5
La Lande-sur-Eure 61 85 E 2
La Lande-Vaumont 14 52 C 4
Landéan 35 81 F 4
Landebaëron 22 73 E 4
Landébia 22 79 E 3
La Landec 22 79 E 4
Landécourt 54 95 F 2
Landéda 29 70 C 4
Landéhen 22 78 D 4
Landeleau 29 76 C 4
Landelles 28 85 G 3
Landelles-et-Coupigny 14 52 B 2
Landemont 49 148 B 3
Landepéreuse 27 55 F 1
Landerneau 29 75 G 2
Landeronde 85 165 G 5
Landerrouat 33 257 E 2
Landerrouet-sur-Ségur 33 256 D 3
Landersheim 67 68 C 5
Landes 17 201 G 3
Les Landes-Genusson 85 166 B 2
Landes-le-Gaulois 41 131 H 5
Landes-sur-Ajon 14 33 E 5
Landes-Vieilles-et-Neuves 76 21 F 3
Landévant 56 123 H 2
Landévennec 29 75 G 3
Landevieille 85 165 E 5
Landéville 52 93 F 4
Landeyrat 15 245 F 1
Landifay-et-Bertaignemont 02 24 D 2
Landigou 61 53 F 4
Le Landin 27 35 H 2
Landiras 33 255 H 3
Landisacq 61 53 E 4
Landivisiau 29 71 F 5
Landivy 53 81 G 3
Landogne 63 208 D 4
Landonvillers 57 46 B 5
Landorthe 31 334 C 1
Landos 43 265 F 1
Landouge 87 205 G 5
Landouzy-la-Cour 02 25 G 2
Landouzy-la-Ville 02 25 G 2
Landrais 17 201 E 2
Le Landreau 44 148 A 4
Landrecies 59 15 E 4
Landrecourt 55 64 B 1
Landrellec 22 72 C 2
Landremont 54 65 H 4
Landres 54 45 E 3
Landres-et-Saint-Georges 08 43 F 2
Landresse 25 162 D 3
Landrethun-le-Nord 62 2 C 4
Landrethun-lès-Ardres 62 2 D 4
Landrévarzec 29 99 H 2
Landreville 10 115 H 4
Landrichamps 08 17 F 4
Landricourt 02 40 B 1
Landricourt 51 92 B 2
Landroff 57 66 D 2
Landry 73 234 D 2
Landser 68 143 G 2
Landudal 29 100 A 2
Landudec 29 99 F 3
Landujan 35 103 H 1
Landunvez 29 70 B 4
Lanéria 39 196 A 3
Lanespède 65 315 G 5
Lanessan *Château de* 33 237 E 2
Lanester 56 123 F 2
Lanet 11 338 A 3
Laneuvelle 52 118 A 5
Laneuvelotte 54 66 B 5
Laneuveville-aux-Bois 54 95 H 1
Laneuveville-derrière-Foug 54 65 E 5
Laneuveville-devant-Bayon 54 95 E 3
Laneuveville-devant-Nancy 54 94 D 1
Laneuveville-en-Saulnois 57 66 C 3
Laneuveville-lès-Lorquin 57 67 G 5
Laneuville-à-Bayard 52 92 D 2
Laneuville-à-Rémy 52 92 C 3
Laneuville-au-Bois 52 93 G 4
Laneuville-au-Pont 52 63 E 5
Laneuville-au-Roi 52 116 C 3
Laneuville-au-Rupt 55 64 D 5
Laneuville-sur-Meuse 55 43 G 1
Laneuvilleroy 60 38 D 1
Lanfains 22 78 A 4
Lanfroicourt 54 66 B 4
Langan 35 80 A 5
Langast 22 78 C 5
Langatte 57 67 G 4
Langé 36 171 F 1
Langeac 43 246 C 3
Langeais 37 151 F 3
Langensoultzbach 67 68 D 2
Langeron 58 174 B 4
Langesse 45 134 C 3
Langey 28 109 G 4
Langlade 30 303 G 2
Langley 88 95 E 4
Langoat 22 72 D 3
Langoëlan 56 101 F 2
Langogne 48 265 F 2
Langoiran 33 255 H 2
Langolen 29 100 A 2
Langon 33 256 B 4
Langon 35 126 A 3
Langon-sur-Cher 41 154 A 4
Le Langon 85 183 G 3
Langonnet 56 100 D 2
Langonnet *Abbaye de* 56 101 E 2
Langouet 35 80 A 5
Langourla 22 78 D 5
Langres 52 139 G 2
Langrolay-sur-Rance 22 79 H 3
Langrune-sur-Mer 14 33 G 3
Languédias 22 79 F 4
Languenan 22 79 G 3
Langueux 22 78 B 3
Languevoisin-Quiquery 80 23 G 3
Languidic 56 101 G 5
Languidou *Chapelle de* 29 99 F 4
Languimberg 57 67 F 4
Languivoa *Chapelle de* 29 99 F 4
Langy 03 192 C 5
Lanhélin 35 80 A 3
Lanhères 55 44 D 5
Lanhouarneau 29 71 E 4
Lanildut 29 70 A 5
Laning 57 67 E 1
Laniscat 22 77 G 5
Laniscourt 02 24 C 5
Lanleff 22 73 F 4
Lanloup 22 73 G 3
Lanmérin 22 72 D 3
Lanmeur 29 72 A 4
Lanmodez 22 73 F 2
Lann-Bihoué 56 123 F 2
Lanne 65 315 E 5
Lanne-en-Barétous 64 331 F 2
Lanne-Soubiran 32 294 D 3
Lannéanou 29 76 C 2
Lannebert 22 73 F 4
Lannecaube 64 314 C 2
Lannédern 29 76 B 4
Lannemaignan 32 294 C 1
Lannemezan 65 333 H 1
Lannepax 32 295 G 2
Lanneplaà 64 313 F 2
Lanneray 28 109 H 4
Lannes 47 275 F 5
Lannes 52 117 F 5
Lanneuffret 29 71 E 5
Lannilis 29 70 C 4
Lannion 22 72 C 3
Lannoy 59 9 E 2
Lannoy-Cuillère 60 21 F 4
Lannux 32 294 C 4
Lano 2B 347 F 3
Lanobre 15 226 C 4
Lanouaille 24 223 F 5
Lanouée 56 102 C 4
Lanoux 09 335 H 1
Lanquais 24 258 C 1
Lanques-sur-Rognon 52 117 F 3
Lanquetot 76 19 F 5
Lanrelas 22 103 E 1
Lanrigan 35 80 B 4
Lanrivain 22 77 G 3
Lanrivoaré 29 70 B 5
Lanrodec 22 77 H 2
Lans 71 177 H 4
Lans-en-Vercors 38 250 C 2
Lansac 33 237 G 3
Lansac 65 315 F 5
Lansac 66 338 B 5
Lansargues 34 303 F 4
Lanslebourg-Mont-Cenis 73 235 E 5
Lanslevillard 73 235 F 5
Lanta 31 298 B 5
Lantabat 64 311 G 5
Lantages 10 115 F 4
Lantan 18 173 G 3
Lantéfontaine 54 45 F 4
Lantenay 01 214 C 2
Lantenay 21 159 H 3
Lantenne-Vertière 25 161 G 4
Lantenot 70 141 H 3
La Lanterne-et-les-Armonts 70 141 H 2
Lanteuil 19 242 C 3
Lanthenans 25 163 E 2
Lanthes 21 178 C 1
Lantheuil 14 33 F 3
Lantic 22 73 G 5
Lantignié 69 212 C 1
Lantillac 56 102 B 4
Lantilly 21 158 D 1
Lanton 33 254 C 2
Lantosque 06 291 F 3
Lantriac 43 247 G 4
Lanty 58 175 H 4
Lanty-sur-Aube 52 116 B 4
Lanuéjols 30 282 B 4
Lanuéjols 48 264 D 5
Lanuéjouls 12 261 G 5
Lanvallay 22 79 G 4
Lanvaudan 56 101 F 4
Lanvellec 22 72 B 4
Lanvénégen 56 100 D 3
Lanvéoc 29 75 E 3
Lanvézéac 22 72 D 3
Lanvollon 22 73 G 4
Lanzac 46 242 B 5
Laon 02 24 D 5
Laons 28 56 B 5
Laouzas *Barrage de* 81 300 C 4
Lapalisse 03 192 D 5
Lapalud 84 284 D 1
Lapan 18 172 D 3
Lapanouse 12 281 G 1
Lapanouse-de-Cernon 12 281 H 5
Laparade 47 275 H 1
Laparrouquial 81 279 F 4
Lapège 09 336 A 4
Lapenche 82 278 C 3
Lapenne 09 336 C 1
Lapenty 50 81 G 2
Laperche 47 257 G 4
Laperrière-sur-Saône 21 160 D 5
Lapeyre 65 315 H 3
Lapeyrère 31 317 G 5
Lapeyrouse 01 213 F 3
Lapeyrouse 63 191 F 5
Lapeyrouse-Fossat 31 298 A 4
Lapeyrouse-Mornay 26 231 G 5
Lapeyrugue 15 262 C 2
Lapleau 19 243 G 1
Laplume 47 275 H 4
Lapoutroie 68 120 D 2
Lapouyade 33 238 B 3
Lappion 02 25 G 5
Laprade 11 319 G 2
Laprade 16 239 F 1
Lapradelle 11 337 G 4
Laprugne 03 211 E 3
Laps 63 228 A 2
Lapte 43 248 A 2
Lapugnoy 62 7 H 4
Laquenexy 57 66 B 1
Laqueuille 63 227 E 2
Laragne-Montéglin 05 287 F 1
Larajasse 69 230 C 2
Laramière 46 279 E 1
Laran 65 316 A 5
Larbey 40 293 G 3
Larbont 09 335 H 2
Larbroye 60 23 G 5
Larcan 31 316 C 5
Larcat 09 336 B 5
Larçay 37 152 A 3
Larceveau-Arros-Cibits 64 311 G 5
Larchamp 53 81 G 4
Larchamp 61 53 E 5
Larchant 77 112 B 2
Larche 04 271 F 4
Larche 19 241 H 3
Larche *Col de* 04 271 F 4
Le Larderet 39 179 H 3
Lardier-et-Valença 05 269 G 5
Lardiers 04 287 E 4
Le Lardin-Saint-Lazare 24 241 G 3
Lardy 91 87 G 3
Larée 32 295 E 1
Laréole 31 297 E 3
Largeasse 79 167 G 5
Largentière 07 266 A 4
Largillay-Marsonnay 39 196 C 1
Largitzen 68 143 E 3
Largny-sur-Automne 02 39 H 4
Largoët *Forteresse de* 56 124 D 3
Larians-et-Munans 70 162 B 1
Larivière 90 142 D 2
Larivière-sur-Apance 52 118 A 4
Larmor-Baden 56 124 A 4
Larmor-Plage 56 123 F 2
Larnage 26 249 F 3
Larnagol 46 260 D 5
Larnas 07 266 D 5
Larnat 09 336 B 5
Larnaud 39 179 E 5
Larnod 25 161 H 4
Laroche-près-Feyt 19 226 C 1
Laroche-Saint-Cydroine 89 113 H 5
Larochemillay 58 176 A 3
Larodde 63 226 C 3
Laroin 64 314 A 4
Larone *Col de* 2A 349 G 4
Laronxe 54 95 G 2
Laroque 33 256 B 2
Laroque 34 302 C 1
Laroque-de-Fa 11 338 B 3
Laroque-des-Albères 66 343 F 4
Laroque-des-Arcs 46 260 B 5
Laroque-d'Olmes 09 336 D 3
Laroque-Timbaut 47 276 C 2
Laroquebrou 15 243 H 4
Laroquevieille 15 244 C 4
Larouillies 59 15 G 5
Larra 31 297 G 3
Larrau 64 331 E 3
Larrazet 82 297 F 1
Larré 56 124 D 3
Larré 61 83 H 3
Larressingle 32 295 G 1
Larressore 64 310 D 3
Larret 29 70 B 5
Larret 70 140 A 4
Larreule 64 314 A 2
Larreule 65 315 E 2
Larrey 21 137 H 2
Larribar-Sorhapuru 64 311 H 4
Larringes 74 198 B 3
Larrivière-Saint-Savin 40 294 A 2
Larrivoire 39 196 D 4
Larroque 31 316 B 5
Larroque 65 316 A 4
Larroque 81 278 D 5
Larroque-Engalin 32 275 H 5
Larroque-Saint-Sernin 32 296 A 2
Larroque-sur-l'Osse 32 275 F 5
Larroque-Toirac 46 261 F 4
Lartigue 32 296 C 5
Lartigue 33 274 C 2
Laruns 64 332 A 2
Laruscade 33 238 B 2
Larzac 24 259 E 2
Larzicourt 51 62 D 5
Lasalle 30 283 F 5
Lasbordes 11 319 E 4
Lascabanes 46 277 H 1
Lascaux 19 223 H 5
Lascaux *Grotte de* 24 241 G 3
Lascazères 65 295 E 5
Lascelle 15 244 D 4
Laschamps-de-Chavanat 23 207 E 1
Lasclaveries 64 314 B 2
Lasfaillades 81 300 A 5
Lasgraisses 81 299 E 2
Laslades 65 315 F 5
Lassales 65 316 A 5
Lassay-les-Châteaux 53 82 C 3
Lassay-sur-Croisne 41 153 G 3
Lasse 49 150 C 1
Lasse 64 330 B 1
Lasserade 32 295 E 4
Lasséran 32 296 A 5
Lasserre 09 335 F 1
Lasserre 31 297 F 4
Lasserre 47 275 G 4
Lasserre 64 294 D 5
Lasserre-de-Prouille 11 319 F 5
Lasseube 64 314 A 4
Lasseube-Propre 32 296 B 5
Lasseubetat 64 314 A 5
Lassicourt 10 91 H 4
Lassigny 60 23 F 5
Lasson 14 33 F 4
Lasson 89 114 C 4
Lassouts 12 263 F 5
Lassur 09 336 C 5
Lassy 14 53 E 2
Lassy 35 103 H 4
Lassy 95 38 D 5
Lastelle 50 31 G 3
Lastic 15 246 A 3
Lastic 63 226 D 1
Lastioulles *Barrage de* 15 226 D 5
Lastours 11 319 H 4
Lataule 60 39 E 1
Le Latet 39 179 H 3
La Latette 39 180 A 4
Lathuile 74 215 H 5
Lathus 86 187 G 4
Latillé 86 185 H 1
Latilly 02 40 B 5
Latoue 31 316 C 5
Latouille-Lentillac 46 261 F 1
Latour 31 317 G 5
Latour-Bas-Elne 66 343 F 3
Latour-de-Carol 66 341 E 4
Latour-de-France 66 338 B 5
Latour-en-Woëvre 55 65 E 1
Latrape 31 317 G 5
Latrecey 52 116 C 5
Latresne 33 255 G 1
Latrille 40 294 C 4
Latronche 19 243 H 1
Latronquière 46 261 G 1
Lattainville 60 37 G 4
La Latte *Fort* 22 50 A 4
Lattes 34 302 D 5
Lattre-Saint-Quentin 62 13 E 2
Lau-Balagnas 65 332 D 2
Laubach 67 68 D 3
Laubert 48 264 D 4
Les Laubies 48 264 B 2
Laubressel 10 91 F 5
Laubrières 53 105 F 5
La Lauch *Lac de* 68 120 C 4
Laucourt 80 23 F 4
Laudrefang 57 66 D 1
Laudun-l'Ardoise 30 284 D 4
Laugnac 47 276 B 2
Laujuzan 32 294 D 2
Laulne 50 31 G 3
Laumesfeld 57 46 C 3
Launac 31 297 F 3
Launaguet 31 298 A 4
Launay 27 35 G 5
Launay-Villiers 53 105 G 3
Launois-sur-Vence 08 26 C 4
Launoy 02 40 B 4
Launstroff 57 46 C 2
La Laupie 26 267 F 3
Laurabuc 11 319 E 5
Laurac 11 319 E 5
Laurac-en-Vivarais 07 266 A 4
Lauraët 32 295 G 1
Lauraguel 11 337 F 1
Laure-Minervois 11 320 A 4
Laurède 40 293 G 2
Laurenan 22 102 D 1
Laurens 34 301 G 5
Lauresses 46 261 G 2
Lauret 34 302 D 2
Lauret 40 294 B 5
Laurie 15 245 H 1
Laurière 24 240 D 1
Laurière 87 206 B 2
Lauris 84 305 H 3
Lauroux 34 301 G 3
Laussac 12 263 E 1
Laussonne 43 247 G 4
Laussou 47 258 D 4
Lautaret *Col du* 05 252 B 3
Lautenbach 68 120 D 4
Lautenbachzell 68 120 D 4
Lauterbourg 67 69 H 1
Lauthiers 86 187 E 1
Lautignac 31 317 E 3

Lautrec 81 299 F 3
Lauw 68 142 D 1
Lauwin-Planque 59 8 D 5
Laux-Montaux 26 286 C 1
Lauzach 56 124 D 4
Lauzerte 82 277 F 2
Lauzerville 31 298 B 5
Lauzès 46 260 C 4
Le Lauzet-Ubaye 04 270 B 5
Lauzières 17 183 F 5
Lauzun 47 257 H 3
Lava Col de 2A 346 A 5
Lava Golfe de 2A 348 B 3
Lavacquerie 60 22 A 4
Laval 38 251 F 1
Laval 53 106 A 3
Laval Chalets de 05 252 C 3
Laval-Atger 48 264 D 1
Laval-d'Aix 26 268 B 2
Laval-d'Aurelle 07 265 G 4
Laval-de-Cère 46 243 F 5
Laval-du-Tarn 48 282 B 1
Laval-en-Brie 77 89 E 4
Laval-en-Laonnois 02 40 D 1
Laval-le-Prieuré 25 163 E 4
Laval-Morency 08 26 B 2
Laval-Pradel 30 283 H 3
Laval-Roquecezière 12 300 B 2
Laval-Saint-Roman 30 284 C 2
Laval-sur-Doulon 43 228 C 5
Laval-sur-Luzège 19 243 G 1
Laval-sur-Tourbe 51 42 D 5
Laval-sur-Vologne 88 119 H 2
Lavalade 24 258 D 2
Lavaldens 38 251 F 4
Lavalette 11 319 G 5
Lavalette 31 298 B 4
Lavalette 34 301 G 4
Lavalette Barrage de 43 247 H 2
Lavallée 55 64 B 4
Le Lavancher 74 217 E 2
Lavancia-Epercy 39 196 C 4
Le Lavandou 83 329 E 4
Lavangeot 39 161 F 5
Lavannes 51 41 H 3
Lavans-lès-Dole 39 161 F 5
Lavans-lès-Saint-Claude 39 196 D 3
Lavans-Quingey 25 161 H 5
Lavans-sur-Valouse 39 196 C 4
Lavans-Vuillafans 25 162 B 5
Lavaqueresse 02 25 E 1
Lavardac 47 275 F 3
Lavardens 32 296 A 3
Lavardin 41 131 F 3
Lavardin 72 107 G 4
Lavaré 72 108 C 4
Lavars 38 250 D 5
Lavasina 2B 345 G 3
Lavastrie 15 245 G 5
Lavatoggio 2B 346 C 2
Lavau 10 91 E 5
Lavau 89 135 F 5
Lavau-sur-Loire 44 146 D 3
Lavaudieu 43 246 C 1
Lavaufranche 23 190 A 4
Lavault-de-Frétoy 58 176 A 1
Lavault-Sainte-Anne 03 190 D 4
Les Lavaults 89 158 B 3
Lavaur 24 259 E 3
Lavaur 81 298 D 3
Lavaurette 82 278 C 3
Lavausseau 86 185 H 1
Lavaveix-les-Mines 23 207 G 2
Lavazan 33 256 C 5
Laveissenet 15 245 F 3
Laveissière 15 245 E 3
Lavelanet 09 336 D 3
Lavelanet-de-Comminges 31 317 F 4
Laveline-devant-Bruyères 88 120 A 2
Laveline-du-Houx 88 119 H 2
Lavenay 72 130 D 3
Laventie 62 8 B 2
Lavéra 13 325 G 4
Laveraët 32 295 G 5
Lavercantière 46 259 H 3
Laverdines 18 173 H 1
Lavergne 46 260 D 1
Lavergne 47 257 G 3
Lavernat 72 130 B 4
Lavernay 25 161 G 3
Lavernhe 12 281 G 2
Lavernose-Lacasse 31 317 G 3
Lavernoy 52 117 H 5
Laverrière 60 21 H 4
Laversine 02 40 A 3
Laversines 60 38 B 2
Lavérune 34 302 D 5
Laveyron 26 249 E 1
Laveyrune 07 265 F 3
Laveyssière 24 239 H 5
Lavieu 42 229 G 3
Laviéville 80 22 D 1
Lavigerie 15 245 E 2
Lavignac 87 223 F 1
Lavignéville 55 64 D 3
Lavigney 70 140 C 3
Lavignolle 33 255 E 3
Lavigny 39 179 F 4
Lavillatte 07 265 G 2
Laville-aux-Bois 52 117 E 3
Lavilledieu 07 266 C 4
Lavilleneuve 52 117 G 4
Lavilleneuve-au-Roi 52 116 C 3
Lavilleneuve-aux-Fresnes 52 116 B 2
Lavilletertre 60 37 H 4
Lavincourt 55 63 G 5
Laviolle 07 266 B 1
Laviron 25 163 E 3
Lavit-de-Lomagne 82 296 D 1
Lavoine 03 210 D 3
Lavoncourt 70 140 C 4
Lavours 01 214 D 4
Lavoûte-Chilhac 43 246 B 2
Lavoûte-sur-Loire 43 247 F 3
Lavoux 86 186 D 1
Lavoye 55 63 G 1
Lawarde-Mauger-l'Hortoy 80 22 B 4
Laxou 54 65 H 5
Lay 42 211 H 3
Lay-Lamidou 64 313 G 4
Lay-Saint-Christophe 54 65 H 5
Lay-Saint-Remy 54 94 A 1
Laye 05 269 G 2
Laymont 32 317 E 3
Layrac 47 276 B 4
Layrac-sur-Tarn 31 298 A 2
Layrisse 65 315 E 5
Lays-sur-le-Doubs 71 178 C 2
Laz 29 76 B 5
Lazenay 18 172 C 1
Lazer 05 287 F 1
Léalvillers 80 13 E 5
Léaupartie 14 34 B 4
Léaz 01 215 E 1
Lebetain 90 142 D 4
Lebeuville 54 95 E 3
Lebiez 62 6 D 4
Leboulin 32 296 B 4
Lebreil 46 277 F 1
Lebucquière 62 13 H 4
Lécaude 14 34 B 5
Lecci 2A 349 G 5
Lecelles 59 9 F 4
Lecey 52 139 H 2
Lechâtelet 21 178 B 1
Léchelle 62 13 H 5
Léchelle 77 89 G 2
La Léchère 73 234 B 2
Les Lèches 24 239 G 4
Léchiagat 29 99 F 5
Lécluse 59 14 A 2
Lécourt 52 117 H 4
Lécousse 35 81 E 4
Lecques 30 303 F 2
Les Lecques 83 327 G 4
Lect 39 196 C 3
Lectoure 32 296 B 1
Lecumberry 64 330 C 1
Lécussan 31 316 A 5
Lédas-et-Penthiès 81 280 B 4
le Lédat 47 258 B 5
Lédenon 30 304 A 1
Lédergues 12 280 C 4
Lederzeele 59 3 G 4
Ledeuix 64 313 H 4
Lédignan 30 283 H 5
Ledinghem 62 6 D 2
Ledringhem 59 3 G 4
Lée 64 314 B 4
Leers 59 9 E 2
Lées-Athas 64 331 H 3
Lefaux 62 6 B 3
Leffard 14 53 G 2
Leffincourt 08 42 C 2
Leffond 70 139 H 4
Leffonds 52 117 E 5
Leffrinckoucke 59 3 G 2
Leforest 62 8 D 5
Lège 31 334 B 3
Legé 44 165 G 2
Lège-Cap-Ferret 33 254 B 1
Légéville-et-Bonfays 88 118 D 2
Léglantiers 60 38 D 1
Légna 39 196 C 3
Légny 69 212 C 4
Léguevin 31 297 G 5
Léguillac-de-Cercles 24 221 H 5
Léguillac-de-l'Auche 24 240 B 2
Lehaucourt 02 24 B 1
Léhélec Château de 56 125 F 4
Léhon 22 79 G 4
Leigné-les-Bois 86 169 H 4
Leigné-sur-Usseau 86 169 G 3
Leignes-sur-Fontaine 86 187 F 2
Leigneux 42 229 G 1
Leimbach 68 142 D 1
Leintrey 54 95 H 1
Leiterswiller 67 69 F 2
Lélex 01 197 E 4
Lelin-Lapujolle 32 294 D 3
Lelling 57 67 E 1
Lemainville 54 94 D 2
Lembach 67 69 E 1
Lemberg 57 68 B 1
Lembeye 64 314 D 2
Lembras 24 239 H 5
Lemé 02 25 E 2
Lème 64 294 B 5
Leménil-Mitry 54 95 E 3
Lémeré 37 169 E 1
Lemmecourt 88 94 A 5
Lemmes 55 43 H 5
Lemoncourt 57 66 B 3
Lempaut 81 299 F 5
Lempdes 63 209 H 5
Lempdes-sur-Allagnon 43 228 A 5
Lempire 02 24 A 1
Lempire-aux-Bois 55 43 H 5
Lemps 07 249 E 3
Lemps 26 286 B 1
Lempty 63 210 A 5
Lempzours 24 222 D 5
Lemud 57 66 B 1
Lemuy 39 179 H 2
Lénault 14 53 E 2
Lenax 03 193 E 4
Lencloître 86 169 E 4
Lencouacq 40 274 A 4
Lendresse 64 313 G 2
Lengelsheim 57 48 C 5
Lengronne 50 51 G 2
Lenharrée 51 61 H 4
Léning 57 67 E 2
Lénizeul 52 117 H 4
Lennon 29 76 A 5
Lenoncourt 54 95 E 1
Lens 62 8 B 5
Lens-Lestang 26 231 G 5
Lent 01 213 H 1
Lent 39 180 A 4
Lentigny 42 211 G 3
Lentillac-Lauzès 46 260 C 4
Lentillac-Saint-Blaise 46 261 G 4
Lentillères 07 266 A 3
Lentilles 10 92 A 3
Lentilly 69 212 D 5
Lentiol 38 231 G 5
Lento 2B 347 F 2
Léobard 46 259 H 2
Léogeats 33 255 H 4
Léognan 33 255 F 2
Léojac 82 277 H 5
Léon 40 292 B 1
Léoncel 26 249 H 5
Léotoing 43 228 A 5
Léouville 45 111 F 2
Léoville 17 220 B 4
Lépanges-sur-Vologne 88 119 H 2
Lépaud 23 190 B 5
Lépin-le-Lac 73 233 E 2
Lépinas 23 207 F 2
Lépine 62 6 B 5
Lépron-les-Vallées 08 26 B 3
Lepuix 90 142 B 1
Lepuix-Neuf 90 143 E 4
Léran 09 336 D 2
Lercoul 09 336 A 5
Léré 18 156 A 2
Léren 64 292 D 5
Lérigneux 42 229 F 2
Lerm-et-Musset 33 274 C 1
Lerné 37 150 D 5
Lérouville 55 64 C 4
Lerrain 88 118 D 2
Léry 21 138 D 5
Léry 27 36 B 3
Lerzy 02 25 F 1
Lesbœufs 80 13 H 5
Lesbois 53 81 H 3
Lescar 64 314 A 3
Leschaux 74 215 G 5
Leschelle 02 25 E 1
Lescheraines 73 215 G 5
Leschères 39 197 E 2
Leschères-sur-le-Blaiseron 52 92 D 5
Lescherolles 77 60 B 4
Lescheroux 01 195 G 3
Lesches 77 59 F 3
Lesches-en-Diois 26 268 C 3
Lesconil 29 99 G 5
Lescouët-Gouarec 22 77 F 5
Lescouët-Jugon 22 79 E 4
Lescousse 09 336 A 1
Lescout 81 299 F 5
Lescun 64 331 G 4
Lescuns 31 317 E 5
Lescure 09 335 G 2
Lescure-d'Albigeois 81 299 F 1
Lescure-Jaoul 12 279 G 3
Lescurry 65 315 F 3
Lesdain 59 14 B 4
Lesdins 02 24 B 2
Lesges 02 40 C 3
Lesgor 40 293 F 1
Lésigny 77 59 E 4
Lésigny 86 170 A 3
Le Leslay 22 78 A 4
Lesme 71 192 D 1
Lesménils 54 65 G 3
Lesmont 10 91 G 4
Lesneven 29 71 E 4
Lesparre-Médoc 33 218 D 5
Lesparrou 09 336 D 3
Lespéron 07 265 F 2
Lesperon 40 272 C 5
Lespesses 62 7 G 3
Lespielle 64 314 D 2
Lespignan 34 321 G 4
Lespinasse 31 297 H 3
Lespinasse Château de 43 246 A 1
Lespinassière 11 320 A 3
Lespinoy 62 6 D 5
Lespiteau 31 334 C 1
Lesponne 65 333 F 2
Lespouey 65 315 F 5
Lespourcy 64 314 D 3
Lespugue 31 316 B 5
Lesquerde 66 338 A 4
Lesquielles-Saint-Germain 02 24 D 1
Lesquin 59 8 D 3
Lessac 16 204 C 2
Lessard-en-Bresse 71 178 B 4
Lessard-et-le-Chêne 14 54 C 1
Lessard-le-National 71 177 H 3
Lessay 50 31 G 3
Lesse 57 66 C 2
Lesseux 88 96 C 4
Lesson 85 184 C 3
Lessy 57 65 G 1
Lestanville 76 20 A 3
Lestards 19 225 E 3
Lestelle-Bétharram 64 314 C 5
Lestelle-de-Saint-Martory 31 334 D 1
Lesterps 16 204 D 3
Lestiac-sur-Garonne 33 255 H 2
Lestiou 41 132 C 4
Lestrade-et-Thouels 12 280 D 5
Lestre 50 29 G 4
Lestrem 62 8 A 2
Létanne 08 27 G 5
Léthuin 28 86 D 5
Letia 2A 348 C 1
Létra 69 212 C 3
Létricourt 54 66 B 3
Letteguives 27 36 C 2
Lettret 05 269 G 4
Leubringhen 62 2 B 4
Leuc 11 337 H 1
Leucamp 15 262 C 2
Leucate 11 339 E 3
Leucate-Plage 11 339 F 3
Leuchey 52 139 F 3
Leudeville 91 87 H 2
Leudon-en-Brie 77 60 B 4
Leuglay 21 138 C 2
Leugny 86 169 H 3
Leugny 89 136 A 4
Leugny Château de 37 152 B 3
Leuhan 29 100 B 2
Leuilly-sous-Coucy 02 40 B 1
Leulinghem 62 3 F 5
Leulinghen-Bernes 62 2 B 4
Leurville 52 93 F 5
Leury 02 40 B 2
Leutenheim 67 69 F 3
Leuville-sur-Orge 91 87 G 2
Leuvrigny 51 61 E 1
Le Leuy 40 293 H 2
Leuze 02 25 H 2
La Levade 30 283 G 2
Levainville 28 86 C 3
Leval 59 15 F 3
Leval 90 142 D 2
Levallois-Perret 92 58 B 3
Levant Île du 83 329 E 5
Levaré 53 81 H 4
Levécourt 52 117 H 3
Levens 06 291 E 4
Levergies 02 24 B 1
Levernois 21 177 H 2
Lèves 28 86 A 3
Les Lèves-et-Thoumeyragues 33 257 F 1
Levesville-la-Chenard 28 86 D 5
Levet 18 173 E 3
Levie 2A 349 F 5
Levier 25 180 B 2
Lévignac 31 297 G 4
Lévignac-de-Guyenne 47 257 F 3
Lévignacq 40 272 C 4
Lévignen 60 39 G 4
Lévigny 10 92 A 5
Levis 89 135 H 5
Lévis-Saint-Nom 78 57 H 5
Levoncourt 55 64 B 4
Levoncourt 68 143 E 5
Levroux 36 171 G 2
Lewarde 59 14 B 2
Lexos 82 279 E 4
Lexy 54 44 D 1
Ley 57 66 D 5
Leychert 09 336 C 3
Leydé Pointe de 29 75 F 5
Leyme 46 261 E 1
Leymen 68 143 G 4
Leyment 01 214 A 3
Leynes 71 194 D 5
Leynhac 15 261 H 2
Leyr 54 66 B 4
Leyrat 23 190 A 4
Leyrieu 38 213 H 5
Leyritz-Moncassin 47 275 E 1
Leyssard 01 214 B 1
Leyvaux 15 245 G 1
Leyviller 57 67 F 1
Lez 31 334 B 3
Lez-Fontaine 59 15 H 3
Lézan 30 283 G 5
Lézardrieux 22 73 F 3
Lézat 39 197 E 2
Lézat-sur-Lèze 09 317 H 5
Lezay 79 185 H 5
Lezennes 59 8 D 3
Lezéville 52 93 F 3
Lezey 57 66 D 4
Lézignac-Durand 16 204 C 5
Lézignan 65 333 E 1
Lézignan-Corbières 11 320 C 5
Lézignan-la-Cèbe 34 322 C 3
Lézigné 49 129 E 4
Lézigneux 42 229 G 3
Lézinnes 89 137 F 3
Lezoux 63 210 B 5
Lhéraule 60 37 H 1
Lherm 31 317 G 2
Lherm 46 259 G 4
Lhéry 51 41 E 4
Lhez 65 315 F 5
Lhommaizé 86 186 D 3
Lhomme 72 130 C 3
Lhôpital 01 214 D 2
Lhor 57 67 F 3
Lhospitalet 46 277 H 1
Lhoumois 79 168 B 5
Lhuis 01 214 C 5
Lhuître 10 91 F 2
Lhuys 02 40 D 3
Liac 65 315 F 2
Liancourt 60 38 D 3
Liancourt-Fosse 80 23 F 3
Liancourt-Saint-Pierre 60 37 H 4
Liart 08 26 A 3
Lias 32 297 F 5
Lias-d'Armagnac 32 294 D 1
Liausson 34 301 H 4
Libaros 65 315 H 4
Libération Croix de la 71 176 D 2
Libercourt 62 8 C 4
Libermont 60 23 G 4
Libourne 33 238 B 5
Librecy 08 26 B 3
Licey-sur-Vingeanne 21 160 D 1
Lichans-Sunhar 64 331 F 2
Lichères 16 203 F 4
Lichères-près-Aigremont 89 136 D 4
Lichères-sur-Yonne 89 157 F 1
Lichos 64 313 F 3
Lichtenberg 67 68 B 2
Licourt 80 23 G 2
Licq-Athérey 64 331 E 2
Licques 62 2 D 5
Licy-Clignon 02 40 B 5
Lidrezing 57 67 E 3
Liebenswiller 68 143 G 4
Liebsdorf 68 143 F 4
Liebvillers 25 163 F 2
Liederschiedt 57 48 C 5
Lieffrans 70 140 D 5
Le Liège 37 152 C 4
Liéhon 57 65 H 2
Liencourt 62 13 E 2
Lieoux 31 316 C 5
Liepvre 68 96 D 5
Liéramont 80 14 A 5
Liercourt 80 11 H 4
Lières 62 7 G 3
Liergues 69 212 D 3
Liernais 21 158 C 4
Liernolles 03 193 E 3
Lierval 02 40 D 1
Lierville 60 37 G 4
Lies 65 333 F 1
Liesle 25 179 G 1
Liesse-Notre-Dame 02 25 E 5
Liessies 59 15 H 4
Liesville-sur-Douve 50 31 H 2
Liettres 62 7 G 3
Lieu-Saint-Amand 59 14 C 2
Lieuche 06 289 G 4
Lieucourt 70 161 F 2
Lieudieu 38 231 H 4
Lieurac 09 336 C 2
Lieuran-Cabrières 34 301 H 5
Lieuran-lès-Béziers 34 321 G 3
Lieurey 27 35 E 4
Lieuron 35 103 H 5
Lieury 14 54 B 1
Lieusaint 50 29 F 5
Lieusaint 77 88 A 2
Lieutadès 15 263 F 1
Lieuvillers 60 38 D 1
Liévans 70 141 G 4
Liévin 62 8 B 5
Lièvremont 25 180 D 1
Liez 02 24 B 4
Liez 85 184 B 3
Liézey 88 120 A 3
Liffol-le-Grand 88 93 H 5
Liffol-le-Petit 52 93 G 5
Liffré 35 104 C 2
Ligardes 32 275 H 5
Ligescourt 80 11 G 1
Liget Chartreuse du 37 152 D 5
Liginiac 19 226 B 4
Liglet 86 187 H 2
Lignac 36 188 A 3
Lignairolles 11 337 E 1
Lignan-de-Bazas 33 256 B 5
Lignan-de-Bordeaux 33 255 H 1
Lignan-sur-Orb 34 321 F 3
Lignareix 19 225 H 2
Ligné 16 203 E 4
Ligné 44 148 A 2
Lignères 61 54 D 4
Lignereuil 62 13 E 2
Lignerolles 03 190 D 5
Lignerolles 21 138 D 2
Lignerolles 27 56 C 3
Lignerolles 36 189 H 2
Lignerolles 61 84 C 2
Lignéville 88 118 C 2
Ligneyrac 19 242 C 3
Lignières 10 114 D 5
Lignières 18 172 D 5
Lignières 41 131 H 2
Lignières 80 23 E 4
Lignières-Châtelain 80 21 G 3
Lignières-de-Touraine 37 151 F 3
Lignières-en-Vimeu 80 11 F 5
Lignières-la-Carelle 72 83 H 4
Lignières-Orgères 53 83 E 2
Lignières-Sonneville 16 220 C 3
Lignières-sur-Aire 55 64 B 4
Lignol 56 101 F 3
Lignol-le-Château 10 116 B 2

Lignon 51 ... 91 H 2
Lignorelles 89 ... 136 C 2
Lignou 61 ... 53 G 5
Ligny-en-Barrois 55 ... 93 F 1
Ligny-en-Brionnais 71 ... 193 H 5
Ligny-en-Cambrésis 59 ... 14 C 4
Ligny-le-Châtel 89 ... 136 C 2
Ligny-le-Ribault 45 ... 133 E 4
Ligny-lès-Aire 62 ... 7 G 3
Ligny-Saint-Flochel 62 ... 7 G 5
Ligny-sur-Canche 62 ... 12 C 2
Ligny-Thilloy 62 ... 13 G 4
Ligré 37 ... 151 E 5
Ligron 72 ... 129 G 3
Ligsdorf 68 ... 143 F 4
Ligueil 37 ... 170 A 1
Ligueux 24 ... 240 D 1
Ligueux 33 ... 257 F 1
Ligugé 86 ... 186 B 2
Lihons 80 ... 23 F 2
Lihus 60 ... 22 A 5
Les Lilas 93 ... 58 C 3
Lilhac 31 ... 316 C 4
Lilignod 01 ... 214 D 3
Lille 59 ... 8 D 2
Lillebonne 76 ... 35 F 1
Lillemer 35 ... 80 A 2
Lillers 62 ... 7 H 3
Lilly 27 ... 37 E 2
Limalonges 79 ... 203 F 1
Limans 04 ... 287 E 5
Limanton 58 ... 175 G 2
Limas 69 ... 212 D 3
Limay 78 ... 57 F 2
Limbrassac 09 ... 336 D 2
Limé 02 ... 40 D 3
Limeil-Brévannes 94 ... 58 D 4
Limendous 64 ... 314 C 4
Limeray 37 ... 152 C 2
Limersheim 67 ... 97 G 2
Limerzel 56 ... 125 E 4
Limésy 76 ... 20 A 5
Limetz-Villez 78 ... 57 E 1
Limeuil 24 ... 240 D 5
Limeux 18 ... 172 C 1
Limeux 80 ... 11 G 4
Limey-Remenauville 54 ... 65 F 3
Limeyrat 24 ... 241 E 2
Limoges 87 ... 205 G 5
Limoges-Fourches 77 ... 88 B 2
Limogne-en-Quercy 46 ... 278 D 1
Limoise 03 ... 174 B 5
Limon 58 ... 175 E 2
Limonest 69 ... 213 E 4
Limons 63 ... 210 B 3
Limont-Fontaine 59 ... 15 G 3
Limony 07 ... 231 E 5
Limours-en-Hurepoix 91 ... 87 F 2
Limousis 11 ... 319 H 4
Limoux 11 ... 337 G 2
La Limouzinière 44 ... 165 G 1
La Limouzinière 85 ... 166 A 5
Limpiville 76 ... 19 E 4
Linac 46 ... 261 G 3
Linard 23 ... 189 F 4
Linards 87 ... 224 C 1
Linars 16 ... 221 E 1
Linas 91 ... 87 G 2
Linay 08 ... 27 H 4
Linazay 86 ... 203 F 1
Lincel 04 ... 306 C 1
Lincheux-Hallivillers 80 ... 21 H 2
Lindebeuf 76 ... 19 H 4
Le Lindois 16 ... 222 B 1
Lindre-Basse 57 ... 67 E 4
Lindre-Haute 57 ... 67 E 4
Lindry 89 ... 136 A 3
Linexert 70 ... 141 H 3
Lingé 36 ... 170 C 4
Lingeard 50 ... 52 B 4
Lingèvres 14 ... 33 E 4
Linghem 62 ... 7 G 3
Lingolsheim 67 ... 97 G 1
Lingreville 50 ... 51 F 1
Linguizzetta 2B ... 347 H 4
Linières-Bouton 49 ... 150 D 1
Liniers 86 ... 186 D 1
Liniez 36 ... 171 H 2
Linsdorf 68 ... 143 G 4
Linselles 59 ... 4 D 5
Linthal 68 ... 120 C 4
Linthelles 51 ... 61 F 5
Linthes 51 ... 61 F 4
Lintot 76 ... 19 F 5
Lintot-les-Bois 76 ... 20 B 3
Linxe 40 ... 272 B 5
Liny-devant-Dun 55 ... 43 H 2
Linzeux 62 ... 12 C 2
Liocourt 57 ... 66 B 3
Liomer 80 ... 21 G 2
Le Lion-d'Angers 49 ... 128 B 4
Lion-devant-Dun 55 ... 43 H 2
Lion-en-Beauce 45 ... 111 E 3
Lion-en-Sullias 45 ... 134 B 4
Lion-sur-Mer 14 ... 33 G 3
Liorac-sur-Louyre 24 ... 240 B 5
Le Lioran 15 ... 245 E 3
Liouc 30 ... 303 E 1
Le Liouquet 13 ... 327 G 4
Liourdres 19 ... 243 E 5
Liouville 55 ... 64 D 4
Lioux 84 ... 286 B 5
Lioux-les-Monges 23 ... 208 C 3
Liposthey 40 ... 273 E 1
Lipsheim 67 ... 97 G 2
Lirac 30 ... 285 E 4
Liré 49 ... 148 B 2
Lirey 10 ... 114 D 3
Lironcourt 88 ... 118 B 4
Lironville 54 ... 65 F 3
Liry 08 ... 42 D 3
Lisbourg 62 ... 7 F 4
Liscia *Golfe de la* 2A ... 348 B 2
Lisieux 14 ... 34 C 5
Lisle 24 ... 240 B 1
Lisle 41 ... 131 H 2
Lisle-en-Barrois 55 ... 63 G 2
L'Isle-en-Rigault 55 ... 63 G 4
Lisle-sur-Tarn 81 ... 298 C 2
Lislet 02 ... 25 G 4
Lison 14 ... 32 B 3
Lison *Source du* 25 ... 180 A 2
Lisores 14 ... 54 C 2
Lisors 27 ... 36 D 3
Lissac 09 ... 318 A 4
Lissac 43 ... 247 E 2
Lissac-et-Mouret 46 ... 261 F 3
Lissac-sur-Couze 19 ... 242 B 3
Lissay-Lochy 18 ... 173 E 2
Lisse 47 ... 275 F 4
Lisse-en-Champagne 51 ... 62 D 3
Lisses 91 ... 87 H 2
Lisseuil 63 ... 209 F 2
Lissey 55 ... 44 B 3
Lissieu 69 ... 212 D 4
Lissy 77 ... 88 B 2
Listrac-de-Durèze 33 ... 257 E 1
Listrac-Médoc 33 ... 237 E 3
Lit-et-Mixe 40 ... 272 B 4
Lithaire 50 ... 31 G 3
Litteau 14 ... 32 C 4
Littenheim 67 ... 68 C 4
Littry 14 ... 32 C 4
Litz 60 ... 38 C 2
Livaie 61 ... 83 F 3
Livarot-Pays-d'Auge 14 ... 54 C 1
Liverdun 54 ... 65 G 5
Liverdy-en-Brie 77 ... 59 F 5
Livernon 46 ... 261 E 3
Livers-Cazelles 81 ... 279 F 5
Livet 53 ... 106 C 3
Livet-en-Saosnois 72 ... 83 H 4
Livet-et-Gavet 38 ... 251 F 2
Livet-sur-Authou 27 ... 35 F 4
Livilliers 95 ... 58 A 1
Livinhac-le-Haut 12 ... 261 H 4
La Livinière 34 ... 320 B 4
Livré-la-Touche 53 ... 105 G 5
Livré-sur-Changeon 35 ... 104 D 2
Livron 64 ... 314 D 4
Livron-sur-Drôme 26 ... 267 F 1
Livry 14 ... 32 D 5
Livry 58 ... 174 B 4
Livry-Gargan 93 ... 58 D 2
Livry-Louvercy 51 ... 42 A 5
Livry-sur-Seine 77 ... 88 B 3
Lixhausen 67 ... 68 C 4
Lixheim 57 ... 67 H 4
Lixières 54 ... 65 H 3
Lixing-lès-Rouhling 57 ... 47 G 5
Lixing-lès-Saint-Avold 57 ... 67 E 1
Lixy 89 ... 113 E 2
Lizac 82 ... 277 F 4
Lizant 86 ... 203 G 2
Lizeray 36 ... 172 A 2
Lizières 23 ... 206 C 1
Lizine 25 ... 180 A 1
Lizines 77 ... 89 F 3
Lizio 56 ... 102 C 5
Lizos 65 ... 315 F 4
Lizy 02 ... 40 C 1
Lizy-sur-Ourcq 77 ... 59 H 1
La Llagonne 66 ... 341 G 4
Llauro 66 ... 342 D 3
Llo 66 ... 341 F 4
Llous 66 ... 341 F 5
Llupia 66 ... 342 D 2
Lobsann 67 ... 69 E 2
Loc-Brévalaire 29 ... 70 D 4
Loc Dieu *Ancienne Abbaye de* 12 ... 279 E 1
Loc-Eguiner 29 ... 71 F 5
Loc-Eguiner-Saint-Thégonnec 29 ... 76 A 2
Loc-Envel 22 ... 72 C 5
Locarn 22 ... 77 E 4
Loché 71 ... 194 D 5
Loché-sur-Indrois 37 ... 170 D 1
Loches 37 ... 152 C 5
Loches-sur-Ource 10 ... 115 H 4
Le Locheur 14 ... 33 F 5
Lochieu 01 ... 214 D 3
Lochwiller 67 ... 68 B 5
Locmalo 56 ... 101 G 2
Locmaria 22 ... 72 C 5
Locmaria 56 ... 144 C 4
Locmaria *Chapelle de* 29 ... 70 D 5
Locmaria-Berrien 29 ... 76 C 3
Locmaria-Grand-Champ 56 ... 124 B 2
Locmaria-Plouzané 29 ... 74 D 2
Locmariaquer 56 ... 124 A 4
Locmélar 29 ... 75 H 2
Locminé 56 ... 102 A 5
Locmiquélic 56 ... 123 F 2
Locoal-Mendon 56 ... 123 H 3
Locon 62 ... 8 A 3
Loconville 60 ... 37 H 4
Locqueltas 56 ... 124 B 2
Locquémeau 22 ... 72 B 3
Locquénolé 29 ... 71 H 4
Locquignol 59 ... 15 F 3
Locquirec 29 ... 72 B 3
Locronan 29 ... 99 G 2
Loctudy 29 ... 99 G 5
Locunolé 29 ... 100 D 4
Loddes 03 ... 193 E 5
Lodes 31 ... 316 B 5
Lodève 34 ... 301 H 3
Lods 25 ... 180 B 1
Lœuilley 70 ... 160 D 1
Lœuilly 80 ... 22 B 3
Loëx 74 ... 197 H 5
Loffre 59 ... 9 E 5
La Loge 62 ... 7 E 5
La Loge-aux-Chèvres 10 ... 91 G 5
La Loge des Gardes 03 ... 211 E 3
Loge-Fougereuse 85 ... 184 C 1
La Loge-Pomblin 10 ... 114 D 4
Logelbach 68 ... 121 E 3
Logelheim 68 ... 121 F 3
Les Loges 14 ... 52 D 1
Les Loges 52 ... 139 H 3
Les Loges 72 ... 108 C 5
Les Loges 76 ... 18 D 4
Les Loges-en-Josas 78 ... 58 A 4
Les Loges-Marchis 50 ... 81 F 2
Les Loges-Margueron 10 ... 115 E 4
Les Loges-Saulces 14 ... 53 G 3
Les Loges-sur-Brécey 50 ... 52 A 4
Le Logis-du-Pin 06 ... 308 B 2
Le Logis-Neuf 01 ... 195 G 5
Le Logis-Neuf 13 ... 327 E 2
Lognes 77 ... 59 E 3
Logny-Bogny 08 ... 26 B 3
Logny-lès-Aubenton 02 ... 25 H 2
Logny-lès-Chaumont 08 ... 25 H 4
Logonna-Daoulas 29 ... 75 G 3
Logrian-Florian 30 ... 303 E 1
Logron 28 ... 109 H 3
Loguivy-de-la-Mer 22 ... 73 F 2
Loguivy-Plougras 22 ... 72 C 5
Lohéac 35 ... 103 H 5
Lohitzun-Oyhercq 64 ... 311 H 5
Lohr 67 ... 68 A 3
Lohuec 22 ... 76 D 2
Loigné-sur-Mayenne 53 ... 128 B 2
Loigny-la-Bataille 28 ... 110 C 3
Loiré 49 ... 127 H 4
Loire-les-Marais 17 ... 200 D 2
Loiré-sur-Nie 17 ... 202 B 3
Loire-sur-Rhône 69 ... 231 E 3
Loiron-Ruillé 53 ... 105 G 4
Loisail 61 ... 84 C 3
Loisey-Culey 55 ... 63 H 4
Loisia 39 ... 196 B 2
Loisieux 73 ... 232 D 1
Loisin 74 ... 197 H 4
Loison 55 ... 44 D 4
Loison-sous-Lens 62 ... 8 C 5
Loison-sur-Créquoise 62 ... 6 D 5
Loisy 54 ... 65 G 3
Loisy 71 ... 195 F 1
Loisy-en-Brie 51 ... 61 F 3
Loisy-sur-Marne 51 ... 62 C 4
Loivre 51 ... 41 G 3
Loix 17 ... 182 D 5
Loizé 79 ... 202 D 1
Lolif 50 ... 51 G 4
Lolme 24 ... 258 D 2
Lombard 25 ... 161 G 5
Lombard 39 ... 179 E 4
Lombers 81 ... 299 F 2
Lombez 32 ... 316 D 2
Lombia 64 ... 314 D 3
Lombray 02 ... 39 H 1
Lombrès 65 ... 334 A 1
Lombreuil 45 ... 112 B 5
Lombron 72 ... 108 A 4
Lomener 56 ... 123 E 2
Lomme 59 ... 8 C 2
Lommerange 57 ... 45 F 3
Lommoye 78 ... 57 E 2
Lomné 65 ... 333 G 2
Lomont 70 ... 142 A 3
Lomont-sur-Crête 25 ... 162 D 2
Lompnas 01 ... 214 B 5
Lompnieu 01 ... 214 D 3
Lompret 59 ... 8 C 2
Lonçon 64 ... 314 A 2
La Londe 76 ... 36 A 3
La Londe-les-Maures 83 ... 328 D 4
Londigny 16 ... 203 F 2
Londinières 76 ... 20 D 2
Long 80 ... 11 H 4
Longages 31 ... 317 G 3
Longaulnay 35 ... 79 H 5
Longavesnes 80 ... 23 H 1
Longchamp 21 ... 160 C 4
Longchamp 52 ... 117 G 3
Longchamp 73 ... 234 A 4
Longchamp 88 ... 95 G 5
Longchamp-sous-Châtenois 88 ... 94 B 5
Longchamp-sur-Aujon 10 ... 116 B 3
Longchamps 02 ... 24 D 1
Longchamps 27 ... 37 F 3
Longchamps-sur-Aire 55 ... 64 B 3
Longchaumois 39 ... 197 E 2
Longcochon 39 ... 180 A 4
Longeau 52 ... 139 G 3
Longeault 21 ... 160 C 4
Longeaux 55 ... 93 F 1
Longechaux 25 ... 162 D 4
Longechenal 38 ... 232 A 4
Longecourt-en-Plaine 21 ... 160 B 4
Longecourt-lès-Culêtre 21 ... 159 F 5
Longefoy 73 ... 234 C 2
Longemaison 25 ... 162 D 5
Longemer 88 ... 120 B 3
Longepierre 71 ... 178 C 2
Le Longeron 49 ... 166 C 1
Longes 69 ... 230 D 3
Longessaigne 69 ... 212 B 5
Longevelle 70 ... 141 H 4
Longevelle-lès-Russey 25 ... 163 E 3
Longevelle-sur-Doubs 25 ... 142 A 5
Longèves 17 ... 183 G 5
Longèves 85 ... 183 H 2
La Longeville 25 ... 180 D 1
Longeville 25 ... 180 B 1
Longeville-en-Barrois 55 ... 63 H 4
Longeville-lès-Metz 57 ... 65 G 1
Longeville-lès-Saint-Avold 57 ... 46 D 5
Longeville-sur-la-Laines 52 ... 92 A 3
Longeville-sur-Mer 85 ... 182 C 2
Longeville-sur-Mogne 10 ... 115 E 3
Longevilles-Mont-d'Or 25 ... 180 C 4
Longfossé 62 ... 6 C 2
La Longine 70 ... 119 H 5
Longjumeau 91 ... 58 B 5
Longlaville 54 ... 45 E 1
Longmesnil 76 ... 21 E 5
Longnes 72 ... 107 F 4
Longnes 78 ... 57 E 2
Longny-au-Perche 61 ... 84 D 3
Longperrier 77 ... 59 E 1
Longpont 02 ... 40 A 4
Longpont-sur-Orge 91 ... 87 G 2
Longpré-le-Sec 10 ... 115 H 2
Longpré-les-Corps-Saints 80 ... 11 H 4
Longraye 14 ... 33 E 4
Longré 16 ... 203 E 3
Longroy 76 ... 11 E 5
Longsols 10 ... 91 F 4
Longué 49 ... 150 B 2
Longueau 80 ... 22 C 2
Longuefuye 53 ... 128 C 2
Longueil 76 ... 20 A 2
Longueil-Annel 60 ... 39 G 1
Longueil-Sainte-Marie 60 ... 39 F 3
Longuenesse 62 ... 3 F 5
Longuenoë 61 ... 83 F 3
Longuerue 76 ... 20 C 5
Longues 63 ... 228 A 2
Longues-sur-Mer 14 ... 33 E 2
Longuesse 95 ... 57 H 1
Longueval 80 ... 13 G 5
Longueval-Barbonval 02 ... 40 D 3
Longueville 14 ... 32 C 2
Longueville 47 ... 257 F 5
Longueville 50 ... 51 F 2
La Longueville 59 ... 15 G 2
Longueville 62 ... 2 D 5
Longueville 77 ... 89 F 3
Longueville-sur-Aube 10 ... 90 C 2
Longueville-sur-Scie 76 ... 20 B 3
Longuevillette 80 ... 12 C 4
Longuyon 54 ... 44 C 2
Longvic 21 ... 160 A 3
Longvillers 14 ... 53 E 1
Longvillers 80 ... 12 B 4
Longvilliers 62 ... 6 B 3
Longvilliers 78 ... 87 E 2
Longwé 08 ... 43 E 2
Longwy 54 ... 45 E 1
Longwy-sur-le-Doubs 39 ... 178 D 2
Lonlay-l'Abbaye 61 ... 52 D 5
Lonlay-le-Tesson 61 ... 53 G 5
Lonnes 16 ... 203 F 3
Lonny 08 ... 26 C 2
Lonrai 61 ... 83 G 3
Lons 64 ... 314 A 3
Lons-le-Saunier 39 ... 179 E 5
Lonzac 17 ... 219 H 2
Le Lonzac 19 ... 224 D 4
Looberghe 59 ... 3 F 3
Loon-Plage 59 ... 3 E 2
Loos 59 ... 8 C 3
Loos-en-Gohelle 62 ... 8 B 4
Looze 89 ... 113 H 5
Lopérec 29 ... 75 H 4
Loperhet 29 ... 75 G 2
Lopigna 2A ... 348 C 1
Loqueffret 29 ... 76 B 3
Lor 02 ... 41 G 1
Loray 25 ... 162 D 4
Lorcières 15 ... 246 A 4
Lorcy 45 ... 112 A 4
Lordat 09 ... 336 C 5
Loré 61 ... 82 B 3
Lorentzen 67 ... 67 H 2
Loreto-di-Casinca 2B ... 347 G 2
Loreto-di-Tallano 2A ... 349 E 5
Lorette 42 ... 230 C 3
Le Loreur 50 ... 51 G 2
Loreux 41 ... 154 A 2
Le Lorey 50 ... 31 H 5
Lorey 54 ... 95 E 2
Lorges 41 ... 132 B 3
Lorgies 62 ... 8 B 3
Lorgues 83 ... 307 H 5
La Lorie *Château de* 49 ... 128 A 4
Lorient 56 ... 123 F 2
Loriges 03 ... 192 B 5
Lorignac 17 ... 219 F 3
Lorigné 79 ... 203 E 1
Loriol-du-Comtat 84 ... 285 G 4
Loriol-sur-Drôme 26 ... 267 E 1
Lorlanges 43 ... 228 A 5
Lorleau 27 ... 37 E 2
Lormaison 60 ... 38 A 4
Lormaye 28 ... 57 E 5
Lormes 58 ... 157 H 4
Lormont 33 ... 237 G 5
Lornay 74 ... 215 E 3
Loromontzey 54 ... 95 F 3
Le Loroux 35 ... 81 G 4
Le Loroux-Bottereau 44 ... 148 A 4
Lorp-Sentaraille 09 ... 335 F 2
Lorquin 57 ... 67 G 5
Lorrez-le-Bocage 77 ... 112 D 2
Lorris 45 ... 134 B 2
Lorry-lès-Metz 57 ... 45 G 5
Lorry-Mardigny 57 ... 65 G 2
Lortet 65 ... 333 H 2
Loscouët-sur-Meu 22 ... 103 F 2
Losne 21 ... 160 C 5
Losse 40 ... 274 C 4
Lostanges 19 ... 242 D 3
Lostroff 57 ... 67 F 3
Lothey 29 ... 75 H 5
Lottinghen 62 ... 6 D 2
Le Lou-du-Lac 35 ... 103 H 2
Louailles 72 ... 129 E 3
Louan 77 ... 89 H 2
Louannec 22 ... 72 D 2
Louans 37 ... 152 A 5
Louargat 22 ... 72 D 5
Louâtre 02 ... 40 A 4
Loubajac 65 ... 332 D 1
Loubaresse 07 ... 265 G 3
Loubaresse 15 ... 246 A 5
Loubaut 09 ... 317 G 5
Loubédat 32 ... 295 E 3
Loubejac 24 ... 259 F 4
Loubens 09 ... 336 A 2
Loubens 33 ... 256 D 3
Loubens-Lauragais 31 ... 298 C 5
Loubers 81 ... 279 E 5
Loubersan 32 ... 316 A 2
Loubès-Bernac 47 ... 257 G 2
Loubeyrat 63 ... 209 G 4
Loubieng 64 ... 313 G 2
La Loubière 12 ... 280 D 1
Loubières 09 ... 336 B 2
Loubigné 79 ... 202 D 2
Loubillé 79 ... 202 D 2
Loublande 79 ... 167 E 2
Loubressac 46 ... 243 E 5
Loucé 61 ... 54 A 5
Loucelles 14 ... 33 E 4
Louchats 33 ... 255 G 4
Louches 62 ... 2 D 4
Louchy-Montfand 03 ... 192 A 4
Loucrup 65 ... 333 E 1
Loudéac 22 ... 102 B 2
Loudenvielle 65 ... 333 H 4
Loudervielle 65 ... 333 H 4
Loudes 43 ... 247 E 3
Loudet 31 ... 316 A 5
Loudrefing 57 ... 67 F 3
Loudun 86 ... 168 D 2
Loué 72 ... 107 E 4
La Loue *Source de* 25 ... 180 C 1
Louens 33 ... 237 F 4
Louer 40 ... 293 F 2
Louerre 49 ... 150 A 3
Louesme 21 ... 138 C 2
Louesme 89 ... 135 G 3
Louestault 37 ... 130 D 5
Loueuse 60 ... 21 G 5
Louey 65 ... 315 E 5
Lougé-sur-Maire 61 ... 53 H 5
Lougratte 47 ... 258 B 4
Lougres 25 ... 142 B 5
Louhans-Châteaurenaud 71 ... 178 C 5
Louhossoa 64 ... 311 E 4
Louignac 19 ... 241 G 1
Louin 79 ... 168 B 4
Louisfert 44 ... 126 D 4
Louit 65 ... 315 F 4
Loulans-Verchamp 70 ... 162 B 1
Loulay 17 ... 201 H 2
Loulle 39 ... 179 H 4
La Loupe 28 ... 85 F 3
Loupeigne 02 ... 40 C 4
Loupershouse 57 ... 67 F 1
Loupes 33 ... 255 H 1
Loupfougères 53 ... 82 D 5
Loupia 11 ... 337 F 2
Loupiac 12 ... 261 F 4
Loupiac 15 ... 244 B 3
Loupiac 33 ... 256 B 3
Loupiac 46 ... 260 B 1
Loupiac 81 ... 298 C 2
Loupiac-de-la-Réole 33 ... 256 D 4
Loupian 34 ... 322 D 3
Louplande 72 ... 107 G 5
Loupmont 55 ... 64 D 3
Louppy-le-Château 55 ... 63 G 3
Louppy-sur-Chée 55 ... 63 G 3
Louppy-sur-Loison 55 ... 44 B 2
Loups du Gévaudan *Parc des* 48 ... 264 A 3
La Louptière-Thénard 10 ... 89 H 4
Lourches 59 ... 14 C 2
Lourde 31 ... 334 B 2
Lourdes 65 ... 332 D 1
Lourdios-Ichère 64 ... 331 G 2
Lourdoueix-Saint-Michel 36 ... 189 E 3
Lourdoueix-Saint-Pierre 23 ... 189 F 3
Lourenties 64 ... 314 C 4
Loures-Barousse 65 ... 334 B 2
Louresse-Rochemenier 49 ... 150 A 4
Lourmais 35 ... 80 B 3
Lourmarin 84 ... 305 H 2
Lournand 71 ... 194 D 3
Lourouer-Saint-Laurent 36 ... 189 G 1
Le Louroux 37 ... 152 A 5
Le Louroux-Béconnais 49 ... 148 D 1

Louroux-Bourbonnais 03 ..... 191 F 2
Louroux-de-Beaune 03 ..... 191 F 5
Louroux-de-Bouble 03 ..... 191 G 5
Louroux-Hodement 03 ..... 191 E 3
Lourquen 40 ..... 293 G 3
Lourties-Monbrun 32 ..... 316 A 2
Loury 45 ..... 111 F 5
Louslitges 32 ..... 295 F 4
Loussous-Débat 32 ..... 295 E 4
Loutehel 35 ..... 103 G 4
Loutremange 57 ..... 46 C 5
Loutzviller 57 ..... 48 C 5
Louvagny 14 ..... 54 A 2
Louvaines 49 ..... 128 A 4
Louvatange 39 ..... 161 F 4
Louveciennes 78 ..... 58 A 3
Louvemont 52 ..... 92 C 2
Louvemont-Côte-du-Poivre 55 ..... 44 B 5
Louvencourt 80 ..... 13 E 4
Louvenne 39 ..... 196 B 3
Louvergny 08 ..... 26 D 5
Louverné 53 ..... 106 A 3
Le Louverot 39 ..... 179 F 4
Louversey 27 ..... 55 H 2
Louvetot 76 ..... 19 G 5
Louvie-Juzon 64 ..... 332 A 1
Louvie-Soubiron 64 ..... 332 A 2
La Louvière-Lauragais 11 ..... 318 C 4
Louvières 14 ..... 32 C 2
Louvières 52 ..... 117 F 4
Louvières-en-Auge 61 ..... 54 B 3
Louviers 27 ..... 36 B 4
Louvigné 53 ..... 106 B 4
Louvigné-de-Bais 35 ..... 104 D 4
Louvigné-du-Désert 35 ..... 81 F 3
Louvignies-Bavay 59 ..... 15 F 2
Louvignies-Quesnoy 59 ..... 15 E 3
Louvigny 14 ..... 33 G 4
Louvigny 57 ..... 65 H 2
Louvigny 64 ..... 294 A 5
Louvigny 72 ..... 83 H 5
Louvil 59 ..... 9 E 3
Louville-la-Chenard 28 ..... 86 D 5
Louvilliers-en-Drouais 28 ..... 56 C 5
Louvilliers-lès-Perche 28 ..... 85 F 2
Louvois 51 ..... 41 H 5
Louvrechy 80 ..... 22 C 3
Louvres 95 ..... 58 D 1
Louvroil 59 ..... 15 G 2
Louye 27 ..... 56 C 4
Louzac 16 ..... 219 H 1
Louze 52 ..... 92 A 4
Louzes 72 ..... 84 A 4
Louzignac 17 ..... 202 C 4
Louzouer 45 ..... 112 D 4
Louzy 79 ..... 168 B 1
Lovagny 74 ..... 215 F 3
Loxéville 55 ..... 64 B 5
Loyat 56 ..... 103 E 4
La Loye 39 ..... 179 E 1
Loye-sur-Arnon 18 ..... 190 B 1
Loyettes 01 ..... 213 H 5
Lozanne 69 ..... 212 D 4
Lozari 2B ..... 344 D 5
Lozay 17 ..... 201 G 2
Loze 82 ..... 278 D 2
Lozère Mont 48 ..... 265 E 5
Lozinghem 62 ..... 7 H 4
Lozon 50 ..... 31 H 4
Lozzi 2B ..... 346 D 4
Luant 36 ..... 171 G 5
Le Luart 72 ..... 108 C 4
Lubbon 40 ..... 274 D 4
Lubécourt 57 ..... 66 C 3
Lubersac 19 ..... 223 H 4
Lubey 54 ..... 45 E 4
Lubilhac 43 ..... 246 A 1
Lubine 88 ..... 96 C 4
Lublé 37 ..... 151 E 1
Lubret-Saint-Luc 65 ..... 315 G 4
Luby-Betmont 65 ..... 315 G 4
Luc 48 ..... 265 F 3
Luc 65 ..... 315 F 5
Le Luc 83 ..... 328 D 1
Luc-Armau 64 ..... 314 D 2
Luc-en-Diois 26 ..... 268 B 3
Luc-la-Primaube 12 ..... 280 C 2
Luc-sur-Aude 11 ..... 337 G 3
Luc-sur-Mer 14 ..... 33 G 3
Luc-sur-Orbieu 11 ..... 320 C 5
Lucarré 64 ..... 314 D 2
Luçay-le-Libre 36 ..... 172 A 1
Luçay-le-Mâle 36 ..... 153 F 5
Lucbardez-et-Bargues 40 ..... 274 A 5
Lucciana 2B ..... 347 G 2
Lucé 28 ..... 86 A 4
Lucé 61 ..... 82 B 2
Lucé-sous-Ballon 72 ..... 107 H 2
Luceau 72 ..... 130 B 4
Lucelle 68 ..... 143 F 5
Lucenay 69 ..... 212 D 4
Lucenay-le-Duc 21 ..... 138 A 5
Lucenay-lès-Aix 58 ..... 175 F 5
Lucenay-l'Évêque 71 ..... 176 C 1
Lucéram 06 ..... 291 F 4
Lucerne Abbaye de la 50 ..... 51 G 3
La Lucerne-d'Outremer 50 ..... 51 G 3
Lucey 21 ..... 138 D 2
Lucey 54 ..... 65 E 5
Lucey 73 ..... 215 E 5
Lucgarier 64 ..... 314 C 5
Luchapt 86 ..... 204 D 1
Luchat 17 ..... 219 F 1
Luché-Pringé 72 ..... 129 H 4
Luché-sur-Brioux 79 ..... 202 D 1
Luché-Thouarsais 79 ..... 167 H 3
Lucheux 80 ..... 12 D 3
Luchy 60 ..... 22 A 5
Lucinges 74 ..... 197 H 5
Lucmau 33 ..... 274 B 1
Luçon 85 ..... 183 F 2
Lucq-de-Béarn 64 ..... 313 G 4
Lucquy 08 ..... 26 B 5
Les Lucs-sur-Boulogne 85 ..... 165 H 3
Lucy 51 ..... 61 F 2
Lucy 57 ..... 66 C 2
Lucy 76 ..... 20 D 3
Lucy-le-Bocage 02 ..... 60 B 1
Lucy-le-Bois 89 ..... 157 H 1
Lucy-sur-Cure 89 ..... 136 C 5
Lucy-sur-Yonne 89 ..... 157 F 1
Le Lude 72 ..... 129 H 4
Ludes 51 ..... 41 G 5
Ludesse 63 ..... 227 H 2
Ludiès 09 ..... 336 C 1
Ludon-Médoc 33 ..... 237 G 4
Ludres 54 ..... 94 D 1
Lüe 40 ..... 272 D 2
Lué-en-Baugeois 49 ..... 150 A 1
Luemschwiller 68 ..... 143 F 2
Luère Col de la 69 ..... 212 D 5
Lugagnac 46 ..... 278 D 1
Lugagnan 65 ..... 332 D 1
Lugaignac 33 ..... 256 C 1
Lugan 12 ..... 261 H 5
Lugan 81 ..... 298 C 3
Lugarde 15 ..... 245 E 1
Lugasson 33 ..... 256 C 1
Luglon 40 ..... 273 F 4
Lugny 02 ..... 25 E 3
Lugny 71 ..... 195 E 2
Lugny-Bourbonnais 18 ..... 173 H 3
Lugny-Champagne 18 ..... 155 H 5
Lugny-lès-Charolles 71 ..... 193 H 3
Lugo-di-Nazza 2B ..... 349 G 1
Lugon-et-l'Île-du-Carnay 33 ..... 238 B 4
Lugos 33 ..... 254 D 4
Lugrin 74 ..... 198 C 3
Lugy 62 ..... 7 F 4
Le Luhier 25 ..... 163 E 4
Luigné 49 ..... 149 H 3
Luigny 28 ..... 109 F 2
Luisans 25 ..... 163 E 5
Luisant 28 ..... 86 A 4
Luisetaines 77 ..... 89 F 3
Luitré 35 ..... 81 F 5
Lullin 74 ..... 198 B 4
Lully 74 ..... 198 A 4
Lumbin 38 ..... 233 F 5
Lumbres 62 ..... 7 E 2
Lumeau 28 ..... 110 D 3
Lumes 08 ..... 26 D 3
Luméville-en-Ornois 55 ..... 93 G 3
Lumigny 77 ..... 59 G 4
Lumio 2B ..... 346 C 2
Lunac 12 ..... 279 G 3
Lunan 46 ..... 261 G 3
Lunaret Zoo de 34 ..... 302 D 4
Lunas 24 ..... 239 G 5
Lunas 34 ..... 301 G 3
Lunax 31 ..... 316 B 3
Lunay 41 ..... 131 F 3
Luneau 03 ..... 193 F 4
Lunegarde 46 ..... 260 D 2
Lunel 34 ..... 303 F 4
Lunel-Viel 34 ..... 303 F 4
Luneray 76 ..... 19 H 2
Lunery 18 ..... 173 D 3
Lunéville 54 ..... 95 F 1
Le Luot 50 ..... 51 H 4
Lupcourt 54 ..... 94 D 1
Lupé 42 ..... 230 D 5
Lupersat 23 ..... 208 B 3
Lupiac 32 ..... 295 F 3
Luplanté 28 ..... 86 A 5
Luppé-Violles 32 ..... 294 D 3
Luppy 57 ..... 66 B 2
Lupsault 16 ..... 202 D 3
Lupstein 67 ..... 68 C 4
Luquet 65 ..... 314 D 4
Lurais 36 ..... 170 B 5
Luray 28 ..... 56 D 5
Lurbe-Saint-Christau 64 ..... 331 H 2
Lurcy 01 ..... 213 E 2
Lurcy-le-Bourg 58 ..... 157 E 5
Lurcy-Lévis 03 ..... 174 A 5
Luré 42 ..... 211 F 4
Lure 70 ..... 141 H 3
Lureuil 36 ..... 170 C 5
Luri 2B ..... 345 G 2
Luriecq 42 ..... 229 G 4
Lurs 04 ..... 287 F 5
Lury-sur-Arnon 18 ..... 154 C 5
Lus-la-Croix-Haute 26 ..... 268 D 2
Lusanger 44 ..... 126 C 4
Lusans 25 ..... 162 B 2
Luscan 31 ..... 334 B 2
Lusignac 24 ..... 221 G 5
Lusignan 86 ..... 186 A 3
Lusignan-Petit 47 ..... 275 H 2
Lusigny 03 ..... 192 C 1
Lusigny-sur-Barse 10 ..... 115 F 2
Lusigny-sur-Ouche 21 ..... 177 F 1
Lussac 16 ..... 203 H 4
Lussac 17 ..... 219 H 3
Lussac 33 ..... 238 D 4
Lussac-les-Châteaux 86 ..... 187 E 3
Lussac-les-Églises 87 ..... 188 A 4
Lussagnet 40 ..... 294 C 2
Lussagnet-Lusson 64 ..... 314 C 2
Lussan 30 ..... 284 B 3
Lussan 32 ..... 296 C 4
Lussan-Adeilhac 31 ..... 316 D 4
Lussant 17 ..... 201 E 3
Lussas 07 ..... 266 C 3
Lussas-et-Nontronneau 24 ..... 222 B 3
Lussat 23 ..... 208 B 1
Lussat 63 ..... 210 A 5
Lussault-sur-Loire 37 ..... 152 B 2
Lusse 88 ..... 96 C 4
Lusseray 79 ..... 202 C 1
Lustar 65 ..... 315 G 4
Lustrac Moulin de 47 ..... 258 D 5
Luthenay-Uxeloup 58 ..... 174 D 3
Luthézieu 01 ..... 214 D 3
Lutilhous 65 ..... 333 G 1
Luttange 57 ..... 46 B 4
Luttenbach-près-Munster 68 ..... 120 C 3
Lutter 68 ..... 143 G 4
Lutterbach 68 ..... 143 F 1
Lutz-en-Dunois 28 ..... 110 A 4
Lutzelbourg 57 ..... 68 A 4
Lutzelhouse 67 ..... 96 D 2
Luvigny 88 ..... 96 C 2
Lux 21 ..... 160 B 1
Lux 31 ..... 318 C 2
Lux 71 ..... 177 H 4
Luxé 16 ..... 203 F 4
Luxe-Sumberraute 64 ..... 311 G 4
Luxémont-et-Villotte 51 ..... 62 D 5
Luxeuil-les-Bains 70 ..... 141 G 2
Luxey 40 ..... 273 H 2
Luxiol 25 ..... 162 C 2
Luyères 10 ..... 91 F 4
Luynes 13 ..... 306 A 5
Luynes 37 ..... 151 G 2
Luz-Ardiden 65 ..... 332 D 3
Luz-Saint-Sauveur 65 ..... 333 E 3
Luzancy 77 ..... 60 A 2
Luzarches 95 ..... 38 C 5
Luzay 79 ..... 168 A 2
Luzé 37 ..... 169 F 1
Luze 70 ..... 142 B 3
Luzech 46 ..... 259 G 5
Luzenac 09 ..... 336 C 5
Luzeret 36 ..... 188 B 2
La Luzerne 50 ..... 32 B 4
Luzillat 63 ..... 210 B 3
Luzillé 37 ..... 152 C 4
Luzinay 38 ..... 231 F 2
Luzoir 02 ..... 25 F 1
Luzy 58 ..... 176 A 4
Luzy-Saint-Martin 55 ..... 27 G 5
Luzy-sur-Marne 52 ..... 117 E 4
Ly-Fontaine 02 ..... 24 B 3
Lyas 07 ..... 266 D 1
Lyaud 74 ..... 198 B 3
Lye 36 ..... 153 F 4
Lynde 59 ..... 7 G 2
Lyoffans 70 ..... 142 A 3
Lyon 69 ..... 213 E 5
Lyon-Saint-Exupéry Aéroport de 69 ..... 231 G 1
Lyons-la-Forêt 27 ..... 36 D 2
Lys 58 ..... 157 F 3
Lys 64 ..... 314 B 5
Lys-Chantilly 60 ..... 38 C 5
Lys-lez-Lannoy 59 ..... 9 E 2
Lys-Saint-Georges 36 ..... 189 F 1

M

Maast-et-Violaine 02 ..... 40 C 3
Maâtz 52 ..... 139 H 4
Mably 42 ..... 211 G 2
Macau 33 ..... 237 F 3
Macaye 64 ..... 311 E 4
Macé 61 ..... 54 C 5
Macey 10 ..... 90 C 5
Macey 50 ..... 80 D 2
Machault 08 ..... 42 B 2
Machault 77 ..... 88 C 4
Maché 85 ..... 165 F 4
Machecoul-Saint-Même 44 ..... 165 E 1
Mâchecourt 02 ..... 25 F 4
Machemont 60 ..... 39 G 1
Macheren 57 ..... 67 E 1
Machézal 42 ..... 212 A 4
Machiel 80 ..... 11 G 1
Machilly 74 ..... 197 H 4
La Machine 58 ..... 175 E 3
Machine Col de la 26 ..... 250 A 4
Machy 10 ..... 114 D 3
Machy 80 ..... 11 G 1
Macinaggio 2B ..... 345 G 1
Mackenheim 67 ..... 97 G 5
Mackwiller 67 ..... 67 H 2
Maclas 42 ..... 230 D 5
Maclaunay 51 ..... 60 D 3
Macogny 02 ..... 40 A 5
Mâcon 71 ..... 195 E 4
Maconcourt 52 ..... 93 E 4
Maconcourt 88 ..... 94 B 4
Maconge 21 ..... 159 F 4
Macornay 39 ..... 179 E 5
Mâcot-la-Plagne 73 ..... 234 D 2
Macqueville 17 ..... 202 C 5
Macquigny 02 ..... 24 C 2
Madaillan 47 ..... 276 B 2
Madecourt 88 ..... 94 D 5
Madegney 88 ..... 95 E 5
La Madelaine-sous-Montreuil 62 ..... 6 C 4
La Madeleine 44 ..... 147 H 3
La Madeleine 54 ..... 95 E 1
La Madeleine 59 ..... 8 D 2
Madeleine Col de la 73 ..... 234 A 3
Madeleine Grotte de la 07 ..... 284 C 1
La Madeleine-Bouvet 61 ..... 85 E 3
La Madeleine-de-Nonancourt 27 ..... 56 B 4
La Madeleine-sur-Loing 77 ..... 112 B 2
La Madeleine-Villefrouin 41 ..... 132 B 3
Madeloc Tour 66 ..... 343 G 4
Madic 15 ..... 226 C 5
Madière 09 ..... 336 A 1
Madières 34 ..... 302 B 2
Madirac 33 ..... 255 H 1
Madiran 65 ..... 294 D 5
Madone de Fenestre 06 ..... 291 F 2
Madonne-et-Lamerey 88 ..... 119 E 2
La Madrague 83 ..... 327 G 4
La Madrague-de-la-Ville 13 ..... 326 D 2
La Madrague-de-Montredon 13 ..... 326 D 3
Madranges 19 ..... 224 D 4
Madré 53 ..... 82 D 3
Madriat 63 ..... 227 H 4
Maël-Carhaix 22 ..... 77 E 4
Maël-Pestivien 22 ..... 77 F 3
Maennolsheim 67 ..... 68 B 5
Maffliers 95 ..... 58 C 1
Maffrécourt 51 ..... 43 E 5
Magagnosc 06 ..... 309 E 3
Magalas 34 ..... 321 G 2
La Magdeleine 16 ..... 203 E 2
La Magdeleine Chapelle de 44 ..... 126 B 5
La Magdeleine-sur-Tarn 31 ..... 298 A 2
Le Mage 61 ..... 84 D 3
Magenta 51 ..... 61 G 1
Les Mages 30 ..... 283 H 2
Magescq 40 ..... 292 C 2
Magland 74 ..... 216 C 2
Magnac-Bourg 87 ..... 224 B 2
Magnac-Laval 87 ..... 188 A 5
Magnac-Lavalette-Villars 16 ..... 221 F 3
Magnac-sur-Touvre 16 ..... 221 F 1
Magnan 32 ..... 294 D 2
Magnant 10 ..... 115 G 3
Magnanville 78 ..... 57 F 2
Magnas 32 ..... 296 C 1
Magnat-l'Étrange 23 ..... 207 H 5
Magné 79 ..... 184 D 4
Magné 86 ..... 186 C 4
Magnet 03 ..... 192 C 5
Magneux 51 ..... 41 E 3
Magneux 52 ..... 92 C 3
Magneux-Haute-Rive 42 ..... 229 H 1
Magneville 50 ..... 29 F 5
Magnicourt 10 ..... 91 G 3
Magnicourt-en-Comte 62 ..... 7 H 5
Magnicourt-sur-Canche 62 ..... 12 D 2
Magnien 21 ..... 159 E 5
Magnières 54 ..... 95 G 3
Magnieu 01 ..... 214 D 5
Les Magnils-Reigniers 85 ..... 183 E 2
Magnivray 70 ..... 141 H 2
Magnoncourt 70 ..... 119 E 5
Le Magnoray 70 ..... 141 E 5
Magny 28 ..... 85 H 5
Le Magny 36 ..... 189 G 2
Magny 68 ..... 142 D 3
Les Magny 70 ..... 141 H 5
Le Magny 88 ..... 118 D 4
Magny 89 ..... 158 A 1
Magny-Châtelard 25 ..... 162 C 4
Magny-Cours 58 ..... 174 C 3
Magny-Danigon 70 ..... 142 A 2
Magny-en-Bessin 14 ..... 33 E 3
Magny-en-Vexin 95 ..... 37 G 5
Magny-Fouchard 10 ..... 115 H 2
Magny-Jobert 70 ..... 142 A 3
Magny-la-Campagne 14 ..... 54 A 1
Magny-la-Fosse 02 ..... 24 A 1
Magny-la-Ville 21 ..... 158 D 1
Magny-Lambert 21 ..... 138 B 4
Magny-le-Désert 61 ..... 82 D 2
Magny-le-Freule 14 ..... 34 A 5
Magny-le-Hongre 77 ..... 59 F 3
Magny-lès-Aubigny 21 ..... 160 B 5
Magny-les-Hameaux 78 ..... 58 A 4
Magny-lès-Jussey 70 ..... 140 D 2
Magny-lès-Villers 21 ..... 159 H 5
Magny-Lormes 58 ..... 157 G 3
Magny-Montarlot 21 ..... 160 D 4
Magny-Saint-Médard 21 ..... 160 C 2
Magny-sur-Tille 21 ..... 160 B 3
Magny-Vernois 70 ..... 141 H 4
Magny-Village 78 ..... 58 A 4
Magoar 22 ..... 77 G 3
Magrie 11 ..... 337 G 2
Magrin 81 ..... 298 D 5
Magstatt-le-Bas 68 ..... 143 G 2
Magstatt-le-Haut 68 ..... 143 G 3
Maguelone 34 ..... 302 D 5
Mahalon 29 ..... 99 E 2
Mahéru 61 ..... 55 E 5
Maîche 25 ..... 163 G 3
Maidières 54 ..... 65 G 3
Maignaut-Tauzia 32 ..... 295 H 1
Maigné 72 ..... 107 F 5
Maignelay-Montigny 60 ..... 22 D 5
Mailhac 11 ..... 320 D 4
Mailhac-sur-Benaize 87 ..... 188 B 4
Mailhoc 81 ..... 279 G 5
Mailholas 31 ..... 317 G 4
Maillane 13 ..... 304 C 2
Maillas 40 ..... 274 B 2
Maillat 01 ..... 214 B 1
Maillé 37 ..... 169 G 1
Maillé 85 ..... 184 B 4
Maillé 86 ..... 168 D 5
Maillé Château de 29 ..... 71 F 4
Maillebois 28 ..... 85 G 2
La Mailleraye-sur-Seine 76 ..... 35 G 1
Maillères 40 ..... 273 H 4
Mailleroncourt-Charette 70 ..... 141 F 3
Mailleroncourt-Saint-Pancras 70 ..... 118 D 5
Maillet 03 ..... 190 D 3
Maillet 36 ..... 189 E 2
Mailley-et-Chazelot 70 ..... 141 E 5
Maillezais 85 ..... 184 B 3
Maillot 89 ..... 113 G 3
Mailly 71 ..... 193 G 5
Mailly-Champagne 51 ..... 41 H 5
Mailly-la-Ville 89 ..... 136 C 5
Mailly-le-Camp 10 ..... 61 H 5
Mailly-le-Château 89 ..... 136 B 5
Mailly-Maillet 80 ..... 13 F 5
Mailly-Raineval 80 ..... 22 D 3
Mailly-sur-Seille 54 ..... 65 H 3
Les Maillys 21 ..... 160 C 5
Maimbeville 60 ..... 38 D 2
Mainbresson 08 ..... 25 H 3
Mainbressy 08 ..... 25 H 4
Maincourt-sur-Yvette 78 ..... 57 H 5
Maincy 77 ..... 88 B 3
Maine-de-Boixe 16 ..... 203 F 4
Mainfonds 16 ..... 221 E 3
Maing 59 ..... 14 D 2
Mainneville 27 ..... 37 F 2
Mainsat 23 ..... 208 B 2
Maintenay 62 ..... 6 C 5
Maintenon 28 ..... 86 B 2
Mainterne 28 ..... 56 B 5
Mainville 54 ..... 45 E 4
Mainvillers 57 ..... 66 D 2
Mainvilliers 28 ..... 86 A 4
Mainvilliers 45 ..... 87 G 5
Mainxe 16 ..... 220 C 2
Mainzac 16 ..... 221 H 3
Mairé 86 ..... 170 A 3
Mairé-Levescault 79 ..... 203 E 1
Mairieux 59 ..... 15 H 2
Mairy 08 ..... 27 F 4
Mairy-Mainville 54 ..... 45 E 4
Mairy-sur-Marne 51 ..... 62 B 3
Maisdon-sur-Sèvre 44 ..... 148 A 5
Maisey-le-Duc 21 ..... 138 B 2
Maisières-Notre-Dame 25 ..... 162 A 5
Maisnières 80 ..... 11 F 4
Le Maisnil 59 ..... 8 C 3
Maisnil 62 ..... 12 D 2
Maisnil-lès-Ruitz 62 ..... 8 A 4
Maisod 39 ..... 196 C 2
Maison-des-Champs 10 ..... 115 H 2
La Maison-Dieu 58 ..... 157 G 2
Maison-du-Roy 05 ..... 270 D 2
Maison-Feyne 23 ..... 189 E 4
Maison-Jeannette 24 ..... 240 B 4
Maison-Maugis 61 ..... 84 D 4
Maison-Neuve 07 ..... 284 A 1
Maison-Neuve 16 ..... 221 G 2
Maison-Ponthieu 80 ..... 12 B 3
Maison-Roland 80 ..... 11 H 3
Maison-Rouge 77 ..... 89 F 2
Maisoncelle 62 ..... 7 E 4
Maisoncelle-et-Villers 08 ..... 27 E 5
Maisoncelle-Saint-Pierre 60 ..... 38 A 1
Maisoncelle-Tuilerie 60 ..... 22 B 5
Maisoncelles 52 ..... 117 G 3
Maisoncelles 72 ..... 108 C 5
Maisoncelles-du-Maine 53 ..... 106 A 5
Maisoncelles-en-Brie 77 ..... 59 H 3
Maisoncelles-en-Gâtinais 77 ..... 112 B 3
Maisoncelles-la-Jourdan 14 ..... 52 C 3
Maisoncelles-Pelvey 14 ..... 53 E 1
Maisoncelles-sur-Ajon 14 ..... 53 F 1
Maisonnais 18 ..... 190 A 1
Maisonnais 79 ..... 202 D 1
Maisonnais-sur-Tardoire 87 ..... 222 C 1
Maisonneuve 86 ..... 168 C 5
Maisonnisses 23 ..... 207 E 2
Maisons 11 ..... 338 B 3
Maisons 14 ..... 32 D 3
Maisons 28 ..... 86 D 4
Maisons-Alfort 94 ..... 58 C 4
Les Maisons Blanches 79 ..... 203 F 1
Maisons-du-Bois 25 ..... 180 D 1
Maisons-en-Champagne 51 ..... 62 C 4
Maisons-Laffitte 78 ..... 58 A 2
Maisons-lès-Chaource 10 ..... 115 E 4
Maisons-lès-Soulaines 10 ..... 92 B 5
Maisonsgoutte 67 ..... 96 D 4
Maisontiers 79 ..... 168 A 4
Maisse 91 ..... 87 H 4
Maissemy 02 ..... 24 A 2
Maixe 54 ..... 95 F 1
Maizeray 55 ..... 64 D 1
Maizeroy 57 ..... 66 B 1
Maizery 57 ..... 66 B 1
Maizet 14 ..... 33 F 5
Maizey 55 ..... 64 C 3
Maizicourt 80 ..... 12 B 3
Maizière 58 ..... 156 B 4
Maizières 14 ..... 53 H 1
Maizières 52 ..... 92 D 3
Maizières 54 ..... 94 C 2
Maizières 62 ..... 13 E 2
Maizières 70 ..... 161 H 1
Maizières-la-Grande-Paroisse 10 ..... 90 B 3
Maizières-lès-Brienne 10 ..... 91 H 4
Maizières-lès-Metz 57 ..... 45 H 4

A B C D E F G H I J K L M N O P Q R S T U V W X Y Z

Maizières-lès-Vic 57 ... 67 E 5
Maizières-sur-Amance 52 ... 140 A 2
Maizilly 42 ... 211 H 1
Maizy 02 ... 41 E 2
Majastres 04 ... 288 B 5
Malabat 32 ... 315 F 2
La Malachère 70 ... 162 A 1
Malafretaz 01 ... 195 G 4
Mâlain 21 ... 159 G 3
Malaincourt 88 ... 118 A 2
Malaincourt-sur-Meuse 52 ... 117 H 2
Malakoff 92 ... 58 B 4
Malancourt 55 ... 43 G 4
Malancourt-la-Montagne 57 ... 45 G 5
Malandry 08 ... 27 G 5
Malange 39 ... 161 F 4
Malans 25 ... 180 A 1
Malans 70 ... 161 E 3
Malansac 56 ... 125 F 3
Malarce-sur-la-Thines 07 ... 265 H 5
Malataverne 26 ... 267 E 4
Malaucène 84 ... 285 H 3
Malaucourt-sur-Seille 57 ... 66 B 4
Malaumont 55 ... 64 C 5
Malaunay 76 ... 36 A 1
Malause 82 ... 277 E 4
Malaussanne 64 ... 294 A 5
Malaussène 06 ... 289 H 5
Malauzat 63 ... 209 G 5
Malaville 16 ... 220 D 3
Malavillers 54 ... 45 E 3
Malay 71 ... 194 D 1
Malay-le-Grand 89 ... 113 G 3
Malay-le-Petit 89 ... 113 H 3
Malbo 15 ... 245 E 4
Malbosc 07 ... 283 H 1
Malbouhans 70 ... 142 A 2
Malbouzon 48 ... 263 H 2
Malbrans 25 ... 162 A 5
Malbuisson 25 ... 180 C 3
Mâle 61 ... 108 D 2
Malegoude 09 ... 336 D 1
Malemort 19 ... 242 C 2
Malemort-du-Comtat 84 ... 285 H 5
La Malène 48 ... 282 B 2
Malepeyre *Sabot de* 48 ... 282 A 1
Malesherbes 45 ... 87 H 5
Malestroit 56 ... 125 E 2
Malétable 61 ... 84 D 2
Maleville 12 ... 279 G 1
Malfalco *Anse de* 2B ... 345 E 4
Malguénac 56 ... 101 H 2
Malherbe-sur-Ajon 14 ... 33 F 5
La Malhoure 22 ... 78 D 4
Malicornay 36 ... 188 D 1
Malicorne 03 ... 191 E 5
Malicorne 89 ... 135 F 3
Malicorne-sur-Sarthe 72 ... 129 G 2
Maligny 21 ... 177 E 1
Maligny 89 ... 136 C 2
Malijai 04 ... 287 G 4
Malincourt 59 ... 14 C 5
Malintrat 63 ... 209 H 5
Malissard 26 ... 249 F 5
Malle *Château de* 33 ... 256 B 4
Mallefougasse 04 ... 287 F 4
Malleloy 54 ... 65 H 4
Mallemoisson 04 ... 287 H 4
Mallemort 13 ... 305 G 3
Malléon 09 ... 336 C 2
Malleret 23 ... 226 B 1
Malleret-Boussac 23 ... 189 H 4
Mallerey 39 ... 179 E 5
Mallet *Belvédère de* 15 ... 245 H 5
Malleval 42 ... 230 D 4
Malleval-en-Vercors 38 ... 250 B 2
Malleville-les-Grès 76 ... 19 F 2
Malleville-sur-le-Bec 27 ... 35 G 4
Mallièvre 85 ... 166 D 2
Malling 57 ... 45 H 2
Malloué 14 ... 52 C 2
La Malmaison 02 ... 41 G 1
Malmerspach 68 ... 120 C 5
Malmy 51 ... 43 E 4
Malnoue 77 ... 59 E 3
Malo-les-Bains 59 ... 3 G 2
Malons-et-Elze 30 ... 265 G 5
Malouy 27 ... 35 E 5
Malpart 80 ... 22 D 4
Malpas 25 ... 180 C 3
Malras 11 ... 337 F 2
Malrevers 43 ... 247 G 3
Malromé *Château de* 33 ... 256 B 3
Malroy 57 ... 45 H 5
Maltat 71 ... 175 H 5
Maltot 14 ... 33 G 5
Malval 23 ... 189 F 4
Malval *Col de* 69 ... 212 C 5
Malvalette 43 ... 229 H 5
Malves-en-Minervois 11 ... 320 A 4
Malvezie 31 ... 334 B 2
Malvières 43 ... 229 E 5
Malviès 11 ... 337 G 1
Malville 44 ... 147 E 2
Malvillers 70 ... 140 C 3
Malzéville 54 ... 65 H 5
Le Malzieu-Forain 48 ... 264 B 1
Le Malzieu-Ville 48 ... 264 B 1
Malzy 02 ... 25 E 1
Mambouhans 25 ... 163 E 2
Mamers 72 ... 84 A 5
Mametz 62 ... 7 G 2
Mametz 80 ... 13 G 5
Mamey 54 ... 65 F 3
Mamirolle 25 ... 162 B 4
Manas 26 ... 267 G 3
Manas-Bastanous 32 ... 315 H 3
Manaurie 24 ... 241 E 4
Mance 54 ... 45 F 4
La Mancelière 28 ... 56 A 5
La Mancellière 50 ... 52 A 5
La Mancellière-sur-Vire 50 ... 32 B 5
Mancenans 25 ... 162 D 1
Mancenans-Lizerne 25 ... 163 F 3
Mancey 71 ... 195 E 1
Manchecourt 45 ... 111 H 2
Manciet 32 ... 295 E 2
Mancieulles 54 ... 45 F 4
Mancioux 31 ... 316 D 5
Mancy 51 ... 61 F 2
Mandacou 24 ... 258 B 2
Mandagout 30 ... 282 D 5
Mandailles-Saint-Julien 15 ... 244 D 3
Mandelieu-la-Napoule 06 ... 309 E 4
Manderen 57 ... 46 B 2
Mandeure 25 ... 142 B 5
Mandeville 27 ... 36 A 4
Mandeville-en-Bessin 14 ... 32 C 3
Mandray 88 ... 96 B 5
Mandres 27 ... 55 H 4
Mandres-
aux-Quatre-Tours 54 ... 65 E 4
Mandres-en-Barrois 55 ... 93 F 3
Mandres-la-Côte 52 ... 117 F 4
Mandres-les-Roses 94 ... 58 D 5
Mandres-sur-Vair 88 ... 118 B 2
Mandrevillars 70 ... 142 B 3
Manduel 30 ... 304 A 2
Mane 04 ... 287 E 5
Mane 31 ... 334 D 1
Manéglise 76 ... 18 D 5
Manéhouville 76 ... 20 B 2
Manent-Montané 32 ... 316 B 3
Manerbe 14 ... 34 C 4
Mangiennes 55 ... 44 C 3
Manglieu 63 ... 228 B 2
Mangonville 54 ... 95 E 3
Manhac 12 ... 280 C 2
Manheulles 55 ... 64 D 1
Manhoué 57 ... 66 B 4
Manicamp 02 ... 24 A 5
Manicourt 80 ... 23 G 3
Manigod 74 ... 216 A 4
Manin 62 ... 13 E 2
Maninghem 62 ... 6 D 3
Maninghen-Henne 62 ... 2 B 5
Maniquerville 76 ... 18 D 4
Manlay 21 ... 158 D 5
Manneville-ès-Plains 76 ... 19 G 2
Manneville-la-Goupil 76 ... 18 D 5
Manneville-la-Pipard 14 ... 34 C 3
Manneville-la-Raoult 27 ... 34 D 2
Manneville-sur-Risle 27 ... 35 F 2
Mannevillette 76 ... 18 C 5
Mano 40 ... 255 F 5
Le Manoir 14 ... 33 E 3
Le Manoir 27 ... 36 B 3
Manois 52 ... 93 F 5
Manom 57 ... 45 H 3
Manoncourt-en-Vermois 54 ... 95 E 1
Manoncourt-en-Woëvre 54 ... 65 F 4
Manoncourt-sur-Seille 54 ... 65 H 3
Manonville 54 ... 65 F 4
Manonviller 54 ... 95 H 1
Manosque 04 ... 306 C 1
Manot 16 ... 204 C 3
Manou 28 ... 85 F 3
Manre 08 ... 42 D 3
Le Mans 72 ... 107 H 4
Mansac 19 ... 241 H 2
Mansan 65 ... 315 F 3
Mansat-la-Courrière 23 ... 207 E 3
Manse *Col de* 05 ... 269 H 3
Mansempuy 32 ... 296 C 3
Mansencôme 32 ... 295 H 1
Manses 09 ... 336 C 1
Mansigné 72 ... 129 H 3
Mansle 16 ... 203 F 4
Manso 2B ... 346 B 4
Mansonville 82 ... 276 D 5
Manspach 68 ... 143 E 3
Mant 40 ... 294 A 4
Mantaille *Château de* 26 ... 249 F 1
Mantallot 22 ... 72 D 3
Mantenay-Montlin 01 ... 195 G 3
Mantes-la-Jolie 78 ... 57 F 2
Mantes-la-Ville 78 ... 57 F 2
Mantet 66 ... 341 H 4
Manteyer 05 ... 269 G 4
Manthelan 37 ... 152 A 5
Manthelon 27 ... 56 A 2
Manthes 26 ... 231 G 5
Mantilly 61 ... 82 A 2
Mantoche 70 ... 161 E 2
Mantry 39 ... 179 E 4
Manvieux 14 ... 33 E 2
Many 57 ... 66 C 2
Manzac-sur-Vern 24 ... 240 B 3
Manzat 63 ... 209 F 3
Manziat 01 ... 195 F 4
Maquens 11 ... 319 H 5
Marac 52 ... 117 E 5
Marainville-sur-Madon 88 ... 94 D 4
Marainviller 54 ... 95 G 1
Le Marais *Château* 91 ... 87 F 2
Le Marais-la-Chapelle 14 ... 54 A 3
Marais-Vernier 27 ... 35 E 2
Marambat 32 ... 295 G 2
Marandeuil 21 ... 160 C 3
Marange-Silvange 57 ... 45 G 5
Marange-Zondrange 57 ... 66 C 1
Marangea 39 ... 196 C 2
Marans 17 ... 183 G 4
Marans 49 ... 128 A 4
Maransin 33 ... 238 B 3
Marant 62 ... 6 C 4
Maranville 52 ... 116 C 3
Maranwez 08 ... 26 A 3
Marast 70 ... 141 G 5
Marat 63 ... 228 D 2
Marat-la-Grande 55 ... 63 H 3
Marault 52 ... 116 D 2
Maraussan 34 ... 321 F 3
Maravat 32 ... 296 C 3
Maray 41 ... 154 A 4
Maraye-en-Othe 10 ... 114 C 3
Marbache 54 ... 65 G 4
Marbaix 59 ... 15 F 4
Marbeuf 27 ... 36 A 5
Marbéville 52 ... 92 D 5
Marbotte 55 ... 64 D 4
Marboué 28 ... 109 H 3
Marboz 01 ... 195 H 4
Marby 08 ... 26 B 2
Marc-la-Tour 19 ... 243 E 2
Marçais 18 ... 173 E 5
Marçay 37 ... 151 E 5
Marçay 86 ... 186 B 3
Marcé 49 ... 129 E 5
Marcé-sur-Esves 37 ... 169 H 1
Marcei 61 ... 54 B 5
Marcelcave 80 ... 22 D 2
Marcellaz 74 ... 216 A 1
Marcellaz-Albanais 74 ... 215 F 4
Marcellois 21 ... 159 F 3
Marcellus 47 ... 257 E 5
Marcenais 33 ... 238 B 3
Marcenat 03 ... 192 B 5
Marcenat 15 ... 245 F 1
Marcenay 21 ... 137 H 2
Marcenod 42 ... 230 B 2
Marcevol 66 ... 342 B 2
Marcey-les-Grèves 50 ... 51 G 4
Marchainville 61 ... 85 E 2
Marchais 02 ... 25 E 5
Marchais-Beton 89 ... 135 F 3
Marchais-en-Brie 02 ... 60 C 3
Marchal 15 ... 226 D 4
Marchamp 01 ... 214 C 5
Marchampt 69 ... 212 C 1
Marchastel 15 ... 245 E 1
Marchastel 48 ... 263 H 3
Marchaux 25 ... 162 A 3
La Marche 58 ... 156 B 5
Marché-Allouarde 80 ... 23 G 3
Marchélepot 80 ... 23 G 2
Marchemaisons 61 ... 84 A 3
Marchémoret 77 ... 59 F 1
Marchenoir 41 ... 132 B 3
Marcheprime 33 ... 254 D 2
Marches 26 ... 249 H 4
Les Marches 73 ... 233 F 3
Marcheseuil 21 ... 158 D 5
Marchésieux 50 ... 31 H 4
Marchéville 28 ... 85 H 5
Marcheville 80 ... 11 H 2
Marchéville-en-Woëvre 55 ... 64 D 1
Marchezais 28 ... 57 E 4
Marchiennes 59 ... 9 E 5
Marchon 01 ... 196 C 4
Marciac 32 ... 295 F 5
Marcieu 38 ... 250 D 4
Marcieux 73 ... 232 D 2
Marcigny 71 ... 193 G 5
Marcigny-sous-Thil 21 ... 158 D 2
Marcilhac-sur-Célé 46 ... 260 D 4
Marcillac 33 ... 237 G 1
Marcillac-la-Croisille 19 ... 243 F 1
Marcillac-la-Croze 19 ... 242 D 4
Marcillac-Lanville 16 ... 203 E 4
Marcillac-Saint-Quentin 24 ... 241 G 4
Marcillac-Vallon 12 ... 262 C 5
Marcillat 63 ... 209 G 2
Marcillat-en-Combraille 03 ... 208 D 1
Marcillé-la-Ville 53 ... 82 C 5
Marcillé-Raoul 35 ... 80 C 4
Marcillé-Robert 35 ... 104 D 5
Marcilloles 38 ... 231 H 5
Marcilly 50 ... 51 H 5
Marcilly 77 ... 59 G 1
Marcilly-d'Azergues 69 ... 212 D 4
Marcilly-en-Bassigny 52 ... 117 H 5
Marcilly-en-Beauce 41 ... 131 G 3
Marcilly-en-Gault 41 ... 154 A 2
Marcilly-en-Villette 45 ... 133 F 3
Marcilly-et-Dracy 21 ... 159 E 2
Marcilly-la-Campagne 27 ... 56 B 3
Marcilly-la-Gueurce 71 ... 194 A 3
Marcilly-le-Châtel 42 ... 229 G 1
Marcilly-le-Hayer 10 ... 90 A 5
Marcilly-lès-Buxy 71 ... 177 F 5
Marcilly-Ogny 21 ... 158 D 4
Marcilly-sur-Eure 27 ... 56 C 3
Marcilly-sur-Maulne 37 ... 130 A 5
Marcilly-sur-Seine 51 ... 90 B 2
Marcilly-sur-Tille 21 ... 160 B 1
Marcilly-sur-Vienne 37 ... 169 G 1
Marck 62 ... 2 D 3
Marckolsheim 67 ... 121 F 2
Marclopt 42 ... 229 H 2
Marcoing 59 ... 14 B 4
Marcolès 15 ... 262 B 1
Marcollin 38 ... 231 G 5
Marcols-les-Eaux 07 ... 266 B 1
Marçon 72 ... 130 C 4
Marconnay *Château de* 86 ... 185 H 2
Marconne 62 ... 7 E 5
Marconnelle 62 ... 6 D 5
Marcorignan 11 ... 321 E 5
Marcoule 30 ... 285 E 3
Marcoussis 91 ... 87 G 2
Marcoux 04 ... 288 A 3
Marcoux 42 ... 229 G 1
Marcq 08 ... 43 F 3
Marcq 78 ... 57 G 3
Marcq-en-Barœul 59 ... 8 D 2
Marcq-en-Ostrevant 59 ... 14 B 2
Marcy 02 ... 24 B 2
Marcy 58 ... 157 E 3
Marcy 69 ... 212 D 4
Marcy-l'Étoile 69 ... 212 D 5
Marcy-sous-Marle 02 ... 25 E 3
Mardeuil 51 ... 61 F 1
Mardié 45 ... 133 G 2
Mardilly 61 ... 54 D 3
Mardor 52 ... 139 F 2
Mardore 69 ... 212 A 2
Mardyck 59 ... 3 F 2
La Mare-d'Ovillers 60 ... 38 B 4
Mareau-aux-Bois 45 ... 111 G 4
Mareau-aux-Prés 45 ... 133 E 2
Marèges *Barrage de* 19 ... 226 B 5
Mareil-en-Champagne 72 ... 107 E 5
Mareil-en-France 95 ... 58 C 1
Mareil-le-Guyon 78 ... 57 G 4
Mareil-Marly 78 ... 58 A 3
Mareil-sur-Loir 72 ... 129 G 4
Mareil-sur-Mauldre 78 ... 57 G 3
Mareilles 52 ... 117 F 2
Marenla 62 ... 6 C 4
Marennes 17 ... 200 C 4
Marennes 69 ... 231 F 2
Maresché 72 ... 107 G 2
Maresches 59 ... 15 E 2
Maresquel-Ecquemicourt 62 ... 6 D 5
Marest 62 ... 7 G 4
Marest-Dampcourt 02 ... 24 A 5
Marest-sur-Matz 60 ... 39 F 1
Marestaing 32 ... 297 E 5
Marestmontiers 80 ... 22 D 4
Maresville 62 ... 6 B 4
Les Marêts 77 ... 60 B 5
Maretz 59 ... 14 C 5
Mareugheol 63 ... 227 H 4
Mareuil 16 ... 202 C 5
Mareuil 24 ... 221 H 4
Mareuil-Caubert 80 ... 11 G 4
Mareuil-en-Brie 51 ... 61 E 2
Mareuil-en-Dôle 02 ... 40 D 4
Mareuil-la-Motte 60 ... 39 F 1
Mareuil-le-Port 51 ... 61 E 1
Mareuil-lès-Meaux 77 ... 59 G 2
Mareuil-sur-Arnon 18 ... 172 C 3
Mareuil-sur-Ay 51 ... 61 G 1
Mareuil-sur-Cher 41 ... 153 E 4
Mareuil-sur-Lay 85 ... 183 E 1
Mareuil-sur-Ourcq 60 ... 39 H 5
Marey 88 ... 118 B 3
Marey-lès-Fussey 21 ... 159 H 5
Marey-sur-Tille 21 ... 139 E 5
Marfaux 51 ... 41 F 5
Marfontaine 02 ... 25 E 3
Margaux 33 ... 237 F 3
Margencel 74 ... 198 A 3
Margency 95 ... 58 B 2
Margerides 19 ... 226 B 4
Margerie-Chantagret 42 ... 229 G 3
Margerie-Hancourt 51 ... 91 H 2
Margès 26 ... 249 G 2
Margilley 70 ... 140 A 5
Margival 02 ... 40 B 2
Le Margnès 81 ... 300 B 4
Margny 08 ... 27 H 4
Margny 51 ... 60 D 2
Margny-aux-Cerises 60 ... 23 G 4
Margny-lès-Compiègne 60 ... 39 F 2
Margny-sur-Matz 60 ... 39 F 1
Margon 28 ... 85 E 5
Margon 34 ... 321 H 2
Margouët-Meymes 32 ... 295 F 3
Margueray 50 ... 52 A 2
Marguerittes 30 ... 304 A 2
Margueron 33 ... 257 F 1
Marguestau 32 ... 295 E 1
Margut 08 ... 27 H 5
Mariac 07 ... 248 B 5
Mariaud 04 ... 288 C 1
Maricourt 80 ... 23 F 1
Marie 06 ... 289 H 4
Marienthal 67 ... 69 E 4
Marieulles 57 ... 65 G 2
Marieux 80 ... 12 D 4
Marigna-sur-Valouse 39 ... 196 B 3
Marignac 17 ... 219 H 3
Marignac 31 ... 334 B 3
Marignac 82 ... 296 D 2
Marignac-en-Diois 26 ... 268 A 1
Marignac-Lasclares 31 ... 317 F 4
Marignac-Laspeyres 31 ... 317 E 5
Marignana 2A ... 346 C 5
Marignane 13 ... 326 C 1
Marigné 49 ... 128 C 3
Marigné-Laillé 72 ... 130 B 3
Marigné-Peuton 53 ... 128 A 2
Marignier 74 ... 216 B 1
Marignieu 01 ... 214 D 5
Marigny 03 ... 191 H 1
Marigny 39 ... 179 G 5
Marigny 51 ... 61 F 5
Marigny 71 ... 177 E 5
Marigny 79 ... 185 E 5
Marigny-Brizay 86 ... 169 F 4
Marigny-Chemereau 86 ... 186 A 3
Marigny-en-Orxois 02 ... 60 A 1
Marigny-le-Cahouët 21 ... 159 E 1
Marigny-le-Châtel 10 ... 90 B 4
Marigny-le-Lozon 50 ... 32 A 5
Marigny-l'Église 58 ... 158 A 3
Marigny-lès-Reullée 21 ... 178 A 1
Marigny-les-Usages 45 ... 111 E 5
Marigny-Marmande 37 ... 169 G 2
Marigny-Saint-Marcel 74 ... 215 F 4
Marigny-sur-Yonne 58 ... 157 G 4
Marillac-le-Franc 16 ... 221 H 1
Le Marillais 49 ... 148 C 2
Marillet 85 ... 184 C 1
Marimbault 33 ... 256 B 5
Marimont-lès-Bénestroff 57 ... 67 E 3
Marin 74 ... 198 B 3
Marines 95 ... 37 H 5
Les Marines-de-Cogolin 83 ... 329 F 2
Maringes 42 ... 230 A 2
Maringues 63 ... 210 A 4
Mariol 03 ... 210 C 3
Marions 33 ... 274 C 1
Marissel 60 ... 38 A 2
Marizy-Saint-Mard 02 ... 40 A 5
Marizy-Sainte-Geneviève 02 ... 40 A 5
Le Markstein 68 ... 120 C 4
Marle 02 ... 25 E 3
Marlemont 08 ... 26 A 3
Marlenheim 67 ... 97 F 1
Marlens 74 ... 216 A 5
Marlers 80 ... 21 G 3
Marles-en-Brie 77 ... 59 G 5
Marles-les-Mines 62 ... 7 H 4
Marles-sur-Canche 62 ... 6 C 4
Marlhes 42 ... 248 B 1
Marliac 31 ... 318 A 5
Marliens 21 ... 160 B 4
Marlieux 01 ... 213 G 2
Marlioz 74 ... 215 F 2
Marly 57 ... 65 H 1
Marly 59 ... 9 G 5
Marly-Gomont 02 ... 25 E 1
Marly-la-Ville 95 ... 58 D 1
Marly-le-Roi 78 ... 58 A 3
Marly-sous-Issy 71 ... 176 A 5
Marly-sur-Arroux 71 ... 193 H 1
Marmagne 18 ... 172 D 1
Marmagne 21 ... 137 H 5
Marmagne 71 ... 176 D 3
Marmande 47 ... 257 E 4
Marmanhac 15 ... 244 C 4
Marmeaux 89 ... 137 F 5
Marmesse 52 ... 116 C 4
Marminiac 46 ... 259 G 3
Marmont-Pachas 47 ... 276 B 4
Marmouillé 61 ... 54 C 5
Marmoutier 67 ... 68 B 5
Marnac 24 ... 259 E 1
Marnand 69 ... 212 A 2
Marnans 38 ... 231 H 5
Marnaves 81 ... 279 E 4
Marnay 70 ... 161 G 3
Marnay 71 ... 178 A 5
Marnay 86 ... 186 B 3
Marnay-sur-Marne 52 ... 117 E 4
Marnay-sur-Seine 10 ... 90 A 3
Marnaz 74 ... 216 B 1
La Marne 44 ... 165 F 1
Marne-la-Vallée 11 ... 59 E 3
Marnefer 61 ... 55 F 3
Marnes 79 ... 168 C 3
Marnes-la-Coquette 92 ... 58 B 3
Marnézia 39 ... 196 C 1
Marnhagues-et-Latour 12 ... 301 F 2
Marnoz 39 ... 179 G 2
Marœuil 62 ... 13 F 2
Maroilles 59 ... 15 F 4
La Marolle-en-Sologne 41 ... 133 E 5
Marolles 14 ... 34 D 5
Marolles 41 ... 132 A 5
Marolles 51 ... 62 D 5
Marolles 60 ... 39 H 5
Marolles-en-Beauce 91 ... 87 G 5
Marolles-en-Brie 77 ... 60 A 4
Marolles-en-Brie 94 ... 58 D 5
Marolles-en-Hurepoix 91 ... 87 G 2
Marolles-lès-Bailly 10 ... 115 G 2
Marolles-les-Braults 72 ... 108 A 2
Marolles-les-Buis 28 ... 85 E 5
Marolles-
lès-Saint-Calais 72 ... 108 D 5
Marolles-sous-Lignières 10 ... 114 D 5
Marolles-sur-Seine 77 ... 89 E 4
Marollette 72 ... 84 A 4
Marols 42 ... 229 G 4
Maromme 76 ... 36 A 1
Mâron 36 ... 172 A 4
Maron 54 ... 94 C 1
Maroncourt 88 ... 94 D 5
Maroué 22 ... 78 D 4
Maroutière
Château de la 53 ... 128 B 2
Marpain 39 ... 161 E 3
Marpaps 40 ... 293 G 4
Marpent 59 ... 15 H 2
Marpiré 35 ... 104 D 2
Marquaix 80 ... 23 H 1
Marquay 24 ... 241 F 5
Marquay 62 ... 7 G 5
Marquefave 31 ... 317 G 4
Marquéglise 60 ... 39 F 1
Marquein 11 ... 318 C 4
Marquenterre *Parc du* 80 ... 11 E 1
Marquerie 65 ... 315 F 4
Marques 76 ... 21 F 3
Marquette-en-Ostrevant 59 ... 14 B 2
Marquette-lez-Lille 59 ... 8 D 2
Marquigny 08 ... 26 D 5
Marquillies 59 ... 8 C 3

Marquion 62 ....14 A 3
Marquise 62 ....2 B 4
Marquivillers 80 ....23 E 4
Marquixanes 66 ....342 B 2
Marray 37 ....130 D 5
La Marre 39 ....179 F 4
Marre 55 ....43 H 4
Mars 07 ....248 A 4
Les Mars 23 ....208 C 3
Mars 30 ....282 D 5
Mars 42 ....212 A 1
Mars-la-Tour 54 ....65 F 1
Mars-sous-Bourcq 08 ....42 C 2
Mars-sur-Allier 58 ....174 B 3
Marsa 11 ....337 F 4
Marsac 16 ....221 E 1
Marsac 23 ....206 C 2
Marsac 65 ....315 E 3
Marsac 82 ....296 D 1
Marsac-en-Livradois 63 ....229 E 4
Marsac-sur-Don 44 ....126 C 4
Marsac-sur-l'Isle 24 ....240 C 2
Marsainvilliers 45 ....111 G 2
Marsais 17 ....201 G 1
Marsais-Sainte-Radégonde 85 ....183 H 1
Marsal 57 ....66 D 4
Marsal 81 ....299 G 1
Marsalès 24 ....258 D 2
Marsan 32 ....296 C 4
Marsaneix 24 ....240 D 3
Marsangis 51 ....90 C 2
Marsangy 89 ....113 G 3
Marsannay-la-Côte 21 ....160 A 3
Marsannay-le-Bois 21 ....160 B 2
Marsanne 26 ....267 F 3
Marsas 33 ....237 H 3
Marsas 65 ....333 G 1
Marsat 63 ....209 H 4
Marsaz 26 ....249 F 2
Marseillan 32 ....315 G 2
Marseillan 34 ....322 C 4
Marseillan 65 ....315 F 4
Marseillan-Plage 34 ....322 D 5
Marseille 13 ....326 D 3
Marseille-en-Beauvaisis 60 ....21 H 5
Marseille-lès-Aubigny 18 ....174 B 1
Marseillette 11 ....320 A 5
Marsillargues 34 ....303 G 4
Marsilly 17 ....183 F 5
Marsilly 57 ....66 B 1
Marsinval 78 ....57 H 2
Marsolan 32 ....296 A 1
Marson 51 ....62 C 2
Marson-sur-Barboure 55 ....93 G 1
Marsonnas 01 ....195 G 4
Marsoulas 31 ....335 E 1
Marsous 65 ....332 C 2
Marspich 57 ....45 G 3
Marssac-sur-Tarn 81 ....299 E 1
Martagny 27 ....37 F 2
Martailly-lès-Brancion 71 ....195 E 2
Martainneville 80 ....11 F 4
Martainville 14 ....53 G 2
Martainville 27 ....35 E 3
Martainville-Épreville 76 ....36 C 1
Martaizé 86 ....168 C 3
Martel 46 ....242 C 5
Marthemont 54 ....94 C 2
Marthille 57 ....66 D 3
Marthod 73 ....216 A 5
Marthon 16 ....221 H 2
Martiel 12 ....279 E 1
Martigna 39 ....196 D 3
Martignac 46 ....259 F 4
Martignargues 30 ....284 A 5
Martignas-sur-Jalle 33 ....237 E 5
Martignat 01 ....196 C 5
Martigné-Briand 49 ....149 H 4
Martigné-Ferchaud 35 ....127 E 2
Martigné-sur-Mayenne 53 ....106 A 2
Martigny 02 ....25 H 2
Martigny 50 ....52 A 5
Martigny 76 ....20 B 2
Martigny-Courpierre 02 ....40 D 1
Martigny-le-Comte 71 ....194 A 2
Martigny-les-Bains 88 ....118 B 3
Martigny-les-Gerbonvaux 88 ....94 A 3
Martigny-sur-l'Ante 14 ....53 H 2
Martigues 13 ....325 H 3
Martillac 33 ....255 G 2
Martimpré *Col de* 88 ....120 B 3
Martin-Église 76 ....10 B 5
Martincourt 54 ....65 F 4
Martincourt 60 ....37 H 1
Martincourt-sur-Meuse 55 ....27 G 5
Le Martinet 30 ....283 H 2
Martinet 85 ....165 F 5
Martinpuich 62 ....13 G 5
Martinvast 50 ....29 E 3
Martinvelle 88 ....118 C 4
Martisserre 31 ....316 D 3
Martizay 36 ....170 C 4
Martot 27 ....36 A 3
Martragny 14 ....33 E 3
La Martre 83 ....308 B 2
Martres 33 ....256 C 2
Les Martres-d'Artière 63 ....210 A 5
Martres-de-Rivière 31 ....334 B 1
Les Martres-de-Veyre 63 ....227 H 1
Martres-sur-Morge 63 ....210 A 4
Martres-Tolosane 31 ....317 E 5
Martrin 12 ....300 B 1
Martrois 21 ....159 E 3
La Martyre 29 ....75 H 2
Les Martys 11 ....319 G 3
Maruéjols-lès-Gardon 30 ....283 H 5
Marval 87 ....222 D 2
Marvaux-Vieux 08 ....42 D 3
Marvejols 48 ....264 A 4
Marvelise 25 ....142 A 4
Marville 55 ....44 B 2
Marville-les-Bois 28 ....85 H 2
Marville-Moutiers-Brûlé 28 ....56 D 5
Mary 71 ....194 B 1
Mary-sur-Marne 77 ....59 H 1
Marzal *Aven de* 07 ....284 C 1
Marzan 56 ....125 F 5
Marzens 81 ....298 D 4
Marzy 58 ....174 C 2
Le Mas 06 ....308 D 1
Mas-Blanc-des-Alpilles 13 ....304 C 2
Mas-Cabardès 11 ....319 H 3
Mas Camargues 48 ....283 F 1
Le Mas-d'Agenais 47 ....257 F 5
Le Mas-d'Artige 23 ....225 H 1
Mas-d'Auvignon 32 ....296 A 1
Le Mas-d'Azil 09 ....335 H 1
Mas-d'Azil *Grotte du* 09 ....335 H 1
Mas-de-Londres 34 ....302 C 2
Le Mas-de-Tence 43 ....248 B 3
Mas-des-Cours 11 ....337 H 1
Mas-d'Orcières 48 ....265 E 5
Mas-Grenier 82 ....297 G 1
Mas-Saint-Chély 48 ....282 B 2
Mas-Saintes-Puelles 11 ....318 D 4
Le Mas-Soubeyran 30 ....283 G 4
Mas-Thibert 13 ....304 C 5
Masbaraud-Mérignat 23 ....206 D 3
Mascaraàs-Haron 64 ....294 C 5
Mascaras 32 ....295 G 5
Mascaras 65 ....315 F 5
Mascarville 31 ....298 C 5
Masclat 46 ....259 H 1
Masevaux-Niederbruck 68 ....142 D 1
Maslacq 64 ....313 G 2
Masléon 87 ....224 C 1
Maslives 41 ....132 B 5
Masmejan 48 ....283 E 1
Le Masnau-Massuguiès 81 ....300 A 3
Masnières 59 ....14 B 4
Masny 59 ....9 E 5
Los Masos 66 ....342 B 3
Masparraute 64 ....311 G 3
Maspie-Lalonquère-Juillacq 64 ....314 D 2
Masquières 47 ....277 E 1
Massabrac 31 ....317 H 5
Massac 11 ....338 B 3
Massac 17 ....202 C 4
Massac-Séran 81 ....298 D 4
Massaguel 81 ....319 F 2
Massais 79 ....167 H 1
Massals 81 ....300 A 2
Massanes 30 ....283 H 5
Massangis 89 ....137 E 5
Massat 09 ....335 H 3
Massay 18 ....154 B 5
Le Massegros 48 ....281 H 2
Masseilles 33 ....256 D 5
Massels 47 ....276 D 2
Massérac 44 ....126 A 4
Masseret 19 ....224 B 3
Masseube 32 ....316 A 2
Massiac 15 ....246 A 1
Massieu 38 ....232 C 4
Massieux 01 ....213 E 4
Massiges 51 ....42 D 4
Massignac 16 ....204 C 5
Massignieu-de-Rives 01 ....214 D 5
Massillargues-Attuech 30 ....283 G 5
Massilly 71 ....194 D 2
Massingy 21 ....116 A 5
Massingy 74 ....215 F 4
Massingy-lès-Semur 21 ....158 D 1
Massingy-lès-Vitteaux 21 ....159 F 2
Massognes 86 ....168 C 4
Massoins 06 ....289 H 5
Massongy 74 ....198 A 4
Massoulès 47 ....276 D 1
Massugas 33 ....257 E 1
Massy 71 ....194 C 2
Massy 76 ....20 D 4
Massy 91 ....58 B 5
Mastaing 59 ....14 C 2
Matafelon-Granges 01 ....196 C 5
Les Matelles 34 ....302 D 3
Matemale 66 ....341 G 3
Matha 17 ....202 B 4
Mathaux 10 ....91 H 4
Mathay 25 ....142 B 5
Mathenay 39 ....179 F 2
Les Mathes 17 ....200 C 5
Mathieu 14 ....33 G 3
Mathons 52 ....92 D 4
Mathonville 76 ....20 D 5
Matignicourt-Goncourt 51 ....62 D 5
Matignon 22 ....50 A 5
Matigny 80 ....23 H 3
Matougues 51 ....62 A 2
Matour 71 ....194 B 4
Matra 2B ....347 G 4
Matringhem 62 ....7 F 3
Mattaincourt 88 ....94 D 5
Mattexey 54 ....95 G 3
Matton-et-Clémency 08 ....27 G 4
Mattstall 67 ....68 D 1
Matzenheim 67 ....97 G 3
Maubec 38 ....232 A 2
Maubec 82 ....296 D 2
Maubec 84 ....305 F 1
Maubert-Fontaine 08 ....26 B 2
Maubeuge 59 ....15 G 2
Maubourguet 65 ....315 E 2
Maubuisson 33 ....236 B 3
Mauchamps 91 ....87 G 3
Maucomble 76 ....20 C 4
Maucor 64 ....314 B 3
Maucourt 60 ....23 H 4
Maucourt 80 ....23 F 3
Maucourt-sur-Orne 55 ....44 C 4
Maudétour-en-Vexin 95 ....37 G 5
Mauguio 34 ....303 E 4
Maulain 52 ....117 H 4
Maulais 79 ....168 B 2
Maulan 55 ....63 H 5
Maulay 86 ....169 E 2
Maulde 59 ....9 G 4
Maule 78 ....57 G 3
Mauléon 79 ....167 E 2
Mauléon-Barousse 65 ....334 A 3
Mauléon-d'Armagnac 32 ....294 D 1
Mauléon-Licharre 64 ....311 H 5
Maulers 60 ....22 A 5
Maulette 78 ....57 E 4
Maulévrier 49 ....167 E 1
Maulévrier-Sainte-Gertrude 76 ....19 G 5
Maulichères 32 ....294 D 3
Maumusson 44 ....148 C 1
Maumusson 82 ....296 D 1
Maumusson-Laguian 32 ....294 D 4
Mauny 76 ....35 H 2
Maupas 10 ....115 E 3
Le Maupas 21 ....158 D 4
Maupas 32 ....294 D 2
Maupas *Château de* 18 ....155 G 4
Mauperthuis 77 ....59 H 4
Maupertuis 50 ....52 A 1
Maupertus-sur-Mer 50 ....29 F 3
Mauprévoir 86 ....204 B 1
Mauquenchy 76 ....20 D 5
Mauran 31 ....317 E 5
Maure 64 ....314 D 3
Maure *Col de* 04 ....288 B 1
Maure-de-Bretagne 35 ....103 G 5
Maurecourt 78 ....58 A 2
Mauregard 77 ....59 E 1
Mauregny-en-Haye 02 ....41 E 1
Maureilhan 34 ....321 F 3
Maureillas-las-Illas 66 ....343 E 4
Mauremont 31 ....318 B 2
Maurens 24 ....239 H 5
Maurens 31 ....318 C 2
Maurens 32 ....296 D 5
Maurens-Scopont 81 ....298 C 5
Maurepas 78 ....57 H 4
Maurepas 80 ....23 F 1
Mauressac 31 ....317 H 4
Mauressargues 30 ....283 H 5
Maureville 31 ....298 C 5
Mauriac 15 ....244 B 2
Mauriac 33 ....256 D 2
Mauries 40 ....294 B 4
Maurin 04 ....271 F 3
Maurin 34 ....302 D 5
Maurines 15 ....245 H 5
Maurois 59 ....14 D 5
Mauron 56 ....103 E 3
Mauroux 32 ....296 C 1
Mauroux 46 ....259 E 5
Maurrin 40 ....294 B 2
Maurs 15 ....261 H 2
Maurupt-le-Montois 51 ....63 E 4
Maury 66 ....338 B 4
Maury *Barrage de* 12 ....262 D 3
Mausoléo 2B ....346 D 2
Maussac 19 ....225 G 4
Maussane-les-Alpilles 13 ....304 D 3
Maussans 70 ....162 B 1
Mausson *Château de* 53 ....81 G 3
Mautes 23 ....208 B 4
Mauvages 55 ....93 G 2
Mauvaisin 31 ....318 A 3
Mauves 07 ....249 E 3
Mauves-sur-Huisne 61 ....84 C 4
Mauves-sur-Loire 44 ....148 A 3
Mauvezin 31 ....316 D 3
Mauvezin 32 ....296 D 3
Mauvezin 65 ....333 G 1
Mauvezin-d'Armagnac 40 ....274 C 5
Mauvezin-de-Prat 09 ....335 E 2
Mauvezin-de-Sainte-Croix 09 ....335 G 1
Mauvezin-sur-Gupie 47 ....257 E 4
Mauvières 36 ....187 H 2
Mauvilly 21 ....138 B 4
Maux 58 ....175 H 1
Mauzac 31 ....317 G 3
Mauzac-et-Saint-Meyme-de-Rozens 24 ....240 D 5
Mauzé-sur-le-Mignon 79 ....184 C 5
Mauzé-Thouarsais 79 ....168 A 2
Mauzens-et-Miremont 24 ....241 E 4
Mauzun 63 ....228 B 1
Mavaleix 24 ....223 E 3
Maves 41 ....132 A 4
Mavilly-Mandelot 21 ....177 G 1
La Maxe 57 ....45 H 5
Maxent 35 ....103 G 4
Maxéville 54 ....65 H 5
Maxey-sur-Meuse 88 ....94 A 3
Maxey-sur-Vaise 55 ....93 H 2
Maxilly-sur-Léman 74 ....198 C 3
Maxilly-sur-Saône 21 ....160 D 3
Maxou 46 ....260 B 4
Maxstadt 57 ....67 E 1
May-en-Multien 77 ....59 H 1
Le May-sur-Èvre 49 ....148 D 5
May-sur-Orne 14 ....33 G 5
Mayac 24 ....241 E 1
Mayenne 53 ....82 B 5
Mayet 72 ....130 A 3
Le Mayet-de-Montagne 03 ....210 D 2
Le Mayet-d'École 03 ....210 A 1
Maylis 40 ....293 G 3
Maynal 39 ....196 A 1
Les Mayons 83 ....328 D 2
Mayot 02 ....24 B 4
Mayrac 46 ....242 C 5
Mayran 12 ....280 B 1
La Mayrand 63 ....227 G 4
Mayrègne 31 ....334 A 4
Mayres 07 ....248 D 4
Mayres 07 ....265 H 3
Mayres 63 ....228 D 5
Mayres-Savel 38 ....250 D 5
Mayreste *Belvédère de* 04 ....307 H 2
Mayreville 11 ....318 D 5
Mayrinhac-Lentour 46 ....261 E 1
Mayronnes 11 ....338 A 2
Maysel 60 ....38 C 4
Mazamet 81 ....319 H 2
Mazan 84 ....285 H 4
Mazan-l'Abbaye 07 ....265 H 2
Mazangé 41 ....131 F 3
Mazaugues 83 ....328 A 2
Mazaye 63 ....209 F 5
Mazé-Milon 49 ....150 A 1
Le Mazeau 85 ....184 C 4
Mazeirat 23 ....207 F 1
Mazeley 88 ....95 E 5
Mazerat-Aurouze 43 ....246 C 2
Mazeray 17 ....201 G 4
Mazères 09 ....318 B 4
Mazères 33 ....256 B 4
Mazères *Église de* 65 ....295 E 5
Mazères-de-Neste 65 ....334 A 1
Mazères-Lezons 64 ....314 B 4
Mazères-sur-Salat 31 ....335 E 1
Mazerier 03 ....209 H 2
Mazerny 08 ....26 C 5
Mazerolles 16 ....222 B 1
Mazerolles 17 ....219 G 3
Mazerolles 40 ....294 A 1
Mazerolles 64 ....314 A 2
Mazerolles 65 ....315 G 3
Mazerolles 86 ....187 E 3
Mazerolles-du-Razès 11 ....337 F 1
Mazerolles-le-Salin 25 ....161 G 4
Mazerulles 54 ....66 B 5
Mazet-Saint-Voy 43 ....248 A 3
Mazeuil 86 ....168 D 4
Mazeyrat-d'Allier 43 ....246 C 3
Mazeyrolles 24 ....259 E 3
La Mazière-aux-Bons-Hommes 23 ....208 C 4
Mazières 16 ....204 B 5
Mazières-de-Touraine 37 ....151 F 2
Mazières-en-Gâtine 79 ....185 E 2
Mazières-en-Mauges 49 ....167 E 1
Mazières-Naresse 47 ....258 C 3
Mazières-sur-Béronne 79 ....185 F 5
Mazille 71 ....194 C 3
Mazingarbe 62 ....8 A 4
Mazinghem 62 ....7 G 3
Mazinghien 59 ....15 E 5
Mazion 33 ....237 G 2
Mazirat 03 ....190 C 5
Mazirot 88 ....94 D 4
Le Mazis 80 ....21 G 2
Mazoires 63 ....227 G 5
Mazouau 65 ....333 H 2
Mazuby 11 ....337 E 4
Les Mazures 08 ....26 C 1
Mazzola 2B ....347 F 4
Méailles 04 ....288 D 4
Méallet 15 ....244 B 1
Méasnes 23 ....189 E 3
Meaucé 28 ....85 F 3
La Meauffe 50 ....32 B 4
La Méaugon 22 ....78 B 3
Meaulne 03 ....190 D 1
Méaulte 80 ....23 E 1
Méautis 50 ....31 H 3
Meaux 77 ....59 G 2
Meaux-la-Montagne 69 ....212 B 2
Meauzac 82 ....277 G 4
Mecé 35 ....81 E 5
Mechmont 46 ....260 B 4
Mécleuves 57 ....65 H 1
Mecquignies 59 ....15 F 2
Mécrin 55 ....64 C 4
Mécringes 51 ....60 C 3
Médan 78 ....57 H 2
Médavy 61 ....54 B 5
La Mède 13 ....325 H 4
Medeyrolles 63 ....229 E 4
Médière 25 ....142 A 5
Médillac 16 ....239 E 1
Médis 17 ....218 D 1
Médonnet *Chapelle du* 74 ....216 C 3
Médonville 88 ....118 A 2
Médous *Grotte de* 65 ....333 F 2
Médréac 35 ....103 G 1
Le Mée 28 ....110 A 5
Mée 53 ....128 A 2
Le Mée-sur-Seine 77 ....88 B 3
Les Mées 04 ....287 G 4
Mées 40 ....292 D 3
Les Mées 72 ....83 H 5
Mégange 57 ....46 C 4
Megève 74 ....216 C 3
Mégevette 74 ....198 B 5
Mégrit 22 ....79 F 5
Méharicourt 80 ....23 F 3
Méharin 64 ....311 F 4
Méhers 41 ....153 F 3
Méhoncourt 54 ....95 F 2
Méhoudin 61 ....82 D 3
Mehun-sur-Yèvre 18 ....154 D 5
La Meignanne 49 ....149 F 1
Meigné 49 ....150 A 4
Meigné-le-Vicomte 49 ....151 E 1
Meigneux 77 ....89 E 3
Meigneux 80 ....21 H 3
Meilhac 87 ....223 G 1
Meilhan 32 ....316 B 2
Meilhan 40 ....293 G 1
Meilhan-sur-Garonne 47 ....256 D 4
Meilhards 19 ....224 C 3
Meilhaud 63 ....227 H 3
Meillac 35 ....80 A 3
Meillant 18 ....173 F 4
Meillard 03 ....192 A 4
Le Meillard 80 ....12 C 4
La Meilleraie-Tillay 85 ....166 D 4
Meilleray 77 ....60 C 4
La Meilleraye-de-Bretagne 44 ....127 E 5
Meillerie 74 ....198 C 2
Meillers 03 ....191 H 2
Meillier-Fontaine 08 ....26 D 2
Meillon 64 ....314 B 4
Meillonnas 01 ....196 A 5
Meilly-sur-Rouvres 21 ....159 F 4
Meisenthal 57 ....68 A 2
Meistratzheim 67 ....97 F 2
Le Meix 21 ....138 D 5
Le Meix-Saint-Epoing 51 ....60 D 5
Le Meix-Tiercelin 51 ....62 B 5
Méjanes 13 ....304 A 5
Méjannes-le-Clap 30 ....284 B 2
Méjannes-lès-Alès 30 ....283 H 4
Mela 2A ....349 E 5
Mélagues 12 ....301 E 3
Mélamare 76 ....19 E 5
Melan 04 ....287 H 2
Melay 49 ....149 F 4
Melay 52 ....118 B 5
Melay 71 ....193 G 5
Le Mêle-sur-Sarthe 61 ....84 A 3
Mélecey 70 ....141 H 5
Melesse 35 ....104 B 2
Melgven 29 ....100 B 4
Mélicocq 60 ....39 F 1
Mélicourt 27 ....55 E 2
Méligny-le-Grand 55 ....93 G 1
Méligny-le-Petit 55 ....93 G 1
Melin 70 ....140 C 3
Melincourt 70 ....118 D 5
Mélisey 70 ....142 A 2
Mélisey 89 ....115 E 5
Meljac 12 ....280 C 4
Mellac 29 ....100 D 4
Mellé 35 ....81 F 3
Melle 79 ....185 G 5
Mellecey 71 ....177 G 4
Melleran 79 ....203 E 1
Melleray 72 ....108 D 3
Melleray *Abbaye de* 44 ....127 E 5
Melleray-la-Vallée 53 ....82 B 3
Melleroy 45 ....135 E 2
Melles 31 ....334 C 4
Melleville 76 ....11 E 5
Mellionnec 22 ....77 F 5
Mello 60 ....38 C 4
Meloisey 21 ....177 G 1
Melrand 56 ....101 G 4
Melsheim 67 ....68 C 4
Melun 77 ....88 B 3
Melve 04 ....287 G 1
Melz-sur-Seine 77 ....89 H 3
Membrey 70 ....140 B 5
La Membrolle-sur-Choisille 37 ....151 H 2
La Membrolle-sur-Longuenée 49 ....128 B 5
Membrolles 41 ....110 A 5
Méménil 88 ....95 G 5
Memmelshoffen 67 ....69 E 2
Le Mémont 25 ....163 F 4
Mémorial Canadien 62 ....8 B 5
Menades 89 ....157 H 2
Ménarmont 88 ....95 H 3
Menars 41 ....132 B 5
Menat 63 ....209 F 2
Menaucourt 55 ....93 F 1
Mencas 62 ....7 E 3
Menchhoffen 67 ....68 C 3
Mende 48 ....264 C 4
Mendionde 64 ....311 E 4
Menditte 64 ....331 E 1
Mendive 64 ....330 C 1
Ménéac 56 ....102 D 2
Menée *Col de* 38 ....268 D 1
Ménerbes 84 ....305 G 2
Ménerval 76 ....21 F 5
Ménerville 78 ....57 E 2
Menesble 21 ....138 D 3
Méneslies 80 ....11 E 4
Ménesplet 24 ....239 E 4
Ménesqueville 27 ....36 D 2
Ménessaire 21 ....158 B 5
Menestreau 58 ....156 D 2
Ménestreau-en-Villette 45 ....133 F 4
Menet 15 ....244 D 1
Menetou-Couture 18 ....174 A 1
Menetou-Râtel 18 ....155 H 3
Menetou-Salon 18 ....155 F 4
Menetou-sur-Nahon 36 ....153 H 4

Ménétréol-sous-Sancerre 18 156 A 3
Ménétréol-sur-Sauldre 18 155 E 2
Ménétréols-sous-Vatan 36 172 A 2
Ménetreuil 71 195 G 1
Ménétreux-le-Pitois 21 138 A 5
Ménétrol 63 209 H 4
Menétru-le-Vignoble 39 179 F 4
Menétrux-en-Joux 39 179 G 5
Ménévillers 60 39 E 1
Ménez-Bré 22 72 D 5
Ménez-Hom 29 75 G 4
Ménez-Meur *Domaine de* 29 75 H 3
Menglon 26 268 C 2
Ménigoute 79 185 G 2
Ménil 53 128 B 3
Le Ménil 88 120 A 5
Ménil-Annelles 08 42 B 1
Ménil-aux-Bois 55 64 C 4
Le Ménil-Bérard 61 55 E 5
Le Ménil-Broût 61 83 H 3
Le Ménil-Ciboult 61 52 D 4
Le Ménil-de-Briouze 61 53 G 5
Ménil-de-Senones 88 96 B 3
Ménil-en-Xaintois 88 94 C 5
Ménil-Erreux 61 83 H 3
Ménil-Froger 61 54 D 4
Ménil-Glaise 61 53 H 4
Ménil-Gondouin 61 53 G 4
Le Ménil-Guyon 61 84 A 2
Ménil-Hermei 61 53 G 3
Ménil-Hubert-en-Exmes 61 54 C 3
Ménil-Hubert-sur-Orne 61 53 G 3
Ménil-Jean 61 53 H 4
Ménil-la-Horgne 55 64 C 5
Ménil-la-Tour 54 65 F 5
Ménil-Lépinois 08 42 A 2
Le Ménil-Scelleur 61 83 F 2
Ménil-sur-Belvitte 88 95 H 3
Ménil-sur-Saulx 55 63 H 5
Le Ménil-Vicomte 61 54 D 4
Ménil-Vin 61 53 G 3
Ménilles 27 56 D 1
Ménillot 54 94 A 1
La Ménitré 49 150 A 2
Mennecy 91 87 H 2
Mennessis 02 24 A 4
Mennetou-sur-Cher 41 154 A 4
Menneval 27 35 F 5
Menneville 02 41 G 2
Menneville 62 6 C 2
Mennevret 02 24 D 1
Mennouveaux 52 117 G 3
Ménoire 19 242 D 3
Menomblet 85 167 E 4
Menoncourt 90 142 C 2
Ménonval 76 21 E 3
Menotey 39 161 E 5
Menou 58 156 D 3
Menouville 95 38 A 5
Le Menoux 36 188 D 2
Menoux 70 141 E 2
Mens 38 251 E 5
Mensignac 24 240 B 1
Menskirch 57 46 B 3
Mentheville 76 19 E 4
Menthon-Saint-Bernard 74 215 H 4
Menthonnex-en-Bornes 74 215 G 2
Menthonnex-sous-Clermont 74 215 F 3
Mentières 15 245 H 3
Menton 06 291 G 5
Mentque-Nortbécourt 62 3 E 5
Menucourt 95 57 H 1
Les Menuires 73 234 C 5
Les Menus 61 85 E 3
Menville 31 297 G 4
Méobecq 36 171 F 5
Méolans 04 270 C 5
Méolans-Revel 04 270 C 5
Méon 49 150 D 1
Méounes-lès-Montrieux 83 328 A 2
Mépieu 38 214 B 5
Mer 41 132 C 4
Mer de Sable *La* 60 39 E 5
Méracq 64 294 B 5
Méral 53 105 G 5
Méras 09 317 G 5
Mercatel 62 13 G 3
Mercenac 09 335 E 2
Merceuil 21 177 H 2
Mercey 21 159 E 5
Mercey 27 56 D 1
Mercey-le-Grand 25 161 F 4
Mercey-sur-Saône 70 140 B 5
Mercin-et-Vaux 02 40 B 2
Merck-Saint-Liévin 62 7 E 3
Merckeghem 59 3 F 4
Mercœur 19 243 F 4
Mercœur 43 246 A 2
Mercuer 07 266 B 3
Mercuès 46 259 H 5
Mercurey 71 177 G 3
Mercurol-Veaunes 26 249 F 3
Mercury 73 234 A 1
Mercus-Garrabet 09 336 B 4
Mercy 03 192 C 3
Mercy 89 114 A 4
Mercy-le-Bas 54 45 E 3
Mercy-le-Haut 54 45 E 3
Merdrignac 22 102 D 1
Méré 78 57 G 4
Méré 89 136 D 2
Méreau 18 154 C 5
Méréaucourt 80 21 H 3
Méréglise 28 85 G 5
Mérélessart 80 11 G 5
Mérens 32 296 A 3
Mérens-les-Vals 09 341 E 2
Mérenvielle 31 297 F 4
Méreuil 05 269 E 5
Méréville 54 94 D 1
Méréville 91 87 F 5
Merey 27 56 D 2
Mérey-sous-Montrond 25 162 A 4
Mérey-Vieilley 25 162 A 2
Merfy 51 41 F 3
Mergey 10 90 D 4
Meria 2B 345 G 2
Mérial 11 337 E 5
Méribel 73 234 C 4
Méribel-Mottaret 73 234 C 4
Méricourt 62 8 B 5
Méricourt 78 57 F 1
Méricourt-en-Vimeu 80 21 H 2
Méricourt-l'Abbé 80 22 D 1
Méricourt-sur-Somme 80 23 E 1
Mériel 95 58 B 1
Mérifons 34 301 G 4
Mérignac 16 220 D 1
Mérignac 17 220 B 5
Mérignac 33 237 F 5
Mérignas 33 256 D 1
Mérignat 01 214 B 2
Mérignies 59 8 D 4
Mérigny 36 187 G 1
Mérigon 09 335 F 1
Mérilheu 65 333 F 1
Mérillac 22 103 E 1
Mérinchal 23 208 C 4
Mérindol 84 305 G 3
Mérindol-les-Oliviers 26 285 H 2
Mérinville 45 112 D 4
Le Mériot 10 89 H 3
Méritein 64 313 G 3
Merkwiller-Pechelbronn 67 69 E 2
Merlande *Prieuré de* 24 240 B 1
Merlas 38 232 D 4
La Merlatière 85 166 A 4
Merlaut 51 62 D 4
Merle *Tours de* 19 243 G 3
Merle-Leignec 42 229 G 5
Merléac 22 78 A 5
Le Merlerault 61 54 D 5
Merles 82 277 E 4
Merles-sur-Loison 55 44 C 3
Merlette 05 270 A 2
Merlevenez 56 123 G 2
Merlieux-et-Fouquerolles 02 40 C 1
Merlimont 62 6 B 4
Merlimont-Plage 62 6 A 4
Merlines 19 226 C 2
Mernel 35 103 H 5
Mérobert 91 87 E 4
Méron 49 150 B 5
Mérona 39 196 C 1
Mérouville 28 86 D 5
Meroux 90 142 C 3
Merpins 16 220 B 1
Merrey 52 117 H 4
Merrey-sur-Arce 10 115 G 3
Merri 61 54 A 3
Merris 59 4 A 5
Merry-la-Vallée 89 135 H 3
Merry-Sec 89 136 A 4
Merry-sur-Yonne 89 136 C 5
Mers-les-Bains 80 10 D 4
Mers-sur-Indre 36 189 F 1
Merschweiller 57 46 B 2
Mersuay 70 141 E 2
Merten 57 46 D 4
Mertrud 52 92 C 4
Mertzen 68 143 E 3
Mertzwiller 67 68 D 3
Méru 60 38 A 4
Merval 02 41 E 3
Mervans 71 178 B 4
Mervent 85 184 B 2
Merviel 09 336 C 2
Mervilla 31 318 A 2
Merville 31 297 G 3
Merville 59 8 A 2
Merville-Franceville-Plage 14 33 H 3
Merviller 54 96 A 2
Merxheim 68 121 E 5
Méry 73 233 F 1
Méry-Corbon 14 34 A 5
Méry-ès-Bois 18 155 E 3
Méry-la-Bataille 60 23 E 5
Méry-Prémecy 51 41 F 4
Méry-sur-Cher 18 154 B 4
Méry-sur-Marne 77 60 A 2
Méry-sur-Oise 95 58 B 1
Méry-sur-Seine 10 90 C 3
Le Merzer 22 73 F 5
Mésandans 25 162 C 1
Mésanger 44 148 B 1
Mésangueville 76 21 E 5
Mesbrecourt-Richecourt 02 24 C 4
Meschers-sur-Gironde 17 218 D 2
Mescla *Balcons de la* 04 307 H 2
Mescoules 24 257 H 2
Le Mesge 80 22 A 1
Mesgrigny 10 90 C 3
Mésigny 74 215 F 2
Meslan 56 101 E 3
Mesland 41 152 D 1
Meslay 14 53 G 2
Meslay 41 131 G 3
Meslay *Grange de* 37 152 A 2
Meslay-du-Maine 53 106 B 5
Meslay-le-Grenet 28 86 A 5
Meslay-le-Vidame 28 110 A 2
Meslières 25 142 C 5
Meslin 22 78 C 4
Mesmay 25 179 G 1
Mesmont 08 26 B 5
Mesmont 21 159 G 3
Mesnac 16 202 B 5
Mesnard-la-Barotière 85 166 C 3
Mesnay 39 179 G 2
Les Mesneux 51 41 G 4
La Mesnière 61 84 B 3
Mesnières-en-Bray 76 20 D 3
Le Mesnil 50 31 E 2
Le Mesnil-Adelée 50 52 B 4
Le Mesnil-Amand 50 51 H 2
Le Mesnil-Amelot 77 59 E 1
Le Mesnil-Amey 50 32 A 5
Le Mesnil-Angot 50 32 A 4
Le Mesnil-au-Grain 14 53 E 1
Le Mesnil-au-Val 50 29 F 3
Le Mesnil-Aubert 50 51 G 2
Le Mesnil-Aubry 95 58 C 1
Le Mesnil-Auzouf 14 52 D 1
Le Mesnil-Bacley 14 54 C 1
Le Mesnil-Benoist 14 52 B 3
Le Mesnil-Bœufs 50 52 A 5
Le Mesnil-Bonant 50 51 H 2
Mesnil-Bruntel 80 23 G 2
Le Mesnil-Caussois 14 52 B 3
Mesnil-Clinchamps 14 52 B 3
Le Mesnil-Conteville 60 22 A 4
Mesnil-Domqueur 80 12 B 4
Le Mesnil-Drey 50 51 G 3
Le Mesnil-Durand 14 54 C 1
Le Mesnil-Durdent 76 19 G 2
Mesnil-en-Arrouaise 80 13 H 5
Le Mesnil-en-Thelle 60 38 B 5
Le Mesnil-en-Vallée 49 148 D 2
Le Mesnil-Esnard 76 36 B 2
Le Mesnil-Eudes 14 34 C 5
Mesnil-Eudin 80 21 F 2
Le Mesnil-Eury 50 32 A 4
Mesnil-Follemprise 76 20 C 3
Le Mesnil-Fuguet 27 56 B 1
Le Mesnil-Garnier 50 51 H 2
Le Mesnil-Germain 14 54 C 1
Le Mesnil-Gilbert 50 52 B 4
Le Mesnil-Guillaume 14 34 D 5
Le Mesnil-Hardray 27 56 A 2
Le Mesnil-Herman 50 52 A 1
Le Mesnil-Hue 50 51 H 2
Le Mesnil-Jourdain 27 36 B 5
Mesnil-la-Comtesse 10 91 E 3
Le Mesnil-le-Roi 78 58 A 2
Mesnil-Lettre 10 91 F 3
Le Mesnil-Lieubray 76 37 E 1
Mesnil-Martinsart 80 13 F 5
Le Mesnil-Mauger 14 34 B 5
Mesnil-Mauger 76 21 E 4
Le Mesnil-Opac 50 52 B 1
Le Mesnil-Ozenne 50 51 H 5
Mesnil-Panneville 76 19 H 5
Le Mesnil-Patry 14 33 F 4
Le Mesnil-Rainfray 50 52 B 5
Mesnil-Raoul 76 36 C 2
Le Mesnil-Raoult 50 52 B 1
Le Mesnil-Réaume 76 10 D 5
Le Mesnil-Robert 14 52 C 3
Le Mesnil-Rogues 50 51 G 2
Mesnil-Rousset 27 55 F 3
Le Mesnil-Rouxelin 50 32 B 4
Le Mesnil-Saint-Denis 78 57 H 4
Le Mesnil-Saint-Firmin 60 22 C 5
Mesnil-Saint-Georges 80 22 D 4
Mesnil-Saint-Laurent 02 24 B 2
Mesnil-Saint-Loup 10 90 B 5
Mesnil-Saint-Nicaise 80 23 G 3
Mesnil-Saint-Père 10 115 G 2
Mesnil-Sellières 10 91 F 5
Le Mesnil-Simon 14 34 B 5
Le Mesnil-Simon 28 57 E 3
Le Mesnil-sous-Jumièges 76 35 H 2
Mesnil-sous-les-Côtes 55 64 C 1
Mesnil-sous-Vienne 27 37 F 2
Le Mesnil-sur-Blangy 14 34 D 3
Le Mesnil-sur-Bulles 60 38 C 1
Mesnil-sur-l'Estrée 27 56 C 4
Le Mesnil-sur-Oger 51 61 G 2
Le Mesnil-Thébault 50 52 A 5
Le Mesnil-Théribus 60 37 H 3
Le Mesnil-Thomas 28 85 G 2
Le Mesnil-Tôve 50 52 B 4
Mesnil-Val 76 10 D 4
Le Mesnil-Véneron 50 32 A 4
Mesnil-Verclives 27 36 D 3
Le Mesnil-Vigot 50 31 H 4
Le Mesnil-Villeman 50 51 H 2
Le Mesnil-Villement 14 53 G 3
Le Mesnilbus 50 31 H 4
Le Mesnillard 50 52 B 5
Mesnois 39 196 C 1
Les Mesnuls 78 57 G 4
Mespaul 29 71 G 4
Mesplède 64 293 G 5
Mesples 03 190 B 3
Mespuits 91 87 G 5
Mesquer 44 145 H 3
Messac 17 220 B 5
Messac 35 126 B 2
Messais 86 168 C 3
Messanges 21 159 H 5
Messanges 40 292 B 2
Messas 45 132 C 3
Messé 79 186 A 5
Messei 61 53 F 4
Messein 54 94 D 1
Messeix 63 226 C 2
Messemé 86 168 D 1
Messery 74 197 H 3
Messeux 16 203 G 2
Messey-sur-Grosne 71 177 G 5
Messia-sur-Sorne 39 179 E 5
Messigny-et-Vantoux 21 160 A 2
Messilhac *Château de* 15 244 D 5
Messimy 69 230 D 1
Messimy-sur-Saône 01 213 E 2
Messincourt 08 27 G 4
Messon 10 114 C 2
Messy 77 59 E 2
Mesterrieux 33 256 D 3
Mestes 19 226 B 3
Mesves-sur-Loire 58 156 B 4
Mesvres 71 176 C 3
Métabief 25 180 C 4
Les Métairies 16 220 C 1
Métairies-Saint-Quirin 57 96 B 1
Méteren 59 4 A 5
Méthamis 84 286 A 5
Métigny 80 11 H 5
Metting 57 68 A 4
Mettray 37 151 H 2
Metz 57 65 H 1
Metz-en-Couture 62 14 A 5
Metz-le-Comte 58 157 G 2
Metz-Robert 10 115 E 4
Metz-Tessy 74 215 G 3
Metzeral 68 120 C 4
Metzeresche 57 46 B 4
Metzervisse 57 45 H 3
Metzing 57 47 F 5
Meucon 56 124 B 3
Meudon 92 58 B 4
Meuilley 21 159 H 5
Meulan 78 57 H 1
Meulers 76 20 C 2
Meulin 71 194 B 4
Meulles 14 54 D 2
Meulson 21 138 B 4
Meunet-Planches 36 172 B 4
Meunet-sur-Vatan 36 172 A 1
Meung-sur-Loire 45 132 D 3
Meurcé 72 107 H 2
Meurchin 62 8 C 4
Meurcourt 70 141 F 3
La Meurdraquière 50 51 G 3
Meures 52 116 D 2
Meurival 02 41 E 3
Meursac 17 219 E 1
Meursanges 21 178 A 2
Meursault 21 177 G 2
Meurville 10 116 A 2
Meuse 52 117 H 4
Meusnes 41 153 F 4
Meussia 39 196 D 2
Meuvaines 14 33 F 3
Meuvy 52 117 H 3
Meux 17 220 B 4
Le Meux 60 39 F 2
Meuzac 87 224 B 3
Mévoisins 28 86 B 3
Mévouillon 26 286 C 2
Meximieux 01 213 H 4
Mexy 54 45 E 1
Mey 57 45 H 5
Meyenheim 68 121 E 4
Meylan 38 251 E 1
Meylan 47 275 E 4
Meymac 19 225 G 3
Meynes 30 304 B 1
Meyrals 24 241 F 5
Meyrand *Col de* 07 265 H 3
Meyrannes 30 283 H 2
Meyrargues 13 306 B 4
Meyras 07 266 A 2
Meyreuil 13 306 A 5
Meyriat 01 214 A 1
Meyrié 38 232 A 2
Meyrieu-les-Étangs 38 231 H 3
Meyrieux-Trouet 73 233 E 1
Meyrignac-l'Église 19 225 E 5
Meyronne 46 242 C 5
Meyronnes 04 271 E 4
Meyrueis 48 282 B 3
Meys 69 230 B 1
Meyssac 19 242 D 3
Meysse 07 267 E 3
Meyssiez 38 231 G 3
Meythet 74 215 G 3
La Meyze 87 223 G 2
Meyzieu 69 213 G 5
Mézangers 53 106 C 2
Mèze 34 322 D 3
Mézel 04 288 A 4
Mezel 63 228 A 1
Mézenc *Mont* 43 247 H 5
Mézens 81 298 B 3
Mézeray 72 129 G 2
Mézères 43 247 G 2
Mézériat 01 195 G 5
Mézerolles 80 12 C 3
Mézerville 11 318 C 4
Mézidon 14 34 A 5
La Mézière 35 104 A 2
Mézières-au-Perche 28 109 H 2
Mézières-en-Brenne 36 170 D 4
Mézières-en-Drouais 28 56 D 5
Mézières-en-Gâtinais 45 112 A 4
Mézières-en-Santerre 80 22 D 3
Mézières-en-Vexin 27 37 E 5
Mézières-lez-Cléry 45 133 E 3
Mézières-sous-Lavardin 72 107 G 3
Mézières-sur-Couesnon 35 80 D 5
Mézières-sur-Issoire 87 205 E 2
Mézières-sur-Oise 02 24 B 3
Mézières-sur-Ponthouin 72 108 A 2
Mézières-sur-Seine 78 57 G 2
Mézilhac 07 266 B 1
Mézilles 89 135 G 4
Mézin 47 275 F 4
Méziré 90 142 C 4
Mézos 40 272 C 4
Mézy-Moulins 02 60 C 1
Mézy-sur-Seine 78 57 G 2
Mezzavia 2A 348 C 3
Mhère 58 157 H 4
Mialet 24 223 E 3
Mialet 30 283 G 4
Mialos 64 294 B 5
Miannay 80 11 F 3
Michaugues 58 157 F 4
Michelbach 68 143 E 1
Michelbach-le-Bas 68 143 G 3
Michelbach-le-Haut 68 143 G 3
Michery 89 89 F 5
Midi de Bigorre *Pic du* 65 333 F 3
Midrevaux 88 93 H 4
Mièges 39 180 A 4
Miel *Maison du* 63 209 G 4
Miélan 32 315 G 2
Miellin 70 142 B 1
Miermaigne 28 109 F 2
Miers 46 260 D 1
Miéry 39 179 F 3
Mietesheim 67 68 D 3
Mieussy 74 216 B 1
Mieuxcé 61 83 G 4
Mifaget 64 332 B 1
Migé 89 136 B 4
Migennes 89 114 A 5
Miglos 09 336 B 5
Mignafans 70 141 H 5
Mignaloux-Beauvoir 86 186 C 2
Mignavillers 70 141 H 5
Migné 36 171 E 5
Migné-Auxances 86 186 B 1
Mignères 45 112 B 4
Mignerette 45 112 B 4
Mignéville 54 96 A 2
Mignières 28 86 A 5
Mignovillard 39 180 B 3
Migny 36 172 C 2
Migré 17 201 G 2
Migron 17 201 H 5
Mijanès 09 337 E 5
Mijoux 01 197 F 3
La Milesse 72 107 G 4
Milhac 46 259 H 1
Milhac-d'Auberoche 24 241 E 3
Milhac-de-Nontron 24 222 D 4
Milhaguet 87 222 D 2
Milhars 81 279 E 4
Milhas 31 334 C 2
Milhaud 30 303 H 2
Milhavet 81 279 F 5
Milizac 29 70 C 5
Millac 86 204 C 1
Millam 59 3 F 4
Millançay 41 153 H 2
Millas 66 342 D 2
Millau 12 281 H 4
Millay 58 176 A 3
Millebosc 76 11 E 5
Millemont 78 57 F 4
Millencourt 80 13 F 5
Millencourt-en-Ponthieu 80 11 H 3
Millery 21 158 D 1
Millery 54 65 H 4
Millery 69 231 E 2
Les Milles 13 305 H 5
Millevaches 19 225 G 2
Millières 50 31 G 4
Millières 52 117 G 3
Millonfosse 59 9 F 5
Milly 50 52 B 5
Milly 89 136 C 3
Milly-la-Forêt 91 88 A 4
Milly-Lamartine 71 194 D 4
Milly-sur-Bradon 55 43 H 2
Milly-sur-Thérain 60 37 H 1
Milon-la-Chapelle 78 58 A 5
Mimbaste 40 293 E 4
Mimet 13 327 E 1
Mimeure 21 159 E 5
Mimizan 40 272 B 2
Mimizan-Plage 40 272 B 2
Minard *Pointe de* 22 73 G 3
Minaucourt-le-Mesnil-lès-Hurlus 51 42 D 4
Mindin 44 146 C 3
Minerve 34 320 C 3
Mingot 65 315 F 3
Mingoval 62 7 H 5
Miniac-Morvan 35 79 H 3
Miniac-sous-Bécherel 35 103 H 1
Minier *Col du* 30 282 C 4
Les Minières 27 56 B 3
Le Minihic-sur-Rance 35 50 C 5
Minihy-Tréguier 22 73 E 3
Minorville 54 65 F 4
Minot 21 138 D 4
Minversheim 67 68 D 4
Minzac 24 239 E 4
Minzier 74 215 F 2
Miolans *Château de* 73 233 H 2
Miolles 81 300 A 1
Miomo 2B 345 G 4
Mionnay 01 213 F 4
Mions 69 231 F 1
Mios 33 254 D 3
Miossens-Lanusse 64 314 B 2

Mirabeau 04 287 H 4
Mirabeau 84 306 C 3
Mirabel 07 266 C 3
Mirabel 82 277 H 4
Mirabel *Parc d'attractions* 63 209 H 4
Mirabel-aux-Baronnies 26 285 H 1
Mirabel-et-Blacons 26 267 H 2
Miradoux 32 276 C 5
Miramar 06 309 E 5
Miramas 13 305 E 5
Mirambeau 17 219 G 4
Mirambeau 31 316 D 3
Miramont-d'Astarac 32 296 A 5
Miramont-de-Comminges 31 334 C 1
Miramont-de-Guyenne 47 257 G 3
Miramont-de-Quercy 82 277 F 3
Miramont-Latour 32 296 B 3
Miramont-Sensacq 40 294 B 4
Mirande 32 295 H 5
Mirandol-Bourgnounac 81 279 G 4
Mirannes 32 295 H 4
Miraumont 80 13 G 4
Miraval-Cabardès 11 319 H 3
Mirbel 52 92 D 5
Miré 49 128 D 3
Mirebeau 86 168 D 4
Mirebeau-sur-Bèze 21 160 C 2
Mirebel 39 179 G 5
Mirecourt 88 94 D 5
Mirefleurs 63 228 A 1
Miremont 31 317 H 3
Miremont 63 209 E 4
Mirepeisset 11 320 D 4
Mirepeix 64 314 C 5
Mirepoix 09 336 D 1
Mirepoix 32 296 B 3
Mirepoix-sur-Tarn 31 298 B 2
Mireval 34 323 F 3
Mireval-Lauragais 11 319 E 4
Miribel 01 213 F 5
Miribel 26 249 H 1
Miribel-Lanchâtre 38 250 D 4
Miribel-les-Échelles 38 232 D 4
Mirmande 26 267 F 2
Le Miroir 71 196 A 2
Miromesnil *Château de* 76 20 B 2
Mirvaux 80 12 D 5
Mirville 76 19 E 5
Miscon 26 268 C 3
Miserey 27 56 C 1
Miserey-Salines 25 161 H 3
Misérieux 01 213 E 3
Misery 80 23 G 2
Mison 04 287 F 2
Missé 79 168 A 2
Missècle 81 299 E 3
Missègre 11 337 H 2
Missery 21 158 D 3
Missillac 44 125 G 5
Missiriac 56 103 E 5
Misson 40 293 E 4
Missy 14 33 F 5
Missy-aux-Bois 02 40 A 3
Missy-lès-Pierrepont 02 25 E 4
Missy-sur-Aisne 02 40 C 2
Misy-sur-Yonne 77 89 E 5
Mitry-le-Neuf 77 59 E 2
Mitry-Mory 77 59 E 2
Mitschdorf 67 69 E 2
Mittainville 78 57 F 5
Mittainvilliers-Vérigny 28 85 H 3
Mittelbergheim 67 97 F 3
Mittelbronn 57 68 A 4
Mittelhausbergen 67 97 G 1
Mittelhausen 67 68 D 5
Mittelschaeffolsheim 67 68 D 5
Mittelwihr 68 121 E 2
Mittersheim 57 67 F 3
Mittlach 68 120 C 4
Mittois 14 54 B 1
Mitzach 68 120 C 5
Mizérieux 42 211 H 5
Mizoën 38 251 H 3
Mobecq 50 31 G 3
Moca-Croce 2A 349 E 4
Modane 73 252 D 1
Modène 84 285 H 4
Moëlan-sur-Mer 29 100 C 5
Les Moëres 59 3 H 2
Mœrnach 68 143 F 4
Moëslains 52 92 C 2
Mœurs-Verdey 51 61 E 5
Mœuvres 59 14 A 4
Moëze 17 200 D 3
Moffans-et-Vacheresse 70 141 H 4
La Mogère *Château de* 34 303 E 4
Mogeville 55 44 C 4
Mognard 73 215 F 5
Mogneneins 01 213 E 1
Mognéville 55 63 F 4
Mogneville 60 38 D 3
Mogues 08 27 H 4
Mohon 56 102 D 3
Moidieu-Détourbe 38 231 G 3
Moidrey 50 80 C 2
Moigné 35 104 A 3
Moigny-sur-École 91 88 A 4
Moimay 70 141 G 5
Moineville 54 45 F 5
Moings 17 220 B 3
Moingt 42 229 G 2
Moinville-la-Jeulin 28 86 C 4
Moirans 38 232 C 5
Moirans-en-Montagne 39 196 D 3
Moirax 47 276 B 3
Moiré 69 212 C 3
Moiremont 51 43 E 5
Moirey 55 44 B 4
Moiron 39 179 E 5
Moiry 08 27 H 5
Moisdon-la-Rivière 44 127 E 4
Moisenay 77 88 C 2
Moislains 80 23 G 1
Moissac 82 277 F 4
Moissac-Bellevue 83 307 G 3
Moissac-Vallée-Française 48 283 E 3
Moissannes 87 206 C 4
Moissat 63 210 B 5
Moisselles 95 58 C 1
Moissey 39 161 E 4
Moissieu-sur-Dolon 38 231 G 4
Moisson 78 57 F 1
Moissy-Cramayel 77 88 B 2
Moissy-Moulinot 58 157 G 3
Moisville 27 56 B 3
Moisy 41 132 A 2
Moïta 2B 347 G 4
Les Moitiers-d'Allonne 50 28 D 5
Les Moitiers-en-Bauptois 50 31 G 2
Moitron 21 138 C 4
Moitron-sur-Sarthe 72 107 G 2
Moivre 51 62 D 2
Moivrons 54 65 H 4
Molac 56 125 E 3
Molagnies 76 37 F 1
Molain 02 14 D 5
Molain 39 179 G 3
Molamboz 39 179 F 2
Molandier 11 318 C 5
Molas 31 316 C 3
Molay 39 178 D 1
Molay 70 140 B 3
Môlay 89 137 E 4
Le Molay-Littry 14 32 C 3
La Môle 83 329 E 3
Moléans 28 110 A 3
Molèdes 15 245 G 1
Molène *Île* 29 74 B 2
Molère 65 333 G 1
Molesme 21 115 G 5
Molesmes 89 136 A 5
Molezon 48 282 D 3
Moliens 60 21 G 4
Molières 24 258 D 1
Molières 46 261 F 1
Molières 82 277 H 3
Les Molières 91 58 A 5
Molières-Cavaillac 30 282 D 5
Molières-Glandaz 26 268 B 2
Molières-sur-Cèze 30 283 H 2
Moliets-et-Maa 40 292 B 1
Moliets-Plage 40 292 B 1
Molinchart 02 24 C 5
Molines-en-Queyras 05 271 E 1
Molinet 03 193 F 3
Molineuf 41 131 H 5
Molinges 39 196 D 3
Molinghem 62 7 G 3
Molinons 89 114 A 2
Molinot 21 177 F 1
Molins-sur-Aube 10 91 G 4
Molitg-les-Bains 66 342 A 2
Mollans 70 141 G 4
Mollans-sur-Ouvèze 26 285 H 2
Mollard *Col du* 73 252 A 1
Mollau 68 120 B 5
Mollégès 13 305 E 2
Molles 03 210 C 2
Les Mollettes 73 233 G 3
Molleville 11 318 D 4
Molliens-au-Bois 80 22 C 1
Molliens-Dreuil 80 21 H 2
La Mollière 80 11 E 2
Mollkirch 67 97 E 2
Molompize 15 245 H 1
Molosmes 89 137 E 2
Moloy 21 159 H 1
Molphey 21 158 C 3
Molpré 39 180 A 4
Molring 57 67 F 3
Molsheim 67 97 F 1
Moltifao 2B 347 E 2
Les Molunes 39 197 E 3
Momas 64 314 A 2
Mombrier 33 237 G 3
Momères 65 315 E 5
Momerstroff 57 46 C 5
Mommenheim 67 68 D 4
Momuy 40 293 H 4
Momy 64 314 D 3
Mon Idée 08 26 A 2
Monacia-d'Aullène 2A 351 E 3
Monacia-d'Orezza 2B 347 G 3
Monampteuil 02 40 D 1
Monassut-Audiracq 64 314 C 2
Le Monastère 12 280 D 1
Le Monastier 48 264 A 4
Le Monastier-sur-Gazeille 43 247 G 5
Monay 39 179 F 3
Monbadon 33 238 D 4
Monbahus 47 257 H 4
Monbalen 47 276 C 2
Monbardon 32 316 B 3
Monbazillac 24 257 H 1
Monbéqui 82 297 G 1
Monblanc 32 317 E 2
Monbos 24 257 G 2
Monbouan *Château de* 35 104 D 4
Monbrun 32 297 E 4
Moncale 2B 346 C 2
Moncassin 32 316 A 2
Moncaup 31 334 B 2
Moncaup 64 314 D 2
Moncaut 47 275 H 3
Moncayolle-Larrory-Mendibieu 64 313 F 4
Moncé-en-Belin 72 130 A 2
Moncé-en-Saosnois 72 84 A 5
Monceau-le-Neuf-et-Faucouzy 02 24 D 3
Monceau-le-Waast 02 25 E 5
Monceau-lès-Leups 02 24 C 4
Monceau-Saint-Waast 59 15 G 3
Monceau-sur-Oise 02 25 E 1
Les Monceaux 14 34 C 5
Monceaux 60 38 D 3
Monceaux-au-Perche 61 84 D 3
Monceaux-en-Bessin 14 33 E 3
Monceaux-l'Abbaye 60 21 G 4
Monceaux-le-Comte 58 157 G 3
Monceaux-sur-Dordogne 19 243 E 3
Moncel-lès-Lunéville 54 95 G 1
Moncel-sur-Seille 54 66 C 4
Moncel-sur-Vair 88 94 A 4
La Moncelle 08 27 F 4
Moncetz-l'Abbaye 51 62 D 5
Moncetz-Longevas 51 62 B 2
Moncey 25 162 A 2
Monchaux 80 11 E 1
Monchaux-Soreng 76 11 E 5
Monchaux-sur-Écaillon 59 14 D 2
Moncheaux 59 8 D 4
Moncheaux-lès-Frévent 62 12 D 2
Monchecourt 59 14 B 2
Monchel-sur-Canche 62 12 C 2
Moncheux 57 66 B 3
Monchiet 62 13 F 3
Monchy-au-Bois 62 13 F 3
Monchy-Breton 62 7 H 5
Monchy-Cayeux 62 7 F 5
Monchy-Humières 60 39 F 1
Monchy-Lagache 80 23 H 2
Monchy-le-Preux 62 13 H 2
Monchy-Saint-Éloi 60 38 D 3
Monchy-sur-Eu 76 10 D 4
Moncla 64 294 C 4
Monclar 32 294 D 1
Monclar 47 257 H 5
Monclar-de-Quercy 82 278 C 5
Monclar-sur-Losse 32 295 H 5
Moncley 25 161 H 3
Moncontour 22 78 C 4
Moncontour 86 168 C 3
Moncorneil-Grazan 32 316 B 2
Moncourt 57 66 D 5
Moncoutant 79 167 F 4
Moncrabeau 47 275 G 5
Moncy 61 53 E 3
Mondavezan 31 317 E 5
Mondelange 57 45 H 4
Mondement-Montgivroux 51 61 E 4
Mondescourt 60 23 H 5
Mondevert 35 105 F 3
Mondeville 14 33 H 4
Mondeville 91 87 H 3
Mondicourt 62 13 E 4
Mondigny 08 26 C 3
Mondilhan 31 316 B 4
Mondion 86 169 G 2
Mondon 25 162 C 1
Mondonville 31 297 G 4
Mondonville-Saint-Jean 28 86 D 5
Mondorff 57 45 H 1
Mondoubleau 41 109 E 5
Mondouzil 31 298 A 4
Mondragon 84 285 E 2
Mondrainville 14 33 F 5
Mondrecourt 55 63 H 1
Mondrepuis 02 25 G 1
Mondreville 77 112 B 3
Mondreville 78 57 E 3
Monein 64 313 H 3
Monès 31 317 E 3
Monesple 09 336 A 1
Monestier 03 191 H 5
Monestier 07 248 C 2
Monestier 24 257 G 1
Le Monestier 63 228 D 3
Monestier-d'Ambel 38 269 F 1
Monestier-de-Clermont 38 250 D 4
Le Monestier-du-Percy 38 268 D 1
Monestier-Merlines 19 226 C 2
Monestier-Port-Dieu 19 226 C 4
Monestiés 81 279 G 4
Monestrol 31 318 B 4
Monétay-sur-Allier 03 192 A 4
Monétay-sur-Loire 03 193 E 3
Monéteau 89 136 B 2
Monêtier-Allemont 05 269 F 5
Le Monêtier-les-Bains 05 252 C 3
Monfaucon 24 239 F 5
Monfaucon 65 315 F 2
Monferran-Plavès 32 316 B 2
Monferran-Savès 32 297 E 5
Monflanquin 47 258 C 4
Monfort 32 296 D 2
Monfréville 14 32 B 3
Mongaillard 47 275 F 3
Mongausy 32 316 C 2
Mongauzy 33 256 D 4
Monget 40 294 A 5
La Mongie 65 333 F 3
Monguilhem 32 294 C 1
Monheurt 47 275 G 1
Monhoudou 72 84 A 5
Monieux 84 286 B 4
Monistrol-d'Allier 43 246 D 4
Monistrol-sur-Loire 43 247 H 1
Monlaur-Bernet 32 316 A 3
Monléon-Magnoac 65 316 A 4
Monlet 43 247 E 2
Monlezun 32 315 G 2
Monlezun-d'Armagnac 32 294 D 2
Monlong 65 315 H 5
Monmadalès 24 258 B 1
Monmarvès 24 258 B 2
Monnai 61 55 E 3
Monnaie 37 152 A 1
Monneren 57 46 B 3
La Monnerie-le-Montel 63 210 D 4
Monnerville 91 87 F 5
Monnes 02 40 A 5
Monnet-la-Ville 39 179 G 4
Monnetay 39 196 B 2
Monnetier-Mornex 74 197 H 5
Monneville 60 37 H 4
Monnières 39 160 D 5
Monnières 44 148 A 5
Monoblet 30 283 F 5
Monpardiac 32 315 G 2
Monpazier 24 258 D 2
Monpezat 64 294 D 5
Monplaisant 24 259 E 1
Monprimblanc 33 256 B 3
Mons 16 202 D 4
Mons 17 202 B 5
Mons 30 283 H 4
Mons 31 298 B 4
Mons 34 301 E 5
Mons 63 210 B 3
Mons 83 308 C 3
Mons-Boubert 80 11 F 3
Mons-en-Barœul 59 8 D 2
Mons-en-Chaussée 80 23 H 2
Mons-en-Laonnois 02 40 D 1
Mons-en-Montois 77 89 F 3
Mons-en-Pévèle 59 8 D 4
Monsac 24 258 C 1
Monsaguel 24 258 B 2
Monsec 24 222 B 4
Monségur 33 257 E 3
Monségur 40 293 H 4
Monségur 47 258 D 5
Monségur 64 315 E 2
La Monselie 15 226 C 5
Monsempron-Libos 47 259 E 5
Monsireigne 85 166 D 4
Monsols 69 194 C 5
Monsteroux-Milieu 38 231 F 4
Monsures 80 22 B 4
Monswiller 67 68 B 4
Mont 64 313 H 2
Mont 65 333 H 4
Mont 71 193 E 1
Le Mont 88 96 B 3
Mont *Signal de* 71 193 E 1
Mont-Bernanchon 62 8 A 3
Mont-Bertrand 14 52 C 1
Mont Blanc *Tunnel du* 74 217 E 3
Mont-Bonvillers 54 45 E 3
Le Mont-Caume 83 328 A 4
Mont-Cauvaire 76 20 B 5
Mont-Cenis *Col du* 73 235 F 5
Mont-Cindre 69 213 E 5
Mont-d'Astarac 32 316 A 4
Mont-Dauphin 05 270 D 2
Mont-de-Galié 31 334 B 2
Mont-de-Lans 38 251 H 3
Mont-de-Laval 25 163 E 4
Mont-de-l'If 76 19 H 5
Mont-de-Marrast 32 315 H 3
Mont-de-Marsan 40 294 A 1
Mont-de-Vougney 25 163 F 3
Mont des Cats 59 4 A 5
Mont-devant-Sassey 55 43 G 2
Le Mont-Dieu 08 27 E 5
Mont-Disse 64 294 D 5
Mont-Dol 35 80 A 2
Le Mont-Dore 63 227 E 3
Mont-d'Origny 02 24 C 2
Mont du Chat 73 233 E 1
Mont-et-Marré 58 175 G 1
Mont-Laurent 08 42 B 1
Mont-le-Franois 70 140 A 5
Mont-le-Vernois 70 141 E 4
Mont-le-Vignoble 54 94 B 1
Mont-lès-Lamarche 88 118 B 4
Mont-lès-Neufchâteau 88 93 H 4
Mont-lès-Seurre 71 178 B 2
Mont-l'Étroit 54 94 A 3
Mont-l'Évêque 60 39 E 4
Mont-Louis 66 341 G 4
Mont Noir 59 4 A 5
Mont-Notre-Dame 02 40 D 3
Mont-Ormel 61 54 C 3
Mont-près-Chambord 41 153 F 1
Mont-Roc 81 299 H 2
Mont Roland *Sanctuaire du* 39 161 E 5
Mont-Rond *Sommet du* 01 197 F 3
Le Mont-Saint-Adrien 60 37 H 2
Mont-Saint-Aignan 76 36 B 1
Mont-Saint-Éloi 62 8 A 5
Mont-Saint-Jean 02 25 H 3
Mont-Saint-Jean 21 158 D 3
Mont-Saint-Jean 72 107 F 2
Mont-Saint-Léger 70 140 C 4
Mont-Saint-Martin 02 40 D 3
Mont-Saint-Martin 08 42 D 3
Mont-Saint-Martin 38 232 D 5
Mont-Saint-Martin 54 45 E 1
Le Mont-Saint-Michel 50 51 F 5
Mont-Saint-Père 02 60 C 1
Mont-Saint-Remy 08 42 B 2
Mont-Saint-Sulpice 89 114 A 5
Mont-Saint-Vincent 71 194 B 1
Mont-Saxonnex 74 216 B 2
Mont-sous-Vaudrey 39 179 F 1
Mont-sur-Courville 51 41 E 4
Mont-sur-Meurthe 54 95 F 2
Mont-sur-Monnet 39 179 G 4
Mont Thou 69 213 E 4
Mont-Villers 55 64 C 1
Montabard 61 54 A 3
Montabès *Puy de* 12 262 D 3
Montabon 72 130 B 4
Montabot 50 52 A 2
Montacher-Villegardin 89 113 E 3
Montadet 32 316 D 2
Montady 34 321 F 5
Montagagne 09 335 H 3
Montagna-le-Reconduit 39 196 A 2
Montagna-le-Templier 39 196 B 4
Montagnac 04 307 F 2
Montagnac 30 303 F 1
Montagnac 34 322 C 3
Montagnac-d'Auberoche 24 241 E 2
Montagnac-la-Crempse 24 240 B 4
Montagnac-sur-Auvignon 47 275 H 3
Montagnac-sur-Lède 47 258 D 4
Montagnat 01 213 H 1
Montagne 33 238 C 5
Montagne 38 249 H 2
La Montagne 44 147 F 4
La Montagne 70 119 H 5
Montagne de Dun 71 194 A 5
Montagne-Fayel 80 11 H 5
Montagney 25 162 C 1
Montagney 70 161 F 3
Montagnieu 01 214 B 5
Montagnieu 38 232 B 3
Montagnol 12 301 E 2
Montagnole 73 233 F 2
Montagny 42 211 H 2
Montagny 69 231 E 2
Montagny 73 234 C 3
Montagny-en-Vexin 60 37 G 4
Montagny-lès-Beaune 21 177 H 2
Montagny-lès-Buxy 71 177 G 5
Montagny-les-Lanches 74 215 G 4
Montagny-lès-Seurre 21 178 C 1
Montagny-près-Louhans 71 178 C 5
Montagny-Sainte-Félicité 60 39 F 5
Montagny-sur-Grosne 71 194 C 4
Montagoudin 33 256 D 3
Montagrier 24 239 H 1
Montagudet 82 277 F 2
Montagut 64 294 A 5
Montaignac-Saint-Hippolyte 19 225 F 5
Montaigu 02 41 F 1
Montaigu 39 179 E 5
Montaigu 85 166 A 1
Montaigu *Butte de* 53 106 C 2
Montaigu-de-Quercy 82 277 E 1
Montaigu-la-Brisette 50 29 G 4
Montaigu-le-Blin 03 192 C 5
Montaigu-les-Bois 50 51 H 2
Montaiguët-en-Forez 03 193 E 5
Montaigut 63 209 E 1
Montaigut-le-Blanc 23 206 D 2
Montaigut-le-Blanc 63 227 H 3
Montaigut-sur-Save 31 297 G 4
Montaillé 72 108 C 5
Montailleur 73 233 H 1
Montaillou 09 336 D 5
Montaimont 73 234 A 4
Montain 39 179 E 4
Montaïn 82 297 F 1
Montainville 28 110 B 2
Montainville 78 57 G 3
Montal *Château de* 46 261 E 1
Montalba-d'Amélie 66 342 D 4
Montalba-le-Château 66 342 C 2
Montalembert 79 203 F 1
Montalet-le-Bois 78 57 G 1
Montalieu-Vercieu 38 214 B 5
Montalivet-les-Bains 33 218 B 4
Montalzat 82 278 B 3
Montamat 32 316 D 2
Montambert 58 175 G 4
Montamel 46 260 B 3
Montamisé 86 186 C 1
Montamy 14 52 D 1
Montanay 69 213 E 4
Montanceix 24 240 B 2
Montancy 25 163 H 2
Montandon 25 163 G 2
Montanel 50 80 D 3
Montaner 64 315 E 3
Montanges 01 214 D 1
Montangon 10 91 G 4
Montans 81 298 D 2
Montapas 58 175 F 1
Montarcher 42 229 G 4
Montardit 09 335 F 1
Montardon 64 314 B 3
Montaren-et-Saint-Médiers 30 284 B 5
Montargis 45 112 C 5
Montarlot 77 88 D 5
Montarlot-lès-Champlitte 70 140 A 4

Montarlot-lès-Rioz 70 161 H 2
Montarnaud 34 302 C 4
Montaron 58 175 G 3
Montastruc 47 257 H 5
Montastruc 65 315 H 5
Montastruc 82 277 G 4
Montastruc-de-Salies 31 334 D 2
Montastruc-la-Conseillère 31 298 B 3
Montastruc-Savès 31 317 E 3
Le Montat 46 278 B 1
Montataire 60 38 C 4
Montauban 82 277 H 5
Montauban-de-Bretagne 35 103 G 2
Montauban-de-Luchon 31 334 B 4
Montauban-de-Picardie 80 13 G 5
Montauban-sur-l'Ouvèze 26 286 C 2
Montaud 34 303 E 3
Montaud 38 250 C 1
Montaudin 53 81 G 4
Montaulieu 26 286 A 1
Montaulin 10 115 E 2
Montaure 27 36 B 4
Montauriol 11 318 D 4
Montauriol 47 258 B 3
Montauriol 66 342 D 3
Montauriol 81 280 B 4
Montauroux 83 308 D 3
Montaut 09 318 B 5
Montaut 24 258 B 2
Montaut 31 317 G 3
Montaut 32 315 H 3
Montaut 40 293 H 3
Montaut 47 258 C 3
Montaut 64 314 C 5
Montaut-les-Créneaux 32 296 B 3
Montautour 35 105 F 2
Montauville 54 65 G 3
Montay 59 14 D 4
Montayral 47 259 E 5
Montazeau 24 239 E 5
Montazels 11 337 G 3
Montbard 21 137 H 5
Montbarla 82 277 F 3
Montbarrey 39 179 F 1
Montbarrois 45 111 H 4
Montbartier 82 297 G 1
Montbavin 02 40 C 1
Montbazens 12 261 H 5
Montbazin 34 302 C 5
Montbazon 37 151 H 4
Montbel 09 337 E 3
Montbel 48 265 E 4
Montbéliard 25 142 B 4
Montbéliardot 25 163 E 4
Montbellet 71 195 E 2
Montbenoît 25 180 D 1
Montberaud 31 317 F 5
Montbernard 31 316 C 4
Montberon 31 298 A 3
Montbert 44 147 H 5
Montberthault 21 158 B 1
Montbertrand 38 231 H 1
Montbeton 82 277 G 5
Montbeugny 03 192 C 2
Montbizot 72 107 H 3
Montblainville 55 43 F 4
Montblanc 04 289 E 5
Montblanc 34 321 H 3
Montboillon 70 161 H 2
Montboissier 28 110 A 2
Montbolo 66 342 C 4
Montbonnot-Saint-Martin 38 251 E 1
Montboucher 23 206 D 3
Montboucher-sur-Jabron 26 267 E 4
Montboudif 15 227 E 5
Montbouton 90 142 C 5
Montbouy 45 134 D 2
Montboyer 16 221 E 5
Montbozon 70 162 B 1
Montbrand 05 268 D 3
Montbras 55 94 A 2
Montbray 50 52 B 2
Montbré 51 41 G 4
Montbrehain 02 24 B 1
Montbrison 26 267 G 5
Montbrison 42 229 G 2
Montbron 16 221 H 1
Montbronn 57 68 A 1
Montbrun 46 261 E 5
Montbrun 48 282 C 1
Montbrun *Château de* 87 223 E 2
Montbrun-Bocage 31 335 G 1
Montbrun-des-Corbières 11 320 C 5
Montbrun-Lauragais 31 318 A 2
Montbrun-les-Bains 26 286 C 3
Montcabrier 46 259 F 4
Montcabrier 81 298 C 4
Montcaret 24 239 E 5
Montcarra 38 232 B 2
Montcavrel 62 6 C 4
Montceau 38 232 A 2
Montceau-et-Écharnant 21 177 F 1
Montceau-les-Mines 71 176 D 5
Montceaux 01 213 E 2
Montceaux-les-Meaux 77 59 H 2
Montceaux-lès-Provins 77 60 C 5
Montceaux-lès-Vaudes 10 115 E 3
Montceaux-l'Étoile 71 193 G 4
Montceaux-Ragny 71 195 E 1
Montcel 63 209 G 3
Le Montcel 73 215 F 5
Montcenis 71 176 D 4
Montcet 01 195 G 5
Montcey 70 141 F 4
Montchaboud 38 251 E 2
Montchal 42 212 A 5
Montchâlons 02 41 E 1
Montchamp 14 52 D 2
Montchamp 15 246 A 3
Montchanin 71 177 E 4
Montcharvot 52 118 A 5
Montchaton 50 51 G 1
Montchaude 16 220 C 4
Montchauvet 14 52 D 2
Montchauvet 78 57 F 3
Montchauvrot 39 179 E 3
Montchavin 73 234 D 2
Montchenot 51 41 G 5
Montchenu 26 249 E 1
Montcheutin 08 43 E 3
Montchevrel 61 84 A 2
Montchevrier 36 189 E 3
Montclar 04 270 B 5
Montclar 11 337 G 1
Montclar 12 300 B 1
Montclar-de-Comminges 31 317 E 5
Montclar-Lauragais 31 318 C 3
Montclar-sur-Gervanne 26 267 H 1
Montclard 43 246 C 1
Montcléra 46 259 G 3
Montclus 05 268 D 5
Montclus 30 284 B 2
Montcombroux-les-Mines 03 192 D 4
Montcony 71 178 C 5
Montcorbon 45 113 E 5
Montcornet 02 25 G 4
Montcornet 08 26 C 2
Montcourt 70 118 C 5
Montcourt-Fromonville 77 88 B 5
Montcoy 71 178 A 4
Montcresson 45 134 D 2
Montcuit 50 31 H 5
Montcuq-en-Quercy-Blanc 46 277 G 1
Montcusel 39 196 C 3
Montcy-Notre-Dame 08 26 D 3
Montdardier 30 302 B 1
Montdauphin 77 60 C 3
Montdidier 57 67 F 2
Montdidier 80 22 D 4
Montdoré 70 118 D 5
Montdoumerc 46 278 B 2
Montdragon 81 299 F 3
Montdurausse 81 298 A 1
Monte 2B 347 G 2
Monte Cecu 2B 347 E 4
Monte d'Oro 2A 349 E 1
Monteaux 41 152 D 1
Montebourg 50 29 G 4
Montech 82 297 G 1
Montech *Pente d'eau de* 82 277 G 5
Montécheroux 25 163 G 2
Montegrosso 2B 346 C 2
Montégut 32 296 B 4
Montégut 40 294 C 1
Montégut 65 334 A 1
Montégut-Arros 32 315 F 3
Montégut-Bourjac 31 317 E 4
Montégut-en-Couserans 09 335 F 2
Montégut-Lauragais 31 318 D 2
Montégut-Plantaurel 09 336 A 1
Montégut-Savès 32 317 E 2
Monteignet-sur-l'Andelot 03 210 A 2
Le Monteil 15 244 C 1
Le Monteil 43 247 F 3
Le Monteil-au-Vicomte 23 207 F 4
Monteille 14 34 B 5
Monteils 12 279 F 2
Monteils 30 284 A 4
Monteils 82 278 C 3
Montel-de-Gelat 63 208 D 4
Montéléger 26 249 F 5
Montélier 26 249 G 4
Montélimar 26 267 E 4
Le Montellier 01 213 G 3
Montels 09 336 A 2
Montels 34 321 E 4
Montels 81 298 D 1
Montemaggiore 2B 346 C 2
Montembœuf 16 204 B 5
Montenach 57 46 B 2
Montenay 53 81 H 5
Montendre 17 219 H 5
Montendry 73 233 H 2
Montenescourt 62 13 F 2
Monteneuf 56 103 F 5
Montenils 77 60 C 3
Montenois 25 142 A 4
Montenoison 58 157 E 4
Montenoy 54 65 H 4
Montépilloy 60 39 E 4
Monteplain 39 161 F 4
Montépreux 51 61 H 5
Monterblanc 56 124 C 2
Montereau 45 134 B 2
Montereau-Fault-Yonne 77 88 D 4
Montereau-sur-le-Jard 77 88 B 2
Monterfil 35 103 H 3
Montérolier 76 20 D 4
Monterrein 56 103 E 5
Montertelot 56 102 D 5
Montescot 66 343 F 3
Montescourt-Lizerolles 02 24 A 3
Montespan 31 334 D 1
Montesquieu 34 301 G 5
Montesquieu 47 275 H 3
Montesquieu 82 277 F 3
Montesquieu-Avantès 09 335 F 2
Montesquieu-des-Albères 66 343 E 4
Montesquieu-Guittaut 31 316 C 3
Montesquieu-Lauragais 31 318 B 3
Montesquieu-Volvestre 31 317 G 5
Montesquiou 32 295 G 5
Montessaux 70 141 H 3
Montesson 52 140 B 2
Montesson 78 58 A 3
Montestruc-sur-Gers 32 296 B 2
Montestrucq 64 313 F 2
Le Montet 03 191 G 3
Montet-et-Bouxal 46 261 F 2
Monteton 47 257 F 3
Montets *Col des* 74 217 E 2
Monteux 84 285 G 4
Montévrain 77 59 F 3
Monteynard 38 250 D 4
Montézic 12 262 D 2
Montfa 09 335 G 1
Montfa 81 299 G 4
Montfalcon 38 249 H 1
Montfarville 50 29 H 3
Montfaucon 02 60 C 2
Montfaucon 25 162 A 4
Montfaucon 30 285 E 4
Montfaucon 46 260 C 2
Montfaucon-d'Argonne 55 43 G 3
Montfaucon-en-Velay 43 248 A 2
Montfaucon-montigné 49 148 B 5
Montfavet 84 304 D 1
Montfermeil 93 58 D 3
Montfermier 82 277 H 3
Montfermy 63 209 E 4
Montferney 25 162 C 1
Montferrand 11 318 D 3
Montferrand 63 209 H 5
Montferrand-du-Périgord 24 258 D 2
Montferrand-la-Fare 26 286 C 1
Montferrand-le-Château 25 161 H 4
Montferrat 38 232 C 3
Montferrat 83 308 A 4
Montferrer 66 342 C 5
Montferrier 09 336 C 3
Montferrier-sur-Lez 34 302 D 4
Montfey 10 114 C 4
Montfiquet 14 32 C 4
Montfleur 39 196 B 4
Montflours 53 106 A 2
Montflovin 25 180 D 1
Montfort 04 287 G 4
Montfort 24 259 G 1
Montfort 25 179 H 1
Montfort 49 150 A 4
Montfort 64 313 F 3
Montfort-en-Chalosse 40 293 F 3
Montfort-l'Amaury 78 57 G 4
Montfort-le-Gesnois 72 108 A 4
Montfort-sur-Argens 83 307 F 5
Montfort-sur-Boulzane 11 337 H 5
Montfort-sur-Meu 35 103 H 2
Montfort-sur-Risle 27 35 G 3
Montfranc 12 300 B 2
Montfrin 30 304 B 1
Montfroc 26 286 D 3
Montfuron 04 306 C 1
Montgaillard 09 336 B 3
Montgaillard 11 338 B 3
Montgaillard 40 294 A 3
Montgaillard 65 333 F 1
Montgaillard 81 298 B 1
Montgaillard 82 296 D 1
Montgaillard-de-Salies 31 334 D 2
Montgaillard-Lauragais 31 318 C 2
Montgaillard-sur-Save 31 316 C 4
Montgardin 05 270 A 3
Montgardon 50 31 F 3
Montgaroult 61 54 A 4
Montgauch 09 335 E 2
Montgaudry 61 84 A 4
Montgazin 31 317 G 4
Montgé-en-Goële 77 59 F 1
Montgeard 31 318 B 3
Montgellafrey 73 234 A 4
Montgenèvre 05 252 D 4
Montgenost 51 90 A 2
Montgeoffroy *Château de* 49 150 A 1
Montgérain 60 38 D 1
Montgermont 35 104 B 2
Montgeron 91 58 D 5
Montgeroult 95 57 H 1
Montgesoye 25 162 B 5
Montgesty 46 259 G 4
Montgey 81 318 D 2
Montgibaud 19 224 B 3
Montgilbert 73 234 A 2
Montgirod 73 234 C 2
Montgiscard 31 318 B 2
Montgivray 36 189 G 1
Montgobert 02 40 A 3
Montgon 08 42 D 1
Montgothier 50 52 A 5
Montgradail 11 337 E 1
Montgras 31 317 E 2
Montgreleix 15 227 F 5
Montgru-Saint-Hilaire 02 40 B 4
Montguers 26 286 C 2
Montgueux 10 90 D 5
Montguillon 49 128 B 3
Montguyon 17 238 C 1
Les Monthairons 55 64 B 2
Montharville 28 109 H 3
Monthault 35 81 F 2
Monthaut 11 337 F 1
Monthelie 21 177 G 2
Monthelon 51 61 F 2
Monthelon 71 176 C 2
Monthenault 02 40 D 1
Montheries 52 116 C 3
Montherlant 60 38 A 3
Monthermé 08 26 D 1
Monthiers 02 40 B 5
Monthieux 01 213 F 3
Monthion 73 234 A 1
Monthodon 37 131 E 4
Monthoiron 86 169 H 5
Monthois 08 42 D 3
Montholier 39 179 F 2
Monthou-sur-Bièvre 41 153 E 1
Monthou-sur-Cher 41 153 E 3
Monthuchon 50 31 G 5
Monthurel 02 60 D 1
Monthureux-le-Sec 88 118 C 2
Monthureux-sur-Saône 88 118 C 4
Monthyon 77 59 F 1
Monti 06 291 G 5
Monticello 2B 344 C 5
Montier-en-Der 52 92 B 3
Montier-en-l'Isle 10 116 A 2
Montiéramey 10 115 F 2
Montierchaume 36 171 H 3
Montiers 60 38 D 1
Montiers-sur-Saulx 55 93 E 2
Monties 32 316 B 3
Montignac 24 241 F 3
Montignac 33 256 B 2
Montignac 65 315 F 5
Montignac-Charente 16 203 F 5
Montignac-de-Lauzun 47 257 H 4
Montignac-le-Coq 16 221 F 5
Montignac-Toupinerie 47 257 G 4
Montignargues 30 303 G 1
Montigné 16 202 D 5
Montigné 79 185 F 5
Montigné-le-Brillant 53 105 H 4
Montigné-lès-Rairies 49 129 F 5
Montigné-sur-Moine 49 148 B 5
Montigny 14 53 F 1
Montigny 18 155 G 4
Montigny 45 111 F 3
Montigny 50 52 A 5
Montigny 54 96 A 2
Montigny 72 83 H 3
Montigny 76 36 A 1
Montigny 79 167 F 4
Montigny-aux-Amognes 58 174 D 1
Montigny-devant-Sassey 55 43 G 1
Montigny-en-Arrouaise 02 24 C 1
Montigny-en-Cambrésis 59 14 C 4
Montigny-en-Gohelle 62 8 C 5
Montigny-en-Morvan 58 157 H 5
Montigny-en-Ostrevant 59 9 E 5
Montigny-la-Resle 89 136 C 2
Montigny-l'Allier 02 39 H 5
Montigny-le-Bretonneux 78 57 H 4
Montigny-le-Chartif 28 85 G 5
Montigny-le-Franc 02 25 F 4
Montigny-le-Gannelon 28 109 H 5
Montigny-le-Guesdier 77 89 G 4
Montigny-le-Roi 52 117 G 4
Montigny-Lencoup 77 89 E 4
Montigny-Lengrain 02 39 H 2
Montigny-lès-Arsures 39 179 G 2
Montigny-lès-Cherlieu 70 140 C 2
Montigny-lès-Condé 02 60 D 2
Montigny-lès-Cormeilles 95 58 B 2
Montigny-les-Jongleurs 80 12 B 3
Montigny-lès-Metz 57 65 H 1
Montigny-les-Monts 10 114 D 3
Montigny-lès-Vaucouleurs 55 93 H 2
Montigny-lès-Vesoul 70 141 E 4
Montigny-Montfort 21 137 H 5
Montigny-Saint-Barthélemy 21 158 C 2
Montigny-sous-Marle 02 25 E 3
Montigny-sur-Armançon 21 158 D 2
Montigny-sur-Aube 21 116 B 5
Montigny-sur-Avre 28 56 A 5
Montigny-sur-Canne 58 175 G 3
Montigny-sur-Chiers 54 44 D 2
Montigny-sur-Crécy 02 24 D 4
Montigny-sur-l'Ain 39 179 G 4
Montigny-sur-l'Hallue 80 22 D 1
Montigny-sur-Loing 77 88 C 5
Montigny-sur-Meuse 08 17 E 5
Montigny-sur-Vence 08 26 C 4
Montigny-sur-Vesle 51 41 E 3
Montigny-sur-Vingeanne 21 139 H 5
Montilliers 49 149 G 4
Montillot 89 157 G 1
Montilly 03 192 A 1
Montilly-sur-Noireau 61 53 E 3
Montils 17 219 H 1
Les Montils 41 153 E 1
Montipouret 36 189 F 1
Montirat 11 320 A 5
Montirat 81 279 G 3
Montireau 28 85 F 4
Montiron 32 296 D 5
Montivernage 25 162 D 2
Montivilliers 76 18 C 5
Montjardin 11 337 E 2
Montjaux 12 281 F 4
Montjavoult 60 37 G 4
Montjay 05 286 D 1
Montjay 71 178 C 4
Montjay-la-Tour 77 59 E 3
Montjean 16 203 F 2
Montjean 53 105 G 4
Montjean-sur-Loire 49 149 E 2
Montjézieu 48 264 A 5
Montjoi 11 338 A 2
Montjoi 82 276 D 3
Montjoie 63 209 E 1
Montjoie-en-Couserans 09 335 F 2
Montjoie-le-Château 25 163 G 2
Montjoie-Saint-Martin 50 81 E 2
Montjoire 31 298 A 3
Montjouvent 39 196 C 2
Montjoux 26 267 H 4
Montjoyer 26 267 F 5
Montjustin 04 306 B 1
Montjustin-et-Velotte 70 141 G 4
Montlandon 28 85 F 4
Montlandon 52 139 H 2
Montlaur 11 338 B 1
Montlaur 12 300 D 1
Montlaur 31 318 B 2
Montlaur-en-Diois 26 268 B 3
Montlaux 04 287 F 4
Montlauzun 46 277 G 2
Montlay-en-Auxois 21 158 C 3
Montlebon 25 181 E 1
Montlegun 11 319 H 5
Montlevicq 36 189 H 2
Montlevon 02 60 D 2
Montlhéry 91 87 G 2
Montliard 45 111 H 4
Montlieu-la-Garde 17 238 B 1
Montlignon 95 58 B 1
Montliot-et-Courcelles 21 138 A 2
Montlivault 41 132 B 5
Montlognon 60 39 E 5
Montloué 02 25 G 4
Montlouet 28 86 C 3
Montlouis 18 172 D 4
Montlouis-sur-Loire 37 152 A 2
Montluçon 03 190 D 4
Montluel 01 213 G 4
Montmachoux 77 89 E 5
Montmacq 60 39 G 1
Montmagny 95 58 C 2
Montmahoux 25 180 A 1
Montmain 21 178 A 1
Montmain 76 36 C 2
Montmajour *Abbaye de* 13 304 C 3
Montmalin 39 179 F 2
Montmançon 21 160 D 2
Montmarault 03 191 G 4
Montmarlon 39 179 H 3
Montmarquet 80 21 G 3
Montmartin 60 39 E 1
Montmartin-en-Graignes 50 32 A 3
Montmartin-le-Haut 10 115 H 2
Montmartin-sur-Mer 50 51 F 1
Montmaur 05 269 F 3
Montmaur 11 318 D 3
Montmaur-en-Diois 26 268 B 2
Montmaurin 31 316 B 5
Montmédy 55 44 B 1
Montmeillant 08 26 A 4
Montmelard 71 194 B 4
Montmelas-Saint-Sorlin 69 212 C 3
Montmélian 73 233 G 3
Montmerle-sur-Saône 01 212 D 2
Montmerrei 61 54 B 5
Montmeyan 83 307 F 3
Montmeyran 26 267 G 1
Montmin 74 215 H 4
Montmirail 51 60 D 3
Montmirail 72 108 D 3
Montmiral 26 249 H 2
Montmirat 30 303 F 1
Montmirat *Col de* 48 264 C 5
Montmirey-la-Ville 39 161 E 4
Montmirey-le-Château 39 161 E 4
Montmoreau-Saint-Cybard 16 221 E 4
Montmorency 95 58 C 2
Montmorency-Beaufort 10 91 H 3
Montmorillon 86 187 F 3
Montmorin 05 268 C 5
Montmorin 63 228 B 1
Montmorot 39 179 E 5
Montmort 51 61 F 2
Montmort 71 176 B 5
Montmotier 88 118 D 4
Montmoyen 21 138 C 3
Montmuran *Château de* 35 80 A 5
Montmurat 15 261 H 3
Montner 66 338 C 5
Montoillot 21 159 F 4
Montoir-de-Bretagne 44 146 C 2
Montoire-sur-le-Loir 41 131 F 3
Montois-la-Montagne 57 45 G 5
Montoison 26 267 F 1
Montoldre 03 192 B 4
Montolieu 11 319 G 4
Montolivet 77 60 C 3
Montonvillers 80 22 B 1
Montord 03 192 A 5
Montory 64 331 F 2
Montot 21 160 C 5
Montot 70 140 A 5
Montot-sur-Rognon 52 93 F 5
Montouliers 34 320 D 4
Montoulieu 09 336 B 3
Montoulieu 34 302 C 1
Montoulieu-Saint-Bernard 31 316 D 5
Montournais 85 167 E 4

A B C D E F G H I J K L M N O P Q R S T U V W X Y Z

Montours 35 81 E 3
Montourtier 53 106 B 2
Montoussé 65 333 H 1
Montoussin 31 317 E 4
Montoy-Flanville 57 66 B 1
Montpascal 73 234 A 5
Montpellier 34 302 D 4
Montpellier-de-Médillan 17 219 F 2
Montpellier-la-Paillade 34 302 D 4
Montpellier-le-Vieux
Chaos de 12 282 A 4
Montpensier 63 210 A 2
Montperreux 25 180 C 3
Montpeyroux 12 263 F 3
Montpeyroux 24 239 E 5
Montpeyroux 34 302 A 3
Montpeyroux 63 228 A 2
Montpezat 04 307 F 2
Montpezat 30 303 F 2
Montpezat 32 317 E 3
Montpezat-d'Agenais 47 275 H 1
Montpezat-de-Quercy 82 278 B 2
Montpezat-
sous-Bauzon 07 266 A 2
Montpinchon 50 51 H 1
Montpinçon 14 54 B 2
Montpinier 81 299 G 4
Montpitol 31 298 B 3
Montplonne 55 63 H 5
Montpollin 49 129 F 5
Montpon-Ménestérol 24 239 F 4
Montpont-en-Bresse 71 195 G 1
Montpothier 10 89 H 2
Montpouillan 47 257 E 5
Montpoupon
Château de 37 152 D 4
Montrabé 31 298 A 4
Montrabot 50 32 C 5
Montracol 01 195 G 5
Montravers 79 167 E 3
Montréal 07 266 A 4
Montréal 11 319 F 5
Montréal 32 275 F 5
Montréal 89 158 B 1
Montréal *Château de* 24 239 H 4
Montréal-la-Cluse 01 196 C 5
Montréal-les-Sources 26 268 A 5
Montrécourt 59 14 D 3
Montredon 11 319 H 5
Montredon 46 261 H 3
Montredon-
des-Corbières 11 321 E 5
Montredon-Labessonnié 81 299 H 3
Montregard 43 248 B 2
Montréjeau 31 334 A 1
Montrelais 44 148 D 2
Montrelet 80 12 C 4
Montrem 24 240 B 2
Montrésor 37 152 D 5
Montret 71 178 B 5
Montreuil 28 56 D 4
Montreuil 53 82 C 4
Montreuil 62 6 C 4
Montreuil 85 183 H 3
Montreuil 93 58 D 3
Montreuil-au-Houlme 61 53 H 5
Montreuil-aux-Lions 02 60 A 1
Montreuil-Bellay 49 150 B 5
Montreuil-Bonnin 86 186 A 2
Montreuil-des-Landes 35 81 E 5
Montreuil-en-Auge 14 34 B 4
Montreuil-en-Caux 76 20 B 4
Montreuil-en-Touraine 37 152 B 1
Montreuil-Juigné 49 149 G 1
Montreuil-la-Cambe 61 54 B 3
Montreuil-l'Argillé 27 55 E 2
Montreuil-le-Chétif 72 107 F 2
Montreuil-le-Gast 35 80 B 5
Montreuil-le-Henri 72 130 D 2
Montreuil-sous-Pérouse 35 105 E 2
Montreuil-sur-Barse 10 115 F 2
Montreuil-sur-Blaise 52 92 C 3
Montreuil-sur-Brêche 60 38 B 1
Montreuil-sur-Epte 95 37 F 5
Montreuil-sur-Ille 35 80 B 5
Montreuil-sur-Loir 49 128 D 5
Montreuil-sur-Lozon 50 32 A 4
Montreuil-sur-Maine 49 128 B 4
Montreuil-sur-Thérain 60 38 B 2
Montreuil-sur-
Thonnance 52 93 E 3
Montreuillon 58 157 H 5
Montreux 54 96 A 2
Montreux-Château 90 142 D 3
Montreux-Jeune 68 142 D 3
Montreux-Vieux 68 142 D 3
Montrevault-sur-Èvre 49 148 C 3
Montrevel 38 232 B 3
Montrevel 39 196 B 3
Montrevel-en-Bresse 01 195 G 4
Montrichard-
Val-de-Cher 41 152 D 3
Montricher-Albanne 73 252 B 1
Montricoux 82 278 C 4
Montrieux-en-Sologne 41 153 H 1
Montrigaud 26 249 H 1
Montriond 74 198 C 5
Montriond *Lac de* 74 198 D 5
Montroc-le-Planet 74 217 E 2
Montrodat 48 264 B 4
Montrol-Sénard 87 205 E 3
Montrollet 16 205 E 3
Montromant 69 230 C 1
Montrond 05 269 E 5
Montrond 39 179 G 4
Montrond 73 252 A 1
Montrond-le-Château 25 162 A 5
Montrond-les-Bains 42 230 A 2
Montrosier 81 279 E 4
Montrottier 69 212 B 5
Montroty 76 37 F 2
Montrouge 92 58 C 4
Montrouveau 41 131 E 4
Montroy 17 200 D 1
Montrozier 12 281 E 1
Montry 77 59 F 3
Monts 37 151 H 4
Monts 60 37 H 4
Monts-de-Vaux 39 179 G 3
les Monts d'Olmes 09 336 C 4
Monts-en-Bessin 14 33 E 5
Monts-en-Ternois 62 12 D 2
Monts-sur-Guesnes 86 169 E 2
Montsalès 12 261 F 5
Montsalier 04 286 D 4
Montsalvy 15 262 C 2
Montsaon 52 116 D 3
Montsapey 73 234 A 2
Montsauche-les-Settons 58 158 B 4
Montsaugeon 52 139 G 4
Montsaunès 31 334 D 1
Montsec 55 65 E 3
Montsecret 61 53 E 3
Montségur 09 336 D 4
Montségur-sur-Lauzon 26 285 F 1
Montselgues 07 265 G 4
Montséret 11 338 D 1
Montsérié 65 333 H 2
Montseron 09 335 G 2
Montseugny 70 161 E 2
Montseveroux 38 231 F 4
Montsoreau 49 150 C 4
Montsoué 40 294 A 3
Montsoult 95 58 C 1
Montsûrs 53 106 B 3
Montsurvent 50 31 G 5
Montsuzain 10 91 E 4
Montureux-et-Prantigny 70 161 F 1
Montureux-lès-Baulay 70 140 D 2
Montursin 25 163 H 2
Montusclat 43 247 H 4
Montussaint 25 162 C 1
Montussan 33 237 H 5
Montvalen 81 298 B 2
Montvalent 46 242 C 5
Montvalezan 73 235 E 1
Montvendre 26 249 G 5
Montverdun 42 229 G 1
Montvernier 73 234 A 5
Montvert 15 243 G 4
Montvicq 03 191 E 4
Montviette 14 54 B 1
Montville 76 20 B 5
Montviron 50 51 G 4
Montzéville 55 43 H 4
Monviel 47 257 H 4
Monze 11 338 A 1
Moon-sur-Elle 50 32 B 4
Moosch 68 120 C 5
Mooslargue 68 143 E 4
Moraches 58 157 F 4
Moragne 17 201 E 3
Morains 51 61 G 4
Morainville 28 86 D 4
Morainville-Jouveaux 27 35 E 4
Morainvilliers 78 57 H 2
Morancé 69 212 D 4
Morancez 28 86 A 4
Morancourt 52 92 C 4
Morand 37 131 G 5
Morangis 51 61 F 2
Morangis 91 58 C 5
Morangles 60 38 B 4
Morannes-sur-Sarthe 49 128 D 3
Moranville 55 44 C 5
Moras 38 231 H 1
Moras-en-Valloire 26 231 G 5
Morbecque 59 7 H 2
Morbier 39 197 F 1
Morcenx 40 273 E 4
Morchain 80 23 G 3
Morchamps 25 162 C 1
Morchies 62 13 H 4
Morcourt 02 24 B 2
Morcourt 80 23 E 2
Mordelles 35 104 A 3
Moréac 56 102 A 4
Morée 41 131 H 2
Moreilles 85 183 F 3
Morello *Col de* 2B 347 F 5
Morelmaison 88 94 B 5
Morembert 10 91 F 3
Moréno *Col de la* 63 227 G 1
Morestel 38 232 B 1
Moret-Loing-
et-Orvanne 77 88 C 5
Morêtel-de-Mailles 38 233 G 4
Morette 38 232 B 5
Moreuil 80 22 D 3
Morey 54 65 H 4
Morey 70 140 B 3
Morey 71 177 F 4
Morey-Saint-Denis 21 160 A 4
Morez 39 197 F 1
Morfontaine 54 45 E 2
Morganx 40 293 H 4
Morgat 29 75 E 4
Morgemoulin 55 44 C 4
Morgny 27 37 E 2
Morgny-en-Thiérache 02 25 G 3
Morgny-la-Pommeraye 76 36 C 1
Morhange 57 66 D 3
Moriani-Plage 2B 347 H 3
Moriat 63 228 A 4
Morienne 76 21 F 3
Morienval 60 39 G 3
Morières-lès-Avignon 84 285 F 5
Moriers 28 110 A 2
Morieux 22 78 C 3
Moriez 04 288 C 5
Morigny 50 52 B 2
Morigny-Champigny 91 87 G 4
Morillon 74 216 C 1
Morimond *Abbaye de* 52 118 A 4
Moringhem 62 3 E 5
Moriond 73 234 D 4
Morionvilliers 52 93 G 4
Morisel 80 22 D 3
Moriville 88 95 F 4
Moriviller 54 95 F 3
Morizécourt 88 118 B 3
Morizès 33 256 C 3
Morlaàs 64 314 C 3
Morlac 18 173 E 5
Morlaincourt 55 93 F 1
Morlaix 29 71 H 4
Morlancourt 80 23 E 1
Morlanne 64 293 H 5
Morlet 71 177 E 2
Morley 55 93 E 2
Morlhon-le-Haut 12 279 G 2
Morlincourt 60 23 H 5
Mormaison 85 165 H 2
Mormant 77 88 D 2
Mormant-sur-Vernisson 45 112 C 5
Mormès 32 294 D 2
Mormoiron 84 286 A 4
Mornac 16 221 G 1
Mornac-sur-Seudre 17 218 D 1
Mornand-en-Forez 42 229 H 1
Mornans 26 267 H 3
Mornant 69 230 D 2
Mornas 84 285 E 3
Mornay 21 139 H 5
Mornay 71 194 A 2
Mornay-Berry 18 174 A 1
Mornay-sur-Allier 18 174 B 4
Moroges 71 177 G 4
Morogues 18 155 G 4
Morosaglia 2B 347 F 3
Morre 25 162 A 4
Morsain 02 40 A 2
Morsains 51 60 D 4
Morsalines 50 29 G 4
Morsan 27 35 F 4
Morsang-sur-Orge 91 58 C 5
Morsang-sur-Seine 91 88 A 2
Morsbach 57 47 F 5
Morsbronn-les-Bains 67 68 D 2
Morschwiller 67 68 D 3
Morschwiller-le-Bas 68 143 F 1
Morsiglia 2B 345 F 1
Le Mort-Homme 55 43 H 4
Mortagne 88 96 A 5
Mortagne-au-Perche 61 84 C 3
Mortagne-du-Nord 59 9 G 4
Mortagne-sur-Gironde 17 219 E 3
Mortagne-sur-Sèvre 85 166 D 1
Mortain-Bocage 50 52 C 5
Mortcerf 77 59 G 4
La Morte 38 251 F 3
Morteau 25 163 E 5
Morteaux-Couliboeuf 14 54 A 2
Mortefontaine 02 39 H 3
Mortefontaine 60 39 E 5
Mortefontaine-en-Thelle 60 38 B 4
Mortemart 87 205 E 2
Mortemer 60 23 E 5
Mortemer 76 21 E 3
Mortemer *Abbaye de* 27 37 E 2
Morterolles-sur-Semme 87 205 H 1
Mortery 77 89 G 2
Morthemer 86 186 D 3
Morthomiers 18 172 D 1
Mortiers 02 24 D 4
Mortiers 17 220 B 4
Morton 86 150 C 5
Mortrée 61 54 B 5
Mortroux 23 189 F 4
Mortzwiller 68 142 D 2
Morval 39 196 B 3
Morval 62 13 H 5
Morvillars 90 142 C 4
Morville 50 29 F 5
Morville 88 118 A 2
Morville-en-Beauce 45 111 G 2
Morville-lès-Vic 57 66 D 4
Morville-sur-Andelle 76 36 D 1
Morville-sur-Nied 57 66 C 2
Morville-sur-Seille 54 65 H 3
Morvillers 60 21 G 5
Morvillers-Saint-Saturnin 80 21 G 3
Morvilliers 10 92 A 4
Morvilliers 28 55 H 5
Mory 62 13 G 4
Mory-Montcrux 60 22 C 5
Morzine 74 198 C 5
Mosles 14 32 D 3
Moslins 51 61 F 2
Mosnac 16 220 D 2
Mosnac 17 219 G 3
Mosnay 36 188 D 1
Mosnes 37 152 C 2
Mosset 66 342 A 2
Mosson 21 116 A 5
Mostuéjouls 12 282 A 3
Motey-Besuche 70 161 F 3
Motey-sur-Saône 70 140 B 5
La Mothe-Achard 85 165 F 5
La Mothe-Saint-Héray 79 185 G 4
Mothern 67 69 G 2
Motreff 29 76 D 5
La Motte 22 102 B 1
La Motte 83 308 B 5
La Motte-au-Bois 59 7 H 2
La Motte-Chalancon 26 268 B 4
La Motte-d'Aigues 84 306 A 2
La Motte-d'Aveillans 38 251 E 4
La Motte-de-Galaure 26 249 F 2
La Motte-du-Caire 04 287 G 1
La Motte-en-Bauges 73 233 G 1
La Motte-
en-Champsaur 05 269 G 1
La Motte-Fanjas 26 250 A 3
La Motte-Feuilly 36 189 H 2
La Motte-Fouquet 61 82 D 2
La Motte-Saint-Jean 71 193 F 2
La Motte-Saint-Martin 38 250 D 4
La Motte-Servolex 73 233 E 2
La Motte-Ternant 21 158 D 3
La Motte-Tilly 10 89 H 3
Mottereau 28 109 G 2
Motteville 76 19 H 4
Mottier 38 232 A 4
Motz 73 215 E 3
Mouacourt 54 66 D 5
Mouais 44 126 C 3
Mouans-Sartoux 06 309 E 3
Mouaville 54 45 E 5
Mouazé 35 80 B 5
Mouchamps 85 166 C 4
Mouchan 32 295 G 1
Mouchard 39 179 G 1
La Mouche 50 51 H 3
Mouchès 32 295 H 5
Mouchin 59 9 F 4
Mouchy-le-Châtel 60 38 B 3
Moudeyres 43 247 H 4
Mouen 14 33 F 5
Mouettes 27 56 D 3
Mouffy 89 136 B 4
Mouflaines 27 37 E 4
Mouflers 80 12 B 5
Mouflières 80 11 F 5
Mougins 06 309 E 4
Mougon 79 185 F 4
Mouguerre 64 292 A 5
Mouhers 36 189 E 2
Mouhet 36 188 C 4
Mouhous 64 294 C 5
Mouillac 33 238 B 4
Mouillac 82 278 C 2
La Mouille 39 197 F 2
Mouilleron 52 139 F 4
Mouilleron-
Saint-Germain 85 166 D 5
Mouilleron-le-Captif 85 165 H 4
Mouilly 55 64 C 2
Moulainville 55 44 C 5
Moularès 81 279 H 4
Moulay 53 82 B 5
Moulayrès 81 299 E 3
Moulédous 65 315 G 5
Moulès 13 304 C 4
Moulès-et-Baucels 34 302 C 1
Mouleydier 24 240 B 5
Moulézan 30 303 F 1
Moulhard 28 109 F 2
Moulicent 61 84 D 2
Moulidars 16 220 D 1
Mouliets-et-Villemartin 33 256 D 1
Mouliherne 49 150 C 1
Moulin *Château du* 41 153 G 3
Moulin-Chabaud 01 214 B 1
Le Moulin-des-Ponts 01 196 A 4
Moulin-Mage 81 300 D 3
Moulin-Neuf 09 337 E 1
Moulin-Neuf 24 239 E 4
Moulin-Neuf *Petit Musée*
auvergnat 63 227 G 3
Moulin-sous-Touvent 60 39 H 1
Moulineaux 76 36 A 3
Moulines 14 53 G 1
Moulines 50 81 G 2
Moulinet 06 291 G 3
Moulinet 47 258 B 4
Le Moulinet-sur-Solin 45 134 C 2
Moulins 02 41 E 2
Moulins 03 192 A 2
Moulins 35 104 D 4
Moulins 79 167 E 2
Moulins-en-Tonnerrois 89 137 E 4
Moulins-Engilbert 58 175 H 2
Moulins-la-Marche 61 55 E 5
Moulins-le-Carbonnel 72 83 F 4
Moulins-lès-Metz 57 65 G 1
Moulins-Saint-Hubert 55 27 G 5
Moulins-sur-Céphons 36 171 G 2
Moulins-sur-Orne 61 54 A 4
Moulins-sur-Ouanne 89 135 H 4
Moulins-sur-Yèvre 18 173 F 1
Moulis 09 335 F 3
Moulis-en-Médoc 33 237 E 3
Moulismes 86 187 F 4
Moulle 62 3 F 5
Le Moulleau 33 254 B 2
Moulon 33 238 B 5
Moulon 45 112 B 4
Moulot 58 157 E 2
Moulotte 55 65 E 1
Moult 14 33 H 5
Moumoulous 65 315 G 3
Moumour 64 313 G 4
Mounes-Prohencoux 12 300 D 3
Mourède 32 295 G 2
Mourens 33 256 C 3
Mourenx 64 313 H 3
Mouret 12 262 C 4
Moureuille 63 209 F 1
Mourèze 34 301 H 4
Mouriès 13 304 D 3
Mouriez 62 11 H 1
Le Mourillon 83 328 A 4
Mourioux-Vieilleville 23 206 C 2
Mourjou 15 262 B 2
Mourmelon-le-Grand 51 42 B 5
Mourmelon-le-Petit 51 42 A 5
Mournans-Charbonny 39 180 A 4
Mouron 08 43 E 3
Mouron-sur-Yonne 58 157 G 5
Mouroux 77 59 H 4
Mours 95 38 B 5
Mours-Saint-Eusèbe 26 249 G 3
Le Mourtis 31 334 C 3
Mourvilles-Basses 31 318 C 2
Mourvilles-Hautes 31 318 D 3
Mouscardès 40 293 F 4
Moussac 30 284 A 5
Moussac 86 187 E 5
Moussages 15 244 C 1
Moussan 11 321 E 5
Moussé 35 105 E 5
Les Mousseaux 78 57 G 4
Mousseaux-lès-Bray 77 89 F 4
Mousseaux-Neuville 27 56 C 3
Mousseaux-sur-Seine 78 57 F 1
Moussey 10 115 E 2
Moussey 57 67 E 5
Moussey 88 96 B 3
Les Moussières 39 197 E 4
Mousson 54 65 G 3
Moussonvilliers 61 84 D 2
Moussoulens 11 319 G 4
Moussy 51 61 F 1
Moussy 58 157 E 5
Moussy 95 37 H 5
Moussy-le-Neuf 77 59 E 1
Moussy-le-Vieux 77 59 E 1
Moussy-Verneuil 02 40 D 2
Moustajon 31 334 A 4
Mousterlin 29 99 H 4
Moustéru 22 73 E 5
Moustey 40 273 F 1
Le Moustier 24 241 F 4
Moustier 47 257 G 3
Moustier-en-Fagne 59 16 A 4
Moustier-Ventadour 19 225 G 5
Moustiers-Sainte-Marie 04 307 G 1
Le Moustoir 22 76 D 4
Moustoir-Ac 56 102 A 5
Moustoir-Remungol 56 102 A 3
La Moutade 63 209 H 3
Moutaine 39 179 H 2
Moutardon 16 203 G 2
Le Moutaret 38 233 G 4
Moutchic 33 236 B 3
Mouterhouse 57 68 B 2
Mouterre-Silly 86 168 C 2
Mouterre-sur-Blourde 86 204 D 1
Mouthe 25 180 B 4
Le Moutherot 25 161 F 4
Mouthier-en-Bresse 71 178 D 3
Mouthier-Haute-Pierre 25 180 C 1
Mouthiers-sur-Boëme 16 221 E 3
Mouthoumet 11 338 A 3
Moutier-d'Ahun 23 207 G 2
Moutier-Malcard 23 189 G 4
Moutier-Rozeille 23 207 H 4
Moutiers 28 86 D 5
Moutiers 35 105 E 4
Moutiers 54 45 F 4
Moûtiers 73 234 C 3
Moutiers-au-Perche 61 85 E 3
Les Moutiers-en-Auge 14 54 B 2
Les Moutiers-en-Cinglais 14 53 G 1
Moutiers-en-Puisaye 89 135 G 5
Les Moutiers-en-Retz 44 146 D 5
Les Moutiers-Hubert 14 54 D 2
Moutiers-les-Mauxfaits 85 182 D 2
Moutiers-Saint-Jean 21 137 G 5
Moutiers-sous-Argenton 79 167 H 2
Moutiers-
sous-Chantemerle 79 167 F 5
Moutiers-sur-le-Lay 85 183 F 1
Mouton 16 203 F 4
Mouton Rothschild
Château de 33 237 E 1
Moutonne 39 196 B 2
La Moutonne 83 328 B 4
Moutonneau 16 203 F 4
Moutoux 39 179 H 4
Moutrot 54 94 B 1
Mouvaux 59 8 D 2
Moux 11 320 B 5
Moux-en-Morvan 58 158 C 5
Mouxy 73 233 F 1
Mouy 60 38 C 3
Mouy-sur-Seine 77 89 F 4
Mouzay 37 170 B 1
Mouzay 55 43 H 1
Mouzeil 44 148 A 1
Mouzens 24 259 E 1
Mouzens 81 298 D 5
Mouzeuil-Saint-Martin 85 183 G 2
Mouzieys-Panens 81 279 E 4
Mouzieys-Teulet 81 299 G 2
Mouzillon 44 148 A 5
Mouzon 08 27 G 4
Mouzon 16 204 B 5
Moval 90 142 C 3
Moy-de-l'Aisne 02 24 B 3
Moyaux 14 34 D 4

Moydans 05 268 C 5
Moye 74 215 E 4
Moyemont 88 95 G 4
Moyen 54 95 G 3
Moyencourt 80 23 G 4
Moyencourt-lès-Poix 80 22 A 3
Moyenmoutier 88 96 B 3
Moyenneville 60 39 E 1
Moyenneville 62 13 G 3
Moyenneville 80 11 G 4
Moyenvic 57 66 D 4
Moyeuvre-Grande 57 45 G 4
Moyeuvre-Petite 57 45 G 4
Moyon Villages 50 52 A 1
Moyrazès 12 280 C 1
Moyvillers 60 39 E 2
Mozac 63 209 H 4
Mozé-sur-Louet 49 149 G 2
Muchedent 76 20 B 3
Mudaison 34 303 E 4
Muel 35 103 F 2
Muespach 68 143 G 4
Muespach-le-Haut 68 143 G 4
Mugron 40 293 G 2
Muhlbach-sur-Bruche 67 96 D 2
Muhlbach-sur-Munster 68 120 C 3
Muides-sur-Loire 41 132 C 4
Muidorge 60 38 A 1
Muids 27 36 C 4
Muille-Villette 80 23 H 3
Muirancourt 60 23 H 4
Muizon 51 41 F 3
Les Mujouls 06 289 F 5
La Mulatière 69 231 E 1
Mulcent 78 57 E 3
Mulcey 57 67 E 4
Mulhausen 67 68 C 3
Mulhouse 68 143 F 1
Mulsanne 72 130 A 2
Mulsans 41 132 B 4
Mun 65 315 G 4
Munchhausen 67 69 G 2
Munchhouse 68 121 F 5
Muncq-Nieurlet 62 3 E 4
Mundolsheim 67 68 D 5
Muneville-le-Bingard 50 31 G 5
Muneville-sur-Mer 50 51 G 1
Le Mung 17 201 F 4
Munster 57 67 F 3
Munster 68 120 D 3
Muntzenheim 68 121 F 2
Munwiller 68 121 E 4
Mur-de-Barrez 12 262 D 1
Mûr-de-Bretagne 22 77 H 5
Mur-de-Sologne 41 153 G 2
Muracciole 2B 349 F 1
Murasson 12 300 C 3
Murat 03 191 F 3
Murat 15 245 F 3
Murat-le-Quaire 63 227 E 2
Murat-sur-Vèbre 81 300 D 4
Murato 2B 345 F 5
La Muraz 74 215 H 1
Murbach 68 120 D 4
La Mure 04 288 C 4
La Mure 38 251 E 4
Mureaumont 60 21 G 5
Les Mureaux 78 57 H 2
Mureils 26 249 F 1
Mûres 74 215 G 4
Muret 31 317 H 2
Le Muret 40 255 E 5
Muret-et-Crouttes 02 40 C 3
Muret-le-Château 12 262 D 5
La Murette 38 232 C 4
Murianette 38 251 E 1
Murinais 38 250 A 1
Murles 34 302 C 4
Murlin 58 156 C 5
Muro 2B 346 C 2
Murol 63 227 F 3
Murols 12 262 D 2
Muron 17 201 E 2
Murs 36 170 D 3
Murs 84 286 A 5
Mûrs-Erigné 49 149 G 2
Murs-et-Gélignieux 01 232 D 1
Murtin-et-Bogny 08 26 C 2
Murvaux 55 43 H 2
Murviel-lès-Béziers 34 321 F 2
Murviel-lès-Montpellier 34 302 C 4
Murville 54 45 E 3
Murzo 2A 348 C 1
Mus 30 303 G 3
Muscourt 02 41 E 2
Musculdy 64 331 E 1
Musièges 74 215 F 2
Musigny 21 159 E 5
Musseau 52 139 F 4
Mussey 55 63 G 3
Mussey-sur-Marne 52 93 E 4
Mussidan 24 239 G 3
Mussig 67 97 F 5
Mussy-la-Fosse 21 159 E 1
Mussy-sous-Dun 71 194 A 5
Mussy-sur-Seine 10 115 H 5
Mutigney 39 161 E 3
Mutigny 51 61 G 1
Mutrécy 14 53 G 1
Muttersholtz 67 97 F 4
Mutzenhouse 67 68 C 4
Mutzig 67 97 F 2
Le Muy 83 308 B 5
Muzeray 55 44 D 3
Muzillac 56 124 D 5
Muzy 27 56 C 4
Myans 73 233 F 3
Myennes 58 156 A 2
Myon 25 179 H 1

N

Nabas 64 313 F 3
Nabinaud 16 239 F 1
Nabirat 24 259 H 2
Nabringhen 62 2 C 5
Nachamps 17 201 G 2
Nadaillac 24 241 H 4
Nadaillac-de-Rouge 46 260 B 1
Nades 03 209 G 1
Nadillac 46 260 B 4
Naftel 50 52 A 5
Nagel-Séez-Mesnil 27 55 H 2
Nages 81 300 C 4
Nages-et-Solorgues 30 303 G 2
Nahuja 66 341 F 5
Nailhac 24 241 F 1
Naillat 23 188 D 5
Nailloux 31 318 B 3
Nailly 89 113 F 2
Naintré 86 169 G 4
Nainville-les-Roches 91 88 A 3
Naisey 25 162 B 4
Naives-devant-Bar 55 63 H 3
Naives-en-Blois 55 93 G 1
Naix-aux-Forges 55 93 F 1
Naizin 56 102 A 4
Najac 12 279 F 3
Nalliers 85 183 G 2
Nalliers 86 187 F 1
Nalzen 09 336 C 3
Nambsheim 68 121 G 4
Nampcel 60 39 H 1
Nampcelles-la-Cour 02 25 G 3
Nampont-Saint-Martin 80 11 G 1
Namps-au-Mont 80 22 A 3
Namps-au-Val 80 22 A 3
Nampteuil-sous-Muret 02 40 C 3
Nampty 80 22 B 3
Nan-Sous-Thil 21 158 D 2
Nanc-lès-Saint-Amour 39 196 A 3
Nançay 18 154 D 3
Nance 39 178 D 4
Nances 73 233 E 2
Nanclars 16 203 F 4
Nançois-le-Grand 55 64 B 5
Nançois-sur-Ornain 55 64 B 5
Nancras 17 201 E 5
Nancray 25 162 B 3
Nancray-sur-Rimarde 45 111 H 4
Nancuise 39 196 B 2
Nancy 54 65 H 5
Nancy-sur-Cluses 74 216 C 2
Nandax 42 211 H 2
Nandy 77 88 A 2
Nangeville 45 87 H 5
Nangis 77 89 E 2
Nangy 74 197 H 5
Nannay 58 156 C 4
Nans 25 162 C 1
Les Nans 39 179 H 4
Nans-les-Pins 83 327 H 2
Nans-sous-Sainte-Anne 25 180 A 1
Nant 12 282 A 5
Nant-le-Grand 55 63 H 5
Nant-le-Petit 55 63 H 5
Nanteau-sur-Essonne 77 87 H 5
Nanteau-sur-Lunain 77 112 C 2
Nanterre 92 58 B 3
Nantes 44 147 G 4
Nantes-en-Ratier 38 251 E 4
Nanteuil 79 185 F 3
Nanteuil-Auriac-de-Bourzac 24 221 G 5
Nanteuil-en-Vallée 16 203 G 3
Nanteuil-la-Forêt 51 41 F 5
Nanteuil-la-Fosse 02 40 C 2
Nanteuil-le-Haudouin 60 39 F 5
Nanteuil-lès-Meaux 77 59 G 2
Nanteuil-Notre-Dame 02 40 C 4
Nanteuil-sur-Aisne 08 42 A 1
Nanteuil-sur-Marne 77 60 A 2
Nantey 39 196 A 3
Nantheuil 24 223 E 4
Nanthiat 24 223 E 4
Nantiat 87 205 G 3
Nantillé 17 201 H 4
Nantillois 55 43 G 3
Nantilly 70 161 E 1
Nantoin 38 232 A 4
Nantois 55 93 F 1
Nanton 71 195 E 1
Nantouard 70 161 F 1
Nantouillet 77 59 E 2
Nantoux 21 177 G 1
Nantua 01 214 C 1
Naours 80 12 C 5
La Napoule 06 309 E 4
Napt 01 196 B 5
Narbéfontaine 57 46 C 5
Narbief 25 163 F 4
Narbonne 11 321 E 5
Narbonne-Plage 11 321 G 5
Narcastet 64 314 B 4
Narcy 52 92 D 2
Narcy 58 156 B 4
Nargis 45 112 C 3
Narnhac 15 245 E 5
Narp 64 313 F 3
Narrosse 40 293 E 3
La Nartelle 83 329 G 2
Narthoux 81 279 F 4
Nasbinals 48 263 G 3
Nassandres 27 35 G 5
Nassiet 40 293 G 4
Nassigny 03 190 D 2
Nastringues 24 239 E 5
Nattages 01 214 D 5
Natzwiller 67 96 D 3
Naucelle 12 280 B 3
Naucelles 15 244 B 4
Naujac-sur-Mer 33 236 C 1
Naujan-et-Postiac 33 256 C 1
Naurouze *Seuil de* 11 318 D 3
Nauroy 02 24 A 1
Naussac 12 261 G 4
Naussac-Fontanes 48 265 F 2
Naussac *Barrage de* 48 265 F 2
Naussannes 24 258 C 2
Nauvay 72 108 A 2
Nauviale 12 262 B 4
Nauzan 17 218 C 1
Navacelles 30 284 A 3
Navacelles *Cirque de* 34 302 A 1
Navailles-Angos 64 314 B 2
Navarosse 40 254 B 5
Navarrenx 64 313 G 3
Naveil 41 131 G 3
Navenne 70 141 F 4
Naves 03 209 H 1
Naves 07 283 H 1
Naves 19 242 D 1
Naves 59 14 C 3
Naves 73 234 B 2
Navès 81 299 G 5
Nâves-Parmelan 74 215 H 3
Navilly 71 178 B 2
Nay 50 31 H 3
Nay 64 314 C 5
Nayemont-les-Fosses 88 96 B 4
Le Nayrac 12 262 D 3
Nazelles-Négron 37 152 B 2
Néac 33 238 C 4
Néant-sur-Yvel 56 103 E 4
Neau 53 106 C 3
Neaufles-Auvergny 27 55 G 3
Neaufles-Saint-Martin 27 37 F 3
Neauphe-sous-Essai 61 83 H 2
Neauphe-sur-Dive 61 54 B 3
Neauphle-le-Château 78 57 H 4
Neauphle-le-Vieux 78 57 G 4
Neauphlette 78 57 E 2
Neaux 42 211 H 3
Nébian 34 302 A 4
Nébias 11 337 F 3
Nébing 57 67 F 3
Nébouzat 63 227 F 1
Nécy 61 54 A 3
Nedde 87 225 E 1
Nédon 62 7 G 4
Nédonchel 62 7 G 4
Neewiller-près-Lauterbourg 67 69 G 2
Neffes 05 269 G 4
Neffiès 34 301 H 5
Néfiach 66 342 C 2
Nègrepelisse 82 278 B 4
Négreville 50 29 F 4
Négron 37 152 B 2
Négrondes 24 222 D 5
Néhou 50 29 F 5
Nehwiller 67 68 D 2
Nelling 57 67 F 2
Nemours 77 112 B 2
Nempont-Saint-Firmin 62 6 B 5
Nénigan 31 316 B 3
Nenon 39 161 E 5
Néons-sur-Creuse 36 170 B 5
Néoules 83 328 B 2
Néoux 23 207 H 4
Nepvant 55 27 H 5
Nérac 47 275 G 3
Nerbis 40 293 G 2
Nercillac 16 220 C 1
Néré 17 202 C 3
Néret 36 189 H 2
Nérigean 33 238 B 5
Nérignac 86 187 E 5
Néris-les-Bains 03 190 D 5
Nermier 39 196 C 2
Nernier 74 197 H 3
Néron 28 86 B 2
Néronde 42 212 A 5
Néronde-sur-Dore 63 210 C 5
Nérondes 18 173 H 2
Ners 30 283 H 5
Nersac 16 221 E 2
Nervieux 42 211 H 5
Nerville-la-Forêt 95 58 B 1
Néry 60 39 F 3
Neschers 63 227 H 2
Nescus 09 335 H 2
Nesle 80 23 G 3
Nesle-et-Massoult 21 137 H 3
Nesle-Hodeng 76 21 E 4
Nesle-la-Reposte 51 90 A 2
Nesle-le-Repons 51 61 E 1
Nesle-l'Hôpital 80 11 F 5
Nesle-Normandeuse 76 11 F 5
Nesles 62 6 B 2
Nesles 77 59 G 5
Nesles-la-Montagne 02 60 C 1
Nesles-la-Vallée 95 38 B 5
Neslette 80 11 F 5
Nesmy 85 182 D 1
Nesploy 45 111 H 5
Nespouls 19 242 B 3
Nessa 2B 346 C 2
Nestier 65 334 A 1
Nettancourt 55 63 F 3
Netzenbach 67 96 D 2
Neublans 39 178 C 2
Neubois 67 97 E 4
Le Neubourg 27 35 H 5
Neuchâtel-Urtière 25 163 F 2
Neuf-Berquin 59 8 A 2
Neuf-Brisach 68 121 F 3
Neuf-Église 63 209 F 2
Neuf-Marché 76 37 F 2
Neuf-Mesnil 59 15 G 2
Neufbosc 76 20 D 4
Le Neufbourg 50 52 C 5
Neufchâteau 88 94 A 4
Neufchâtel-en-Bray 76 20 D 3
Neufchâtel-en-Saosnois 72 83 H 4
Neufchâtel-Hardelot 62 6 B 3
Neufchâtel-sur-Aisne 02 41 G 2
Neufchef 57 45 G 3
Neufchelles 60 39 H 5
Neuffons 33 256 D 3
Neuffontaines 58 157 G 3
Neufgrange 57 67 G 1
Neuflieux 02 24 A 5
Neuflize 08 42 A 2
Neufmaison 08 26 B 3
Neufmaisons 54 96 A 3
Neufmanil 08 26 D 2
Neufmesnil 50 31 G 2
Neufmoulin 80 11 H 3
Neufmoulins 57 67 G 5
Neufmoutiers-en-Brie 77 59 F 4
Le Neufour 55 43 F 5
Neufvillage 57 67 E 2
Neufvy-sur-Aronde 60 39 E 1
Neugartheim 67 68 C 5
Neugartheim-Ittlenheim 67 68 C 5
Neuhaeusel 67 69 G 3
Neuil 37 151 G 5
Neuilh 65 333 E 1
Neuillac 17 219 H 3
Neuillay-les-Bois 36 171 F 4
Neuillé 49 150 C 3
Neuillé-le-Lierre 37 152 B 1
Neuillé-Pont-Pierre 37 151 G 1
Neuilly 27 56 D 2
Neuilly 58 157 F 4
Neuilly 89 136 A 2
Neuilly-en-Donjon 03 193 F 4
Neuilly-en-Dun 18 173 H 4
Neuilly-en-Sancerre 18 155 G 3
Neuilly-en-Thelle 60 38 B 4
Neuilly-en-Vexin 95 37 H 5
Neuilly-la-Forêt 14 32 B 3
Neuilly-le-Bisson 61 83 H 3
Neuilly-le-Brignon 37 170 A 2
Neuilly-le-Dien 80 12 B 3
Neuilly-le-Malherbe 14 33 F 5
Neuilly-le-Réal 03 192 B 3
Neuilly-le-Vendin 53 82 D 3
Neuilly-lès-Dijon 21 160 B 3
Neuilly-l'Évêque 52 117 G 5
Neuilly-l'Hôpital 80 11 G 3
Neuilly-Plaisance 93 58 D 3
Neuilly-Saint-Front 02 40 A 5
Neuilly-sous-Clermont 60 38 C 3
Neuilly-sur-Eure 61 85 E 3
Neuilly-sur-Marne 93 58 D 3
Neuilly-sur-Seine 92 58 B 3
Neuilly-sur-Suize 52 117 E 4
Neulette 62 7 F 5
Neulise 42 211 H 4
Neulles 17 219 H 3
Neulliac 56 101 H 2
Neung-sur-Beuvron 41 154 A 1
Neunhoffen 67 68 C 1
Neunkirchen-lès-Bouzonville 57 46 C 3
Neure 03 174 B 5
Neurey-en-Vaux 70 141 F 3
Neurey-lès-la-Demie 70 141 F 5
Neussargues-Moissac 15 245 G 3
Neuve-Chapelle 62 8 B 3
Neuve-Eglise 67 97 E 4
La Neuve-Grange 27 37 E 2
La Neuve-Lyre 27 55 G 2
Neuve-Maison 02 25 G 1
Neuvecelle 74 198 C 3
Neuvéglise 15 245 G 5
Neuvelle-lès-Champlitte 70 140 A 5
Neuvelle-lès-Cromary 70 162 A 2
Neuvelle-lès-Grancey 21 139 E 4
Neuvelle-lès-la-Charité 70 140 D 5
La Neuvelle-lès-Lure 70 141 H 3
La Neuvelle-lès-Scey 70 140 D 3
Neuvelle-lès-Voisey 52 140 C 2
Neuves-Maisons 54 94 D 1
La Neuveville-devant-Lépanges 88 119 H 2
La Neuveville-sous-Châtenois 88 94 B 5
La Neuveville-sous-Montfort 88 118 C 2
Neuvic 19 225 H 5
Neuvic 24 239 H 3
Neuvic-Entier 87 224 C 1
Neuvicq 17 238 C 1
Neuvicq-le-Château 17 202 C 5
Neuvillalais 72 107 F 3
Neuville 03 191 F 3
Neuville 19 243 E 3
La Neuville 59 8 D 4
Neuville 63 228 B 1
La Neuville-à-Maire 08 27 E 5
Neuville-au-Bois 80 11 G 5
Neuville-au-Cornet 62 12 D 2
Neuville-au-Plain 50 29 G 5
La Neuville-au-Pont 51 43 E 5
Neuville-aux-Bois 45 111 F 4
La Neuville-aux-Bois 51 63 E 2
La Neuville-aux-Joûtes 08 25 H 1
La Neuville-aux-Larris 51 41 F 5
La Neuville-aux-Tourneurs 08 26 A 2
Neuville-Bosc 60 37 H 4
La Neuville-Bosmont 02 25 F 4
Neuville-Bourjonval 62 14 A 5
La Neuville-Chant-d'Oisel 76 36 C 2
Neuville-Coppegueule 80 21 G 2
La Neuville-d'Aumont 60 38 A 3
Neuville-Day 08 42 D 1
Neuville-de-Poitou 86 169 E 5
La Neuville-du-Bosc 27 35 H 4
Neuville-en-Avesnois 59 15 E 3
Neuville-en-Beaumont 50 31 F 2
La Neuville-en-Beine 02 24 A 4
Neuville-en-Ferrain 59 5 E 5
La Neuville-en-Hez 60 38 C 2
La Neuville-en-Tourne-à-Fuy 08 42 B 3
Neuville-en-Verdunois 55 63 H 2
Neuville-Ferrières 76 20 D 4
La Neuville-Garnier 60 38 A 3
La Neuville-Housset 02 25 E 3
La Neuville-lès-Bray 80 23 E 1
Neuville-les-Dames 01 213 F 1
Neuville-lès-Decize 58 174 D 4
Neuville-lès-Dieppe 76 10 B 5
La Neuville-lès-Dorengt 02 24 D 1
Neuville-lès-Lœuilly 80 22 B 3
Neuville-lès-This 08 26 C 3
Neuville-lès-Vaucouleurs 55 93 H 2
La Neuville-lès-Wasigny 08 26 A 4
Neuville-lez-Beaulieu 08 26 A 2
Neuville-près-Sées 61 54 C 5
Neuville-Saint-Amand 02 24 B 2
La Neuville-Saint-Pierre 60 38 B 1
Neuville-Saint-Rémy 59 14 B 3
Neuville-Saint-Vaast 62 8 B 5
La Neuville-Sire-Bernard 80 22 D 3
Neuville-sous-Arzillières 51 62 D 5
Neuville-sous-Montreuil 62 6 C 4
Neuville-sur-Ailette 02 41 E 1
Neuville-sur-Ain 01 214 A 2
Neuville-sur-Authou 27 35 F 4
Neuville-sur-Brenne 37 131 F 5
Neuville-sur-Escaut 59 14 C 2
La Neuville-sur-Essonne 45 111 H 3
Neuville-sur-Margival 02 40 B 1
Neuville-sur-Oise 95 58 A 1
Neuville-sur-Ornain 55 63 G 3
La Neuville-sur-Oudeuil 60 21 H 5
La Neuville-sur-Ressons 60 23 F 5
Neuville-sur-Saône 69 213 E 4
Neuville-sur-Sarthe 72 107 H 4
Neuville-sur-Seine 10 115 G 4
Neuville-sur-Touques 61 54 D 3
Neuville-sur-Vanne 10 114 B 2
La Neuville-Vault 60 37 H 1
Neuville-Vitasse 62 13 G 3
Neuviller-la-Roche 67 96 D 3
Neuviller-lès-Badonviller 54 96 A 2
Neuviller-sur-Moselle 54 95 E 3
Neuvillers-sur-Fave 88 96 C 5
Neuvillette 02 24 C 2
La Neuvillette 51 41 G 3
Neuvillette 80 12 D 3
Neuvillette-en-Charnie 72 107 E 3
Neuvilley 39 179 F 2
Neuvilly 59 14 D 4
Neuvilly-en-Argonne 55 43 G 4
Neuvireuil 62 8 C 5
Neuvizy 08 26 C 4
Neuvy 03 192 A 2
Neuvy 41 153 G 1
Neuvy 51 60 C 4
Neuvy-au-Houlme 61 53 H 3
Neuvy-Bouin 79 167 G 5
Neuvy-deux-Clochers 18 155 G 4
Neuvy-en-Beauce 28 110 D 2
Neuvy-en-Champagne 72 107 F 4
Neuvy-en-Dunois 28 110 B 2
Neuvy-en-Mauges 49 149 E 3
Neuvy-en-Sullias 45 133 H 3
Neuvy-Grandchamp 71 193 F 1
Neuvy-le-Barrois 18 174 B 3
Neuvy-le-Roi 37 130 D 5
Neuvy-Pailloux 36 172 A 3
Neuvy-Saint-Sépulchre 36 189 F 1
Neuvy-Sautour 89 114 C 4
Neuvy-sur-Barangeon 18 154 D 3
Neuvy-sur-Loire 58 156 A 1
Neuwiller 68 143 H 4
Neuwiller-lès-Saverne 67 68 B 3
Neuzy 71 193 G 2
Névache 05 252 C 3
Nevers 58 174 C 2
Névez 29 100 B 5
Névian 11 320 D 5
Néville 76 19 G 2
Néville-sur-Mer 50 29 G 2
Nevoy 45 134 C 4
Nevy-lès-Dole 39 179 E 1
Nevy-sur-Seille 39 179 F 4
Nexon 87 223 G 1
Ney 39 179 H 4
Neydens 74 215 G 1
Neyrac-les-Bains 07 266 A 3
Les Neyrolles 01 214 C 1
Neyron 01 213 F 5
Nézel 78 57 G 2
Nézignan-l'Évêque 34 321 H 3

Niafles 53 127 H 2
Niaux 09 336 B 4
Niaux *Grotte de* 09 336 B 4
Nibas 80 11 E 3
Nibelle 45 111 H 4
Nibles 04 287 G 1
Nice 06 309 H 2
Nicey 21 137 H 2
Nicey-sur-Aire 55 64 B 3
Nicole 47 275 G 1
Nicorps 50 51 G 1
Nideck *Château et Cascade du* 67 96 D 1
Niderhoff 57 96 B 1
Niderviller 57 67 H 5
Niederbronn-les-Bains 67 68 D 2
Niederbruck 68 142 C 1
Niederentzen 68 121 E 4
Niederhaslach 67 97 E 2
Niederhausbergen 67 68 D 5
Niederhergheim 68 121 F 4
Niederlarg 68 143 E 4
Niederlauterbach 67 69 G 1
Niedermodern 67 68 D 3
Niedermorschwihr 68 120 D 2
Niedernai 67 97 F 2
Niederrœdern 67 69 G 2
Niederschaeffolsheim 67 68 D 4
Niederseebach 67 69 F 2
Niedersoultzbach 67 68 B 3
Niedersteinbach 67 68 D 1
Niederstinzel 57 67 G 3
Niedervisse 57 46 D 5
Nielles-lès-Ardres 62 2 D 4
Nielles-lès-Bléquin 62 7 E 2
Nielles-lès-Calais 62 2 C 3
Le Nieppe 59 3 G 5
Nieppe 59 8 B 2
Niergnies 59 14 B 4
Nieudan 15 243 H 4
Nieuil 16 203 H 4
Nieuil-l'Espoir 86 186 C 2
Nieul 87 205 G 4
Nieul-le-Dolent 85 182 C 1
Nieul-le-Virouil 17 219 G 4
Nieul-lès-Saintes 17 201 F 5
Nieul-sur-l'Autise 85 184 C 3
Nieul-sur-Mer 17 183 F 5
Nieulle-sur-Seudre 17 200 D 5
Nieurlet 59 3 F 5
Niévroz 01 213 G 4
Niffer 68 143 H 2
Niherne 36 171 G 4
Nijon 52 117 H 2
Nilvange 57 45 G 3
Nîmes 30 303 H 2
Ninville 52 117 G 3
Niort 79 184 D 4
Niort-de-Sault 11 337 E 4
Niort-la-Fontaine 53 82 B 3
Niozelles 04 287 F 5
Nissan-lez-Enserune 34 321 F 4
Nistos 65 334 A 2
Nitry 89 136 D 4
Nitting 57 67 G 4
Nivelle 59 9 G 4
Nivillac 56 125 F 5
Nivillers 60 38 A 2
Nivolas-Vermelle 38 232 A 2
Nivollet-Montgriffon 01 214 B 3
Nixéville 55 43 H 5
Le Nizan 33 256 B 5
Nizan-Gesse 31 316 B 5
Nizas 32 317 E 2
Nizas 34 321 H 2
Nizerolles 03 210 D 2
Nizon 29 100 B 4
Nizy-le-Comte 02 25 G 5
Noailhac 12 262 B 4
Noailhac 19 242 C 3
Noailhac 81 299 H 5
Noaillac 33 256 D 4
Noaillan 33 255 H 4
Noailles 19 242 B 3
Noailles 60 38 B 3
Noailles 81 279 F 5
Noailly 42 211 G 1
Noalhac 48 263 H 1
Noalhat 63 210 B 4
Noards 27 35 E 4
Nocario 2B 347 G 3
Nocé 61 84 C 4
Noceta 2B 347 F 5
Nochize 71 193 H 3
La Nocle-Maulaix 58 175 H 4
Nod-sur-Seine 21 138 A 3
Nods 25 162 C 5
Noé 31 317 G 3
Noé 89 113 H 3
Noé-les-Mallets 10 115 H 3
La Noë-Blanche 35 126 B 2
La Noë-Poulain 27 35 E 3
Noël-Cerneux 25 163 F 5
Noëllet 49 127 G 4
Noërs 54 44 C 2
Les Noës 42 211 E 2
Les Noës-près-Troyes 10 90 D 5
Nœux-lès-Auxi 62 12 C 3
Nœux-les-Mines 62 8 A 4
Nogaret 31 318 D 2
Nogaro 32 295 E 3
Nogent 52 117 F 4
Nogent-en-Othe 10 114 C 3
Nogent-l'Abbesse 51 41 H 4
Nogent-l'Artaud 02 60 B 2
Nogent-le-Bernard 72 108 B 2
Nogent-le-Phaye 28 86 B 4
Nogent-le-Roi 28 57 E 5
Nogent-le-Rotrou 28 84 D 5
Nogent-le-Sec 27 56 A 2
Nogent-lès-Montbard 21 137 H 5
Nogent-sur-Aube 10 91 F 3
Nogent-sur-Eure 28 86 A 4
Nogent-sur-Loir 72 130 B 4
Nogent-sur-Marne 94 58 C 3
Nogent-sur-Oise 60 38 D 3
Nogent-sur-Seine 10 89 H 3
Nogent-sur-Vernisson 45 134 D 2
Nogentel 02 60 C 1
Nogna 39 196 C 1
Noguères 64 313 H 3
Nohan 08 27 E 1
Nohanent 63 209 G 5
Nohant-en-Goût 18 173 G 1
Nohant-en-Graçay 18 154 A 5
Nohant-Vic 36 189 G 1
Nohèdes 66 341 H 3
Nohic 82 298 A 1
Noidan 21 158 D 3
Noidans-le-Ferroux 70 140 D 5
Noidans-lès-Vesoul 70 141 E 4
Noidant-Chatenoy 52 139 G 3
Noidant-le-Rocheux 52 139 G 2
Noilhan 32 296 D 5
Nointel 60 38 D 2
Nointel 95 38 B 5
Nointot 76 19 E 5
Noir *Lac* 68 120 C 2
Noircourt 02 25 G 4
Noirefontaine 25 163 F 2
Noirémont 60 22 B 5
Noirétable 42 211 E 5
Noirlac *Abbaye de* 18 173 F 5
Noirlieu 51 63 E 2
Noirlieu 79 167 H 2
Noirmoutier-en-l'Île 85 164 B 1
Noiron 70 161 F 2
Noiron-sous-Gevrey 21 160 B 4
Noiron-sur-Bèze 21 160 C 2
Noiron-sur-Seine 21 115 H 5
Noironte 25 161 G 3
Noirpalu 50 51 H 3
Noirterre 79 167 H 3
Noirval 08 43 E 1
Noiseau 94 58 D 4
Noisiel 77 59 E 3
Noisseville 57 45 H 5
Noisy-le-Grand 93 58 D 3
Noisy-le-Roi 78 58 A 3
Noisy-le-Sec 93 58 D 3
Noisy-Rudignon 77 88 D 5
Noisy-sur-École 77 88 A 5
Noisy-sur-Oise 95 38 C 5
Noizay 37 152 B 2
Noizé 79 168 B 3
Nojals-et-Clotte 24 258 C 2
Nojeon-en-Vexin 27 37 E 3
Nolay 21 177 F 2
Nolay 58 156 D 5
Nolléval 76 37 E 1
Nollieux 42 211 G 5
Nomain 59 9 E 4
Nomdieu 47 275 H 4
Nomécourt 52 92 D 3
Nomeny 54 65 H 3
Nomexy 88 95 F 5
Nommay 25 142 C 4
Nompatelize 88 96 A 4
Nonac 16 221 E 4
Nonancourt 27 56 B 4
Nonant 14 33 E 3
Nonant-le-Pin 61 54 C 5
Nonards 19 243 E 4
Nonaville 16 220 D 3
Noncourt-sur-le-Rongeant 52 93 E 4
Nonette-Orsonnette 63 228 A 4
Nonglard 74 215 F 3
Nonhigny 54 96 A 2
Nonières 07 248 C 5
Les Nonières 26 268 C 1
Nonsard 55 65 E 3
Nontron 24 222 C 3
Nonville 77 112 C 2
Nonville 88 118 C 3
Nonvilliers-Grandhoux 28 85 G 5
Nonza 2B 345 F 3
Nonzeville 88 95 H 5
Noordpeene 59 3 G 4
Nordausques 62 3 E 4
Nordheim 67 68 C 5
Nordhouse 67 97 G 2
Nore *Pic de* 11 320 A 3
Noreuil 62 13 H 4
Norges-la-Ville 21 160 A 2
La Norma 73 252 D 1
Normandel 61 55 G 5
Normandie *Pont de* 14 34 D 2
Normanville 27 56 B 1
Normanville 76 19 F 4
Normée 51 61 G 4
Normier 21 159 E 3
Norolles 14 34 C 4
Noron-la-Poterie 14 32 D 4
Noron-l'Abbaye 14 53 H 2
Noroy 60 38 D 2
Noroy-le-Bourg 70 141 G 4
Noroy-lès-Jussey 70 140 C 2
Noroy-sur-Ourcq 02 40 A 4
Norrent-Fontes 62 7 G 3
Norrey-en-Auge 14 54 B 2
Norrey-en-Bessin 14 33 F 4
Norrois 51 62 D 5
Norroy 88 118 B 2
Norroy-le-Sec 54 45 E 4
Norroy-le-Veneur 57 45 G 5
Norroy-lès-Pont-à-Mousson 54 65 G 3
Nort-Leulinghem 62 3 E 5
Nort-sur-Erdre 44 147 H 1
Nortkerque 62 3 E 4
Norville 76 35 F 1
La Norville 91 87 G 2
Nossage-et-Bénévent 05 287 E 1
Nossoncourt 88 95 H 3
Nostang 56 123 G 2
Noth 23 188 D 5
Nothalten 67 97 E 4
Notre-Dame-d'Aiguebelle *Abbaye de* 26 267 F 5
Notre-Dame-d'Aliermont 76 20 C 2
Notre-Dame-d'Allençon 49 149 H 3
Notre-Dame-d'Aurès 12 281 E 3
Notre-Dame-d'Ay *Sanctuaire de* 07 248 D 2
Notre-Dame-de-Bellecombe 73 216 B 4
Notre-Dame-de-Bliquetuit 76 35 G 1
Notre-Dame-de-Boisset 42 211 H 3
Notre-Dame-de-Bondeville 76 36 A 1
Notre-Dame-de-Briançon 73 234 B 2
Notre-Dame de Buglose 40 293 E 2
Notre-Dame-de-Cenilly 50 51 H 1
Notre-Dame de Clausis 05 271 F 2
Notre-Dame-de-Commiers 38 250 D 3
Notre-Dame-de-Courson 14 54 D 1
Notre-Dame-de-Fresnay 14 54 B 2
Notre-Dame-de-Garaison 65 316 A 5
Notre-Dame-de-Grace 44 126 A 5
Notre-Dame-de-Gravenchon 76 35 F 1
Notre-Dame de Kérinec *Chapelle* 29 99 F 2
Notre-Dame-de-la-Cour 22 73 G 5
Notre-Dame de la Gorge 74 216 D 4
Notre-Dame-de-la-Grainetière *Abbaye de* 85 166 C 3
Notre-Dame-de-la-Mer *Chapelle* 78 57 E 1
Notre-Dame-de-la-Rouvière 30 283 E 5
Notre-Dame-de-la-Salette 38 251 G 5
Notre Dame de la Serra *Belvédère de* 2B 346 B 2
Notre-Dame-de-l'Aillant 71 176 B 1
Notre-Dame-de-Laus 05 269 H 4
Notre-Dame-de-l'Espérance 22 73 H 4
Notre-Dame-de-l'Isle 27 36 D 5
Notre-Dame-de-Livaye 14 34 B 5
Notre-Dame-de-Livoye 50 52 A 4
Notre-Dame-de-Londres 34 302 C 2
Notre-Dame-de-Lorette 62 8 A 5
Notre-Dame de l'Ormeau *Chapelle* 83 308 C 3
Notre-Dame-de-l'Osier 38 250 B 1
Notre-Dame de Lure *Monastère de* 04 287 E 3
Notre-Dame-de-Mésage 38 251 E 3
Notre-Dame-de-Montplacé *Chapelle* 49 129 F 5
Notre-Dame-de-Monts 85 164 C 3
Notre-Dame-de-Piétat *Chapelle de* 64 314 B 5
Notre-Dame-de-Riez 85 164 D 4
Notre-Dame-de-Sanilhac 24 240 C 3
Notre-Dame-de-Timadeuc *Abbaye de* 56 102 B 3
Notre-Dame-de-Tréminou *Chapelle* 29 99 F 4
Notre-Dame-de-Tronoën 29 99 F 4
Notre-Dame de Valvert *Chapelle de* 04 288 D 5
Notre-Dame-de-Vaulx 38 251 E 4
Notre-Dame de Vie *Ermitage* 06 309 E 4
Notre-Dame-d'Elle 50 32 C 5
Notre-Dame-d'Épine 27 35 F 4
Notre-Dame-des-Anges *Prieuré* 83 328 D 2
Notre-Dame-des-Dombes *Abbaye de* 01 213 G 2
Notre-Dame des Fontaines *Chapelle* 06 291 H 2
Notre-Dame-des-Landes 44 147 F 2
Notre-Dame-des-Millières 73 234 A 1
Notre-Dame-des-Misères *Chapelle de* 82 278 B 4
Notre-Dame-d'Estrées 14 34 B 5
Notre-Dame-d'Igny *Abbaye* 51 41 E 4
Notre-Dame-d'Oé 37 151 H 2
Notre-Dame-d'Or 86 168 C 4
Notre-Dame-du-Bec 76 18 C 5
Notre-Dame-du-Crann *Chapelle* 29 76 C 5
Notre-Dame-du-Cruet 73 234 A 4
Notre-Dame-du-Groseau *Chapelle* 84 285 H 3
Notre-Dame-du-Guildo 22 50 A 5
Notre-Dame-du-Hamel 27 55 E 3
Notre-Dame du Haut *Chapelle* 22 78 C 5
Notre-Dame-du-Mai *Chapelle* 83 327 H 5
Notre-Dame-du-Parc 76 20 B 3
Notre-Dame-du-Pé 72 129 E 3
Notre-Dame-du-Pré 73 234 C 2
Notre-Dame-du-Rocher 61 53 G 4
Notre-Dame-du-Touchet 50 81 G 2
Nottonville 28 110 B 3
La Nouaille 23 207 G 5
Nouaillé-Maupertuis 86 186 C 2
Nouainville 50 29 E 3
Nouan-le-Fuzelier 41 154 B 1
Nouan-sur-Loire 41 132 C 4
Nouans 72 107 H 2
Nouans-les-Fontaines 37 153 E 5
Nouart 08 43 F 1
Nouâtre 37 169 G 1
La Nouaye 35 103 H 2
La Noue 17 200 B 1
La Noue 51 60 D 4
Noueilles 31 318 A 3
Nougaroulet 32 296 C 3
Nouhant 23 190 B 5
Nouic 87 205 E 2
Nouilhan 65 315 E 2
Les Nouillers 17 201 F 3
Nouillonpont 55 44 D 3
Nouilly 57 45 H 5
Noulens 32 295 F 2
Nourard-le-Franc 60 38 C 1
Nourray 41 131 G 4
Nousse 40 293 F 3
Nousseviller-lès-Bitche 57 48 B 5
Nousseviller-Saint-Nabor 57 47 G 5
Nousty 64 314 C 4
Nouvelle-Église 62 3 E 3
Nouvion-en-Ponthieu 80 11 G 2
Le Nouvion-en-Thiérache 02 15 F 5
Nouvion-et-Catillon 02 24 C 4
Nouvion-le-Comte 02 24 C 4
Nouvion-le-Vineux 02 40 D 1
Nouvion-sur-Meuse 08 26 D 4
Nouvoitou 35 104 C 4
Nouvron-Vingré 02 40 A 2
Nouzerines 23 189 H 4
Nouzerolles 23 189 E 4
Nouziers 23 189 G 3
Nouzilly 37 152 A 1
Nouzonville 08 26 D 2
Novacelles 63 228 D 4
Novalaise 73 233 E 2
Novale 2B 347 G 4
Novéant-sur-Moselle 57 65 G 2
Novel 74 198 D 3
Novella 2B 345 E 5
Noves 13 304 D 1
Noviant-aux-Prés 54 65 F 4
Novillard 90 142 D 3
Novillars 25 162 A 3
Novillers 60 38 B 4
Novion-Porcien 08 26 B 5
Novy-Chevrières 08 26 B 5
Noyal 22 78 D 4
Noyal-Châtillon-sur-Seiche 35 104 B 3
Noyal-Muzillac 56 125 E 4
Noyal-Pontivy 56 102 A 3
Noyal-sous-Bazouges 35 80 B 3
Noyal-sur-Brutz 44 127 E 3
Noyal-sur-Vilaine 35 104 C 3
Noyales 02 24 C 2
Noyalo 56 124 C 4
Noyant 49 150 D 1
Noyant-d'Allier 03 191 H 3
Noyant-de-Touraine 37 151 G 5
Noyant-et-Aconin 02 40 B 3
Noyant-la-Gravoyère 49 127 H 3
Noyant-la-Plaine 49 149 H 3
Noyarey 38 250 D 1
Noyelle-Vion 62 13 E 2
Noyelles-en-Chaussée 80 11 H 2
Noyelles-Godault 62 8 C 5
Noyelles-lès-Humières 62 7 F 5
Noyelles-lès-Seclin 59 8 D 3
Noyelles-lès-Vermelles 62 8 A 4
Noyelles-sous-Bellonne 62 14 A 2
Noyelles-sous-Lens 62 8 B 5
Noyelles-sur-Escaut 59 14 B 4
Noyelles-sur-Mer 80 11 F 2
Noyelles-sur-Sambre 59 15 F 4
Noyelles-sur-Selle 59 14 C 2
Noyellette 62 13 F 2
Noyen-sur-Sarthe 72 129 F 2
Noyen-sur-Seine 77 89 G 4
Le Noyer 05 269 G 2
Le Noyer 14 34 D 2
Le Noyer 18 155 G 3
Le Noyer 73 233 G 1
Noyer *Col du* 05 269 G 2
Le Noyer-en-Ouche 27 55 G 1
Noyers 27 37 F 4
Noyers 45 134 B 2
Noyers 52 117 G 4
Noyers 89 137 E 4
Noyers-Missy 14 33 F 5
Noyers-le-Val 55 63 F 3
Noyers-Pont-Maugis 08 27 F 4
Noyers-Saint-Martin 60 22 B 5
Noyers-sur-Cher 41 153 F 4
Noyers-sur-Jabron 04 287 F 3
Noyon 60 23 H 5
Nozay 10 91 E 3
Nozay 44 126 C 5
Nozay 91 58 B 5
Nozeroy 39 180 A 4
Nozières 07 248 C 3
Nozières 18 173 E 5
Nuaillé 49 149 E 5
Nuaillé-d'Aunis 17 183 H 5
Nuaillé-sur-Boutonne 17 201 H 2
Nuars 58 157 G 2
Nubécourt 55 63 H 1
Nuces 12 262 C 5
Nucourt 95 37 G 5
Nueil-les-Aubiers 79 167 F 2
Nueil-sous-Faye 86 169 E 2
Nueil-sur-Argent 79 167 F 2
Nueil-sur-Layon 49 149 H 5
Nuelles 69 212 C 4
Nuillé-le-Jalais 72 108 B 4
Nuillé-sur-Ouette 53 106 B 4
Nuillé-sur-Vicoin 53 105 H 4
Nuisement-sur-Coole 51 62 A 3
Nuits 89 137 G 4
Nuits-Saint-Georges 21 160 A 5
Nullemont 76 21 F 3
Nully 52 92 B 4
Nuncq 62 12 C 2
Nuret-le-Ferron 36 171 F 5
Nurieux-Volognat 01 214 B 1
Nurlu 80 14 A 5
Nuzéjouls 46 259 H 4
Nyer 66 341 H 3
Nyoiseau 49 127 H 3
Nyons 26 285 H 1

O

O *Château d'* 61 54 B 5
Obenheim 67 97 G 3
Oberbronn 67 68 C 2
Oberbruck 68 142 C 1
Oberdorf 68 143 F 3
Oberdorf-Spachbach 67 69 E 2
Oberdorff 57 46 D 4
Oberentzen 68 121 E 4
Obergailbach 57 47 H 5
Oberhaslach 67 97 E 1
Oberhausbergen 67 97 G 1
Oberhergheim 68 121 E 4
Oberhoffen-lès-Wissembourg 67 69 F 1
Oberhoffen-sur-Moder 67 69 E 4
Oberkutzenhausen 67 69 E 2
Oberlarg 68 143 F 5
Oberlauterbach 67 69 G 2
Obermodern 67 68 C 3
Obermorschwihr 68 121 E 3
Obermorschwiller 68 143 F 2
Obernai 67 97 F 2
Oberrœdern 67 69 F 2
Obersaasheim 68 121 G 4
Oberschaeffolsheim 67 97 G 1
Obersoultzbach 67 68 B 3
Obersteigen 67 68 A 5
Obersteinbach 67 68 D 1
Oberstinzel 57 67 G 4
Obervisse 57 46 D 5
Obies 59 15 F 2
Objat 19 241 H 1
Oblinghem 62 8 A 3
Obrechies 59 15 H 3
Obreck 57 66 D 3
Obsonville 77 112 A 2
Obterre 36 170 C 3
Obtrée 21 115 H 5
Ocana 2A 348 D 3
Occagnes 61 54 A 4
Occey 52 139 G 5
Occhiatana 2B 346 D 2
Occoches 80 12 C 4
Ochancourt 80 11 F 3
Oches 08 43 F 1
Ochey 54 94 B 2
Ochiaz 01 214 D 1
Ochtezeele 59 3 G 4
Ocquerre 77 59 H 1
Ocqueville 76 19 G 3
Octeville 50 29 E 3
Octeville-l'Avenel 50 29 G 4
Octeville-sur-Mer 76 18 C 5
Octon 34 301 H 4
Odars 31 298 B 5
Odeillo 66 341 F 4
Odenas 69 212 D 2
Oderen 68 120 B 5
Odival 52 117 F 4
Odomez 59 9 G 4
Odos 65 315 E 5
Odratzheim 67 97 F 1
Oeillon *Crêt de l'* 42 230 D 4
Oëlleville 88 94 C 4
Oermingen 67 67 H 2
Œting 57 47 F 5
Oëtre *Roche d'* 61 53 G 3
Œuf-en-Ternois 62 7 F 5
Œuilly 02 41 E 2
Œuilly 51 61 E 1
Œutrange 57 45 G 2
Oëy 55 93 F 1
Oeyregave 40 292 D 5
Oeyreluy 40 292 D 3
Offekerque 62 3 E 3
Offemont 90 142 C 2
Offendorf 67 69 F 4
Offignies 80 21 G 3

Offin *62* 6 D 4
Offlanges *39* 161 E 4
Offoy *60* 22 A 4
Offoy *80* 23 H 3
Offranville *76* 20 A 2
Offrethun *62* 2 B 5
Offroicourt *88* 94 C 5
Offwiller *67* 68 C 2
Ogenne-Camptort *64* 313 G 3
Oger *51* 61 G 2
Ogeu-les-Bains *64* 314 A 4
Ogéviller *54* 95 H 2
Ogliastro *2B* 345 F 2
Ognes *02* 24 A 5
Ognes *51* 61 F 5
Ognes *60* 39 F 5
Ognéville *54* 94 C 3
Ognolles *60* 23 G 4
Ognon *60* 39 E 4
Ogy *57* 66 B 1
Ohain *59* 16 A 5
Oherville *76* 19 G 3
Ohis *02* 25 G 1
Ohlungen *67* 68 D 3
Ohnenheim *67* 97 F 5
L'Oie *85* 166 B 3
Oigney *70* 140 C 3
Oignies *62* 8 C 4
Oigny *21* 138 C 5
Oigny *41* 109 E 4
Oigny-en-Valois *02* 40 A 4
Oingt *69* 212 C 3
Oinville-Saint-Liphard *28* 111 E 2
Oinville-sous-Auneau *28* 86 C 3
Oinville-sur-Montcient *78* 57 G 1
Oiron *79* 168 B 2
Oiry *51* 61 G 1
Oiselay-et-Grachaux *70* 161 H 2
Oisemont *80* 11 G 5
Oisilly *21* 160 D 2
Oisly *41* 153 E 2
Oison *45* 111 E 3
Oisseau *53* 82 A 4
Oisseau-le-Petit *72* 83 G 5
Oissel *76* 36 B 3
Oissery *77* 59 F 1
Oissy *80* 22 A 1
Oisy *02* 15 E 5
Oisy *58* 157 E 1
Oisy *59* 9 G 5
Oisy-le-Verger *62* 14 A 3
Oizé *72* 129 H 3
Oizon *18* 155 F 2
OK Corral
Parc d'attractions 13 327 G 3
Olargues *34* 300 D 5
Olby *63* 227 F 1
Olcani *2B* 345 F 2
Oléac-Debat *65* 315 F 4
Oléac-Dessus *65* 315 F 5
Olemps *12* 280 C 1
Olendon *14* 53 H 2
Oléron *Île d' 17* 200 B 4
Oléron *Viaduc d' 17* 200 C 4
Oletta *2B* 345 F 5
Olette *66* 341 H 3
Olhain *Château d' 62* 8 A 5
Olivese *2A* 349 E 4
Olivet *45* 133 E 2
Olivet *53* 105 H 3
Olizy *08* 42 D 2
Olizy *51* 41 E 5
Olizy-sur-Chiers *55* 27 H 5
Ollainville *88* 94 A 5
Ollainville *91* 87 G 2
Ollans *25* 162 B 1
Ollé *28* 85 H 4
Ollencourt *60* 39 H 1
Olley *54* 45 E 5
Ollezy *02* 24 A 3
Ollières *55* 44 D 3
Les Ollières *74* 215 H 2
Ollières *83* 306 D 5
Les Ollières-sur-Eyrieux *07* 266 D 1
Olliergues *63* 228 D 1
Ollioules *83* 327 H 4
Olloix *63* 227 G 2
Les Olmes *69* 212 C 4
Olmet *63* 228 D 1
Olmet-et-Villecun *34* 301 H 3
Olmeta-di-Capocorso *2B* 345 F 3
Olmeta-di-Tuda *2B* 345 F 5
Olmeto *2A* 348 D 5
Olmi-Cappella *2B* 346 D 2
Olmiccia *2A* 349 E 5
Olmo *2B* 347 G 2
Olonne-sur-Mer *85* 182 A 1
Olonzac *34* 320 C 4
Oloron-Sainte-Marie *64* 331 H 1
Ols-et-Rinhodes *12* 261 F 5
Oltingue *68* 143 G 4
Olwisheim *67* 68 D 5
Omaha Beach *14* 32 D 2
Omblèze *26* 250 A 5
Omécourt *60* 21 G 5
Omelmont *54* 94 D 2
Les Omergues *04* 286 D 3
Omerville *95* 37 F 5
Omessa *2B* 347 F 4
Omet *33* 256 B 3
Omex *65* 332 D 1
Omey *51* 62 C 3
Omicourt *08* 27 E 4
Omiécourt *80* 23 F 3
Omissy *02* 24 B 2
Omméel *61* 54 C 4
Ommeray *57* 67 E 5
Ommoy *61* 54 A 3
Omont *08* 26 D 5
Omonville *76* 20 A 3
Omonville-la-Petite *50* 28 C 2
Omonville-la-Rogue *50* 28 D 2
Omps *15* 243 H 5
Oms *66* 342 D 3
Onans *25* 142 A 4
Onard *40* 293 F 2
Onay *70* 161 F 2
Oncieu *01* 214 B 3
Oncourt *88* 95 F 5
Oncy-sur-École *91* 88 A 4
Ondefontaine *14* 53 E 1
Ondes *31* 297 G 3
Ondres *40* 292 A 4
Ondreville-sur-Essonne *45* 111 H 2
Onesse-Laharie *40* 272 C 4
Onet-le-Château *12* 280 D 1
Oneux *80* 11 H 3
Ongles *04* 287 E 4
Onglières *39* 180 A 3
Onival *80* 10 D 3
Onjon *10* 91 F 4
Onlay *58* 176 A 2
Onnaing *59* 9 H 5
Onnion *74* 198 B 5
Onoz *39* 196 C 2
Ons-en-Bray *60* 37 H 2
Ontex *73* 215 E 5
Onville *54* 65 F 2
Onvillers *80* 23 E 5
Onzain *41* 152 D 1
Oô *31* 334 A 4
Oost-Cappel *59* 4 A 3
Opio *06* 309 E 3
Opme *63* 227 H 1
Opoul-Périllos *66* 338 D 4
Oppède *84* 305 G 2
Oppède-le-Vieux *84* 305 F 2
Oppedette *04* 286 D 5
Oppenans *70* 141 G 4
Oppy *62* 13 H 2
Optevoz *38* 214 A 5
Or *Mont d' 25* 180 C 4
Oraàs *64* 311 H 3
Oradour *15* 245 F 5
Oradour *16* 202 D 4
Oradour-Fanais *16* 204 D 2
Oradour-Saint-Genest *87* 187 H 5
Oradour-sur-Glane *87* 205 F 4
Oradour-sur-Vayres *87* 222 D 1
Orain *21* 139 H 5
Orainville *02* 41 G 2
Oraison *04* 287 G 5
Orange *84* 285 F 3
Orbagna *39* 196 B 1
Orbais-l'Abbaye *51* 61 E 2
Orban *81* 299 F 2
Orbec *14* 55 E 1
Orbeil *63* 228 A 3
Orbessan *32* 296 B 5
Orbey *68* 120 D 2
Orbigny *37* 152 D 4
Orbigny-au-Mont *52* 139 H 2
Orbigny-au-Val *52* 139 H 2
Orbois *14* 33 E 5
L'Orbrie *85* 184 B 2
Orçay *41* 154 C 4
Orcemont *78* 86 D 2
Orcenais *18* 173 E 5
Orcet *63* 227 H 1
Orcevaux *52* 139 G 3
Orchaise *41* 131 H 5
Orchamps *39* 161 F 5
Orchamps-Vennes *25* 163 E 5
Orches *86* 169 E 3
Orchies *59* 9 E 4
Orcier *74* 198 B 4
Orcières *05* 270 A 2
Orcinas *26* 267 H 4
Orcines *63* 209 G 5
Orcival *63* 227 F 1
Orconte *51* 62 D 5
Ordan-Larroque *32* 296 A 3
Ordiarp *64* 331 E 1
Ordizan *65* 333 F 1
Ordonnac *33* 219 E 5
Ordonnaz *01* 214 C 4
Ore *31* 334 B 2
Orègue *64* 311 G 3
Oreilla *66* 341 H 3
Orelle *73* 252 C 1
Oresmaux *80* 22 B 3
Orezza *Couvent d' 2B* 347 G 3
Organ *65* 316 A 4
Orgeans *25* 163 F 3
Orgedeuil *16* 221 H 1
Orgeix *09* 341 E 2
Orgelet *39* 196 C 2
Orgères *35* 104 B 4
Orgères *61* 54 D 4
Orgères-en-Beauce *28* 110 C 3
Orgères-la-Roche *53* 83 E 2
Orgerus *78* 57 F 3
Orges *52* 116 C 3
Orgeux *21* 160 B 2
Orgeval *02* 41 E 1
Orgeval *78* 57 H 2
Orgibet *09* 334 D 3
Orglandes *50* 29 F 5
Orgnac *Aven d' 07* 284 B 1
Orgnac-l'Aven *07* 284 B 2
Orgnac-sur-Vézère *19* 224 B 5
Orgon *13* 305 F 2
Orgueil *82* 297 H 1
Oricourt *70* 141 G 4
Orient *Forêt d' 10* 91 G 5
Orieux *65* 315 G 5
Orignac *65* 333 F 1
Origne *33* 255 G 4
Origné *53* 106 A 5
Orignolles *17* 238 C 1
Origny *21* 138 B 4
Origny-en-Thiérache *02* 25 G 1
Origny-le-Butin *61* 84 B 4
Origny-le-Roux *61* 84 A 5
Origny-le-Sec *10* 90 B 3
Origny-Sainte-Benoite *02* 24 C 2
Orin *64* 313 G 4
Orincles *65* 333 E 1
Oriocourt *57* 66 C 3
Oriol-en-Royans *26* 250 A 4
Oriolles *16* 220 C 5
Orion *64* 313 F 2
Oris-en-Rattier *38* 251 F 4
Orist *40* 292 C 4
Orival *16* 239 E 1
Orival *76* 36 A 3
Orival *80* 21 G 3
Orléans *45* 133 E 2
Orléat *63* 210 B 4
Orleix *65* 315 F 5
Orliac *24* 259 F 2
Orliac-de-Bar *19* 224 D 5
Orliaguet *24* 241 H 5
Orliénas *69* 230 D 1
Orlu *09* 341 E 2
Orlu *28* 87 E 5
Orly *94* 58 C 4
Orly-sur-Morin *77* 60 A 3
Ormancey *52* 117 E 5
Ormeaux *77* 59 H 5
Ormenans *70* 162 B 1
Ormersviller *57* 48 B 5
Ormes *10* 91 E 2
Ormes *27* 56 A 1
Ormes *45* 110 D 5
Ormes *51* 41 G 4
Ormes *71* 195 F 1
Les Ormes *86* 169 H 2
Les Ormes *89* 135 H 2
Ormes-et-Ville *54* 94 D 3
Les Ormes-sur-Voulzie *77* 89 F 3
Ormesson *77* 112 B 2
Ormesson-sur-Marne *94* 58 D 4
Ormoiche *70* 141 F 2
Ormoy *28* 86 A 2
Ormoy *70* 118 C 5
Ormoy *89* 114 A 5
Ormoy *91* 88 A 2
Ormoy-la-Rivière *91* 87 F 4
Ormoy-le-Davien *60* 39 G 4
Ormoy-lès-Sexfontaines *52* 116 D 2
Ormoy-sur-Aube *52* 116 B 4
Ormoy-Villers *60* 39 F 4
Ornacieux *38* 231 H 4
Ornaisons *11* 320 D 5
Ornans *25* 162 B 5
Ornel *55* 44 D 4
Ornes *55* 44 C 4
Ornex *01* 197 G 4
Ornézan *32* 296 B 5
Orniac *46* 260 C 4
Ornolac-Ussat-
les-Bains *09* 336 B 4
Ornon *38* 251 F 3
Ornon *Col d' 38* 251 F 3
Orny *57* 65 H 2
Oroër *60* 38 A 1
Oroix *65* 314 D 4
Oron *57* 66 C 3
Oroux *79* 168 B 5
Orphin *78* 86 D 2
Orpierre *05* 287 E 1
Orquevaux *52* 93 F 5
Les Orres *05* 270 C 4
Orret *21* 138 C 5
Orriule *64* 313 F 2
Orrouer *28* 85 H 4
Orrouy *60* 39 G 3
Orry-la-Ville *60* 38 D 5
Ors *59* 15 E 4
Orsan *30* 284 D 3
Orsanco *64* 311 G 4
Orsans *11* 319 E 5
Orsans *25* 162 C 3
Orsay *91* 58 B 5
Orschwihr *68* 120 D 4
Orschwiller *67* 97 E 5
Orsennes *36* 189 E 3
Orsinval *59* 15 E 2
Orsonnette *63* 228 A 4
Orsonville *78* 86 D 3
Ortaffa *66* 343 F 3
Ortale *2B* 347 G 4
Orthevielle *40* 292 D 5
Orthez *64* 293 G 5
Orthoux-Sérignac-
Quilhan *30* 303 E 1
Ortillon *10* 91 F 3
Ortiporio *2B* 347 G 3
Orto *2A* 348 D 1
Orval-sur-Sienne *88* 95 G 4
Orus *09* 336 A 5
Orval *18* 173 F 5
Orval *50* 51 G 1
Orvault *44* 147 G 3
Orvaux *27* 56 A 2
Orve *25* 163 E 2
Orveau *91* 87 G 4
Orveau-Bellesauve *45* 111 H 2
Orville *21* 139 F 5
Orville *36* 154 A 5
Orville *45* 111 H 2
Orville *61* 54 D 3
Orville *62* 12 D 4
Orvillers-Sorel *60* 23 E 5
Orvilliers *78* 57 F 3
Orvilliers-Saint-Julien *10* 90 C 4
Orx *40* 292 B 4
Os-Marsillon *64* 313 H 2
Osani *2A* 346 A 4
Osches *55* 63 H 1
Osenbach *68* 120 D 4
Oslon *71* 177 H 4
Osly-Courtil *02* 40 A 2
Osmanville *14* 32 B 2
Osmery *18* 173 G 3
Osmets *65* 315 G 4
Osmoy *18* 173 F 1
Osmoy *78* 57 F 3
Osmoy-Saint-Valery *76* 20 C 3
Osne-le-Val *52* 93 E 3
Osnes *08* 27 G 4
Osny *95* 58 A 1
L'Ospédale *2A* 351 F 2
Osquich *Col d' 64* 311 G 5
Ossages *40* 293 F 5
Ossas-Suhare *64* 331 E 1
Osse *25* 162 B 3
Ossé *35* 104 D 3
Osse-en-Aspe *64* 331 H 3
Osséja *66* 341 F 5
Osselle *Grottes d' 25* 161 G 5
Osselle-Routelle *25* 161 G 5
Ossen *65* 332 D 1
Ossenx *64* 313 F 3
Osserain-Rivareyte *64* 311 H 4
Ossès *64* 311 E 5
Ossey-les-Trois-Maisons *10* 90 B 4
Ossun *65* 314 D 5
Ossun-ez-Angles *65* 333 E 1
Ostabat-Asme *64* 311 G 5
Ostel *02* 40 D 2
Ostheim *68* 121 E 2
Osthoffen *67* 97 F 1
Osthouse *67* 97 G 3
Ostreville *62* 7 G 5
Ostricourt *59* 8 D 4
Ostwald *67* 97 H 1
Ota *2A* 346 B 5
Othe *54* 44 B 2
Othis *77* 59 E 1
Ottange *57* 45 F 2
Ottersthal *67* 68 B 4
Otterswiller *67* 68 B 4
Ottmarsheim *68* 143 G 1
Ottonville *57* 46 C 4
Ottrott *67* 97 E 2
Ottwiller *67* 68 A 3
Ouagne *58* 157 E 2
Ouainville *76* 19 F 3
Ouanne *89* 136 A 4
Ouarville *28* 86 D 5
Les Oubeaux *14* 32 B 3
Ouchamps *41* 153 E 2
Ouches *42* 211 G 3
Oucques *41* 132 A 3
Oudalle *76* 34 D 1
Oudan *58* 156 D 3
Oudeuil *60* 21 H 5
Oudezeele *59* 3 H 4
Oudincourt *52* 116 D 2
Oudon *44* 148 A 2
Oudrenne *57* 46 B 3
Oudry *71* 193 H 1
Oueilloux *65* 315 F 5
Ouerre *28* 56 D 5
Ouessant *Île d' 29* 74 A 1
Ouézy *14* 34 A 5
Ouffières *14* 53 F 1
Ouge *70* 140 B 2
Ouges *21* 160 A 4
Ougney *39* 161 F 4
Ougney-Douvot *25* 162 C 2
Ougny *58* 175 G 1
Ouhans *25* 180 C 1
Ouides *43* 247 E 5
Ouillat *Col de l' 66* 343 F 4
Ouillon *64* 314 C 3
Ouilly-du-Houley *14* 34 D 5
Ouilly-le-Tesson *14* 53 H 1
Ouilly-le-Vicomte *14* 34 C 4
Ouistreham-Riva-Bella *14* 33 H 3
Oulches *36* 188 B 1
Oulches-la-Vallée-Foulon *02* 41 E 2
Oulchy-la-Ville *02* 40 B 4
Oulchy-le-Château *02* 40 B 4
Oulins *28* 56 D 3
Oulles *38* 251 F 3
Oullins *69* 231 E 1
Oulmes *85* 184 C 3
Oulon *58* 157 E 5
Ounans *39* 179 F 1
Oupia *34* 320 C 4
Our *39* 161 F 5
Ourcel-Maison *60* 22 B 5
Ourches *26* 267 G 1
Ourches-sur-Meuse *55* 94 A 1
Ourde *65* 334 A 3
Ourdis-Cotdoussan *65* 333 E 2
Ourdon *65* 333 E 2
Ourouër *58* 174 D 1
Ourouer-les-Bourdelins *18* 173 H 3
Ouroux *69* 194 C 5
Ouroux-en-Morvan *58* 158 A 5
Ouroux-sous-le-Bois-
Sainte-Marie *71* 194 A 4
Ouroux-sur-Saône *71* 178 A 5
Oursbelille *65* 315 E 4
Ourscamps *Abbaye d' 60* 39 G 1
Les Oursinières *83* 328 B 5
Ourtigas *Col de l' 34* 301 E 4
Ourton *62* 7 H 4
Ourville-en-Caux *76* 19 F 3
Ousse *64* 314 C 4
Ousse-Suzan *40* 273 F 5
Oussières *39* 179 E 2
Ousson-sur-Loire *45* 134 D 5
Oussoy-en-Gâtinais *45* 134 C 2
Oust *09* 335 G 4
Oust-Marest *80* 10 D 4
Ousté *65* 333 E 1
Outarville *45* 111 E 2
Outines *51* 92 A 2
Outreau *62* 6 A 2
Outrebois *80* 12 C 3
Outremécourt *52* 118 A 2
Outrepont *51* 62 D 4
Outriaz *01* 214 C 2
Outtersteene *59* 4 A 5
Ouvans *25* 162 D 3
Ouve-Wirquin *62* 7 E 2
Ouveillan *11* 321 E 4
Ouville *50* 51 H 1
Ouville-la-Bien-Tournée *14* 54 A 1
Ouville-la-Rivière *76* 20 A 2
Ouville-l'Abbaye *76* 19 H 4
Ouvrouer-
les-Champs *45* 133 H 3
Ouzilly *86* 169 F 4
Ouzilly-Vignolles *86* 168 C 3
Ouzouer-
des-Champs *45* 134 C 2
Ouzouer-le-Doyen *41* 109 H 5
Ouzouer-le-Marché *41* 132 C 2
Ouzouer-
sous-Bellegarde *45* 112 A 5
Ouzouer-sur-Loire *45* 134 B 3
Ouzouer-sur-Trézée *45* 134 D 4
Ouzous *65* 332 D 2
Ovanches *70* 140 D 4
Ovillers-la-Boisselle *80* 13 F 5
Oxelaëre *59* 3 H 5
Oxocelhaya et Isturits
Grottes d' 64 311 F 4
Oyé *71* 193 H 4
Oye-et-Pallet *25* 180 C 3
Oye-Plage *62* 3 E 3
Oyes *51* 61 E 4
Oyeu *38* 232 B 4
Oyonnax *01* 196 C 5
Oyré *86* 169 H 3
Oyrières *70* 140 A 5
Oysonville *28* 87 E 4
Oytier-Saint-Oblas *38* 231 G 2
Oz *38* 251 G 2
Ozan *01* 195 F 3
Oze *05* 269 E 4
Ozenay *71* 195 E 2
Ozenx *64* 313 F 2
Ozerailles *54* 45 E 4
Ozeville *50* 29 G 4
Ozières *52* 117 G 2
Ozillac *17* 219 H 4
Ozoir-la-Ferrière *77* 59 E 4
Ozoir-le-Breuil *28* 110 A 5
Ozolles *71* 194 A 4
Ozon *07* 249 E 2
Ozon *65* 315 G 5
Ozouer-le-Repos *77* 88 D 2
Ozouer-le-Voulgis *77* 59 F 5
Ozourt *40* 293 F 3

P

Paars *02* 40 D 3
Pabu *22* 73 E 5
La Pacaudière *42* 211 F 1
Pacé *35* 104 A 2
Pacé *61* 83 F 3
Pact *38* 231 G 5
Pacy-sur-Armançon *89* 137 F 3
Pacy-sur-Eure *27* 56 D 1
Padern *11* 338 B 4
Padiès *81* 280 B 5
Padirac *46* 260 D 1
Padirac *Gouffre de 46* 260 D 1
Padoux *88* 95 G 5
Pageas *87* 223 E 1
Pagney *39* 161 F 3
Pagney-derrière-Barine *54* 65 F 5
Pagnoz *39* 179 G 2
Pagny-la-Blanche-Côte *55* 94 A 2
Pagny-la-Ville *21* 178 B 1
Pagny-le-Château *21* 178 B 1
Pagny-lès-Goin *57* 65 H 2
Pagny-sur-Meuse *55* 94 A 1
Pagny-sur-Moselle *54* 65 G 2
Pagolle *64* 311 H 5
Pailhac *65* 333 H 3
Pailharès *07* 248 C 3
Pailhères *Port de 09* 337 E 5
Pailherols *15* 244 D 5
Pailhès *09* 335 H 1
Pailhès *34* 321 G 2
Paillart *60* 22 C 4
Paillé *17* 202 B 3
Paillencourt *59* 14 B 3
Paillet *33* 255 H 2
Pailloles *47* 258 B 5
Le Pailly *52* 139 H 3
Pailly *89* 89 G 5
Paimbœuf *44* 146 D 3
Paimpol *22* 73 F 3

Paimpont 35 ... 103 F 3
Pain de Sucre 14 ... 53 F 2
Painblanc 21 ... 159 F 5
Pair-et-Grandrupt 88 ... 96 B 5
Pairis 68 ... 120 C 2
Paissy 02 ... 41 E 2
Paisy-Cosdon 10 ... 114 B 2
Paizay-le-Chapt 79 ... 202 C 2
Paizay-le-Sec 86 ... 187 F 1
Paizay-le-Tort 79 ... 202 C 1
Paizay-Naudouin 16 ... 203 E 2
Pajay 38 ... 231 H 5
le Pal *Parc d'attractions et animalier* 03 ... 192 D 2
Paladru 38 ... 232 C 3
Palagaccio 2B ... 345 G 4
Palaggiu *Alignements de* 2A ... 350 D 3
Palairac 11 ... 338 B 3
Le Palais 56 ... 144 B 4
Le Palais-sur-Vienne 87 ... 205 H 4
Palaiseau 91 ... 58 B 5
Palaiseul 52 ... 139 H 3
Palaja 11 ... 319 H 5
Palaminy 31 ... 317 E 5
Palante 70 ... 142 A 3
Palantine 25 ... 161 H 5
Palasca 2B ... 344 D 5
Palau-de-Cerdagne 66 ... 341 F 5
Palau-del-Vidre 66 ... 343 F 3
Palavas-les-Flots 34 ... 303 E 5
Palazinges 19 ... 242 D 2
Paley 77 ... 112 D 2
Paleyrac 24 ... 259 E 1
Palhers 48 ... 264 A 4
Palinges 71 ... 193 H 2
Pâlis 10 ... 90 B 5
Palise 25 ... 162 A 2
Palisse 19 ... 225 H 4
Palladuc 63 ... 210 D 4
Pallanne 32 ... 295 G 5
Palleau 71 ... 178 A 2
Pallegney 88 ... 95 F 5
Le Pallet 44 ... 148 A 5
Palleville 81 ... 319 E 2
La Pallice 17 ... 200 B 1
La Pallu 53 ... 82 D 3
Palluau 85 ... 165 G 3
Palluau-sur-Indre 36 ... 171 E 2
Palluaud 16 ... 221 F 5
Pallud 73 ... 234 A 1
Palluel 62 ... 14 A 2
Palmas d'Aveyron 12 ... 281 F 1
La Palme 11 ... 339 E 3
La Palmyre 17 ... 218 B 1
Palneca 2A ... 349 F 3
Palogneux 42 ... 229 F 1
Palombaggia *Plage de* 2A ... 351 G 3
La Palud-sur-Verdon 04 ... 307 H 2
Paluden 29 ... 70 C 4
Paluel 76 ... 19 F 2
Pamfou 77 ... 88 D 4
Pamiers 09 ... 336 B 1
Pampelonne 81 ... 279 H 4
Pamplie 79 ... 184 D 2
Pamproux 79 ... 185 G 3
Panassac 32 ... 316 A 3
Panazol 87 ... 205 H 5
Pancé 35 ... 104 B 5
Pancheraccia 2B ... 347 G 5
Pancy-Courtecon 02 ... 40 D 1
Pandrignes 19 ... 243 E 2
Pange 57 ... 66 B 1
Panges 21 ... 159 G 2
Panilleuse 27 ... 37 E 5
Panissage 38 ... 232 B 3
Panissières 42 ... 212 A 5
Panjas 32 ... 294 D 2
Panlatte 27 ... 56 A 4
Pannecé 44 ... 148 B 1
Pannecières 45 ... 87 F 5
Pannes 45 ... 112 B 4
Pannes 54 ... 65 E 3
Pannesière-Chaumard *Barrage de* 58 ... 157 H 5
Pannessières 39 ... 179 F 5
Panon 72 ... 84 A 5
Panossas 38 ... 231 H 1
La Panouse 48 ... 264 D 2
Pansey 52 ... 93 F 3
Pantin 93 ... 58 C 3
Panzoult 37 ... 151 F 5
Papleux 02 ... 15 G 5
La Pâquelais 44 ... 147 F 2
Paradou 13 ... 304 C 3
Paramé 35 ... 50 C 5
Parassy 18 ... 155 F 4
Parata 2B ... 347 G 3
Parata *Pointe de la* 2A ... 348 B 4
Paray-Douaville 78 ... 86 D 4
Paray-le-Frésil 03 ... 192 C 1
Paray-le-Monial 71 ... 193 G 3
Paray-sous-Briailles 03 ... 192 B 5
Paray-Vieille-Poste 91 ... 58 C 5
Paraza 11 ... 320 D 4
Parbayse 64 ... 313 H 3
Parc-d'Anxtot 76 ... 19 E 5
Parçay-les-Pins 49 ... 150 D 2
Parçay-Meslay 37 ... 152 A 2
Parçay-sur-Vienne 37 ... 151 G 5
Parcé 35 ... 81 E 5
Parcé-sur-Sarthe 72 ... 129 F 2
Parcey 39 ... 179 E 1
Parcieux 01 ... 213 E 4
Parcoul-Chenaud 24 ... 239 E 2
Le Parcq 62 ... 7 E 5
Parcy-et-Tigny 02 ... 40 B 4
Pardailhan 34 ... 320 D 2
Pardaillan 47 ... 257 F 3
Pardies 64 ... 313 H 3
Pardies-Piétat 64 ... 314 B 5
Pardines 63 ... 227 H 3
Paréac 65 ... 333 E 1
Pareid 55 ... 64 D 1
Parempuyre 33 ... 237 F 4
Parennes 72 ... 107 E 3
Parent 63 ... 228 A 2
Parentignat 63 ... 228 A 3
Parentis-en-Born 40 ... 272 D 1
Parenty 62 ... 6 C 3
Parey-Saint-Césaire 54 ... 94 C 2
Parey-sous-Montfort 88 ... 94 C 5
Parfondeval 02 ... 25 H 3
Parfondeval 61 ... 84 B 3
Parfondru 02 ... 41 E 1
Parfondrupt 55 ... 44 D 5
Parfouru-l'Éclin 14 ... 32 D 5
Parfouru-sur-Odon 14 ... 33 E 5
Pargnan 02 ... 41 E 2
Pargny 80 ... 23 G 3
Pargny-Filain 02 ... 40 D 1
Pargny-la-Dhuys 02 ... 60 D 2
Pargny-les-Bois 02 ... 24 D 3
Pargny-lès-Reims 51 ... 41 F 4
Pargny-Resson 08 ... 42 B 1
Pargny-sous-Mureau 88 ... 93 H 4
Pargny-sur-Saulx 51 ... 63 E 4
Pargues 10 ... 115 F 4
Parignargues 30 ... 303 G 1
Parigné 35 ... 81 F 3
Parigné-le-Pôlin 72 ... 129 H 2
Parigné-l'Évêque 72 ... 108 A 5
Parigné-sur-Braye 53 ... 82 B 5
Parigny 42 ... 211 G 3
Parigny 50 ... 81 G 2
Parigny-la-Rose 58 ... 157 E 3
Parigny-les-Vaux 58 ... 174 C 1
Pariou *Puy de* 63 ... 209 G 5
Paris 75 ... 58 C 3
Paris-Charles-de-Gaulle *Aéroport* 95 ... 58 D 1
Paris-l'Hôpital 71 ... 177 F 2
Paris-Orly *Aéroport de* 91 ... 58 C 5
Parisot 81 ... 298 D 2
Parisot 82 ... 279 E 2
Parlan 15 ... 261 G 1
Parleboscq 40 ... 274 D 5
Parly 89 ... 135 H 3
Parmain 95 ... 38 B 5
Parmilieu 38 ... 214 A 4
Parnac 36 ... 188 C 3
Parnac 46 ... 259 H 5
Parnans 26 ... 249 H 2
Parnay 18 ... 173 G 3
Parnay 49 ... 150 C 4
Parné-sur-Roc 53 ... 106 A 4
Parnes 60 ... 37 F 4
Parnot 52 ... 117 H 4
Les Paroches 55 ... 64 C 3
Parois 55 ... 43 G 5
Paron 89 ... 113 F 3
Paroy 25 ... 179 H 1
Paroy 77 ... 89 F 3
Paroy-en-Othe 89 ... 114 A 4
Paroy-sur-Saulx 52 ... 93 E 3
Paroy-sur-Tholon 89 ... 113 H 5
Parpeçay 36 ... 153 H 4
Parpeville 02 ... 24 C 3
Parranquet 47 ... 258 D 3
Parroy 54 ... 66 D 5
Pars-lès-Chavanges 10 ... 91 H 3
Pars-lès-Romilly 10 ... 90 B 3
Parsac 33 ... 238 D 5
Parsac-Rimondeix 23 ... 207 G 1
Parthenay 79 ... 168 A 5
Parthenay-de-Bretagne 35 ... 104 A 2
Partinello 2A ... 346 B 4
Parux 54 ... 96 B 2
Parves-et-Nattages 01 ... 214 D 5
Parville 27 ... 56 B 1
Parvillers-le-Quesnoy 80 ... 23 F 3
Parzac 16 ... 203 H 3
Les Pas 50 ... 51 G 5
Le Pas 53 ... 82 A 3
Pas-de-Jeu 79 ... 168 C 2
Pas de la Graille 04 ... 287 F 3
Pas de l'Echelle 74 ... 197 G 5
Pas de l'Ours 11 ... 336 D 4
Pas-des-Lanciers 13 ... 326 C 1
Pas-en-Artois 62 ... 13 E 4
Le Pas-Saint-l'Homer 61 ... 85 E 3
Pasciolo *Fort de* 2B ... 347 E 5
Pasilly 89 ... 137 F 4
Paslières 63 ... 210 C 4
Pasly 02 ... 40 B 2
Pasques 21 ... 159 H 2
Le Pasquier 39 ... 179 H 3
Passa 66 ... 343 E 3
Le Passage 38 ... 232 C 3
Le Passage 47 ... 276 B 3
Passais 61 ... 82 A 2
Passavant 25 ... 162 C 3
Passavant-en-Argonne 51 ... 63 F 1
Passavant-la-Rochère 70 ... 118 C 4
Passavant-sur-Layon 49 ... 149 H 5
Passay 44 ... 147 G 5
Passel 60 ... 23 G 5
Passenans 39 ... 179 F 4
Passin 01 ... 214 D 3
Passins 38 ... 232 B 1
Passirac 16 ... 220 D 5
Passonfontaine 25 ... 162 D 5
Passy 71 ... 194 C 2
Passy 74 ... 216 C 3
Passy 89 ... 113 G 3
Passy-en-Valois 02 ... 40 A 5
Passy-Grigny 51 ... 41 E 5
Passy-sur-Marne 02 ... 60 D 1
Passy-sur-Seine 77 ... 89 G 4
Pastricciola 2A ... 348 D 1
Patay 45 ... 110 C 4
Patornay 39 ... 196 D 1
Patrimonio 2B ... 345 F 4
Pau 64 ... 314 B 5
Paucourt 45 ... 112 C 4
Paudy 36 ... 172 B 1
Paugnat 63 ... 209 G 4
Pauilhac 32 ... 296 B 1
Pauillac 33 ... 237 E 1
Paule 22 ... 77 E 4
Paulhac 15 ... 245 F 4
Paulhac 31 ... 298 A 3
Paulhac 43 ... 246 B 1
Paulhac-en-Margeride 48 ... 246 B 5
Paulhaguet 43 ... 246 C 2
Paulhan 34 ... 302 A 5
Paulhe 12 ... 281 H 3
Paulhenc 15 ... 245 F 5
Paulhiac 47 ... 258 D 4
Pauliac *Puy de* 19 ... 242 D 2
Pauligne 11 ... 337 F 1
Paulin 24 ... 241 H 4
La Pauline 83 ... 328 B 4
Paulinet 81 ... 300 A 2
Paulmy 37 ... 170 A 2
Paulnay 36 ... 170 D 3
Paulx 44 ... 165 F 1
Paunat 24 ... 240 D 5
Pause *Col de* 09 ... 335 F 5
Paussac-et-Saint-Vivien 24 ... 222 B 5
Pautaines-Augeville 52 ... 93 F 4
Pauvres 08 ... 42 B 2
Pavant 02 ... 60 B 2
Pavezin 42 ... 230 D 4
Pavie 32 ... 296 B 4
Pavillon *Col du* 69 ... 212 A 2
Le Pavillon-Sainte-Julie 10 ... 90 C 4
Les Pavillons-sous-Bois 93 ... 58 D 3
Pavilly 76 ... 20 A 5
Pavin *Lac* 63 ... 227 F 3
Payns 10 ... 90 D 4
Payra-sur-l'Hers 11 ... 318 D 4
Payrac 46 ... 260 B 1
Payré 86 ... 186 A 4
Payrignac 46 ... 259 H 2
Payrin-Augmontel 81 ... 319 H 2
Payros-Cazautets 40 ... 294 B 4
Payroux 86 ... 186 C 5
Payssous 31 ... 334 B 2
Payzac 07 ... 265 H 5
Payzac 24 ... 223 G 5
Pazayac 24 ... 241 H 3
Paziols 11 ... 338 C 4
Pazy 58 ... 157 G 4
Le Péage 38 ... 231 G 2
Le Péage-de-Roussillon 38 ... 231 E 5
Péas 51 ... 61 E 4
Peaugres 07 ... 249 E 1
Péaule 56 ... 125 E 4
Péault 85 ... 183 E 2
Pébées 32 ... 317 E 2
Pébrac 43 ... 246 C 4
Pech 09 ... 336 B 5
Pech-Luna 11 ... 318 D 5
Pech Merle *Grotte du* 46 ... 260 C 4
Péchabou 31 ... 318 A 2
Pécharic-et-le-Py 11 ... 318 D 5
Péchaudier 81 ... 299 E 5
Pechbonnieu 31 ... 298 A 3
Pechbusque 31 ... 298 A 5
Le Pêchereau 36 ... 188 D 1
Pécorade 40 ... 294 B 4
Le Pecq 78 ... 58 A 3
Pecquencourt 59 ... 9 E 5
Pecqueuse 91 ... 87 F 2
Pécy 77 ... 59 H 5
Pédernec 22 ... 72 D 5
Pégairolles-de-Buèges 34 ... 302 B 2
Pégairolles-de-l'Escalette 34 ... 301 H 2
Pégomas 06 ... 309 E 4
Le Pègue 26 ... 267 G 5
Péguilhan 31 ... 316 C 4
Peigney 52 ... 139 G 2
Peillac 56 ... 125 G 3
Peille 06 ... 291 G 5
Peillon 06 ... 291 F 5
Peillonnex 74 ... 216 A 1
Peintre 39 ... 161 E 4
Les Peintures 33 ... 238 D 3
Peipin 04 ... 287 G 3
Peïra-Cava 06 ... 291 F 4
Peisey-Nancroix 73 ... 234 D 2
Pel-et-Der 10 ... 91 G 4
Pélissanne 13 ... 305 F 4
Pellafol 38 ... 269 F 1
Pelleautier 05 ... 269 G 4
Pellefigue 32 ... 316 C 2
Pellegrue 33 ... 257 E 2
Pelleport 31 ... 297 F 3
Pellerey 21 ... 159 G 1
Le Pellerin 44 ... 147 F 4
La Pellerine 49 ... 150 D 1
La Pellerine 53 ... 81 G 5
Pellevoisin 36 ... 171 F 2
Pellouailles-les-Vignes 49 ... 149 H 1
Pelonne 26 ... 268 B 5
Pelouse 48 ... 264 D 4
Pelousey 25 ... 161 H 3
Peltre 57 ... 65 H 1
Pélussin 42 ... 230 D 4
Pelves 62 ... 13 H 2
Pelvoux 05 ... 252 C 5
Pelvoux *Belvédère du* 05 ... 252 C 5
Pen-Guen 22 ... 50 A 5
Pen-Lan *Pointe de* 56 ... 124 D 5
Penchard 77 ... 59 G 2
Pencran 29 ... 75 G 2
Pendé 80 ... 11 E 3
Pendu *Col du* 07 ... 265 G 3
Pénestin 56 ... 124 D 5
Penguily 22 ... 78 D 4
Penhir *Pointe de* 29 ... 74 D 4
Penhors 29 ... 99 E 3
Penin 62 ... 13 E 2
Penly 76 ... 10 C 5
Penmarch 29 ... 99 F 5
Pennautier 11 ... 319 H 5
La Penne 06 ... 289 G 5
Penne 81 ... 278 D 4
Penne-d'Agenais 47 ... 276 D 1
La Penne-sur-Huveaune 13 ... 327 F 3
La Penne-sur-l'Ouvèze 26 ... 286 A 2
Pennedepie 14 ... 34 C 2
Pennes-le-Sec 26 ... 268 A 3
Les Pennes-Mirabeau 13 ... 326 D 1
Pennesières 70 ... 162 A 1
Penol 38 ... 231 H 4
Pensol 87 ... 222 D 2
Penta-Acquatella 2B ... 347 G 2
Penta-di-Casinca 2B ... 347 G 2
Penthièvre 56 ... 123 H 4
Pentrez-Plage 29 ... 75 F 4
Penvénan 22 ... 72 D 2
Penvins *Pointe de* 56 ... 124 C 5
Péone 06 ... 289 F 3
Pépieux 11 ... 320 C 4
Pérassay 36 ... 189 H 3
Peray 72 ... 108 A 2
Perceneige 89 ... 89 H 5
Percey 89 ... 114 C 5
Percey-le-Grand 70 ... 139 H 5
Percey-le-Pautel 52 ... 139 G 3
Percey-sous-Montormentier 52 ... 139 G 5
Le Perchay 95 ... 37 H 5
La Perche 18 ... 190 D 1
Perchède 32 ... 294 D 2
Le Percy 38 ... 268 D 1
Percy-en-Auge 14 ... 54 A 1
Percy-en-Normandie 50 ... 52 A 2
Perdreauville 78 ... 57 F 2
Perdrix *Crêt de la* 42 ... 230 C 5
Péré 17 ... 201 E 1
Péré 65 ... 333 G 1
Péréandre *Roche* 07 ... 248 D 1
Péreille 09 ... 336 C 3
Perelli 2B ... 347 G 4
Pérenchies 59 ... 8 C 2
Péret 34 ... 301 H 5
Péret-Bel-Air 19 ... 225 F 4
Péreuil 16 ... 220 D 3
Péreyres 07 ... 266 A 1
Pergain-Taillac 32 ... 276 B 4
Peri 2A ... 348 D 2
Le Périer 38 ... 251 F 4
Périers 50 ... 31 G 4
Périers-en-Auge 14 ... 34 A 3
Périers-sur-le-Dan 14 ... 33 G 3
Pérignac 16 ... 221 E 4
Pérignac 17 ... 219 H 2
Pérignat-lès-Sarliève 63 ... 227 H 1
Pérignat-sur-Allier 63 ... 228 A 1
Périgné 79 ... 202 C 1
Périgneux 42 ... 229 H 4
Périgny 03 ... 192 C 5
Périgny 14 ... 53 E 2
Périgny 17 ... 200 C 1
Périgny 41 ... 131 H 4
Périgny 94 ... 58 D 5
Périgny-la-Rose 10 ... 90 A 3
Périgueux 24 ... 240 C 2
Périllos 66 ... 338 D 3
Périssac 33 ... 238 B 3
Perles 02 ... 40 D 3
Perles-et-Castelet 09 ... 336 C 5
Pern 46 ... 277 H 1
Pernand-Vergelesses 21 ... 177 H 1
Pernant 02 ... 40 A 2
Pernay 37 ... 151 G 2
La Pernelle 50 ... 29 G 3
Pernes 62 ... 7 G 4
Pernes-lès-Boulogne 62 ... 2 B 5
Pernes-les-Fontaines 84 ... 285 H 5
Pernois 80 ... 12 C 5
Pero *Plage de* 2A ... 348 A 1
Pero-Casevecchie 2B ... 347 G 3
Pérols 34 ... 303 E 5
Pérols-sur-Vézère 19 ... 225 F 3
Péron 01 ... 197 E 5
Péronnas 01 ... 213 H 1
Péronne 71 ... 195 E 3
Péronne 80 ... 23 G 1
Péronne-en-Mélantois 59 ... 9 E 3
Péronville 28 ... 110 B 4
Pérouges 01 ... 213 H 4
La Pérouille 36 ... 171 F 5
Pérouse 90 ... 142 C 3
Pérouse *Rocher de la* 89 ... 158 A 3
Péroy-les-Gombries 60 ... 39 F 5
Perpezac-le-Blanc 19 ... 241 H 2
Perpezac-le-Noir 19 ... 224 C 5
Perpezat 63 ... 227 E 1
Perpignan 66 ... 343 E 2
Les Perques 50 ... 29 E 5
Perquie 40 ... 294 C 1
Perrancey-les-Vieux-Moulins 52 ... 139 G 2
Le Perray-en-Yvelines 78 ... 57 G 5
Perrecy-les-Forges 71 ... 193 H 1
La Perrena 39 ... 180 A 5
Le Perréon 69 ... 212 C 2
Perret 22 ... 77 G 5
Perreuil 71 ... 177 F 4
Perreuse 89 ... 156 C 1
Perreux 42 ... 211 H 2
Perreux 89 ... 135 G 2
Le Perreux-sur-Marne 94 ... 58 D 3
Perrex 01 ... 195 F 5
Perrier 63 ... 227 H 3
Le Perrier 85 ... 164 D 3
La Perrière 61 ... 84 B 4
La Perrière 73 ... 234 C 3
Perrières 14 ... 54 A 2
Perriers-en-Beauficel 50 ... 52 B 4
Perriers-la-Campagne 27 ... 35 G 5
Perriers-sur-Andelle 27 ... 36 D 2
Perrignier 74 ... 198 A 4
Perrigny 39 ... 179 F 5
Perrigny 89 ... 136 B 3
Perrigny-lès-Dijon 21 ... 160 A 4
Perrigny-sur-Armançon 89 ... 137 G 4
Perrigny-sur-l'Ognon 21 ... 160 D 3
Perrigny-sur-Loire 71 ... 193 E 2
Perrogney 52 ... 139 F 2
Le Perron 50 ... 32 C 5
Perros-Guirec 22 ... 72 C 2
Perrou 61 ... 82 B 2
Perrouse 70 ... 162 A 2
Perroy 58 ... 156 C 2
Perruel 27 ... 36 D 2
Perrusse 52 ... 117 G 3
Perrusson 37 ... 170 C 1
Pers 15 ... 243 H 5
Pers 79 ... 185 H 5
Pers-en-Gâtinais 45 ... 112 D 3
Pers-Jussy 74 ... 215 H 1
Persac 86 ... 187 E 4
Persan 95 ... 38 B 5
Perse *Église de* 12 ... 263 E 4
Persquen 56 ... 101 G 3
Pertain 80 ... 23 G 3
Perthes 08 ... 42 A 1
Perthes 52 ... 63 E 5
Perthes 77 ... 88 A 3
Perthes-lès-Brienne 10 ... 91 H 4
Pertheville-Ners 14 ... 54 A 3
Le Perthus 66 ... 343 E 4
Le Pertre 35 ... 105 G 4
Le Pertuis 43 ... 247 G 3
Pertuis 84 ... 306 A 3
Pertuis *Col du* 63 ... 210 D 5
Le Pertuiset 42 ... 230 A 4
Perty *Col de* 26 ... 286 C 1
La Péruse 16 ... 204 B 4
La Pérusse 04 ... 287 H 3
Pervenchères 61 ... 84 B 4
Perville 82 ... 276 D 3
Pescadoires 46 ... 259 F 5
Peschadoires 63 ... 210 C 5
Le Pescher 19 ... 242 D 3
Péseux 25 ... 163 F 2
Peseux 39 ... 178 D 1
Peslières 63 ... 228 C 4
Pesmes 70 ... 161 E 3
Pessac 33 ... 255 F 1
Pessac-sur-Dordogne 33 ... 257 E 1
Pessan 32 ... 296 B 4
Pessans 25 ... 161 H 5
Pessat-Villeneuve 63 ... 209 H 4
La Pesse 39 ... 197 E 4
Pessines 17 ... 201 F 5
Pessoulens 32 ... 296 D 2
Pesteils *Château de* 15 ... 244 D 5
Petersbach 67 ... 68 A 3
Le Petit-Abergement 01 ... 214 C 2
Petit-Appeville 76 ... 10 A 5
Petit-Auverné 44 ... 127 F 4
Petit Ballon 68 ... 120 C 4
Petit-Bersac 24 ... 239 F 1
Le Petit-Bornand-les-Glières 74 ... 216 A 2
Le Petit-Celland 50 ... 52 A 4
Petit-Cœur 73 ... 234 B 2
Petit-Couronne 76 ... 36 A 2
Petit-Croix 90 ... 142 D 3
Le Petit Drumont 88 ... 120 B 5
Petit-Ébersviller 57 ... 67 E 1
Petit-Failly 54 ... 44 C 2
Petit-Fayt 59 ... 15 F 4
Petit-Fort-Philippe 59 ... 3 E 2
Le Petit-Fougeray 35 ... 104 B 5
Petit-Landau 68 ... 143 H 1
Petit-Mars 44 ... 147 H 2
Petit-Mercey 39 ... 161 G 4
Petit-Mesnil 10 ... 91 H 5
Petit Minou *Pointe du* 29 ... 74 D 3
Petit-Noir 39 ... 178 D 2
Petit-Palais-et-Cornemps 33 ... 238 D 4
Le Petit-Pressigny 37 ... 170 B 3
Le Petit-Quevilly 76 ... 36 A 2
Petit-Réderching 57 ... 68 A 1
Petit Saint-Bernard *Col du* 73 ... 217 E 5
Petit-Tenquin 57 ... 67 F 2
Petit-Verly 02 ... 24 C 1
Petit-Xivry 54 ... 44 C 2
La Petite-Boissière 79 ... 167 E 3
Petite-Chaux 25 ... 180 B 5
Petite-Forêt 59 ... 9 G 5

A B C D E F G H I J K L M N O P Q R S T U V W X Y Z

La Petite-Fosse 88 ... 96 C 4
La Petite-Marche 03 ... 208 D 1
La Petite-Pierre 67 ... 68 A 3
La Petite-Raon 88 ... 96 B 3
Petite-Rosselle 57 ... 47 F 4
Petite-Synthe 59 ... 3 G 2
La Petite-Verrière 71 ... 176 C 1
Petitefontaine 90 ... 142 D 2
Les Petites-Armoises 08 ... 43 E 1
Les Petites-Dalles 76 ... 19 F 2
Les Petites-Loges 51 ... 42 A 5
Petitmagny 90 ... 142 C 2
Petitmont 54 ... 96 B 1
Les Petits-Robins 26 ... 267 E 1
Petiville 14 ... 33 H 4
Petiville 76 ... 35 F 1
Petosse 85 ... 183 H 2
Petreto-Bicchisano 2A ... 348 D 5
Pettoncourt 57 ... 66 C 4
Pettonville 54 ... 95 H 2
Peujard 33 ... 237 H 3
Peumerit 29 ... 99 F 3
Peumerit-Quintin 22 ... 77 F 3
Peuplingues 62 ... 2 C 3
Peuton 53 ... 128 A 2
Peuvillers 55 ... 44 B 3
Peux-et-Couffouleux 12 ... 300 D 3
Pévange 57 ... 66 D 3
Pévy 51 ... 41 F 3
Pexiora 11 ... 319 E 4
Pexonne 54 ... 96 A 2
Pey 40 ... 292 C 4
Peymeinade 06 ... 308 D 3
Peynier 13 ... 327 G 1
Peypin 13 ... 327 F 1
Peypin-d'Aigues 84 ... 306 B 2
Peyrabout 23 ... 207 E 2
La Peyrade 34 ... 323 E 3
Le Peyrat 09 ... 336 D 3
Peyrat-de-Bellac 87 ... 205 F 1
Peyrat-la-Nonière 23 ... 207 H 2
Peyrat-le-Château 87 ... 206 D 5
La Peyratte 79 ... 168 B 5
Peyraube 65 ... 315 G 5
Peyraud 07 ... 231 E 5
Peyre 40 ... 293 H 5
Peyre-Haute *Table d'orientation de 05* ... 270 D 2
Peyrecave 32 ... 276 D 5
Peyrefitte-du-Razès 11 ... 337 E 2
Peyrefitte-sur-l'Hers 11 ... 318 D 5
Peyregoux 81 ... 299 G 4
Peyrehorade 40 ... 292 D 5
Peyreleau 12 ... 282 A 3
Peyrelevade 19 ... 225 G 1
Peyrelongue-Abos 64 ... 314 D 2
Peyremale 30 ... 283 H 2
Peyrens 11 ... 319 E 3
Peyrepertuse *Château de 11* ... 338 B 4
Peyresourde 65 ... 333 H 4
Peyresourde *Col de 31* ... 333 H 4
Peyrestortes 66 ... 338 D 5
Peyret-Saint-André 65 ... 316 A 4
Peyriac-de-Mer 11 ... 339 E 1
Peyriac-Minervois 11 ... 320 B 4
Peyriat 01 ... 214 B 1
Peyrière 47 ... 257 G 4
Peyrieu 01 ... 232 D 1
Peyrignac 24 ... 241 G 2
Peyriguère 65 ... 315 G 4
Peyrilhac 87 ... 205 F 3
Peyrillac-et-Millac 24 ... 241 H 5
Peyrilles 46 ... 259 H 3
Peyrins 26 ... 249 G 3
Peyrissac 19 ... 224 D 3
Peyrissas 31 ... 316 D 4
Peyro-Clabado *Rocher 81* ... 299 H 4
Peyrol *Pas de 15* ... 244 D 3
Peyrole 81 ... 298 D 2
Peyrolles 11 ... 337 H 3
Peyrolles 30 ... 283 F 4
Peyrolles-en-Provence 13 ... 306 B 4
Peyroules 04 ... 308 B 1
Peyrouse 65 ... 332 D 1
Peyrouzet 31 ... 316 D 5
Peyruis 04 ... 287 G 4
Peyrun 65 ... 315 F 3
Peyrus 26 ... 249 H 5
Peyrusse 15 ... 245 G 2
Peyrusse-Grande 32 ... 295 G 4
Peyrusse-le-Roc 12 ... 261 G 5
Peyrusse-Massas 32 ... 296 A 3
Peyrusse-Vieille 32 ... 295 F 4
Peyssies 31 ... 317 F 4
Peyzac-le-Moustier 24 ... 241 F 4
Peyzieux-sur-Saône 01 ... 213 E 1
Pézarches 77 ... 59 H 4
Pezé-le-Robert 72 ... 107 F 2
Pézenas 34 ... 322 C 3
Pézènes-les-Mines 34 ... 301 G 5
Pezens 11 ... 319 G 4
Pézilla-de-Conflent 66 ... 338 A 5
Pézilla-la-Rivière 66 ... 342 D 2
Pezou 41 ... 131 H 2
Pezuls 24 ... 240 D 5
Pézy 28 ... 86 B 5
Pfaffenheim 68 ... 121 E 4
Pfaffenhoffen 67 ... 68 C 3
Pfalzweyer 67 ... 68 A 4
Pfastatt 68 ... 143 F 1
Pfetterhouse 68 ... 143 E 4
Pfettisheim 67 ... 68 D 5
Pfulgriesheim 67 ... 68 D 5
Phaffans 90 ... 142 C 2
Phalempin 59 ... 8 D 4
Phalsbourg 57 ... 68 A 4
Philippsbourg 57 ... 68 C 1
Philondenx 40 ... 294 A 5
Phlin 54 ... 66 B 3
Pia 66 ... 339 E 5
Piacé 72 ... 107 G 2
Le Pian-Médoc 33 ... 237 F 4
Le Pian-sur-Garonne 33 ... 256 B 3
Piana 2A ... 346 A 5
Pianella *Pont de 2A* ... 346 B 5
Pianello 2B ... 347 G 4
Piano 2B ... 347 G 3
Pianottoli-Caldarello 2A ... 351 E 3
Les Piards 39 ... 197 E 2
La Piarre 05 ... 268 D 4
Piau-Engaly 65 ... 333 F 4
Piazzali 2B ... 347 G 4
Piazzole 2B ... 347 G 3
Piblange 57 ... 46 B 4
Pibrac 31 ... 297 G 4
Picarreau 39 ... 179 G 4
Picarrou 31 ... 318 B 4
Picauville 50 ... 31 H 2
Pichanges 21 ... 160 B 1
Picherande 63 ... 227 E 4
Picquigny 80 ... 22 A 1
Pie-d'Orezza 2B ... 347 G 3
Pied-de-Borne 48 ... 265 G 5
Pied-la-Viste *Table d'orientation de 05* ... 270 D 2
Piedicorte-di-Gaggio 2B ... 347 G 5
Piedicroce 2B ... 347 G 3
Piedigriggio 2B ... 347 E 3
Piedipartino 2B ... 347 G 3
Piégon 26 ... 285 H 1
Piégros-la-Clastre 26 ... 267 H 2
Piégut 04 ... 269 H 4
Piégut-Pluviers 24 ... 222 C 2
Piémanson *Plage de 13* ... 325 F 4
Piencourt 27 ... 35 E 5
Piennes 54 ... 45 E 4
Piennes 80 ... 23 E 5
Piépape 52 ... 139 G 3
Pierlas 06 ... 289 G 4
La Pierre 38 ... 233 F 5
Pierre-Bénite 69 ... 231 E 1
Pierre-Buffière 87 ... 223 H 1
Pierre-Carrée *Col de la 74* ... 216 C 2
Pierre-Châtel 38 ... 251 E 4
La Pierre Couverte *Dolmen de 49* ... 129 G 5
Pierre d'Avenon 83 ... 329 E 4
Pierre-de-Bresse 71 ... 178 C 3
Pierre Frite *Menhir de 49* ... 127 F 3
Pierre-Gourde *Château de 07* ... 249 E 5
Pierre-la-Treiche 54 ... 94 B 1
Pierre-Levée 77 ... 59 H 3
Pierre-Morains 51 ... 61 G 3
Pierre-Percée 54 ... 96 B 2
Pierre-Perthuis 89 ... 157 H 2
La Pierre Plantée 48 ... 264 D 4
Pierre-Plantée *Col de la 48* ... 264 D 3
Pierre-qui-Vire *Abbaye de la 89* ... 158 B 3
Pierreclos *Château de 71* ... 194 D 4
Pierrecourt 70 ... 140 A 4
Pierrecourt 76 ... 21 F 2
Pierrefaites 52 ... 140 B 2
Pierrefeu 06 ... 309 F 1
Pierrefeu-du-Var 83 ... 328 C 3
Pierrefiche 12 ... 263 G 5
Pierrefiche 48 ... 265 E 2
Pierrefiques 76 ... 18 D 4
Pierrefitte 19 ... 224 C 4
Pierrefitte 23 ... 207 H 1
Pierrefitte 79 ... 168 A 3
Pierrefitte 88 ... 118 D 2
Pierrefitte-en-Auge 14 ... 34 C 3
Pierrefitte-en-Beauvaisis 60 ... 37 H 1
Pierrefitte-en-Cinglais 14 ... 53 G 2
Pierrefitte-ès-Bois 45 ... 155 H 1
Pierrefitte-Nestalas 65 ... 332 D 2
Pierrefitte-sur-Aire 55 ... 64 B 3
Pierrefitte-sur-Loire 03 ... 193 E 2
Pierrefitte-sur-Sauldre 41 ... 154 C 1
Pierrefitte-sur-Seine 93 ... 58 C 2
Pierrefonds 60 ... 39 G 3
Pierrefontaine-lès-Blamont 25 ... 163 G 2
Pierrefontaine-les-Varans 25 ... 163 E 4
Pierrefontaines 52 ... 139 F 3
Pierrefort 15 ... 245 F 5
Pierregot 80 ... 12 D 5
Pierrelatte 26 ... 285 E 1
Pierrelaye 95 ... 58 A 1
Pierrelongue 26 ... 286 A 2
Pierremande 02 ... 24 A 5
Pierremont 62 ... 7 F 5
Pierrepont 02 ... 25 E 4
Pierrepont 14 ... 53 G 2
Pierrepont 54 ... 44 D 2
Pierrepont-sur-Avre 80 ... 22 D 4
Pierrepont-sur-l'Arentèle 88 ... 95 H 5
Pierrerue 04 ... 287 F 5
Pierrerue 34 ... 321 E 2
Pierres 14 ... 52 D 3
Pierres 28 ... 86 B 2
Pierreval 76 ... 20 C 5
Pierrevert 04 ... 306 C 2
Pierreville 50 ... 28 D 5
Pierreville 54 ... 94 D 2
Pierrevillers 57 ... 45 G 4
Pierric 44 ... 126 B 3
Pierry 51 ... 61 F 1
Pietra-di-Verde 2B ... 347 G 4
Pietracorbara 2B ... 345 G 3
Pietralba 2B ... 347 E 2
Pietranera 2B ... 345 G 4
Pietraserena 2B ... 347 G 5
Pietricaggio 2B ... 347 G 4
Pietrosella 2A ... 348 C 4
Pietroso 2B ... 349 F 1
Piets-Plasence-Moustrou 64 ... 294 A 5
Pieusse 11 ... 337 G 1
Les Pieux 50 ... 28 D 4
Piève 2B ... 345 F 5
Piffonds 89 ... 113 F 4
Le Pigeon 46 ... 242 B 5
Pigeonnier *Col du 67* ... 69 E 1
Pigerolles 23 ... 207 G 5
Pigna 2B ... 344 C 5
Pignan 34 ... 302 C 5
Pignans 83 ... 328 C 2
Pignicourt 02 ... 41 G 2
Pignols 63 ... 228 A 2
Pigny 18 ... 155 F 5
Pihem 62 ... 7 F 2
Pihen-lès-Guînes 62 ... 2 C 4
Pila-Canale 2A ... 348 D 4
Pilat *Mont 42* ... 230 C 4
Pilat-Plage 33 ... 254 B 3
Le Pilhon 26 ... 268 D 3
Pillac 16 ... 221 F 5
Pillemoine 39 ... 179 H 5
Les Pilles 26 ... 285 H 1
Pillon 55 ... 44 C 3
Pimbo 40 ... 294 B 5
Pimelles 89 ... 137 G 2
Pimorin 39 ... 196 B 2
Pimprez 60 ... 39 G 1
Le Pin 03 ... 193 F 3
Le Pin 14 ... 34 D 4
Le Pin 17 ... 220 B 5
Le Pin 30 ... 284 C 4
Le Pin 38 ... 232 C 3
Le Pin 39 ... 179 E 5
Le Pin 44 ... 127 F 5
Pin 70 ... 161 G 3
Le Pin 77 ... 59 E 3
Le Pin 79 ... 167 F 3
Le Pin 82 ... 277 E 5
Pin *Haras du 61* ... 54 C 4
Le Pin-au-Haras 61 ... 54 C 4
Pin-Balma 31 ... 298 A 4
Le Pin-en-Mauges 49 ... 148 D 4
Le Pin-la-Garenne 61 ... 84 B 4
Pin-Moriès 48 ... 264 A 5
Le Pin-Murelet 31 ... 317 E 3
Pinarellu 2A ... 349 G 5
Pinas 65 ... 333 H 1
Pinay 42 ... 211 H 4
Pincé 72 ... 128 D 3
Pinçon *Mont 14* ... 53 E 1
Pindères 47 ... 274 D 2
Pindray 86 ... 187 F 2
Les Pineaux 85 ... 183 F 1
Pinel-Hauterive 47 ... 258 B 5
Pinet 34 ... 322 C 4
Pineuilh 33 ... 257 F 1
Piney 10 ... 91 G 4
Pino 2B ... 345 F 2
Pinols 43 ... 246 B 3
Pinon 02 ... 40 C 1
Les Pins 16 ... 203 H 5
Pins-Justaret 31 ... 317 H 2
Pinsac 46 ... 260 B 1
Pinsaguel 31 ... 317 H 2
Pinsot 38 ... 233 G 4
Pintac 65 ... 315 E 4
Pinterville 27 ... 36 B 4
Pintheville 55 ... 64 D 1
Les Pinthières 28 ... 57 E 5
Piobetta 2B ... 347 G 4
Pioggiola 2B ... 346 D 2
Piolenc 84 ... 285 E 3
Pionnat 23 ... 207 F 1
Pionsat 63 ... 208 D 2
Pioussay 79 ... 203 E 2
Pipriac 35 ... 126 A 2
Piquecos 82 ... 277 H 4
Pirajoux 01 ... 196 A 3
Piré-sur-Seiche 35 ... 104 D 4
Pirey 25 ... 161 H 3
Piriac-sur-Mer 44 ... 145 G 3
Pirmil 72 ... 107 F 5
Pirou 50 ... 31 F 4
Pis 32 ... 296 C 2
Pisany 17 ... 219 E 1
Piscop 95 ... 58 C 1
Piseux 27 ... 56 A 4
Pisieu 38 ... 231 G 4
Pisse *Cascade de la 38* ... 251 H 3
Pisseleu 60 ... 38 A 1
Pisseleux 02 ... 39 H 4
Pisseloup 52 ... 140 B 2
La Pisseure 70 ... 141 F 2
Pissos 40 ... 273 F 1
Pissotte 85 ... 184 B 2
Pissy 80 ... 22 A 2
Pissy-Pôville 76 ... 36 A 1
Pisy 89 ... 158 B 1
Pitgam 59 ... 3 G 3
Pithiviers 45 ... 111 G 3
Pithiviers-le-Vieil 45 ... 111 G 3
Pithon 02 ... 23 H 3
Pîtres 27 ... 36 C 3
Pittefaux 62 ... 2 B 5
Pizançon 26 ... 249 G 3
Pizay 01 ... 213 G 4
Pizieux 72 ... 84 A 5
Le Pizou 24 ... 239 E 4
Le Pla 09 ... 337 F 5
Pla-d'Adet 65 ... 333 G 4
Plabennec 29 ... 70 D 5
Placé 53 ... 82 A 5
Les Places 27 ... 35 E 5
La Placette *Col de 38* ... 232 D 5
Placey 25 ... 161 G 3
Plachy-Buyon 80 ... 22 B 2
Placy 14 ... 53 G 1
Placy-Montaigu 50 ... 52 C 1
Le Plagnal 07 ... 265 G 2
Plagne 01 ... 196 D 5
Plagne 31 ... 317 E 5
La Plagne 73 ... 234 D 2
Plagnole 31 ... 317 E 3
Plagny 58 ... 174 C 2
Plaigne 11 ... 318 C 5
Plailly 60 ... 39 E 5
Plaimbois-du-Miroir 25 ... 163 E 4
Plaimbois-Vennes 25 ... 163 E 4
Plaimpied-Givaudins 18 ... 173 F 2
La Plaine 49 ... 167 F 1
Plaine 67 ... 96 C 3
Plaine-de-Walsch 57 ... 67 H 5
Plaine-Haute 22 ... 78 A 3
Plaine-Joux 74 ... 216 D 2
La Plaine-sur-Mer 44 ... 146 B 4
Plainemont 70 ... 141 F 2
Plaines-Saint-Lange 10 ... 115 H 5
Plainfaing 88 ... 120 C 2
Plainoiseau 39 ... 179 E 4
Plainpalais *Col de 73* ... 233 F 1
Les Plains-et-Grands-Essarts 25 ... 163 G 2
Plaintel 22 ... 78 B 4
Plainval 60 ... 38 C 1
Plainville 27 ... 35 E 5
Plainville 60 ... 22 D 5
Plaisance 12 ... 300 A 1
Plaisance 24 ... 258 B 2
Plaisance 32 ... 295 E 4
Plaisance 34 ... 301 E 4
Plaisance 86 ... 187 F 4
Plaisance-du-Touch 31 ... 297 G 5
Plaisia 39 ... 196 C 1
Plaisians 26 ... 286 B 2
Plaisir 78 ... 57 H 4
Plaisir Fontaine *Grotte de 25* ... 162 B 5
Plaissan 34 ... 302 A 5
Plaizac 16 ... 202 D 5
Plampinet 05 ... 252 D 3
Le Plan 31 ... 317 F 5
Plan 38 ... 232 B 5
Plan-d'Aups 83 ... 327 G 2
Plan-de-Baix 26 ... 267 H 1
Plan-de-Campagne 13 ... 326 D 1
Plan-de-Cuques 13 ... 327 E 2
Le Plan-de-Grasse 06 ... 309 E 3
Le Plan-de-la-Tour 83 ... 329 F 2
Plan-d'Orgon 13 ... 305 E 2
Plan-du-Var 06 ... 291 E 5
Planaise 73 ... 233 G 3
Planay 21 ... 137 H 3
Planay 73 ... 234 D 3
La Planche 44 ... 165 H 1
Plancher-Bas 70 ... 142 B 2
Plancher-les-Mines 70 ... 142 B 1
Plancherine 73 ... 234 A 1
Les Planches 27 ... 36 B 5
Planches 61 ... 54 D 5
Les Planches-en-Montagne 39 ... 180 A 5
Les Planches-près-Arbois 39 ... 179 G 3
Planchez 58 ... 158 A 5
Plancoët 22 ... 79 F 3
Plancy-l'Abbaye 10 ... 90 D 2
La Planée 25 ... 180 C 3
Planès 66 ... 341 G 4
Planèzes 66 ... 338 B 5
Planfoy 42 ... 230 B 5
Planguenoual 22 ... 78 C 3
Planioles 46 ... 261 F 3
Le Planois 71 ... 178 D 4
Le Planquay 27 ... 35 E 5
Planquery 14 ... 32 D 4
Planques 62 ... 7 E 4
Las Planques *Église de 81* ... 279 H 4
Planrupt 52 ... 92 B 3
Les Plans 30 ... 284 A 3
Les Plans 34 ... 301 G 3
Le Plantay 01 ... 213 G 2
Les Plantiers 30 ... 283 E 4
Le Plantis 61 ... 84 A 2
Planty 10 ... 114 A 2
Planzolles 07 ... 265 H 5
Plappeville 57 ... 45 G 5
Plascassier 06 ... 309 E 3
Plasne 39 ... 179 F 3
Plasnes 27 ... 35 F 5
Plassac 17 ... 219 G 3
Plassac 33 ... 237 F 2
Plassac-Rouffiac 16 ... 221 E 3
Plassay 17 ... 201 F 4
Plateau-d'Assy 74 ... 216 D 3
Plats 07 ... 249 E 4
Plaudren 56 ... 124 C 2
Plauzat 63 ... 227 H 2
Plavilla 11 ... 336 D 1
Plazac 24 ... 241 F 4
Pleaux 15 ... 243 H 3
Pléboulle 22 ... 79 E 2
Pléchâtel 35 ... 104 A 5
Plédéliac 22 ... 79 E 4
Plédran 22 ... 78 B 4
Pléguien 22 ... 73 G 4
Pléhédel 22 ... 73 F 4
Pleine-Fougères 35 ... 80 C 2
Pleine-Selve 02 ... 24 C 3
Pleine-Selve 33 ... 219 G 5
Pleine-Sève 76 ... 19 G 2
Pleines-Œuvres 14 ... 52 B 2
Plélan-le-Grand 35 ... 103 G 4
Plélan-le-Petit 22 ... 79 F 4
Plélauff 22 ... 77 G 5
Plélo 22 ... 73 G 5
Plémet 22 ... 102 C 2
Plémy 22 ... 78 C 5
Plénée-Jugon 22 ... 79 E 5
Pléneuf *Pointe de 22* ... 78 D 2
Pléneuf-Val-André 22 ... 78 D 2
Plénise 39 ... 180 A 3
Plénisette 39 ... 180 A 3
Plerguer 35 ... 80 A 2
Plérin 22 ... 78 B 3
Plerneuf 22 ... 78 A 3
Plescop 56 ... 124 B 3
Plesder 35 ... 79 H 4
Plésidy 22 ... 77 G 2
Pleslin 22 ... 79 G 3
Plesnois 57 ... 45 G 5
Plesnoy 52 ... 117 G 5
Plessala 22 ... 78 C 5
Plessé 44 ... 126 A 5
Plessier-de-Roye 60 ... 23 F 5
Le Plessier-Huleu 02 ... 40 B 4
Le Plessier-Rozainvillers 80 ... 22 D 3
Le Plessier-sur-Bulles 60 ... 38 C 1
Le Plessier-sur-Saint-Just 60 ... 38 D 1
Le Plessis-aux-Bois 77 ... 59 F 2
Plessis-Barbuise 10 ... 90 A 2
Le Plessis-Belleville 60 ... 59 F 1
Le Plessis-Bouchard 95 ... 58 B 2
Le Plessis Bourré *Château 49* ... 128 C 5
Le Plessis-Brion 60 ... 39 G 1
Le Plessis-Chenet 91 ... 88 A 2
Le Plessis-Dorin 41 ... 109 E 4
Plessis-du-Mée 89 ... 89 G 5
Le Plessis-Feu-Aussoux 77 ... 59 H 5
Le Plessis-Gassot 95 ... 58 C 1
Le Plessis-Grammoire 49 ... 149 H 1
Le Plessis-Grimoult 14 ... 53 E 2
Le Plessis-Grohan 27 ... 56 B 2
Le Plessis-Hébert 27 ... 56 D 2
Le Plessis-Josso *Château 56* ... 124 D 4
Le Plessis-Lastelle 50 ... 31 G 3
Le Plessis-l'Échelle 41 ... 132 B 3
Le Plessis-l'Évêque 77 ... 59 F 1
Le Plessis-Luzarches 95 ... 38 D 5
Le Plessis-Macé 49 ... 128 B 5
Le Plessis-Pâté 91 ... 87 H 2
Le Plessis-Patte-d'Oie 60 ... 23 H 4
Le Plessis-Picard 77 ... 88 B 2
Le Plessis-Placy 77 ... 59 H 1
Le Plessis-Robinson 92 ... 58 B 4
Plessis-Saint-Benoist 91 ... 87 E 4
Plessis-Saint-Jean 89 ... 89 G 5
Le Plessis-Sainte-Opportune 27 ... 55 H 1
Le Plessis-Trévise 94 ... 58 D 4
Plessix-Balisson 22 ... 79 G 3
Plestan 22 ... 78 D 4
Plestin-les-Grèves 22 ... 72 B 4
Pleubian 22 ... 73 F 2
Pleucadeuc 56 ... 125 E 2
Pleudaniel 22 ... 73 E 3
Pleudihen-sur-Rance 22 ... 79 H 3
Pleugriffet 56 ... 102 B 4
Pleugueneuc 35 ... 79 H 4
Pleumartin 86 ... 170 A 5
Pleumeleuc 35 ... 103 H 2
Pleumeur-Bodou 22 ... 72 C 2
Pleumeur-Gautier 22 ... 73 E 2
Pleure 39 ... 178 D 2
Pleurs 51 ... 61 F 5
Pleurtuit 35 ... 50 B 5
Pleuven 29 ... 99 H 4
Pleuvezain 88 ... 94 B 4
Pleuville 16 ... 204 B 2
Pléven 22 ... 79 E 3
Plévenon 22 ... 79 E 1
Plévin 22 ... 76 D 5
Pleyben 29 ... 76 A 4
Pleyber-Christ 29 ... 71 H 5
Le Pleyney 38 ... 233 G 5
Pliboux 79 ... 203 F 1
Plichancourt 51 ... 62 D 4
Plieux 32 ... 296 C 1
Plivot 51 ... 61 G 1
Ploaré 29 ... 99 F 2
Plobannalec-Lesconil 29 ... 99 G 5
Plobsheim 67 ... 97 H 2
Ploemel 56 ... 123 H 3
Ploemeur 56 ... 123 F 2
Ploërdut 56 ... 101 F 2
Ploeren 56 ... 124 B 3
Ploërmel 56 ... 102 D 4
Ploeuc-L'Hermitage 22 ... 78 B 5
Ploéven 29 ... 75 G 5
Ploëzal 22 ... 73 E 3
Plogastel-Saint-Germain 29 ... 99 F 3
Plogoff 29 ... 98 D 2
Plogonnec 29 ... 99 G 2
Ploisy 02 ... 40 B 3
Plomb 50 ... 51 H 4
Plombières-les-Bains 88 ... 119 G 4
Plombières-lès-Dijon 21 ... 160 A 3
Plomelin 29 ... 99 G 3

Plomeur 29 99 F 4
Plomion 02 25 G 2
Plomodiern 29 75 G 5
Plonéis 29 99 G 2
Plonéour-Lanvern 29 99 F 4
Plonévez-du-Faou 29 76 B 4
Plonévez-Porzay 29 75 G 5
Plorec-sur-Arguenon 22 79 E 3
Plottes 71 195 E 2
Plou 18 172 C 1
Plouagat 22 73 F 5
Plouaret 22 72 C 4
Plouarzel 29 74 C 2
Plouasne 22 103 H 1
Plouay 56 101 E 4
Ploubalay 22 50 B 5
Ploubazlanec 22 73 F 2
Ploubezre 22 72 C 3
Ploudalmézeau 29 70 B 4
Ploudaniel 29 71 E 5
Ploudiry 29 75 H 2
Plouëc-du-Trieux 22 73 E 4
Plouédern 29 71 E 5
Plouégat-Guérand 29 72 A 4
Plouégat-Moysan 29 72 B 5
Plouénan 29 71 G 4
Plouër-sur-Rance 22 79 H 3
Plouescat 29 71 F 3
Plouézec 22 73 G 3
Plouezoc'h 29 71 H 4
Ploufragan 22 78 B 3
Plougar 29 71 F 4
Plougasnou 29 72 A 3
Plougastel-Daoulas 29 75 F 2
Plougonvelin 29 74 C 3
Plougonven 29 72 A 5
Plougonver 22 77 F 2
Plougoulm 29 71 G 3
Plougoumelen 56 124 A 3
Plougourvest 29 71 F 5
Plougras 22 72 B 5
Plougrescant 22 73 E 2
Plouguenast 22 78 B 5
Plouguerneau 29 70 C 4
Plouguernével 22 77 F 5
Plouguiel 22 73 E 2
Plouguin 29 70 C 5
Plouha 22 73 G 4
Plouharnel 56 123 H 4
Plouhinec 29 99 E 2
Plouhinec 56 123 G 3
Plouider 29 71 E 4
Plouigneau 29 72 A 5
Plouisy 22 73 E 5
Ploulec'h 22 72 C 3
Ploumagoar 22 73 E 5
Ploumanach 22 72 C 2
Ploumilliau 22 72 C 4
Ploumoguer 29 74 D 2
Plounéour-Ménez 29 76 B 2
Plounéour-Trez 29 71 E 3
Plounérin 22 72 B 5
Plounéventer 29 71 E 5
Plounévez-Lochrist 29 71 E 4
Plounévez-Moëdec 22 72 C 5
Plounévez-Quintin 22 77 F 4
Plounévézel 29 76 D 4
Plourac'h 22 76 D 2
Plouray 56 101 E 2
Plourhan 22 73 G 4
Plourin 29 70 B 5
Plourin-lès-Morlaix 29 72 A 5
Plourivo 22 73 F 3
Plouvain 62 13 H 2
Plouvara 22 78 A 3
Plouvien 29 70 D 5
Plouvorn 29 71 G 4
Plouyé 29 76 C 3
Plouzané 29 74 D 2
Plouzélambre 22 72 B 4
Plouzévédé 29 71 F 4
Plovan 29 99 F 3
Ployart-et-Vaurseine 02 41 E 1
Le Ployron 60 23 E 5
Plozévet 29 99 E 3
Pludual 22 73 G 4
Pluduno 22 79 F 3
Plufur 22 72 B 4
Pluguffan 29 99 G 3
Pluherlin 56 125 E 3
Plumaudan 22 79 G 5
Plumaugat 22 103 F 1
Plumelec 56 102 C 5
Pluméliau 56 101 H 4
Plumelin 56 102 A 5
Plumergat 56 124 A 2
Plumetot 14 33 G 3
Plumieux 22 102 C 2
Plumont 39 161 F 5
Pluneret 56 124 A 3
Plurien 22 79 E 2
Plusquellec 22 77 E 3
Plussulien 22 77 H 4
Pluvault 21 160 C 4
Pluvet 21 160 C 4
Pluvigner 56 124 A 2
Pluzunet 22 72 D 4
Pocancy 51 61 H 2
Pocé-les-Bois 35 105 E 3
Pocé-sur-Cisse 37 152 C 2
Podensac 33 255 H 3
Le Poët 05 287 F 1
Le Poët-Célard 26 267 H 3
Le Poët-en-Percip 26 286 B 2
Le Poët-Laval 26 267 G 4
Le Poët-Sigillat 26 286 A 1
Pœuilly 80 23 H 2
Poey-de-Lescar 64 314 A 3
Poey-d'Oloron 64 313 G 4
Poëzat 03 210 A 2
Poggio-di-Nazza 2B 349 G 2
Poggio-di-Venaco 2B 347 F 5
Poggio-d'Oletta 2B 345 G 5
Poggio-Marinaccio 2B 347 G 3
Poggio-Mezzana 2B 347 H 3
Poggiolo 2A 348 D 1
Pogny 51 62 B 3
Poids-de-Fiole 39 196 C 1
Poigny 77 89 G 3
Poigny-la-Forêt 78 57 F 5
Le Poil 04 288 A 5
Poil 58 176 B 3
Poilcourt-Sydney 08 41 H 2
Poilhes 34 321 F 4
Poillé-sur-Vègre 72 106 D 5
Poilley 35 81 E 3
Poilley 50 51 H 5
Poilly 51 41 F 4
Poilly-lez-Gien 45 134 C 4
Poilly-sur-Serein 89 136 D 3
Poilly-sur-Tholon 89 136 A 2
Poinchy 89 136 C 3
Poinçon-lès-Larrey 21 137 H 2
Le Poinçonnet 36 171 H 4
Poincy 77 59 G 2
Poinsenot 52 139 E 4
Poinson-lès-Fayl 52 140 A 3
Poinson-lès-Grancey 52 139 E 4
Poinson-lès-Nogent 52 117 F 4
Point Sublime 04 307 H 2
Point-Sublime 48 282 A 2
Pointel 61 53 G 5
Pointis-de-Rivière 31 334 B 1
Pointis-Inard 31 334 C 1
Pointre 39 161 E 4
Pointvillers 25 161 H 5
Poinville 28 111 E 3
Le Poiré-sur-Velluire 85 183 H 3
Le Poiré-sur-Vie 85 165 G 4
Poiroux 85 182 C 2
Poisat 38 251 E 2
Poiseul 52 117 G 5
Poiseul-la-Grange 21 138 C 5
Poiseul-la-Ville-et-Laperrière 21 138 B 5
Poiseul-lès-Saulx 21 139 E 5
Poiseux 58 156 D 5
Poisieux 18 172 C 1
Le Poislay 41 109 F 4
Poisoux 39 196 A 3
Poisson 71 193 H 4
Poissons 52 93 E 4
Poissy 78 58 A 2
Poisvilliers 28 86 A 3
Poisy 74 215 G 3
La Poitevinière 49 148 D 4
Poitiers 86 186 B 1
Poivres 10 62 A 5
Poix 51 62 C 2
Poix-de-Picardie 80 21 H 3
Poix-du-Nord 59 15 E 3
Poix-Terron 08 26 C 4
Le Poizat-Lalleyriat 01 214 D 1
Pol *Chapelle* 29 71 E 3
Polaincourt-et-Clairefontaine 70 118 D 5
Polastron 31 317 E 4
Polastron 32 296 D 5
Poleymieux-au-Mont-d'Or 69 213 E 4
Poliénas 38 250 B 1
Polignac 17 238 B 1
Polignac 43 247 F 3
Poligné 35 104 B 5
Poligny 05 269 G 2
Poligny 10 115 G 3
Poligny 39 179 F 3
Poligny 77 112 C 2
Polincove 62 3 E 4
Polisot 10 115 G 4
Polisy 10 115 G 4
Pollestres 66 343 E 2
Polliat 01 195 G 5
Pollieu 01 214 D 5
Pollionnay 69 212 D 5
Polminhac 15 244 D 5
Polveroso 2B 347 G 3
Pomacle 51 41 H 3
La Pomarède 11 319 E 3
Pomarède 46 259 F 4
Pomarez 40 293 F 4
Pomas 11 337 G 1
Pomay *Château de* 03 192 B 1
Pomayrols 12 263 G 5
Pomerol 33 238 C 4
Pomérols 34 322 C 4
Pomeys 69 230 B 2
Pommard 21 177 G 1
Pommera 62 12 D 4
La Pommeraie-sur-Sèvre 85 167 E 3
La Pommeraye 14 53 F 2
La Pommeraye 49 149 E 2
Pommeret 22 78 C 3
Pommereuil 59 15 E 4
Pommereux 76 21 F 5
Pommeréval 76 20 C 3
Pommerieux 53 128 A 2
Pommérieux 57 65 H 2
Pommerit-Jaudy 22 73 E 3
Pommerit-le-Vicomte 22 73 F 4
Pommerol 26 268 C 5
Pommeuse 77 59 H 4
Pommevic 82 276 D 4
Pommier 62 13 F 3
Pommier-de-Beaurepaire 38 231 H 4
Pommiers 02 40 B 2
Pommiers 30 302 B 1
Pommiers 36 189 E 2
Pommiers 42 211 G 5
Pommiers 69 212 D 3
Pommiers-la-Placette 38 232 D 5
Pommiers-Moulons 17 220 B 5
Pomoy 70 141 G 4
Pompaire 79 185 F 1
Pompéjac 33 256 B 5
Pompertuzat 31 318 A 2
Pompey 54 65 H 4
Pompiac 32 317 E 2
Le Pompidou 48 282 D 3
Pompierre 88 94 A 5
Pompierre-sur-Doubs 25 162 D 1
Pompiey 47 275 F 3
Pompignac 33 237 H 5
Pompignan 30 302 D 1
Pompignan 82 297 G 2
Pompogne 47 274 D 2
Pomponne 77 59 E 3
Pomport 24 257 H 1
Pomps 64 293 H 5
Pomy 11 337 F 2
Poncé-sur-le-Loir 72 130 D 3
Poncey-lès-Athée 21 160 D 4
Poncey-sur-l'Ignon 21 159 G 1
Le Ponchel 62 12 B 3
Ponches-Estruval 80 11 H 1
Ponchon 60 38 B 3
Poncin 01 214 A 2
Poncins 42 229 H 1
Pondaurat 33 256 C 4
Le Pondy 18 173 G 4
Ponet-et-Saint-Auban 26 268 A 1
Ponlat-Taillebourg 31 334 B 1
Pons 12 262 C 2
Pons 17 219 G 2
Ponsampère 32 315 H 2
Ponsan-Soubiran 32 316 A 3
Ponsas 26 249 E 2
Ponson-Debat-Pouts 64 314 D 3
Ponson-Dessus 64 314 D 3
Ponsonnas 38 251 E 5
Pont 21 160 C 4
Pont-à-Bucy 02 24 C 4
Pont-à-la-Planche 87 205 E 4
Pont-à-Marcq 59 8 D 4
Pont-à-Mousson 54 65 G 3
Pont-à-Vendin 62 8 C 4
Pont-Arcy 02 40 D 2
Pont-Audemer 27 35 E 2
Pont-Authou 27 35 G 4
Pont-aux-Moines 45 133 G 2
Pont-Aven 29 100 B 5
Pont-Bellanger 14 52 B 2
Pont-Calleck *Château et Forêt de* 56 101 E 3
Pont-Château 44 146 C 1
Le Pont-Chrétien-Chabenet 36 188 C 1
Pont-Croix 29 99 E 2
Pont-d'Ain 01 214 A 2
Pont-d'Arc 07 284 B 1
Le Pont-d'Ardres 62 2 D 3
Pont-de-Barret 26 267 G 3
Le Pont-de-Beauvoisin 38 232 D 3
Le Pont-de-Beauvoisin 73 232 D 3
Pont-de-Braye 72 130 D 3
Pont-de-Briques 62 6 B 2
Pont-de-Buis-lès-Quimerch 29 75 H 4
Pont-de-Chazey-Villieu 01 213 H 4
Pont-de-Chéruy 38 213 H 5
Le Pont-de-Claix 38 250 D 2
Pont-de-Crau 13 304 B 4
Pont-de-Dore 63 210 C 5
Pont de Gau (Parc ornithologique du) 13 324 B 3
Pont-de-la-Chaux 39 179 H 5
Pont-de-la-Maye 33 255 G 1
Pont-de-Labeaume 07 266 A 3
Pont-de-l'Arche 27 36 B 3
Pont-de-Larn 81 319 H 2
Pont-de-l'Étoile 13 327 F 2
Pont-de-l'Isère 26 249 F 4
Pont-de-Lunel 34 303 G 3
Pont-de-Menat 63 209 F 2
Pont-de-Metz 80 22 B 2
Le Pont-de-Montvert 48 283 E 1
Pont-de-Pany 21 159 G 3
Le Pont-de-Planches 70 140 D 5
Pont-de-Poitte 39 196 C 1
Pont-de-Roide 25 163 F 2
Pont-de-Ruan 37 151 G 4
Pont-de-Salars 12 281 E 2
Pont-de-Vaux 01 195 F 3
Pont-de-Veyle 01 195 E 5
Pont-des-Pierres 01 215 E 1
Pont-d'Espagne 65 332 C 4
Pont-d'Hérault 30 283 E 5
Pont-d'Héry 39 179 H 3
Pont-d'Ouche 21 159 G 5
Pont-d'Ouilly 14 53 G 3
Pont-du-Bois 70 118 D 4
Pont-du-Casse 47 276 B 2
Pont-du-Château 63 210 A 5
Pont-du-Châtel 29 71 E 4
Pont du Diable *Gorges du* 74 198 C 4
Pont du Dognon 87 206 B 4
Pont-du-Fossé 05 270 A 2
Pont du Gard 30 304 A 1
Pont-du-Loup 06 309 E 2
Pont-du-Navoy 39 179 G 4
Pont-en-Royans 38 250 A 3
Pont-et-Massène 21 158 D 1
Pont-Évêque 38 231 F 3
Pont-Farcy 50 52 B 2
Pont-Hébert 50 32 A 4
Pont-James 44 165 G 1
Pont-la-Ville 52 116 C 3
Pont-l'Abbé 29 99 G 4
Pont-l'Abbé 50 31 G 2
Pont-l'Abbé-d'Arnoult 17 201 E 4
Pont-lès-Bonfays 88 118 D 2
Pont-les-Moulins 25 162 C 2
Pont-l'Évêque 14 34 C 3
Pont-l'Évêque 60 23 G 5
Pont-Melvez 22 77 F 2
Pont-Noyelles 80 22 C 1
Pont-Péan 35 104 B 4
Pont-Réan 35 104 A 4
Pont-Remy 80 11 H 4
Pont-Royal 13 305 G 3
Pont-Saint-Esprit 30 284 D 2
Pont-Saint-Mard 02 40 B 1
Pont-Saint-Martin 44 147 G 5
Pont-Saint-Pierre 27 36 C 3
Pont-Saint-Vincent 54 94 D 1
Pont-Sainte-Marie 10 91 E 5
Pont-Sainte-Maxence 60 39 E 3
Pont-Salomon 43 230 A 5
Pont-Scorff 56 101 E 5
Pont-sur-l'Ognon 70 141 G 5
Pont-sur-Madon 88 94 D 4
Pont-sur-Meuse 55 64 C 4
Pont-sur-Sambre 59 15 G 3
Pont-sur-Seine 10 90 A 3
Pont-sur-Vanne 89 113 H 3
Pont-sur-Yonne 89 89 F 5
Pont-Trambouze 69 212 A 2
Pontacq 64 314 D 5
Pontaillac 17 218 C 1
Pontailler-sur-Saône 21 160 D 3
Pontaix 26 268 A 1
Pontamafrey 73 234 A 5
Pontanevaux 71 195 E 5
Pontarion 23 207 E 3
Pontarlier 25 180 C 2
Pontarmé 60 38 D 5
Pontaubault 50 51 H 5
Pontaubert 89 157 H 1
Pontault-Combault 77 59 E 4
Pontaumur 63 208 D 4
Pontavert 02 41 F 2
Pontcarré 77 59 E 4
Pontcey 70 140 D 4
Pontchardon 61 54 D 2
Pontcharra 38 233 G 4
Pontcharra-sur-Turdine 69 212 B 4
Pontcharraud 23 207 H 4
Pontchartrain 78 57 H 4
Pontcirq 46 259 G 4
Ponte-Leccia 2B 347 E 3
Ponte Nuovo 2B 347 F 2
Pontécoulant 14 53 E 3
Ponteilla 66 343 E 2
Ponteils-et-Brésis 30 283 G 1
Pontempeyrat 43 229 F 5
Pontenx-les-Forges 40 272 C 2
Le Pontet 33 237 G 2
Le Pontet 73 233 H 3
Le Pontet 84 285 F 5
Les Pontets 25 180 B 4
Pontevès 83 307 F 4
Ponteyraud 24 239 F 2
Pontfaverger-Moronvilliers 51 42 A 3
Pontgibaud 63 209 F 5
Pontgouin 28 85 G 3
Ponthévrard 78 87 E 3
Ponthierry 77 88 A 3
Ponthion 51 62 D 4
Ponthoile 80 11 F 2
Le Ponthou 29 72 B 5
Ponthoux 39 196 D 3
Pontiacq-Viellepinte 64 314 D 3
Pontigné 49 129 G 5
Pontigny 89 136 C 2
Pontis 04 270 B 4
Pontivy 56 101 H 3
Pontlevoy 41 153 E 2
Pontlieue 72 107 H 5
Pontmain 53 81 G 3
Pontoise 95 58 A 1
Pontoise-lès-Noyon 60 23 H 5
Pontonx-sur-l'Adour 40 293 E 2
Pontorson 50 80 C 2
Pontours 24 258 C 1
Pontoux 71 178 B 2
Pontoy 57 66 B 2
Pontpierre 57 66 D 1
Pontpoint 60 39 E 3
Pontrieux 22 73 E 4
Pontru 02 24 A 1
Pontruet 02 24 A 1
Ponts 50 51 H 4
Les Ponts-de-Cé 49 149 G 2
Ponts-et-Marais 76 10 D 4
Les Ponts-Neufs 22 78 C 3
Pontvallain 72 130 A 3
Popian 34 302 A 4
Popolasca 2B 347 E 3
Porcaro 56 103 F 5
Porcelette 57 46 D 5
Porchères 33 238 D 3
Porcheresse 16 221 E 4
La Porcherie 87 224 C 3
Porcheux 60 37 H 3
Porcheville 78 57 G 2
Porcieu-Amblagnieu 38 214 B 4
Pordic 22 73 H 5
Le Porge 33 236 C 5
Pornic 44 146 C 5
Pornichet 44 145 H 5
Porquéricourt 60 23 G 5
Porquerolles *Île de* 83 328 C 5
Porri 2B 347 G 3
Pors-Even 22 73 F 2
Porsmilin 29 74 D 2
Porspoder 29 70 A 5
Port 01 214 C 1
Le Port 09 335 H 4
Port *Col de* 09 336 A 3
Port-à-Binson 51 61 E 1
Port-Bail 50 31 E 2
Port-Barcarès 66 339 E 4
Port-Blanc 22 72 D 2
Port-Brillet 53 105 G 3
Port-Camargue 30 303 F 5
Port-Coton *Aiguilles de* 56 144 B 4
Port-Cros *Île de* 83 329 E 5
Port-d'Atelier 70 140 D 3
Port-de-Bouc 13 325 G 3
Port-de-Carhaix 29 76 D 4
Port-de-Gagnac 46 243 E 5
Port-de-Groslée 01 232 C 1
Port-de-la-Meule 85 164 A 4
Port-de-Lanne 40 292 C 4
Port-de-Miramar 83 328 D 4
Port-de-Piles 86 169 H 2
Port-d'Envaux 17 201 F 4
Port-des-Barques 17 200 C 3
Port-Donnant 56 144 B 4
Port-du-Salut *Trappe du* 53 106 A 4
Port-en-Bessin 14 32 D 2
Port-Goulphar 56 144 B 4
Port-Grimaud 83 329 F 2
Port-Haliguen 56 123 H 5
Port-Jérôme 76 35 F 1
Port-Joinville 85 164 A 4
Port-la-Nouvelle 11 339 F 2
Port-Launay 29 75 H 4
Port-Lauragais 31 318 C 3
Port-le-Grand 80 11 G 3
Port-Lesney 39 179 G 1
Port-Leucate 11 339 F 4
Port-Louis 56 123 F 2
Port-Manech 29 100 B 5
Port-Maria 56 144 C 4
Le Port-Marly 78 58 A 3
Port-Miou 13 327 F 3
Port-Mort 27 36 D 5
Port-Navalo 56 124 A 4
Port Royal des Champs *Abbaye de* 78 57 H 4
Port-Saint-Louis-du-Rhône 13 325 F 4
Port-Saint-Père 44 147 F 5
Port-Sainte-Foy-et-Ponchapt 24 257 F 1
Port-Sainte-Marie 47 275 G 2
Port-sur-Saône 70 141 E 4
Port-sur-Seille 54 65 H 3
Port-Vendres 66 343 G 4
Port-Villez 78 57 E 1
Porta 66 341 E 4
La Porta 2B 347 G 3
Porte *Col de* 38 233 E 5
Porte-Joie 27 36 C 4
Porté-Puymorens 66 341 E 3
Le Portel 62 6 A 2
Portel *Sommet de* 09 335 H 3
Portel-des-Corbières 11 338 D 2
Portes 27 56 A 1
Portes 30 283 G 2
Portes *Calvaire de* 01 214 B 4
Portes *Chartreuse de* 01 214 B 4
Les Portes-en-Ré 17 182 C 4
Portes-en-Valdaine 26 267 F 4
Portes-lès-Valence 26 249 F 5
Portet 64 294 C 5
Portet-d'Aspet 31 334 D 3
Portet d'Aspet *Col de* 31 334 D 3
Portet-de-Luchon 31 334 A 4
Portet-sur-Garonne 31 297 H 5
Portets 33 255 H 2
Porticcio 2A 348 C 4
Porticciolo *Marine de* 2B 345 G 2
Portieux 88 95 E 4
Portiragnes 34 321 H 4
Portiragnes-Plage 34 321 H 4
Portivy 56 123 G 5
Porto 2A 346 B 5
Porto-Pollo 2A 348 C 5
Porto-Vecchio 2A 351 G 2
Ports 37 169 G 1
Portsall 29 70 B 4
Posanges 21 159 E 2
Poses 27 36 C 3
Possesse 51 63 E 3
La Possonnière 49 149 F 2
La Possonnière *Manoir* 41 130 D 3
La Postolle 89 113 H 2
Postroff 57 67 H 3
Potangis 51 90 A 2
Potelières 30 284 A 3
Potelle 59 15 E 3
La Poterie 22 78 D 3
La Poterie-au-Perche 61 84 D 2
La Poterie-Cap-d'Antifer 76 18 C 4

La Poterie-Mathieu 27 ... 35 E 4
Pothières 21 ... 115 H 5
Potigny 14 ... 53 H 2
Potte 80 ... 23 G 3
Pouan-les-Vallées 10 ... 90 D 3
Pouançay 86 ... 168 B 1
Pouancé 49 ... 127 F 3
Pouant 86 ... 169 E 2
Poubeau 31 ... 334 A 4
Poucharramet 31 ... 317 F 3
Pouchergues 65 ... 333 H 4
Poudenas 47 ... 275 F 4
Poudenx 40 ... 293 H 4
Poudis 81 ... 299 E 5
Poudrey *Gouffre de* 25 ... 162 B 4
Poueyferré 65 ... 332 D 1
La Pouëze 49 ... 128 A 5
Pouffonds 79 ... 185 G 5
La Pouge 23 ... 207 F 3
Le Pouget 34 ... 302 A 5
Pougnadoires
Cirque de 48 ... 282 B 1
Pougnadoresse 30 ... 284 C 4
Pougné 16 ... 203 G 3
Pougne-Hérisson 79 ... 167 H 5
Pougny 01 ... 215 F 1
Pougny 58 ... 156 B 3
Pougues-les-Eaux 58 ... 174 C 1
Pougy 10 ... 91 G 4
Pouillac 17 ... 238 B 1
Pouillat 01 ... 196 B 4
Pouillé 41 ... 153 E 3
Pouillé 85 ... 183 H 2
Pouillé 86 ... 186 D 2
Pouillé-les-Côteaux 44 ... 148 B 1
Pouillenay 21 ... 159 E 1
Pouilley-Français 25 ... 161 G 4
Pouilley-les-Vignes 25 ... 161 H 3
Pouillon 40 ... 293 E 4
Pouillon 51 ... 41 F 3
Pouilloux 71 ... 194 A 1
Pouilly 57 ... 65 H 1
Pouilly 60 ... 38 A 4
Pouilly-en-Auxois 21 ... 159 F 4
Pouilly-en-Bassigny 52 ... 117 H 4
Pouilly-le-Fort 77 ... 88 B 2
Pouilly-le-Monial 69 ... 212 D 3
Pouilly-lès-Feurs 42 ... 211 H 5
Pouilly-les-Nonains 42 ... 211 F 2
Pouilly-sous-Charlieu 42 ... 211 G 1
Pouilly-sur-Loire 58 ... 156 A 4
Pouilly-sur-Meuse 55 ... 27 G 5
Pouilly-sur-Saône 21 ... 178 B 1
Pouilly-sur-Serre 02 ... 24 D 4
Pouilly-sur-Vingeanne 21 ... 139 H 5
Le Poujol-sur-Orb 34 ... 301 F 5
Poujols 34 ... 301 H 3
Poul-Fétan 56 ... 101 G 4
Poulaines 36 ... 153 H 5
Poulains *Pointe des* 56 ... 144 B 3
Poulainville 80 ... 22 C 1
Poulan-Pouzols 81 ... 299 F 2
Poulangy 52 ... 117 E 4
Poulay 53 ... 82 C 4
Pouldavid 29 ... 99 F 2
Pouldergat 29 ... 99 F 2
Pouldouran 22 ... 73 E 3
Pouldreuzic 29 ... 99 F 3
Le Pouldu 29 ... 123 E 2
Poule-les-Écharmeaux 69 ... 212 B 1
Pouliacq 64 ... 294 B 5
Les Poulières 88 ... 120 A 2
Pouligney 25 ... 162 B 2
Pouligny-Notre-Dame 36 ... 189 G 2
Pouligny-Saint-Martin 36 ... 189 G 2
Pouligny-Saint-Pierre 36 ... 170 C 5
Le Pouliguen 44 ... 145 H 5
Poullan-sur-Mer 29 ... 99 E 2
Poullaouen 29 ... 76 C 3
Poullignac 16 ... 220 D 4
Poulx 30 ... 303 H 1
Poumarous 65 ... 315 F 5
Poupas 82 ... 276 D 5
Poupry 28 ... 110 D 4
Pouques-Lormes 58 ... 157 H 3
Pourcharesses 48 ... 265 F 5
Pourchères 07 ... 266 C 2
Pourcieux 83 ... 306 D 5
Pourcy 51 ... 41 F 5
Pourlans 71 ... 178 C 2
Pournoy-la-Chétive 57 ... 65 H 2
Pournoy-la-Grasse 57 ... 65 H 2
Pourrain 89 ... 136 A 3
Pourrières 83 ... 306 C 5
Poursac 16 ... 203 G 3
Poursay-Garnaud 17 ... 201 H 3
Poursiugues-Boucoue 64 ... 294 B 5
Pourtalet *Col du* 64 ... 332 A 4
Pouru-aux-Bois 08 ... 27 G 3
Pouru-Saint-Remy 08 ... 27 G 4
Pourville-sur-Mer 76 ... 10 A 5
Poussan 34 ... 323 E 3
Poussanges 23 ... 207 H 5
Poussay 88 ... 94 D 4
Pousseaux 58 ... 157 F 1
Poussignac 47 ... 275 E 1
Poussy-la-Campagne 14 ... 33 H 5
Pousthomy 12 ... 300 B 2
Le Pout 33 ... 255 H 1
Pouvrai 61 ... 84 B 5
Pouxeux 88 ... 119 G 3
Pouy 65 ... 316 A 4
Pouy-de-Touges 31 ... 317 E 3
Pouy-Loubrin 32 ... 316 B 2
Pouy-Roquelaure 32 ... 275 H 5
Pouy-sur-Vannes 10 ... 90 A 5
Pouyastruc 65 ... 315 F 4
Pouydesseaux 40 ... 274 A 5
Pouydraguin 32 ... 295 E 4
Pouylebon 32 ... 295 G 5
Pouzac 65 ... 333 F 1
Le Pouzat 07 ... 248 B 4
Pouzauges 85 ... 166 D 4
Pouzay 37 ... 169 G 1
Pouze 31 ... 318 A 2
Pouzilhac 30 ... 284 D 4
Le Pouzin 07 ... 267 E 1
Pouzioux 86 ... 187 E 2
Pouzol 63 ... 209 G 2
Pouzolles 34 ... 321 G 2
Pouzols 34 ... 302 A 4
Pouzols-Minervois 11 ... 320 D 4
Pouzy-Mésangy 03 ... 174 B 5
Poyanne 40 ... 293 F 2
Poyans 70 ... 160 D 1
Poyartin 40 ... 293 F 3
Poyols 26 ... 268 B 3
Pozières 80 ... 13 G 5
Pra Loup 04 ... 270 D 5
Le Pradal 34 ... 301 F 4
Les Pradeaux 63 ... 228 A 3
Pradeaux *Col des* 63 ... 229 E 3
Pradel *Col du* 11 ... 336 D 5
Pradelle 26 ... 268 A 3
Pradelles 43 ... 265 F 1
Pradelles 59 ... 4 A 5
Pradelles-Cabardès 11 ... 320 A 3
Pradelles-en-Val 11 ... 338 A 1
Pradère-les-Bourguets 31 ... 297 F 4
Prades 07 ... 266 A 3
Prades 09 ... 336 D 5
Prades 43 ... 246 D 4
Prades 48 ... 282 C 1
Prades 66 ... 342 A 3
Prades 81 ... 299 E 4
Prades-d'Aubrac 12 ... 263 G 4
Prades-de-Salars 12 ... 281 E 2
Prades-le-Lez 34 ... 302 D 3
Prades-sur-Vernazobre 34 ... 321 E 2
Le Pradet 83 ... 328 B 4
Pradettes 09 ... 336 C 2
Pradières 09 ... 336 B 3
Pradiers 15 ... 245 F 1
Pradinas 12 ... 279 H 3
Pradines 19 ... 225 E 3
Pradines 42 ... 211 H 3
Pradines 46 ... 259 H 5
Pradons 07 ... 266 B 5
Prads 04 ... 288 C 2
Prafrance
Bambouseraie de 30 ... 283 G 4
Pragnères *Centrale de* 65 ... 333 E 4
Prahecq 79 ... 185 E 5
Prailles 79 ... 185 F 4
Pralognan-la-Vanoise 73 ... 234 D 4
Prâlon 21 ... 159 G 3
Pralong 42 ... 229 G 2
Pramousquier 83 ... 329 E 4
Pramouton 05 ... 270 C 4
Prangey 52 ... 139 G 3
Pranles 07 ... 266 C 1
Pranzac 16 ... 221 G 1
Prapoutel-les-Sept-Laux 38 ... 251 F 1
Le Prarion 74 ... 216 D 3
Praslay 52 ... 139 F 3
Praslin 10 ... 115 F 4
Prasville 28 ... 110 C 2
Prat 22 ... 72 D 4
Prat-Bonrepaux 09 ... 335 E 2
Prat de Bouc 15 ... 245 E 3
Prato-di-Giovellina 2B ... 347 E 3
Prats-de-Carlux 24 ... 241 H 5
Prats-de-Mollo-la-Preste 66 ... 342 B 5
Prats-de-Sournia 66 ... 338 A 5
Prats-du-Périgord 24 ... 259 F 2
Pratviel 81 ... 298 D 4
Pratz 39 ... 196 D 3
Pratz 52 ... 116 C 2
Prauthoy 52 ... 139 G 4
Pray 41 ... 131 H 4
Praye 54 ... 94 D 3
Prayet *Col du* 38 ... 268 D 1
Prayols 09 ... 336 B 3
Prayssac 46 ... 259 G 5
Prayssas 47 ... 275 H 2
La Praz 73 ... 252 C 1
Le Praz 73 ... 234 C 3
Praz-Coutant 74 ... 216 D 3
Les Praz-de-Chamonix 74 ... 217 E 3
Praz-sur-Arly 74 ... 216 C 4
Le Pré-d'Auge 14 ... 34 C 5
Pré de Madame Carle 05 ... 252 B 4
Pré-en-Pail-
Saint-Samson 53 ... 83 E 3
Pré-Saint-Évroult 28 ... 110 A 3
Le Pré-Saint-Gervais 93 ... 58 C 3
Pré-Saint-Martin 28 ... 110 A 2
Préaux 07 ... 248 D 2
Les Préaux 27 ... 35 E 3
Préaux 36 ... 171 E 2
Préaux 53 ... 106 C 5
Préaux 76 ... 36 C 1
Préaux 77 ... 112 D 2
Préaux-Bocage 14 ... 53 F 1
Préaux-du-Perche 61 ... 84 D 5
Préaux-Saint-Sébastien 14 ... 54 D 2
Prébois 38 ... 268 D 1
Précey 50 ... 51 G 5
Préchac 32 ... 296 B 2
Préchac 33 ... 255 H 5
Préchac 65 ... 332 D 2
Préchac-sur-Adour 32 ... 295 E 4
Préchacq-Josbaig 64 ... 313 G 4
Préchacq-les-Bains 40 ... 293 F 2
Préchacq-Navarrenx 64 ... 313 G 4
Précieux 42 ... 229 H 2
Précigné 72 ... 129 E 3
Précilhon 64 ... 331 H 1
Précorbin 50 ... 32 C 5
Précy 18 ... 174 A 1
Précy-le-Sec 89 ... 136 D 5
Précy-Notre-Dame 10 ... 91 G 4
Précy-Saint-Martin 10 ... 91 G 4
Précy-sous-Thil 21 ... 158 D 2
Précy-sur-Marne 77 ... 59 F 2
Précy-sur-Oise 60 ... 38 C 4
Précy-sur-Vrin 89 ... 113 G 5
Prédefin 62 ... 7 F 4
Préfailles 44 ... 146 B 4
Préfontaines 45 ... 112 B 3
Prégilbert 89 ... 136 C 5
Préguillac 17 ... 219 G 1
Préhy 89 ... 136 C 3
Preignac 33 ... 256 B 3
Preignan 32 ... 296 B 3
Preigney 70 ... 140 C 3
Preixan 11 ... 337 G 1
Prélenfrey 38 ... 250 D 3
Prelles 05 ... 252 C 5
Prémanon 39 ... 197 F 2
Premeaux-Prissey 21 ... 159 H 5
Prémery 58 ... 156 D 5
Prémesques 59 ... 8 C 2
Prémeyzel 01 ... 232 D 1
Prémian 34 ... 300 D 5
Premières 21 ... 160 C 4
Prémierfait 10 ... 90 D 3
Prémilhat 03 ... 190 C 4
Prémillieu 01 ... 214 C 4
Prémont 02 ... 14 C 5
Prémontré 02 ... 24 C 5
Prendeignes 46 ... 261 G 2
Préneron 32 ... 295 G 3
La Prénessaye 22 ... 102 C 1
Prenois 21 ... 159 H 2
Prénouvellon 41 ... 110 B 5
Prénovel 39 ... 197 E 2
Prény 54 ... 65 G 2
Préporché 58 ... 175 H 3
Prépotin 61 ... 84 C 2
Les Prés 26 ... 268 D 4
Présailles 43 ... 247 G 5
Préseau 59 ... 15 E 2
Présentevillers 25 ... 142 B 4
Préserville 31 ... 298 B 5
Présilly 39 ... 196 C 1
Présilly 74 ... 215 G 1
Presle 70 ... 141 F 5
Presle 73 ... 233 G 3
Presles 14 ... 52 D 3
Presles 38 ... 250 B 3
Presles 95 ... 38 B 5
Presles-en-Brie 77 ... 59 F 5
Presles-et-Boves 02 ... 40 D 2
Presles-et-Thierny 02 ... 40 D 1
Presly 18 ... 155 E 2
Presnoy 45 ... 112 A 5
Presque *Grotte de* 46 ... 261 E 1
Pressac 86 ... 204 B 1
Pressagny-l'Orgueilleux 27 ... 36 D 5
Pressiat 01 ... 196 A 4
Pressignac 16 ... 204 C 5
Pressignac-Vicq 24 ... 240 C 5
Pressigny 52 ... 140 B 3
Pressigny 79 ... 168 B 4
Pressigny-les-Pins 45 ... 134 D 2
Pressins 38 ... 232 C 3
Pressy 62 ... 7 G 4
Pressy-sous-Dondin 71 ... 194 B 2
La Preste 66 ... 342 A 5
La Prétière 25 ... 142 A 5
Pretin 39 ... 179 G 2
Prétot-Sainte-Suzanne 50 ... 31 G 2
Prétot-Vicquemare 76 ... 19 H 3
Prêtreville 14 ... 54 D 1
Préty 71 ... 195 F 2
Pretz-en-Argonne 55 ... 63 G 2
Preuilly 18 ... 172 D 1
Preuilly *Abbaye de* 77 ... 89 E 4
Preuilly-la-Ville 36 ... 170 B 5
Preuilly-sur-Claise 37 ... 170 B 3
Preures 62 ... 6 C 3
Preuschdorf 67 ... 69 E 2
Preuseville 76 ... 21 E 2
Preutin-Higny 54 ... 45 E 3
Preux-au-Bois 59 ... 15 E 4
Preux-au-Sart 59 ... 15 E 2
Préval 72 ... 108 C 2
Prévelles 72 ... 108 B 3
Prévenchères 48 ... 265 F 4
Préveranges 18 ... 190 A 3
Prévessin-Moëns 01 ... 197 G 4
La Prévière 49 ... 127 F 3
Prévillers 60 ... 21 H 5
Prévinquières 12 ... 279 H 1
Prévocourt 57 ... 66 C 3
Prey 27 ... 56 C 2
Prey 88 ... 119 H 2
Preyssac-d'Excideuil 24 ... 223 F 5
Prez 08 ... 26 A 2
Prez-sous-Lafauche 52 ... 93 G 5
Prez-sur-Marne 52 ... 92 D 2
Priaires 79 ... 201 G 1
Priay 01 ... 214 A 2
Priez 02 ... 40 B 5
Prignac 17 ... 202 B 4
Prignac-en-Médoc 33 ... 218 D 5
Prignac-et-Marcamps 33 ... 237 G 3
Prigonrieux 24 ... 239 G 5
Primarette 38 ... 231 G 4
Primat 08 ... 42 D 2
La Primaube 12 ... 280 D 2
Primel-Trégastel 29 ... 72 A 3
Primelin 29 ... 98 D 2
Primelles 18 ... 172 D 3
Prin-Deyrançon 79 ... 184 C 5
Prinçay 86 ... 169 E 2
Princé 35 ... 105 F 2
Pringé 72 ... 129 H 4
Pringy 51 ... 62 C 4
Pringy 74 ... 215 G 3
Pringy 77 ... 88 A 3
Prinquiau 44 ... 146 D 2
Prinsuéjols 48 ... 263 H 3
Printzheim 67 ... 68 C 4
Prisces 02 ... 25 F 3
Prisches 59 ... 15 F 4
Prissac 36 ... 188 B 2
Prissé 71 ... 194 D 4
Prissé-la-Charrière 79 ... 201 H 1
Pritz 53 ... 106 A 3
Privas 07 ... 266 D 2
Privezac 12 ... 279 H 1
Prix-lès-Mézières 08 ... 26 D 3
Priziac 56 ... 101 E 2
Prizy 71 ... 193 H 4
La Proiselière-et-Langle 70 ... 141 H 2
Proissans 24 ... 241 G 5
Proisy 02 ... 25 E 1
Proix 02 ... 24 D 1
Projan 32 ... 294 C 4
Promilhanes 46 ... 279 E 1
Prompsat 63 ... 209 H 4
Prondines 63 ... 226 D 1
Pronleroy 60 ... 38 D 1
Pronville-en-Artois 62 ... 13 H 3
Propiac 26 ... 286 A 2
Propières 69 ... 212 B 1
Propriano 2A ... 350 D 2
Prosnes 51 ... 42 A 4
Prouais 28 ... 57 E 5
Prouilly 51 ... 41 F 3
Proumeyssac
Gouffre de 24 ... 241 E 5
Proupiary 31 ... 316 D 5
Proussy 14 ... 53 F 2
Prouvais 02 ... 41 G 1
Prouville 80 ... 12 B 4
Prouvy 59 ... 14 D 2
Prouzel 80 ... 22 B 2
Provemont 27 ... 37 F 3
Provenchère 25 ... 163 E 3
Provenchère 70 ... 141 E 3
Provenchères-
lès-Darney 88 ... 118 C 3
Provenchères-et-Colroy 88 ... 96 C 4
Provenchères-sur-Marne 52 ... 92 D 5
Provenchères-
sur-Meuse 52 ... 117 H 4
Provency 89 ... 158 A 1
Proverville 10 ... 116 A 2
Proveysieux 38 ... 250 D 1
Proville 59 ... 14 B 4
Provin 59 ... 8 C 4
Provins 77 ... 89 G 2
Proviseux-et-Plesnoy 02 ... 41 G 1
Proyart 80 ... 23 E 2
Prudemanche 28 ... 56 B 5
Prudhomat 46 ... 243 E 5
Prugnanes 66 ... 338 A 4
Prugny 10 ... 114 D 2
Pruillé 49 ... 128 B 5
Pruillé-le-Chétif 72 ... 107 G 5
Pruillé-l'Éguillé 72 ... 130 B 2
Pruines 12 ... 262 C 4
Prunay 51 ... 41 H 4
Prunay-Belleville 10 ... 90 B 5
Prunay-Cassereau 41 ... 131 F 4
Prunay-en-Yvelines 78 ... 86 D 3
Prunay-le-Gillon 28 ... 86 C 5
Prunay-le-Temple 78 ... 57 F 3
Prunay-sur-Essonne 91 ... 87 H 5
Prunelli-di-Casacconi 2B ... 347 G 2
Prunelli-di-Fiumorbo 2B ... 349 G 2
Prunet 07 ... 266 A 3
Prunet 15 ... 262 C 1
Prunet 31 ... 298 C 5
Prunet-et-Belpuig 66 ... 342 C 3
Prunete 2B ... 347 H 4
Prunières 05 ... 270 A 3
Prunières 38 ... 251 E 5
Prunières 48 ... 264 B 1
Pruniers 36 ... 172 C 4
Pruniers 49 ... 149 G 1
Pruniers-en-Sologne 41 ... 153 H 3
Pruno 2B ... 347 G 3
Prunoy 89 ... 135 G 2
Prusly-sur-Ource 21 ... 138 B 2
Prusy 10 ... 114 D 5
Pruzilly 71 ... 194 D 5
Puberg 67 ... 68 A 2
Publier 74 ... 198 B 3
Publy 39 ... 179 F 5
Puceul 44 ... 126 C 5
Le Puch 09 ... 337 F 5
Puch-d'Agenais 47 ... 275 F 1
Puchay 27 ... 37 E 3
Puchevillers 80 ... 12 D 5
Le Puech 34 ... 301 H 4
Puéchabon 34 ... 302 B 3
Puéchoursi 81 ... 318 D 2
Puechredon 30 ... 303 F 1
Puellemontier 52 ... 92 A 3
Puessans 25 ... 162 C 1
Puget 84 ... 305 G 2
Puget-Rostang 06 ... 289 G 4
Puget-sur-Argens 83 ... 308 C 5
Puget-Théniers 06 ... 289 F 5
Puget-Ville 83 ... 328 C 2
Pugey 25 ... 161 H 4
Pugieu 01 ... 214 C 4
Puginier 11 ... 318 D 3
Pugnac 33 ... 237 G 3
Pugny 79 ... 167 G 4
Pugny-Chatenod 73 ... 233 F 1
Puichéric 11 ... 320 B 5
Le Puid 88 ... 96 C 3
Puigmal 66 ... 341 G 5
Puihardy 79 ... 184 D 2
Puilacher 34 ... 302 A 5
Puilaurens 11 ... 337 G 5
Puilboreau 17 ... 183 F 5
Puilly-et-Charbeaux 08 ... 27 H 4
Puimichel 04 ... 287 G 5
Puimisson 34 ... 321 G 2
Puimoisson 04 ... 307 F 1
La Puisaye 28 ... 85 F 2
Puiseaux 45 ... 112 A 2
Puiselet-le-Marais 91 ... 87 G 4
Puisenval 76 ... 21 E 2
Le Puiset 28 ... 110 D 2
Le Puiset-Doré 49 ... 148 C 4
Puiseux 08 ... 26 C 5
Puiseux 28 ... 86 A 2
Puiseux-en-Bray 60 ... 37 G 2
Puiseux-en-France 95 ... 58 D 1
Puiseux-en-Retz 02 ... 40 A 3
Puiseux-le-Hauberger 60 ... 38 B 4
Puiseux-Pontoise 95 ... 57 H 1
Puisieulx 51 ... 41 H 4
Puisieux 62 ... 13 F 4
Puisieux 77 ... 59 G 1
Puisieux-et-Clanlieu 02 ... 24 D 2
Puissalicon 34 ... 321 G 2
Puisseguin 33 ... 238 D 5
Puisserguier 34 ... 321 E 3
Puits 21 ... 138 A 3
Le Puits-des-Mèzes 52 ... 117 F 3
Puits-et-Nuisement 10 ... 115 H 2
Puits-la-Vallée 60 ... 22 B 5
Puivert 11 ... 337 E 3
Pujaudran 32 ... 297 F 5
Pujaut 30 ... 285 E 5
Pujo 65 ... 315 E 3
Pujo-le-Plan 40 ... 294 B 1
Les Pujols 09 ... 336 C 1
Pujols 33 ... 256 D 1
Pujols 47 ... 276 C 1
Pujols-sur-Ciron 33 ... 255 H 4
Le Puley 71 ... 177 F 5
Puligny-Montrachet 21 ... 177 G 2
Pullay 27 ... 55 H 4
Pulligny 54 ... 94 D 2
Pulney 54 ... 94 C 4
Pulnoy 54 ... 66 B 5
Pulvérières 63 ... 209 F 4
Pulversheim 68 ... 121 E 5
Punchy 80 ... 23 F 3
Punerot 88 ... 94 A 3
Puntous 65 ... 316 A 4
Puntous de Laguian 32 ... 315 G 2
Pupillin 39 ... 179 G 3
Pure 08 ... 27 G 4
Purgerot 70 ... 140 D 3
Pusey 70 ... 141 E 4
Pusignan 69 ... 213 G 5
Pussay 91 ... 87 E 5
Pussigny 37 ... 169 G 2
Pussy 73 ... 234 B 2
Pusy-et-Épenoux 70 ... 141 E 4
Putanges-le-Lac 61 ... 53 H 4
Puteaux 92 ... 58 B 3
Putot-en-Auge 14 ... 34 A 4
Putot-en-Bessin 14 ... 33 F 4
Puttelange-aux-Lacs 57 ... 67 F 1
Puttelange-lès-Thionville 57 ... 45 H 1
Puttigny 57 ... 66 D 3
Puxe 54 ... 45 E 5
Puxieux 54 ... 65 F 1
Le Puy 25 ... 162 B 2
Le Puy 33 ... 257 E 3
Puy Crapaud 85 ... 167 E 4
Puy-d'Arnac 19 ... 242 D 4
Puy de Dôme 63 ... 209 G 5
Puy-de-Serre 85 ... 184 C 1
Puy du Fou
Château du 85 ... 166 D 2
Puy-du-Lac 17 ... 201 F 3
Le Puy-en-Velay 43 ... 247 F 3
Puy-Guillaume 63 ... 210 C 3
Puy-l'Évêque 46 ... 259 F 4
Puy-Malsignat 23 ... 207 H 3
Le Puy-Notre-Dame 49 ... 150 A 5
Puy-Saint-André 05 ... 252 C 4
Le Puy-Saint-Bonnet 49 ... 166 D 1
Puy-Saint-Eusèbe 05 ... 270 B 3
Puy-Saint-Gulmier 63 ... 208 D 5
Puy-Saint-Martin 26 ... 267 G 3
Puy-Saint-Pierre 05 ... 252 D 4
Puy-Saint-Vincent 05 ... 252 C 5
Le Puy-
Sainte-Réparade 13 ... 306 A 3
Puy-Sanières 05 ... 270 C 3
Puybarban 33 ... 256 D 4
Puybegon 81 ... 298 D 2
Puybrun 46 ... 242 D 5
Puycalvel 81 ... 299 F 4
Puycasquier 32 ... 296 C 3
Puycelsi 81 ... 278 D 5
Puycornet 82 ... 277 H 3
Puydaniel 31 ... 317 H 4
Puydarrieux 65 ... 315 H 4

Puydrouard 17 ... 201 E 1
La Puye 86 ... 187 F 1
Puygaillard-de-Lomagne 82 ... 276 D 5
Puygaillard-de-Quercy 82 ... 278 C 5
Puygiron 26 ... 267 F 4
Puygouzon 81 ... 299 F 1
Puygros 73 ... 233 G 2
Puyguilhem 24 ... 257 G 2
Puyguilhem *Château de* 24 ... 222 C 4
Puyjourdes 46 ... 279 E 1
Puylagarde 82 ... 279 E 2
Puylaroque 82 ... 278 C 2
Puylaurens 81 ... 299 E 5
Puylausic 32 ... 316 D 2
Puyloubier 13 ... 306 C 5
Puymangou 24 ... 239 E 2
Puymartin *Château de* 24 ... 241 F 5
Puymaurin 31 ... 316 C 3
Puyméras 84 ... 285 H 2
Puymiclan 47 ... 257 G 4
Puymirol 47 ... 276 C 3
Puymorens *Col de* 66 ... 340 D 3
Puymoyen 16 ... 221 F 2
Puynormand 33 ... 238 D 4
Puyol-Cazalet 40 ... 294 B 4
Puyoô 64 ... 293 E 5
Puyravault 17 ... 201 E 1
Puyravault 85 ... 183 F 3
Puyréaux 16 ... 203 F 4
Puyrenier 24 ... 221 H 4
Puyricard 13 ... 306 A 4
Puyrolland 17 ... 201 G 2
Puys 76 ... 10 B 5
Puységur 32 ... 296 B 3
Puysségur 31 ... 297 E 3
Puysserampion 47 ... 257 G 3
Puyvalador 66 ... 341 G 2
Puyvert 84 ... 305 H 2
Puzeaux 80 ... 23 F 3
Puzieux 57 ... 66 B 3
Puzieux 88 ... 94 D 4
Py 66 ... 342 A 4
Pyla-sur-Mer 33 ... 254 B 2
La Pyle 27 ... 35 H 4
Pyrénées 2000 66 ... 341 F 4
Pys 80 ... 13 G 4

Q

Quaëdypre 59 ... 3 H 3
Quaix-en-Chartreuse 38 ... 250 D 1
Quantilly 18 ... 155 F 4
Quarante 34 ... 321 E 3
Quarouble 59 ... 9 H 5
Quarré-les-Tombes 89 ... 158 A 3
La Quarte 70 ... 140 B 3
Le Quartier 63 ... 209 E 2
Quasquara 2A ... 349 E 3
Quatre-Champs 08 ... 42 D 1
Les Quatre Chemins 85 ... 183 F 2
Quatre-Routes-d'Albussac 19 ... 242 D 3
Les Quatre-Routes-du-Lot 46 ... 242 C 4
Quatre Vios *Col des* 07 ... 266 B 1
Quatremare 27 ... 36 B 4
Quatzenheim 67 ... 68 C 5
Quéant 62 ... 13 H 3
Queaux 86 ... 187 E 4
Québriac 35 ... 80 A 4
Quédillac 35 ... 103 F 1
Queige 73 ... 216 B 5
Quelaines-Saint-Gault 53 ... 105 H 5
Les Quelles 67 ... 96 C 3
Quelmes 62 ... 3 E 5
Quelneuc 56 ... 125 H 2
Quéménéven 29 ... 75 H 5
Quemigny-Poisot 21 ... 159 H 4
Quemigny-sur-Seine 21 ... 138 B 4
Quemper-Guézennec 22 ... 73 F 3
Quemperven 22 ... 72 D 3
Quend 80 ... 11 F 1
Quend-Plage-les-Pins 80 ... 11 E 1
Quenne 89 ... 136 C 3
Quenoche 70 ... 162 A 1
Quenza 2A ... 349 F 5
Quercamps 62 ... 3 E 5
Querciolo 2B ... 347 H 2
Quercitello 2B ... 347 G 3
Quérénaing 59 ... 14 D 2
Quéribus *Château de* 11 ... 338 B 4
Quérigut 09 ... 341 G 2
Quernes 62 ... 7 G 3
Quéroy *Grottes du* 16 ... 221 G 2
Querqueville 50 ... 29 E 2
Querré 49 ... 128 C 4
Querrien 29 ... 100 D 4
Querrieu 80 ... 22 C 1
Quers 70 ... 141 G 3
Quesmy 60 ... 23 H 4
Quesnay-Guesnon 14 ... 32 D 4
Le Quesne 80 ... 21 G 2
Le Quesnel 80 ... 23 E 3
Le Quesnel-Aubry 60 ... 38 C 1
Le Quesnoy 59 ... 15 E 3
Le Quesnoy 80 ... 23 E 3
Le Quesnoy-en-Artois 62 ... 12 B 2
Quesnoy-le-Montant 80 ... 11 F 3
Quesnoy-sur-Airaines 80 ... 11 H 5
Quesnoy-sur-Deûle 59 ... 4 C 5
Quesques 62 ... 6 D 2
Quessigny 27 ... 56 C 2
Quessoy 22 ... 78 C 4
Quessy 02 ... 24 B 4
Questembert 56 ... 125 E 3
Questrecques 62 ... 6 C 2
Quet-en-Beaumont 38 ... 251 F 5
Quetigny 21 ... 160 B 3
Quettehou 50 ... 29 G 3
Quettetot 50 ... 29 E 4
Quetteville 14 ... 34 D 3
Quettreville-sur-Sienne 50 ... 51 G 1
Queudes 51 ... 61 E 5
La Queue-en-Brie 94 ... 58 D 4
La Queue-les-Yvelines 78 ... 57 G 4
Queuille 63 ... 209 F 3
Quevauvillers 80 ... 22 A 2
Quéven 56 ... 101 E 5
Quévert 22 ... 79 G 4
Quevillon 76 ... 36 A 2
Quevilloncourt 54 ... 94 D 3
Quévreville-la-Poterie 76 ... 36 B 3
Queyrac 33 ... 218 D 4
Queyrières 43 ... 247 H 3
Queyssac 24 ... 240 B 5
Queyssac-les-Vignes 19 ... 242 D 4
Quézac 15 ... 261 H 2
Quézac 48 ... 282 C 1
Quiberon 56 ... 123 H 5
Quiberville 76 ... 20 A 2
Quibou 50 ... 32 A 5
Quié 09 ... 336 B 4
Quiers 77 ... 88 D 2
Quiers-sur-Bézonde 45 ... 111 H 5
Quiéry-la-Motte 62 ... 8 C 5
Quierzy 02 ... 24 A 5
Quiestède 62 ... 7 G 2
Quiévelon 59 ... 15 H 3
Quiévrechain 59 ... 9 H 5
Quièvrecourt 76 ... 20 D 3
Quiévy 59 ... 14 D 4
Quilen 62 ... 6 D 4
Quilinen *Calvaire de* 29 ... 99 H 2
Quillan 11 ... 337 F 4
Quillane *Col de* 66 ... 341 G 3
Quillebeuf-sur-Seine 27 ... 35 F 1
Le Quillio 22 ... 102 A 1
Quilly 08 ... 42 C 2
Quilly 44 ... 146 D 1
Quily 56 ... 102 D 5
Quimerch 29 ... 75 H 4
Quimiac 44 ... 145 G 3
Quimper 29 ... 99 H 3
Quimperlé 29 ... 100 D 4
Quincampoix 76 ... 36 B 1
Quincampoix-Fleuzy 60 ... 21 G 3
Quinçay 86 ... 186 B 1
Quincerot 21 ... 137 G 5
Quincerot 89 ... 115 E 5
Quincey 10 ... 90 A 3
Quincey 21 ... 160 A 5
Quincey 70 ... 141 F 4
Quincié-en-Beaujolais 69 ... 212 C 1
Quincieu 38 ... 250 B 1
Quincieux 69 ... 213 E 4
Quincy 18 ... 154 C 5
Quincy-Basse 02 ... 40 B 1
Quincy-Landzécourt 55 ... 43 H 1
Quincy-le-Vicomte 21 ... 137 G 5
Quincy-sous-le-Mont 02 ... 40 D 3
Quincy-sous-Sénart 91 ... 58 D 5
Quincy-Voisins 77 ... 59 G 3
Quinéville 50 ... 29 G 4
Quingey 25 ... 161 H 5
Quinquempoix 60 ... 22 C 5
Quins 12 ... 280 B 3
Quinsac 24 ... 222 C 4
Quinsac 33 ... 255 G 1
Quinsac 87 ... 223 G 4
Quinson 04 ... 307 F 3
Quinssaines 03 ... 190 C 4
Quint-Fonsegrives 31 ... 298 A 5
Quintal 74 ... 215 G 4
La Quinte 72 ... 107 G 4
Quintenas 07 ... 248 D 2
Quintenic 22 ... 79 E 3
Quintigny 39 ... 179 E 4
Quintillan 11 ... 338 C 3
Quintin 22 ... 78 A 4
Le Quiou 22 ... 79 H 5
Quirbajou 11 ... 337 F 4
Quiry-le-Sec 80 ... 22 C 4
Quissac 30 ... 303 E 1
Quissac 46 ... 260 D 3
Quistinic 56 ... 101 G 4
Quittebeuf 27 ... 36 A 5
Quitteur 70 ... 140 B 5
Quivières 80 ... 23 H 2
Quœux-Haut-Maînil 62 ... 12 B 2

R

Rabastens 81 ... 298 C 2
Rabastens-de-Bigorre 65 ... 315 F 3
Rabat-les-Trois-Seigneurs 09 ... 336 A 4
La Rabatelière 85 ... 166 A 3
Rablay-sur-Layon 49 ... 149 G 3
Rabodanges 61 ... 53 G 3
Rabodanges *Barrage de* 61 ... 53 G 4
Le Rabot 41 ... 133 F 5
Rabou 05 ... 269 G 3
Rabouillet 66 ... 337 H 5
Racécourt 88 ... 94 D 5
Rachecourt-sur-Marne 52 ... 92 D 3
Rachecourt-Suzémont 52 ... 92 C 3
Raches 59 ... 8 D 5
La Racineuse 71 ... 178 B 3
Racines 10 ... 114 C 4
Racou-Plage 66 ... 343 G 3
Racquinghem 62 ... 7 G 2
Racrange 57 ... 67 E 3
Raddon-et-Chapendu 70 ... 141 H 2
Radenac 56 ... 102 B 4
Radepont 27 ... 36 C 3
Radinghem 62 ... 7 E 3
Radinghem-en-Weppes 59 ... 8 C 3
Radon 61 ... 83 G 3
Radonvilliers 10 ... 91 H 4
Radule *Bergeries de* 2B ... 346 C 4
Raedersdorf 68 ... 143 G 4
Raedersheim 68 ... 121 E 5
Raffetot 76 ... 19 F 5
Rageade 15 ... 246 A 3
Raguenès-Plage 29 ... 100 B 5
Rahart 41 ... 131 G 2
Rahay 72 ... 108 D 5
Rahling 57 ... 67 H 2
Rahon 25 ... 163 E 2
Rahon 39 ... 178 D 1
Rai 61 ... 55 F 4
Raids 50 ... 31 H 4
Raillencourt-Sainte-Olle 59 ... 14 B 3
Railleu 66 ... 341 G 3
Raillicourt 08 ... 26 C 4
Raillimont 02 ... 25 H 4
Raimbeaucourt 59 ... 8 D 4
Rainans 39 ... 161 E 5
Raincheval 80 ... 12 D 5
Raincourt 70 ... 140 C 2
Le Raincy 93 ... 58 D 3
Rainfreville 76 ... 20 A 3
Rainneville 80 ... 22 C 1
Rainsars 59 ... 15 H 5
Rainville 88 ... 94 B 4
Rainvillers 60 ... 37 H 2
Les Rairies 49 ... 129 F 4
Raismes 59 ... 9 G 5
Raissac 09 ... 336 C 3
Raissac-d'Aude 11 ... 320 D 5
Raissac-sur-Lampy 11 ... 319 F 4
Raix 16 ... 203 F 3
Raizeux 78 ... 86 C 2
Ramasse 01 ... 196 A 5
Ramatuelle 83 ... 329 G 3
Ramaz *Col de la* 74 ... 198 B 5
Rambaud 05 ... 269 H 3
Rambervillers 88 ... 95 H 4
Rambluzin-et-Benoite-Vaux 55 ... 64 B 2
Rambouillet 78 ... 86 D 2
Rambucourt 55 ... 65 E 4
Ramburelles 80 ... 11 F 5
Rambures 80 ... 11 F 5
Ramecourt 62 ... 7 G 5
Ramecourt 88 ... 94 D 5
Ramerupt 10 ... 91 F 3
Ramicourt 02 ... 24 B 1
Ramillies 59 ... 14 B 3
Rammersmatt 68 ... 142 D 1
Ramonchamp 88 ... 120 A 5
Ramonville-Saint-Agne 31 ... 298 A 5
Ramoulu 45 ... 111 G 2
Ramous 64 ... 293 F 5
Ramousies 59 ... 15 H 4
Ramouzens 32 ... 295 F 2
Rampan 50 ... 32 A 4
Rampieux 24 ... 258 D 2
Rampillon 77 ... 89 E 3
Rampont 55 ... 43 H 5
Rampoux 46 ... 259 H 3
Rancé 01 ... 213 E 3
Rancenay 25 ... 161 H 4
Rancennes 08 ... 17 E 4
Rances 10 ... 91 H 3
Ranchal 69 ... 212 B 1
Ranchette 39 ... 196 D 3
Ranchicourt 62 ... 7 H 5
Ranchot 39 ... 161 F 5
Ranchy 14 ... 32 D 3
Rancogne 16 ... 221 H 1
Rançon 76 ... 19 G 5
Rancon 87 ... 205 G 1
Rançonnières 52 ... 117 H 5
Rancoudray 50 ... 52 C 5
Rancourt 80 ... 13 H 5
Rancourt 88 ... 118 D 2
Rancourt-sur-Ornain 55 ... 63 F 3
Rancy 71 ... 195 G 1
Randan 63 ... 210 B 3
Randanne 63 ... 227 F 1
Randens 73 ... 234 A 2
Randevillers 25 ... 162 D 3
Randonnai 61 ... 55 F 5
Rânes 61 ... 53 H 5
Rang 25 ... 142 A 5
Rang-du-Fliers 62 ... 6 B 5
Rangecourt 52 ... 117 G 4
Rangen 67 ... 68 C 5
Ranguevaux 57 ... 45 G 4
Rannée 35 ... 105 E 5
Ranrupt 67 ... 96 D 3
Rans 39 ... 161 F 5
Ransart 62 ... 13 F 3
Ranspach 68 ... 120 C 5
Ranspach-le-Bas 68 ... 143 G 3
Ranspach-le-Haut 68 ... 143 G 3
Rantechaux 25 ... 162 C 5
Rantigny 60 ... 38 D 3
Ranton 86 ... 168 C 2
Rantzwiller 68 ... 143 G 2
Ranville 14 ... 33 H 4
Ranville-Breuillaud 16 ... 202 D 4
Ranzevelle 70 ... 118 C 5
Ranzières 55 ... 64 C 2
Raon-aux-Bois 88 ... 119 G 3
Raon-lès-Leau 54 ... 96 C 2
Raon-l'Étape 88 ... 96 A 3
Raon-sur-Plaine 88 ... 96 C 2
Rapaggio 2B ... 347 G 3
Rapale 2B ... 345 F 5
Rapey 88 ... 95 E 4
Raphèle-lès-Arles 13 ... 304 C 4
Rapilly 14 ... 53 G 3
Rapsécourt 51 ... 63 E 1
Raray 60 ... 39 F 4
Rarécourt 55 ... 43 G 5
Rasiguères 66 ... 338 B 5
Raslay 86 ... 150 C 5
Rasteau 84 ... 285 G 2
Le Rat 19 ... 225 F 1
Ratenelle 71 ... 195 F 2
Ratières 26 ... 249 F 2
Ratilly *Château de* 89 ... 156 C 1
Ratte 71 ... 178 C 5
Ratzwiller 67 ... 68 A 2
Raucoules 43 ... 248 A 2
Raucourt 54 ... 65 H 3
Raucourt-au-Bois 59 ... 15 E 3
Raucourt-et-Flaba 08 ... 27 F 5
Raulecourt 55 ... 65 E 4
Raulhac 15 ... 244 D 5
Rauret 43 ... 265 E 1
Rauville-la-Bigot 50 ... 29 E 4
Rauville-la-Place 50 ... 31 G 2
Rauwiller 67 ... 67 H 4
Rauzan 33 ... 256 C 1
Raveau 58 ... 156 B 5
Ravel 63 ... 210 B 5
Ravel 69 ... 230 D 2
Ravel-et-Ferriers 26 ... 268 C 2
Ravenel 60 ... 38 D 1
Ravennefontaines 52 ... 117 H 4
Ravenoville 50 ... 29 H 5
Raves 88 ... 96 C 5
Ravières 89 ... 137 G 4
Ravigny 53 ... 83 F 3
Raville 57 ... 66 C 1
Raville-sur-Sânon 54 ... 95 F 1
Ravilloles 39 ... 196 D 3
La Ravoire 73 ... 233 F 2
Ray-sur-Saône 70 ... 140 C 5
Raye-sur-Authie 62 ... 11 H 1
Rayet 47 ... 258 C 3
Raymond 18 ... 173 G 2
Raynans 25 ... 142 B 4
Rayol-Canadel-sur-Mer 83 ... 329 E 4
Rayssac 81 ... 299 H 2
Raz *Pointe du* 29 ... 98 C 2
Razac-de-Saussignac 24 ... 257 F 1
Razac-d'Eymet 24 ... 257 H 2
Razac-sur-l'Isle 24 ... 240 B 2
Raze 70 ... 140 D 5
Razecueillé 31 ... 334 C 3
Razengues 32 ... 297 E 4
Razès 87 ... 205 H 3
Razimet 47 ... 275 F 1
Razines 37 ... 169 F 2
Ré *Île de* 17 ... 182 D 5
Réal 66 ... 341 G 2
Réalcamp 76 ... 21 F 2
Réallon 05 ... 270 B 3
Réalmont 81 ... 299 G 3
Réalville 82 ... 278 B 4
Réans 32 ... 295 E 1
Réau 77 ... 88 B 2
Réau (Ancienne Abbaye de la) 86 ... 204 B 1
Réaumont 38 ... 232 C 4
Réaumur 85 ... 167 E 4
Réaup 47 ... 275 E 4
Réauville 26 ... 267 F 5
Réaux-sur-Trèfle 17 ... 220 B 3
Les Réaux *Château* 37 ... 150 D 4
Rebais 77 ... 60 A 3
Rebecques 62 ... 7 G 2
Rébénacq 64 ... 314 A 5
Rebergues 62 ... 2 D 5
Rebets 76 ... 36 D 1
Rebeuville 88 ... 94 A 4
Rebigue 31 ... 318 A 2
Rebouc 65 ... 333 H 2
Rebouillon 83 ... 308 A 4
Rebourguil 12 ... 300 C 1
Rebourseaux 89 ... 114 B 5
Reboursin 36 ... 172 A 1
Rebréchien 45 ... 111 F 5
Rebreuve-Ranchicourt 62 ... 7 H 5
Rebreuve-sur-Canche 62 ... 12 D 2
Rebreuviette 62 ... 12 D 3
Recanoz 39 ... 179 E 3
Recey-sur-Ource 21 ... 138 D 3
Réchésy 90 ... 143 E 4
Réchicourt 55 ... 44 D 3
Réchicourt-la-Petite 54 ... 66 D 5
Réchicourt-le-Château 57 ... 67 F 5
Récicourt 55 ... 43 G 5
Réclainville 28 ... 86 C 5
Reclesne 71 ... 176 C 1
Reclinghem 62 ... 7 F 3
Réclonville 54 ... 95 H 2
Recloses 77 ... 88 B 5
Recologne 25 ... 161 G 3
Recologne 70 ... 140 C 5
Recologne-lès-Rioz 70 ... 161 H 1
Recoubeau-Jansac 26 ... 268 B 2
Recoules-d'Aubrac 48 ... 263 G 2
Recoules-de-Fumas 48 ... 264 B 3
Recoules-Prévinquières 12 ... 281 G 1
Récourt 52 ... 117 G 5
Récourt 62 ... 14 A 3
Récourt-le-Creux 55 ... 64 B 2
La Recousse 62 ... 3 E 4
Recouvrance 90 ... 142 D 3
Le Recoux 48 ... 281 H 1
Recques-sur-Course 62 ... 6 C 4
Recques-sur-Hem 62 ... 3 E 4
Recquignies 59 ... 15 H 2
Le Reculey 14 ... 52 C 2
Reculfoz 25 ... 180 B 4
Recurt 65 ... 315 H 5
Recy 51 ... 62 A 2
Rédange 57 ... 45 F 2
Rédené 29 ... 100 D 5
Réderis *Cap* 66 ... 343 G 4
Redessan 30 ... 304 A 2
Réding 57 ... 67 H 4
Redon 35 ... 125 G 4
La Redorte 11 ... 320 B 4
Redortiers 04 ... 286 D 4
Réez-Fosse-Martin 60 ... 39 G 5
Reffannes 79 ... 185 F 2
Reffroy 55 ... 93 G 1
Reffuveille 50 ... 52 A 5
Refranche 25 ... 180 A 1
Régades 31 ... 334 C 2
Régat 09 ... 336 D 2
Regnauville 62 ... 11 H 1
Regnévelle 88 ... 118 C 4
Regnéville-sur-Mer 50 ... 51 F 1
Regnéville-sur-Meuse 55 ... 44 B 4
Regney 88 ... 95 E 5
Régnié-Durette 69 ... 212 D 1
Regnière-Écluse 80 ... 11 G 1
Regniowez 08 ... 26 B 1
Regny 02 ... 24 C 2
Régny 42 ... 211 H 3
La Regrippière 44 ... 148 B 4
Réguiny 56 ... 102 B 4
Réguisheim 68 ... 121 E 5
Régusse 83 ... 307 F 3
Rehaincourt 88 ... 95 F 4
Rehainviller 54 ... 95 F 2
Rehaupal 88 ... 119 H 2
Reherrey 54 ... 95 H 2
Réhon 54 ... 45 E 1
Reichsfeld 67 ... 97 E 3
Reichshoffen 67 ... 68 D 2
Reichstett 67 ... 69 E 5
Reignac 16 ... 220 C 4
Reignac 33 ... 237 G 1
Reignac-sur-Indre 37 ... 152 B 4
Reignat 63 ... 228 B 1
Reigneville-Bocage 50 ... 29 F 5
Reignier-Ésery 74 ... 215 H 1
Reigny 18 ... 190 B 2
Reilhac 15 ... 244 B 4
Reilhac 43 ... 246 C 3
Reilhac 46 ... 260 D 2
Reilhaguet 46 ... 260 B 2
Reilhanette 26 ... 286 C 3
Reillanne 04 ... 306 B 1
Reillon 54 ... 95 H 1
Reilly 60 ... 37 G 4
Reimerswiller 67 ... 69 E 2
Reims 51 ... 41 G 4
Reims-la-Brûlée 51 ... 62 D 4
Reine Jeanne *Pont de la* 04 ... 287 G 2
Reinhardsmunster 67 ... 68 A 5
Reiningue 68 ... 143 E 1
Reipertswiller 67 ... 68 B 2
Reithouse 39 ... 196 B 1
Reitwiller 67 ... 68 D 5
Réjaumont 32 ... 296 A 2
Réjaumont 65 ... 315 H 5
Rejet-de-Beaulieu 59 ... 15 E 5
Relanges 88 ... 118 C 3
Relans 39 ... 179 E 4
Le Relecq-Kerhuon 29 ... 75 F 2
Relevant 01 ... 213 F 2
Rely 62 ... 7 G 3
Remaisnil 80 ... 12 C 3
Rémalard-en-Perche 61 ... 84 D 4
Remaucourt 02 ... 24 B 2
Remaucourt 08 ... 25 H 5
La Remaudière 44 ... 148 B 4
Remaugies 80 ... 23 E 5
Remauville 77 ... 112 C 2
Rembercourt-aux-Pots 55 ... 63 H 2
Rembercourt-sur-Mad 54 ... 65 F 2
Rémécourt 60 ... 38 D 2
Remelange 57 ... 45 G 3
Rémelfang 57 ... 46 C 4
Rémelfing 57 ... 47 G 5
Rémeling 57 ... 46 C 2
Remennecourt 55 ... 63 F 3
Remenoville 54 ... 95 F 3
Rémérangles 60 ... 38 B 2
Réméréville 54 ... 66 C 5
Rémering 57 ... 46 D 4
Rémering-lès-Puttelange 57 ... 67 F 1
Remicourt 51 ... 63 E 2
Remicourt 88 ... 94 C 5
Remiencourt 80 ... 22 C 3
Remies 02 ... 24 C 4
La Remigeasse 17 ... 200 B 3
Remigny 02 ... 24 B 4
Remigny 71 ... 177 G 3
Rémilly 57 ... 66 B 2
Rémilly 58 ... 175 H 4
Remilly-Aillicourt 08 ... 27 F 4
Remilly-en-Montagne 21 ... 159 G 3
Remilly-les-Pothées 08 ... 26 C 3
Remilly-sur-Lozon 50 ... 32 A 4
Remilly-sur-Tille 21 ... 160 B 3
Remilly-Wirquin 62 ... 7 F 2
Réminiac 56 ... 103 F 5
Remiremont 88 ... 119 G 4
Remoiville 55 ... 44 B 2
Remollon 05 ... 269 H 4

A B C D E F G H I J K L M N O P Q R S T U V W X Y Z

Remomeix 88 96 B 5
Remoncourt 54 67 E 5
Remoncourt 88 94 C 5
Rémondans-Vaivre 25 163 F 2
Rémonville 08 43 F 2
Remoray-Boujeons 25 180 C 4
Remouillé 44 166 A 1
Remoulins 30 304 B 1
Removille 88 94 B 4
Rempnat 87 225 E 1
La Remuée 76 35 E 1
Remungol 56 102 A 4
Rémuzat 26 268 B 5
Remy 60 39 E 2
Rémy 62 13 H 3
Renac 35 125 H 3
Renage 38 232 B 5
Renaison 42 211 F 2
La Renaissance 17 200 D 3
Renansart 02 24 C 3
Renaucourt 70 140 C 4
La Renaudie 63 229 E 1
La Renaudière 49 148 C 5
Renauvoid 88 119 F 2
Renay 41 131 H 2
Renazé 53 127 G 2
Rencurel 38 250 B 2
René 72 83 H 5
Renédale 25 180 C 1
Renescure 59 3 G 5
Renève 21 160 D 2
Réning 57 67 F 2
Rennemoulin 78 58 A 3
Rennepont 52 116 B 3
Rennes 35 104 B 3
Rennes-en-Grenouilles 53 82 C 3
Rennes-le-Château 11 337 G 3
Rennes-les-Bains 11 337 H 3
Rennes-sur-Loue 25 179 G 1
Renneval 02 25 G 3
Renneville 08 25 H 4
Renneville 27 36 C 2
Renneville 31 318 C 3
Renno 2A 346 C 5
Le Renouard 61 54 B 2
Rentières 63 227 H 4
Renty 62 7 E 3
Renung 40 294 B 3
Renwez 08 26 C 2
La Réole 33 256 D 3
La Réorthe 85 183 G 1
Réotier 05 270 D 2
Repaix 54 96 A 1
La Répara-Auriples 26 267 G 3
Réparsac 16 220 C 1
Repel 88 94 C 4
Repentigny 14 34 B 4
Replonges 01 195 E 4
Le Reposoir 74 216 B 2
Les Repôts 39 178 D 5
Reppe 90 142 D 2
Requeil 72 129 H 3
Réquista 12 280 C 5
Résenlieu 61 54 D 4
La Résie-Saint-Martin 70 161 E 3
Résigny 02 25 H 3
Resson 55 63 H 4
Ressons-l'Abbaye 60 38 A 3
Ressons-le-Long 02 40 A 2
Ressons-sur-Matz 60 39 F 1
Les Ressuintes 28 85 E 2
Restigné 37 151 E 4
Restinclières 34 303 E 3
Restonica *Gorges de la* 2B 347 E 5
Le Retail 79 184 D 1
Rétaud 17 219 F 1
Reterre 23 208 C 2
Rethel 08 42 A 1
Retheuil 02 39 H 3
Rethondes 60 39 G 2
Rethonvillers 80 23 G 3
Réthoville 50 29 G 2
Retiers 35 104 D 5
Retjons 40 274 B 4
Retonfey 57 46 B 5
Rétonval 76 21 E 2
Retournac 43 247 G 2
Retournemer *Lac de* 88 120 B 3
Retschwiller 67 69 E 2
Rettel 57 46 B 2
Rety 62 2 C 5
Retzwiller 68 142 D 3
Reugney 25 180 B 1
Reugny 03 190 D 3
Reugny 37 152 B 1
Reuil 51 61 E 1
Reuil-en-Brie 77 60 A 2
Reuil-sur-Brêche 60 38 B 1
Reuilly 27 56 C 1
Reuilly 36 172 C 1
Reuilly-Sauvigny 02 60 D 1
Reulle-Vergy 21 159 H 4
Reumont 59 14 D 4
La Réunion 47 275 E 2
Reutenbourg 67 68 B 5
Reuves 51 61 F 4
Reuville 76 19 H 3
Reux 14 34 C 3
Revard *Mont* 73 233 F 1
Réveillon 51 60 C 4
Réveillon 61 84 C 3
Revel 31 319 E 2
Revel 38 251 F 1
Revel-Tourdan 38 231 G 4
Revelles 80 22 A 2
Revémont 54 44 D 2
Revens 30 282 A 4
Reventin-Vaugris 38 231 E 4
Revercourt 28 56 B 5
Revest-des-Brousses 04 287 E 5
Revest-du-Bion 04 286 C 4
Le Revest-les-Eaux 83 328 A 4
Revest-les-Roches 06 289 H 5
Revest-Saint-Martin 04 287 F 4
La Revêtizon 79 184 D 5
Reviers 14 33 F 3
Revigny 39 179 F 5
Revigny-sur-Ornain 55 63 F 3
Réville 50 29 H 3
Réville-aux-Bois 55 44 B 3
Révillon 02 41 E 2
Revin 08 26 C 1
Revollat *Croix de* 38 251 F 1
Revonnas 01 214 A 1
Rexingen 67 67 H 3
Rexpoëde 59 3 H 3
Reyersviller 57 68 B 1
Reygade 19 243 E 4
Reynel 52 93 F 5
Reynès 66 342 D 4
Reynier 04 287 H 1
Reyniès 82 297 H 1
Reyrevignes 46 261 E 3
Reyrieux 01 213 E 3
Les Reys-de-Saulce 26 267 E 2
Reyssouze 01 195 F 3
Reyvroz 74 198 B 3
Rezay 18 172 D 5
Rezé 44 147 G 4
Rézentières 15 245 H 3
Rezonville 57 65 F 1
Rezza 2A 348 D 1
Rhèges 10 90 D 2
Le Rheu 35 104 A 3
Le Rhien 70 142 A 2
Rhinau 67 97 H 4
Rhodes 57 67 F 4
Rhodon 41 132 A 3
Rhodon 78 58 A 5
Rhuis 60 39 E 3
Ri 61 54 A 4
Ria-Sirach 66 342 A 3
Riaillé 44 127 E 5
Le Rialet 81 300 A 5
Rians 18 155 G 5
Rians 83 306 C 4
Riantec 56 123 F 2
Riau *Château du* 03 192 A 1
Riaucourt 52 117 E 2
Riaville 55 64 D 1
Ribagnac 24 257 H 1
Ribarrouy 64 294 C 5
Ribaute 11 338 B 1
Ribaute-les-Tavernes 30 283 H 5
Le Ribay 53 82 C 4
Ribeaucourt 55 93 F 2
Ribeaucourt 80 12 B 4
Ribeauville 02 25 H 2
Ribeauvillé 68 97 E 5
Ribécourt 60 39 G 1
Ribécourt-la-Tour 59 14 A 4
Ribemont 02 24 C 3
Ribemont-sur-Ancre 80 22 D 1
Ribennes 48 264 B 3
Ribérac 24 239 G 1
Ribes 07 266 A 5
Ribeyret 05 268 C 5
Ribiers 05 287 F 2
Ribouisse 11 318 D 5
Riboux 83 327 H 2
La Ricamarie 42 230 B 4
Ricarville 76 19 F 4
Ricarville-du-Val 76 20 C 3
Ricaud 11 318 D 3
Ricaud 65 315 G 5
Les Riceys 10 115 G 5
La Richardais 35 50 C 5
Richardménil 54 94 D 1
Richarville 91 87 E 4
La Riche 37 151 H 2
Riche 57 66 D 3
Richebourg 52 116 D 4
Richebourg 62 8 B 3
Richebourg 78 57 F 4
Richecourt 55 65 E 3
Richelieu 37 169 E 1
Richeling 57 67 G 1
Richemont 16 220 B 1
Richemont 57 45 H 4
Richemont 76 21 F 3
Richemont *Col de* 01 214 D 2
Richerenches 84 285 F 1
Richet 40 273 F 1
Richeval 57 96 A 1
Richeville 27 37 E 4
Richtolsheim 67 97 G 5
Richwiller 68 143 F 1
Ricourt 32 315 F 2
Ricquebourg 60 23 F 5
Riec-sur-Belon 29 100 C 5
Riedheim 67 68 C 3
Riedisheim 68 143 F 1
Riedseltz 67 69 F 1
Riedwihr 68 121 F 2
Riel-les-Eaux 21 116 A 5
Riencourt 80 22 A 1
Riencourt-lès-Bapaume 62 13 H 4
Riencourt-lès-Cagnicourt 62 13 H 3
Riervescemont 90 142 C 1
Riespach 68 143 F 4
Rieucazé 31 334 C 1
Rieucros 09 336 C 1
Rieulay 59 9 E 5
Rieumajou 31 318 C 3
Rieumes 31 317 F 3
Rieupeyroux 12 279 H 2
Rieussec 34 320 C 3
Rieutort-de-Randon 48 264 C 3
Rieux 31 317 G 4
Rieux 51 60 C 3
Rieux 56 125 G 4
Rieux 60 38 D 3
Rieux 62 7 H 3
Rieux 76 11 E 5
Rieux-de-Pelleport 09 336 B 2
Rieux-en-Cambrésis 59 14 C 3
Rieux-en-Val 11 338 A 1
Rieux-Minervois 11 320 B 4
Riez 04 307 F 1
Rigarda 66 342 B 2
Rigaud 06 289 G 4
Rignac 12 279 H 1
Rignac 46 260 D 1
Rignat 01 214 A 1
Rignaucourt 55 63 H 2
Rigné 79 168 A 2
Rigney 25 162 B 2
Rignieux-le-Franc 01 213 H 3
Rignosot 25 162 B 2
Rignovelle 70 141 H 2
Rigny 70 161 F 1
Rigny-la-Nonneuse 10 90 B 4
Rigny-la-Salle 55 94 A 1
Rigny-le-Ferron 10 114 A 2
Rigny-Saint-Martin 55 94 A 1
Rigny-sur-Arroux 71 193 G 2
Rigny-Ussé 37 151 E 4
Riguepeu 32 295 H 4
Rilhac-Lastours 87 223 F 2
Rilhac-Rancon 87 205 H 4
Rilhac-Treignac 19 224 D 3
Rilhac-Xaintrie 19 243 H 2
Rillans 25 162 C 1
Rillé 37 151 E 2
Rillieux-la-Pape 69 213 F 5
Rilly-la-Montagne 51 41 G 5
Rilly-Sainte-Syre 10 90 D 4
Rilly-sur-Aisne 08 42 C 1
Rilly-sur-Loire 41 152 D 2
Rilly-sur-Vienne 37 169 G 1
Rimaucourt 52 93 F 5
Rimbach-
près-Guebwiller 68 120 D 5
Rimbach-
près-Masevaux 68 142 C 1
Rimbachzell 68 120 D 5
Rimbez-et-Baudiets 40 274 D 4
Rimboval 62 6 D 4
Rimeize 48 264 B 2
Rimling 57 48 B 5
Rimogne 08 26 C 2
Rimon-et-Savel 26 268 A 2
Rimondeix 23 189 H 5
Rimons 33 256 D 2
Rimont 09 335 G 2
Rimou 35 80 C 4
Rimplas 06 289 H 3
Rimsdorf 67 67 H 2
Ringeldorf 67 68 C 3
Ringendorf 67 68 C 3
Rinxent 62 2 B 4
Riocaud 33 257 F 1
Riolan *Clue du* 06 289 G 5
Riolas 31 316 D 3
Riols 34 320 C 2
Le Riols 81 279 E 3
Riom 63 209 H 4
Riom-ès-Montagnes 15 244 D 1
Rioms 26 286 C 2
Rion-des-Landes 40 273 E 5
Rions 33 255 H 2
Riorges 42 211 G 2
Riotord 43 248 B 1
Rioupéroux 38 251 F 2
Rioupes *Col de* 05 269 F 2
Rioux 17 219 F 2
Rioux-Martin 16 238 D 1
Rioz 70 162 A 1
Ripaille *Domaine de* 74 198 B 3
Riquet *Obélisque de* 11 318 D 3
Riquewihr 68 121 E 2
Ris 63 210 C 3
Ris 65 333 H 3
Ris-Orangis 91 58 C 5
Riscle 32 294 D 4
Risoul 05 270 D 2
Risoul 1850 05 270 D 2
Ristolas 05 271 F 1
Ristz *Château du* 03 192 A 3
Rittershoffen 67 69 F 2
Ritzing 57 46 C 2
Riunoguès 66 343 E 4
Riupeyrous 64 314 C 2
Riva-Bella 14 33 H 3
Rivarennes 36 188 B 1
Rivarennes 37 151 F 4
Rivas 42 230 A 2
Rivau *Château du* 37 151 E 5
Rive-de-Gier 42 230 D 3
Rivecourt 60 39 F 3
Rivedoux-Plage 17 200 B 1
Rivehaute 64 313 F 3
Rivel 11 337 E 3
Riventosa 2B 347 F 5
Rivèrenert 09 335 G 3
Riverie 69 230 C 2
Rivery 80 22 C 2
Les Rives 34 301 G 2
Rives 38 232 C 5
Rives 47 258 C 3
Rivesaltes 66 338 D 5
Le Rivier 38 232 B 2
La Rivière 33 238 B 4
Rivière 37 151 E 5
La Rivière 38 250 C 1
Rivière 62 13 F 3
La Rivière-de-Corps 10 90 D 5
La Rivière-Drugeon 25 180 B 3
La Rivière-Enverse 74 216 C 1
Rivière-les-Fosses 52 139 G 4
Rivière-Saas-et-Gourby 40 292 D 3
La Rivière-Saint-Sauveur 14 34 D 2
Rivière-sur-Tarn 12 281 H 3
La Rivière-Thibouville 27 35 G 5
Rivières 16 203 G 5
Rivières 30 284 A 2
Rivières 81 299 E 1
Les Rivières-Henruel 51 62 C 5
Rivières-le-Bois 52 139 H 3
Riville 76 19 F 3
Rivolet 69 212 C 3
Rix 39 180 A 4
Rix 58 157 E 2
Rixheim 68 143 G 1
La Rixouse 39 197 E 2
Rizaucourt 52 92 C 5
Roaillan 33 256 B 4
Roaix 84 285 G 2
Roanne 42 211 G 2
Roannes-Saint-Mary 15 262 B 1
Robécourt 88 118 A 3
Robecq 62 7 H 3
Robehomme 14 34 A 4
Robersart 59 15 E 4
Robert-Espagne 55 63 G 4
Robert-le-Diable
Château de 76 36 A 3
Robert-Magny 52 92 B 3
Robertot 76 19 G 3
Roberval 60 39 E 3
Robiac-Rochessadoule 30 283 H 2
Robien *Château* 22 78 A 4
Robin *Mont* 50 52 A 2
La Robine-sur-Galabre 04 288 A 2
Robion 04 308 A 1
Robion 84 305 F 1
Le Roc 46 260 B 1
Le Roc-Saint-André 56 102 D 5
Rocamadour 46 260 C 1
Rocbaron 83 328 B 2
Rocé 41 131 H 3
Roche 38 231 H 2
Roche 41 132 B 3
Roche 42 229 F 2
La Roche aux Fées 35 104 D 5
Roche-Béranger 38 251 F 2
La Roche-Bernard 56 125 F 5
La Roche-Blanche 44 148 C 1
La Roche-Blanche 63 227 H 1
La Roche-Canilhac 15 263 G 2
La Roche-Canillac 19 243 F 2
La Roche-Chalais 24 238 D 2
Roche-Charles 63 227 G 4
La Roche-Clermault 37 151 E 5
La Roche Courbon
Château de 17 201 E 4
Roche-d'Agoux 63 208 D 2
La Roche-de-Glun 26 249 F 4
La Roche-de-Rame 05 270 C 1
La Roche-Derrien 22 73 E 3
La Roche-des-Arnauds 05 269 G 3
Roche du Prêtre 25 163 E 4
La Roche-en-Brenil 21 158 C 2
Roche-en-Régnier 43 247 F 1
Roche-et-Raucourt 70 140 B 4
La Roche-Guyon 95 57 F 1
La Roche-Jagu
Château de 22 73 E 3
Roche-la-Molière 42 230 A 4
La Roche-l'Abeille 87 223 G 2
Roche-le-Peyroux 19 226 B 4
Roche-lès-Clerval 25 162 D 2
Roche-lez-Beaupré 25 162 A 3
La Roche-Mabile 61 83 F 3
La Roche-Maurice 29 71 E 5
La Roche-Noire 63 228 A 1
La Roche-Posay 86 170 A 4
La Roche-qui-Boit
Barrage de 50 51 H 5
La Roche-Racan
Château 37 130 C 5
La Roche-Rigault 86 168 D 2
Roche-Saint-Secret-
Béconne 26 267 G 4
La Roche-sur-Foron 74 215 H 1
La Roche-sur-Grane 26 267 F 2
La Roche-sur-le-Buis 26 286 B 2
Roche-sur-Linotte-
et-Sorans-les-Cordiers 70 162 B 1
La Roche-sur-Yon 85 165 H 5
La Roche-Vanneau 21 159 E 1
La Roche-Vineuse 71 194 D 4
Rochebaudin 26 267 G 3
La Rochebeaucourt-
et-Argentine 24 221 G 3
Rochebloine 07 248 C 3
Rochebonne
Château de 07 248 B 4
Rochebrune 05 269 H 4
Rochebrune 26 286 A 1
Rochebrune
Château de 16 204 D 4
Rochechinard 26 250 A 3
Rochechouart 87 204 D 5
Rochecolombe 07 266 B 4
Rochecorbon 37 152 A 2
Rochefort 17 200 D 3
Rochefort 21 138 B 3
Rochefort 73 232 D 2
Rochefort *Rocher de* 42 211 F 3
Rochefort-du-Gard 30 285 E 5
Rochefort-en-Terre 56 125 F 3
Rochefort-en-Valdaine 26 267 F 4
Rochefort-en-Yvelines 78 87 E 1
Rochefort-Montagne 63 227 E 1
Rochefort-Samson 26 249 H 4
Rochefort-sur-la-Côte 52 117 E 2
Rochefort-sur-Loire 49 149 F 2
Rochefort-sur-Nenon 39 161 E 5
La Rochefoucauld 16 221 H 1
Rochefourchat 26 268 A 3
La Rochegiron 04 286 D 4
Rochegude 26 285 F 2
Rochegude 30 284 A 2
Rochejean 25 180 C 4
La Rochelambert
Château de 43 247 E 3
La Rochelle 17 200 C 1
La Rochelle 70 140 B 3
La Rochelle-Normande 50 51 G 4
Rochemaure 07 267 E 3
La Rochénard 79 184 C 5
Rochepaule 07 248 B 3
La Rochepot 21 177 G 2
Rocher 07 266 A 4
Rocher-Portail
Château du 35 80 D 3
Le Rochereau 86 168 D 5
Les Rochers-Sévigné
Château 35 105 F 3
Roches 23 189 G 5
Roches Blanches
Panorama des 83 329 E 2
Les Roches-
de-Condrieu 38 231 E 4
Roches-lès-Blamont 25 142 C 5
Les Roches-l'Évêque 41 131 F 3
Roches-Prémarie-
Andillé 86 186 C 2
Roches-sur-Marne 52 92 D 2
Roches-sur-Rognon 52 93 E 5
Rocheservière 85 165 G 2
Rochessauve 07 266 D 2
Rochesson 88 120 A 4
Rochetaillée 42 230 B 4
Rochetaillée 52 139 F 2
Rochetaillée-sur-Saône 69 213 E 4
Rochetoirin 38 232 B 2
Rochetrejoux 85 166 C 4
La Rochette 04 289 F 5
La Rochette 05 269 H 3
La Rochette 07 248 A 5
La Rochette 16 203 G 5
La Rochette 23 207 G 3
La Rochette 73 233 G 3
La Rochette 77 88 B 3
La Rochette-du-Buis 26 286 B 2
Rocheville 06 309 E 4
Rocheville 50 29 E 4
Rochonvillers 57 45 G 2
Rochy-Condé 60 38 B 2
Rocles 03 191 G 3
Rocles 07 266 A 4
Rocles 48 265 E 2
Roclincourt 62 13 G 2
Rocourt 88 118 A 3
Rocourt-Saint-Martin 02 40 B 5
Rocquancourt 14 33 G 5
La Rocque 14 53 E 2
Rocquefort 76 19 G 4
Rocquemont 60 39 F 4
Rocquemont 76 20 C 5
Rocquencourt 60 22 C 4
Rocquencourt 78 58 A 3
Rocques 14 34 C 4
Rocquigny 02 15 H 5
Rocquigny 08 26 A 4
Rocquigny 62 13 H 5
Rocroi 08 26 B 1
Rodalbe 57 67 E 3
Rodelinghem 62 2 D 4
Rodelle 12 262 D 5
Rodemack 57 45 H 2
Roderen 68 142 D 1
La Roderie 44 147 F 4
Rodern 68 97 E 5
Rodès 66 342 C 2
Rodez 12 280 D 1
Rodilhan 30 304 A 2
Rodome 11 337 F 5
La Roë 53 105 F 5
Roëllecourt 62 7 G 5
Rœschwoog 67 69 G 3
Rœulx 59 14 C 2
Rœux 62 13 H 2
Roézé-sur-Sarthe 72 129 H 2
Roffey 89 137 E 2
Roffiac 15 245 G 3
Rogalle 09 335 F 3
Rogécourt 02 24 C 4
Rogerville 76 34 D 1
Rogéville 54 65 F 4
Roggenhouse 68 121 F 5
Rogliano 2B 345 G 1
Rogna 39 196 D 4
Rognac 13 305 G 5
Rognaix 73 234 B 2
Rognes 13 305 H 3
Rognon 25 162 C 1
Rognonas 13 304 D 1
Rogny 02 25 E 3
Rogny-les-Sept-Écluses 89 135 E 4

Rogues 30 ... 302 B 1
Rogy 80 ... 22 B 4
Rohaire 28 ... 55 H 5
Rohan 56 ... 102 B 3
Rohr 67 ... 68 C 5
Rohrbach-lès-Bitche 57 ... 68 A 1
Rohrwiller 67 ... 69 F 4
Roiffé 86 ... 150 C 5
Roiffieux 07 ... 248 D 1
Roiglise 80 ... 23 F 4
Roilly 21 ... 158 D 2
Roinville 28 ... 86 C 4
Roinville 91 ... 87 F 3
Roinvilliers 91 ... 87 G 5
Roisel 80 ... 23 H 1
Les Roises 55 ... 93 H 3
Roisey 42 ... 230 D 4
Roissard 38 ... 250 D 5
Roissy-en-Brie 77 ... 59 E 4
Roissy-en-France 95 ... 58 D 2
Roiville 61 ... 54 C 3
Roizy 08 ... 41 H 2
Rolampont 52 ... 117 F 5
Rolbing 57 ... 48 C 4
Rollainville 88 ... 94 A 4
Rollancourt 62 ... 7 E 5
Rolland 33 ... 238 D 3
Rolleboise 78 ... 57 E 1
Rolleville 76 ... 18 C 5
Rollot 80 ... 23 E 5
Rom 79 ... 186 A 4
Romagnat 63 ... 227 H 1
La Romagne 08 ... 26 A 4
Romagne 33 ... 256 C 1
Romagné 35 ... 81 E 4
La Romagne 49 ... 166 C 1
Romagne 86 ... 186 B 5
Romagne-sous-les-Côtes 55 ... 44 B 4
Romagne-sous-Montfaucon 55 ... 43 G 3
Romagnieu 38 ... 232 D 2
Romagny 68 ... 142 D 3
Romagny-Fontenay 50 ... 52 B 5
Romagny-sous-Rougemont 90 ... 142 C 2
Romain 25 ... 162 C 1
Romain 39 ... 161 F 4
Romain 51 ... 41 E 3
Romain 54 ... 95 E 2
Romain-aux-Bois 88 ... 118 A 3
Romain-sur-Meuse 52 ... 117 H 2
Romaines 10 ... 91 F 3
Romainville 93 ... 58 C 3
Roman 27 ... 56 A 3
Romanèche 01 ... 196 B 5
Romanèche-Thorins 71 ... 212 D 1
Romange 39 ... 161 E 5
Romans 01 ... 213 F 1
Romans 79 ... 185 F 4
Romans-sur-Isère 26 ... 249 G 3
Romanswiller 67 ... 68 B 5
Romazières 17 ... 202 C 3
Romazy 35 ... 80 C 4
Rombach-le-Franc 68 ... 96 D 4
Rombas 57 ... 45 G 4
Rombies-et-Marchipont 59 ... 9 H 5
Rombly 62 ... 7 G 3
Romegoux 17 ... 201 E 4
Romelfing 57 ... 67 G 3
Romenay 71 ... 195 G 2
Romeny-sur-Marne 02 ... 60 B 2
Romeries 59 ... 14 D 3
Romery 02 ... 25 E 2
Romery 51 ... 41 F 5
Romescamps 60 ... 21 G 4
Romestaing 47 ... 256 D 5
Romette 05 ... 269 H 3
Romeyer 26 ... 268 B 1
La Romieu 32 ... 275 H 5
Romigny 51 ... 41 E 5
Romiguières 34 ... 301 G 2
Romillé 35 ... 103 H 2
Romilly 41 ... 109 F 5
Romilly-la-Puthenaye 27 ... 55 H 1
Romilly-sur-Aigre 28 ... 109 H 5
Romilly-sur-Andelle 27 ... 36 C 3
Romilly-sur-Seine 10 ... 90 B 3
Romont 88 ... 95 G 4
Romorantin-Lanthenay 41 ... 153 H 3
Rompon 07 ... 267 E 1
Rônai 61 ... 54 A 3
Ronce-les-Bains 17 ... 200 C 5
Roncenay 10 ... 114 D 2
Le Roncenay-Authenay 27 ... 56 A 3
Roncey 50 ... 51 H 1
Ronchamp 70 ... 142 A 2
Ronchaux 25 ... 179 H 1
Ronchères 02 ... 40 D 5
Ronchères 89 ... 135 G 4
Roncherolles-en-Bray 76 ... 20 D 5
Roncherolles-sur-le-Vivier 76 ... 36 B 1
Ronchin 59 ... 8 D 3
Ronchois 76 ... 21 F 3
Roncourt 57 ... 45 G 5
Roncourt 88 ... 118 A 2
Roncq 59 ... 4 D 5
La Ronde 17 ... 184 B 4
La Ronde 79 ... 167 F 4
La Ronde-Haye 50 ... 31 G 5
Rondefontaine 25 ... 180 B 4
Ronel 81 ... 299 G 2
Ronfeugerai 61 ... 53 F 4
Rongères 03 ... 192 B 5
Ronnet 03 ... 209 E 1
Ronno 69 ... 212 B 3
Ronquerolles 95 ... 38 B 5
Ronsenac 16 ... 221 F 4
Ronssoy 80 ... 24 A 1
Rontalon 69 ... 230 D 1
Ronthon 50 ... 51 G 4
Rontignon 64 ... 314 B 4
Ronvaux 55 ... 64 C 1
Roôcourt-la-Côte 52 ... 117 E 2
Roost-Warendin 59 ... 8 D 5
Roppe 90 ... 142 C 2
Roppenheim 67 ... 69 G 3
Roppentzwiller 68 ... 143 F 4
Roppeviller 57 ... 48 C 5
La Roque-Alric 84 ... 285 H 3
La Roque-Baignard 14 ... 34 B 4
La Roque-d'Anthéron 13 ... 305 H 3
La Roque-Esclapon 83 ... 308 B 2
La Roque-Gageac 24 ... 259 G 1
La Roque-Sainte-Marguerite 12 ... 282 A 4
La Roque-sur-Cèze 30 ... 284 C 3
La Roque-sur-Pernes 84 ... 285 H 5
Roquebillière 06 ... 291 F 3
Roquebrun 34 ... 321 E 2
Roquebrune 32 ... 295 G 3
Roquebrune 33 ... 256 D 3
Roquebrune-Cap-Martin 06 ... 291 G 5
Roquebrune-sur-Argens 83 ... 308 C 5
La Roquebrussanne 83 ... 328 A 2
Roquecor 82 ... 277 E 1
Roquecourbe 81 ... 299 G 4
Roquecourbe-Minervois 11 ... 320 B 5
Roquedols *Château de* 48 ... 282 C 3
Roquedur 30 ... 282 D 5
Roquefère 11 ... 319 H 3
Roquefeuil 11 ... 337 E 4
Roquefixade 09 ... 336 C 3
Roquefort 32 ... 296 B 3
Roquefort 40 ... 274 A 4
Roquefort 47 ... 276 B 3
Roquefort-de-Sault 11 ... 337 G 5
Roquefort-des-Corbières 11 ... 339 E 2
Roquefort-la-Bédoule 13 ... 327 F 3
Roquefort-les-Cascades 09 ... 336 C 3
Roquefort-les-Pins 06 ... 309 F 3
Roquefort-sur-Garonne 31 ... 317 E 5
Roquefort-sur-Soulzon 12 ... 281 G 5
Roquelaure 32 ... 296 B 3
Roquelaure *Château de* 12 ... 263 F 5
Roquelaure-Saint-Aubin 32 ... 297 E 4
Roquemaure 30 ... 285 E 4
Roquemaure 81 ... 298 B 2
Roquepine 32 ... 296 A 1
Roqueredonde 34 ... 301 G 2
Roques 31 ... 317 H 2
Roques 32 ... 295 G 2
Roqueserière 31 ... 298 B 3
Roquessels 34 ... 301 G 5
Roquesteron 06 ... 289 G 5
Roquestéron-Grasse 06 ... 289 G 5
Roquetaillade 11 ... 337 G 2
Roquetaillade *Château de* 33 ... 256 B 4
Roquetoire 62 ... 7 G 2
La Roquette 27 ... 36 D 4
La Roquette-sur-Siagne 06 ... 309 E 4
La Roquette-sur-Var 06 ... 291 E 5
Roquettes 31 ... 317 H 2
Roquevaire 13 ... 327 F 2
Roquevidal 81 ... 298 D 4
Roquiague 64 ... 331 F 1
La Roquille 33 ... 257 F 1
Rorbach-lès-Dieuze 57 ... 67 F 4
Rorschwihr 68 ... 97 E 5
Rorthais 79 ... 167 F 2
Les Rosaires 22 ... 73 H 5
Rosanbo *Château de* 22 ... 72 B 4
Rosans 05 ... 268 C 5
Rosay 39 ... 196 B 2
Rosay 76 ... 20 C 4
Rosay 78 ... 57 F 3
Rosay-sur-Lieure 27 ... 36 D 2
Rosazia 2A ... 348 C 1
Rosbruck 57 ... 47 F 5
Roscanvel 29 ... 75 E 3
Roscoff 29 ... 71 G 3
Rosel 14 ... 33 F 4
Roselend *Barrage de* 73 ... 216 C 5
Roselier *Pointe du* 22 ... 73 H 5
Rosenau 68 ... 143 H 2
Rosendaël 59 ... 3 G 2
Rosenwiller 67 ... 97 E 2
Roset-Fluans 25 ... 161 G 4
Rosey 70 ... 141 E 5
Rosey 71 ... 177 G 4
Rosheim 67 ... 97 F 2
La Rosière 70 ... 119 H 5
La Rosière-1850 73 ... 235 E 1
Rosières 07 ... 266 A 5
Rosières 18 ... 172 D 2
Rosières 43 ... 247 G 2
Rosières 60 ... 39 F 4
Rosières 81 ... 279 G 5
Rosières-aux-Salines 54 ... 95 E 1
Rosières-devant-Bar 55 ... 63 H 3
Rosières-en-Blois 55 ... 93 G 2
Rosières-en-Haye 54 ... 65 G 4
Rosières-en-Santerre 80 ... 23 E 2
Rosières-près-Troyes 10 ... 115 E 2
Rosières-sur-Barbèche 25 ... 163 E 2
Rosières-sur-Mance 70 ... 140 C 2
Rosiers-de-Juillac 19 ... 241 H 1
Rosiers-d'Égletons 19 ... 225 F 5
Les Rosiers-sur-Loire 49 ... 150 A 3
Rosis 34 ... 301 E 4
Rosnay 36 ... 170 D 5
Rosnay 51 ... 41 F 4
Rosnay 85 ... 183 E 1
Rosnay-l'Hôpital 10 ... 91 H 3
Rosnes 55 ... 63 H 3
Rosnoën 29 ... 75 G 4
Rosny-sous-Bois 93 ... 58 D 3
Rosny-sur-Seine 78 ... 57 F 2
Rosoy 60 ... 38 D 3
Rosoy 89 ... 113 G 3
Rosoy-en-Multien 60 ... 39 H 5
Rosoy-sur-Amance 52 ... 140 A 2
Rospez 22 ... 72 D 3
Rospigliani 2B ... 347 F 5
Rosporden 29 ... 100 B 3
Rossay 86 ... 168 D 2
Rosselange 57 ... 45 G 4
Rossfeld 67 ... 97 G 4
Rossillon 01 ... 214 C 4
Rosteig 67 ... 68 A 2
Rostrenen 22 ... 77 F 5
Rosult 59 ... 9 F 4
Rosureux 25 ... 163 F 3
Rotalier 39 ... 196 B 1
Rotangy 60 ... 22 A 5
Rothau 67 ... 96 D 3
Rothbach 67 ... 68 C 2
Rothéneuf 35 ... 50 C 4
Rotherens 73 ... 233 G 3
La Rothière 10 ... 91 H 5
Rothois 60 ... 21 H 5
Rothonay 39 ... 196 B 2
Les Rotours 61 ... 53 H 4
Rots 14 ... 33 F 4
Rott 67 ... 69 E 1
Rottelsheim 67 ... 68 D 4
Rottier 26 ... 268 B 4
Rou-Marson 49 ... 150 B 4
Rouairoux 81 ... 320 B 2
Rouans 44 ... 147 E 4
La Rouaudière 53 ... 127 F 2
Roubaix 59 ... 9 E 2
Roubia 11 ... 320 D 5
Roubion 06 ... 289 H 3
Roucamps 14 ... 53 E 1
Roucourt 59 ... 14 A 2
Roucy 02 ... 41 E 2
Roudouallec 56 ... 100 C 2
Rouécourt 52 ... 92 D 5
Rouède 31 ... 334 D 2
Rouellé 61 ... 82 A 2
Rouelles 52 ... 139 E 3
Rouelles 76 ... 34 C 1
Rouen 76 ... 36 B 2
Rouessé-Fontaine 72 ... 83 G 5
Rouessé-Vassé 72 ... 107 E 3
Rouet 34 ... 302 C 2
Rouez 72 ... 107 E 3
Rouffach 68 ... 121 E 4
Rouffange 39 ... 161 F 4
Rouffiac 15 ... 243 G 4
Rouffiac 16 ... 239 E 1
Rouffiac 17 ... 219 H 1
Rouffiac 81 ... 299 F 1
Rouffiac-d'Aude 11 ... 337 G 1
Rouffiac-des-Corbières 11 ... 338 B 4
Rouffiac-Tolosan 31 ... 298 A 4
Rouffignac 17 ... 219 H 5
Rouffignac 24 ... 241 E 3
Rouffignac *Grotte de* 24 ... 241 E 4
Rouffignac-de-Sigoulès 24 ... 257 H 1
Rouffigny 50 ... 51 H 3
Rouffilhac 46 ... 259 H 1
Rouffillac 24 ... 241 H 5
Rouffy 51 ... 61 H 2
Rougé 44 ... 126 D 2
La Rouge 61 ... 84 D 5
Rouge-Perriers 27 ... 35 H 5
Rougefay 62 ... 12 C 2
Rougegoutte 90 ... 142 C 2
Rougemont 21 ... 137 G 4
Rougemont 25 ... 162 C 1
Rougemont-le-Château 90 ... 142 C 2
Rougemontiers 27 ... 35 G 2
Rougemontot 25 ... 162 B 2
Rougeou 41 ... 153 G 3
Rougeries 02 ... 25 E 3
Les Rouges-Eaux 88 ... 96 A 5
Le Rouget-Pers 15 ... 261 H 1
Rouget *Cascade du* 74 ... 216 D 2
Rougeux 52 ... 140 A 2
Rougiers 83 ... 327 H 1
Rougiville 88 ... 96 A 5
Rougnac 16 ... 221 G 3
Rougnat 23 ... 208 C 2
Rougon 04 ... 307 H 2
Rouhe 25 ... 161 H 5
Rouhling 57 ... 47 G 5
Rouillac 16 ... 202 D 5
Rouillac 22 ... 79 E 5
Rouillas-Bas 63 ... 227 G 2
Rouillé 86 ... 185 H 3
Rouillon 72 ... 107 G 4
Rouilly 77 ... 89 G 2
Rouilly-Sacey 10 ... 91 F 5
Rouilly-Saint-Loup 10 ... 115 E 2
Roujan 34 ... 321 H 2
Roulans 25 ... 162 B 3
Le Roulier 88 ... 119 H 2
Roullée 72 ... 84 A 3
Roullens 11 ... 319 G 4
Roullet 16 ... 221 E 2
Roullours 14 ... 52 C 3
Roumagne 47 ... 257 G 3
Roumare 76 ... 36 A 1
Roumazières 16 ... 204 B 4
Roumazières-Loubert 16 ... 204 B 4
Roumégoux 15 ... 261 H 1
Roumégoux 81 ... 299 G 2
Roumengoux 09 ... 336 D 1
Roumens 31 ... 318 D 2
Roumoules 04 ... 307 F 1
Rountzenheim 67 ... 69 F 3
Roupeldange 57 ... 46 C 4
Rouperroux 61 ... 83 F 2
Rouperroux-le-Coquet 72 ... 108 B 2
Roupy 02 ... 24 A 3
La Rouquette 12 ... 279 F 2
Roure 06 ... 289 H 3
Le Rouret 06 ... 309 E 3
Rousies 59 ... 15 H 2
Roussac 87 ... 205 G 2
Roussas 26 ... 267 E 5
Roussay 49 ... 148 C 5
Roussayrolles 81 ... 279 E 4
Rousseloy 60 ... 38 C 3
Roussennac 12 ... 261 H 5
Roussent 62 ... 6 C 5
Les Rousses 39 ... 197 F 2
Rousses 48 ... 282 D 3
Rousset 05 ... 270 A 4
Rousset 13 ... 306 B 5
Le Rousset 71 ... 194 B 1
Rousset *Col de* 26 ... 250 B 5
Rousset-les-Vignes 26 ... 267 G 5
Le Rousset-Marizy 71 ... 194 B 1
La Roussière 27 ... 55 F 2
Roussieux 26 ... 286 C 1
Roussillon 38 ... 231 E 5
Roussillon 84 ... 305 G 1
Roussillon-en-Morvan 71 ... 176 B 1
Roussines 16 ... 222 B 1
Roussines 36 ... 188 B 3
Rousson 30 ... 283 H 3
Rousson 89 ... 113 G 4
Roussy-le-Village 57 ... 45 H 2
Routelle 25 ... 161 G 4
Routes 76 ... 19 G 3
Routier 11 ... 337 F 1
Routot 27 ... 35 G 2
Rouvenac 11 ... 337 F 3
Rouves 54 ... 65 H 3
La Rouvière 30 ... 303 G 1
Rouvignies 59 ... 14 D 2
Rouville 60 ... 39 G 4
Rouville 76 ... 19 E 5
Rouvillers 60 ... 39 E 2
Rouvray 21 ... 158 B 2
Rouvray 27 ... 56 C 1
Rouvray 89 ... 136 C 2
Rouvray-Catillon 76 ... 21 E 5
Rouvray-Saint-Denis 28 ... 111 E 2
Rouvray-Saint-Florentin 28 ... 110 B 2
Rouvray-Sainte-Croix 45 ... 110 C 4
Rouvre 79 ... 185 E 3
Rouvrel 80 ... 22 C 3
Rouvres 14 ... 53 H 1
Rouvres 28 ... 56 D 3
Rouvres 77 ... 59 F 1
Rouvres-en-Multien 60 ... 39 H 5
Rouvres-en-Plaine 21 ... 160 B 4
Rouvres-en-Woëvre 55 ... 44 D 5
Rouvres-en-Xaintois 88 ... 94 C 5
Rouvres-la-Chétive 88 ... 94 A 5
Rouvres-les-Bois 36 ... 171 H 1
Rouvres-les-Vignes 10 ... 116 B 2
Rouvres-Saint-Jean 45 ... 87 G 5
Rouvres-sous-Meilly 21 ... 159 F 4
Rouvres-sur-Aube 52 ... 139 E 2
Rouvrois-sur-Meuse 55 ... 64 C 3
Rouvrois-sur-Othain 55 ... 44 D 3
Rouvroy 02 ... 24 B 2
Rouvroy 62 ... 8 C 5
Rouvroy-en-Santerre 80 ... 23 E 3
Rouvroy-les-Merles 60 ... 22 C 4
Rouvroy-Ripont 51 ... 42 D 4
Rouvroy-sur-Audry 08 ... 26 B 3
Rouvroy-sur-Marne 52 ... 93 E 4
Rouvroy-sur-Serre 02 ... 25 H 3
Le Roux 07 ... 265 H 2
Rouxeville 50 ... 32 C 5
La Rouxière 44 ... 148 C 1
Rouxmesnil-Bouteilles 76 ... 10 B 5
Rouy 58 ... 175 F 1
Rouy-le-Grand 80 ... 23 G 3
Rouy-le-Petit 80 ... 23 G 3
Rouze 09 ... 337 F 5
Rouzède 16 ... 222 B 1
Rouziers 15 ... 261 H 1
Rouziers-de-Touraine 37 ... 151 H 1
Le Rove 13 ... 326 C 2
Roville-aux-Chênes 88 ... 95 G 4
Roville-devant-Bayon 54 ... 95 E 3
Rovon 38 ... 250 B 1
Roy-Boissy 60 ... 21 H 5
Royan 17 ... 218 C 2
Royas 38 ... 231 G 3
Royat 63 ... 227 G 1
Royaucourt 60 ... 22 D 5
Royaucourt-et-Chailvet 02 ... 40 C 1
Royaumeix 54 ... 65 F 4
Royaumont *Abbaye de* 95 ... 38 C 5
Roybon 38 ... 250 A 1
Roye 70 ... 141 H 4
Roye 80 ... 23 F 4
Roye-sur-Matz 60 ... 23 F 5
Royer 71 ... 195 E 1
Royère-de-Vassivière 23 ... 207 E 5
Royères 87 ... 206 B 4
Roynac 26 ... 267 F 3
Royon 62 ... 6 D 4
Royville 76 ... 20 A 3
Roz-Landrieux 35 ... 80 A 2
Roz-sur-Couesnon 35 ... 51 F 5
Rozay-en-Brie 77 ... 59 G 5
Le Rozel 50 ... 28 D 4
Rozelieures 54 ... 95 F 3
Rozérieulles 57 ... 65 G 1
Rozerotte 88 ... 94 D 5
Rozès 32 ... 295 H 2
Rozet-Saint-Albin 02 ... 40 B 4
Le Rozier 48 ... 282 A 3
Rozier-Côtes-d'Aurec 42 ... 229 H 5
Rozier-en-Donzy 42 ... 212 A 5
Rozières 52 ... 92 B 4
Rozières-en-Beauce 45 ... 110 C 5
Rozières-sur-Crise 02 ... 40 B 3
Rozières-sur-Mouzon 88 ... 118 A 3
Roziers-Saint-Georges 87 ... 224 C 1
Rozoy-Bellevalle 02 ... 60 C 2
Rozoy-le-Vieil 45 ... 112 D 3
Rozoy-sur-Serre 02 ... 25 H 4
Ruages 58 ... 157 G 3
Ruan 45 ... 111 E 3
Ruan-sur-Egvonne 41 ... 109 G 4
Ruaudin 72 ... 107 H 5
Ruaux 88 ... 119 F 4
Rubécourt-et-Lamécourt 08 ... 27 F 4
Rubelles 77 ... 88 B 2
Rubempré 80 ... 12 D 5
Rubercy 14 ... 32 C 3
Rubescourt 80 ... 22 D 5
Rubigny 08 ... 25 H 4
Rubrouck 59 ... 3 G 4
Ruca 22 ... 79 E 2
Ruch 33 ... 256 D 1
Rucqueville 14 ... 33 E 3
Rudeau-Ladosse 24 ... 222 B 4
Rudelle 46 ... 261 E 2
Rue 80 ... 11 F 1
La Rue-Saint-Pierre 60 ... 38 B 2
La Rue-Saint-Pierre 76 ... 20 C 5
Ruederbach 68 ... 143 F 3
Rueil-la-Gadelière 28 ... 56 A 5
Rueil-Malmaison 92 ... 58 B 3
Ruelisheim 68 ... 143 F 1
Ruelle-sur-Touvre 16 ... 221 F 1
Les Rues-des-Vignes 59 ... 14 B 4
Ruesnes 59 ... 15 E 2
Rueyres 46 ... 261 E 2
Ruffec 16 ... 203 F 2
Ruffec 36 ... 188 A 1
Ruffey-le-Château 25 ... 161 G 3
Ruffey-lès-Beaune 21 ... 177 H 1
Ruffey-lès-Echirey 21 ... 160 A 2
Ruffey-sur-Seille 39 ... 179 E 4
Ruffiac 47 ... 274 D 1
Ruffiac 56 ... 125 F 2
Ruffieu 01 ... 214 D 2
Ruffieux 73 ... 215 E 4
Ruffigné 44 ... 126 D 3
Rugles 27 ... 55 G 3
Rugney 88 ... 95 E 4
Rugny 89 ... 137 F 2
Rugy 57 ... 45 H 5
Ruhans 70 ... 162 A 1
Ruillé-en-Champagne 72 ... 107 F 4
Ruillé-Froid-Fonds 53 ... 106 A 5
Ruillé-le-Gravelais 53 ... 105 G 4
Ruillé-sur-Loir 72 ... 130 D 3
Ruisseauville 62 ... 7 E 4
Ruitz 62 ... 8 A 4
Rullac-Saint-Cirq 12 ... 280 C 4
Rully 14 ... 52 D 3
Rully 60 ... 39 F 4
Rully 71 ... 177 G 3
Rumaisnil 80 ... 22 A 3
Rumaucourt 62 ... 14 A 3
Rumegies 59 ... 9 F 4
Rumengol 29 ... 75 H 3
Rumersheim 67 ... 68 D 5
Rumersheim-le-Haut 68 ... 121 F 5
Rumesnil 14 ... 34 B 4
Rumigny 08 ... 26 A 2
Rumigny 80 ... 22 B 3
Rumilly 62 ... 6 D 3
Rumilly 74 ... 215 F 4
Rumilly-en-Cambrésis 59 ... 14 B 4
Rumilly-lès-Vaudes 10 ... 115 F 3
Ruminghem 62 ... 3 E 4
Rumont 55 ... 63 H 3
Rumont 77 ... 112 A 2
Runan 22 ... 73 E 4
Rungis 94 ... 58 C 4
Ruoms 07 ... 266 B 5
Rupéreux 77 ... 89 G 2
Ruppes 88 ... 94 A 3
Rupt 52 ... 92 D 4
Rupt-aux-Nonains 55 ... 63 G 5
Rupt-devant-Saint-Mihiel 55 ... 64 B 3
Rupt-en-Woëvre 55 ... 64 C 2
Rupt-sur-Moselle 88 ... 119 H 5
Rupt-sur-Othain 55 ... 44 C 2
Rupt-sur-Saône 70 ... 140 D 4
Rurange-lès-Thionville 57 ... 45 H 4
Rurey 25 ... 162 A 5
Rusio 2B ... 347 F 4
Russ 67 ... 96 D 2
Russange 57 ... 45 F 2
Le Russey 25 ... 163 F 4
Russy 14 ... 32 D 2
Russy-Bémont 60 ... 39 G 4
Rustenhart 68 ... 121 F 4
Rustiques 11 ... 320 A 5
Rustrel 84 ... 306 A 1
Rustroff 57 ... 46 B 2
Rutali 2B ... 345 G 5
Ruvigny 10 ... 91 E 5
Ruy 38 ... 232 A 2
Ruyaulcourt 62 ... 14 A 4

Ruynes-en-Margeride 15 246 A 4
Ry 76 36 D 1
Rye 39 178 D 3
Ryes 14 33 E 3

S

Saâcy-sur-Marne 77 60 A 2
Saales 67 96 C 4
Saales *Col de* 67 96 C 4
Saâne-Saint-Just 76 20 A 3
Saasenheim 67 97 G 5
Sabadel-Latronquière 46 261 G 2
Sabadel-Lauzès 46 260 C 4
Sabaillan 32 316 C 2
Sabalos 65 315 F 4
Sabarat 09 335 H 1
Sabarros 65 315 H 4
Sabazan 32 295 E 3
Sablé-sur-Sarthe 72 129 E 2
Les Sables-d'Olonne 85 182 A 2
Sables-d'Or-les-Pins 22 79 E 2
Sablet 84 285 G 3
Les Sablettes 83 328 A 5
Sablières 07 265 H 4
Sablonceaux 17 219 E 1
Sablonnières 77 60 B 3
Sablons 33 238 C 3
Sablons 38 231 E 5
Sablons-sur-Huisne 61 85 E 4
Sabonnères 31 317 E 2
La Sabotterie 08 26 D 5
Sabran 30 284 C 3
Sabres 40 273 F 3
Saccourvielle 31 334 A 4
Sacé 53 106 A 2
Sacey 50 80 D 2
Saché 37 151 G 4
Sachin 62 7 G 4
Sachy 08 27 G 4
Sacierges-Saint-Martin 36 188 B 2
Saclas 91 87 F 5
Saclay 91 58 B 5
Saconin-et-Breuil 02 40 A 3
Sacoué 65 334 A 2
Le Sacq 27 56 A 3
Sacquenay 21 139 G 5
Sacquenville 27 56 A 1
Sacy 51 41 G 4
Sacy 89 136 D 4
Sacy-le-Grand 60 38 D 3
Sacy-le-Petit 60 39 E 3
Sadeillan 32 315 H 3
Sadillac 24 257 H 2
Sadirac 33 255 H 1
Sadournin 65 315 H 4
Sadroc 19 242 C 1
Saessolsheim 67 68 C 5
Saffais 54 95 E 2
Saffloz 39 179 H 5
Saffré 44 147 G 1
Saffres 21 159 F 2
Sagelat 24 259 E 1
Sagnat 23 188 D 5
Sagnes-et-Goudoulet 07 266 A 1
Sagone 2A 348 B 1
Sagonne 18 173 H 3
Sagy 71 196 A 1
Sagy 95 57 H 1
Sahorre 66 342 A 3
Sahune 26 268 A 5
Sahurs 76 36 A 2
Sai 61 54 B 4
Saignes 15 226 C 5
Saignes 46 261 E 1
Saigneville 80 11 F 3
Saignon 84 306 A 1
Saiguède 31 297 F 5
Sail-les-Bains 42 193 E 5
Sail-sous-Couzan 42 229 F 1
Sailhan 65 333 G 4
Saillac 19 242 C 4
Saillac 46 278 D 1
Saillagouse 66 341 F 4
Saillans 26 267 H 2
Saillans 33 238 B 4
Saillant 63 229 F 4
Saillat-sur-Vienne 87 204 D 4
Saillé 44 145 H 4
Saillenard 71 178 D 5
Sailly 08 27 G 4
Sailly 52 93 E 3
Sailly 71 194 C 2
Sailly 78 57 G 1
Sailly-Achâtel 57 66 B 3
Sailly-au-Bois 62 13 F 4
Sailly-en-Ostrevent 62 13 H 2
Sailly-Flibeaucourt 80 11 G 2
Sailly-Labourse 62 8 A 4
Sailly-Laurette 80 23 E 1
Sailly-le-Sec 80 22 D 1
Sailly-lez-Cambrai 59 14 B 3
Sailly-lez-Lannoy 59 9 E 2
Sailly-Saillisel 80 13 H 5
Sailly-sur-la-Lys 62 8 B 2
Sain-Bel 69 212 C 5
Saincaize-Meauce 58 174 B 3
Sainghin-en-Mélantois 59 9 E 3
Sainghin-en-Weppes 59 8 C 3
Sainneville 76 18 D 5
Sainpuits 89 156 D 1
Sains 35 80 C 2
Sains-du-Nord 59 15 H 4
Sains-en-Amiénois 80 22 C 2
Sains-en-Gohelle 62 8 A 4
Sains-lès-Fressin 62 7 E 4
Sains-lès-Marquion 62 14 A 3
Sains-lès-Pernes 62 7 G 4
Sains-Morainvillers 60 22 D 5
Sains-Richaumont 02 25 E 2
Le Saint 56 100 D 2
Saint-Aaron 22 78 D 3
Saint-Abit 64 314 B 5
Saint-Abraham 56 102 D 5
Saint-Acheul 80 12 C 3
Saint-Adjutory 16 203 H 5
Saint-Adrien 22 77 G 2
Saint-Adrien *Roches de* 76 36 B 2
Saint-Affrique 12 300 D 1
Saint-Affrique-les-Montagnes 81 299 G 5
Saint-Agathon 22 73 F 5
Saint-Agil 41 109 E 4
Saint-Agnan 02 60 D 1
Saint-Agnan 58 158 B 3
Saint-Agnan 71 193 F 2
Saint-Agnan 81 298 C 4
Saint-Agnan 89 89 E 5
Saint-Agnan-de-Cernières 27 55 E 2
Saint-Agnan-en-Vercors 26 250 B 4
Saint-Agnan-le-Malherbe 14 53 E 1
Saint-Agnan-sur-Erre 61 84 D 5
Saint-Agnan-sur-Sarthe 61 84 B 2
Saint-Agnant 17 200 D 4
Saint-Agnant-de-Versillat 23 188 C 5
Saint-Agnant-près-Crocq 23 208 B 5
Saint-Agnant-sous-les-Côtes 55 64 D 4
Saint-Agne 24 258 B 1
Saint-Agnet 40 294 C 4
Saint-Agnin-sur-Bion 38 231 H 3
Saint-Agoulin 63 209 H 2
Saint-Agrève 07 248 B 4
Saint-Aignan 08 27 E 4
Saint-Aignan 33 238 B 4
Saint-Aignan 41 153 E 4
Saint-Aignan 56 77 H 5
Saint-Aignan 72 108 A 2
Saint-Aignan 82 277 F 5
Saint-Aignan-de-Couptrain 53 82 D 3
Saint-Aignan-de-Cramesnil 14 33 H 5
Saint-Aignan-des-Gués 45 134 A 2
Saint-Aignan-des-Noyers 18 173 H 4
Saint-Aignan-Grandlieu 44 147 G 5
Saint-Aignan-le-Jaillard 45 134 B 4
Saint-Aignan-sur-Roë 53 127 G 2
Saint-Aignan-sur-Ry 76 36 D 1
Saint-Aigny 36 187 H 1
Saint-Aigulin 17 238 D 2
Saint-Ail 54 45 F 5
Saint-Albain 71 195 E 3
Saint-Alban 01 214 B 1
Saint-Alban 22 78 D 2
Saint-Alban 31 297 H 4
Saint-Alban-Auriolles 07 266 A 5
Saint-Alban-d'Ay 07 248 D 2
Saint-Alban-d'Hurtières 73 234 A 3
Saint-Alban-de-Montbel 73 233 E 2
Saint-Alban-de-Roche 38 231 H 2
Saint-Alban-des-Villards 73 233 H 5
Saint-Alban-du-Rhône 38 231 E 4
Saint-Alban-en-Montagne 07 265 F 2
Saint-Alban-les-Eaux 42 211 F 3
Saint-Alban-Leysse 73 233 F 2
Saint-Alban-sur-Limagnole 48 264 B 1
Saint-Albin-de-Vaulserre 38 232 D 3
Saint-Alexandre 30 284 D 2
Saint-Algis 02 25 E 1
Saint-Allouestre 56 102 B 4
Saint-Alpinien 23 207 H 3
Saint-Alyre-d'Arlanc 63 228 D 5
Saint-Alyre-ès-Montagne 63 227 G 5
Saint-Amadou 09 336 C 1
Saint-Amancet 81 319 F 2
Saint-Amand 23 207 H 3
Saint-Amand 50 52 C 1
Saint-Amand 62 13 E 4
Saint-Amand-de-Belvès 24 259 E 2
Saint-Amand-de-Coly 24 241 G 3
Saint-Amand-de-Vergt 24 240 C 4
Saint-Amand-des-Hautes-Terres 27 36 A 4
Saint-Amand-en-Puisaye 58 156 B 1
Saint-Amand-Jartoudeix 23 206 C 4
Saint-Amand-le-Petit 87 206 D 5
Saint-Amand-les-Eaux 59 9 F 4
Saint-Amand-Longpré 41 131 G 4
Saint-Amand-Magnazeix 87 205 H 1
Saint-Amand-Montrond 18 173 F 5
Saint-Amand-sur-Fion 51 62 C 3
Saint-Amand-sur-Ornain 55 93 F 1
Saint-Amand-sur-Sèvre 79 167 E 3
Saint-Amandin 15 227 E 5
Saint-Amans 09 336 A 1
Saint-Amans 11 318 D 5
Saint-Amans 48 264 C 3
Saint-Amans-de-Pellagal 82 277 F 3
Saint-Amans-des-Cots 12 262 D 2
Saint-Amans-du-Pech 82 276 D 2
Saint-Amans-Soult 81 320 A 2
Saint-Amans-Valtoret 81 320 A 2
Saint-Amant-de-Boixe 16 203 F 5
Saint-Amant-de-Bonnieure 16 203 G 4
Saint-Amant-de-Graves 16 220 D 2
Saint-Amant-de-Montmoreau 16 221 F 4
Saint-Amant-de-Nouère 16 203 E 5
Saint-Amant-Roche-Savine 63 228 D 3
Saint-Amant-Tallende 63 227 H 2
Saint-Amarin 68 120 C 5
Saint-Ambreuil 71 177 H 5
Saint-Ambroix 18 172 C 3
Saint-Ambroix 30 284 A 2
Saint-Amé 88 119 H 4
Saint-Amour 39 196 A 3
Saint-Amour-Bellevue 71 194 D 5
Saint-Anastaise 63 227 G 4
Saint-Andelain 58 156 A 3
Saint-Andéol 26 268 A 1
Saint-Andéol 38 250 C 4
Saint-Andéol-de-Berg 07 266 C 4
Saint-Andéol-de-Clerguemort 48 283 F 2
Saint-Andéol-de-Fourchades 07 266 A 1
Saint-Andéol-de-Vals 07 266 B 2
Saint-Andéol-le-Château 69 230 D 2
Saint-Andeux 21 158 B 2
Saint-Andiol 13 305 E 2
Saint-Andoche 70 140 B 4
Saint-André 16 219 H 1
Saint-André 31 316 D 4
Saint-André 32 296 D 5
Saint-André 66 343 F 3
Saint-André 73 252 C 1
Saint-André 81 300 A 1
Saint-André *Chapelle* 46 259 G 3
Saint-André-Capcèze 48 265 G 5
Saint-André-d'Allas 24 241 F 5
Saint-André-d'Apchon 42 211 F 2
Saint-André-de-Bagé 01 195 F 4
Saint-André-de-Boëge 74 198 A 5
Saint-André-de-Bohon 50 32 A 3
Saint-André-de-Briouze 61 53 G 4
Saint-André-de-Buèges 34 302 B 2
Saint-André-de-Chalencon 43 247 G 1
Saint-André-de-Corcy 01 213 F 3
Saint-André-de-Cruzières 07 284 A 1
Saint-André-de-Cubzac 33 237 H 4
Saint-André-de-Double 24 239 G 2
Saint-André-de-la-Marche 49 148 C 5
Saint-André-de-la-Roche 06 309 H 2
Saint-André-de-Lancize 48 283 F 2
Saint-André-de-l'Épine 50 32 B 4
Saint-André-de-l'Eure 27 56 C 3
Saint-André-de-Lidon 17 219 F 2
Saint-André-de-Majencoules 30 282 D 5
Saint-André-de-Messei 61 53 F 5
Saint-André-de-Najac 12 279 F 3
Saint-André-de-Roquelongue 11 338 D 1
Saint-André-de-Roquepertuis 30 284 C 2
Saint-André-de-Rosans 05 268 C 5
Saint-André-de-Sangonis 34 302 A 4
Saint-André-de-Seignanx 40 292 B 4
Saint-André-de-Valborgne 30 283 E 3
Saint-André-de-Vézines 12 282 A 3
Saint-André-d'Embrun 05 270 C 3
Saint-André-des-Eaux 22 79 H 5
Saint-André-des-Eaux 44 146 B 2
Saint-André-d'Hébertot 14 34 D 3
Saint-André-d'Huiriat 01 195 F 5
Saint-André-d'Olérargues 30 284 C 3
Saint-André-du-Bois 33 256 C 3
Saint-André-en-Barrois 55 63 H 1
Saint-André-en-Bresse 71 178 B 5
Saint-André-en-Morvan 58 157 H 2
Saint-André-en-Royans 38 250 A 3
Saint-André-en-Terre-Plaine 89 158 B 1
Saint-André-en-Vivarais 07 248 B 3
Saint-André-et-Appelles 33 257 F 1
Saint-André-Farivillers 60 22 B 5
Saint-André-Goule-d'Oie 85 166 B 3
Saint-André-la-Côte 69 230 C 2
Saint-André-Lachamp 07 265 H 4
Saint-André-le-Bouchoux 01 213 G 1
Saint-André-le-Coq 63 210 A 3
Saint-André-le-Désert 71 194 C 2
Saint-André-le-Gaz 38 232 C 2
Saint-André-le-Puy 42 230 A 2
Saint-André-les-Alpes 04 288 C 5
Saint-André-les-Vergers 10 90 D 5
Saint-André-lez-Lille 59 8 D 2
Saint-André-sur-Cailly 76 20 C 5
Saint-André-sur-Orne 14 33 G 5
Saint-André-sur-Sèvre 79 167 F 4
Saint-André-sur-Vieux-Jonc 01 213 G 1
Saint-André-Treize-Voies 85 165 H 2
Saint-André-Val-de-Fier 74 215 E 3
Saint-Androny 33 237 F 1
Saint-Ange-et-Torçay 28 56 B 5
Saint-Ange-le-Viel 77 112 D 2
Saint-Angeau 16 203 G 4
Saint-Angel 03 191 E 4
Saint-Angel 19 225 H 3
Saint-Angel 63 209 F 3
Saint-Anthème 63 229 F 3
Saint-Anthot 21 159 F 3
Saint-Antoine 05 252 C 5
Saint-Antoine 13 326 D 2
Saint-Antoine 15 262 B 2
Saint-Antoine 25 180 C 3
Saint-Antoine 29 71 H 4
Saint-Antoine 32 276 D 5
Saint-Antoine 33 237 H 3
Saint-Antoine-Cumond 24 239 F 1
Saint-Antoine-d'Auberoche 24 241 E 2
Saint-Antoine-de-Breuilh 24 257 E 1
Saint-Antoine-de-Ficalba 47 276 C 1
Saint-Antoine-du-Queyret 33 256 D 1
Saint-Antoine-du-Rocher 37 151 H 1
Saint-Antoine-la-Forêt 76 19 E 5
Saint-Antoine-l'Abbaye 38 249 H 2
Saint-Antoine-sur-l'Isle 33 239 E 3
Saint-Antonin 06 289 G 5
Saint-Antonin 32 296 C 3
Saint-Antonin-de-Lacalm 81 299 G 3
Saint-Antonin-de-Sommaire 27 55 F 3
Saint-Antonin-du-Var 83 307 H 5
Saint-Antonin-Noble-Val 82 278 D 3
Saint-Antonin-sur-Bayon 13 306 B 5
Saint-Aoustrille 36 172 B 2
Saint-Août 36 172 B 5
Saint-Apollinaire 05 270 B 3
Saint-Apollinaire 21 160 B 3
Saint-Apollinaire-de-Rias 07 248 D 5
Saint-Appolinaire 69 212 B 3
Saint-Appolinard 38 250 A 2
Saint-Appolinard 42 230 D 5
Saint-Aquilin 24 239 H 2
Saint-Aquilin-d'Augerons 27 55 E 2
Saint-Aquilin-de-Corbion 61 55 E 5
Saint-Aquilin-de-Pacy 27 56 D 1
Saint-Araille 31 317 E 3
Saint-Arailles 32 295 H 4
Saint-Arcons-d'Allier 43 246 C 3
Saint-Arcons-de-Barges 43 265 F 1
Saint-Arey 38 251 E 5
Saint-Armel 35 104 B 4
Saint-Armel 56 124 C 4
Saint-Armou 64 314 B 2
Saint-Arnac 66 338 A 5
Saint-Arnoult 14 34 B 3
Saint-Arnoult 41 131 F 4
Saint-Arnoult 60 21 G 5
Saint-Arnoult 76 35 G 1
Saint-Arnoult-des-Bois 28 85 H 3
Saint-Arnoult-en-Yvelines 78 87 E 2
Saint-Arroman 32 316 A 2
Saint-Arroman 65 333 H 2
Saint-Arroumex 82 277 E 5
Saint-Astier 24 239 H 2
Saint-Astier 47 257 F 2
Saint-Auban 04 287 G 4
Saint-Auban 06 308 C 1
Saint-Auban-d'Oze 05 269 F 4
Saint-Auban-sur-l'Ouvèze 26 286 B 1
Saint-Aubert 59 14 C 3
Saint-Aubert-sur-Orne 61 53 G 4
Saint-Aubin 02 40 A 1
Saint-Aubin 10 90 A 3
Saint-Aubin 21 177 G 2
Saint-Aubin 36 172 B 3
Saint-Aubin 39 178 C 1
Saint-Aubin 40 293 G 3
Saint-Aubin 47 258 D 5
Saint-Aubin 59 15 G 3
Saint-Aubin 62 6 B 4
Saint-Aubin 91 58 A 5
Saint-Aubin-Celloville 76 36 B 2
Saint-Aubin-Château-Neuf 89 135 H 3
Saint-Aubin-d'Appenai 61 84 A 3
Saint-Aubin-d'Arquenay 14 33 H 3
Saint-Aubin-d'Aubigné 35 80 B 5
Saint-Aubin-de-Baubigné 79 167 F 2
Saint-Aubin-de-Blaye 33 237 G 1
Saint-Aubin-de-Bonneval 61 54 D 2
Saint-Aubin-de-Branne 33 256 C 1
Saint-Aubin-de-Cadelech 24 257 H 2
Saint-Aubin-de-Courteraie 61 84 B 2
Saint-Aubin-de-Crétot 76 19 F 5
Saint-Aubin-de-Lanquais 24 258 B 1
Saint-Aubin-de-Locquenay 72 83 G 5
Saint-Aubin-de-Luigné 49 149 F 3
Saint-Aubin-de-Médoc 33 237 F 5
Saint-Aubin-de-Nabirat 24 259 G 2
Saint-Aubin-de-Scellon 27 35 E 4
Saint-Aubin-de-Terregatte 50 81 E 2
Saint-Aubin-d'Écrosville 27 36 A 5
Saint-Aubin-des-Bois 14 52 A 3
Saint-Aubin-des-Bois 28 86 A 3
Saint-Aubin-des-Châteaux 44 126 D 3
Saint-Aubin-des-Chaumes 58 157 G 2
Saint-Aubin-des-Coudrais 72 108 C 3
Saint-Aubin-des-Grois 61 84 C 5
Saint-Aubin-des-Hayes 27 55 G 1
Saint-Aubin-des-Landes 35 105 E 3
Saint-Aubin-des-Ormeaux 85 166 C 1
Saint-Aubin-des-Préaux 50 51 F 3
Saint-Aubin-du-Cormier 35 80 D 5
Saint-Aubin-du-Désert 53 83 E 5
Saint-Aubin-du-Pavail 35 104 C 4
Saint-Aubin-du-Perron 50 31 H 4
Saint-Aubin-du-Plain 79 167 G 2
Saint-Aubin-du-Thenney 27 55 E 1
Saint-Aubin-en-Bray 60 37 G 2
Saint-Aubin-en-Charollais 71 193 H 2
Saint-Aubin-Épinay 76 36 B 2
Saint-Aubin-Fosse-Louvain 53 81 H 3
Saint-Aubin-la-Plaine 85 183 G 2
Saint-Aubin-le-Cauf 76 20 B 2
Saint-Aubin-le-Cloud 79 167 H 5
Saint-Aubin-le-Dépeint 37 130 B 5
Saint-Aubin-le-Guichard 27 55 G 1
Saint-Aubin-le-Monial 03 191 G 2
Saint-Aubin-le-Vertueux 27 55 F 1
Saint-Aubin-Lébizay 14 34 B 4
Saint-Aubin-lès-Elbeuf 76 36 A 3
Saint-Aubin-les-Forges 58 156 C 5
Saint-Aubin-Montenoy 80 21 H 2
Saint-Aubin-Rivière 80 21 G 2
Saint-Aubin-Routot 76 34 D 1
Saint-Aubin-sous-Erquery 60 38 D 2
Saint-Aubin-sur-Aire 55 64 C 5
Saint-Aubin-sur-Algot 14 34 B 5
Saint-Aubin-sur-Gaillon 27 36 C 5
Saint-Aubin-sur-Loire 71 193 E 2
Saint-Aubin-sur-Mer 14 33 G 3
Saint-Aubin-sur-Mer 76 19 H 2
Saint-Aubin-sur-Quillebeuf 27 35 F 1
Saint-Aubin-sur-Scie 76 20 B 2
Saint-Aubin-sur-Yonne 89 113 G 5
Saint-Augustin 03 174 B 4
Saint-Augustin 17 218 C 1
Saint-Augustin 19 225 E 4
Saint-Augustin 77 59 H 4
Saint-Augustin-des-Bois 49 149 E 1
Saint-Aulaire 19 241 H 1
Saint-Aulais-la-Chapelle 16 220 D 4
Saint-Aulaye-Puymangou 24 239 E 2
Saint-Aunès 34 303 E 4
Saint-Aunix-Lengros 32 295 E 5
Saint-Aupre 38 232 D 4
Saint-Austremoine 43 246 B 3
Saint-Auvent 87 205 E 5
Saint-Avaugourd-des-Landes 85 182 C 1
Saint-Avé 56 124 C 3
Saint-Aventin 31 334 A 4
Saint-Avertin 37 152 A 3
Saint-Avit 16 239 E 1
Saint-Avit 26 249 F 2
Saint-Avit 40 273 H 5
Saint-Avit 41 109 E 4
Saint-Avit 47 257 F 4
Saint-Avit 47 258 D 4
Saint-Avit 63 208 C 4
Saint-Avit 81 319 F 2
Saint-Avit-de-Soulège 33 257 E 1
Saint-Avit-de-Tardes 23 207 H 4
Saint-Avit-de-Vialard 24 240 D 5
Saint-Avit-Frandat 32 276 B 5
Saint-Avit-le-Pauvre 23 207 F 3
Saint-Avit-les-Guespières 28 109 H 2
Saint-Avit-Rivière 24 258 D 2
Saint-Avit-Saint-Nazaire 33 239 F 5
Saint-Avit-Sénieur 24 258 D 1
Saint-Avold 57 67 E 1
Saint-Avre 73 234 A 4
Saint-Ay 45 132 D 2
Saint-Aybert 59 9 H 4
Saint-Aygulf 83 329 G 1
Saint-Babel 63 228 A 2
Saint Baldoph 73 233 F 2
Saint-Bandry 02 40 A 2
Saint-Baraing 39 178 D 2
Saint-Barbant 87 204 D 1
Saint-Bard 23 208 B 4
Saint-Bardoux 26 249 F 3
Saint-Barnabé 22 102 B 2
Saint-Barthélemy 38 231 G 5
Saint-Barthélemy 40 292 B 5
Saint-Barthélemy 50 52 C 5
Saint-Barthélemy 56 101 H 4
Saint-Barthélemy 70 142 A 2
Saint-Barthélemy 77 60 B 4
Saint-Barthélemy-d'Agenais 47 257 G 4
Saint-Barthélemy-d'Anjou 49 149 G 1
Saint-Barthélemy-de-Bellegarde 24 239 F 3
Saint-Barthélemy-de-Bussière 24 222 C 2

A B C D E F G H I J K L M N O P Q R S T U V W X Y Z

Saint-Barthélemy-de-Séchilienne 38 ... 251 E 3
Saint-Barthélemy-de-Vals 26 ... 249 F 2
Saint-Barthélemy-Grozon 07 ... 248 D 4
Saint-Barthélemy-le-Meil 07 ... 248 C 5
Saint-Barthélemy-le-Plain 07 ... 249 E 3
Saint-Barthélemy-Lestra 42 ... 230 A 1
Saint-Basile 07 ... 248 C 4
Saint-Baslemont 88 ... 118 C 2
Saint-Baudel 18 ... 172 D 4
Saint-Baudelle 53 ... 82 B 5
Saint-Baudille-de-la-Tour 38 ... 214 A 5
Saint-Baudille-et-Pipet 38 ... 269 E 1
Saint-Bauld 37 ... 152 A 5
Saint-Baussant 54 ... 65 E 3
Saint-Bauzeil 09 ... 336 B 1
Saint-Bauzély 30 ... 303 G 1
Saint-Bauzile 07 ... 266 D 2
Saint-Bauzile 48 ... 264 C 5
Saint-Bauzille-de-la-Sylve 34 ... 302 B 4
Saint-Bauzille-de-Montmel 34 ... 303 E 3
Saint-Bauzille-de-Putois 34 ... 302 C 1
Saint-Bazile 87 ... 222 D 1
Saint-Bazile-de-la-Roche 19 ... 243 F 2
Saint-Bazile-de-Meyssac 19 ... 242 D 3
Saint-Béat 31 ... 334 B 3
Saint-Beaulize 12 ... 301 F 1
Saint-Beauzeil 82 ... 276 D 1
Saint-Beauzély 12 ... 281 G 3
Saint-Beauzile 81 ... 279 E 5
Saint-Beauzire 43 ... 246 A 1
Saint-Beauzire 63 ... 209 H 5
Saint-Bénézet 30 ... 283 H 5
Saint-Bénigne 01 ... 195 F 3
Saint-Benin 59 ... 14 D 5
Saint-Benin-d'Azy 58 ... 175 E 2
Saint-Benin-des-Bois 58 ... 157 E 5
Saint-Benoist-sur-Mer 85 ... 182 D 3
Saint-Benoist-sur-Vanne 10 ... 114 B 2
Saint-Benoît 04 ... 289 E 5
Saint-Benoît 11 ... 337 F 2
Saint-Benoît 28 ... 109 F 4
Saint-Benoît 86 ... 186 B 2
Saint-Benoît-de-Carmaux 81 ... 279 G 5
Saint-Benoît-des-Ombres 27 ... 35 F 4
Saint-Benoît-des-Ondes 35 ... 50 D 5
Saint-Benoît-d'Hébertot 14 ... 34 D 3
Saint-Benoît-du-Sault 36 ... 188 B 3
Saint-Benoit-en-Diois 26 ... 268 A 2
Saint-Benoît-en-Woëvre 55 ... 65 E 2
Saint-Benoît-la-Chipotte 88 ... 95 H 4
Saint-Benoît-la-Forêt 37 ... 151 E 4
Saint-Benoît-sur-Loire 45 ... 134 A 3
Saint-Benoît-sur-Seine 10 ... 90 D 4
Saint-Bérain 43 ... 246 D 4
Saint-Berain-sous-Sanvignes 71 ... 176 D 5
Saint-Bérain-sur-Dheune 71 ... 177 F 3
Saint-Bernard 01 ... 212 D 3
Saint-Bernard 21 ... 160 A 5
Saint-Bernard 38 ... 233 F 5
Saint-Bernard 57 ... 46 B 4
Saint-Bernard 68 ... 143 E 2
Saint-Béron 73 ... 232 D 3
Saint-Berthevin 53 ... 105 H 3
Saint-Berthevin-la-Tannière 53 ... 81 G 4
Saint-Bertrand-de-Comminges 31 ... 334 A 2
Saint-Biez-en-Belin 72 ... 130 A 2
Saint-Bihy 22 ... 77 H 3
Saint-Blaise 06 ... 291 E 5
Saint-Blaise 74 ... 215 G 2
Saint-Blaise *Fouilles de* 13 ... 325 G 3
Saint-Blaise-du-Buis 38 ... 232 C 4
Saint-Blaise-la-Roche 67 ... 96 C 3
Saint-Blancard 32 ... 316 B 3
Saint-Blimont 80 ... 11 E 3
Saint-Blin 52 ... 93 G 5
Saint-Boès 64 ... 293 F 5
Saint-Bohaire 41 ... 132 A 5
Saint-Boil 71 ... 177 G 5
Saint-Boingt 54 ... 95 F 3
Saint-Bois 01 ... 232 C 1
Saint-Bomer 28 ... 109 E 2
Saint-Bômer-les-Forges 61 ... 53 E 5
Saint-Bon 51 ... 60 C 5
Saint-Bon-Tarentaise 73 ... 234 C 3
Saint-Bonnet 16 ... 220 D 3
Saint-Bonnet *Signal de* 69 ... 212 C 2
Saint-Bonnet-Avalouze 19 ... 243 E 1
Saint-Bonnet-Briance 87 ... 224 B 1
Saint-Bonnet-de-Bellac 87 ... 205 E 1
Saint-Bonnet-de-Chavagne 38 ... 250 A 2
Saint-Bonnet-de-Chirac 48 ... 264 A 4
Saint-Bonnet-de-Condat 15 ... 245 E 1
Saint-Bonnet-de-Cray 71 ... 193 H 5
Saint-Bonnet-de-Four 03 ... 191 F 4
Saint-Bonnet-de-Joux 71 ... 194 B 2
Saint-Bonnet-de-Montauroux 48 ... 265 E 1
Saint-Bonnet-de-Mure 69 ... 231 G 1
Saint-Bonnet-de-Rochefort 03 ... 209 H 1
Saint-Bonnet-de-Salendrinque 30 ... 283 F 5
Saint-Bonnet-de-Salers 15 ... 244 C 2
Saint-Bonnet-de-Valclérieux 26 ... 249 H 1
Saint-Bonnet-de-Vieille-Vigne 71 ... 193 H 2
Saint-Bonnet-des-Bruyères 69 ... 194 B 5
Saint-Bonnet-des-Quarts 42 ... 211 E 1
Saint-Bonnet-du-Gard 30 ... 304 A 1
Saint-Bonnet-Elvert 19 ... 243 E 2
Saint-Bonnet-en-Bresse 71 ... 178 B 3
Saint-Bonnet-en-Champsaur 05 ... 269 G 2
Saint-Bonnet-la-Rivière 19 ... 241 H 1
Saint-Bonnet-le-Bourg 63 ... 228 D 4
Saint-Bonnet-le-Chastel 63 ... 228 D 4
Saint-Bonnet-le-Château 42 ... 229 G 4
Saint-Bonnet-le-Courreau 42 ... 229 F 2
Saint-Bonnet-le-Froid 43 ... 248 B 2
Saint-Bonnet-le-Troncy 69 ... 212 B 2
Saint-Bonnet-l'Enfantier 19 ... 242 B 1
Saint-Bonnet-lès-Allier 63 ... 228 A 1
Saint-Bonnet-les-Oules 42 ... 230 A 3
Saint-Bonnet-les-Tours-de-Merle 19 ... 243 G 3
Saint-Bonnet-près-Bort 19 ... 226 B 3
Saint-Bonnet-près-Orcival 63 ... 227 F 1
Saint-Bonnet-près-Riom 63 ... 209 H 4
Saint-Bonnet-sur-Gironde 17 ... 219 F 5
Saint-Bonnet-Tronçais 03 ... 190 D 1
Saint-Bonnot 58 ... 156 D 4
Saint-Bouize 18 ... 156 A 4
Saint-Brancher 89 ... 158 A 2
Saint-Branchs 37 ... 152 A 4
Saint-Brandan 22 ... 78 A 4
Saint-Brès 30 ... 284 A 2
Saint-Brès 32 ... 296 C 2
Saint-Brès 34 ... 303 E 4
Saint-Bresson 30 ... 302 B 1
Saint-Bresson 70 ... 119 G 5
Saint-Bressou 46 ... 261 F 2
Saint-Brevin-les-Pins 44 ... 146 C 3
Saint-Brevin-l'Océan 44 ... 146 C 3
Saint-Briac-sur-Mer 35 ... 50 B 5
Saint-Brice 16 ... 220 B 1
Saint-Brice 33 ... 256 C 2
Saint-Brice 50 ... 51 H 4
Saint-Brice 53 ... 128 D 2
Saint-Brice 61 ... 82 B 2
Saint-Brice 77 ... 89 G 2
Saint-Brice-Courcelles 51 ... 41 G 3
Saint-Brice-de-Landelles 50 ... 81 F 2
Saint-Brice-en-Coglès 35 ... 80 D 3
Saint-Brice-sous-Forêt 95 ... 58 C 2
Saint-Brice-sous-Rânes 61 ... 53 H 5
Saint-Brice-sur-Vienne 87 ... 205 E 4
Saint-Brieuc 22 ... 78 B 3
Saint-Brieuc-de-Mauron 56 ... 103 E 3
Saint-Brieuc-des-Iffs 35 ... 80 A 5
Saint-Bris-des-Bois 17 ... 201 H 5
Saint-Bris-le-Vineux 89 ... 136 C 3
Saint-Brisson 58 ... 158 B 4
Saint-Brisson-sur-Loire 45 ... 134 C 5
Saint-Broing 70 ... 161 F 1
Saint-Broing-les-Moines 21 ... 138 D 4
Saint-Broingt-le-Bois 52 ... 139 H 3
Saint-Broingt-les-Fosses 52 ... 139 G 3
Saint-Broladre 35 ... 51 E 5
Saint-Bueil 38 ... 232 D 3
Saint-Cado 56 ... 123 G 3
Saint-Calais 72 ... 108 D 5
Saint-Calais-du-Désert 53 ... 83 E 3
Saint-Calez-en-Saosnois 72 ... 84 A 5
Saint-Cannat 13 ... 305 H 4
Saint-Caprais 03 ... 191 E 2
Saint-Caprais 18 ... 172 D 2
Saint-Caprais 32 ... 296 C 5
Saint-Caprais 46 ... 259 F 3
Saint-Caprais-de-Blaye 33 ... 219 G 5
Saint-Caprais-de-Bordeaux 33 ... 255 H 1
Saint-Caprais-de-Lerm 47 ... 276 C 3
Saint-Capraise-de-Lalinde 24 ... 258 B 1
Saint-Capraise-d'Eymet 24 ... 257 H 2
Saint-Caradec 22 ... 102 A 1
Saint-Caradec-Trégomel 56 ... 101 E 3
Saint-Carné 22 ... 79 G 4
Saint-Carreuc 22 ... 78 B 4
Saint-Cassien 24 ... 258 D 2
Saint-Cassien 38 ... 232 C 5
Saint-Cassien 86 ... 168 D 2
Saint-Cassin 73 ... 233 F 2
Saint-Cast-le-Guildo 22 ... 50 A 5
Saint-Castin 64 ... 314 B 3
Saint-Célerin 72 ... 108 B 3
Saint-Céneré 53 ... 106 B 3
Saint-Céneri-le-Gérei 61 ... 83 F 4
Saint-Céols 18 ... 155 G 4
Saint-Céré 46 ... 261 E 1
Saint-Cergues 74 ... 197 H 5
Saint-Cernin 15 ... 244 B 3
Saint-Cernin 46 ... 260 C 4
Saint-Cernin-de-Labarde 24 ... 258 B 1
Saint-Cernin-de-Larche 19 ... 241 H 3
Saint-Cernin-de-l'Herm 24 ... 259 E 3
Saint-Cernin-de-Reilhac 24 ... 241 E 4
Saint-Césaire 17 ... 201 H 5
Saint-Césaire 30 ... 303 H 2
Saint-Césaire-de-Gauzignan 30 ... 284 A 5
Saint-Cézaire *Grottes de* 06 ... 308 D 3
Saint-Cézaire-sur-Siagne 06 ... 308 D 3
Saint-Cézert 31 ... 297 G 3
Saint-Chabrais 23 ... 207 H 1
Saint-Chaffrey 05 ... 252 C 4
Saint-Chamant 15 ... 244 C 3
Saint-Chamant 19 ... 243 E 3
Saint-Chamarand 46 ... 260 B 3
Saint-Chamas 13 ... 305 F 5
Saint-Chamassy 24 ... 241 E 5
Saint-Chamond 42 ... 230 C 4
Saint-Champ 01 ... 214 D 5
Saint-Chaptes 30 ... 284 A 5
Saint-Charles 54 ... 45 E 1
Saint-Charles-de-Percy 14 ... 52 D 2
Saint-Charles-la-Forêt 53 ... 106 B 5
Saint-Chartier 36 ... 189 G 1
Saint-Chartres 86 ... 168 C 3
Saint-Chef 38 ... 232 A 2
Saint-Chels 46 ... 260 D 4
Saint-Chély-d'Apcher 48 ... 264 A 1
Saint-Chély-d'Aubrac 12 ... 263 F 4
Saint-Chély-du-Tarn 48 ... 282 B 1
Saint-Chéron 51 ... 62 C 5
Saint-Chéron 91 ... 87 F 3
Saint-Chéron-des-Champs 28 ... 86 A 2
Saint-Chinian 34 ... 321 E 3
Saint-Christ-Briost 80 ... 23 G 2
Saint-Christau 64 ... 331 H 2
Saint-Christaud 31 ... 317 F 5
Saint-Christaud 32 ... 295 G 5
Saint-Christo-en-Jarez 42 ... 230 C 3
Saint-Christol 07 ... 248 B 5
Saint-Christol 34 ... 303 F 3
Saint-Christol 84 ... 286 C 4
Saint-Christol-de-Rodières 30 ... 284 C 2
Saint-Christol-lès-Alès 30 ... 283 H 4
Saint-Christoly-de-Blaye 33 ... 237 G 2
Saint-Christoly-Médoc 33 ... 219 E 5
Saint-Christophe 03 ... 210 C 1
Saint-Christophe 16 ... 239 E 1
Saint-Christophe 17 ... 200 D 1
Saint-Christophe 23 ... 207 E 2
Saint-Christophe 28 ... 110 A 3
Saint-Christophe 69 ... 194 C 5
Saint-Christophe 81 ... 279 F 3
Saint-Christophe 86 ... 169 F 3
Saint-Christophe-à-Berry 02 ... 40 A 2
Saint-Christophe-d'Allier 43 ... 265 E 1
Saint-Christophe-de-Chaulieu 61 ... 52 D 4
Saint-Christophe-de-Double 33 ... 238 D 3
Saint-Christophe-de-Valains 35 ... 80 D 4
Saint-Christophe-des-Bardes 33 ... 238 C 5
Saint-Christophe-des-Bois 35 ... 105 E 2
Saint-Christophe-Dodinicourt 10 ... 91 H 4
Saint-Christophe-du-Bois 49 ... 166 D 1
Saint-Christophe-du-Foc 50 ... 28 D 4
Saint-Christophe-du-Jambet 72 ... 107 G 2
Saint-Christophe-du-Ligneron 85 ... 165 E 3
Saint-Christophe-du-Luat 53 ... 106 C 3
Saint-Christophe-en-Bazelle 36 ... 153 H 5
Saint-Christophe-en-Boucherie 36 ... 172 C 5
Saint-Christophe-en-Bresse 71 ... 178 A 4
Saint-Christophe-en-Brionnais 71 ... 193 H 5
Saint-Christophe-en-Champagne 72 ... 107 E 5
Saint-Christophe-en-Oisans 38 ... 251 H 4
Saint-Christophe-et-le-Laris 26 ... 249 G 1
Saint-Christophe-la-Couperie 49 ... 148 B 3
Saint-Christophe-la-Grotte 73 ... 233 E 3
Saint-Christophe-le-Chaudry 18 ... 190 B 1
Saint-Christophe-le-Jajolet 61 ... 54 B 5
Saint-Christophe-les-Gorges 15 ... 243 H 3
Saint-Christophe-sur-Avre 27 ... 55 H 5
Saint-Christophe-sur-Condé 27 ... 35 F 3
Saint-Christophe-sur-Dolaison 43 ... 247 E 4
Saint-Christophe-sur-Guiers 38 ... 233 E 4
Saint-Christophe-sur-le-Nais 37 ... 130 C 5
Saint-Christophe-sur-Roc 79 ... 185 E 3
Saint-Christophe-Vallon 12 ... 262 B 5
Saint-Cibard 33 ... 238 D 4
Saint-Cierge-la-Serre 07 ... 266 D 1
Saint-Cierge-sous-le-Cheylard 07 ... 248 B 5
Saint-Ciergues 52 ... 139 G 2
Saint-Ciers-Champagne 17 ... 220 B 4
Saint-Ciers-d'Abzac 33 ... 238 B 3
Saint-Ciers-de-Canesse 33 ... 237 G 3
Saint-Ciers-du-Taillon 17 ... 219 F 4
Saint-Ciers-sur-Bonnieure 16 ... 203 G 4
Saint-Ciers-sur-Gironde 33 ... 219 G 5
Saint-Cirgue 81 ... 299 H 1
Saint-Cirgues 43 ... 246 B 2
Saint-Cirgues 46 ... 261 G 2
Saint-Cirgues-de-Jordanne 15 ... 244 D 4
Saint-Cirgues-de-Malbert 15 ... 244 B 3
Saint-Cirgues-de-Prades 07 ... 266 A 3
Saint-Cirgues-en-Montagne 07 ... 265 H 2
Saint-Cirgues-la-Loutre 19 ... 243 G 3
Saint-Cirgues-sur-Couze 63 ... 227 H 3
Saint-Cirice 82 ... 276 D 4
Saint-Cirq 24 ... 241 E 5
Saint-Cirq 82 ... 278 C 4
Saint-Cirq-Lapopie 46 ... 260 C 5
Saint-Cirq-Madelon 46 ... 259 H 1
Saint-Cirq-Souillaguet 46 ... 260 B 2
Saint-Civran 36 ... 188 B 2
Saint-Clair 07 ... 248 D 1
Saint-Clair 46 ... 259 H 2
Saint-Clair 82 ... 277 E 3
Saint-Clair 83 ... 329 E 4
Saint-Clair 86 ... 168 C 3
Saint-Clair-d'Arcey 27 ... 55 F 1
Saint-Clair-de-Halouze 61 ... 53 E 5
Saint-Clair-de-la-Tour 38 ... 232 B 2
Saint-Clair-du-Rhône 38 ... 231 E 4
Saint-Clair-sur-Epte 95 ... 37 F 4
Saint-Clair-sur-Galaure 38 ... 249 H 1
Saint-Clair-sur-l'Elle 50 ... 32 B 4
Saint-Clair-sur-les-Monts 76 ... 19 H 5
Saint-Clar 32 ... 296 C 1
Saint-Clar-de-Rivière 31 ... 317 G 2
Saint-Claud 16 ... 203 H 4
Saint-Claude 39 ... 197 E 3
Saint-Claude-de-Diray 41 ... 132 B 5
Saint-Clément 02 ... 25 G 3
Saint-Clément 03 ... 210 D 2
Saint-Clément 07 ... 248 A 4
Saint-Clément 15 ... 244 D 4
Saint-Clément 19 ... 224 D 5
Saint-Clément 30 ... 303 E 2
Saint-Clément 50 ... 52 C 5
Saint-Clément 54 ... 95 G 2
Saint-Clément 89 ... 113 G 2
Saint-Clément-à-Arnes 08 ... 42 B 3
Saint-Clément-de-la-Place 49 ... 149 F 1
Saint-Clément-de-Régnat 63 ... 210 A 3
Saint-Clément-de-Rivière 34 ... 302 D 4
Saint-Clément-de-Valorgue 63 ... 229 F 3
Saint-Clément-de-Vers 69 ... 194 B 5
Saint-Clément-des-Baleines 17 ... 182 C 5
Saint-Clément-des-Levées 49 ... 150 B 3
Saint-Clément-les-Places 69 ... 212 B 5
Saint-Clément-sur-Durance 05 ... 270 C 2
Saint-Clément-sur-Guye 71 ... 194 C 1
Saint-Clément-sur-Valsonne 69 ... 212 B 4
Saint-Clémentin 79 ... 167 G 2
Saint-Clet 22 ... 73 E 4
Saint-Cloud 92 ... 58 B 3
Saint-Cloud-en-Dunois 28 ... 110 A 4
Saint-Colomb-de-Lauzun 47 ... 257 H 3
Saint-Colomban 44 ... 165 G 1
Saint-Colomban-des-Villards 73 ... 233 H 5
Saint-Côme 33 ... 256 C 5
Saint-Côme *Chapelle de* 29 ... 75 G 5
Saint-Côme-de-Fresné 14 ... 33 E 2
Saint-Côme-d'Olt 12 ... 263 F 4
Saint-Côme-du-Mont 50 ... 31 H 2
Saint-Côme-et-Maruéjols 30 ... 303 G 2
Saint-Congard 56 ... 125 F 2
Saint-Connan 22 ... 77 H 3
Saint-Connec 22 ... 102 A 1
Saint-Constant-Fournoulès 15 ... 261 H 3
Saint-Contest 14 ... 33 G 4
Saint-Corneille 72 ... 108 A 4
Saint-Cornier-des-Landes 61 ... 52 D 4
Saint-Cosme 68 ... 142 D 2
Saint-Cosme-en-Vairais 72 ... 84 B 5
Saint-Couat-d'Aude 11 ... 320 B 5
Saint-Couat-du-Razès 11 ... 337 F 2
Saint-Coulitz 29 ... 75 H 5
Saint-Coulomb 35 ... 50 C 4
Saint-Coutant 16 ... 203 H 3
Saint-Coutant 79 ... 185 H 5
Saint-Coutant-le-Grand 17 ... 201 F 3
Saint-Créac 32 ... 296 C 1
Saint-Créac 65 ... 333 E 1
Saint-Crépin 05 ... 270 D 1
Saint-Crépin 17 ... 201 F 2
Saint-Crépin-aux-Bois 60 ... 39 G 2
Saint-Crépin-d'Auberoche 24 ... 240 D 3
Saint-Crépin-de-Richemont 24 ... 222 B 4
Saint-Crépin-et-Carlucet 24 ... 241 G 4
Saint-Crépin-Ibouvillers 60 ... 38 A 4
Saint-Crespin 14 ... 34 B 5
Saint-Crespin 76 ... 20 B 3
Saint-Crespin-sur-Moine 49 ... 148 B 5
Saint-Cricq 32 ... 297 E 3
Saint-Cricq-Chalosse 40 ... 293 G 4
Saint-Cricq-du-Gave 40 ... 293 E 5
Saint-Cricq-Villeneuve 40 ... 294 B 1
Saint-Cybardeaux 16 ... 202 D 5
Saint-Cybranet 24 ... 259 G 1
Saint-Cyprien 19 ... 241 H 1
Saint-Cyprien 24 ... 241 F 5
Saint-Cyprien 42 ... 230 A 3
Saint-Cyprien 46 ... 277 G 2
Saint-Cyprien 66 ... 343 F 3
Saint-Cyprien-Plage 66 ... 343 F 2
Saint-Cyprien-sur-Dourdou 12 ... 262 B 4
Saint-Cyr 07 ... 249 E 1
Saint-Cyr 39 ... 179 G 2
Saint-Cyr 50 ... 29 F 4
Saint-Cyr 71 ... 177 H 5
Saint-Cyr 86 ... 169 F 5
Saint-Cyr 87 ... 205 E 5
Saint-Cyr *Mont* 46 ... 260 B 5
Saint-Cyr-au-Mont-d'Or 69 ... 213 E 5
Saint-Cyr-de-Favières 42 ... 211 G 3
Saint-Cyr-de-Salerne 27 ... 35 G 4
Saint-Cyr-de-Valorges 42 ... 212 A 4
Saint-Cyr-des-Gâts 85 ... 183 H 1
Saint-Cyr-du-Bailleul 50 ... 82 A 2
Saint-Cyr-du-Doret 17 ... 183 H 5
Saint-Cyr-du-Gault 41 ... 131 G 5
Saint-Cyr-du-Ronceray 14 ... 54 D 1
Saint-Cyr-en-Arthies 95 ... 57 F 1
Saint-Cyr-en-Bourg 49 ... 150 C 4
Saint-Cyr-en-Pail 53 ... 83 E 4
Saint-Cyr-en-Retz 44 ... 165 E 1
Saint-Cyr-en-Talmondais 85 ... 183 E 2
Saint-Cyr-en-Val 45 ... 133 F 3
Saint-Cyr-la-Campagne 27 ... 36 A 4
Saint-Cyr-la-Lande 79 ... 168 B 1
Saint-Cyr-la-Rivière 91 ... 87 F 5
Saint-Cyr-la-Roche 19 ... 241 H 1
Saint-Cyr-la-Rosière 61 ... 84 C 5
Saint-Cyr-le-Chatoux 69 ... 212 C 2
Saint-Cyr-le-Gravelais 53 ... 105 G 4
Saint-Cyr-l'École 78 ... 58 A 4
Saint-Cyr-les-Champagnes 24 ... 223 H 5
Saint-Cyr-les-Colons 89 ... 136 C 3
Saint-Cyr-les-Vignes 42 ... 230 A 1
Saint-Cyr-sous-Dourdan 91 ... 87 F 2
Saint-Cyr-sur-le-Rhône 69 ... 231 E 3
Saint-Cyr-sur-Loire 37 ... 151 H 2
Saint-Cyr-sur-Menthon 01 ... 195 F 5
Saint-Cyr-sur-Mer 83 ... 327 G 4
Saint-Cyr-sur-Morin 77 ... 60 A 3
Saint-Cyran-du-Jambot 36 ... 170 D 2
Saint-Dalmas-de-Tende 06 ... 291 H 2
Saint-Dalmas-le-Selvage 06 ... 289 F 1
Saint-Dalmas-Valdeblore 06 ... 291 E 2
Saint-Daunès 46 ... 277 G 1
Saint-Denis 11 ... 319 G 3
Saint-Denis 30 ... 284 A 2
Saint-Denis 79 ... 185 E 2
Saint-Denis 93 ... 58 C 2
Saint-Denis-Catus 46 ... 259 H 4
Saint-Denis-Combarnazat 63 ... 210 A 3
Saint-Denis-d'Aclon 76 ... 20 A 2
Saint-Denis-d'Anjou 53 ... 128 D 3
Saint-Denis-d'Augerons 27 ... 55 E 2
Saint-Denis-d'Authou 28 ... 85 F 5
Saint-Denis-de-Cabanne 42 ... 211 H 1
Saint-Denis-de-Gastines 53 ... 81 H 4
Saint-Denis-de-Jouhet 36 ... 189 F 2
Saint-Denis-de-l'Hôtel 45 ... 133 G 2
Saint-Denis-de-Mailloc 14 ... 34 D 5
Saint-Denis-de-Méré 14 ... 53 F 3
Saint-Denis-de-Palin 18 ... 173 F 3
Saint-Denis-de-Pile 33 ... 238 C 4
Saint-Denis-de-Vaux 71 ... 177 G 4
Saint-Denis-de-Villenette 61 ... 82 B 3
Saint-Denis-des-Coudrais 72 ... 108 B 3
Saint-Denis-des-Monts 27 ... 35 H 4
Saint-Denis-des-Murs 87 ... 206 C 5
Saint-Denis-des-Puits 28 ... 85 G 4
Saint-Denis-d'Oléron 17 ... 200 A 2
Saint-Denis-d'Orques 72 ... 106 D 4
Saint-Denis-du-Béhélan 27 ... 56 A 3
Saint-Denis-du-Maine 53 ... 106 B 5
Saint-Denis-du-Payré 85 ... 183 E 3
Saint-Denis-du-Pin 17 ... 201 H 3
Saint-Denis du Tertre *Chapelle* 72 ... 108 A 4
Saint-Denis-en-Bugey 01 ... 214 A 3
Saint-Denis-en-Margeride 48 ... 264 C 2
Saint-Denis-en-Val 45 ... 133 F 2

Saint-Denis-la-Chevasse 85 ... 166 A3
Saint-Denis-le-Ferment 27 ... 37 F3
Saint-Denis-le-Gast 50 ... 51 H2
Saint-Denis-le-Thiboult 76 ... 36 D1
Saint-Denis-le-Vêtu 50 ... 51 G1
Saint-Denis-lès-Bourg 01 ... 195 H5
Saint-Denis-lès-Martel 46 ... 242 C5
Saint-Denis-les-Ponts 28 ... 109 H4
Saint-Denis-lès-Rebais 77 ... 60 A3
Saint-Denis-lès-Sens 89 ... 113 G2
Saint-Denis-Maisoncelles 14 ... 52 C1
Saint-Denis-sur-Coise 42 ... 230 B2
Saint-Denis-sur-Huisne 61 ... 84 B3
Saint-Denis-sur-Loire 41 ... 132 B5
Saint-Denis-sur-Ouanne 89 ... 135 G3
Saint-Denis-sur-Sarthon 61 ... 83 F3
Saint-Denis-sur-Scie 76 ... 20 B4
Saint-Deniscourt 60 ... 21 G5
Saint-Denœux 62 ... 6 D4
Saint-Denoual 22 ... 79 E3
Saint-Derrien 29 ... 71 F5
Saint-Désert 71 ... 177 G4
Saint-Désir 14 ... 34 C5
Saint-Désirat 07 ... 249 E1
Saint-Désiré 03 ... 190 B2
Saint-Dézery 19 ... 226 B3
Saint-Dézéry 30 ... 284 A5
Saint-Didier 21 ... 158 C3
Saint-Didier 35 ... 104 D3
Saint-Didier 39 ... 179 E5
Saint-Didier 58 ... 157 F3
Saint-Didier 84 ... 285 H5
Saint-Didier-au-Mont-d'Or 69 ... 213 E5
Saint-Didier-d'Allier 43 ... 246 D4
Saint-Didier-d'Aussiat 01 ... 195 G4
Saint-Didier-de-Bizonnes 38 ... 232 A3
Saint-Didier-de-Formans 01 ... 213 E3
Saint-Didier-de-la-Tour 38 ... 232 B2
Saint-Didier-des-Bois 27 ... 36 A4
Saint-Didier-en-Bresse 71 ... 178 B3
Saint-Didier-en-Brionnais 71 ... 193 H4
Saint-Didier-en-Donjon 03 ... 193 E3
Saint-Didier-en-Velay 43 ... 248 A1
Saint-Didier-la-Forêt 03 ... 192 B5
Saint-Didier-sous-Aubenas 07 ... 266 B3
Saint-Didier-sous-Écouves 61 ... 83 F2
Saint-Didier-sous-Riverie 69 ... 230 C2
Saint-Didier-sur-Arroux 71 ... 176 B4
Saint-Didier-sur-Beaujeu 69 ... 212 C1
Saint-Didier-sur-Chalaronne 01 ... 213 E1
Saint-Didier-sur-Doulon 43 ... 246 C1
Saint-Didier-sur-Rochefort 42 ... 211 E5
Saint-Dié-des-Vosges 88 ... 96 B5
Saint-Dier-d'Auvergne 63 ... 228 C1
Saint-Diéry 63 ... 227 G3
Saint-Dionisy 30 ... 303 G2
Saint-Disdier 05 ... 269 F1
Saint-Divy 29 ... 75 F2
Saint-Dizant-du-Bois 17 ... 219 G4
Saint-Dizant-du-Gua 17 ... 219 F4
Saint-Dizier 52 ... 63 F5
Saint-Dizier-en-Diois 26 ... 268 C4
Saint-Dizier-la-Tour 23 ... 207 G1
Saint-Dizier-les-Domaines 23 ... 189 G4
Saint-Dizier-l'Évêque 90 ... 142 D5
Saint-Dizier-Leyrenne 23 ... 206 D3
Saint-Dolay 56 ... 125 G5
Saint-Domet 23 ... 207 H2
Saint-Domineuc 35 ... 80 A4
Saint-Donan 22 ... 78 A3
Saint-Donat 63 ... 227 E4
Saint-Donat *Église de* 04 ... 287 G4
Saint-Donat-sur-l'Herbasse 26 ... 249 G2
Saint-Dos 64 ... 292 D5
Saint-Doulchard 18 ... 173 E1
Saint-Drézéry 34 ... 303 E3
Saint-Dyé-sur-Loire 41 ... 132 B4
Saint-Eble 43 ... 246 C3
Saint-Ébremond-de-Bonfossé 50 ... 32 A5
Saint-Edmond 71 ... 193 H5
Saint-Égrève 38 ... 250 D1
Saint-Élier 27 ... 56 A2
Saint-Éliph 28 ... 85 F4
Saint-Élix-d'Astarac 32 ... 316 C2
Saint-Élix-le-Château 31 ... 317 F4
Saint-Élix-Séglan 31 ... 316 D5
Saint-Élix-Theux 32 ... 316 A2
Saint-Ellier 49 ... 149 H3
Saint-Ellier-du-Maine 53 ... 81 G4
Saint-Ellier-les-Bois 61 ... 83 F3
Saint-Éloi 01 ... 213 H3
Saint-Éloi 22 ... 72 D4
Saint-Éloi 23 ... 207 E2
Saint-Éloi 58 ... 174 C2
Saint-Éloi-de-Fourques 27 ... 35 H4
Saint-Eloy 29 ... 75 H3
Saint-Éloy-d'Allier 03 ... 190 B3
Saint-Éloy-de-Gy 18 ... 155 E5
Saint-Éloy-la-Glacière 63 ... 228 C3
Saint-Éloy-les-Mines 63 ... 209 F1
Saint-Éloy-les-Tuileries 19 ... 223 H4
Saint-Éman 28 ... 85 G5
Saint-Émiland 71 ... 177 E3
Saint-Émilien-de-Blain 44 ... 147 F1
Saint-Émilion 33 ... 238 C5
Saint-Ennemond 03 ... 175 E5
Saint-Épain 37 ... 151 G5
Saint-Epvre 57 ... 66 C2
Saint-Erblon 35 ... 104 B4
Saint-Erblon 53 ... 127 G2
Saint-Erme-Outre-et-Ramecourt 02 ... 41 F1
Saint-Escobille 91 ... 87 E4
Saint-Esteben 64 ... 311 F4
Saint-Estèphe 16 ... 221 E2
Saint-Estèphe 24 ... 222 C2
Saint-Estèphe 33 ... 237 E1
Saint-Estève 66 ... 343 E2
Saint-Estève 84 ... 286 A3
Saint-Estève-Janson 13 ... 305 H3
Saint-Étienne 42 ... 230 B4
Saint-Étienne-à-Arnes 08 ... 42 B3
Saint-Étienne-au-Mont 62 ... 6 B2
Saint-Étienne-au-Temple 51 ... 62 B1
Saint-Étienne-aux-Clos 19 ... 226 C3
Saint-Étienne-Cantalès 15 ... 243 H5
Saint-Étienne-Cantalès *Barrage de* 15 ... 243 H5
Saint-Étienne-d'Albagnan 34 ... 300 D5
Saint-Étienne-de-Baïgorry 64 ... 330 B1
Saint-Étienne-de-Boulogne 07 ... 266 C2
Saint-Étienne-de-Brillouet 85 ... 183 G2
Saint-Étienne-de-Carlat 15 ... 244 D5
Saint-Étienne-de-Chigny 37 ... 151 G3
Saint-Étienne-de-Chomeil 15 ... 226 D5
Saint-Étienne-de-Crossey 38 ... 232 D4
Saint-Étienne-de-Cuines 73 ... 234 A4
Saint-Étienne-de-Fontbellon 07 ... 266 B3
Saint-Étienne-de-Fougères 47 ... 258 B5
Saint-Étienne-de-Fursac 23 ... 206 B1
Saint-Étienne-de-Gourgas 34 ... 301 H3
Saint-Étienne-de-Lisse 33 ... 238 C5
Saint-Étienne-de-l'Olm 30 ... 284 A4
Saint-Étienne-de-Lugdarès 07 ... 265 G3
Saint-Étienne-de-Maurs 15 ... 261 H2
Saint-Étienne-de-Mer-Morte 44 ... 165 F2
Saint-Étienne-de-Montluc 44 ... 147 F3
Saint-Étienne-de-Puycorbier 24 ... 239 G3
Saint-Étienne-de-Saint-Geoirs 38 ... 232 A5
Saint-Étienne-de-Serre 07 ... 266 C1
Saint-Étienne-de-Tinée 06 ... 289 F1
Saint-Étienne-de-Tulmont 82 ... 278 B5
Saint-Étienne-de-Valoux 07 ... 249 E1
Saint-Étienne-de-Vicq 03 ... 210 C1
Saint-Étienne-de-Villeréal 47 ... 258 C3
Saint-Étienne-des-Champs 63 ... 208 D5
Saint-Étienne-des-Guérets 41 ... 131 G5
Saint-Étienne-des-Oullières 69 ... 212 D2
Saint-Étienne-des-Sorts 30 ... 285 E3
Saint-Étienne-d'Orthe 40 ... 292 C4
Saint-Étienne-du-Bois 01 ... 196 A4
Saint-Étienne-du-Bois 85 ... 165 G3
Saint-Étienne-du-Grès 13 ... 304 C2
Saint-Étienne-du-Gué-de-l'Isle 22 ... 102 C2
Saint-Étienne-du-Rouvray 76 ... 36 B2
Saint-Étienne-du-Valdonnez 48 ... 264 C5
Saint-Étienne-du-Vauvray 27 ... 36 C4
Saint-Étienne-du-Vigan 43 ... 265 F1
Saint-Étienne-en-Bresse 71 ... 178 A5
Saint-Étienne-en-Coglès 35 ... 81 E4
Saint-Étienne-en-Dévoluy 05 ... 269 F2
Saint-Étienne-Estréchoux 34 ... 301 F4
Saint-Étienne-la-Cigogne 79 ... 201 H1
Saint-Étienne-la-Geneste 19 ... 226 B4
Saint-Étienne-la-Thillaye 14 ... 34 C3
Saint-Étienne-la-Varenne 69 ... 212 C2
Saint-Étienne-l'Allier 27 ... 35 F3
Saint-Étienne-Lardeyrol 43 ... 247 G3
Saint-Étienne-le-Laus 05 ... 269 H4
Saint-Étienne-le-Molard 42 ... 229 G1
Saint-Étienne-les-Orgues 04 ... 287 E4
Saint-Étienne-lès-Remiremont 88 ... 119 H4
Saint-Étienne-Roilaye 60 ... 39 H3
Saint-Étienne-sous-Bailleul 27 ... 36 D5
Saint-Étienne-sous-Barbuise 10 ... 91 E3
Saint-Étienne-sur-Blesle 43 ... 245 H1
Saint-Étienne-sur-Chalaronne 01 ... 213 E1
Saint-Étienne-sur-Reyssouze 01 ... 195 F3
Saint-Étienne-sur-Suippe 51 ... 41 H2
Saint-Étienne-sur-Usson 63 ... 228 B3
Saint-Étienne-Vallée-Française 48 ... 283 F3
Saint-Eugène 02 ... 60 C1
Saint-Eugène 17 ... 220 B3
Saint-Eugène 71 ... 176 C5
Saint-Eulien 51 ... 63 E5
Saint-Euphraise-et-Clairizet 51 ... 41 F4
Saint-Euphrône 21 ... 158 D1
Saint-Eusèbe 71 ... 177 E5
Saint-Eusèbe 74 ... 215 F3
Saint-Eusèbe-en-Champsaur 05 ... 269 G1
Saint-Eustache 74 ... 215 G4
Saint Eustache *Col de* 2A ... 349 E5
Saint-Eustache-la-Forêt 76 ... 19 E5
Saint-Eutrope 16 ... 221 E4
Saint-Eutrope-de-Born 47 ... 258 C4
Saint-Évarzec 29 ... 99 H3
Saint-Evroult-de-Montfort 61 ... 54 D4
Saint-Evroult-Notre-Dame-du-Bois 61 ... 55 E4
Saint-Exupéry 33 ... 256 C3
Saint-Exupéry-les-Roches 19 ... 226 B3
Saint-Fargeau 89 ... 135 F5
Saint-Fargeau-Ponthierry 77 ... 88 A3
Saint-Fargeol 03 ... 208 D1
Saint-Faust 64 ... 314 A4
Saint-Félicien 07 ... 248 D3
Saint-Féliu-d'Amont 66 ... 342 D2
Saint-Féliu-d'Avall 66 ... 342 D2
Saint-Félix 03 ... 192 C5
Saint-Félix 16 ... 220 D5
Saint-Félix 17 ... 201 G2
Saint-Félix 46 ... 261 G3
Saint-Félix 60 ... 38 B3
Saint-Félix 74 ... 215 F4
Saint-Félix-de-Bourdeilles 24 ... 222 B4
Saint-Félix-de-Foncaude 33 ... 256 C3
Saint-Félix-de-l'Héras 34 ... 301 G2
Saint-Félix-de-Lodez 34 ... 302 A4
Saint-Félix-de-Lunel 12 ... 262 C4
Saint-Félix-de-Montceau *Ancienne Abbaye de* 34 ... 323 E3
Saint-Félix-de-Pallières 30 ... 283 G5
Saint-Félix-de-Reillac-et-Mortemart 24 ... 241 E4
Saint-Félix-de-Rieutord 09 ... 336 B2
Saint-Félix-de-Sorgues 12 ... 301 E1
Saint-Félix-de-Tournegat 09 ... 336 C1
Saint-Félix-de-Villadeix 24 ... 240 C5
Saint-Félix-Lauragais 31 ... 318 D2
Saint-Fergeux 08 ... 25 H5
Saint-Ferjeux 70 ... 141 H5
Saint-Ferme 33 ... 257 E2
Saint-Ferréol 31 ... 316 C3
Saint-Ferréol 31 ... 319 E2
Saint-Ferréol 74 ... 216 A5
Saint-Ferréol-d'Auroure 43 ... 230 A5
Saint-Ferréol-des-Côtes 63 ... 228 D3
Saint-Ferréol-Trente-Pas 26 ... 268 A5
Saint-Ferriol 11 ... 337 G4
Saint-Fiacre 22 ... 77 H2
Saint-Fiacre 56 ... 100 D3
Saint-Fiacre 77 ... 59 G2
Saint-Fiacre-sur-Maine 44 ... 147 H5
Saint-Fiel 23 ... 207 E1
Saint-Firmin 05 ... 269 G1
Saint-Firmin 54 ... 94 D3
Saint-Firmin 58 ... 175 E1
Saint-Firmin 71 ... 177 E3
Saint-Firmin-des-Bois 45 ... 112 D5
Saint-Firmin-des-Prés 41 ... 131 H2
Saint-Firmin-sur-Loire 45 ... 134 D5
Saint-Flavy 10 ... 90 B4
Saint-Florent 45 ... 134 B4
Saint-Florent 79 ... 184 D4
Saint-Florent 2B ... 345 F4
Saint-Florent-des-Bois 85 ... 183 E1
Saint-Florent-le-Vieil 49 ... 148 C2
Saint-Florent-sur-Auzonnet 30 ... 283 H2
Saint-Florent-sur-Cher 18 ... 172 D2
Saint-Florentin 36 ... 171 H1
Saint-Florentin 89 ... 114 B5
Saint-Floret 63 ... 227 H3
Saint-Floris 62 ... 7 H2
Saint-Flour 15 ... 245 H4
Saint-Flour 63 ... 228 C1
Saint-Flour-de-Mercoire 48 ... 265 F2
Saint-Flovier 37 ... 170 C2
Saint-Floxel 50 ... 29 G4
Saint-Folquin 62 ... 3 E3
Saint-Fons 69 ... 231 E1
Saint-Forgeot 71 ... 176 D2
Saint-Forget 78 ... 57 H5
Saint-Forgeux 69 ... 212 B4
Saint-Forgeux-Lespinasse 42 ... 211 F1
Saint-Fort 53 ... 128 B3
Saint-Fort-sur-Gironde 17 ... 219 F3
Saint-Fort-sur-le-Né 16 ... 220 B2
Saint-Fortunat-sur-Eyrieux 07 ... 266 D1
Saint-Fraigne 16 ... 203 E3
Saint-Fraimbault 61 ... 82 A3
Saint-Fraimbault-de-Prières 53 ... 82 B4
Saint-Frajou 31 ... 316 D3
Saint-Franc 73 ... 232 D3
Saint-Franchy 58 ... 157 E5
Saint-François-de-Sales 73 ... 233 G1
Saint-François-Lacroix 57 ... 46 C3
Saint-François-Longchamp 73 ... 234 A4
Saint-Frégant 29 ... 70 D4
Saint-Fréjoux 19 ... 226 B3
Saint-Frézal-d'Albuges 48 ... 265 E4
Saint-Frézal-de-Ventalon 48 ... 283 F2
Saint-Frichoux 11 ... 320 A4
Saint-Frion 23 ... 207 H4
Saint-Fromond 50 ... 32 B4
Saint-Front 16 ... 203 G4
Saint-Front 43 ... 247 H4
Saint-Front-d'Alemps 24 ... 222 D5
Saint-Front-de-Pradoux 24 ... 239 G3
Saint-Front-la-Rivière 24 ... 222 C4
Saint-Front-sur-Lémance 47 ... 259 E4
Saint-Front-sur-Nizonne 24 ... 222 B4
Saint-Froult 17 ... 200 C3
Saint-Fulgent 85 ... 166 B3
Saint-Fulgent-des-Ormes 61 ... 84 B5
Saint-Fuscien 80 ... 22 C2
Saint-Gabriel *Chapelle* 13 ... 304 C2
Saint-Gabriel-Brécy 14 ... 33 F3
Saint-Gal 48 ... 264 B3
Saint-Gal-sur-Sioule 63 ... 209 G2
Saint-Galmier 42 ... 230 A2
Saint-Gand 70 ... 140 C5
Saint-Ganton 35 ... 126 A3
Saint-Gatien-des-Bois 14 ... 34 C2
Saint-Gaudens 31 ... 334 C1
Saint-Gaudent 86 ... 203 G1
Saint-Gaudéric 11 ... 337 E1
Saint-Gault 53 ... 105 H5
Saint-Gaultier 36 ... 188 C1
Saint-Gauzens 81 ... 298 D3
Saint-Gayrand 47 ... 275 G1
Saint-Gein 40 ... 294 B2
Saint-Gelais 79 ... 185 E3
Saint-Gelven 22 ... 77 G5
Saint-Gély-du-Fesc 34 ... 302 D3
Saint-Génard 79 ... 202 D1
Saint-Gence 87 ... 205 F4
Saint-Généroux 79 ... 168 B3
Saint-Genès-Champanelle 63 ... 227 G1
Saint-Genès-Champespe 63 ... 227 E4
Saint-Genès-de-Blaye 33 ... 237 F2
Saint-Genès-de-Castillon 33 ... 238 D5
Saint-Genès-de-Fronsac 33 ... 238 B3
Saint-Genès-de-Lombaud 33 ... 255 H1
Saint-Genès-du-Retz 63 ... 210 A2
Saint-Genès-la-Tourette 63 ... 228 C3
Saint-Genest 03 ... 190 D5
Saint-Genest 88 ... 95 G4
Saint-Genest-d'Ambière 86 ... 169 F4
Saint-Genest-de-Beauzon 07 ... 265 H5
Saint-Genest-de-Contest 81 ... 299 F3
Saint-Genest-Lachamp 07 ... 266 B1
Saint-Genest-Lerpt 42 ... 230 A4
Saint-Genest-Malifaux 42 ... 230 B5
Saint-Genest-sur-Roselle 87 ... 224 B1
Saint-Geneys-près-Saint-Paulien 43 ... 247 E2
Saint-Gengoulph 02 ... 40 A5
Saint-Gengoux-de-Scissé 71 ... 194 D2
Saint-Gengoux-le-National 71 ... 194 D1
Saint-Geniès 24 ... 241 G4
Saint-Geniès-Bellevue 31 ... 298 A4
Saint-Geniès-de-Comolas 30 ... 285 E4
Saint-Geniès-de-Fontedit 34 ... 321 G2
Saint-Geniès-de-Malgoirès 30 ... 303 G1
Saint-Geniès-de-Varensal 34 ... 301 E4
Saint-Geniès-des-Mourgues 34 ... 303 E3
Saint-Geniez 04 ... 287 G2
Saint Geniez-d'Olt-et-d'Aubrac 12 ... 263 G5
Saint-Geniez-ô-Merle 19 ... 243 G3
Saint-Genis 05 ... 269 E5
Saint-Genis 38 ... 251 E5
Saint-Genis-de-Blanzac 16 ... 221 E4
Saint-Genis-de-Saintonge 17 ... 219 G3
Saint-Génis-des-Fontaines 66 ... 343 F3
Saint-Genis-d'Hiersac 16 ... 203 E5
Saint-Genis-du-Bois 33 ... 256 C2
Saint-Genis-l'Argentière 69 ... 230 C1
Saint-Genis-Laval 69 ... 231 E1
Saint-Genis-les-Ollières 69 ... 212 D5
Saint-Genis-Pouilly 01 ... 197 F5
Saint-Genis-sur-Menthon 01 ... 195 F4
Saint-Genix-sur-Guiers 73 ... 232 C2
Saint-Genou 36 ... 171 E3
Saint-Genouph 37 ... 151 H2
Saint-Geoire-en-Valdaine 38 ... 232 D3
Saint-Geoirs 38 ... 232 A5
Saint-Georges 15 ... 245 H4
Saint-Georges 16 ... 203 G3
Saint-Georges 32 ... 296 D3
Saint-Georges 33 ... 238 C5
Saint-Georges 47 ... 259 E5
Saint-Georges 57 ... 67 G5
Saint-Georges 62 ... 7 E5
Saint-Georges 82 ... 278 C3
Saint-Georges *Gorges de* 11 ... 337 G5
Saint-Georges-Armont 25 ... 163 E2
Saint-Georges-Blancaneix 24 ... 239 G5
Saint-Georges-Buttavent 53 ... 82 A5
Saint-Georges-d'Annebecq 61 ... 53 H5
Saint-Georges-d'Aunay 14 ... 53 E1
Saint-Georges-d'Aurac 43 ... 246 C2
Saint-Georges-d'Hurtières 73 ... 234 A3
Saint-Georges-de-Baroille 42 ... 211 H4
Saint-Georges-de-Bohon 50 ... 31 H3
Saint-Georges-de-Chesné 35 ... 81 E5
Saint-Georges-de-Commiers 38 ... 250 D3
Saint-Georges-de-Cubillac 17 ... 219 H3
Saint-Georges-de-Didonne 17 ... 218 D2
Saint-Georges-de-Gréhaigne 35 ... 80 C2
Saint-Georges-de-la-Couée 72 ... 130 D2
Saint-Georges-de-la-Rivière 50 ... 31 E2
Saint-Georges-de-Lévéjac 48 ... 282 A2
Saint-Georges-de-Livoye 50 ... 52 A4
Saint-Georges-de-Longuepierre 17 ... 202 B2
Saint-Georges-de-Luzençon 12 ... 281 G4
Saint-Georges-de-Mons 63 ... 209 F4
Saint-Georges-de-Montaigu 85 ... 166 A2
Saint-Georges-de-Montclard 24 ... 240 B5
Saint-Georges-de-Noisné 79 ... 185 F2
Saint-Georges-de-Pointindoux 85 ... 165 F5
Saint-Georges-de-Poisieux 18 ... 173 F5
Saint-Georges-de-Reintembault 35 ... 81 E2
Saint-Georges-de-Reneins 69 ... 212 D2
Saint-Georges-de-Rex 79 ... 184 C4
Saint-Georges-de-Rouelley 50 ... 82 A2
Saint-Georges-d'Elle 50 ... 32 C4
Saint-Georges-des-Agoûts 17 ... 219 F4
Saint-Georges-des-Coteaux 17 ... 201 F5
Saint-Georges-des-Gardes 49 ... 149 E5
Saint-Georges-des-Groseillers 61 ... 53 E4
Saint-Georges-des-Sept-Voies 49 ... 150 A3
Saint-Georges-d'Espéranche 38 ... 231 G2
Saint-Georges-d'Oléron 17 ... 200 A3
Saint-Georges-d'Orques 34 ... 302 C4
Saint-Georges-du-Bois 17 ... 201 F1
Saint-Georges-du-Bois 49 ... 150 A1
Saint-Georges-du-Bois 72 ... 107 G5
Saint-Georges-du-Mesnil 27 ... 35 F4
Saint-Georges-du-Rosay 72 ... 108 B2
Saint-Georges-du-Vièvre 27 ... 35 F4
Saint-Georges-en-Auge 14 ... 54 B1
Saint-Georges-en-Couzan 42 ... 229 F1
Saint-Georges-Haute-Ville 42 ... 229 H3
Saint-Georges-la-Pouge 23 ... 207 F3
Saint-Georges-Lagricol 43 ... 247 F1
Saint-Georges-le-Fléchard 53 ... 106 B4
Saint-Georges-le-Gaultier 72 ... 83 F5
Saint-Georges-lès-Baillargeaux 86 ... 169 F5
Saint-Georges-les-Bains 07 ... 249 E5
Saint-Georges-les-Landes 87 ... 188 B4

Saint-Georges-Montcocq 50 ... 32 B 5
Saint-Georges-Motel 27 ... 56 D 4
Saint-Georges-Nigremont 23 ... 207 H 5
Saint-Georges-sur-Allier 63 ... 228 A 1
Saint-Georges-sur-Arnon 36 ... 172 C 2
Saint-Georges-sur-Baulche 89 ... 136 B 3
Saint-Georges-sur-Cher 41 ... 152 D 3
Saint-Georges-sur-Erve 53 ... 106 D 2
Saint-Georges-sur-Eure 28 ... 85 H 4
Saint-Georges-sur-Fontaine 76 ... 20 B 5
Saint-Georges-sur-la-Prée 18 ... 154 B 4
Saint-Georges-sur-l'Aa 59 ... 3 F 3
Saint-Georges-sur-Layon 49 ... 149 H 4
Saint-Georges-sur-Loire 49 ... 149 E 2
Saint-Georges-sur-Moulon 18 ... 155 E 5
Saint-Georges-sur-Renon 01 ... 213 G 1
Saint-Geours-d'Auribat 40 ... 293 F 2
Saint-Geours-de-Maremne 40 ... 292 C 3
Saint-Gérand 56 ... 102 A 2
Saint-Gérand-de-Vaux 03 ... 192 B 4
Saint-Gérand-le-Puy 03 ... 192 C 5
Saint-Géraud 47 ... 257 E 3
Saint-Géraud-de-Corps 24 ... 239 F 4
Saint-Géréon 44 ... 148 B 2
Saint-Germain 07 ... 266 C 4
Saint-Germain 10 ... 114 D 2
Saint-Germain 54 ... 95 E 3
Saint-Germain 70 ... 141 H 3
Saint-Germain 86 ... 187 G 2
Saint-Germain *Ermitage de* 74 ... 215 H 4
Saint-Germain-au-Mont-d'Or 69 ... 213 E 4
Saint-Germain-Beaupré 23 ... 188 D 4
Saint-Germain-Chassenay 58 ... 175 E 4
Saint-Germain-d'Anxure 53 ... 106 A 2
Saint-Germain-d'Arcé 72 ... 130 A 5
Saint-Germain-d'Aunay 61 ... 54 D 2
Saint-Germain-de-Belvès 24 ... 259 F 1
Saint-Germain-de-Calberte 48 ... 283 E 3
Saint-Germain-de-Clairefeuille 61 ... 54 C 5
Saint-Germain-de-Confolens 16 ... 204 C 2
Saint-Germain-de-Coulamer 53 ... 83 E 5
Saint-Germain-de-Fresney 27 ... 56 C 2
Saint-Germain-de-Grave 33 ... 256 B 3
Saint-Germain-de-Joux 01 ... 196 D 5
Saint-Germain-de-la-Coudre 61 ... 84 C 5
Saint-Germain-de-la-Grange 78 ... 57 H 3
Saint-Germain-de-la-Rivière 33 ... 238 B 4
Saint-Germain-de-Livet 14 ... 34 C 5
Saint-Germain-de-Longue-Chaume 79 ... 167 H 5
Saint-Germain-de-Lusignan 17 ... 219 H 4
Saint-Germain-de-Marencennes 17 ... 201 F 2
Saint-Germain-de-Martigny 61 ... 84 B 2
Saint-Germain-de-Modéon 21 ... 158 B 2
Saint-Germain-de-Montbron 16 ... 221 H 2
Saint-Germain-de-Montgommery 14 ... 54 C 2
Saint-Germain-de-Pasquier 27 ... 36 A 4
Saint-Germain-de-Prinçay 85 ... 166 C 4
Saint-Germain-de-Salles 03 ... 210 A 1
Saint-Germain-de-Tallevende-la-Lande-Vaumont 14 ... 52 C 3
Saint-Germain-de-Tournebut 50 ... 29 G 4
Saint-Germain-de-Varreville 50 ... 29 H 5
Saint-Germain-de-Vibrac 17 ... 220 B 4
Saint-Germain-d'Ectot 14 ... 32 D 5
Saint-Germain-d'Elle 50 ... 32 C 5
Saint-Germain-des-Angles 27 ... 36 B 5
Saint-Germain-des-Bois 18 ... 173 F 3
Saint-Germain-des-Bois 58 ... 157 F 3
Saint-Germain-des-Champs 89 ... 158 A 2
Saint-Germain-des-Essourts 76 ... 36 C 1
Saint-Germain-des-Fossés 03 ... 210 B 1
Saint-Germain-des-Grois 61 ... 85 E 4
Saint-Germain-des-Prés 24 ... 223 E 5
Saint-Germain-des-Prés 45 ... 112 D 5
Saint-Germain-des-Prés 49 ... 149 E 2
Saint-Germain-des-Prés 81 ... 299 F 5
Saint-Germain-des-Vaux 50 ... 28 C 2
Saint-Germain-d'Esteuil 33 ... 219 E 5
Saint-Germain-d'Étables 76 ... 20 B 2
Saint-Germain-du-Bel-Air 46 ... 260 B 3
Saint-Germain-du-Bois 71 ... 178 C 4
Saint-Germain-du-Corbéis 61 ... 83 G 4
Saint-Germain-du-Crioult 14 ... 53 E 3
Saint-Germain-du-Pert 14 ... 32 B 2
Saint-Germain-du-Pinel 35 ... 105 F 4
Saint-Germain-du-Plain 71 ... 178 A 5
Saint-Germain-du-Puch 33 ... 238 B 5
Saint-Germain-du-Puy 18 ... 173 F 1
Saint-Germain-du-Salembre 24 ... 239 H 2
Saint-Germain-du-Seudre 17 ... 219 F 3
Saint-Germain-du-Teil 48 ... 263 H 5
Saint-Germain-du-Val 72 ... 129 G 4
Saint-Germain-en-Brionnais 71 ... 194 A 4
Saint-Germain-en-Coglès 35 ... 81 E 4
Saint-Germain-en-Laye 78 ... 58 A 3
Saint-Germain-en-Montagne 39 ... 179 H 4
Saint-Germain-et-Mons 24 ... 258 B 1
Saint-Germain-la-Blanche-Herbe 14 ... 33 G 4
Saint-Germain-la-Campagne 27 ... 55 E 1
Saint-Germain-la-Chambotte 73 ... 215 E 5
Saint-Germain-la-Gâtine 28 ... 86 A 3
Saint-Germain-la-Montagne 42 ... 212 A 1
Saint-Germain-la-Poterie 60 ... 37 H 2
Saint-Germain-la-Ville 51 ... 62 B 3
Saint-Germain-l'Aiguiller 85 ... 166 D 5
Saint-Germain-Langot 14 ... 53 G 2
Saint-Germain-Laprade 43 ... 247 G 3
Saint-Germain-Laval 42 ... 211 G 5
Saint-Germain-Laval 77 ... 89 E 4
Saint-Germain-Lavolps 19 ... 225 H 2
Saint-Germain-Laxis 77 ... 88 B 2
Saint-Germain-le-Châtelet 90 ... 142 C 2
Saint-Germain-le-Fouilloux 53 ... 105 H 3
Saint-Germain-le-Gaillard 28 ... 85 H 4
Saint-Germain-le-Gaillard 50 ... 28 D 4
Saint-Germain-le-Guillaume 53 ... 105 H 2
Saint-Germain-le-Rocheux 21 ... 138 B 3
Saint-Germain-le-Vasson 14 ... 53 G 1
Saint-Germain-le-Vieux 61 ... 84 A 2
Saint-Germain-Lembron 63 ... 228 A 4
Saint-Germain-lès-Arlay 39 ... 179 E 4
Saint-Germain-lès-Arpajon 91 ... 87 G 2
Saint-Germain-les-Belles 87 ... 224 B 2
Saint-Germain-lès-Buxy 71 ... 177 G 5
Saint-Germain-lès-Corbeil 91 ... 88 A 2
Saint-Germain-les-Paroisses 01 ... 214 C 5
Saint-Germain-lès-Senailly 21 ... 137 G 5
Saint-Germain-les-Vergnes 19 ... 242 C 1
Saint-Germain-Lespinasse 42 ... 211 F 2
Saint-Germain-l'Herm 63 ... 228 C 4
Saint-Germain-près-Herment 63 ... 226 D 1
Saint-Germain-sous-Cailly 76 ... 20 C 5
Saint-Germain-sous-Doue 77 ... 60 A 3
Saint-Germain-sur-Avre 27 ... 56 C 4
Saint-Germain-sur-Ay-Plage 50 ... 31 F 3
Saint-Germain-sur-Bresle 80 ... 21 F 2
Saint-Germain-sur-Eaulne 76 ... 21 E 3
Saint-Germain-sur-École 77 ... 88 A 3
Saint-Germain-sur-Ille 35 ... 80 B 5
Saint-Germain-Nuelles 69 ... 212 C 4
Saint-Germain-sur-Meuse 55 ... 93 H 1
Saint-Germain-sur-Moine 49 ... 148 B 5
Saint-Germain-sur-Morin 77 ... 59 G 3
Saint-Germain-sur-Renon 01 ... 213 G 2
Saint-Germain-sur-Rhône 74 ... 215 E 2
Saint-Germain-sur-Sarthe 72 ... 83 G 5
Saint-Germain-sur-Sèves 50 ... 31 H 3
Saint-Germain-sur-Vienne 37 ... 150 D 4
Saint-Germain-Village 27 ... 35 E 3
Saint-Germainmont 08 ... 41 H 1
Saint-Germé 32 ... 294 D 3
Saint-Germer-de-Fly 60 ... 37 G 2
Saint-Germier 31 ... 318 C 2
Saint-Germier 32 ... 297 E 4
Saint-Germier 79 ... 185 G 3
Saint-Germier 81 ... 299 G 4
Saint-Géron 43 ... 228 A 5
Saint-Gérons 15 ... 243 H 5
Saint-Gervais 16 ... 203 G 3
Saint-Gervais 30 ... 284 D 3
Saint-Gervais 33 ... 237 H 3
Saint-Gervais 38 ... 250 B 1
Saint-Gervais 85 ... 164 D 2
Saint-Gervais 95 ... 37 G 5
Saint-Gervais-d'Auvergne 63 ... 209 E 3
Saint-Gervais-de-Vic 72 ... 131 E 2
Saint-Gervais-des-Sablons 61 ... 54 B 2
Saint-Gervais-du-Perron 61 ... 83 H 2
Saint-Gervais-en-Belin 72 ... 130 A 2
Saint-Gervais-en-Vallière 71 ... 178 A 2
Saint-Gervais-la-Forêt 41 ... 132 A 5
Saint-Gervais-les-Bains 74 ... 216 D 3
Saint-Gervais-les-Trois-Clochers 86 ... 169 F 3
Saint-Gervais-sous-Meymont 63 ... 228 D 1
Saint-Gervais-sur-Couches 71 ... 177 F 2
Saint-Gervais-sur-Mare 34 ... 301 E 4
Saint-Gervais-sur-Roubion 26 ... 267 F 3
Saint-Gervasy 30 ... 304 A 1
Saint-Gervazy 63 ... 228 A 4
Saint-Géry 24 ... 239 G 4
Saint-Géry 46 ... 260 C 5
Saint-Géry *Château de* 81 ... 298 C 2
Saint-Geyrac 24 ... 241 E 3
Saint-Gibrien 51 ... 62 A 2
Saint-Gildas 22 ... 77 H 3
Saint-Gildas *Pointe de* 44 ... 146 B 4
Saint-Gildas-de-Rhuys 56 ... 124 B 5
Saint-Gildas-des-Bois 44 ... 125 H 5
Saint-Gilles 30 ... 304 A 4
Saint-Gilles 35 ... 104 A 2
Saint-Gilles 36 ... 188 C 3
Saint-Gilles 50 ... 32 A 5
Saint-Gilles 51 ... 40 D 3
Saint-Gilles 71 ... 177 F 3
Saint-Gilles-Croix-de-Vie 85 ... 164 D 4
Saint-Gilles-de-Crétot 76 ... 19 F 5
Saint-Gilles-de-la-Neuville 76 ... 19 E 5
Saint-Gilles-des-Marais 61 ... 82 A 2
Saint-Gilles-du-Mené 22 ... 102 C 1
Saint-Gilles-les-Bois 22 ... 73 F 4
Saint-Gilles-les-Forêts 87 ... 224 C 2
Saint-Gilles-Pligeaux 22 ... 77 H 3
Saint-Gilles-Vieux-Marché 22 ... 77 H 5
Saint-Gineis-en-Coiron 07 ... 266 C 3
Saint-Gingolph 74 ... 198 D 3
Saint-Girod 73 ... 215 F 5
Saint-Girons 09 ... 335 F 2
Saint-Girons-d'Aiguevives 33 ... 237 G 2
Saint-Girons-en-Béarn 64 ... 293 F 5
Saint-Girons-Plage 40 ... 272 A 5
Saint-Gladie-Arrive-Munein 64 ... 311 H 4
Saint-Glen 22 ... 78 D 5
Saint-Goazec 29 ... 76 B 5
Saint-Gobain 02 ... 24 B 5
Saint-Gobert 02 ... 25 E 3
Saint-Goin 64 ... 313 G 4
Saint-Gondon 45 ... 134 B 4
Saint-Gondran 35 ... 80 A 5
Saint-Gonéry *Chapelle* 22 ... 73 E 2
Saint-Gonlay 35 ... 103 G 3
Saint-Gonnery 56 ... 102 A 2
Saint-Gor 40 ... 274 B 4
Saint-Gorgon 56 ... 125 F 4
Saint-Gorgon 88 ... 95 H 4
Saint-Gorgon-Main 25 ... 180 C 1
Saint-Gouéno 22 ... 102 C 1
Saint-Gourgon 41 ... 131 G 4
Saint-Gourson 16 ... 203 G 3
Saint-Goussaud 23 ... 206 C 2
Saint-Gratien 80 ... 22 C 1
Saint-Gratien 95 ... 58 B 2
Saint-Gratien-Savigny 58 ... 175 G 3
Saint-Gravé 56 ... 125 F 3
Saint-Grégoire 35 ... 104 B 2
Saint-Grégoire 81 ... 299 G 1
Saint-Grégoire-d'Ardennes 17 ... 219 H 3
Saint-Grégoire-du-Vièvre 27 ... 35 F 4
Saint-Griède 32 ... 294 D 3
Saint-Groux 16 ... 203 F 4
Saint-Guen 22 ... 102 A 1
Saint-Guénolé 29 ... 99 F 5
Saint-Guilhem-le-Désert 34 ... 302 B 3
Saint-Guillaume 38 ... 250 C 4
Saint-Guinoux 35 ... 80 A 2
Saint-Guiraud 34 ... 302 A 4
Saint-Guyomard 56 ... 124 D 2
Saint-Haon 43 ... 265 E 1
Saint-Haon-le-Châtel 42 ... 211 F 2
Saint-Haon-le-Vieux 42 ... 211 F 2
Saint-Héand 42 ... 230 B 3
Saint-Hélen 22 ... 79 H 4
Saint-Hélier 21 ... 159 F 2
Saint-Hellier 76 ... 20 B 3
Saint-Herblain 44 ... 147 F 4
Saint-Herblon 44 ... 148 C 2
Saint-Herbot 29 ... 76 B 4
Saint-Hérent 63 ... 227 H 4
Saint-Hernin 29 ... 76 C 5
Saint-Hervé 22 ... 78 A 5
Saint-Hilaire 03 ... 191 G 2
Saint-Hilaire 11 ... 337 H 1
Saint-Hilaire 16 ... 220 C 4
Saint-Hilaire 25 ... 162 B 2
Saint-Hilaire 31 ... 317 G 3
Saint-Hilaire 38 ... 233 F 5
Saint-Hilaire 43 ... 228 B 5
Saint-Hilaire 46 ... 261 G 2
Saint-Hilaire 63 ... 208 D 2
Saint-Hilaire 91 ... 87 F 4
Saint-Hilaire-au-Temple 51 ... 62 B 1
Saint-Hilaire-Bonneval 87 ... 223 H 1
Saint-Hilaire-Cottes 62 ... 7 G 3
Saint-Hilaire-Cusson-la-Valmitte 42 ... 229 G 5
Saint-Hilaire-de-Beauvoir 34 ... 303 E 3
Saint-Hilaire-de-Brens 38 ... 232 A 1
Saint-Hilaire-de-Brethmas 30 ... 283 H 4
Saint-Hilaire-de-Briouze 61 ... 53 G 4
Saint-Hilaire-de-Chaléons 44 ... 147 E 5
Saint-Hilaire-de-Clisson 44 ... 166 A 1
Saint-Hilaire-de-Court 18 ... 154 B 5
Saint-Hilaire-de-Gondilly 18 ... 174 A 1
Saint-Hilaire-de-la-Côte 38 ... 232 A 4
Saint-Hilaire-de-la-Noaille 33 ... 256 D 3
Saint-Hilaire-de-Lavit 48 ... 283 F 2
Saint-Hilaire-de-Loulay 85 ... 166 A 1
Saint-Hilaire-de-Lusignan 47 ... 275 H 3
Saint-Hilaire-de-Riez 85 ... 164 D 4
Saint-Hilaire-de-Villefranche 17 ... 201 G 4
Saint-Hilaire-de-Voust 85 ... 184 C 1
Saint-Hilaire-des-Landes 35 ... 80 D 4
Saint-Hilaire-des-Loges 85 ... 184 C 2
Saint-Hilaire-d'Estissac 24 ... 239 H 4
Saint-Hilaire-d'Ozilhan 30 ... 284 D 5
Saint-Hilaire-du-Bois 17 ... 219 H 4
Saint-Hilaire-du-Bois 33 ... 256 D 2
Saint-Hilaire-du-Bois 49 ... 149 G 5
Saint-Hilaire-du-Bois 85 ... 166 D 5
Saint-Hilaire-du-Harcouët 50 ... 81 F 2
Saint-Hilaire-du-Maine 53 ... 105 G 2
Saint-Hilaire-du-Rosier 38 ... 250 A 2
Saint-Hilaire-en-Lignières 18 ... 172 D 5
Saint-Hilaire-en-Morvan 58 ... 176 A 1
Saint-Hilaire-en-Woëvre 55 ... 64 D 1
Saint-Hilaire-Foissac 19 ... 225 G 5
Saint-Hilaire-Fontaine 58 ... 175 G 4
Saint-Hilaire-la-Croix 63 ... 209 G 2
Saint-Hilaire-la-Forêt 85 ... 182 C 2
Saint-Hilaire-la-Gérard 61 ... 83 G 2
Saint-Hilaire-la-Gravelle 41 ... 109 G 5
Saint-Hilaire-la-Palud 79 ... 184 B 5
Saint-Hilaire-la-Plaine 23 ... 207 F 2
Saint-Hilaire-la-Treille 87 ... 188 B 5
Saint-Hilaire-le-Château 23 ... 207 E 3
Saint-Hilaire-le-Châtel 61 ... 84 B 2
Saint-Hilaire-le-Grand 51 ... 42 B 4
Saint-Hilaire-le-Lierru 72 ... 108 B 3
Saint-Hilaire-le-Petit 51 ... 42 B 3
Saint-Hilaire-le-Vouhis 85 ... 166 B 5
Saint-Hilaire-les-Andrésis 45 ... 113 E 4
Saint-Hilaire-les-Courbes 19 ... 225 E 2
Saint-Hilaire-les-Monges 63 ... 208 D 5
Saint-Hilaire-les-Places 87 ... 223 G 2
Saint-Hilaire-lez-Cambrai 59 ... 14 C 3
Saint-Hilaire-Luc 19 ... 225 H 5
Saint-Hilaire-Petitville 50 ... 32 A 3
Saint-Hilaire-Peyroux 19 ... 242 C 2
Saint-Hilaire-Saint-Florent 49 ... 150 B 4
Saint-Hilaire-Saint-Mesmin 45 ... 133 E 2
Saint-Hilaire-sous-Charlieu 42 ... 211 H 1
Saint-Hilaire-sous-Romilly 10 ... 90 B 3
Saint-Hilaire-sur-Benaize 36 ... 187 H 2
Saint-Hilaire-sur-Erre 61 ... 84 D 5
Saint-Hilaire-sur-Helpe 59 ... 15 G 4
Saint-Hilaire-sur-Puiseaux 45 ... 134 C 2
Saint-Hilaire-sur-Risle 61 ... 55 E 4
Saint-Hilaire-sur-Yerre 28 ... 109 H 4
Saint-Hilaire-Taurieux 19 ... 243 E 3
Saint-Hilarion 78 ... 86 C 2
Saint-Hilliers 77 ... 89 G 2
Saint-Hippolyte 12 ... 262 D 2
Saint-Hippolyte 15 ... 245 E 2
Saint-Hippolyte 17 ... 201 E 3
Saint-Hippolyte 25 ... 163 G 2
Saint-Hippolyte 33 ... 238 C 5
Saint-Hippolyte 37 ... 170 C 1
Saint-Hippolyte 63 ... 209 G 4
Saint-Hippolyte 66 ... 339 E 5
Saint-Hippolyte 68 ... 97 E 5
Saint-Hippolyte-de-Caton 30 ... 284 A 4
Saint-Hippolyte-de-Montaigu 30 ... 284 C 5
Saint-Hippolyte-du-Fort 30 ... 283 F 5
Saint-Hippolyte-le-Graveyron 84 ... 285 H 3
Saint-Honorat *Île* 06 ... 309 F 5
Saint-Honoré 38 ... 251 E 4
Saint-Honoré 76 ... 20 B 3
Saint-Honoré-les-Bains 58 ... 175 H 3
Saint-Hostien 43 ... 247 G 3
Saint-Hubert 57 ... 46 B 4
Saint-Hubert 78 ... 57 G 5
Saint-Huruge 71 ... 194 C 1
Saint-Hymer 14 ... 34 C 4
Saint-Hymetière 39 ... 196 C 3
Saint-Igeaux 22 ... 77 G 4
Saint-Igest 12 ... 261 G 5
Saint-Ignan 31 ... 316 B 5
Saint-Ignat 63 ... 210 A 4
Saint-Igneuc 22 ... 79 E 4
Saint-Igny-de-Roche 71 ... 212 A 1
Saint-Igny-de-Vers 69 ... 194 B 5
Saint-Illide 15 ... 244 B 3
Saint-Illiers-la-Ville 78 ... 57 E 2
Saint-Illiers-le-Bois 78 ... 57 E 2
Saint-Ilpize 43 ... 246 B 2
Saint-Imoges 51 ... 41 G 5
Saint-Inglevert 62 ... 2 C 4
Saint-Isidore 06 ... 309 G 2
Saint-Isle 53 ... 105 H 3
Saint-Ismier 38 ... 251 E 1
Saint-Izaire 12 ... 281 E 5
Saint-Jacques 04 ... 288 B 5
Saint-Jacques 06 ... 309 E 3
Saint-Jacques-d'Aliermont 76 ... 20 C 2
Saint-Jacques-d'Ambur 63 ... 209 E 4
Saint-Jacques-d'Atticieux 07 ... 230 D 5
Saint-Jacques-de-la-Lande 35 ... 104 B 3
Saint-Jacques-de-Néhou 50 ... 29 E 5
Saint-Jacques-de-Thouars 79 ... 168 A 2
Saint-Jacques-des-Arrêts 69 ... 194 C 5
Saint-Jacques-des-Blats 15 ... 245 E 3
Saint-Jacques-des-Guérets 41 ... 131 E 3
Saint-Jacques-en-Valgodemard 05 ... 269 G 1
Saint-Jacques-sur-Darnétal 76 ... 36 C 2
Saint-Jacut-de-la-Mer 22 ... 50 A 5
Saint-Jacut-du-Mené 22 ... 78 D 5
Saint-Jacut-les-Pins 56 ... 125 G 3
Saint-Jal 19 ... 224 C 5
Saint-James 50 ... 81 E 2
Saint-Jammes 64 ... 314 C 3
Saint-Jans-Cappel 59 ... 4 A 5
Saint-Jean 06 ... 309 E 4
Saint-Jean 31 ... 298 A 4
Saint-Jean *Chapelle* 27 ... 36 D 2
Saint-Jean *Chapelle* 29 ... 75 F 2
Saint-Jean *Col* 04 ... 270 B 5
Saint Jean *Église* 2B ... 347 E 4
Saint-Jean-aux-Amognes 58 ... 174 D 2
Saint-Jean-aux-Bois 08 ... 26 A 3
Saint-Jean-aux-Bois 60 ... 39 G 3
Saint-Jean-Balanant 29 ... 70 D 5
Saint-Jean-Baptiste *Chapelle de* 2A ... 349 E 5
Saint-Jean-Bonnefonds 42 ... 230 B 4
Saint-Jean-Brévelay 56 ... 102 B 5
Saint-Jean-Cap-Ferrat 06 ... 309 H 2
Saint-Jean-Chambre 07 ... 248 C 5
Saint-Jean-d'Abbetot 76 ... 35 E 1
Saint-Jean-d'Aigues-Vives 09 ... 336 D 3
Saint-Jean-d'Alcapiès 12 ... 301 E 1
Saint-Jean-d'Angély 17 ... 201 H 3
Saint-Jean-d'Angle 17 ... 200 D 4
Saint-Jean-d'Ardières 69 ... 212 D 1
Saint-Jean-d'Arves 73 ... 252 A 1
Saint-Jean-d'Arvey 73 ... 233 F 2
Saint-Jean-d'Assé 72 ... 107 G 3
Saint-Jean-d'Ataux 24 ... 239 H 2
Saint-Jean-d'Aubrigoux 43 ... 229 E 5
Saint-Jean-d'Aulps 74 ... 198 C 4
Saint-Jean-d'Avelanne 38 ... 232 D 3
Saint-Jean-de-Barrou 11 ... 338 D 3
Saint-Jean-de-Bassel 57 ... 67 G 4
Saint-Jean-de-Beauregard 91 ... 58 A 5
Saint-Jean-de-Belleville 73 ... 234 B 3
Saint-Jean-de-Beugné 85 ... 183 G 2
Saint-Jean-de-Blaignac 33 ... 256 C 1
Saint-Jean-de-Bœuf 21 ... 159 G 4
Saint-Jean-de-Boiseau 44 ... 147 F 4
Saint-Jean-de-Bonneval 10 ... 114 D 3
Saint-Jean-de-Bournay 38 ... 231 H 3
Saint-Jean-de-Braye 45 ... 133 F 2
Saint-Jean-de-Buèges 34 ... 302 B 2
Saint-Jean-de-Ceyrargues 30 ... 284 A 4
Saint-Jean-de-Chevelu 73 ... 233 E 1
Saint-Jean-de-Côle 24 ... 222 D 4
Saint-Jean-de-Corcoué 44 ... 165 G 1
Saint-Jean-de-Cornies 34 ... 303 E 3
Saint-Jean-de-Couz 73 ... 233 E 3
Saint-Jean-de-Crieulon 30 ... 283 G 5
Saint-Jean-de-Cuculles 34 ... 302 D 3
Saint-Jean-de-Daye 50 ... 32 A 3
Saint-Jean-de-Duras 47 ... 257 G 2
Saint-Jean-de-Folleville 76 ... 35 E 1
Saint-Jean-de-Fos 34 ... 302 B 3
Saint-Jean-de-Gonville 01 ... 197 F 5
Saint-Jean-de-la-Blaquière 34 ... 301 H 3
Saint-Jean-de-la-Croix 49 ... 149 G 2

Saint-Jean-de-la-Forêt *61* ... 84 C 4
Saint-Jean-de-la-Haize *50* ... 51 H 4
Saint-Jean-de-la-Léqueraye *27* ... 35 F 4
Saint-Jean-de-la-Motte *72* ... 129 H 3
Saint-Jean-de-la-Neuville *76* ... 19 E 5
Saint-Jean-de-la-Porte *73* ... 233 G 2
Saint-Jean-de-la-Rivière *50* ... 31 E 2
Saint-Jean-de-la-Ruelle *45* ... 133 E 2
Saint-Jean-de-Laur *46* ... 261 E 5
Saint-Jean-de-Lier *40* ... 293 F 2
Saint-Jean-de-Linières *49* ... 149 F 1
Saint-Jean-de-Liversay *17* ... 183 H 4
Saint-Jean-de-Livet *14* ... 34 C 5
Saint-Jean-de-Losne *21* ... 160 C 5
Saint-Jean-de-Luz *64* ... 310 B 3
Saint-Jean-de-Marcel *81* ... 279 H 5
Saint-Jean-de-Marsacq *40* ... 292 C 4
Saint-Jean-de-Maruéjols-et-Avéjan *30* ... 284 A 2
Saint-Jean-de-Maurienne *73* ... 234 A 5
Saint-Jean-de-Minervois *34* ... 320 D 3
Saint-Jean-de-Moirans *38* ... 232 C 5
Saint-Jean-de-Monts *85* ... 164 C 3
Saint-Jean-de-Muzols *07* ... 249 E 3
Saint-Jean-de-Nay *43* ... 246 D 3
Saint-Jean-de-Niost *01* ... 213 H 4
Saint-Jean-de-Paracol *11* ... 337 F 3
Saint-Jean-de-Pourcharesse *07* ... 265 H 5
Saint-Jean-de-Rebervilliers *28* ... 85 H 2
Saint-Jean-de-Rives *81* ... 298 C 3
Saint-Jean-de-Sauves *86* ... 168 D 3
Saint-Jean-de-Savigny *50* ... 32 B 4
Saint-Jean-de-Serres *30* ... 283 H 5
Saint-Jean-de-Sixt *74* ... 216 A 3
Saint-Jean-de-Soudain *38* ... 232 B 2
Saint-Jean-de-Tholome *74* ... 216 A 1
Saint-Jean-de-Thouars *79* ... 168 A 2
Saint-Jean-de-Thurac *47* ... 276 C 3
Saint-Jean-de-Thurigneux *01* ... 213 E 3
Saint-Jean-de-Touslas *69* ... 230 D 2
Saint-Jean-de-Trézy *71* ... 177 F 3
Saint-Jean-de-Valériscle *30* ... 283 H 2
Saint-Jean-de-Vals *81* ... 299 G 4
Saint-Jean-de-Vaulx *38* ... 251 E 3
Saint-Jean-de-Vaux *71* ... 177 G 4
Saint-Jean-de-Védas *34* ... 302 D 5
Saint-Jean-de-Verges *09* ... 336 B 2
Saint-Jean-Delnous *12* ... 280 C 5
Saint-Jean-des-Baisants *50* ... 32 C 5
Saint-Jean-des-Bois *61* ... 52 D 4
Saint-Jean-des-Champs *50* ... 51 G 3
Saint-Jean-des-Échelles *72* ... 108 D 3
Saint-Jean-des-Essartiers *14* ... 52 D 1
Saint-Jean-des-Mauvrets *49* ... 149 H 2
Saint-Jean-des-Ollières *63* ... 228 B 2
Saint-Jean-des-Vignes *69* ... 212 D 4
Saint-Jean-d'Estissac *24* ... 239 H 4
Saint-Jean-d'Étreux *39* ... 196 A 3
Saint-Jean-devant-Possesse *51* ... 63 E 3
Saint-Jean-d'Eyraud *24* ... 239 H 4
Saint-Jean-d'Hérans *38* ... 251 E 5
Saint-Jean-d'Heurs *63* ... 210 B 5
Saint-Jean-d'Illac *33* ... 255 E 1
Saint-Jean-d'Ormont *88* ... 96 B 4
Saint-Jean-du-Bois *72* ... 129 G 2
Saint-Jean-du-Bouzet *82* ... 276 D 5
Saint-Jean-du-Bruel *12* ... 282 B 5
Saint-Jean-du-Cardonnay *76* ... 36 A 1
Saint-Jean-du-Castillonnais *09* ... 334 D 3
Saint-Jean-du-Corail *50* ... 52 C 5
Saint-Jean-du-Corail-des-Bois *50* ... 52 A 4
Saint-Jean-du-Doigt *29* ... 72 A 3
Saint-Jean-du-Falga *09* ... 336 B 1
Saint-Jean-du-Gard *30* ... 283 F 4
Saint-Jean-du-Marché *88* ... 119 H 2
Saint-Jean-du-Pin *30* ... 283 G 4
Saint-Jean-du-Thenney *27* ... 55 E 1
Saint-Jean-en-Royans *26* ... 250 A 3
Saint-Jean-en-Val *63* ... 228 B 3
Saint-Jean-et-Saint-Paul *12* ... 301 E 1
Saint-Jean-Froidmentel *41* ... 109 H 5
Saint-Jean-Kerdaniel *22* ... 73 F 5
Saint-Jean-Kourtzerode *57* ... 67 H 4
Saint-Jean-la-Bussière *69* ... 212 A 3
Saint-Jean-la-Fouillouse *48* ... 264 D 2
Saint-Jean-la-Poterie *56* ... 125 G 4
Saint-Jean-la-Rivière *06* ... 291 E 4
Saint-Jean-la-Vêtre *42* ... 211 E 5
Saint-Jean-Lachalm *43* ... 247 E 4
Saint-Jean-Lagineste *46* ... 261 E 1
Saint-Jean-Lasseille *66* ... 343 E 3
Saint-Jean-le-Blanc *14* ... 53 E 2
Saint-Jean-le-Blanc *45* ... 133 F 2
Saint-Jean-le-Centenier *07* ... 266 C 3
Saint-Jean-le-Comtal *32* ... 296 A 5
Saint-Jean-le-Priche *71* ... 195 E 4
Saint-Jean-le-Thomas *50* ... 51 F 4
Saint-Jean-le-Vieux *01* ... 214 A 2
Saint-Jean-le-Vieux *38* ... 251 F 1
Saint-Jean-le-Vieux *64* ... 330 C 1
Saint-Jean-lès-Buzy *55* ... 44 D 5
Saint-Jean-les-Deux-Jumeaux *77* ... 59 H 2
Saint-Jean-lès-Longuyon *54* ... 44 B 2
Saint-Jean-Lespinasse *46* ... 261 E 1
Saint-Jean-Lherm *31* ... 298 B 3
Saint-Jean-Ligoure *87* ... 223 H 1
Saint-Jean-Mirabel *46* ... 261 G 3
Saint-Jean-Pied-de-Port *64* ... 330 C 1
Saint-Jean-Pierre-Fixte *28* ... 85 E 5
Saint-Jean-Pla-de-Corts *66* ... 343 E 4
Saint-Jean-Poudge *64* ... 294 C 5
Saint-Jean-Poutge *32* ... 295 H 3
Saint-Jean-Rohrbach *57* ... 67 F 1
Saint-Jean-Roure *07* ... 248 B 4
Saint-Jean-Saint-Germain *37* ... 170 C 1
Saint-Jean-Saint-Gervais *63* ... 228 B 4
Saint-Jean-Saint-Maurice-sur-Loire *42* ... 211 G 3
Saint-Jean-Saint-Nicolas *05* ... 270 A 2
Saint-Jean-Saverne *67* ... 68 B 4
Saint-Jean-Soleymieux *42* ... 229 G 3
Saint-Jean-sur-Couesnon *35* ... 80 D 5
Saint-Jean-sur-Erve *53* ... 106 C 4
Saint-Jean-sur-Mayenne *53* ... 106 A 3
Saint-Jean-sur-Moivre *51* ... 62 C 2
Saint-Jean-sur-Reyssouze *01* ... 195 G 3
Saint-Jean-sur-Tourbe *51* ... 42 D 5
Saint-Jean-sur-Veyle *01* ... 195 F 5
Saint-Jean-sur-Vilaine *35* ... 104 D 3
Saint-Jean-Trolimon *29* ... 99 F 4
Saint-Jeannet *04* ... 287 H 5
Saint-Jeannet *06* ... 309 F 2
Saint-Jeanvrin *18* ... 190 A 1
Saint-Jeoire *74* ... 216 B 1
Saint-Jeoire-Prieuré *73* ... 233 F 2
Saint-Jeure-d'Andaure *07* ... 248 B 3
Saint-Jeure-d'Ay *07* ... 248 D 2
Saint-Jeures *43* ... 247 H 3
Saint-Joachim *44* ... 146 B 2
Saint-Jodard *42* ... 211 H 4
Saint-Joire *55* ... 93 F 2
Saint-Jores *50* ... 31 G 3
Saint-Jorioz *74* ... 215 G 4
Saint-Jory *31* ... 297 H 3
Saint-Jory-de-Chalais *24* ... 222 D 3
Saint-Jory-las-Bloux *24* ... 223 E 5
Saint-Joseph *42* ... 230 D 3
Saint-Joseph *50* ... 29 F 4
Saint-Joseph-de-Rivière *38* ... 232 D 4
Saint-Joseph-des-Bancs *07* ... 266 B 2
Saint-Josse *62* ... 6 B 4
Saint-Jouan-de-l'Isle *22* ... 103 F 1
Saint-Jouan-des-Guérets *35* ... 50 C 5
Saint-Jouin *14* ... 34 B 4
Saint-Jouin-Bruneval *76* ... 18 C 4
Saint-Jouin-de-Blavou *61* ... 84 B 4
Saint-Jouin-de-Marnes *79* ... 168 B 3
Saint-Jouin-de-Milly *79* ... 167 F 4
Saint-Jouvent *87* ... 205 G 3
Saint-Juan *25* ... 162 C 3
Saint-Judoce *22* ... 79 H 5
Saint-Juéry *12* ... 300 C 1
Saint-Juéry *48* ... 263 H 1
Saint-Juéry *81* ... 299 G 1
Saint-Juire-Champgillon *85* ... 183 G 1
Saint-Julia *31* ... 318 D 2
Saint-Julia-de-Bec *11* ... 337 G 4
Saint-Julien *21* ... 160 B 2
Saint-Julien *22* ... 78 B 3
Saint-Julien *34* ... 301 E 5
Saint-Julien *39* ... 196 B 3
Saint-Julien *56* ... 123 H 5
Saint-Julien *69* ... 212 D 2
Saint-Julien *70* ... 140 B 3
Saint-Julien *88* ... 118 B 4
Saint-Julien-aux-Bois *19* ... 243 G 3
Saint-Julien-Beychevelle *33* ... 237 F 2
Saint-Julien-Boutières *07* ... 248 B 4
Saint-Julien-Chapteuil *43* ... 247 G 4
Saint-Julien-d'Ance *43* ... 247 F 1
Saint-Julien-d'Armagnac *40* ... 274 C 5
Saint-Julien-d'Arpaon *48* ... 282 D 2
Saint-Julien-d'Asse *04* ... 287 H 5
Saint-Julien-de-Bourdeilles *24* ... 222 B 5
Saint-Julien-de-Briola *11* ... 319 E 5
Saint-Julien-de-Cassagnas *30* ... 284 A 3
Saint-Julien-de-Chédon *41* ... 152 D 3
Saint-Julien-de-Civry *71* ... 193 H 4
Saint-Julien-de-Concelles *44* ... 148 A 3
Saint-Julien-de-Coppel *63* ... 228 A 1
Saint-Julien-de-Crempse *24* ... 239 H 4
Saint-Julien-de-Gras-Capou *09* ... 336 D 2
Saint-Julien-de-Jonzy *71* ... 193 H 5
Saint-Julien-de-Jordanne *15* ... 244 D 3
Saint-Julien-de-la-Liègue *27* ... 36 C 5
Saint-Julien-de-la-Nef *30* ... 283 E 5
Saint-Julien-de-Lampon *24* ... 259 H 1
Saint-Julien-de-l'Escap *17* ... 201 H 3
Saint-Julien-de-l'Herms *38* ... 231 G 4
Saint-Julien-de-Mailloc *14* ... 34 D 5
Saint-Julien-de-Peyrolas *30* ... 284 D 2
Saint-Julien-de-Raz *38* ... 232 D 5
Saint-Julien-de-Toursac *15* ... 261 H 2
Saint-Julien-de-Vouvantes *44* ... 127 F 4
Saint-Julien-des-Chazes *43* ... 246 D 3
Saint-Julien-des-Landes *85* ... 165 F 5
Saint-Julien-des-Points *48* ... 283 G 2
Saint-Julien-d'Eymet *24* ... 257 H 2
Saint-Julien-d'Oddes *42* ... 211 G 4
Saint-Julien-du-Gua *07* ... 266 B 1
Saint-Julien-du-Pinet *43* ... 247 G 2
Saint-Julien-du-Puy *81* ... 299 F 3
Saint-Julien-du-Sault *89* ... 113 G 4
Saint-Julien-du-Serre *07* ... 266 B 3
Saint-Julien-du-Terroux *53* ... 82 C 3
Saint-Julien-du-Tournel *48* ... 264 D 5
Saint-Julien-du-Verdon *04* ... 288 D 5
Saint-Julien-en-Beauchêne *05* ... 269 E 3
Saint-Julien-en-Born *40* ... 272 B 4
Saint-Julien-en-Champsaur *05* ... 269 H 2
Saint-Julien-en-Genevois *74* ... 215 G 1
Saint-Julien-en-Jarez *42* ... 230 C 4
Saint-Julien-en-Quint *26* ... 250 A 5
Saint-Julien-en-Saint-Alban *07* ... 266 D 2
Saint-Julien-en-Vercors *26* ... 250 B 3
Saint-Julien-Gaulène *81* ... 280 B 5
Saint-Julien-la-Geneste *63* ... 209 E 2
Saint-Julien-la-Genête *23* ... 208 C 1
Saint-Julien-la-Vêtre *42* ... 211 E 5
Saint-Julien-Labrousse *07* ... 248 C 5
Saint-Julien-l'Ars *86* ... 186 D 2
Saint-Julien-le-Châtel *23* ... 207 H 2
Saint-Julien-le-Faucon *14* ... 54 B 1
Saint-Julien-le-Montagnier *83* ... 307 E 3
Saint-Julien-le-Pèlerin *19* ... 243 G 4
Saint-Julien-le-Petit *87* ... 206 D 5
Saint-Julien-le-Roux *07* ... 248 D 5
Saint-Julien-le-Vendômois *19* ... 223 H 4
Saint-Julien-lès-Gorze *54* ... 65 F 2
Saint-Julien-lès-Metz *57* ... 45 H 5
Saint-Julien-lès-Montbéliard *25* ... 142 B 4
Saint-Julien-les-Rosiers *30* ... 283 H 3
Saint-Julien-lès-Russey *25* ... 163 F 4
Saint-Julien-les-Villas *10* ... 91 E 5
Saint-Julien-Maumont *19* ... 242 D 4
Saint-Julien-Molhesabate *43* ... 248 B 2
Saint-Julien-Molin-Molette *42* ... 230 D 5
Saint-Julien-Mont-Denis *73* ... 234 B 5
Saint-Julien-près-Bort *19* ... 226 B 4
Saint-Julien-Puy-Lavèze *63* ... 226 D 2
Saint-Julien-sous-les-Côtes *55* ... 64 D 4
Saint-Julien-sur-Bibost *69* ... 212 C 5
Saint-Julien-sur-Calonne *14* ... 34 C 3
Saint-Julien-sur-Cher *41* ... 153 H 4
Saint-Julien-sur-Dheune *71* ... 177 F 4
Saint-Julien-sur-Garonne *31* ... 317 F 5
Saint-Julien-sur-Reyssouze *01* ... 195 G 3
Saint-Julien-sur-Sarthe *61* ... 84 A 3
Saint-Julien-sur-Veyle *01* ... 195 F 5
Saint-Julien-Vocance *07* ... 248 C 2
Saint-Junien *87* ... 205 E 4
Saint-Junien-la-Bregère *23* ... 206 D 4
Saint-Junien-les-Combes *87* ... 205 F 2
Saint-Jure *57* ... 65 H 3
Saint-Jurs *04* ... 307 G 1
Saint-Just *01* ... 195 H 5
Saint-Just *15* ... 246 A 5
Saint-Just *18* ... 173 F 2
Saint-Just *24* ... 221 H 5
Saint-Just *27* ... 36 D 5
Saint-Just *34* ... 303 F 4
Saint-Just *35* ... 126 A 2
Saint-Just *63* ... 229 E 4
Saint-Just-Chaleyssin *38* ... 231 G 2
Saint-Just-d'Ardèche *07* ... 284 D 2
Saint-Just-d'Avray *69* ... 212 B 3
Saint-Just-de-Bélengard *11* ... 337 E 1
Saint-Just-de-Claix *38* ... 250 A 3
Saint-Just-en-Bas *42* ... 229 F 1
Saint-Just-en-Brie *77* ... 89 E 2
Saint-Just-en-Chaussée *60* ... 38 C 1
Saint-Just-en-Chevalet *42* ... 211 E 4
Saint-Just-et-le-Bézu *11* ... 337 G 4
Saint-Just-et-Vacquières *30* ... 284 A 4
Saint-Just-Ibarre *64* ... 330 D 1
Saint-Just-la-Pendue *42* ... 212 A 4
Saint-Just-le-Martel *87* ... 205 H 4
Saint-Just-Luzac *17* ... 200 D 5
Saint-Just-Malmont *43* ... 230 A 5
Saint-Just-près-Brioude *43* ... 246 B 1
Saint-Just-Saint-Rambert *42* ... 230 A 3
Saint-Just-Sauvage *51* ... 90 B 2
Saint-Just-sur-Dive *49* ... 150 B 5
Saint-Just-sur-Viaur *12* ... 280 B 4
Saint-Justin *32* ... 315 F 2
Saint-Justin *40* ... 274 B 5
Saint-Juvat *22* ... 79 G 5
Saint-Juvin *08* ... 43 F 3
Saint-Lactencin *36* ... 171 F 3
Saint-Lager *69* ... 212 D 1
Saint-Lager-Bressac *07* ... 267 E 2
Saint-Lamain *39* ... 179 F 4
Saint-Lambert *14* ... 53 F 2
Saint-Lambert *78* ... 57 H 5
Saint-Lambert-des-Levées *49* ... 150 B 3
Saint-Lambert-du-Lattay *49* ... 149 F 3
Saint-Lambert-et-Mont-de-Jeux *08* ... 42 C 1
Saint-Lambert-la-Potherie *49* ... 149 F 1
Saint-Lambert-sur-Dive *61* ... 54 B 3
Saint-Langis-lès-Mortagne *61* ... 84 B 3
Saint-Lanne *65* ... 294 D 4
Saint-Laon *86* ... 168 C 2
Saint-Lary *09* ... 334 D 3
Saint-Lary *32* ... 296 A 3
Saint-Lary-Boujean *31* ... 316 C 5
Saint-Lary-Soulan *65* ... 333 G 4
Saint-Lattier *38* ... 249 H 3
Saint-Launeuc *22* ... 103 E 1
Saint-Laure *63* ... 210 A 4
Saint-Laurent *08* ... 26 D 3
Saint-Laurent *18* ... 154 D 4
Saint-Laurent *22* ... 73 E 4
Saint-Laurent *23* ... 207 F 1
Saint-Laurent *31* ... 316 C 4
Saint-Laurent *47* ... 275 G 2
Saint-Laurent *74* ... 216 A 2
Saint-Laurent-Blangy *62* ... 13 G 2
Saint-Laurent-Bretagne *64* ... 314 C 3
Saint-Laurent-Chabreuges *43* ... 246 B 1
Saint-Laurent-d'Agny *69* ... 230 D 2
Saint-Laurent-d'Aigouze *30* ... 303 G 4
Saint-Laurent-d'Andenay *71* ... 177 E 4
Saint-Laurent-d'Arce *33* ... 237 H 3
Saint-Laurent-de-Belzagot *16* ... 221 E 4
Saint-Laurent-de-Brèvedent *76* ... 18 D 5
Saint-Laurent-de-Carnols *30* ... 284 C 3
Saint-Laurent-de-Cerdans *66* ... 342 C 5
Saint-Laurent-de-Céris *16* ... 203 H 3
Saint-Laurent-de-Chamousset *69* ... 230 B 1
Saint-Laurent-de-Cognac *16* ... 219 H 1
Saint-Laurent-de-Condel *14* ... 53 G 1
Saint-Laurent-de-Cuves *50* ... 52 A 4
Saint-Laurent-de-Gosse *40* ... 292 C 5
Saint-Laurent-de-Jourdes *86* ... 186 D 3
Saint-Laurent-de-la-Barrière *17* ... 201 F 2
Saint-Laurent-de-la-Cabrerisse *11* ... 338 C 1
Saint-Laurent-de-la-Côte *73* ... 234 B 3
Saint-Laurent-de-la-Mer *22* ... 73 H 5
Saint-Laurent-de-la-Plaine *49* ... 149 E 3
Saint-Laurent-de-la-Prée *17* ... 200 D 3
Saint-Laurent-de-la-Salanque *66* ... 339 E 5
Saint-Laurent-de-la-Salle *85* ... 183 H 1
Saint-Laurent-de-Lévézou *12* ... 281 G 3
Saint-Laurent-de-Lin *37* ... 151 E 1
Saint-Laurent-de-Mure *69* ... 231 G 1
Saint-Laurent-de-Muret *48* ... 264 A 3
Saint-Laurent-de-Neste *65* ... 334 A 1
Saint-Laurent-de-Terregatte *50* ... 81 E 2
Saint-Laurent-de-Trèves *48* ... 282 D 2
Saint-Laurent-de-Vaux *69* ... 230 D 1
Saint-Laurent-de-Veyrès *48* ... 263 H 2
Saint-Laurent-des-Arbres *30* ... 285 E 4
Saint-Laurent-des-Autels *49* ... 148 B 3
Saint-Laurent-des-Bâtons *24* ... 240 C 4
Saint-Laurent-des-Bois *27* ... 56 C 3
Saint-Laurent-des-Bois *41* ... 132 B 2
Saint-Laurent-des-Combes *16* ... 221 E 5
Saint-Laurent-des-Combes *33* ... 238 C 5
Saint-Laurent-des-Hommes *24* ... 239 F 3
Saint-Laurent-des-Mortiers *53* ... 128 C 3
Saint-Laurent-des-Vignes *24* ... 257 H 1
Saint-Laurent-d'Oingt *69* ... 212 C 3
Saint-Laurent-d'Olt *12* ... 263 H 5
Saint-Laurent-d'Onay *26* ... 249 G 2
Saint-Laurent-du-Bois *33* ... 256 C 3
Saint-Laurent-du-Cros *05* ... 269 H 2
Saint-Laurent-du-Mont *14* ... 34 B 5
Saint-Laurent-du-Mottay *49* ... 148 D 2
Saint-Laurent-du-Pape *07* ... 267 E 1
Saint-Laurent-du-Plan *33* ... 256 C 3
Saint-Laurent-du-Pont *38* ... 232 D 4
Saint-Laurent-du-Tencement *27* ... 55 E 3
Saint-Laurent-du-Var *06* ... 309 G 3
Saint-Laurent-du-Verdon *04* ... 307 F 3
Saint-Laurent-en-Beaumont *38* ... 251 F 5
Saint-Laurent-en-Brionnais *71* ... 194 A 5
Saint-Laurent-en-Caux *76* ... 19 H 3
Saint-Laurent-en-Gâtines *37* ... 131 E 5
Saint-Laurent-en-Grandvaux *39* ... 197 E 1
Saint-Laurent-en-Royans *26* ... 250 A 3
Saint-Laurent-la-Conche *42* ... 229 H 1
Saint-Laurent-la-Gâtine *28* ... 57 E 5
Saint-Laurent-la-Roche *39* ... 196 B 1
Saint-Laurent-la-Vallée *24* ... 259 F 2
Saint-Laurent-la-Vernède *30* ... 284 C 4
Saint-Laurent-l'Abbaye *58* ... 156 B 3
Saint-Laurent-le-Minier *30* ... 302 B 1
Saint-Laurent-les-Bains *07* ... 265 G 3
Saint-Laurent-les-Églises *87* ... 206 B 3
Saint-Laurent-les-Tours *46* ... 243 E 5
Saint-Laurent-Lolmie *46* ... 277 G 2
Saint-Laurent-Médoc *33* ... 237 E 2
Saint-Laurent-Nouan *41* ... 132 C 4
Saint-Laurent-Rochefort *42* ... 211 F 5
Saint-Laurent-sous-Coiron *07* ... 266 C 3
Saint-Laurent-sur-Gorre *87* ... 205 E 5
Saint-Laurent-sur-Manoire *24* ... 240 D 2
Saint-Laurent-sur-Mer *14* ... 32 C 2
Saint-Laurent-sur-Othain *55* ... 44 C 3
Saint-Laurent-sur-Oust *56* ... 125 F 2
Saint-Laurent-sur-Saône *01* ... 195 E 4
Saint-Laurent-sur-Sèvre *85* ... 166 D 2
Saint-Laurs *79* ... 184 C 2
Saint-Léger *06* ... 289 F 4
Saint-Léger *16* ... 221 E 4
Saint-Léger *17* ... 219 G 2
Saint-Léger *47* ... 275 G 2
Saint-Léger *50* ... 51 G 3
Saint-Léger *53* ... 106 C 3
Saint-Léger *62* ... 13 G 3
Saint-Léger *73* ... 234 A 3
Saint-Léger *77* ... 60 A 3
Saint-Léger *Pont de 06* ... 289 F 4
Saint-Léger-aux-Bois *60* ... 39 G 1
Saint-Léger-aux-Bois *76* ... 21 E 2
Saint-Léger-Bridereix *23* ... 188 D 5
Saint-Léger-de-Balson *33* ... 255 G 5
Saint-Léger-de-Fougeret *58* ... 176 A 1
Saint-Léger-de-la-Martinière *79* ... 185 G 5
Saint-Léger-de-Montbrillais *86* ... 168 C 1
Saint-Léger-de-Montbrun *79* ... 168 B 2
Saint-Léger-de-Peyre *48* ... 264 A 4
Saint-Léger-de-Rôtes *27* ... 35 F 5
Saint-Léger-des-Aubées *28* ... 86 C 4
Saint-Léger-des-Bois *49* ... 149 F 1
Saint-Léger-des-Prés *35* ... 80 B 4
Saint-Léger-des-Vignes *58* ... 175 E 4
Saint-Léger-du-Bois *71* ... 177 E 1
Saint-Léger-du-Bourg-Denis *76* ... 36 B 2
Saint-Léger-du-Gennetey *27* ... 35 G 3
Saint-Léger-du-Malzieu *48* ... 246 A 5
Saint-Léger-du-Ventoux *84* ... 286 A 2
Saint-Léger-Dubosq *14* ... 34 A 4
Saint-Léger-en-Bray *60* ... 37 H 2
Saint-Léger-en-Yvelines *78* ... 57 G 5
Saint-Léger-la-Montagne *87* ... 206 B 3
Saint-Léger-le-Guérétois *23* ... 207 E 1
Saint-Léger-le-Petit *18* ... 156 B 5
Saint-Léger-lès-Authie *80* ... 13 E 4
Saint-Léger-lès-Domart *80* ... 12 B 5
Saint-Léger-les-Mélèzes *05* ... 269 H 2
Saint-Léger lès-Paray *71* ... 193 G 2
Saint-Léger-les-Vignes *44* ... 147 F 5
Saint-Léger-Magnazeix *87* ... 188 A 5
Saint-Léger-près-Troyes *10* ... 115 E 2
Saint-Léger-sous-Beuvray *71* ... 176 B 3
Saint-Léger-sous-Brienne *10* ... 91 H 4
Saint-Léger-sous-Cholet *49* ... 148 D 5
Saint-Léger-sous-la-Bussière *71* ... 194 C 4
Saint-Léger-sous-Margerie *10* ... 91 H 3
Saint-Léger-sur-Bonneville *14* ... 34 D 3
Saint-Léger-sur-Bresle *80* ... 21 F 2
Saint-Léger-sur-Dheune *71* ... 177 F 3
Saint-Léger-sur-Roanne *42* ... 211 G 2

Saint-Léger-sur-Sarthe 61 ..... 84 A 3
Saint-Léger-sur-Vouzance 03 ..... 193 F 3
Saint-Léger-Triey 21 ..... 160 D 3
Saint-Léger-Vauban 89 ..... 158 B 2
Saint-Léomer 86 ..... 187 G 3
Saint-Léon 03 ..... 192 D 3
Saint-Léon 31 ..... 318 A 3
Saint-Léon 33 ..... 256 B 1
Saint-Léon 47 ..... 275 F 2
Saint-Léon-d'Issigeac 24 ..... 258 C 2
Saint-Léon-sur-l'Isle 24 ..... 239 H 3
Saint-Léon-sur-Vézère 24 ..... 241 F 4
Saint-Léonard 32 ..... 296 C 2
Saint-Léonard 51 ..... 41 H 4
Saint-Léonard 62 ..... 6 B 2
Saint-Léonard 76 ..... 18 D 3
Saint-Léonard 88 ..... 96 B 5
Saint-Léonard-de-Noblat 87 ..... 206 B 5
Saint-Léonard-des-Bois 72 ..... 83 F 4
Saint-Léonard-des-Parcs 61 ..... 54 D 5
Saint-Léonard-en-Beauce 41 ..... 132 B 3
Saint-Léons 12 ..... 281 G 3
Saint-Léopardin-d'Augy 03 ..... 174 C 5
Saint-Léry 56 ..... 103 F 3
Saint-Leu-d'Esserent 60 ..... 38 C 4
Saint-Leu-la-Forêt 95 ..... 58 B 1
Saint-Lézer 65 ..... 315 E 3
Saint-Lézin 49 ..... 149 E 4
Saint-Lieux-Lafenasse 81 ..... 299 G 3
Saint-Lieux-lès-Lavaur 81 ..... 298 C 3
Saint-Liguaire 79 ..... 184 D 4
Saint-Lin 79 ..... 185 F 2
Saint-Lions 04 ..... 288 B 4
Saint-Lizier 09 ..... 335 F 2
Saint-Lizier-du-Planté 32 ..... 317 E 3
Saint-Lô 50 ..... 32 B 5
Saint-Lô-d'Ourville 50 ..... 31 F 2
Saint-Lon-les-Mines 40 ..... 292 D 4
Saint-Longis 72 ..... 84 A 5
Saint-Lormel 22 ..... 79 F 3
Saint-Lothain 39 ..... 179 F 3
Saint-Loube 32 ..... 317 E 2
Saint-Loubert 33 ..... 256 C 4
Saint-Loubès 33 ..... 237 H 5
Saint-Loubouer 40 ..... 294 A 3
Saint-Louet-sur-Seulles 14 ..... 33 E 5
Saint-Louet-sur-Vire 50 ..... 52 B 1
Saint-Louis 57 ..... 67 H 5
Saint-Louis 68 ..... 143 H 3
Saint-Louis-de-Montferrand 33 ..... 237 G 4
Saint-Louis-en-l'Isle 24 ..... 239 G 3
Saint-Louis-et-Parahou 11 ..... 337 H 4
Saint-Louis-lès-Bitche 57 ..... 68 A 2
Saint-Loup 03 ..... 192 B 4
Saint-Loup 17 ..... 201 G 3
Saint-Loup 23 ..... 207 H 1
Saint-Loup 39 ..... 178 C 1
Saint-Loup 50 ..... 51 H 5
Saint-Loup 51 ..... 61 F 4
Saint-Loup 58 ..... 156 B 2
Saint-Loup 69 ..... 212 B 4
Saint-Loup 82 ..... 276 D 4
Saint-Loup *Pic* 34 ..... 302 D 3
Saint-Loup-Cammas 31 ..... 298 A 4
Saint-Loup-de-Buffigny 10 ..... 90 A 4
Saint-Loup-de-Fribois 14 ..... 34 B 5
Saint-Loup-de-Gonois 45 ..... 112 D 4
Saint-Loup-de-Naud 77 ..... 89 F 3
Saint-Loup-de-Varennes 71 ..... 177 H 5
Saint-Loup-des-Chaumes 18 ..... 173 E 4
Saint-Loup-des-Vignes 45 ..... 111 H 4
Saint-Loup-d'Ordon 89 ..... 113 F 4
Saint-Loup-du-Dorat 53 ..... 128 D 2
Saint-Loup-du-Gast 53 ..... 82 B 4
Saint-Loup-en-Champagne 08 ..... 41 H 1
Saint-Loup-en-Comminges 31 ..... 316 A 4
Saint-Loup-Géanges 71 ..... 177 H 2
Saint-Loup-Hors 14 ..... 33 E 3
Saint-Loup-Lamairé 79 ..... 168 B 4
Saint-Loup-Nantouard 70 ..... 161 F 2
Saint-Loup-sur-Aujon 52 ..... 139 E 2
Saint-Loup-sur-Cher 41 ..... 154 A 4
Saint-Loup-sur-Semouse 70 ..... 119 E 5
Saint-Loup-Terrier 08 ..... 26 C 5
Saint-Loyer-des-Champs 61 ..... 54 B 5
Saint-Lubin-de-Cravant 28 ..... 56 B 5
Saint-Lubin-de-la-Haye 28 ..... 57 E 4
Saint-Lubin-des-Joncherets 28 ..... 56 B 4
Saint-Lubin-en-Vergonnois 41 ..... 131 H 5
Saint-Luc 27 ..... 56 C 2
Saint-Lucien 28 ..... 57 E 5
Saint-Lucien 76 ..... 36 D 1
Saint-Lumier-en-Champagne 51 ..... 62 D 4
Saint-Lumier-la-Populeuse 51 ..... 63 E 4
Saint-Lumine-de-Clisson 44 ..... 148 A 5
Saint-Lumine-de-Coutais 44 ..... 147 F 5
Saint-Lunaire 35 ..... 50 B 5
Saint-Luperce 28 ..... 85 H 4
Saint-Lupicin 39 ..... 196 D 3
Saint-Lupien 10 ..... 90 B 5
Saint-Lyé 10 ..... 90 D 5
Saint-Lyé-la-Forêt 45 ..... 111 E 4
Saint-Lyphard 44 ..... 146 B 1
Saint-Lys 31 ..... 317 F 2
Saint-Macaire 33 ..... 256 B 4
Saint-Macaire-du-Bois 49 ..... 150 A 5
Saint-Macaire-en-Mauges 49 ..... 148 C 5
Saint-Maclou 27 ..... 35 E 2
Saint-Maclou-de-Folleville 76 ..... 20 B 4
Saint-Maclou-la-Brière 76 ..... 19 E 4
Saint-Macoux 86 ..... 203 F 1
Saint-Maden 22 ..... 79 G 5
Saint-Magne 33 ..... 255 F 4
Saint-Magne-de-Castillon 33 ..... 238 D 5
Saint-Maigner 63 ..... 208 D 2
Saint-Maigrin 17 ..... 220 B 4
Saint-Maime 04 ..... 306 D 1
Saint-Maime-de-Péreyrol 24 ..... 240 B 4
Saint-Maixant 23 ..... 207 H 3
Saint-Maixant 33 ..... 256 B 3
Saint-Maixent 72 ..... 108 C 4
Saint-Maixent-de-Beugné 79 ..... 184 C 2
Saint-Maixent-l'École 79 ..... 185 F 3
Saint-Maixent-sur-Vie 85 ..... 165 E 4
Saint-Maixme-Hauterive 28 ..... 85 G 2
Saint-Malo 35 ..... 50 C 5
Saint-Malo-de-Beignon 56 ..... 103 F 4
Saint-Malo-de-Guersac 44 ..... 146 C 2
Saint-Malo-de-la-Lande 50 ..... 31 F 5
Saint-Malo-de-Phily 35 ..... 104 A 5
Saint-Malo-des-Trois-Fontaines 56 ..... 102 D 3
Saint-Malô-du-Bois 85 ..... 166 D 2
Saint-Malo-en-Donziois 58 ..... 156 D 3
Saint-Malon-sur-Mel 35 ..... 103 G 3
Saint-Mamert 38 ..... 231 F 4
Saint-Mamert 69 ..... 194 C 5
Saint-Mamert-du-Gard 30 ..... 303 G 1
Saint-Mamet 31 ..... 334 B 5
Saint-Mamet-la-Salvetat 15 ..... 261 H 1
Saint-Mammès 77 ..... 88 C 4
Saint-Mandé 94 ..... 58 C 3
Saint Mandé-sur-Brédoire 17 ..... 202 B 2
Saint-Mandrier-sur-Mer 83 ..... 328 A 5
Saint-Manvieu-Bocage 14 ..... 52 B 3
Saint-Manvieu-Norrey 14 ..... 33 F 4
Saint-Marc 15 ..... 245 H 5
Saint-Marc 44 ..... 146 B 3
Saint-Marc-à-Frongier 23 ..... 207 G 4
Saint-Marc-à-Loubaud 23 ..... 207 F 5
Saint-Marc-du-Cor 41 ..... 109 E 5
Saint-Marc-Jaumegarde 13 ..... 306 B 5
Saint-Marc-la-Lande 79 ..... 185 E 2
Saint-Marc-le-Blanc 35 ..... 80 D 4
Saint-Marc-sur-Couesnon 35 ..... 80 D 5
Saint-Marc-sur-Seine 21 ..... 138 B 4
Saint-Marcan 35 ..... 51 E 5
Saint-Marceau 08 ..... 26 D 3
Saint-Marceau 72 ..... 107 G 2
Saint-Marcel 08 ..... 26 C 3
Saint-Marcel 27 ..... 36 D 5
Saint-Marcel 36 ..... 188 C 1
Saint-Marcel 54 ..... 65 F 1
Saint-Marcel 56 ..... 125 E 2
Saint-Marcel 70 ..... 140 C 2
Saint-Marcel 71 ..... 177 H 4
Saint-Marcel 73 ..... 234 C 2
Saint-Marcel 81 ..... 279 F 4
Saint-Marcel-Bel-Accueil 38 ..... 231 H 1
Saint-Marcel-d'Ardèche 07 ..... 284 D 1
Saint-Marcel-de-Careiret 30 ..... 284 C 3
Saint-Marcel-de-Félines 42 ..... 211 H 4
Saint-Marcel-du-Périgord 24 ..... 240 C 5
Saint-Marcel-d'Urfé 42 ..... 211 F 4
Saint-Marcel-en-Dombes 01 ..... 213 F 3
Saint-Marcel-en-Marcillat 03 ..... 208 D 1
Saint-Marcel-en-Murat 03 ..... 191 G 4
Saint-Marcel-l'Éclairé 69 ..... 212 B 4
Saint-Marcel-lès-Annonay 07 ..... 248 D 1
Saint-Marcel-lès-Sauzet 26 ..... 267 E 3
Saint-Marcel-lès-Valence 26 ..... 249 F 4
Saint-Marcel-Paulel 31 ..... 298 B 4
Saint-Marcel-sur-Aude 11 ..... 321 E 5
Saint-Marcelin-de-Cray 71 ..... 194 C 1
Saint-Marcellin 38 ..... 250 A 2
Saint-Marcellin-de-Vars 05 ..... 270 D 2
Saint-Marcellin-en-Forez 42 ..... 229 H 3
Saint-Marcellin-lès-Vaison 84 ..... 285 H 2
Saint-Marcet 31 ..... 316 C 5
Saint-Marcory 24 ..... 259 E 2
Saint-Marcouf 14 ..... 32 C 3
Saint-Marcouf 50 ..... 29 G 5
Saint-Mard 02 ..... 40 D 2
Saint-Mard 17 ..... 201 F 2
Saint-Mard 54 ..... 95 E 2
Saint-Mard 77 ..... 59 E 1
Saint-Mard 80 ..... 23 F 4
Saint-Mard-de-Réno 61 ..... 84 C 3
Saint-Mard-de-Vaux 71 ..... 177 G 4
Saint-Mard-lès-Rouffy 51 ..... 61 H 2
Saint-Mard-sur-Auve 51 ..... 62 D 1
Saint-Mard-sur-le-Mont 51 ..... 63 E 2
Saint-Mards 76 ..... 20 A 3
Saint-Mards-de-Blacarville 27 ..... 35 E 2
Saint-Mards-de-Fresne 27 ..... 55 E 1
Saint-Mards-en-Othe 10 ..... 114 C 3
Saint-Marien 23 ..... 190 A 3
Saint-Mariens 33 ..... 237 H 2
Saint-Mars-de-Coutais 44 ..... 147 F 5
Saint-Mars-de-Locquenay 72 ..... 108 B 5
Saint-Mars-d'Égrenne 61 ..... 82 A 2
Saint-Mars-d'Outillé 72 ..... 130 B 2
Saint-Mars-du-Désert 44 ..... 147 H 2
Saint-Mars-du-Désert 53 ..... 83 E 5
Saint-Mars-en-Brie 77 ..... 60 B 4
Saint-Mars-la-Brière 72 ..... 108 A 4
Saint-Mars-la-Jaille 44 ..... 127 F 5
Saint-Mars-la-Réorthe 85 ..... 166 D 3
Saint-Mars-sous-Ballon 72 ..... 107 H 3
Saint-Mars-sur-Colmont 53 ..... 82 A 4
Saint-Mars-sur-la-Futaie 53 ..... 81 G 3
Saint-Marsal 66 ..... 342 C 3
Saint-Marsault 79 ..... 167 F 4
Saint-Martial 07 ..... 248 A 5
Saint-Martial 15 ..... 245 G 5
Saint-Martial 16 ..... 221 E 5
Saint-Martial 17 ..... 201 H 2
Saint-Martial 30 ..... 283 E 5
Saint-Martial 33 ..... 256 C 3
Saint-Martial-d'Albarède 24 ..... 223 F 5
Saint-Martial-d'Artenset 24 ..... 239 F 4
Saint-Martial-de-Gimel 19 ..... 243 E 1
Saint-Martial-de-Mirambeau 17 ..... 219 G 4
Saint-Martial-de-Nabirat 24 ..... 259 G 2
Saint-Martial-de-Valette 24 ..... 222 C 3
Saint-Martial-de-Vitaterne 17 ..... 219 H 4
Saint-Martial-Entraygues 19 ..... 243 F 3
Saint-Martial-le-Mont 23 ..... 207 G 2
Saint-Martial-le-Vieux 23 ..... 225 H 2
Saint-Martial-sur-Isop 87 ..... 204 D 1
Saint-Martial-sur-Né 17 ..... 220 B 2
Saint-Martial-Viveyrol 24 ..... 221 G 5
Saint-Martin 32 ..... 295 H 5
Saint-Martin 50 ..... 51 F 2
Saint-Martin 54 ..... 95 H 1
Saint-Martin 65 ..... 315 E 5
Saint-Martin 66 ..... 338 A 5
Saint-Martin 67 ..... 96 D 4
Saint Martin *Casella* 2B ..... 347 F 4
Saint-Martin-au-Bosc 76 ..... 21 F 2
Saint-Martin-aux-Arbres 76 ..... 19 H 4
Saint-Martin-aux-Bois 60 ..... 38 D 1
Saint-Martin-aux-Buneaux 76 ..... 19 F 2
Saint-Martin-aux-Champs 51 ..... 62 C 3
Saint-Martin-aux-Chartrains 14 ..... 34 C 3
Saint-Martin-Belle-Roche 71 ..... 195 E 3
Saint-Martin-Bellevue 74 ..... 215 G 3
Saint-Martin-Boulogne 62 ..... 2 B 5
Saint-Martin-Cantalès 15 ..... 243 H 3
Saint-Martin-Château 23 ..... 207 E 5
Saint-Martin-Chennetron 77 ..... 89 H 2
Saint-Martin-Choquel 62 ..... 6 D 2
Saint-Martin-d'Abbat 45 ..... 133 H 2
Saint-Martin-d'Ablois 51 ..... 61 F 1
Saint-Martin-d'Août 26 ..... 249 G 1
Saint-Martin-d'Arberoue 64 ..... 311 F 4
Saint-Martin-d'Arc 73 ..... 252 B 1
Saint-Martin-d'Arcé 49 ..... 129 F 5
Saint-Martin-d'Ardèche 07 ..... 284 D 2
Saint-Martin-d'Armagnac 32 ..... 294 D 3
Saint-Martin-d'Arrossa 64 ..... 311 E 5
Saint-Martin-d'Ary 17 ..... 238 C 1
Saint-Martin-d'Aubigny 50 ..... 31 H 4
Saint-Martin-d'Audouville 50 ..... 29 G 4
Saint-Martin-d'Auxigny 18 ..... 155 E 5
Saint-Martin-d'Auxy 71 ..... 177 F 5
Saint-Martin-de-Bavel 01 ..... 214 D 4
Saint-Martin-de-Beauville 47 ..... 276 D 3
Saint-Martin-de-Belleville 73 ..... 234 B 4
Saint-Martin-de-Bernegoue 79 ..... 185 E 5
Saint-Martin-de-Bienfaite 14 ..... 54 D 1
Saint-Martin-de-Blagny 14 ..... 32 C 3
Saint-Martin-de-Bonfossé 50 ..... 32 A 5
Saint-Martin-de-Boscherville 76 ..... 36 A 2
Saint-Martin-de-Bossenay 10 ..... 90 B 4
Saint-Martin-de-Boubaux 48 ..... 283 F 3
Saint-Martin-de-Bréthencourt 78 ..... 87 E 3
Saint-Martin-de-Brômes 04 ..... 307 E 2
Saint-Martin-de-Caralp 09 ..... 336 A 2
Saint-Martin-de-Castillon 84 ..... 306 A 1
Saint-Martin-de-Cenilly 50 ..... 51 H 1
Saint-Martin-de-Clelles 38 ..... 250 D 5
Saint-Martin-de-Commune 71 ..... 177 E 3
Saint-Martin-de-Connée 53 ..... 107 E 2
Saint-Martin-de-Cornas 69 ..... 230 D 2
Saint-Martin-de-Coux 17 ..... 238 D 2
Saint-Martin-de-Crau 13 ..... 304 D 4
Saint-Martin-de-Curton 47 ..... 274 D 1
Saint-Martin-de-Fenollar *Chapelle de* 66 ..... 343 E 4
Saint-Martin-de-Fontenay 14 ..... 33 G 5
Saint-Martin-de-Fraigneau 85 ..... 184 B 3
Saint-Martin-de-Fresnay 14 ..... 54 B 2
Saint-Martin-de-Fressengeas 24 ..... 222 D 4
Saint-Martin-de-Fugères 43 ..... 247 F 5
Saint-Martin-de-Goyne 32 ..... 275 H 5
Saint-Martin-de-Gurson 24 ..... 239 E 4
Saint-Martin-de-Hinx 40 ..... 292 C 4
Saint-Martin-de-Juillers 17 ..... 202 B 3
Saint-Martin-de-Jussac 87 ..... 205 E 4
Saint-Martin-de-la-Brasque 84 ..... 306 B 2
Saint-Martin-de-la-Cluze 38 ..... 250 D 4
Saint-Martin-de-la-Coudre 17 ..... 201 G 2
Saint-Martin-de-la-Lieue 14 ..... 34 C 5
Saint-Martin-de-la-Mer 21 ..... 158 C 4
Saint-Martin-de-la-Place 49 ..... 150 B 3
Saint-Martin-de-la-Porte 73 ..... 252 B 1
Saint-Martin-de-Lamps 36 ..... 171 G 2
Saint-Martin-de-Landelles 50 ..... 81 F 2
Saint-Martin-de-Lansuscle 48 ..... 283 E 3
Saint-Martin-de-l'Arçon 34 ..... 301 E 5
Saint-Martin-de-Laye 33 ..... 238 C 3
Saint-Martin-de-Lenne 12 ..... 263 G 5
Saint-Martin-de-Lerm 33 ..... 256 D 3
Saint-Martin-de-Lixy 71 ..... 211 H 1
Saint-Martin-de-Londres 34 ..... 302 C 2
Saint-Martin-de-Mâcon 79 ..... 168 B 1
Saint-Martin-de-Mailloc 14 ..... 34 D 5
Saint-Martin-de-Mieux 14 ..... 53 H 3
Saint-Martin-de-Nigelles 28 ..... 86 B 2
Saint-Martin-de-Pallières 83 ..... 306 D 4
Saint-Martin-de-Peille *Église* 06 ..... 291 G 5
Saint-Martin-de-Queyrières 05 ..... 252 C 5
Saint-Martin-de-Ré 17 ..... 182 D 5
Saint-Martin-de-Ribérac 24 ..... 239 G 1
Saint-Martin-de-Saint-Maixent 79 ..... 185 F 3
Saint-Martin-de-Salencey 71 ..... 194 B 2
Saint-Martin-de-Sallen 14 ..... 53 F 2
Saint-Martin-de-Sanzay 79 ..... 168 A 1
Saint-Martin-de-Seignanx 40 ..... 292 B 5
Saint-Martin-de-Sescas 33 ..... 256 C 3
Saint-Martin-de-Tallevende 14 ..... 52 C 3
Saint-Martin-de-Valamas 07 ..... 248 B 5
Saint-Martin-de-Valgalgues 30 ..... 283 H 3
Saint-Martin-de-Varreville 50 ..... 29 H 5
Saint-Martin-de-Vaulserre 38 ..... 232 D 3
Saint-Martin-de-Vers 46 ..... 260 C 4
Saint-Martin-de-Villeréal 47 ..... 258 D 3
Saint-Martin-de-Villereglan 11 ..... 337 G 1
Saint-Martin-d'Écublei 61 ..... 55 G 4
Saint-Martin-d'Entraigues 79 ..... 202 D 1
Saint-Martin-d'Entraunes 06 ..... 289 E 3
Saint-Martin-des-Besaces 14 ..... 52 C 1
Saint-Martin-des-Bois 41 ..... 131 E 4
Saint-Martin-des-Champs 18 ..... 156 A 5
Saint-Martin-des-Champs 29 ..... 71 H 4
Saint-Martin-des-Champs 50 ..... 51 H 5
Saint-Martin-des-Champs 77 ..... 60 B 4
Saint-Martin-des-Champs 78 ..... 57 F 3
Saint-Martin-des-Champs 89 ..... 135 F 4
Saint-Martin-des-Combes 24 ..... 240 B 4
Saint-Martin-des-Entrées 14 ..... 33 E 3
Saint-Martin-des-Fontaines 85 ..... 183 H 1
Saint-Martin-des-Lais 03 ..... 175 G 5
Saint-Martin-des-Landes 61 ..... 83 E 2
Saint-Martin-des-Monts 72 ..... 108 C 3
Saint-Martin-des-Noyers 85 ..... 166 B 4
Saint-Martin-des-Olmes 63 ..... 229 E 3
Saint-Martin-des-Pézerits 61 ..... 55 E 5
Saint-Martin-des-Plains 63 ..... 228 A 4
Saint-Martin-des-Prés 22 ..... 78 A 5
Saint-Martin-des-Puits 11 ..... 338 B 2
Saint-Martin-des-Tilleuls 85 ..... 166 C 2
Saint-Martin-d'Estréaux 42 ..... 211 E 1
Saint-Martin-d'Hardinghem 62 ..... 7 E 3
Saint-Martin-d'Hères 38 ..... 251 E 1
Saint-Martin-d'Heuille 58 ..... 174 D 1
Saint-Martin-d'Ollières 63 ..... 228 B 4
Saint-Martin-Don 14 ..... 52 C 2
Saint-Martin-d'Oney 40 ..... 273 G 5
Saint-Martin-d'Ordon 89 ..... 113 F 4
Saint-Martin-d'Oydes 09 ..... 318 A 5
Saint-Martin-du-Bec 76 ..... 18 C 5
Saint-Martin-du-Bois 33 ..... 238 B 3
Saint-Martin-du-Bois 49 ..... 128 B 4
Saint-Martin-du-Boschet 77 ..... 60 C 4
Saint-Martin-du-Canigou *Abbaye de* 66 ..... 342 A 4
Saint-Martin-du-Clocher 16 ..... 203 F 2
Saint-Martin-du-Fouilloux 49 ..... 149 F 2
Saint-Martin-du-Fouilloux 79 ..... 185 G 1
Saint-Martin-du-Frêne 01 ..... 214 C 1
Saint-Martin-du-Lac 71 ..... 193 G 5
Saint-Martin-du-Limet 53 ..... 127 H 2
Saint-Martin-du-Manoir 76 ..... 18 D 5
Saint-Martin-du-Mesnil-Oury 14 ..... 54 C 1
Saint-Martin-du-Mont 01 ..... 214 A 1
Saint-Martin-du-Mont 21 ..... 159 G 2
Saint-Martin-du-Mont 71 ..... 195 H 1
Saint-Martin-du-Puy 33 ..... 256 D 2
Saint-Martin-du-Puy 58 ..... 157 H 3
Saint-Martin-du-Tartre 71 ..... 194 C 1
Saint-Martin-du-Tertre 89 ..... 113 G 2
Saint-Martin-du-Tertre 95 ..... 38 C 5
Saint-Martin-du-Tilleul 27 ..... 35 F 5
Saint-Martin-du-Touch 31 ..... 297 H 5
Saint-Martin-du-Var 06 ..... 291 E 5
Saint-Martin-du-Vieux-Bellême 61 ..... 84 B 4
Saint-Martin-du-Vivier 76 ..... 36 B 1
Saint-Martin-d'Uriage 38 ..... 251 E 2
Saint-Martin-en-Bière 77 ..... 88 A 4
Saint-Martin-en-Bresse 71 ..... 178 A 4
Saint-Martin-en-Campagne 76 ..... 10 C 5
Saint-Martin-en-Coailleux 42 ..... 230 C 4
Saint-Martin-en-Gâtinois 71 ..... 178 A 2
Saint-Martin-en-Haut 69 ..... 230 C 1
Saint-Martin-en-Vercors 26 ..... 250 B 3
Saint-Martin-Gimois 32 ..... 296 C 5
Saint-Martin-la-Campagne 27 ..... 56 A 1
Saint-Martin-la-Garenne 78 ..... 57 F 1
Saint-Martin-la-Méanne 19 ..... 243 F 2
Saint-Martin-la-Patrouille 71 ..... 194 C 1
Saint-Martin-la-Plaine 42 ..... 230 C 3
Saint-Martin-la-Sauveté 42 ..... 211 F 5
Saint-Martin-Labouval 46 ..... 260 D 5
Saint-Martin-Lacaussade 33 ..... 237 F 2
Saint-Martin-Laguépie 81 ..... 279 F 4
Saint-Martin-l'Aiguillon 61 ..... 83 E 2
Saint-Martin-Lalande 11 ..... 319 E 4
Saint-Martin-l'Ars 86 ..... 186 D 5
Saint-Martin-Lars-en-Sainte-Hermine 85 ..... 183 G 1
Saint-Martin-l'Astier 24 ..... 239 G 3
Saint-Martin-le-Beau 37 ..... 152 B 3
Saint-Martin-le-Bouillant 50 ..... 52 A 3
Saint-Martin-le-Châtel 01 ..... 195 G 4
Saint-Martin-le-Colonel 26 ..... 250 A 4
Saint-Martin-le-Gaillard 76 ..... 10 D 5
Saint-Martin-le-Gréard 50 ..... 29 E 4
Saint-Martin-le-Hébert 50 ..... 29 E 4
Saint-Martin-le-Mault 87 ..... 188 A 4
Saint-Martin-le-Nœud 60 ..... 38 A 2
Saint-Martin-le-Pin 24 ..... 222 B 3
Saint-Martin-le-Redon 46 ..... 259 E 4
Saint-Martin-le-Supérieur 07 ..... 266 D 3
Saint-Martin-le-Vieil 11 ..... 319 F 4
Saint-Martin-le-Vieux 87 ..... 223 F 1
Saint-Martin-le-Vinoux 38 ..... 250 D 1
Saint-Martin-les-Eaux 04 ..... 306 C 1
Saint-Martin-lès-Langres 52 ..... 139 G 2
Saint-Martin-lès-Melle 79 ..... 185 F 5
Saint-Martin-lès-Seyne 04 ..... 270 A 5
Saint-Martin-lez-Tatinghem 62 ..... 3 F 5
Saint-Martin-Lestra 42 ..... 230 A 1
Saint-Martin-l'Heureux 51 ..... 42 B 4
Saint-Martin-l'Hortier 76 ..... 20 D 3
Saint-Martin-l'Inférieur 07 ..... 266 D 3
Saint-Martin-Longueau 60 ..... 39 E 3
Saint-Martin-Lys 11 ..... 337 G 4
Saint-Martin-Osmonville 76 ..... 20 C 4
Saint-Martin-Petit 47 ..... 257 E 4
Saint-Martin-Rivière 02 ..... 14 D 5
Saint-Martin-Saint-Firmin 27 ..... 35 F 3
Saint-Martin-Sainte-Catherine 23 ..... 206 C 3
Saint-Martin-Sepert 19 ..... 224 B 4
Saint-Martin-sous-Montaigu 71 ..... 177 G 4
Saint-Martin-sous-Vigouroux 15 ..... 245 E 5
Saint-Martin-sur-Armançon 89 ..... 137 F 2
Saint-Martin-sur-Arve 74 ..... 216 C 3
Saint-Martin-sur-Cojeul 62 ..... 13 G 3
Saint-Martin-sur-Ecaillon 59 ..... 14 D 3
Saint-Martin-sur-la-Chambre 73 ..... 234 A 4
Saint-Martin-sur-la-Renne 52 ..... 116 C 3
Saint-Martin-sur-le-Pré 51 ..... 62 A 2
Saint-Martin-sur-Nohain 58 ..... 156 B 3
Saint-Martin-sur-Ocre 45 ..... 134 C 4
Saint-Martin-sur-Ocre 89 ..... 135 H 3
Saint-Martin-sur-Oreuse 89 ..... 89 G 5
Saint-Martin-sur-Ouanne 89 ..... 135 F 2
Saint-Martin-sur-Oust 56 ..... 125 F 3
Saint-Martin-Terressus 87 ..... 206 B 4
Saint-Martin-Valmeroux 15 ..... 244 B 3
Saint-Martin-Vésubie 06 ..... 291 E 2
Saint-Martinien 03 ..... 190 C 4
Saint-Martory 31 ..... 334 D 1
Saint-Mary 16 ..... 203 H 5
Saint-Mary-le-Plain 15 ..... 245 H 2
Saint-Masmes 51 ..... 42 A 3
Saint-Mathieu 87 ..... 222 C 1

Saint-Mathieu *Pointe de* 29 74 C 3
Saint-Mathieu-de-Tréviers 34 302 D 3
Saint-Mathurin 85 182 B 1
Saint-Mathurin-Léobazel 19 243 F 4
Saint-Mathurin-sur-Loire 49 150 A 2
Saint-Matré 46 277 F 1
Saint-Maudan 22 102 B 2
Saint-Maudez 22 79 F 4
Saint-Maugan 35 103 G 2
Saint-Maulvis 80 11 G 5
Saint-Maur 18 190 A 1
Saint-Maur 32 315 H 2
Saint-Maur 36 171 G 4
Saint-Maur 39 196 C 1
Saint-Maur 60 21 H 5
Saint-Maur-de-Glanfeuil *Abbaye de* 49 150 A 2
Saint-Maur-des-Bois 50 52 A 3
Saint-Maur-des-Fossés 94 58 D 4
Saint-Maur-sur-le-Loir 28 110 A 3
Saint-Maurice 52 139 H 2
Saint-Maurice 58 175 F 1
Saint-Maurice 63 228 A 2
Saint-Maurice 67 97 E 4
Saint-Maurice 94 58 C 4
Saint-Maurice-aux-Forges 54 96 A 2
Saint-Maurice-aux-Riches-Hommes 89 89 H 5
Saint-Maurice-Colombier 25 142 A 5
Saint-Maurice-Crillat 39 197 E 1
Saint-Maurice-d'Ardèche 07 266 B 4
Saint-Maurice-de-Beynost 01 213 F 4
Saint-Maurice-de-Cazevieille 30 284 A 5
Saint-Maurice-de-Gourdans 01 213 H 5
Saint-Maurice-de-Laurençanne 17 219 H 5
Saint-Maurice-de-Lestapel 47 258 B 4
Saint-Maurice-de-Lignon 43 247 H 1
Saint-Maurice-de-Rémens 01 214 A 3
Saint-Maurice-de-Rotherens 73 232 D 2
Saint-Maurice-de-Satonnay 71 195 E 3
Saint-Maurice-de-Tavernole 17 219 H 3
Saint-Maurice-de-Ventalon 48 283 F 1
Saint-Maurice-des-Champs 71 194 C 1
Saint-Maurice-des-Lions 16 204 C 3
Saint-Maurice-des-Noues 85 184 B 1
Saint-Maurice-d'Ételan 76 35 F 1
Saint-Maurice-d'Ibie 07 266 C 4
Saint-Maurice-du-Désert 61 82 D 2
Saint-Maurice-en-Chalencon 07 248 D 5
Saint-Maurice-en-Cotentin 50 28 D 5
Saint-Maurice-en-Gourgois 42 229 H 4
Saint-Maurice-en-Quercy 46 261 F 2
Saint-Maurice-en-Rivière 71 178 A 3
Saint-Maurice-en-Trièves 38 268 D 1
Saint-Maurice-en-Valgodemard 05 269 G 1
Saint-Maurice-la-Clouère 86 186 C 4
Saint-Maurice-Etusson 79 167 G 1
Saint-Maurice-la-Souterraine 23 206 B 1
Saint-Maurice-le-Girard 85 167 E 5
Saint-Maurice-le-Vieil 89 135 H 3
Saint-Maurice-les-Brousses 87 223 G 1
Saint-Maurice-lès-Charencey 61 55 G 5
Saint-Maurice-lès-Châteauneuf 71 193 H 5
Saint-Maurice-lès-Couches 71 177 F 3
Saint-Maurice-l'Exil 38 231 E 4
Saint-Maurice-Montcouronne 91 87 F 2
Saint-Maurice-Navacelles 34 302 A 2
Saint-Maurice-près-Crocq 23 208 B 4
Saint-Maurice-près-Pionsat 63 208 D 2
Saint-Maurice-Saint-Germain 28 85 F 3
Saint-Maurice-sous-les-Côtes 55 64 D 2
Saint-Maurice-sur-Adour 40 294 A 2
Saint-Maurice-sur-Aveyron 45 135 E 2
Saint-Maurice-sur-Dargoire 69 230 D 2
Saint-Maurice-sur-Eygues 26 285 G 1
Saint-Maurice-sur-Fessard 45 112 B 5
Saint-Maurice-sur-Huisne 61 84 D 4
Saint-Maurice-sur-Mortagne 88 95 G 4
Saint-Maurice-sur-Moselle 88 120 A 5
Saint-Maurice-sur-Vingeanne 21 139 H 5
Saint-Maurice-Thizouaille 89 135 H 2
Saint-Maurin 47 276 D 3
Saint-Max 54 65 H 5
Saint-Maxent 80 11 F 4
Saint-Maximin 30 284 C 5
Saint-Maximin 38 233 G 4
Saint-Maximin 60 38 D 4
Saint-Maximin-la-Sainte-Baume 83 327 H 1
Saint-Maxire 79 184 D 3
Saint-May 26 268 A 5
Saint-Mayeux 22 77 H 5
Saint-Méard 87 224 C 2
Saint-Méard-de-Drône 24 239 H 1
Saint-Méard-de-Gurçon 24 239 F 5
Saint-Médard 16 220 C 3
Saint-Médard 17 220 B 4
Saint-Médard 23 207 G 2
Saint-Médard 31 334 D 1
Saint-Médard 32 316 A 2
Saint-Médard 36 170 D 2
Saint-Médard 40 294 A 1
Saint-Médard 46 259 G 4
Saint-Médard 57 66 D 4
Saint-Médard 64 293 H 5
Saint-Médard 79 185 F 5
Saint-Médard-d'Aunis 17 200 D 1
Saint-Médard-de-Guizières 33 238 D 4
Saint-Médard-de-Mussidan 24 239 G 3
Saint-Médard-de-Presque 46 261 E 1
Saint-Médard-des-Prés 85 184 B 2
Saint-Médard-d'Excideuil 24 223 F 5
Saint-Médard-d'Eyrans 33 255 G 2
Saint-Médard-en-Forez 42 230 B 2
Saint-Médard-en-Jalles 33 237 F 5
Saint-Médard-Nicourby 46 261 F 2
Saint-Médard-sur-Ille 35 80 B 5
Saint-Méen 29 71 E 4
Saint-Méen-le-Grand 35 103 F 2
Saint-Melaine 35 104 D 3
Saint-Melaine-sur-Aubance 49 149 G 2
Saint-Mélany 07 265 H 4
Saint-Méloir-des-Bois 22 79 F 4
Saint-Méloir-des-Ondes 35 50 C 5
Saint-Même-le-Tenu 44 165 E 1
Saint-Même-les-Carrières 16 220 C 2
Saint-Memmie 51 62 B 2
Saint-Menge 88 94 C 5
Saint-Menges 08 27 E 3
Saint-Menoux 03 191 H 1
Saint-Merd-de-Lapleau 19 243 G 1
Saint-Merd-la-Breuille 23 226 B 1
Saint-Merd-les-Oussines 19 225 F 2
Saint-Méry 77 88 C 2
Saint-Meslin-du-Bosc 27 35 H 4
Saint-Mesmes 77 59 E 2
Saint-Mesmin 10 90 C 4
Saint-Mesmin 21 159 F 3
Saint-Mesmin 24 223 G 5
Saint-Mesmin 85 167 E 4
Saint-Mexant 19 242 C 1
Saint-Mézard 32 275 H 5
Saint-M'Hervé 35 105 F 2
Saint-M'Hervon 35 103 G 1
Saint-Micaud 71 177 F 5
Saint-Michel 02 25 H 1
Saint-Michel 09 336 A 1
Saint-Michel 16 221 E 2
Saint-Michel 31 317 F 5
Saint-Michel 32 315 H 2
Saint-Michel 34 301 H 2
Saint-Michel 45 111 H 4
Saint-Michel 52 139 G 3
Saint-Michel 64 330 C 1
Saint-Michel 82 277 E 5
Saint-Michel-Chef-Chef 44 146 C 4
Saint-Michel-d'Aurance 07 248 C 5
Saint-Michel-de-Bannières 46 242 D 4
Saint-Michel-de-Boulogne 07 266 B 2
Saint-Michel-de-Castelnau 33 274 C 2
Saint-Michel-de-Chabrillanoux 07 266 D 1
Saint-Michel-de-Chaillol 05 269 H 2
Saint-Michel-de-Chavaignes 72 108 C 4
Saint-Michel-de-Cuxa *Abbaye de* 66 342 A 3
Saint-Michel-de-Dèze 48 283 F 2
Saint-Michel-de-Double 24 239 G 3
Saint-Michel-de-Feins 53 128 C 3
Saint-Michel-de-Frigolet *Abbaye* 13 304 C 1
Saint-Michel-de-Fronsac 33 238 B 4
Saint-Michel-de-la-Pierre 50 31 H 4
Saint-Michel-de-la-Roë 53 105 F 5
Saint-Michel-de-Lanès 11 318 C 4
Saint-Michel-de-Lapujade 33 257 E 3
Saint-Michel-de-Livet 14 54 C 1
Saint-Michel-de-Llotes 66 342 C 2
Saint-Michel-de-Maurienne 73 252 B 1
Saint-Michel-de-Montaigne 24 238 D 5
Saint-Michel-de-Montjoie 50 52 B 4
Saint-Michel-de-Mourcairol *Château de* 34 301 F 5
Saint-Michel-de-Plélan 22 79 F 4
Saint-Michel-de-Rieufret 33 255 H 3
Saint-Michel-de-Rivière 24 238 D 2
Saint-Michel-de-Saint-Geoirs 38 232 A 5
Saint-Michel-de-Vax 81 278 D 4
Saint-Michel-de-Veisse 23 207 G 3
Saint-Michel-de-Villadeix 24 240 C 4
Saint-Michel-de-Volangis 18 155 F 5
Saint-Michel-des-Andaines 61 82 C 2
Saint-Michel-des-Loups 50 51 F 4
Saint-Michel-d'Euzet 30 284 C 3
Saint-Michel-d'Halescourt 76 21 F 5
Saint-Michel-en-Beaumont 38 251 F 5
Saint-Michel-en-Brenne 36 170 D 4
Saint-Michel-en-Grève 22 72 B 3
Saint-Michel-en-l'Herm 85 183 E 3
Saint-Michel-Escalus 40 292 C 1
Saint-Michel-et-Chanveaux 49 127 G 4
Saint-Michel-Labadié 81 280 C 5
Saint-Michel-le-Cloucq 85 184 B 2
Saint-Michel-l'Écluse-et-Léparon 24 239 E 2
Saint-Michel-les-Portes 38 250 C 5
Saint-Michel-l'Observatoire 04 306 C 1
Saint-Michel-Loubéjou 46 243 E 5
Saint-Michel-Mont-Mercure 85 166 D 3
Saint-Michel-Peyresq 04 288 D 4
Saint-Michel-sous-Bois 62 6 D 4
Saint-Michel-sur-Loire 37 151 F 3
Saint-Michel-sur-Meurthe 88 96 B 4
Saint-Michel-sur-Orge 91 87 G 2
Saint-Michel-sur-Rhône 42 231 E 4
Saint-Michel-sur-Savasse 26 249 H 2
Saint-Michel-sur-Ternoise 62 7 G 5
Saint-Michel-Tubœuf 61 55 G 4
Saint-Mihiel 55 64 C 3
Saint-Mitre-les-Remparts 13 325 G 3
Saint-Molf 44 145 H 3
Saint-Momelin 59 3 F 5
Saint-Mont 32 294 D 4
Saint-Montan 07 266 D 5
Saint-Moré 89 136 D 5
Saint-Moreil 23 206 D 5
Saint-Morel 08 42 D 3
Saint-Morillon 33 255 G 3
Saint-Mury-Monteymond 38 251 F 1
Saint-Myon 63 209 H 3
Saint-Nabor 67 97 E 3
Saint-Nabord 88 119 G 3
Saint-Nabord-sur-Aube 10 91 F 3
Saint-Nauphary 82 297 H 1
Saint-Nazaire 30 284 D 3
Saint-Nazaire 33 239 G 5
Saint-Nazaire 44 146 B 3
Saint-Nazaire 66 343 F 2
Saint-Nazaire *Pont de* 44 146 C 2
Saint-Nazaire *Site de* 19 226 B 4
Saint-Nazaire-d'Aude 11 320 D 5
Saint-Nazaire-de-Ladarez 34 321 F 2
Saint-Nazaire-de-Pézan 34 303 F 4
Saint-Nazaire-de-Valentane 82 277 E 3
Saint-Nazaire-des-Gardies 30 283 G 5
Saint-Nazaire-en-Royans 26 250 A 3
Saint-Nazaire-le-Désert 26 268 A 3
Saint-Nazaire-les-Eymes 38 251 E 1
Saint-Nazaire-sur-Charente 17 200 C 3
Saint-Nectaire 63 227 G 2
Saint-Nexans 24 258 B 1
Saint-Nic 29 75 G 4
Saint-Nicodème 22 77 F 3
Saint-Nicodème *Chapelle* 56 101 H 4
Saint-Nicolas 62 13 G 2
Saint-Nicolas *Cascade* 68 120 B 5
Saint-Nicolas *Chapelle* 56 101 E 3
Saint-Nicolas-aux-Bois 02 24 C 5
Saint-Nicolas-aux-Bois *Abbaye de* 02 24 C 5
Saint-Nicolas-Courbefy 87 223 F 2
Saint-Nicolas-d'Aliermont 76 20 C 2
Saint-Nicolas-d'Attez 27 55 H 4
Saint-Nicolas-de-Bliquetuit 76 35 G 1
Saint-Nicolas-de-Bourgueil 37 150 D 3
Saint-Nicolas-de-Brem 85 165 E 5
Saint-Nicolas-de-la-Balerme 47 276 C 4
Saint-Nicolas-de-la-Grave 82 277 E 4
Saint-Nicolas-de-la-Haie 76 19 F 5
Saint-Nicolas-de-la-Taille 76 35 E 1
Saint-Nicolas-de-Macherin 38 232 C 4
Saint-Nicolas-de-Pierrepont 50 31 F 2
Saint-Nicolas-de-Port 54 95 E 1
Saint-Nicolas-de-Redon 44 125 H 4
Saint-Nicolas-de-Sommaire 61 55 F 4
Saint-Nicolas-de-Véroce 74 216 D 4
Saint-Nicolas-des-Biefs 03 211 E 2
Saint-Nicolas-des-Bois 50 52 A 4
Saint-Nicolas-des-Bois 61 83 G 3
Saint-Nicolas-des-Eaux 56 101 H 4
Saint-Nicolas-des-Laitiers 61 55 E 3
Saint-Nicolas-des-Motets 37 131 G 5
Saint-Nicolas-du-Bosc 27 35 H 4
Saint-Nicolas-du-Bosc-l'Abbé 27 55 F 1
Saint-Nicolas-du-Pélem 22 77 G 4
Saint-Nicolas-du-Tertre 56 125 G 2
Saint-Nicolas-en-Forêt 57 45 G 3
Saint-Nicolas-la-Chapelle 10 89 H 3
Saint-Nicolas-la-Chapelle 73 216 B 4
Saint-Nicolas-lès-Cîteaux 21 160 A 5
Saint-Nizier-d'Azergues 69 212 B 2
Saint-Nizier-de-Fornas 42 229 G 4
Saint-Nizier-du-Moucherotte 38 250 D 2
Saint-Nizier-le-Bouchoux 01 195 G 2
Saint-Nizier-le-Désert 01 213 G 2
Saint-Nizier-sous-Charlieu 42 211 H 1
Saint-Nizier-sur-Arroux 71 176 C 4
Saint-Nolff 56 124 C 3
Saint-Nom-la-Bretèche 78 57 H 3
Saint-Offenge-Dessous 73 215 F 5
Saint-Offenge-Dessus 73 215 F 5
Saint-Omer 14 53 F 2
Saint-Omer 44 147 E 1
Saint-Omer 62 3 F 5
Saint-Omer-Capelle 62 3 E 3
Saint-Omer-en-Chaussée 60 37 H 1
Saint-Ondras 38 232 C 3
Saint-Onen-la-Chapelle 35 103 F 2
Saint-Oradoux-de-Chirouze 23 226 B 1
Saint-Oradoux-près-Crocq 23 208 B 4
Saint-Orens 32 296 D 3
Saint-Orens-de-Gameville 31 298 A 5
Saint-Orens-Pouy-Petit 32 295 H 1
Saint-Ost 32 316 A 3
Saint-Osvin 50 51 H 4
Saint-Ouen 41 131 G 3
Saint-Ouen 80 12 B 5
Saint-Ouen 93 58 C 3
Saint-Ouen-d'Aunis 17 183 G 5
Saint-Ouen-de-la-Cour 61 84 C 4
Saint-Ouen-de-Mimbré 72 83 G 5
Saint-Ouen-de-Pontcheuil 27 36 A 4
Saint-Ouen-de-Sécherouvre 61 84 B 2
Saint-Ouen-de-Thouberville 27 35 H 2
Saint-Ouen-des-Alleux 35 80 D 4
Saint-Ouen-des-Besaces 14 52 C 1
Saint-Ouen-des-Champs 27 35 F 2
Saint-Ouën-des-Toits 53 105 H 3
Saint-Ouën-des-Vallons 53 106 B 2
Saint-Ouen-Domprot 51 91 G 2
Saint-Ouen-du-Breuil 76 20 A 4
Saint-Ouen-du-Mesnil-Oger 14 34 A 5
Saint-Ouen-du-Tilleul 27 36 A 3
Saint-Ouen-en-Belin 72 130 A 2
Saint-Ouen-en-Brie 77 88 D 2
Saint-Ouen-en-Champagne 72 107 E 5
Saint-Ouen-la-Rouërie 35 80 D 3
Saint-Ouen-la-Thène 17 202 C 4
Saint-Ouen-l'Aumône 95 58 A 1
Saint-Ouen-le-Brisoult 61 82 D 3
Saint-Ouen-le-Houx 14 54 C 2
Saint-Ouen-le-Mauger 76 20 A 3
Saint-Ouen-le-Pin 14 34 B 5
Saint-Ouen-lès-Parey 88 118 A 2
Saint-Ouen-les-Vignes 37 152 C 2
Saint-Ouen-Marchefroy 28 57 E 3
Saint-Ouen-sous-Bailly 76 10 C 5
Saint-Ouen-sur-Gartempe 87 205 F 1
Saint-Ouen-sur-Iton 61 55 G 4
Saint-Ouen-sur-Loire 58 174 D 3
Saint-Ouen-sur-Maire 61 53 H 5
Saint-Ouen-sur-Morin 77 60 A 3
Saint-Oulph 10 90 C 3
Saint-Ours 63 209 F 5
Saint-Ours 73 215 F 5
Saint-Outrille 18 154 A 5
Saint-Oyen 73 234 B 3
Saint-Oyen-Montbellet 71 195 E 2
Saint-Pabu 29 70 C 4
Saint-Paër 27 37 F 3
Saint-Paër 76 35 H 1
Saint-Pair 14 33 H 4
Saint-Pair-du-Mont 14 34 B 5
Saint-Pair-sur-Mer 50 51 F 3
Saint-Pal-de-Chalencon 43 229 F 5
Saint-Pal-de-Mons 43 248 A 1
Saint-Pal-de-Senouire 43 246 D 1
Saint-Palais 03 190 A 3
Saint-Palais 18 155 E 4
Saint-Palais 33 219 G 5
Saint-Palais 64 311 G 4
Saint-Palais-de-Négrignac 17 238 C 1
Saint-Palais-de-Phiolin 17 219 G 3
Saint-Palais-du-Né 16 220 B 3
Saint-Palais-sur-Mer 17 218 C 1
Saint-Pancrace 04 306 C 2
Saint-Pancrace 06 309 G 2
Saint-Pancrace 24 222 C 4
Saint-Pancrace 73 234 A 5
Saint-Pancrace 2B 346 D 4
Saint-Pancrasse 38 233 E 5
Saint-Pancré 54 44 D 1
Saint-Pandelon 40 292 D 3
Saint-Pantaléon 46 277 G 1
Saint-Pantaléon 71 176 D 2
Saint-Pantaléon 84 305 G 1
Saint-Pantaléon-de-Lapleau 19 225 H 5
Saint-Pantaléon-de-Larche 19 242 B 2
Saint-Pantaléon-les-Vignes 26 267 G 5
Saint-Pantaly-d'Ans 24 241 E 1
Saint-Pantaly-d'Excideuil 24 223 E 5
Saint-Papoul 11 319 E 4
Saint-Pardon-de-Conques 33 256 C 4
Saint-Pardoult 17 201 H 3
Saint-Pardoux 63 209 G 2
Saint-Pardoux 79 185 E 1
Saint-Pardoux 87 205 H 2
Saint-Pardoux-Corbier 19 224 B 4
Saint-Pardoux-d'Arnet 23 208 B 4
Saint-Pardoux-de-Drône 24 239 H 1
Saint-Pardoux-du-Breuil 47 257 F 5
Saint-Pardoux-et-Vielvic 24 259 E 1
Saint-Pardoux-Isaac 47 257 G 3
Saint-Pardoux-la-Croisille 19 243 F 1
Saint-Pardoux-la-Rivière 24 222 C 3
Saint-Pardoux-le-Neuf 19 226 B 2
Saint-Pardoux-le-Neuf 23 207 H 4
Saint-Pardoux-le-Vieux 19 225 H 2
Saint-Pardoux-les-Cards 23 207 G 2
Saint-Pardoux-l'Ortigier 19 242 C 1
Saint-Pardoux-Morterolles 23 207 E 4
Saint-Pargoire 34 302 A 5
Saint-Parize-en-Viry 58 175 E 4
Saint-Parize-le-Châtel 58 174 C 3
Saint-Parres-aux-Tertres 10 91 E 5
Saint-Parres-lès-Vaudes 10 115 F 3
Saint-Parthem 12 262 B 3
Saint-Pastour 47 258 B 5
Saint-Pastous 65 332 D 2
Saint-Paterne 72 83 G 4
Saint-Paterne-Racan 37 130 C 5
Saint-Pathus 77 59 F 1
Saint-Patrice 37 151 E 3
Saint-Patrice-de-Claids 50 31 G 3
Saint-Patrice-du-Désert 61 82 D 2
Saint-Paul 19 243 E 2
Saint-Paul 33 237 G 2
Saint-Paul 60 37 H 2
Saint-Paul 61 53 E 4
Saint-Paul 65 334 A 1
Saint-Paul 73 233 E 1
Saint-Paul 87 224 B 1
Saint-Paul 88 94 B 4
Saint-Paul-aux-Bois 02 40 A 1
Saint-Paul-Cap-de-Joux 81 299 E 4
Saint-Paul-de-Baïse 32 295 H 2
Saint-Paul-de-Fenouillet 66 338 A 4
Saint-Paul-de-Fourques 27 35 H 4
Saint-Paul-de-Jarrat 09 336 B 3
Saint-Paul-de-Loubressac 46 278 B 2
Saint-Paul-de-Salers 15 244 C 3
Saint-Paul-de-Serre 24 240 B 3
Saint-Paul-de-Tartas 43 265 F 1
Saint-Paul-de-Varax 01 213 G 1
Saint-Paul-de-Varces 38 250 D 3
Saint-Paul-de-Vence 06 309 F 2
Saint-Paul-de-Vern 46 261 F 1
Saint-Paul-de-Vézelin 42 211 G 4
Saint-Paul-des-Landes 15 244 B 5
Saint-Paul-d'Espis 82 277 E 3
Saint-Paul-d'Izeaux 38 232 B 5
Saint-Paul-d'Oueil 31 334 A 4
Saint-Paul-du-Bois 49 167 G 1
Saint-Paul-du-Vernay 14 32 D 4
Saint-Paul-d'Uzore 42 229 G 1
Saint-Paul-en-Born 40 272 C 2
Saint-Paul-en-Chablais 74 198 C 3
Saint-Paul-en-Cornillon 42 230 A 4

Saint-Paul-en-Forêt 83 ... 308 C 4
Saint-Paul-en-Gâtine 79 ... 167 F 5
Saint-Paul-en-Jarez 42 ... 230 C 3
Saint-Paul-en-Pareds 85 ... 166 C 3
Saint-Paul-et-Valmalle 34 ... 302 C 4
Saint-Paul-Flaugnac 46 ... 277 H 2
Saint-Paul-la-Coste 30 ... 283 G 3
Saint-Paul-la-Roche 24 ... 223 E 4
Saint-Paul-le-Froid 48 ... 264 D 1
Saint-Paul-le-Gaultier 72 ... 83 F 5
Saint-Paul-le-Jeune 07 ... 283 H 1
Saint-Paul-lès-Dax 40 ... 292 D 3
Saint-Paul-les-Fonts 30 ... 284 D 4
Saint-Paul-lès-Monestier 38 ... 250 D 4
Saint-Paul-lès-Romans 26 ... 249 H 3
Saint-Paul-lez-Durance 13 ... 306 C 3
Saint-Paul-Lizonne 24 ... 221 G 5
Saint-Paul-Mont-Penit 85 ... 165 F 3
Saint-Paul-sur-Isère 73 ... 234 B 2
Saint-Paul-sur-Risle 27 ... 35 F 3
Saint-Paul-sur-Save 31 ... 297 G 3
Saint-Paul-sur-Ubaye 04 ... 271 E 3
Saint-Paul-Trois-Châteaux 26 ... 285 E 1
Saint-Paulet 11 ... 318 D 3
Saint-Paulet-de-Caisson 30 ... 284 D 2
Saint-Paulien 43 ... 247 E 2
Saint-Pavace 72 ... 107 H 4
Saint-Pé-d'Ardet 31 ... 334 B 2
Saint-Pé-de-Bigorre 65 ... 332 C 1
Saint-Pé-de-Léren 64 ... 292 D 5
Saint-Pé-Delbosc 31 ... 316 B 4
Saint-Pé-Saint-Simon 47 ... 275 E 5
Saint-Pée-sur-Nivelle 64 ... 310 C 4
Saint-Pellerin 28 ... 109 G 4
Saint-Pellerin 50 ... 32 A 3
Saint-Péran 35 ... 103 G 3
Saint-Péravy-Épreux 45 ... 111 E 2
Saint-Péravy-la-Colombe 45 ... 110 C 5
Saint-Péray 07 ... 249 F 4
Saint-Perdon 40 ... 293 H 1
Saint-Perdoux 24 ... 258 B 2
Saint-Perdoux 46 ... 261 F 3
Saint-Père 35 ... 50 C 5
Saint-Père 58 ... 156 A 2
Saint-Père 89 ... 157 G 2
Saint-Père-en-Retz 44 ... 146 D 4
Saint-Père-sur-Loire 45 ... 134 A 3
Saint-Péreuse 58 ... 175 H 1
Saint-Pern 35 ... 103 H 1
Saint-Perreux 56 ... 125 G 3
Saint-Péver 22 ... 77 H 2
Saint-Pey-d'Armens 33 ... 238 C 5
Saint-Pey-de-Castets 33 ... 256 D 1
Saint-Phal 10 ... 114 D 3
Saint-Philbert-de-Bouaine 85 ... 165 G 1
Saint-Philbert-de-Grand-Lieu 44 ... 165 G 1
Saint-Philbert-des-Champs 14 ... 34 D 4
Saint-Philbert-du-Peuple 49 ... 150 C 2
Saint-Philbert-du-Pont-Charrault 85 ... 166 C 5
Saint-Philbert-en-Mauges 49 ... 148 C 5
Saint-Philbert-sur-Boissey 27 ... 35 G 4
Saint-Philbert-sur-Orne 61 ... 53 G 3
Saint-Philbert-sur-Risle 27 ... 35 F 3
Saint-Philibert 21 ... 160 A 4
Saint-Philibert 56 ... 124 A 4
Saint-Philibert-d'Entremont 38 ... 233 E 4
Saint-Philippe-d'Aiguille 33 ... 238 D 5
Saint-Philippe-du-Seignal 33 ... 257 F 1
Saint-Piat 28 ... 86 B 3
Saint-Pierre 04 ... 289 G 5
Saint-Pierre 15 ... 226 B 5
Saint-Pierre 31 ... 298 B 4
Saint-Pierre 39 ... 197 E 1
Saint-Pierre 51 ... 62 A 2
Saint-Pierre 67 ... 97 F 3
Saint-Pierre-à-Arnes 08 ... 42 B 3
Saint-Pierre-à-Champ 79 ... 167 H 1
Saint-Pierre-à-Gouy 80 ... 22 A 1
Saint-Pierre-Aigle 02 ... 40 A 3
Saint-Pierre-Avez 05 ... 287 E 2
Saint-Pierre-Azif 14 ... 34 B 3
Saint-Pierre-Bellevue 23 ... 207 E 4
Saint-Pierre-Bénouville 76 ... 20 A 3
Saint-Pierre-Bois 67 ... 97 E 4
Saint-Pierre-Brouck 59 ... 3 F 3
Saint-Pierre-Canivet 14 ... 53 H 2
Saint-Pierre-Chérignat 23 ... 206 C 3
Saint-Pierre-Colamine 63 ... 227 G 3
Saint-Pierre-d'Albigny 73 ... 233 H 2
Saint-Pierre-d'Allevard 38 ... 233 G 4
Saint-Pierre-d'Alvey 73 ... 232 D 1
Saint-Pierre-d'Amilly 17 ... 201 G 1
Saint-Pierre-d'Argençon 05 ... 268 D 4
Saint-Pierre-d'Arthéglise 50 ... 28 D 5
Saint-Pierre-d'Aubézies 32 ... 295 F 4
Saint-Pierre-d'Aurillac 33 ... 256 C 3
Saint-Pierre-d'Autils 27 ... 36 D 5
Saint-Pierre-de-Bailleul 27 ... 36 D 5
Saint-Pierre-de-Bat 33 ... 256 B 2
Saint-Pierre-de-Belleville 73 ... 233 H 3
Saint-Pierre-de-Bœuf 42 ... 231 E 4
Saint-Pierre-de-Bressieux 38 ... 232 A 5
Saint-Pierre-de-Buzet 47 ... 275 F 2
Saint-Pierre-de-Caubel 47 ... 258 B 5
Saint-Pierre-de-Cernières 27 ... 55 E 2
Saint-Pierre-de-Chandieu 69 ... 231 G 2
Saint-Pierre-de-Chartreuse 38 ... 233 E 5
Saint-Pierre-de-Chérennes 38 ... 250 B 2
Saint-Pierre-de-Chevillé 72 ... 130 B 4
Saint-Pierre-de-Chignac 24 ... 240 D 3
Saint-Pierre-de-Clairac 47 ... 276 C 3
Saint-Pierre-de-Côle 24 ... 222 D 5
Saint-Pierre-de-Colombier 07 ... 266 A 2
Saint-Pierre-de-Cormeilles 27 ... 35 E 4
Saint-Pierre-de-Coutances 50 ... 51 G 1
Saint-Pierre-de-Curtille 73 ... 215 E 5
Saint-Pierre-de-Frugie 24 ... 223 E 3
Saint-Pierre-de-Fursac 23 ... 206 B 1
Saint-Pierre-de-Genebroz 73 ... 232 D 3
Saint-Pierre-de-Jards 36 ... 172 B 1
Saint-Pierre-de-Juillers 17 ... 202 B 3
Saint-Pierre-de-la-Fage 34 ... 302 A 2
Saint-Pierre-de-Lages 31 ... 298 B 5
Saint-Pierre-de-Lamps 36 ... 171 F 2
Saint-Pierre-de-l'Ile 17 ... 201 H 2
Saint-Pierre-de-Maillé 86 ... 170 A 5
Saint-Pierre-de-Mailloc 14 ... 54 D 1
Saint-Pierre-de-Manneville 76 ... 36 A 2
Saint-Pierre-de-Méaroz 38 ... 251 E 5
Saint-Pierre-de-Mésage 38 ... 251 E 3
Saint-Pierre-de-Mézoargues 13 ... 304 B 1
Saint-Pierre-de-Mons 33 ... 256 B 4
Saint-Pierre-de-Nogaret 48 ... 263 H 5
Saint-Pierre-de-Plesguen 35 ... 79 H 4
Saint-Pierre-de-Rivière 09 ... 336 A 3
Saint-Pierre-de-Salerne 27 ... 35 F 4
Saint-Pierre-de-Semilly 50 ... 32 B 5
Saint-Pierre-de-Soucy 73 ... 233 G 3
Saint-Pierre-de-Trivisy 81 ... 300 A 3
Saint-Pierre-de-Varengeville 76 ... 36 A 1
Saint-Pierre-de-Varennes 71 ... 177 E 3
Saint-Pierre-de-Vassols 84 ... 285 H 4
Saint-Pierre-dels-Forcats 66 ... 341 G 4
Saint-Pierre-d'Entremont 38 ... 233 E 4
Saint-Pierre-d'Entremont 61 ... 53 E 3
Saint-Pierre-d'Entremont 73 ... 233 E 4
Saint-Pierre-des-Bois 72 ... 107 E 5
Saint-Pierre-des-Champs 11 ... 338 B 2
Saint-Pierre-des-Corps 37 ... 152 A 2
Saint-Pierre-des-Échaubrognes 79 ... 167 E 1
Saint-Pierre-des-Fleurs 27 ... 36 A 4
Saint-Pierre-des-Ifs 14 ... 34 C 5
Saint-Pierre-des-Ifs 27 ... 35 F 3
Saint-Pierre-des-Jonquières 76 ... 20 D 2
Saint-Pierre-des-Landes 53 ... 81 G 5
Saint-Pierre-des-Loges 61 ... 55 E 4
Saint-Pierre-des-Nids 53 ... 83 F 4
Saint-Pierre-des-Ormes 72 ... 84 A 5
Saint-Pierre-des-Tripiers 48 ... 282 A 3
Saint-Pierre-d'Exideuil 86 ... 203 G 1
Saint-Pierre-d'Extravache 73 ... 253 E 1
Saint-Pierre-d'Eyraud 24 ... 257 G 1
Saint-Pierre-d'Irube 64 ... 292 A 5
Saint-Pierre-d'Oléron 17 ... 200 B 3
Saint-Pierre-du-Bosguérard 27 ... 35 H 4
Saint-Pierre-du-Bû 14 ... 53 H 3
Saint-Pierre-du-Champ 43 ... 247 F 1
Saint-Pierre-du-Chemin 85 ... 167 F 5
Saint-Pierre-du-Fresne 14 ... 52 D 1
Saint-Pierre-du-Jonquet 14 ... 34 A 4
Saint-Pierre-du-Lorouër 72 ... 130 C 3
Saint-Pierre-du-Mesnil 27 ... 55 F 2
Saint-Pierre-du-Mont 14 ... 32 C 2
Saint-Pierre-du-Mont 40 ... 294 A 1
Saint-Pierre-du-Mont 58 ... 157 E 2
Saint-Pierre-du-Palais 17 ... 238 C 2
Saint-Pierre-du-Perray 91 ... 88 A 2
Saint-Pierre-du-Regard 61 ... 53 F 3
Saint-Pierre-du-Val 27 ... 34 D 2
Saint-Pierre-du-Vauvray 27 ... 36 C 4
Saint-Pierre-Église 50 ... 29 G 2
Saint-Pierre-en-Faucigny 74 ... 216 A 1
Saint-Pierre-en-Port 76 ... 19 E 2
Saint-Pierre-en-Val 76 ... 10 D 4
Saint-Pierre-en-Vaux 21 ... 177 E 1
Saint-Pierre-es-Champs 60 ... 37 F 2
Saint-Pierre-Eynac 43 ... 247 G 3
Saint-Pierre-la-Bourlhonne 63 ... 229 E 1
Saint-Pierre-la-Bruyère 61 ... 84 D 5
Saint-Pierre-la-Cour 53 ... 105 G 3
Saint-Pierre-la-Garenne 27 ... 36 D 5
Saint-Pierre-la-Noaille 42 ... 211 G 1
Saint-Pierre-la-Palud 69 ... 212 C 5
Saint-Pierre-la-Rivière 61 ... 54 C 3
Saint-Pierre-la-Roche 07 ... 266 D 3
Saint-Pierre-la-Vieille 14 ... 53 E 2
Saint-Pierre-Lafeuille 46 ... 260 B 4
Saint-Pierre-Langers 50 ... 51 G 3
Saint-Pierre-Laval 03 ... 211 E 1
Saint-Pierre-Lavis 76 ... 19 F 4
Saint-Pierre-la-Mer 11 ... 321 G 5
Saint-Pierre-le-Bost 23 ... 190 A 3
Saint-Pierre-le-Chastel 63 ... 209 F 5
Saint-Pierre-le-Déchausselat 07 ... 265 H 5
Saint-Pierre-le-Moûtier 58 ... 174 C 4
Saint-Pierre le Potier 53 ... 106 A 4
Saint-Pierre-le-Vieux 48 ... 264 A 1
Saint-Pierre-le-Vieux 71 ... 194 C 5
Saint-Pierre-le-Vieux 76 ... 19 H 2
Saint-Pierre-le-Vieux 85 ... 184 B 3
Saint-Pierre-le-Viger 76 ... 19 H 2
Saint-Pierre-les-Aubagne 13 ... 327 F 2
Saint-Pierre-lès-Bitry 60 ... 39 H 2
Saint-Pierre-les-Bois 18 ... 190 A 1
Saint-Pierre-lès-Elbeuf 76 ... 36 A 4
Saint-Pierre-les-Étieux 18 ... 173 G 5
Saint-Pierre-lès-Franqueville 02 ... 25 E 2
Saint-Pierre-lès-Nemours 77 ... 112 B 2
Saint-Pierre-Montlimart 49 ... 148 C 3
Saint-Pierre-Quiberon 56 ... 123 H 5
Saint-Pierre-Roche 63 ... 227 F 1
Saint-Pierre-sur-Dives 14 ... 54 A 1
Saint-Pierre-sur-Doux 07 ... 248 B 2
Saint-Pierre-sur-Dropt 47 ... 257 F 3
Saint-Pierre-sur-Erve 53 ... 106 C 4
Saint-Pierre-sur-Orthe 53 ... 107 E 2
Saint-Pierre-sur-Vence 08 ... 26 D 4
Saint-Pierre-Tarentaine 14 ... 52 D 2
Saint-Pierre-Toirac 46 ... 261 F 4
Saint-Pierremont 02 ... 25 F 3
Saint-Pierremont 08 ... 43 F 1
Saint-Pierremont 88 ... 95 G 3
Saint-Pierreville 07 ... 266 C 1
Saint-Pierrevillers 55 ... 44 D 3
Saint-Plaisir 03 ... 191 G 1
Saint-Plancard 31 ... 316 A 5
Saint-Planchers 50 ... 51 F 3
Saint-Plantaire 36 ... 189 E 3
Saint-Point 71 ... 194 C 4
Saint-Point-Lac 25 ... 180 C 3
Saint-Pois 50 ... 52 B 4
Saint-Poix 53 ... 105 G 5
Saint-Pol-de-Léon 29 ... 71 G 3
Saint-Pol-sur-Mer 59 ... 3 G 2
Saint-Pol-sur-Ternoise 62 ... 7 G 5
Saint-Polgues 42 ... 211 F 4
Saint-Polycarpe 11 ... 337 G 2
Saint-Pompain 79 ... 184 C 3
Saint-Pompon 24 ... 259 F 2
Saint-Poncy 15 ... 245 H 2
Saint-Pons 04 ... 270 D 5
Saint-Pons 07 ... 266 D 3
Saint-Pons Parc de 13 ... 327 G 2
Saint-Pons-de-Mauchiens 34 ... 302 A 5
Saint-Pons-de-Thomières 34 ... 320 C 2
Saint-Pons-la-Calm 30 ... 284 D 4
Saint-Pont 03 ... 210 A 1
Saint-Porchaire 17 ... 201 E 4
Saint-Porquier 82 ... 277 F 5
Saint-Pôtan 22 ... 79 F 3
Saint-Pouange 10 ... 114 D 2
Saint-Pourçain-sur-Besbre 03 ... 192 D 3
Saint-Pourçain-sur-Sioule 03 ... 192 A 4
Saint-Prancher 88 ... 94 C 4
Saint-Préjet-Armandon 43 ... 246 C 1
Saint-Préjet-d'Allier 43 ... 246 D 5
Saint-Prest 28 ... 86 B 3
Saint-Preuil 16 ... 220 C 2
Saint-Priest 07 ... 266 C 2
Saint-Priest 23 ... 208 B 2
Saint-Priest 69 ... 231 F 1
Saint-Priest-Bramefant 63 ... 210 B 3
Saint-Priest-d'Andelot 03 ... 209 H 2
Saint-Priest-de-Gimel 19 ... 243 E 1
Saint-Priest-des-Champs 63 ... 209 E 3
Saint-Priest-en-Jarez 42 ... 230 B 4
Saint-Priest-en-Murat 03 ... 191 F 4
Saint-Priest-la-Feuille 23 ... 206 C 1
Saint-Priest-la-Marche 18 ... 190 A 3
Saint-Priest-la-Plaine 23 ... 206 C 1
Saint-Priest-la-Prugne 42 ... 211 E 3
Saint-Priest-la-Roche 42 ... 211 G 4
Saint-Priest-la-Vêtre 42 ... 211 E 5
Saint-Priest-le-Betoux 87 ... 205 G 1
Saint-Priest-les-Fougères 24 ... 223 E 3
Saint-Priest-Ligoure 87 ... 223 H 2
Saint-Priest-Palus 23 ... 206 C 4
Saint-Priest-sous-Aixe 87 ... 205 F 5
Saint-Priest-Taurion 87 ... 205 H 4
Saint-Prim 38 ... 231 E 4
Saint-Privat 07 ... 266 B 3
Saint-Privat 19 ... 243 G 3
Saint-Privat 34 ... 301 H 3
Saint-Privat-d'Allier 43 ... 246 D 4
Saint-Privat-de-Champclos 30 ... 284 B 2
Saint-Privat-de-Vallongue 48 ... 283 F 2
Saint-Privat-des-Prés 24 ... 239 F 1
Saint-Privat-des-Vieux 30 ... 283 H 3
Saint-Privat-du-Dragon 43 ... 246 B 2
Saint-Privat-du-Fau 48 ... 246 B 5
Saint-Privat-la-Montagne 57 ... 45 G 5
Saint-Privé 71 ... 177 F 5
Saint-Privé 89 ... 135 F 4
Saint-Prix 03 ... 192 D 5
Saint-Prix 07 ... 248 C 4
Saint-Prix 71 ... 176 B 2
Saint-Prix 95 ... 58 B 1
Saint-Prix-lès-Arnay 21 ... 159 E 5
Saint-Projet 15 ... 262 B 3
Saint-Projet 46 ... 260 B 2
Saint-Projet 82 ... 278 D 2
Saint-Projet-de-Salers 15 ... 244 C 3
Saint-Projet-Saint-Constant 16 ... 221 G 1
Saint-Prouant 85 ... 166 D 4
Saint-Pryvé-Saint-Mesmin 45 ... 133 E 2
Saint-Puy 32 ... 296 A 1
Saint-Python 59 ... 14 D 3
Saint-Quantin-de-Rançanne 17 ... 219 G 3
Saint-Quay-Perros 22 ... 72 C 2
Saint-Quay-Portrieux 22 ... 73 H 4
Saint-Quentin 02 ... 24 B 2
Saint-Quentin-au-Bosc 76 ... 10 C 5
Saint-Quentin-de-Baron 33 ... 256 B 1
Saint-Quentin-de-Blavou 61 ... 84 B 3
Saint-Quentin-de-Caplong 33 ... 257 E 1
Saint-Quentin-de-Chalais 16 ... 239 E 1
Saint-Quentin-des-Isles 27 ... 55 F 1
Saint-Quentin-des-Prés 60 ... 37 G 1
Saint-Quentin-du-Dropt 47 ... 258 B 2
Saint-Quentin-en-Mauges 49 ... 148 D 3
Saint-Quentin-en-Tourmont 80 ... 11 E 1
Saint-Quentin-en-Yvelines 78 ... 57 H 4
Saint-Quentin-Fallavier 38 ... 231 G 2
Saint-Quentin-la-Chabanne 23 ... 207 G 4
Saint-Quentin-la-Motte-Croix-au-Bailly 80 ... 10 D 4
Saint-Quentin-la-Poterie 30 ... 284 C 4
Saint-Quentin-la-Tour 09 ... 336 D 2
Saint-Quentin-le-Petit 08 ... 25 G 5
Saint-Quentin-le-Verger 51 ... 90 B 2
Saint-Quentin-les-Anges 53 ... 128 A 3
Saint-Quentin-lès-Beaurepaire 49 ... 129 F 5
Saint-Quentin-les-Chardonnets 61 ... 52 D 4
Saint-Quentin-les-Marais 51 ... 62 D 4
Saint-Quentin-lès-Troo 41 ... 131 E 3
Saint-Quentin-sur-Charente 16 ... 204 C 5
Saint-Quentin-sur-Coole 51 ... 62 A 3
Saint-Quentin-sur-Indrois 37 ... 152 C 4
Saint-Quentin-sur-Isère 38 ... 232 C 5
Saint-Quentin-sur-le-Homme 50 ... 51 H 5
Saint-Quentin-sur-Nohain 58 ... 156 B 3
Saint-Quentin-sur-Sauxillanges 63 ... 228 B 3
Saint-Quintin-sur-Sioule 63 ... 209 G 2
Saint-Quirc 09 ... 318 A 4
Saint-Quirin 57 ... 96 C 1
Saint-Rabier 24 ... 241 F 2
Saint-Racho 71 ... 194 A 5
Saint-Rambert-d'Albon 26 ... 249 E 1
Saint-Rambert-en-Bugey 01 ... 214 B 3
Saint-Rambert-l'Ile-Barbe 69 ... 213 E 5
Saint-Raphaël 24 ... 241 F 1
Saint-Raphaël 83 ... 329 H 1
Saint-Régis-du-Coin 42 ... 248 B 1
Saint-Règle 37 ... 152 C 2
Saint-Remèze 07 ... 284 C 1
Saint-Remimont 54 ... 95 E 2
Saint-Remimont 88 ... 94 B 5
Saint-Rémy 01 ... 195 H 5
Saint-Rémy 12 ... 279 F 1
Saint-Rémy 14 ... 53 F 2
Saint-Rémy 19 ... 225 H 2
Saint-Rémy 21 ... 137 G 5
Saint-Rémy 24 ... 239 F 4
Saint-Remy 70 ... 141 E 2
Saint-Rémy 71 ... 177 H 4
Saint-Rémy 79 ... 184 D 3
Saint-Remy 88 ... 96 A 4
Saint-Rémy-au-Bois 62 ... 6 C 5
Saint-Rémy-aux-Bois 54 ... 95 F 3
Saint-Rémy-Blanzy 02 ... 40 B 4
Saint-Rémy-Boscrocourt 76 ... 10 D 4
Saint-Remy-Chaussée 59 ... 15 G 3
Saint-Rémy-de-Blot 63 ... 209 F 2
Saint-Rémy-de-Chargnat 63 ... 228 A 3
Saint-Rémy-de-Chaudes-Aigues 15 ... 263 G 2
Saint-Rémy-de-Maurienne 73 ... 233 H 4
Saint-Rémy-de-Provence 13 ... 304 D 2
Saint-Rémy-de-Salers 15 ... 244 C 3
Saint-Rémy-de-Sillé 72 ... 107 F 2
Saint-Rémy-des-Landes 50 ... 31 F 3
Saint-Rémy-des-Monts 72 ... 84 A 5
Saint-Remy-du-Nord 59 ... 15 G 3
Saint-Rémy-du-Plain 35 ... 80 C 4
Saint-Rémy-du-Val 72 ... 83 H 5
Saint-Remy-en-Bouzemont-Saint-Genest-et-Isson 51 ... 62 D 5
Saint-Remy-en-l'Eau 60 ... 38 C 1
Saint-Rémy-en-Mauges 49 ... 148 C 3
Saint-Rémy-en-Montmorillon 86 ... 187 G 5
Saint-Rémy-en-Rollat 03 ... 210 B 1
Saint-Remy-la-Calonne 55 ... 64 D 2
Saint-Rémy-la-Vanne 77 ... 60 A 4
Saint-Rémy-la-Varenne 49 ... 150 A 2
Saint-Remy-le-Petit 08 ... 42 A 2
Saint-Rémy-lès-Chevreuse 78 ... 58 A 5
Saint-Rémy-l'Honoré 78 ... 57 G 4
Saint-Remy-sous-Barbuise 10 ... 91 E 3
Saint-Remy-sous-Broyes 51 ... 61 E 5
Saint-Rémy-sur-Avre 28 ... 56 C 4
Saint-Remy-sur-Bussy 51 ... 62 C 1
Saint-Rémy-sur-Creuse 86 ... 169 H 2
Saint-Rémy-sur-Durolle 63 ... 210 C 4
Saint-Renan 29 ... 74 D 2
Saint-René 22 ... 78 C 3
Saint-Restitut 26 ... 285 E 1
Saint-Révérend 85 ... 165 E 4
Saint-Révérien 58 ... 157 F 4
Saint-Rieul 22 ... 79 E 4
Saint-Rigomer-des-Bois 72 ... 83 H 4
Saint-Rimay 41 ... 131 F 3
Saint-Riquier 80 ... 11 H 3
Saint-Riquier-en-Rivière 76 ... 21 E 2
Saint-Riquier-ès-Plains 76 ... 19 G 2
Saint-Rirand 42 ... 211 E 2
Saint-Rivoal 29 ... 76 A 3
Saint-Robert 19 ... 241 H 1
Saint-Robert 47 ... 276 C 2
Saint-Roch 37 ... 151 G 2
Saint-Roch-sur-Égrenne 61 ... 82 A 2
Saint-Rogatien 17 ... 200 C 1
Saint-Romain 16 ... 239 F 1
Saint-Romain 21 ... 177 G 2
Saint-Romain 63 ... 229 F 3
Saint-Romain 86 ... 186 C 5
Saint-Romain Mont 71 ... 194 D 2
Saint-Romain-au-Mont-d'Or 69 ... 213 E 4
Saint-Romain-d'Ay 07 ... 248 D 2
Saint-Romain-de-Benet 17 ... 219 E 1
Saint-Romain-de-Colbosc 76 ... 18 D 5
Saint-Romain-de-Jalionas 38 ... 213 H 5
Saint-Romain-de-Lerps 07 ... 249 E 4
Saint-Romain-de-Monpazier 24 ... 258 D 2
Saint-Romain-de-Popey 69 ... 212 C 4
Saint-Romain-de-Surieu 38 ... 231 F 4
Saint-Romain-des-Iles 71 ... 213 E 1
Saint-Romain-d'Urfé 42 ... 211 E 4
Saint-Romain-en-Gal 69 ... 231 E 3
Saint-Romain-en-Gier 69 ... 230 D 2
Saint-Romain-en-Jarez 42 ... 230 C 3
Saint-Romain-en-Viennois 84 ... 285 H 2
Saint-Romain-et-Saint-Clément 24 ... 222 D 4
Saint-Romain-la-Motte 42 ... 211 F 2
Saint-Romain-la-Virvée 33 ... 237 H 4
Saint-Romain-Lachalm 43 ... 248 A 1
Saint-Romain-le-Noble 47 ... 276 C 3
Saint-Romain-le-Preux 89 ... 113 G 5
Saint-Romain-le-Puy 42 ... 229 H 3
Saint-Romain-les-Atheux 42 ... 230 B 5
Saint-Romain-sous-Gourdon 71 ... 194 B 1
Saint-Romain-sous-Versigny 71 ... 193 H 1
Saint-Romain-sur-Cher 41 ... 153 F 3
Saint-Romain-sur-Gironde 17 ... 219 F 4
Saint-Roman 26 ... 268 B 2
Saint-Roman Abbaye de 30 ... 304 B 2
Saint-Roman-de-Bellet 06 ... 309 G 2
Saint-Roman-de-Codières 30 ... 283 E 5
Saint-Roman-de-Malegarde 84 ... 285 G 2
Saint-Romans 38 ... 250 A 2
Saint-Romans-des-Champs 79 ... 185 E 5
Saint-Romans-lès-Melle 79 ... 185 F 5
Saint-Rome 31 ... 318 B 3
Saint-Rome-de-Cernon 12 ... 281 G 5
Saint-Rome-de-Dolan 48 ... 282 A 2
Saint-Rome-de-Tarn 12 ... 281 F 5
Saint-Romphaire 50 ... 52 B 1
Saint-Rouin Ermitage de 55 ... 63 F 1
Saint-Rustice 31 ... 297 H 2
Saint-Saëns 76 ... 20 C 4
Saint-Saire 76 ... 21 E 4
Saint-Salvadou 12 ... 279 G 2
Saint-Salvadour 19 ... 224 D 5
Saint-Salvi-de-Carcavès 81 ... 300 B 2
Saint-Salvy 47 ... 275 H 2
Saint-Salvy-de-la-Balme 81 ... 299 H 5
Saint-Samson 14 ... 34 A 4
Saint-Samson 53 ... 83 E 3
Saint-Samson-de-Bonfossé 50 ... 32 A 5
Saint-Samson-de-la-Roque 27 ... 35 E 2

A B C D E F G H I J K L M N O P Q R S T U V W X Y Z

Saint-Samson-la-Poterie 60 ... 21 F 5
Saint-Samson-sur-Rance 22 ... 79 G 3
Saint-Sandoux 63 ... 227 H 2
Saint-Santin 12 ... 261 H 3
Saint-Santin-Cantalès 15 ... 243 H 4
Saint-Santin-de-Maurs 15 ... 261 H 3
Saint-Sardos 47 ... 275 H 1
Saint-Sardos 82 ... 297 F 1
Saint-Sardos-de-Laurenque 47 ... 258 D 4
Saint-Satur 18 ... 156 A 3
Saint-Saturnin 15 ... 245 E 1
Saint-Saturnin 16 ... 221 E 1
Saint-Saturnin 18 ... 190 A 2
Saint-Saturnin 48 ... 282 A 1
Saint-Saturnin 51 ... 90 C 2
Saint-Saturnin 63 ... 227 H 2
Saint-Saturnin 72 ... 107 G 4
Saint-Saturnin-de-Lenne 12 ... 263 G 5
Saint-Saturnin-de-Lucian 34 ... 302 A 4
Saint-Saturnin-du-Bois 17 ... 201 G 1
Saint-Saturnin-du-Limet 53 ... 127 G 2
Saint-Saturnin-lès-Apt 84 ... 286 B 5
Saint-Saturnin-lès-Avignon 84 ... 285 G 5
Saint-Saturnin-sur-Loire 49 ... 149 H 2
Saint-Saud-Lacoussière 24 ... 222 D 3
Saint-Sauflieu 80 ... 22 B 3
Saint-Saulge 58 ... 175 F 1
Saint-Saulve 59 ... 9 G 5
Saint-Saury 15 ... 261 G 1
Saint-Sauvant 17 ... 201 H 5
Saint-Sauvant 86 ... 185 H 4
Saint-Sauves-d'Auvergne 63 ... 226 D 2
Saint-Sauveur 05 ... 270 C 3
Saint-Sauveur 21 ... 160 D 2
Saint-Sauveur 29 ... 76 A 2
Saint-Sauveur 31 ... 297 H 3
Saint-Sauveur 33 ... 237 E 1
Saint-Sauveur 38 ... 250 A 2
Saint-Sauveur 54 ... 96 B 2
Saint-Sauveur 60 ... 39 F 3
Saint-Sauveur 70 ... 141 G 2
Saint-Sauveur 79 ... 167 H 3
Saint-Sauveur 80 ... 22 B 1
Saint-Sauveur *Chapelle* 64 ... 330 D 2
Saint-Sauveur-Camprieu 30 ... 282 C 4
Saint-Sauveur-d'Aunis 17 ... 183 H 5
Saint-Sauveur-de-Bergerac 24 ... 240 B 5
Saint-Sauveur-de-Carrouges 61 ... 83 F 2
Saint-Sauveur-de-Chaulieu 50 ... 52 C 4
Saint-Sauveur-de-Cruzières 07 ... 284 A 2
Saint-Sauveur-de-Flée 49 ... 128 A 3
Saint-Sauveur-de-Ginestoux 48 ... 264 D 2
Saint-Sauveur-de-Landemont 49 ... 148 B 3
Saint-Sauveur-de-Meilhan 47 ... 256 D 5
Saint-Sauveur-de-Montagut 07 ... 266 C 1
Saint-Sauveur-de-Peyre 48 ... 264 A 3
Saint-Sauveur-de-Pierrepont 50 ... 31 F 2
Saint-Sauveur-de-Puynormand 33 ... 238 D 4
Saint-Sauveur-d'Émalleville 76 ... 18 D 5
Saint-Sauveur-des-Landes 35 ... 81 E 4
Saint-Sauveur-en-Diois 26 ... 267 H 2
Saint-Sauveur-en-Puisaye 89 ... 135 G 5
Saint-Sauveur-en-Rue 42 ... 248 C 1
Saint-Sauveur-Gouvernet 26 ... 286 B 1
Saint-Sauveur-la-Pommeraye 50 ... 51 G 3
Saint-Sauveur-la-Sagne 63 ... 228 D 5
Saint-Sauveur-la-Vallée 46 ... 260 C 3
Saint-Sauveur-Lalande 24 ... 239 F 4
Saint-Sauveur-le-Vicomte 50 ... 31 G 2
Saint-Sauveur-Lendelin 50 ... 31 G 4
Saint-Sauveur-les-Bains 65 ... 333 E 4
Saint-Sauveur-lès-Bray 77 ... 89 F 4
Saint-Sauveur-Levasville 28 ... 85 H 2
Saint-Sauveur-sur-École 77 ... 88 A 3
Saint-Sauveur-sur-Tinée 06 ... 289 H 3
Saint-Sauvier 03 ... 190 B 4
Saint-Sauvy 32 ... 296 D 3
Saint-Savin 33 ... 237 H 2
Saint-Savin 38 ... 232 A 2
Saint-Savin 65 ... 332 D 2
Saint-Savin 86 ... 187 F 2
Saint-Savinien 17 ... 201 F 4
Saint-Saviol 86 ... 203 G 1
Saint-Savournin 13 ... 327 F 1
Saint-Sébastien 23 ... 188 D 4
Saint-Sébastien 38 ... 251 E 5
Saint-Sébastien *Chapelle* 29 ... 75 H 4
Saint-Sébastien-d'Aigrefeuille 30 ... 283 G 4
Saint-Sébastien-de-Morsent 27 ... 56 B 1
Saint-Sébastien-de-Raids 50 ... 31 H 4
Saint-Sébastien-sur-Loire 44 ... 147 H 4
Saint-Secondin 86 ... 186 D 4
Saint-Ségal 29 ... 75 H 4
Saint-Séglin 35 ... 103 G 5
Saint-Seine 58 ... 175 H 5
Saint-Seine-en-Bâche 21 ... 160 D 5
Saint-Seine-l'Abbaye 21 ... 159 G 2
Saint-Seine-sur-Vingeanne 21 ... 160 D 1
Saint-Selve 33 ... 255 G 2
Saint-Senier-de-Beuvron 50 ... 81 E 2
Saint-Senier-sous-Avranches 50 ... 51 H 4
Saint-Senoch 37 ... 170 B 1
Saint-Senoux 35 ... 104 A 5
Saint-Sériès 34 ... 303 F 3
Saint-Sernin 07 ... 266 B 4
Saint-Sernin 11 ... 318 C 5
Saint-Sernin 47 ... 257 F 2
Saint-Sernin-du-Bois 71 ... 177 E 3
Saint-Sernin-du-Plain 71 ... 177 F 3
Saint-Sernin-lès-Lavaur 81 ... 299 E 5
Saint-Sernin-sur-Rance 12 ... 300 B 1
Saint-Sérotin 89 ... 113 F 2
Saint-Servais 22 ... 77 E 3
Saint-Servais 29 ... 71 F 5
Saint-Servan-sur-Mer 35 ... 50 C 5
Saint-Servant 56 ... 102 C 5
Saint-Setiers 19 ... 225 G 1
Saint-Seurin-de-Bourg 33 ... 237 G 3
Saint-Seurin-de-Cadourne 33 ... 219 E 5
Saint-Seurin-de-Cursac 33 ... 237 F 2
Saint-Seurin-de-Palenne 17 ... 219 G 2
Saint-Seurin-de-Prats 24 ... 257 E 1
Saint-Seurin-d'Uzet 17 ... 219 E 3
Saint-Seurin-sur-l'Isle 33 ... 238 D 4
Saint-Sève 33 ... 256 D 3
Saint-Sever 40 ... 293 H 2
Saint-Sever-Calvados 14 ... 52 B 3
Saint-Sever-de-Rustan 65 ... 315 G 3
Saint-Sever-de-Saintonge 17 ... 219 H 1
Saint-Sever-du-Moustier 12 ... 300 C 3
Saint-Séverin 16 ... 221 F 5
Saint-Séverin-d'Estissac 24 ... 239 H 3
Saint-Séverin-sur-Boutonne 17 ... 201 H 2
Saint-Siffret 30 ... 284 C 5
Saint-Sigismond 45 ... 110 C 5
Saint-Sigismond 49 ... 148 D 1
Saint-Sigismond 74 ... 216 C 1
Saint-Sigismond 85 ... 184 B 4
Saint-Sigismond-de-Clermont 17 ... 219 G 4
Saint-Silvain-Bas-le-Roc 23 ... 190 A 4
Saint-Silvain-Bellegarde 23 ... 207 H 3
Saint-Silvain-Montaigut 23 ... 206 D 1
Saint-Silvain-sous-Toulx 23 ... 190 A 5
Saint-Siméon 27 ... 35 F 3
Saint-Siméon 61 ... 82 A 3
Saint-Siméon 77 ... 60 A 4
Saint-Siméon-de-Bressieux 38 ... 232 A 5
Saint-Simeux 16 ... 220 D 2
Saint-Simon 02 ... 24 A 3
Saint-Simon 15 ... 244 C 4
Saint-Simon 16 ... 220 D 2
Saint-Simon 46 ... 261 E 2
Saint-Simon-de-Bordes 17 ... 219 H 4
Saint-Simon-de-Pellouaille 17 ... 219 F 2
Saint-Sixt 74 ... 216 A 2
Saint-Sixte 42 ... 211 G 5
Saint-Sixte 47 ... 276 C 4
Saint-Solen 22 ... 79 H 4
Saint-Solve 19 ... 241 H 1
Saint-Sorlin 69 ... 230 D 2
Saint-Sorlin-d'Arves 73 ... 251 H 1
Saint-Sorlin-de-Conac 17 ... 219 F 5
Saint-Sorlin-de-Morestel 38 ... 232 B 2
Saint-Sorlin-de-Vienne 38 ... 231 F 3
Saint-Sorlin-en-Bugey 01 ... 214 A 4
Saint-Sorlin-en-Valloire 26 ... 231 F 5
Saint-Sornin 03 ... 191 G 3
Saint-Sornin 16 ... 221 H 1
Saint-Sornin 17 ... 200 D 5
Saint-Sornin 85 ... 182 D 2
Saint-Sornin-la-Marche 87 ... 205 E 1
Saint-Sornin-Lavolps 19 ... 223 H 5
Saint-Sornin-Leulac 87 ... 205 H 1
Saint-Soulan 32 ... 316 D 2
Saint-Souplet 59 ... 14 D 5
Saint-Souplet-sur-Py 51 ... 42 B 4
Saint-Soupplets 77 ... 59 F 1
Saint-Sozy 46 ... 242 C 5
Saint-Stail 88 ... 96 C 3
Saint-Suliac 35 ... 79 H 3
Saint-Sulpice 01 ... 195 G 4
Saint-Sulpice 46 ... 260 D 4
Saint-Sulpice 49 ... 149 H 2
Saint-Sulpice 53 ... 106 A 5
Saint-Sulpice 58 ... 174 D 1
Saint-Sulpice 60 ... 38 A 3
Saint-Sulpice 63 ... 226 D 2
Saint-Sulpice 70 ... 141 H 5
Saint-Sulpice 73 ... 233 E 2
Saint-Sulpice-d'Arnoult 17 ... 201 E 5
Saint-Sulpice-de-Cognac 16 ... 202 B 5
Saint-Sulpice-de-Faleyrens 33 ... 238 C 5
Saint-Sulpice-de-Favières 91 ... 87 G 3
Saint-Sulpice-de-Grimbouville 27 ... 35 E 2
Saint-Sulpice-de-Guilleragues 33 ... 257 E 3
Saint-Sulpice-de-Mareuil 24 ... 221 H 4
Saint-Sulpice-de-Pommeray 41 ... 132 A 5
Saint-Sulpice-de-Pommiers 33 ... 256 C 2
Saint-Sulpice-de-Roumagnac 24 ... 239 G 2
Saint-Sulpice-de-Royan 17 ... 218 D 1
Saint-Sulpice-de-Ruffec 16 ... 203 G 3
Saint-Sulpice-des-Landes 35 ... 126 C 3
Saint-Sulpice-des-Landes 44 ... 127 F 5
Saint-Sulpice-des-Rivoires 38 ... 232 C 3
Saint-Sulpice-d'Excideuil 24 ... 223 E 5
Saint-Sulpice-en-Pareds 85 ... 183 H 1
Saint-Sulpice-et-Cameyrac 33 ... 237 H 5
Saint-Sulpice-la-Forêt 35 ... 104 C 2
Saint-Sulpice-la-Pointe 81 ... 298 B 3
Saint-Sulpice-Laurière 87 ... 206 B 2
Saint-Sulpice-le-Dunois 23 ... 189 E 5
Saint-Sulpice-le-Guérétois 23 ... 207 E 1
Saint-Sulpice-le-Verdon 85 ... 165 H 2
Saint-Sulpice-les-Bois 19 ... 225 G 2
Saint-Sulpice-les-Champs 23 ... 207 F 3
Saint-Sulpice-les-Feuilles 87 ... 188 B 4
Saint-Sulpice-sur-Lèze 31 ... 317 H 4
Saint-Sulpice-sur-Risle 61 ... 55 F 4
Saint-Supplet 54 ... 44 D 3
Saint-Sylvain 14 ... 53 H 1
Saint-Sylvain 19 ... 243 E 2
Saint-Sylvain 76 ... 19 G 2
Saint-Sylvain-d'Anjou 49 ... 149 H 1
Saint-Sylvestre 07 ... 249 E 4
Saint-Sylvestre 74 ... 215 F 4
Saint-Sylvestre 87 ... 205 H 3
Saint-Sylvestre-Cappel 59 ... 3 H 5
Saint-Sylvestre-de-Cormeilles 27 ... 35 E 4
Saint-Sylvestre-Pragoulin 63 ... 210 B 2
Saint-Sylvestre-sur-Lot 47 ... 276 D 1
Saint-Symphorien 04 ... 287 G 2
Saint-Symphorien 18 ... 173 E 4
Saint-Symphorien 27 ... 35 E 3
Saint-Symphorien 33 ... 255 G 5
Saint-Symphorien 35 ... 80 A 5
Saint-Symphorien 37 ... 151 H 2
Saint-Symphorien 48 ... 264 D 1
Saint-Symphorien 72 ... 107 F 4
Saint-Symphorien 79 ... 184 D 5
Saint-Symphorien-d'Ancelles 71 ... 194 D 5
Saint-Symphorien-de-Lay 42 ... 211 H 3
Saint-Symphorien-de-Mahun 07 ... 248 C 2
Saint-Symphorien-de-Marmagne 71 ... 176 D 3
Saint-Symphorien-de-Thénières 12 ... 263 E 2
Saint-Symphorien-des-Bois 71 ... 194 A 4
Saint-Symphorien-des-Bruyères 61 ... 55 F 4
Saint-Symphorien-des-Monts 50 ... 81 G 2
Saint-Symphorien-d'Ozon 69 ... 231 E 2
Saint-Symphorien-le-Valois 50 ... 31 F 3
Saint-Symphorien-les-Buttes 50 ... 52 C 1
Saint-Symphorien-sous-Chomérac 07 ... 267 E 2
Saint-Symphorien-sur-Coise 69 ... 230 B 2
Saint-Symphorien-sur-Couze 87 ... 205 G 2
Saint-Symphorien-sur-Saône 21 ... 160 C 5
Saint-Thégonnec-Loc-Eguiner 29 ... 71 G 5
Saint-Thélo 22 ... 102 A 1
Saint-Théodorit 30 ... 303 F 1
Saint-Théoffrey 38 ... 251 E 4
Saint-Thibaud-de-Couz 73 ... 233 E 3
Saint-Thibault 10 ... 115 E 2
Saint-Thibault 18 ... 156 A 3
Saint-Thibault 21 ... 159 E 2
Saint-Thibault 60 ... 21 G 4
Saint-Thibault-des-Vignes 77 ... 59 E 3
Saint-Thibaut 02 ... 40 D 3
Saint-Thibéry 34 ... 322 C 4
Saint-Thiébaud 39 ... 179 H 2
Saint-Thiébault 52 ... 117 H 2
Saint-Thierry 51 ... 41 G 3
Saint-Thois 29 ... 76 A 5
Saint-Thomas 02 ... 41 E 1
Saint-Thomas 31 ... 297 F 5
Saint-Thomas *Col de* 42 ... 211 E 4
Saint-Thomas-de-Conac 17 ... 219 F 4
Saint-Thomas-de-Courceriers 53 ... 82 D 5
Saint-Thomas-en-Argonne 51 ... 43 E 4
Saint-Thomas-en-Royans 26 ... 250 A 3
Saint-Thomas-la-Garde 42 ... 229 G 3
Saint-Thomé 07 ... 266 D 4
Saint-Thonan 29 ... 70 D 5
Saint-Thual 35 ... 79 H 5
Saint-Thurial 35 ... 103 H 4
Saint-Thuriau 56 ... 101 H 3
Saint-Thurien 27 ... 35 F 2
Saint-Thurien 29 ... 100 C 3
Saint-Thurin 42 ... 211 F 5
Saint-Thyrse *Chapelle* 04 ... 308 A 1
Saint-Tricat 62 ... 2 C 3
Saint-Trimoël 22 ... 78 D 4
Saint-Trinit 84 ... 286 C 3
Saint-Trivier-de-Courtes 01 ... 195 G 2
Saint-Trivier-sur-Moignans 01 ... 213 F 2
Saint-Trojan 33 ... 237 G 3
Saint-Trojan-les-Bains 17 ... 200 B 4
Saint-Tropez 83 ... 329 G 2
Saint-Tugdual 56 ... 101 E 2
Saint-Tugen 29 ... 98 D 2
Saint-Ulphace 72 ... 108 D 3
Saint-Ulrich 68 ... 143 E 3
Saint-Uniac 35 ... 103 G 2
Saint-Urbain 29 ... 75 G 2
Saint-Urbain 85 ... 164 D 2
Saint-Urbain-sur-Marne 52 ... 93 E 4
Saint-Urcisse 47 ... 276 D 3
Saint-Urcisse 81 ... 298 B 1
Saint-Urcize 15 ... 263 G 2
Saint-Ursin 50 ... 51 G 3
Saint-Usage 10 ... 116 A 3
Saint-Usage 21 ... 160 C 5
Saint-Usuge 71 ... 178 C 5
Saint-Utin 51 ... 91 H 2
Saint-Uze 26 ... 249 F 2
Saint-Vaast-de-Longmont 60 ... 39 F 3
Saint-Vaast-d'Équiqueville 76 ... 20 C 2
Saint-Vaast-Dieppedalle 76 ... 19 G 3
Saint-Vaast-du-Val 76 ... 20 A 4
Saint-Vaast-en-Auge 14 ... 34 B 3
Saint-Vaast-en-Cambrésis 59 ... 14 C 3
Saint-Vaast-en-Chaussée 80 ... 22 B 1
Saint-Vaast-la-Hougue 50 ... 29 H 3
Saint-Vaast-lès-Mello 60 ... 38 C 4
Saint-Vaast-sur-Seulles 14 ... 33 E 5
Saint-Vaize 17 ... 201 G 5
Saint-Valbert 70 ... 142 B 3
Saint-Valentin 36 ... 172 A 2
Saint-Valérien 85 ... 183 H 2
Saint-Valérien 89 ... 113 E 3
Saint-Valery 60 ... 21 F 3
Saint-Valery-en-Caux 76 ... 19 G 2
Saint-Valery-sur-Somme 80 ... 11 F 2
Saint-Vallerin 71 ... 177 G 5
Saint-Vallier 16 ... 238 D 1
Saint-Vallier 26 ... 249 E 2
Saint-Vallier 71 ... 194 A 1
Saint-Vallier 88 ... 95 E 5
Saint-Vallier-de-Thiey 06 ... 308 D 2
Saint-Vallier-sur-Marne 52 ... 139 H 2
Saint-Varent 79 ... 168 A 3
Saint-Vaury 23 ... 206 D 1
Saint-Venant 62 ... 7 H 2
Saint-Venec *Chapelle* 29 ... 75 H 5
Saint-Vénérand 43 ... 246 D 5
Saint-Vérain 58 ... 156 B 1
Saint-Véran 05 ... 271 F 1
Saint-Vérand 38 ... 250 A 2
Saint-Vérand 69 ... 212 C 4
Saint-Vérand 71 ... 194 D 5
Saint-Vert 43 ... 228 C 5
Saint-Viance 19 ... 242 B 2
Saint-Viâtre 41 ... 154 B 1
Saint-Viaud 44 ... 146 D 3
Saint-Victeur 72 ... 83 G 5
Saint-Victor 03 ... 190 D 4
Saint-Victor 07 ... 248 D 3
Saint-Victor 15 ... 243 H 4
Saint-Victor 24 ... 239 H 1
Saint-Victor-de-Buthon 28 ... 85 F 4
Saint-Victor-de-Cessieu 38 ... 232 B 3
Saint-Victor-de-Chrétienville 27 ... 55 E 1
Saint-Victor-de-Malcap 30 ... 284 A 2
Saint-Victor-de-Morestel 38 ... 232 B 1
Saint-Victor-de-Réno 61 ... 84 D 3
Saint-Victor-d'Épine 27 ... 35 F 4
Saint-Victor-des-Oules 30 ... 284 C 4
Saint-Victor-en-Marche 23 ... 207 E 2
Saint-Victor-et-Melvieu 12 ... 281 F 5
Saint-Victor-la-Coste 30 ... 284 D 4
Saint-Victor-la-Rivière 63 ... 227 F 3
Saint-Victor-l'Abbaye 76 ... 20 B 4
Saint-Victor-Malescours 43 ... 248 A 1
Saint-Victor-Montvianeix 63 ... 210 D 4
Saint-Victor-Rouzaud 09 ... 336 A 1
Saint-Victor-sur-Arlanc 43 ... 229 E 5
Saint-Victor-sur-Avre 27 ... 55 H 5
Saint-Victor-sur-Loire 42 ... 230 A 4
Saint-Victor-sur-Ouche 21 ... 159 G 4
Saint-Victor-sur-Rhins 42 ... 212 A 3
Saint-Victoret 13 ... 326 C 1
Saint-Victour 19 ... 226 B 4
Saint-Victurnien 87 ... 205 E 4
Saint-Vidal 43 ... 247 E 3
Saint-Vigor 27 ... 56 C 1
Saint-Vigor-des-Mézerets 14 ... 53 E 2
Saint-Vigor-des-Monts 50 ... 52 B 2
Saint-Vigor-d'Ymonville 76 ... 34 D 1
Saint-Vigor-le-Grand 14 ... 33 E 3
Saint-Vincent 31 ... 318 C 2
Saint-Vincent 43 ... 247 F 2
Saint-Vincent 63 ... 227 H 3
Saint-Vincent 64 ... 314 C 5
Saint-Vincent 82 ... 278 B 3
Saint-Vincent-Bragny 71 ... 193 H 2
Saint-Vincent-Cramesnil 76 ... 34 D 1
Saint-Vincent-de-Barbeyrargues 34 ... 302 D 3
Saint-Vincent-de-Barrès 07 ... 267 E 3
Saint-Vincent-de-Boisset 42 ... 211 H 3
Saint-Vincent-de-Connezac 24 ... 239 H 2
Saint-Vincent-de-Cosse 24 ... 259 F 1
Saint-Vincent-de-Durfort 07 ... 266 D 1
Saint-Vincent-de-Lamontjoie 47 ... 275 H 4
Saint-Vincent-de-Mercuze 38 ... 233 F 4
Saint-Vincent-de-Paul 33 ... 237 H 4
Saint-Vincent-de-Paul 40 ... 293 E 2
Saint-Vincent-de-Pertignas 33 ... 256 C 1
Saint-Vincent-de-Reins 69 ... 212 B 2
Saint-Vincent-de-Salers 15 ... 244 C 2
Saint-Vincent-de-Tyrosse 40 ... 292 B 3
Saint-Vincent-des-Bois 27 ... 56 D 1
Saint-Vincent-des-Landes 44 ... 126 D 4
Saint-Vincent-des-Prés 71 ... 194 C 2
Saint-Vincent-des-Prés 72 ... 84 A 5
Saint-Vincent-d'Olargues 34 ... 300 D 5
Saint-Vincent-du-Boulay 27 ... 35 E 5
Saint-Vincent-du-Lorouër 72 ... 130 C 2
Saint-Vincent-du-Pendit 46 ... 261 E 1
Saint-Vincent-en-Bresse 71 ... 178 B 5
Saint-Vincent-Jalmoutiers 24 ... 239 F 2
Saint-Vincent-la-Châtre 79 ... 185 G 5
Saint-Vincent-la-Commanderie 26 ... 249 H 4
Saint-Vincent-le-Paluel 24 ... 241 G 5
Saint-Vincent-les-Forts 04 ... 270 B 4
Saint-Vincent-Lespinasse 82 ... 277 E 4
Saint-Vincent-Puymaufrais 85 ... 183 F 1
Saint-Vincent-Rive-d'Olt 46 ... 259 G 5
Saint-Vincent-Sterlanges 85 ... 166 C 4
Saint-Vincent-sur-Graon 85 ... 182 D 2
Saint-Vincent-sur-Jabron 04 ... 287 E 3
Saint-Vincent-sur-Jard 85 ... 182 C 3
Saint-Vincent-sur-l'Isle 24 ... 240 D 1
Saint-Vincent-sur-Oust 56 ... 125 G 3
Saint-Vinnemer 89 ... 137 F 2
Saint-Vit 25 ... 161 G 4
Saint-Vital 73 ... 234 A 1
Saint-Vite 47 ... 259 E 5
Saint-Vitte 18 ... 190 C 2
Saint-Vitte-sur-Briance 87 ... 224 C 2
Saint-Vivien 17 ... 200 D 2
Saint-Vivien 24 ... 239 E 5
Saint-Vivien-de-Blaye 33 ... 237 G 2
Saint-Vivien-de-Médoc 33 ... 218 C 4
Saint-Vivien-de-Monségur 33 ... 257 E 3
Saint-Voir 03 ... 192 C 3
Saint-Vougay 29 ... 71 F 4
Saint-Vrain 51 ... 63 E 5
Saint-Vrain 91 ... 87 H 3
Saint-Vran 22 ... 102 D 1
Saint-Vulbas 01 ... 214 A 4
Saint-Waast 59 ... 15 F 2
Saint-Wandrille-Rançon 76 ... 35 G 1
Saint-Witz 95 ... 58 D 1
Saint-Xandre 17 ... 183 F 5
Saint-Yaguen 40 ... 293 G 1
Saint-Yan 71 ... 193 G 3
Saint-Ybard 19 ... 224 B 4
Saint-Ybars 09 ... 317 H 5
Saint-Ylie 39 ... 178 D 1
Saint-Yon 91 ... 87 G 2
Saint-Yorre 03 ... 210 C 2
Saint-Yrieix-la-Montagne 23 ... 207 F 4
Saint-Yrieix-la-Perche 87 ... 223 G 3
Saint-Yrieix-le-Déjalat 19 ... 225 F 4
Saint-Yrieix-les-Bois 23 ... 207 F 2
Saint-Yrieix-sous-Aixe 87 ... 205 F 4
Saint-Yrieix-sur-Charente 16 ... 221 E 1
Saint-Ythaire 71 ... 194 C 1
Saint-Yvi 29 ... 100 A 3
Saint-Yvoine 63 ... 228 A 2
Saint-Yzan-de-Soudiac 33 ... 237 H 2
Saint-Yzans-de-Médoc 33 ... 219 E 5
Saint-Zacharie 83 ... 327 G 1

413

Sainte-Adresse 76 34 B 1
Sainte-Agathe 63 210 D 5
Sainte-Agathe-d'Aliermont 76 20 C 2
Sainte-Agathe-en-Donzy 42 212 A 5
Sainte-Agathe-la-Bouteresse 42 229 G 1
Sainte-Agnès 06 291 G 5
Sainte-Agnès 38 251 F 1
Sainte-Agnès 39 196 B 1
Sainte-Alauzie 46 277 H 2
Sainte-Alvère 24 240 D 5
Sainte-Anastasie 15 245 G 2
Sainte-Anastasie 30 303 H 1
Sainte-Anastasie-sur-Issole 83 328 C 2
Sainte-Anne 04 271 E 4
Sainte-Anne 25 180 A 2
Sainte-Anne 32 297 E 3
Sainte-Anne 41 131 G 3
Sainte-Anne-d'Auray 56 124 A 3
Sainte-Anne-d'Evenos 83 327 H 4
Sainte-Anne-du-Castellet 83 327 H 3
Sainte-Anne-la-Condamine 04 271 E 4
Sainte-Anne-la-Palud 29 75 G 5
Sainte-Anne-Saint-Priest 87 224 D 1
Sainte-Anne-sur-Brivet 44 146 D 1
Sainte-Anne-sur-Gervonde 38 231 H 3
Sainte-Anne-sur-Vilaine 35 126 B 3
Sainte-Aulde 77 60 A 2
Sainte-Aurence-Cazaux 32 315 H 3
Sainte-Austreberthe 62 7 E 5
Sainte-Austreberthe 76 20 A 5
Sainte-Avoye 56 124 A 3
Sainte-Barbe 57 46 B 5
Sainte-Barbe 88 95 H 3
Sainte-Barbe *Alignements de* 56 100 D 3
Sainte-Barbe-sur-Gaillon 27 36 C 5
Sainte-Baume *Gorge de la* 07 266 D 5
La Sainte-Baume *Massif de* 93 327 G 2
Sainte-Bazeille 47 257 E 4
Sainte-Beuve-en-Rivière 76 21 E 3
Sainte-Blandine 38 232 B 2
Sainte-Blandine 79 185 F 5
Sainte-Brigitte 56 77 G 5
Sainte-Camelle 11 318 C 4
Sainte-Catherine 62 13 G 2
Sainte-Catherine 63 228 C 4
Sainte-Catherine 69 230 C 2
Sainte-Catherine-de-Fierbois 37 151 H 5
Sainte-Cécile 36 153 H 5
Sainte-Cécile 50 52 A 3
Sainte-Cécile 71 194 C 3
Sainte-Cécile 85 166 B 4
Sainte-Cécile-d'Andorge 30 283 G 2
Sainte-Cécile-du-Cayrou 81 278 D 5
Sainte-Cécile-les-Vignes 84 285 F 2
Sainte-Céronne-lès-Mortagne 61 84 B 2
Sainte-Cérotte 72 130 D 2
Sainte-Christie 32 296 B 3
Sainte-Christie-d'Armagnac 32 295 E 2
Sainte-Christine 49 149 E 3
Sainte-Christine 63 209 F 2
Sainte-Christine 85 184 C 4
Sainte-Christine *Chapelle* 29 75 F 3
Sainte-Colombe 05 286 D 1
Sainte-Colombe 16 203 G 5
Sainte-Colombe 17 238 B 1
Sainte-Colombe 25 180 C 2
Sainte-Colombe 33 238 D 5
Sainte-Colombe 35 104 C 5
Sainte-Colombe 40 293 H 3
Sainte-Colombe 46 261 F 2
Sainte-Colombe 50 29 F 5
Sainte-Colombe 69 231 F 3
Sainte-Colombe 76 19 G 3
Sainte-Colombe 77 89 G 3
Sainte-Colombe 89 137 E 5
Sainte-Colombe-de-Duras 47 257 E 2
Sainte-Colombe-de-la-Commanderie 66 342 D 3
Sainte-Colombe-de-Peyre 48 264 A 2
Sainte-Colombe-de-Villeneuve 47 276 B 1
Sainte-Colombe-des-Bois 58 156 C 3
Sainte-Colombe-en-Auxois 21 159 E 2
Sainte-Colombe-en-Bruilhois 47 275 H 3
Sainte-Colombe-la-Commanderie 27 36 A 5
Sainte-Colombe-près-Vernon 27 36 C 5
Sainte-Colombe-sur-Gand 42 212 A 4
Sainte-Colombe-sur-Guette 11 337 G 5
Sainte-Colombe-sur-l'Hers 11 337 E 3
Sainte-Colombe-sur-Loing 89 135 G 5
Sainte-Colombe-sur-Seine 21 138 A 2
Sainte-Colome 64 332 A 1
Sainte-Consorce 69 212 D 5
Sainte-Croix 01 213 G 4
Sainte-Croix 02 41 E 1
Sainte-Croix 12 261 F 5
Sainte-Croix 24 258 D 2
Sainte-Croix 26 268 A 1
Sainte-Croix 46 277 F 1
Sainte-Croix 71 195 H 1
Sainte-Croix 81 279 G 5
Sainte-Croix *Barrage de* 83 307 F 2
Sainte-Croix *Prieuré de* 60 39 G 2
Sainte-Croix-à-Lauze 04 306 B 1
Sainte-Croix-aux-Mines 68 96 D 5
Sainte-Croix-de-Caderle 30 283 F 4
Sainte-Croix-de-Mareuil 24 221 H 4
Sainte-Croix-de-Quintillargues 34 302 D 3
Sainte-Croix-du-Mont 33 256 B 3
Sainte-Croix-du-Verdon 04 307 F 2
Sainte-Croix-en-Jarez 42 230 D 3
Sainte-Croix-en-Plaine 68 121 E 3
Sainte-Croix-Grand-Tonne 14 33 F 4
Sainte-Croix-Hague 50 28 D 3
Sainte-Croix-sur-Aizier 27 35 F 2
Sainte-Croix-sur-Buchy 76 20 D 5
Sainte-Croix-sur-Mer 14 33 F 3
Sainte-Croix-sur-Orne 61 53 G 4
Sainte-Croix-Vallée-Française 48 283 E 3
Sainte-Croix-Volvestre 09 335 F 1
Sainte-Dode 32 315 H 2
Sainte-Eanne 79 185 G 3
Sainte-Engrâce 64 331 F 3
Sainte-Enimie 48 282 B 1
Sainte-Eugénie-de-Villeneuve 43 246 D 2
Sainte-Eugienne 50 51 H 4
Sainte-Eulalie 07 265 H 1
Sainte-Eulalie 11 319 G 5
Sainte-Eulalie 15 244 B 3
Sainte-Eulalie 33 237 H 5
Sainte-Eulalie 48 264 C 1
Sainte-Eulalie-d'Ans 24 241 E 1
Sainte-Eulalie-de-Cernon 12 281 H 5
Sainte-Eulalie-d'Eymet 24 257 G 2
Sainte-Eulalie-d'Olt 12 263 G 5
Sainte-Eulalie-en-Born 40 272 C 2
Sainte-Eulalie-en-Royans 26 250 A 3
Sainte-Euphémie 01 213 E 3
Sainte-Euphémie-sur-Ouvèze 26 286 B 1
Sainte-Eusoye 60 22 B 5
Sainte-Fauste 36 172 A 3
Sainte-Féréole 19 242 C 1
Sainte-Feyre 23 207 E 1
Sainte-Feyre-la-Montagne 23 207 H 4
Sainte-Flaive-des-Loups 85 165 G 5
Sainte-Florence 33 256 D 1
Sainte-Florence 85 166 B 3
Sainte-Florine 43 228 A 4
Sainte-Foi 09 336 D 1
Sainte-Fortunade 19 242 D 2
Sainte-Foy 40 294 B 1
Sainte-Foy 71 193 H 5
Sainte-Foy 76 20 B 3
Sainte-Foy 85 182 B 1
Sainte-Foy-d'Aigrefeuille 31 298 B 5
Sainte-Foy-de-Belvès 24 259 E 2
Sainte-Foy-de-Longas 24 240 C 5
Sainte-Foy-de-Montgommery 14 54 C 2
Sainte-Foy-de-Peyrolières 31 317 F 2
Sainte-Foy-des-Vignes 24 239 H 5
Sainte-Foy-la-Grande 33 257 F 1
Sainte-Foy-la-Longue 33 256 C 3
Sainte-Foy-l'Argentière 69 230 B 1
Sainte-Foy-lès-Lyon 69 231 E 1
Sainte-Foy-Saint-Sulpice 42 211 H 5
Sainte-Foy-Tarentaise 73 235 E 1
Sainte-Gauburge 61 84 C 5
Sainte-Gauburge-Sainte-Colombe 61 55 E 5
Sainte-Gemme 17 201 E 5
Sainte-Gemme 32 296 C 2
Sainte-Gemme 33 257 E 3
Sainte-Gemme 36 171 E 3
Sainte-Gemme 51 40 D 5
Sainte-Gemme 79 168 A 3
Sainte-Gemme 81 279 H 4
Sainte-Gemme-en-Sancerrois 18 155 H 2
Sainte-Gemme-la-Plaine 85 183 F 2
Sainte-Gemme-Martaillac 47 275 E 1
Sainte-Gemme-Moronval 28 56 D 4
Sainte-Gemmes 41 132 A 3
Sainte-Gemmes-d'Andigné 49 128 A 4
Sainte-Gemmes-le-Robert 53 106 D 2
Sainte-Gemmes-sur-Loire 49 149 G 2
Sainte-Geneviève 02 25 G 3
Sainte-Geneviève 50 29 G 3
Sainte-Geneviève 54 65 G 3
Sainte-Geneviève 60 38 B 3
Sainte-Geneviève 76 20 D 4
Sainte-Geneviève-des-Bois 45 134 D 3
Sainte-Geneviève-des-Bois 91 87 H 2
Sainte-Geneviève-lès-Gasny 27 57 E 1
Sainte-Geneviève-sur-Argence 12 263 E 1
Sainte-Hélène 33 236 D 4
Sainte-Hélène 48 264 D 4
Sainte-Hélène 56 123 G 2
Sainte-Hélène 71 177 F 4
Sainte-Hélène 88 95 H 5
Sainte-Hélène-Bondeville 76 19 E 3
Sainte-Hélène-du-Lac 73 233 G 3
Sainte-Hélène-sur-Isère 73 234 A 1
Sainte-Hermine 85 183 G 1
Sainte-Honorine-de-Ducy 14 32 D 5
Sainte-Honorine-des-Pertes 14 32 D 2
Sainte-Honorine-du-Fay 14 33 F 5
Sainte-Honorine-la-Chardonne 61 53 F 3
Sainte-Honorine-la-Guillaume 61 53 G 4
Sainte-Innocence 24 257 G 2
Sainte-Jalle 26 286 A 1
Sainte-Jamme-sur-Sarthe 72 107 H 3
Sainte-Julie 01 214 A 4
Sainte-Juliette 82 277 F 2
Sainte-Juliette-sur-Viaur 12 280 C 3
Sainte-Léocadie 66 341 F 5
Sainte-Lheurine 17 220 B 3
Sainte-Livière 52 92 B 2
Sainte-Livrade 31 297 F 4
Sainte-Livrade-sur-Lot 47 276 B 1
Sainte-Lizaigne 36 172 B 2
Sainte-Luce 38 251 F 5
Sainte-Luce-sur-Loire 44 147 H 3
Sainte-Lucie-de-Porto-Vecchio 2A 349 G 5
Sainte-Lucie-de-Tallano 2A 349 E 5
Sainte-Lunaise 18 173 E 3
Sainte-Magnance 89 158 B 2
Sainte-Marguerite 43 246 D 2
Sainte-Marguerite 88 96 B 5
Sainte-Marguerite *Île* 06 309 F 4
Sainte-Marguerite *Presqu'île de* 29 70 C 4
Sainte-Marguerite-de-Carrouges 61 83 E 2
Sainte-Marguerite-de-l'Autel 27 55 H 3
Sainte-Marguerite-de-Viette 14 54 B 1
Sainte-Marguerite-d'Elle 14 32 B 4
Sainte-Marguerite-des-Loges 14 54 C 1
Sainte-Marguerite-en-Ouche 27 55 F 1
Sainte-Marguerite-Lafigère 07 265 G 5
Sainte-Marguerite-sur-Duclair 76 35 H 1
Sainte-Marguerite-sur-Fauville 76 19 F 4
Sainte-Marguerite-sur-Mer 76 10 A 5
Sainte-Marie 05 268 C 4
Sainte-Marie 08 42 D 2
Sainte-Marie 15 245 F 5
Sainte-Marie 16 239 E 1
Sainte-Marie 25 142 B 4
Sainte-Marie 32 296 D 4
Sainte-Marie 35 125 H 3
Sainte-Marie 44 146 C 5
Sainte-Marie 58 175 E 1
Sainte-Marie 65 334 B 2
Sainte-Marie *Col de* 88 96 C 5
Sainte-Marie-à-Py 51 42 C 4
Sainte-Marie-au-Bosc 76 18 C 4
Sainte-Marie-aux-Anglais 14 54 B 1
Sainte-Marie-aux-Chênes 57 45 F 5
Sainte-Marie-aux-Mines 68 96 D 5
Sainte-Marie-Cappel 59 3 H 5
Sainte-Marie-d'Alloix 38 233 F 4
Sainte-Marie-d'Alvey 73 232 D 2
Sainte-Marie-d'Attez 27 56 A 4
Sainte-Marie-de-Campan 65 333 F 2
Sainte-Marie-de-Chignac 24 240 D 2
Sainte-Marie-de-Cuines 73 234 A 5
Sainte-Marie-de-Gosse 40 292 C 4
Sainte-Marie-de-Ré 17 200 B 1
Sainte-Marie-de-Vars 05 270 D 3
Sainte-Marie-de-Vatimesnil 27 37 E 4
Sainte-Marie-de-Vaux 87 205 F 4
Sainte-Marie-des-Champs 76 19 G 5
Sainte-Marie-des-Chazes 43 246 D 3
Sainte-Marie-du-Bois 50 81 H 2
Sainte-Marie-du-Bois 53 82 C 3
Sainte-Marie-du-Lac-Nuisement 51 92 B 2
Sainte-Marie du Ménez-Hom *Chapelle* 29 75 G 4
Sainte-Marie-du-Mont 38 233 F 4
Sainte-Marie-du-Mont 50 32 A 2
Sainte-Marie-en-Chanois 70 141 H 2
Sainte-Marie-en-Chaux 70 141 G 2
Sainte-Marie-Kerque 62 3 E 3
Sainte-Marie-la-Blanche 21 177 H 2
Sainte-Marie-la-Mer 66 339 E 5
Sainte-Marie-la-Robert 61 53 H 5
Sainte-Marie-Lapanouze 19 226 B 4
Sainte-Marie-Laumont 14 52 C 2
Sainte-Marie-Outre-l'Eau 14 52 B 2
Sainte-Marie-sur-Ouche 21 159 G 3
Sainte-Marine 29 99 G 4
Sainte-Marthe 27 55 H 2
Sainte-Marthe 47 257 E 5
Sainte-Maure 10 90 D 5
Sainte-Maure-de-Peyriac 47 275 E 5
Sainte-Maure-de-Touraine 37 151 H 5
Sainte-Maxime 83 329 G 2
Sainte-Même 17 201 H 4
Sainte-Menéhould 51 43 E 5
Sainte-Mère 32 276 B 5
Sainte-Mère-Église 50 29 G 5
Sainte-Mesme 78 87 E 3
Sainte-Mondane 24 259 H 1
Sainte-Montaine 18 155 E 1
Sainte-Nathalène 24 241 G 5
Sainte-Néomaye 79 185 F 3
Sainte-Odile *Mont* 67 97 E 3
Sainte-Olive 01 213 F 2
Sainte-Opportune 61 53 F 4
Sainte-Opportune-du-Bosc 27 35 H 5
Sainte-Opportune-la-Mare 27 35 F 2
Sainte-Orse 24 241 F 2
Sainte-Osmane 72 130 D 2
Sainte-Ouenne 79 184 D 3
Sainte-Pallaye 89 136 C 5
Sainte-Paule 69 212 C 3
Sainte-Pazanne 44 147 E 5
Sainte-Pexine 85 183 F 1
Sainte-Pezenne 79 184 D 4
Sainte-Pience 50 51 H 4
Sainte-Pôle 54 96 A 2
Sainte-Preuve 02 25 F 5
Sainte-Radegonde 12 280 D 1
Sainte-Radegonde 17 201 E 4
Sainte-Radegonde 24 258 C 2
Sainte-Radegonde 32 296 B 2
Sainte-Radegonde 33 256 D 1
Sainte-Radegonde 71 176 B 5
Sainte-Radegonde 79 168 A 2
Sainte-Radégonde 86 187 E 1
Sainte-Radégonde-des-Noyers 85 183 G 3
Sainte-Ramée 17 219 F 4
Sainte-Reine 70 161 G 1
Sainte-Reine 73 233 G 2
Sainte-Reine-de-Bretagne 44 146 C 1
Sainte-Restitude 2B 346 C 2
Sainte-Roseline *Chapelle* 83 308 B 5
Sainte-Ruffine 57 65 G 1
Sainte-Sabine 21 159 F 4
Sainte-Sabine 24 258 C 2
Sainte-Sabine-sur-Longève 72 107 G 3
Sainte-Savine 10 90 D 5
Sainte-Scolasse-sur-Sarthe 61 84 A 2
Sainte-Segrée 80 21 H 3
Sainte-Sève 29 71 H 5
Sainte-Sévère 16 202 C 5
Sainte-Sévère-sur-Indre 36 189 H 3
Sainte-Sigolène 43 248 A 1
Sainte-Solange 18 155 F 5
Sainte-Soline 79 185 H 5
Sainte-Souline 16 220 D 5
Sainte-Soulle 17 183 G 5
Sainte-Suzanne 09 317 H 5
Sainte-Suzanne 25 142 B 4
Sainte-Suzanne 64 313 F 2
Sainte-Suzanne-en-Bauptois 50 31 G 3
Sainte-Suzanne-et-Chammes 53 106 D 3
Sainte-Suzanne-sur-Vire 50 32 B 5
Sainte-Terre 33 256 C 1
Sainte-Thérence 03 190 C 5
Sainte-Thorette 18 172 D 1
Sainte-Tréphine 22 77 G 4
Sainte-Trie 24 241 G 1
Sainte-Tulle 04 306 C 2
Sainte-Valière 11 320 D 4
Sainte-Vaubourg 08 42 C 1
Sainte-Verge 79 168 A 1
Sainte-Vertu 89 137 E 3
Sainteny 50 31 H 3
Saintes 17 201 G 5
Saintes-Maries-de-la-Mer 13 324 C 3
Saintines 60 39 F 3
Saintry-sur-Seine 91 88 A 2
Saints 77 59 H 4
Saints-en-Puisaye 89 135 H 5
Saints-Geosmes 52 139 G 2
Sainville 28 86 D 4
Saires 86 169 E 3
Saires-la-Verrerie 61 53 F 5
Saisies *Col des* 73 216 B 5
Saissac 11 319 F 3
Saisseval 80 22 A 2
Saisy 71 177 F 2
Saivres 79 185 F 3
Le Saix 05 269 F 4
Saïx 81 299 G 5
Saix 86 150 C 5
Saizenay 39 179 H 2
Saizerais 54 65 G 4
Saizy 58 157 G 3
Sajas 31 317 E 3
Salagnac 24 241 G 1
Salagnon 38 232 A 1
Salaise-sur-Sanne 38 231 E 5
Salans 39 161 G 4
Salasc 34 301 H 4
Salaunes 33 237 E 4
Salavas 07 284 B 1
Salavre 01 196 A 3
Salazac 30 284 C 2
Salbris 41 154 C 2
Les Salces 48 263 H 4
Saléchan 65 334 B 3
Saleich 31 335 E 2
Saleignes 17 202 C 3
Saleilles 66 343 F 2
Les Salelles 07 265 H 5
Les Salelles 48 264 A 5
Salency 60 23 H 5
Salenthal 67 68 B 5
Saléon 05 287 E 1
Salérans 05 287 E 2
Salerm 31 316 C 4
Salernes 83 307 G 4
Salers 15 244 C 3
Sales 74 215 F 4
Salesches 59 15 E 3
La Salette-Fallavaux 38 251 G 5
Salettes 26 267 G 4
Salettes 43 247 G 5
Saleux 80 22 B 2
Salève *Mont* 74 215 G 1
Salice 2A 348 C 1
Saliceto 2B 347 F 3
Saliès 81 299 F 1
Salies-de-Béarn 64 311 H 3
Salies-du-Salat 31 334 D 1
Salignac 04 287 G 3
Salignac 33 237 H 3
Salignac-de-Mirambeau 17 219 H 5
Salignac-Eyvigues 24 241 H 4
Salignac-sur-Charente 17 219 H 1
Saligney 39 161 F 4
Saligny 85 165 H 3
Saligny 89 113 G 2
Saligny-le-Vif 18 173 H 1
Saligny-sur-Roudon 03 193 E 3
Saligos 65 332 D 3
Salin-de-Badon 13 324 D 3
Salin-de-Giraud 13 325 E 3
Salindres 30 283 H 3
Saline Royale d'Arc-et-Cenans 25 179 G 1
Salinelles 30 303 F 2
Salins 15 244 B 2
Salins 77 89 E 4
Les Salins-d'Hyères 83 328 C 4
Salins-les-Bains 39 179 H 2
Salins-Fontaine 73 234 C 3
Salives 21 138 D 5
Sallagriffon 06 289 F 5
Sallanches 74 216 C 3
Sallaumines 62 8 C 5
La Salle 71 195 E 3
La Salle 88 96 A 4
La Salle-de-Vihiers 49 149 F 5
La Salle-en-Beaumont 38 251 F 5
La Salle-et-Chapelle-Aubry 49 148 D 3
La Salle-les-Alpes 05 252 C 4
La Salle-Prunet 48 282 D 2
Sallebœuf 33 237 H 5
Sallèdes 63 228 A 2
Sallèles-Cabardès 11 319 H 4
Sallèles-d'Aude 11 321 E 4
Sallen 14 32 D 5
Sallenelles 14 33 H 3
Sallenôves 74 215 F 2
Sallertaine 85 164 D 2
Les Salles 33 238 D 5
Salles 33 254 D 4
Les Salles 42 211 E 5
Salles 47 258 D 4
Salles 65 332 D 2
Salles 79 185 G 3
Salles 81 279 F 4
Salles-Adour 65 315 E 5
Salles-Arbuissonnas-en-Beaujolais 69 212 D 2
Salles-Courbatiès 12 261 G 5
Salles-Curan 12 281 E 3
Salles-d'Angles 16 220 B 2
Salles-d'Armagnac 32 295 E 2
Salles-d'Aude 11 321 F 5
Salles-de-Barbezieux 16 220 C 4
Salles-de-Belvès 24 259 E 2
Salles-de-Villefagnan 16 203 F 3
Les Salles-du-Gardon 30 283 G 3
Salles-en-Toulon 86 187 E 2

A B C D E F G H I J K L M N O P Q R S T U V W X Y Z

Salles-et-Pratviel 31 334 B 4
Salles-la-Source 12 262 C 5
Salles-Lavalette 16 221 F 5
Les Salles-Lavauguyon 87 222 C 1
Salles-lès-Aulnay 17 202 B 2
Salles-Mongiscard 64 293 F 5
Salles-sous-Bois 26 267 F 5
Salles-sur-Garonne 31 317 F 4
Salles-sur-l'Hers 11 318 C 4
Salles-sur-Mer 17 200 D 1
Les Salles-sur-Verdon 83 307 G 2
Sallespisse 64 293 G 5
Salmagne 55 64 B 5
Salmaise 21 159 F 1
Salmbach 67 69 G 1
Salmiech 12 280 D 3
Salomé 59 8 B 3
Salon 10 61 G 5
Salon 24 240 C 4
Salon-de-Provence 13 305 F 4
Salon-la-Tour 19 224 B 3
Salonnes 57 66 C 4
Salornay-sur-Guye 71 194 C 2
Salouël 80 22 B 2
Salperwick 62 3 F 5
Salsein 09 335 E 3
Salses-le-Château 66 339 E 4
Salsigne 11 319 H 4
Salt-en-Donzy 42 230 A 1
Les Salvages 81 299 G 4
Salvagnac 81 298 C 1
Salvagnac-Cajarc 12 261 E 5
Salvagnac-Saint-Loup 12 261 F 4
La Salvetat-Belmontet 82 298 A 1
La Salvetat-Lauragais 31 298 C 5
La Salvetat-Peyralès 12 279 H 3
La Salvetat-Saint-Gilles 31 297 G 5
La Salvetat-sur-Agout 34 300 C 5
Salvezines 11 337 H 5
Salvi Col de 2B 346 C 2
Salviac 46 259 G 3
Salvizinet 42 212 A 5
Salza 11 338 A 2
Salzuit 43 246 C 2
Samadet 40 294 A 4
Saman 31 316 C 5
Samara 80 22 B 1
Samaran 32 316 A 3
Samatan 32 316 D 2
Samazan 47 257 E 5
Sambin 41 153 E 2
Sambourg 89 137 E 3
Le Sambuc 13 304 C 5
Saméon 59 9 F 4
Samer 62 6 C 2
Samerey 21 160 D 5
Sames 64 292 C 5
Sammarçolles 86 168 D 1
Sammeron 77 59 H 2
Samoëns 74 216 D 1
Samognat 01 196 C 5
Samogneux 55 44 B 4
Samois-sur-Seine 77 88 C 4
Samonac 33 237 G 3
Samoreau 77 88 C 4
Samouillan 31 316 D 4
Samoussy 02 25 E 5
Sampans 39 160 D 5
Sampigny 55 64 C 4
Sampigny-lès-Maranges 71 177 F 3
Sampolo 2A 349 E 3
Sampzon 07 266 B 5
Samson 25 179 H 1
Samsons-Lion 64 314 D 2
Samuran 65 334 B 2
San Cervone Col de 2B 347 F 4
San-Damiano 2B 347 G 3
San-Gavino-d'Ampugnani 2B 347 G 3
San-Gavino-di-Carbini 2A 349 F 5
San-Gavino-di-Fiumorbo 2B 349 F 2
San-Gavino-di-Tenda 2B 345 F 5
San-Giovanni-di-Moriani 2B 347 H 3
San-Giuliano 2B 347 H 4
San-Lorenzo 2B 347 F 3
San-Martino-di-Lota 2B 345 G 4
San Michele de Murato Église 2B 345 F 5
San-Nicolao 2B 347 H 3
San-Peïre-sur-Mer 83 329 G 2
San-Pellegrino 2B 347 H 2
San Quilico Chapelle de 2A 351 F 3
San Quilico de Cambia Chapelle 2B 347 F 3
San Stefano Col de 2B 345 F 5
Sana 31 317 E 5
Sanadoire Roche 63 227 F 2
Sanary-sur-Mer 83 327 H 4
Sancé 71 195 E 4
Sancergues 18 156 A 5
Sancerre 18 155 H 3
Sancey 25 163 E 3
Sancey-le-Long 25 163 E 3
Sancheville 28 110 B 3
Sanchey 88 119 F 2
Sancoins 18 174 A 4
Sancourt 27 37 F 3
Sancourt 59 14 B 3
Sancourt 80 23 H 3
Sancy 54 45 F 3
Sancy 77 59 G 3
Sancy Puy de 63 227 E 3
Sancy-les-Cheminots 02 40 C 5
Sancy-lès-Provins 77 60 C 5
Sand 67 97 G 3
Sandarville 28 85 H 5
Sandaucourt 88 94 B 5
Sandillon 45 133 F 2
Sandouville 76 34 D 1
Sandrans 01 213 F 2
Sangatte 62 2 C 3
Sanghen 62 2 D 5
Sanguinaires Îles 2A 348 A 4
Sanguinet 40 254 C 4
Sanilhac 07 266 A 4
Sanilhac-Sagriès 30 284 C 5
Sannat 23 208 B 2
Sannerville 14 33 H 4
Sannes 84 306 A 2
Sannois 95 58 B 2
Sanous 65 315 E 3
Sanry-lès-Vigy 57 45 H 5
Sanry-sur-Nied 57 66 B 1
Sans-Vallois 88 118 D 2
Sansa 66 341 G 3
Sansac-de-Marmiesse 15 244 B 5
Sansac-Veinazès 15 262 C 2
Sansais 79 184 C 5
Sansan 32 296 B 5
Sanssac-l'Église 43 247 E 3
Sanssat 03 192 C 5
Santa-Lucia-di-Mercurio 2B 347 F 4
Santa-Lucia-di-Moriani 2B 347 H 3
Santa-Maria 2B 345 G 3
Santa-Maria-di-Lota 2B 345 G 4
Santa-Maria-Figaniella 2A 349 E 5
Santa-Maria-Poggio 2B 347 F 3
Santa-Maria-Poggio 2B 347 H 4
Santa-Maria-Sicché 2A 348 D 4
Santa-Reparata-di-Balagna 2B 344 C 5
Santa-Reparata-di-Moriani 2B 347 G 3
Sant'Andréa-di-Bozio 2B 347 F 4
Sant'Andréa-di-Cotone 2B 347 H 4
Sant'Andréa-d'Orcino 2A 348 C 2
Santans 39 179 F 1
Sant'Antonino 2B 346 C 2
Sant'Appiano Cathédrale 2A 348 B 1
Santeau 45 111 F 4
Santec 29 71 G 3
Santenay 21 177 G 3
Santenay 41 131 H 5
Santeny 94 58 D 5
Santes 59 8 C 3
Santeuil 28 86 C 4
Santeuil 95 37 H 5
Santigny 89 137 F 5
Santilly 28 110 D 3
Santilly 71 194 D 1
Santo-Pietro-di-Tenda 2B 345 F 5
Santo-Pietro-di-Venaco 2B 347 E 5
Santoche 25 162 D 1
Santosse 21 177 F 1
Santranges 18 155 H 1
Sanvensa 12 279 F 2
Sanvignes-les-Mines 71 176 D 5
Sanxay 86 185 H 2
Sanzay 79 167 H 2
Sanzey 54 65 E 5
Saon 14 32 D 3
Saône 25 162 A 4
Saonnet 14 32 C 3
Saorge 06 291 H 3
Saosnes 72 83 H 5
Saou 26 267 G 3
Le Sap-André 61 54 D 3
Le Sap-en-Auge 61 54 D 3
Le Sapey 38 251 E 3
Sapignicourt 51 63 E 5
Sapignies 62 13 G 4
Sapogne-et-Feuchères 08 27 E 4
Sapogne-sur-Marche 08 27 H 5
Sapois 39 179 H 4
Sapois 88 120 A 4
Saponay 02 40 C 4
Saponcourt 70 118 C 5
Le Sappey 74 215 G 1
Le Sappey-en-Chartreuse 38 251 E 1
Saramon 32 296 C 5
Saran 45 110 D 5
Saraz 25 179 H 1
Sarbazan 40 274 A 5
Sarcé 72 130 A 4
Sarceaux 61 54 A 4
Sarcelles 95 58 C 2
Sarcenas 38 233 E 5
Sarcey 52 117 F 4
Sarcey 69 212 C 4
Sarcicourt 52 116 D 3
Sarcos 32 316 B 3
Sarcus 60 21 G 4
Sarcy 51 41 F 4
Sardan 30 303 E 1
Sardent 23 207 E 2
Sardieu 38 231 H 5
Sardon 63 210 A 3
Sardy-lès-Epiry 58 157 G 5
Sare 64 310 C 4
Sargé-lès-le-Mans 72 107 H 4
Sargé-sur-Braye 41 109 E 5
Sari-d'Orcino 2A 348 C 2
Sari-Solenzara 2A 349 G 4
Sariac-Magnoac 65 316 A 4
Sarlabous 65 333 G 1
Sarlande 24 223 F 4
Sarlat-la-Canéda 24 241 G 5
Sarliac-sur-l'Isle 24 240 D 1
Sarniguet 65 315 E 3
Sarnois 60 21 H 4
Saron-sur-Aube 51 90 B 2
Sarp 65 334 A 2
Sarpourenx 64 313 G 2
Sarragachies 32 294 D 3
Sarrageois 25 180 B 4
Sarraguzan 32 315 G 3
Les Sarraix 63 210 D 4
Sarralbe 57 67 G 2
Sarraltroff 57 67 G 4
Sarran 19 225 F 4
Sarrance 64 331 H 2
Sarrancolin 65 333 H 2
Sarrans Barrage de 12 263 E 1
Sarrant 32 296 D 3
Sarras 07 249 E 2
Sarrazac 24 223 E 4
Sarrazac 46 242 C 4
Sarraziet 40 294 A 3
Sarre-Union 67 67 H 2
Sarrebourg 57 67 G 4
Sarrecave 31 316 B 5
Sarreguemines 57 47 G 5
Sarreinsberg 57 68 B 2
Sarreinsming 57 67 H 1
Sarremezan 31 316 B 5
Sarrewerden 67 67 H 2
Sarrey 52 117 G 4
Sarriac-Bigorre 65 315 F 3
Sarrians 84 285 G 4
Sarrigné 49 149 H 1
Sarrogna 39 196 C 2
Sarrola-Carcopino 2A 348 C 2
Sarron 40 294 C 4
Sarron 60 39 E 3
Sarrouilles 65 315 F 4
Sarroux 19 226 C 4
Sarry 51 62 B 2
Sarry 71 193 G 4
Sarry 89 137 F 4
Le Sars 62 13 G 5
Sars-et-Rosières 59 9 F 4
Sars-le-Bois 62 12 D 2
Sars-Poteries 59 15 H 3
Le Sart 59 15 F 5
Sartène 2A 350 D 2
Sartes 88 94 A 5
Sartilly-Baie-Bocage 50 51 G 4
Sarton 62 12 D 4
Sartrouville 78 58 A 2
Sarzay 36 189 F 1
Sarzeau 56 124 B 5
Sasnières 41 131 F 4
Sassangy 71 177 F 5
Sassay 41 153 F 2
Sassegnies 59 15 F 3
Sassenage 38 250 D 1
Sassenay 71 177 H 3
Sassetot-le-Malgardé 76 19 H 3
Sassetot-le-Mauconduit 76 19 F 2
Sasseville 76 19 G 3
Sassey 27 56 C 1
Sassey-sur-Meuse 55 43 G 2
Sassierges-Saint-Germain 36 172 A 4
Sassis 65 332 D 3
Sassy 14 54 A 1
Sathonay-Camp 69 213 E 5
Sathonay-Village 69 213 F 4
Satillieu 07 248 D 2
Satolas-et-Bonce 38 231 G 1
Saturargues 34 303 F 3
Saubens 31 317 H 2
Saubion 40 292 B 3
Saubole 64 314 D 3
Saubrigues 40 292 B 4
Saubusse 40 292 C 3
Saucats 33 255 F 2
Saucède 64 313 G 4
La Saucelle 28 85 F 2
Sauchay 76 10 C 5
Sauchy-Cauchy 62 14 A 3
Sauchy-Lestrée 62 14 A 3
Sauclières 12 282 B 5
Saucourt-sur-Rognon 52 93 E 5
Saudemont 62 14 A 3
Saudoy 51 61 E 5
Saudron 52 93 F 3
Saudrupt 55 63 G 5
Saugeot 39 196 D 1
Saugnac-et-Cambran 40 293 E 3
Saugnacq-et-Muret 40 255 E 5
Saugnieu 69 231 G 1
Saugon 33 237 G 2
Saugues 43 246 C 4
Sauguis-Saint-Étienne 64 331 E 1
Saugy 18 172 C 2
Saujac 12 261 E 5
Saujon 17 218 D 1
La Saulce 05 269 G 5
Saulce-sur-Rhône 26 267 E 2
Saulces-Champenoises 08 42 B 1
Saulces-Monclin 08 26 B 5
Saulcet 03 192 A 4
Saulchery 02 60 B 2
Le Saulchoy 60 22 A 5
Saulchoy 62 11 G 1
Saulchoy-sous-Poix 80 21 H 3
Saulcy 10 92 B 5
Le Saulcy 88 96 C 3
Saulcy-sur-Meurthe 88 96 B 5
Saules 25 162 B 5
Saules 71 177 G 5
Saulgé 86 187 G 4
Saulgé-l'Hôpital 49 149 H 3
Saulges 53 106 C 5
Saulgond 16 204 D 3
Sauliac-sur-Célé 46 260 D 4
Saulieu 21 158 C 4
Saulles 52 140 A 3
Saulmory-Villefranche 55 43 G 1
Saulnay 36 171 E 3
Saulnes 54 45 E 1
Saulnières 28 56 C 5
Saulnières 35 104 B 5
Saulnot 70 142 A 4
Saulny 57 45 G 5
Saulon-la-Chapelle 21 160 B 4
Saulon-la-Rue 21 160 A 4
La Saulsotte 10 89 H 3
Sault 84 286 B 4
Sault-Brénaz 01 214 B 4
Sault-de-Navailles 64 293 G 5
Sault-lès-Rethel 08 42 A 1
Sault-Saint-Remy 08 41 H 2
Saultain 59 15 E 2
Saulty 62 13 E 3
Saulx 70 141 F 3
Saulx-en-Barrois 55 64 C 5
Saulx-en-Woëvre 55 64 D 1
Saulx-le-Duc 21 139 E 5
Saulx-les-Chartreux 91 58 B 5
Saulx-Marchais 78 57 G 3
Saulxerotte 54 94 B 3
Saulxures 52 117 H 5
Saulxures 67 96 C 3
Saulxures-lès-Bulgnéville 88 118 B 2
Saulxures-lès-Nancy 54 66 B 5
Saulxures-lès-Vannes 54 94 A 2
Saulxures-sur-Moselotte 88 120 A 4
Saulzais-le-Potier 18 190 C 1
Saulzet 03 210 A 1
Saulzet-le-Chaud 63 227 G 1
Saulzet-le-Froid 63 227 F 2
Saulzoir 59 14 D 3
Saumane 04 287 E 4
Saumane 30 283 E 4
Saumane-de-Vaucluse 84 305 F 1
Sauméjan 47 274 D 2
Saumeray 28 109 H 2
Saumont 47 275 H 4
Saumont-la-Poterie 76 21 F 5
Saumos 33 236 C 4
Saumur 49 150 B 4
Saunay 37 131 F 5
La Saunière 23 207 F 1
Saunières 71 178 B 3
Sauqueuse-Saint-Lucien 60 38 A 1
Sauqueville 76 20 B 2
Saurais 79 185 G 1
Saurat 09 336 A 4
Sauret-Besserve 63 209 E 3
Saurier 63 227 G 3
Sausheim 68 143 F 1
Saussan 34 302 C 5
Saussay 28 56 D 3
Saussay 76 20 A 4
Saussay-la-Campagne 27 37 E 3
La Saussaye 27 36 A 4
Saussemesnil 50 29 F 4
Saussenac 81 279 H 5
Saussens 31 298 C 5
Sausses 04 289 E 4
Sausset-les-Pins 13 325 H 4
Sausseuzemare-en-Caux 76 18 D 4
Saussey 21 177 F 1
Saussey 50 51 G 1
Saussignac 24 257 G 1
Saussines 34 303 F 3
Saussy 21 159 H 1
Saut de la Mounine 12 261 E 5
Saut des Cuves 88 120 B 3
Sautel 09 336 C 3
Sauternes 33 255 H 4
Sautet Barrage du 38 251 F 5
Sauteyrargues 34 302 D 2
Sauto 66 341 G 4
Sautron 44 147 F 3
Sauvage-Magny 52 92 B 4
La Sauvagère 61 53 F 5
Les Sauvages 69 212 B 4
Sauvagnac 16 222 C 1
Sauvagnas 47 276 C 2
Sauvagnat 63 208 D 5
Sauvagnat-Sainte-Marthe 63 228 A 2
Sauvagney 25 161 H 3
Sauvagnon 64 314 B 2
Sauvagny 03 191 E 3
Sauvain 42 229 F 1
Sauvan Château de 04 287 E 5
Sauvat 15 244 C 1
Sauve 30 303 E 1
La Sauve 33 256 B 1
Sauvelade 64 313 G 2
Sauverny 01 197 G 4
Sauvessanges 63 229 F 5
La Sauvetat 32 296 A 2
La Sauvetat 43 265 F 1
La Sauvetat 63 227 H 2
La Sauvetat-de-Savères 47 276 C 3
La Sauvetat-du-Dropt 47 257 G 3
La Sauvetat-sur-Lède 47 258 C 5
Sauveterre 30 285 E 5
Sauveterre 32 316 D 2
Sauveterre 65 315 F 2
Sauveterre 81 320 A 2
Sauveterre 82 277 G 2
Sauveterre-de-Béarn 64 311 H 3
Sauveterre-de-Comminges 31 334 B 2
Sauveterre-de-Guyenne 33 256 D 2
Sauveterre-de-Rouergue 12 280 B 3
Sauveterre-la-Lémance 47 259 E 4
Sauveterre-Saint-Denis 47 276 C 3
Sauviac 32 315 H 3
Sauviac 33 256 C 5
Sauvian 34 321 G 4
Sauviat 63 228 C 1
Sauviat-sur-Vige 87 206 C 4
Sauvignac 16 238 D 1
Sauvigney-lès-Gray 70 161 F 1
Sauvigney-lès-Pesmes 70 161 E 3
Sauvigny 55 94 A 3
Sauvigny-le-Beuréal 89 158 B 1
Sauvigny-le-Bois 89 158 A 1
Sauvigny-les-Bois 58 174 D 2
Sauville 08 27 E 5
Sauville 88 118 A 2
Sauvillers-Mongival 80 22 D 4
Sauvimont 32 317 E 2
Sauvoy 55 93 H 1
Saux 46 277 F 1
Saux-et-Pomarède 31 316 C 5
Sauxillanges 63 228 B 3
Le Sauze 04 270 D 5
Sauze 06 289 F 3
Le Sauze-du-Lac 05 270 A 4
Sauzé-Vaussais 79 203 E 1
Sauzelle 17 200 B 3
Sauzelles 36 170 C 5
Sauzet 26 267 E 3
Sauzet 30 284 A 5
Sauzet 46 259 G 5
La Sauzière-Saint-Jean 81 298 B 1
Sauzon 56 144 B 3
Savagna 39 179 E 5
Savarthès 31 334 C 1
Savas 07 230 D 5
Savas-Mépin 38 231 G 3
Savasse 26 267 E 3
Savenay 44 146 D 2
Savenès 82 297 G 2
Savennes 23 207 E 2
Savennes 63 226 C 2
Savennières 49 149 F 2
Saverdun 09 318 B 5
Savères 31 317 F 3
Saverne 67 68 B 4
Saverne Col de 67 68 A 4
Saveuse 80 22 B 2
Saviange 71 177 F 5
Savières 10 90 D 4
Savigna 39 196 C 3
Savignac 12 279 F 1
Savignac 33 256 C 4
Savignac-de-Duras 47 257 F 2
Savignac-de-l'Isle 33 238 B 4
Savignac-de-Miremont 24 241 E 4
Savignac-de-Nontron 24 222 C 3
Savignac-Lédrier 24 223 G 5
Savignac-les-Églises 24 241 E 1
Savignac-les-Ormeaux 09 336 C 5
Savignac-Mona 32 317 E 2
Savignac-sur-Leyze 47 258 C 5
Savignargues 30 283 H 5
Savigné 86 203 G 1
Savigné-l'Évêque 72 108 A 4
Savigné-sous-le-Lude 72 129 H 5
Savigné-sur-Lathan 37 151 F 2
Savigneux 01 213 E 3
Savigneux 42 229 G 2
Savignies 60 37 H 1
Savigny 50 31 H 5
Savigny 52 140 B 3
Savigny 69 212 C 5
Savigny 74 215 F 2
Savigny 88 95 E 4
Savigny-en-Revermont 71 178 D 5
Savigny-en-Sancerre 18 155 H 2
Savigny-en-Septaine 18 173 F 1
Savigny-en-Terre-Plaine 89 158 B 1
Savigny-en-Véron 37 150 D 4
Savigny-le-Sec 21 160 A 2
Savigny-le-Temple 77 88 B 2
Savigny-le-Vieux 50 81 G 2
Savigny-lès-Beaune 21 177 H 1
Savigny-Lévescault 86 186 C 2
Savigny-Poil-Fol 58 175 H 4
Savigny-sous-Faye 86 169 E 3
Savigny-sous-Mâlain 21 159 G 3
Savigny-sur-Aisne 08 42 D 2
Savigny-sur-Ardres 51 41 E 4
Savigny-sur-Braye 41 131 E 2
Savigny-sur-Clairis 89 113 E 4
Savigny-sur-Grosne 71 194 D 1
Savigny-sur-Orge 91 58 C 5
Savigny-sur-Seille 71 195 G 1
Savilly 21 158 C 5
Savine Col de la 39 197 F 1
Savines-le-Lac 05 270 B 3
Savins 77 89 F 3
Savoillan 84 286 B 3
Savoisy 21 137 H 3
Savolles 21 160 C 2
Savonnières 37 151 G 3
Savonnières-devant-Bar 55 63 H 4
Savonnières-en-Perthois 55 92 D 2
Savonnières-en-Woëvre 55 64 D 3
Savouges 21 160 A 4
Savournon 05 269 E 5
Savoyeux 70 140 B 5
Savy 02 24 A 2

Savy-Berlette 62 7 H 5
Saxel 74 198 A 4
Saxi-Bourdon 58 175 E 1
Saxon-Sion 54 94 C 3
Sayat 63 209 G 5
Saze 30 304 C 1
Sazeray 36 189 H 3
Sazeret 03 191 G 4
Sazilly 37 151 F 5
Sazos 65 332 D 3
Scaër 29 100 C 3
Les Scaffarels 04 289 E 5
Scata 2B 347 G 3
Sceau-Saint-Angel 24 222 C 4
Sceautres 07 266 D 3
Sceaux 89 158 A 1
Sceaux 92 58 B 4
Sceaux-d'Anjou 49 128 C 5
Sceaux-du-Gâtinais 45 112 B 4
Sceaux-sur-Huisne 72 108 C 3
Scey-en-Varais 25 162 A 5
Scey-sur-Saône-et-Saint-Albin 70 140 D 4
Schaeferhof 57 68 A 5
Schaeffersheim 67 97 G 3
Schaffhouse-près-Seltz 67 69 G 2
Schaffhouse-sur-Zorn 67 68 C 4
Schalbach 57 67 H 3
Schalkendorf 67 68 C 3
Scharrachbergheim 67 97 F 1
Scheibenhard 67 69 G 1
Scherlenheim 67 68 C 4
Scherwiller 67 97 E 4
Schillersdorf 67 68 C 3
Schiltigheim 67 97 H 1
Schirmeck 67 96 D 2
Schirrhein 67 69 F 3
Schirrhoffen 67 69 F 3
Schleithal 67 69 G 1
Schlierbach 68 143 G 2
Schlucht Col de la 88 120 C 3
Schmittviller 57 67 H 1
Schneckenbusch 57 67 H 5
Schnepfenried 68 120 C 4
Schnersheim 67 68 C 5
Schœnau 67 97 G 5
Schœnbourg 67 68 A 3
Schœneck 57 47 F 4
Schœnenbourg 67 69 F 2
Schopperten 67 67 G 2
Schorbach 57 48 C 5
Schwabwiller 67 69 E 2
Schweighouse 68 120 D 4
Schweighouse-sur-Moder 67 68 D 3
Schweighouse-Thann 68 143 E 1
Schwenheim 67 68 B 5
Schwerdorff 57 46 D 3
Schweyen 57 48 C 5
Schwindratzheim 67 68 C 4
Schwoben 68 143 F 3
Schwobsheim 67 97 G 5
Sciecq 79 184 D 3
Scientrier 74 216 A 1
Scieurac-et-Flourès 32 295 F 5
Sciez 74 198 A 3
Scillé 79 184 D 1
Scionzier 74 216 B 1
Scolca 2B 347 G 2
Scorbé-Clairvaux 86 169 F 4
Scoury 36 188 B 1
Scrignac 29 76 C 2
Scrupt 51 63 E 4
Scy-Chazelles 57 65 G 1
Scye 70 141 E 4
Séailles 32 295 F 3
La Séauve-sur-Semène 43 248 A 1
Sébazac-Concourès 12 280 D 1
Sébécourt 27 55 H 2
Sébeville 50 31 H 2
Seboncourt 02 24 C 1
Sebourg 59 15 E 2
Sébouville 45 111 F 3
Sébrazac 12 262 D 4
Séby 64 314 B 2
Secenans 70 142 A 4
Séchault 08 42 D 3
Sécheras 07 249 E 2
Sécheval 08 26 C 2
Le Séchier 05 269 G 1
Séchilienne 38 251 E 3
Séchin 25 162 C 2
Seclin 59 8 D 3
Secondigné-sur-Belle 79 202 B 1
Secondigny 79 185 E 1
Secourt 57 66 B 2
Secqueville-en-Bessin 14 33 F 4
Sedan 08 27 F 3
Sédeilhac 31 316 A 5
Séderon 26 286 C 2
Sedze-Maubecq 64 314 D 3
Sedzère 64 314 C 3
Seebach 67 69 F 1
Sées 61 83 H 2
Séez 73 234 D 1
Le Ségala 11 318 D 4
Ségalas 47 257 H 3
Ségalas 65 315 F 3
La Ségalassière 15 243 H 5
Séglien 56 101 G 2
Ségny 01 197 F 4
Segonzac 16 220 C 2
Segonzac 19 241 G 1
Segonzac 24 239 H 2
Ségos 32 294 C 4
Ségoufielle 32 297 F 4
Segré 49 128 A 4
Ségreville 31 318 C 2
Ségrie 72 107 G 2
Ségrie-Fontaine 61 53 G 3
Segrois 21 159 H 5
Ségry 36 172 C 3
La Séguinière 49 166 D 1
Ségur 12 281 F 2
Le Ségur 81 279 G 4
Ségur-le-Château 19 223 H 4
Ségur-les-Villas 15 245 F 2
Ségura 09 336 B 2
Séguret 84 285 G 3
Ségus 65 332 D 1
Séhar Pointe de 22 72 B 3
Seich 65 334 A 2
Seichamps 54 66 B 5
Seichebrières 45 111 G 5
Seicheprey 54 65 E 3
Seiches-sur-le-Loir 49 128 D 5
Seignalens 11 337 E 1
Seigné 17 202 C 3
Seignelay 89 136 B 2
Seigneulles 55 63 H 3
Seignosse 40 292 B 3
Seigny 21 138 A 5
Seigy 41 153 F 4
Seilh 31 297 H 4
Seilhac 19 224 D 5
Seilhan 31 334 A 2
Seillac 41 152 D 1
Seillans 83 308 C 3
Seillonnaz 01 214 B 5
Seillons-Source-d'Argens 83 306 D 5
Sein Île de 29 98 B 2
Seine Sources de la 21 159 G 1
Seine-Port 77 88 A 3
Seingbouse 57 47 F 5
Seissan 32 316 B 2
Seix 09 335 F 4
Le Sel-de-Bretagne 35 104 B 5
Selaincourt 54 94 C 3
Selens 02 40 A 1
Sélestat 67 97 F 5
Séligné 79 202 B 1
Séligney 39 179 E 2
Selincourt 80 21 H 2
La Selle-Craonnaise 53 127 G 2
La Selle-en-Coglès 35 81 E 3
La Selle-en-Hermoy 45 112 D 5
La Selle-en-Luitré 35 81 F 5
La Selle-Guerchaise 35 105 F 5
La Selle-la-Forge 61 53 F 4
La Selle-sur-le-Bied 45 112 D 4
Selles 27 35 E 3
Selles 51 42 A 3
Selles 62 6 D 2
Selles 70 118 D 4
Selles-Saint-Denis 41 154 B 3
Selles-sur-Cher 41 153 G 4
Selles-sur-Nahon 36 171 F 2
Sellières 39 179 E 3
Selommes 41 131 H 3
Seloncourt 25 142 C 5
Selongey 21 139 F 5
Selonnet 04 270 A 5
Seltz 67 69 G 2
La Selve 02 25 G 5
La Selve 12 280 C 4
Selvigny 59 14 C 5
Sem 09 336 A 5
Sémalens 81 299 F 5
Semallé 61 83 H 3
Semarey 21 159 F 4
Sembadel 43 246 D 1
Sembadel-Gare 43 247 E 1
Sembas 47 276 B 1
Semblançay 37 151 G 1
Sembleçay 36 153 H 4
Sembouès 32 315 F 2
Séméac 65 315 F 4
Séméacq-Blachon 64 294 D 5
Semécourt 57 45 G 5
Sémelay 58 175 H 3
Semène 43 230 A 5
Semens 33 256 B 3
Sementron 89 135 H 5
Sémeries 59 15 H 4
Semerville 41 110 A 5
Semezanges 21 159 H 4
Sémézies-Cachan 32 296 C 5
Semide 08 42 C 3
Semillac 17 219 G 4
Semilly 52 93 G 5
Semmadon 70 140 C 3
Semnoz Montagne du 74 215 G 5
Semoine 10 61 H 5
Semond 21 138 B 4
Semondans 25 142 B 4
Semons 38 231 H 4
Semousies 59 15 G 3
Semoussac 17 219 G 4
Semoutiers 52 116 D 4
Semoy 45 111 E 5
Sempesserre 32 276 B 5
Sempigny 60 23 G 5
Sempy 62 6 C 4
Semur-en-Auxois 21 158 D 1
Semur-en-Brionnais 71 193 G 5
Semur-en-Vallon 72 108 C 4
Semussac 17 218 D 2
Semuy 08 42 D 1
Le Sen 40 273 H 3
Sénac 65 315 F 3
Senaide 88 118 B 4
Sénaillac-Latronquière 46 261 G 1
Sénaillac-Lauzès 46 260 C 3
Senailly 21 137 G 5
Senan 89 135 H 2
Sénanque Abbaye de 84 305 G 1
Senantes 28 57 E 5
Senantes 60 37 G 1
Senard 55 63 F 1
Sénarens 31 317 E 3
Senargent 70 141 H 5
Senarpont 80 21 F 2
Sénart 11 88 A 2
Sénas 13 305 F 3
Senaud 39 196 A 3
Senaux 81 300 B 3
Sencenac-Puy-de-Fourches 24 222 C 5
Senconac 09 336 C 5
Sendets 33 256 C 5
Sendets 64 314 C 4
Séné 56 124 C 4
Sène Mont de 71 177 G 2
Sénéchas 30 283 G 1
Sénèque Tour de 2B 345 F 2
Sénergues 12 262 C 3
Senesse-de-Senabugue 09 336 D 2
Sénestis 47 257 F 5
Séneujols 43 247 E 4
Senez 04 288 B 5
Sénezergues 15 262 B 2
Sengouagnet 31 334 C 2
Séniergues 46 260 B 2
Senillé 86 169 H 4
Senillé-Saint-Sauveur 86 169 H 4
Seninghem 62 7 E 2
Senlecques 62 6 D 2
Senlis 60 39 E 4
Senlis 62 7 E 3
Senlis-le-Sec 80 13 E 5
Senlisse 78 57 H 5
Senneçay 18 173 F 2
Sennecé-lès-Mâcon 71 195 E 4
Sennecey-le-Grand 71 177 H 5
Sennecey-lès-Dijon 21 160 B 3
Sennely 45 133 G 4
Sennevières 37 170 C 1
Senneville-sur-Fécamp 76 19 E 3
Sennevoy-le-Bas 89 137 G 3
Sennevoy-le-Haut 89 137 G 3
Senon 55 44 D 4
Senonches 28 85 F 2
Senoncourt 70 141 E 2
Senoncourt-les-Maujouy 55 64 B 2
Senones 88 96 B 3
Senonges 88 118 C 2
Senonnes 53 127 F 2
Senonville 55 64 D 3
Senots 60 37 H 4
Senouillac 81 299 E 1
Sénoville 50 28 D 5
Senozan 71 195 E 3
Sens 89 113 G 2
Sens-Beaujeu 18 155 H 3
Sens-de-Bretagne 35 80 C 4
Sens-sur-Seille 71 178 C 4
Sentein 09 334 D 4
Sentelie 80 22 A 3
Sentenac-de-Sérou 09 335 H 3
Sentenac-d'Oust 09 335 F 4
Sentheim 68 142 D 1
Sentilly 61 54 A 4
La Sentinelle 59 9 G 5
Sentous 65 315 H 4
Senuc 08 43 E 3
Senven-Léhart 22 77 H 3
La Séoube 65 333 G 2
Sépeaux-Saint-Romain 89 113 F 5
Sepmeries 59 14 D 2
Sepmes 37 169 H 1
Seppois-le-Bas 68 143 E 4
Seppois-le-Haut 68 143 E 4
Sept-Fons Abbaye de 03 192 D 2
Sept-Forges 61 82 B 3
Sept-Frères 14 52 B 3
Sept-Meules 76 10 D 5
Sept-Saulx 51 42 A 5
Sept-Sorts 77 59 H 2
Sept-Vents 14 32 D 5
Septème 38 231 G 3
Septèmes-les-Vallons 13 326 D 1
Septeuil 78 57 F 3
Septfonds 82 278 C 3
Septfonds 89 135 F 4
Septfontaines 25 180 B 1
Septmoncel 39 197 E 3
Septmonts 02 40 B 3
Septsarges 55 43 G 3
Septvaux 02 24 B 5
Sepvigny 55 93 H 2
Sepvret 79 185 G 4
Sepx 31 316 D 5
Sequedin 59 8 C 2
Sequehart 02 24 B 1
Le Sequestre 81 299 F 1
Serain 02 14 C 5
Seraincourt 08 25 H 5
Seraincourt 95 57 G 1
Sérandon 19 226 B 5
Séranon 06 308 C 2
Serans 60 37 G 4
Serans 61 54 A 4
Seranville 54 95 G 3
Séranvillers-Forenville 59 14 B 4
Seraucourt 55 63 H 2
Seraucourt-le-Grand 02 24 A 3
Seraumont 88 93 H 3
Serazereux 28 86 A 2
Serbannes 03 210 B 2
Serbonnes 89 89 F 5
Serches 02 40 C 3
Sercœur 88 95 G 5
Sercus 59 7 H 2
Sercy 71 194 D 1
Serdinya 66 342 A 3
Sère 32 316 B 3
Sère-en-Lavedan 65 332 D 2
Sère-Lanso 65 333 E 1
Sère-Rustaing 65 315 G 4
Serécourt 88 118 B 4
Séreilhac 87 205 F 5
Serémange-Erzange 57 45 G 3
Sérempuy 32 296 D 3
Sérénac 81 299 H 1
Sérent 56 124 D 2
Sérévillers 60 22 C 4
Séreyrède Col de la 30 282 C 4
Serez 27 56 D 2
Sérézin-de-la-Tour 38 232 A 2
Sérézin-du-Rhône 69 231 E 2
Sergeac 24 241 F 4
Sergenaux 39 179 E 3
Sergenon 39 178 D 2
Sergines 89 89 G 5
Sergy 01 197 F 4
Sergy 02 40 D 4
Séricourt 62 12 D 2
Sériers 15 245 G 4
Sérifontaine 60 37 G 3
Sérignac 16 239 E 1
Sérignac 46 259 F 5
Sérignac 82 297 E 1
Sérignac-Péboudou 47 257 H 3
Sérignac-sur-Garonne 47 275 H 3
Sérignan 34 321 G 4
Sérignan-du-Comtat 84 285 F 3
Sérignan-Plage 34 321 H 4
Sérigné 85 183 H 2
Sérigny 61 84 C 4
Sérigny 86 169 F 3
Sérilhac 19 242 D 3
Seringes-et-Nesles 02 40 C 4
Séris 41 132 B 3
Serley 71 178 C 4
Sermages 58 175 H 1
Sermaise 49 150 B 1
Sermaise 91 87 F 3
Sermaises 45 87 G 5
Sermaize 60 23 G 5
Sermaize-les-Bains 51 63 F 4
Sermamagny 90 142 C 2
Sermange 39 161 F 4
Sermano 2B 347 F 4
Sermentizon 63 228 C 1
Sermentot 14 33 E 5
Sermérieu 38 232 B 1
Sermersheim 67 97 F 4
Sermesse 71 178 B 3
Sermiers 51 41 G 5
Sermizelles 89 157 H 1
Sermoise 02 40 C 2
Sermoise-sur-Loire 58 174 C 2
Sermoyer 01 195 F 2
Sermur 23 208 B 3
Sernhac 30 304 B 1
Serocourt 88 118 B 3
Séron 65 314 D 3
Serpaize 38 231 F 3
La Serpent 11 337 F 3
Serques 62 3 F 5
Serqueux 52 118 A 4
Serqueux 76 21 E 5
Serquigny 27 35 G 5
Serra-di-Ferro 2A 348 C 5
Serra-di-Fiumorbo 2B 349 G 2
Serra di Pigno 2B 345 G 4
Serra-di-Scopamène 2A 349 E 5
Serrabone Prieuré de 66 342 C 3
Serralongue 66 342 C 5
Serrant Château de 49 149 F 2
Serraval 74 216 A 4
La Serre 12 300 C 1
Serre Col de 15 245 E 3
La Serre-Bussière-Vieille 23 208 B 2
Serre-Chevalier 05 252 C 4
Serre-les-Moulières 39 161 F 4
Serre-les-Sapins 25 161 H 4
Serre-Nerpol 38 250 B 1
Serre-Ponçon Barrage et Lac de 93 270 A 4
Serres 05 269 E 5
Serres 11 337 H 3
Serres 54 66 C 5
Serres-Castet 64 314 B 3
Serres-et-Montguyard 24 257 H 2
Serres-Gaston 40 294 A 4
Serres-Morlaàs 64 314 C 3
Serres-Sainte-Marie 64 313 H 2
Serres-sur-Arget 09 336 A 3
Serreslous-et-Arribans 40 293 H 3
Serriera 2A 346 B 5
Serrières 07 231 E 5
Serrières 54 65 H 4
Serrières 71 194 D 4
Serrières-de-Briord 01 214 B 5
Serrières-en-Chautagne 73 215 E 4
Serrières-sur-Ain 01 214 B 1
Serrigny 89 137 E 2
Serrigny-en-Bresse 71 178 B 3
Serris 77 59 F 3
Serrouville 54 45 F 3
Serruelles 18 173 E 3
Sers 16 221 G 2
Sers 65 333 E 3
Servais 02 24 B 5
Serval 02 41 E 3
Servance 70 142 A 1
Servanches 24 239 F 2
Servant 63 209 F 1
Servas 01 213 H 1
Servas 30 284 A 3
Servaville-Salmonville 76 36 C 1
Serverette 48 264 B 2
Serves-sur-Rhône 26 249 E 2
Servian 34 321 H 2
Servières 48 264 B 4
Servières-le-Château 19 243 F 4
Serviers-et-Labaume 30 284 B 5
Serviès 81 299 E 4
Serviès-en-Val 11 338 A 1
Servignat 01 195 G 3
Servigney 25 162 C 1
Servigney 70 141 F 3
Servigny 50 31 G 5
Servigny-lès-Raville 57 66 C 1
Servigny-lès-Sainte-Barbe 57 45 H 5
Serville 28 56 D 4
Servilly 03 192 C 5
Servin 25 162 D 3
Servins 62 8 A 5
Servion 08 26 B 3
Servon 50 51 G 5
Servon 77 59 E 5
Servon-Melzicourt 51 43 E 4
Servon-sur-Vilaine 35 104 C 3
Servoz 74 216 D 3
Sery 08 26 A 5
Sery 89 136 C 5
Séry-lès-Mézières 02 24 C 3
Séry-Magneval 60 39 F 4
Serzy-et-Prin 51 41 E 4
Sessenheim 67 69 F 3
Sète 34 323 E 4
Setques 62 3 E 5
Les Settons 58 158 B 4
Seudre Pont de la 17 200 C 4
Seugy 95 38 C 5
Seuil 08 42 B 1
Seuillet 03 210 C 1
Seuilly 37 150 D 5
Seur 41 153 E 1
Le Seure 17 202 B 5
Seurre 21 178 B 1
Seux 80 22 A 2
Seuzey 55 64 C 2
Sevelinges 42 212 A 2
Sevenans 90 142 C 3
Sévérac 44 125 G 5
Sévérac d'Aveyron 12 281 H 2
Sévérac-l'Église 12 281 F 1
Seveux 70 140 B 5
Sevi Col de 2A 346 C 5
Sévignac 22 79 E 5
Sévignacq 64 314 C 2
Sévignacq-Meyracq 64 332 A 1
Sévigny 61 54 A 4
Sévigny-la-Forêt 08 26 B 1
Sévigny-Waleppe 08 25 G 5
Sévis 76 20 B 4
Sevrai 61 53 H 5
Sevran 93 58 D 2
Sèvres 92 58 B 4
Sèvres-Anxaumont 86 186 C 1
Sevrey 71 177 H 4
Sevrier 74 215 G 4
Sévry 18 155 H 5
Sewen 68 142 C 1
Sexcles 19 243 F 4
Sexey-aux-Forges 54 94 C 1
Sexey-les-Bois 54 65 G 5
Sexfontaines 52 116 D 2
Seychalles 63 210 B 5
Seyches 47 257 G 4
Seyne 04 270 B 5
La Seyne-sur-Mer 83 328 A 5
Seynes 30 284 A 4
Seynod 74 215 G 3
Seyre 31 318 B 3
Seyresse 40 292 D 3
Seyssel 01 215 E 3
Seyssel 74 215 E 3
Seysses 31 317 G 2
Seysses-Savès 32 317 E 2
Seyssinet-Pariset 38 250 D 2
Seyssins 38 250 D 2
Seyssuel 38 231 E 3
Seythenex 74 216 A 5
Seytroux 74 198 C 4
Sézanne 51 61 E 5
Sézéria 39 196 C 2
Siarrouy 65 315 E 3
Siaugues-Saint-Romain 43 246 D 3
Sibiril 29 71 G 3
Sibiville 62 12 D 2
La Sicaudais 44 146 D 4
Siccieu-Saint-Julien-et-Carisieu 38 214 A 5
Sichamps 58 156 D 5
Sickert 68 142 C 1
Sideville 50 29 E 3
Sidiailles 18 190 B 2
Siecq 17 202 C 4
Siegen 67 69 G 1
Sièges 39 196 D 4
Les Sièges 89 114 A 3
Sierck-les-Bains 57 46 B 2
Sierentz 68 143 G 2
Siersthal 57 68 A 1
Sierville 76 20 A 5
Siest 40 292 D 3

Sieurac 81 ... 299 F 2
Sieuras 09 ... 317 H 5
Siévoz 38 ... 251 E 5
Siewiller 67 ... 67 H 3
Sigale 06 ... 289 G 5
Sigalens 33 ... 256 D 5
Sigean 11 ... 339 E 2
Sigean
Réserve africaine de 11 ... 339 E 2
Sigloy 45 ... 133 H 3
Signac 31 ... 334 B 3
Signes 83 ... 327 H 2
Signéville 52 ... 93 F 5
Signy-l'Abbaye 08 ... 26 B 4
Signy-le-Petit 08 ... 26 A 1
Signy-Montlibert 08 ... 27 H 5
Signy-Signets 77 ... 59 H 2
Sigogne 16 ... 220 C 1
Sigolsheim 68 ... 121 E 2
Sigonce 04 ... 287 F 5
Sigottier 05 ... 268 D 5
Sigoulès 24 ... 257 G 2
Sigournais 85 ... 166 C 5
Sigoyer 04 ... 287 G 1
Sigoyer 05 ... 269 G 4
Siguer 09 ... 336 A 5
Sigy 77 ... 89 F 3
Sigy-en-Bray 76 ... 21 E 5
Sigy-le-Châtel 71 ... 194 C 2
Silfiac 56 ... 101 G 2
Silhac 07 ... 248 D 5
Sillans 38 ... 232 B 5
Sillans-la-Cascade 83 ... 307 G 4
Sillars 86 ... 187 F 3
Sillas 33 ... 274 D 1
Sillé-le-Guillaume 72 ... 107 E 2
Sillé-le-Philippe 72 ... 108 A 3
Sillegny 57 ... 65 H 2
Sillery 51 ... 41 H 4
Silley-Amancey 25 ... 180 B 1
Silley-Bléfond 25 ... 162 C 2
Sillingy 74 ... 215 F 3
Silly-en-Gouffern 61 ... 54 B 4
Silly-en-Saulnois 57 ... 66 B 2
Silly-la-Poterie 02 ... 40 A 4
Silly-le-Long 60 ... 39 F 5
Silly-sur-Nied 57 ... 46 B 5
Silly-Tillard 60 ... 38 A 3
Silmont 55 ... 63 H 4
Siltzheim 67 ... 67 G 1
Silvacane *Ancienne Abbaye de 13* ... 305 H 3
Silvareccio 2B ... 347 G 3
Silvarouvres 52 ... 116 B 4
Simacourbe 64 ... 314 C 2
Simandre 71 ... 195 F 1
Simandre-sur-Suran 01 ... 196 A 5
Simandres 69 ... 231 F 2
Simard 71 ... 178 B 5
Simencourt 62 ... 13 F 3
Simeyrols 24 ... 241 H 5
Simiane-Collongue 13 ... 327 E 1
Simiane-la-Rotonde 04 ... 286 D 5
Simorre 32 ... 316 C 2
Simplé 53 ... 105 H 5
Le Simserhof *Fort 57* ... 68 B 1
Sin-le-Noble 59 ... 8 D 5
Sinard 38 ... 250 D 4
Sinceny 02 ... 24 A 5
Sincey-lès-Rouvray 21 ... 158 B 2
Sindères 40 ... 272 D 4
Singles 63 ... 226 C 3
Singleyrac 24 ... 257 H 2
Singly 08 ... 26 D 4
Singrist 67 ... 68 B 5
Sinsat 09 ... 336 B 5
Sinzos 65 ... 315 F 5
Sion 32 ... 295 E 3
Sion 54 ... 94 C 3
Sion-les-Mines 44 ... 126 C 3
Sion-sur-l'Océan 85 ... 164 D 4
Sioniac 19 ... 243 E 4
Sionne 88 ... 93 H 4
Sionviller 54 ... 95 G 1
Siorac-de-Ribérac 24 ... 239 G 2
Siorac-en-Périgord 24 ... 259 E 1
Siouville-Hague 50 ... 28 C 3
Sirac 32 ... 297 E 3
Siracourt 62 ... 7 F 5
Siradan 65 ... 334 B 2
Siran 15 ... 243 G 5
Siran 34 ... 320 B 4
Siran *Château 33* ... 237 F 3
Sireix 65 ... 332 C 2
Sireuil 16 ... 221 E 2
Sireuil 24 ... 241 F 5
Sirod 39 ... 180 A 4
Siros 64 ... 314 A 3
Sisco 2B ... 345 G 2
Sissonne 02 ... 25 F 5
Sissy 02 ... 24 C 3
Sistels 82 ... 276 C 4
Sisteron 04 ... 287 G 2
Sivergues 84 ... 305 H 2
Sivignon 71 ... 194 B 3
Sivry 54 ... 65 H 4
Sivry-Ante 51 ... 63 E 1
Sivry-Courtry 77 ... 88 C 3
Sivry-la-Perche 55 ... 43 H 5
Sivry-lès-Buzancy 08 ... 43 F 2
Sivry-sur-Meuse 55 ... 43 H 3
Six-Fours-les-Plages 83 ... 327 H 5
Sixt-Fer-à-Cheval 74 ... 216 D 1
Sixt-sur-Aff 35 ... 125 H 2
Sizun 29 ... 75 H 2
Smarves 86 ... 186 B 2
Smermesnil 76 ... 20 D 2
Soccia 2A ... 348 C 1
Sochaux 25 ... 142 C 4
Socoa 64 ... 310 B 3
Socourt 88 ... 95 E 4
Socx 59 ... 3 G 3
Sode 31 ... 334 B 4
Sœurdres 49 ... 128 C 3
Sognes 89 ... 89 H 5
Sognolles-en-Montois 77 ... 89 F 3
Sogny-aux-Moulins 51 ... 62 B 2
Sogny-en-l'Angle 51 ... 63 E 3
Soignolles 14 ... 53 H 1
Soignolles-en-Brie 77 ... 59 E 5
Soilly 51 ... 60 D 1
Soindres 78 ... 57 F 2
Soing 70 ... 140 C 5
Soings-en-Sologne 41 ... 153 G 2
Soirans 21 ... 160 C 4
Soissons 02 ... 40 B 2
Soissons-sur-Nacey 21 ... 160 D 3
Soisy-Bouy 77 ... 89 G 3
Soisy-sous-Montmorency 95 ... 58 B 2
Soisy-sur-École 91 ... 88 A 3
Soisy-sur-Seine 91 ... 58 D 5
Soize 02 ... 25 G 4
Soizé 28 ... 109 E 3
Soizy-aux-Bois 51 ... 61 E 4
Solaize 69 ... 231 E 2
Solaro 2B ... 349 G 3
Solbach 67 ... 96 D 3
Soleilhas 04 ... 308 B 1
Solemont 25 ... 163 F 2
Solente 60 ... 23 G 4
Solenzara 2A ... 349 G 4
Le Soler 66 ... 342 D 2
Solérieux 26 ... 285 F 1
Solers 77 ... 59 F 5
Solesmes 59 ... 14 D 3
Solesmes 72 ... 129 E 2
Soleymieu 38 ... 232 A 1
Soleymieux 42 ... 229 G 3
Solférino 40 ... 273 E 3
Solgne 57 ... 66 B 2
Soliers 14 ... 33 H 5
Solignac 87 ... 223 G 1
Solignac-sous-Roche 43 ... 247 G 1
Solignac-sur-Loire 43 ... 247 F 4
Solignat 63 ... 227 H 3
Soligny-la-Trappe 61 ... 84 B 2
Soligny-les-Étangs 10 ... 89 H 4
Sollacaro 2A ... 348 D 5
Sollières-Sardières 73 ... 235 E 5
Solliès-Pont 83 ... 328 B 3
Solliès-Toucas 83 ... 328 B 3
Solliès-Ville 83 ... 328 B 4
Sologny 71 ... 194 D 4
Solomiac 32 ... 296 D 2
Solre-le-Château 59 ... 15 H 3
Solrinnes 59 ... 15 H 3
Solterre 45 ... 134 D 2
Solutré-Pouilly 71 ... 194 D 4
Somain 59 ... 9 E 5
Sombacour 25 ... 180 C 2
Sombernon 21 ... 159 G 3
Sombrin 62 ... 13 E 3
Sombrun 65 ... 315 E 2
Somloire 49 ... 167 F 1
Sommaing 59 ... 14 D 2
Sommaisne 55 ... 63 G 2
Sommancourt 52 ... 92 D 3
Sommant 71 ... 176 C 1
Sommauthe 08 ... 43 F 1
Somme-Bionne 51 ... 42 D 5
Somme-Suippe 51 ... 42 C 5
Somme-Tourbe 51 ... 42 D 5
Somme-Vesle 51 ... 62 C 1
Somme-Yèvre 51 ... 62 D 2
Sommecaise 89 ... 135 G 2
Sommedieue 55 ... 64 C 1
Sommeilles 55 ... 63 F 2
Sommelans 02 ... 40 B 5
Sommelonne 55 ... 63 G 5
Sommepy-Tahure 51 ... 42 C 4
Sommerance 08 ... 43 F 3
Sommerécourt 52 ... 117 H 2
Sommereux 60 ... 21 H 4
Sommermont 52 ... 92 D 3
Sommeron 02 ... 25 F 1
Sommervieu 14 ... 33 E 3
Sommerviller 54 ... 95 E 1
Sommery 76 ... 20 D 5
Sommesnil 76 ... 19 G 4
Sommesous 51 ... 61 H 4
Sommet-Bucher 05 ... 271 E 1
La Sommette 25 ... 162 D 4
Sommette-Eaucourt 02 ... 23 H 3
Sommeval 10 ... 114 D 3
Sommeville 52 ... 92 D 2
Sommevoire 52 ... 92 B 4
Sommières 30 ... 303 F 2
Sommières-du-Clain 86 ... 186 B 5
Somport *Col du 64* ... 331 H 4
Sompt 79 ... 202 D 1
Sompuis 51 ... 62 B 5
Somsois 51 ... 91 H 2
Son 08 ... 26 A 5
Sonac 46 ... 261 E 2
Sonchamp 78 ... 86 D 2
Soncourt 88 ... 94 B 4
Soncourt-sur-Marne 52 ... 116 D 2
Sondernach 68 ... 120 C 4
Sondersdorf 68 ... 143 F 4
La Sône 38 ... 250 A 2
Songeons 60 ... 21 G 5
Songeson 39 ... 179 G 5
Songieu 01 ... 214 D 3
Songy 51 ... 62 C 4
Sonnac 12 ... 261 G 4
Sonnac 17 ... 202 B 4
Sonnac-sur-l'Hers 11 ... 337 E 2
Sonnay 38 ... 231 F 5
Sonnaz 73 ... 233 F 1
Sonneville 16 ... 202 D 5
Sons-et-Ronchères 02 ... 24 D 3
Sonthonnax-la-Montagne 01 ... 196 B 5
Sonzay 37 ... 151 G 1
Soorts-Hossegor 40 ... 292 B 3
Sophia-Antipolis 06 ... 309 F 3
Soppe-le-Bas 68 ... 142 D 2
Soppe-le-Haut 68 ... 142 D 2
Sor 09 ... 335 E 3
Sorans-lès-Breurey 70 ... 162 A 2
Sorba *Col de 2B* ... 349 F 1
Sorbais 02 ... 25 F 1
Sorbets 32 ... 295 E 3
Sorbets 40 ... 294 B 4
Sorbey 55 ... 44 C 3
Sorbey 57 ... 66 B 1
Sorbier 03 ... 192 D 4
Sorbiers 05 ... 268 C 5
Sorbiers 42 ... 230 B 3
Sorbo-Ocagnano 2B ... 347 G 2
Sorbollano 2A ... 349 E 5
Sorbon 08 ... 26 A 5
Sorbs 34 ... 301 H 1
Sorcy-Bauthémont 08 ... 26 C 5
Sorcy-Saint-Martin 55 ... 64 D 5
Sorde-l'Abbaye 40 ... 292 D 5
Sore 40 ... 273 G 1
Soréac 65 ... 315 F 4
Sorède 66 ... 343 F 3
Sorel 80 ... 14 A 5
Sorel-en-Vimeu 80 ... 11 H 4
Sorel-Moussel 28 ... 56 D 3
Sorèze 81 ... 319 F 2
Sorgeat 09 ... 336 D 5
Sorges-et-Ligueux-en-Périgord 24 ... 240 D 1
Sorgues 84 ... 285 F 5
Sorigny 37 ... 151 H 4
Les Sorinières 44 ... 147 G 4
Sorio 2B ... 345 F 5
Sormery 89 ... 114 B 4
Sormonne 08 ... 26 C 2
Sornac 19 ... 225 H 2
Sornay 70 ... 161 F 3
Sornay 71 ... 195 G 1
Sornéville 54 ... 66 C 5
Sorquainville 76 ... 19 F 4
Sorrus 62 ... 6 B 4
Sort-en-Chalosse 40 ... 293 E 3
Sortosville 50 ... 29 F 5
Sortosville-en-Beaumont 50 ... 28 D 5
Sos 47 ... 275 E 4
Sospel 06 ... 291 G 4
Sossais 86 ... 169 F 3
Sost 65 ... 334 A 3
Sotta 2A ... 351 F 3
Sottevast 50 ... 29 E 4
Sotteville 50 ... 28 D 4
Sotteville-lès-Rouen 76 ... 36 B 2
Sotteville-sous-le-Val 76 ... 36 B 3
Sotteville-sur-Mer 76 ... 19 H 2
Soturac 46 ... 259 E 5
Sotzeling 57 ... 66 D 3
Souain-Perthes-lès-Hurlus 51 ... 42 C 4
Soual 81 ... 299 F 5
Souancé-au-Perche 28 ... 109 E 2
Souanyas 66 ... 341 H 3
Souastre 62 ... 13 E 4
Soubès 34 ... 301 H 3
Soubise 17 ... 200 D 3
Soublecause 65 ... 295 E 5
Soubran 17 ... 219 G 5
Soubrebost 23 ... 207 E 3
Soucé 53 ... 82 B 3
Soucelles 49 ... 128 D 5
La Souche 07 ... 265 H 3
Souché 79 ... 184 D 4
Souchez 62 ... 8 B 5
Soucht 57 ... 68 A 2
Soucia 39 ... 196 D 1
Soucieu-en-Jarrest 69 ... 230 D 1
Soucirac 46 ... 260 B 2
Souclin 01 ... 214 B 4
Soucy 02 ... 39 H 3
Soucy 89 ... 113 G 2
Soudaine-Lavinadière 19 ... 224 D 3
Soudan 44 ... 127 E 3
Soudan 79 ... 185 G 3
Soudat 24 ... 222 B 2
Souday 41 ... 109 E 4
Soudé 51 ... 62 A 4
Soudeilles 19 ... 225 G 4
Soudorgues 30 ... 283 F 4
Soudron 51 ... 61 H 3
Soueich 31 ... 334 C 2
Soueix-Rogalle 09 ... 335 G 3
Souel 81 ... 279 F 5
Soues 65 ... 315 F 5
Soues 80 ... 22 A 1
Souesmes 41 ... 154 D 2
Souffelweyersheim 67 ... 69 E 5
Soufflenheim 67 ... 69 F 3
Souffrignac 16 ... 221 H 2
Sougé 36 ... 171 F 2
Sougé 41 ... 131 E 3
Sougé-le-Ganelon 72 ... 83 F 5
Sougéal 35 ... 80 C 2
Sougères-en-Puisaye 89 ... 156 D 1
Sougères-sur-Sinotte 89 ... 136 B 2
Sougraigne 11 ... 337 H 3
Sougy 45 ... 110 D 4
Sougy-sur-Loire 58 ... 175 E 3
Les Souhesmes 55 ... 43 H 5
Souhey 21 ... 158 D 1
Le Souich 62 ... 12 D 3
Souilhanels 11 ... 318 D 3
Souilhe 11 ... 318 D 3
Souillac 46 ... 242 B 5
Souillé 72 ... 107 H 3
Souilly 55 ... 63 H 1
Souilly 77 ... 59 E 2
Soula 09 ... 336 B 3
Soulac-sur-Mer 33 ... 218 C 3
Soulages 15 ... 246 A 3
Soulages-Bonneval 12 ... 263 E 3
Soulaincourt 52 ... 93 F 3
Soulaines-Dhuys 10 ... 92 A 4
Soulaines-sur-Aubance 49 ... 149 G 2
Soulaire-et-Bourg 49 ... 128 C 5
Soulaires 28 ... 86 B 3
Soulan 09 ... 335 G 3
Soulanges 51 ... 62 C 4
Soulangis 18 ... 155 F 5
Soulangy 14 ... 53 H 2
Soulatgé 11 ... 338 A 4
Soulaucourt-sur-Mouzon 52 ... 118 A 2
Soulaures 24 ... 259 E 3
Soulce-Cernay 25 ... 163 G 2
Soulgé-sur-Ouette 53 ... 106 B 4
Le Soulié 34 ... 300 C 5
Soulières 51 ... 61 F 3
Soulièvres 79 ... 168 B 3
Soulignac 33 ... 256 B 2
Souligné-Flacé 72 ... 107 F 5
Souligné-sous-Ballon 72 ... 107 H 3
Soulignonne 17 ... 201 E 5
Souligny 10 ... 114 D 2
Soulitré 72 ... 108 B 4
Soullans 85 ... 164 D 3
Soulles 50 ... 52 A 1
Soulom 65 ... 332 D 2
Soulomès 46 ... 260 C 3
Soulor *Col du 65* ... 332 C 2
Soulosse-sous-Saint-Élophe 88 ... 94 A 4
Soultz-Haut-Rhin 68 ... 120 D 5
Soultz-les-Bains 67 ... 97 F 1
Soultz-sous-Forêts 67 ... 69 E 2
Soultzbach-les-Bains 68 ... 120 D 3
Soultzeren 68 ... 120 C 3
Soultzmatt 68 ... 120 D 4
Soulvache 44 ... 126 D 2
Soumaintrain 89 ... 114 C 4
Soumans 23 ... 190 B 5
Soumensac 47 ... 257 G 2
Souméras 17 ... 219 H 5
Soumont 34 ... 301 H 3
Soumont-Saint-Quentin 14 ... 53 H 2
Soumoulou 64 ... 314 C 4
Soupex 11 ... 318 D 3
Soupir 02 ... 40 D 2
Souplicourt 80 ... 21 H 3
Souppes-sur-Loing 77 ... 112 C 3
Souprosse 40 ... 293 G 2
Le Souquet 40 ... 272 C 5
Souraïde 64 ... 310 D 4
Sourans 25 ... 142 A 5
La Source 45 ... 133 F 3
Source-Seine 21 ... 159 F 1
Sourcieux-les-Mines 69 ... 212 D 5
Le Sourd 02 ... 25 E 2
Sourdeval 50 ... 52 C 4
Sourdeval-les-Bois 50 ... 51 H 2
Sourdon 80 ... 22 C 4
Sourdun 77 ... 89 G 3
Le Sourn 56 ... 101 H 3
Sournia 66 ... 338 A 5
Sourniac 15 ... 244 B 1
Sourribes 04 ... 287 G 3
Sours 28 ... 86 B 4
Soursac 19 ... 243 H 1
Sourzac 24 ... 239 G 3
Sous-la-Tour 22 ... 78 B 3
Sous-Parsat 23 ... 207 F 2
Sousceyrac-en-Quercy 46 ... 243 F 5
Sousmoulins 17 ... 220 B 5
Souspierre 26 ... 267 G 4
Soussac 33 ... 256 D 2
Soussans 33 ... 237 F 3
Soussey-sur-Brionne 21 ... 159 E 3
Soustelle 30 ... 283 G 3
Soustons 40 ... 292 B 2
Sousville 38 ... 251 E 4
Souternon 42 ... 211 G 4
La Souterraine 23 ... 188 C 5
Soutiers 79 ... 185 F 1
Souvans 39 ... 179 E 1
Souvignargues 30 ... 303 F 2
Souvigné 16 ... 203 E 3
Souvigné 37 ... 151 F 1
Souvigné 79 ... 185 F 3
Souvigné-sur-Même 72 ... 108 C 2
Souvigné-sur-Sarthe 72 ... 128 D 2
Souvigny 03 ... 191 H 2
Souvigny-de-Touraine 37 ... 152 C 2
Souvigny-en-Sologne 41 ... 133 G 5
Souyeaux 65 ... 315 F 4
Souzay-Champigny 49 ... 150 C 4
Souzy 69 ... 230 B 1
Souzy-la-Briche 91 ... 87 F 3
Soveria 2B ... 347 E 4
Soyans 26 ... 267 G 3
Soyaux 16 ... 221 F 2
Soye 25 ... 162 D 1
Soye-en-Septaine 18 ... 173 F 2
Soyécourt 80 ... 23 F 2
Soyers 52 ... 140 B 2
Soyons 07 ... 249 F 5
Spada 55 ... 64 C 3
Sparsbach 67 ... 68 B 3
Spay 72 ... 107 G 5
Spechbach 68 ... 143 E 2
Spechbach-le-Bas 68 ... 143 E 2
Speloncato 2B ... 346 D 2
Spelunca *Gorges de 2A* ... 346 B 5
Spéracèdes 06 ... 308 D 3
Spézet 29 ... 76 C 5
Spicheren 57 ... 47 F 4
Spin'a Cavallu
Pont génois 2A ... 350 D 2
Spincourt 55 ... 44 D 3
Sponville 54 ... 65 E 1
Spoy 10 ... 116 A 2
Spoy 21 ... 160 B 1
Spycker 59 ... 3 G 3
Squiffiec 22 ... 73 E 4
Staffelfelden 68 ... 121 E 5
Stains 93 ... 58 C 2
Stainville 55 ... 63 H 5
Stangala *Site du 29* ... 99 H 2
Staple 59 ... 3 H 5
Stattmatten 67 ... 69 F 3
Stazzona 2B ... 347 G 3
Steenbecque 59 ... 7 H 2
Steene 59 ... 3 G 3
Steenvoorde 59 ... 3 H 4
Steenwerck 59 ... 8 B 2
Steige 67 ... 96 D 4
Steinbach 68 ... 143 E 1
Steinbourg 67 ... 68 B 4
Steinbrunn-le-Bas 68 ... 143 F 2
Steinbrunn-le-Haut 68 ... 143 F 2
Steinseltz 67 ... 69 F 1
Steinsoultz 68 ... 143 F 3
Stella-Plage 62 ... 6 A 4
Stenay 55 ... 43 G 1
Sternenberg 68 ... 142 D 2
Stetten 68 ... 143 G 3
Stigny 89 ... 137 G 3
Still 67 ... 97 E 1
Stiring-Wendel 57 ... 47 F 4
Stival 56 ... 101 H 2
Stonne 08 ... 27 F 5
Storckensohn 68 ... 120 B 5
Stosswihr 68 ... 120 C 3
Stotzheim 67 ... 97 F 3
Strasbourg 67 ... 97 H 1
Strazeele 59 ... 4 A 5
Strenquels 46 ... 242 C 4
Strueth 68 ... 143 E 3
Struth 67 ... 68 A 3
Stuckange 57 ... 45 H 3
Stundwiller 67 ... 69 F 2
Sturzelbronn 57 ... 68 C 1
Stutzheim-Offenheim 67 ... 68 D 5
Suarce 90 ... 142 D 3
Suaucourt-et-Pisseloup 70 ... 140 B 4
Suaux 16 ... 203 H 4
Le Subdray 18 ... 172 D 2
Sublaines 37 ... 152 C 4
Subles 14 ... 32 D 3
Subligny 18 ... 155 H 2
Subligny 50 ... 51 H 4
Subligny 89 ... 113 F 3
Suc-au-May 19 ... 225 E 4
Suc-et-Sentenac 09 ... 336 A 5
Succieu 38 ... 232 A 3
Sucé-sur-Erdre 44 ... 147 H 2
Sucy-en-Brie 94 ... 58 D 4
Suèvres 41 ... 132 B 4
Sugères 63 ... 228 B 2
Sugny 08 ... 42 D 2
Suhescun 64 ... 311 F 5
Suilly-la-Tour 58 ... 156 B 3
Suin 71 ... 194 B 3
Suippes 51 ... 42 C 5
Suisse 57 ... 66 D 2
Suizy-le-Franc 51 ... 61 E 2
Sulignat 01 ... 213 F 1
Sully 14 ... 32 D 3
Sully 60 ... 21 G 5
Sully 71 ... 177 E 2
Sully-la-Chapelle 45 ... 111 G 5
Sully-sur-Loire 45 ... 134 A 3
Sulniac 56 ... 124 D 3
Sumène 30 ... 283 E 5
Sundhoffen 68 ... 121 F 3
Sundhouse 67 ... 97 G 5
Super-Barèges 65 ... 333 F 3
Super-Besse 63 ... 227 F 3
Super-Bolquère 66 ... 341 G 4
Super-Lioran 15 ... 245 E 3
Super-Sauze 04 ... 270 D 5
Superbagnères 31 ... 334 A 5
Superdévoluy 05 ... 269 F 2
Supeyres *Col des 63* ... 229 E 2
Supt 39 ... 179 H 3
Le Suquet 06 ... 291 E 4
Surat 63 ... 210 A 4
Surba 09 ... 336 B 4
Surbourg 67 ... 69 E 2
Surcamps 80 ... 12 B 5
Surdoux 87 ... 224 C 2
Suré 61 ... 84 A 4
Suresnes 92 ... 58 B 3
Surfonds 72 ... 108 B 5
Surfontaine 02 ... 24 C 3
Surgères 17 ... 201 F 1
Surgy 58 ... 157 F 1
Suriauville 88 ... 118 B 2

Surin 79 184 D 2
Surin 86 203 H 2
Suris 16 204 C 4
Surjoux 01 215 E 2
Surmont 25 163 E 3
Surques 62 2 D 5
Surrain 14 32 C 2
Surtainville 50 28 D 5
Surtauville 27 36 A 4
Survie 61 54 C 3
Surville 14 34 C 3
Surville 27 36 B 4
Surville 50 31 F 3
Survilliers 95 38 D 5
Sury 08 26 C 3
Sury-aux-Bois 45 111 H 5
Sury-en-Vaux 18 155 H 3
Sury-ès-Bois 18 155 H 2
Sury-le-Comtal 42 229 H 3
Sury-près-Léré 18 156 A 1
Surzur 56 124 C 4
Sus 64 313 F 3
Sus-Saint-Léger 62 12 D 3
Suscinio *Château de* 56 124 C 5
Susmiou 64 313 F 3
Sussac 87 224 C 2
Sussargues 34 303 E 3
Sussat 03 209 G 1
Sussey 21 158 D 4
Susville 38 251 E 4
Sutrieu 01 214 C 3
Suzan 09 335 H 2
Suzanne 08 42 C 1
Suzanne 80 23 F 1
Suzannecourt 52 93 E 3
Suzay 27 37 E 3
Suze 26 267 H 1
Suze-la-Rousse 26 285 F 2
La Suze-sur-Sarthe 72 129 G 2
Suzette 84 285 H 3
Suzoy 60 23 G 5
Suzy 02 24 C 5
Sy 08 43 E 1
Syam 39 179 H 5
Sylvains-les-Moulins 27 56 B 2
Sylvanès 12 301 E 2
Le Syndicat 88 119 H 4

T

Tabaille-Usquain 64 311 H 4
Tabanac 33 255 H 2
La Table 73 233 H 1
Le Tablier 85 183 E 1
Tabre 09 336 D 2
La Tâche 16 203 G 4
Tachoires 32 316 B 2
Tacoignières 78 57 F 3
Taconnay 58 157 E 3
Taden 22 79 H 4
Tadousse-Ussau 64 294 C 5
Taglio-Isolaccio 2B 347 G 3
La Tagnière 71 176 C 4
Tagnon 08 42 A 2
Tagolsheim 68 143 F 2
Tagsdorf 68 143 F 3
Tailhac 43 246 C 4
Taillades 84 305 F 2
Le Taillan-Médoc 33 237 F 5
Taillancourt 55 94 A 2
Taillant 17 201 G 4
Taillebois 61 53 F 3
Taillebourg 17 201 G 4
Taillebourg 47 257 F 5
Taillecavat 33 257 E 3
Taillecourt 25 142 C 4
La Taillée 85 183 H 3
Taillefontaine 02 39 H 3
Taillepied 50 31 F 2
Taillet 66 342 C 4
Taillette 08 26 B 1
Tailleville 14 33 G 3
Taillis 35 105 E 2
Tailly 08 43 G 1
Tailly 21 177 H 2
Tailly 80 11 H 5
Tain-l'Hermitage 26 249 E 3
Taingy 89 136 A 5
Taintrux 88 96 B 5
Taisnières-en-Thiérache 59 15 F 4
Taisnières-sur-Hon 59 15 F 2
Taisnil 80 22 A 3
Taissy 51 41 H 4
Taïx 81 279 G 5
Taizé 71 194 D 2
Taizé 79 168 B 2
Taizé-Aizie 16 203 G 2
Taizy 08 42 A 1
Tajan 65 315 H 5
Talairan 11 338 B 2
Talais 33 218 C 3
Talange 57 45 H 4
Talant 21 160 A 3
Talasani 2B 347 H 3
Talau 66 341 H 3
La Talaudière 42 230 B 4
Talazac 65 315 E 3
Talcy 41 132 B 3
Talcy 89 137 F 5
Talence 33 255 G 1
Talencieux 07 249 E 1
Talensac 35 103 H 3
Talissieu 01 214 D 4
Talizat 15 245 G 3
Tallans 25 162 C 1
Tallard 05 269 G 4
Tallenay 25 162 A 3
Tallende 63 227 H 2
Taller 40 292 D 1
Talloires-Montmin 74 215 H 4
Tallone 2B 347 G 5
Le Tallud 79 185 F 1
Tallud-Sainte-Gemme 85 166 D 5
Talmas 80 12 D 5
Talmay 21 160 D 2
Talmont-Saint-Hilaire 85 182 B 2
Talmont-sur-Gironde 17 218 D 3
Talmontiers 60 37 F 2
Taloire 04 308 A 1
Talon 58 157 F 3
Talus-Saint-Prix 51 61 E 3
Taluyers 69 230 D 2
Tamaris-sur-Mer 83 328 A 5
La Tamarissière 34 322 C 5
Tamerville 50 29 F 4
Tamié *Abbaye de* 73 234 A 1
Tamnay-en-Bazois 58 175 G 1
Tamniès 24 241 F 4
Tanavelle 15 245 G 4
Tanay 21 160 C 2
Tancarville 76 35 E 1
Tancarville *Pont de* 76 35 E 1
Tancoigné 49 149 H 4
Tancon 71 212 A 1
Tanconville 54 96 B 1
Tancrou 77 59 H 2
Tangry 62 7 G 4
La Tania 73 234 C 3
Taninges 74 216 C 1
Tanis 50 51 G 5
Tanlay 89 137 F 2
Tannay 08 27 E 5
Tannay 58 157 F 3
Tanneron 83 308 D 4
Tannerre-en-Puisaye 89 135 G 4
La Tannière 53 81 G 4
Tannières 02 40 D 3
Tannois 55 63 H 4
Tanques 61 54 A 5
Tantonville 54 94 D 3
Le Tanu 50 51 H 3
Tanus 81 280 B 4
Tanville 61 83 F 2
Tanzac 17 219 G 2
Taponas 69 213 E 1
Taponnat-Fleurignac 16 203 H 5
Tappa
Site préhistorique 2A 351 F 3
Tarabel 31 318 B 2
Taradeau 83 308 A 5
Tarare 69 212 B 4
Tarascon 13 304 B 2
Tarascon-sur-Ariège 09 336 B 4
Tarasteix 65 315 E 3
Tarbes 65 315 E 4
Tarcenay 25 162 A 4
Tardais 28 85 F 2
Tardes 23 208 B 1
Tardets-Sorholus 64 331 F 1
La Tardière 85 167 E 5
Tardinghen 62 2 B 4
Tarentaise 42 230 C 5
Tarentaise
Belvédère de la 73 235 F 3
Tarerach 66 342 B 2
Targassonne 66 341 F 4
Targé 86 169 G 4
Target 03 191 G 5
Targon 33 256 B 2
Tarnac 19 225 F 1
Tarnès 33 237 H 4
Tarnos 40 292 A 5
Taron-Sadirac-
Viellenave 64 294 C 5
Tarquimpol 57 67 E 4
Tarrano 2B 347 G 4
Tarsac 32 294 D 4
Tarsacq 64 313 H 3
Tarsul 21 160 A 1
Tart-l'Abbaye 21 160 C 4
Tart-le-Bas 21 160 C 4
Tart-le-Haut 21 160 B 4
Tartaras 42 230 D 3
Tartas 40 293 F 2
Tartécourt 70 140 D 2
Tartiers 02 40 A 2
Tartigny 60 22 C 5
Tartonne 04 288 B 4
Le Tartre 71 178 D 4
Le Tartre-Gaudran 78 57 E 5
Tarzy 08 26 A 2
Tasdon 17 200 C 1
Tasque 32 295 E 4
Tassé 72 129 F 2
Tassenières 39 179 E 2
Tassillé 72 107 F 4
Tassin-la-Demi-Lune 69 213 E 5
Tasso 2A 349 E 3
Tatinghem 62 3 F 5
Le Tâtre 16 220 C 4
Taugon 17 183 H 4
Taulanne 04 308 A 1
Taulé 29 71 H 4
Taulignan 26 267 G 5
Taulis 66 342 C 4
Taupont 56 102 D 4
Tauriac 33 237 G 3
Tauriac 46 242 D 5
Tauriac 81 298 B 1
Tauriac-de-Camarès 12 301 E 3
Tauriac-de-Naucelle 12 279 H 3
Tauriers 07 266 A 4
Taurignan-Castet 09 335 F 2
Taurignan-Vieux 09 335 F 2
Taurinya 66 342 B 3
Taurize 11 338 A 1
Taussac 12 262 D 1
Taussac-la-Billière 34 301 F 4
Taussat 33 254 C 2
Tautavel 66 338 C 4
Tauves 63 226 D 3
Tauxières-Mutry 51 41 H 5
Tauxigny 37 152 A 4
Tavaco 2A 348 D 2
Tavant 37 151 F 5
Tavaux 39 178 D 1
Tavaux-et-Pontséricourt 02 25 F 3
Tavel 30 285 E 5
Tavera 2A 348 D 2
Tavernay 71 176 C 1
Tavernes 83 307 E 4
Taverny 95 58 B 1
Tavers 45 132 C 3
Tavey 70 142 B 4
Taxat-Senat 03 209 H 1
Taxenne 39 161 F 4
Tayac 33 238 D 4
Taybosc 32 296 C 2
Tayrac 12 279 H 3
Tayrac 47 276 D 3
Tazilly 58 176 A 4
Le Tech 66 342 B 5
Têche 38 250 B 2
Técou 81 299 E 2
Teghime *Col de* 2B 345 G 4
Le Teich 33 254 C 3
Teigny 58 157 G 2
Le Teil 07 266 D 4
Teilhède 63 209 G 3
Teilhet 09 336 C 1
Teilhet 63 209 E 2
Teillay 35 126 D 2
Teillay-le-Gaudin 45 111 E 3
Teillay-Saint-Benoît 45 111 F 3
Teillé 44 148 A 1
Teillé 72 107 H 2
Teillet 81 299 H 2
Teillet-Argenty 03 190 C 5
Le Teilleul 50 81 H 2
Teillots 24 241 G 1
Teissières-de-Cornet 15 244 B 4
Teissières-lès-Bouliès 15 262 C 1
Télégraphe *Col du* 73 252 B 1
Telgruc-sur-Mer 29 75 F 4
Tellancourt 54 44 D 1
Tellecey 21 160 C 3
Tellières-le-Plessis 61 84 A 2
Teloché 72 130 A 2
Le Temple 33 236 C 5
Le Temple 41 109 E 5
Le Temple 79 167 E 2
Le Temple-de-Bretagne 44 147 F 2
Temple-Laguyon 24 241 F 1
Le Temple-sur-Lot 47 275 H 1
Templemars 59 8 D 3
La Templerie 35 81 F 5
Templeuve 59 9 E 4
Templeux-la-Fosse 80 23 H 1
Templeux-le-Guérard 80 24 A 1
Tenaille *Ancienne*
Abbaye de la 17 219 G 4
Tenay 01 214 B 3
Tence 43 248 A 3
Tencin 38 233 F 5
Tende 06 291 H 2
Tende *Col de* 06 291 H 2
Tendon 88 119 H 2
Tendron 18 174 A 2
Tendu 36 188 D 1
Teneur 62 7 F 4
Tennie 72 107 F 3
Tenteling 57 47 F 5
Tercé 86 186 D 2
Tercillat 23 189 H 3
Tercis-les-Bains 40 292 D 3
Terdeghem 59 3 H 5
Térénez 29 71 H 3
Térénez *Pont de* 29 75 G 4
Tergnier 02 24 B 4
Terjat 03 208 D 1
Termes 08 43 E 3
Termes 11 338 B 2
Termes 48 263 H 1
Termes-d'Armagnac 32 295 E 4
Termignon 73 235 E 5
Terminiers 28 110 C 4
Ternand 69 212 C 3
Ternant 17 201 G 3
Ternant 21 159 H 4
Ternant 58 175 H 4
Ternant-les-Eaux 63 227 H 4
Ternas 62 12 D 2
Ternat 52 117 E 5
Ternay 41 131 E 4
Ternay 69 231 E 2
Ternay 86 168 C 1
Ternay *Barrage du* 07 230 D 5
Les Ternes 15 245 G 4
Ternuay-Melay-
et-Saint-Hilaire 70 142 A 1
Terny-Sorny 02 40 B 2
Terramesnil 80 12 D 4
Terrans 71 178 C 3
La Terrasse 38 233 F 5
Terrasse
Panorama de la 69 212 C 1
La Terrasse-sur-Dorlay 42 230 C 4
Terrasson-Lavilledieu 24 241 H 3
Terrats 66 342 D 3
Terraube 32 296 A 1
Terre-Clapier 81 299 G 2
Terrebasse 31 317 E 5
Terrefondrée 21 138 D 3
Terrehault 72 108 A 2
Terrenoire 42 230 B 4
Les Terres-de-Chaux 25 163 F 2
La Terrisse 12 263 F 2
Terroles 11 337 H 2
Terron-sur-Aisne 08 42 D 1
Terrou 46 261 F 1
Tersanne 26 249 G 1
Tersannes 87 187 H 5
Terssac 81 299 F 1
Le Tertre Rouge
Parc zoologique 72 129 G 4
Le Tertre-Saint-Denis 78 57 E 2
Tertry 80 23 H 2
Terves 79 167 G 4
Terville 57 45 G 3
Tessancourt-sur-Aubette 78 57 H 1
Tessé-Froulay 61 82 C 2
Tessé-la-Madeleine 61 82 C 2
Tessel 14 33 E 4
Tessens 73 234 C 2
Tesson 17 219 F 2
Tessonnière 79 168 A 4
La Tessoualle 49 167 E 1
Tessy Bocage 50 52 B 1
La Teste-de-Buch 33 254 B 3
Tétaigne 08 27 G 4
Tête des Cuveaux 88 119 H 3
Téteghem-
Coudekerque-Village 59 3 G 2
Téterchen 57 46 D 4
Téthieu 40 293 E 2
Teting-sur-Nied 57 66 D 1
Teuillac 33 237 G 3
Teulat 81 298 C 4
Le Teulet 19 243 G 4
Teurthéville-Bocage 50 29 G 3
Teurthéville-Hague 50 28 D 3
Teyjat 24 222 B 2
Teyran 34 303 E 4
Teyssières 26 267 H 5
Teyssieu 46 243 F 5
Teyssode 81 298 D 4
Thaas 51 61 F 5
Thaims 17 219 E 2
Thairé 17 200 D 2
Thaix 58 175 G 3
Thal-Drulingen 67 67 H 3
Thal-Marmoutier 67 68 B 5
Thalamy 19 226 C 3
Thann 68 142 D 1
Thannenkirch 68 97 E 5
Thanvillé 67 97 E 4
Thaon 14 33 F 3
Thaon-les-Vosges 88 95 F 5
Tharaux 30 284 B 2
Tharoiseau 89 157 H 2
Tharon-Plage 44 146 C 4
Tharot 89 157 H 1
Thaumiers 18 173 G 4
Thauron 23 207 E 3
Thauvenay 18 156 A 3
Thèbe 65 334 A 3
Théding 57 47 F 5
Thédirac 46 259 H 3
Thégra 46 260 D 1
Théhillac 56 125 G 5
Le Theil 03 191 H 4
Le Theil 15 244 C 3
Le Theil 23 206 C 3
Le Theil 50 29 F 3
Le Theil 61 108 C 2
Le Theil-Bocage 14 52 D 2
Le Theil-de-Bretagne 35 104 D 5
Le Theil-en-Auge 14 34 D 3
Le Theil-Nolent 27 35 F 5
Theil-Rabier 16 203 E 2
Theil-sur-Vanne 89 113 H 3
Theillay 41 154 B 3
Theillement 27 35 H 3
Theix-Noyalo 56 124 C 4
Theizé 69 212 C 3
Thel 69 212 B 1
Théligny 72 108 D 3
Thélis-la-Combe 42 230 C 5
Thélod 54 94 C 2
Thelonne 08 27 F 4
Thélus 62 8 B 5
Théméricourt 95 57 H 1
Thémines 46 261 E 2
Théminettes 46 261 E 2
Thénac 17 219 F 1
Thénac 24 257 G 2
Thenailles 02 25 F 2
Thenay 36 188 C 1
Thenay 41 153 E 2
Thenelles 02 24 C 2
Thénésol 73 216 A 5
Theneuil 37 169 F 1
Theneuille 03 191 F 1
Thénezay 79 168 C 5
Thénioux 18 154 B 4
Thenissey 21 159 F 1
Thénisy 77 89 F 3
Thennelières 10 91 E 5
Thennes 80 22 D 3
Thenon 24 241 F 2
Thénorgues 08 43 F 2
Théoule-sur-Mer 06 309 E 5
Therdonne 60 38 A 2
Théret *Château du* 23 207 F 2
Thérines 60 21 H 5
Thermes-Magnoac 65 316 B 5
Thérondels 12 245 E 5
Thérouanne 62 7 F 2
Thérouldeville 76 19 F 3
Thervay 39 161 F 4
Thésée 41 153 E 3
Thésy 39 179 H 2
Theuley 70 140 C 4
Théus 05 269 H 4
Theuville 28 86 B 5
Theuville 95 38 A 5
Theuville-aux-Maillots 76 19 F 3
Theuvy-Achères 28 85 H 2
Thevet-Saint-Julien 36 189 H 1
Théville 50 29 G 3
Thevray 27 55 G 2
They-sous-Montfort 88 118 C 2
They-sous-Vaudemont 54 94 C 4
Theys 38 233 F 5
Théza 66 343 F 2
Thézac 17 219 E 1
Thézac 47 259 E 5
Thézan-des-Corbières 11 338 C 1
Thézan-lès-Béziers 34 321 F 3
Thèze 04 287 F 1
Thèze 64 314 B 2
Thézey-Saint-Martin 54 66 B 3
Théziers 30 304 B 1
Thézillieu 01 214 C 4
Thézy-Glimont 80 22 C 3
Thiais 94 58 C 4
Thiancourt 90 142 D 4
Thianges 58 175 F 3
Thiant 59 14 D 2
Thiat 87 187 G 5
Thiaucourt-Regniéville 54 65 F 3
Thiaville-sur-Meurthe 54 96 A 3
Thiberville 27 35 E 5
Thibie 51 62 A 2
Thibivillers 60 37 H 3
Thibouville 27 35 G 5
Thicourt 57 66 D 2
Thiébauménil 54 95 G 1
Thiéblemont-Farémont 51 62 D 5
Thiébouhans 25 163 G 3
Thieffrain 10 115 G 2
Thieffrans 70 141 G 5
Thiéfosse 88 120 A 4
Thiel-sur-Acolin 03 192 C 2
Thiembronne 62 7 E 3
Thiénans 70 162 B 1
Thiennes 59 7 H 2
Thiepval 80 13 F 5
Thiergeville 76 19 E 3
Thiernu 02 25 E 3
Thiers 63 210 C 4
Thiers-sur-Thève 60 38 D 5
Thierville 27 35 G 4
Thierville-sur-Meuse 55 44 B 5
Thiéry 06 289 G 4
Thiescourt 60 23 G 5
Thiétreville 76 19 F 3
Le Thieulin 28 85 G 4
Thieulloy-la-Ville 80 21 H 3
Thieulloy-l'Abbaye 80 21 H 2
Thieuloy-Saint-Antoine 60 21 H 4
La Thieuloye 62 7 G 5
Thieux 60 38 C 1
Thieux 77 59 E 1
Thiéville 14 54 A 1
Thièvres 62 13 E 4
Thiézac 15 244 D 4
Thignonville 45 111 G 2
Thil 01 213 G 5
Thil 10 92 B 5
Le Thil 27 37 E 3
Thil 31 297 F 3
Thil 51 41 G 3
Thil 54 45 F 2
Thil-la-Ville 21 158 D 2
Thil-Manneville 76 20 A 2
Le Thil-Riberpré 76 21 E 4
Thil-sur-Arroux 71 176 B 4
Thilay 08 27 E 2
Le Thillay 95 58 D 2
Thilleux 52 92 B 4
Les Thilliers-en-Vexin 27 37 E 4
Thillois 51 41 G 4
Thillombois 55 64 B 3
Thillot 55 64 D 2
Le Thillot 88 120 A 5
Thilouze 37 151 G 4
Thimert 28 85 H 2
Thimonville 57 66 B 2
Thimory 45 134 C 2
Thin-le-Moutier 08 26 B 3
Thines 07 265 G 5
Thiolières 63 228 D 2
Thionne 03 192 C 3
Thionville 57 45 H 3
Thionville-sur-Opton 78 57 E 4
Thiouville 76 19 F 4
Thiraucourt 88 94 C 5
Thiré 85 183 G 1
Thiron Gardais 28 85 F 5
This 08 26 C 3
Thise 25 162 A 3
Thivars 28 86 A 4
Thivencelle 59 9 H 4
Thiverny 60 38 C 4
Thiverval-Grignon 78 57 H 3
Thivet 52 117 F 4
Thiviers 24 223 E 4
Thiville 28 110 A 4
Thizay 36 172 B 3
Thizay 37 150 D 5
Thizy-les-Bourgs 69 212 A 2
Thizy 89 137 F 5

418

A B C D E F G H I J K L M N O P Q R S T U V W X Y Z

Thoard 04 287 H 3
Thodure 38 231 H 5
Thoigné 72 83 H 5
Thoiras 30 283 F 4
Thoiré-sous-Contensor 72 83 H 5
Thoiré-sur-Dinan 72 130 C 3
Thoires 21 116 A 5
Thoirette 39 196 B 4
Thoiria 39 196 D 1
Thoiry 01 197 F 5
Thoiry 73 233 G 2
Thoiry 78 57 G 3
Thoissey 01 213 E 1
Thoissia 39 196 A 3
Thoisy-la-Berchère 21 158 D 4
Thoisy-le-Désert 21 159 E 4
Thoix 80 22 A 4
Thol-lès-Millières 52 117 G 3
Thollet 86 187 H 3
Thollon-les-Mémises 74 198 C 3
Le Tholonet 13 306 A 5
Le Tholy 88 120 A 3
Thomer-la-Sôgne 27 56 B 3
Thomery 77 88 C 4
Thomirey 21 177 F 1
Thonac 24 241 F 4
Thônes 74 216 A 3
Thonnance-lès-Joinville 52 93 E 3
Thonnance-les-Moulins 52 93 F 4
Thonne-la-Long 55 44 B 1
Thonne-le-Thil 55 44 B 1
Thonne-les-Prés 55 44 B 1
Thonnelle 55 44 B 1
Thonon-les-Bains 74 198 B 3
Les Thons 88 118 B 4
Thonville 57 66 D 2
Le Thor 84 305 E 1
Thorailles 45 112 D 4
Thoraise 25 161 H 4
Thorame-Basse 04 288 C 3
Thorame-Haute 04 288 D 3
Thorame-Haute-Gare 04 288 D 4
Thoras 43 246 C 5
Thoré-la-Rochette 41 131 F 3
Thorée-les-Pins 72 129 H 4
Thorenc 06 308 D 1
Thorens-Glières 74 215 H 2
Thorey 89 137 F 2
Thorey-en-Plaine 21 160 B 4
Thorey-Lyautey 54 94 C 3
Thorey-sous-Charny 21 159 E 3
Thorey-sur-Ouche 21 159 G 5
Thorigné 79 185 F 4
Thorigné-d'Anjou 49 128 B 4
Thorigné-en-Charnie 53 106 D 4
Thorigné-Fouillard 35 104 C 2
Thorigné-sur-Dué 72 108 B 4
Thorigny 85 183 E 1
Thorigny-sur-le-Mignon 79 201 G 1
Thorigny-sur-Marne 77 59 E 3
Thorigny-sur-Oreuse 89 89 H 5
Le Thoronet 83 307 H 5
Thoronet Abbaye du 83 307 H 5
Thorrenc 07 249 E 1
Thors 10 92 B 5
Thors 17 202 B 4
Thory 80 22 C 4
Thory 89 137 E 5
Thoste 21 158 C 2
Le Thot 24 241 F 4
Le Thou 17 201 E 1
Thou 18 155 G 2
Thou 45 135 E 5
Thouarcé 49 149 G 3
Thouaré-sur-Loire 44 147 H 3
Thouars 79 168 A 2
Thouars-sur-Arize 09 317 G 5
Thouars-sur-Garonne 47 275 G 2
Thouarsais-Bouildroux 85 183 H 1
Le Thoult-Trosnay 51 61 E 3
Le Thour 08 25 G 5
Le Thoureil 49 150 A 2
Thourie 35 126 D 2
Thouron 87 205 G 3
Thourotte 60 39 G 1
Thoury 41 132 C 5
Thoury-Férottes 77 88 D 5
Thoux 32 297 E 4
Thubœuf 53 82 C 3
Le Thuel 02 25 G 4
Thuellin 38 232 B 1
Thuès-entre-Valls 66 341 H 4
Thueyts 07 266 A 2
Thugny-Trugny 08 42 B 1
La Thuile 73 233 G 2
Les Thuiles 04 270 C 5
Thuilley-aux-Groseilles 54 94 C 2
Thuillières 88 118 C 2
Thuir 66 342 D 2
Thuisy 10 114 C 2
Le Thuit 27 36 D 4
Le Thuit-Anger 27 36 A 3
Thuit-Hébert 27 35 H 3
Le Thuit-Signol 27 36 A 4
Le Thuit-Simer 27 35 H 4
Thulay 25 142 C 5
Thumeréville 54 45 E 5
Thumeries 59 8 D 4
Thun-l'Évêque 59 14 C 3
Thun-Saint-Amand 59 9 G 4
Thun-Saint-Martin 59 14 C 3
Thurageau 86 169 E 4
Thuré 86 169 F 4
Thuret 63 210 A 3
Thurey 71 178 B 4
Thurey-le-Mont 25 162 A 2
Thurins 69 230 D 1
Thury 21 177 E 1
Thury 89 135 H 5
Thury-en-Valois 60 39 H 5
Thury-Harcourt 14 53 F 1
Thury-sous-Clermont 60 38 C 3
Thusy 74 215 F 3
Thuy 65 315 G 4
Thyez 74 216 B 1
Thyl 73 252 B 1
Tibiran-Jaunac 65 334 A 2
Ticheville 61 54 D 2
Tichey 21 178 C 1
Tieffenbach 67 68 A 3
Tiercé 49 128 D 5
Tiercelet 54 45 E 2
Le Tiercent 35 80 D 4
Tierceville 14 33 F 3
Tieste-Uragnoux 32 295 E 5
La Tieule 48 281 H 1
Tiffauges 85 166 C 1
Tigeaux 77 59 G 4
Tigery 91 88 A 2
Tignac 09 336 C 5
Tigné 49 149 H 4
Tignécourt 88 118 B 4
Tignes 73 235 E 3
Tignes Barrage de 73 235 F 2
Le Tignet 06 308 D 3
Tignieu-Jameyzieu 38 213 H 5
Tigny-Noyelle 62 6 B 5
Tigy 45 133 H 3
Til-Châtel 21 160 B 1
Tilh 40 293 F 4
Tilhouse 65 333 G 1
Tillac 32 315 G 2
Tillay-le-Péneux 28 110 D 3
Tillé 60 38 A 1
Tillenay 21 160 D 4
Le Tilleul 76 18 C 4
Tilleul-Dame-Agnès 27 55 H 1
Le Tilleul-Lambert 27 56 A 1
Le Tilleul-Othon 27 35 G 5
Tilleux 88 94 A 5
Tillières 49 148 B 5
Tillières-sur-Avre 27 56 A 4
Tilloloy 80 23 F 4
Tillou 79 202 D 1
Tilloy-et-Bellay 51 62 C 1
Tilloy-Floriville 80 11 F 5
Tilloy-lès-Conty 80 22 B 3
Tilloy-lès-Hermaville 62 13 E 2
Tilloy-lès-Mofflaines 62 13 G 2
Tilloy-lez-Cambrai 59 14 B 3
Tilloy-lez-Marchiennes 59 9 F 5
Tilly 27 37 E 5
Tilly 36 188 A 3
Tilly 78 57 E 3
Tilly-Capelle 62 7 F 4
Tilly-la-Campagne 14 33 G 5
Tilly-sur-Meuse 55 64 B 2
Tilly-sur-Seulles 14 33 E 4
Tilques 62 3 F 5
Tincey-et-Pontrebeau 70 140 C 5
Tinchebray 61 52 D 4
Tincourt-Boucly 80 23 H 1
Tincques 62 7 H 5
Tincry 57 66 C 3
Les Tines 74 217 E 2
Tingry 62 6 B 3
Tinqueux 51 41 G 4
Tinténiac 35 80 A 4
Tintry 71 177 E 2
Tintury 58 175 F 2
Tiranges 43 247 G 1
Tirent-Pontéjac 32 296 C 5
Tirepied 50 51 H 4
Tissey 89 136 D 2
Le Titre 80 11 G 2
Tiuccia 2A 348 B 2
Tivernon 45 111 E 3
Tiviers 15 245 H 3
Tivolaggio 2A 350 D 2
Tizac-de-Curton 33 256 B 1
Tizac-de-Lapouyade 33 238 B 3
Tizzano 2A 350 D 3
Tocane-Saint-Apre 24 239 H 1
Tocqueville 27 35 F 2
Tocqueville 50 29 G 2
Tocqueville-en-Caux 76 19 H 3
Tocqueville-les-Murs 76 19 E 4
Tocqueville-sur-Eu 76 10 C 4
Tœufles 80 11 F 4
Toges 08 42 D 2
Togny-aux-Bœufs 51 62 B 3
Tolla 2A 348 D 3
Tollaincourt 88 118 A 3
Tollent 62 11 H 1
Tollevast 50 29 E 3
La Tombe 77 89 E 4
Tombebœuf 47 257 H 4
Tomblaine 54 65 H 5
Tomino 2B 345 G 2
Les Tonils 26 267 H 3
Tonnac 81 279 E 4
Tonnay-Boutonne 17 201 F 3
Tonnay-Charente 17 201 E 3
Tonneins 47 275 G 1
Tonnerre 89 137 E 2
Tonneville 50 28 D 3
Tonnoy 54 95 E 2
Tonquédec 22 72 D 4
Tonquédec Château de 22 72 C 4
Torcé 35 105 E 3
Torcé-en-Vallée 72 108 A 3
Torcé-Viviers-
en-Charnie 53 106 D 3
Torcenay 52 139 H 2
Torchamp 61 82 A 2
Torchefelon 38 232 B 3
Torcheville 57 67 F 3
Torcieu 01 214 A 3
Torcy 62 6 D 4
Torcy 71 177 E 4
Torcy 77 59 E 3
Torcy-en-Valois 02 60 B 1
Torcy-et-Pouligny 21 158 C 1
Torcy-le-Grand 10 91 E 3
Torcy-le-Grand 76 20 B 3
Torcy-le-Petit 10 91 E 3
Torcy-le-Petit 76 20 B 2
Tordères 66 342 D 3
Tordouet 14 54 D 1
Torfou 49 166 B 1
Torfou 91 87 G 3
Torigny-les-Villes 50 52 B 1
Tornac 30 283 G 5
Tornay 52 140 A 4
Le Torp-Mesnil 76 19 H 4
Torpes 25 161 H 4
Torpes 71 178 D 3
Le Torpt 27 34 D 3
Le Torquesne 14 34 C 4
Torre 2A 351 G 2
Torreilles 66 339 E 5
Torsac 16 221 F 3
Torsiac 43 228 A 5
Tortebesse 63 226 D 1
Tortefontaine 62 11 H 1
Tortequesne 62 14 A 2
Torteron 18 174 B 2
Torteval-Quesnay 14 32 D 5
Tortezais 03 191 F 3
Tortisambert 14 54 B 2
Le Tortoir 02 24 C 5
Torvilliers 10 114 D 2
Torxé 17 201 G 3
Tosny 27 36 D 4
Tosse 40 292 B 3
Tossiat 01 214 A 1
Tostat 65 315 F 3
Tostes 27 36 B 4
Totainville 88 94 C 4
Tôtes 14 54 B 2
Tôtes 76 20 A 4
Touchay 18 172 D 5
La Touche 26 267 F 4
Touche-Trébry
Château de la 22 78 C 5
Les Touches 44 147 H 1
Les Touches-de-Périgny 17 202 C 4
Toucy 89 135 H 4
Toudon 06 289 H 5
Touët-de-l'Escarène 06 291 F 5
Touët-sur-Var 06 289 G 5
Touffailles 82 277 E 2
Toufflers 59 9 E 2
Touffou Château de 86 186 D 1
Touffréville 14 33 H 4
Touffreville 27 36 D 3
Touffreville-la-Cable 76 35 F 1
Touffreville-la-Corbeline 76 19 G 5
Touffreville-sur-Eu 76 10 C 4
Touget 32 296 D 4
Touille 31 335 E 1
Touillon 21 137 H 4
Touillon-et-Loutelet 25 180 C 3
Toujouse 32 294 C 2
Toul 54 94 B 1
Toul Goulic Gorges de 22 77 F 4
Toulaud 07 249 E 5
Toulenne 33 256 B 4
Touligny 08 26 C 4
Toulis-et-Attencourt 02 25 E 4
Toullaëron Roc de 29 76 C 5
Toulon 83 328 A 4
Toulon-la-Montagne 51 61 F 3
Toulon-sur-Allier 03 192 B 2
Toulon-sur-Arroux 71 176 C 5
Toulonjac 12 279 F 1
Toulouges 66 343 E 2
Toulouse 31 298 A 5
Toulouse Croix de 05 252 D 4
Toulouse-le-Château 39 179 F 3
Toulouzette 40 293 G 2
Toulx-Sainte-Croix 23 190 A 5
Touques 14 34 C 2
Le Touquet-Paris-Plage 62 6 A 4
Touquettes 61 55 E 4
Touquin 77 59 H 5
La Tour 06 291 E 4
La Tour 74 216 A 1
La Tour-Blanche 24 221 H 5
La Tour-d'Aigues 84 306 B 3
La Tour-d'Auvergne 63 227 E 3
Tour-de-Faure 46 260 D 5
La Tour-de-Salvagny 69 212 D 5
La Tour-de-Scay 25 162 B 2
La Tour-du-Crieu 09 336 B 1
La Tour-du-Meix 39 196 C 2
Le Tour-du-Parc 56 124 C 5
La Tour-du-Pin 38 232 B 2
Tour-en-Bessin 14 32 D 3
La Tour-en-Jarez 42 230 B 3
Tour-en-Sologne 41 153 F 1
La Tour-Fondue 83 328 C 5
La Tour-Saint-Gelin 37 169 F 1
La Tour-sur-Orb 34 301 F 4
Tourailles 41 131 H 4
Les Tourailles 61 53 G 4
Tourailles-sous-Bois 55 93 G 3
Tourbes 34 321 H 2
Tourcelles-Chaumont 08 42 C 2
Tourch 29 100 B 3
Tourcoing 59 5 E 5
Tourdun 32 295 F 5
La Tourette 19 226 B 3
La Tourette 42 229 G 4
La Tourette-Cabardès 11 319 H 3
Tourette-du-Château 06 289 H 5
Tourgéville 14 34 B 3
La Tourlandry 49 149 F 5
Tourlaville 50 29 F 3
Tourliac 47 258 D 2
Tourly 60 37 H 4
Tourmalet Col du 65 333 F 3
Tourmignies 59 8 D 4
Tourmont 39 179 F 3
Tournai-sur-Dive 61 54 B 3
Tournan 32 316 C 2
Tournan-en-Brie 77 59 F 4
Tournans 25 162 C 1
Tournavaux 08 26 D 2
Tournay 65 315 G 5
Tournay-sur-Odon 14 33 E 5
Le Tourne 33 255 H 2
Tournebu 14 53 G 2
Tournecoupe 32 296 C 2
Tournedos-Bois-Hubert 27 56 A 1
Tournedos-sur-Seine 27 36 C 3
Tournedoz 25 163 E 2
Tournefeuille 31 297 H 5
Tournefort 06 289 H 5
Tournehem-sur-la-Hem 62 3 E 4
Tournemire 12 281 G 5
Tournemire 15 244 C 3
Tournes 08 26 C 2
Le Tourneur 14 52 D 2
Tourneville 27 36 B 5
Tourniac 15 243 H 2
Tournières 14 32 C 3
Tourniol Col de 26 249 H 4
Tournissan 11 338 B 1
Tournoël Château de 63 209 G 4
Tournoisis 45 110 B 5
Tournon 73 234 A 1
Tournon-d'Agenais 47 277 E 1
Tournon-Saint-Martin 36 170 B 5
Tournon-Saint-Pierre 37 170 B 5
Tournon-sur-Rhône 07 249 E 3
Tournous-Darré 65 315 H 4
Tournous-Devant 65 315 H 4
Tournus 71 195 E 1
Tourny 27 37 E 5
Tourouvre-au-Perche 61 84 C 2
Tourouzelle 11 320 C 4
Tourreilles 11 337 F 2
Les Tourreilles 31 334 A 1
Tourrenquets 32 296 B 3
Tourrette Château de la 07 248 D 5
Tourrette-Levens 06 291 E 5
Les Tourrettes 26 267 E 2
Tourrettes 83 308 C 3
Tourrettes-sur-Loup 06 309 F 2
Tourriers 16 203 F 5
Tours 37 151 H 2
Tours-en-Savoie 73 234 B 1
Tours-en-Vimeu 80 11 F 4
Tours-Saint-Symphorien
Aéroport de 37 152 A 2
Tours-sur-Marne 51 61 H 1
Tours-sur-Meymont 63 228 C 2
Tourtenay 79 168 B 1
Tourteron 08 26 C 5
Tourtoirac 24 241 F 1
Tourtour 83 307 H 4
Tourtouse 09 335 F 1
Tourtrès 47 257 H 4
Tourtrol 09 336 C 2
Tourves 83 328 A 1
Tourville-en-Auge 14 34 C 3
Tourville-la-Campagne 27 35 H 4
Tourville-la-Chapelle 76 10 C 5
Tourville-la-Rivière 76 36 B 3
Tourville-les-Ifs 76 19 E 3
Tourville-sur-Arques 76 20 B 2
Tourville-sur-Odon 14 33 F 5
Tourville-
sur-Pont-Audemer 27 35 E 3
Tourville-sur-Sienne 50 31 F 5
Toury 28 111 E 2
Toury-Lurcy 58 175 E 5
Toury-sur-Jour 58 174 D 5
Tourzel-Ronzières 63 227 H 3
Toussaint 76 19 E 3
Toussieu 69 231 F 1
Toussieux 01 213 E 3
Tousson 77 88 A 5
La Toussuire 73 233 H 5
Toussus-le-Noble 78 58 A 4
Toutainville 27 35 E 2
Toutenant 71 178 B 3
Toutencourt 80 13 E 5
Toutens 31 318 C 2
Toutes Aures Col de 04 288 D 5
Toutlemonde 49 167 E 1
Toutry 21 158 B 1
Touvérac 16 220 C 4
Le Touvet 38 233 F 4
Touville 27 35 G 3
Touvois 44 165 F 2
Touvre 16 221 G 1
Touzac 16 220 C 3
Touzac 46 259 F 5
Tox 2B 347 G 5
Toy-Viam 19 225 F 2
Trabuc Grotte de 30 283 G 4
Tracol Col de 43 248 B 1
Tracy-Bocage 14 33 E 5
Tracy-le-Mont 60 39 H 1
Tracy-le-Val 60 39 H 1
Tracy-sur-Loire 58 156 A 3
Tracy-sur-Mer 14 33 E 2
Trades 69 194 C 5
Traenheim 67 97 F 1
Tragny 57 66 B 2
Traînel 10 89 H 4
Traînou 45 111 F 5
Le Trait 76 35 H 1
Traitiéfontaine 70 162 A 2
Traize 73 232 D 1
Tralaigues 63 208 D 4
Tralonca 2B 347 F 4
Tramain 22 79 E 4
Tramayes 71 194 C 4
Trambly 71 194 C 4
Tramecourt 62 7 E 4
Tramery 51 41 E 4
Tramezaïgues 65 333 G 4
Tramolé 38 232 A 3
Tramont-Émy 54 94 B 4
Tramont-Lassus 54 94 C 4
Tramont-Saint-André 54 94 B 4
Tramoyes 01 213 F 4
Trampot 88 93 G 4
Trancault 10 90 A 4
La Tranche-sur-Mer 85 182 D 3
La Tranclière 01 213 H 1
Trancrainville 28 110 D 2
Trangé 72 107 G 4
Le Tranger 36 170 D 2
Trannes 10 91 H 5
Tranqueville-Graux 88 94 B 3
Trans 53 82 D 5
Trans-en-Provence 83 308 A 5
Trans-la-Forêt 35 80 C 2
Trans-sur-Erdre 44 148 A 1
Le Translay 80 11 F 5
Le Transloy 62 13 H 5
Tranzault 36 189 F 1
La Trappe Abbaye de 61 55 F 5
Trappes 78 57 H 4
Trassanel 11 320 A 3
Traubach-le-Bas 68 143 E 2
Traubach-le-Haut 68 142 D 2
Trausse 11 320 B 4
Travaillan 84 285 F 3
Travecy 02 24 B 4
Traversères 32 296 B 5
Traves 70 140 D 4
Le Travet 81 299 H 2
Le Trayas 83 309 E 5
Trayes 79 167 G 5
Tréal 56 125 G 2
Tréauville 50 28 D 4
Trébabu 29 74 C 2
Treban 03 191 H 3
Tréban 81 280 B 4
Trébas 81 300 A 1
Trébédan 22 79 F 4
Trèbes 11 320 A 5
Trébeurden 22 72 B 3
Trébons 65 333 F 1
Trébons-de-Luchon 31 334 A 4
Trébons-sur-la-Grasse 31 318 C 2
Tréboul 29 75 F 5
Tréboul Pont de 15 245 F 5
Trébrivan 22 77 E 4
Trébry 22 78 D 5
Tréclun 21 160 C 4
Trécon 51 61 H 3
Trédaniel 22 78 C 4
Trédarzec 22 73 E 3
Trédias 22 79 F 5
Trédion 56 124 D 2
Trédrez-Locquémeau 22 72 B 3
Tréduder 22 72 B 4
Trefcon 02 23 H 2
Treffay 39 180 A 4
Treffendel 35 103 G 3
Treffiagat 29 99 F 5
Treffieux 44 126 D 4
Treffléan 56 124 D 3
Treffort 38 250 D 4
Treffort-Cuisiat 01 196 A 4
Treffrin 22 76 D 4
Tréflaouénan 29 71 F 4
Tréflévénez 29 75 H 2
Tréflez 29 71 E 4
Tréfols 51 60 C 4
Tréfumel 22 79 G 5
Trégarantec 29 71 E 4
Trégarvan 29 75 G 4
Trégastel 22 72 C 2
Trégastel-Plage 22 72 C 2
Tréglamus 22 72 D 5
Tréglonou 29 70 C 4
Trégomar 22 79 E 3
Trégomeur 22 73 G 5
Trégon 22 50 A 5
Trégonneau 22 73 E 4
Trégourez 29 100 B 2
Trégrom 22 72 C 4
Tréguennec 29 99 F 4
Trégueux 22 78 B 3
Tréguidel 22 73 G 5
Tréguier 22 73 E 3
Trégunc 29 100 A 4
Tréhet 41 130 D 4
Tréhorenteuc 56 103 E 4
Le Tréhou 29 75 H 2
Treignac 19 224 D 3
Treignat 03 190 B 4
Treigny 89 156 C 1
Treilles 11 339 E 3
Treilles-en-Gâtinais 45 112 B 4

Treillières 44 147 G 2
Treix 52 117 E 3
Treize-Arbres *Les* 74 215 G 1
Treize-Septiers 85 166 B 1
Treize-Vents 85 166 D 2
Tréjouls 82 277 G 2
Trélans 48 263 H 5
Trélazé 49 149 H 1
Trélechamp 74 217 E 2
Trélévern 22 72 D 2
Trelins 42 229 G 1
Trélissac 24 240 D 2
Trélivan 22 79 G 4
Trelly 50 51 G 1
Trélon 59 15 H 5
Trélou-sur-Marne 02 60 D 1
Trémaouézan 29 71 E 5
Trémargat 22 77 F 4
Trémauville 76 19 F 4
Trémazan 29 70 B 4
La Tremblade 17 200 C 5
Tremblay 35 80 D 3
Le Tremblay 49 127 H 4
Tremblay-en-France 93 58 D 2
Le Tremblay-les-Villages 28 86 A 2
Le Tremblay-Omonville 27 35 H 5
Le Tremblay-sur-Mauldre 78 57 G 4
Tremblecourt 54 65 F 4
Le Tremblois 70 161 E 2
Tremblois-lès-Carignan 08 27 H 4
Tremblois-lès-Rocroi 08 26 B 2
Trémeheuc 35 80 B 3
Trémel 22 72 B 4
Tréméloir 22 73 G 5
Trémentines 49 149 E 5
Tréméoc 29 99 G 4
Trémereuc 22 79 G 3
Trémery 57 45 H 4
Trémeur 22 79 F 5
Tréméven 22 73 F 4
Tréméven 29 100 D 4
Trémilly 52 92 B 4
Tréminis 38 269 E 1
Trémoins 70 142 B 4
Trémolat 24 240 D 5
Trémons 47 276 D 1
Trémont 49 149 H 5
Trémont 61 84 A 2
Trémont-sur-Saulx 55 63 G 4
Trémonzey 88 119 E 4
Trémorel 22 103 E 1
Trémouille 15 226 D 5
Trémouille-Saint-Loup 63 226 C 4
Trémouilles 12 280 D 2
Trémoulet 09 336 C 1
Trémuson 22 78 A 3
Trenal 39 179 E 5
Trensacq 40 273 F 2
Trentels 47 258 D 5
Tréogan 22 76 D 5
Tréogat 29 99 F 3
Tréon 28 56 C 5
Tréouergat 29 70 B 5
Trépail 51 41 H 5
Trépassés *Baie des* 29 98 C 2
Trépied 62 6 B 4
Le Tréport 76 10 D 4
Trépot 25 162 B 4
Tréprel 14 53 G 2
Trept 38 232 A 1
Trésauvaux 55 64 D 1
Tresbœuf 35 104 C 5
Trescault 62 14 A 4
Treschenu-Creyers 26 268 C 2
Trescléoux 05 287 E 1
Trésilley 70 162 A 1
Treslon 51 41 F 4
Tresnay 58 174 C 5
Trespoux-Rassiels 46 277 H 1
Tresques 30 284 D 4
Tressaint 22 79 G 4
Tressan 34 302 A 5
Tressandans 25 162 C 1
Tressange 57 45 F 2
Tressé 35 80 A 3
Tresserre 66 343 E 3
Tresserve 73 233 E 1
Tresses 33 237 H 5
Tressignaux 22 73 G 5
Tressin 59 9 E 3
Tresson 72 130 D 2
Treteau 03 192 C 4
La Trétoire 77 60 A 3
Trets 13 327 G 1
Treux 80 23 E 1
Treuzy-Levelay 77 112 C 2
Trévans 04 288 A 5
Trévé 22 102 B 1
Trévenans 90 142 C 4
Tréveneuc 22 73 G 4
Tréveray 55 93 F 1
Trévérec 22 73 F 4
Trévérien 35 79 H 5
Trèves 30 282 B 4
Trèves 69 230 D 3
Trèves-Cunault 49 150 B 3
Trevey 70 141 F 5
Trévezel *Roc* 29 76 A 2
Trévien 81 279 G 4
Trévières 14 32 C 3
Trévignin 73 233 F 1
Trévillach 66 342 B 2
Tréville 11 319 E 3
Trévillers 25 163 G 3
Trévilly 89 158 B 1
Trevol 03 192 A 1
Trévou-Tréguignec 22 72 D 2
Trévoux 01 213 E 3
Le Trévoux 29 100 C 4
Trévron 22 79 G 4
Trézelles 03 192 C 4
Trézény 22 72 D 3
Trézien *Phare de* 29 74 C 2
Tréziers 11 337 E 2
Trézilidé 29 71 F 4
Trézioux 63 228 C 1
Triac-Lautrait 16 220 D 1
Le Triadou 34 302 D 3
Triaize 85 183 F 3
Triaucourt-en-Argonne 55 63 G 1
Tribehou 50 32 A 4
La Tricherie 86 169 F 5
Trichey 89 115 E 5
Triconville 55 64 B 5
Tricot 60 23 E 5
Trie-Château 60 37 G 3
Trie-la-Ville 60 37 G 3
Trie-sur-Baïse 65 315 H 4
Triel-sur-Seine 78 57 H 2
Triembach-au-Val 67 97 E 4
Trieux 54 45 F 3
Trigance 83 308 A 2
Trigavou 22 79 G 3
Trignac 44 146 C 2
Trigny 51 41 F 3
Triguères 45 113 E 5
Trilbardou 77 59 F 2
Trilla 66 338 A 5
Trilport 77 59 G 2
Trimbach 67 69 F 2
Trimer 35 79 H 5
La Trimouille 86 187 H 3
Trimouns
Carrière de talc de 09 336 C 4
Trinay 45 111 E 4
La Trinitat 15 263 G 2
La Trinité 06 309 H 2
La Trinité 27 56 C 2
La Trinité 50 51 H 3
La Trinité 73 233 H 3
Trinité *Chapelle de la* 29 99 E 3
Trinité *Ermitage de la* 2A 351 F 4
La Trinité-de-Réville 27 55 E 2
La Trinité-de-Thouberville 27 35 H 2
La Trinité-des-Laitiers 61 54 D 4
La Trinité-du-Mont 76 19 F 5
La Trinité-Langonnet 56 77 E 5
La Trinité-Porhoët 56 102 C 2
La Trinité-sur-Mer 56 123 H 4
La Trinité-Surzur 56 124 D 4
Triors 26 249 H 3
Le Trioulou 15 261 H 3
Tripleville 41 110 A 5
Triquerville 76 35 F 1
Triqueville 27 35 E 3
Trith-Saint-Léger 59 14 D 2
Tritteling-Redlach 57 66 D 1
Trivy 71 194 B 3
Trizac 15 244 C 1
Trizay 17 201 E 4
Trizay-Coutretot-
Saint-Serge 28 85 E 5
Trizay-lès-Bonneval 28 109 H 2
Troarn 14 33 H 4
Troche 19 224 B 5
Trochères 21 160 C 3
Trocy-en-Multien 77 59 G 1
Troësnes 02 40 A 4
Troguéry 22 73 E 3
Trogues 37 151 G 5
Trois Communes
Pointe des 06 291 G 3
Les Trois-Épis 68 120 D 2
Trois-Fonds 23 190 A 5
Trois-Fontaines-l'Abbaye 51 63 F 4
Trois-Maisons 57 68 A 4
Trois-Monts 14 53 F 1
Les Trois-Moutiers 86 168 C 1
Trois-Palis 16 221 E 2
Les Trois-Pierres 76 19 E 5
Trois-Puits 51 41 G 4
Trois Termes *Pic des* 66 343 F 4
Trois-Vèvres 58 175 E 3
Trois-Villes 64 331 F 1
Troischamps 52 139 H 2
Troisfontaines 52 92 D 2
Troisfontaines 57 67 H 5
Troisgots 50 52 B 1
Troissereux 60 38 A 1
Troissy 51 61 E 1
Troisvaux 62 7 G 5
Troisvilles 59 14 D 4
Tromarey 70 161 F 3
Tromborn 57 46 D 4
Tronçais *Forêt de* 03 191 E 1
Troncens 32 315 G 2
La Tronche 38 250 D 1
Le Tronchet 35 80 A 2
Le Tronchet 72 107 G 2
Tronchoy 52 117 F 5
Tronchoy 80 21 G 2
Tronchoy 89 137 E 2
Tronchy 71 178 B 4
Le Troncq 27 35 H 4
Trondes 54 65 E 5
Tronget 03 191 G 3
Tronjoly *Château de* 29 71 F 3
Le Tronquay 14 32 D 4
Le Tronquay 27 36 D 2
Tronsanges 58 174 B 1
Tronville 54 65 F 1
Tronville-en-Barrois 55 63 H 4
Troo 41 131 E 3
Trosly-Breuil 60 39 G 2
Trosly-Loire 02 40 A 1
Trouans 10 62 A 5
Troubat 65 334 A 2
La Trouche 88 96 A 3
Trouhans 21 160 C 5
Trouhaut 21 159 G 2
Trouillas 66 343 E 3
Trouley-Labarthe 65 315 G 4
Troumouse *Cirque de* 65 333 E 5
Troussencourt 60 22 B 5
Troussey 55 64 D 5
Troussures 60 37 H 2
Trouvans 25 162 C 1
Trouville 76 19 F 5
Trouville-la-Haule 27 35 F 2
Trouville-sur-Mer 14 34 B 2
Trouy 18 173 E 2
Troye-d'Ariège 09 336 D 2
Troyes 10 91 E 5
Troyon 55 64 C 2
La Truchère 71 195 F 2
Truchtersheim 67 68 D 5
Trucy 02 40 D 1
Trucy-l'Orgueilleux 58 157 E 2
Trucy-sur-Yonne 89 136 C 5
Le Truel 12 281 E 5
Trugny 21 178 B 2
Truinas 26 267 H 3
Trumilly 60 39 F 4
Trun 61 54 B 3
Trungy 14 32 D 4
Truttemer-le-Grand 14 52 D 4
Truttemer-le-Petit 14 52 D 4
Truyes 37 152 A 4
Tubersent 62 6 B 4
Tuchan 11 338 C 4
Tucquegnieux 54 45 F 4
Tudeils 19 242 D 4
Tudelle 32 295 G 4
Tuffé-Val-de-
la-Chéronne 72 108 B 3
Tugéras-Saint-Maurice 17 219 H 5
Tugny-et-Pont 02 24 A 3
Les Tuileries 42 211 G 2
La Tuilière 42 211 E 3
Tuilière *Roche* 63 227 E 2
Tulette 26 285 F 2
Tulle 19 242 D 1
Tullins 38 232 B 5
Tully 80 11 E 3
Tupigny 02 24 D 1
Tupin-et-Semons 69 231 E 3
La Turballe 44 145 G 4
La Turbie 06 309 H 5
Turcey 21 159 G 2
Turckheim 68 121 E 3
Turenne 19 242 C 3
Turgon 16 203 H 3
Turgy 10 114 D 4
Turini *Col de* 06 291 F 3
Turny 89 114 B 4
Turquant 49 150 C 4
Turquestein-Blancrupt 57 96 C 1
Turqueville 50 29 H 5
Turretot 76 18 C 5
Turriers 04 269 H 5
Tursac 24 241 F 4
Tusson 16 203 E 3
Tuzaguet 65 333 H 1
Le Tuzan 33 255 G 5
Tuzie 16 203 F 3

U

Uberach 67 68 D 3
Ubexy 88 95 E 4
Ubraye 04 289 E 5
Ucciani 2A 348 D 2
Ucel 07 266 B 3
Uchacq-et-Parentis 40 293 H 1
Uchaud 30 303 G 3
Uchaux 84 285 E 3
Uchentein 09 335 E 3
Uchizy 71 195 E 2
Uchon 71 176 C 4
Uchon *Signal d'* 71 176 C 4
Uckange 57 45 G 4
Ueberkumen 68 143 E 2
Ueberstrass 68 143 E 4
Uffheim 68 143 G 2
Uffholtz 68 143 E 1
Ugine 73 216 A 5
Uglas 65 333 H 1
Ugnouas 65 315 F 3
Ugny 54 44 D 2
Ugny-le-Gay 02 24 A 4
Ugny-l'Équipée 80 23 H 2
Ugny-sur-Meuse 55 94 A 1
Uhart-Cize 64 330 C 1
Uhart-Mixe 64 311 G 5
Uhlwiller 67 68 D 3
Uhrwiller 67 68 C 3
Ulcot 79 167 H 1
Les Ulis 91 58 B 5
Ully-Saint-Georges 60 38 B 3
Les Ulmes 49 150 B 4
Umpeau 28 86 C 3
Unac 09 336 C 5
Uncey-le-Franc 21 159 F 3
Unchair 51 41 E 3
Ungersheim 68 121 E 5
Unias 42 229 H 2
Unienville 10 91 H 5
Unieux 42 230 A 4
L'Union 31 298 A 4
Untermuhthal 57 68 C 2
Unverre 28 109 G 2
Unzent 09 318 A 5
Upaix 05 287 F 1
Upie 26 267 G 1
Ur 66 341 E 4
Urau 31 334 D 2
Urbalacone 2A 348 D 4
Urbanya 66 341 H 2
Urbeis 67 96 D 4
Urbeis *Col d'* 67 96 D 4
Urbès 68 120 B 5
Urbise 42 193 F 5
Urçay 03 190 D 1
Urcel 02 40 D 1
Urcerey 90 142 B 3
Urciers 36 189 H 2
Urcuit 64 292 B 5
Urcy 21 159 H 4
Urdens 32 296 C 2
Urdès 64 313 H 2
Urdos 64 331 H 4
Urepel 64 330 A 2
Urgons 40 294 A 4
Urgosse 32 295 E 3
Uriage-les-Bains 38 251 E 2
Uriménil 88 119 F 3
Urmatt 67 97 E 2
Urost 64 314 D 3
Urou-et-Crennes 61 54 B 4
Urrugne 64 310 B 3
Urs 09 336 C 5
Urschenheim 68 121 F 2
Urt 64 292 B 5
Urtaca 2B 345 E 5
Urtière 25 163 G 3
Uruffe 54 94 A 2
Urval 24 259 E 1
Urville 10 116 A 3
Urville 14 53 G 1
Urville 50 29 F 5
Urville 88 118 A 2
Urville-Nacqueville 50 28 D 2
Urvillers 02 24 B 3
Ury 77 88 B 5
Urzy 58 174 C 1
Us 95 37 H 5
Usclades-et-Rieutord 07 265 H 1
Usclas-d'Hérault 34 302 A 5
Usclas-du-Bosc 34 301 H 3
Usinens 74 215 E 2
Ussac 19 242 B 2
Ussat 09 336 B 4
Ussé *Château d'* 37 151 E 4
Usseau 79 201 G 1
Usseau 86 169 G 3
Ussel 15 245 F 3
Ussel 19 226 B 3
Ussel 46 260 B 4
Ussel-d'Allier 03 209 H 1
Usson 63 228 B 3
Usson-du-Poitou 86 186 D 5
Usson-en-Forez 42 229 F 5
Ussy 14 53 H 2
Ussy-sur-Marne 77 59 H 2
Ustaritz 64 310 D 3
Ustou 09 335 G 5
Utelle 06 291 E 4
Utelle *Madone d'* 06 291 E 4
Uttenheim 67 97 G 3
Uttenhoffen 67 68 D 2
Uttwiller 67 68 C 3
Uvernet-Fours 04 270 D 5
Uxeau 71 176 B 5
Uxegney 88 119 F 2
Uxelles 39 196 D 1
Uxem 59 3 H 2
Uz 65 332 D 2
Uza 40 272 B 4
Uzan 64 314 A 2
Uzay-le-Venon 18 173 F 4
Uzech 46 259 H 4
Uzein 64 314 A 2
Uzel 22 78 A 5
Uzelle 25 162 D 1
Uzemain 88 119 F 3
Uzer 07 266 B 4
Uzer 65 333 F 1
Uzerche 19 224 C 4
Uzès 30 284 B 5
Uzeste 33 256 B 5
Uzos 64 314 B 5

V

Vaas 72 130 B 4
Vabre 81 299 H 4
Vabre-Tizac 12 279 G 2
Vabres 15 246 A 4
Vabres 30 283 F 5
Vabres-l'Abbaye 12 300 D 1
Vacherauville 55 44 B 5
Vachères 04 286 D 5
Vachères-en-Quint 26 268 A 1
Vacheresse 74 198 C 3
La Vacheresse-
et-la-Rouillie 88 118 A 2
Vacheresses-les-Basses 28 86 B 2
La Vacherie 27 36 B 5
Vacognes 14 33 F 5
Vacon 55 93 H 1
La Vacquerie 14 32 C 5
Vacquerie 80 12 C 4
La Vacquerie-et-Saint-Martin-
de-Castries 34 302 A 2
Vacquerie-le-Boucq 62 12 C 2
Vacqueriette-Erquières 62 12 B 2
Vacqueville 54 96 A 2
Vacqueyras 84 285 G 3
Vacquières 34 303 E 2
Vacquiers 31 298 A 3
Vadans 39 179 F 2
Vadans 70 161 E 2
Vadelaincourt 55 43 H 5
Vadenay 51 62 B 1
Vadencourt 02 24 D 1
Vadencourt 80 13 E 5
Vadonville 55 64 C 4
Vagnas 07 284 B 1
Vagney 88 119 H 4
Vahl-Ebersing 57 67 E 1
Vahl-lès-Bénestroff 57 67 E 3
Vahl-lès-Faulquemont 57 66 D 1
Vaiges 53 106 C 4
Vailhan 34 301 H 5
Vailhauquès 34 302 C 4
Vailhourles 12 279 E 2
Vaillac 46 260 B 3
Vaillant 52 139 F 4
Vailly 10 91 E 4
Vailly 74 198 B 4
Vailly-sur-Aisne 02 40 C 2
Vailly-sur-Sauldre 18 155 G 2
Vains 50 51 G 4
Vairé 85 165 E 5
Vaire-Arcier 25 162 B 3
Vaire-le-Petit 25 162 B 3
Vaire-sous-Corbie 80 22 D 1
Vaires-sur-Marne 77 59 E 3
Vaison-la-Romaine 84 285 H 2
Vaïssac 82 278 C 5
Vaite 70 140 B 5
La Vaivre 70 119 F 5
Vaivre-et-Montoille 70 141 E 4
Le Val 83 328 B 1
Val *Château de* 15 226 C 4
Le Val-André 22 78 D 2
Val-Claret 73 235 E 3
Le Val-d'Ajol 88 119 G 5
Val-d'Auzon 10 91 G 4
Le Val-David 27 56 C 2
Val-de-Bride 57 67 E 4
Val-de-Chalvagne 04 289 F 5
Val-de-Fier 74 215 E 3
Le Val-de-Gouhenans 70 141 H 4
Le Val-de-Guéblange 57 67 G 2
Val-de-la-Haye 76 36 A 2
Val-de-Mercy 89 136 B 4
Val-de-Reuil 27 36 C 3
Val-de-Roulans 25 162 B 2
Val-de-Saâne 76 20 A 4
Val-de-Vesle 51 41 H 4
Val-de-Vière 51 62 D 3
Val-d'Épy 39 196 A 3
Val-des-Prés 05 252 D 4
Val d'Esquières 83 329 G 2
Val-d'Isère 73 235 F 3
Val-d'Izé 35 105 E 2
Val-et-Châtillon 54 96 B 2
Val-Louron 65 333 H 4
Val-Maravel 26 268 C 3
Le Val-Saint-Éloi 70 141 F 3
Le Val-Saint-Germain 91 87 F 2
Le Val-Saint-Père 50 51 G 5
Val-Sainte-Marie 25 162 A 5
Val-Suzon 21 159 H 2
Val-Thorens 73 234 C 5
Valady 12 262 B 5
Valailles 27 35 F 5
Valaire 41 153 E 2
Valanjou 49 149 G 4
Valaurie 26 267 F 5
Valavoire 04 287 H 1
Valay 70 161 F 3
Valbeleix 63 227 G 4
Valbelle 04 287 F 3
Valberg 06 289 G 3
Valbonnais 38 251 F 5
La Valbonne 01 213 G 4
Valbonne 06 309 E 3
Valbonne *Ancienne*
Chartreuse de 30 284 C 2
Valcabrère 31 334 A 2
Valcanville 50 29 G 3
Valcebollère 66 341 F 5
Valchevrière
Calvaire de 38 250 C 3
Valcivières 63 229 E 2
Valcourt 52 92 C 2
Valdahon 25 162 C 4
Valdampierre 60 38 A 3
Valdeblore 06 291 E 2
Le Valdécie 50 29 E 5
Valdelancourt 52 116 D 3
Valderiès 81 279 H 5
Valderoure 06 308 C 1
Valdieu-Lutran 68 142 D 3
Valdivienne 86 187 E 2
Valdoie 90 142 C 2
Valdrôme 26 268 D 4
Valdurenque 81 299 H 5
Valeille 42 230 A 1
Valeilles 82 276 D 1
Valeins 01 213 E 1
Valempoulières 39 179 H 3
Valençay 36 153 G 5
Valence 16 203 G 4
Valence 26 249 F 4
Valence-d'Agen 82 276 D 4
Valence-d'Albigeois 81 280 B 5
Valence-en-Brie 77 88 D 4
Valence-sur-Baïse 32 295 H 1
Valenciennes 59 9 G 5
Valencin 38 231 G 2
Valencogne 38 232 C 3

A B C D E F G H I J K L M N O P Q R S T U V W X Y Z

Valennes 72 108 D 5
Valensole 04 307 E 1
Valentigney 25 142 C 5
La Valentine 13 327 F 1
Valentine 31 334 B 1
Valenton 94 58 D 4
Valergues 34 303 F 4
Valernes 04 287 G 2
Valescourt 60 38 C 1
Valescure 83 308 D 5
Valette 15 244 D 1
La Valette 38 251 F 4
La Valette 42 212 A 5
La Valette-du-Var 83 328 A 4
Valeuil 24 222 B 5
Valeyrac 33 218 D 4
Valezan 73 234 D 2
Valferrière *Col de* 06 308 C 2
Valff 67 97 F 3
Valfin-lès-Saint-Claude 39 197 E 2
Valfin-sur-Valouse 39 196 B 3
Valflaunès 34 302 D 2
Valfleury 42 230 C 3
Valframbert 61 83 G 3
Valfréjus 73 252 D 1
Valfroicourt 88 118 D 2
Valgorge 07 265 H 4
Valhey 54 66 C 5
Valhuon 62 7 G 5
Valiergues 19 225 H 4
Valignat 03 209 G 1
Valigny 03 173 H 5
Valines 80 11 F 4
Valjouffrey 38 251 G 5
Valjouze 15 245 G 2
La Valla-en-Gier 42 230 C 4
La Valla-sur-Rochefort 42 211 F 5
Vallabrègues 30 304 B 2
Vallabrix 30 284 C 4
Vallan 89 136 B 3
Vallangoujard 95 38 A 5
Vallans 79 184 C 5
Vallant-Saint-Georges 10 90 C 3
Vallauris 06 309 F 4
Valle-d'Alesani 2B 347 G 4
Valle-di-Campoloro 2B 347 H 4
Valle-di-Mezzana 2A 348 C 2
Valle-di-Rostino 2B 347 F 3
Valle-d'Orezza 2B 347 G 3
Vallecalle 2B 345 F 5
La Vallée 17 201 E 4
Vallée *Étang de la* 45 111 G 5
La Vallée-au-Blé 02 25 E 2
Vallée d'Avérole 73 235 G 4
La Vallée-Mulâtre 02 14 D 5
Vallègue 31 318 C 3
Valleiry 74 215 F 1
Vallenay 18 173 E 4
Vallentigny 10 91 H 3
Vallerange 57 67 E 2
Vallérargues 30 284 B 4
Valleraugue 30 282 D 4
Vallères 37 151 G 3
Valleret 52 92 C 3
Vallereuil 24 239 H 3
Vallerois-le-Bois 70 141 F 5
Vallerois-Lorioz 70 141 E 5
Valleroy 25 162 A 2
Valleroy 52 140 B 4
Valleroy 54 45 F 5
Valleroy-aux-Saules 88 94 D 5
Valleroy-le-Sec 88 118 C 2
Vallery 89 113 E 2
Vallerysthal 57 67 H 5
Vallesvilles 31 298 B 5
Vallet 17 220 B 5
Vallet 44 148 A 4
Valletot 27 35 F 2
Vallica 2B 346 D 2
Vallière 23 207 F 4
Vallières 10 115 E 5
Vallières 74 215 F 3
Vallières-les-Grandes 41 152 D 2
Valliguières 30 284 D 5
Valliquerville 76 19 G 5
Valloire 73 252 B 1
Valloires *Abbaye de* 80 11 G 1
Vallois 54 95 G 3
Les Vallois 88 118 D 2
Vallon-en-Sully 03 190 D 2
Vallon-Pont-d'Arc 07 266 B 5
Vallon-sur-Gée 72 107 F 5
Vallorcine 74 217 E 1
Vallouise 05 252 C 5
Valmagne *Abbaye de* 34 322 D 3
Valmanya 66 342 B 3
Valmascle 34 301 H 5
Valmeinier 73 252 B 1
Valmestroff 57 45 H 3
Valmigère 11 337 H 2
Valmondois 95 38 B 5
Valmont 57 67 E 1
Valmont 76 19 F 3
Valmorel 73 234 B 3
Valmunster 57 46 C 4
Valmy 51 43 E 5
Valognes 50 29 F 4
Valojoulx 24 241 F 4
Valonne 25 163 E 2
Valoreille 25 163 F 3
Valouse 26 267 H 5
Valprionde 46 277 F 1
Valprivas 43 229 G 5
Valpuiseaux 91 87 H 4
Valras-Plage 34 321 H 5
Valréas 84 267 G 5
Valros 34 321 H 3
Valroufié 46 260 B 4
Vals 09 336 C 1
Vals-le-Chastel 43 246 C 1
Vals-les-Bains 07 266 B 3
Vals-près-le-Puy 43 247 F 4
Valsaintes 04 286 D 5
Valsemé 14 34 B 4
Valsenestre 38 251 G 4
Valserres 05 269 H 4
Valsonne 69 212 B 3
Le Valtin 88 120 C 3
Valuéjols 15 245 F 3
Valvignères 07 266 D 4
Valz-sous-Châteauneuf 63 228 B 4
Valzergues 12 261 H 5
Van *Pointe du* 29 98 C 2
Vanault-le-Châtel 51 62 D 3
Vanault-les-Dames 51 63 E 3
Vançais 79 185 H 4
Vancé 72 130 D 2
La Vancelle 67 97 E 4
Vanclans 25 162 C 5
Vandeins 01 195 G 5
Vandelainville 54 65 F 2
Vandelans 70 162 B 2
Vandeléville 54 94 C 3
Vandélicourt 60 39 F 1
Vandenesse 58 175 H 3
Vandenesse-en-Auxois 21 159 F 4
Vandeuil 51 41 E 3
Vandières 51 41 E 5
Vandières 54 65 G 2
Vandœuvre-lès-Nancy 54 94 D 1
Vandoncourt 25 142 C 5
Vandré 17 201 F 2
Vandrimare 27 36 D 2
Vandy 08 42 D 1
Les Vanels 48 282 D 3
Vanlay 10 114 D 4
Vannaire 21 115 H 5
Vanne 70 140 C 4
Le Vanneau-Irleau 79 184 C 4
Vannecourt 57 66 D 3
Vannecrocq 27 35 E 3
Vannes 56 124 C 3
Vannes-le-Châtel 54 94 A 2
Vannes-sur-Cosson 45 133 H 4
Vannoz 39 179 H 4
Vanosc 07 248 C 1
Les Vans 07 283 H 1
Vantoux 57 45 H 5
Vantoux-et-Longevelle 70 161 G 1
Vanves 92 58 B 4
Vanvey 21 138 B 2
Vanvillé 77 89 E 2
Vanxains 24 239 G 1
Vany 57 45 H 5
Vanzac 17 220 B 5
Vanzay 79 186 A 5
Vanzy 74 215 E 2
Vaour 81 278 D 4
Varacieux 38 250 A 1
Varades 44 148 C 2
Varages 83 307 E 4
Varaignes 24 222 B 2
Varaire 46 278 D 1
Varaize 17 201 H 3
Varambon 01 214 A 2
Varanges 21 160 B 4
Varangéville 54 95 E 1
Varaville 14 34 A 3
Varces-Allières-et-Risset 38 250 D 3
Vareilles 23 188 C 5
Vareilles 71 194 A 4
Vareilles 89 113 H 3
Varen 82 279 E 3
Varengeville-sur-Mer 76 10 A 5
Varenguebec 50 31 G 2
La Varenne 49 148 A 3
Varenne-l'Arconce 71 193 H 4
Varenne-Saint-Germain 71 193 G 3
La Varenne-Saint-Hilaire 94 58 D 4
Varennes 24 258 C 1
Varennes 31 318 B 2
Varennes 37 170 B 1
Varennes 80 13 E 5
Varennes 82 298 A 1
Varennes 86 168 D 4
Varennes 89 136 D 2
Varennes-Changy 45 134 C 2
Varennes-en-Argonne 55 43 F 4
Varennes-Jarcy 91 58 D 5
Varennes-le-Grand 71 177 H 5
Varennes-lès-Mâcon 71 195 E 5
Varennes-lès-Narcy 58 156 B 4
Varennes-Saint-Honorat 43 246 D 2
Varennes-Saint-Sauveur 71 195 H 2
Varennes-sous-Dun 71 194 A 5
Varennes-sur-Allier 03 192 B 4
Varennes-sur-Amance 52 117 H 5
Varennes-sur-Fouzon 36 153 G 4
Varennes-sur-Loire 49 150 C 4
Varennes-sur-Morge 63 209 H 4
Varennes-sur-Seine 77 88 D 5
Varennes-sur-Tèche 03 192 D 4
Varennes-sur-Usson 63 228 A 3
Varennes-Vauzelles 58 174 C 1
Varès 47 257 G 5
Varesnes 60 23 H 5
Varessia 39 196 B 1
Varetz 19 242 B 2
Varilhes 09 336 B 2
Varinfroy 60 39 H 5
Variscourt 02 41 G 2
Varize 28 110 B 4
Varize 57 46 C 5
Varmonzey 88 95 E 4
Varnéville 55 64 D 3
Varneville-Bretteville 76 20 A 4
Varney 55 63 G 3
Varogne 70 141 F 3
Varois-et-Chaignot 21 160 B 3
Varouville 50 29 G 2
Varrains 49 150 C 4
Varreddes 77 59 G 2
Vars 05 270 D 2
Vars 16 203 F 5
Vars 70 140 A 5
Vars *Col de* 05 270 D 3
Vars-sur-Roseix 19 241 H 1
Varsberg 57 46 D 5
Varvinay 55 64 D 3
Varzay 17 219 F 1
Varzy 58 157 E 3
Vascœuil 27 36 D 2
Vasles 79 185 H 1
Vasouy 14 34 C 2
Vasperviller 57 96 C 1
Vassel 63 228 A 1
Vasselay 18 155 E 5
Vasselin 38 232 B 2
Vassens 02 40 A 1
Vasseny 02 40 C 3
Vassieux-en-Vercors 26 250 B 5
Vassimont-et-Chapelaine 51 61 H 4
Vassincourt 55 63 G 3
Vassivière *Lac de* 74 207 E 5
Vassogne 02 41 E 2
Vassonville 76 20 B 4
Vassy 14 53 E 3
Vassy 89 137 G 5
Le Vast 50 29 G 3
Vastérival 76 10 A 5
Vasteville 50 28 D 3
Les Vastres 43 248 A 4
Vatan 36 172 A 1
Vathiménil 54 95 G 2
Vatierville 76 21 E 3
Vatilieu 38 250 B 1
Vatimont 57 66 C 2
Vatry 51 62 A 3
Vattetot-sous-Beaumont 76 19 E 4
Vattetot-sur-Mer 76 18 D 3
Vatteville 27 36 C 3
Vatteville-la-Rue 76 35 G 1
Vaubadon 14 32 D 4
Vauban 71 193 H 5
Vaubecourt 55 63 G 2
Vaubexy 88 95 E 5
Vaucé 53 82 A 3
Vaucelles 14 32 D 3
Vaucelles *Abbaye de* 59 14 B 5
Vaucelles-et-Beffecourt 02 40 D 1
Vauchamps 25 162 B 3
Vauchamps 51 60 D 3
Vauchassis 10 114 D 2
Vauchelles 60 23 G 5
Vauchelles-lès-Authie 80 13 E 4
Vauchelles-lès-Domart 80 12 B 5
Vauchelles-les-Quesnoy 80 11 H 3
Vauchignon 21 177 F 2
Vauchonvilliers 10 115 H 2
Vauchoux 70 140 D 4
Vauchrétien 49 149 G 3
Vauciennes 51 61 F 1
Vauciennes 60 39 H 4
Vauclaix 58 157 H 4
Vauclerc 51 62 D 5
Vaucluse 25 163 F 3
Vauclusotte 25 163 F 3
Vaucogne 10 91 G 3
Vauconcourt-Nervezain 70 140 C 4
Vaucottes-sur-Mer 76 18 D 3
Vaucouleurs 55 93 H 1
Vaucourt 54 67 E 5
Vaucourtois 77 59 G 3
Vaucresson 92 58 A 3
Vaudancourt 60 37 G 4
Vaudebarrier 71 194 A 3
Vaudelnay 49 150 A 5
Vaudeloges 14 54 B 2
Vaudemange 51 42 A 5
Vaudémont 54 94 C 3
Vaudémont *Signal de* 54 94 C 3
Vaudes 10 115 F 3
Vaudesincourt 51 42 B 4
Vaudesson 02 40 C 1
Vaudeurs 89 114 A 3
Vaudevant 07 248 D 3
Vaudeville 54 94 D 3
Vaudéville 88 95 G 5
Vaudeville-le-Haut 55 93 H 3
Vaudherland 95 58 D 2
Vaudigny 54 94 D 3
Le Vaudioux 39 179 H 5
Vaudoncourt 55 44 D 4
Vaudoncourt 57 46 C 5
Vaudoncourt 88 118 B 2
Le Vaudoué 77 88 A 5
Vaudoy-en-Brie 77 59 H 5
Vaudreching 57 46 C 4
Vaudrecourt 52 117 H 2
Vaudrémont 52 116 C 3
Le Vaudreuil 27 36 C 4
Vaudreuille 31 319 E 3
Vaudreville 50 29 G 4
Vaudrey 39 179 F 2
Vaudricourt 62 8 A 4
Vaudricourt 80 11 E 3
Vaudrimesnil 50 31 G 4
Vaudringhem 62 7 E 2
Vaudrivillers 25 162 D 3
Vaudry 14 52 C 3
Vaufrey 25 163 G 2
Vaugines 84 305 H 2
Vaugneray 69 230 D 1
Vaugrigneuse 91 87 F 2
Vauhallan 91 58 B 5
Vaujany 38 251 G 2
Vaujours 93 58 D 2
Vaulandry 49 129 G 5
Le Vaulmier 15 244 D 2
Vaulnaveys-le-Bas 38 251 E 2
Vaulnaveys-le-Haut 38 251 E 2
Vaulry 87 205 F 3
Vault-de-Lugny 89 157 H 1
Vaulx 62 12 B 2
Vaulx 74 215 F 3
Vaulx-en-Velin 69 213 F 5
Vaulx-Milieu 38 231 H 2
Vaulx-Vraucourt 62 13 H 4
Le Vaumain 60 37 G 3
Vaumas 03 192 D 3
Vaumeilh 04 287 G 1
Vaumoise 60 39 G 4
Vaumort 89 113 H 3
Vaunac 24 222 D 5
Vaunaveys-la-Rochette 26 267 G 1
Vaunoise 61 84 B 5
La Vaupalière 76 36 A 1
Vaupillon 28 85 F 3
Vaupoisson 10 91 F 3
Vauquois 55 43 G 4
Vauréal 95 57 H 1
Vaureilles 12 261 H 5
Vaurezis 02 40 B 2
Le Vauroux 60 37 H 2
Vausse *Prieuré de* 89 137 F 5
Vausseroux 79 185 G 2
Vautebis 79 185 G 2
Vauthiermont 90 142 D 2
Vautorte 53 81 H 5
Vauvenargues 13 306 B 5
Vauvert 30 303 G 3
Vauville 14 34 B 3
Vauville 50 28 C 3
Vauvillers 70 118 D 5
Vauvillers 80 23 E 2
Vaux 03 190 D 3
Vaux 31 318 D 2
Vaux 57 65 G 1
Vaux 86 186 A 4
Vaux 89 136 B 3
Vaux *Château de* 49 128 C 3
Vaux-Andigny 02 14 D 5
Vaux-Champagne 08 42 C 1
Les Vaux de Cernay 78 57 H 5
Vaux-devant-Damloup 55 44 C 5
Vaux-en-Amiénois 80 22 B 1
Vaux-en-Beaujolais 69 212 C 2
Vaux-en-Bugey 01 214 A 3
Vaux-en-Dieulet 08 43 F 1
Vaux-en-Pré 71 194 C 1
Vaux-en-Vermandois 02 23 H 2
Vaux-et-Chantegrue 25 180 C 3
Vaux-la-Douce 52 140 B 2
Vaux-la-Grande 55 93 G 1
Vaux-la-Petite 55 93 G 1
Vaux-Lavalette 16 221 F 4
Vaux-le-Moncelot 70 161 H 1
Vaux-le-Pénil 77 88 B 3
Vaux-le-Vicomte *Château de* 77 88 C 2
Vaux-lès-Mouron 08 43 E 3
Vaux-lès-Mouzon 08 27 G 4
Vaux-lès-Palameix 55 64 C 2
Vaux-les-Prés 25 161 H 4
Vaux-lès-Rubigny 08 25 H 4
Vaux-lès-Saint-Claude 39 196 D 3
Vaux-Marquenneville 80 11 G 5
Vaux-Montreuil 08 26 C 5
Vaux-Rouillac 16 202 D 5
Vaux-Saules 21 159 G 1
Vaux-sous-Aubigny 52 139 G 4
Vaux-sur-Aure 14 33 E 3
Vaux-sur-Blaise 52 92 C 3
Vaux-sur-Eure 27 56 C 1
Vaux-sur-Lunain 77 112 D 2
Vaux-sur-Mer 17 218 C 1
Vaux-sur-Poligny 39 179 G 3
Vaux-sur-Risle 27 55 G 3
Vaux-sur-Saint-Urbain 52 93 E 4
Vaux-sur-Seine 78 57 H 2
Vaux-sur-Seulles 14 33 E 3
Vaux-sur-Somme 80 22 D 1
Vaux-sur-Vienne 86 169 G 3
Vaux-Villaine 08 26 B 3
Vauxaillon 02 40 C 1
Vauxbons 52 139 F 2
Vauxbuin 02 40 B 3
Vauxcéré 02 40 D 3
Vauxrenard 69 194 D 5
Vauxtin 02 40 D 3
Vavincourt 55 63 H 3
Vavray-le-Grand 51 62 D 4
Vavray-le-Petit 51 62 D 3
Vaxainville 54 95 H 2
Vaxoncourt 88 95 F 5
Vaxy 57 66 D 3
Vay 44 126 B 5
Vaychis 09 336 C 5
Vaylats 46 278 C 1
Vayrac 46 242 D 5
Vayres 33 238 B 5
Vayres 87 204 D 5
Vayres *Château de* 86 169 F 5
Vayres-sur-Essonne 91 87 H 4
Vazeilles-Limandre 43 246 D 3
Vazeilles-près-Saugues 43 246 D 5
Vazerac 82 277 G 3
Veauce 03 209 G 1
Veauche 42 230 A 3
Veauchette 42 230 A 3
Veaugues 18 155 H 4
Veaunes 26 249 F 3
Veauville-lès-Baons 76 19 G 4
Veauville-lès-Quelles 76 19 G 3
Vèbre 09 336 C 5
Vebret 15 226 C 5
Vebron 48 282 D 2
Vecchio *Pont du* 2B 347 E 5
Veckersviller 57 67 H 3
Veckring 57 46 B 3
Vecoux 88 119 H 4
Vecquemont 80 22 D 2
Vecqueville 52 92 D 3
Vedène 84 285 F 5
Védrines-Saint-Loup 15 246 A 3
Véel 55 63 G 4
Végennes 19 242 D 4
Vého 54 95 H 1
Veigné 37 152 A 4
Veigy-Foncenex 74 197 H 4
Veilhes 81 298 D 4
Veillac 15 226 C 4
Veilleins 41 153 H 2
Veilly 21 159 F 5
Veix 19 225 E 3
Velaine-en-Haye 54 65 G 5
Velaine-sous-Amance 54 66 B 5
Velaines 55 64 B 5
Velanne 38 232 D 3
Velars-sur-Ouche 21 159 H 3
Velaux 13 305 G 5
Velennes 60 38 B 1
Velennes 80 22 A 3
Velesmes 70 161 F 2
Velesmes-Essarts 25 161 H 4
Velet 70 161 E 2
Vélieux 34 320 C 3
Vélines 24 239 E 5
Vélizy-Villacoublay 78 58 B 4
Velle-le-Châtel 70 141 E 4
Velle-sur-Moselle 54 95 E 2
Vellèches 86 169 G 2
Vellechevreux-et-Courbenans 70 141 H 5
Velleclaire 70 161 G 1
Vellefaux 70 141 E 5
Vellefrey-et-Vellefrange 70 161 G 1
Vellefrie 70 141 F 3
Velleguindry-et-Levrecey 70 141 E 5
Velleminfroy 70 141 G 4
Vellemoz 70 161 G 1
Velleron 84 285 G 5
Vellerot-lès-Belvoir 25 163 E 2
Vellerot-lès-Vercel 25 162 D 3
Velles 36 171 G 5
Velles 52 140 B 2
Vellescot 90 142 D 3
Vellevans 25 162 D 3
Vellexon-Queutrey-et-Vaudey 70 140 C 5
Velloreille-lès-Choye 70 161 F 2
Velluire 85 183 H 3
Velogny 21 159 E 2
Velone-Orneto 2B 347 H 3
Velorcey 70 141 F 2
Velosnes 55 44 B 1
Velotte-et-Tatignécourt 88 94 D 5
Vélu 62 13 H 4
Velving 57 46 C 4
Vélye 51 61 H 3
Velzic 15 244 C 4
Vémars 95 58 D 1
Venables 27 36 C 4
Venaco 2B 347 E 5
Venansault 85 165 G 5
Venanson 06 291 E 2
Venarey-les-Laumes 21 159 E 1
Venarsal 19 242 C 2
Venas 03 191 E 3
Venasque 84 285 H 5
Vence 06 309 F 2
Vence *Col de* 06 309 F 2
Vendargues 34 303 E 4
Vendat 03 210 B 1
Vendays-Montalivet 33 218 C 5
Vendegies-au-Bois 59 15 E 3
Vendegies-sur-Écaillon 59 14 D 2
Vendeix *Roche* 63 227 E 3
Vendel 35 81 E 5
La Vendelée 50 31 G 5
Vendelles 02 23 H 1
Vendémian 34 302 B 5
Vendenesse-lès-Charolles 71 194 A 3
Vendenesse-sur-Arroux 71 193 G 1
Vendenheim 67 68 D 5
Vendes 14 33 E 5
Vendes 15 244 B 1
Vendeuil 02 24 B 4
Vendeuil-Caply 60 22 B 5
Vendeuvre 14 54 A 1
Vendeuvre-du-Poitou 86 169 E 5
Vendeuvre-sur-Barse 10 115 H 2
Vendeville 59 8 D 3
Vendhuile 02 14 B 5
Vendières 02 60 C 3
Vendin-le-Vieil 62 8 C 4
Vendin-lès-Béthune 62 8 A 3
Vendine 31 298 C 5

Vendœuvres 36 171 E 4
Vendoire 24 221 G 4
Vendôme 41 131 G 3
Vendranges 42 211 H 3
Vendrennes 85 166 B 3
Vendres 34 321 G 4
Vendresse 08 27 E 5
Vendresse-Beaulne 02 40 D 2
Vendrest 77 59 H 1
La Vendue-Mignot 10 115 E 3
Vénéjan 30 284 D 3
Venelles 13 306 A 4
Vénérand 17 201 G 5
Venère 70 161 F 2
Vénérieu 38 232 A 1
Vénérolles 02 24 D 1
Venerque 31 317 H 2
Vénès 81 299 G 3
Venesmes 18 173 E 4
Vénestanville 76 19 H 3
Venette 60 39 F 2
Veneux-les-Sablons 77 88 C 5
Vénevelles *Manoir de* 72 129 H 4
Veney 54 96 A 3
Vengeons 50 52 C 4
Venise 25 162 A 2
Venisey 70 140 D 2
Vénissieux 69 231 F 1
Venizel 02 40 B 2
Venizy 89 114 B 4
Vennans 25 162 B 2
Vennecy 45 111 F 5
Vennes 25 163 E 4
Vennezey 54 95 F 3
Venon 27 36 A 5
Venon 38 251 E 2
Vénosc 38 251 G 3
Venouse 89 136 C 2
Venoy 89 136 B 3
Vensac 33 218 C 4
Vensat 63 209 H 2
Ventabren 13 305 H 5
Ventadour *Ruines de* 19 225 G 5
Ventavon 05 269 F 5
Ventelay 51 41 E 3
Ventenac 09 336 C 2
Ventenac-Cabardès 11 319 G 4
Ventenac-en-Minervois 11 320 D 5
Venterol 04 269 H 4
Venterol 26 267 H 5
Les Ventes 27 56 B 2
Les Ventes-de-Bourse 61 84 A 3
Ventes-Saint-Rémy 76 20 C 4
Venteuges 43 246 C 4
Venteuil 51 61 F 1
Venthon 73 234 A 1
Ventiseri 2B 349 G 3
Ventouse 16 203 G 4
Ventoux *Mont* 84 286 A 3
Ventron 88 120 B 4
La Ventrouze 61 84 D 2
Venzolasca 2B 347 G 2
Ver 50 51 G 2
Ver-lès-Chartres 28 86 A 4
Ver-sur-Launette 60 39 E 5
Ver-sur-Mer 14 33 F 3
Vérac 33 238 B 4
Véranne 42 230 D 5
Vérargues 34 303 F 3
Véraza 11 337 G 2
Verberie 60 39 F 3
Verbiesles 52 117 E 4
Vercel-Villedieu-le-Camp 25 162 D 4
Verchain-Maugré 59 14 D 2
Verchaix 74 216 C 1
Vercheny 26 268 A 2
Les Verchers-sur-Layon 49 150 A 5
Verchin 62 7 F 4
Verchocq 62 7 E 3
Vercia 39 196 B 1
Verclause 26 268 B 5
Vercoiran 26 286 B 1
Vercourt 80 11 F 1
Verdaches 04 288 B 1
Verdalle 81 319 F 2
Verde *Col de* 2B 349 F 2
Verdelais 33 256 B 3
Verdelles *Château de* 72 106 D 5
Verdelot 77 60 B 3
Verdenal 54 96 A 1
Verderel 60 38 A 1
Verderonne 60 38 D 3
Verdes 41 110 A 5
Verdèse 2B 347 G 3
Verdets 64 313 G 4
Le Verdier 81 279 E 5
La Verdière 83 307 E 4
Verdigny 18 155 H 3
Verdille 16 202 D 4
Verdilly 02 60 C 1
Verdon 24 258 B 1
Verdon 51 60 D 2
Verdon *Grand Canyon du* 93 307 H 2
Le Verdon-sur-Mer 33 218 C 2
Verdonnet 21 137 H 3
Verdun 09 336 B 5
Verdun 55 44 B 5
Verdun-en-Lauragais 11 319 E 3
Verdun-sur-Garonne 82 297 G 2
Verdun-sur-le-Doubs 71 178 A 3
Verdus *Musée de* 07 266 C 2
Vereaux 18 174 A 3
Verel-de-Montbel 73 232 D 2
Verel-Pragondran 73 233 F 2
Véretz 37 152 A 3
Vereux 70 161 F 1
Verfeil 31 298 B 4
Verfeil 82 279 E 3
Verfeuil 30 284 C 3
Vergaville 57 67 E 3
Vergéal 35 105 E 4
La Vergenne 70 141 H 4
Le Verger 35 103 H 3
Le Verger *Château* 49 128 D 5
Verger-sur-Dive 86 168 C 4
Vergeroux 17 200 D 3
Verges 39 179 F 5
Vergetot 76 18 D 4
Vergezac 43 247 E 4
Vergèze 30 303 G 3
Vergheas 63 208 D 3
Vergies 80 11 G 5
Vergigny 89 114 B 5
Vergio *Col de* 2B 346 C 5
Vergisson 71 194 D 4
La Vergne 17 201 G 3
Vergné 17 201 H 2
Vergoignan 32 294 C 3
Vergoncey 50 80 D 2
Vergongheon 43 228 A 5
Vergonnes 49 127 G 3
Vergons 04 288 D 5
Vergranne 25 162 C 1
Vergt 24 240 C 4
Vergt-de-Biron 24 258 D 3
Le Verguier 02 24 A 1
Véria 39 196 A 2
Vérignon 83 307 H 3
Vérigny 28 85 H 3
Vérin 42 231 E 4
Vérines 17 183 G 5
Vérissey 71 178 B 5
Vérizet 71 195 E 3
Verjon 01 196 A 4
Verjux 71 178 A 3
Verlans 70 142 B 4
Verlhac-Tescou 82 298 A 1
Verlin 89 113 F 4
Verlincthun 62 6 B 2
Verlinghem 59 8 C 2
Verlus 32 294 C 4
Vermand 02 24 A 2
Vermandovillers 80 23 F 2
Vermelles 62 8 B 4
Vermenton 89 136 C 4
Vermondans 25 163 F 2
Le Vermont 88 96 C 3
Vern-sur-Seiche 35 104 B 3
Vernais 18 173 H 4
Vernaison 69 231 E 2
Vernajoul 09 336 B 2
Vernancourt 51 63 E 3
Vernantes 49 150 C 2
Vernantois 39 179 F 5
La Vernarède 30 283 G 2
Vernas 38 214 A 5
Vernassal 43 246 D 2
Vernaux 09 336 C 5
Vernay 69 212 C 1
La Vernaz 74 198 C 4
Verne 25 162 C 2
Verne *Chartreuse de la* 83 329 E 3
Vernègues 13 305 G 3
Verneiges 23 190 B 5
Le Verneil 73 233 H 3
Verneil-le-Chétif 72 130 A 3
Verneix 03 190 D 4
La Vernelle 36 153 G 4
Le Vernet 03 210 B 2
Le Vernet 04 288 B 1
Le Vernet 09 318 B 5
Vernet 31 317 H 2
Le Vernet 43 246 D 4
Vernet-la-Varenne 63 228 B 4
Vernet-les-Bains 66 342 A 3
Le Vernet-Sainte-Marguerite 63 227 G 2
Verneugheol 63 208 C 5
Verneuil 16 204 C 5
Verneuil 18 173 G 4
Verneuil 51 40 D 5
Verneuil 58 175 F 3
Verneuil-en-Bourbonnais 03 192 A 4
Verneuil-en-Halatte 60 38 D 4
Verneuil-Grand 55 44 B 1
Verneuil-le-Château 37 169 F 1
Verneuil-l'Étang 77 88 C 2
Verneuil-Moustiers 87 187 H 4
Verneuil-Petit 55 44 B 1
Verneuil-sous-Coucy 02 40 B 1
Verneuil-sur-Avre 27 55 H 4
Verneuil-sur-Igneraie 36 189 G 1
Verneuil-sur-Indre 37 170 C 1
Verneuil-sur-Seine 78 57 H 2
Verneuil-sur-Serre 02 24 D 4
Verneuil-sur-Vienne 87 205 F 5
Verneusses 27 55 E 2
Vernéville 57 45 G 5
Vernie 72 107 G 2
Vernierfontaine 25 162 C 5
Vernines 63 227 F 2
Verniolle 09 336 B 1
Vernioz 38 231 F 4
Vernix 50 52 A 4
Vernoil 49 150 D 2
Le Vernois 39 179 F 4
Vernois-le-Fol 25 163 H 2
Vernois-lès-Belvoir 25 163 E 2
Vernois-lès-Vesvres 21 139 F 4
Vernois-sur-Mance 70 140 C 2
Vernols 15 245 F 1
Vernon 07 266 A 4
Vernon 27 57 E 1
Vernon 86 186 C 3
Vernonvilliers 10 92 A 5
Vernosc-lès-Annonay 07 248 D 1
Vernot 21 160 A 1
La Vernotte 70 161 G 1
Vernou-en-Sologne 41 153 H 1
Vernou-la-Celle-sur-Seine 77 88 D 4
Vernou-sur-Brenne 37 152 A 2
Vernouillet 28 56 D 5
Vernouillet 78 57 H 2
Vernoux 01 195 G 2
Vernoux-en-Gâtine 79 167 G 5
Vernoux-en-Vivarais 07 248 D 5
Vernoux-sur-Boutonne 79 202 C 1
Le Vernoy 25 142 A 4
Vernoy 89 113 F 4
Vernusse 03 191 G 5
Verny 57 65 H 2
Vero 2A 348 D 2
Véron 89 113 G 3
Véronne 26 268 A 2
Véronnes 21 139 G 5
Verosvres 71 194 B 3
Verpel 08 43 F 2
La Verpillière 38 231 H 2
Verpillières 80 23 F 4
Verpillières-sur-Ource 10 115 H 4
Verquières 13 305 E 2
Verquigneul 62 8 A 4
Verquin 62 8 A 4
Verrens-Arvey 73 234 A 1
La Verrerie *Château de* 18 155 F 2
Verrerie-de-Moussans 34 320 C 2
Verrey-sous-Drée 21 159 F 2
Verrey-sous-Salmaise 21 159 F 2
Verricourt 10 91 G 4
Verrie 49 150 B 4
La Verrie 85 166 C 2
La Verrière 78 57 H 4
Verrières 08 43 E 1
Verrières 10 115 E 2
Verrières 12 281 H 3
Verrières 16 220 B 2
Verrières 51 63 E 1
Verrières 61 84 D 4
Verrières 63 227 G 3
Verrières 86 186 D 3
Verrières-de-Joux 25 180 D 2
Verrières-du-Grosbois 25 162 C 4
Verrières-en-Forez 42 229 G 3
Verrières-le-Buisson 91 58 B 4
Verrières-sous-Celles 79 185 F 5
Verrue 86 168 D 3
Verruyes 79 185 F 2
Vers 46 260 C 5
Vers 71 195 E 1
Vers 74 215 F 1
Vers-en-Montagne 39 179 H 3
Vers-Pont-du-Gard 30 284 C 5
Vers-sous-Sellières 39 179 E 3
Vers-sur-Méouge 26 286 C 2
Vers-sur-Selles 80 22 B 2
Versailles 78 58 A 4
Versailleux 01 213 G 3
Versainville 14 53 H 2
La Versanne 42 230 C 5
Versaugues 71 193 G 4
Verseilles-le-Bas 52 139 G 3
Verseilles-le-Haut 52 139 G 3
Versigny 02 24 C 4
Versigny 60 39 F 5
Versols-et-Lapeyre 12 301 E 1
Verson 14 33 F 4
Versonnex 01 197 G 4
Versonnex 74 215 F 3
Le Versoud 38 251 E 1
Vert 40 273 G 4
Vert 78 57 F 2
Le Vert 79 202 B 1
Vert *Lac* 74 216 D 3
Vert-Bois 17 200 B 4
Vert-en-Drouais 28 56 C 4
Vert-la-Gravelle 51 61 F 3
Vert-le-Grand 91 87 H 2
Vert-le-Petit 91 87 H 3
Vert-Saint-Denis 77 88 B 2
Vertain 59 14 D 3
Vertaizon 63 210 A 5
Vertamboz 39 196 D 1
Vertault 21 115 G 5
Verte *Île* 13 327 F 4
Verteillac 24 221 G 5
Vertes-Feuilles 02 40 A 3
Verteuil-d'Agenais 47 257 G 5
Verteuil-sur-Charente 16 203 F 3
Verthemex 73 233 E 1
Vertheuil 33 237 E 1
Vertilly 89 89 G 5
Vertolaye 63 228 D 2
Verton 62 6 B 5
Vertou 44 147 H 4
Vertrieu 38 214 A 4
Vertus 51 61 G 2
Les Vertus 76 20 B 2
Vertuzey 55 64 D 5
Vervant 16 203 F 5
Vervant 17 201 H 3
Vervezelle 88 95 H 5
Vervins 02 25 F 2
Véry 55 43 G 3
Verzé 71 194 D 3
Verzeille 11 337 H 1
Verzenay 51 41 H 5
Verzy 51 41 H 5
Vesaignes-sous-Lafauche 52 93 G 5
Vesaignes-sur-Marne 52 117 F 4
Vesancy 01 197 G 3
Vesc 26 267 H 4
Vescemont 90 142 C 2
Vescheim 57 68 A 4
Vescles 39 196 C 3
Vescours 01 195 F 2
Vescovato 2B 347 G 2
Vesdun 18 190 B 2
Vésigneul-sur-Marne 51 62 B 3
Vésines 01 195 E 4
Vésines 45 112 C 4
Le Vésinet 78 58 A 3
Vesles-et-Caumont 02 25 E 4
Veslud 02 41 E 1
Vesly 27 37 F 4
Vesly 50 31 G 3
Vesoul 70 141 E 4
La Vespière-Friardel 14 55 E 1
Vesseaux 07 266 B 3
Vessey 50 80 D 2
Vestric-et-Candiac 30 303 G 3
Vesvres 21 159 E 2
Vesvres-sous-Chalancey 52 139 F 4
Vétheuil 95 57 F 1
Vétraz-Monthoux 74 197 H 5
Vétrigne 90 142 C 2
Veuil 36 153 G 5
Veuilly-la-Poterie 02 60 A 1
Veules-les-Roses 76 19 H 2
Veulettes-sur-Mer 76 19 F 2
Le Veurdre 03 174 B 5
Veurey-Voroize 38 250 C 1
La Veuve 51 62 A 1
Veuves 41 152 D 2
Veuvey-sur-Ouche 21 159 G 4
Veuxhaulles-sur-Aube 21 116 B 5
Vevy 39 179 F 5
Vexaincourt 88 96 C 2
Le Vey 14 53 F 2
Veynes 05 269 E 4
Veyrac 87 205 F 4
Veyras 07 266 C 2
Veyre-Monton 63 227 H 2
Veyreau 12 282 A 3
Veyrier-du-Lac 74 215 H 4
Veyrières 15 226 B 5
Veyrières 19 226 B 4
Veyrignac 24 259 H 1
Veyrines 07 248 C 2
Veyrines-de-Domme 24 259 F 1
Veyrines-de-Vergt 24 240 C 4
Veyrins 38 232 C 2
Les Veys 50 32 A 2
Veyssilieu 38 231 H 1
Veyziat 01 196 C 4
Vez 60 39 H 4
Vézac 15 244 C 5
Vézac 24 259 F 1
Vézannes 89 136 D 2
Vézaponin 02 40 A 1
Vèze 15 245 G 1
La Vèze 25 162 A 4
Vézelay 89 157 G 2
Vézelise 54 94 C 3
Vézelois 90 142 C 3
Vezels-Roussy 15 262 D 1
Vézénobres 30 283 H 4
Vézeronce-Curtin 38 232 B 1
Vezet 70 140 C 5
Vézézoux 43 228 B 5
Le Vézier 51 60 C 4
Vézières 86 168 D 1
Vézillon 27 36 D 4
Vézilly 02 41 E 4
Vezin-le-Coquet 35 104 A 3
Vézinnes 89 137 E 2
Vezins 49 149 F 5
Vézins 50 51 H 5
Vezins *Barrage de* 50 81 E 2
Vézins-de-Lévézou 12 281 G 2
Vezot 72 84 A 5
Vezou *Belvédère du* 15 245 F 5
Vezzani 2B 347 F 5
Via 66 341 F 4
Viabon 28 110 C 2
Viala-du-Pas-de-Jaux 12 301 F 1
Viala-du-Tarn 12 281 F 4
Vialas 48 283 F 1
Vialer 64 294 C 5
Viam 19 225 E 2
Viane 81 300 B 3
Vianges 21 158 D 5
Vianne 47 275 G 3
Viâpres-le-Grand 10 90 D 2
Viâpres-le-Petit 10 90 D 2
Viarmes 95 38 C 5
Vias 34 322 C 5
Viaur *Viaduc du* 12 280 B 4
Viazac 46 261 G 3
Le Vibal 12 281 F 2
Vibersviller 57 67 E 3
Vibeuf 76 19 H 4
Vibrac 16 220 D 2
Vibrac 17 220 B 5
Vibraye 72 108 D 4
Vic 09 335 G 4
Vic 36 189 G 1
Vic *Roche de* 19 242 D 3
Vic-de-Chassenay 21 158 C 1
Vic-des-Prés 21 159 F 5
Vic-en-Bigorre 65 315 E 3
Vic-Fezensac 32 295 G 3
Vic-la-Gardiole 34 323 F 3
Vic-le-Comte 63 228 A 2
Vic-le-Fesq 30 303 F 1
Vic-sous-Thil 21 158 D 3
Vic-sur-Aisne 02 39 H 2
Vic-sur-Cère 15 244 D 4
Vic-sur-Seille 57 66 D 4
Vicdessos 09 336 A 5
Le Vicel 50 29 G 3
Vichel 63 228 A 4
Vichel-Nanteuil 02 40 B 4
Vichères 28 109 E 2
Vicherey 88 94 B 4
Vichy 03 210 B 2
Vico 2A 348 C 1
La Vicogne 80 12 D 5
La Vicomté-sur-Rance 22 79 H 3
Vicq 03 209 H 1
Vicq 52 117 H 5
Vicq 59 9 H 5
Vicq 78 57 G 4
Vicq-d'Auribat 40 293 F 2
Vicq-Exemplet 36 189 H 1
Vicq-sur-Breuilh 87 223 H 2
Vicq-sur-Gartempe 86 170 A 5
Vicq-sur-Nahon 36 171 G 1
Vicques 14 54 A 2
Victoire *Abbaye de la* 60 39 E 4
Victot-Pontfol 14 34 B 4
Vidai 61 84 A 3
Vidaillac 46 279 E 1
Vidaillat 23 207 E 3
Vidauban 83 329 E 1
Videcosville 50 29 G 4
Videix 87 204 C 5
Videlles 91 87 H 4
Vidou 65 315 G 4
Vidouville 50 32 C 5
Vidouze 65 314 D 2
Viefvillers 60 22 A 5
Vieil-Armand 68 120 D 5
Le Vieil-Baugé 49 150 B 1
Le Vieil-Dampierre 51 63 E 1
Le Vieil-Évreux 27 56 C 1
Vieil-Hesdin 62 7 E 5
Vieil-Moutier 62 6 D 2
Vieille-Brioude 43 246 B 1
Vieille-Chapelle 62 8 A 3
Vieille-Église 62 3 E 3
Vieille-Église-en-Yvelines 78 57 G 5
La Vieille-Loye 39 179 F 1
La Vieille-Lyre 27 55 G 2
Vieille-Toulouse 31 298 A 5
Vieilles-Maisons-sur-Joudry 45 134 B 2
Vieillespesse 15 245 H 3
Vieillevie 15 262 B 3
Vieillevigne 31 318 B 3
Vieillevigne 44 165 H 1
Vieilley 25 162 A 2
Vieilmoulin 21 159 F 3
Viel-Arcy 02 40 D 2
Viel-Saint-Remy 08 26 B 4
Viella 32 294 D 4
Viella 65 333 E 3
Vielle-Adour 65 315 F 5
Vielle-Aure 65 333 G 4
Vielle-Louron 65 333 H 4
Vielle-Saint-Girons 40 272 A 5
Vielle-Soubiran 40 274 C 4
Vielle-Tursan 40 294 A 3
Viellenave-d'Arthez 64 314 A 2
Viellenave-de-Navarrenx 64 313 F 3
Viellenave-sur-Bidouze 64 311 G 3
Vielleségure 64 313 G 3
Vielmanay 58 156 C 4
Vielmur-sur-Agout 81 299 F 4
Vielprat 43 265 G 1
Viels-Maisons 02 60 C 3
Vielverge 21 160 D 3
Viennay 79 168 A 5
Vienne 38 231 F 3
Vienne-en-Arthies 95 57 F 1
Vienne-en-Bessin 14 33 E 3
Vienne-en-Val 45 133 G 3
Vienne-la-Ville 51 43 E 4
Vienne-le-Château 51 43 E 4
Viens 84 306 B 1
Vienville 88 120 A 2
Vier-Bordes 65 332 D 2
Viersat 23 190 B 5
Vierville 28 87 E 4
Vierville 50 32 A 2
Vierville-sur-Mer 14 32 C 2
Vierzon 18 154 C 4
Vierzy 02 40 B 3
Viesly 59 14 D 4
Viessoix 14 52 D 3
Viéthorey 25 162 D 1
Vieu 01 214 D 4
Vieu-d'Izenave 01 214 B 2
Vieugy 74 215 G 4
Vieure 03 191 F 2
Vieussan 34 301 E 5
Vieuvicq 28 109 G 2
Vieuvy 53 81 H 3
Vieux 14 33 G 5
Vieux 81 279 E 5
Vieux-Berquin 59 8 A 2
Vieux-Boucau-les-Bains 40 292 B 2
Vieux-Bourg 14 34 D 3
Le Vieux-Bourg 22 77 H 3
Le Vieux-Cérier 16 203 H 3
Vieux Chambord *Château du* 03 192 C 4

Vieux-Champagne 77 ... 89 F 2
Vieux-Charmont 25 ... 142 C 4
Vieux-Château 21 ... 158 B 1
Le Vieux Château 85 ... 164 A 4
Vieux-Condé 59 ... 9 G 4
Vieux-Ferrette 68 ... 143 F 4
Vieux-Fumé 14 ... 54 A 1
Vieux-lès-Asfeld 08 ... 41 H 1
Vieux-Lixheim 57 ... 67 H 4
Vieux-Maisons 77 ... 60 B 5
Vieux-Manoir 76 ... 20 C 5
Le Vieux-Marché 22 ... 72 C 4
Vieux-Mareuil 24 ... 221 H 4
Vieux-Mesnil 59 ... 15 G 2
Vieux-Moulin 60 ... 39 G 2
Vieux-Moulin 88 ... 96 B 3
Vieux-Moulins 52 ... 139 G 2
Vieux-Pierrefeu 06 ... 289 H 5
Vieux-Pont 61 ... 53 H 5
Vieux-Pont-en-Auge 14 ... 54 B 1
Vieux-Port 27 ... 35 F 2
Vieux-Reng 59 ... 15 H 2
Vieux-Rouen-sur-Bresle 76 ... 21 F 2
La Vieux-Rue 76 ... 36 C 1
Vieux-Ruffec 16 ... 203 H 3
Vieux-Thann 68 ... 143 E 1
Vieux-Viel 35 ... 80 C 2
Vieux-Villez 27 ... 36 C 5
Vieux-Vy-sur-Couesnon 35 ... 80 C 4
Vieuzos 65 ... 315 H 4
Viévigne 21 ... 160 C 2
Viéville 52 ... 117 E 2
Viéville-en-Haye 54 ... 65 F 3
Viéville-sous-les-Côtes 55 ... 64 D 2
Viévy 21 ... 177 E 1
Viévy-le-Rayé 41 ... 132 A 2
Viey 65 ... 333 E 3
Vif 38 ... 250 D 3
Viffort 02 ... 60 C 2
Le Vigan 30 ... 282 D 5
Le Vigan 46 ... 260 B 2
Le Vigean 15 ... 244 B 2
Le Vigeant 86 ... 187 E 5
Le Vigen 87 ... 223 H 1
Vigeois 19 ... 224 B 5
Viger 65 ... 332 D 1
Vigeville 23 ... 207 G 1
Viggianello 2A ... 350 D 2
Viglain 45 ... 133 H 4
Vignacourt 80 ... 12 C 5
Vignage Rochers du 61 ... 83 G 3
Vignale 2B ... 347 G 2
Vignats 14 ... 54 A 3
Le Vignau 40 ... 294 C 2
Vignaux 31 ... 297 F 4
Les Vigneaux 05 ... 252 C 5
Vignec 65 ... 333 G 4
Vignely 77 ... 59 F 2
Vignemont 60 ... 39 F 1
Les Vignères 84 ... 305 E 1
Les Vignes 48 ... 282 A 2
Vignes 64 ... 294 B 5
Vignes 89 ... 158 B 1
Vignes-la-Côte 52 ... 93 F 5
Vigneul-sous-Montmédy 55 ... 43 H 1
Vigneulles 54 ... 95 E 2
Vigneulles-lès-Hattonchâtel 55 ... 64 D 2
Vigneux-de-Bretagne 44 ... 147 F 2
Vigneux-Hocquet 02 ... 25 G 3
Vigneux-sur-Seine 91 ... 58 C 5
Vignevieille 11 ... 338 A 2
Vignieu 38 ... 232 B 2
Vignoc 35 ... 80 A 5
Vignol 58 ... 157 G 3
Vignoles 21 ... 177 H 1
Vignolles 16 ... 220 D 3
Vignols 19 ... 223 H 5
Vignonet 33 ... 238 C 5
Vignory 52 ... 92 D 5
Vignot 55 ... 64 D 5
Vignoux-sous-les-Aix 18 ... 155 F 5
Vignoux-sur-Barangeon 18 ... 154 C 5
Vigny 57 ... 65 H 2
Vigny 95 ... 57 H 1
Vigoulant 36 ... 189 H 3
Vigoulet-Auzil 31 ... 318 A 2
Vigoux 36 ... 188 C 2
Vigueron 82 ... 297 E 1
Vigy 57 ... 46 B 5
Vihiers 49 ... 149 G 5
Vijon 36 ... 189 H 3
Vilbert 77 ... 59 G 5
Vilcey-sur-Trey 54 ... 65 F 3
Vildé-Guingalan 22 ... 79 F 4
Le Vilhain 03 ... 191 E 2
Vilhonneur 16 ... 221 H 1
Vilhosc Prieuré de 04 ... 287 G 2
Villa-Algérienne 33 ... 254 A 2
Villabé 91 ... 88 A 2
Villabon 18 ... 173 G 1
Villac 24 ... 241 G 2
Villacerf 10 ... 90 D 4
Villacourt 54 ... 95 E 3
Villadin 10 ... 90 B 5
Villafans 70 ... 141 H 5
Village-Neuf 68 ... 143 H 3
Villaines-en-Duesmois 21 ... 138 A 4
Villaines-la-Carelle 72 ... 84 A 4
Villaines-la-Gonais 72 ... 108 C 3
Villaines-la-Juhel 53 ... 82 D 5
Villaines-les-Prévôtes 21 ... 137 H 5
Villaines-les-Rochers 37 ... 151 G 4
Villaines-sous-Bois 95 ... 58 C 1
Villaines-sous-Lucé 72 ... 130 C 2
Villaines-sous-Malicorne 72 ... 129 F 3
Villainville 76 ... 18 D 4
Villalbe 11 ... 319 G 5
Villalet 27 ... 56 A 2
Villalier 11 ... 319 H 4
Villamblain 45 ... 110 B 5
Villamblard 24 ... 240 B 4
Villamée 35 ... 81 E 3
Villampuy 28 ... 110 B 4
Villandraut 33 ... 255 H 5
Villandry 37 ... 151 G 3
Villanière 11 ... 319 H 4
Villanova 2A ... 348 B 3
Villapourçon 58 ... 176 A 2
Villar-d'Arêne 05 ... 252 A 3
Villar-en-Val 11 ... 338 A 1
Villar-Loubière 05 ... 251 H 5
Villar-Saint-Anselme 11 ... 337 G 2
Villar-Saint-Pancrace 05 ... 252 D 5
Villarceaux Château de 95 ... 37 F 5
Villard 23 ... 189 E 4
Le Villard 48 ... 264 A 5
Villard 74 ... 198 A 5
Villard-Bonnot 38 ... 251 F 1
Villard-de-Lans 38 ... 250 C 3
Villard-d'Héry 73 ... 233 G 3
Villard-Léger 73 ... 233 H 3
Villard-Notre-Dame 38 ... 251 G 3
Villard-Reculas 38 ... 251 G 2
Villard-Reymond 38 ... 251 G 3
Villard-Saint-Christophe 38 ... 251 E 4
Villard-Saint-Sauveur 39 ... 197 E 3
Villard-Sallet 73 ... 233 G 3
Villard-sur-Bienne 39 ... 197 E 2
Villard-sur-Doron 73 ... 216 B 5
Villardebelle 11 ... 337 H 2
Villardonnel 11 ... 319 H 4
Villards-d'Héria 39 ... 196 D 3
Les Villards-sur-Thônes 74 ... 216 A 3
Villarembert 73 ... 252 A 1
Villargent 70 ... 141 H 5
Villargoix 21 ... 158 D 3
Villargondran 73 ... 234 A 5
Villariès 31 ... 298 A 3
Villarlurin 73 ... 234 C 3
Villarodin-Bourget 73 ... 252 D 1
Villaroger 73 ... 235 E 1
Villaroux 73 ... 233 G 3
Villars 24 ... 222 C 4
Villars 28 ... 110 B 2
Villars 42 ... 230 A 4
Le Villars 71 ... 195 F 2
Villars 84 ... 305 H 1
Villars Grottes de 24 ... 222 D 4
Villars-Colmars 04 ... 288 D 2
Villars-en-Azois 52 ... 116 B 4
Villars-en-Pons 17 ... 219 G 2
Villars-et-Villenotte 21 ... 158 D 1
Villars-Fontaine 21 ... 159 H 5
Villars-le-Pautel 70 ... 118 C 5
Villars-le-Sec 90 ... 142 D 5
Villars-lès-Blamont 25 ... 163 G 2
Villars-les-Bois 17 ... 201 H 5
Villars-les-Dombes 01 ... 213 G 3
Villars-Saint-Georges 25 ... 161 G 5
Villars-Saint-Marcellin 52 ... 118 B 5
Villars-Santenoge 52 ... 139 E 3
Villars-sous-Dampjoux 25 ... 163 F 2
Villars-sous-Écot 25 ... 142 B 5
Villars-sur-Var 06 ... 289 H 5
Villarzel-Cabardès 11 ... 320 A 4
Villarzel-du-Razès 11 ... 337 G 1
Villasavary 11 ... 319 E 4
Villate 31 ... 317 H 2
Villaudric 31 ... 297 H 2
Villautou 11 ... 336 D 1
Villavard 41 ... 131 F 3
Villaz 74 ... 215 H 3
Ville 60 ... 23 G 5
Villé 67 ... 97 E 4
La Ville 69 ... 212 A 1
Ville-au-Montois 54 ... 45 E 2
Ville-au-Val 54 ... 65 G 4
La Ville-aux-Bois 10 ... 92 A 4
La Ville-aux-Bois-lès-Dizy 02 ... 25 G 4
La Ville-aux-Bois-lès-Pontavert 02 ... 41 F 2
La Ville-aux-Clercs 41 ... 131 G 2
La Ville-aux-Dames 37 ... 152 A 2
La Ville-aux-Nonains 28 ... 85 F 2
Ville-d'Avray 92 ... 58 B 3
Ville-devant-Belrain 55 ... 64 B 4
Ville-devant-Chaumont 55 ... 44 B 4
Ville-di-Paraso 2B ... 346 D 2
Ville-di-Pietrabugno 2B ... 345 G 4
La Ville-Dieu-du-Temple 82 ... 277 G 5
Ville-Dommange 51 ... 41 F 4
La Ville-du-Bois 91 ... 58 B 5
Ville-du-Pont 25 ... 180 D 1
Ville-en-Blaisois 52 ... 92 C 3
Ville-en-Sallaz 74 ... 216 A 1
Ville-en-Selve 51 ... 41 G 5
Ville-en-Tardenois 51 ... 41 E 4
Ville-en-Vermois 54 ... 95 E 1
Ville-en-Woëvre 55 ... 64 D 1
La Ville-ès-Nonais 35 ... 79 H 3
Ville-Houdlémont 54 ... 44 D 1
Ville-Issey 55 ... 64 D 5
Ville-la-Grand 74 ... 197 H 5
Ville-Langy 58 ... 175 F 2
Ville-le-Marclet 80 ... 12 B 5
Ville-Saint-Jacques 77 ... 88 D 5
Ville-Savoye 02 ... 40 D 3
Ville-sous-Anjou 38 ... 231 F 5
Ville-sous-la-Ferté 10 ... 116 B 3
La Ville-sous-Orbais 51 ... 61 E 2
Ville-sur-Ancre 80 ... 23 E 1
Ville-sur-Arce 10 ... 115 G 3
Ville-sur-Cousances 55 ... 43 G 5
Ville-sur-Illon 88 ... 119 E 2
Ville-sur-Jarnioux 69 ... 212 C 3
Ville-sur-Lumes 08 ... 26 D 3
Ville-sur-Retourne 08 ... 42 B 2
Ville-sur-Saulx 55 ... 63 G 4
Ville-sur-Terre 10 ... 92 B 5
Ville-sur-Tourbe 51 ... 43 E 4
Ville-sur-Yron 54 ... 65 F 1
Villeau 28 ... 110 B 2
Villebadin 61 ... 54 C 4
Villebarou 41 ... 132 A 5
Villebaudon 50 ... 52 A 1
Villebazy 11 ... 337 H 2
Villebéon 77 ... 112 D 2
Villebernier 49 ... 150 C 4
Villeberny 21 ... 159 F 2
Villebichot 21 ... 160 A 5
Villeblevin 89 ... 89 E 5
Villebois 01 ... 214 B 4
Villebois-Lavalette 16 ... 221 G 3
Villebois-les-Pins 26 ... 286 D 1
Villebon 28 ... 85 G 4
Villebon-sur-Yvette 91 ... 58 B 5
Villebougis 89 ... 113 F 2
Villebourg 37 ... 130 C 4
Villebout 41 ... 109 G 5
Villebramar 47 ... 257 H 4
Villebret 03 ... 190 D 5
Villebrumier 82 ... 298 A 1
Villecelin 18 ... 172 D 4
Villecerf 77 ... 88 D 5
Villecey-sur-Mad 54 ... 65 F 2
Villechantria 39 ... 196 B 3
Villechauve 41 ... 131 F 4
Villechenève 69 ... 212 B 5
Villechétif 10 ... 91 E 5
Villechétive 89 ... 114 A 4
Villechien 50 ... 81 G 2
Villecien 89 ... 113 G 5
Villécloye 55 ... 44 B 1
Villecomtal 12 ... 262 D 4
Villecomtal-sur-Arros 32 ... 315 F 3
Villecomte 21 ... 160 A 1
Villeconin 91 ... 87 F 3
Villecourt 80 ... 23 G 3
Villecresnes 94 ... 58 D 5
Villecroze 83 ... 307 H 4
Villedaigne 11 ... 320 D 5
Villedieu 15 ... 245 G 4
La Villedieu 17 ... 202 B 3
Villedieu 21 ... 115 G 5
La Villedieu 23 ... 225 E 1
Les Villedieu 25 ... 180 C 4
La Villedieu 48 ... 264 C 2
Villedieu 84 ... 285 G 2
La Villedieu-du-Clain 86 ... 186 C 3
La Villedieu-en-Fontenette 70 ... 141 F 3
Villedieu-la-Blouère 49 ... 148 C 5
Villedieu-le-Château 41 ... 130 D 4
Villedieu-lès-Bailleul 61 ... 54 B 3
Villedieu-les-Poêles-Rouffigny 50 ... 52 A 3
Villedieu-sur-Indre 36 ... 171 G 3
Villedômain 37 ... 171 E 1
Villedômer 37 ... 152 B 1
Villedoux 17 ... 183 G 5
Villedubert 11 ... 319 H 5
Villefagnan 16 ... 203 E 3
Villefargeau 89 ... 136 A 3
Villefavard 87 ... 205 G 1
Villeferry 21 ... 159 E 2
Villefloure 11 ... 337 H 1
Villefollet 79 ... 202 C 1
Villefontaine 38 ... 231 H 2
Villefort 11 ... 337 E 3
Villefort 48 ... 265 F 5
Villefranche 32 ... 316 C 2
Villefranche-d'Albigeois 81 ... 299 H 1
Villefranche-d'Allier 03 ... 191 F 4
Villefranche-de-Conflent 66 ... 342 A 3
Villefranche-de-Lauragais 31 ... 318 C 3
Villefranche-de-Lonchat 24 ... 239 E 4
Villefranche-de-Panat 12 ... 281 E 4
Villefranche-de-Rouergue 12 ... 279 F 1
Villefranche-du-Périgord 24 ... 259 F 3
Villefranche-du-Queyran 47 ... 275 F 2
Villefranche-le-Château 26 ... 286 C 2
Villefranche-Saint-Phal 89 ... 113 F 5
Villefranche-sur-Cher 41 ... 153 H 4
Villefranche-sur-Mer 06 ... 309 H 2
Villefranche-sur-Saône 69 ... 212 D 3
Villefrancœur 41 ... 131 H 4
Villefrancon 70 ... 161 F 2
Villefranque 64 ... 310 D 3
Villefranque 65 ... 295 E 5
Villegagnon 77 ... 60 A 5
Villegailhenc 11 ... 319 H 4
Villegardin 89 ... 113 E 3
Villegats 16 ... 203 F 3
Villegats 27 ... 56 D 2
Villegaudin 71 ... 178 B 4
Villegenon 18 ... 155 G 2
Villegly 11 ... 320 A 4
Villegongis 36 ... 171 G 3
Villegouge 33 ... 238 B 4
Villegouin 36 ... 171 E 2
Villegruis 77 ... 89 H 2
Villegusien 52 ... 139 G 3
Villehardouin 10 ... 91 G 4
Villeherviers 41 ... 154 A 3
Villejésus 16 ... 203 E 4
Villejoubert 16 ... 203 F 5
Villejuif 94 ... 58 C 4
Villejust 91 ... 58 B 5
Villelaure 84 ... 306 A 3
Villeloin-Coulangé 37 ... 152 D 5
Villelongue 65 ... 332 D 2
Villelongue-d'Aude 11 ... 337 F 2
Villelongue-de-la-Salanque 66 ... 339 E 5
Villelongue-dels-Monts 66 ... 343 E 4
Villeloup 10 ... 90 C 5
Villemade 82 ... 277 G 4
Villemagne 11 ... 319 F 3
Villemagne-l'Argentière 34 ... 301 F 4
Villemain 79 ... 202 D 2
Villemandeur 45 ... 112 C 5
Villemanoche 89 ... 89 F 5
Villemardy 41 ... 131 H 4
Villemaréchal 77 ... 112 D 2
Villemareuil 77 ... 59 G 2
Villematier 31 ... 298 A 2
Villemaur-sur-Vanne 10 ... 114 B 2
Villembits 65 ... 315 G 4
Villembray 60 ... 37 G 1
Villemer 77 ... 88 C 5
Villemer 89 ... 136 A 2
Villemereuil 10 ... 115 E 2
Villemervry 52 ... 139 E 4
Villemeux-sur-Eure 28 ... 56 D 5
Villemoirieu 38 ... 231 H 1
Villemoiron-en-Othe 10 ... 114 B 2
Villemoisan 49 ... 148 D 1
Villemoisson-sur-Orge 91 ... 58 C 5
Villemolaque 66 ... 343 E 3
Villemomble 93 ... 58 D 3
Villemontais 42 ... 211 F 3
Villemontoire 02 ... 40 B 3
Villemorien 10 ... 115 F 4
Villemorin 17 ... 202 B 3
Villemoron 52 ... 139 F 4
Villemort 86 ... 187 G 2
Villemotier 01 ... 196 A 4
Villemoustaussou 11 ... 319 H 4
Villemoutiers 45 ... 112 A 5
Villemoyenne 10 ... 115 F 3
Villemur 65 ... 316 A 4
Villemur-sur-Tarn 31 ... 298 A 2
Villemurlin 45 ... 134 A 4
Villemus 04 ... 306 C 1
Villenauxe-la-Grande 10 ... 90 A 2
Villenauxe-la-Petite 77 ... 89 G 4
Villenave 40 ... 273 E 5
Villenave-de-Rions 33 ... 256 B 2
Villenave-d'Ornon 33 ... 255 G 1
Villenave-près-Béarn 65 ... 314 D 3
Villenave-près-Marsac 65 ... 315 E 3
Villenavotte 89 ... 113 F 2
Villeneuve 01 ... 213 E 2
Villeneuve 04 ... 306 D 1
Villeneuve 09 ... 335 E 3
Villeneuve 12 ... 261 F 5
La Villeneuve 23 ... 208 B 4
Villeneuve 33 ... 237 F 3
La Villeneuve 71 ... 178 B 2
La Villeneuve-au-Châtelot 10 ... 90 A 3
Villeneuve-au-Chemin 10 ... 114 C 4
La Villeneuve-au-Chêne 10 ... 115 G 2
La Villeneuve-Bellenoye-et-la-Maize 70 ... 141 F 3
Villeneuve-d'Allier 43 ... 246 B 2
Villeneuve-d'Amont 25 ... 180 A 2
Villeneuve d'Ascq 59 ... 9 E 2
Villeneuve-d'Aval 39 ... 179 G 2
Villeneuve-de-Berg 07 ... 266 C 4
Villeneuve-de-Duras 47 ... 257 F 2
Villeneuve-de-la-Raho 66 ... 343 F 2
Villeneuve-de-Marc 38 ... 231 G 3
Villeneuve-de-Marsan 40 ... 294 B 1
Villeneuve-de-Mézin 47 ... 275 F 5
Villeneuve-de-Rivière 31 ... 334 B 1
Villeneuve-d'Entraunes 06 ... 289 E 3
Villeneuve-des-Escaldes 66 ... 341 F 4
Villeneuve-d'Olmes 09 ... 336 D 3
Villeneuve-du-Bosc 09 ... 336 B 2
Villeneuve-du-Latou 09 ... 317 H 5
Villeneuve-du-Paréage 09 ... 336 B 1
La Villeneuve-en-Chevrie 78 ... 57 E 1
Villeneuve-en-Montagne 71 ... 177 F 4
Villeneuve-Frouville 41 ... 132 A 3
Villeneuve-la-Comptal 11 ... 318 D 4
Villeneuve-la-Comtesse 17 ... 201 H 1
Villeneuve-la-Dondagre 89 ... 113 F 3
Villeneuve-la-Garenne 92 ... 58 C 2
Villeneuve-la-Guyard 89 ... 89 E 5
Villeneuve-la-Lionne 51 ... 60 C 4
Villeneuve-la-Rivière 66 ... 343 E 2
Villeneuve-la-Salle 05 ... 252 C 4
Villeneuve-l'Archevêque 89 ... 114 A 2
Villeneuve-le-Comte 77 ... 59 F 4
Villeneuve-le-Roi 94 ... 58 C 5
Villeneuve-Lécussan 31 ... 316 A 5
Villeneuve-Lembron 63 ... 227 H 4
Villeneuve-lès-Avignon 30 ... 285 E 5
Villeneuve-lès-Béziers 34 ... 321 G 4
Villeneuve-les-Bordes 77 ... 89 E 3
Villeneuve-lès-Bouloc 31 ... 297 H 3
Villeneuve-les-Cerfs 63 ... 210 A 3
La Villeneuve-lès-Charleville 51 ... 61 E 4
Villeneuve-lès-Charnod 39 ... 196 B 4
La Villeneuve-les-Convers 21 ... 138 B 5
Villeneuve-les-Corbières 11 ... 338 C 3
Villeneuve-les-Genêts 89 ... 135 F 4
Villeneuve-lès-Lavaur 81 ... 298 C 5
Villeneuve-lès-Maguelone 34 ... 302 D 5
Villeneuve-lès-Montréal 11 ... 319 F 5
Villeneuve-les-Sablons 60 ... 38 A 4
Villeneuve-Loubet 06 ... 309 F 3
Villeneuve-Loubet-Plage 06 ... 309 G 3
Villeneuve-Minervois 11 ... 320 A 4
Villeneuve-Renneville-Chevigny 51 ... 61 G 2
Villeneuve-Saint-Denis 77 ... 59 F 4
Villeneuve-Saint-Georges 94 ... 58 D 5
Villeneuve-Saint-Germain 02 ... 40 B 2
Villeneuve-Saint-Nicolas 28 ... 86 B 5
Villeneuve-Saint-Salves 89 ... 136 C 2
Villeneuve-Saint-Vistre-et-Villevotte 51 ... 90 B 2
Villeneuve-sous-Charigny 21 ... 158 D 2
Villeneuve-sous-Dammartin 77 ... 59 E 1
Villeneuve-sous-Pymont 39 ... 179 E 5
La Villeneuve-sous-Thury 60 ... 39 H 5
Villeneuve-sur-Allier 03 ... 192 A 1
Villeneuve-sur-Auvers 91 ... 87 G 3
Villeneuve-sur-Bellot 77 ... 60 B 3
Villeneuve-sur-Cher 18 ... 172 D 2
Villeneuve-sur-Conie 45 ... 110 C 4
Villeneuve-sur-Fère 02 ... 40 C 5
Villeneuve-sur-Lot 47 ... 258 C 5
Villeneuve-sur-Tarn 81 ... 300 A 1
Villeneuve-sur-Verberie 60 ... 39 E 4
Villeneuve-sur-Vère 81 ... 279 F 5
La Villeneuve-sur-Vingeanne 21 ... 139 H 5
Villeneuve-sur-Yonne 89 ... 113 G 4
Villeneuve-Tolosane 31 ... 297 H 5
Villeneuvette 34 ... 301 H 4
Villennes-sur-Seine 78 ... 57 H 2
Villenouvelle 17 ... 201 H 2
Villenouvelle 31 ... 318 B 2
Villenoy 77 ... 59 G 2
Villentrois 36 ... 153 F 5
Villeny 41 ... 132 D 5
Villepail 53 ... 82 D 4
Villeparisis 77 ... 59 E 2
Villeparois 70 ... 141 F 4
Villeperdrix 26 ... 268 A 5
Villeperdue 37 ... 151 H 4
Villeperrot 89 ... 113 F 2
Villepinte 11 ... 319 F 4
Villepinte 93 ... 58 D 2
Villeporcher 41 ... 131 G 5
Villepot 44 ... 127 F 3
Villepreux 78 ... 57 H 3
Villequier 76 ... 35 G 1
Villequier-Aumont 02 ... 24 A 4
Villequiers 18 ... 173 H 1
Viller 57 ... 66 D 2
Villerable 41 ... 131 G 3
Villerbon 41 ... 132 A 4
Villeréal 47 ... 258 C 3
Villereau 45 ... 111 E 4
Villereau 59 ... 15 E 3
Villerest 42 ... 211 G 3
Villeret 02 ... 24 A 1
Villeret 10 ... 91 H 3
Villereversure 01 ... 196 A 5
Villermain 41 ... 132 C 2
Villeromain 41 ... 131 H 4
Villeron 95 ... 58 D 1
Villerouge-la-Crémade 11 ... 338 C 1
Villerouge-Termenès 11 ... 338 B 2
Villeroy 77 ... 59 F 2
Villeroy 80 ... 11 F 5
Villeroy 89 ... 113 F 3
Villeroy-sur-Méholle 55 ... 93 H 1
Villers 42 ... 211 H 1
Villers 88 ... 94 D 5
Villers-Agron-Aiguizy 02 ... 41 E 5
Villers-Allerand 51 ... 41 G 5
Villers-au-Bois 62 ... 8 A 5
Villers-au-Flos 62 ... 13 H 5
Villers-au-Tertre 59 ... 14 B 2
Villers-aux-Bois 51 ... 61 F 2
Villers-aux-Érables 80 ... 22 D 3
Villers-aux-Nœuds 51 ... 41 G 4
Villers-aux-Vents 55 ... 63 F 3
Villers-Bocage 14 ... 33 E 5
Villers-Bocage 80 ... 12 D 5
Villers-Bouton 70 ... 161 H 1
Villers-Bretonneux 80 ... 22 D 2
Villers-Brûlin 62 ... 7 H 5
Villers-Buzon 25 ... 161 G 4
Villers-Campsart 80 ... 21 G 2
Villers-Canivet 14 ... 53 H 2
Villers-Carbonnel 80 ... 23 G 2
Villers-Cernay 08 ... 27 F 3
Villers-Châtel 62 ... 8 A 5
Villers-Chemin-et-Mont-lès-Étrelles 70 ... 161 G 1
Villers-Chief 25 ... 162 D 4
Villers-Cotterêts 02 ... 39 H 4
Villers-devant-Dun 55 ... 43 G 2
Villers-devant-le-Thour 08 ... 41 G 1
Villers-devant-Mouzon 08 ... 27 F 4

Villers-Écalles 76 19 H 5
Villers-en-Argonne 51 63 F 1
Villers-en-Arthies 95 57 F 1
Villers-en-Cauchies 59 14 C 3
Villers-en-Haye 54 65 G 4
Villers-en-Ouche 61 55 E 3
Villers-en-Prayères 02 40 D 2
Villers-en-Vexin 27 37 E 4
Villers-Farlay 39 179 G 1
Villers-Faucon 80 23 H 1
Villers-Franqueux 51 41 F 3
Villers-Grélot 25 162 B 2
Villers-Guislain 59 14 B 5
Villers-Hélon 02 40 A 4
Villers-la-Chèvre 54 44 D 1
Villers-la-Combe 25 162 D 3
Villers-la-Faye 21 159 H 5
Villers-la-Montagne 54 45 E 2
Villers-la-Ville 70 141 H 5
Villers-le-Château 51 62 A 2
Villers-le-Lac 25 163 F 5
Villers-le-Rond 54 44 C 2
Villers-le-Sec 02 24 C 3
Villers-le-Sec 51 63 E 3
Villers-le-Sec 55 93 F 1
Villers-le-Sec 70 141 F 4
Villers-le-Tilleul 08 26 D 4
Villers-le-Tourneur 08 26 C 4
Villers-les-Bois 39 179 E 2
Villers-lès-Cagnicourt 62 14 A 3
Villers-lès-Guise 02 24 D 1
Villers-lès-Luxeuil 70 141 F 2
Villers-lès-Mangiennes 55 44 C 3
Villers-lès-Moivrons 54 65 H 4
Villers-lès-Nancy 54 94 D 1
Villers-les-Ormes 36 171 G 3
Villers-les-Pots 21 160 D 4
Villers-lès-Roye 80 23 F 4
Villers-l'Hôpital 62 12 C 3
Villers-Marmery 51 41 H 5
Villers-Outréaux 59 14 C 5
Villers-Pater 70 162 B 1
Villers-Patras 21 115 H 5
Villers-Plouich 59 14 A 5
Villers-Pol 59 15 E 2
Villers-Robert 39 179 E 2
Villers-Rotin 21 160 D 5
Villers-Saint-Barthélemy 60 37 H 2
Villers-Saint-Christophe 02 23 H 3
Villers-Saint-Frambourg 60 39 E 4
Villers-Saint-Genest 60 39 G 5
Villers-Saint-Martin 25 162 D 2
Villers-Saint-Paul 60 38 D 3
Villers-Saint-Sépulcre 60 38 B 3
Villers-Semeuse 08 26 D 3
Villers-Sir-Simon 62 13 E 2
Villers-Sire-Nicole 59 15 H 2
Villers-sous-Ailly 80 11 H 4
Villers-sous-Chalamont 25 180 A 2
Villers-sous-Châtillon 51 41 E 5
Villers-sous-Foucarmont 76 21 E 2
Villers-sous-Montrond 25 162 A 5
Villers-sous-Pareid 55 65 E 1
Villers-sous-Prény 54 65 G 3
Villers-sous-Saint-Leu 60 38 C 4
Villers-Stoncourt 57 66 C 1
Villers-sur-Auchy 60 37 G 1
Villers-sur-Authie 80 11 F 1
Villers-sur-Bar 08 27 E 4
Villers-sur-Bonnières 60 37 H 1
Villers-sur-Coudun 60 39 F 1
Villers-sur-Fère 02 40 C 4
Villers-sur-le-Mont 08 26 D 4
Villers-sur-le-Roule 27 36 C 4
Villers-sur-Mer 14 34 B 3
Villers-sur-Meuse 55 64 B 2
Villers-sur-Nied 57 66 D 3
Villers-sur-Port 70 141 E 3
Villers-sur-Saulnot 70 142 A 4
Villers-sur-Trie 60 37 G 3
Villers-Tournelle 80 22 D 4
Villers-Vaudey 70 140 B 4
Villers-Vermont 60 21 F 5
Villers-Vicomte 60 22 B 4
Villerserine 39 179 F 3
Villersexel 70 141 H 5
Villerupt 54 45 F 2
Villerville 14 34 C 2
Villery 10 114 D 3
Villes 01 214 D 1
Villes-sur-Auzon 84 286 A 4
Villesalem *Ancien Prieuré de* 86 187 G 2
Villeselve 60 23 H 4
Villeseneux 51 61 H 3
Villesèque 46 277 H 1
Villesèque-des-Corbières 11 338 D 2
Villesèquelande 11 319 G 5
Villesiscle 11 319 F 5
Villespassans 34 320 D 3
Villespy 11 319 F 4
Villetaneuse 93 58 C 2
La Villetelle 23 208 B 4
Villetelle 34 303 F 3
Villethierry 89 113 E 2
Villeton 47 275 F 1
Villetoureix 24 239 G 1
Villetritouls 11 338 A 1
Villetrun 41 131 H 3
La Villette 14 53 F 2
Villette 54 44 C 2
Villette 73 234 C 2
Villette 78 57 F 2
Villette-d'Anthon 38 213 G 5
Villette-de-Vienne 38 231 F 2
Villette-lès-Arbois 39 179 G 2
Villette-lès-Dole 39 179 E 1
Villette-sur-Ain 01 213 H 3
Villette-sur-Aube 10 91 E 3
Villettes 27 36 A 5
Les Villettes 43 247 H 1
Villeurbanne 69 213 F 5
Villevallier 89 113 G 4
Villevaudé 77 59 E 2
Villevenard 51 61 E 3
Villevêque 49 128 D 5
Villeveyrac 34 322 D 3
Villevieille 04 289 E 5
Villevieille 30 303 F 2
Villevieux 39 179 E 4
Villevocance 07 248 C 1
Villevoques 45 112 B 4
Villexanton 41 132 B 4
Villexavier 17 219 H 5
Le Villey 39 179 E 3
Villey-le-Sec 54 94 C 1
Villey-Saint-Étienne 54 65 G 5
Villey-sur-Tille 21 139 F 5
Villez-sous-Bailleul 27 36 D 5
Villez-sur-le-Neubourg 27 35 H 5
Villié-Morgon 69 212 D 1
Villiers 36 170 D 3
Villiers 86 168 D 5
Villiers-Adam 95 58 B 1
Villiers-au-Bouin 37 130 A 5
Villiers-aux-Bois 52 92 C 2
Villiers-aux-Chênes 52 92 C 4
Villiers-aux-Corneilles 51 90 B 2
Villiers-Charlemagne 53 106 A 5
Villiers-Couture 17 202 C 3
Villiers-en-Bière 77 88 B 3
Villiers-en-Bois 79 202 B 1
Villiers-en-Désœuvre 27 56 D 2
Villiers-en-Lieu 52 63 F 5
Villiers-en-Morvan 21 158 C 5
Villiers-en-Plaine 79 184 D 3
Villiers-Fossard 50 32 B 4
Villiers-Herbisse 10 61 H 5
Villiers-le-Bâcle 91 58 A 5
Villiers-le-Bel 95 58 C 1
Villiers-le-Bois 10 115 F 5
Villiers-le-Duc 21 138 B 2
Villiers-le-Mahieu 78 57 G 3
Villiers-le-Morhier 28 86 B 2
Villiers-le-Pré 50 80 D 2
Villiers-le-Roux 16 203 E 2
Villiers-le-Sec 14 33 F 3
Villiers-le-Sec 52 116 D 3
Villiers-le-Sec 58 157 E 3
Villiers-le-Sec 95 58 C 1
Villiers-lès-Aprey 52 139 F 3
Villiers-les-Hauts 89 137 F 4
Villiers-Louis 89 113 H 3
Villiers-Saint-Benoît 89 135 G 3
Villiers-Saint-Denis 02 60 B 2
Villiers-Saint-Frédéric 78 57 G 4
Villiers-Saint-Georges 77 60 C 5
Villiers-Saint-Orien 28 110 A 3
Villiers-sous-Grez 77 88 B 5
Villiers-sous-Mortagne 61 84 C 3
Villiers-sous-Praslin 10 115 F 4
Villiers-sur-Chizé 79 202 B 2
Villiers-sur-Loir 41 131 G 3
Villiers-sur-Marne 52 93 E 5
Villiers-sur-Marne 94 58 D 4
Villiers-sur-Morin 77 59 G 3
Villiers-sur-Orge 91 58 B 5
Villiers-sur-Seine 77 89 G 4
Villiers-sur-Suize 52 117 E 5
Villiers-sur-Tholon 89 135 H 2
Villiers-sur-Yonne 58 157 F 2
Villiers-Vineux 89 114 C 5
Villiersfaux 41 131 G 3
Villieu-Loyes-Mollon 01 213 H 3
Villing 57 46 D 4
Villognon 16 203 E 4
Villon 89 137 G 2
Villoncourt 88 95 G 5
Villons-les-Buissons 14 33 G 4
Villorceau 45 132 C 3
Villosanges 63 208 D 4
Villotran 60 37 H 3
Villotte 88 118 A 3
La Villotte 89 135 H 3
Villotte-devant-Louppy 55 63 G 2
Villotte-Saint-Seine 21 159 G 2
Villotte-sur-Aire 55 64 B 4
Villotte-sur-Ource 21 138 B 2
Villouxel 88 93 H 4
Villuis 77 89 G 4
Villy 08 27 H 5
Villy 89 136 C 2
Villy-Bocage 14 33 E 5
Villy-en-Auxois 21 159 F 2
Villy-en-Trodes 10 115 G 2
Villy-le-Bois 10 115 E 3
Villy-le-Bouveret 74 215 G 2
Villy-le-Maréchal 10 115 E 2
Villy-le-Moutier 21 178 A 1
Villy-le-Pelloux 74 215 G 2
Villy-lez-Falaise 14 54 A 2
Villy-sur-Yères 76 10 D 5
Vilory 70 141 F 3
Vilosnes 55 43 H 2
Vilsberg 57 68 A 4
Vimarcé 53 107 E 2
Vimenet 12 281 F 1
Viménil 88 95 H 5
Vimines 73 233 E 2
Vimont 14 33 H 5
Vimory 45 112 B 5
Vimoutiers 61 54 C 2
Vimpelles 77 89 F 4
Vimy 62 8 B 5
Vinaigre *Mont* 83 308 D 5
Vinantes 77 59 F 1
Vinassan 11 321 F 5
Vinax 17 202 C 2
Vinay 38 250 B 1
Vinay 51 61 F 1
Vinça 66 342 B 2
Vincelles 39 196 B 1
Vincelles 51 40 D 5
Vincelles 71 178 C 5
Vincelles 89 136 B 4
Vincelottes 89 136 C 4
Vincennes 94 58 C 3
Vincent 39 179 E 4
Vincey 88 95 E 4
Vincly 62 7 F 3
Vincy-Manœuvre 77 59 G 1
Vincy-Reuil-et-Magny 02 25 G 4
Vindecy 71 193 G 4
Vindefontaine 50 31 G 2
Vindelle 16 221 E 1
Vindey 51 61 E 5
Vindrac-Alayrac 81 279 E 4
Vinets 10 91 F 3
Vineuil 36 171 G 3
Vineuil 41 132 B 5
Vineuil-Saint-Firmin 60 38 D 4
La Vineuse 71 194 C 2
Vinezac 07 266 B 4
Vingrau 66 338 C 4
Vingt-Hanaps 61 83 H 3
Vinnemerville 76 19 F 2
Vinneuf 89 89 F 5
Vinon 18 155 H 4
Vinon-sur-Verdon 83 306 D 3
Vins-sur-Caramy 83 328 C 1
Vinsobres 26 285 G 1
Le Vintrou 81 300 A 5
Vinzelles 63 210 B 4
Vinzelles 71 194 D 5
Vinzier 74 198 C 3
Vinzieux 07 230 D 5
Viocourt 88 94 B 4
Viodos-Abense-de-Bas 64 313 F 4
Violaines 62 8 B 3
Violay 42 212 A 4
Violès 84 285 G 3
Violot 52 139 H 3
Viols-en-Laval 34 302 C 3
Viols-le-Fort 34 302 C 3
Vioménil 88 118 D 3
Vion 07 249 E 2
Vion 72 129 E 2
Vions 73 215 E 4
Vionville 57 65 F 1
Viozan 32 316 A 3
Viplaix 03 190 B 3
Vira 09 336 C 2
Vira 66 337 H 5
Virac 81 279 F 5
Virandeville 50 28 D 3
Virargues 15 245 F 3
Virazeil 47 257 F 4
Vire 14 52 C 3
Viré 71 195 E 3
Viré-en-Champagne 72 106 D 5
Vire-sur-Lot 46 259 F 5
Vireaux 89 137 F 3
Virecourt 54 95 E 3
Virelade 33 255 H 2
Viremont 39 196 C 3
Vireux-Molhain 08 17 E 4
Vireux-Wallerand 08 17 E 4
Virey 50 81 F 2
Virey 70 161 G 2
Virey-le-Grand 71 177 H 3
Virey-sous-Bar 10 115 F 3
Virginy 51 42 D 4
Viriat 01 195 H 5
Viricelles 42 230 B 2
Virieu 38 232 B 3
Virieu-le-Grand 01 214 C 4
Virieu-le-Petit 01 214 D 3
Virigneux 42 230 A 1
Virignin 01 214 D 5
Viriville 38 231 H 5
Virlet 63 209 E 1
Virming 57 67 E 2
Viroflay 78 58 B 4
Virollet 17 219 F 2
Vironchaux 80 11 G 1
Vironvay 27 36 C 4
Virsac 33 237 H 3
Virson 17 201 E 1
Virville 76 18 D 5
Viry 39 196 D 4
Viry 71 194 A 2
Viry 74 215 F 1
Viry-Châtillon 91 58 C 5
Viry-Noureuil 02 24 A 5
Vis-en-Artois 62 13 H 3
Visan 84 285 G 1
Viscomtat 63 210 D 5
Viscos 65 332 D 3
Le Viseney 39 179 F 3
Viserny 21 137 G 5
Visker 65 315 E 5
Vismes-au-Val 80 11 F 4
Visoncourt 70 141 G 3
Vissac-Auteyrac 43 246 D 3
Vissec 30 302 A 1
Vissec *Cirque de* 30 302 A 1
Visseiche 35 105 E 5
Viterbe 81 298 D 4
Viterne 54 94 C 2
Vitot 27 35 H 5
Vitrac 15 262 B 1
Vitrac 24 259 G 1
Vitrac 63 209 F 3
Vitrac-en-Viadène 12 263 F 1
Vitrac-Saint-Vincent 16 203 H 5
Vitrac-sur-Montane 19 225 F 5
Vitrai-sous-l'Aigle 61 55 G 5
Vitray 03 190 D 1
Vitray-en-Beauce 28 110 A 2
Vitray-sous-Brézolles 28 56 B 5
Vitré 35 105 E 3
Vitré 79 185 F 4
Vitreux 39 161 F 4
Vitrey 54 94 C 3
Vitrey-sur-Mance 70 140 B 2
Vitrimont 54 95 F 1
Vitrolles 05 269 G 5
Vitrolles 13 326 C 1
Vitrolles-en-Luberon 84 306 B 2
Vitry-aux-Loges 45 111 G 5
Vitry-en-Artois 62 13 H 2
Vitry-en-Charollais 71 193 G 3
Vitry-en-Montagne 52 139 E 2
Vitry-en-Perthois 51 62 D 4
Vitry-la-Ville 51 62 B 3
Vitry-Laché 58 157 F 4
Vitry-le-Croisé 10 115 H 3
Vitry-le-François 51 62 C 4
Vitry-lès-Cluny 71 194 C 2
Vitry-lès-Nogent 52 117 F 4
Vitry-sur-Loire 71 175 G 5
Vitry-sur-Orne 57 45 G 4
Vitry-sur-Seine 94 58 C 4
Vittarville 55 44 B 3
Vitteaux 21 159 E 2
Vittefleur 76 19 F 2
Vittel 88 118 C 2
Vittersbourg 57 67 F 2
Vittoncourt 57 66 C 2
Vittonville 54 65 G 2
Vitz-sur-Authie 80 12 B 3
Viuz-en-Sallaz 74 198 A 5
Viuz-la-Chiésaz 74 215 G 4
Vivaise 02 24 D 5
Vivans 42 211 F 1
Vivario 2B 349 E 1
Viven 64 314 B 2
Viverols 63 229 F 4
Vivès 66 342 D 4
Vivey 52 139 E 3
Le Vivier 66 338 A 5
Vivier-au-Court 08 27 E 3
Le Vivier-sur-Mer 35 50 D 5
Vivières 02 39 H 3
Viviers 07 266 D 5
Viviers 57 66 C 3
Viviers 89 137 E 3
Viviers-du-Lac 73 233 F 1
Viviers-le-Gras 88 118 C 3
Viviers-lès-Lavaur 81 298 C 4
Viviers-lès-Montagnes 81 299 F 5
Viviers-lès-Offroicourt 88 94 C 5
Viviers-sur-Artaut 10 115 H 3
Viviers-sur-Chiers 54 44 D 2
Viviès 09 336 C 2
Viviez 12 261 H 4
Viville 16 221 F 1
Vivoin 72 107 G 2
Vivonne 86 186 B 3
Vivy 49 150 C 3
Vix 21 138 A 2
Vix 85 183 H 3
Vizille 38 251 E 3
Vizos 65 333 E 3
Vizzavona 2B 349 E 1
Vizzavona *Col de* 2B 349 E 1
Vocance 07 248 C 2
Vodable 63 227 H 3
Vœgtlinshofen 68 121 E 3
Vœlfling-lès-Bouzonville 57 46 D 3
Vœllerdingen 67 67 H 2
Vœuil-et-Giget 16 221 F 2
Vogelgrun 68 121 G 3
Voglans 73 233 E 1
Vogüé 07 266 B 4
Voharies 02 25 E 3
Void 55 93 H 1
Le Voide 49 149 G 5
Voigny 10 116 B 2
Voile de la Mariée *Cascade du* 05 252 A 5
Voile de la Mariée *Cascade du* 2A 349 E 2
Voilemont 51 63 E 1
Voillans 25 162 C 2
Voillecomte 52 92 B 3
Voimhaut 57 66 C 2
Voinémont 54 94 D 2
Voingt 63 208 C 5
Voinsles 77 59 H 5
Voipreux 51 61 G 2
Voires 25 162 B 5
Voiron 38 232 C 4
Voiscreville 27 35 G 3
Voise 28 86 C 4
Voisenon 77 88 B 2
Voisey 52 118 A 5
Voisines 52 139 F 2
Voisines 89 113 H 2
Voisins-le-Bretonneux 78 58 A 4
Voissant 38 232 D 3
Voissay 17 201 G 3
Voiteur 39 179 F 4
La Voivre 70 141 H 2
La Voivre 88 96 B 4
Les Voivres 88 119 E 4
Voivres-lès-le-Mans 72 107 G 5
Volckerinckhove 59 3 G 4
Volesvres 71 193 H 3
Volgelsheim 68 121 G 3
Volgré 89 135 H 2
Volksberg 67 68 A 2
Vollore-Montagne 63 210 D 5
Vollore-Ville 63 210 D 5
Volmerange-lès-Boulay 57 46 C 5
Volmerange-les-Mines 57 45 G 2
Volmunster 57 48 B 5
Volnay 21 177 G 2
Volnay 72 108 B 5
Volon 70 140 B 4
Volonne 04 287 G 3
Volpajola 2B 347 G 2
Volstroff 57 45 H 3
Volvent 26 268 B 4
Volvic 63 209 G 4
Volx 04 306 D 1
Vomécourt 88 95 G 4
Vomécourt-sur-Madon 88 94 D 4
Voncourt 52 140 B 3
Voncq 08 42 D 1
Vonges 21 160 D 3
Vongnes 01 214 D 4
Vongy 74 198 B 3
Vonnas 01 195 F 5
Voray-sur-l'Ognon 70 162 A 2
Voreppe 38 232 D 5
Vorey 43 247 F 2
Vorges 02 40 D 1
Vorges-les-Pins 25 161 H 4
Vorly 18 173 F 2
Vornay 18 173 G 2
Vors 12 280 C 2
Vosbles 39 196 B 4
Vosne-Romanée 21 160 A 5
Vosnon 10 114 C 3
Vou 37 170 B 1
Vouarces 51 90 C 2
Vouciennes 51 62 B 3
Voudenay 21 176 D 1
Voué 10 91 E 3
Vouécourt 52 93 E 5
Vouël 02 24 B 4
Vougécourt 70 118 C 5
Vougeot 21 160 A 5
Vouglans 39 196 C 3
Vouglans *Barrage et lac de* 39 196 C 3
Vougrey 10 115 F 4
Vougy 42 211 H 2
Vougy 74 216 B 1
Vouharte 16 203 E 5
Vouhé 17 201 E 1
Vouhé 79 185 F 2
Vouhenans 70 141 H 4
Vouillé 79 185 E 4
Vouillé 86 186 A 1
Vouillé-les-Marais 85 183 G 3
Vouillers 51 63 E 5
Vouillon 36 172 B 4
Vouilly 14 32 B 3
Voujeaucourt 25 142 B 5
Voulaines-les-Templiers 21 138 C 2
Voulangis 77 59 G 3
Voulême 86 203 F 2
Voulgézac 16 221 E 3
Voulmentin 79 167 G 2
Voulon 86 186 B 4
Voulpaix 02 25 E 2
La Voulte-sur-Rhône 07 267 E 1
Voultegon 79 167 G 2
Voulton 77 89 G 2
Voulx 77 112 D 2
Vouneuil-sous-Biard 86 186 B 1
Vouneuil-sur-Vienne 86 169 G 5
Vourey 38 232 C 5
Vourles 69 231 E 1
Voussac 03 191 G 4
Voutenay-sur-Cure 89 136 D 5
Voutezac 19 242 B 1
Vouthon 16 221 H 1
Vouthon-Bas 55 93 H 3
Vouthon-Haut 55 93 H 3
Voutré 53 106 D 3
Vouvant 85 184 B 1
Vouvray 01 214 D 1
Vouvray 37 152 A 2
Vouvray-sur-Huisne 72 108 B 4
Vouvray-sur-Loir 72 130 C 4
Vouxey 88 94 B 4
Vouzailles 86 168 D 5
Vouzan 16 221 G 2
Vouzeron 18 154 D 4
Vouziers 08 42 D 2
Vouzon 41 133 G 5
Vouzy 51 61 H 2
La Vove *Manoir de* 61 84 C 4
Voves 28 110 B 2
Vovray-en-Bornes 74 215 G 1
Voyenne 02 25 E 3
Voyennes 80 23 G 3
Voyer 57 67 H 5
La Vraie-Croix 56 124 D 3
Vraignes-en-Vermandois 80 23 H 2
Vraignes-lès-Hornoy 80 21 H 2
Vraincourt 52 116 D 2
Vraiville 27 36 A 4
Vrasville 50 29 G 2
Vraux 51 62 A 1

V

Vrécourt 88 ..... 118 A2
Vred 59 ..... 9 E5
Vregille 70 ..... 161 H3
Vregny 02 ..... 40 C2
Vrély 80 ..... 23 E3
Le Vrétot 50 ..... 28 D5
Vrianges 39 ..... 161 E4
Vrigne-aux-Bois 08 ..... 27 E3
Vrigne-Meuse 08 ..... 27 E3
Vrigny 45 ..... 111 G4
Vrigny 51 ..... 41 F4
Vrigny 61 ..... 54 A5
La Vrine 25 ..... 180 C1
Vritz 44 ..... 127 G5
Vrocourt 60 ..... 37 G1
Vroil 51 ..... 63 F3
Vron 80 ..... 11 G1
Vroncourt 54 ..... 94 D4
Vroncourt-la-Côte 52 ..... 117 G3
Vroville 88 ..... 94 D5
Vry 57 ..... 46 B5
Vue 44 ..... 147 E4
Vuillafans 25 ..... 162 B5
Vuillecin 25 ..... 180 C2
Vuillery 02 ..... 40 B2
Vulaines 10 ..... 114 A2
Vulaines-lès-Provins 77 ..... 89 F2
Vulaines-sur-Seine 77 ..... 88 C4
Vulbens 74 ..... 215 F1
Vulmont 57 ..... 66 B3
Vulvoz 39 ..... 196 D4
Vy-lès-Ferroux 70 ..... 140 D5
Vy-lès-Filain 70 ..... 141 F5
Vy-lès-Lure 70 ..... 141 H4
Vy-lès-Rupt 70 ..... 140 C4
Vyans-le-Val 70 ..... 142 B4
Vyt-lès-Belvoir 25 ..... 163 E2

W

Waben 62 ..... 6 B5
Wackenbach 67 ..... 96 D2
Wacquemoulin 60 ..... 39 E1
Wacquinghen 62 ..... 2 B5
Wadelincourt 08 ..... 27 F4
Wadimont 08 ..... 25 H4
Wadonville-en-Woëvre 55 ..... 64 D1
Wagnon 08 ..... 26 B4
Wahagnies 59 ..... 8 D4
Wahlbach 68 ..... 143 F3
Wahlenheim 67 ..... 68 D4
Wail 62 ..... 12 B2
Wailly 62 ..... 13 G3
Wailly 80 ..... 22 A3
Wailly-Beaucamp 62 ..... 6 B5
Walbach 68 ..... 120 D3
Walbourg 67 ..... 69 E2
La Walck 67 ..... 68 C3
Waldersbach 67 ..... 96 D3
Waldhambach 67 ..... 67 H2
Waldhouse 57 ..... 48 C5
Waldighofen 68 ..... 143 F3
Waldolwisheim 67 ..... 68 B4
Waldweistroff 57 ..... 46 C3
Waldwisse 57 ..... 46 C2
Walheim 68 ..... 143 F3

Walibi Rhône-Alpes
  Parc d'attractions 38 ..... 232 C2
Walibi-Schtroumpf 57 ..... 45 H4
Walincourt 59 ..... 14 C5
Wallers 59 ..... 9 F5
Wallers-Trélon 59 ..... 16 A5
Wallon-Cappel 59 ..... 3 H5
Walschbronn 57 ..... 48 C5
Walscheid 57 ..... 67 H5
Waltembourg 57 ..... 67 H4
Waltenheim 68 ..... 143 G2
Waltenheim-sur-Zorn 67 ..... 68 D4
Waly 55 ..... 63 G1
Wambaix 59 ..... 14 C4
Wambercourt 62 ..... 7 E5
Wambez 60 ..... 37 G1
Wambrechies 59 ..... 8 D2
Wamin 62 ..... 7 E5
Wanchy-Capval 76 ..... 20 D2
Wancourt 62 ..... 13 H3
Wandignies-Hamage 59 ..... 9 F5
Wanel 80 ..... 11 H4
Wangen 67 ..... 97 F1
Wangenbourg 67 ..... 96 D1
Wannehain 59 ..... 9 E3
Wanquetin 62 ..... 13 F2
La Wantzenau 67 ..... 69 E5
Warcq 08 ..... 26 D3
Warcq 55 ..... 44 D5
Wardrecques 62 ..... 7 G2
Wargemoulin-Hurlus 51 ..... 42 D5
Wargnies 80 ..... 12 C5
Wargnies-le-Grand 59 ..... 15 E2
Wargnies-le-Petit 59 ..... 15 E2
Warhem 59 ..... 3 H3
Warlaing 59 ..... 9 F5
Warlencourt-Eaucourt 62 ..... 13 E4
Warlincourt-lès-Pas 62 ..... 13 E4
Warloy-Baillon 80 ..... 13 E5
Warluis 60 ..... 38 A2
Warlus 62 ..... 13 F2
Warlus 80 ..... 11 H5
Warluzel 62 ..... 13 E3
Warmeriville 51 ..... 41 H3
Warnécourt 08 ..... 26 C3
Warneton 59 ..... 4 C5
Warsy 80 ..... 23 E4
Warvillers 80 ..... 23 E3
Wasigny 08 ..... 26 A4
Wasnes-au-Bac 59 ..... 14 B2
Wasquehal 59 ..... 8 D2
Wasselonne 67 ..... 68 B5
Wasserbourg 68 ..... 120 D4
Wassigny 02 ..... 15 E5
Wassy 52 ..... 92 A3
Le Wast 62 ..... 2 C5
Watigny 02 ..... 25 H1
Watronville 55 ..... 64 C3
Watten 59 ..... 3 F4
Wattignies 59 ..... 8 D3
Wattignies-la-Victoire 59 ..... 15 H3
Wattrelos 59 ..... 9 E2
Wattwiller 68 ..... 120 D5
Wavignies 60 ..... 22 C5
Waville 54 ..... 65 F2
Wavrans-sur-l'Aa 62 ..... 7 E2

Wavrans-sur-Ternoise 62 ..... 7 F5
Wavrechain-
  sous-Denain 59 ..... 14 D2
Wavrechain-sous-Faulx 59 ..... 14 C2
Wavrille 55 ..... 44 B3
Wavrin 59 ..... 8 C3
Waziers 59 ..... 8 D5
Wé 08 ..... 27 G4
Weckolsheim 68 ..... 121 F3
Wegscheid 68 ..... 142 C1
Weinbourg 67 ..... 68 B3
Weislingen 67 ..... 68 A2
Weitbruch 67 ..... 69 E4
Weiterswiller 67 ..... 68 B3
Welles-Pérennes 60 ..... 22 D5
Wemaers-Cappel 59 ..... 3 G4
Wentzwiller 68 ..... 143 G3
Werentzhouse 68 ..... 143 G4
Wervicq-Sud 59 ..... 4 D5
West-Cappel 59 ..... 3 H3
Westbécourt 62 ..... 3 E5
Westhalten 68 ..... 120 D4
Westhoffen 67 ..... 97 E1
Westhouse 67 ..... 97 G3
Westhouse-Marmoutier 67 ..... 68 B5
Westrehem 62 ..... 7 G3
Wettolsheim 68 ..... 121 E3
Weyer 67 ..... 67 H3
Weyersheim 67 ..... 69 E4
Wickerschwihr 68 ..... 121 F2
Wickersheim 67 ..... 68 C4
Wicquinghem 62 ..... 6 D3
Wicres 59 ..... 8 B3
Widehem 62 ..... 6 B3
Widensolen 68 ..... 121 F3
Wiège-Faty 02 ..... 25 E2
Wiencourt-l'Équipée 80 ..... 23 E2
Wierre-au-Bois 62 ..... 6 C2
Wierre-Effroy 62 ..... 2 C5
Wiesviller 57 ..... 67 H1
Wignehies 59 ..... 15 H5
Wignicourt 08 ..... 26 C5
Wihr-au-Val 68 ..... 120 D3
Wihr-en-Plaine 68 ..... 121 F2
Wildenstein 68 ..... 120 B4
Wildersbach 67 ..... 96 D3
Willeman 62 ..... 12 B2
Willems 59 ..... 9 E2
Willencourt 62 ..... 12 B3
Willer 68 ..... 143 F3
Willer-sur-Thur 68 ..... 120 C5
Willeroncourt 55 ..... 64 B5
Willerval 62 ..... 8 B5
Willerwald 67 ..... 67 G1
Willgottheim 67 ..... 68 C5
Williers 08 ..... 27 H4
Willies 59 ..... 15 H4
Wilshausen 67 ..... 68 C4
Wilwisheim 67 ..... 68 C4
Wimereux 62 ..... 2 B5
Wimille 62 ..... 2 B5
Wimmenau 67 ..... 68 B2
Wimy 02 ..... 25 G1
Windstein 67 ..... 68 D1
Windstein
  Château de 67 ..... 68 D1

Wingen 67 ..... 69 E1
Wingen-sur-Moder 67 ..... 68 B2
Wingersheim-les-
  Quatre-Bans 67 ..... 68 D4
Wingles 62 ..... 8 B4
Winkel 68 ..... 143 F5
Winnezeele 59 ..... 3 H4
Wintersbourg 57 ..... 67 H4
Wintershouse 67 ..... 68 D4
Wintzenbach 67 ..... 69 G2
Wintzenheim 68 ..... 121 E3
Wintzenheim-
  Kochersberg 67 ..... 68 C5
Wintzfelden 68 ..... 120 D4
Wiry-au-Mont 80 ..... 11 G5
Wisches 67 ..... 96 D2
Wisembach 88 ..... 96 C5
Wiseppe 55 ..... 43 G1
Wismes 62 ..... 7 E2
Wisques 62 ..... 3 F5
Wissant 62 ..... 2 B4
Wissembourg 67 ..... 69 F1
Wissignicourt 02 ..... 40 C1
Wissous 91 ..... 58 C5
Witry-lès-Reims 51 ..... 41 H3
Wittelsheim 68 ..... 143 E1
Wittenheim 68 ..... 143 F1
Witternesse 62 ..... 7 G3
Wittersdorf 68 ..... 143 F3
Wittersheim 67 ..... 68 D4
Wittes 62 ..... 7 G2
Wittisheim 67 ..... 97 G4
Wittring 57 ..... 67 H1
Wiwersheim 67 ..... 68 C5
Wizernes 62 ..... 7 F2
Woël 55 ..... 65 E2
Wœlfling-
  lès-Sarreguemines 57 ..... 67 H1
Wœllenheim 67 ..... 68 C5
Wœrth 67 ..... 68 D2
Woignarue 80 ..... 11 E3
Woimbey 55 ..... 64 C2
Woincourt 80 ..... 11 E4
Woinville 55 ..... 64 D3
Woippy 57 ..... 45 H5
Woirel 80 ..... 11 G5
Wolfersdorf 68 ..... 143 E3
Wolfgantzen 68 ..... 121 F3
Wolfisheim 67 ..... 97 G1
Wolfskirchen 67 ..... 67 H2
Wolschheim 67 ..... 68 B5
Wolschwiller 68 ..... 143 G4
Wolxheim 67 ..... 97 F1
Wormhout 59 ..... 3 H4
Woustviller 57 ..... 67 G1
Wuenheim 68 ..... 120 D5
Wuisse 57 ..... 66 D3
Wulverdinghe 59 ..... 3 F4
Wy-dit-Joli-Village 95 ..... 37 G5
Wylder 59 ..... 3 H3

X

Xaffévillers 88 ..... 95 G3
Xaintrailles 47 ..... 275 F3

Xaintray 79 ..... 184 D2
Xambes 16 ..... 203 E5
Xammes 54 ..... 65 F2
Xamontarupt 88 ..... 119 F2
Xanrey 57 ..... 66 D5
Xanton-Chassenon 85 ..... 184 B2
Xaronval 88 ..... 94 D4
Xermaménil 54 ..... 95 F2
Xertigny 88 ..... 119 F3
Xeuilley 54 ..... 94 C2
Xirocourt 54 ..... 94 D3
Xivray-et-Marvoisin 55 ..... 65 E4
Xivry-Circourt 54 ..... 45 E3
Xocourt 57 ..... 66 B3
Xonrupt-Longemer 88 ..... 120 B3
Xonville 54 ..... 65 E1
Xouaxange 57 ..... 67 G5
Xousse 54 ..... 95 H1
Xures 54 ..... 67 E5

Y

Y 80 ..... 23 G3
Yainville 76 ..... 35 H1
Yaucourt-Bussus 80 ..... 11 H3
Le Yaudet 22 ..... 72 C3
Ychoux 40 ..... 272 D1
Ydes 15 ..... 226 C5
Yébleron 76 ..... 19 F4
Yèbles 77 ..... 88 C2
Yenne 73 ..... 232 B1
Yermenonville 28 ..... 86 B3
Yerres 91 ..... 58 D5
Yerville 76 ..... 19 H4
Yeu Ile d' 85 ..... 164 A4
Yèvre-la-Ville 45 ..... 111 F3
Yèvre-le-Châtel 45 ..... 111 H3
Yèvres 28 ..... 109 E2
Yèvres-le-Petit 10 ..... 91 H2
Yffiniac 22 ..... 78 C3
Ygos-Saint-Saturnin 40 ..... 273 F2
Ygrande 03 ..... 191 F2
Ymare 76 ..... 36 B3
Ymeray 28 ..... 86 C2
Ymonville 28 ..... 110 C2
Yolet 15 ..... 244 C5
Yoncq 08 ..... 27 F5
Yonval 80 ..... 11 G3
Youx 63 ..... 209 E1
Yport 76 ..... 18 D2
Ypreville-Biville 76 ..... 19 F4
Yquebeuf 76 ..... 20 C5
Yquelon 50 ..... 51 F3
Yquem Château 33 ..... 256 B4
Yronde-et-Buron 63 ..... 228 A2
Yrouerre 89 ..... 137 E2
Yssac-la-Tourette 63 ..... 209 H1
Yssandon 19 ..... 241 E2
Yssandon Puy d' 19 ..... 241 E2
Yssingeaux 43 ..... 247 H2
Ysson Puy d' 63 ..... 227 H3
Ytrac 15 ..... 244 B5
Ytres 62 ..... 13 H5
Yutz 57 ..... 45 H3
Yvecrique 76 ..... 19 H4
Yvernaumont 08 ..... 26 C4
Yversay 86 ..... 169 E5

Yves 17 ..... 200 D2
Les Yveteaux 61 ..... 53 G5
Yvetot 76 ..... 19 G5
Yvetot-Bocage 50 ..... 29 E4
Yvias 22 ..... 73 F3
Yviers 16 ..... 238 D1
Yvignac-la-Tour 22 ..... 79 F5
Yville-sur-Seine 76 ..... 35 H2
Yvoire 74 ..... 197 H3
Yvoy-le-Marron 41 ..... 133 E5
Yvrac 33 ..... 237 H5
Yvrac-et-Malleyrand 16 ..... 221 H1
Yvrandes 61 ..... 52 B4
Yvré-le-Pôlin 72 ..... 129 H3
Yvré-l'Évêque 72 ..... 107 H4
Yvrench 80 ..... 11 H2
Yvrencheux 80 ..... 11 H2
Yzengremer 80 ..... 11 E4
Yzernay 49 ..... 167 F1
Yzeron 69 ..... 230 C1
Yzeure 03 ..... 192 B2
Yzeures-sur-Creuse 37 ..... 170 B4
Yzeux 80 ..... 22 A1
Yzosse 40 ..... 293 E3

Z

Zaessingue 68 ..... 143 G3
Zalana 2B 347 G4
Zarbeling 57 ..... 67 E3
Zegerscappel 59 ..... 3 G4
Zehnacker 67 ..... 68 B5
Zeinheim 67 ..... 68 C5
Zellenberg 68 ..... 121 E2
Zellwiller 67 ..... 97 F3
Zermezeele 59 ..... 3 H4
Zérubia 2A 349 E5
Zetting 57 ..... 67 H1
Zévaco 2A 349 E3
Zicavo 2A 349 E3
Zigliara 2A 348 D4
Zilia 2B 346 C2
Zilling 57 ..... 68 A4
Zillisheim 68 ..... 143 F2
Zimmerbach 68 ..... 120 D3
Zimmersheim 68 ..... 143 G2
Zimming 57 ..... 46 D5
Zincourt 88 ..... 95 F5
Zinswiller 67 ..... 68 C2
Zipitoli
  Pont génois de 2A 348 D3
Zittersheim 67 ..... 68 A3
Zœbersdorf 67 ..... 68 C4
Zollingen 67 ..... 67 G3
Zommange 57 ..... 67 F4
Zonza 2A 349 F5
Zoteux 62 ..... 6 C3
Zouafques 62 ..... 3 E4
Zoufftgen 57 ..... 45 G2
Zoza 2A 349 E5
Zuani 2B 347 G4
Zudausques 62 ..... 3 E5
Zutkerque 62 ..... 3 E4
Zutzendorf 67 ..... 68 C3
Zuydcoote 59 ..... 3 H2
Zuytpeene 59 ..... 3 G5

Plans

Curiosités
Bâtiment intéressant
Édifice religieux intéressant : catholique - protestant

Voirie
Autoroute - Double chaussée de type autoroutier
Échangeurs numérotés : complet - partiels
Grande voie de circulation
Rue réglementée ou impraticable
Rue piétonne - Tramway
Parking - Parking Relais
Tunnel
Gare et voie ferrée
Funiculaire, voie à crémaillère
Téléphérique, télécabine

Signes divers
Information touristique
Mosquée - Synagogue
Tour - Ruines
Moulin à vent
Jardin, parc, bois
Cimetière

Stade - Golf - Hippodrome
Piscine de plein air, couverte
Vue - Panorama
Monument - Fontaine
Port de plaisance
Phare
Aéroport - Station de métro
Gare routière
Transport par bateau :
passagers et voitures, passagers seulement

Bureau principal de poste restante - Hôpital
Marché couvert
Gendarmerie - Police
Hôtel de ville
Université, grande école
Bâtiment public repéré par une lettre :
Musée
Théâtre

Town plans

Sights
Place of interest
Interesting place of worship:
Church - Protestant church

Roads
Motorway - Dual carriageway
Numbered junctions: complete, limited
Major thoroughfare
Unsuitable for traffic or street subject to restrictions
Pedestrian street - Tramway
Car park - Park and Ride
Tunnel
Station and railway
Funicular
Cable-car

Various signs
Tourist Information Centre
Mosque - Synagogue
Tower - Ruins
Windmill
Garden, park, wood
Cemetery

Stadium - Golf course - Racecourse
Outdoor or indoor swimming pool
View - Panorama
Monument - Fountain
Pleasure boat harbour
Lighthouse
Airport - Underground station
Coach station
Ferry services:
passengers and cars - passengers only

Main post office with poste restante - Hospital
Covered market
Gendarmerie - Police
Town Hall
University, College
Public buildings located by letter:
Museum
Theatre

Stadtpläne

Sehenswürdigkeiten
Sehenswertes Gebäude
Sehenswerter Sakralbau:Katholische - Evangelische Kirche

Straßen
Autobahn - Schnellstraße
Nummerierte Voll- bzw. Teilanschlussstellen
Hauptverkehrsstraße
Gesperrte Straße oder mit Verkehrsbeschränkungen
Fußgängerzone - Straßenbahn
Parkplatz - Park-and-Ride-Plätze
Tunnel
Bahnhof und Bahnlinie
Standseilbahn
Seilschwebebahn

Sonstige Zeichen
Informationsstelle
Moschee - Synagoge
Turm - Ruine
Windmühle
Garten, Park, Wäldchen
Friedhof

Stadion - Golfplatz - Pferderennbahn
Freibad - Hallenbad
Aussicht - Rundblick
Denkmal - Brunnen
Yachthafen
Leuchtturm
Flughafen - U-Bahnstation
Autobusbahnhof
Schiffsverbindungen:
Autofähre, Personenfähre

Hauptpostamt (postlagernde Sendungen) - Krankenhaus
Markthalle
Gendarmerie - Polizei
Rathaus
Universität, Hochschule
Öffentliches Gebäude, durch einen Buchstaben gekennzeichnet:
Museum
Theater

Plattegronden

Bezienswaardigheden
Interessant gebouw
Interessant kerkelijk gebouw: Kerk - Protestantse kerk

Wegen
Autosnelweg - Weg met gescheiden rijbanen
Knooppunt / aansluiting: volledig, gedeeltelijk
Hoofdverkeersweg
Onbegaanbare straat, beperkt toegankelijk
Voetgangersgebied - Tramlijn
Parkeerplaats - P & R
Tunnel
Station, spoorweg
Kabelspoor
Tandradbaan

Overige tekens
Informatie voor toeristen
Moskee - Synagoge
Toren - Ruïne
Windmolen
Tuin, park, bos
Begraafplaats

Stadion - Golfterrein - Renbaan
Zwembad: openlucht, overdekt
Uitzicht - Panorama
Gedenkteken, standbeeld - Fontein
Jachthaven
Vuurtoren
Luchthaven - Metrostation
Busstation
Vervoer per boot:
Passagiers en auto's - uitsluitend passagiers

Hoofdkantoor voor poste-restante - Ziekenhuis
Overdekte markt
Marechaussee / rijkswacht - Politie
Stadhuis
Universiteit, hogeschool
Openbaar gebouw, aangegeven met een letter::
Museum
Schouwburg

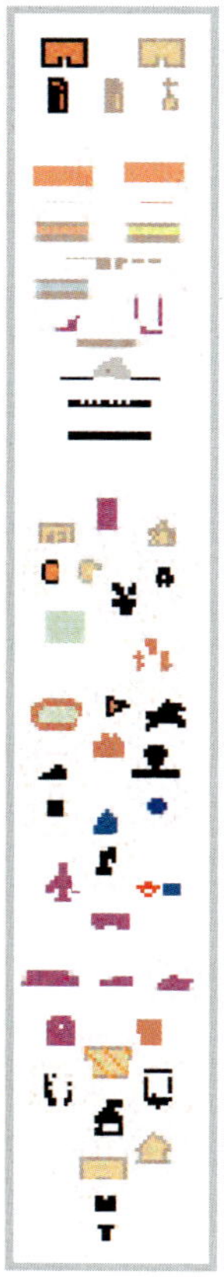

Piante

Curiosità
Edificio interessante
Costruzione religiosa interessante: Chiesa - Tempio

Viabilità
Autostrada - Doppia carreggiata tipo autostrada
Svincoli numerati: completo, parziale
Grande via di circolazione
Via regolamentata o impraticabile
Via pedonale - Tranvia
Parcheggio - Parcheggio Ristoro
Galleria
Stazione e ferrovia
Funicolare
Funivia, cabinovia

Simboli vari
Ufficio informazioni turistiche
Moschea - Sinagoga
Torre - Ruderi
Mulino a vento
Giardino, parco, bosco
Cimitero

Stadio - Golf - Ippodromo
Piscina: all'aperto, coperta
Vista - Panorama
Monumento - Fontana
Porto turistico
Faro
Aeroporto - Stazione della metropolitana
Autostazione
Trasporto con traghetto:
passeggeri ed autovetture - solo passeggeri

Ufficio centrale di fermo posta - Ospedale
Mercato coperto
Carabinieri - Polizia
Municipio
Università, scuola superiore
Edificio pubblico indicato con lettera:
Museo
Teatro

Planos

Curiosidades
Edificio interessante
Edificio religioso interessante: católica - protestante

Vías de circulación
Autopista - Autovía
Enlaces numerados: completo, parciales
Via importante de circulacion
Calle reglamentada o impracticable
Calle peatonal - Tranvía
Aparcamiento - Aparcamientos «P+R»
Túnel
Estación y línea férrea
Funicular, línea de cremallera
Teleférico, telecabina

Signos diversos
Oficina de Información de Turismo
Mezquita - Sinagoga
Torre - Ruinas
Molino de viento
Jardín, parque, madera
Cementerio

Estadio - Golf - Hipódromo
Piscina al aire libre, cubierta
Vista parcial - Vista panorámica
Monumento - Fuente
Puerto deportivo
Faro
Aeropuerto - Estación de metro
Estación de autobuses
Transporte por barco:
pasajeros y vehículos, pasajeros solamente

Oficina de correos - Hospital
Mercado cubierto
Policia National - Policía
Ayuntamiento
Universidad, escuela superior
Edificio público localizado con letra :
Museo
Teatro

427

Plans de ville

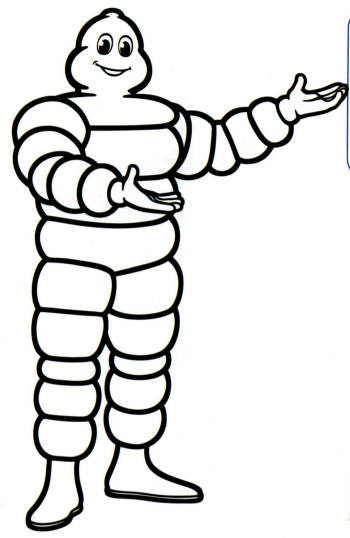

Comment utiliser les QR Codes ?

1) Téléchargez gratuitement (ou mettez à jour) une application de lecture de QR codes sur votre smartphone
2) Lancez l'application et visez le code souhaité
3) Le plan de la ville désirée apparaît automatiquement sur votre smartphone
4) Zoomez / Dézoomez pour faciliter votre déplacement !

Légendes des plans 426
Bordeaux 428
Lille 429
Lyon 430-431
Marseille 432
Nantes 433
Environs de Paris 434-437
Paris 438-439
Toulouse 440

428 BORDEAUX

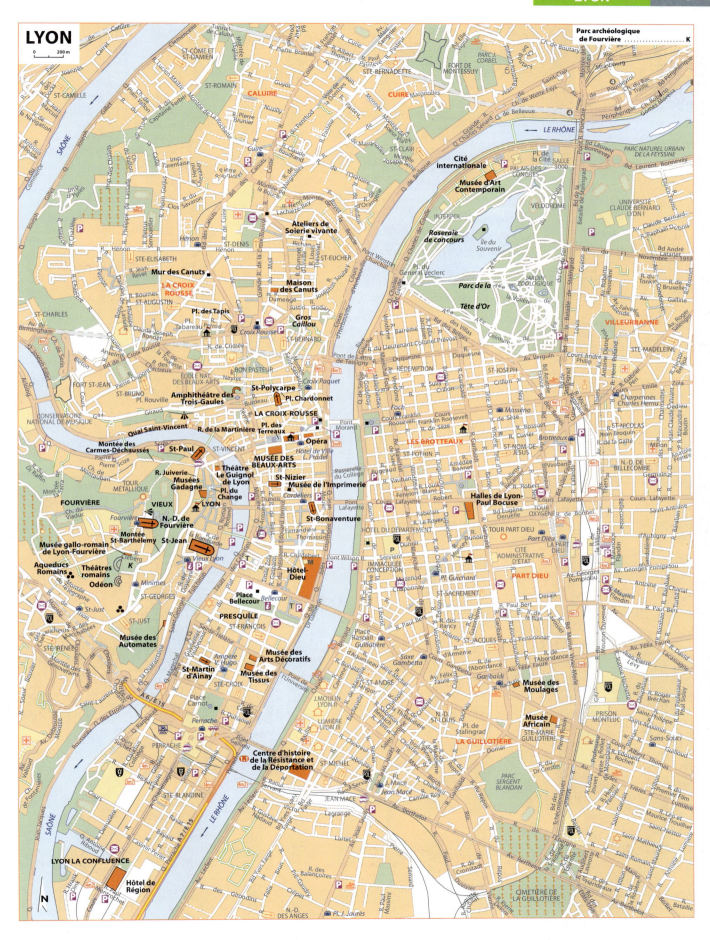

432 MARSEILLE

NANTES

433

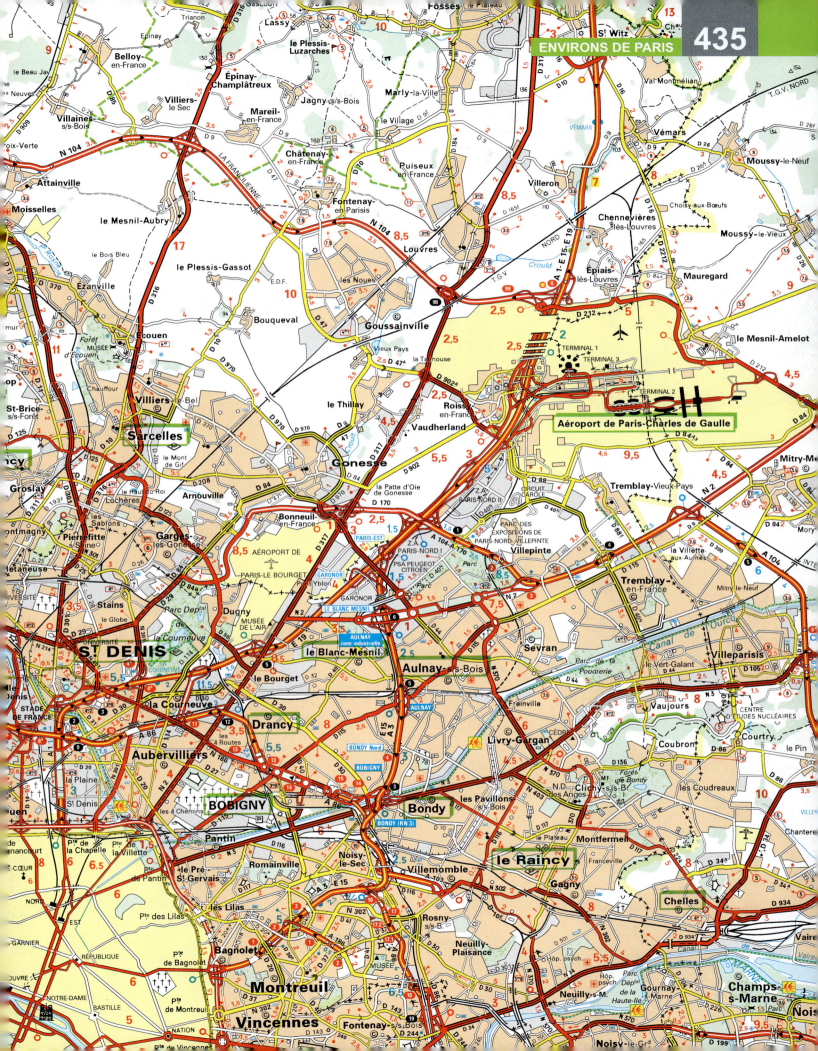

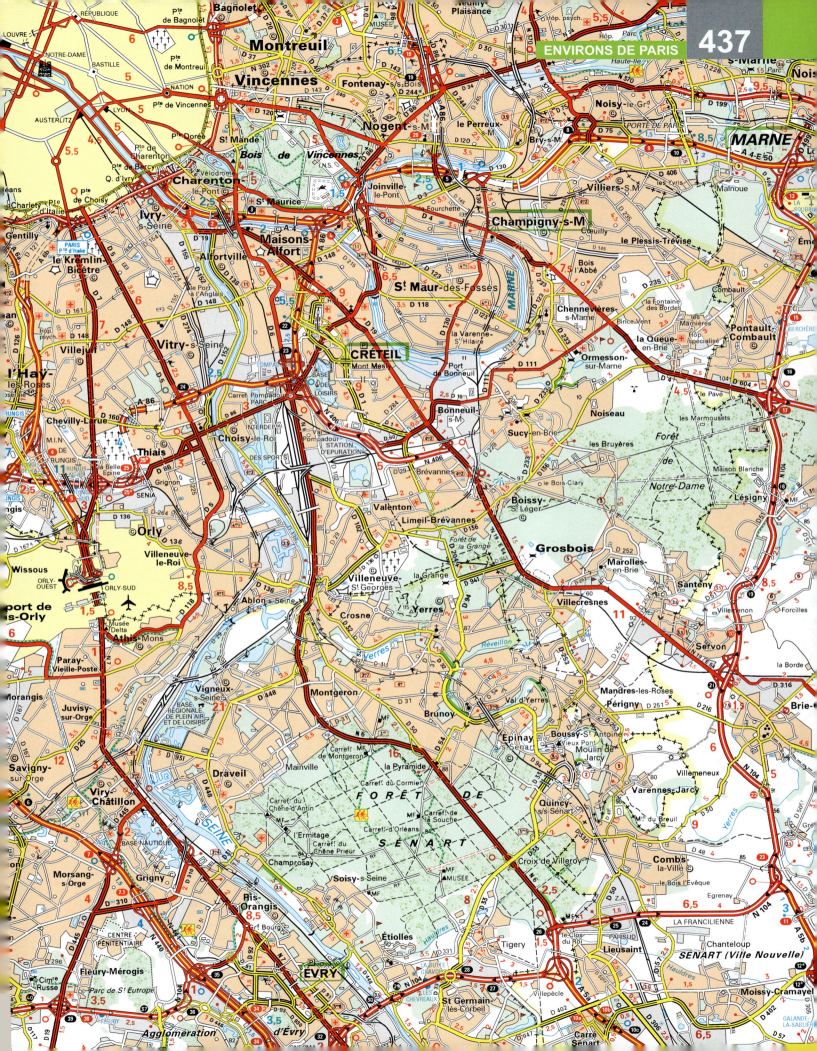

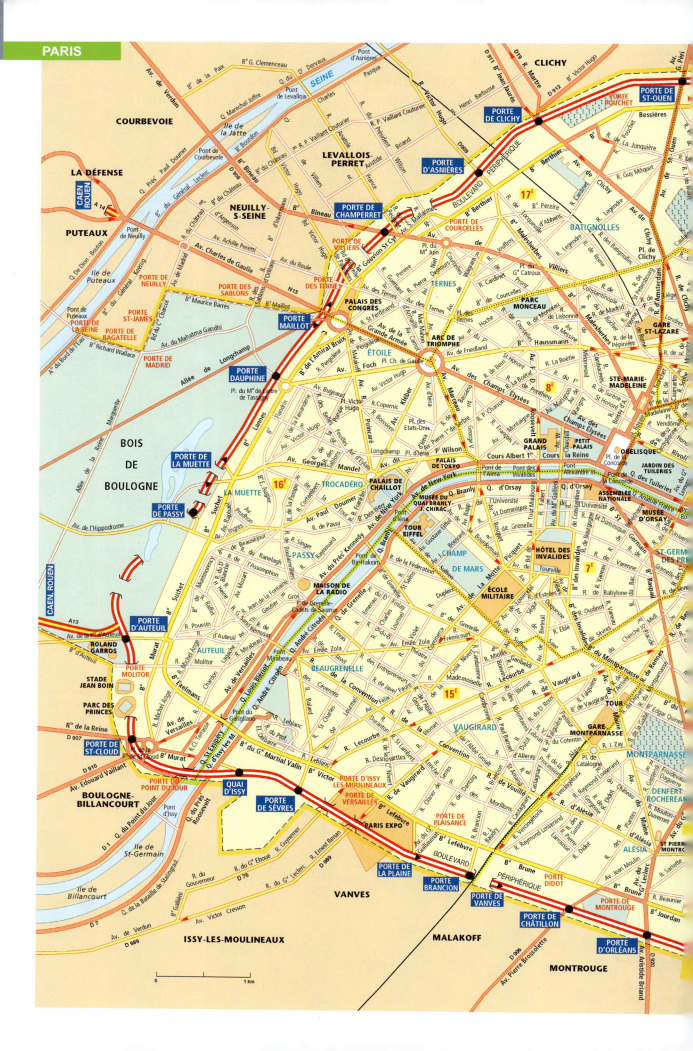

TOULOUSE
0 150 m
N
MATABIAU
BASILIQUE ST-SERNIN
Musée St-Raymond
Bibliothèque
Collège de l'Esquila
Chapelle des Carmélites
N.-D.-du-Taur
Hôtel Le Grand Balcon
Capitole
Pl. du Capitole
Donjon
Les Jacobins
Théâtre du Capitole
Pl. Wilson
R. d'Alsace-Lorraine
American Cosmograph
Pl. Salengro
St-Jérôme
R.J.-Chalande
Hôtel de Bernuy
Musée du Vieux-Toulouse
Tour Pierre-Séguy
Tour de Serta
Pl. St-Georges
ST-GEORGES
ST-AUBIN
Pl. de la Daurade
R. Cujas
Musée des Augustins
N.-D.-de-la-Daurade
HÔTEL D'ASSÉZAT
Pl. St-Étienne
Cathédrale St-Étienne
Pont Neuf
R. Malcousinat
Hôtel de Fumel
R. Croix-Baragnon
Place de la Trinité
Préfecture
GARONNE
N.-D.-la-Dalbade
Hôtel de Clary
Hôtel Béringuier-Maynier
Musée Paul-Dupuy
Grand Rond
Jardin Royal
Pl. du Salin
Palais de Justice
ST-EXUPÉRE
Muséum d'histoire naturelle
Jardin des Plantes
Monument de la Résistance
Pont St-Michel
TOULOUSE
Blagnac
Colomiers
Tournefeuille
Plaisance-du-Touch
Cugnaux
Portet-s-Garonne
Ramonville-St-Agne
Castanet-Tolosan
Balma
L'Union
Montrabé
Escalquens
Villeneuve-Tolosane
Castelginest
Fronton
Grenade
Pechbonnieu
Aucamville
Verfeil
Caraman
Lanta
Puycelsi

Édition 2019 - Éditeur : Michelin Travel Partner
Société par actions simplifiée au capital de 15 044 940 EUR
27 Cours de l'Île Seguin – 92100 Boulogne-Billancourt (France)
R.C.S. Nanterre 433 677 721 – DL : Octobre 2018
Copyright © 2018 Michelin Travel Partner. Tous droits réservés

CARTE STRADALI E TURISTICHE PUBBLICAZIONE PERIODICA
Reg. Trib. Di Milano N° 80 del 24/02/1997 Dir. resp. FERRUCCIO ALONZI

Plans de ville : © MICHELIN et © 2006-2017 TomTom.
All rights reserved. Michelin data © Michelin 2017.

QR Code est une marque déposée de DENSO WAVE INCORPORATED
*Accès libre hors frais de connexion éventuels par votre fournisseur d'accès (roaming)

Toute représentation ou reproduction intégrale ou partielle faite sans le consentement de l'auteur ou de ses
ayants droit ou ayants cause est illicite. Cette représentation ou reproduction, par quelque procédé que ce soit,
constituerait donc une contrefaçon au sens articles L.335-2 et suivants du Code de la propriété intellectuelle.
Any representation or reproduction without the consent of the author, by any means whatsoever, would
constitute an infringement under Articles L.335-2 and following of the French Intellectual Property Code.

L'éditeur décline toute responsabilité relative à la désignation de certains lieux, territoires ou zones qui
peuvent faire l'objet d'un différend international, et a donc choisi de les désigner par la ou les
dénomination(s) usuelle(s) afin d'en faciliter la lecture par les utilisateurs. De par l'évolution rapide
des données, il est possible que certaines d'entre elles soient incomplètes, inexactes ou non-exhaustives.
Michelin décline toute responsabilité en cas d'omissions, imperfections et/ou erreurs.
The publisher declines all responsibility for the designation of certain places, territories or areas that may be the
subject of an international dispute, and has therefore chosen to designate them by the usual name(s) in order to make it easier
for users to read. Due to the rapid evolution of the data, it is possible that some of them are incomplete, inaccurate or non-exhaustive.
Michelin is not responsible for omissions, imperfections and/or errors.

Couverture : P. Escudero/hemis.fr - FreeProd/easyFotostock/age fotostock / 4ème de couverture le vignoble
Achevé d'imprimer en 06/2018 par - Nuovo Istituto Italiano Arti Grafiche (NIIAG) - Via Zanica, 92 - I 24126 Bergamo - MADE IN ITALY